中國古代文學作品選

中華文化版

上編 文化編

鄧喬彬 何志軍◎主編

安徽師範大學出版社

責任編輯:潘　安
裝幀設計:丁奕奕

圖書在版編目(CIP)數據

中國古代文學作品選:中華文化版/鄧喬彬,何志軍主編.—蕪湖:安徽師范大學出版社,2016.6(2017.9 重印)
ISBN 978-7-5676-2439-9

Ⅰ.①中… Ⅱ.①鄧… ②何… Ⅲ.①中國文學－古典文學－作品綜合集－高等學校－教材 Ⅳ.①I212.01

中國版本圖書館CIP數據核字(2016)第036155號

本書是2014年度廣東省"質量工程"立項建設項目,廣東省高等學校"精品教材",並得到廣東省高水平大學建設經費資助出版,特此致謝!

ZHONGGUO GUDAI WENXUE ZUOPIN XUAN ZHONGHUA WENHUA BAN
中國古代文學作品選:中華文化版
鄧喬彬　何志軍　主編

出版發行:安徽師範大學出版社
蕪湖市九華南路189號安徽師範大學花津校區　　郵政編碼:241002
網　　址:http://www.ahnupress.com/
發 行 部:0553-3883578 5910327 5910310(傳真) E-mail:asdcbsfxb@126.com
印　　刷:虎彩印藝股份有限公司
版　　次:2016年6月第1版
印　　次:2017年9月第2次印刷
規　　格:787 mm×1 092 mm 1/16
印　　張:43.5
字　　數:1 000千
書　　號:ISBN 978-7-5676-2439-9
定　　價:98.00圓

本書編委會名單

主　　編：

鄧喬彬　何志軍

參編人员：

張海沙　趙維江　王進駒

徐國榮　史小軍　何志軍

宋小克　張振謙　蔡亞平

編寫單位：

暨南大學文學院中文系古代文學教研室

前　言

本書是體例全新的中國古代文學作品選。之所以新，一在於對文學作品的界定及收録遠較過去爲廣，二在於不是單純的文學作品選，全書可見文學在文化系統之内發展，與文化的互補互足。因之，本書既是古代文學作品選教材，又是學習中華文化史的輔助教材。

何謂文學？這是討論已久的問題。《論語·先進》："文學，子游、子夏。"邢昺疏："若文章博學，則有子游、子夏二人也。"此指孔門四科之一，是文章與博學之並稱。到魏晉六朝，"文學""文章""文"等逐漸合成一個概念，而人們更多是慣用"文章"一詞而非"文學"。在這"文學自覺"的時代，對"文章"的概念也經歷了逐步辨析而至明確的過程。到蕭統編《文選》時，終於在序言中提出了"事出於沉思，義歸乎翰藻"的文章標準，他認爲，"姬公之籍，孔父之書"是"孝敬之準式，人倫之師友"，"老、莊之作，管、孟之流，蓋以立意爲宗，不以能文爲本"，"若賢人之美辭，忠臣之抗直，謀夫之話，辨士之端……蓋乃事美一時，語流千載，概見墳籍，旁出子史。若斯之流，又亦繁博。雖傳之簡牘，而事異篇章，今之所集，亦所不取。至於記事之史，繫年之書，所以褒貶是非，紀別異同，方之篇翰，亦已不同。"以上均非文章，故不入《文選》。可見，文學應"能文爲本"，而非"立意爲宗"。

蕭統《文選·序》所定符合"能文爲本"標準的，除詩、辭、賦之外，又云："次則箴興於補闕，戒出於弼匡，論則析理精微，銘則序事清潤，美終則誄發，圖像則讚興。又詔誥教令之流，表奏箋記之列，書誓符檄之品，弔祭悲哀之作，答客指事之制，三言八字之文，篇辭引序，碑碣志狀，衆制鋒起，源流間出。"可見此時的文體已經非常豐盛。爲進一步分出文學與應用文，南朝時期又多對於文、筆的辨析。劉勰《文心雕龍·總術》提出："今之常言，有文有筆，以爲無韻者筆也，有韻者文也。"蕭繹《金樓子·立言》進而論道："屈原、宋玉、枚乘、長卿之徒，止於辭賦，則謂之文。今之儒，博窮子史，但能識其事，不能通其理者，謂之學。至如不便爲詩如閻纂，善爲章奏如伯松，若此之流，泛謂之筆。吟詠風謠，流連哀思者，謂之文……筆退則非謂成篇，進則不云取義，神其巧惠，筆端而已。至如文者，惟須綺縠紛披，宮徵靡曼，脣吻遒會，情靈搖盪。"蕭繹文、筆之分，對文作了更清晰的界定。可見，抒情而感人，辭藻、音韻華美是"文"的標準,而論學之著、章奏之用,則當排除在“文”之外。

文、筆之分雖主要在散文中進行,但古代的文體分類其實開始得很早。如班固《漢書·藝文志》已將韻文的賦分爲屈原賦類、陸賈賦類、荀卿賦類和客主賦類。劉勰《文心雕龍·明詩》篇指出了四言詩與五言詩的不同:“若夫四言正體,則雅潤爲本;五言流調,則清麗居宗。”《文選·序》亦云:“四言五言,區以别矣。又少則三字,多則九言,各體互興,分鑣並驅。”都注意到了四言、五言或雜言體詩歌的區别。到徐師曾的《文體明辨》,所討論的文體達一百二十七類,堪稱明代文體研究的集成之作,而之所以論列文體逾百種,是緣於常在一體之内做更細緻的辨體,區分特點的工作做得非常具體。

我國古代之所以對於文學的概念會有長時期的纏夾,是同古代的政教型文化相關的,故此文學實爲雜文學而非純文學的體制。而西方出於純文學觀而對於文學體裁的區分遠較我國簡單:只有戲劇、小説、詩歌與散文,且散文只包括敘事和抒情兩類,實用性散文是不在其内的。近代以來,西風東漸,也改變了我國固有的文學觀,在歷來作爲創作大端的“文”,進入不了文學的範圍。胡適在五四時期發表《文學改良芻議》,提倡白話文學,有《白話文學史》。後來鄭振鐸則有《中國俗文學史》,非但將四庫館臣所鄙視的戲曲、小説推上了很高地位,還將他們從未關注的變文、寶卷、彈詞、鼓詞等都給予了極大的關注。當然,胡適、鄭振鐸的著作是專門的“白話”或“俗”文學史,而我國二十世紀的一般文學史著作,也經歷了逐漸成熟的過程。相較而言,劉大杰的《中國文學發展史》從初版本到修訂本是最具系統性、觀點最公允的一種。游國恩主編的高校文學史教材和中國社會科學院文學所的文學史,對於古代文學的認知、論述和價值評判,在當時的條件下,應説也是較爲平允、可取的。至於長期被各高校使用的朱東潤主編的《中國歷代文學作品選》,無論選目還是簡介、解題、注釋,都做得很好,是經得起時間考驗的。

文學史是文學的歷史,是需要歷代文學作品支撑的,因此,在某種意義上文學史其實就是文體的歷史。但是,對於是否屬於文學的文體種類,卻有選擇的困難。經歷了改革開放三十多年,我們在再度“放眼看世界”而努力於東西方話語對接之時,卻發現原有的古代東西方的文學概念其實是很難對接的,我國有自己的體系和“話語”,我們應該承認,中國古代文學實際上遠非戲劇、小説、詩歌、散文四體可限。與古希臘、印度不同,我國的戲劇生成得很晚,代言體戲劇則出現得更晚,而且我國成熟的戲劇實爲戲曲,始終與詩歌有密切的關係,具有詩體文學的節奏性,在我國藝術所共有的程式化之外,又因其不服從三一律，不在鏡框式舞臺上演出，故以虛擬性見長。我國小説之名雖最早見於莊子的“飾小説以干縣令”，但直到佛教傳入後，志怪小説才逐漸興盛，而志人體小説與西方小説的概念是很不相同的，魯迅説唐人“始有意爲小説”，即使到明清的小説成熟期，章回小説仍帶有説書的痕跡，與表演相關，同詩詞關係甚密。所以，我國古代的文學其實主要是詩歌，因而一直有中國是詩的國度一説。我國古代的散文，文體尤多，而功能各異，從蕭統以來的辨析，可謂一直未曾停止，而因實用性文體與文學性文體其實難以清晰劃分，遂使散文的辨體頗爲困難。如我國歷來重視歷史，先秦時代就設立史官，《漢書·藝文志》有“左史記言，右史記事”之説，而歷代的史書，又有編年體、紀傳體、斷代史、國別史、通史、紀事本末體等多種形式，許多的史書，如編年體的《左傳》、國別體的《戰國策》，尤其是紀傳體的《史記》，都極具文學性。應用文的辯、説、論、奏議、序跋、贈序、銘、祭文、雜記文、傳狀文，甚至書信（尺牘），都不乏“事出於沉思，義歸乎翰藻”之篇，常有極具文學性的美文。爲此，我們編選本書就以改變慣用體制爲原則，而儘量擴大文學作品的範疇，將原屬於文學的文體及多種文體中的“能文爲本”者收入本書，實際上回歸於蕭統的“文章”標準且略有突破。

文學其實從古到今都不是孤立存在而發展的。聞一多曾説：“文學史爲整個文化史中之一環，故研究某時期之文學史，同時必需顧及此期中其他諸文化部門之種種現象。”[①]因此，當代學者傅璇琮認爲：“不能孤立地研究文學，也不能像過去那樣把社會概況僅僅作爲外部附加物貼在作家作品背上，而是應當研究一個時期的文化背景及由此而產生的一個時代的總的精神狀態，研究在這樣一種綜合的‘歷史—文化’趨向中，怎樣形成作家、士人的生活情趣和心理境界，從而產生出一個時代以及一個群體、個人特有的審美體驗和藝術心態。”爲此，我們又將古代文學同古代文化密切聯繫起來。我們認爲，文學不僅產生在特定的文化環境中，受到文化的制約與影響，而且，文學又是文化的有機組成部分，不僅是古人心靈、情感的記録，也是社會、生活、歷史的記録。因此，文學或是文化本身，或是可以由之而見文化，故可以説，文學與文化實不可分。

那麽，什麽是文化呢？在我國的古代典籍中，“文化”一詞，是“文”與“化”的結合。《易·繫辭下》：“物相雜，故曰文。”疏：“正義曰：言萬物遞相錯雜，若玄黄相間，故謂之文也。”《禮·樂記》云：“五色成文而不亂。”《説文解字》中“文”字作“”，即“錯畫”，段注引《考工記》説“錯畫”即青與赤色相交，又説黄帝之史倉頡見鳥獸的蹄爪印跡不同，依類象形以造字，故稱之“文”。以上各説將“文”

① 聞一多：《致梅貽琦》，《聞一多全集》第12册，湖北人民出版社1993年版，第367–368頁。

解釋爲色彩、紋理相雜而不亂。“化”,《説文》解作“教行”,段注:“教行於上,則化成於下。”此外,還有教化(《易·乾》:“善世而不伐,德博而化。”)、感化(《吕氏春秋·大樂》:“天下太平,萬物安寧,皆化其上,樂乃可成。”)、變化(《莊子·逍遥遊》:“北冥有魚,其名爲鯤……化而爲鳥,其名爲鵬。”)、造化(《吕氏春秋·似順》:“有知順之爲倒、倒之爲順者,則可與言化矣。”)、化生(《禮·樂記》:“和,故百物皆化。”)、習俗(《史記·秦始皇本紀》:“黔首改化,遠邇同度。”)等義。“文”與“化”合用,較早見於《易·賁卦》的《彖傳》:“天文也。文明以止,人文也。觀乎天文,以察時變;觀乎人文,以化成天下。”其意應是:順應和改造自然的經驗,同改造和管理人類社會的經驗,兩者相輔相成,用以教化人民,改造社會。“觀乎人文,以化成天下”,是“文化”合乎原意的最初表述,可見,古代中國人是將“人文”放在首位,“觀乎天文,以察時變”似從屬於後者。到西漢時期,“文化”成爲專用名詞,劉向《説苑·指武》云:“聖人之治天下也,先文德而後武力。凡武之興,爲不服也,文化不改,然後加誅。夫下愚不移,純德之所不能化,而後武力加焉。”此段話當與“文化内輯,武功外悠”(《文選·補亡詩》)同義,體現了以“人文”“化成天下”,而將武力看成是德之不能“化”、文之不能“改”的輔助手段。

歐洲的文藝復興運動,使人本主義思想蓬勃發展,在德國,首先對“文化”的涵義做出了新的解釋。康德在其名著《判斷力批判》中,強調了文化的本質在於人的社會價值,人對於自然的能力。歌德也認爲,文化是人類在對自然長期鬥爭中產生的結果,在這一鬥爭中,不同民族或集團形成了自己特殊的思想和行爲方式,這就是文化。半個世紀後,英國人類學家泰勒在其名著《原始文化》中,爲文化下了一個著名的定義:文化是複合的整體,包括知識、信仰、藝術、道德、法律、風俗,以及人類在社會生活裏獲得的一切能力與習慣。隨之,歐美學者對於文化涵義的討論,產生出許多不同的學派和衆多學説。

在西方影響下,“五四”以來的中國學者,在新文化運動的論戰中,也紛紛表達了自己對於文化的定義:“文化者,人類心能所開積出來之有價值的共業也。”[①]“文化,就是吾人生活所依靠之一切。”[②]“所謂文化就是經過人類精神陶鑄過的自然。”[③]具體而言,梁啓超《中國文化史目録》認爲朝代、種族、政治、法律、教育、交通、國際關係、飲食、服飾、宅居、考工、農事等項,都屬於文化的

① 梁啓超:《飲冰室文集點校》第6集,雲南教育出版社2001年版,第3348頁。

② 梁漱溟:《中國文化要義》,路明書店1949年版,第1頁。

③ 賀麟:《文化的體與用》,《文化與人生》,商務印書館1947年版,第32頁。

範圍。蔡元培《何謂文化》一文將衣食住行、醫療衛生、政治、經濟、道德、教育、科學等"人生發展的狀況"視作文化的內容。陳獨秀《新文化運動是什麽》一文認爲:"文化底内容,是包含着科學、宗教、道德、美術、文學、音樂這幾樣。"[①]梁漱溟《中國文化要義》認爲文化涵蓋了人類各民族如何進行生產及其器具、技術,相關的社會制度、宗教信仰、道德習慣、教育設施,以至於語言、衣食、家庭生活等。

在先賢們討論之後,我們今天可以較爲全面地確立文化的範疇。大概而言,文化有廣義與狹義之别。廣義文化應是人類在整個發展歷史流程中,經"觀乎天文,以察時變;觀乎人文,以化成天下",逐漸將自己從蒙昧狀態提升到現代社會的全部文明創造,亦即人類社會歷史生活的全部内容,是人類在社會歷史發展過程中所創造的物質財富與精神財富的總和。而狹義的文化則是排除了人類社會歷史生活中的物質創造活動及其結果,特指精神創造活動及其結果,包括政治、學術、思想、文學、藝術、科學、技術、制度、宗教、信仰、道德、風俗等。我們認爲,文化的廣狹二分,不如物質文化、制度文化、精神(心理)文化與行爲文化四分,故對於文化的分類,以四分爲好。

基於以上對文學與文化的認識,我們對本書的編撰采用了上下編的分編體制:上編以古代中華文化爲框架,大體按照精神、制度、物質、行爲風俗等文化的層面編排選文,包括儒道墨法、縱横兵農、禮儀制度、天文曆算、教育科舉、軍事外交、農醫工商、樂舞書畫、宗教信仰、數術方技、衣食住行、山川物產、南北風俗、時令節序、民族融合。每一版塊儘量以具有文學性的文選展示、體現文化。下編爲文體,包括神話傳説、國風雅頌、先秦史籍、史漢傳統(通鑒及史學理論延伸)、書奏贊論、詔令表啓、箴銘誄狀、序記題跋、屈騷辭賦、樂府歌辭、古近體詩、詞曲小調、古近小説、雜劇傳奇、詩文評論。兼顧古代文學的縱向發展與文體、功能的横向演變,選文按時代先後安排,選目力圖體現出文體的漸漸豐富與代表性文體的與時而變,卻不爲"一代之文學"觀念所左右。

爲解决横向的文化範疇與縱向的文學史發展在具體編排中的矛盾,采用選文與延伸閲讀相結合的編選方式。每篇作品包括原文、題解(含作者簡介)、注釋、集評四部分,其中的集評不僅有助於理解課文,而且對於學子從事科研有參考作用。全書用繁體字,原文的異體字、通假字等一般不作更改,易於誤解處在注釋中注明。

本書由我們教研室全體同仁歷時近四年編撰而成,主編之一何志軍老師

①《新青年》1920年第七卷第五號。

在擬目、選文、審閲、統稿上做了大量的、主要的工作,且爲協調、更改不遺餘力。我們希望本書不僅是一門省級精品課程的配套教材,更希望能成爲學習中國古代文學與中華傳統文化的教材,能本於"朔南暨,聲教訖於四海"的暨南辦校宗旨,推向有志於學習祖國文化、文學的海外學子。

鄧喬彬
二〇一四年四月

編寫説明

一、本書是廣東省精品課程"中國古代文學史"(面向僑生)的配套教材，2014年度廣東省"質量工程"立項建設項目，廣東省高等學校"精品教材"，並得到廣東省高水平大學建設經費資助出版。

二、本書編撰采用上下編的分編體制：

上編爲文化編，大體按照精神、制度、物質、行爲風俗等文化的層面編排選文，分十五門，包括：儒道墨法、縱横兵農、禮儀制度、天文曆算、教育科舉、軍事外交、農醫工商、樂舞書畫、宗教信仰、數術方技、衣食住行、山川物産、南北風俗、時令節序、民族融合。儘量以具有文學性的文選展示、體現文化。

下編爲文體編，分十五門，包括：神話傳説、國風雅頌、先秦史籍、史漢傳統(通鑒及史學理論延伸)、書奏贊論、詔令表啓、箴銘誄狀、序記題跋、屈騷辭賦、樂府歌辭、古近體詩、詞曲小調、古近小説、雜劇傳奇、詩文評論。

中國古代文體的命名及分類非常複雜，如書包括上行文上書、平行文書信，啓包括上行文奏啓、平行文書啓，等等，限於體例及篇幅，本書只選取部分具有代表性的文體。

三、本書兼顧中國古代文學的縱向發展與文體、功能的横向演變，選文按時代先後安排，選目力圖體現出文體的漸漸豐富與代表性文體的與時而變，卻不爲"一代之文學"觀念所左右。爲解決横向的文化範疇與縱向的文學史發展在具體編排中的矛盾，采用選文與延伸閱讀相結合的編選方式。"延伸閱讀書目"見附録。

四、本書排版采用繁體横排，作品包括原文、題解(含作者或著作首見簡介，作品目録後的星號*，表示首見)、注釋、集評四個部分(少量篇目未收集評)。原文、集評儘量選擇具有史源學意義或後出轉精的版本，原文的異體字、通假字等一般不作更改，易於誤解處在注釋中注明。原文節選的篇章，建議學生在課外讀其全篇，觀其全貌。

評點是經典傳播過程中衍生的重要文獻，有助於多角度深入細緻地理解原文意旨、藝術特點，了解經典價值的與時沉浮。出處準確的評點，有助於培養腳踏實地的"眼學"習慣，以及良好的學術規範意識。不同於辗转相因、疏漏甚多的常见集評，本書集評反復核查引用文獻，標明評點者及其時代、引用書名、引用頁碼或卷數，版本則統一見附録"集評引用書目"，包括刻印古籍和點校本達四百種。引用書目以書名音序排列，按學術規範標明書名、作者/編者及其時代、出版機構、出版年,對應明白,亦避繁冗。

作品原文作者、集評評點者的生平跨朝代情況,歷來有不同的劃分標準。作爲普及性教材,爲避繁瑣,本書大致以人物主要生存年代判定并統一,如王夫之(1616—1692),歸屬於"清"而不作"明末清初",等等。近代以來人物則不標時代,如王國維(1877—1927),等等,未必嚴謹,特此説明。

本書標點符號根據《標點符號用法》(GB/T 15834—2011)規定,如標有引號或書名號的並列成分之間通常不用頓號,等等。字詞拼音采用《現代漢語詞典》(第6版)的格式,如專名和姓氏的注音第一個字母大寫,多字條目的注音以連寫爲原則,等等。

五、本書由暨南大學中文系古代文學教研室編寫,由鄧喬彬、何志軍主編,負責擬定全書體例、篇目初選及審閱統稿。各門篇目審定及具體編撰分工如下:張海沙、張振謙負責第一、第九、第二十六門;何志軍負責第二、第五、第十九、第二十、第二十一、第二十二、第二十三、第二十五門、集評引用書目;宋小克負責第三、第六、第十一、第十六、第十七、第十八、第二十四門;張振謙負責第四、第七、第十五、第二十七門;徐國榮負責第八、第三十門;趙維江負責第十、第十三、第十四門;蔡亞平負責第十二門;王進駒、史小軍負責第二十八、第二十九門。

本書編校出版過程中,得到了暨南大學文學院、中文系領導的大力支持,安徽師範大學出版社領導以及責任編輯潘安先生爲此書勞心費神,教研室新進教師程剛亦多有幫助,謹致謝意!因書成衆手,學識所限,雖殫精竭慮,校讎往返,數易其稿,亦難免有不盡如人意之處。本書編寫存在的不足和錯誤之處,敬請諸位讀者批評指正,以待修訂,並將在實際教學中根據反饋加以調整。批評指正请惠赐电邮:thzj@jnu.edu.cn,謹致謝意!

《中國古代文學作品選》(中華文化版)編委會
二〇一六年五月

總 目 録

上 編　文化編

下 編　文體編

上　编　文化编

目　　録

上編　文化編

一、儒道墨法

二、縱横兵農

三、禮儀制度

四、天文曆算

五、教育科舉

六、軍事外交

七、農醫工商

八、樂舞書畫

九、宗教信仰

十、數術方技

十一、衣食住行

十二、山川物産

十三、南北風俗

十四、時令節序

十五、民族融合

一、儒道墨法

子路、曾皙、冉有、公西華侍坐

《論語》

【題解】

《論語》是儒家學派的經典著作之一，由孔子的弟子及其再傳弟子編撰而成。它以語録體和對話體爲主，記録了孔子及其弟子言行，集中體現了孔子的政治主張、倫理思想、道德觀念及教育原則等。與《大學》《中庸》《孟子》合稱"四書"。通行本《論語》共二十篇。

此章選自《論語·先進》，是《論語》中最具有文學意味的一章。文中描述了孔子與其弟子子路、曾皙、冉有、公西華在一起，並令弟子個人談自己志向的一個場景。本章成功地描寫了孔子和藹可親、誨人不倦的形象，同時也刻畫了四位弟子的個性：子路性格直率，勇敢莽撞；冉有、公西華均謙虚謹慎，但也有所不同，前者側重政治經濟，後者側重禮儀外交；曾皙則優遊自適，令人神往。文章篇幅短小精悍，用問答的方式展開，生活氣息濃鬱，語言富有個性化特點，感情的流露純真自然，非常直觀地表達了孔子的教育及爲政思想。

子路、曾皙、冉有、公西華侍坐[1]。

子曰："以吾一日長乎爾，毋吾以也[2]。居則曰：'不吾知也！'如或知爾，則何以哉[3]？"

子路率爾而對曰[4]："千乘之國[5]，攝乎大國之間[6]，加之以師旅，因之以饑饉[7]，由也爲之，比及三年[8]，可使有勇，且知方也[9]。"夫子哂之[10]。

"求，爾何如？"

對曰："方六七十[11]，如五六十[12]，求也爲之，比及三年，可使足民。如其禮樂，以俟君子。"

"赤，爾何如？"

對曰："非曰能之，願學焉。宗廟之事[13]，如會同[14]，端章甫[15]，願爲小相焉[16]。"

"點，爾何如？"

鼓瑟希[17]，鏗爾[18]，舍瑟而作[19]，對曰："異乎三子者之撰。"

子曰："何傷乎？亦各言其志也。"

曰:"莫春者[20],春服既成,冠者五六人[21],童子六七人,浴乎沂[22],風乎舞雩[23],詠而歸。"

夫子喟然歎曰[24]:"吾與點也[25]!"

三子者出,曾皙後。曾皙曰:"夫三子者之言何如?"

子曰:"亦各言其志也已矣。"

曰:"夫子何哂由也?"

曰:"爲國以禮。其言不讓,是故哂之。""唯求則非邦也與[26]?""安見方六七十如五六十而非邦也者?""唯赤則非邦也與?""宗廟會同,非諸侯而何?赤也爲之小,孰能爲之大?"

(《論語集注》卷六,《四書章句集注》,中華書局1983年版)

【注釋】

[1]子路:名仲由,字子路,小孔子九歲。曾皙:名點,字子皙,曾參之父。冉有:名求,字子有,小孔子二十九歲。公西華:複姓公西,名赤,字子華,小孔子四十二歲。侍坐:陪孔子坐。清劉寶楠《論語正義》:"此言侍坐,明四子亦坐也。"侍坐的次序依年齡分排。 [2]"以吾"二句:你們不要因爲之故而有顧忌,閉口不言。 [3]居:平日。何以,即何以爲用。 [4]率爾:輕率、急切。 [5]千乘之國:擁有一千輛兵車的諸侯國。乘,兵車,一車四馬爲乘。 [6]攝:迫於、夾於。 [7]饑饉:荒年。 [8]比及:等到。 [9]方:方向。 [10]哂(shěn):譏諷地微笑。 [11]方六七十:縱橫各六七十里。 [12]如:或者。 [13]宗廟之事:指祭祀之事。 [14]會同:諸侯會見。 [15]端章甫:端,古代禮服的名稱。章甫,古代禮帽的名稱。 [16]相:贊禮人,司儀。 [17]希:通"稀",指彈瑟的速度放慢,節奏逐漸稀疏。 [18]鏗(kēng)爾:象聲詞,指曾點彈瑟結束的聲音。 [19]作:站起來。 [20]莫:通"暮"。 [21]冠者:成年人。古人到二十歲時行冠禮,表示已經成年。 [22]浴乎沂(Yí):沂,水名,發源於山東南部,流經江蘇北部入海。浴:在水邊洗頭面手足。 [23]舞雩(Wǔyú):地名,原是祭天求雨的地方,在今山東曲阜。 [24]喟(kuì)然:歎氣的樣子。 [25]吾與點:我贊成曾點的意見。 [26]唯:語首詞。

【集評】

(東漢)王充:曾皙對孔子言其志曰:"暮春者,春服既成,冠者五六人,童子六七人,浴乎沂,風乎舞雩,詠而歸。"孔子曰:"吾與點也!"魯設雩祭於沂水之上。"暮"者,晚也;"春",謂四月也。"春服既成",謂四月之服成也。……孔子曰:"吾與點也!"善點之言,欲以雩祭調和陰陽,故與之也。使雩失正,點欲爲之,孔子宜非,不當與也。

(《論衡校釋》卷十五,第673-679頁)

(清)袁枚:聖人無一日忘天下,而門下子路能兵,冉有能足民,公西華能禮樂。三子之才,雖不言,夫子已素知之。第問之,試其自信否?既自信矣,倘明王復作,天下宗予,與二三子各行其志,則東周之復,期月而已可也。無如轍環天下,終於吾道之不行,不如沂水春風，一歌一浴，較浮海居夷，其樂殊勝。蓋三子之言畢，而夫子之心傷矣。適曾點曠達之言，泠然入耳，遂不覺歎而與之，非果與聖心契合也。如果與聖心契合，在夫子當莞爾而笑，不當喟然而歎。在曾點當聲入心通，不違如愚，不當愈問而愈遠，且受嗔斥也。蓋歎者有悲憤慷慨之意，無相視莫逆之心。

（《小倉山房文集》卷二十四，《小倉山房詩文集》，第1671-1672頁）

（清）王夫之：曾點所言，雖撇下兵農禮樂、時未至而助長一段唐突才猷爲不屑，然其言春風沂水者，亦無異於言兵農禮樂，則在在有實境，在在而不慊其志矣。不慊其志者，不慊於理也。無所逃匿，無所弄玩，則在在有實理者，在在無僞也。此豈可與莊周同日語哉？

（《讀四書大全説》卷六，第372頁）

（清）顧炎武：夫子"如或知爾"之言，"吾非斯人之徒與，而誰與"也。曾點"浴沂詠歸"之言，"素貧賤，行乎貧賤，君子無入而不自得"也。故曰"異乎三子者之撰。"

（《日知録校注》卷七，第391頁）

季氏將伐顓臾

《論語》

【題解】

此章選自《論語·季氏》，主要記録了孔子就季氏將伐顓臾這件事發表的議論。孔子反對攻伐顓臾，主張以仁義禮樂招撫遠人。文章首先説明了孔子反對季氏攻打顓臾的三個理由，即"昔者先王以爲東蒙主""且在邦域之中矣""是社稷之臣也"，孔子的話體現了他治國以禮、爲政以德的政治主張，反對強行霸道，訴諸武力。接着，孔子引用周任的名言："陳力就列，不能者止"批評冉有、季路推卸責任的態度。最後，孔子從正面提出了"不患寡而患不均，不患貧而患不安"的治國思想和政治主張。此文屬駁論，借對話形式展開批駁，或引名言，或設俗喻，駁斥有理有據，同時，破中有立，立論堅實可靠。

季氏將伐顓臾[1]。冉有、季路見於孔子曰[2]："季氏將有事於顓臾[3]。"

孔子曰："求！無乃爾是過與[4]？夫顓臾，昔者先王以爲東蒙主[5]，且在邦域之中矣[6]，是社稷之臣也。何以伐爲[7]？"

冉有曰："夫子欲之[8]，吾二臣者皆不欲也。"

孔子曰："求！周任有言曰[9]：'陳力就列[10]，不能者止。'危而不持，顛而不扶，則將焉用彼相矣[11]？且爾言過矣。虎兕出於柙[12]，龜玉毁於櫝中[13]，是誰之過與？"

冉有曰："今夫顓臾，固而近於費[14]。今不取，後世必爲子孫憂。"

孔子曰："求！君子疾夫舍曰欲之，而必爲之辭[15]。丘也聞有國有家者[16]，不患寡而患不均,不患貧而患不安[17]。蓋均無貧,和無寡,安無傾[18]。夫如是,故遠人不服[19],則修文德以來之[20]。既來之,則安之。今由與求也,相夫子[21],遠人不服而不能來也;邦分崩離析而不能守也[22],而謀動干戈於邦內[23]。吾恐季孫之憂,不在顓臾,而在蕭牆之內也[24]。"

(《論語集注》卷八,《四書章句集注》,中華書局1983年版)

【注釋】

[1]季氏:即季孫氏,此指季康子,名肥,魯國大夫。顓臾(Zhuānyú):魯國的附庸國,故址在今山東蒙陰。 [2]冉有、季路:二人皆孔子弟子。季路,即子路。 [3]有事:指有軍事行動。 [4]爾是過:是,表示倒裝用法。過,責備。過爾,責備你。 [5]東蒙:蒙山,在今山東蒙陰縣南。主:主祭祀之事。 [6]邦域:指魯國疆域。 [7]爲:表示疑問的語氣助詞。 [8]夫子:指季康子。 [9]周任:古代史官。 [10]陳力:施展才能。就列:任職爲官。 [11]"危而"三句意謂:好比給盲人引路的人,遇到危險不去扶,快要跌倒也不去攙,那還要這個引路的人幹什麼?相,本爲盲人行路的嚮導,此兼有輔佐之義。 [12]兕(sì):犀牛。柙(xiá):關野獸的籠子。 [13]龜玉:古人占卜用的龜甲,祭祀用的玉器。[14]費:地名,魯國季氏的采邑,在今山東費縣東南。 [15]疾:恨。舍曰:猶言不説。[16]家:指大夫的封邑。 [17]寡:人口稀少。貧:財富缺乏。此二句中的寡、貧、均、安互文見義。 [18]"蓋均無貧"三句:意謂分配平均就没有人感到貧窮,和睦相處就不感到人少,社會安定國家就不會顛覆。 [19]遠人:指其他國家、地區的人。 [20]文德:文教、德化。來:招來,使之歸附。 [21]相:輔佐。 [22]邦分崩離析:指當時魯國季孫、孟孫、叔孫三家大夫在爭權,弄得魯國四分五裂。 [23]干:盾牌。 [24]蕭牆:面對宫門的小牆。"蕭"乃"肅"之假借字,因人臣至此當肅然起敬。蕭牆之內;代指魯國國君。

【集評】

(南宋)朱熹:問:"諸家多把'虎兕'喻季氏,'龜玉'喻公室,是否?"曰:"文義未有此意。且是答他'二臣者皆不欲'之意。虎在山上,龜玉在他處,不干典守者事。今在柙中走了,在櫝中毀了,便是典守者之過。上面冉求分疏,言'夫子欲之,吾二臣者皆不欲也'。孔子責他,以此乃守者之過。此伐顓臾,實二子與謀之過。答問間方且隨話恁地説,未説到季氏、公室處,不必又生枝蔓。"

(《朱子語類》卷四十六,《朱子全書》第十五册,第1614頁)

(清)王夫之:"丘也聞有國有家者"以下,意分兩支,但聖人説成一片耳。話到聖人口里,便怎融液曲折,不消分支作柱,而理意交盡!孟子即不能然,而況其他!故辭至聖人而始達,繇其胸中共一大爐冶,隨傾鑄而成象。然學者讀此,正當合處得分,而後可以知聖筆化工之妙。 (《讀四書大全説》,第449頁)

齊桓晉文之事

(戰國)孟軻

【題解】

孟子(前372—前289),名軻,字子輿(一説字子車或子居)。戰國時期魯國鄒(今山東鄒縣)人。據《史記·孟子荀卿列傳》載,孟子爲孔子之孫子思的再傳弟子。主張行"王道",施"仁政",是對孔子思想的承襲和發展。被後世尊稱爲"亞聖",與孔子並稱"孔孟"。《孟子》一書充斥雄辯色彩,善於運用典型事例、比喻、寓言言説道理,氣勢充沛,感情強烈。《孟子》最早的注本是東漢趙岐的《孟子章句》,而南宋朱熹的《孟子集注》、清焦循的《孟子正義》最爲精當。今人注本中,楊伯峻的《孟子譯注》較爲通行。

本篇選自《孟子·梁惠王上》,是孟子與齊宣王的一次談話記録。在這次對話中,孟子比較全面地表達了他的"仁政"主張及具體措施。孟子先標舉"保民而王"的旗幟,然後通過"以羊易牛"的事例和一些生動的比喻,循循善誘,勸導齊宣王,使其懂得只要善於"推恩",將"不忍"之心推之國家政事,就可實現仁政。接着又以"緣木求魚"的比喻阻止齊宣王企圖武力征服天下的念頭,進而透徹地闡述了自己的"仁政"思想。文章説理透闢,氣勢充沛,比喻生動,沉雄跌宕,堪稱孟子論辯散文的傑出代表。

齊宣王問曰[1]:"齊桓、晉文之事可得聞乎[2]?"

孟子對曰:"仲尼之徒[3],無道桓、文之事者,是以後世無傳焉。臣未之聞也。無以[4],則王乎[5]?"

曰:"德何如,則可以王矣?"

曰:"保民而王,莫之能禦也。"

曰:"若寡人者,可以保民乎哉?"

曰:"可。"

曰:"何由知吾可也?"

曰:"臣聞之胡齕曰[6]:'王坐於堂上,有牽牛而過堂下者,王見之,曰:"牛何之?"對曰:"將以釁鐘[7]。"王曰:"舍之!吾不忍其觳觫[8],若無罪而就死地[9]。"對曰:"然則廢釁鐘與[10]?"曰:"何可廢也,以羊易之[11]。"'不識有諸[12]?"

曰:"有之。"

曰:"是心足以王矣[13]。百姓皆以王爲愛也[14],臣固知王之不忍也。"

王曰:"然,誠有百姓者[15]。齊國雖褊小[16],吾何愛一牛?即不忍其觳觫,若無罪而就死地,故以羊易之也。"

曰:"王無異於百姓之以王爲愛也[17]。以小易大,彼惡知之[18]?王若隱其無罪而就死地[19],則牛羊何擇焉[20]?"

王笑曰:"是誠何心哉!我非愛其財而易之以羊也,宜乎百姓之謂我愛也。"

曰:"無傷也[21],是乃仁術也[22]!見牛未見羊也。君子之於禽獸也:見其生,不忍見其死;聞其聲,不忍食其肉。是以君子遠庖廚也。"

王説曰[23]:"《詩》云[24]:'他人有心,予忖度之[25]。'夫子之謂也。夫我乃行之,反而求之,不得吾心;夫子言之,於我心有戚戚焉[26]。此心之所以合於王者何也?"

曰:"有復於王者曰[27]:'吾力足以舉百鈞[28],而不足以舉一羽;明足以察秋毫之末[29],而不見輿薪[30]。'則王許之乎[31]?"

曰:"否!"

"今恩足以及禽獸[32],而功不至於百姓者,獨何與?然則一羽之不舉,爲不用力焉;輿薪之不見,爲不用明焉;百姓之不見保[33],爲不用恩焉。故王之不王[34],不爲也,非不能也。"

曰:"不爲者與不能者之形,何以異?"

曰:"挾太山以超北海[35],語人曰:'我不能。'是誠不能也。爲長者折枝[36],語人曰:'我不能。'是不爲也,非不能也。故王之不王,非挾太山以超北海之類也;王之不王,是折枝之類也。"

"老吾老[37],以及人之老;幼吾幼,以及人之幼;天下可運於掌[38]。詩云:'刑于寡妻,至于兄弟,以御于家邦[39]。'言舉斯心加諸彼而已。故推恩足以保四海,不推恩無以保妻子。古之人所以大過人者[40],無他焉,善推其所爲而已矣!今恩足以及禽獸,而功不至於百姓者,獨何與?權[41],然後知輕重;度[42],然後知長短。物皆然,心爲甚。王請度之[43]。抑王興甲兵,危士臣,構怨於諸侯[44],然後快於心與?"

王曰:"否,吾何快於是!將以求吾所大欲也。"

曰:"王之所大欲,可得聞與?"

王笑而不言。

曰:"爲肥甘不足於口與?輕煖不足於體與?抑爲采色不足視於目與?聲音不足聽於耳與?便嬖不足使令於前與[45]?王之諸臣,皆足以供之,而王豈爲是哉!"

曰:"否,吾不爲是也。"

曰:"然則王之所大欲可知已:欲辟土地,朝秦、楚,蒞中國[46],而撫四夷也。以若所爲,求若所欲,猶緣木而求魚也[47]。"

王曰:"若是其甚與?"

曰:"殆有甚焉。緣木求魚,雖不得魚,無後災;以若所爲,求若所欲,盡心力而爲之,後必有災。"

曰:"可得聞與?"

曰:"鄒人與楚人戰[48],則王以爲孰勝?"

曰:"楚人勝。"

曰:"然則小固不可以敵大,寡固不可以敵衆,弱固不可以敵強。海內之地,方千里者九,齊集有其一[49];以一服八,何以異於鄒敵楚哉?蓋亦反其本矣[50]!今王發政施仁[51],使天下仕者皆欲立於王之朝,耕者皆欲耕於王之野,商賈皆欲藏於王之市,行旅皆欲出於王之塗,天下之欲疾其君者[52],皆欲赴愬於王[53]:其若是,孰能禦之?"

王曰:"吾惛[54],不能進於是矣!願夫子輔吾志,明以教我。我雖不敏,請嘗試之!"

曰:"無恆產而有恒心者[55],惟士爲能。若民,則無恆產,因無恆心。苟無恆心,放辟邪侈[56],無不爲已。及陷於罪,然後從而刑之,是罔民也[57]。焉有仁人在位,罔民而可爲也!是故明君制民之產[58],必使仰足以事父母,俯足以畜妻子[59],樂歲終身飽[60],凶年免於死亡[61];然後驅而之善,故民之從之也輕。今也制民之產,仰不足以事父母,俯不足以畜妻子,樂歲終身苦,凶年不免於死亡;此惟救死而恐不贍[62],奚暇治禮義哉!王欲行之,則盍反其本矣!五畝之宅[63],樹之以桑,五十者可以衣帛矣;雞豚狗彘之畜[64],無失其時,七十者可以食肉矣;百畝之田[65],勿奪其時,八口之家,可以無飢矣;謹庠序之教[66],申之以孝悌之義[67],頒白者不負戴於道路矣[68]。老者衣帛食肉,黎民不飢不寒[69],然而不王者,未之有也。"

(《孟子集注》卷一,《四書章句集注》,中華書局1983年版)

【注釋】

[1]齊宣王:田氏代齊後第四代國君,名辟疆,前319年至前301年在位。 [2]齊桓、晉文:指齊桓公小白和晉文公重耳,春秋時先後稱霸。 [3]仲尼:孔子的字。 [4]無以:不得已。 [5]王(wàng):用作動詞,指王天下,即用王道(仁政)統一天下。 [6]胡齕:人名,齊王的近臣。 [7]釁(xìn)鐘:古代新鐘鑄成,用牲畜的血塗在鐘的縫隙中而祭神求福,叫釁鐘。 [8]觳觫(húsù):恐懼顫抖的樣子。 [9]若:如此。就:接近,走向。 [10]然則:既然如此,那麼就。 [11]易:交換。 [12]識:知道。 [13]足以王(wàng):足夠用來王天下。 [14]愛:愛惜,含有吝嗇之意。 [15]誠:的確,確實。 [16]褊(biǎn)小:土地狹小。 [17]無異:莫怪,不要驚異。 [18]惡(wū):怎,如何。 [19]隱:哀憐。 [20]

何擇:有什麽分別。擇:區别,分别。 [21]無傷:没有什麽妨礙。 [22]仁術:指仁愛之道。 [23]説:通"悦"。 [24]"《詩》云"二句:見《詩經·小雅·巧言》,意思是他人有心思,我能推測它。 [25]忖度(cǔnduó):揣測。 [26]戚戚:心動的樣子,指有同感。 [27]復:報告。 [28]鈞:古代以三十斤爲一鈞。 [29]明:眼力。秋毫之末:鳥獸秋天生出的絨毛的尖端,喻極細小的東西。 [30]輿薪:一車薪柴。 [31]許:相信,贊同。 [32]"今恩"句以下是孟子的話,省去"曰"字,表示語氣急促。 [33]見保:受到保護或安撫。見:被。 [34]王之不王:大王不能以王道統一天下。第二個王是動詞。 [35]挾(xié):夾在腋下。太山:泰山。超:跳過。北海:渤海。 [36]枝:通"肢"。這句意謂,爲年長者按摩肢體。另一説指向老者折腰行鞠躬禮。再一説即替長者攀摘樹枝。皆指輕而易舉之事。 [37]老吾老:第一個"老"字作動詞用,意動用法,可譯爲尊敬;第二個"老"作名詞,是老人的意思。其下句"幼吾幼"句法相同。 [38]運於掌:運轉在手掌上,比喻稱王天下很容易辦到。 [39]"《詩》云"句:見《詩經·大雅·思齊》,意思是給妻子作好榜樣,推及兄弟,以此德行來治理國家。刑:通"型",作動詞用,指以身作則,爲他人示範。寡妻:國君的正妻。御:治理。家邦:國家。 [40]大過:大大超過。 [41]權:秤錘,作動詞用,指用秤稱重。 [42]度(duó):用尺量。 [43]度(duó):思量,揣度。 [44]抑:選擇連詞,還是。構怨:結仇。 [45]便嬖(piánbì):國王寵愛的近侍。朝:使……稱臣(或朝見)。 [46]莅(lì):居高臨下,引申爲統治。中國:指中原地帶。 [47]緣木而求魚:爬到樹上去捉魚,比喻不可能達到目的。 [48]鄒:與魯相鄰的小國,在今山東鄒縣。楚:南方的大國。 [49]集:湊集。 [50]反其本:回到根本上來,指回到王道仁政上來。反,通"返"。 [51]發政施仁:發佈政令,推行仁政。 [52]疾:憎恨。 [53]赴愬:前來申訴。 [54]惛:通"昏",思想昏亂不清。 [55]恆產:用以維持生活的固定的產業。恆心:安居守分之心。 [56]放辟邪侈:"放"和"侈"同義,都是縱逸放蕩的意思。"辟"和"邪"同義,都是行爲不軌的意思。 [57]罔民:張開羅網陷害百姓。罔,通"網",用作動詞。 [58]制:規定。 [59]畜:通"蓄",養活,撫育。 [60]樂歲:豐收的年頭。 [61]凶年:饑荒的年頭。 [62]贍(shàn):足,及。 [63]五畝之宅:五畝大的住宅。傳説古代一個男丁可以分到五畝土地建築住宅。古時五畝合現在一畝二分多。 [64]雞豚狗彘:豚(tún),小豬。彘(zhì),大豬。 [65]百畝之田:傳説古代實行井田制,每個男丁可以分到土地一百畝。 [66]謹:重視,謹慎地對待。庠(xiáng)序:古代學校的名稱。周代叫庠,殷代叫序。 [67]申:再三強調。 [68]頒白者:頭髮半白半黑的老人。頒,通"斑"。 [69]黎民:黑頭髮的民眾。此處指少壯者,與上文"頒白者"對舉。

【集評】

(清)何焯:"重保民而王"句,推不忍之心以行不忍之政,所以保民也。"故推恩足以保四海",正是照應"保"字。先説得推不忍之心一半,自"反其本"以下,又破齊王不能推之由,然後告以行不忍之政一半。章末"然而不王者"二句,直繳"保民而王"。

(《義門讀書記》卷五,第86頁)

(清)章學誠:孟子曰:"力能舉百鈞而不足舉一羽;明足察秋毫之末而不見輿薪。"難其所易而易其所難,謂失權度之宜也。學者昧今而博古,荒掌故而通經術,是能勝《周官》卿士之所難而不知求府史之所易也。（《文史通義·史釋》,第149頁）

（清）周人麒：一篇凡八設喻,一時山海人物無不奔赴腕下,以供其取攜,可謂極行文之樂事矣。（《孟子讀法附記》卷一,《四庫未收書輯刊》,第四輯,第7冊,第14頁）

（清）王夫之：孟子迎頭便將桓、文之事撇在一畔去,向後唯説施仁制產處,隱隱與桓、文對治。所謂"無已則王"者,謂此也。（《讀四書大全説》卷八,第507頁）

（清）范爾梅：文法似《公》《穀》,而浩然之氣過之。

（《孟子劄記》卷一《齊桓晉文章》,《續修四庫全書》經部第158冊,第1頁）

天下皆知美之爲美

（春秋）李耳

【題解】

李耳,又稱老聃、老子,春秋時期楚國苦縣厲鄉曲仁里人,是我國古代偉大的哲學家和思想家,道家學派創始人。其作品《道德經》(又稱《老子》)的精華是樸素的辯證法,主張無爲而治,其學説對中國哲學發展具有深刻影響。在道教中老子被尊爲道祖。

本篇爲《老子》第二章,包含兩層意思：一是人們對美醜、善惡的認識是在對立關係中產生的,它們互相對立而又相互依存、相互補充。二是"聖人"行事依照自然規律而不強作妄爲。萬物生長,各自展示自己的生命內涵,聖人僅僅輔而助之。人們要發揮自己固有的才能,成就偉大功業,但不能自居其功,恃功自傲。這一帶有辯證色彩的哲學觀和美學觀代表老子對人和物的普遍看法,是道家思想的精華所在。

天下皆知美之爲美,斯惡已[1];皆知善之爲善,斯不善已。故有無相生[2],難易相成[3],長短相形[4],高下相傾[5],音聲相和[6],前後相隨[7]。是以聖人處無爲之事[8],行不言之教[9],萬物作焉而不辭[10],生而不有[11],爲而不恃[12],成功不居[13]。夫唯不居,是以不去[14]。

（《老子校釋》,中華書局1984年版）

【注釋】

[1]"天下"二句：天下都知道美之所以爲美,醜的認識便產生了。惡：指醜。斯：連詞,就。已通"矣",句末語氣詞。　[2]生：產生、發生。　[3]成：成就、完成。　[4]形：通"行",呈現,表現。　[5]傾：傾斜,引申爲依靠。　[6]和：調和,和諧。　[7]隨：跟隨、隨順。　[8]是以：因此。聖人：有道、得道之人。道家的理想人物,無爲自化,委任自然。　[9]不言：不發號施令,不用政令。　[10]作：興起。辭：宣導。　[11]有：佔有。　[12]恃：依靠。

[13]居:居功誇耀。 [14]"夫唯"二句:正因爲不自居功,所以他的功績就不會泯滅。夫,句首語氣詞,表示將發議論。去:離開、丟失。

【集評】

(明)歸有光:林鬳齋曰:"此章即'有而不居'之意。美善不同,美而不知其美,善而不知其善,則無惡無不善矣。'相生相成'以下六句,皆喻上面'美惡善不善'之意,故聖人以無爲而爲,以不言而言,成功而不居,如天地之生萬物,何嘗恃之以爲能。故以'萬物作焉而不辭'三句發明之,即舜、禹有天下而不與之意,古聖人皆然,何特老子,但老子説得太刻苦,所以近于異端。末'夫惟不居,是以不去'八字最有味,《書》曰'有其善喪厥善',便是此意。" (《諸子彙函》卷二引,《四庫全書存目叢書》子部第126册,第73-74頁)

(明)陳深:"是以不去",結句妙奇有味。此老每用結句,一髮千鈞,氣雄夕春。

(《諸子品節》卷一,《四庫全書存目叢書》子部第122册,第256頁)

(清)王夫之:天下之變萬,而要歸於兩端。兩端生於一致,故方有"美"而方有"惡",方有"善"而方有"不善"。據一以概乎彼之不一,則白黑競而毀譽雜。聖人之"抱一"也,方其一與一爲二,而我徐處於中;故彼一與此一爲壘,乃知其本無壘也,遂坐而收之。壘立者"居",而坐收者"不去",是之謂善爭。 (《老子衍·莊子通·莊子解》,第5頁)

小國寡人

(春秋)李耳

【題解】

本篇是《老子》第八十章。小國寡人,是老子在古代農村生活的基礎上加以理想化的社會藍圖:没有剝削,没有戰爭,安居樂業,心態平靜,隔絕文明,民風質樸。這種烏托邦式的理想社會,雖然與社會歷史的發展背道而馳,但對後世文人產生了深遠影響,如《莊子·胠篋》中"絕聖棄知"的社會構想和陶淵明筆下的"桃花源"都是老子這一理想社會形式的延續和復現。

小國寡人[1]。使有什佰之器而不用[2],使人重死而不遠徙[3]。雖有舟轝[4],無所乘之;雖有甲兵[5],無所陳之[6]。使民復結繩而用之[7]。甘其食[8],美其服,安其居,樂其俗,鄰國相望,雞狗之聲相聞,民至老死,不相往來。

(《老子校釋》,中華書局1984年版)

【注釋】

[1]小國寡人:使國家狹小,人民稀少。 [2]什佰之器:各式各樣的器具。什佰,通"十百",皆言其多。 [3]重死:看重死亡,即重視生命。 [4]轝:車。 [5]甲兵:鎧甲和兵器,泛

指武器。　[6]陳:陳列。　[7]結繩:上古時期,文字出現之前,在繩子上打結用來計數和記事。　[8]甘其食:使人民有甘美的食物喫。“甘”及下文的“美”“安”“樂”都是使動用法。

【集評】

(明)陳深:清静之治,純樸之化,盛德者亦能爲之,非真結繩也。使民不作僞耳,漢文帝、汲黯皆能用之,況老子身親爲之,其作用當何如?

(《諸子品節》卷一,《四庫全書存目叢書》子部第122册,第269頁)

(清)姚鼐:上古建國多而小,後世建國多而大,周有方五百里,方四百里之國,國大人衆,雖欲返上古之治亦愈難矣,故老子欲小其國,寡其民。

(《老子章義》,《續修四庫全書》第954册,第657頁)

馮友蘭:此即《老子》之理想的社會也。此非只是原始社會之野蠻境界;此乃包含有野蠻之文明境界也。非無舟輿也,有而無所乘之而已。非無甲兵也,有而無所陳之而已。“甘其食,美其服”,豈原始社會中所能有者?可套《老子》之言曰:“大文明若野蠻。”野蠻的文明,乃最能持久之文明也。

(《中國哲學史》,第206頁)

逍　遥　遊

(戰國)莊周

【題解】

莊子(約前369—前286),名周,戰國時期宋國蒙(今河南商丘,一説今安徽蒙城)人。做過蒙地方的漆園吏。是戰國時期偉大的思想家、哲學家、文學家。原系楚國公族,楚莊王後裔,後因亂遷至宋國蒙。道家學説的主要創始人,與道家始祖老子並稱爲“老莊”。今本《莊子》三十三篇,包括内篇、外篇、雜篇。歷代學者多以爲内篇七篇爲莊子所作,外、雜篇的作者説法不一。古代注釋研究《莊子》者主要有晋郭象《莊子注》、宋林希逸《南華真經口義》、明焦循《莊子翼》、清王先謙《莊子集解》、郭慶藩《莊子集釋》等,近人今人注釋研究《莊子》較精當的有錢穆《莊子纂箋》、劉文典《莊子補證》、陳鼓應《莊子今注今譯》等。

本篇是《莊子》一書的首篇,也是莊子的代表篇目之一。逍遥,也寫作“消摇”,意思是優遊自得的樣子。“逍遥遊”就是没有任何束縛地、自由自在地活動。本文描述人生的逍遥境界,充滿了奇特的想象和浪漫的色彩,寓説理於寓言和生動的比喻中,形成獨特的風格。“逍遥遊”也是莊子哲學思想的一個重要方面。全篇以“小大之辯”爲中心線索,一再闡述追求精神世界的絶對自由和逍遥的人生境界,即“至人無己,神人無功,聖人無名”。在莊子的眼中,客觀現實中的一事一物,包括人類本身都是對立而又相互依存的,這就没有絶對的自由,要想無所依憑就得無己。因而他希望一切順乎自然,超脱於現實,否定人在社會生活中的一切作用,把人類的生活與萬物的生存混爲一體;提倡不滯於物,追求無條件的精神自由。《莊子》行文空靈飄逸,往往運用想象奇幻的寓言故事生動形象地闡發其玄奥的哲理,文筆誇張而活潑,想象豐富而奇特,文風汪洋恣肆,形象飛動,在本篇中得到了完美體現。

北冥有魚[1],其名爲鯤[2]。鯤之大,不知其幾千里也。化而爲鳥,其名爲鵬[3]。鵬之背,不知其幾千里也;怒而飛[4],其翼若垂天之雲[5]。是鳥也,海運則將徙於南冥[6]。南冥者,天池也[7]。《齊諧》者[8],志怪者也[9]。《諧》之言曰:"鵬之徙於南冥也,水擊三千里[10],摶扶摇而上者九萬里[11],去以六月息者也[12]。"野馬也[13],塵埃也,生物之以息相吹也[14]。天之蒼蒼,其正色邪?其遠而無所至極邪?其視下也,亦若是則已矣。且夫水之積也不厚,則其負大舟也無力。覆杯水於坳堂之上[15],則芥爲之舟[16];置杯焉則膠,水淺而舟大也。風之積也不厚,則其負大翼也無力,故九萬里,則風斯在下矣,而後乃今培風[17];背負青天而莫之夭閼者[18],而後乃今將圖南。

蜩與學鳩笑之曰[19]:"我決起而飛[20],搶榆枋[21],時則不至而控於地而已矣[22];奚以之九萬里而南爲[23]?"適莽蒼者[24],三飡而反[25],腹猶果然[26];適百里者,宿舂糧[27];適千里者,三月聚糧。之二蟲又何知!

小知不及大知[28],小年不及大年。奚以知其然也?朝菌不知晦朔[29],蟪蛄不知春秋[30],此小年也。楚之南有冥靈者[31],以五百歲爲春,五百歲爲秋;上古有大椿者[32],以八千歲爲春,八千歲爲秋。而彭祖乃今以久特聞[33],衆人匹之[34],不亦悲乎!

湯之問棘也是已[35]。窮髮之北有冥海者[36],天池也。有魚焉,其廣數千里,未有知其修者[37],其名爲鯤。有鳥焉,其名爲鵬,背若太山[38],翼若垂天之雲;摶扶摇羊角而上者九萬里[39],絶雲氣[40],負青天,然後圖南,且適南冥也。斥鴳笑之曰[41]:"彼且奚適也?我騰躍而上,不過數仞而下[42],翱翔蓬蒿之間,此亦飛之至也。而彼且奚適也?"此小大之辯也[43]。

故夫知效一官[44],行比一鄉[45],德合一君,而徵一國者[46],其自視也亦若此矣。而宋榮子猶然笑之[47]。且舉世而譽之而不加勸[48],舉世而非之而不加沮[49],定乎内外之分[50],辯乎榮辱之境,斯已矣。彼其於世,未數數然也[51]。雖然,猶有未樹也。夫列子御風而行[52],泠然善也[53],旬有五日而後反[54]。彼於致福者[55],未數數然也。此雖免乎行,猶有所待者也[56]。若夫乘天地之正[57],而御六氣之辯[58],以遊無窮者,彼且惡乎待哉[59]!故曰:至人無己[60],神人無功[61],聖人無名[62]。

堯讓天下於許由[63],曰:"日月出矣而爝火不息[64],其於光也,不亦難乎!時雨降矣而猶浸灌,其於澤也,不亦勞乎!夫子立而天下治[65],而我猶尸之[66],吾自視缺然。請致天下。"

許由曰："子治天下，天下既已治也。而我猶代子，吾將爲名乎？名者，實之賓也；吾將爲賓乎？鷦鷯巢於深林[67]，不過一枝；偃鼠飲河[68]，不過滿腹。歸休乎君[69]，予無所用天下爲！庖人雖不治庖[70]，尸祝不越樽俎而代之矣[71]。"

肩吾問於連叔曰[72]："吾聞言於接輿[73]：大而無當，往而不反。吾驚怖其言，猶河漢而無極也[74]；大有逕庭，不近人情焉。"連叔曰："其言謂何哉？"曰："藐姑射之山[75]，有神人居焉，肌膚若冰雪，淖約若處子[76]，不食五穀，吸風飲露。乘雲氣，御飛龍，而游乎四海之外。其神凝[77]，使物不疵癘而年穀熟[78]。吾以是狂而不信也。"連叔曰："然。瞽者無以與乎文章之觀[79]，聾者無以與乎鐘鼓之聲；豈唯形骸有聾盲哉？夫知亦有之[80]。是其言也，猶時女也[81]。之人也，之德也，將旁礴萬物以爲一[82]，世蘄乎亂[83]，孰弊弊焉以天下爲事[84]！之人也，物莫之傷，大浸稽天而不溺[85]，大旱金石流土山焦而不熱。是其塵垢粃糠，將猶陶鑄堯舜者也[86]，孰肯以物爲事！宋人資章甫而適諸越[87]，越人斷髮文身[88]，無所用之。堯治天下之民，平海內之政，往見四子藐姑射之山[89]，汾水之陽[90]，窅然喪其天下焉[91]。"

惠子謂莊子曰[92]："魏王貽我大瓠之種[93]，我樹之成而實五石[94]。以盛水漿，其堅不能自舉也。剖之以爲瓢，則瓠落無所容[95]。非不呺然大也[96]，吾爲其無用而掊之[97]。"莊子曰："夫子固拙於用大矣。宋人有善爲不龜手之藥者[98]，世世以洴澼絖爲事[99]。客聞之，請買其方百金[100]。聚族而謀曰：'我世世爲洴澼絖，不過數金；今一朝而鬻技百金[101]，請與之。'客得之，以說吴王。越有難，吴王使之將，冬與越人水戰，大敗越人，裂地而封之。能不龜手，一也；或以封，或不免於洴澼絖，則所用之異也。今子有五石之瓠，何不慮以爲大樽而浮於江湖[102]，而憂其瓠落無所容？則夫子猶有蓬之心也夫[103]！"

惠子謂莊子曰："吾有大樹，人謂之樗[104]；其大本擁腫而不中繩墨[105]，其小枝卷曲而不中規矩[106]。立之塗[107]，匠者不顧。今子之言，大而無用，衆所同去也。"莊子曰："子獨不見狸狌乎[108]？卑身而伏，以候敖者[109]；東西跳樑[110]，不辟高下[111]；中於機辟[112]，死於罔罟[113]。今夫斄牛[114]，其大若垂天之雲。此能爲大矣，而不能執鼠。今子有大樹，患其無用，何不樹之於無何有之鄉[115]，廣莫之野，彷徨乎無爲其側[116]，逍遙乎寢臥其下；不夭斤斧[117]，物無害者。無所可用，安所困苦哉！"

（《莊子集釋》卷一上，中華書局2004年版）

【注釋】

[1]北冥：北方的大海。水深而黑。 [2]鯤（kūn）：這裏借指大魚之名。 [3]鵬：傳說中最大的鳥。 [4]怒：奮起。 [5]垂：邊遠；這個意義後代寫作"陲"。一説遮，遮天。 [6]海

運:海水翻騰,這裏指洶湧的海濤。一説指鵬鳥在海面飛行。 [7]天池:天然的大池。 [8]齊諧:書名。一説人名。 [9]志:記載。 [10]擊:拍打,這裏指鵬鳥奮飛而起,雙翼拍打水面。 [11]摶(tuán):環繞而上。一説"摶"當作"搏"(bó),拍擊的意思。扶搖:又名叫飆,由地面急劇盤旋而上的暴風。 [12]去以六月息:大鵬一飛半年,到南海才休息。去:離,這裏指離開北海。息:停歇。 [13]野馬:春天林澤中的游氣。游氣浮動狀如奔馬,故名"野馬"。 [14]生物:概指各種有生命的東西。息:這裏指有生命的東西呼吸所產生的氣息。 [15]覆:傾倒。坳(ào):坑凹處,"坳堂"指廳堂地面上的坑凹處。 [16]芥:小草。 [17]培:通作"憑",憑藉。 [18]夭閼(è):又寫作"夭遏",意思是遏阻、阻攔。"莫之夭閼"即"莫夭閼之"的倒裝。 [19]蜩(tiáo):蟬。學鳩:一種小灰雀,這裏泛指小鳥。 [20]決(xuè):迅疾的樣子。 [21]榆枋:兩種樹名。 [22]控:投下,落下來。 [23]奚以:何以。 [24]莽蒼:指迷茫看不真切的郊野。 [25]飡(cān):通"餐"。反:通"返"。 [26]果然:飽的樣子。 [27]宿:這裏指一夜。 [28]知(zhì):通"智",智慧。 [29]晦朔:一個月的最後一天和最初天。一説"晦"指黑夜,"朔"指清晨。 [30]蟪蛄(huìgū):即寒蟬,春生夏死或夏生秋死。 [31]冥靈:傳説中的大龜,一説樹名。 [32]大椿:傳説中的古樹名。 [33]彭祖:古代傳説中的長壽人,歷虞夏至商周,年八百餘歲。 [34]匹:配,比。 [35]湯:商湯。棘:湯時的賢大夫。 [36]窮髮:不長草木的地方。 [37]修:長度。 [38]太山:大山。一説即泰山。 [39]羊角:旋風,迴旋向上如羊角狀。 [40]絶:超越,穿過。 [41]斥鴳(yàn):一種小鳥。 [42]仞:古代長度單位,周制爲八尺,漢制爲七尺;這裏應從周制。 [43]辯:通作"辨",辨别、區分的意思。 [44]效:功效;這裏含有勝任的意思。官:官職。 [45]行(xìng):品行。比:比並。 [46]而徵一國:而取得一國之人的信任。徵:取信。 [47]宋榮子:一名宋鈃,宋國人,戰國時期的思想家。猶然:譏笑的樣子。 [48]勸:勸勉,努力。 [49]非:責難,批評。沮(jǔ):沮喪。 [50]内外:這裏分别指自身和身外之物。 [51]數(shuò)數然:急急忙忙的樣子。 [52]列子:鄭國人,名列禦寇,戰國時代思想家。 [53]泠(líng)然:輕盈美好的樣子。 [54]旬:十天。有:又。 [55]致:羅致,這裏有尋求的意思。 [56]待:憑藉,依靠。 [57]乘:遵循,憑藉。天地:這裏指萬物,指整個自然界。正:本,這裏指自然的本性。 [58]御:含有因循、順着的意思。六氣:指陰、陽、風、雨、晦、明。辯:通作"變",變化的意思。 [59]惡(wū):何,什麼。 [60]至人:這裏指道德修養最高尚的人。無己:清除外物與自我的界限,達到忘掉自己的境界。 [61]神人:這裏指精神世界完全能超脱於物外的人。無功:不建樹功業。 [62]聖人:這裏指思想修養臻於完美的人。無名:不追求名譽地位。 [63]許由:字武仲,潁川人,上古傳説中的高士。相傳堯讓天下給他,不受,逃隱箕山,農耕而食。堯又召爲九州長,不欲聞,洗耳於潁水之濱。 [64]爝(jué)火:小火把。此指光之小者。 [65]夫子:指許由。 [66]尸:古時享祭的神主,引申爲無其實而空居名位的人。 [67]鷦鷯(jiāoliáo):善於築巢的小鳥,喜居樹林深處。 [68]偃鼠:即鼹鼠,常穿行耕地中,好飲河水。 [69]歸休乎君:是"君歸休乎"的倒裝句。君:指堯。 [70]庖人:廚工。不治庖:不下廚。 [71]祝:執掌祭祀的官。因其對神主(尸)而祝,故稱"尸祝"。樽:酒器。俎:盛肉之器。越樽俎而代之:比喻超越許可權代替别人辦事。今作"越俎代庖"。 [72]肩吾、連叔：二人當是莊子虛構的有道之人。 [73]接輿：春秋時楚國隱士，佯狂避世，與孔子同時。 [74]河漢：天上的銀河。 [75]藐姑射之山：傳説中的仙山。 [76]淖約：通"綽約"，體態柔美的樣子。處子：處女。 [77]凝：精神專注。 [78]疵癘(lì)：惡疾。 [79]瞽(gǔ)者：盲人。與：參與。文章：文采。 [80]知：通"智"。 [81]時：通"是"。女：通"汝"。 [82]旁礴(bō)：形容無所不包、無所不及。[83]蘄(qí)：通"祈"，求。 [84]弊弊：慘澹經營，疲憊不堪。 [85]大浸：大水。稽：至。[86]粃糠：亦作秕糠。穀不熟爲粃穀皮爲糠。比喻瑣細無用之物，猶言糟粕、渣滓。陶鑄：燒制瓦器和熔鑄金屬的模具。這裏是培植、造就的意思。 [87]章甫：禮冠。 [88]斷髮：剪斷長髮。文身：身刺花紋。 [89]四子：相傳指王倪、齧缺、被衣、許由。《莊子》書中視之爲得道者。 [90]汾水之陽：汾水之北。指今山西平陽縣，相傳堯曾都於此。 [91]窅(yǎo)然：悵然。喪：忘。 [92]惠子：即惠施，宋人，戰國時的思想家。曾任魏國相，與莊子同時。 [93]瓠(hù)：葫蘆。 [94]五石：言葫蘆之大可容五石。 [95]瓠落：廓落，大而平淺。 [96]呺(xiāo)然：虛大的樣子。 [97]掊(pǒu)：擊破。 [98]龜(jūn)：通"皸"，皮膚因受凍而裂。 [99]洴澼(píngpì)：漂洗。絖(kuàng)：細棉絮。 [100]金：古代金大一方寸、重一斤爲一金。 [101]鬻(yù)：賣，售。技：指制藥的技能。 [102]慮：通"攄"，挖空。一説，作結縛解。大樽：即腰舟，形如酒器縛在身上，浮於江湖。 [103]有蓬之心：喻指惠子見解迂曲狹隘。 [104]樗(chū)：俗名臭椿，樹幹高大而木質粗劣。[105]擁腫：同臃腫，指樹幹多贅瘤。中：合。繩墨：木匠用以取直的工具。 [106]卷：通"蜷"。規：木匠用以求圓的工具。矩：木匠用以求方的工具。 [107]塗：通"途"。[108]狸：通"貍"，野貓。狌(hēng)：俗名黄鼠狼。 [109]敖：通"遨"。敖者，即遊者，指來來往往的雞鼠之類動物。 [110]跳樑：通"跳踉"，跳躍。 [111]辟：通"避"。 [112]機：弩機。辟：陷阱。 [113]罔：通"網"。罟(gǔ)：網的通稱。 [114]斄(lí)牛：即旄牛，產於我國西部高原草場，形體較大。 [115]無何有之鄉：莊子所幻想的超越時空、一無所有、絶對自由的境界。 [116]無爲：無所事，無所用心。 [117]夭：夭折。斤：大斧。

【集評】

(南宋)林希逸："逍遥遊"者，此篇所立之名也。《内篇》有七，皆以三字名之。遊者，心有天遊也；逍遥，言優遊自在也。《論語》之門人形容夫子只一"樂"字。三百篇之形容人物，如《南有樛木》，如《南山有臺》曰："樂只君子"，亦止一"樂"字。此之所謂"逍遥遊"，即《詩》與《論語》所謂"樂"也。

(《莊子鬳齋口義校注》卷一，第1頁)

(清)劉熙載：莊子文法斷續之妙，如《逍遥遊》忽説鵬，忽説蜩與鷽鳩、斥鴳，是爲斷；下乃接之曰"此大小之辯也"，則上文之斷處皆續矣，而下文宋榮子、許由、接輿、惠子諸處，亦無不續矣。……文之神妙，莫過於能飛。莊子之言鵬曰"怒而飛"，今觀其文，無端而來，無端而去，殆得"飛"之機者。烏知非鵬之學爲周耶？

(《文概》，《藝概》卷一，第7-8頁)

(清)林雲銘：篇中忽而敘事，忽而引證，忽而譬喻，忽而議論，以爲斷而未斷，以爲續而非續，以爲複而非複，只見雲氣空濛，往反紙上，頃刻之間，頓成異觀。

(《莊子因》,第10頁)

(清)王夫之:寓形於兩間,遊而已矣。無小無大,無不自得而正。其行也無所圖,其反也無所息,無待也。無待者:不待物以立己,不待事以立功,不待實以立名。小大一致,休于天均,則無不逍遥也。逍者,向於消也,過而忘也。遥者,引而遠也,不局於心知之靈也。故物論可齊,生主可養,形可忘而德充,世可入而害遠,帝王可應而天下治,皆吻合於大宗以忘生死;無不可遊也,無非遊也。(《老子衍•莊子通•莊子解》,第75頁)

莊周夢蝶

(戰國)莊周

【題解】

本篇選自《莊子•齊物論》。《齊物論》是闡述莊子哲學思想的重要篇章之一,其核心是論述相對主義的認識論。莊子認爲,萬物都是道的體現,是齊同的,"以道觀之,物無貴賤"(《秋水》),因此,人們對客觀事物的評論和認識也應該是齊同的、平等的。本篇中,莊子設爲現身説法,認爲夢與覺、周與蝶没有什麽不同,都是道的"物化"現象。所謂"物化",就是物我界限消解,萬物融化爲一。

昔者莊周夢爲胡蝶[1],栩栩然胡蝶也[2],自喻適志與[3]! 不知周也。俄然覺,則蘧蘧然周也[4]。不知周之夢爲胡蝶與,胡蝶之夢爲周與? 周與胡蝶,則必有分矣[5]。此之謂物化[6]。

(《莊子集釋》卷一下,中華書局2004年版)

【注釋】

[1]昔者:夜間。"昔"通"夕"。 [2]栩栩:一作"翩翩",形容蝴蝶輕盈飛舞的樣子。 [3]喻:通"愉",快樂。適志:快意。 [4]蘧蘧然:驚動的樣子。 [5]"周與"兩句:(以世人的眼光來看)則莊周與蝴蝶必有分別了。 [6]物化:指泯滅萬物差别,融化爲一的同化和諧境界。

【集評】

(唐)成玄英:俄傾之間,夢罷而覺,驚怪思省,方是莊周。

(《莊子集释》卷一下,第113頁)

(南宋)林希逸:此篇立名,主於齊物論,末後卻撰出兩箇譬喻,如此其文絕奇,其意又奥妙,人能悟此,則又何是非之可爭! 即所謂死生無變於己,而況利害之端之意。首尾照應,若斷而復連,若相因而不相續,全是一片文字。筆勢如此起伏,讀得透徹,自有無窮之味。

(《莊子鬳齋口義校注》卷一,第45頁)

（清）王夫之：聲皆化也，未有定也。而但化爲聲，則亦如比竹之吹，宫商殊而交不相爭，一鷇音耳。是非之所自成，非聲之能有之也，而皆依乎形。有形則有象，有象則有數，因而有大有小，有彼有是，有是有非；知繇以起，名繇以立，義繇以別，以極乎儒墨之競爭，皆形爲之也。而孰知形亦物之化，而非道之成純者乎？故於篇終申言物化，以見是非之在物者，本無已信之成形。夢也，覺也，周也，蝶也，孰是而孰非？物化無成之可師，一之於天均，而化聲奚有不齊哉？此以奪儒墨之所據，而使蕩然於未始有無之至齊者也。

（《老子衍·莊子通·莊子解》，第103頁）

公　輸

（戰國）墨翟

【題解】

墨翟（前480？—前390？），戰國初期魯國人，曾任宋國大夫。主張"兼愛""非攻""節用""尚同"之説，是先秦諸子中唯一反映下層利益、反對貴族化的學説，與儒家並稱當世"顯學"。《漢書·藝文志》著録《墨子》七十一篇，今存五十三篇。《墨子》語言樸實無華，但説理透徹，鞭辟入裏。注釋本以清末孫詒讓《墨子閒詁》與今人吴毓江《墨子校注》最有價值。

本篇是《墨子》第五十篇，主要記載墨子通過説理和行動制止楚國攻打宋國，反映了墨子的"非攻"思想。這一思想代表著當時人民渴望和平的普遍願望，難能可貴。文章故事情節曲折生動，人物形象栩栩如生，同時表現了墨子深謀遠慮、捨身救世、不畏強暴的高尚精神和機智敏鋭、能言善辯的智慧。

公輸盤爲楚造雲梯之械成[1]，將以攻宋。子墨子聞之[2]，起於齊[3]，行十日十夜而至於郢[4]，見公輸盤。

公輸盤曰："夫子何命焉爲？"子墨子曰："北方有侮臣者，願藉子殺之[5]。"公輸盤不説[6]。子墨子曰："請獻十金[7]。"公輸盤曰："吾義固不殺人！"子墨子起，再拜曰："請説之。吾從北方，聞子爲梯，將以攻宋。宋何罪之有？荆國有餘於地[8]，而不足於民[9]。殺所不足，而爭所有餘[10]，不可謂智。宋無罪而攻之，不可謂仁。知而不爭，不可謂忠。爭而不得，不可謂強。義不殺少而殺衆，不可謂知類[11]。"公輸盤服。子墨子曰："然乎不已乎？"公輸盤曰："不可。吾既已言之王矣。"子墨子曰："胡不見我於王？"公輸盤曰："諾！"

子墨子見王，曰："今有人於此，舍其文軒[12]，鄰有敝轝，而欲竊之；舍其錦繡，鄰有短褐[13]，而欲竊之；舍其粱肉[14]，鄰有糠糟，而欲竊之。此爲何若人[15]？"王曰："必爲竊疾矣[16]。"子墨子曰："荆之地，方五千里，宋之地，方五百里，此猶文軒之與敝轝也；荆有雲夢[17]，犀兕麋鹿滿之[18]，江漢之魚鱉黿鼉爲天下富[19]，宋所爲無雉兔狐貍者也[20],此猶粱肉之與糠糟也;荊有長松、文梓、楩枏、豫章[21],宋無長木,此猶錦繡之與短褐也。臣以三事之攻宋也,爲與此同類。臣見大王之必傷義而不得。”王曰:“善哉!雖然,公輸盤爲我爲雲梯,必取宋。”

於是見公輸盤。子墨子解帶爲城,以牒爲械[22],公輸盤九設攻城之機變,子墨子九距之。公輸盤之攻械盡,子墨子之守圉有餘[23]。公輸盤詘[24],而曰:“吾知所以距子矣[25],吾不言。”子墨子亦曰:“吾知子之所以距我,吾不言。”楚王問其故。子墨子曰:“公輸子之意,不過欲殺臣;殺臣,宋莫能守,可攻也。然臣之弟子禽滑釐等三百人[26],已持臣守圉之器,在宋城上而待楚寇矣。雖殺臣,不能絕也。”楚王曰:“善哉!吾請無攻宋矣。”

子墨子歸,過宋。天雨,庇其閭中,守閭者不內也[27]。故曰:“治於神者[28],眾人不知其功。爭於明者[29],眾人知之。”

(《墨子閒詁》卷十三,中華書局1986年版)

【注釋】

[1]公輸般:魯國人,姓公輸,名般,亦稱魯班。雲梯:攻城時用的長梯。 [2]子墨子:指墨翟。姓氏前加“子”,是弟子對老師的敬稱。 [3]起於齊:從齊國出發。 [4]郢(Yǐng):楚國都城,在今湖北荊州西北。 [5]藉子:借您的手。 [6]說:通“悅”。 [7]金:貨幣,引申爲貨幣單位。 [8]荊國:楚國。 [9]不足於民:人口不足。 [10]爭:通“諍”,規諫。 [11]知類:懂得根據同類事情進行類推。 [12]文軒:塗飾文采的車子。 [13]短褐(hè):貧賤者穿的粗布衣。 [14]粱肉:精美的食物。 [15]何若人:什麼樣的人。 [16]竊疾:偷竊成性的毛病。 [17]雲夢:楚國境內的大澤,跨長江南北,包括今天的洞庭湖和洪湖等湖泊。 [18]兕(sì):獨角犀牛。 [19]黿(yuán):團魚,即鱉。鼉(tuó):揚子鰐,鱷魚的一種。 [20]雉:野雞。 [21]文梓:梓樹,因文理細密,故稱“文梓”。楩枏(pián nán):黃楩木和楠樹。豫章:樟樹。 [22]牒:小木棍。 [23]圉:通“御”。 [24]詘(qū):通“屈”,竭盡。 [25]距:通“拒”。 [26]禽滑釐:人名,墨子大弟子。 [27]內:通“納”,放進去。 [28]神:神奇、神秘,這裏指一般人不理解的大智慧、大利益。 [29]明:與“神”相對,一般人能理解的小智慧、小利益。

【集評】

(明)樓昉:“義不殺人”一句,是子墨子逆誘他出來,下方把攻宋事好開口。此是將他言語制他辯士懸河之口也。

(《二十九子品彙釋評》卷十二引,《四庫全書存目叢書》子部第133冊,第635頁)

張之純:全篇大意,不過一喻一正。見公輸盤一段,先諷以北方侮臣,後始援攻宋之非,層層駁責,此爲前半篇之一喻一正。見王一段,先舉忘己之有,而攘取他人者,然後質言楚之不必取宋,此爲下半篇之一喻一正。

(《諸子菁華録·墨子》,《墨子大全》第32冊,第600-601頁)

五　　蠹（節選）

（戰國）韓非

【題解】

韓非（約前280—前233），戰國末期韓國的公子，思想家荀子的學生，喜好黄老刑名法術之學，先秦法家思想的集大成者。其著作收集在《韓非子》中，共二十卷五十五篇。全書以論説爲主，分析透闢，切合事理，言辭峭刻，鋒芒逼人。《韓非子》注本中，較好的有清人王先慎《韓非子集解》和今人陳奇猷《韓非子新校注》。

本文節選自韓非《韓非子·五蠹》。五蠹（dù），指當時社會上的五種人："學者"，指戰國末期的儒生；"言談者"，指縱横家；"帶劍者"，指遊俠；"患禦者"，指逃避兵役的人，一説依附貴族私門的人；"工商之民"，指商賈和工匠。韓非曰："此五者，邦之蠹也。"蠹，蛀蟲。韓非認爲這五種人無益於耕戰，就像蛀蟲那樣有害於社會。

儒以文亂法[1]，俠以武犯禁[2]，而人主兼禮之[3]，此所以亂也。夫離法者罪[4]，而諸先生以文學取[5]；犯禁者誅，而群俠以私劍養[6]。故法之所非，君之所取；吏之所誅，上之所養也。法趣上下四相反也[7]，而無所定，雖有十黄帝不能治也。故行仁義者非所譽，譽之則害功[8]；工文學者非所用，用之則亂法。楚之有直躬[9]，其父竊羊而謁之吏[10]。令尹曰[11]："殺之！"以爲直於君而曲於父，報而罪之[12]。以是觀之，夫君之直臣，父之暴子也。魯人從君戰，三戰三北。仲尼問其故，對曰："吾有老父，身死，莫之養也。"仲尼以爲孝，舉而上之。以是觀之，夫父之孝子，君之背臣也。故令尹誅而楚姦不上聞，仲尼賞而魯民易降北[13]。上下之利若是其異也，而人主兼舉匹夫之行，而求致社稷之福，必不幾矣[14]。

古者蒼頡之作書也[15]，自環者謂之私，背私謂之公，公私之相背也，乃蒼頡固以知之矣。今以爲同利者，不察之患也，然則爲匹夫計者，莫如修行義而習文學[16]。行義修則見信，見信則受事[17]；文學習則爲明師，爲明師則顯榮。此匹夫之美也。然則無功而受事，無爵而顯榮，有政如此，則國必亂主必危矣。故不相容之事不兩立也。斬敵者受賞，而高慈惠之行；拔城者受爵禄[18]，而信廉愛之説；堅甲厲兵以備難，而美薦紳之飾[19]；富國以農，距敵恃卒[20]，而貴文學之士；廢敬上畏法之民，而養遊俠私劍之屬。舉行如此，治強不可得也。國平養儒俠，難至用介士[21]，所利非所用，所用非所利。是故服事者簡其業[22]，而遊學者日衆，是世之所以亂也。

…………

今境内之民皆言治,藏商、管之法者家有之[23],而國愈貧,言耕者眾,執耒者寡也[24];境内皆言兵,藏孫、吴之書者家有之[25],而兵愈弱,言戰者多,被甲者少也[26]。故明主用其力,不聽其言;賞其功,必禁無用。故民盡死力以從其上。夫耕之用力也勞,而民爲之者,曰:"可得以富也。"戰之爲事也危,而民爲之者,曰:"可得以貴也。"今修文學,習言談,則無耕之勞而有富之實,無戰之危而有貴之尊,則人孰不爲也?是以百人事智而一人用力,事智者眾則法敗,用力者寡則國貧,此世之所以亂也。故明主之國,無書簡之文,以法爲教;無先王之語,以吏爲師;無私劍之捍[27],以斬首爲勇[28]。是境内之民,其言談者必軌於法,動作者歸之於功[29],爲勇者盡之於軍。是故無事則國富,有事則兵强,此之謂王資[30]。既畜王資而承敵國之舋[31],超五帝侔三王者[32],必此法也。

今則不然,士民縱恣於内,言談者爲勢於外,外内稱惡,以待强敵,不亦殆乎!故群臣之言外事者,非有分於從衡之黨[33],則有仇讎之忠,而借力於國也。從者,合眾弱以攻一强也;而衡者,事一强以攻眾弱也。皆非所以持國也。今人臣之言衡者,皆曰:"不事大則遇敵受禍矣。"事大未必有實[34],則舉圖而委[35],效璽而請兵矣。獻圖則地削,效璽則名卑;地削則國削,名卑則政亂矣。事大爲衡未見其利也,而亡地亂政矣。人臣之言從者,皆曰:"不救小而伐大則失天下,失天下則國危,國危而主卑。"救小未必有實,則起兵而敵大矣。救小未必能存,而交大未必不有疏,有疏則爲强國制矣。出兵則軍敗,退守則城拔。救小爲從未見其利,而亡地敗軍矣。是故事强則以外權士官於内[36];救小則以内重求利於外[37]。國利未立,封土厚禄至矣。主上雖卑,人臣尊矣;國地雖削,私家富矣。事成則以權長重,事敗則以富退處。人主之聽説於其臣,事未成則爵禄已尊矣;事敗而弗誅,則遊説之士孰不爲用矰繳之説而徼倖其後[38]?故破國亡主以聽言談者之浮説,此其故何也?是人君不明乎公私之利,不察當否之言,而誅罰不必其後也。皆曰:"外事[39],大可以王,小可以安。"夫王者,能攻人者也;而安,則不可攻也。强,則能攻人者也;治,則不可攻也。治强不可責於外,内政之有也。今不行法術於内,而事智於外,則不至於治强矣。

…………

夫明王治國之政,使其商工遊食之民少而名卑,以寡趣本務而趨末作[40]。今世近習之請行則官爵可買[41];官爵可買則商工不卑也矣。姦財貨賈得用於市,則商人不少矣。聚斂倍農而致尊過耕戰之士,則耿介之士寡而高價之民多矣。

是故亂國之俗,其學者,則稱先王之道以籍仁義[42],盛容服而飾辯説,以疑當世之法而貳人主之心[43]。其言古者,爲設詐稱[44],借於外力,以成其私而遺社稷之利。其帶劍者,聚徒屬,立節操,以顯其名而犯五官之禁[45]。其患御者,積於私門,盡貨賂而用重人之謁[46],退汗馬之勞。其商工之民,修治苦窳之器[47],

聚弗靡之財[48]，蓄積待時而侔農夫之利[49]。此五者，邦之蠹也。人主不除此五蠹之民，不養耿介之士，則海內雖有破亡之國，削滅之朝，亦勿怪矣。

（《韓非子集解》卷十九，中華書局1998年版）

【注釋】

[1]文：文學。 [2]俠：遊俠，即“帶劍者”。 [3]兼禮之：對他們的推崇。 [4]離：通“罹”，觸犯。 [5]取：被録用。 [6]私劒：爲私仇而仗劒行刺。 [7]趣：通“取”。 [8]功：指耕戰之事。 [9]直躬：人名，因其身正直而得名。 [10]謁：稟告。 [11]令尹：官名，相當於諸侯國之相。 [12]報：判決。 [13]北：通“背”，敗逃。 [14]幾：通“冀”，希望。 [15]蒼頡：相傳爲黄帝的史官，漢字的創造者。 [16]行義：指道德品行。 [17]受事：指接受官職。 [18]拔城：攻克城池。 [19]薦紳：插笏於衣帶，指高級官吏的裝束。 [20]距：通“拒”。 [21]介士：指披甲的士兵。 [22]服事者：服役的人，指農民與士兵。簡其業：怠慢其工作。 [23]商、管：商鞅與管仲。 [24]耒：泛指農具。 [25]孫：指孫武或孫臏。吴：指吴起。 [26]被：通“披”。 [27]捍：通“悍”，強悍。 [28]斬首：指作爲士兵在戰場上殺敵。 [29]動作者：指勞動的人。 [30]王資：指建立王業的資本。 [31]畜：通“蓄”，積蓄。承：通“乘”，趁機。 [32]侔：相等。 [33]有分於：從屬於。從横：即縱横，指合縱與連横。 [34]有實：要有實際行動。 [35]圖：國家的版圖。 [36]事強：指連横。 [37]救小：指合縱。 [38]矰繳：用來射鳥的尾部帶有絲繩的箭。這裏比喻縱横説客用以獵取功名富貴的巧言妙語。 [39]外事：外交。 [40]本務：指農業。 [41]近習：指國君身邊的親信。 [42]籍：通“藉”，憑藉。 [43]貳：動搖。 [44]爲：通“僞”，説謊。 [45]五官：指司徒、司馬、司空、司士、司寇。 [46]重人：掌握權勢之人。 [47]苦窳（yǔ）之器：粗劣的器物。 [48]弗：通“費”，奢侈。 [49]侔：通“牟”，謀取。

【集評】

（西漢）司馬遷：人或傳書至秦。秦王見《孤憤》《五蠹》之書，曰：“嗟乎，寡人得見此人與之遊，死不恨矣！”李斯曰：“此韓非之所著書也。”秦因急攻韓。韓王始不用非，及急，乃遣非使秦。秦王悦之，未信用。李斯、姚賈害之。毁之曰：“韓非，韓之諸公子也。今王欲並諸侯，非終爲韓不爲秦，此人之情也。今王不用，久留而歸之，此自遺患也，不如以過法誅之。”

（《老子韓非列傳》，《史記》卷六十三，第2155頁）

（明）楊慎：非見五蠹之民浮言亂國，遂謂《詩》《書》不如法律，仁義不如耕戰，至欲去文學而以吏爲師，以法爲教，皆憤世之詞也，而其流遂爲焚坑之禍，而非亦不知其至此也。若其文之怪奇高妙，則西漢以後不如之遠矣。

（《諸子彙函》卷十二引，《四庫全書存目叢書》子部第126册，第465頁）

（明）張賓王：《五蠹》《顯學》篇，是韓子絕妙文字。

（《諸子彙函》卷十二引，《四庫全書存目叢書》子部第126册，第465頁）

二、縱横兵農

蘇秦始將連横

《戰國策》

【題解】

據劉向《戰國策書録》，西漢皇家秘府藏書有《國策》《國事》《短長》《事語》《長書》《修書》等，當爲戰國策士之作，具體作者已不可考。劉向編校諸書，按國别和大致年代整理而成《戰國策》，包括西周、東周、秦、齊、楚、趙、魏、韓、燕、宋、衛、中山十二策，記事自春秋末至楚漢之起約245年，共三十三篇。1973年，長沙馬王堆三號漢墓出土大量帛書，與蘇秦等戰國策士相關的共二十七章，整理定名爲《戰國縱横家書》。其中十一章在《戰國策》《史記》中有對應部分，另十六章則不見於現存文獻，具有很高的史料價值。

本篇選自《戰國策·秦策一》。作爲戰國縱横家代表之一，蘇秦以合六國之縱對抗秦國而著稱於世。本篇記録了蘇秦因主張連横失敗而改弦更張、推行合縱的過程。篇中所涉部分史實有不確之處（可參看繆文遠《戰國策考辨》），當摻入後來辯士的誇飾和想象，體現了歷史與文學的複雜關係。本篇敘事前後對照呼應，通過語言、外貌、心理多重刻畫人物形象，頗具戲劇性。蘇秦及其父母、妻嫂對勢位富貴的熱衷，與家庭倫理關係的異化，觸及複雜人性的深處。蘇秦遊説秦惠王之辭，善於排比鋪陳地形、列舉史事，氣勢充沛，向來爲人稱道。

蘇秦始將連横[1]，説秦惠王曰[2]："大王之國，西有巴、蜀、漢中之利[3]，北有胡貉、代馬之用[4]，南有巫山、黔中之限[5]，東有肴、函之固[6]。田肥美，民殷富，戰車萬乘，奮擊百萬[7]，沃野千里，蓄積饒多，地勢形便[8]，此所謂'天府'[9]，天下之雄國也。以大王之賢，士民之衆，車騎之用，兵法之教，可以并諸侯，吞天下，稱帝而治。願大王少留意，臣請奏其效[10]。"

秦王曰："寡人聞之：毛羽不豐滿者不可以高飛，文章不成者不可以誅罰[11]，道德不厚者不可以使民，政教不順者不可以煩大臣[12]。今先生儼然不遠千里而庭教之[13]，願以異日[14]。"

蘇秦曰："臣固疑大王之不能用也。昔者神農伐補遂[15]，黄帝伐涿鹿而禽蚩尤[16]，堯伐驩兜[17]，舜伐三苗[18]，禹伐共工[19]，湯伐有夏[20]，文王伐崇[21]，武王伐紂，齊桓任戰而伯天下[22]。由此觀之，惡有不戰者乎[23]？古者使車轂擊馳[24]，言語相結[25]，天下爲一；約從連横，兵革不藏；文士並餝[26]，諸侯亂惑；萬端俱起[27]，不可勝理；科條既備[28]，民多僞態；書策稠濁[29]，百姓不足；上下相愁，民無所聊[30]；明言章理[31]，兵甲愈起；辯言偉服[32]，戰攻不息；繁稱文辭，天下不治；舌弊耳聾[33]，不見成功；行義約信[34]，天下不親。於是，乃廢文任武，厚養死士，綴甲厲兵[35]，效勝於戰場[36]。夫徒處而致利，安坐而廣地，雖古五帝、三王、五伯、明主賢君[37]，常欲坐而致之，其勢不能，故以戰續之。寬則兩軍相攻，迫則杖戟相橦[38]，然後可建大功。是故兵勝於外，義强於内；威立於上，民服於下。今欲并天下，凌萬乘[39]，詘敵國[40]，制海内，子元元[41]，臣諸侯，非兵不可！今之嗣主[42]，忽於至道[43]，皆惛於教[44]，亂於治，迷於言，惑于語，沈於辯[45]，溺於辭。以此論之，王固不能行也。"

説秦王書十上而説不行，黑貂之裘弊，黄金百斤盡，資用乏絶，去秦而歸。羸縢履蹻[46]，負書擔橐[47]，形容枯槁，面目犂黑[48]，狀有歸色[49]。歸至家，妻不下紝[50]，嫂不爲炊，父母不與言。蘇秦喟歎曰："妻不以我爲夫，嫂不以我爲叔，父母不以我爲子，是皆秦之罪也！"乃夜發書，陳篋數十，得《太公陰符》之謀[51]，伏而誦之，簡練以爲揣摩[52]。讀書欲睡，引錐自刺其股，血流至足[53]。曰："安有説人主不能出其金玉錦繡、取卿相之尊者乎？"期年，揣摩成，曰："此真可以説當世之君矣！"

於是乃摩燕烏集闕[54]，見説趙王於華屋之下[55]，抵掌而談[56]，趙王大悦，封爲武安君[57]。受相印，革車百乘，綿繡千純[58]，白璧百雙，黄金萬溢[59]，以隨其後，約從散横，以抑强秦。

故蘇秦相於趙而關不通[60]。當此之時，天下之大，萬民之衆，王侯之威，謀臣之權，皆欲决蘇秦之策。不費斗糧，未煩一兵，未戰一士，未絶一絃，未折一矢，諸侯相親，賢於兄弟。夫賢人在而天下服，一人用而天下從。故曰："式於政[61]，不式於勇；式於廊廟之内[62]，不式於四境之外。"當秦之隆[63]，黄金萬溢爲用，轉轂連騎，炫熿於道[64]，山東之國從風而服[65]，使趙大重[66]。且夫蘇秦特窮巷掘門、桑户棬樞之士耳[67]。伏軾撙銜[68]，横歷天下，廷説諸侯之王，杜左右之口，天下莫之能伉[69]。

將説楚王[70]，路過洛陽。父母聞之，清宫除道[71]，張樂設飲[72]，郊迎三十里；妻側目而視，傾耳而聽；嫂虵行匍伏[73]，四拜自跪而謝[74]。蘇秦曰："嫂，何前倨而後卑也[75]？"嫂曰："以季子之位尊而多金。"蘇秦曰："嗟乎！貧窮則父母不子，富貴則親戚畏懼。人生世上，勢位富貴，蓋可忽乎哉[76]！"

（《戰國策》卷三，上海古籍出版社1985年版）

【注釋】

[1]蘇秦:字季子,戰國洛陽人。連橫:戰國時代,合齊、楚、燕、趙、韓、魏六國抗秦,南北爲縱,故稱約從或合從;秦與六國任一國聯合,東西爲橫,故稱連橫或連衡。 [2]説(shuì):勸説,遊説。秦惠王:秦君,前336年至前311年在位。 [3]巴:今四川省東部。蜀:今四川省西部。漢中:今陝西省秦嶺以南一帶。 [4]胡:指匈奴族所居地區。貉(hé):小獸,形似狐,毛皮可制裘。代:今河北、山西省北部。盛産良馬。 [5]巫山:在今四川省巫山縣東。黔中:在今湖南省沅陵縣西。限:屏障。 [6]肴:通"殽",殽山在今河南省洛寧縣西北。函:函谷關,在今河南省靈寶縣西南。 [7]奮擊:奮勇進擊的武士。 [8]形便:謂地理形勢有利。 [9]天府:天然的府庫。謂土地肥沃、物産富饒之域。 [10]奏其效:謂陳述其功效。 [11]文章:法令。 [12]煩:煩擾。 [13]儼然:莊重矜持。庭教:當面指教。 [14]願以異日:願改日再説。委婉拒辭。 [15]補遂:傳説中的古國。 [16]涿鹿:在今河北省涿鹿縣南。禽:通"擒"。蚩尤:傳説中九黎族的首領。 [17]驩兜:堯臣,因叛亂被逐。 [18]三苗:古代少數民族。 [19]共工:堯臣,與驩兜、三苗、鯀並稱四凶。[20]有夏:即夏朝,有:語助詞,無義。此指夏桀。 [21]崇:古國名,在今陝西省户縣東。 [22]伯:通"霸",稱霸。 [23]惡:通"烏",何。 [24]轂(gǔ):車輪中央圓洞,以容車軸。此指車乘。 [25]相結:謂締結盟約。 [26]鋳:通"飾",修飾文詞,摇唇遊説。[27]萬端:群議,指遊説之辭。 [28]科條:規章制度,法令條文。 [29]書策:政令公文。稠濁:多而亂。 [30]聊:依靠。 [31]章:通"彰",明顯。 [32]辯言:巧言。偉服:麗服。此指遊説之士。 [33]舌弊耳聾:謂遊説之士舌頭説破,君主耳朵聽聾。極言之辭。 [34]行義約信:行仁義,守盟約。 [35]綴甲:連綴金屬片爲鎧甲。厲:通"礪",磨礪。 [36]效:通"較"。 [37]五帝:黄帝、顓頊、帝嚳、堯、舜。三王:夏禹、商湯、周文王。五伯:伯通"霸","五伯"即春秋五霸,齊桓公、晉文公、楚莊王、吴王闔閭、越王勾踐。 [38]杖:持著。橦(chōng):衝刺。 [39]凌:凌駕於上。萬乘:兵車萬輛,指大國。 [40]詘:通"屈",屈服。 [41]元元:百姓。 [42]嗣主:繼位的君王。 [43]至道:指用兵之道。 [44]惽:通"惛",不明。 [45]沈:通"沉"。 [46]羸(léi):纏繞。縢(téng):綁腿布。蹻(jué):草鞋。 [47]橐(tuó):囊。 [48]犂(lí):通"黧":黑色。 [49]歸:應作"愧"。 [50]絍(rèn):織布機。 [51]太公:姜太公吕尚。陰符:兵書。 [52]簡:選擇。練:熟習。 [53]足:應作"踵",足跟。 [54]摩:靠近。燕烏集:宫闕名。[55]趙王:趙肅侯,前349年至前326年在位。華屋:指宫殿。 [56]抵:通"抵"(zhǐ),拍擊。 [57]武安:今河北省武安縣。 [58]純:布帛一匹爲一純。 [59]溢:通"鎰"。一鎰二十四兩。 [60]關:函谷關,爲六國通秦要道。 [61]式:用。 [62]廊廟:謂朝廷。[63]隆:顯赫。 [64]炫熿:通"炫煌",光耀顯赫。 [65]山東:崤山以東。 [66]使趙大重:謂使趙國的地位因此而提高。 [67]掘門:同窟門,窯門。桑户:桑木爲板的門。棬(quān)樞:樹枝做成的門樞。 [68]軾:車前横木。撙(zǔn):控制。 [69]伉:通"抗"。 [70]楚王:楚威王,前339年至前329年在位。 [71]清宫除道:收拾房屋,打掃街道。 [72]張樂:奏樂。 [73]虵:通"蛇"。 [74]謝:謝罪。 [75]倨:傲慢。 [76]蓋:通"盍",何。

【集評】

(南朝梁)劉勰:蘇秦歷説壯而中。　　(《才略》,《文心雕龍義證》卷十,第1770頁)

(南宋)鮑彪:秦之自刺,可謂有志矣。而志在於金玉卿相,故其所成就,適足誇嫂婦。而此《史》極口稱頌之,是亦利禄徒耳,惡睹所謂大丈夫之事哉?

(《戰國策》卷三,第91頁)

(明)陳仁錫:妙處不在説秦,在序蘇秦事。寫炎涼世態如畫。

(《先秦鴻文》卷一,《四庫全書存目叢書》集部第346册,第14-15頁)

(清)林雲銘:秦强非六國可比,蘇秦始意實欲用秦,至困辱之後,方激而用趙。其實六國合縱,如驅羣羊咋虎心,必不一。張儀所謂親兄弟同父母争錢財尚有相殺傷者,蘇秦亦未嘗不知也。故相趙作用,全在激令張儀入秦,陰主秦柄。迨齊、魏受欺敗約,即不能安其位,甚至爲燕求歸十城,還把秦王少壻一語脅齊,則伎倆畢露矣。奈值當日勢利成風,既取困於秦,復見擯於家,經歲揣摩,料六國苦秦日久,屈於獨立不支,合縱之説勢必樂聞。借此賺得富貴到手,自鳴得意,足矣!此外非所計也。孟子曰:"趙孟之所貴,趙孟能賤之。"趙孟,注作晉卿,余嘗疑古今能貴人、賤人者,當不獨一晉卿。及讀《史記》列傳,方知孟子同時以富貴炫燿於人者,莫過蘇秦。而秦實相趙,趙王又會諸侯於洹水之上,爲從約長,應稱趙孟。是所云趙孟所貴即蘇秦也!夫然則蘇秦之富貴,當有定論矣!但在當日,作者欲爲寫照,少不得要把合縱功勞十分粧點,説過一番,又贊過一番,將一個暴得富貴的窮漢子,做個天上有、地下無的人物,方可豔羨。讀者但作一種傳奇看,卻越不認真,越有意思。　　(《增訂古文析義合編》卷五)

(清)余誠:約從連横,以抑强秦,蘇秦之"簡練以爲揣摩"者在此。蓋簡練揣摩是蘇秦貧窮富貴轉關處。其未簡練揣摩之先,則"書雖十上,説終不行",而貧窮之不堪如彼。其既簡練揣摩之後,則抵掌一談,立即卿相,而富貴之莫比若此。簡練揣摩之所係豈淺鮮哉!至其通體反覆相形,起結相應,議論敘事相間,參差錯落,慷慨激昂,無不各極其妙。○繩以聖賢之道,則季子之人品殊不足道,然其文不可没,讀者但取其文可也。

(《重訂古文釋義新編》卷四,第167頁)

(清)吴楚材、吴調侯:前幅寫蘇秦之困頓,後幅寫蘇秦之通顯。正爲後幅欲寫其通顯,故前幅先寫其困頓。天道之倚伏如此,文章之抑揚亦如此。至其習俗人品,則世所共知,自不必多爲之説。　　(《古文觀止》卷四,第132頁)

(清)過珙:寫失意處,何等淒涼;寫得意處,何等熱鬧。分明是一幅勢利圖。

(《古文評注》卷一,第111頁)

(清)浦起龍:戰國勢利場也,季子勢利頭也。借其先後遊遇,描繪俗腸,中學者隱微深痼之病。語云:"嘻笑甚於怒駡。"如此文,則又贊羡甚於嘻笑也。(《古文眉詮》卷十二)

諸祖耿:此策……雖非寓言,究異實録,視作小説傳奇可矣。

(《戰國策集注匯考》增補本卷三,第139頁)

蘇秦從燕之趙

《戰國策》

【題解】

本篇選自《戰國策·趙策二》,記録了蘇秦以合縱主張成功遊説趙王的過程,可與《史記·蘇秦列傳》合觀。蘇秦以"安民之本在於擇交"爲中心,爲趙王詳細剖析與秦連横或與六國合縱的利弊,最終得出"一韓、魏、齊、楚、燕、趙六國從親以儐畔秦"的結論,建立六國合縱的攻守同盟,以對抗强秦。對本篇記載是否屬實,争議頗多,繆文遠《戰國策考辨》以此爲僞託之文,可參看。從文學角度看,蘇秦的遊説着眼天下大勢,善體諸侯之心,全面衡量連横、合縱之利害關係,邏輯與氣勢兼具,堪稱合縱説辭的典範。本篇當即模擬《蘇秦始將連横》"見説趙王於華屋之下"的具體説辭,蘇秦的合縱主張雖與連横主張相反,顯示了縱横家的權變思想及立場,但或縱或横,"因勢而爲資,據時而爲畫",皆爲一以貫之的原則,尤可相互參證。

蘇秦從燕之趙[1],始合從。説趙王曰:"天下之卿相人臣,乃至布衣之士,莫不高賢大王之行義[2],皆願奉教陳忠於前之日久矣[3]。雖然,奉陽君妬[4],大王不得任事[5],是以外賓客[6],遊談之士無敢盡忠於前者。今奉陽君捐館舍[7],大王乃今然後得與士民相親,臣故敢獻其愚,效愚忠[8]。爲大王計,莫若安民無事,請無庸有爲也[9]。安民之本,在於擇交。擇交而得,則民安;擇交不得,則民終身不得安。請言外患:齊、秦爲兩敵,而民不得安;倚秦攻齊,而民不得安;倚齊攻秦,而民不得安。故夫謀人之主[10],伐人之國,常苦出辭斷絶人之交[11],願大王慎無出於口也。"

"請屏左右,曰言所以異陰陽而已矣[12]。大王誠能聽臣,燕必致氈裘狗馬之地[13],齊必致海隅魚鹽之地,楚必致橘柚雲夢之地[14],韓、魏皆可使致封地湯沐之邑[15],貴戚父兄皆可以受封侯[16]。夫割地效實[17],五伯之所以覆軍禽將而求也[18];封侯貴戚,湯、武之所以放殺而争也[19]。今大王垂拱而兩有之[20],是臣之所以爲大王願也。大王與秦,則秦必弱韓、魏;與齊,則齊必弱楚、魏。魏弱則割河外[21],韓弱則效宜陽[22]。宜陽效則上郡絶[23],河外割則道不通[24],楚弱則無援。此三策者[25],不可不熟計也。"

"夫秦下軹道則南陽動[26],劫韓包周則趙自銷鑠[27],據衛取淇則齊必入朝[28]。秦欲已得行於山東,則必舉甲而向趙。秦甲涉河逾漳、據番吾[29],則兵必戰於邯鄲之下矣[30]。此臣之所以爲大王患也。"

“當今之時，山東之建國莫如趙强[31]。趙地方二千里，帶甲數十萬，車千乘，騎萬匹，粟支十年；西有常山[32]，南有河、漳，東有清河[33]，北有燕國。燕固弱國，不足畏也。且秦之所畏害於天下者，莫如趙。然而秦不敢舉兵甲而伐趙者，何也？畏韓、魏之議其後也[34]。然則韓、魏，趙之南蔽也[35]。秦之攻韓、魏也則不然：無有名山大川之限[36]，稍稍蠶食之，傅之國都而止矣[37]；韓、魏不能支秦，必入臣。韓、魏臣于秦，秦無韓、魏之隔，禍中於趙矣[38]。此臣之所以爲大王患也。”

“臣聞，堯無三夫之分[39]，舜無咫尺之地[40]，以有天下[41]。禹無百人之聚[42]，以王諸侯[43]。湯、武之卒不過三千人，車不過三百乘，立爲天子。誠得其道也。是故明主外料其敵國之强弱，内度其士卒之衆寡、賢與不肖，不待兩軍相當，而勝敗存亡之機節固已見於胸中矣[44]，豈掩於衆人之言[45]，而以冥冥決事哉[46]！”

“臣竊以天下地圖案之[47]，諸侯之地，五倍于秦；料諸侯之卒[48]，十倍于秦。六國並力爲一[49]，西面而攻秦[50]，秦破必矣。今見破于秦[51]，西面而事之，見臣于秦。夫破人之與破於人也，臣人之與臣於人也，豈可同日而言之哉[52]！”

“夫横人者[53]，皆欲割諸侯之地以與秦成[54]，與秦成，則高臺，美宫室，聽竽瑟之音[55]，察五味之和[56]，前有軒轅[57]，後有長庭[58]，美人巧笑，卒有秦患[59]，而不與其憂。是故横人日夜務以秦權恐猲諸侯[60]，以求割地。願大王之熟計之也。”

“臣聞，明王絶疑去讒，屏流言之跡，塞朋黨之門，故尊主廣地强兵之計，臣得陳忠於前矣。故竊爲大王計，莫如一韓、魏、齊、楚、燕、趙六國從親以儐畔秦[61]，令天下之將相相與會于洹水之上[62]，通質刑白馬以盟之[63]，約曰：‘秦攻楚，齊、魏各出鋭師以佐之，韓絶食道，趙涉河、漳，燕守常山之北。秦攻韓、魏，則楚絶其後，齊出鋭師以佐之，趙涉河、漳，燕守雲中[64]。秦攻齊，則楚絶其後，韓守成皋[65]，魏塞午道[66]，趙涉河、漳、博關[67]，燕出鋭師以佐之。秦攻燕，則趙守常山，楚軍武關[68]，齊涉渤海[69]，韓、魏出鋭師以佐之。秦攻趙，則韓軍宜陽[70]，楚軍武關，魏軍河外，齊涉渤海，燕出鋭師以佐之。諸侯有先背約者，五國共伐之。六國從親以擯秦，秦必不敢出兵於函谷關以害山東矣！如是則伯業成矣！”

趙王曰：“寡人年少，莅國之日淺[71]，未嘗得聞社稷之長計，今上客有意存天下[72]，安諸侯，寡人敬以國從。”乃封蘇秦爲武安君，飾車百乘，黄金千鎰，白璧百雙，錦繡千純，以約諸侯。

（《戰國策》卷十九，上海古籍出版社1985年版）

【注釋】

[1]據《史記·蘇秦列傳》,蘇秦曾遊趙而奉陽君不悦之,至燕,燕文侯資助蘇秦"車馬金帛"至趙,時奉陽君死。 [2]行義:道義。 [3]奉教:接受教導。 [4]奉陽君:姓李,名成,趙肅侯弟。任趙相國。 [4]任事:執掌國政。 [6]外:疏遠。 [7]捐館舍:棄館舍,死亡之諱言婉辭。 [8]效愚忠:或爲衍文。 [9]無庸:不用。 [10]謀:算計。 [11]苦:苦於。一説"苦出辭"爲出惡言。 [12]曰言:應爲"白言",明言。陰陽:此指縱横。此句謂明言縱横之異及其利弊。 [13]氈:毛氈。裘:毛皮。 [14]雲夢:楚地大澤,今湖北安陸縣等地。 [15]湯沐之邑:周代供諸侯朝見天子時住宿並沐浴齋戒的封地,封地收入歸諸侯。 [16]貴戚:君王親族。 [17]效:獻。 [18]禽:通"擒"。 [19]放殺:湯放逐桀,武王殺紂。 [20]垂拱:垂衣拱手,無爲而治。兩有:即前之"割地效實"和"貴戚封侯"二利。 [21]河外:黄河之南。 [22]宜陽:今河南宜陽縣。 [23]上郡:趙之上郡,即上黨。或云韓之上郡。 [24]道不通:指趙、韓之路不通。 [25]三策:即前之"上郡絕""道不通""無援"。 [26]軹道:古亭名,在今陜西西安東北。南陽:今河南沁陽縣。 [27]銷鑠:金屬熔化,喻削弱。 [28]淇:淇水,在今河南省東北部。入朝:謂齊國俯首稱臣,爲秦之屬國。 [29]漳:漳河,流經河北。番吾:古城名,在今河北平山縣東南。 [30]邯鄲:趙國國都,今河北邯鄲市。 [31]建國:天子分封的諸侯王國。 [32]常山:即恒山,在今河北曲陽縣西北。 [33]清河:即濟水,下游爲大清河。 [34]議:謀。 [35]蔽:屏障。 [36]限:阻隔。 [37]傅:迫近。 [38]中(zhòng):及。 [39]三夫之分:傳説上古一夫受田百畝,此謂三百畝。 [40]咫(zhǐ):周制,八寸。 [41]以:而。 [42]聚:聚邑,村落。 [43]王(wàng):稱王統治。 [44]機節:猶言關鍵。或云"節"衍文。 [45]掩:蔽。 [46]冥冥:昏暗,此謂糊里糊塗。 [47]案:驗證。 [48]料:估計其數。 [49]並:合。 [50]面:向。 [51]見:用在動詞前面表示被動。相當於被。 [52]同日而言:猶言相提並論。 [53]横人:主張連横之人。 [54]成:平,議和。 [55]竽:古代竹樂器,形似笙而略大。瑟:古代絃樂器,形似琴,多爲二十五弦。 [56]察:辨别,此謂辨味。 [57]軒轅:據顧炎武説,當爲軒縣,即輿車。 [58]長庭:美人所居之所。 [59]卒:通"猝",突然。 [60]恐猲(hè):恐嚇。 [61]一:合一,聯合。從親:合縱。擯:對抗。或云"擯"爲衍文。 [62]洹(Huán)水:流經河南省北部,今名安陽河。 [63]通質:互派人質。刑:殺。古代諸侯結盟,歃血而盟,並互派宗親爲質子。 [64]雲中:趙郡,今内蒙古托克托東北。 [65]成皋:韓郡,今河南滎陽汜水縣。 [66]午道:地名,今山東聊城西北。一説即交錯的道路。 [67]博關:今山東博平縣西北。 [68]武關:今陜西省商縣東南。 [69]渤海:或云當作"清河"。下同。 [70]軍:駐軍,駐紮。 [71]莅:臨。莅國謂執掌國政。淺:短。 [72]存:保存,保全。

【集評】

(南宋)鮑彪:從約者,天下之心,亦其勢也。夫秦有吞天下之心,不盡不止。諸侯皆病之,而欲儐之,此其心也。同舟遇風,胡、越之相救,如手足於其頭目,此其勢也。以天下之心,行天下之勢,如水之就下,孰能禦之?故謂之從。從者,從也,順也。其所不可者，諸侯之心不一。夫其心不一者，非明計智算也，或見少利而相侵，或修小怨而相伐，或眩於名實而爲横人之所恐喝。此張儀所以投隙而起。使諸侯之智少靈於連雞，則秦人自保之不給，安能圖併吞之舉耶！儀謂秦地形勢便，兵强士武，足以横天下，然則天時、人和，道德之威，仁義之澤，舉無與於興亡之數乎？雖然，一縱一横，皆一偏之論，有王者作，則縱横皆廢，而天下定，而非所以論於此時也。（《戰國策》卷十九，第642頁）

（明）顧錫疇：談合縱利害，如燭照數計。其計畫天下，亦如博塞，布子置路，歷歷在前。（《先秦鴻文》卷三，《四庫全書存目叢書》集部第346册，第62頁）

（明）鍾惺："安民在於擇交"一句是全篇主腦。合縱擯秦則擇交得，連衡事秦則擇交不得。孰利孰害？必有能辨之者。奈何衆心不一，相率而朝於秦也。雖有五倍之地、十倍之士，無能爲已！（《秦漢文尤》卷一，《四庫全書存目叢書》集部第365册，第488頁）

（清）林雲銘：當時六國所患惟秦，而近秦莫如韓、魏。韓、魏折入於秦，秦兵可以四出，非齊楚燕趙之利也。"擇交""安民"四字是一篇骨子。其意以爲交秦非策，交齊亦非策，只當注意於韓魏，不致其見臣於秦，可以永爲趙蔽。其合六國之交，只是存韓、魏；存韓、魏，所以存四國，此"擇交""安民"至計也。末段敘洹水之約，布置井然，所恨者人心必不能一耳。篇中痛闢横人之不忠，段段啣接，段段發揮，無不中窾。其筆力排宕，如飄風湍流，勢不可遏，此全策中有數妙文。（《增訂古文析義合編》卷五）

（清）愛新覺羅·玄燁：文勢忽斷忽連，若長江萬里，波瀾無盡。若移此神志，明内聖外王之道，仁義禮智之功，當時所就，又復何如哉！（《古文淵鑒》卷八）

（清）王熙：六國形勢不同，强弱各異，合之易，解之亦易。然指陳一時利害，亦自娓娓抵掌而談，才情俊邁。（《古文淵鑒》卷八）

（清）陳廷敬：蘇秦所深慮者在韓、魏，范雎所欲先取者亦在韓、魏，蓋當時之利害、形勢實不出乎此，使諸侯終守其約，秦安能出關而窺山東乎！（《古文淵鑒》卷八）

（清）徐乾學：當時諸侯能守從約不變，終當與秦角立不相下。蘇秦此文，一時絕大關鍵也。洹水一議，策諸侯相援，用虚用實，皆鑿鑿可行，不可以辯士遊談目之。

（《古文淵鑒》卷八）

（清）余誠：主意只在"一韓、魏、齊、楚、燕、趙，六國從親以擯畔秦"十五字，而五國之中，尤莫要於下韓、魏。韓、魏存而趙有所恃，斯得以成其合從之謀。然妙在先用數語，畧敘寒温，表過進説之因。劈空提出安民在於擇交，虚揭大旨，隨以擇交之得不得兩路雙鈐，渾括通篇議論。並帶言連横之非，以爲後破横地。"言所以異"一段誘之以利；"大王與秦"二段惕之以害；"當今之時"一段極言韓、魏之與趙相關；"臣聞堯"一段束上生下；"竊以天下"一段力詆横人；"一韓、魏"一段分疏合從實際；末段敘趙王語，隱與起首數語相應。有步驟，有關鎖，有結構。妙文！妙文！

（《重訂古文釋義新編》卷四，第175-176頁）

（清）浦起龍：三晉鄰秦，籌禦秦者視他國尤迫。而趙於三晉中差遠而强，遠可以展方略，强可以長會盟，故談從以趙爲主。主在趙，故藉趙以舉全局，而文迹遂爲六篇（編按，指《戰國策》中蘇秦遊説燕、趙、韓、魏、齊、楚的六篇）之主。會此，乃可與通觀六篇。

（《古文眉詮》卷十二）

計　篇

(戰國)孫武

【題解】

孫武,春秋末年齊國人,以兵法見用於吴王闔閭。《史記》有傳。《孫子兵法》今本十三篇,與《史記·孫子列傳》所載篇數相同。班固《漢書·藝文志》根據劉歆《七略》,分先秦兵書爲"兵權謀""兵形勢""兵陰陽""兵技巧"四類,"兵權謀"類具有綜合性特點:"以正守國,以奇用兵,先計而後戰。兼形勢,包陰陽,用技巧者也。"并著録《吴孫子兵法》八十二篇圖九卷,當包括《孫子兵法》之外的著作。東漢末曹操注釋《孫子兵法》十三篇最流行,其他篇目漸佚。

本篇原爲《孫子兵法》第一篇,論述定計與用計。從戰略層面看,出兵之前的廟算,以五事、七計的方法,全面衡量敵我雙方的力量對比,勝算在握,方能出兵。即《漢書·藝文志·兵書略》"兵權謀"小序所云"先計而後戰",此爲定計。從戰術層面看,出兵之後,根據戰場變化調整部署,因利制權,得其大勢,此爲用計。

孫子曰:兵者[1],國之大事[2],死生之地,存亡之道[3],不可不察也。

故經之以五事[4],校之以計而索其情[5]:一曰道,二曰天,三曰地,四曰將,五曰法。道者,令民與上同意也,故可以與之死,可以與之生,而不畏危[6]。天者,陰陽、寒暑、時制也[7]。地者,遠近、險易、廣狹、死生也。將者,智、信、仁、勇、嚴也。法者[8],曲制、官道、主用也[9]。凡此五者,將莫不聞,知之者勝,不知者不勝。

故校之以計而索其情,曰:主孰有道[10]? 將孰有能? 天地孰得? 法令孰行? 兵衆孰强? 士卒孰練? 賞罰孰明? 吾以此知勝負矣。

將聽吾計[11],用之必勝,留之;將不聽吾計,用之必敗,去之。計利以聽[12],乃爲之勢[13],以佐其外[14]。勢者,因利而制權也[15]。兵者,詭道也[16]。故能而示之不能,用而示之不用,近而示之遠,遠而示之近。利而誘之,亂而取之,實而備之,强而避之,怒而撓之[17],卑而驕之,佚而勞之[18],親而離之。攻其無備,出其不意。此兵家之勝,不可先傳也[19]。

夫未戰而廟算勝者[20],得算多也[21];未戰而廟算不勝者,得算少也。多算勝,少算不勝,而况於無算乎! 吾以此觀之,勝負見矣[22]。

(《十一家注孫子校理》卷上,中華書局1999年版)

【注釋】

[1]兵:兵器,此謂戰爭。 [2]國之大事:《左傳·成公十三年》:"國之大事,在祀與戎。" [3]死生之地,存亡之道:士兵生死、國家存亡所系。 [4]經之:以之爲經、根本。五事:即下文"道、天、地、將、法"。 [5]校:通"效",校驗。計:上古指籌碼,此即下文"主孰有道"等七計。索其情:探索敵我勝負的實情。 [6]不畏危:或云"畏"爲衍文。銀雀山漢簡作"弗詭也",即不違。 [7]陰陽:日之向背,此處指晝夜。時制:時令。 [8]法:軍法。 [9]曲制:軍隊編制。官道:設官分職之制。主用:執掌軍需物資費用。 [10]主:君主。 [11]將:語助詞,表假設。省略主語"定計者"。或云"將"即將領。 [12]計利以聽:有計算上的優勢,而且被執行者接受。 [13]勢:態勢。 [14]外:國外。 [15]因利而制權:根據計算上的優勢,應敵機變。 [16]詭道:詭詐之道。可與《軍爭》"兵以詐立"並觀。 [17]撓:騷擾。 [18]佚:通"逸",休養充分。 [19]不可先傳:克敵致勝的奥妙,隨機應變,無固定程式可言,自無可傳。 [20]廟算:廟堂之算,即朝廷君臣以五事、七計比較敵我雙方力量,預計戰爭勝負。"算",宋本作"筭",下皆同。 [21]算:算籌。 [22]見:通"現",呈現,顯現。

【集評】

(南朝梁)劉勰:文武之術,左右惟宜。郤縠敦《書》,故舉爲元帥,豈以好文而不練武哉!孫武《兵經》,辭如珠玉,豈以習武而不曉文也!

(《程器》,《文心雕龍義證》卷十,第1891頁)

(南宋)吕本中:《孫子》十三篇,論戰守次第,與山川險易、長短、小大之狀,皆曲盡其妙,推高發隱,使物無遁情。此尤文章妙處。

(《餘師録》卷三,《歷代文話》第一册,第386頁)

(南宋)鄭厚:《孫子》十三篇,不惟武人之根本,文士亦當用心。其辭約而縟,易而深,暢而可用。 (《諸子彙函》卷一引,《四庫全書存目叢書》子部第126册,第16頁)

(元)李淦:《老子》《孫武子》,一句一理,如串八寶珍瑰,間錯而不斷,文字極難學。唯蘇老泉數篇近之(《心術》《春秋論》之類是也)。

(《文章精義》,《歷代文話》第二册,第1163頁)

(明)王世貞:篇中五事,已盡兵家之勝,而權則專之將,故中言選將。蓋將之敗,君之過也。其深謀行之閫外,而運籌則斷之主裁,故言廟堂之上貴多筭。總之,以其爲"國之大事,死生之地,存亡之道,不可不察",而欲其君慎始之意。此武子能以其術干闔閭,西破楚,北服齊晉,而霸諸侯。蓋亦闔閭之定計,而任將者審也。

(《孫子評釋》,《孫子集成》第9册,第19-20頁)

(明)袁了凡:先言"經之以五事",後言"因利制權","經""權"二字,一篇眼骨。

(《孫子參同》卷一,《孫子集成》第8册,第323頁)

謀 攻 篇

(戰國)孫武

【題解】

本篇原爲《孫子兵法》第三篇,論述以智謀攻城,最大限度地保全戰爭勝利所獲得的資源,即“必以全争於天下,故兵不頓而利可全”。“伐謀”“伐交”“伐兵”“攻城”是戰争升級的過程,也是資源損耗升級的過程,因而爲保全資源計,應以“伐謀”“不戰而屈人之兵”爲上。在謀攻過程中,强調“將在外,君命有所不受”的軍事制度,以及“知己知彼,百戰不殆”的軍事思想。

孫子曰:凡用兵之法,全國爲上[1],破國次之;全軍爲上,破軍次之;全旅爲上,破旅次之;全卒爲上,破卒次之;全伍爲上;破伍次之[2]。是故百戰百勝,非善之善者也[3];不戰而屈人之兵,善之善者也。

故上兵伐謀[4],其次伐交[5],其次伐兵[6],其下攻城。攻城之法,爲不得已。修櫓轒轀[7],具器械[8],三月而後成;距闉[9],又三月而後已。將不勝其忿而蟻附之[10],殺士三分之一,而城不拔者[11],此攻之災也。

故善用兵者,屈人之兵而非戰也,拔人之城而非攻也,毁人之國而非久也。必以全争於天下,故兵不頓而利可全[12],此謀攻之法也。

故用兵之法,十則圍之,五則攻之,倍則分之,敵則能戰之[13],少則能逃之[14],不若則能避之。故小敵之堅,大敵之擒也[15]。

夫將者,國之輔也[16],輔周則國必强,輔隙則國必弱。故君之所以患於軍者三[17]:不知軍之不可以進,而謂之進;不知軍之不可以退,而謂之退,是謂縻軍[18]。不知三軍之事,而同三軍之政者[19],則軍士惑矣。不知三軍之權[20],而同三軍之任[21],則軍士疑矣。三軍既惑且疑,則諸侯之難至矣[22],是謂亂軍引勝[23]。

故知勝有五:知可以戰與不可以戰者勝,識衆寡之用者勝,上下同欲者勝,以虞待不虞者勝[24],將能而君不御者勝[25]。此五者,知勝之道也。

故曰:知彼知己者,百戰不殆[26];不知彼而知己,一勝一負;不知彼不知己,每戰必殆。

(《十一家注孫子校理》卷上,中華書局1999年版)

【注釋】

[1]全:保全。國:國都。　[2]軍、旅、卒、伍:古代軍隊的編制單位,由大至小,分别是一萬二千五百人、五百人、百人、五人。　[3]百戰百勝,非善之善者:百戰百勝固善,然難免殺傷耗損,不符合全利原則,故非善之善者。　[4]伐:敗、壞。伐謀即破壞敵人的計謀。　[5]交:外交。　[6]伐兵:兩軍對陣,野戰。　[7]櫓(lǔ):防禦之櫓爲大盾,攻城之櫓爲樓車。轒轀(fēnwēn):攻城所用四輪車,上有排木,蒙牛皮防禦。　[8]具:準備。　[9]距闉(yīn):爲攻城而堆積的土丘。距:依附。闉,通"堙"。　[10]蟻附:如蟻爬牆。　[11]拔:破城而取之曰拔。　[12]兵不頓:頓,通"鈍"。兵刃不鈍,喻戰鬬力未損,士氣未挫。　[13]敵:匹敵。雙方勢均力敵,則可列陣而戰。　[14]逃:擺脱。　[15]小敵之堅,大敵之擒:小敵:兵力弱少。之,此爲"若"義。兩句謂兵力弱少,若只知固執硬拼,必爲大敵所擒。或云:弱少之兵若能集中兵力,也可擊敗强大的敵人。　[16]輔:輔木,車輪外旁增縛夾轂的兩條直木,用以增强輪輻載重支力。故後以"周""隙"分别描述輔木與車輪的關係。喻君主與將領輔車相依的密切關係。　[17]患:危害。　[18]縻:羈絆、束縛。　[19]同:參與,干預。三軍:周代諸侯或上中下三軍,或左中右三軍。　[20]權:權變,權謀。　[21]任:指揮。　[22]諸侯之難:意謂諸侯國乘其三軍將士疑惑之機,舉兵而攻,災難將至。　[23]亂軍引勝:意謂自亂其軍而導致敵軍勝利。　[24]虞:準備。　[25]御:駕馭,干預。　[26]殆:危險。

【集評】

(唐)杜牧:廟堂之上,計算已定,戰争之具,糧食之費,悉已用備,可以謀攻,故曰"謀攻"也。

(《十一家注孫子校理》卷上,第44頁)

(明)王世貞:篇中武言,非戰、非攻、非久,美矣!至其伐楚,鞭平王屍,暴師露衆,卒不能取。語曰:"能言之者,未必能行。"諒哉!

(《孫子評釋》,《孫子集成》第9册,第28頁)

(明)王世貞:既知速、久之利害,又不可無謀。謀攻者,先謀定而後攻之也。篇中議論曲折,可謂得兵家之要務。

(《諸子彙函》卷八引,《四庫全書存目叢書》子部第126册,第312頁)

(明)袁了凡:作戰則不欲戰,謀攻則不欲攻,是此老主意。

通篇言百戰百勝,不如不戰而屈人之兵,所謂謀也。

(《孫子參同》,《孫子集成》第8册,第459頁)

勢　篇

(戰國)孫武

【題解】

本篇原爲《孫子兵法》第五篇,論述用兵以任勢爲要旨。勢是戰爭中無形而有力的整體態勢,決定着具體戰役中士兵的心理,得勢者勇而必勝,失勢者怯而必敗,"故善戰者,求之於勢,不責於人"。孫子强調奇正相生的攻防原則,以正守禦、出奇制勝。平時通過嚴密的軍隊編制,建立如臂使指的指揮系統;戰時通過靈活的戰術配置,在瞬息萬變的複雜戰場上,因時因地制宜,料敵先機,集中兵力,形成動態對敵的整體優勝態勢,以出人意料的奇兵取得最終勝利。

孫子曰:凡治衆如治寡[1],分數是也[2];鬭衆如鬭寡[3],形名是也[4];三軍之衆,可使必受敵而無敗者[5],奇正是也[6];兵之所加,如以碫投卵者[7],虛實是也[8]。

凡戰者,以正合,以奇勝。故善出奇者,無窮如天地,不竭如江河。終而復始,日月是也;死而復生,四時是也。聲不過五[9],五聲之變,不可勝聽也;色不過五[10],五色之變,不可勝觀也[11];味不過五[12],五味之變,不可勝嘗也;戰勢不過奇正,奇正之變,不可勝窮也。奇正相生,如循環之無端,孰能窮之?

激水之疾,至於漂石者,勢也;鷙鳥之疾[13],至於毁折者[14],節也[15]。是故善戰者,其勢險,其節短。勢如彍弩[16],節如發機[17]。紛紛紜紜,鬭亂而不可亂也[18];渾渾沌沌,形圓而不可敗也[19]。

亂生於治,怯生於勇,弱生於彊[20]。治亂,數也[21];勇怯,勢也;彊弱,形也[22]。

故善動敵者,形之[23],敵必從之;予之,敵必取之。以利動之,以卒待之。

故善戰者,求之於勢,不責於人[24],故能擇人而任勢[25]。任勢者,其戰人也,如轉木石;木石之性,安則静,危則動,方則止,圓則行。故善戰人之勢,如轉圓石於千仞之山者,勢也。

(《十一家注孫子校理》卷中,中華書局1999年版)

【注釋】

[1]治:治理,管理。　[2]分數:軍隊編制。　[3]鬭:指揮。　[4]形名:旌旗、金鼓等指揮信號。　[5]必:銀雀山漢簡作"畢",皆。　[6]奇(jī)正:古代兵法常用術語,含義極廣。一般的、常規的爲正,特殊的、變化的爲奇;如正面主攻部隊爲正,側面突襲部隊爲奇;戰術上先出爲正,後出爲奇,正面爲正,側擊爲奇,明戰爲正,暗襲爲奇。總之,意料之中爲正,出

乎意料爲奇。 [7]碫:磨刀石,泛指石頭。 [8]虚實:古代兵法常用術語,多指運用兵力的集中和分散,以實擊虚。 [9]聲不過五:古以宫、商、角、徵、羽爲五聲或五音。 [10]色不過五:古以青、黄、赤、白、黑五色爲正色,其餘爲間色。 [11]勝(shēng):盡。 [12]味不過五:古以酸、甜、苦、辣、咸五味爲原味。 [13]鷙(zhì)鳥:猛禽。 [14]毁折:言擒殺鳥雀。 [15]節:節制,節奏。節與勢是一對相聯繫的範疇。 [16]彍(guō)弩:張滿弓弩。 [17]發機:觸發扳機。 [18]鬭亂:在紛亂狀態中指揮戰鬭。 [19]形圓,陣形爲圓,即圓陣,易守難攻的防禦陣型。 [20]亂生於治,怯生於勇,弱生於彊:意謂表面示敵混亂、怯懦、軟弱,而内部實際嚴整、勇敢、强大。或云諸要素的互相轉化。 [21]數:即前之"分數"。 [22]形:軍隊的實力。可參《形篇》。 [23]形之:示之以形,即以表面假象迷惑敵人。 [24]責:責備,苛求。 [25]擇人而任勢:傳統認爲擇人即選擇高明的將軍指揮軍隊而形成有利態勢。據瀧川資言及裘錫圭先生,擇通"釋",放棄。意謂不依靠具體的人而依靠整體態勢。

【集評】

(唐)李靖:兵有三勢:將輕敵,士樂戰,志勵青雲,氣等飄風,謂之氣勢;關山狹路,羊腸狗門,一夫守之,千人不過,謂之地勢;因敵怠慢,勞役飢渴,前營未舍,後軍半濟,謂之因勢。故用兵任勢,如峻阪走丸,用力至微,而成功甚博也。

(《十一家注孫子校理》卷中,第99–100頁)

(唐)杜牧:轉石於千仞之山,不可止遏者,在山不在石也;戰人有百勝之勇,彊弱一貫者,在勢不在人也。 (《十一家注孫子校理》卷中,第99頁)

(明)王世貞:上篇言形,而此篇言勢。隱蔽不露者,形也;奮出疾擊者,勢也。形之隱閉,使人不能測;勢之奮疾,使人不能禦。所謂"迅雷不及掩耳"者,勢也。此篇之所言勢者何？奇正是也。奇變爲正,正變爲奇,其勢無窮也。

(《孫子評釋》,《孫子集成》第9册,第35–36頁)

(明)曾省吾:出奇處置,無不盡神。而文字亦高出一頭地。

(《諸子彙函》卷八引,《四庫全書存目叢書》子部第126册,第313頁)

有爲神農之言者許行

(戰國)孟軻

【題解】

本篇選自《孟子·滕文公上》,最能反映孟子的辯難駁論特色。圍繞農家"賢者與民並耕"的治國思想,陳相與孟子展開了激烈的辯論。孟子善於設問,層層深入,先破後立。通過衣冠、釜甑、鐵具等耕者日用品皆非耕種可得,而是與百工交易所獲,使陳相不得不承認"百工之事固不可耕且爲",從職業分工角度取得第一次突破,進而由此類推"治天下亦不可耕且爲”,從社會分工角度先破農家“並耕”之說。再立儒家“勞心者治人,勞力者治於人;治於人者食人,治人者食於人”之旨(可參《滕文公上》“無君子,莫治野人;無野人,莫養君子”),認爲這才是自堯舜以來的“天下之通則”。孟子嚴厲批判自儒門轉投農家的陳相,認爲這是倍於師、變於夷,且針對陳相最後提出許行同物同價、國中無僞的政治理想,指出乃違背物理人情、不具有任何可操作性的謬説空論。

有爲神農之言者許行[1],自楚之滕[2],踵門而告文公曰[3]:“遠方之人聞君行仁政,願受一廛而爲氓[4]。”文公與之處。其徒數十人,皆衣褐[5],捆屨、織席以爲食[6]。陳良之徒陳相與其弟辛[7],負耒耜而自宋之滕[8],曰:“聞君行聖人之政,是亦聖人也,願爲聖人氓。”陳相見許行而大悦,盡棄其學而學焉。

陳相見孟子,道許行之言曰:“滕君則誠賢君也。雖然,未聞道也。賢者與民並耕而食,饔飧而治[9]。今也滕有倉廩府庫,則是厲民而以自養也[10],惡得賢?”

孟子曰:“許子必種粟而後食乎?”

曰:“然。”

“許子必織布然後衣乎?”

曰:“否。許子衣褐。”

“許子冠乎?”

曰:“冠。”

曰:“奚冠?”

曰:“冠素[11]。”

曰:“自織之與?”

曰:“否,以粟易之。”

曰:“許子奚爲不自織?”

曰:“害於耕。”

曰:“許子以釜甑爨[12],以鐵耕乎[13]?”

曰:“然。”

“自爲之與?”

曰:“否。以粟易之。”

“以粟易械器者,不爲厲陶冶;陶冶亦以其械器易粟者,豈爲厲農夫哉?且許子何不爲陶冶,舍皆取諸其宫中而用之[14]?何爲紛紛然與百工交易?何許子之不憚煩?”

曰:“百工之事固不可耕且爲也。”

“然則治天下獨可耕且爲與?有大人之事[15],有小人之事[16]。且一人之身,而百工之所爲備。如必自爲而後用之,是率天下而路也[17]。故曰:或勞心,或勞力；勞心者治人，勞力者治於人；治於人者食人[18]，治人者食於人：天下之通義也。”

“當堯之時，天下猶未平。洪水横流，氾濫於天下[19]。草木暢茂，禽獸繁殖，五穀不登[20]，禽獸偪人[21]，獸蹄鳥跡之道交於中國[22]。堯獨憂之，舉舜而敷治焉[23]。舜使益掌火[24]，益烈山澤而焚之，禽獸逃匿。禹疏九河[25]，瀹濟、漯而注諸海[26]，決汝、漢[27]，排淮、泗而注之江[28]，然後中國可得而食也。當是時也，禹八年於外，三過其門而不入，雖欲耕，得乎？后稷教民稼穡[29]，樹藝五穀[30]。五穀熟而民人育。人之有道也，飽食、煖衣、逸居而無教，則近於禽獸。聖人有憂之[31]，使契爲司徒[32]，教以人倫：父子有親，君臣有義，夫婦有别，長幼有序，朋友有信。放勳曰[33]：‘勞之來之[34]，匡之直之[35]，輔之翼之[36]，使自得之[37]，又從而振德之[38]。’聖人之憂民如此，而暇耕乎？堯以不得舜爲己憂，舜以不得禹、皋陶爲己憂[39]。夫以百畝之不易爲己憂者[40]，農夫也。分人以財謂之惠，教人以善謂之忠，爲天下得人者謂之仁。是故以天下與人易，爲天下得人難。孔子曰[41]：‘大哉堯之爲君！惟天爲大，惟堯則之[42]，蕩蕩乎民無能名焉[43]！君哉舜也！巍巍乎有天下而不與焉[44]！’堯、舜之治天下，豈無所用其心哉？亦不用於耕耳[45]。”

“吾聞用夏變夷者[46]，未聞變於夷者也。陳良，楚産也[47]，悦周公、仲尼之道，北學於中國。北方之學者，未能或之先也。彼所謂豪傑之士也。子之兄弟事之數十年，師死而遂倍之[48]！昔者孔子没，三年之外，門人治任將歸[49]，入揖於子貢，相嚮而哭，皆失聲，然後歸。子貢反，築室於場，獨居三年，然後歸。他日，子夏、子張、子游以有若似聖人，欲以所事孔子事之，彊曾子[50]。曾子曰：‘不可，江、漢以濯之，秋陽以暴之[51]，皜皜乎不可尚已[52]。’今也南蠻鴂舌之人[53]，非先王之道，子倍子之師而學之，亦異於曾子矣。吾聞‘出於幽谷，遷於喬木’者[54]，未聞下喬木而入於幽谷者。《魯頌》曰：‘戎狄是膺，荆舒是懲[55]。’周公方且膺之，子是之學，亦爲不善變矣。”

“從許子之道，則市賈不貳[56]，國中無僞。雖使五尺之童適市[57]，莫之或欺。布帛長短同，則賈相若；麻縷絲絮輕重同，則賈相若；五穀多寡同，則賈相若；屨大小同，則賈相若。”

曰：“夫物之不齊，物之情也[58]。或相倍蓰[59]，或相什伯[60]，或相千萬。子比而同之[61]，是亂天下也。巨屨小屨同賈，人豈爲之哉？從許子之道，相率而爲僞者也，惡能治國家？”

（《孟子集注》卷五，《四書章句集注》，中華書局1983年版）

【注釋】

[1]神農:炎帝神農氏。《漢書·藝文志》著録有《神農》之書,後世農家常托言於神農。許行,生平無考,農家者。錢穆則認爲其説近于墨家。 [2]滕:在今山東滕縣西南。 [3]踵門:登門。文公:名宏,滕定公之子。 [4]廛(chán):古代平民一家在城邑中所占的房地,約二畝半。氓(méng):外地遷徙而來之民。 [5]褐:粗麻布製作的簡陋衣服。 [6]捆屨(jù):編草鞋或者麻鞋。 [7]陳良:楚國儒者。 [8]耒耜:古代耕地翻土的農具。耒是耒耜的柄,耜是耒耜下端的起土部分。 [9]饔飧(yōng sūn):熟食。朝曰饔,夕曰飧。此處指自己做飯。 [10]厲:病,害。 [11]素:白色的生絹。 [12]釜:煮食的金屬器;甑:蒸食的瓦器。 [13]鐵:指鐵制農具。 [14]舍:什麽。宫:居室。 [15]大人:指有位者。 [16]小人:指農工商。 [17]路:羸困之路。 [18]食(sì):拿東西給人吃。 [19]氾:通"泛"。 [20]五穀:古以稻、黍、稷、麥、菽爲五穀,泛指穀物。登:成熟。 [21]偪:通"逼"。 [22]中國:中原。 [23]敷:遍。 [24]益:伯益,傳説爲舜之臣。 [25]九河:鄭玄云:"河水自上,至此流盛,而地平無岸,故能分爲九以衰其勢,壅塞故通利之也。九河之名:徒駭、太史、馬頰、覆釜、胡蘇、簡、潔、鉤盤、鬲津。"泛指古黄河下游支流。 [26]瀹(yuè):疏通水道。濟:水名。出自今河南濟源縣西王屋山,其故道本過黄河而南,東流至山東,與黄河平行入海。今則下游爲黄河所占,惟河北發源處尚存。漯(Tà):水名,古漯水當出今山東朝城縣境。自宋代黄河决口於商胡,朝城絕流,舊跡遂爾湮没。 [27]决:疏通。汝:汝水。漢:漢水。 [28]排:疏通。淮:淮河。泗:泗水。而注之江:此句古今争論最多,除漢水外(源出陝西之嶓冢山,經老河口,正支東流至漢陽入長江),汝、淮、泗都不入江。孟子旨在申述禹治水之功,未必字字實在,不必拘泥。 [29]后稷:名棄,周朝始祖,帝堯時爲農官。稼:播種。穡:收穫。 [30]樹藝:種植。 [31]有:通"又"。 [32]契:傳説中商的祖先,帝嚳之子。 [33]放勳:帝堯之名。 [34]勞、來:勤。 [35]匡、直:正。 [36]輔、翼:助。 [37]自得之:自得其本性之善。 [38]振德:提攜,教誨。 [39]臯陶:舜的司法官。 [40]易:治。 [41]"孔子曰"數句:出自《論語·泰伯》:"子曰,巍巍乎舜禹之有天下也,而不與焉?""子曰,大哉堯之爲君也!巍巍乎唯天爲大,唯堯則之。蕩蕩乎民無能名焉。巍巍乎其有成功也!焕乎其有文章!"文字略異。 [42]則:取法,效法。 [43]無能名:無法形容。 [44]與(yù):佔有。 [45]:亦:只。 [46]夏:中原禮教地區。夷:蠻荒無教化地區。意謂以中原禮教教化蠻夷。 [47]産:出生。 [48]倍:通"背"。 [49]任:抱、擔。治任即收拾行李。 [50]彊:强求。 [51]秋陽:周代所謂秋陽,實爲今之夏陽。暴:通"曝"。 [52]皜皜:白。尚:通"上",超越,增加。 [53]鴃(jué):伯勞鳥。鴃舌即鳥語,喻語言不通。 [54]"出於"兩句:出自《小雅·伐木》。 [55]"戎狄"兩句:出自《魯頌·閟宫》。膺,擊也。荆:楚國。舒:楚國的屬國。 [56]賈:通"價"。 [57]五尺之童:幼童。 [58]情:本性,本質。 [59]蓰(xǐ):五倍。 [60]伯:通"百"。 [61]比:排列。

【集評】

(明)李贄:許行之言,高於孟子十倍;見之實事,不如孟子亦十倍不止也。所以孔孟之道，只是個中行，不爲過高難行之事也。學者於此須辨之，不然，便害天下事不小。

（《四書評》，第204頁）

（清）劉熙載：孟子之文，至簡至易，如舟師執柁，中流自在，而推移費力者不覺自屈。龜山楊氏論孟子千變萬化，只説從心上來，可謂探本之言。

孟子之文，百變而不離其宗，然此亦諸子所同。其度越諸子處，乃在析義至精，不惟用法至密也。

（《文概》，《藝概》卷一，第5-6頁）

（清）唐文治：前兩節曲折盤旋，如鷹隼之摩空，"然則治天下"句乃斬關直入。

（《十三經讀本評點劄記》卷四十五）

林紓：《孟子》此章，灑灑千餘言，把定指南針，一杪不曾走失。勢若岡巒起伏，緜亘千里，然脈絡照應極靈。惟其有脈絡，故雖隔不斷；惟其有照應，故雖挺不突。氣聚神完，不止道高千古，即論文字，亦非諸子所及。劈頭書"有爲神農之言者"七字，神農即制耒耜之人，已伏下"並耕而食"主意。然其人高亢不輕接孟子，故疾入陳相來見。一篇大文字遂由之入手，兩三行中所敘者，下文皆在在都有用處，尤以"並耕而食"四字爲萬矢之的。許行意主"厲民"非治國之法，孟子一聞即打點先駁倒"厲民"，則"並耕"之斷不可處，即由"厲民"帶出。然一發吻間至閒暇，若爲問訊遠人之語，不知其中皆有關竅。因其有"並耕"之言，即曰："許子必種粟而後食乎？"此句以本位爲閒筆。緊接衣、冠兩項，"奚不自織？"逼他吐出"害耕"一語。陳相一認"自織害耕"，孟子已得勝着。且不説破，猶將器械易粟，厚蓄其勢。陳相自認"害耕"，猶不算數，必逼他更認"不可並耕"，且自將"並耕"兩字折倒，然後順勢駁以"治天下亦不可耕且爲"，不特畫龍點睛，真有一折千丈之勢，讀之令人撟舌不下。論文至此，似可收煞，然孟子與人論道，非與人鬬勝。"勞心""勞力"，正是發明救世之意，更引出堯舜益禹之功德，尤不必以耕見長。唯中間夾一后稷，卻脱不了一個"耕"字，即立時以一"教"字抵他，見得教民之益，尤益於並耕。閒閒將后稷掩過，更歸功於堯舜，蓋有堯舜之用心天下，自然不用心於耕，而耕者自有人，不必並也。至此始將"並耕"二字，駁得乾淨。然後斥他倍師，斥他師事異端，堂堂正正教訓一番，而陳相猶復倔彊。於是因其自矜"無僞"，即以"僞"還之，此歸結陳相。因許行之捆屨，即以大小屨不同價之不可爲，此歸結許行也。文前後節節關鎖，一步緊一步，天然以道理爲文章，此文方爲千古之至文。

（《左孟莊騷精華録》卷下，第3-4頁）

三、禮儀制度

天經地義

《左傳》

【題解】

本篇選自《左傳·昭公二十五年》。《左傳》全名《春秋左氏傳》，又名《左氏春秋》，與《公羊傳》《穀梁傳》並稱“春秋三傳”。傳爲傳述《春秋》而作，作者是左丘明，爲魯國太史，然後人多有質疑。《左傳》記事，起於魯隱公元年（前722），終於魯哀公二十七年（前468），比《春秋》多出二十七年，一般認爲成書於戰國早期，是一部編年體史書。

自周公制禮作樂，禮便成爲周王朝立國之本。春秋時期，王室衰微，禮崩樂壞，諸侯、卿大夫多不知禮。禮的神聖性和權威性，被大打折扣，甚至流於形式。鄭子大叔強調了禮的重要作用，視其爲“天之經，地之義”，是對春秋違禮行爲的反撥。《禮記·曲禮上》云：“鸚鵡能言，不離飛鳥。猩猩能言，不離禽獸。今人而無禮，雖能言，不亦禽獸之心乎？”故《詩經·鄘風·相鼠》云：“人而無禮，胡不遄死？”

子大叔見趙簡子[1]，簡子問揖讓周旋之禮焉。對曰：“是儀也，非禮也。”簡子曰：“敢問何謂禮？”對曰：“吉也聞諸先大夫子產曰[2]：‘夫禮，天之經也，地之義也，民之行也。’天地之經，而民實則之。則天之明，因地之性，生其六氣[3]，用其五行[4]。氣爲五味[5]，發爲五色[6]，章爲五聲[7]，淫則昏亂[8]，民失其性。是故爲禮以奉之：爲六畜、五牲、三犧[9]，以奉五味；爲九文、六采、五章[10]，以奉五色；爲九歌、八風、七音、六律[11]，以奉五聲；爲君臣、上下，以則地義；爲夫婦、外內，以經二物；爲父子、兄弟、姑姊、甥舅、昏媾、姻亞，以象天明，爲政事、庸力、行務[12]，以從四時；爲刑罰、威獄，使民畏忌，以類其震曜殺戮[13]；爲溫慈、惠和，以效天之生殖長育。民有好、惡、喜、怒、哀、樂，生于六氣。是故審則宜類，以制六志[14]。哀有哭泣，樂有歌舞，喜有施舍，怒有戰鬭；喜生於好，怒生於惡。是故審行信令[15]，行禍賞罰，以制死生。生，好物也；死，惡物也；好物，樂也；惡物，哀也。哀樂不失，乃能協于天地之性，是以長久。”簡子曰：“甚哉，禮之大也！”對曰：“禮，上下之紀，天地之經緯也，民之所以生也，是以先王尚之。故人之能自曲直以赴禮者，謂之成人。大，不亦宜乎？”簡子曰：“鞅也請終身守此言也。”

（《春秋左傳正義》卷五十一，《十三經注疏》清嘉慶刊本，中華書局2009年版）

【注釋】

[1]子大叔：鄭國大夫。趙簡子：趙鞅，晉國執政卿。 [2]子產：鄭國卿大夫。 [3]六氣：陰、陽、風、雨、晦、明等六種氣象。 [4]五行：金、木、水、火、土。 [5]五味：酸、鹹、辣、苦、甜。 [6]五色：青、黄、赤、白、黑。 [7]五聲：宫、商、角、徵、羽。 [8]淫：過度。 [9]六畜：馬、牛、羊、豕、犬、雞。五牲：牛、羊、豕、犬、雞。三犧：牛、羊、豕。 [10]九文：九種紋飾，龍紋、山紋、花紋、火紋、虎紋、藻紋、白米紋、斧紋、黑白條紋等。六采：六種顔色，青、白、赤、黑、玄、黄。五章：赤與白相配謂章。 [11]九歌：相傳禹時期的古樂。八風：八方之風。七音：宫、商、角、徵、羽、變宫、變徵。六律：黄鍾、大蔟、姑洗、蕤賓、夷則、無射。陽聲爲律，陰聲爲吕。律吕所以分别聲音之清濁、高下。 [12]庸力：民之勞作。行務：日常工作和臨時措施。 [13]類：仿效。震曜：雷電。 [14]六志：好惡、喜怒、哀樂。 [15]審：慎重。

禮爲邦本

《左傳》

【題解】

本篇選自《左傳·閔公元年》。春秋時期，齊國强大而魯國較弱，故齊國常有侵略魯國之心。魯莊公三十二年，莊公臨終傳位子般，慶父殺子般而立子開，是爲閔公。閔公立，與齊桓公會盟，齊大夫仲孫湫與焉。齊桓公見魯國内亂，乃生侵略之心。仲孫湫以魯國秉持周禮，上下和睦，國家基礎穩固，勸誡桓公不可有非分之想，不義之舉。

在禮樂文化傳統中，禮爲立國之本。據《左傳·僖公二十二年》記載：“初，平王之東遷也，辛有適伊川，見被髮而祭於野者，曰：‘不及百年，此其戎乎！其禮先亡矣。’”故《禮記·禮運》云：“壞國，喪家，亡人，必先去其禮。”當楚漢相争之際，劉邦圍魯，“魯中諸儒尚講誦習禮樂，弦歌之音不絶”。魯被聖人之澤，世秉周禮，故能保全於亂世，中華文脈亦因之延續。

仲孫歸曰[1]：“不去慶父，魯難未已[2]。”公曰[3]：“若之何而去之？”對曰：“難不已，將自斃，君其待之。”公曰：“魯可取乎？”對曰：“不可，猶秉周禮。周禮，所以本也。臣聞之，國將亡，本必先顛[4]，而後枝葉從之。魯不棄周禮，未可動也。君其務寧魯難而親之[5]。親有禮，因重固[6]，間攜貳[7]，覆昏亂，霸王之器也[8]。”

（《春秋左傳正義》卷十一，《十三經注疏》清嘉慶刊本，中華書局2009年版）

【注釋】

[1]仲孫歸:仲孫湫,齊國大夫。 [2]慶父:又稱共仲、孟氏,魯莊公庶兄。莊公臨死,傳位子般,慶父殺子般,立子開,是爲閔公。次年,又刺殺閔公,欲自立,終敗亡被殺。 [3]公:齊桓公。 [4]本:樹幹。顛:倒下。 [5]務:專注於。寧:平定。 [6]因:親近,依靠。重固:重厚堅固之國。 [7]攜貳:懷有貳心。 [8]器:方法,策略。

禮讓爲國

(西漢)司馬遷

【題解】

本篇選自《史記•周本紀》。司馬遷(前145—前90?),字子長,夏陽(今陜西省韓城縣)人。司馬氏世爲史官,其父司馬談,精通天文、諸子學術,曾任太史令。武帝元封三年(前108),司馬遷繼任太史令,得以博覽皇家藏書,準備撰寫《史記》。天漢二年(前99),李陵戰敗,投降匈奴,遭朝野一片詆毀。司馬遷爲李陵辯解,觸怒漢武帝,被下獄,處以腐刑。太始元年(前96),被赦,并出任中書令。然司馬遷深以爲恥,遂發憤著書,并約於征和初年(前92)基本完成《史記》。

《史記》是我國第一部紀傳體通史,上至傳説中的黄帝時代,下至漢武帝時代,涵蓋三千年歷史,開創"史漢傳統"。《史記》最初没有固定書名,或稱"太史公書",或稱"太史公傳",魏晉年間始以《史記》爲專稱。《史記》規模宏大,有本紀十二篇,表十篇,書八篇,世家三十篇,列傳七十篇,共一百三十篇,全書共五十二萬餘字。今本《史記》有部分是後人補綴之作,如《外戚世家》《三王世家》等多篇注明"褚先生曰",即西漢博士褚少孫補綴,等等。同時,《史記》也是一部優秀的文學著作,在中國文學史上有重要地位,被魯迅譽爲"史家之絶唱,無韻之離騷"。

周族發祥於西北,至古公亶父時,爲避戎狄侵擾,自豳地遷往岐山。周初尚賢,以禮讓爲國,故泰伯、虞仲逃往南方荊蠻之地,傳爲美談。文王以德治國,民風崇尚禮讓,周邊小國亦化其德。故孔子讚泰伯爲"至德",又云:"能以禮讓爲國乎?何有!不能以禮讓爲國,如禮何?"(《論語•里仁》)

古公有長子曰太伯[1],次曰虞仲。太姜生少子季歷[2],季歷娶太任[3],皆賢婦人,生昌,有聖瑞。古公曰:"我世當有興者,其在昌乎?"長子太伯、虞仲知古公欲立季歷以傳昌,乃二人亡如荊蠻,文身斷髮[4],以讓季歷。古公卒,季歷立,是爲公季。公季脩古公遺道,篤於行義,諸侯順之。公季卒,子昌立,是爲西伯。西伯曰文王,遵后稷、公劉之業,則古公、公季之法,篤仁,敬老,慈少。禮下賢者,日中不暇食以待士,士以此多歸之。伯夷、叔齊在孤竹[5],聞西伯善養老,盍往歸之。

…… ……

西伯陰行善[6],諸侯皆來決平[7]。於是虞、芮之人有獄不能決[8],乃如周[9]。入界,耕者皆讓畔[10],民俗皆讓長[11]。虞、芮之人未見西伯,皆慚,相謂曰:“吾所爭,周人所恥,何往爲,祇取辱耳。”遂還,俱讓而去。諸侯聞之,曰:“西伯蓋受命之君。”

(《史記》卷四,中華書局1982年版)

【注釋】

[1]古公:周先祖,又稱太王,率周族自豳遷岐。太伯:古公長子,逃至荊蠻,居吴,即今日之蘇州。 [2]太姜:古公之妻,季歷之母,姜姓。 [3]太任:摯任氏之女,季歷之妻,文王之母。 [4]文身:即紋身。因常在水中活動,斷髮文身,以避龍蛇之害。 [5]孤竹:殷商時古國名,故地在今河北省盧龍縣。 [6]陰:不張揚。行善:行仁政。 [7]決平:評判是非,曲直。 [8]獄:案件。 [9]如:至。 [10]畔:田埂。 [11]長:年長者。

【集評】

(春秋)孔丘:子曰:“泰伯,其可謂至德也已矣。三以天下讓,民無得而稱焉。”

(《論語集注》卷四,《四書章句集注》,第102頁)

(唐)皮日休:一廟爭祠兩讓君,幾千年後轉清芬。當時盡解稱高義,誰敢教他莽卓聞。

(《泰伯廟》,《皮子文藪》附録,第213頁)

(北宋)蘇軾:夫先王之制,立長所以明宗,明宗所以防亂,非有意私其長而沮其少也。天子與諸侯皆有太祖,其有天下、有一國,皆受之太祖,而非己之所得專有也。天子不敢以其太祖之天下與人,諸侯不敢以其太祖之國與人,天下之通義也。夫劉愷、丁鴻之國,不知二子所自致耶,將亦受之其先祖耶?受之其先祖,而傳之於所不當立之人,雖其弟之親,與塗人均耳。夫吴太伯、伯夷,非所以爲法也,太伯將以成周之王業,而伯夷將以訓天下之讓,而爲是詭時特異之行,皆非所以爲法也。

(《劉愷丁鴻孰賢論》,《蘇軾文集》卷二,第45頁)

(南宋)朱熹:夫以泰伯之德,當商周之際,固足以朝諸侯有天下矣,乃棄不取而又泯其迹焉,則其德之至極爲何如哉!蓋其心即夷、齊扣馬之心,而事之難處有甚焉者,宜夫子之歎息而贊美之也。 (《論語集注》卷四,《四書章句集注》,第102頁)

鹿　鳴

《詩經》

【題解】

《詩經》是我國最早的一部詩歌總集,原名《詩》,又名“詩三百”,共305篇,另有6篇笙詩,有目無詞。全書收集了西周初年至春秋中葉,約五百年間的詩歌。《詩經》按内容分風、雅、頌三大類。風詩含十五國風,分别是《周南》《召南》《邶風》《鄘風》《衛風》《王風》《鄭風》《齊風》《魏風》《唐風》《秦風》《陳風》《鄶風》《曹風》《豳風》等,共160篇。雅詩含《大雅》31篇,《小雅》74篇。頌詩含《周頌》31篇,《魯頌》4篇,《商頌》5篇。

《詩經》是周代禮樂文化的産物,廣泛應用於祭祀、朝聘、宴飲等場合。孔子曾整理《詩經》,并教授弟子,曰:“不學詩,無以言。”秦火之後,漢代傳詩者有魯國申培公,齊國轅固公,燕國韓嬰,三家稱今文經,盛行於西漢,後亡佚。魯國毛亨與趙國毛萇所傳爲古文經,稱“毛詩”。東漢鄭玄爲之作“箋”,至唐孔穎達作《毛詩正義》,流傳至今。

本篇選自《詩經·小雅》,是周天子宴飲諸侯之詩。《毛詩序》云:“《鹿鳴》,燕群臣嘉賓也。既引食之,又實壁帛筐篚,以將其厚意,然後忠臣嘉賓得盡其心矣。”其樂融融的宴飲場面,帶有濃郁的禮樂文化特色。

春秋時期,諸侯國使節相互聘問,宴席之間,有歌詩、賦詩以表達情意的傳統。故而學《詩》,是進入仕途前的語言訓練。故孔子曰:“不學詩,無以言。”(《論語·季氏》)又曰:“誦《詩》三百,授之以政,不達;使於四方,不能專對;雖多,亦奚以爲?”(《論語·子路》)

呦呦鹿鳴[1],食野之苹[2]。我有嘉賓,鼓瑟吹笙[3]。吹笙鼓簧[4],承筐是將[5]。人之好我[6],示我周行[7]。

呦呦鹿鳴,食野之蒿[8]。我有嘉賓,德音孔昭[9]。視民不恌[10],君子是則是傚[11]。我有旨酒[12],嘉賓式燕以敖[13]。

呦呦鹿鳴,食野之芩[14]。我有嘉賓,鼓瑟鼓琴。鼓瑟鼓琴,和樂且湛[15]。我有旨酒,以燕樂嘉賓之心。

(《毛詩正義》卷九,《十三經注疏》清嘉慶刊本,中華書局2009年版)

【注釋】

[1]呦(yōu)呦:鹿鳴叫之聲。　[2]苹:草名,今名掃帚草。　[3]鼓:彈奏。瑟:一種絃樂器。笙:一種管樂器。　[4]簧:樂器里用於發聲的薄片,用竹、葦等製成,這里指笙管發音部件。鼓:振動。　[5]承:捧著。將:奉獻。　[6]人:客人。好我:喜歡我,對我友好。[7]示:指示。周行(háng):本指通往周朝的寬廣大道,這里指人世大道。　[8]蒿(hāo):

草名,指青蒿。[9]德音:美好的聲望。孔:大,很。[10]視民:向百姓顯示。視:顯示。不恌(tiāo):不輕佻,沉穩。[11]則:準則,這里作動詞,即作爲準則。傚:效法。[12]旨酒:美酒。[13]式:語助詞,以。燕:同宴,指宴飲。敖:同遨,指遊樂。[14]芩(qín):草名。[15]湛(dān):沉浸,一説指長久。

【集評】

(南宋)朱熹:此燕饗賓客之詩也。蓋君臣之分以嚴爲主,朝廷之禮以敬爲主。然一於嚴敬,則情或不通,而無以盡其忠告之益。故先王因其飲食聚會,而制爲燕饗之禮,以通上下之情。而其樂歌又以鹿鳴起興,而言其禮意之厚如此,庶乎人之好我,而示我以大道也。

(《詩集傳》卷九,第99頁)

(清)方玉潤:夫嘉賓即羣臣,以名分言曰臣,以禮意言曰賓。文、武之待羣臣如待大賓,情意既洽而節文又敬,故能成一時盛治也。傳曰:"賓臣者帝,師臣者王。"周之賓臣,周之所以王耳。若後世則直以奴隸視之,何賓之有?無怪其治不古若矣。

(《詩經原始》卷九,第328頁)

君子貴玉

《禮記》

【題解】

本文選自《禮記·聘義》。《禮記》是一部講述周代禮儀制度的書。東漢時期,講"禮"的著作保留下兩種:一種是戴德傳授的85篇"大戴禮";一種是戴勝傳授的49篇"小戴禮"。東漢鄭玄爲"小戴禮"作注,遂獨立成書,稱《禮記》。《禮記》記述周代禮儀,亦闡釋儒家思想,如《大學》《中庸》等。

在先秦時期,玉是重要的禮品,重要的祭祀、朝聘皆用玉。君子重禮,亦重玉,故君子必佩玉,無故玉不去身。《詩經·秦風·小戎》云:"言念君子,温其如玉",遂有"以玉比德"之说。

子貢問於孔子曰:"敢問君子貴玉而賤碈者何也[1]。爲玉之寡而碈之多與?"孔子曰:"非爲碈之多,故賤之也,玉之寡,故貴之也。夫昔者君子比德於玉焉。温潤而澤,仁也;縝密以栗[2],知也;廉而不劌[3],義也;垂之如隊[4],禮也:叩之其聲清越以長,其終詘然[5],樂也;瑕不揜瑜、瑜不揜瑕,忠也;孚尹旁達[6],信也;氣如白虹,天也;精神見于山川,地也;圭璋特達[7],德也。天下莫不貴者,道也,《詩》云:'言念君子,温其如玉。'故君子貴之也。"

(《禮記正義》卷六十三,《十三經注疏》清嘉慶刊本,中華書局2009年版)

【注釋】

[1]碈(mín):同珉,似玉的石頭。 [2]栗:堅實。 [3]廉:有棱角。劌(guì):尖鋭。 [4]隊:通墜,下墜。禮尚謙卑,故曰墜。 [5]詘(qū):絕止貌。 [6]孚尹:玉的色彩。 [7]圭璋:兩種貴重玉制禮器。特:獨,因其貴重,朝聘不須他物匹配。

叔孫通定朝儀

(西漢)司馬遷

【題解】

本文節選自《史記·叔孫通列傳》。自春秋以來,禮崩樂壞,諸侯僭越,競相奢華。秦有天下,兼采六國禮儀,然皆尊君抑臣之類也。漢興,君臣多出身微賤,不知禮儀。叔孫通乃受命定朝儀,雖曰漢禮儀,大抵損益秦法爲之,故曰"漢承秦制"。

叔孫通者,薛人也[1]。秦時以文學徵[2],待詔博士[3]。數歲,陳勝起山東[4],使者以聞,二世召博士諸儒生問曰:"楚戍卒攻蘄入陳[5],於公如何?"博士諸生三十餘人前曰:"人臣無將[6],將即反,罪死無赦。願陛下急發兵擊之。"二世怒,作色。叔孫通前曰:"諸生言皆非也。夫天下合爲一家,毀郡縣城,鑠其兵,示天下不復用。且明主在其上,法令具於下,使人人奉職,四方輻輳,安敢有反者!此特羣盜鼠竊狗盜耳,何足置之齒牙間。郡守尉今捕論[7],何足憂。"二世喜曰:"善。"盡問諸生,諸生或言反,或言盜。於是二世令御史案諸生言反者下吏[8],非所宜言。諸言盜者皆罷之。迺賜叔孫通帛二十匹,衣一襲,拜爲博士。叔孫通已出宫,反舍,諸生曰:"先生何言之諛也?"通曰:"公不知也,我幾不脱於虎口!"迺亡去,之薛,薛已降楚矣。及項梁之薛[9],叔孫通從之。敗於定陶,從懷王[10]。懷王爲義帝[11],徙長沙,叔孫通留事項王。漢二年,漢王從五諸侯入彭城[12],叔孫通降漢王。漢王敗而西,因竟從漢。

叔孫通儒服,漢王憎之;迺變其服,服短衣,楚製,漢王喜。

叔孫通之降漢,從儒生弟子百餘人,然通無所言進,專言諸故羣盜壯士進之。弟子皆竊罵曰:"事先生數歲,幸得從降漢,今不能進臣等,專言大猾[13],何也?"叔孫通聞之,迺謂曰:"漢王方蒙矢石爭天下,諸生寧能鬥乎?故先言斬將搴旗之士[14]。諸生且待我,我不忘矣。"漢王拜叔孫通爲博士,號稷嗣君。

漢五年,已并天下,諸侯共尊漢王爲皇帝於定陶,叔孫通就其儀號[15]。高帝悉去秦苛儀法,爲簡易。羣臣飲酒爭功,醉或妄呼,拔劍擊柱,高帝患之。叔孫通知上益厭之也,説上曰:"夫儒者難與進取,可與守成。臣願徵魯諸生,與臣弟子共起朝儀。”高帝曰：“得無難乎？”叔孫通曰：“五帝異樂，三王不同禮。禮者，因時世人情爲之節文者也。故夏、殷、周之禮所因損益可知者，謂不相復也。臣願頗采古禮與秦儀雜就之。”上曰：“可試爲之，令易知，度吾所能行爲之。”

於是叔孫通使徵魯諸生三十餘人。魯有兩生不肯行，曰：“公所事者且十主，皆面諛以得親貴。今天下初定，死者未葬，傷者未起，又欲起禮樂。禮樂所由起，積德百年而後可興也。吾不忍爲公所爲。公所爲不合古，吾不行。公往矣，無汙我！”叔孫通笑曰：“若真鄙儒也，不知時變。”

遂與所徵三十人西[16]，及上左右爲學者與其弟子百餘人爲緜蕞野外[17]。習之月餘，叔孫通曰：“上可試觀。”上既觀，使行禮，曰：“吾能爲此。”迺令群臣習肄，會十月。

漢七年，長樂宮成，諸侯羣臣皆朝十月[18]。儀：先平明[19]，謁者治禮[20]，引以次入殿門，廷中陳車騎步卒衛宫，設兵張旗志。傳言“趨”[21]。殿下郎中俠陛[22]，陛數百人。功臣列侯諸將軍軍吏以次陳西方，東鄉；文官丞相以下陳東方，西鄉。大行設九賓[23]，臚傳[24]。於是皇帝輦出房[25]，百官執職傳警[26]，引諸侯王以下至吏六百石以次奉賀。自諸侯王以下莫不振恐肅敬。至禮畢，復置法酒[27]。諸侍坐殿上皆伏抑首，以尊卑次起上壽。觴九行，謁者言“罷酒”。御史執法舉不如儀者輒引去[28]。竟朝置酒，無敢讙譁失禮者。於是高帝曰：“吾乃今日知爲皇帝之貴也。”乃拜叔孫通爲太常[29]，賜金五百斤。

叔孫通因進曰：“諸弟子儒生隨臣久矣，與臣共爲儀，願陛下官之。”高帝悉以爲郎。叔孫通出，皆以五百斤金賜諸生。諸生迺皆喜曰：“叔孫生誠聖人也，知當世之要務。”

（《史記》卷九十九，中華書局1982年版）

【注釋】

[1]薛：古國名，故地在今山東省滕縣南。 [2]文學：指儒學。 [3]博士：官名，備君主諮詢。 [4]山東：崤山以東。 [5]蘄：古地名，在今湖北省蘄春縣。陳：古國名，故地在今河南省淮陽縣一帶。 [6]將：有意。 [7]論：論其罪。 [8]御史：秦監察之官。案：拷問。 [9]項梁：楚名將項燕之子，項羽叔父，聞陳勝反於大澤，乃起兵響應。 [10]懷王：戰國時期楚懷王之孫，名心，楚亡，流落民間，爲人牧羊。項梁起兵，採納范增建議，立爲楚懷王。 [11]義帝：項羽屠咸陽，尊懷王爲義帝，後徙長沙，中途殺之。 [12]漢王：項羽稱霸，封劉邦爲漢王，王巴蜀、漢中。彭城：楚都城，今江蘇省徐州市。 [13]大猾：大奸大惡之人。 [14]搴(qiān)：拔取。 [15]就：遵從。儀號：禮儀和名號。 [16]西：西至長安。 [17]緜蕞：繩索與標杆，以便習禮。 [18]十月：漢以十月爲歲首，故行朝儀之禮。 [19]平明：天亮時。 [20] 謁者：官名，爲天子作傳達。 [21]趨：快走。 [22]郎：

郎官,天子侍衛官。俠:通夾。陛:臺階。 [23]大行:即大行人,掌賓客之禮。九賓:九個層級的賓客。 [24]臚傳:上下傳達之官。 [25]輦:人力拉的車。 [26]職:通幟,旗幟。傳警:傳聲,令人避讓。 [27]法酒:依禮而飲之酒。 [28]舉:舉報。 [29]太常:漢九卿之首,掌握宗廟禮儀,兼選試博士。

【集評】

(東晉)陶淵明:易代隨時,迷變則愚。介介若人,特爲貞夫。德不百年,汙我詩書。逝然不顧,被褐幽居。 (《讀史述九章·魯二儒》,《陶淵明集箋注》卷六,第525頁)

(南宋)蘇軾:軾以謂叔孫通制禮,雖不能如三代,然亦因時施宜,有補於世者。魯二生非之,其言未必皆當,通以謂不知時變,亦宜矣。然謹按揚子《法言》:昔齊魯有大臣,史失其名,或曰,如何其大也?曰,叔孫通欲制君臣之儀,聘先生于齊魯,所不能致者二人。由此觀之,大臣以道事君,不可則止,然後可以托六尺之孤,可以寄百里之命。若與時上下,隨人俛仰,雖或適用於一時,何足謂之大臣爲社稷之衛哉!

(《叔孫通不能致二生》,《蘇軾文集》卷七,第196頁)

(南宋)朱熹:叔孫通爲緜蕝之儀,其效至於群臣震恐,無敢喧嘩失禮者。比之三代燕享群臣氣象,便大不同,蓋只是秦人尊君卑臣之法。

(《朱子語類》卷一百三十五,《朱子全書》第十八册,第4196頁)

(清)王夫之:秦之苛嚴,漢初之簡略,相激相反,而天下且成乎鄙倍。舉其大綱,以風起於崩壞之餘,亦何遽不可?而非直無不可也;非是,則生人之心、生人之理、日頹靡而之於泯亡矣。唯叔孫通之事十主而面諛者,未可語此耳。則苟且以背于禮樂之大原,遂終古而不與於三王之盛。使兩生者出,而以先王安上治民、移風易俗之精意,舉大綱以與高帝相更始,如其不用而後退,未晚也。乃必期以百年,而聽目前之滅裂。將百年以內,人心不靖,風化未起,汲汲於生養死葬之圖;則德色父而誶語姑,亦誰與震動容與其天良,而使無背死不葬、捐傷不恤也哉? (《讀通鑒論》卷二,第20頁)

阮籍居喪

《世説新語》

【題解】

本篇選自《世説新語·任誕》。《世説新語》三卷,南朝宋劉義慶所編志人小説集。劉義慶(403—444),彭城(今江蘇徐州)人,宋武帝劉裕之弟長沙王劉道憐之子,後過繼給叔父臨川王劉道規,襲封臨川王,官至尚書左僕射、中書令。其人"性簡素","愛好文義","招聚文學之士,近遠必至"(《宋書·劉道規傳》)。此外,他還編有志怪小説集《幽明録》。

《世説新語》在流傳過程中亦稱《世説》《世説新書》《新語》《世説新語》等,大約宋代以後才改稱今名。通行本《世説新語》三卷,分三十六門,主要記載漢末至東晉名士的逸聞軼事和清談。魯迅先生將其藝術特色概括爲“記言則玄遠冷儁，記行則高簡瑰奇”（《中國小説史略》）。南朝梁劉孝標爲《世説新語》作注，引書四百餘種，史料參考價值很高。

阮籍居喪期間，飲酒食肉，越名教而任自然。魏晉易代之際，司馬氏專權，名士多遭殺戮，而禮教全成司馬氏誅殺異己之工具。此時之“名教”與“自然”之爭，已不是單純的思想問題，而是生死攸關的政治問題。

阮籍遭母喪[1]，在晉文王坐進酒肉[2]。司隸何曾亦在坐[3]，曰：“明公方以孝治天下，而阮籍以重喪，顯於公坐飲酒食肉，宜流之海外[4]，以正風教。”文王曰：“嗣宗毁頓如此[5]，君不能共憂之，何謂？且有疾而飲酒食肉，固喪禮也！”籍飲噉不輟，神色自若。

（《世説新語箋疏》卷下之上《任誕》第2條，中華書局2007年版）

【注釋】

[1]阮籍：字嗣宗，陳留尉氏（今河南尉氏縣）人，曾任步兵校尉，又稱“阮步兵”，“竹林七賢”之一。當魏晉易代之際，名士多遭殺戮，故縱酒談玄以避禍，有《阮步兵集》存世。 [2]晉文王：司馬昭，司馬懿之子，司馬炎之父。司馬炎代魏稱帝，追尊其父爲文王。 [3]何曾：字穎叔，陳郡陽夏人，以仁孝稱，累遷司隸校尉。 [4]流：流放。 [5]毁頓：精神萎靡。

【集評】

（南宋）朱熹：問：“謝氏説‘幾諫’章，曰‘以敬孝易，以愛孝難’，恐未安。”曰：“聖人答人問孝，多就人資質言之。在子夏則少於愛，在子遊則少於敬，不當遂斷難易也。如謝氏所引兩句，乃是莊子之説。此與阮籍居喪飲酒食肉，及至慟哭嘔血，意思一般。蔑棄禮法，專事情愛故也。”（《朱子語類》卷二十七，《朱子全書》第十五册，第1008頁）

魯迅：然而後人就將嵇康阮籍罵起來，人云亦云，一直到現在，一千六百多年。季札説：“中國之君子，明於禮義而陋於知人心。”這是確的，大凡明於禮義，就一定要陋於知人心的，所以古代有許多人受了很大的冤枉。例如嵇阮的罪名，一向説他們毁壞禮教。但據我個人的意見，這判斷是錯的。魏晉時代，崇奉禮教的看來似乎很不錯，而實在是毁壞禮教，不信禮教的。表面上毁壞禮教者，實則倒是承認禮教，太相信禮教。因爲魏晉時所謂崇奉禮教，是用以自利，那崇奉也不過偶然崇奉，如曹操殺孔融，司馬懿殺嵇康，都是因爲他們和不孝有關，但實在曹操、司馬懿何嘗是著名的孝子，不過將這個名義，加罪於反對自己的人罷了。於是老實人以爲如此利用，褻黷了禮教，不平之極，無計可施，激而變成不談禮教，不信禮教，甚至於反對禮教。——但其實不過是態度，至於他們的本心，恐怕倒是相信禮教，當作寶貝，比曹操司馬懿們要迂執得多。

（《而已集·魏晉風度及文章與藥及酒之關係》，《魯迅全集》第三卷，第535頁）

宋太祖誓碑

(南宋)陸游

【題解】

陸游(1125—1210),字務觀,號放翁。越州山陰(今浙江紹興)人。南宋"中興四大詩人"之一。孝宗紹興三十二年(1162)賜進士出身。中年入蜀,投身軍旅生活,官至寶章閣待制。晚年退居家鄉,但收復中原信念始終不渝。創作詩歌很多,今存九千多首,内容極爲豐富。詞作量不如詩篇巨大,但和詩一樣貫穿了氣吞殘虜的愛國主義精神。散文雄豪宏大,卓然成家。有《劍南詩稿》八十五卷、《渭南文集》五十卷、《放翁詞》一卷。《宋史》卷395有傳。

《避暑漫抄》首見於明代《古今説海》,舊題陸游撰,陸游自編《渭南文集》未收,應屬托名,然其中史料有可采者。"宋太祖誓碑"在宋代政治思想史上具有深遠影響,其核心内容是"不得殺士大夫"。宋代崇文抑武的國策,使得士林風氣空前高漲,至有天子"與士大夫治天下"之说。

藝祖受命之三年[1],密鐫一碑,立于太廟寢殿之夾室[2],謂之誓碑。用銷金黄幔蔽之[3],門鑰封閉甚嚴。因敕有司,自後時享及新天子即位,謁廟禮畢,奏請恭讀誓詞[4]。是年秋,享,禮官奏請如敕,上謁室前,再拜陞階。獨小黄門不識字者一人從[5],餘皆遠立庭中。黄門驗對啓鑰,先入焚香明燭,揭幔亟走出階下,不敢仰視。上至碑前再拜,跪瞻默誦訖,復再拜而出。羣臣及近侍皆不知所誓何事。自後列聖相承[6],皆踵故事[7],歲時伏謁,恭讀如儀,不敢漏紕,雖腹心大臣,如趙韓王、王魏公、韓魏公、富鄭公、王荆公、文潞公、司馬温公、吕許公、申公[8],皆天下重望,累朝最所倚任,亦不知也。靖康之變[9],犬戎入廟[10],悉取禮樂祭祀諸法物而去[11],門皆洞開,人得縱觀。碑止高七八尺,闊四尺餘,誓詞三行:一云,柴氏子孫有罪不得加刑,縱犯謀逆,止於獄中賜盡,不得市曹刑戮,亦不得連坐支屬;一云,不得殺士大夫及上書言事人;一云,子孫有渝此誓者,天必殛之。後建炎中,曹勛自虜中回[12],太上寄云[13],祖宗誓碑在太廟,恐今天子不及知云云[14]。

(《避暑漫抄》(叢書集成初編本),商務印書館1939年版)

【注释】

[1]藝祖:宋太祖,趙匡胤。 [2]寢殿:宗廟中收藏祖先衣冠的殿堂。夾室:古代宗廟内堂

東西廂的後部,藏五世祖以上元祖神主的地方。 [3]銷金黄幔:嵌有金線的黄色帳幕。 [4]時享:四時祭祀。 [5]小黄門:泛指宦官。 [6]列聖:指歷代皇帝。 [7]踵:本指脚後跟,意谓效法。故事:先例。 [8]趙韓王,趙普;王魏公,王旦;韓魏公,韩琦;富鄭公,富弼;王荆公,王安石;文潞公,文彦博;司馬温公,司馬光;吕許公,吕夷簡;申公,吕公著。 [9]靖康之變:靖康,宋欽宗年號,靖康二年(1127),金兵攻破開封,擄走徽宗、欽宗二帝及后妃、皇子、宗室、大臣等數千人,北宋滅亡,又稱靖康之難,靖康之禍。 [10]犬戎:先秦時期北方遊牧民族,這里指金兵。 [11]法物:祭祀禮器。 [12]曹勛:字公顯,宋大臣。靖康元年(1126),與宋徽宗一起被擄走,受徽宗絹書逃歸。建炎元年(1127),至南京(今河南省商丘市)向宋高宗上衣帶詔,請求招募死士營救徽宗,未果,被黜。 [13]太上:指宋徽宗,趙佶。 [14]今天子:宋高宗,趙構。

【集评】

(清)王夫之:自太祖勒不殺士大夫之誓以詔子孫,終宋之世,文臣無歐刀之辟。張邦昌躬篡,而止於自裁;蔡京、賈似道陷國危亡,皆保首領於貶所。語曰:"周之貴士",士自貴也。宋之初興,豈有自貴之士使太祖不得而賤者感其護惜之情乎?

(《宋論》卷一,第6頁)

(清)顧炎武:宋世典常不立,政事叢脞,一代之制,殊不足言。然其過於前人者數事:如人君宫中自行三年之喪,一也。外言不入于梱,二也。未及末命,即立族子爲皇嗣,三也。不殺大臣及言事官,四也。此皆漢唐之所不及,故得繼世享國至三百餘年。若其職官、軍旅、食貨之制,冗雜無紀,後之爲國者,並當取以爲戒。

(《日知録校注》卷十六,第888頁)

張蔭麟:太祖不殺大臣及言官之密約所造成之家法,於有宋一代歷史影響甚鉅。由此事可以瞭解北宋言官之強横,朝議之囂雜,主勢之降殺,國是之摇蕩,而荆公所以致慨於"今人未可非商鞅,商鞅能令法必行"也。神宗變法之不能有大成,此其遠因矣。此就惡影響言也。若就善影響言,則宋朝之優禮大臣、言官實養成士大夫之自尊心,實啓發其對於個人人格尊嚴之認識。此則北宋理學或道學之精神基礎所由奠也。

(《宋太祖誓碑及政事堂刻石考》,《文史雜誌》(重慶),1941年第7期,第16頁)

四、天文曆算

大　　東（節選）

《詩經》

【題解】

《大東》是周代東方侯國人民怨刺西方統治者的詩，藝術地概括了西周滅殷後那一歷史時代的社會面貌。詩中列舉了天上的眾多星宿，而且説它們都是有名無實，藉以諷刺西周統治者佔據高位而不體恤臣民，因爲古人認爲天上的星和地上的人都是對照的。《大東》的作者可能是位精通星象的文人，對眾多星象的描繪非常生動形象，以星喻人刻畫惟妙惟肖。詩的作者站在東國人民的立場，大膽地揭露了西人對東人的殘酷壓榨，斥駡西人是徒居高位的廢物，是張著血盆大口掠財害命的罪人。詩人在愁苦不已的情況下，忽而仰觀上天，恰見紛繁景象，不覺浮想聯翩。由前文"杼柚其空"，聯想到織女終不成章；由織女虛機，又聯想到牽牛。由牽牛不駕車箱，又想到東之啟明、西之長庚等星辰。看到它們徒在天空燦然成行而無用，又南望箕張、北顧斗柄，但它們更像是伸長舌頭吞噬獵物的魔獸，欲將東方之財物運送之西方。這種豐富的想象，奇特的藝術構思，蘊含詩人滿腔憤怒之情，同時將周統治者横行霸道的行爲和貪婪之態，刻畫得淋漓盡致。藝術上，對比與比喻，現實主義與浪漫主義的結合運用，是本詩的一個巧妙而新奇的特點。詩前半段的創作方法主要是現實主義的，後半段的創作方法是浪漫主義的。東方的啟明，西方的長庚，有助日之名，而無實光。一日更位七次的織女，也看不到有絲毫勞動產品做出來。牽牛不能供我駕車之用，畢星不能助我獵兔之勞。形狀像簸箕的箕星，能供我簸揚糠粃嗎？形狀像斗的北斗，能供我舀酒漿嗎？它們高高在上，都不能解除東方人們所受的痛苦。所有這一切天上的繁星，都變成了地上剝削者的投影，是象徵擬人的，幻想式的，浪漫主義的，但有作者現實生活的基礎。這些星象，簡直是嗜血成性的吃人者的形象：箕星拖著舌頭，好像張嘴要吃人；斗星高舉其柄，好像要不斷榨取東人的血汗。詩人駡到這裏，那種驚弓之鳥似的內心活動，使歌唱戛然而止，言有盡而意無窮，耐人尋味。

維天有漢[1]，監亦有光[2]。跂彼織女[3]，終日七襄[4]。雖則七襄，不成報章[5]。睆彼牽牛[6]，不以服箱[7]。東有啓明，西有長庚[8]。有捄天畢[9]，載施之行。

維南有箕[10]，不可以簸揚。維北有斗[11]，不可以挹酒漿。維南有箕，載翕其舌[12]。維北有斗，西柄之揭[13]。

（《毛詩正義》卷十三，《十三經注疏》清嘉慶刊本，中華書局2009年版）

【注釋】

[1]漢:天河,也稱銀河、雲漢、河漢。 [2]監亦有光:監,同鑒,古時用青銅製作的可以照影的銅器。這裏作“照影”講。此句言天河雖然可以照影,但是只見水光不見人影。 [3]跂(qǐ):織女星共三星,鼎立而成三角之勢,“跂”即指此。 [4]七襄:七移其位。襄,反、易。 [5]報章:有花紋的布帛。織布時緯線要一來一往才能織成紋理,但織女星向西而不向東,故不能成章。 [6]睆(huǎn):明亮。 [7]服箱:駕車。服,駕。箱,車箱,此指車。 [8]啟明、長庚:均爲金星别名,因日出前出現於東方、日落後出現於西方,故名啟明、長庚。 [9]捄:彎曲的把柄。天畢:星名,由八顆星組成,狀如捕兔的畢網,捕兔時手持其柄。 [10]箕:箕星,由四顆星組成梯形,如同簸箕一樣,故俗名簸箕星。 [11]斗:北斗星,由七顆星組成,其形狀如有柄的斗一樣。因其位於太空的北方,故名北斗星。[12]翕:吸引。 [13]西柄:把柄向西翹著。揭:高舉。

【集評】

(唐)孔穎達:今織女之星,駕則有西而無東,不見倒反,是有名無成也。又睆然而明者,彼牽牛之星,雖則有牽牛之名,而不曾見其牽牛以用於牝服大車之箱也。又東方有啟導日明之星,西方有增長續日之星,此亦何曾能有啟續乎?又有捄然而長者,在天之畢也,徒則施之於二十八宿之行列而已,亦何曾見其掩兔載肉之用乎?是皆有名無實,亦興王之官司虛列而無所成也。 (《毛詩正義》卷十三,第991頁)

(南宋)朱熹:言南箕既不可以簸揚糠粃,北斗既不可以挹酌酒漿,而箕引其舌,反若有所吞噬;斗西揭其柄,反若有所挹取於東,是天非徒無若我何,乃亦若助西人而見困。甚怨之詞也。 (《詩集傳》卷十二,第148頁)

(清)方玉潤:試思此詩若無後半文字,則東國困敝,縱極寫得十分沉痛,亦不過平常歌咏而已,安能如許驚心動魄文字?所以詩貴有聲有色,尤貴有興有致,此興會之極爲歘舉者也。 (《詩經原始》卷十一,第420頁)

吴闓生:此詩意旨,自歐公以來解釋略盡。而文情俶詭奇幻,不可方物,在《風》《雅》中爲别調。開詞賦之先聲。後半措詞運筆,極似《離騷》,實三代上之奇文也。

(《詩義會通》卷二,第171頁)

天　問(節選)

(戰國)屈原

【題解】

屈原(約前340—約前278),名平,字原,又自名正則,字靈均,戰國末期楚國丹陽(今湖北秭歸)人,楚武王熊通之子屈瑕的後代。屈原雖忠事楚懷王,卻屢遭排擠,懷王死後又因頃襄王聽信讒言而被流放,最終投汨羅江而死。屈原是中國偉大的浪漫主義詩人之一,也是我國已知最早的著名詩人,世界文化名人之一。他創立了“楚辭”文體,同時開創了“香草美人”的傳統。代表作品有《離騷》《九歌》等。

《天問》是一首內容博大、形式奇異的長篇辭作,全辭共374句,1500餘字。其句式基本以四言爲主,全篇不用“兮”字,而是採用反問詰難的方式,向宇宙詢問了170餘個駁雜龐大的問題。何謂“天問”?王逸《楚辭章句》云:“何不言‘問天’?天尊不可問,故曰‘天問’。”這是一種解釋。另一種解釋是,天問即有關天下萬事萬物的疑問。關於《天問》的創作緣起,王逸《天問序》認爲屈原在楚國的先王之廟見到了壁畫後,激起了他豐富的想像和內心的愁苦,從而寫出了《天問》。宋人洪興祖《楚辭補注》則認爲屈原觀天象、察物理、究人事、尋變遷,再聯繫自己的人生經歷,自然會産生這些追問。郭沫若《屈原研究》認爲《天問》體現了先秦時期天文學的發展,並説:“其實《天問》這篇要算空前絕後的第一等奇文字。”至於屈原爲何要寫《天問》,不少學者聚訟紛紜,仍無定論。然而,《天問》作於屈原放逐期間,對其反映內心情緒這一點,古今學者都無太大異議。儘管胡適曾認爲《天問》“文理不通,見解卑陋,全無文學價值。”(《讀楚辭》)錢鍾書也批評《天問》“蹇澀突兀”(《管錐編》卷二),但透過屈原對宇宙、歷史的發問所産生的哲理思考,仍代表著一位文學家的思想高度和對天文知識的探究水準。因此,自《天問》問世之後,摹擬的作品衆多,如晉傅玄《擬天問》、南朝梁江淹《遂古篇》、唐楊炯《渾天問》、柳宗元《天對》、明方孝孺《雜問》、王廷相《答天問》、清李雯《天問》等等。這些摹擬作品是《天問》對後世文學創作影響的明證,雖然它們大多也缺乏文學藝術價值,但至少説明屈原《天問》在思想上對不少文人士子産生了強大的衝擊。

曰:遂古之初,誰傳道之[1]?上下未形,何由考之[2]?
冥昭瞢闇[3],誰能極之?馮翼惟像[4],何以識之?
明明闇闇,惟時何爲[5]?陰陽三合,何本何化[6]?
圜則九重,孰營度之[7]?惟茲何功[8],孰初作之?
斡維焉繫?天極焉加[9]?八柱何當?東南何虧[10]?
九天之際[11],安放安屬?隅隈多有[12],誰知其數?

天何所遝[13]？十二焉分？日月安屬？列星安陳？
出自湯谷，次於蒙氾[14]。自明及晦，所行幾里？
夜光何德，死則又育[15]？厥利維何，而顧菟在腹[16]？
女岐無合[17]，夫焉取九子？伯強何處[18]？惠氣安在？
何闔而晦[19]？何開而明？角宿未旦[20]，曜靈安藏？
不任汩鴻，師何以尚之[21]？僉曰"何憂"，何不課而行之[22]？
鴟龜曳銜，鯀何聽焉[23]？順欲成功[24]，帝何刑焉？
永遏在羽山[25]，夫何三年不施？伯禹腹鯀[26]，夫何以變化？
纂就前緒，遂成考功[27]。何續初繼業[28]，而厥謀不同？
洪泉極深，何以寘之[29]？地方九則，何以墳之[30]？
河海應龍[31]？何盡何歷？鯀何所營？禹何所成？
康回馮怒[32]，墜何故以東南傾？九州安錯[33]？川谷何洿？
東流不溢，孰知其故？東西南北，其修孰多？
南北順橢[34]，其衍幾何[35]？昆侖縣圃[36]，其尻安在[37]？
增城九重[38]，其高幾里？四方之門，其誰從焉？
西北辟啟，何氣通焉？日安不到？燭龍何照[39]？
羲和之未揚，若華何光[40]？何所冬暖？何所夏寒？
焉有石林？何獸能言？焉有虯龍[41]，負熊以遊？
雄虺九首[42]，儵忽焉在？何所不死？長人何守？
靡蓱九衢[43]，枲華安居[44]？一蛇吞象，厥大何如？
黑水、玄趾，三危安在[45]？延年不死，壽何所止？
鯪魚何所[46]？鬿堆焉處[47]？羿焉彃日[48]？烏焉解羽[49]？

（《楚辭補注》，中華書局1983年版）

【注釋】

[1]原本"曰"上有"爾"字，蓋王逸《天問序》末"云爾"所誤，據洪興祖《楚辭補注》刪。遂，通"邃"。遂古，即太古。道，通"導"。傳道：流轉導引。 [2]上下：天地。形：成形。考：成，一說考察。 [3]冥昭：晦明，黑暗與明亮。瞢(méng)暗：晝夜未分、混沌不明的樣子。[4]馮(píng)翼：混沌貌，空蒙貌。 [5]明明闇闇：指晝夜晦明。 [6]三：讀爲"參"。三合：參合。 [7]圜：通"圓"，指天。則：體制。營度：環而量度。 [8]功：通"工"，工程。 [9]斡(wò)：天體旋轉的軸。維：系物之繩。天極：即北極，一說天邊。 [10]八柱：支撐天的八座山。何當：對著哪兒。虧：缺損。 [11]九天：指天的中央和八方。 [12]隅：角落。隈：彎曲。 [13]遝：交會。 [14]湯谷：即暘谷，日出的地方。次：住宿。蒙：水名。氾：水邊。 [15]夜光：指月亮。育：生。 [16]厥：指夜光。顧菟：即"顧兔"，傳說中月中玉兔。 [17]女岐：月神。王逸《楚辭章句》稱其爲神女。合，匹配，此指丈夫。 [18]伯強：

神名,疑爲北海之神禺強。聞一多《楚辭校補》認爲其爲風神。 [19]闔:關閉。 [20]角宿:星宿名,二十八宿之一,東方蒼龍七宿的第一宿,由兩顆星組成。 [21]汩:治理。鴻:通"洪",洪水。師:衆人。尚:推舉。 [22]課:試驗。 [23]鴟(chī):貓頭鷹。聽:聽從。 [24]順欲:疑爲川、穀兩字形衍。一説字面意思是順從衆人的願望。 [25]永遏:長久囚禁。 [26]腹:懷抱。腹鯀,從父親鯀的肚子中生出來。 [27]纂:通"纘",繼承。 [28] 續初繼業:指繼承父親的事業。 [29]窴(tián):通"填"。 [30]九則:九等,傳説大禹治水時把九州的土地分爲九等。墳:分。 [31]應龍:有翅膀的龍。 [32]康回:水神共工名。共工與顓頊爭爲帝,怒而觸不周山,天柱折,地維絶,因此,天傾西北,地不滿東南。馮怒:盛怒,大怒。 [33]錯:通"措",置。 [34]橢:狹長。 [35]衍:餘,餘數。 [36]縣圃:即"懸圃",傳説中神仙所居之地,在昆侖山。 [37]尻:尾。 [38]增城:古代神話傳説中昆侖山上有增城九重。 [39]燭龍:傳説中之神龍,人面蛇身,能把日光照不到的地方照亮。 [40]羲和:神話中駕車載日的神。若華:若木之花,若木,神話傳説中的樹。 [41]虬龍:傳説中一種無角的龍。 [42]雄虺(huǐ):傳説中的九頭毒蛇。《楚辭·招魂》:"雄虺九首,往來倏忽,吞人以益其心些。" [43]靡蓱(píng):蔓延而生的萍草。 [44]枲:麻的別名。 [45]黑水、玄趾、三危:皆西南水名和山名。 [46]鯪魚:傳説中的一種怪魚,即《山海經》中所説的陵魚,人面人手魚身,現則風濤起。 [47]鬿(kuì)堆:即大雀,傳説中爲虎爪雞身,極其兇殘。 [48]羿:堯時人,善射。 [49]烏,烏鴉,日中之金烏,日的代稱。

【集評】

(明)張崇德:屈原《天問》,全學莊子《天運》。莊子寓乎忘形,屈原滯於孤憤。

(《四溟詩話》卷二引,第60頁)

(清)沈德潛:《天問》一篇,雜舉古今來不可解事問之,若己之忠而見疑,亦天實爲之,思而不得,轉而爲怨,怨而不得,轉而爲問,問君問他人不得,不容不問之天也。此是屈大夫無可奈何處。 (《説詩晬語》卷上,《原詩·一瓢詩話·説詩晬語》,第196—197頁)

天　官　書(節選)

(西漢)司馬遷

【題解】

《天官書》是我國古代天文學名著,也是一部星占學著作、史學著作、哲學著作,可視爲兩千多年前的一部天文學綜合全書。它建立了一個完整的星官體系,將全天劃分爲五大部分,即中、東、南、西、北五宫,這與後代三垣二十八宿的劃分法不同。司馬遷還對恒星的顔色、亮度及行星的運動狀態進行了較爲詳盡的記載。司馬遷在客觀記録整理的同時,也加入了自己的評論,這正是他寫作《史記》時提出的"究天人之際"創作目的的具體實踐。

太史公曰:自初生民以來[1],世主曷嘗不曆日月星辰[2]? 及至五家、三代[3],紹而明之[4],內冠帶[5],外夷狄,分中國爲十有二州[6],仰則觀象於天,俯則法類於地[7]。天則有日月,地則有陰陽。天有五星[8],地有五行。天則有列宿,地則有州域[9]。三光者[10],陰陽之精,氣本在地,而聖人統理之[11]。

幽、厲以往[12],尚矣。所見天變,皆國殊窟穴[13],家占物怪,以合時應[14],其文圖籍禨祥不法[15]。是以孔子論六經[16],紀異而説不書。至天道命[17],不傳;傳其人,不待告[18];告非其人,雖言不著[19]。

…………

夫天運[20],三十歲一小變,百年中變,五百載大變[21];三大變一紀,三紀而大備[22]:此其大數也[23]。爲國者必貴三五[24]。上下各千歲,然後天人之際續備[25]。

太史公推古天變,未有可考于今者[26]。蓋略以春秋二百四十二年之閒,日蝕三十六,彗星三見,宋襄公時星隕如雨[27]。天子微[28],諸侯力政,五伯代興[29],更爲主命[30]。自是之後,衆暴寡,大并小。秦、楚、吴、越,夷狄也,爲彊伯。田氏篡齊[31],三家分晉[32],並爲戰國。爭於攻取,兵革更起,城邑數屠,因以饑饉疾疫焦苦,臣主共憂患,其察禨祥候星氣尤急。近世十二諸侯七國相王[33],言從衡者繼踵,而皋、唐、甘、石因時務論其書傳[34],故其占驗淩雜米鹽[35]。

…………

夫自漢之爲天數者,星則唐都[36],氣則王朔,占歲則魏鮮。故甘、石曆五星法[37],唯獨熒惑有反逆行;逆行所守,及他星逆行,日月薄蝕[38],皆以爲占。

余觀史記[39],考行事,百年之中,五星無出而不反逆行,反逆行,嘗盛大而變色;日月薄蝕,行南北有時:此其大度也[40]。故紫宫、房心、權衡、咸池、虚危列宿部星[41],此天之五官坐位也,爲經[42],不移徙,大小有差,闊狹有常。水、火、金、木、填星,此五星者,天之五佐[43],爲緯[44],見伏有時,所過行贏縮有度。

日變脩德,月變省刑,星變結和[45]。凡天變,過度乃占[46]。國君彊大,有德者昌;弱小,飾詐者亡。太上脩德,其次脩政,其次脩救[47],其次脩禳[48],正下無之。夫常星之變希見,而三光之占亟用[49]。日月暈適,雲風,此天之客氣[50],其發見亦有大運。然其與政事俯仰,最近天人之符[51]。此五者,天之感動[52]。爲天數者,必通三五。終始古今,深觀時變,察其精粗[53],則天官備矣[54]。

(《史記》卷二十七,中華書局1982年版)

【注釋】

[1]生民:人類,出現人類。 [2]星辰:有兩解:一,衆星的總稱;二,星指五星,辰指二十八宿。 [3]五家:指黄帝、高陽、高辛、唐堯、虞舜。三代:夏、商、西周三個朝代。 [4]紹:繼

承。 [5]內冠帶:內,親近。冠帶,禮帽和腰帶,本是貴族的服裝,引申爲文明之意,借指華夏族。 [6]十有二州:《尚書·堯典》有"肇十有二州"之言,但不載具體州名,後人依據《尚書·禹貢》《周禮·職方》《爾雅·釋地》三種九州名稱,拼湊成冀、幽、并、兗、青、營、徐、揚、荊、豫、梁、雍十二州。 [7]法類:效法物類。 [8]五星:古代天文術語。又稱"五官""五佐",指太陽系中水、金、火、木、土五顆行星的總稱。 [9]州域:州界。 [10]三光:指日、月、星。 [11]統理:統一調理。 [12]幽、厲:周厲王,前878—前842年在位,其孫爲周幽王,前781年至前771年在位。二者均爲歷史上著名昏君。 [13]天變:天象變異。窟穴:洞穴。借指災異現象和它的遺跡。 [14]合時應:符合當時的應驗。 [15]文圖籍:文字圖畫的書籍。禨祥:指祈禱鬼神降福。 [16]六經:六部儒家經典,即《詩》《書》《禮》《易》《樂》《春秋》。 [17]天道命:指天道、天命。天道,古代哲學概念。它最初包含有日、月、星辰等天體運行規律和用來推測人們吉凶禍福的兩個方面。 [18]不待告:只能自己領悟其微妙。 [19]著:明白、通曉。 [20]天運:指日、月、星辰之運行以及異常天象的出現變化。 [21]載:年。唐、虞時代稱載,夏代稱歲,商代稱祀,周代稱年。 [22]三紀而大備:經過三紀就完成了整個變化週期,這是它的大週期。 [23]大數:自然的分限。數,氣數、命運。 [24]三五:日、月、五大行星的運行週期。《史記索隱》以爲指三十歲小變,五百歲大變。 [25]續備:上下繼承、前後貫通。 [26]考:驗證、占驗。 [27]宋襄公時星隕如雨:據《春秋》記載,隕星事有兩次,分別發生在魯莊公七年的魯國和魯僖公十六年的宋國。此時是宋襄公七年。 [28]天子微:指周王朝勢力衰微。 [29]五伯:指春秋五霸。 [30]更:連續,交替。 [31]田氏篡齊:齊國國君原姓姜,前672年,田完從陳國逃奔至齊,此後其子孫世代擔任齊國大臣。後來,齊相田常於齊簡公四年發動政變,殺死齊簡公,另立齊平公,操縱齊國政權。至其孫田和遂篡姜氏之齊,自立爲君,成爲戰國七雄之一。 [32]三家分晉:指戰國初期韓、趙、魏三家瓜分晉室,分別建國,各自成爲戰國七雄之一。 [33]近世十二諸侯:指春秋時期的魯、齊、晉、秦、楚、宋、衛、陳、蔡、曹、鄭、燕十二個諸侯國。 [34]書傳:文書典籍,此指占候的著作。 [35]米鹽:比喻微小瑣碎。 [36]唐都:西漢天文術數家,曾重新劃分和測定二十八宿的距度和宿度,武帝元封年間受詔參與制定太初曆。 [37]五星法:利用五星作占之法。 [38]薄:太陽或月亮被不透明的高空雲氣遮掩,因而昏暗無光。 [39]史記:泛指古代歷史書籍。 [40]大度:一般規律。 [41]列宿:分出星空區域,劃分星座。部星:分區管轄眾星。 [42]經:經星,即恒星。 [43]五佐:指水、火、金、木、土五星,佐天行德。 [44]緯:緯星,即行星。 [45]結和:對外睦鄰,對內親和。 [46]過度:指天變的程度嚴重或出現頻繁。 [47]脩救:採取補救措施。 [48]脩禳:祈禱鬼神。 [49]亟:屢次。 [50]客氣:暫時停留的雲氣。客,不久留。 [51]天人之符:天道和人事的同一性。 [52]天人感動:天道和人間政治行爲反映的表象。 [53]精粗:精髓和皮毛。 [54]天官:指天文學的理論體系。

【集評】

(明)鍾惺:此書(《天官書》)以理數爲主,文之工拙不必論,然文不能妙,將使人苦其艱晦而棄之。故凡文章敍事理幽賾者,必使讀者雖不甚悉其故,而其文一一有針路可尋,誦之了然,乃爲妙筆,如《天官書》等作是也。蓋由作者能了然於心口手之間,寫幽賾處與尋常顯明者無異,而其古而靈,奥而動,整而變,奇而則,亦不出此而有之。一部天官掌故得存於後世,固文筆之妙留之也。（《史懷》卷五,第72頁）

（清）吴見思:天官家每多奇語,更以史公之筆出之。序法有分合,有繁簡,有排有宕,有變化,有錯綜,有插敍於前,有帶敍在後,有兩並而一,有一分而兩,有注,有不注,有復,有單。句法,有連數句而一斷者,有衍爲十餘字者,有促爲一二字者。或離奇,或韻致,或爲古奥,或爲平淡,各極其妙。《史記》中另一種文字。

（《史記論文·史記評議》,第22–23頁）

（清）龔自珍:周之時有推步之方,有占驗之學,其步疏,其占密,天官有書,先臣是傳。唐都、甘公,爰及談、遷,是跡是宣,史之小功一。

（《古史鈎沉論二》,《龔自珍全集》,第23頁）

李景星:《天官書》以奇擅長,其精奥處似《易》,其雜用韻處似《詩》,其瑣碎峭逸處似《檀弓》《考工記》等篇,蓋太史公極得意之筆也。因天文爲其世掌,故説來如道家常。後代各史中之天文志,其推算或較此爲密,至論文字,皆不能與此書比。

（《史記評議》,《四史評議》,第32頁）

梁啟超:例如天文,自《史記·天官書》迄《明史·天文志》皆以星座躔度等記載充滿篇幅,此屬於天文學範圍,不宜以入歷史固也。雖然,就他方面言之,我國人何時發明中星,何時發明置閏,何時發明歲差,乃至恒星、行星之辨别,蓋天、渾天之論爭,黄道、赤道之推步等等,此正吾國民繼續努力之結果,其活動狀態之表示,則歷史範圍以内之事也。是故天文學爲一事,天文學史又爲一事。（《中國歷史研究法》,第43頁）

孟冬寒氣至

《文選》

【題解】

《古詩十九首》爲漢代無名氏作品,原非一時一人所作,南朝蕭統將其收并入《文選》,題名《古詩十九首》,後世沿襲此名,至今未變。其内容主要寫夫婦朋友間的離愁别緒及文人士子的彷徨失意,深刻反映了漢末社會思想大轉變時期文人追求的幻滅與沉淪、覺醒與痛苦。藝術上表現出抒情真摯深入、語言樸素自然、描寫生動真切、表現委婉曲折的特徵。《古詩十九首》是我國古代早期文人五言詩的重要作品,同時也是樂府古詩文人化的顯著標誌。由於這些作品均無題目,故後人習慣將每首詩的首句作爲標題,依次是:《行行重行行》《青青河畔草》《青青陵上柏》《今日良宴會》《西北有高樓》《涉江采芙蓉》《明月皎夜光》《冉冉孤生竹》《庭中有奇樹》《迢迢牽牛星》《回車駕言邁》《東城高且長》《驅車上東門》《去者日以疏》《生年不滿百》《凜凜歲雲暮》《孟冬寒氣至》《客從遠方來》《明月何皎皎》。

孟冬寒氣至[1],北風何慘慄[2]? 愁多知夜長,仰觀衆星列。三五明月滿[3],四五詹兔缺[4]。客從遠方來,遺我一書札。上言長相思,下言久離別。置書懷袖中,三歲字不滅。一心抱區區[5],懼君不識察。

(《文選》卷二十九,上海古籍出版社1986年版)

【注釋】

[1]孟冬:陰曆冬季的第一個月,即十月。 [2]慘慄:酷寒,非常冷。 [3]三五:陰曆每月十五日。 [4]四五:陰曆每月二十日。詹兔:即蟾兔,古代神話中傳説月中的蟾蜍、玉兔,這裏指代月亮。 [5]區區:指相愛之情。

【集評】

(明)陸時雍:末四語古人深於造情,善造情者,如身履其境而有其事,古人所以善於立言。 (《古詩鏡》卷二,《文津閣四庫全書》集部第471冊,第250頁)

(清)沈德潛:置書懷袖,親之也,三歲不滅,永之也,然區區之誠,君豈能察識哉! 用意措詞,微而婉矣。 (《古詩源》卷四,第80頁)

(清)賀貽孫:"孟冬寒氣至",前六句愁緒紛紛,忽接"客從遠方來,遺我一書札",從無聊中強爲慰藉,所謂望梅解渴,遠望當歸。此後如許珍重,復以"懼君不識察"結之,若終不敢信以爲然者,無聊極矣。及讀"客從遠方來,遺我一端綺"一首,則開頭便是好音矣。"故人心尚爾"五字,妙甚,有無端驚喜,出於望外之意。此後珍重到底,無非欣幸慰藉者,與前首迥異。或悲或喜,顛之倒之,總一"情"字耳。

(《詩筏》,《清詩話續編》,第148-149頁)

張 衡 傳(節選)

(南朝宋)范曄

【題解】

范曄(398—445),字蔚宗,南朝宋順陽(今河南淅川縣)人。少好學,"博涉經史,善爲文章,能隸書,曉音律"(《宋書·范曄傳》)。官至尚書吏部郎,後因事左遷宣城太守、左尉將軍。不久因密謀立劉義康爲帝事洩露被殺,年四十八。范曄一生廣集學徒,採擷各家關於後漢史事之記載,終成《後漢書》。

《後漢書》共一百二十卷,包括十紀、十志、八十列傳。該書與《史記》《漢書》《三國志》合稱"前四史",具有較高的史學價值和文學價值。張衡(78—139):字平子,南陽西鄂(今河南南陽)人,東漢時期著名的天文學家、數學家、文學家。張衡一生飽學多識,成就很高。尤其是在天文學方面,他著有《渾天儀圖注》《靈憲》等書。並注意到行星運動的快慢,第一次正確地解釋了月食的原因。張衡精於製作,創制了水動渾天儀和候風渾天儀。他製作的地動儀十分精良,能準確測出地震的方位,比歐洲的地震儀早1700餘年。本篇是張衡一生活動的主要傳記資料。

張衡,字平子,南陽西鄂人也[1]。世爲著姓,祖父堪,蜀郡太守[2]。衡少善屬文,游於三輔[3],因入京師,觀太學,遂通五經,貫六藝[4]。雖才高於世,而無驕尚之情[5]。常從容淡靜,不好交接俗人。永元中[6],舉孝廉不行[7],連辟公府不就[8]。時天下承平日久,自王侯以下莫不踰侈[9]。衡乃擬班固《兩都》,作《二京賦》[10],因以諷諫。精思傅會[11],十年乃成。文多故不載。大將軍鄧騭奇其才[12],累召不應。

衡善機巧,尤致思於天文、陰陽、歷筭。常耽好《玄經》[13],謂崔瑗曰:"吾觀《太玄》,方知子雲妙極道數,乃與五經相擬,非徒傳記之屬,使人難論陰陽之事,漢家得天下二百歲之書也。復二百歲,殆將終乎?所以作者之數,必顯一世,常然之符也。漢四百歲,《玄》其興矣。"安帝雅聞衡善術學[14],公車特徵拜郎中[15],再遷爲太史令。遂乃研覈陰陽,妙盡琁機之正[16],作渾天儀[17],著《靈憲》《筭罔論》,言甚詳明。

…………

陽嘉元年[18],復造候風地動儀。以精銅鑄成,員徑八尺,合蓋隆起,形似酒尊,飾以篆文山龜鳥獸之形。中有都柱[19],旁行八道[20],施關發機。外有八龍,首銜銅丸,下有蟾蜍,張口承之。其牙機巧制[21],皆隱在尊中,覆蓋周密無際。如有地動,尊則振龍,機發吐丸,而蟾蜍銜之。振聲激揚,伺者因此覺知[22]。雖一龍發機,而七首不動,尋其方面,乃知震之所在。驗之以事,合契若神。自書典所記,未之有也。嘗一龍機發而地不覺動,京師學者咸怪其無徵。後數日驛至[23],果地震隴西,於是皆服其妙。自此以後,乃令史官記地動所從方起。

…………

永和初[24],出爲河閒相[25]。時國王驕奢,不遵典憲[26];又多豪右,共爲不軌。衡下車,治威嚴,整法度,陰知奸黨名姓,一時收禽[27],上下肅然,稱爲政理。視事三年,上書乞骸骨[28],徵拜尚書。年六十二,永和四年卒。

著《周官訓詁》[29],崔瑗以爲不能有異於諸儒也。又欲繼孔子《易》説《彖》《象》殘缺者,竟不能就。所著詩、賦、銘、七言、《靈憲》、《應閒》、《七辯》、《巡誥》、《懸圖》凡三十二篇。

(《後漢書》卷五十九,中華書局1965年版)

【注釋】

[1]南陽西鄂:南陽郡西鄂縣,今河南南陽。 [2]蜀郡:郡名,今四川成都附近。[3]三輔:在今陝西西安附近。漢代以京兆尹、左馮翊郡、右扶風郡爲三輔。 [4]六藝:即禮、樂、射、御、書、數六種才能和技藝。 [5]驕尚:驕傲自大。 [6]永元:漢和帝劉肇年號,即89—105年。 [7]孝廉:漢代社會的一項重要選舉制度。孝,指善事父母長輩;廉,指清正廉潔。 [8]公府:三公的公署。東漢以太尉、司徒、司空爲三公,是當時最高級别的官員,又稱三司。 [9]逾侈:逾,超越;侈,奢侈。 [10]"衡乃擬"二句:《兩都》,指《西都賦》《東都賦》。二京,指東京洛陽和西京長安。 [11]傅會:指佈置文章内容。 [12]鄧騭:東漢名將鄧禹之孫,曾封上蔡侯。 [13]《玄經》:即西漢揚雄之《太玄經》。仿《易》又相容儒、道、陰陽三家思想,是一部研究宇宙自然現象的哲學著作。[14]術學:關於術數的學問,包括天文、陰陽、曆算等。 [15]公車:官署名,《後漢書·光武帝紀》:"舉賢良方正各一人,遣詣公車。"注:"公車,門名,公車所在,因以名焉。" [16]琁機:指北斗七星,古人依斗柄方向定四時、月份。一説是古代用美玉裝飾的測天文的儀器。 [17]渾天儀:一種用來表示天象的儀器,類似現在的天球儀。張衡著有《渾天儀圖注》。 [18]陽嘉元年:指132年。陽嘉,漢順帝劉保的年號。 [19]都柱:地動儀中間的一根能擺動的中心柱。 [20]旁行八道:指旁邊八條横杆。各横杆連接都柱和龍頭。[21]牙:齒輪,發動機械的樞紐。 [22]伺者:在旁邊觀察儀器的人。 [23]驛:驛站上傳達文書的人。 [24]永和:漢順帝年號,相當於136—141年。 [25]河閒:當時爲河閒王劉政的封地,故治在今河北獻縣。 [26]典憲:典章制度。 [27]收禽:逮捕。禽,同擒。 [28]乞骸骨:請求退職,古代官場謙辭。骸骨,指身體。 [29]《周官訓詁》:解釋《周官》文字音義的書。《周官》,即《周禮》。

【集評】

李景星:既寓議論,並爲章法,是尤他傳所不多見者。

(《後漢書評議》,《四史評議》,第326頁)

律　曆　志(節選)

《隋書》

【題解】

圓周率,一般以希臘字母 π 來表示,是一個在數學及物理學普遍存在的常數。它定義爲圓形之周長與直徑之比,也等於圓形之面積與半徑平方之比。是精確計算圓周長、圓面積、球體積等幾何形狀的關鍵值。如何正確地推求圓周率的數值,是世界數學史上的一個重要課題。我國古代數學家們對這個問題十分重視,研究也很早。在《周髀算經》和《九章算術》中就提出徑一週三的古率,定圓周率爲三,即圓周長是直徑長的三倍。此後,經過歷代數學家的相繼探索，推算出的圓周率數值日益精確。祖沖之進一步精益鑽研，去探求更精確的數值。他研究和計算的結果，證明圓周率應該在3.141 592 6和3.141 592 7之間。他成爲世界上第一個把圓周率的準確數值計算到小數點以後七位數字的人。

夫所謂率者，有九流焉：一曰方田[1]，以御田疇界域。二曰粟米[2]，以御交質變易。三曰衰分[3]，以御貴賤廩税。四曰少廣[4]，以御積冪方圓。五曰商功[5]，以御功程積實。六曰均輸[6]，以御遠近勞費。七曰盈朒[7]，以御隱雜互見。八曰方程[8]，以御錯糅正負。九曰句股[9]，以御高深廣遠。皆乘以散之，除以聚之，齊同以通之，今有以貫之。則算數之方，盡於斯矣。

古之九數[10]，圓周率三，圓徑率一，其術疏舛[11]。自劉歆、張衡、劉徽、王蕃、皮延宗之徒，各設新率，未臻折衷。宋末，南徐州從事史祖沖之，更開密法[12]，以圓徑一億爲一丈，圓周盈數三丈一尺四寸一分五厘九毫二秒七忽，朒數三丈一尺四寸一分五厘九毫二秒六忽，正數在盈朒二限之間[13]。密率[14]，圓徑一百一十三，圓周三百五十五。約率[15]，圓徑七，週二十二。又設開差冪[16]，開差立[17]，兼以正圓參之。指要精密，算氏之最者也。所著之書，名爲《綴術》[18]，學官莫能究其深奥，是故廢而不理。

（《隋書》卷十六，中華書局1973年版）

【注釋】

[1]方田：中國古代稱正方形及矩形爲方田。北宋李籍《九章算術音義》稱："方田者，田之正也。諸田不等，以方爲正，故曰方田。" [2]粟米：九章算術之一。古代糧食交易的計算方法。 [3]衰分：古代數學名詞。謂從大漸差而小。 [4]少廣：古代演算法之一，是由已知長方形面積或長方體體積求其一邊之邊長的方法。 [5]商功：古代九章算術之一，即測量體積，計算工程用工的方法。 [6]均輸：指政府按距輸所遠近增減各地貢輸數量以均勞費。 [7]盈朒：盈，指過剩近似值；朒，指不足近似值。 [8]方程：表示兩個數學式（如兩個數、函數、量、運算）之間相等關係的一種等式，通常在兩者之間有一等號"="。方程不用按逆向思維思考，可直接列出等式並含有未知數。 [9]句股：數學名詞。古稱直角三角形夾直角的兩條邊，短邊爲句，長邊爲股。又稱立竿測太陽高度時的標竿爲股，日影爲句。 [10]九數：《周禮·地官司徒·保氏》："保氏掌諫王惡而養國子以道，乃教之六藝：一曰五禮，二曰六樂，三曰五射，四曰五禦，五曰六書，六曰九數。"這就是古代教育必須學習的禮、樂、射、禦、書、數六門功課。"九數"是指"數"學這門功課有九個細目。關於"九數"的細目，《周禮》並没有列出。東漢鄭玄《周禮注疏·地官司徒·保氏》中引鄭司農言云："九數：方田、粟米、差分、少廣、商功、均輸、方程、贏不足、旁要；今有重差、夕桀、勾股也。"與上文所列不盡相同。 [11]疏舛：粗糙。 [12]密法：精密的計算方法。 [13]盈朒二限之間：即3.141 592 6和3.141 592 7之間。 [14]密率：精密的數率。 [15]約率：簡單的數率。 [16]開差冪："開"指的是從面積求邊長、往往要通過開平方。差冪，指

面積差。“開差冪”無疑應包括由矩形面積左右求兩邊和由同一個圓的兩個內接或外切正多邊形的面積差去求直徑的問題。 [17]開差立:可能指由長方體體積差求其長、寬、高,以及由球的某種體積差去求球的直徑。 [18]《綴術》:是南北朝時期的一部算經,彙集了祖沖之和祖暅之父子的數學研究成果。唐代被收入《算經十書》,成爲國子監算學課本,需要四年的學習時間。後曾經傳至朝鮮、日本,但至北宋已亡佚。

【集評】

華羅庚:祖沖之的數學專著《綴術》已經失傳。《隋書》中寫道:“……祖沖之……所著之書,名爲《綴術》,學官莫能究其深奥,是故廢而不理。”這是我們數學史上的一個重大損失。 (《從祖沖之的圓周率談起》,第42頁)

五、教育科舉

學　記

《禮記》

【題解】

本篇選自《禮記》第十八，是現存最早系統論述中國古代教育的理論文章。對教育的作用、意義，教學的程式、方法有深入的探討，重視教育在維繫、穩定社會結構方面的根本作用和深遠意義，强調尊師重道；總結歷史經驗，探索教學規律，强調循序漸進的教學程式和善誘善導、教學相長的教學方法，達成施教與自悟、學校和社會、求學與致用相通的理想境界，使學生由"小成"臻於"大成"，使社會各階層"化民成俗"，最終形成上下一致、遠近同心的文化凝聚力。

發慮憲[1]，求善良，足以謏聞[2]，不足以動衆。就賢體遠[3]，足以動衆，未足以化民。君子如欲化民成俗[4]，其必由學乎！

玉不琢，不成器；人不學，不知道。是故古之王者建國君民[5]，教學爲先。《兑命》曰[6]："念終始典于學[7]。"其此之謂乎！

雖有嘉肴，弗食，不知其旨也[8]；雖有至道，弗學，不知其善也。是故學然後知不足，教然後知困[9]。知不足，然後能自反也[10]；知困，然後能自强也。故曰：教學相長也。《兑命》曰："學學半[11]。"其此之謂乎！

古之教者，家有塾，黨有庠，術有序，國有學[12]。比年入學[13]，中年考校[14]：一年視離經辨志[15]。三年視敬業樂羣，五年視博習親師，七年視論學取友，謂之小成；九年知類通達[16]，強立而不反[17]，謂之大成。夫然後足以化民易俗，近者説服[18]，而遠者懷之，此大學之道也。《記》曰："蛾子時術之[19]。"其此之謂乎！

大學始教，皮弁祭菜[20]，示敬道也；《宵雅》肄三[21]，官其始也[22]；入學鼓篋[23]，孫其業也[24]；夏楚二物[25]，收其威也；未卜禘不視學[26]，游其志也[27]；時觀而弗語，存其心也；幼者聽而弗問，學不躐等也[28]。此七者，教之大倫也。《記》曰："凡學，官先事[29]，士先志[30]。"其此之謂乎！

大學之教也，時教必有正業[31]，退息必有居學[32]。不學操縵[33]，不能安弦；不學博依[34]，不能安詩；不學雜服[35]，不能安禮；不興其藝[36]，不能樂學。故君子之於學也,藏焉[37],脩焉[38],息焉,遊焉。夫然,故安其學而親其師,樂其友而信其道。是以雖離師輔而不反[39]。《兑命》曰:"敬孫務時敏[40],厥脩乃來[41]。"其此之謂乎!

今之教者,呻其佔畢[42],多其訊言[43],及於數進而不顧其安[44],使人不由其誠,教人不盡其材;其施之也悖,其求之也佛。夫然,故隱其學而疾其師,苦其難而不知其益也,雖終其業,其去之必速。教之不刑[46],其此之由乎!

大學之法,禁於未發之謂"豫"[47],當其可之謂"時",不陵節而施之謂"孫"[48],相觀而善之謂"摩"。此四者,教之所由興也。

發然後禁,則扞格而不勝[49];時過然後學,則勤苦而難成;雜施而不孫[50],則壞亂而不脩;獨學而無友,則孤陋而寡聞;燕朋逆其師[51];燕辟廢其學[52]。此六者,教之所由廢也。

君子既知教之所由興,又知教之所由廢,然後可以爲人師也。故君子之教喻也[53],道而弗牽[54],强而弗抑[55],開而弗達[56]。道而弗牽則和,强而弗抑則易,開而弗達則思。和易以思,可謂善喻矣。

學者有四失[57],教者必知之。人之學也,或失則多,或失則寡,或失則易[58],或失則止[59]。此四者,心之莫同也。知其心,然後能救其失也。教也者,長善而救其失者也[60]。

善歌者,使人繼其聲;善教者,使人繼其志。其言也約而達[61],微而臧[62],罕譬而喻[63],可謂繼志矣。

君子知至學之難易[64],而知其美惡[65],然後能博喻[66],能博喻然後能爲師;能爲師然後能爲長[67],能爲長然後能爲君。故師也者,所以學爲君也。是故擇師不可不慎也。《記》曰:"三王四代唯其師[68]。"此之謂乎!

凡學之道,嚴師爲難[69]。師嚴然後道尊,道尊然後民知敬學。是故君之所不臣於其臣者二[70],當其爲尸則弗臣也[71],當其爲師則弗臣也。大學之禮,雖詔於天子[72],無北面[73],所以尊師也。

善學者,師逸而功倍,又從而庸之[74]。不善學者,師勤而功半,又從而怨之。善問者,如攻堅木,先其易者,後其節目[75],及其久也,相説以解[76];不善問者反此。善待問者,如撞鐘,叩之以小者則小鳴,叩之以大者則大鳴,待其從容,然後盡其聲;不善荅問者反此。此皆進學之道也。

記問之學[77],不足以爲人師。必也其聽語乎[78]? 力不能問[79],然後語之;語之而不知,雖舍之可也[80]。

良冶之子,必學爲裘[81]。良弓之子,必學爲箕[82]。始駕馬者反之,車在馬前[83]。君子察於此三者,可以有志於學矣。

古之學者,比物醜類[84]。鼓無當於五聲[85],五聲弗得不和;水無當於五色[86]，五色弗得不章；學無當於五官[87]，五官弗得不治；師無當於五服[88]，五服弗得不親。

君子大德不官，大道不器，大信不約，大時不齊[89]。察於此四者，可以有志於學矣。

三王之祭川也，皆先河而後海，或源也，或委也[90]。此之謂務本。

（《禮記正義》卷三十六，《十三經注疏》清嘉慶刊本，中華書局2009年版）

【注釋】

[1]慮憲：自鄭玄以來多訓“憲”爲“法”，“慮”則或訓“法”，或訓“思”。據俞樾《古書疑義舉例》卷七“兩字一義而誤解例”，“憲”當訓“思”，與“慮”同義，正如下文“善”與“良”同義。兩句意謂發謀慮，求賢人。 [2]謏（xiǎo）：小。或云“誘”。 [3]就賢：接近賢人，禮賢下士。體遠：關懷遠人，即後文之“遠者”。 [4]君子：在位之卿大夫。化民成俗：教化民衆形成向善之俗。 [5]君：君臨，統治。 [6]兑（yuè）命：《尚書》佚篇，兑，原作兊。 [7]典：常，主。此句意謂自始至終以教育爲常則。 [8]旨：美味。 [9]困：窘迫。 [10]自反：反躬自問，自省。 [11]學學半：前“學”音xiào，教也。教學相半。 [12]“古之教者”數句：歷來解釋紛紜，當非全述史實而是含有理想的四級教育架構。家有塾：古制，二十五家爲閭，閭之學校稱塾。黨有庠（xiáng）：五百家爲黨，黨之學校稱庠。術有序：術爲“遂”之訛，一萬二千五百家爲遂，遂之學校稱序。國有學：天子之王都、諸侯之國都所設立之學校稱學，即小學和大學。 [13]比年：及年。學：當指前“國有學”之大學，觀本章“此大學之道”可知。 [14]中年：隔年。考校：考察。 [15]視：察。離經：斷句分章。辨志：辨别作者旨趣。或云辨别學生的志趣。 [16]知類通達：觸類旁通。 [17]強立：自强而獨立。反：改變。 [18]説：通“悦”。 [19]蛾（yǐ）：古“蟻”字。術：學習、效法。據鄭玄，此句意謂螞蟻畢生學父輩銜土之事，而終成土堆。 [20]皮弁（biàn）：鹿皮製成之禮冠。祭菜：以芹、藻等菜蔬祭祀先聖、先師的釋菜禮。參看《禮記·文王世子》。 [21]宵：小，《宵雅》即《小雅》。肄（yì）：學習。此句意謂學習《小雅》前三篇：《鹿鳴》《四牡》《皇皇者華》，皆爲君臣燕樂、慰勞之歌。 [22]官其始：此句意謂以居官受任、爲國效力爲學之始志。 [23]鼓篋：擊鼓警衆。篋：竹制書箱。 [24]孫：通“遜”，恭順。 [25]夏、楚：山楸或荆條製成以體罰學生的教鞭。 [26]卜禘：占卜行天子祭祖之禘禮。有春禘、夏禘二説，若以入學在春季，則此或爲夏禘。 [27]遊：優遊，逍遥。 [28]躐（liè）等：逾越等級，不按次序。 [29]官先事：官以政事爲先。 [30]士先志。士以立志爲先。 [31]時教：按時之教。正業：正課。傳統多點斷在“時”後。 [32]居學：平居之學，自習。傳統多點斷在“居”後。 [33]操縵（màn）：調弄和絃。 [34]博依：博喻，如多識草木蟲魚。 [35]雜服：雜事，如灑掃應對。 [36]興：起，始。 [37]藏：積累。 [38]脩：增長。 [39]輔：朋友。 [40]敬：恭敬。孫：通“遜”，謙遜。時：及時。敏：敏學。 [41]厥：其。脩：脩學。來：獲得。此句意謂其脩學乃有所成。 [42]呻：吟誦。佔：通“笘”，佔、畢皆竹簡，即篇簡、課本。鄭玄注“佔”爲“視”。 [43]訊言：告語。 [44]及於數進：此句意謂急於趕進度。 [45]佛：通“拂”，

違背。 [46]刑:成。 [47]豫:預防。 [48]陵節:超越次序,與"躐等"同。 [49]扞(gàn)格:抵觸,格格不入。 [50]雜施:施教雜亂。孫:通"遜",順。 [51]燕:褻。[52]辟:通"僻"。燕辟即邪僻。 [53]喻:曉,誘導。 [54]道:通"導",引導。 [55]强:嚴格。抑:壓抑。 [56]開:開端。 [57]失:過失,偏頗。 [58]易:自以爲易。[59]止:畏難而止。 [60]長(zhǎng):增加,發揚。 [61]其:教師。約:簡約。達:達意。 [62]微:微妙。臧:善。 [63]罕譬:少作譬喻。 [64]至學:深入學問之道。[65]知其美惡:瞭解學生天資的高低。或云瞭解教學方法的優劣。 [66]博喻:因材施教,多方誘導。 [67]長:官。 [68]三王:夏、商、周。四代:虞、夏、商、周。或云爲五帝中的顓頊、帝嚳、堯、舜。 [69]嚴:尊敬。 [70]所不臣:所不以之爲臣。 [71]尸:祭主,當作祖先而受祭祀者,通常由王族充當。 [72]詔:告。此句意謂向天子講學。[73]北面:是臣事君之禮。此句意謂當教師向天子講學時,無須行北面之禮。 [74]庸:功,歸功。 [75]節目:關節堅硬處。 [76]説:通"脱"。 [77]記問:記誦備問。[78]聽語:聽學生提問,加以針對性解答。 [79]力不能問:學生提出問題而不明所以。 [80]舍之:暫時擱置。 [81]爲裘:連綴皮毛爲皮裘,與融煉金屬補治器,相異而可通,先易而後難。或訓爲製作冶煉鼓風之皮袋。 [82]爲箕:彎柳爲簸箕,與彎木爲弓,相異而可通,先易而後難。或訓爲製作放置弓箭的箭袋。 [83]車在馬前:大馬拉車於前,小馬跟隨於車後。 [84]比物:連綴同類的事物,進行排比歸納。醜類:歸類。[85]五聲:宫、商、角、徵、羽。 [86]五色:青、赤、黄、白、黑。 [87]五官:或訓爲人事之五官,或訓爲人身之五官,此處取後者。 [88]五服:古代以親疏爲差等的五種喪服:斬衰、齊衰、大功、小功、緦麻。 [89]大時不齊:世變之時,當順應之而不固執齊一。[90]委:水之聚,此指海。

【集評】

(東漢)鄭玄:名曰《學記》者,以其記人學教之義,此於《别録》屬《通論》。

(《禮記正義》卷三十六,《十三經注疏》清嘉慶刊本,第3296頁)

(南宋)戴溪:《學記》之論,由末以造本;《大學》之論,自本以徂末。其爲教則一也。

(衛湜《禮記集説》卷九十引,《文津閣四庫全書》經部第40册,第310頁)

(清)王夫之:先王以禮齊民,學爲之首,則繫學於禮,道莫重焉。……此篇之義,與《大學》相爲表裏。《大學》以發明其所學之道,推之大,析之密,自宋以來爲學者之所服習。而此篇所論親師敬業爲入學之事,故或以爲末而未及其本,然玩其旨趣,一皆格物致知之實功,爲大學始教之切務,則抑未可以爲末而忽之也。

(《禮記章句》卷十八,《船山全書》第4册,第869頁)

(清)姚際恒:此亦是當時子書,輯《禮》者以其言學,故採之。義近純正,所乏精深之致。觀篇中託物比興語,似矜詞采,而於聖人之道尚有未契合者。石梁王氏以"泛論"目之,可爲有見。後儒但以其篇名言學,便極爲推崇,力駁"泛論"二字之非,正未曉其義爾。

(《續禮記集説》卷六十七引,《續修四庫全書》經部第101册,第210頁)

(清)王樹柟:此《記》爲三代聖王教科之書,蓋周秦以來儒者所述。其中,小學、大學之規模,入學之年限,教學之方法,具載於篇。猶可據此以考見先王教民之大畧。證之今日東西各國學校教育之法,多相合者。蓋講求師範者必要之書也。

(《學記箋證》卷一,《續修四庫全書》經部第107冊,第96頁)

大　學

《大學章句》

【題解】

《大學》原爲《禮記》第四十三篇。宋代理學家程顥、程頤抽出此文,重新編訂文章次序,即《明道先生改正大學》《伊川先生改正大學》。朱熹進一步區分爲"孔子之言而曾子述之"的經一章、"曾子之意而門人記之"的傳十章,并據程子意補格物章,且爲之章句,即《大學章句》,收入《四書章句集注》。因元、明科舉取士以此書爲標準,故朱熹改本《大學》影響遠大於《禮記》原本。大學,指通於爲政的大人之學。本篇以"三綱八目"系統論述大學宗旨,三大綱領即"明明德""親(新)民""止於至善",八大細目即"格物""致知""誠意""正心""脩身""齊家""治國""平天下",表現了儒家"政教相通"的基本理念。

大學之道,在明明德[1],在親民[2],在止於至善[3]。知止而后有定[4],定而后能静,静而后能安,安而后能慮,慮而后能得。物有本末,事有終始。知所先後,則近道矣。古之欲明明德於天下者,先治其國;欲治其國者,先齊其家[5];欲齊其家者,先脩其身;欲脩其身者,先正其心;欲正其心者,先誠其意;欲誠其意者,先致其知[6];致知在格物[7]。物格而后知致,知致而后意誠,意誠而后心正,心正而后身脩,身脩而后家齊,家齊而后國治,國治而后天下平。自天子以至於庶人,壹是皆以脩身爲本[8]。其本亂而末治者否矣。其所厚者薄,而其所薄者厚,未之有也!

《康誥》曰[9]:"克明德[10]。"《大甲》曰[11]:"顧諟天之明命[12]。"《帝典》曰[13]:"克明峻德[14]。"皆自明也。

湯之《盤銘》曰[15]:"苟日新[16],日日新,又日新。"《康誥》曰:"作新民[17]。"《詩》曰[18]:"周雖舊邦,其命惟新。"是故君子無所不用其極[19]。

《詩》云[20]:"邦畿千里[21],惟民所止[22]。"《詩》云[23]:"緡蠻黄鳥[24],止于丘隅[25]。"子曰:"於止[26],知其所止,可以人而不如鳥乎!"《詩》云[27]:"穆穆文王[28],於緝熙敬止[29]!"爲人君,止於仁;爲人臣,止於敬;爲人子,止於孝;爲人父,止於慈;與國人交,止於信。《詩》云[30]:"瞻彼淇澳[31],菉竹猗猗[32]。有斐君子[33],如切如磋,如琢如磨。瑟兮僩兮[34],赫兮喧兮[35]。有斐君子,終不可諠兮[36]!""如切如磋"

者,道學也;"如琢如磨"者,自脩也;"瑟兮僩兮"者,恂慄也[37];"赫兮喧兮"者,威儀也;"有斐君子,終不可諠兮"者,道盛德至善,民之不能忘也。《詩》云[38]:"於戲[39],前王不忘[40]!"君子賢其賢而親其親,小人樂其樂而利其利[41],此以没世不忘也[42]。

子曰[43]:"聽訟[44],吾猶人也[45]。必也使無訟乎[46]!"無情者不得盡其辭[47]。大畏民志[48],此謂知本。

此謂知本[49],此謂知之至也[50]。

所謂誠其意者:毋自欺也。如惡惡臭[51],如好好色[52],此之謂自謙[53]。故君子必慎其獨也[54]! 小人閒居爲不善,無所不至,見君子而后厭然[55],揜其不善[56],而著其善[57]。人之視己,如見其肺肝然,則何益矣。此謂誠於中,形於外,故君子必慎其獨也。曾子曰:"十目所視,十手所指,其嚴乎[58]!"富潤屋,德潤身,心廣體胖[59],故君子必誠其意。

所謂脩身在正其心者,身有所忿懥[60],則不得其正;有所恐懼,則不得其正;有所好樂[61],則不得其正;有所憂患,則不得其正。心不在焉,視而不見,聽而不聞,食而不知其味。此謂脩身在正其心。

所謂齊其家在脩其身者:人之其所親愛而辟焉[62],之其所賤惡而辟焉,之其所畏敬而辟焉,之其所哀矜而辟焉,之其所敖惰而辟焉[63]。故好而知其惡[64],惡而知其美者[65],天下鮮矣! 故諺有之曰:"人莫知其子之惡,莫知其苗之碩。"此謂身不脩不可以齊其家。

所謂治國必先齊其家者,其家不可教而能教人者,無之。故君子不出家而成教於國:孝者,所以事君也;弟者[66],所以事長也;慈者,所以使衆也。《康誥》曰:"如保赤子[67]。"心誠求之,雖不中不遠矣[68]。未有學養子而后嫁者也! 一家仁,一國興仁;一家讓,一國興讓;一人貪戾[69],一國作亂;其機如此[70]。此謂一言僨事[71],一人定國。堯、舜帥天下以仁[72],而民從之;桀、紂帥天下以暴,而民從之。其所令反其所好[73],而民不從。是故君子有諸己而后求諸人[74],無諸己而后非諸人。所藏乎身不恕,而能喻諸人者[75],未之有也。故治國在齊其家。《詩》云[76]:"桃之夭夭[77],其葉蓁蓁[78]。之子于歸[79],宜其家人[80]。"宜其家人,而后可以教國人。《詩》云[81]:"宜兄宜弟。"宜兄宜弟,而后可以教國人。《詩》云[82]:"其儀不忒[83],正是四國[84]。"其爲父子兄弟足法[85],而后民法之也。此謂治國在齊其家。

所謂平天下在治其國者:上老老而民興孝[86],上長長而民興弟[87],上恤孤而民不倍[88],是以君子有絜矩之道也[89]。所惡於上,毋以使下;所惡於下,毋以事上;所惡於前,毋以先後;所惡於後,毋以從前;所惡於右,毋以交於左;所惡於左,毋以交於右:此之謂絜矩之道。《詩》云[90]:"樂只君子[91],民之父母。"民之所好好之,民之所惡惡之,此之謂民之父母。《詩》云[92]:“節彼南山[93],維石巖巖[94]。赫赫師尹[95],民具爾瞻[96]。”有國者不可以不慎,辟則爲天下僇矣[97]。《詩》云[98]:“殷之未喪師[99],克配上帝[100]。儀監於殷[101],峻命不易[102]。”道得衆則得國,失衆則失國。是故君子先慎乎德。有德此有人[103],有人此有土,有土此有財,有財此有用。德者本也,財者末也。外本内末[104],争民施奪[105]。是故財聚則民散,財散則民聚。是故言悖而出者[106],亦悖而入;貨悖而入者,亦悖而出。《康誥》曰:“惟命不于常。”道善則得之,不善則失之矣。《楚書》曰[107]:“楚國無以爲寶,惟善以爲寶。”舅犯曰[108]:“亡人無以爲寶[109],仁親以爲寶。”《秦誓》曰[110]:“若有一介臣,斷斷兮無他技[111],其心休休焉[112],其如有容焉。人之有技,若己有之;人之彦聖[113],其心好之,不啻若自其口出[114]。寔能容之[115],以能保我子孫黎民,尚亦有利哉[116]!人之有技,媢疾以惡之[117];人之彦聖,而違之,俾不通[118]:寔不能容,以不能保我子孫黎民,亦曰殆哉!”唯仁人放流之[119],迸諸四夷[120],不與同中國[121]。此謂唯仁人爲能愛人,能惡人。見賢而不能舉,舉而不能先,命也[122];見不善而不能退,退而不能遠,過也。好人之所惡,惡人之所好,是謂拂人之性,菑必逮夫身。是故君子有大道,必忠信以得之,驕泰以失之。生財有大道,生之者衆,食之者寡,爲之者疾,用之者舒,則財恒足矣。仁者以財發身[123],不仁者以身發財。未有上好仁而下不好義者也,未有好義其事不終者也,未有府庫財非其財者也。孟獻子曰[124]:“畜馬乘不察於雞豚[125],伐冰之家不畜牛羊[126],百乘之家不畜聚斂之臣[127]。與其有聚斂之臣,寧有盜臣。”此謂國不以利爲利,以義爲利也。長國家而務財用者[128],必自小人矣[129]。彼爲善之[130],小人之使爲國家,菑害並至。雖有善者,亦無如之何矣!此謂國不以利爲利,以義爲利也。

(《大學章句》,《四書章句集注》,中華書局1983年版)

【注釋】

[1]明:使之明。明德:光明之德。 [2]親:據後文當爲“新”,使之新。 [3]止:至。 [4]后:通“後”,下文皆同。定:方向,志向。 [5]齊:管理。 [6]致:獲得。 [7]格物:研究事物之理。 [8]壹是:一概,一切。 [9]《康誥》:載《尚書·周書》。 [10]克:能。 [11]《大甲》:即《太甲》,載《尚書·商書》。 [12]顧:思。諟:通“是”,此。 [13]《帝典》:即《堯典》,載《尚書·虞書》。 [14]峻:《堯典》原文爲“俊”,大。 [15]盤:商湯的洗澡盆。銘:刻於器皿以自警之箴言。 [16]苟:誠。 [17]作:振作,鼓舞。 [18]出自《詩經·大雅·文王》。 [19]無所不用其極:無處不用盡全力。 [20]出自《詩經·商頌·玄鳥》。 [21]邦畿(jī):都城及其周邊。 [22]止:居。 [23]出自《詩經·小雅·綿蠻》。 [24]緡蠻:即綿蠻,鳥叫聲。 [25]止:棲息。 [26]於(wū):嘆詞。 [27]出自《詩經·大雅·文王》。 [28]穆穆:儀容端莊静穆。 [29]緝:繼續。熙:光明。止,語助詞。 [30]出自《詩經·衛風·淇澳》。 [31]淇:淇水,在今河南省北部。澳(yù):水邊。 [32]菉:毛詩作

"緑"。猗(yī)猗:茂盛。 [33]斐:文采。 [34]瑟:莊重。僩(xiàn):威武。 [35]赫:顯赫。喧:盛大。 [36]諠(xuān):通"諼",忘記。 [37]恂(xún):恐懼。慄:戰慄。 [38]出自《詩經·周頌·烈文》。 [39]於戲(wūhū):嗚呼,嘆詞。 [40]前王:指周文王、武王。 [41]"君子""小人"兩句:此兩句意謂君子稱揚前王之賢明、親和己之親族,平民安居樂業、獲得實利,皆受前王脩己及人之德澤所被。 [42]没世不忘:至死不忘,終身不忘。 [43]"子曰"句:出自《論語·顔淵》。 [44]聽訟:聽訴訟,即審理案件。《周禮·秋官·小司寇》有"以五聲聽獄訟"之法。 [45]吾猶人:我就像其他的審案官員一樣。 [46]必也使無訟乎:此句意謂,一定要説我跟其他審案官員有什麽不同的話,我的理想是使社會無訴訟之事啊。此即本末之别。 [47]情:實。"無情者"即隱瞞事實者。盡其詞:編造不實之詞。 [48]畏:使之畏。志:心。 [49]此謂知本:程子認爲是衍文。 [50]此謂知之至也:朱熹認爲此句上有闕文,並取程子之意以補之曰:"所謂致知在格物者,言欲致吾之知,在即物而窮其理也。蓋人心之靈莫不有知,而天下之物莫不有理,惟於理有未窮,故其知有不盡也。是以《大學》始教,必使學者即凡天下之物,莫不因其已知之理而益窮之,以求至乎其極。至於用力之久,而一旦豁然貫通焉,則衆物之表裏精粗無不到,而吾心之全體大用無不明矣。此謂物格,此謂知之至也。" [51]惡惡臭(wù è xiù):厭惡難聞的氣味。 [52]好好(hào hǎo)色:喜歡美色。 [53]謙:通"慊"(qiè),快意,滿足。 [54]慎其獨:獨處尤重謹慎,不苟且。 [55]厭然:躲躲閃閃。 [56]揜:通"掩",遮蓋。 [57]著:顯示。 [58]嚴:威嚴可畏。 [59]心廣體胖:心誠無僞則意廣身安。 [60]忿懥(zhì):憤怒。 [61]好樂(hào lè):喜好歡樂。 [62]之:於。辟:偏。 [63]敖:通"傲"。惰:怠慢。 [64]好(hào):喜歡。惡(è):壞。 [65]惡(wù):厭惡。 [66]弟:通"悌",敬愛兄長。 [67]如:《尚書》原文作"若"。此句意謂如保護孩子一樣保護臣民。 [68]中(zhòng):達到標準。 [69]一人:國君。 [70]機:關鍵。 [71]僨(fèn):敗。 [72]帥:通"率"。 [73]其:國君。此句意謂國君所令與實際所行相反。 [74]諸:之於。 [75]"所藏乎身"兩句:意謂假如自身没有推己及人的恕道,是不可能使他人按自己的想法行事的。 [76]《詩》云:出自《詩經·周南·桃夭》。 [77]夭夭:美盛。 [78]蓁蓁:茂盛。[79]之子:此子。於:語助詞。歸:出嫁。 [80]宜:適宜,有益。 [81]《詩》云:出自《詩經·小雅·蓼蕭》。 [82]《詩》云:出自《詩經·曹風·鳲鳩》。 [83]儀:儀容。忒(tè):差錯。 [84]正:教正。是:此。四國:四鄰之國。 [85]足:值得。法:效法。 [86]老老:尊老。 [87]長長:敬長。 [88]恤:體恤。倍:通"背",背叛。 [89]絜(xié):衡量。矩:矩形。絜矩之道即衡量的標準,亦是恕道。 [90]《詩》云:出自《詩經·小雅·南山有臺》。 [91]只:語助詞。 [92]《詩》云:出自《詩經·小雅·節南山》。 [93]節:高聳。[94]維:發語詞。巖巖:險峻。 [95]師尹:太師尹氏。 [96]具:通"俱"。瞻:瞻仰。[97]僇(lù):通"戮"。 [98]《詩》云:出自《詩經·大雅·文王》。 [99]師:民衆。 [100]配:對應。 [101]儀:宜。監:鑒戒。 [102]峻:大。不易:不易保有。 [103]此:乃。[104]外:以之爲外。内:以之爲内。 [105]争民施奪:與民争利,施行劫奪。 [106]悖:逆。 [107]《楚書》:或指《國語·楚語》,參看王孫圉與晉國趙簡子討論"楚之所寶者"一節。 [108]舅犯:晉文公重耳之舅狐偃,字子犯。 [109]亡人:流亡之人。《禮記·檀弓》

作“喪人無寶”。 [110]《秦誓》:載《尚書·周書》。 [111]斷斷:真誠。技:技術,本領。 [112]休休:寬宏大量。 [113]彦:美士。聖:有明德。 [114]不啻(chì):不僅。 [115]寔(shí):通“是”,此。 [116]尚:庶幾。 [117]媢(mào)疾:妒嫉。 [118]違:阻抑。俾:使。 [119]放流:放逐,流放。 [120]迸:逐。 [121]中國:中原。同:同處。 [122]命:鄭玄認爲當作“慢”,輕慢。 [123]發:起。發身:猶成就自我。 [124]孟獻子:魯國大夫仲孫蔑。 [125]畜:養。乘(shèng):四匹馬拉的車,這是士人初任大夫的待遇。 [126]伐冰之家:喪祭時能用冰保存遺體的人家,這是卿大夫以上官員的待遇。 [127]百乘之家:擁有一百輛車的人家,指有封地的諸侯王。聚斂之臣:搜刮錢財的家臣。 [128]長(zhǎng)國家:成爲國家之長,即君主。 [129]自:由。 [130]彼爲善之:以小人爲善。朱熹認爲此句上下文有闕文誤字。

【集評】

(東漢)鄭玄:名曰《大學》者,以其記博學,可以爲政也。此於《别録》屬《通論》。

(《禮記正義》卷六十,《十三經注疏》清嘉慶刊本,第3631頁)

(南宋)朱熹:於今可見古人爲學次第者,獨賴此篇之存,而《論》《孟》次之。學者必由是而學焉,則庶乎其不差矣。 (《大學章句》,《四書章句集注》,第3頁)

(明)李贄:文字極有條理,極有格式。三綱領處,鴛鴦畫出;八條目處,金針度人也。世間種種學問無不包括,後來種種病痛無不掃除,真聖人之文也。 (《四書評》,第1–2頁)

勸　　學

(戰國)荀況

【題解】

荀況(約前313—前238),亦稱荀子、荀卿、孫卿,戰國趙人。曾遊歷齊、趙、秦、楚諸國,在齊國稷下學宫任祭酒,“最爲老師”;在楚國爲春申君敬重,任蘭陵令並終於此。著有《荀子》三十二篇。生平可參看《史記·孟子荀卿列傳》。

本篇原爲《荀子》第一篇,系統論述了儒家學習觀。對學習的意義、途徑、次序及最終目的,都有深刻的論説。文章强調不可無學、學不可已、循序求學、專注治學、人格之學、學行合一,論述“始乎誦經,終乎讀禮”的求學途徑,以及“始乎爲士,終乎爲聖人”的治學境界,體現了荀子以脩身爲核心,力求全粹之學、化性起僞的治學觀,若與其《性惡》等篇並觀,尤能體會其一貫意旨。

君子曰:學不可以已[1]。青[2],取之於藍而青於藍[3];冰,水爲之而寒於水。木直中繩[4],輮以爲輪[5],其曲中規[6],雖有槁暴[7],不復挺者[8],輮使之然也。故木受繩則直,金就礪則利[9],君子博學而日參省乎己[10],則知明而行無過矣[11]。故不登高山,不知天之高也;不臨深谿,不知地之厚也;不聞先王之遺言,不知學問之大也。干、越、夷、貉之子[12],生而同聲,長而異俗,教使之然也。《詩》曰[13]:"嗟爾君子[14],無恆安息[15]。靖共爾位[16],好是正直。神之聽之[17],介爾景福[18]。"神莫大於化道[19],福莫長於無禍。

吾嘗終日而思矣,不如須臾之所學也;吾嘗跂而望矣[20],不如登高之博見也。登高而招,臂非加長也,而見者遠;順風而呼,聲非加疾也[21],而聞者彰[23]。假輿馬者[24],非利足也[25],而致千里[26];假舟檝者[27],非能水也[28],而絶江河[29]。君子生非異也[30],善假於物也。

南方有鳥焉,名曰蒙鳩[31],以羽爲巢而編之以髮,系之葦苕[32],風至苕折,卵破子死。巢非不完也,所繫者然也。西方有木焉,名曰射干[33],莖長四寸,生於高山之上而臨百仞之淵;木莖非能長也,所立者然也。蓬生麻中[34],不扶而直;白沙在涅[35],與之俱黑。蘭槐之根是爲芷[36],其漸之滫[37],君子不近,庶人不服[38],其質非不美也,所漸者然也。故君子居必擇鄉,遊必就士,所以防邪僻而近中正也。物類之起,必有所始。榮辱之來,必象其德[39]。肉腐出蟲,魚枯生蠹[40]。怠慢忘身,禍災乃作。强自取柱[41],柔自取束。邪穢在身,怨之所構[42]。施薪若一,火就燥也;平地若一,水就溼也[43]。草木疇生[44],禽獸羣焉,物各從其類也。是故質的張而弓矢至焉[45],林木茂而斧斤至焉,樹成蔭而衆鳥息焉,醯酸而蜹聚焉[46]。故言有召禍也,行有招辱也,君子慎其所立乎[47]!

積土成山,風雨興焉;積水成淵,蛟龍生焉;積善成德,而神明自得[48],聖心備焉[49]。故不積蹞步[50],無以至千里;不積小流,無以成江海。騏驥一躍[51],不能十步;駑馬十駕,功在不舍。鍥而舍之[52],朽木不折;鍥而不舍,金石可鏤[53]。螾無爪牙之利[54],筋骨之强,上食埃土,下飲黄泉,用心一也。蟹六跪而二螯[55],非虵蟺之穴無可寄託者[56],用心躁也。是故無冥冥之志者[57],無昭昭之明[58];無惛惛之事者[59],無赫赫之功[60]。行衢道者不至[61],事兩君者不容[62]。目不能兩視而明,耳不能兩聽而聰。螣蛇無足而飛[63],梧鼠五技而窮[64]。《詩》曰[65]:"尸鳩在桑[66],其子七兮。淑人君子[67],其儀一兮。其儀一兮,心如結兮。"故君子結於一也。

昔者瓠巴鼓瑟而流魚出聽[68],伯牙鼓琴而六馬仰秣[69]。故聲無小而不聞,行無隱而不形,玉在山而草木潤,淵生珠而崖不枯。爲善不積邪,安有不聞者乎?

學惡乎始[70]?惡乎終?曰:其數則始乎誦經[71],終乎讀禮;其義則始乎爲士[72],終乎爲聖人。真積力久則入[73],學至乎没而後止也[74]。故學數有終,若其義則不可須臾舍也。爲之,人也;舍之,禽獸也。故《書》者,政事之紀也;《詩》者,中聲之所止也[75];《禮》者,法之大分[76],類之綱紀也[77],故學至乎《禮》而止矣。夫是之謂道德之極。《禮》之敬文也[78],《樂》之中和也,《詩》《書》之博也,

《春秋》之微也[79],在天地之閒者畢矣。

君子之學也,入乎耳,箸乎心[80],布乎四體,形乎動静。端而言[81],蝡而動[82],一可以爲法則[83]。小人之學也,入乎耳,出乎口。口耳之閒則四寸耳,曷足以美七尺之軀哉!古之學者爲己,今之學者爲人。君子之學也,以美其身;小人之學也,以爲禽犢[84]。故不問而告謂之傲[85],問一而告二謂之囋[86]。傲,非也;囋,非也;君子如嚮矣[87]。

學莫便乎近其人[88]。《禮》《樂》法而不説[89],《詩》《書》故而不切[90],《春秋》約而不速[91]。方其人之習君子之説[92],則尊以徧矣,周於世矣。故曰學莫便乎近其人。

學之經莫速乎好其人[93],隆禮次之[94]。上不能好其人,下不能隆禮,安特將學雜識志,順《詩》《書》而已耳[95],則末世窮年[96],不免爲陋儒而已。將原先王,本仁義,則禮正其經緯蹊徑也。若挈裘領[97],詘五指而頓之[98],順者不可勝數也。不道禮憲[99],以《詩》《書》爲之,譬之猶以指測河也,以戈舂黍也[100],以錐飡壺也[101],不可以得之矣。故隆禮,雖未明,法士也[102];不隆禮,雖察辯[103],散儒也[104]。

問楛者勿告也[105],告楛者勿問也,説楛者勿聽也,有争氣者勿與辯也[106]。故必由其道至[107],然後接之,非其道則避之。故禮恭而後可與言道之方[108],辭順而後可與言道之理,色從而後可與言道之致[109]。故未可與言而言謂之傲,可與言而不言謂之隱[110],不觀氣色而言謂之瞽。故君子不傲,不隱,不瞽,謹順其身[111]。《詩》曰[112]:"匪交匪舒[113],天子所予[114]。"此之謂也。

百發失一,不足謂善射;千里蹞步不至,不足謂善御;倫類不通[115],仁義不一,不足謂善學。學也者,固學一之也。一出焉,一入焉[116],涂巷之人也[117]。其善者少,不善者多,桀、紂、盜跖也;全之盡之[118],然後學者也。

君子知夫不全不粹之不足以爲美也,故誦數以貫之[119],思索以通之,爲其人以處之[120],除其害者以持養之[121],使目非是無欲見也[122],使耳非是無欲聞也,使口非是無欲言也,使心非是無欲慮也。及至其致好之也[123],目好之五色[124],耳好之五聲,口好之五味,心利之有天下。是故權利不能傾也[125],羣衆不能移也,天下不能蕩也[126]。生乎由是,死乎由是,夫是之謂德操[127]。德操然後能定[128],能定然後能應[129],能定能應,夫是之謂成人[130]。天見其明[131],地見其光[132],君子貴其全也[133]。

(《荀子集解》卷一,中華書局1988年版)

【注釋】

[1]已:止。 [2]青:靛青,一種藍色染料,提煉於藍草。 [3]藍:藍草。青於藍:比藍草顏色更深。 [4]中(zhòng):達到標準。繩:木工取直的墨線。 [5]輮:通"煣",用火烤使

木條彎曲。 [6]規:圓規,木匠畫圓的工具。 [7]有:通"又"。槁:枯。暴:古同暴,即"曝",曬乾。 [8]挺:直。 [9]金:指金屬制的刀劍等。就礪:拿到磨刀石上去磨。[10]參省乎己:省察自我,或訓"參"爲"三",多次。 [11]知:通"智"。 [12]干:古小國名,爲吴所滅。干、越即吴、越。夷:東方少數民族。貊:北方少數民族。 [13]《詩》曰:出自《詩經·小雅·小明》。 [14]嗟;感歎詞。 [15]恆:常常。安息:安處。 [16]靖:謀。共:通"恭"。位:職位。 [17]神:天神。之:語助詞。 [18]介:助,佑。景:大。 [19]神:治學脩身的最高境界,與前引詩之"神"不同,是荀子的獨特認識。化道:爲道所感化。 [20]須臾:片刻。 [21]跂:提起脚後跟。 [22]疾:速,亦訓"壯",聲音宏壯。[23]彰;清楚。 [24]假:憑藉,借助。 [25]利:便利。利足即脚步快捷。 [26]致:到達。 [27]檝:槳。 [28]水:游泳。 [29]絶:横渡。 [30]生:通"性",天賦,資質。[31]蒙鳩:鷦鷯。 [32]葦苕(tiáo):蘆葦的嫩條。 [33]射(yè)干:一種花白莖長的植物,可入藥。 [34]蓬:蓬草,飛蓬,莖長。麻:莖長而直。 [35]涅:黑泥。"白沙"二句,據王念孫説補。 [36]蘭槐:香草,其根名芷。 [37]漸:浸漬。滫(xiǔ):臭水。 [38]服:佩戴。 [39]象:相應。 [40]蠹(dù):蛀蟲。 [41]柱:通"祝",斷。 [42]構:結。 [43]溼:通"濕",潮濕低窪之地。 [44]疇:通"儔",類。疇生即同類叢生。 [45]質:箭靶。的:箭靶正中。 [46]醯(xī):醋。蜹(ruì):一種小飛蟲。 [47]所立:指爲學乃立身之本。 [48]神明:最高境界的智慧。 [49]聖心:聖人之心。 [50]蹞(kuǐ)步:半步。古代向前跨出一脚叫一"蹞",再跨出一脚叫一"步"。 [51]騏驥:千里馬。駑馬:劣馬。駕:馬拉車走一天的路程叫一駕。 [52]鍥(qiè):用刀子刻。 [53]鏤(lòu):雕刻。 [54]螾(yǐn):蚯蚓。 [55]六跪:六條腿。蟹有八條腿,"六"當是"八"之誤。螯(áo):蟹鉗。[56]虵:同蛇。蟺(shàn):鱔魚。 [57]冥冥:幽深,專心致志。 [58]昭昭:明亮。 [59]惛惛:專心致志。 [60]赫赫:顯著。 [61]衢(qú)道:歧路。 [62]事:侍奉。 [63]螣(téng)蛇:傳説能飛的蛇。 [64]梧鼠:當作鼫(shí)鼠。五技:據説鼫鼠"能飛不能過屋,能緣不能窮木,能遊不能渡谷,能穴不能掩身,能走不能先人"。窮:困乏不通。 [65]《詩》曰:出自《詩經·曹風·鳲鳩》。 [66]尸鳩:布穀鳥。 [67]淑:善。 [68]瓠(hù)巴:古代善於彈奏琴瑟的人。流魚:游魚。 [69]六馬:古代天子駕車的馬。仰秣:停止吃草,指馬被琴聲吸引。 [70]惡(wū):何。惡乎始,從哪裏開始。 [71]數:術,方法。經:即下文所述六經。《禮》:典章制度。 [72]義:意義,目的。參看《荀子·儒效》,以士、君子、聖人爲學者脩養的三種境界。 [73]真:真誠。力:努力實行。入:深入。 [74]没(mò):通"殁",死去。 [75]中聲:中和之聲。止:集。 [76]大分:大綱。 [77]類:指禮法條文之外觸類引申的條律、附則。 [78]敬:内在的恭敬。文:外在的禮儀。 [79]微:微妙,即"微言大義"的春秋筆法。 [80]箸:通"著",明。 [81]端:通"喘",微言。 [82]蝡(ruǎn):微動。 [83]一:都,全, [84]禽犢:古人見面時饋贈的禮物。此句意謂,小人之學不爲脩身,而爲嘩衆取寵、取悦於人。 [85]傲:焦躁。 [86]囋(zàn):嘮叨。 [87]嚮:通"響",如響應聲。 [88]便:便利。其人:指良師。 [89]法而不説:有綱要性的法則而無具體解説。 [90]故而不切:古代典故多而不切近現實。 [91]約而不速:文意隱約而不易直接瞭解。 [92]方:通"仿",效法。第一個"之"訓"而"。據梁啓超釋義,此二句意謂“惟近君子習聞其説，則可以養成尊貴之人格，普遍之智識，而周於世事矣。” [93]經：通“徑”，途徑，即下文之“蹊徑”。 [94]隆：尊。 [95]安：則。特：只。王引之認爲“識”是衍文。雜誌：駁雜的記載。順：通“訓”，作注脚。此句意謂，則不過是學到一些駁雜的記載，給《詩》《書》作注脚罷了。 [96]末世窮年：終其一生。 [97]挈（qiè）：提。[98]詘：通“屈”。頓：引，整理。 [99]道：取道，通過。禮憲：禮法。 [100]舂（chōng）：用杵、臼搗去穀物的皮殼。 [101]以錐飡壺：用錐子代替筷子來取食。飡壺：飡通“餐”，盛食物的器具。 [102]法士：遵守禮法之士。 [103]察辯：明察善辯。 [104]散儒：不遵守禮法的儒生。 [105]楛（kǔ）：通“苦”，惡。問楛即所問不合禮法。 [106]争氣者：意氣用事的辯士。 [107]由其道：合乎禮法之道，同上文“道禮憲”。 [108]方：方向。[109]色從：從氣色看，請教者樂於聽從。致：極致，最高的境界。 [110]隱：隱瞞。[111]謹順其身：意謂謹慎地根據問學者的態度，來確定是否可言、如何言。 [112]出自《詩經·小雅·采菽》。 [113]匪：通“非”。交：通“絞”，急切。舒：舒緩，鬆懈。 [114]予：贊許。 [115]倫類不通：不能觸類旁通。 [116]“一出焉”兩句：意謂一會兒出來，一會兒進去，學而不專。 [117]涂：通“途”。涂巷之人即普通人。 [118]全：全面。盡：徹底。意謂學之專一，化性向善。 [119]誦數：反復誦讀。之：指全粹之學。 [120]爲：效仿。其人：良師。處：居，實踐。 [121]除其害：排除爲學障礙。持養：扶持培養。[122]是：全粹之學。 [123]致好：好學之極致。 [124]之：於。 [125]權利：權勢、利禄。傾：動心。 [126]蕩：動摇。 [127]德操：有德而能操持。 [128]定：意志堅定。[129]應：從容應對。 [130]成人：因學而有成就之人，道德完備之人。 [131]見：通“現”，顯現。 [132]光：通“廣”，廣大。 [133]貴其全：重視道德之全備。以上三句並觀《荀子·儒效》：“至高謂之天，至下謂之地，宇中六指謂之極。塗之人、百姓積善而全盡，謂之聖人。”則全、盡之學造就爲學之最高境界：聖人。

【集評】

（明）王世貞：佳言格論，層見疊出，如太牢之悦口，如夜明之奪目。令荀子而無性惡之説，無以堯舜爲僞，無以子思孟軻爲亂天下，其《勸學》之功，豈終外於名教哉！

（《諸子彙函》卷十引，《四庫全書存目叢書》子部第126册，第364頁）

（清）孫德謙：此篇共九章。第一章言學之於人，爲益最大，故人不可不學。第二章言君子之異於人者即在學。第三章言人之所以力學者，爲立身也。第四章言人當積學，而積學則在用心專一。既能積學，則聲聞自彰。第五章言學在誦經讀禮。第六章言人之爲學，當接近君子。第七章言學以隆禮爲要。第八章言學者受教之道，爲君子善於教人之法。此末章則言人之善學，能爲成人則善矣。成人者，全德之人，故言君子貴其全耳。章法秩然。

（《古書讀法略例》卷三，第145頁）

吴虞：荀子既認人性爲惡（荀子論性多兼情言之），則欲使之轉而向善，非有一種方法矯正之不可。其矯正之方法，則從《勸學》入手，而以《禮》爲其大本。……教化非自思而得，必由於學。……矯正惡性，在於求學，而求學又與擇鄉就士有極大之關係焉。夫教育良善，則天性可移；博學多聞，則陋習能去。故人之求學，爲矯正惡性之第一步。

夫爲學之道,貴於專一,能精自博,戒乎氾濫。真積力久,然後卓然有以自樹立。
(《荀子之〈勸學〉及〈禮論〉》,《吴宓集》,第228-229頁)

白鹿洞書院揭示

(南宋)朱熹

【題解】

朱熹(1130—1200),字元晦,一字仲晦,號晦庵、晦翁、遁翁,别號考亭、紫陽,徽州婺源(今江西婺源縣)人,僑居建州(今福建甌縣)。宋高宗紹興十八年(1148)進士,歷任知南康軍、秘閣修撰、寶文閣待制等,後以論事忤韓侂胄,被誣罷職。生平事跡見《宋史·道學傳》。朱熹著述豐富,今收録於《朱子全書》,一千四百餘萬字。

白鹿洞書院位於廬山五老峰南麓(屬今江西九江市),南唐昇元四年(940)建"廬山國學"於此,北宋初年改建爲白鹿洞書院,後毁於戰火。南宋淳熙七年(1180),朱熹時知南康軍,主持重建白鹿洞書院,舉行開學禮,并"特取凡聖賢所以教人爲學之大端,條列如右而揭之楣間",即《白鹿洞書院揭示》。淳祐元年(1241),宋理宗手書此賜太學諸生,後詔頒於各州縣立石,遂影響諸書院、官學,幾爲天下共遵之學規。本篇包括取自聖賢之語的正文79字,朱熹附注98字及跋260字,以"五教之目"爲核心,講究"爲學之序"以窮理,"篤行之事"以踐行("脩身""處事""接物"),系統表達了其書院教育思想。朱熹之跋,點出古人爲學之本是脩身及人之學,其學之規矩在自律,鼓勵下學上達;近世之學爲科舉利禄之學,其學之規矩在律人,主於規矩禁防。可以説,《白鹿洞書院揭示》是針對科舉教育之弊而復興人文教育的一面旗幟。

父子有親,君臣有義,夫婦有别,長幼有序,朋友有信[1]。

右五教之目[2]。堯、舜使契爲司徒,敬敷五教[3],即此是也。學者學此而已,而其所以學之之序,亦有五焉,其别如左:

博學之,審問之,謹思之,明辨之,篤行之[4]。

右爲學之序。學、問、思、辨,四者所以窮理也[5]。若夫篤行之事,則自修身以至于處事、接物,亦各有要,其别如左:

言忠信,行篤敬[6]。懲忿窒慾[7],遷善改過[8]。

右修身之要。

正其義不謀其利,明其道不計其功[9]。

右處事之要。

己所不欲,勿施於人[10]。行有不得,反求諸己[11]。

右接物之要。

熹竊觀古昔聖賢所以教人爲學之意，莫非使之講明義理，以脩其身，然後推以及人，非徒欲其務記覽、爲詞章，以釣聲名、取利禄而已也。今人之爲學者，則既反是矣。然聖賢所以教人之法，具存於經[12]，有志之士，固當熟讀深思而問辨之。苟知其理之當然，而責其身以必然[13]，則夫規矩禁防之具，豈待他人設之而後有所持循哉[14]！近世於學有規，其待學者爲已淺矣，而其爲法又未必古人之意也，故今不復以施於此堂，而特取凡聖賢所以教人爲學之大端，條列如右而揭之楣間[15]。諸君其相與講明遵守，而責之於身焉，則夫思慮云爲之際[16]，其所以戒謹而恐懼者，必有嚴於彼者矣。其有不然，而或出於此言之所棄，則彼所謂規者必將取之，固不得而略也。諸君其亦念之哉！

（《晦庵先生朱文公文集》卷七十四，《朱子全書》第二十四册，上海古籍出版社、安徽教育出版社2003年版）

【注釋】

[1]“父子有親”五句：《孟子·滕文公上》：“使契爲司徒，教以人倫：父子有親，君臣有義，夫婦有别，長幼有序，朋友有信。” [2]右：相當於“前”，“左”相當於“後”，因古代著作按自右至左的順序竪行書寫、印刷。五教：《尚書·虞書·舜典》：“帝曰：‘契，百姓不親，五品不遜。汝作司徒，敬敷五教，在寬。’”目：綱目。《舜典》有“五教”之名而無内容，《孟子·滕文公上》有“教以人倫”之内容，朱熹合而述之。 [3]敷：布，施行。 [4]“博學之”五句：《禮記·中庸》：“博學之，審問之，慎思之，明辨之，篤行之。有弗學，學之弗能弗措也；有弗問，問之弗知弗措也；有弗思，思之弗得弗措也；有弗辨，辨之弗明弗措也；有弗行，行之弗篤弗措也。”審：詳細。謹：當作“慎”，避宋孝宗趙眘（shèn）諱而改。 [5]窮理：窮究事物之理。 [6]“言忠信”二句：《論語·衛靈公》：“子張問行。子曰：‘言忠信，行篤敬，雖蠻貊之邦行矣。言不忠信，行不篤敬，雖州里行乎哉？’” [7]懲忿窒慾：《周易·損卦》象辭：“山下有澤，損。君子以懲忿窒欲。”懲：克制。窒：遏制。 [8]遷過改善：《周易·益卦》象辭：“風雷，益。君子以見善則遷，有過則改。” [9]“正其義”二句：《漢書·董仲舒傳》：“夫仁人者，正其誼不謀其利，明其道不計其功。是以仲尼之門，五尺之童羞稱五伯，爲其先詐力而後仁誼也。”誼通“義”。 [10]“己所不欲”二句：《論語·衛靈公》：“子貢問曰：‘有一言而可以終身行之者乎？’子曰：‘其恕乎！己所不欲，勿施於人。’”亦見《論語·顔淵》。 [11]“行有不得”二句：《孟子·離婁上》：“行有不得者皆反求諸己，其身正而天下歸之。” [12]具：通“俱”。 [13]責：要求。 [14]持循：執持而順行。 [15]揭之楣間：貼於門上。 [16]云爲：言行。

【集評】

（南宋）葉適：“仁人正誼不謀利，明道不計功。”此語初看極好，細看全疏闊。古人以利與人而不自居其功，故道義光明。後世儒者行仲舒之論，既無功利，則道義乃無用之虚語爾。然舉者不能勝,行者不能至,而反以爲詬於天下矣。

(《習學記言序目》卷二十三,第324頁)

(日)山崎暗齋:此規五倫爲教,而學之之序實與《大學》相法,其學、問、思、辨四者,格物致知之事也。篤行之事,先列修身,則其所謂自天子以至於庶人一是,皆以修身爲本者,誠意正心在其中。處世接物之要,齊家治國平天下之事也。

(《白鹿洞學規集注序》,轉自柴田篤《〈白鹿洞書院揭示〉與江户儒學》,《中國書院》第七輯,第351頁)

白鹿洞書院《論語》講義

(南宋)陸九淵

【題解】

陸九淵(1139—1193),字子静,自號存齋,撫州金溪(今江西金溪縣)人。他曾結茅講學於象山(今江西貴溪縣),故稱象山先生。是南宋理學"心學"代表人物,著有《陸九淵集》。

淳熙八年(1181),受朱熹之邀,陸九淵講學於白鹿洞書院,本篇即其講義。"義""利"之辨,自孔子發之,孟子深推,歷代學者常辯於此。陸九淵解讀孔子"君子喻於義,小人喻於利",緊扣一"喻"字,指出"人之所喻由其所習,所習由其所志",學者當"專志乎義而日勉焉,博學、審問、慎思、明辨而篤行之"。此之謂君子。他批評科舉取士導人於利欲之途,與古代君子之學相反,須加修正,這也可看作是他對朱熹《白鹿洞書院揭示》第四條"正其義不謀其利,明其道不計其功"的發揮。在更深層次上,則體現了尊德性與道問學的部分契合,因此大受朱熹贊賞,乃至刻碑記之。

某雖少服父兄師友之訓,不敢自棄[1],而頑鈍疏拙[2],學不加進,每懷愧惕[3],恐卒負其初心。方將求鍼砭鐫磨於四方師友[4],冀獲開發[5],以免罪戾。比來得從郡侯秘書至白鹿書堂[6],羣賢畢集,瞻覩盛觀,竊自慶幸。秘書先生、教授先生不察其愚[7],令登講席,以吐所聞。顧惟庸虚[8],何敢當此!辭避再三,不得所請,取《論語》中一章,陳平日之所感,以應嘉命,亦幸有以教之。

子曰:"君子喻於義,小人喻於利。"[9]

此章以義利判君子、小人,辭旨曉白,然讀之者苟不切己觀省,亦恐未能有益也。某平日讀此,不無所感:竊謂學者於此當辨其志。人之所喻由其所習,所習由其所志。志乎義,則所習者必在於義,所習在義,斯喻於義矣。志乎利,則所習者必在於利,所習在利,斯喻於利矣。故學者之志不可不辨也。

科舉取士久矣!名儒鉅公皆由此出[10],今爲士者固不能免此。然場屋之得失[11],顧其技與有司好惡如何耳,非所以爲君子、小人之辨也。而今世以此相尚,使汩没於此而不能自拔[12],則終日從事者,雖曰聖賢之書,而要其志之所鄉[13],則有與聖賢背而馳者矣。推而上之,則又惟官資崇卑、禄廩厚薄是計[14],豈能悉心力於國事民隱[15],以無負於任使之者哉!從事其間,更歷之多,講習之熟,安得不有所喻?顧恐不在於義耳。誠能深思是身,不可使之爲小人之歸,其於利欲之習,怛焉爲之痛心疾首[16],專志乎義而日勉焉,博學、審問、慎思、明辨而篤行之。由是而進於場屋,其文必皆道其平日之學、胸中之藴,而不詭於聖人。由是而仕,必皆共其職[17]、勤其事,心乎國、心乎民,而不爲身計,其得不謂之君子乎!

秘書先生起廢以新斯堂,其意篤矣。凡至斯堂者,必不殊志,願與諸君勉之,以毋負其志。

淳熙辛丑春二月,陸兄子静來自金谿,其徒朱克家、陸麟之、周清叟、熊鑑、路謙亨、胥訓實從。十日丁亥,熹率寮友諸生[18],與俱至於白鹿書院,請得一言以警學者,子静既不鄙而惠許之,至其所以發明敷暢[19],則又懇到明白[20],而皆有以切中學者隱微深痼之病[21],蓋聽者莫不悚然動心焉[22]。熹猶懼其久而或忘之也,復請子静筆之於簡而受藏之,凡我同志,於此反身而深察之,則庶乎其可不迷於入德之方矣。新安朱熹識[23]。

(《陸九淵集》卷二十三,中華書局1980年版)

【注釋】

[1]自棄:自甘落後,不求上進。 [2]頑鈍疎拙:愚鈍粗心笨拙。 [3]愧惕:羞慚而知所戒懼。 [4]鐫磨:切磋。 [5]開發:啓發。 [6]比來:近來。 [7]秘書先生、教授先生:指朱熹。 [8]庸虚:庸常虚乏,謙辭。 [9]"子曰"句:出自《論語·里仁》。喻:通曉、明白。 [10]鉅公:猶言巨匠、大師。鉅,通"巨"。 [11]場屋:指科舉時代士子考試之地,亦稱科場。 [12]汩没:沉淪、埋没。 [13]鄉:通"嚮"。 [14]官資:官吏的資歷職位。禄廩:俸禄。 [15]隱:隱疾、疾苦。 [16]怛(dá):痛苦、悲傷。 [17]共:通"供"。 [18]寮友:同僚。 [19]敷暢:敘述明白曉暢。 [20]懇到:懇切。 [21]深痼:病根深固,喻積習難返。 [22]悚然:肅然恭敬貌。 [23]新安:朱熹祖籍徽州(今安徽黄山),徽州古屬新安郡。

【集評】

(南宋)朱熹:子静來南康,熹請説書,却説得這義利分明,是説得好。如云:"今人只讀書便是利,如取解後,又要得官,得官後,又要改官。自少至老,自頂至踵,無非爲利。"説得來痛快,至有流涕者。

(南宋)陸九淵:《講義》述於當時發明精神不盡。當時説得來痛快,至有流涕者,元晦深感動,天氣微冷,而汗出揮扇。(以上兩條皆見《年譜》,《陸九淵集》卷三十六,第493頁)

《通典·選舉典·選舉六》評

(唐)杜佑

【題解】

杜佑(735—813),字君卿,唐代京兆萬年(今陝西西安市)人。曾任嶺南、淮南節度使,歷官至檢校司同中書門下平章事,封岐國公。《舊唐書》《新唐書》有傳。“性嗜學,該涉古今,以富國安人爲己任”,積三十餘年,著《通典》二百卷,是中國古代現存最早的記録歷代典章制度沿革的政書。

《選舉典》是歷代政書中首次設立的門類,本篇是《選舉典》最後一部分,即杜佑的“評曰”。在歷代選舉制上,杜佑比較推崇兩漢的察舉制,而對魏晉的九品中正制、唐代的吏部銓選制,以及當時科舉取士重在文辭、不重才能等傾向皆多所批評,如“吏部專總,是作程之弊者;文詞取士,是審才之末者”。如何解決這些選舉弊端?他的思路是借鑒兩漢察舉制,放權於地方,同時實行更爲嚴密的選擇,即“省吏員”“許辟召”“令薦延”,其思路可與《通典·選舉六》所載沈既濟議選舉相參,而在以加强皇權、削弱藩鎮爲要務的唐代,是難以實現的。

夫人生有欲,無君乃亂。君不獨理,故建庶官[1]。昔在唐、虞,皆訪於衆,則舜舉八元、八凱[2],四岳之舉夔、龍、稷、契[3],此蓋用人之大略也。降及三代,擇於鄉庠,然後授任,其制漸備。秦漢之道,雖不師古,閭塾所推,猶本乎行。而郡國佐吏[4],並自獎擢,備嘗試效[5],乃登王朝;内官有僚屬者[6],亦得徵求俊彦[7]。暨於東漢[8],初置選職[9],推擇之制[10],尚習前規,左雄議以限年,其時不敢謬舉,所以二漢號爲多士[11]。魏晉設九品[12],置中正[13],蓋論閥閲[14],罕考行能[15],選曹之任[16],益爲崇重。州郡之刺史、太守,内官之卿、尹、大夫,咸吏部所署,而辟召及鄉里之舉[17],舊式不替[18]。永嘉之後[19],天下幅裂[20],三百餘祀[21],方遂混同,中間各承正號[22],凡有九姓[23],大抵不變魏晉之法,皆亂多理少,諒無足可稱。夫文質相矯,有如循環,教化所由,興衰是繫。自魏三主俱好屬文[24],晉、宋、齊、梁風流彌扇,體非典雅,詞尚綺麗,澆訛之弊[25],極於有隋。且三代以來,憲章可舉[26],唯稱漢室;繼漢之盛,莫若我唐。惜乎當創業之初[27],承文弊之極,可謂遇其時矣,羣公不議救弊以質,而乃因習尚文,風教未淳,慮由於此。

緬徵往昔[28],論選舉者,無代無之,或云“官繁人困,要省吏員”[29],或云“等級太多,患在速進”,或云“守宰之職[30],所擇殊輕”,或云“以言取人,不如求行”:是皆能知其失,而莫究所失之由。何者?按秦法,唯農與戰始得入官[31]。

漢有孝悌、力田、賢良、方正之科，乃時令徵辟；而常歲郡國率二十萬口貢止一人[32]，約計當時推薦，天下才過百數，則考精擇審，必獲器能[33]。自兹厥後，轉益煩廣。我開元、天寶之中[34]，一歲貢舉，凡有數千；而門資、武功、藝術、胥吏[35]，衆名雜目，百户千途，入爲仕者，又不可勝紀，比於漢代，且增數十百倍。安得不重設吏職，多置等級，遞立選限以抑之乎？常情進趨，共慕榮達，升高自下，由邇陟遐，固宜驟歷方至，何暇淹留著績[36]。秦氏列郡四十，兩漢郡國百餘，太守入作公卿，郎官出宰縣邑[37]，便宜從事[38]，闕略其文[39]，無所可否，責以成效，寄委斯重，酬奬亦崇。今之剖符三百五十[40]，郡縣差降[41]，復爲八九，邑之俊乂[42]，不得有之；事之利病，不得專之。八使十連[43]，舉動咨稟[44]，地卑禮薄，勢下任輕，誠曰徒勞難階[45]，超擢容易而授[46]，理固然也。

始後魏崔亮爲吏部尚書，無問賢愚，以停解日月爲斷[47]，時沉滯者皆稱其能，魏之失才，實從亮始。洎隋文帝[48]，素非學術[49]，盜有天下，不欲權分[50]，罷州郡之辟，廢鄉里之舉，内外一命，悉歸吏曹[51]；纔廁班列[52]，皆由執政[53]。則執政參吏部之職，吏部總州郡之權，罔徵體國推誠、代天理物之本意[54]，是故銓綜失敘[55]，受任多濫。豈有萬里封域，九流叢湊[56]，掄才授職[57]，仰成吏曹，以俄頃之周旋[58]，定才行之優劣，求無其失，不亦謬歟！爾後有司尊賢之道，先於文華；辨論之方，擇於書判[59]。靡然趨尚，其流猥雜[60]。所以閱經號爲“倒拔”[61]，徵詞同乎射覆[62]，置“循資”之格[63]，立選數之制，壓例示其定限[64]，平配絕其踰涯[65]，或糊名考覈[66]，或十銓分掌[67]。苟濟其末，不澄其源，則吏部專總[68]，是作程之弊者[69]；文詞取士，是審才之末者；書判，又文詞之末也。

凡爲國之本，資乎人甿[70]；人之利害，繫乎官政。欲求其理，在久其任；欲久其任，在少等級；欲少等級，在精選擇；欲精選擇，在減名目。俾士寡而農工商衆，始可以省吏員，始可以安黎庶矣。誠宜斟酌理亂，詳覽古今，推仗至公[71]，矯正前失，或許辟召，或令薦延[72]，舉有否臧，論其誅賞[73]，課績以考之[74]，升黜以勵之[75]，拯斯刓弊[76]，其效甚速，實爲大政[77]，可不務乎！

（《通典》卷十八，中華書局1988年版）

【注釋】

[1]庶官：衆官。 [2]八元：古代傳説中的八個才子。《左傳·文公十八年》：“高辛氏有才子八人：伯奮、仲堪、叔獻、季仲、伯虎、仲熊、叔豹、季貍，忠肅共懿，宣慈惠和，天下之民，謂之‘八元’。”孔穎達疏：“元，善也，言其善於事也。”八凱：相傳古代高陽氏的八個才子。《左傳·文公十八年》：“昔高陽氏有才子八人：蒼舒、隤敳、檮戭、大臨、尨降、庭堅、仲容、叔達，齊聖廣淵，明允篤誠，天下之民謂之‘八愷’。”孔穎達疏：“愷，和也，言其和於物也。” [3]四岳：相傳爲共工的後裔，因佐禹治水有功，賜姓姜，封於吕，並使爲諸侯之長。一説：四岳爲堯臣羲、和四子，分掌四方之諸侯。夔、龍：相傳舜的二臣名。夔爲樂官，龍爲諫

官。 [4]佐吏:古代地方長官的僚屬。 [5]試效:考核驗證。 [6]内官:相對於郡國地方官而言的中央朝廷官員。 [7]俊彦:才智出衆者。 [8]暨:至。 [9]選職:主管銓選官吏的職務。 [10]推擇:推舉選拔。 [11]"左雄"三句:漢順帝陽嘉元年(132),左雄上書建議:"孝廉年不滿四十,不得察舉,皆先詣公府,諸生試家法,文吏課箋奏,副之端門,練其虚實,以觀異能,以美風俗。有不承科令者,正其罪法。若有茂才異行,自可不拘年齒。"濟陰太守胡廣等十餘人皆坐謬舉免黜,"自是牧守畏栗,莫敢輕舉。迄於永憙,察選清平,多得其人"。 [12]九品:魏晉時士人的九種品第。 [13]中正:魏晉官名,各州郡以之審核士人品第。 [14]閥閲:泛指家世門第。 [15]行能:品行才能。 [16]選曹:官名,主銓選官吏事。 [17]辟召:徵召。 [18]舊式:舊有的制度。替:改變。 [19]永嘉:晉懷帝年號(307—313)。 [20]幅裂:如布幅撕裂,指永嘉之亂。 [21]祀:年。 [22]正號:正式的名位或爵號。 [23]九姓:當指永嘉亂后南北朝歷代,包括司馬氏、劉氏、蕭氏、陳氏、楊氏、拓跋氏、元氏、高氏、宇文氏。 [24]魏三主:曹操、曹丕、曹睿。 [25]澆訛:浮薄詐僞。 [26]憲章:典章制度。 [27]創業:開創基業,指建立大唐帝國。 [28]緬徵:追憶、印證。 [29]省:減省。 [30]守宰:地方長官。 [31]入官:從政爲官。[32]常歲:整年。 [33]器能:有才能者。 [34]開元:713—741。天寶:742—756。皆唐玄宗年號。 [35]門資:門第。胥吏:小吏。 [36]著績:有顯著的成績。 [37]郎官:侍郎、郎中等職。 [38]便(biàn)宜從事:斟酌事宜,不拘陳規,自行決斷處理。 [39]闕略:缺漏;不完備。 [40]剖符:猶剖竹。古代帝王分封諸侯、功臣時,以竹符爲信證,剖分爲二,君臣各執其一,後因以"剖符""剖竹"爲分封、授官之稱。 [41]差降:按等第遞降。[42]俊乂:才德出衆者。 [43]八使:漢順帝時周舉、杜喬等八人同日拜使,巡行州郡,謂之"八使"。十連:泛指州郡地方長官。 [44]咨稟:請示、稟報。 [45]陼:升職。 [46]超擢:越級提拔。 [47]停解日月:任職時間。《魏書·崔亮傳》:"亮乃奏爲格制,不問士之賢愚,專以停解日月爲斷。雖復官須此人,停日後者終於不得;庸才下品,年月久者灼然先用。沉滯者皆稱其能。" [48]洎(jì):自。 [49]非:非難。 [50]權分:分權。 [51]吏曹:吏部。 [52]纔廁班列:猶躋身朝堂。 [53]執政:指宰相。 [54]體國推誠:推誠心以治國。代天理物:代天子以理政。 [55]銓綜:選拔人材。 [56]叢湊:彙聚。 [57]掄才:選拔人才。 [58]俄頃:片刻。 [59]書判:書法和文理。 [60]猥雜:繁雜,雜亂。[61]閲經:閲讀經書。倒拔:杜佑自注:"舉人積多,故其法益難,務欲落之,至有帖孤章絶句,疑似參互者以惑之。甚者,或上抵其注,下餘一二字,使尋之難知,謂之'倒拔'。"[62]徵詞:遣詞。射覆:猜謎。 [63]循資:按年資逐級晉升。 [64]壓例:猶按例。 [65]平配:品評調配。 [66]糊名:糊試卷考生名以防評選作弊。考覈:考查審察。 [67]十銓分掌:開元十三年(725),唐玄宗認爲吏部選試不公,另以禮部尚書、刑部尚書等十人分别掌管選試,第二年又恢復吏部選試權。 [68]專總:指總攬任免官吏之權。 [69]作程:法度。 [70]甿(méng):泛指百姓。 [71]推仗:猶堅守。 [72]薦延:薦舉招致。[73]誅賞:責罰與獎賞。 [74]課績:考核政績。 [75]升黜:升遷或降免。 [76]刓(wán)弊:凋敝。 [77]大政:善政。

散序進士

(五代)王定保

【題解】

王定保(870—940?),洪州南昌(今江西南昌市)人。唐昭宗光化三年(900)進士,任容管節度巡官。唐末喪亂,爲清海節度使劉隱及其子南漢主劉龑所用,曾任南漢寧遠軍節度使、中書侍郎同平章事。著《唐摭言》十五卷,記載了大量與隋唐科舉制度相關的文人風尚及逸聞軼事。《述進士上》曾載唐太宗李世民"私幸端門,見新進士綴行而出,喜曰:'天下英雄入吾彀中矣!'",成爲後人敘述唐代科舉繁盛的經典材料。

進士科始於隋大業中[1],盛於貞觀、永徽之際[2]。縉紳雖位極人臣,不由進士者,終不爲美,以至歲貢常不減八九百人[3]。其推重謂之"白衣公卿",又曰"一品白衫"[4];其艱難謂之"三十老明經[5],五十少進士";其負倜儻之才[6],變通之術[7],蘇、張之辨説[8],荆、聶之膽氣[9],仲由之武勇[10],子房之籌畫[11],弘羊之書計[12],方朔之詼諧[13],咸以是而晦之[14]。修身慎行,雖處子之不若[15];其有老死於文場者[16],亦所無恨。故有詩云[17]:"太宗皇帝眞長策,賺得英雄盡白頭!"獨孤及撰《河南府法曹參軍張從師墓誌》云[18]:"從師祖損之,隋大業中進士甲科[19],位至侍御史諸曹員外郎。損之生法,以碩學麗藻,名動京師,亦舉進士,自監察御史爲會稽令。"

(《唐摭言》卷一,中華書局1959年版)

【注釋】

[1]大業:隋煬帝年號(605—617)。　[2]貞觀:唐太宗年號(627—649)。永徽:唐高宗年號(650—655)。　[3]歲貢:科舉時代貢入國子監的生員的一種。　[4]"其推重"兩句:白衣是古代平民服。此指尚無功名、官職的士人。甫中進士尚未授職,稱"白衣公卿""一品白衫",皆推重其前程無限之語。　[5]明經:隋煬帝置明經、進士二科,以經義取者爲明經,以詩賦取者爲進士。　[6]倜儻:卓異非凡。　[7]變通:不拘常規,因地、因時制宜。　[8]蘇:蘇秦。張:張儀。　[9]荆:荆軻。聶:聶政。　[10]仲由:子路。　[11]子房:張良。　[12]弘羊:桑弘羊。　[13]方朔:東方朔。　[14]晦:昏暗不明。是:不由進士。　[15]處子:處士。　[16]文場:考場。　[17]詩:據張舜民《畫墁録》,兩句詩出於趙嘏。　[18]獨孤及:字至之,洛陽(今河南洛陽市)人。歷任濠、舒、常三州刺史。善古文,有《毗陵集》。此墓誌全文見《全唐文》卷三九三。　[19]甲科:唐代進士有甲、乙兩科。據鄧嗣禹、何忠禮考證,張損之非隋代進士,可參。

【集評】

(清)四庫館臣:是書述有唐一代貢舉之制特詳,多史志所未及。其一切雜事,亦足以覘名場之風氣,驗士習之淳澆,法戒兼陳,可爲永鑒,不似他家雜録但記異聞已也。

(《四庫全書總目》卷一四〇,《唐摭言》提要,第1186頁)

(清)劉毓崧:王定保之《唐摭言》流傳已久,論者多謂定保爲浮華之士,《摭言》爲瑣細之書。然夷考定保之立身,細繹《摭言》之用意,參稽唐末之士習人情,覺《摭言》固有資於法戒之書,定保亦有補於風教之士,未可指其瑣細,目以浮華也。何則?唐末進士罕能諳練典章,而保定則出自世族清門,多聞舊事,於貢舉之法度尤所究心。其編輯此書,能溯古制以尋原始,故國學之隆替,鄉貢之重輕,廣文生名次之後先,京兆府等第之得失,莫不臚陳积弊,慨念盛時,此其識力之高,可知也。

(《唐摭言》跋下篇,《通義堂文集》卷十二,《續修四庫全書》集部第1546册,第535頁)

王子安

(清)蒲松齡

【題解】

蒲松齡(1640—1715)字留仙,一字劍臣,號柳泉居士,世稱聊齋先生。淄川(今山東省淄博市)人。十九歲應童子試,以縣、府、道三試第一進學,然此後屢試不第,直至七十一歲才成歲貢生。平生位卑家貧,困於場屋,以塾師自存。著有短篇文言小説集《聊齋志異》等。

本篇刻畫士子困於科場的心態,寫秀才王子安鄉試放榜前,醉中中舉、中進士、賜翰林,欲出耀鄉里,熱衷功名之心雖醉不忘。家人誑而安之,狐精幻而戲之,正是"當局者痛哭欲死,而自旁觀者視之,其可笑孰甚焉"。對比鮮明,刻畫入骨,與《儒林外史》范進中舉一節堪稱異曲同工。蒲松齡之評,以"秀才入闈七似"設譬,描繪士子爲名利所役,一生浸淫科場,捨此無他途可用心力,毫無獨立人格的種種醜態。誇張戲謔之中,含有沉痛淚水,與作者一生困頓科場的經歷息息相關。

王子安,東昌名士[1],困於場屋[2]。入闈後[3],期望甚切。近放榜時[4],痛飲大醉,歸臥内室。忽有人白:"報馬來[5]。"王踉蹌起曰:"賞報十千[6]!"家人因其醉,誑而安之曰:"但請自睡[7],已賞矣。"王乃眠。俄又有入者曰:"汝中進士矣[8]!"王自言:"尚未赴都[9],何得及第[10]?"其人曰:"汝忘之耶?三場畢矣[11]。"王大喜,起而呼曰:"賞報十千!"家人又誑之曰:"請自睡,已賞矣。"又移時[12],一人急入曰:"汝殿試翰林[13],長班在此[14]。"果見二人拜牀下,衣冠修潔。王呼賜酒食,家人又紿之[15],暗笑其醉而已。久之,王自念不可不出耀鄉里,大呼長班,凡數十呼，無應者。家人笑曰："暫臥候，尋他去矣。"又久之，長班果復來。王捶牀頓足，大罵："鈍奴焉往？"長班怒曰："措大無賴[16]！向與爾戲耳，而真罵耶？"王怒，驟起撲之，落其帽。王亦傾跌。妻入，扶之曰："何醉至此！"王曰："長班可惡，我故懲之，何醉也？"妻笑曰："家中止有一媼，晝爲汝炊，夜爲汝溫足耳。何處長班，伺汝窮骨？"子女粲然皆笑。王醉亦稍解，忽如夢醒，始知前此之妄。然猶記長班落帽。尋至門後，得一纓帽如盞大[17]，共異之。自笑曰："昔人爲鬼揶揄[18]，吾今爲狐奚落矣[19]。"

異史氏曰："秀才入闈，有七似焉：初入時，白足提籃[20]，似丐。唱名時[21]，官呵隸罵，似囚。其歸號舍也[22]，孔孔伸頭[23]，房房露腳，似秋末之冷蜂。其出闈場也，神情惝怳[24]，天地異色，似出籠之病鳥。迨望報也，草木皆驚，夢想亦幻。時作一得志想，則頃刻而樓閣俱成；作一失志想，則瞬息而骸骨已朽。此際行坐難安，則似被縶之猱[25]。忽然而飛騎傳人，報條無我[26]，此時神色猝變，嗒然若死[27]，則似餌毒之蠅[28]，弄之亦不覺也。初失志，心灰意敗，大罵司衡無目[29]，筆墨無靈，勢必舉案頭物而盡炬之；炬之不已，而碎踏之；踏之不已，而投之濁流。從此披髮入山，面向石壁，再有以"且夫""嘗謂"之文進我者[30]，定當操戈逐之。無何，日漸遠，氣漸平，技又漸癢，遂似破卵之鳩，只得銜木營巢，從新另抱矣[31]。如此情況，當局者痛哭欲死，而自旁觀者視之，其可笑孰甚焉。王子安方寸之中，頃刻萬緒，想鬼狐竊笑已久，故乘其醉而玩弄之。牀頭人醒，寧不啞然自笑哉？顧得志之況味，不過須臾，詞林諸公[32]，不過經兩三須臾耳，子安一朝而盡嘗之，則狐之恩與薦師等[33]。"

（《聊齋志異》會校會注會評本卷九，上海古籍出版社1978年版）

【注釋】

[1]東昌：明清府名，今山東聊城市。　[2]困：困頓。場屋：科舉考試的考場。　[3]闈：試場。　[4]放榜：考試後公佈被録取者名單。　[5]報馬：爲中考者報喜信的騎馬者。　[6]十千：明清時，一千文錢爲一吊，十千就是十吊錢。　[7]但：只。　[8]進士：古稱殿試考取者。明清時，舉人經會試及格後即可稱進士。　[9]赴都：進京。明清時，進士試在北京舉行。　[10]及第：科舉應試中選。因榜上題名有甲乙次第，故名。隋唐只用於考中進士，明清殿試之一甲三名稱賜進士及第，亦省稱及第。　[11]三場：會試共三次考試。　[12]移時：過了一段時間。　[13]殿試：由皇帝主持的考試。明清時期會試之後舉行殿試，以定甲第，録取者分別稱爲進士及第、進士出身、同進士出身。翰林：翰林院官員，掌管編修國史、草擬詔書等，殿試前三名賜翰林頭銜。　[14]長班：明清時官員隨身侍候的僕人。　[15]紿（dài）：騙。　[16]措大：舊指貧寒失意的書生。　[17]纓帽：清朝官吏所戴的帽子，帽顶有紅纓子。　[18]揶揄：嘲笑，捉弄。　[19]奚落：譏誚。　[20]白足：赤腳。籃：裝文具的籃子。　[21]唱名：點名。　[22]號舍：科舉考試時的單人考房，分別編號。

[23]孔孔伸頭:考房狹小,以木板相隔,形似蜂房之孔。 [24]惝怳:神志迷糊不清貌。 [25]縶(zhí):捆縛。猱(náo):猴的一種。 [26]報條:報告升遷、及第等喜訊的報單。 [27]嗒(dā)然:失意貌。 [28]餂:餌。 [29]司衡:主考官。 [30]且夫、嘗謂:明清科考八股文中句首常用的詞語。 [31]抱:母鳥孵卵,喻準備下次科考。 [32]詞林諸公:指已登翰林院諸公。 [33]薦師:科考有主考官、同考官,同考官推薦佳卷於主考官,若獲核批録取,即爲被録取者之薦師。

【集評】

(清)何守奇:子安弋獲心切,故狐戲之。然當其心滿意足時,何知爲戲?齊量等觀,則詞林諸公,安非出於造物之戲也!世事種種色色,不必認真。

(清)但明倫:幻想所結,得意齊來,報馬長班,無妨以不甚愛惜之虚名,暫令措大醉中一快心耳。乃欲出耀鄉里,認假作真,狐亦怒而去之矣。纓帽如盞,留與窮骨子自笑耳。

(以上两條皆見《聊齋志異》會校會注會評本卷九,第1240頁)

六、軍事外交

常　　武

《詩經》

【題解】

本篇選自《大雅》，記載周宣王五年，天子親率師伐徐戎，皇父、休父從王伐徐戎之事。《毛詩序》："《常武》，召穆公美宣王也。有常德以立武事，因以爲戒然。"《常武》對戰爭的描寫，充滿昂揚向上的朝氣，反映了宣王中興的新氣象。

赫赫明明[1]。王命卿士[2]，南仲大祖[3]，大師皇父[4]。整我六師[5]，以脩我戎[6]。既敬既戒[7]，惠此南國[8]。

王謂尹氏[9]，命程伯休父[10]，左右陳行[11]。戒我師旅[12]，率彼淮浦[13]，省此徐土[14]。不留不處[15]，三事就緒[16]。

赫赫業業[17]，有嚴天子[18]。王舒保作[19]，匪紹匪遊[20]。徐方繹騷[21]，震驚徐方[22]。如雷如霆，徐方震驚。

王奮厥武，如震如怒。進厥虎臣[23]，闞如虓虎[24]。鋪敦淮濆[25]，仍執醜虜[26]。截彼淮浦[27]，王師之所[28]。

王旅嘽嘽[29]，如飛如翰[30]。如江如漢，如山之苞[31]。如川之流[32]，緜緜翼翼[33]。不測不克[34]，濯征徐國[35]。

王猶允塞[36]，徐方既來。徐方既同[37]，天子之功。四方既平，徐方來庭[38]。徐方不回[39]，王曰還歸[40]。

（《毛詩正義》卷十八，《十三經注疏》清嘉慶刊本，中華書局2009年版）

【注釋】

[1]赫赫：顯赫盛大。明明：光明。　[2]王：指周宣王。卿士：朝廷的大臣。　[3]南仲大祖：人名。一説，大祖指太祖廟。　[4]大師：即太師，官名，主管軍事。皇父：人名，周宣王的大臣。　[5]整：整頓。師：周代軍隊編制二千五百人爲一師。　[6]脩：整治。戎：指兵器。　[7]敬：整飭使之嚴肅，不怠慢。戒：告誡。　[8]惠：施恩。南國：指南方諸侯國。[9]尹氏：朝廷的執政大臣。　[10]程伯休父：周宣王的大臣，封邑在程（今陝西咸陽東），故

稱程伯,休父是其名。 [11]陳行(háng):列隊。 [12]戒:告戒。師旅:指部隊。 [13]率:沿著,循。淮浦:淮水邊。浦:水邊。 [14]省:巡視,實指征討。徐土:徐國疆域。徐:國名,傳説其國君主是伯益的後裔,故地在今安徽泗縣北。 [15]不留不處:不等待不停止。留:等待。處:停止。 [16]三事:指三有司。即率兵出征的南仲大祖,大師皇父,程伯休父三人。《小雅·十月之交》:"擇三有事",即指三位官員。就緒:指準備完畢。 [17]業業:崇高之象。 [18]有:發語詞。嚴:威嚴。 [19]王舒保作:周王下令舒展來進行守衛。王:周王。舒:舒展。保:守衛。作:開始。 [20]匪紹:不要被纏繞。匪:通非。紹:糾纏。匪遊:不要遊樂。 [21]繹騷:連續騷動。繹:連續不斷。騷:騷動。 [22]震驚徐方:震懾驚嚇徐國。 [23]進:指進軍。厥:其。虎臣:指勇猛的將領。 [24]闞(kàn):威猛的樣子。虓(xiāo)虎:吼叫的虎。虓:怒吼。 [25]鋪敦:駐紮聚集。鋪:停留,駐紮。敦:聚集。淮濆(fén):淮水岸邊的高地。濆:水邊的高地。 [26]仍執醜虜:牽引、執持衆多俘虜。仍:牽引。執:持。醜:衆。虜:俘虜。 [27]截:整治。 [28]王師之所:周王朝軍隊駐紮的場所。 [29]嘽(tān)嘽:衆多盛壯的樣子。 [30]翰:高飛。 [31]苞:本指叢生,這里謂攢聚。 [32]如川之流:意謂如大川流淌,不可阻擋。 [33]緜緜:連續不斷貌。翼翼:整齊之象。 [34]不測:不可測度。不克:不急迫,謂從容。 [35]濯征:指光明正大地征伐。濯:本指洗滌使之光鮮,有鮮明之義。 [36]王猶允塞:王的謀劃的確信實,意謂預想成爲現實。猶:通猷,指謀略。允:信,的確。塞:實在。 [37]同:謂一致,指歸順王朝。 [38]來庭:來到王庭。 [39]回:邪曲,指反叛。 [40]還歸:這里指班師。

【集評】

(東漢)鄭玄:嘽嘽,閒暇有餘力之貌。其行疾,自發舉如鳥之飛也。翰,其中豪俊也。江漢以喻盛大也。山本以喻不可驚動也。川流以喻不可禦也。

(《毛詩正義》卷十八,《十三經注疏》清嘉慶刊本,第1243頁)

錢鍾書:《正義》:"兵法有動有静,静則不可驚動,故以山喻;動則不可禦止,故以川喻。兵法應敵出奇,故美其不可測度。"按《箋》勝《傳》,《正義》又勝《箋》,以兵法釋之,尤爲具眼。《江漢》雖云:"江漢浮浮,武夫滔滔","江漢湯湯,武夫洸洸",不若此詩於"如江如漢"之後,進而言其静如山、動如川也。姜南《學圃餘力》解此章略云:"如飛,疾也;如江,衆也;如山,不可動也;如川,不可禦也;緜緜,不可絕也。翼翼,不可亂也;不測,不可知也;不克,不可勝也。《孫子》曰:'其疾如風,其徐如林,侵略如火,不動如山,難知如陰陽,動如雷霆。'《尉繚子》曰:'重者如山如林,輕者如炮如燔。'二子言兵勢,皆不外乎《詩》之意。"實即申《正義》之意,庶幾無勝義。 (《管錐編》(一),《钱鍾書集》,第262頁)

泓 之 戰

《左傳》

【題解】

本篇選自《左傳·僖公二十二年》。齊桓公死後,中原無主,宋襄公欲合諸侯,以與楚國抗衡。僖公二十一年,宋襄公爲鹿上之盟,以乘車之會邀楚,楚人設伏,俘襄公以伐宋。宋僞立新君,楚遂釋之而去。當時,鄭與楚結盟,宋襄公乃伐鄭,以報楚之不義。

楚人伐宋以救鄭。宋公將戰[1],大司馬固諫曰[2]:"天之弃商久矣[3],君將興之,弗可赦也已[4]。"弗聽。

冬十一月己巳,朔。宋公及楚人戰于泓[5]。宋人既成列,楚人未既濟[6]。司馬曰:"彼衆我寡,及其未既濟也,請擊之。"公曰:"不可。"既濟而未成列,又以告。公曰:"未可。"既陳而後擊之,宋師敗績。公傷股,門官殲焉[7]。國人皆咎公[8]。公曰:"君子不重傷[9],不禽二毛[10]。古之爲軍也[11],不以阻隘也[12]。寡人雖亡國之餘,不鼓不成列[13]。"子魚曰:"君未知戰。勍敵之人[14],隘而不列,天贊我也[15]。阻而鼓之[16],不亦可乎?猶有懼焉。且今之勍者,皆吾敵也。雖及胡耇[17],獲則取之,何有於二毛?明恥教戰[18],求殺敵也,傷未及死,如何勿重?若愛重傷,則如勿傷;愛其二毛,則如服焉[19]。三軍以利用也[20],金鼓以聲氣也[21]。利而用之,阻隘可也;聲盛致志[22],鼓儳可也[23]。"

(《春秋左傳正義》卷十五,《十三經注疏》清嘉慶刊本,中華書局2009年版)

【注釋】

[1]宋公:宋襄公,前650年至前637年在位。 [2]固諫:堅決地勸諫。 [3]商:宋國是商的後裔。天之棄商:指上天不佑助商族。 [4]赦:免除。弗可赦,指違天獲罪,不可赦免。 [5]泓(Hóng):泓水,古道在今河南柘(Xiàn)城西北。 [6]既濟:完全渡過。 [7]門官:教育貴族子弟的官員,或稱公族大夫。殲:指全部陣亡。 [8]咎:責怪。 [9]重傷:攻擊受傷者,謂令對方再次受傷。重:重復,再次。 [10]禽:通擒,捉拿。二毛:頭髮花白的老者。頭髮有黑有白,兩種顏色。毛,謂頭髮。 [11]爲軍:治軍,作戰。 [12]不以阻隘:不依靠險要的地勢戰勝敵人。 [13]鼓:指擊鼓進軍,這里指攻擊。不成列:没有排好陣形。 [14]勍(qíng)敵:強勁的敵人。 [15]贊:幫助。 [16]阻:險阻,謂佔據險要地勢進攻敵人。 [17]胡耇(gǒu):二字均是高壽義,指老年人。 [18]明恥:知恥而後勇之義。教戰:教戰術、戰法。 [19]愛:愛惜,顧惜。服:服侍,即臣服。 [20]利用:有利則用之,即根據形勢好壞採取行動。 [21]金鼓以聲氣也:金鼓以聲激勵勇氣。金,指鉦、鐃等

金屬樂器。 [22]聲盛致志:用盛大的鼓聲激勵鬥志。致:激勵。 [23]儳(chán):混亂,無序,指没有列好隊的敵軍。

【集評】

(戰國)韓非:此乃慕自親仁義之禍。夫必恃人主之自躬親而後民聽從,是則將令人主耕以爲上,服戰鴈行也民乃肯耕戰,則人主不泰危乎?而人臣不泰安乎?

(《韓非子集解》卷十一,第283頁)

《公羊傳》:故君子大其不鼓不成列,臨大事而不忘大禮,有君而無臣。以爲雖文王之戰,亦不過此也。 (《春秋公羊傳注疏》卷十二,《十三經注疏》清嘉慶刊本,第4905頁)

《穀梁傳》:春秋三十有四戰,未有以尊敗乎卑,以師敗乎人者也。以尊敗乎卑,以師敗乎人,則驕其敵。襄公以師敗乎人,而不驕其敵,何也?責之也。泓之戰,以爲復"雩"之恥也。"雩"之恥,宋襄公有以自取之。伐齊之喪,執滕子,圍曹,爲"雩"之會。不顧其力之不足,而致楚成王。成王怒而執之。故曰,禮人而不荅,則反其敬;愛人而不親,則反其仁;治人而不治,則反其知;過而不改,又之,是謂之過。襄公之謂也。

(《春秋穀梁傳注疏》卷九,《十三經注疏》清嘉慶刊本,第5209頁)

(北宋)蘇軾:所謂以不忍人之心,行不忍人之政,三代之所共也。而宋襄公執鄫子用於次睢之社,君子殺一牛猶不忍,而宋公戕一國君若犬豕然,此而忍爲之,天下孰有不忍者耶!泓之役,身敗國衄,乃欲以不重傷、不禽二毛欺諸侯。人能紾其兄之臂以取食,而能忍饑於壺餐者,天下知其不情也。襄公能忍於鄫子,而不忍於重傷二毛,此豈可謂其情也哉? (《宋襄公論》,《蘇軾文集》卷三,第78頁)

(清)吴楚材、吴調侯:宋襄公欲以假仁假義,籠絡諸侯以繼霸,而不知適成其愚。篇中只重阻險鼓進意,重傷二毛帶説。子魚之論,從不阻不鼓,説到不重不禽,復從不重不禽,説到不阻不鼓,層層辨駁,句句斬截,殊爲痛快。 (《古文觀止》卷一,第29頁)

鄢陵之戰

《左傳》

【題解】

本篇選自《左傳·成公十六年》。鄭國背晉從楚,晉以諸侯之師伐鄭。鄭國乞師於楚,晉楚遂戰於鄢陵。春秋時期,多彬彬有禮之君子,如郤至三次避楚王、欒鍼致酒子重等,戰場上不見血腥屠殺,而是瀰漫著濃郁的君子之風。

六月,晉、楚遇于鄢陵[1]。范文子不欲戰,郤至曰:"韓之戰,惠公不振旅[2]。箕之役,先軫不反命[3]。邲之師,荀伯不復從[4]。皆晉之恥也。子亦見先君之事矣。今我辟楚,又益恥也。"文子曰:"吾先君之亟戰也[5],有故。秦、狄、齊、楚皆強,不盡力,子孫將弱。今三強服矣,敵楚而已。唯聖人能外内無患,自非聖人,外寧必有内憂。盍釋楚以爲外懼乎?"

甲午晦[6],楚晨壓晉軍而陳[7]。軍吏患之。范匄趨進[8],曰:"塞井夷灶[9],陳於軍中[10],而疏行首[11]。晉、楚唯天所授,何患焉?"文子執戈逐之[12],曰:"國之存亡,天也。童子何知焉?"欒書曰:"楚師輕窕[13],固壘而待之,三日必退,退而擊之,必獲勝焉。"郤至曰:"楚有六間[14],不可失也:其二卿相惡;王卒以舊[15];鄭陳而不整;蠻軍而不陳[16];陳不違晦[17];在陳而囂[18],合而加囂,各顧其後[19],莫有鬭心。舊不必良[20],以犯天忌[21]。我必克之。"

楚子登巢車以望晉軍[22],子重使大宰伯州犂侍于王後[23]。王曰:"騁而左右[24],何也?"曰:"召軍吏也。""皆聚於中軍矣!"曰:"合謀也[25]。""張幕矣[26]。"曰:"虔卜於先君也[27]。""徹幕矣[28]!"曰:"將發命也[29]。""甚囂且塵上矣[30]!"曰:"將塞井夷竈而爲行也[31]。""皆乘矣[32],左右執兵而下矣[33]!"曰:"聽誓也[34]。""戰乎?"曰:"未可知也。""乘而左右皆下矣!"曰:"戰禱也[35]。"伯州犂以公卒告王[36]。

苗賁皇在晉侯之側[37],亦以王卒告[38]。皆曰[39]:"國士在,且厚[40],不可當也。"苗賁皇言於晉侯曰:"楚之良[41],在其中軍王族而已。請分良以擊其左右[42],而三軍萃于王卒[43],必大敗之。"公筮之,史曰:"吉。其卦遇復 ䷗,曰[44]:'南國蹙[45],射其元王中厥目。'國蹙王傷,不敗何待?"公從之。

有淖於前[46],乃皆左右相違於淖[47]。步毅御晉厲公,欒鍼爲右。彭名御楚共王,潘黨爲右。石首御鄭成公,唐苟爲右。欒、范以其族夾公行[48],陷於淖。欒書將載晉侯,鍼曰:"書退[49]! 國有大任[50],焉得專之? 且侵官,冒也[51];失官,慢也[52];離局,奸也[53]。有三罪焉,不可犯也。"乃掀公以出於淖[54]。

癸巳,潘尪之黨與養由基蹲甲而射之[55],徹七札焉[56]。以示王,曰:"君有二臣如此,何憂於戰?"王怒曰:"大辱國[57]。詰朝爾射死藝[58]。"吕錡夢射月,中之,退入於泥。占之,曰:"姬姓,日也[59]。異姓,月也[60],必楚王也。射而中之,退入於泥,亦必死矣。"及戰,射共王,中目。王召養由基,與之兩矢,使射吕錡,中項,伏弢[61]。以一矢復命。

郤至三遇楚子之卒。見楚子,必下,免胄而趨風[62]。楚子使工尹襄問之以弓[63],曰:"方事之殷也[64],有韎韋之跗注[65],君子也。識見不穀而趨,無乃傷乎[66]?"

郤至見客[67],免胄承命,曰:"君之外臣至[68],從寡君之戎事,以君之靈,間蒙甲胄[69],不敢拜命[70],敢告不寧[71],君命之辱[72],爲事之故,敢肅使者[73]。"三肅使者而退。

晉韓厥從鄭伯,其御杜溷羅曰:"速從之!其御屢顧,不在馬,可及也。"韓厥曰:"不可以再辱國君。"乃止。郤至從鄭伯,其右茀翰胡曰:"諜輅之[74],余從之乘而俘以下[75]。"郤至曰:"傷國君有刑。"亦止。石首曰[76]:"衛懿公唯不去其旗,是以敗於熒[77]。"乃内旌於弢中。唐苟謂石首曰:"子在君側,敗者壹大[78]。我不如子,子以君免,我請止[79]。"乃死。

楚師薄于險[80],叔山冉謂養由基曰:"雖君有命[81],爲國故,子必射!"乃射。再發,盡殪[82]。叔山冉搏人以投,中車,折軾[83]。晉師乃止。囚楚公子茷。欒鍼見子重之旌,請曰:"楚人謂夫旌,子重之麾也[84]。彼其子重也。日臣之使于楚也[85],子重問晉國之勇。臣對曰:'好以衆整[86]。'曰:'又何如?'臣對曰:'好以暇[87]。'今兩國治戎,行人不使[88],不可謂整。臨事而食言[89],不可謂暇。請攝飲焉[90]。"公許之。使行人執榼承飲[91],造于子重[92],曰:"寡君乏使,使鍼御持矛。是以不得犒從者[93],使某攝飲[94]。"子重曰:"夫子嘗與吾言于楚,必是故也,不亦識乎[95]!"受而飲之。免使者而復鼓[96]。旦而戰,見星未已。

子反命軍吏察夷傷[97],補卒乘,繕甲兵[98],展車馬[99],雞鳴而食,唯命是聽。晉人患之。苗賁皇徇曰:"蒐乘補卒[100],秣馬利兵,修陳固列,蓐食申禱[101],明日復戰。"乃逸楚囚[102]。王聞之,召子反謀。穀陽豎獻飲於子反,子反醉而不能見。王曰:"天敗楚也夫!余不可以待。"乃宵遁[103]。晉入楚軍,三日穀[104]。范文子立於戎馬之前[105],曰:"君幼,諸臣不佞,何以及此?君其戒之!《周書》曰'惟命不于常[106]',有德之謂。"

楚師還,及瑕[107],王使謂子反曰:"先大夫之覆師徒者[108],君不在。子無以爲過,不穀之罪也。"子反再拜稽首曰:"君賜臣死,死且不朽。臣之卒實奔,臣之罪也。"子重復謂子反曰:"初隕師徒者,而亦聞之矣[109]!盍圖之?"對曰:"雖微先大夫有之,大夫命側[110],側敢不義?側亡君師,敢忘其死。"王使止之,弗及而卒。

(《春秋左傳正義》卷二十六,《十三經注疏》清嘉慶刊本,中華書局2009年版)

【注釋】

[1]鄢(Yān)陵:鄭地,其地在今河南鄢陵縣内。 [2]韓之戰:秦晉之間的戰争,秦勝,晉惠公被俘。振旅:作戰凱旋。 [3]箕之役:發生在魯僖公三十三年,晉與狄人之間。邲之師:晉楚之戰,晉敗楚勝。荀伯,指荀林父,當時是晉軍的統帥。反命:先軫死於箕之役。 [4]復從:重新隨軍,即戰死或被俘。 [5]亟戰:屢次作戰,即連年征戰。 [6]晦:每月最後一天。 [7]壓:壓迫,即逼近之義。陳:通陣,佈陣。 [8]范匄:士匄,後來的范宣子。趨:小步快走。進:往前走。 [9]塞井:填井。夷灶:拆掉灶台。 [10]陣:佈陣。軍中:在本軍營内。 [11]疏:拉開距離。行首:行道。古人作戰,貴行列疏闊。 [12]文子:即范文子,字士燮,范匄的父親。 [13]輕窕(tiāo);即輕佻,指楚軍輕易逼近晉軍

營。 [14]六間:六個空子,即不利的方面。 [15]王卒:由王族組成的軍隊。舊:舊族成員。 [16]蠻軍:即楚國帶領的南夷軍隊。 [17]違晦:避開晦日。晦爲每月的最後一天,古人認爲作戰不吉利。 [18]囂:喧嘩,即軍紀不好。 [19]合:即兩軍對峙。顧:即軍心不齊,有互相觀望之義。 [20]不必:未必。良:精良,即有戰鬥力。 [21]天忌:即晦日不出兵的忌諱。 [22]巢車:軍中的瞭望車,較平常戰車高。 [23]子重:時任楚令尹。伯州犂:晉國大夫伯宗之子,伯宗被害後,逃往楚國,被任命爲太宰。 [24]騁:馳騁。左右:即戰車向左右兩側賓士。 [25]合謀:即商議計策。 [26]張幕:張開帳幕。 [27]虔卜:虔誠地占卜。先君:晉侯先祖。 [28]徹幕:放下帳幕。 [29]發命:發佈命令。 [30]甚囂:很喧嘩。塵上:塵土上揚。 [31]行:出行,即出戰之義。 [32]乘:上戰車。 [33]左右:即車左和車右。 [34]誓:軍隊的號令。 [35]戰禱:戰前的祈禱。 [36]公卒:晉侯的軍隊。告:描述晉軍的情況,即沒有爲楚國出謀劃策。 [37]苗賁皇:楚國子椒之子,子椒攻王被殺,苗賁皇逃往晉國,因此對楚國情況很瞭解。 [38]王卒:楚王軍隊的情況。 [39]皆曰:指伯州犁和苗賁皇都説。 [40]厚:指軍陣雄厚。 [41]良:精良的部隊。 [42]分良:分派遣晉國的精良部隊。左右:指擊其左右兩翼。 [43]三軍:指晉軍主力。萃:集中。 [44]復卦:震卦在下,坤卦在上。曰:爻辭語。 [45]蹴(cù):局促,困窘。 [46]淖(nào):泥潭。 [47]皆:都。左右:或左,或右。違:避開。 [48]欒、范:指欒書和范文子。其族:其家族人組成的軍隊。夾公行:在晉厲公兩側前行。 [49]書:欒書之名。鍼(Zhēn):即欒鍼,欒書之子。在國君前,群臣之間皆直呼其名。 [50]大任:大事,即戰爭。 [51]侵官:超越自己的職責,奪他人職權。冒:冒犯。 [52]失官:放棄自己的職責。慢:怠慢。 [53]離局:離開自己的部屬。奸:亂。 [54]掀:掀起。出於淖:離開泥淖。 [55]黨:潘党,潘尪(Wāng)之子。養由基:楚軍將領,善射箭。蹲甲:把鎧甲置於物上。 [56]徹:穿透。七札:七層。當時的鎧甲一般爲七層。 [57]大辱國:當時罵人俗語,概責備兩人不謙遜。 [58]詰朝:第二天早上。死藝:指死於射箭。 [59]姬姓:晉國姬姓,與周王同姓,爲主爲内,故稱日。 [60]異姓:楚國爲外姓,爲客爲外,故稱月。 [61]中項:射中頸項。弢(tāo):弓套。伏弢,即俯在弓套而死。 [62]免胄:摘下頭盔。趨風:小步快走,爲當時習語。 [63]工尹:官員。襄:人名。問:問好,同時贈送禮物以表情意。 [64]方:正值。事:戰爭。殷:即緊張時期。 [65]韎(mèi):赤黄色。韋:熟牛皮。跗(fū):腳背。跗注,即當時軍服,如現在的褲子,長至腳背。 [66]無乃:揣測的語氣。傷:受傷。 [67]客:即楚王的使者工尹襄。 [68]外臣:臣對他國君主的自稱。 [69]間:參與。蒙:即穿戴上。 [70]拜命:即拜受楚王派人慰問之命。戰場上穿鎧甲的將士可免拜。 [71]不寧:即不安,指心情激動,不能平静下來。 [72]君命之辱:即楚王的慰問,是謙辭。意謂楚王派人慰問而受辱。 [73]肅:即肅拜。本爲婦女之禮,後稱爲軍禮,站立,身略俯折,兩手合攏,當心而稍向下移。 [74]諜:秘密的探察。輅(lù):戰車。諜輅:即秘密派戰車攔截。 [75]從之:即後面追擊。乘:即從後面跳上鄭君的戰車。俘以下:把鄭國君主俘虜之後跳下車。 [76]石首:鄭成公的御手。 [77]熒:即熒澤。熒澤之戰在閔公二年(前660),狄人入侵,衛懿公帥兵抵抗,戰敗後不去君主的標誌旗,被狄人殺死。 [78]敗者:指已經戰敗的鄭軍。壹:專一,即保護君主。大:指鄭成公。敗者壹大,謂戰敗之際要專一保護君主。 [79]止:即留下抵擋追兵。 [80]薄:迫,指楚軍在險阻之處被晉軍逼迫。 [81]有命:即楚王戒養由基"爾射,死藝"之語。 [82]再發:射兩次。殪(yì):倒下,即死亡。 [83]搏人:抓住敵人。投:扔。軾:車前横木,供人扶持。 [84]麾:旗幟。 [85]日:往日。使于楚:出使楚國。 [86]衆整:隊伍整齊,即遵守作戰的規則。 [87]暇:閒暇,即臨戰不緊張。 [88]行人:使者。古人作戰,有使者互通消息,以示不欺。 [89]食言:即没有做到"好以衆整"。 [90]攝飲:即讓人代替自己獻酒給子重,以表歉意。當時欒鍼爲晉侯車右,不能離開。 [91]行人:使者。榼(kē):酒器。承:奉。 [92]造:至,到。 [93]犒:犒勞,這里指委託。 [94]某:代欒鍼敬酒人的自稱。 [95]識:記性好。 [96]復鼓:即再次擊鼓進軍。 [97]夷:通痍(yí),傷,創傷。 [98]繕:修繕。 [99]展:陳列,即整頓陣形。[100]蒐(sōu):即檢閱。 [101]蓐(rù)食:厚食,即飽餐戰飯。申禱:再次祈禱。 [102]逸:故意放跑。楚囚:楚國戰俘。 [103]宵遁:夜間逃走。 [104]三日穀:即吃楚軍留下的軍糧三日。 [105]戎馬:即晉厲公的車馬。 [106]《周書》:即《尚書·康誥》。不于常:即上天不會一直保佑晉國。 [107]瑕:屬於隨國,其地在今湖北隨州南,隨爲楚附庸。[108]先大夫:城濮大戰,楚軍的統帥子玉。 [109]而:爾,指子反。 [110]大夫:指子重。命:命令。側:子反之名。

【集評】

林紓:文字之美,美不勝收。然以大勢論之,實得一偶字法。何云偶?每舉一事,必有對也。當子反入面退老之申叔時,此老洋洋吐辭,料敵乃同蹇叔,是楚師之敗,已決於申叔時一言。而爲之對者,姚句耳也。申叔時之言敗,言其動作之非時;姚句耳之言敗,言其節制之無術。此一偶也。范文子之不欲戰,在事前言之;欒武子之悔此一戰,在事後及之。又一偶也。郤至好事,料敵如神;范匄少年,論事有胆。又一偶也。伯州犂自晉降楚,苗賁皇自楚降晉,已屬天然之偶。乃巢車望敵,文字俱在空際傳神。每用一"矣"字,必應以一"也"字。又是一偶。顧伯州犂述其本國軍中規制,以告楚子矣。脱文中寫苗賁皇,亦如伯州犂寫法,則沈重板滯。左氏斷不爲此。故寫伯州犂用繁筆,寫苗賁皇用簡筆。繁簡又是一偶。晉侯臨戰而卜,吕錡因夢而占,又是一偶。郤至免胄,楚子謂其有禮;欒鍼執榼,子重謂其踐言。又是一偶。至潘黨、養叔之蹲甲,皆中。已自爲偶矣。乃吕錡射王,而養叔報錡,又是一偶。尤妙者,韓厥從鄭伯,苟用杜溷羅之言,必獲鄭伯,乃韓厥不可而止。郤至亦從鄭伯,又有茀翰胡爲杜溷羅之對,亦幾獲鄭伯矣。而郤至不可而止,此偶殊屬天然。至於子反收軍,察夷傷,補卒乘,繕甲兵,展車馬,雞鳴而食。而苗賁皇亦徇於師。蒐乘補卒,秣馬利兵,修陳固列,蓐食申禱。所言一如子反,則明明示讀者以偶筆矣。故善爲文者,因事設權,往往使人不覺。韓昌黎《送齊皞下第序》,直以偶句到底。讀之但知其散,不知其偶。則抽換挪移之力,能使讀者眼光紛亂。此文字之黠也。

(《左孟莊騷精華録》卷二,第35-36頁)

李廣治軍

（西漢）司馬遷

【題解】

本篇節選自《史記·李將軍列傳》。本篇描寫李廣善射的天性，臨危不懼的膽識，以及與士兵同甘共苦的俠氣。飛將軍能臨危不亂，一則藝高人膽大，二則士卒樂爲用，上下一心也。若與士兵離心離德，豈敢孤軍深入，豈能立功絕域。

李將軍廣者，隴西成紀人也[1]。其先曰李信[2]，秦時爲將，逐得燕太子丹者也[3]。故槐里[4]，徙成紀。廣家世世受射[5]。孝文帝十四年[6]，匈奴大入蕭關[7]，而廣以良家子從軍擊胡[8]，用善騎射[9]，殺首虜多[10]，爲漢中郎[11]。廣從弟李蔡亦爲郎，皆爲武騎常侍[12]，秩八百石。嘗從行，有所衝陷折關及格猛獸[13]，而文帝曰："惜乎，子不遇時！如令子當高帝時，萬户侯豈足道哉！"

及孝景初立，廣爲隴西都尉[14]，徙爲騎郎將。吴楚軍時，廣爲驍騎都尉，從太尉亞夫擊吴楚軍[15]，取旗，顯功名昌邑下。以梁王授廣將軍印，還，賞不行。徙爲上谷太守，匈奴日以合戰。典屬國公孫昆邪爲上泣曰[16]："李廣才氣，天下無雙，自負其能，數與虜敵戰，恐亡之。"於是乃徙爲上郡太守。後廣轉爲邊郡太守，徙上郡。嘗爲隴西、北地、鴈門、代郡、雲中太守，皆以力戰爲名。

匈奴大入上郡，天子使中貴人從廣勒習兵擊匈奴[17]。中貴人將騎數十縱，見匈奴三人，與戰。三人還射，傷中貴人，殺其騎且盡。中貴人走廣[18]。廣曰："是必射雕者也。"廣乃遂從百騎往馳三人[19]。三人亡馬步行，行數十里。廣令其騎張左右翼，而廣身自射彼三人者，殺其二人，生得一人，果匈奴射雕者也。已縛之上馬，望匈奴有數千騎，見廣，以爲誘騎，皆驚，上山陳[20]。廣之百騎皆大恐，欲馳還走。廣曰："吾去大軍數十里，今如此以百騎走，匈奴追射我立盡。今我留，匈奴必以我爲大軍之誘，必不敢擊我。"廣令諸騎曰："前！"前未到匈奴陳二里所[21]，止，令曰："皆下馬解鞍！"其騎曰："虜多且近，即有急，柰何？"廣曰："彼虜以我爲走，今皆解鞍以示不走，用堅其意。"於是胡騎遂不敢擊。有白馬將出護其兵[22]，李廣上馬與十餘騎犇射殺胡白馬將[23]，而復還至其騎中，解鞍，令士皆縱馬臥。是時會暮，胡兵終怪之，不敢擊。夜半時，胡兵亦以爲漢有伏軍於旁欲夜取之，胡皆引兵而去。平旦[24]，李廣乃歸其大軍。大軍不知廣所之，故弗從。

居久之,孝景崩[25],武帝立[26],左右以爲廣名將也,於是廣以上郡太守爲未央衛尉[27],而程不識亦爲長樂衛尉[28]。程不識故與李廣俱以邊太守將軍屯[29]。及出擊胡,而廣行無部伍行陳[30],就善水草屯,舍止,人人自便,不擊刀斗以自衛[31],莫府省約文書籍事[32],然亦遠斥候[33],未嘗遇害。程不識正部曲行伍營陳[34],擊刀斗,士吏治軍簿至明,軍不得休息,然亦未嘗遇害。不識曰:“李廣軍極簡易,然虜卒犯之[35],無以禁也;而其士卒亦佚樂,咸樂爲之死。我軍雖煩擾,然虜亦不得犯我。”是時漢邊郡李廣、程不識皆爲名將,然匈奴畏李廣之略,士卒亦多樂從李廣而苦程不識。……

廣居右北平[36],匈奴聞之,號曰“漢之飛將軍”,避之數歲,不敢入右北平。

廣出獵,見草中石,以爲虎而射之,中石没鏃[37],視之石也。因復更射之,終不能復入石矣。廣所居郡聞有虎,嘗自射之。及居右北平射虎,虎騰傷廣,廣亦竟射殺之。

廣廉,得賞賜輒分其麾下,飲食與士共之。終廣之身,爲二千石四十餘年,家無餘財,終不言家産事。廣爲人長,猨臂,其善射亦天性也,雖其子孫他人學者,莫能及廣。廣訥口少言,與人居則畫地爲軍陳,射闊狹以飲[38]。專以射爲戲,竟死[39]。廣之將兵,乏絕之處[40],見水,士卒不盡飲,廣不近水,士卒不盡食,廣不嘗食。寬緩不苛,士以此愛樂爲用。其射,見敵急,非在數十步之内,度不中不發,發即應弦而倒。用此[41],其將兵數困辱,其射猛獸亦爲所傷云。

(《史記》卷一百九,中華書局1982年版)

【注釋】

[1]隴西:漢郡名,在今甘肅省東部。成紀:漢縣名,在今甘肅省秦安縣北。 [2]先:祖先。 [3]逐得:追獲。 [4]故:原籍。槐里:今陝西省興平縣東南。 [5]受:傳授。 [6]孝文帝:漢文帝劉恒。 [7]大入:大舉進犯。蕭關:今甘肅省環縣西北。 [8]良家:非醫、巫、商賈、百工之家。 [9]用:因爲。 [10]首:首級。虜:虜獲。 [11]中郎:侍衛皇宫的官職。 [12]武騎常侍:黄帝侍從官。 [13]衝陷:衝鋒陷陣。格:格鬥。 [14]隴西:在今甘肅省南部及東南部地區。都尉:主管地方軍事的長官。 [15]太尉:與丞相、御史大夫并稱三公,主管全國軍事。亞夫:周亞夫,絳侯周勃之子,封條侯。上郡:在今陝西省北部及内蒙古自治區部分地區。 [16]典屬國:負責與周邊民族事務的官員。 [17]中貴人:指皇帝寵幸的太監。勒習兵:在李廣約束下熟習軍事。 [18]走廣:逃奔李廣處。 [19]馳:追逐。 [20]陳:通陣,排列軍隊。 [21]里所:猶里許。 [22]護:救視。 [23]犇:通“奔”。 [24]平旦:天亮。 [25]孝景:即漢景帝,文帝子劉啓。 [26]武帝:即漢武帝,景帝子劉徹。 [27]未央衛尉:未央宫守衛軍長官。 [28]長樂:長樂宫,太后所居。 [29]故:曾經。邊太守:邊郡太守。將:率領。軍屯:駐兵防守。 [30]部伍:部隊編制。 [31]刀斗:又稱“刁斗”,銅鍋,白天煮飯,夜間敲擊巡更。 [32]莫府:莫通幕,即幕府,將帥駐紮的大帳幕。 [33]斥候:哨兵。 [34]正:整齊劃一。部曲:漢代軍隊編制

有部，部下分曲。 [35]卒：通“猝”，突然。 [36]右北平：漢郡名，今河北省薊縣以東，及遼寧省部分地區。 [37]鏃(zú)：箭頭。 [38]闊狹：遠近。 [39]竟死：至死。 [40]乏絕：糧乏水絕。 [41]用此：因此。

【集評】

（西漢）司馬遷：《傳》曰：“其身正，不令而行；其身不正，雖令不從。”其李將軍之謂也？余睹李將軍悛悛如鄙人，口不能道辭。及死之日，天下知與不知，皆爲盡哀。彼其忠實心誠信於士大夫也？諺曰“桃李不言，下自成蹊”。此言雖小，可以諭大也。

（《李將軍列傳》，《史記》卷一百九，第2878頁）

（唐）王維《老將行》：漢兵奮迅如霹靂，虜騎崩騰畏蒺藜。衛青不敗由天幸，李廣無功緣數奇。 （《王維集校注》卷二，第148頁）

（南宋）黄震：看《衛霍傳》，須合《李廣》。衛霍深入二千里，聲震夷夏，今看其傳，不值一錢；李廣每戰輒北，困躓終身，今看其傳，英風如在。史氏抑揚予奪之妙，豈常手可望哉？ （《黄氏日抄》卷四十七，《文津閣四庫全書》子部第235册，第387頁）

（明）王夫之：太史公言：“匈奴畏李廣之略，士卒亦樂從廣而苦程不識。”司馬温公則曰：“傚不識，雖無功猶不敗，傚李廣，鮮不覆亡。”二者皆一偏之論也。以武定天下者，有將兵，有將將。爲將者，有攻有守，有將衆，有將寡。不識之正行伍，擊刁斗，治軍簿，守兵之將也。廣之簡易，人人自便，攻兵之將也。束伍嚴整，斥堠詳密，將衆之道也。刁斗不警，文書省約，將寡之道也。嚴謹以攻，則敵窺見其進止而無功。簡易以守，則敵乘其罅隙而相薄。將衆以簡易，則指臂不相使而易潰。將寡以嚴謹，則拘牽自困而取敗。故廣與不識，各得其一長，而存乎將將者爾。將兵者不一術，將將者兼用之，非可一律論也。人主，將將者也。大將者，將兵而兼將將者也。 （《讀通鑒論》卷三，第62頁）

走馬川行奉送封大夫出師西征

（唐）岑參

【題解】

岑參(715—770)，南陽（今河南省南陽市）人。天寶三載(744)年進士，曾任安西節度使府掌書記及安西、北庭節度判官、關西節度判官，官至嘉州刺史，故後世稱岑嘉州，有《岑嘉州集》十卷。本篇作於安西、北庭節度判官任上，時駐軍輪臺。封大夫，即封常清，時任北庭、安西都護，攝御史大夫，故稱封大夫。原詩題無“封大夫”三字，清人沈德潛《唐詩別裁》卷五增入，施蟄存先生《唐詩百話》云：“雖然大概不錯，但總是没有根据的隨意添改。”

君不見，走馬川行雪海邊[1]，平沙莽莽黄入天。輪臺九月風夜吼[2]，一川碎石大如斗,隨風滿地石亂走。匈奴草黄馬正肥,金山西見煙塵飛[3],漢家大將西出師。將軍金甲夜不脱,半夜軍行戈相撥,風頭如刀面如割。馬毛帶雪汗氣蒸,五花連錢旋作冰[4],幕中草檄硯水凝[5]。虜騎聞之應膽懾[6],料知短兵不敢接[7],車師西門佇獻捷[8]。

(《岑嘉州詩箋注》卷二,中華書局2004年版)

【注釋】

[1]走馬川:地名,地點不詳,蓋新疆内戈壁灘。行:衍文。雪海:泛指西北苦寒之地。[2]輪臺:唐時屬庭州,隸北庭都護府,故地在今新疆維吾爾自治區輪臺縣。[3]金山:即阿爾泰山。突厥語呼金爲阿爾泰。[4]五花、連錢:皆名馬名。5]草檄(xí):起草討敵檄文。[6]懾(shè):恐懼。[7]短兵:刀劍類短兵器。接:交戰。[8]車師:安西都護府所在地,在今新疆吐魯番市。佇(zhù):等候。

【集評】

(唐)殷璠:參詩語奇體峻,意亦造奇。(《河嶽英靈集注》,第201頁)

(明)王世貞:高岑一時,不易上下。岑氣骨不如達夫,遒上而婉縟過之。《選》體時時入古,岑尤陟健。歌行磊落奇俊,高一起一伏,取是而已,尤爲正宗。五言近體,高岑俱不能佳。七言,岑稍濃厚。(《藝苑卮言》卷四,《歷代詩話續編》,第1006頁)

(明)陸時雍:岑參好爲巧句,真不足而巧濟之,以此知其深淺矣。故曰"大巧若拙"。

(《詩鏡總論》,《歷代詩話續編》,第1412頁)

(清)沈德潛:三句一轉,秦皇《嶧山碑》文法也,元次山《中興頌》用之,岑嘉州《走馬川行》亦用之。而三句一轉中又句句用韻,與《嶧山碑》又别。

(《説詩晬語》卷上,《原詩•一瓢詩話•説詩晬語》,第211頁)

汎舟之役

《左傳》

【題解】

本篇選自《左傳•僖公十三年》。春秋時期,每遇天災,諸侯國之間,即便是敵國,亦當互相弔問之禮。《左傳•襄公四年》記載,《左傳•莊公十一年》記載,夏魯大敗宋師,秋宋國發生水災,魯莊公即派使者弔問,兩國關係亦隨緩和。春秋時期,亦有不伐喪之禮。《左傳•襄公四年》記載:"陳成公卒。楚人將伐陳,聞喪乃止。"秦晉皆大國,既是盟國,又是敵國,關係極爲微妙。面對天災,百里奚超越現實利益,提出"行道有福"的觀念,實屬可貴、可敬。

冬，晉荐饑[1]，使乞糴于秦[2]。秦伯謂子桑[3]："與諸乎？"對曰："重施而報[4]，君將何求？重施而不報，其民必攜[5]，攜而討焉，無衆，必敗。"謂百里[6]："與諸乎？"對曰："天災流行，國家代有[7]，救災恤鄰，道也。行道有福。"丕鄭之子豹在秦[8]，請伐晉。秦伯曰："其君是惡，其民何罪？"秦於是乎輸粟于晉，自雍及絳相繼[9]，命之曰汎舟之役[10]。

（《春秋左傳正義》卷十三，《十三經注疏》清嘉慶刊本，中華書局2009年版）

【注釋】

[1]薦：再，連續兩年。饑：穀不熟爲饑。薦饑，指連年無收成。 [2]糴(dí)：買入糧食。 [3]秦伯：秦穆公。子桑：秦大夫，公孫枝。 [4]重施：秦穆公曾幫助當時晉侯惠公返國，又助其度災荒，故曰重施。 [5]攜：攜二，懷有背叛之心。 [6]百里：秦大夫百里奚，又稱五羖大夫。 [7]代：交替。 [8]丕鄭：晉大夫，謀聯秦，納公子重耳，被殺於晉。 [9]雍：秦都城，今陝西省鳳翔縣南。絳：晉都城，今山西省翼城縣東南。 [10]汎：同泛，浮也。

展喜犒師

《左傳》

【題解】

本篇選自《左傳·僖公二十六年》。齊爲東方大國，常以盟主自居。僖公二十五年，魯國與衛、莒盟於洮，次年又盟於向。齊孝公以盟主自居，不能容忍魯國私自與他國結盟，遂興兵侵魯。春秋時期雖禮崩樂壞，而諸侯會盟、聘問，尚敬禮周王，信守盟約，彬彬有禮焉。故展喜説齊侯，申之以"先王之命"，勉之以"桓公之德"，禮辭兼備，故齊孝公爲之還師。

齊師侵我西鄙[1]，討是二盟也[2]。夏，齊孝公伐我北鄙。衛人伐齊，洮之盟故也[3]。公使展喜犒師[4]，使受命于展禽[5]。齊侯未入竟[6]，展喜從之[7]，曰："寡君聞君親舉玉趾，將辱於敝邑[8]，使下臣犒執事[9]。"齊侯曰："魯人恐乎？"對曰："小人恐矣，君子則否。"齊侯曰："室如縣罄[10]，野無青草，何恃而不恐？"對曰："恃先王之命。昔周公、大公股肱周室[11]，夾輔成王。成王勞之而賜之盟[12]，曰：'世世子孫，無相害也。'載在盟府，大師職之[13]。桓公是以糾合諸侯，而謀其不協[14]，彌縫其闕而匡救其災[15]，昭舊職也[16]。及君即位，諸侯之望曰[17]：'其率桓之功[18]。'我敝邑用不敢保聚[19]，曰：'豈其嗣世九年而棄命廢職[20]，其若先君何？'君必不然。恃此以不恐。"齊侯乃還。

（《春秋左傳正義》卷十六，《十三經注疏》清嘉慶刊本，中華書局2009年版）

【注釋】

[1]西鄙:西部邊境。 [2]討是二盟:盟指向盟和洮盟。 [3]洮之盟:魯、衛、莒相盟,有互救之義。 [4]犒師:以酒食饋贈齊師。 [5]受命:即接受辭令。命,指辭令。展禽:名獲,又稱柳下惠。展禽擬定辭令,展喜前去領受。 [6]竟:通境,謂邊境。 [7]從:追隨,謂展喜主動找齊侯。 [8]趾:腳。辱:受辱,謙辭,是説齊侯尊貴,魯低微,來魯則有辱自己身份。 [9]執事:國君左右的侍從,爲表示對國君的尊重,不直接稱呼對方,以執事代指齊孝公。 [10]縣罄:縣通"懸"。罄爲形似鐘的樂器。縣罄,從下往上看,内部空空,以此來形容魯國空虚。 [11]太公:即太公望,齊國的開國始祖。股:大腿。肱:胳膊。 [12]勞:慰勞,獎賞。 [13]大師:指姜太公,西周初年曾任太師。職之,以此爲職責。職,職責,這里用作動詞。之,指盟書所説:"世世子孫無相害。" [14]不協:相互侵犯,不團結。 [15]彌:補合。闕:斷口。匡:正。彌縫其闕,謂化解矛盾,使之協調。 [16]舊職:即周王賦予齊國領導,保護東方諸侯國的職責。 [17]望:期望。 [18]率:沿著,繼承。桓之功:齊桓公的事業、功德。 [19]用:因此。保聚:保爲守護城池,聚爲聚集兵力,即防備齊國。 [20]命:指周王之命。職:齊國領導、保護東方諸侯的職責。

【集評】

(清)林雲銘:一篇大旨止在"恃先王之命"一句。此受展禽之教以大義爲感動,不必又贅。獨是應對之語,須取給於臨時,何以知齊侯必有是問?妙在乘其師未入境。先往迎犒,釣出他口中一箇"恐"字。又把"恐"字分别箇"君子""小人",釣出他口中一箇"恃"字。然後好把口授大旨,滔滔汩汩,提起太公受命,桓公修職。横説豎説,了無滯礙矣。及説到孝公來伐,却不言魯無以保聚,反謂魯不敢保聚;不言齊肆其毒害,反謂齊必不加害。如此則是魯之士馬本無藉於飽騰迎敵,又何待以縣罄青草爲憂乎?詞之嚴正中,却加許多回護,宜齊侯之動聽還師也。但齊師既退之後,魯即遣襄仲乞師於楚,伐齊取穀豈載在盟府之詞,止可責齊,不堪自責耶?可發一笑。 (《增訂古文析義合編》卷一)

(清)余誠:(眉批)"魯人恐乎"一問煞難對答,看他不説恐,不説不恐,竟分出個君子小人來。妙甚。"恃先王之命"五字説的極鄭重,是立言骨子。"先王之命",妙!借他"恃"字説出,真巧不可階。 (《重訂古文釋義新編》卷二,第38頁)

(清)吴楚材、吴調侯:篇首"受命于展禽"一語,包括到底。蓋展喜應對之詞,雖取給于臨時,而其援王命,稱祖宗大旨,總是受命于展禽者。大義凜然之中,亦復委婉動聽。齊侯無從措口,乘興而來,敗興而返。所謂子猷山陰之棹,何必見戴也。真奇妙之文。

(《古文觀止》卷一,第34頁)

蘇武牧羊

（東漢）班固

【題解】

班固（32—92），字孟堅，扶風安陵（今陝西省咸陽市東）人。初，其父班彪續補《史記》，作《後傳》，未成而卒。班固歸鄉里，欲繼承父志。後有人告發班固“私改作國史”，遂下獄，書稿亦被收去。漢明帝見書稿，甚奇之，遂除爲蘭台令，奉詔修《漢書》。和帝永元四年（92），和帝以謀反罪殺竇憲，班固亦牽連被捕，遂死獄中。時《漢書》尚未寫完，八表、《天文志》由其妹班昭及馬續等續成之。《漢書》體例仿《史記》，共一百卷，敘述上起漢高祖元年（前206），下至王莽地皇四年（23），共二百三十年的史事。體例上承《史記》而略有變動，如并“世家”入“列傳”，改“書”爲“志”并增《藝文志》等，是我國第一部紀傳體斷代史。

本篇節選自《漢書·李廣蘇建列傳》。匈奴是北方遊牧民族，是漢朝最主要邊患。兩國時戰時和，使者亦往來不絕，當兩國關係緊張，經常互相扣留使者。

單于愈益欲降之[1]，乃幽武置大窖中[2]，絕不飲食。天雨雪，武臥齧雪與旃毛并咽之[3]，數日不死，匈奴以爲神，乃徙武北海上無人處[4]，使牧羝[5]，羝乳乃得歸[6]。别其官屬常惠等[7]，各置他所。

武既至海上，廩食不至[8]，掘野鼠去中實而食之[9]。杖漢節牧羊[10]，臥起操持，節旄盡落。積五六年，單于弟於靬王弋射海上[11]。武能網紡繳[12]，檠弓弩[13]，於靬王愛之，給其衣食。三歲餘，王病，賜武馬畜服匿穹廬[14]。王死後，人衆徙去。其冬，丁令盜武牛羊[15]，武復窮厄。

初，武與李陵俱爲侍中[16]，武使匈奴明年，陵降，不敢求武。久之，單于使陵至海上，爲武置酒設樂，因謂武曰：“單于聞陵與子卿素厚，故使陵來説足下，虛心欲相待。終不得歸漢，空自苦亡人之地，信義安所見乎？前長君爲奉車[17]，從至雍棫陽宫，扶輦下除[18]，觸柱折轅，劾大不敬，伏劍自刎，賜錢二百萬以葬。孺卿從祠河東后土[19]，宦騎與黄門駙馬争船[20]，推墮駙馬河中溺死，宦騎亡，詔使孺卿逐捕不得，惶恐飲藥而死。來時，大夫人已不幸[21]，陵送葬至陽陵。子卿婦年少，聞已更嫁矣。獨有女弟二人，兩女一男，今復十餘年，存亡不可知。人生如朝露，何久自苦如此！陵始降時，忽忽如狂，自痛負漢，加以老母繫保宫[22]，子卿不欲降，何以過陵？且陛下春秋高，法令亡常，大臣亡罪夷滅者數十家，安危不可知，子卿尚復誰爲乎？願聽陵計，勿復有云。”武曰：“武父子亡功德，皆爲陛下所成就，位列將，爵通侯，兄弟親近，常願肝腦塗地。今得殺身自效,雖蒙斧鉞湯鑊,誠甘樂之。臣事君,猶子事父也。子爲父死,亡所恨。願勿復再言。"陵與武飲數日,復曰:"子卿壹聽陵言。"武曰:"自分已死久矣[23]!王必欲降武,請畢今日之歡,效死於前!"陵見其至誠,喟然歎曰:"嗟乎,義士!陵與衛律之罪上通於天。"因泣下霑衿,與武決去。

陵惡自賜武,使其妻賜武牛羊數十頭。後陵復至北海上,語武:"區脱捕得雲中生口[24],言太守以下吏民皆白服,曰上崩。"武聞之,南鄉號哭,歐血,旦夕臨。

數月,昭帝即位[25]。數年,匈奴與漢和親。漢求武等,匈奴詭言武死。後漢使復至匈奴,常惠請其守者與俱,得夜見漢使。具自陳道[26]。教使者謂單于,言天子射上林中[27],得雁,足有係帛書,言武等在某澤中。使者大喜,如惠語以讓單于[28]。單于視左右而驚,謝漢使曰:"武等實在。"於是李陵置酒賀武曰[29]:"今足下還歸,揚名於匈奴,功顯於漢室,雖古竹帛所載,丹青所畫,何以過子卿[30]!陵雖駑怯,令漢且貰陵罪[31],全其老母,使得奮大辱之積志,庶幾乎曹柯之盟[32],此陵宿昔之所不忘也[33]。收族陵家[34],爲世大戮,陵尚復何顧乎?已矣!令子卿知吾心耳。異域之人,壹别長絕!"陵起舞,歌曰:"徑萬里兮度沙幕[35],爲君將兮奮匈奴[36]。路窮絕兮矢刃摧,士衆滅兮名已隤[37]。老母已死,雖欲報恩將安歸!"陵泣下數行,因與武決。單于召會武官屬,前以降及物故[38],凡隨武還者九人。

(《漢書》卷五十四,中華書局1962年版)

【注释】

[1]單于:匈奴首領稱號。 [2]幽:囚禁。大窖:空的糧窖。 [3]齧(niè):咬。旃(zhān):通氈,毛織成的片狀物。 [4]北海:今俄羅斯境内貝加爾湖,時爲匈奴北部邊境。 [5]羝(dī):公羊。 [6]乳:生育。 [7]别:分别,區别。常惠:隨蘇武出使者。 [8]廩(lǐn)食:公家提供的糧食。 [9]去:通"弆(jǔ)",藏。屮:古"草"字。 [10]杖:以漢節爲杖。[11]於靬王:匈奴單于王之弟。弋射:射猎。 [12]網紡:狩獵之網。繳(zhuó):箭尾部所系之線繩。 [13]檠(qíng):矯正弓弩的器具。此處作動詞用。 [14]服匿:盛酒酪的瓦器。穹廬:大型的圓頂帳篷。 [15]丁令:即丁零,匈奴族一支。 [16]侍中:皇帝侍從官。 [17]長君:蘇武兄,名嘉,字長君。奉車:即奉車都尉,掌皇帝車輦。 [18]除:門屏之間。 [19]孺卿:蘇武弟,名賢,字孺卿。 [20]宦騎:從騎之宦官。黄門駙馬:即駙馬都尉,掌皇帝出行之車馬。黄門:即宫門,後爲官署名。舩:同船。 [21]不幸:去世。[22]保宫:漢少府屬官,亦拘押犯罪官吏之所。 [23]自分:自料。 [24]區脱:匈奴邊境守衛者。雲中:雲中郡。生口:俘虜。 [25]昭帝:漢武帝之子。 [26]具:完全。陳道:陳述。 [27]上林:即上林苑,漢天子苑囿。 [28]讓:指責,批評。 [29]李陵:飛將軍李廣之孫,字少卿。漢武帝時,率五千騎,與匈奴戰,殺傷甚衆,力竭而降,時爲匈奴右校王。 [30]子卿:蘇武字。 [31]貰(shì):寬恕。 [32]曹柯:即春秋時期之曹沫。曹沫,

魯國人,曾劫持齊桓公,使之歸還魯國土地。 [33]宿昔:以前。李陵初降匈奴,漢並未誅其老母、妻子、兄弟。後傳言李陵幫助匈奴訓練軍隊,漢武帝乃殺之。 [34]族:族滅。[35]沙幕:即沙漠。 [36]奮:奮勇殺敵。 [37]隤:墮,毀壞。 [38]物故:死亡。

【集評】

(清)趙翼:蘇武使匈奴,守節不屈,十九年始得歸,人皆知之。然是時守節絕域不得歸,不止武一人也。……同時隨武還者九人,見於武傳者,常惠、徐聖、趙終根,然至今但稱武而已。惠後以軍功封長羅侯,尚在人耳目間,聖、終根雖附書於傳,已莫有知之者,其餘尚有六人,并氏名亦不載,則同一使也,而傳不傳亦有命。又況是時二十餘年間,漢留匈奴使,匈奴亦留漢使以相當,前後凡十餘輩,則其中守節不屈者亦必有人,而皆不見於史籍,則有幸有不幸,豈不重可歎哉! (《廿二史劄記校證》卷二,第51-52頁)

菩提樹垣

(唐)玄奘

【題解】

玄奘(602—664),俗姓陳,名禕,河南偃師人,爲中國佛教法相唯識宗創世人。唐太宗貞觀初年,往天竺求法,先從那爛陀寺戒賢,後遊歷天竺各地。貞觀十九年(645),玄奘法師回到長安,帶回大量佛經,并展開大規模譯經活動。《大唐西域記》,爲唐玄奘法師口述,弟子辯機筆録而成,成書於唐貞觀二十年(646),共十二卷。本書記載了玄奘法師西遊印度、西域等地,十九年間的經歷、見聞,富有奇幻色彩。

本篇選自《大唐西域記》。本篇記述佛祖釋迦牟尼成佛之地——菩提垣,及其周邊遺跡。相傳其地就在今印度比哈阿爾邦加雅城南十一公里之佛陀加雅。

前正覺山西南行十四五里,至菩提樹。周垣壘甎,崇峻險固,東西長,南北狹,周五百餘步。奇樹名花,連陰接影;細沙異草,彌漫緣被。正門東闢,對尼連禪河。南門接大花池。西阨險固[1]。北門通大伽藍。壖垣内地[2],聖迹相鄰,或窣堵波[3],或復精舍[4]。並贍部洲諸國君王、大臣、豪族[5],欽承遺教,建以記焉。

金剛座

菩提樹垣正中有金剛座。昔賢刧初成,與大地俱起,據三千大千世界中[7]。下極金輪,上侵地際[8],金剛所成,周百餘步,賢刧千佛坐之而入金剛定,故曰金剛座焉。證聖道所,亦曰道場,大地震動,獨無傾摇。是故如來將證正覺也,歷此四隅,地皆傾動,後至此處安静不傾。自入末刧[9],正法浸微。沙土彌覆,無復得見。佛涅槃後,諸國君王傳聞佛説金剛座量,遂以兩軀觀自在菩薩像[10],南北標界,東面而坐。聞諸耆舊曰[11]:“此菩薩像身没不見,佛法當盡。”今南隅菩薩没過胷臆矣。

菩提樹及其事迹

金剛座上菩提樹者,即畢鉢羅之樹也。昔佛在世,高數百尺,屢經殘伐,猶高四五丈。佛坐其下成等正覺[12],因而謂之菩提樹焉。莖幹黄白,枝葉青翠,冬夏不凋,光鮮無變。每至如來涅槃之日,葉皆凋落,頃之復故。是日也,諸國君王、異方法俗[13],數千萬衆,不召而集,香水香乳,以溉以洗。於是奏音樂,列香花,燈炬繼日,競修供養。

(《大唐西域記校注》卷八,中華書局1985年版)

【注釋】

[1]阨(è):狹窄。 [2]壖(ruán):宫殿外牆。 [3]窣(sū):從洞穴鉆出。堵波:即塔,梵語。 [4]復:復歸。精舍:講道場所。 [5]贍部洲:佛教所稱四大洲中南部之州,因贍部樹得名,爲人類所居。 [6]賢劫:指有釋迦佛等千佛出世的現在劫。與過去莊嚴劫、未來星宿劫並稱三大劫。 [7]據:佔據。 [8]金輪:古印度世界觀中認爲,無窮大的世界,最底層爲風輪,下爲虚空。風輪上有水輪,其上又有金剛形成的金輪,金輪上有九山八海,是爲地輪。 [9]末劫:末世。 [10]兩軀:兩座。 [11]耆舊:德高望重者。 [12]正覺:精神圓滿。 [13]異方:異域。法俗:僧人與俗衆。

鄭和下西洋

《明史》

【題解】

《明史》是明代正史,上起朱元璋洪武元年(1368),下迄朱由檢崇禎十七年(1644),共兩百餘年歷史。《明史》卷帙浩繁,共三百三十二卷,始修於康熙十八年(1679),至乾隆四年(1739)定稿,歷時六十年。

本文選自《明史·宦官一》。鄭和率領龐大艦隊,遠洋航海的活動,開啓了與東南亞、印度洋、西太平洋諸國的外交關係。自秦漢以來,中國對外開拓重在西北,張騫通西域是也。然張騫通西域,意在聯絡西域諸國,牽制、對抗匈奴,具有很強的現實意義。鄭和下西洋則不然,起因是尋找“惠帝”,繼之以宣示天朝威儀,營造萬國來朝的繁盛氣象,皆非國家要務。與海外諸國交通,雖獲奇珍異寶,却無補於國計民生,終是得不償失之舉。故鄭和航海壯舉,盛極而衰,無以爲繼。

鄭和,雲南人,世所謂三保太監者也。初事燕王於藩邸[1],從起兵有功,累擢太監。成祖疑惠帝亡海外[2]，欲蹤跡之，且欲耀兵異域，示中國富強。永樂三年六月，命和及其儕王景弘等通使西洋[3]。將士卒二萬七千八百餘人，多齎金幣[4]。造大舶，修四十四丈、廣十八丈者六十二。自蘇州劉家河泛海至福建[5]，復自福建五虎門揚帆[6]，首達占城[7]，以次徧歷諸番國，宣天子詔，因給賜其君長，不服則以武懾之。五年九月，和等還，諸國使者隨和朝見。和獻所俘舊港酋長[8]。帝大悦，爵賞有差[9]。舊港者，故三佛齊國也[10]，其酋陳祖義，剽掠商旅。和使使招諭，祖義詐降，而潛謀邀劫。和大敗其衆，擒祖義，獻俘，戮於都市。

六年九月，再往錫蘭山[11]。國王亞烈苦柰兒誘和至國中，索金幣，發兵劫和舟。和覘賊大衆既出，國内虛，率所統二千餘人，出不意攻破其城，生擒亞烈苦柰兒及其妻子官屬。劫和舟者聞之，還自救，官軍復大破之。九年六月獻俘於朝。帝赦不誅，釋歸國。是時，交阯已破滅[12]，郡縣其地，諸邦益震讋，來者日多。

十年十一月，覆命和等往使，至蘇門答剌[13]。其前僞王子蘇幹剌者，方謀弑主自立，怒和賜不及己，率兵邀擊官軍。和力戰，追擒之喃渤利，並俘其妻子，以十三年七月還朝。帝大喜，賚諸將士有差[14]。

十四年冬，滿剌加、古里等十九國咸遣使朝貢[15]，辭還。覆命和等偕往，賜其君長。十七年七月還。十九年春復往，明年八月還。二十二年正月，舊港酋長施濟孫請襲宣慰使職，和齎敕印往賜之[16]。比還[17]，而成祖已晏駕。洪熙元年二月[18]，仁宗命和以下番諸軍守備南京。南京設守備，自和始也。宣德五年六月[19]，帝以踐阼歲久，而諸番國遠者猶未朝貢，於是和、景弘復奉命歷忽魯謨斯等十七國而還[20]。

和經事三朝，先後七奉使，所歷占城、爪哇、真臘、舊港、暹羅、古里、滿剌加、渤泥、蘇門答剌、阿魯、柯枝、大葛蘭、小葛蘭、西洋瑣里、瑣里、加異勒、阿撥把丹、南巫里、甘把里、錫蘭山、喃渤利、彭亨、急蘭丹、忽魯謨斯、比剌、溜山、孫剌、木骨都束、麻林、剌撒、祖法兒、沙里灣泥、竹步、榜葛剌、天方、黎伐、那孤兒[21]，凡三十餘國。所取無名寶物，不可勝計，而中國耗廢亦不貲[22]。自宣德以還，遠方時有至者，要不如永樂時，而和亦老且死。自和後，凡將命海表者，莫不盛稱和以夸外番，故俗傳三保太監下西洋，爲明初盛事云。

（《明史》卷三百四，中華書局1974年版）

【注釋】

[1]燕王：朱棣（1360—1424），朱元璋第四子，受封燕王，後發動靖難之役，攻陷南京，建文帝失蹤，遂稱帝，改元永樂。 [2]惠帝：即建文帝。清乾隆元年，上謚號爲恭閔惠皇帝，故稱惠帝。 [3]儕：同伴。西洋：南宋以來，稱南海以西海洋及沿海各地爲西洋。 [4]齎(jī)：攜帶。 [5]劉家河：在今蘇州太倉劉家港。 [6]五虎門：在今福州市連江縣閩江入

海口。 [7]占城:古國名,在今越南境内。 [8]舊港:今印度尼西亞蘇門答臘島巨港。 [9]差:等級,即論功行賞。 [10]三佛齊:古國名,宋名三佛齊,與中國交往不絕。 [11]錫蘭山:古稱獅子國,即今斯里蘭卡島。 [12]交阯:古地名,又作"交趾",前111年,漢武帝滅南越國,并在今越南北部設交趾、就真、日南三郡,交趾郡郡治即在今越南河内。 [13]蘇門答剌:即蘇門答臘島。 [14]賚:賞賜。 [15]滿剌加:即馬六甲。古里:古國名,未詳何地。 [16]齎(jí):攜帶。 [17]比:等到。 [18]洪熙:明仁宗,朱高熾年號。 [19]宣德:明宣宗朱瞻基年號。 [20]忽魯謨斯:古港口,在今伊朗東南米納布附近,臨霍爾木茲海峽。 [21]爪哇:島嶼名,今屬印度尼西亞。真臘:又名占臘,在今柬埔寨境内。暹羅:即泰國。渤泥:古國名,位於今文萊一帶。阿魯:古國名,近馬六甲。柯枝等:皆印度洋地區小國。榜葛剌:漢稱身毒國,東漢曰天竺,即東印度。天方:指阿拉伯。那孤兒:蘇門答臘島西北部小國。 [22]貲(zī):計量。

【集評】

梁啓超:天下事失敗者不必論,其成功者亦不必與其所希望之性質相緣,或過或不及,而總不離本希望之性質近是,此佛説所謂造業也。哥氏之航海,爲覓印度也,印度不得達而開新大陸,是過其希望者也。維氏之航海,爲覓支那也,支那不得達,而僅通印度,是不及其希望者也。要之,其希望之性質,咸以母國人滿,欲求新地以自殖,故其所希望之定點雖不達,而其最初、最大之目的固已達。若我國馳騁域外觀者,其希望之性質安在?則雄主之野心,欲博懷柔遠人、萬國來同等虚譽,聊以自娱耳!故其所成就者,亦適應於此希望而止。何也?其性質則然也。故鄭和之所成就,在明成祖既已躊躇滿志者,然則以後雖有無量數之鄭和亦若是則已耳。嗚呼!此我族之所以久爲人下也。

(《祖國大航海家鄭和》,《飲冰室文集點校》第四集,第2066頁)

七、農醫工商

七　月

《詩經》

【題解】

《豳風·七月》全詩凡八章，每章十一句，共計八十八句，是《詩經》中最長的敍事詩。詩中詳細描述了西周農人一年中的生產勞作，可謂那個時期農事經驗的總結。它大量運用季節農諺，採用分類直敍的手法寫出了每個月的勞動項目和季節氣候，對當時人民的生活習慣作了詳盡、生動的記載，具有很高的歷史文獻價值。同時，這首詩在藝術方面也具有鮮明的特徵：首先，以樸素的語言、白描的手法形象地將農夫長年累月的貧困生活勾畫出來，真實而生動。其次，詩中運用對比的手法，通過對衣、食、住等具有典型意義的細節描寫，呈現出農夫和貴族鮮明對立的形象。再次，全詩以敍事鋪陳爲主，寫景、抒情等手法穿插其中，水乳交融。

七月流火[1]，九月授衣[2]。一之日觱發[3]，二之日栗烈[4]。無衣無褐[5]，何以卒歲。三之日于耜[6]，四之日舉趾[7]。同我婦子，饁彼南畝[8]，田畯至喜[9]。

七月流火，九月授衣。春日載陽[10]，有鳴倉庚[11]。女執懿筐[12]，遵彼微行[13]，爰求柔桑[14]。春日遲遲[15]，采蘩祁祁[16]。女心傷悲，殆及公子同歸[17]。

七月流火，八月萑葦[18]。蠶月條桑[19]，取彼斧斨[20]。以伐遠揚[21]，猗彼女桑[22]。七月鳴鵙[23]，八月載績。載玄載黄，我朱孔陽，爲公子裳。

四月秀葽[24]，五月鳴蜩[25]。八月其穫，十月隕蘀[26]。一之日于貉[27]，取彼狐貍，爲公子裘。二之日其同[28]，載纘武功[29]。言私其豵[30]，獻豜于公[31]。

五月斯螽動股[32]，六月莎雞振羽[33]。七月在野，八月在宇。九月在戶，十月蟋蟀入我牀下。穹窒熏鼠[34]，塞向墐戶[35]。嗟我婦子，曰爲改歲[36]，入此室處。

六月食鬱及薁[37]，七月亨葵及菽[38]。八月剥棗[39]，十月穫稻。爲此春酒[40]，以介眉壽[41]。七月食瓜，八月斷壺[42]，九月叔苴[43]。采荼薪樗[44]，食我農夫。

九月築場圃[45]，十月納禾稼[46]。黍稷重穋[47]，禾麻菽麥[48]。嗟我農夫，我稼既同，上入執宫功[49]。晝爾于茅，宵爾索綯[50]。亟其乘屋[51]，其始播百穀。

二之日鑿冰沖沖[52]，三之日納于凌陰[53]。四之日其蚤，獻羔祭韭[54]。九月肅霜,十月滌場[55]。朋酒斯饗[56],曰殺羔羊。躋彼公堂[57],稱彼兕觥[58],萬壽無疆。

(《毛詩正義》卷八,《十三經注疏》清嘉慶刊本,中華書局2009年版)

【注釋】

[1]七月流火:七月,指夏曆七月。火,或稱大火,星名,即心宿。每年夏曆五月,黄昏時候,此星當正南方,即正中和最高的位置。過了六月就偏西向下,故稱“流”,意味夏天將要結束,秋天即將來臨。 [2]授衣:將裁制冬衣的工作交給女工。九月絲麻等事結束,所以在這時開始做冬衣。 [3]一之日:周曆的正月,也就是夏曆的十一月。以下二之日、三之日等仿此。觱(bì)發:大風觸物聲。 [4]栗烈:或作“凓冽”,形容氣寒。 [5]褐:粗布衣。 [6]耜(sì):耒耜,耕田起土之農具。 [7]趾:足。“舉趾”即去耕田。 [8]饁(yè):送飯。畝:指田身。田耕成若干壟,高處爲畝,低處爲甽(quǎn)。田壟東西向的叫做“東畝”,南北向的叫做“南畝”。這兩句是説婦人童子往田裏送飯給耕者。 [9]田畯(jùn):農官名,又稱農正或田大夫。 [10]春日:指二月。載:始。陽:溫暖。 [11]倉庚:鳥名,就是黄鶯。 [12]懿:深。 [13]微行:小徑(桑間道)。[14]爰:語詞,猶“曰”。柔桑:初生的桑葉。 [15]遲遲:天長的意思。 [16]蘩(fán):菊科植物,即白蒿。古人用於祭祀,女子在嫁前有“教成之祭”。一説用蘩“沃”蠶子,則蠶易出,所以養蠶者需要它。其法未詳。祁祁:衆多。 [17]公子:指國君之子。殆及公子同歸:是説怕被公子強迫帶回家去。一説指怕被女公子帶去陪嫁。 [18]萑(huán)葦:蘆葦。八月萑葦長成,收割下來,可以做箔。 [19]蠶月:指三月。條桑:修剪桑樹。[20]斨(qiāng):方孔的斧頭。 [21]遠揚:指長得太長而高揚的枝條。 [22]猗(yī):通“掎(jǐ)”,牽引。“掎桑”是用手拉著桑枝來采葉。女桑:柔桑。 [23]鵙(jú):鳥名,即伯勞。 [24]葽(yāo):植物名,今名遠志,可入藥。 [25]蜩(tiáo):蟬。 [26]隕蘀(tuò):落葉。 [27]貉:田獵者演習武事的禮叫祃祭或貉祭。於貉:言舉行貉祭。《鄭箋》:“於貉(hè),往博貉以自爲裘也。” [28]同:聚合,言狩獵之前聚合眾人。 [29]纘:繼續。武功:指田獵。 [30]豵(zōng):一歲小豬,這裏用來代表比較小的獸。私其豵:言小獸歸獵者私有。 [31]豜(jiān):三歲的豬,代表大獸。大獸獻給公家。 [32]斯螽(zhōng):蟲名,蝗類,即蚱蜢、螞蚱。舊説斯螽以兩股相切發聲,“動股”言其發出鳴聲。 [33]莎(suō)雞:蟲名,今名紡織娘。振羽:言鼓翅發聲。 [34]穹:窮盡,清除。窒(zhì):堵塞。穹窒:言將室内滿塞的角落搬空,搬空了才便於熏鼠。 [35]向:朝北的窗戶。墐:用泥塗抹。貧家門扇用柴竹編成,塗泥使它不通風。[36]改歲:是説舊年將盡,新年快到。 [37]鬱:植物名,唐棣之類。樹高五六尺,果實像李子,赤色。薁(yù):植物名,果實大如桂圓。一説爲野葡萄。 [38]菽:豆的總名。[39]剥:讀爲“撲”,打。 [40]春酒:冬天釀酒經春始成,叫做“春酒”。棗和稻都是釀酒的原料。 [41]介:祈求。眉壽:長壽,人老眉間有豪毛,叫秀眉,所以長壽稱眉壽。[42]壺:葫蘆。 [43]叔:拾。苴(jū):秋麻之籽,可以吃。 [44]樗(chū):木名,臭椿。薪樗:言采樗木爲薪。 [45]場:打穀的場地。圃:是菜園。 [46]納:收進穀倉。

禾稼:穀類通稱。 [47]重(zhǒng):即"種",是先種後熟的穀。穋(lù):即稑(lù),稑是後種先熟的穀。 [48]禾麻菽麥:這句的"禾"是專指一種穀,即今之小米。 [49]功:事。宫功:指建築宫室,或指室内的事。 [50]索:動詞,指制繩。綯(táo):繩。索綯:是説打繩子。 [51]亟:急。乘屋:蓋屋。 [52]沖沖:鑿冰之聲。 [53]凌:是聚集的水。陰:指藏冰之處。 [54]獻羔祭韭:這句是説用羔羊和韭菜祭祖。 [55]滌場:清掃場地。這句是説十月農事完全結束,將場地打掃乾淨。 [56]朋酒:兩樽酒,這裏指衆多酒杯。 [57]躋:登。公堂:指公共場所。 [58]稱:舉。兕(sì)觥(gōng):角爵。古代用獸角做的酒器。

【集評】

(北宋)歐陽修:或問《七月》,豳風也。而鄭氏分爲《雅》《頌》。其詩八章,以其一章、二章爲《風》,三章、四章、五章、六章之半爲《雅》,又以六章之半、七章、八章爲《頌》。一篇之詩别爲三體,而一章之言半爲《雅》而半爲《頌》,詩人之意果若是乎?應之曰:《七月》,周公之作也。其言豳土寒暑氣節、農桑之候、勤生事、男女耕織衣食之本,以見太王居豳興起王業艱難之事,此詩之本義,毛、鄭得之矣。其爲《風》、爲《雅》、爲《頌》,吾所不知也。所謂《七月》之本義幸在者,吾既得之矣,其有所難知者,闕之可也,雖然,吾知鄭氏之説,自相牴牾者矣。今《詩》之經,毛、鄭所學之經也。經以爲《風》,而鄭氏以爲《雅》《頌》,豈不戾哉?夫一國之事謂之《風》,天下之政謂之《雅》,以其成功告於神明謂之《頌》,此毛、鄭之説也。然則《風》,諸侯之事;雅,天子之事。今所謂《七月》者,謂之《風》可矣。謂之《雅》《頌》,則非天子之事,又非告功於神明者,此又其戾者也。

(《詩本義》卷十四,《文津閣四庫全書》經部第23册,第526頁)

(南宋)朱熹:此章(按:第一章)首言七月暑退將寒,故九月而授衣以禦之。蓋十一月以後風氣日寒,不如是則無以卒歲也。正月則往修田器,二月則舉趾而耕。少者既皆出而在田,故老者率婦子而餉之。治田早而用力齊,是以田畯至而喜之也。此章前段言衣之始,後段言食之始。二章至五章終前段之意,六章至八章終後段之意。

(《詩集傳》卷八,第90頁)

(清)姚際恒:鳥語、蟲鳴、草榮、木實,似《月令》;婦子入室,茅、綯、升屋,似《風俗書》;流火、寒風,似《五行志》;養老、慈幼,躋堂稱觥,似庠序禮;田官、染職、狩獵、藏冰,祭、獻、執功,似國家典制書。其中又有似《採桑圖》《田家樂圖》《食譜》《穀譜》《酒經》。一詩之中無不具備,洵天下之至文也。 (《詩經通論》卷八,第164頁)

(清)方玉潤:今玩其辭,有樸拙處,有疏落處,有風華處,有典核處,有蕭散處,有精緻處,有凄婉處,有山野處,有真誠處,有華貴處,有悠揚處,有莊重處,無體不備,有美必臻。晋、唐後,陶、謝、王、孟、韋、柳田家諸詩,從未見臻此境界。

(《詩經原始》卷八,第306-307頁)

吴闓生:此詩天時、人事、百物、政令、教養之道,無所不賅,而用意之處尤爲神行無迹。神妙奇偉,殆有非言語形容所能曲盡者。洵六籍中之至文矣。

(《詩義會通》卷一,第118頁)

齊民要術序(節選)

(北魏)賈思勰

【題解】

賈思勰生卒年不詳,北魏(386—543)時人,益都(今山東壽光市西南)人,曾經做過高陽郡(今山東臨淄)太守。是我國古代傑出的農學家。

賈思勰著的《齊民要術》,是中國現存最早最完整的農學名著,也是世界農學史上最早最有價值的農書之一。"齊民"即平民,"要術"指謀生的重要方法,書名的意思是百姓從事生產勞動的重要技術知識。書中記載了公元六世紀以前我國勞動人民從實踐中積累下來的農業科學技術知識。全書由序、雜説、正文三部分組成,共十卷九十二篇,分別記載了古代關於穀物、蔬菜、果樹、林木、特種作物的栽培方法以及畜牧、釀造、烹飪等多方面的生產經驗,對我國古代農業生產勞動曾產生過較大影響。

《史記》曰:"齊人無蓋藏[1]。"如淳注曰[2]:"齊,無貴賤,故謂之齊民者,若今言平民也。"

蓋神農爲耒耜[3],以利天下。堯命四子,敬授民時。舜命后稷[4],食爲政首。禹制土田,萬國作乂。殷周之盛,《詩》《書》所述,要在安民,富而教之。

《管子》曰:"一農不耕,民有飢者;一女不織,民有寒者。""倉廩實,知禮節;衣食足,知榮辱。"丈人曰:"四體不勤,五穀不分,孰爲夫子[5]?"《傳》曰:"人生在勤,勤則不匱[6]。"語曰:"力能勝貧,謹能勝禍。"蓋言勤力可以不貧,謹身可以避禍。故李悝爲魏文侯作盡地力之教[7],國以富強;秦孝公用商君急耕戰之賞[8],傾奪鄰國而雄諸侯。

《淮南子》曰:"聖人不耻身之賤也,愧道之不行也;不憂命之長短,而憂百姓之窮。是故禹爲治水,以身解於陽盱之河[9];湯由苦旱[10],以身禱於桑林之祭。""神農憔悴,堯禮癯,舜黎黑,禹胼胝[11],由此觀之,則聖人之憂勞百姓亦甚矣。故自天子以下,至於庶人,四肢不勤,思慮不用,而事治求贍者[12],未之聞也。""故田者不强,囷倉不盈[13]。將相不强,功烈不成。"

《仲長子》曰[14]:"天爲之時,而我不農,穀亦不可得而取之。青春至焉[15],時雨降焉,始之耕田,終之簠簋[16]。惰者釜之[17],勤者鐘之[18],矧夫不爲而尚乎食也哉[19]?"《譙子》曰[20]:"朝發而夕異宿,勤則菜盈傾筐。且苟無羽毛,不織不衣,不能茹草飲水,不耕不食,安可以不自力哉?"

鼂錯曰[21]:"聖王在上,而民不凍不飢者,非耕而食之,織而衣之,爲開其資財之道也。”“夫寒之於衣,不待輕暖,飢之於食,不待甘旨。飢寒至身,不顧廉恥。一日不再食則飢,終歲不製衣則寒。夫腹飢不得食,體寒不得衣,慈母不能保其子,君亦安能以有民?”“夫珠玉金銀,飢不可食,寒不可衣。……粟、米、布、帛,……一日不得而飢寒至,是故明君貴五穀而賤金玉。”劉陶曰[22]:“民可百年無貨,不可一朝有飢,故食爲至急。”[23]陳思王曰[24]:“寒者不食尺玉而思短褐,飢者不願千金而美一食。千金尺玉至貴,而不若一食裋褐之惡者,物時有所急也。”誠哉言乎!

神農、倉頡[25],聖人者也,其於事也,有所不能矣。故趙過始爲牛耕[26],實勝耒耜之利;蔡倫立意造紙[27],豈方縑牘之煩[28];且耿壽昌之常平倉[29],桑弘羊之均輸法[30],益國利民,不朽之術也。諺曰:“智如禹湯,不如嘗更。”是以樊遲請學稼[31]。孔子答曰:“吾不如老農。”然則聖賢之智,猶有所未達,而況於凡庸者乎?

(《齊民要術校釋》第二版,中國農業出版社1998年版)

【注釋】

[1]齊人無蓋藏:見《史記•平準書》,作者引來解釋書名中的“齊民”。 [2]如淳:三國時期魏國人,《史記》注者之一。 [3]蓋神農爲耒耜:見《周易•系辭下》。神農,傳説中創始農業的人。耒耜,原始的翻土工具。 [4]后稷:相傳是周的始祖,善於種植糧食,在堯舜時做農官。 [5]“丈人曰”四句:見《論語•微子》。 [6]“《傳》曰”句:見《左傳•宣公十二年》。 [7]李悝(Kuī)(前455—前395):戰國時期著名政治家,前422年任魏國相,其重農與法治結合的思想對商鞅、韓非子影響頗大,幫助魏文侯施行“盡地力之教”的政策,也就是地盡其利。鼓勵開荒,獎勵耕作,使農業生産得到很快的發展,糧食産量大增,從而增加國家的田租收入,使魏國成爲戰國初期最強的國家之一。 [8]商君:即商鞅(約前390—前338),戰國著名政治改革家。 [9]陽盱之河:即陽盱河,《淮南子》高誘注:“在秦地。” [10]湯:商朝的開國之君。傳説湯時連續七年旱災,湯以身爲質在桑林邊向上天祈雨,事見《吕氏春秋•順民》。 [11]胼胝:分別指手掌和腳掌上的老繭。 [12]事治求贍:做好事情,求得富足。治,完成。贍,充足。 [13]囷倉:古代一種圓形的穀倉。 [14]《仲長子》:指東漢仲長統所著《昌言》一書。《隋書•經籍志》著録有《仲長子昌言》十二卷,今佚。 [15]青春:指春天。 [16]簠簋:古時盛食物的器具,竹木制或銅制。 [17]釜:古代量器,六斗四升爲一釜。 [18]鍾:古代量器,六石四斗爲一鍾。 [19]矧(shěn)夫:何況。 [20]《譙子》:書名,可能爲三國時期譙周所著,已佚。 [21]晁錯(前200—前154):西漢初期著名政治家、文學家,其政論文《論貴粟疏》爲後世稱譽。下文所引見《漢書•食貨志上》。 [22]劉陶:東漢後期人,生卒年月不詳,一名偉,字子奇,潁川潁陰(今河南許昌)人。漢靈帝時曾多次上書,要求改革內政,反對宦官專權,後爲宦官所害而死。 [23]“民可百年”三句:見《後漢書•劉陶傳》。 [24]陳思王:即曹植。三國時期著名詩人,曹操第三子,封陳王,謚號思。 [25]倉頡:傳説中黄帝的史官,漢字的創造

者。 [26]趙過:漢武帝時人,籍貫、生卒年不詳。曾總結前人經驗發明了三腳耬和“代田法”,爲中國早期的農業生産做出了巨大貢獻。 [27]蔡倫:東漢和帝、安帝時宦官,總結西漢以來造紙經驗,改進了造紙方法,使造紙術前進了一大步。 [28]縑(jiān):細絹。 [29]耿壽昌:西漢宣帝時中央農官,曾建議在西北邊郡設置“常平倉”,穀賤時以高價收進,穀貴時以低價賣出,以調節平抑糧價。 [30]桑弘羊(前152—前80):漢武帝時中央農官,曾創立“均輸法”:利用物價的差異進行異地運輸來調節物價的措施。 [31]樊遲:孔子弟子,名須,字子遲。樊遲的故事與孔子語,見《論語·子路》。

【集評】

(北宋)李燾:賈思勰著此書,專主民事,又旁摭異聞,多可觀,在農家最嶢然出其類。而近世學者忽焉。

(《孫氏齊民要術音義解釋序》,《文獻通考》卷二百十八《經籍考四十五》引,第1773頁)

古風二首

(唐)李紳

【題解】

李紳(772—846),字公垂,祖籍亳州譙縣(今屬安徽),自其父寓家無錫(今屬江蘇),遂爲無錫人。憲宗元和元年(806)進士,今所存詩,明胡震亨謂其“攬筆寫興,曲備一生窮泰之感”(《唐音癸籤》卷七)。有《追昔遊集》三卷傳世。《舊唐書》卷一七三、《新唐書》卷一八一有傳。

這兩首詩是唐詩中最爲傳誦的作品之一,題又作《憫農二首》,據唐人范攄《雲溪友議》卷上載,作者李紳赴試時,嘗以此詩干謁吕溫。第一首先極寫豐收,末句則寫農夫餓死,造成巨大反差;第二首追問“誰知盤中餐,粒粒皆辛苦”,進一步揭示社會不公,尤爲警策。

春種一粒粟,秋收萬顆子[1]。四海無閒田,農夫猶餓死。

鋤禾日當午,汗滴禾下土。誰知盤中餐,粒粒皆辛苦。

(《全唐詩》卷四八三,中華書局1999年版)

【注釋】

[1]秋收:收,一作“成”。穀熟爲“成”,亦通。

【集評】

（清）吴喬：詩苦于無意；有意矣，又苦于無辭。如聶夷中之“鋤禾日當午，汗滴禾下土。誰知盤中餐，粒粒皆辛苦”，詩之所以難得也。

（《圍爐詩話》卷一，《清詩話續編》，第504頁）

（清）賀裳：“詩有别趣，非關理也。”然理原不足以礙詩之妙，如元次山《舂陵行》、孟東野《遊子吟》、韓退之《拘幽操》、李公垂《憫農詩》，真是《六經》鼓吹。

（《載酒園詩話》卷一，《清詩話續編》，第209頁）

（清）徐增：種禾偏在極熱之天，赤日杲杲，當正午之際，鋤者在田裏做活，真要熱殺人。即此已極苦矣，更不必説到水旱之年。……及至轉成四糙，煑飯堆盤，白如象齒，儘意大嚼，那知所飡之米，一粒一粒，皆農人肋骨上汗雨中鋤出來者也！公垂作此詩，宜乎克昌其後。此題“憫”字，自必點出，苦説得透徹，則“憫”字在其中矣。

（《而庵説唐詩》卷九，《四庫全書存目叢書》集部第396册，第655頁）

（清）李鍈：此種詩純以意勝，不在言語之工，《豳》之變風也。

（《詩法易簡録》卷十三，《續修四庫全書》集部第1702册，第598頁）

劉永濟：此二詩説盡農民遭剥削之苦，與剥削階級不知稼穡艱難之事，而王士禎（編按：《唐人萬首絕句選》）乃不入選，但以膚廓爲空靈、以縹緲爲神韻，宜人多有不滿之論。

（《唐人絕句精華》，第191頁）

四時田園雜興（二首）

（南宋）范成大

【題解】

范成大（1127—1206），字致能，號石湖居士，平江吴郡（今屬江蘇）人，謚文穆。有《石湖居士集》。

《四時田園雜興》是范成大晚年閒居石湖期間所作的大型田園組詩，分春日、晚春、夏日、秋日、冬日五組，每組十二首。詩人生動真實地寫出了農家的艱辛勞作及農家生活，描繪出了一幅幅農村田園風光圖面。第一首寫初夏江南農村的優美景致；第二首寫勞動及生活景象。詩歌用語簡潔形象，極富獨創性，走出了陶淵明、王維、孟浩然等人借田園寫個人閒情逸致的窠臼，拓展了田園詩的藝術表現範圍。

梅子金黄杏子肥，麥花雪白菜花稀[1]。日長籬落無人過[2]，惟有蜻蜓蛺蝶飛。

晝出耘田夜績麻[3]，村莊兒女各當家[4]。童孫未解供耕織[5]，也傍桑陰學種瓜。

(《范石湖集》卷二十,上海古籍出版社1981年版)

【注釋】

[1]“麥花”句:麥子秀穗稱爲吐花,花呈白色綠色,時間大約爲農曆四五月間。菜花:指油菜花,鮮黄色,農曆四五月份落花結子,故稱“稀”。 [2]日長:夏至白晝最長。籬落:籬笆。 [3]耘田:除草。績麻:把麻搓成線。 [4]各當家:各自都擔任一定的工作。 [5]未解:不懂。供:從事,參加。

【集評】

(清)潘德輿:《四時田園雜興六十首》,予獨愛其一首云:“梅子金黄杏子肥,麥花雪白菜花稀。日長籬落無人過,惟有蜻蜓蛺蝶飛。”可與坡公“溶溶晴港”一絕相配也。

(《養一齋詩話》卷九,第154頁)

扁 鵲 傳

(西漢)司馬遷

【題解】

這是我國第一篇醫學傳記。作品以戰國時的秦越人爲原型,選取三個典型病案,記述了名醫扁鵲的醫療事蹟,反映了扁鵲精通脈學、長於辨症的精湛醫術。司馬遷《太史公自序》云:“扁鵲言醫,爲方者宗,守數精明,後世循序,弗能易也。”明確指出扁鵲在中國醫學史上的宗師地位。扁鵲作爲醫學界的開山祖師,其擯棄鬼神迷信的理性行醫精神和辯證、整體縝密的醫學思維方式在作品中得到鮮明呈現,留給後代醫學界很多臨床醫學總結,爲我們保留了大量的珍貴醫學史料,具有很高的研究價值。

扁鵲者[1],勃海郡鄭人也[2],姓秦氏,名越人。少時爲人舍長[3],舍客長桑君過[4],扁鵲獨奇之,常謹遇之,長桑君亦知扁鵲非常人也。出入十餘年,乃呼扁鵲私坐,閒與語曰:“我有禁方[5],年老,欲傳與公,公毋泄。”扁鵲曰:“敬諾。”乃出其懷中藥與扁鵲:“飲是以上池之水,三十日當知物矣[6]。”乃悉取其禁方書盡與扁鵲。忽然不見,殆非人也。扁鵲以其言飲藥三十日,視見垣一方人[7]。以此視病,盡見五藏癥結[8],特以診脈爲名耳。爲醫或在齊,或在趙,在趙者名扁鵲。

當晉昭公時[9],諸大夫彊而公族弱[10]。趙簡子爲大夫[11],專國事。簡子疾,五日不知人,大夫皆懼,於是召扁鵲。扁鵲入視病,出,董安於問扁鵲[12],扁鵲曰："血脈治也[13]，而何怪！昔秦穆公嘗如此[14]，七日而寤。寤之日，告公孫支與子輿曰[15]：'我之帝所甚樂。吾所以久者，適有所學也。帝告我：晉國且大亂，五世不安[16]。其後將霸[17]，未老而死。霸者之子且令而國男女無別[18]。'公孫支書而藏之，秦策於是出。夫獻公之亂[19]，文公之霸[20]，而襄公敗秦師於殽而歸縱淫[21]，此子之所聞。今主君之病與之同，不出三日必閒[22]，閒必有言也。"

居二日半，簡子寤，語諸大夫曰："我之帝所甚樂，與百神游於鈞天[23]，廣樂九奏萬舞，不類三代之樂[24]，其聲動心。有一熊欲援我，帝命我射之，中熊，熊死。有羆來，我又射之，中羆，羆死。帝甚喜，賜我二笥[25]，皆有副[26]。吾見兒在帝側[27]，帝屬我一翟犬，曰：'及而子之壯也以賜之。'帝告我：'晉國且世衰，七世而亡。嬴姓將大敗周人於範魁之西[28]，而亦不能有也。'"董安於受言，書而藏之。以扁鵲言告簡子，簡子賜扁鵲田四萬畝。

其後扁鵲過虢[29]。虢太子死，扁鵲至虢宮門下，問中庶子喜方者曰[30]："太子何病，國中治穰過於眾事[31]？"中庶子曰："太子病血氣不時，交錯而不得泄，暴發於外，則爲中害。精神不能止邪氣，邪氣畜積而不得泄，是以陽緩而陰急，故暴蹷而死。"扁鵲曰："其死何如時？"曰："雞鳴至今。"曰："收乎？"曰："未也，其死未能半日也。""言臣齊勃海秦越人也，家在於鄭，未嘗得望精光，侍謁於前也。聞太子不幸而死，臣能生之。"中庶子曰："先生得無誕之乎？何以言太子可生也？臣聞上古之時，醫有俞跗[32]，治病不以湯液醴灑、鑱石撟引、案扤毒熨[33]，一撥見病之應[34]，因五藏之輸，乃割皮解肌，訣脈結筋[35]，搦髓腦[36]，揲荒爪幕[37]，湔浣腸胃[38]，漱滌五藏，練精易形。先生之方能若是，則太子可生也；不能若是，而欲生之，曾不可以告咳嬰之兒[39]。"終日，扁鵲仰天歎曰："夫子之爲方也，若以管窺天，以郤視文[40]。越人之爲方也，不待切脈、望色、聽聲、寫形，言病之所在。聞病之陽，論得其陰；聞病之陰，論得其陽。病應見於大表，不出千里，決者至眾，不可曲止也。子以吾言爲不誠，試入診太子，當聞其耳鳴而鼻張，循其兩股[41]，以至於陰[42]，當尚溫也。"

中庶子聞扁鵲言，目眩然而不瞚[43]，舌撟然而不下，乃以扁鵲言入報虢君。虢君聞之大驚，出見扁鵲於中闕[44]，曰："竊聞高義之日久矣，然未嘗得拜謁於前也。先生過小國，幸而舉之[45]，偏國寡臣幸甚。有先生則活，無先生則棄捐填溝壑，長終而不得反。"言未卒，因噓唏服臆[46]，魂精泄橫[47]，流涕長潸，忽忽承睫[48]，悲不能自止，容貌變更。扁鵲曰："若太子病，所謂'尸蹷'者也[49]。"夫以陽入陰中，動胃繵緣[50]，中經維絡[51]，別下於三焦、膀胱，是以陽脈下遂，陰脈上爭，會氣閉而不通，陰上而陽內行，下內鼓而不起，上外絕而不爲使，上有絕陽之絡，下有破陰之紐，破陰絕陽，色廢脈亂，故形靜如死狀。太子未死也。夫以陽入陰支蘭藏者生[52]，以陰入陽支蘭藏者死。凡此數事，皆五藏蹷中之時暴作也。良工取之[53],拙者疑殆[54]。”

扁鵲乃使弟子子陽厲鍼砥石[55],以取外三陽五會[56]。有閒,太子蘇。乃使子豹爲五分之熨,以八減之齊和煑之[57],以更熨兩脅下。太子起坐。更適陰陽,但服湯二旬而復故,故天下盡以扁鵲爲能生死人。扁鵲曰:“越人非能生死人也[58]。此自當生者,越人能使之起耳。”

扁鵲過齊,齊桓侯客之[59]。入朝見,曰:“君有疾在腠理[60],不治將深。”桓侯曰:“寡人無疾。”扁鵲出,桓侯謂左右曰:“醫之好利也,欲以不疾者爲功[61]。”後五日,扁鵲復見,曰:“君有疾在血脈,不治恐深。”桓侯曰:“寡人無疾。”扁鵲出,桓侯不悦。後五日,扁鵲復見,曰:“君有疾在腸胃閒,不治將深。”桓侯不應。扁鵲出,桓侯不悦。後五日,扁鵲復見,望見桓侯而退走。桓侯使人問其故。扁鵲曰:“疾之居腠理也,湯熨之所及也;在血脈,鍼石之所及也;其在腸胃,酒醪之所及也[62];其在骨髓,雖司命無奈之何[63]!今在骨髓,臣是以無請也。”後五日,桓侯體病,使人召扁鵲,扁鵲已逃去,桓侯遂死。

使聖人預知微,能使良醫得蚤從事,則疾可已,身可活也。人之所病,病疾多;而醫之所病,病道少。故病有六不治:驕恣不論於理,一不治也;輕身重財,二不治也;衣食不能適,三不治也;陰陽并[64],藏氣不定,四不治也;形羸不能服藥,五不治也;信巫不信醫,六不治也。有此一者,則重難治也。

扁鵲名聞天下。過邯鄲,聞貴婦人,即爲帶下醫[65];過雒陽,聞周人愛老人,即爲耳目痹醫;來入咸陽,聞秦人愛小兒,即爲小兒醫:隨俗爲變。秦太醫令李醯自知伎不如扁鵲也[66],使人刺殺之。至今天下言脈者,由扁鵲也。

(《史記》卷一百五,中華書局1982年版)

【注釋】

[1]扁鵲:傳説中黄帝時期的名醫,春秋戰國時往往以“扁鵲”稱譽當代名醫,此指戰國時名醫秦越人。 [2]勃海郡鄭人:戰國時期勃海郡的郡治在浮陽(今河北滄州東南),但此時並無名爲“鄭”的地方。一説“鄭”,在今河北省丘城北,今其地有扁鵲墓及藥王廟。 [3]舍長:旅館的主事。 [4]長桑:復姓。 [5]禁方:秘方。古代中醫講究父子、師徒口耳相傳,故多秘方。 [6]上池之水:未接觸地面的雨水。知物:可以見到神鬼。《史記索隱》曰:“當見鬼物也。”物,秦漢時用以稱具有特異功能的精靈。 [7]視見垣一方人:能隔著牆看見另一邊的人。 [8]五藏:即五臟。中醫指人體的心、肝、脾、腎、肺五種器官。 [9]晉昭公:春秋後期晉國國君姬夷,前531—前526年在位。 [10]公族:公姓,即諸侯之同姓。 [11]趙簡子:名鞅,亦叫趙孟,簡子乃其謚號,晉國大夫,當時獨攬晉國大權。[12]董安於:趙簡子家臣。 [13]治:指人體血脈正常。 [14]秦穆公:春秋時期秦國國君,名任好,前659年—前621年在位。 [15]公孫支:字子桑,原爲晉臣,後逃至秦國。子輿:秦國大夫,又叫子車。 [16]五世:指晉獻公、奚齊、卓子、惠公和懷公五代國君。

[17]其後將霸:指晉文公稱霸。 [18]男女無別:指男女不會離別。 [19]獻公之亂:指獻公寵驪姬,殺太子申生,引起晉國一連串動亂之事。 [20]文公之霸:獻公之亂後,重耳出逃,十九年後,在秦國支持下回國奪回政權,終成霸業。事見《左傳·僖公二十三年》。 [21]敗秦師於崤:前630年,晉國在崤山全殲秦軍。事見《左傳·僖公三十二年》。 [22]閒:病癒。 [23]鈞天:天之中央,上帝之所居。 [24]三代:指夏、商、周三個朝代。 [25]笥(sì):盛物的方形竹制容器。 [26]副:裝飾物。 [27]兒:指簡子之子趙襄子。 [28]範魁:古地名,在今河南範縣境內。 [29]虢(Guó):周初諸侯國名。 [30]中庶子:古代官名,爲太子屬官。 [31]治穰:舉行祈禱活動。穰,通"禳",祭祀祈禱以求免災。 [32]俞跗:傳説中黄帝時期的名醫。 [33]鑱(chán)石:用於治病的石針。案扤(wú):按摩。 [34]撥:解衣診察。 [35]訣脈:疏導血脈。 [36]搦(nuò)髓腦:按治頭腦部位。 [37]揲荒爪幕:觸動膏肓,疏理隔膜。 [38]湔(jiān):浣洗。 [39]咳嬰:剛會笑的嬰兒。 [40]以郤視文:透過縫隙看花紋。郤,通"隙",縫隙。 [41]股:大腿。 [42]陰:陰部。 [43]眩然:眼睛昏花的樣子。瞚(shǔn),通"瞬",眨眼。 [44]中闕:宫殿前面有兩個樓臺叫觀,兩觀之間的道路叫中闕。 [45]舉之:使之重新站起來,即起死回生。 [46]服(bì)臆:因悲傷而氣鬱滿心中。 [47]魂精泄橫:精神恍惚,情態散亂。 [48]忽忽:淚珠滚滚貌。承睫:掛滿睫毛。 [49]尸蹷:古病名,厥症之一。突然昏倒,其狀如尸體。 [50]動胃繵緣:脈絡纏繞胃部,使胃受傷。 [51]中經維絡:傷害經脈,絡脈受阻。中,傷害。維,結塞。 [52]支蘭:遮擋,阻隔。 [53]良工取之:指高明的醫生救治。 [54]疑殆:懷疑,坐視死亡。 [55]子陽:與下文之"子豹"均爲扁鵲弟子。 [56]三陽五會:即"百會穴",位於頭頂,因其爲手足三陽及督脈之會,故名。 [57]五分之熨,八減之齊:對此解釋歷代説法不一。五分之熨,或謂五分熱度或劑量的熨藥,或謂温熱之氣入體表五分,或謂只熨五分大的面積。八減之齊,一般認爲指八減方的湯劑。齊,通"濟",即湯劑。 [58]生死人:使死人復生。 [59]齊桓侯:春秋戰國時,歷史上有兩位齊桓公,分别爲春秋之姜小白和戰國之田午,在位時間分别是前685年至前643年和前378年至前359年,二人均與扁鵲爲趙簡子治病的時間(前531—前526年)不合,因此,可能記載有誤,或僅僅借古人講醫理而已。 [60]腠理:指皮膚的紋理與皮下肌肉之間的空隙。 [61]欲以不疾者爲功:想用治療没病的人來顯示自己的本領。 [62]酒醪:醇酒或濁酒,這裏指藥酒。 [63]司命:古代傳説中掌管生命的天神。 [64]陰陽並:血氣混亂。 [65]帶下醫:指婦科醫生。帶下:古代用以指婦科疾病,因婦科疾病多發生於圍繞腰部的"帶脈"以下,故云。 [66]太醫令:官名,主管諸侯及貴族醫療事務。李醯(Xī):秦武王時的太醫令。

【集評】

(清)顧炎武:《扁鵲傳》:"醫之所病,病道少。"言醫之所患,患用其道者少,即下文六者是也。

(《日知録校注》卷二十七,第1530頁)

(清)吴見思:此傳悃愊離奇,文詞古奥,是先秦以上文字。雖多方技家語,用來卻蒼老濃鬱,色澤可觀。此又《史記》中一種高古之筆。 (《史記論文·史記評議》,第62頁)

范文瀾:《史記》爲良醫立傳,扁鵲居首,是有理由的。扁鵲明確反對巫術,説病有六種不可治,“信巫不信醫”,就是不可治的一種。扁鵲著《難經》,用人體解剖來闡明脈理和病理,完全脱離了鬼神迷信的影響。巫醫分業以後,扁鵲是總結醫學經驗的第一人,又是切脈治病的創始人。（《中國通史》,第268頁）

李景星:扁鵲、倉公以醫合傳。同是伎術,而不與日者龜策相次,此是太史公特識。以醫之一道,兼三才,備四時,根本五行。與人類有生死關係,非他伎術可比,故别著之,不與他伎術相等。非如王劭所云爲“後人之誤”,亦非如《正義》所載“淳於意孝文帝醫,又爲齊太倉”云云也。以古今人合傳,與魯仲連、鄒陽、屈原、賈生傳例同。而此篇敘次尤佳,其發揮醫理與内經相表裏。其文辭古奥,純似先秦文字;其文勢之壯,又如黄河之水,一瀉千里;其中惝恍奇怪,不可一一指數。文至此,嘆觀止矣。

（《史記評議》,《四史評議》,第109頁）

崔適:此傳以扁鵲之醫術爲主義,相遇之人,雜取傳記,多系寓言,此無關於信史,非子產、叔敖之比,不可以世次求也。（《史記探源》卷八,第206頁）

運斤成風

(戰國)莊周

【題解】

本文是《莊子》中經典故事之一,題目爲編者所加。匠石斫堊的寓言早已流傳於世,運斤成風的成語也爲人廣爲傳誦。這一雋永的故事在描述匠石高超的工藝技術的同時,也流露出莊子對惠子的自然真情。莊子能設出這個妙趣的寓言來譬喻他和死者的友誼,可謂神來之筆。故事對我們頗具啟發意義:首先,信任的重要,郢人對匠石的高度信任,是匠石運斧成功不可或缺的前提。其次,知音難覓,匠石深知郢人勇氣膽量,郢人相信匠石的技藝,二者互相瞭解方成此事,因此,郢人亡,匠石便不施其技。同樣,也可看出莊子和惠子看似對頭的“冤家”,但能互相欣賞,莊子過惠子墓而思其人,思念之情油然而生的事實,足可詮釋“知音”二字之真諦。再次,事物有相對性。没有郢人之膽魄,何來匠石之英名,缺少匠石之絕技,也就没有郢人之勇氣。

莊子送葬,過惠子之墓[1],顧謂從者曰:“郢人堊慢其鼻端[2],若蠅翼,使匠石斲之[3]。匠石運斤成風[4],聽而斲之[5],盡堊而鼻不傷,郢人立不失容[6]。宋元君聞之[7],召匠石曰:‘嘗試爲寡人爲之。’匠石曰:‘臣則嘗能斲之。雖然,臣之質死久矣[8]。’自夫子之死也[9],吾無以爲質矣!吾无與言之矣。”

（《莊子集釋》卷八,中華書局2004年版）

【注釋】

[1]惠子:即惠施。 [2]郢:楚國都城,在今湖北江陵西北。堊:白土,可用來粉飾牆壁。慢:通"漫",塗牆的工具,這裏用作動詞,即塗抹。 [3]匠石:名叫石的工匠。斲:"斫"的異體字,砍。 [4]斤:斧頭。 [5]聽:聽憑。 [6]失容:神色改變。 [7]宋元君:即宋元公,名佐,宋平公之子,前532至前517年在位。 [8]質:原指箭靶,此處指對象、對手,即郢人。 [9]夫子:即惠子。

【集評】

(明)陸西星:堊,白泥也。漫其鼻端如蠅翼,言薄之甚也。鼻端固難斲,而堊薄又爲難之尤難者,乃匠石運斤如風,堊盡去而鼻不傷,匠石之技可謂精絕矣!

(《南華真經副墨》卷六,第365頁)

(清)王先謙:莊、惠行事不同,而相投契。惠死而莊無可與縱言之人,是以歎也。

(《莊子集解·莊子集解內篇補正》卷六,第216頁)

(清)陸樹芝:良工雕斲,須有可雕之材質,若無其質,雖巧無所施。莊子每與惠子反覆開論,正以其可裁也。兹蓋惜其死而無可與言者。 (《莊子雪》,第296頁)

(清)王夫之:惠子統同,而無固執之一,爲執狸之狗,故其堊猶可削也,削之而不我觸故也。自是而外,遙知士以至仁義之士,馳而不反,潛而不出,以害馬爲樂者,與之辨而愈激,又烏足以施吾斤哉?遊六合之外以遊其內,則無一而可也。無可乃無不可。執一可以不可人之可,不如皆可。然非能無可以化其不可,則惠子之堊也。

(《老子衍·莊子通·莊子解》,第291頁)

核舟記

(明)魏學洢

【題解】

魏學洢(1596—1625),字子敬,嘉善(今浙江嘉興)人。明末著名散文家,著有《茅簷集》。

本文選自清代張潮編選的《虞初新志》,略有刪節。中未收此文。"核舟"是一件微雕工藝品,原材料是一個"長不盈寸"的桃核,卻生動地再現了宋代文壇上的一個著名掌故——"大蘇泛赤壁"。文章構思精巧,形象逼真,它顯示了我國古代工藝美術的卓越成就,讚頌了民間工藝美術家王叔遠的精妙創造和深湛技巧,生動反映了古代微雕技術達到的出神入化境界。

明有奇巧人曰王叔遠[1],能以徑寸之木[2],爲宮室器皿人物,以至鳥獸、木石,罔不因勢象形[3],各具情態。

嘗貽余核舟一,蓋大蘇泛赤壁云[4]。舟首尾長約八分有奇[5],高可二黍許[6]。中軒敞者爲艙[7],箬篷覆之[8]。旁開小窗,左右各四,共八扇。啟窗而觀,雕欄相望焉。閉之,則右刻"山高月小,水落石出"[9],左刻"清風徐來,水波不興"[10],石青糝之[11]。

船頭坐三人,中峨冠而多髯者爲東坡[12],佛印居右[13],魯直居左[14]。蘇、黄共閲一手卷[15]。東坡右手執卷端,左手撫魯直背。魯直左手執卷末,右手指卷,如有所語。東坡現右足,魯直現左足,各微側,其兩膝相比者[16],各隱卷底衣褶中[17]。佛印絕類彌勒[18],袒胸露乳,矯首昂視[19],神情與蘇、黄不屬[20]。臥右膝,詘右臂支船[21],而豎其左膝,左臂掛念珠倚之[22],珠可歷歷數也。

舟尾横臥一楫[23]。楫左右舟子各一人。居右者椎髻仰面[24],左手倚一衡木[25],右手攀右趾,若嘯呼狀。居左者右手執蒲葵扇,左手撫爐,爐上有壺,其人視端容寂[26],若聽茶聲然。

其船背稍夷[27],則題名其上,文曰"天啟壬戌秋日[28],虞山王毅叔遠甫刻[29]",細若蚊足,鉤畫了了[30],其色墨。又用篆章一[31],文曰"初平山人",其色丹。

通計一舟,爲人五;爲窗八;爲箬篷,爲楫,爲爐,爲壺,爲手卷,爲念珠各一;對聯、題名並篆文,爲字共三十有四;而計其長曾不盈寸[32]。蓋簡桃核修狹者爲之[33]。

魏子詳矚既畢[34],詫曰:"嘻!技亦靈怪矣哉[35]!莊、列所載,稱驚猶鬼神者良多[36],然誰有游削於不寸之質[37],而須麋了然者[38]?假有人焉,舉我言以復於我[39],我必疑其誑。乃今親睹之。繇斯以觀[40],棘刺之端,未必不可爲母猴也[41]。嘻!技亦靈怪矣哉!"

(《虞初新志》卷十,河北人民出版社1985年版)

【注釋】

[1]奇巧:特殊的技藝。 [2]徑寸:直徑一寸。用來形容物體細小。 [3]罔(wǎng)不:無不。 [4]蓋大蘇泛赤壁云:刻的是蘇軾乘船遊赤壁。大蘇,即蘇軾。泛,乘船浮行,蘇軾曾遊赤壁,寫過《前赤壁賦》《後赤壁賦》。赤壁,在今湖北省黄岡縣城外。 [5]奇(jī):單數,此處引申爲零數。有奇,即有餘。 [6]高可二黍許:大約有二個黄米粒那樣高。可,大約。許,上下,左右。 [7]軒敞:寬敞、明亮。 [8]箬(ruò)篷:用箬竹葉做成的船篷。 [9]山高月小,水落石出:出自蘇軾的《後赤壁賦》。 [10]清風徐來,水波不興:出自蘇軾的《前赤壁賦》。 [11]石青:用青緑色顏料。糝(sǎn)之:塗在刻的字上。 [12]峨冠而多髯者:戴著高高的帽子而且有很多鬍鬚的人。峨冠,高高的帽子。髯,兩腮的鬍鬚。 [13]佛印:即佛印禪師,名了元,字覺老,蘇軾的朋友。 [14]魯直:即黄庭堅,字魯直,號山谷道人。 [15]手卷:横幅的書畫卷子。 [16]兩膝相比:蘇東坡的左膝和黄庭堅的右膝互相靠近。比,靠近。 [17]衣褶(zhě):衣服的折皺。 [18]絕:特别。類:

像。彌勒,佛教菩薩之一。 [19]袒:裸露。矯:舉。 [20]不屬:不相類似。 [21]詘(qū):通“屈”,彎曲。 [22]念珠:念佛經的人手裏拿的串珠。 [23]楫(jí):船槳。 [24]椎髻:束成椎形髮髻。 [25]衡:通“橫”。 [26]視端容寂:眼光正視著茶爐,神色平靜。端:正。 [27]船背稍夷:船的背面稍平。背,這裏指船底。夷,平。 [28]天啟壬戌:天啟壬戌年,就是1622年。天啟,明熹宗朱由校年號。 [29]虞山王毅叔遠甫:常熟人姓王名毅字叔遠的。虞山,現在江蘇省常熟縣西北,此處用來代替常熟。過去文人常常用自己家鄉的名勝代替自己的籍貫。叔遠甫就是“字叔遠”的意思。 [30]了了:清清楚楚。 [31]篆章:篆字圖章。 [32]曾:尚、還。盈:滿。 [33]修狹:長而窄。 [34]魏子:作者自稱。詳矚:仔細看。 [35]技亦靈怪矣哉:技藝也真靈巧神奇啊。矣哉,相當於“了啊”,表示驚歎的語氣。 [36]稱:稱讚。驚猶鬼神:技藝之驚人猶如鬼神之所造。 [37]遊削:遊刃有餘之意。 [38]須麋:鬍鬚和眉毛。 [39]復:告訴。 [40]繇:通“由”。 [41]“棘刺之端”二句:棘刺的尖端未必不能雕刻出一隻母猴。《韓非子·外儲説左上》記載,有宋人在燕王面前誇耀説可以在棘刺上雕刻一隻母猴。母猴,亦作沐猴、獮猴等。

【集評】

(明)鄭元勳:寫其形肖奇矣,並其神情不可告人處亦傳,技即靈怪,未免踵事增華也。

(《媚幽閣文娱》,第219頁)

(清)陸次雲:刻核舟者神於技,記核舟者神於文。模擬人物於纖微之中,意態神情畢出,何異道子寫生?君曰:“技亦靈怪矣哉!”余曰:“文亦靈怪甚矣!”

(《古今文繪稗集》,懷古堂清康熙二十八年刻本)

貨殖列傳(節選)

(西漢)司馬遷

【題解】

《貨殖列傳》是司馬遷《史記》中專門講經濟思想的作品,他從社會發展的角度總結了歷代工商業的發展狀況,並爲許多卓越的工商業者立傳,作品引證事實駁斥了儒家反對“言利”和道家宣揚“寡欲”這些不重視甚至反對經濟發展的錯誤觀點,突出肯定了工商業在經濟發展、社會進步、利國利民方面的重大意義。同時,作品中還有許多關於商業競爭的經驗之談,將商業法則和商業規律表述得非常精闢,並且極具唯物辨證色彩。本文節選了其中一部分,主要從理論上分析了商業發展、商人出現,以及人們追求財富的現象,皆事勢事理之必然。

老子曰[1]:“至治之極[2],鄰國相望,雞狗之聲相聞,民各甘其食[3],美其服,安其俗,樂其業,至老死不相往來。"必用此爲務[4],輓近世塗民耳目[5],則幾無行矣。

太史公曰:夫神農以前[6],吾不知已。至若《詩》《書》所述虞夏以來[7],耳目欲極聲色之好[8],口欲窮芻豢之味[9],身安逸樂,而心誇矜埶能之榮[10],使俗之漸民久矣[11],雖戶説以眇論[12],終不能化。故善者因之,其次利道之,其次教誨之,其次整齊之,最下者與之爭[13]。

夫山西饒材、竹、穀、纑、旄、玉石[14];山東多魚、鹽、漆、絲、聲色[15];江南出枏、梓、薑、桂、金、錫、連、丹沙、犀、瑇瑁、珠璣、齒革[16];龍門、碣石北多馬、牛、羊、旃裘、筋角[17];銅、鐵則千里往往山出棊置[18]:此其大較也[19]。皆中國人民所喜好,謡俗被服飲食奉生送死之具也。故待農而食之,虞而出之[20],工而成之,商而通之[21]。此寧有政教發徵期會哉[22]? 人各任其能,竭其力,以得所欲。故物賤之徵貴[23],貴之徵賤,各勸其業,樂其事,若水之趨下,日夜無休時,不召而自來,不求而民出之。豈非道之所符[24],而自然之驗邪[25]?

《周書》曰[26]:"農不出則乏其食,工不出則乏其事,商不出則三寶絶[27],虞不出則財匱少。"財匱少而山澤不辟矣。此四者,民所衣食之原也。原大則饒,原小則鮮。上則富國,下則富家。貧富之道,莫之奪予[28],而巧者有餘,拙者不足[29]。故太公望封於營丘[30],地潟鹵[31],人民寡,於是太公勸其女功[32],極技巧,通魚鹽,則人物歸之,繦至而輻湊[33]。故齊冠帶衣履天下,海岱之閒斂袂而往朝焉[34]。其後齊中衰,管子修之[35],設輕重九府[36],則桓公以霸,九合諸侯,一匡天下[37];而管氏亦有三歸[38],位在陪臣,富於列國之君。是以齊富彊至於威、宣也[39]。

故曰:"倉廩實而知禮節,衣食足而知榮辱[40]。"禮生於有而廢於無。故君子富,好行其德;小人富,以適其力。淵深而魚生之,山深而獸往之,人富而仁義附焉。富者得埶益彰,失埶則客無所之[41],以而不樂,夷狄益甚[42]。諺曰:"千金之子[43],不死於市[44]。"此非空言也。故曰:"天下熙熙,皆爲利來;天下壤壤,皆爲利往。"夫千乘之王,萬家之侯,百室之君,尚猶患貧,而況匹夫編戶之民乎[45]!

(《史記》卷一百二十九,中華書局1982年版)

【注釋】

[1]"老子曰":見《老子》八十章。 [2]至治:太平盛世。 [3]甘其食:認爲自家的飲食甘美。 [4]必:倘若,假如。務:事務,這裏指追求的目標。 [5]塗:堵塞。 [6]神農:即神農氏,傳説中農業和醫藥的發明者。 [7]《詩》《書》:即《詩經》和《尚書》。虞夏:虞,傳説中遠古部落名,居於蒲阪(今山西省永濟縣內),舜爲其著名領袖。夏,我國歷史上第一個王朝,相傳爲禹之子啟所建立。 [8]聲色:音樂與女色。 [9]芻豢(huān)之味:泛指各

種肉食品及其他美味。芻，用草料飼養牛羊。豢，用糧食飼養豬狗。　[10]埶能之榮：威勢和才能帶來的榮華。　[11]"使俗之"句：統治者使這種惡劣流俗傳染給老百姓已經很久了。漸，侵染，傳染。　[12]户説：挨家挨户勸説開導。眇論：微不足道的理論，指老子"小國寡民"的理論。　[13]與之爭：與民爭利。前人（如姚鼐、曾國藩等）認爲司馬遷將與民爭利列爲最下，是譏諷漢武帝的一些做法。　[14]山西：古地區名。戰國、秦漢時期通稱崤山或華山以西的廣大地區。穀（gǔ）：指楮樹，其皮可用於造紙。纑（lú）：古指麻一類野生植物，可用於製造麻布。旄（máo）：旄牛，其尾部長毛可用於舞蹈或旌旗裝飾等。[15]山東：崤山或華山以東的地區。　[16]江南：戰國、秦漢時期一般指今湖北的江南部分和湖南、江西一帶。連：通"鏈"，鉛礦。丹沙：即丹砂，也就是朱砂，煉貢的主要原料，紅色或棕紅色，可入藥或作顏料。　[17]龍門：地名，即禹門口，在山西河津縣西北和陝西韓城縣東北。黄河至此，兩岸峭壁對峙，形如闕門，故名。碣石：山名，在河北昌黎北。旃（zhān）：通"氈"，一種毛織物。　[18]山出棊置：形容很多山都出產銅、鐵，好像棋子遍佈，密密麻麻。　[19]大較：大概。　[20]虞：官名，春秋戰國時期或稱虞人。掌管山林水澤的出產。　[21]通之：指貨物流通天下。　[22]寧：難道。　[23]賤之徵貴：物賤極必貴，所以賤是貴的先兆。　[24]道：指客觀規律。　[25]自然：即自然法則。　[26]《周書》：儒家經典《尚書》中的《泰誓》和《秦誓》，謂之《周書》。　[27]三寶：指"食""事"和下文的"財"。　[28]莫之奪予：没有誰能夠奪取它或給予它。　[29]巧者有餘，拙者不足：語出《管子•形勢篇》。　[30]太公望：周初大臣和齊國的始祖。姜姓，呂氏，名望，一説子牙。輔佐武王滅商有功，封於齊，有太公之稱，俗稱姜子牙。營丘：古邑名，在今山東省淄博東北。　[31]潟（xì）鹵：鹽鹼地。　[32]女功：即女工。　[33]繈（qiǎng）至：形容人、物紛至遝來。繈，繩索。輻湊：形容人、物聚集好像車輻集中於車轂。　[34]斂袂（mèi）：整理一下衣袖。　[35]管子（？—前645）：即管仲，名夷吾，春秋時期政治家。　[36]輕重：指錢幣。九府：周代掌管錢幣的九個官府，即大府、王府、內府、外府、泉府、天府、職內、職金、職幣。　[37]九合諸侯，一匡天下：九次召集諸侯，統一天下諸侯的意志和行爲，來尊崇周王朝的正統。　[38]三歸：一般認爲指管仲自築的臺名。　[39]威：齊威王田因齊（？—前320），戰國時齊國國君，前356年至前320年在位。宣：齊宣王田辟疆（？—前301），齊威王之子，公元前319年至前301年在位。　[40]"倉廩實"句：見《管子•牧民》。　[41]客：門客，商客。　[42]夷狄：泛指少數民族。　[43]千金之子：家資千金的子弟。指富家子弟。　[44]不死於市：不犯殺身之罪。古代在鬧市執行死刑，並暴尸街頭，稱爲棄市。　[45]編户：指編入户籍的平常人家。

【集評】

（東漢）班固：（司馬遷）是非頗繆於聖人，論大道則先黄老而後六經，序遊俠則退處士而進姦雄，述貨殖則崇勢利而羞賤貧，此其所蔽也。

（《司馬遷傳》，《漢書》卷六十二，第2737-2738頁）

（明）锺惺："貨殖"之説昉於子貢，其來歷已不同矣。就中有至理，有妙用，有深心。今讀其文，而天時、地理、人事之變，如指讀掌。其本末經權，蓋必有管、商之才，而又出之以黄老之學者也。而其通篇歸重處又借白圭一段議論作用發之,便知"貨殖"非細事,"貨殖之人"非庸人。太史公藉以寫其胸中實用。又以補《平準書》之未備耳。其意若謂《平準書》中一切言利之人,興利之事,究竟與國計無裨,皆所謂"最下者與之爭";而足國生財自有"利導""教誨""整理"之理,俱可於《貨殖傳》悟而得之。今觀《平準》言利,漸向剥削;《貨殖》言利,漸向條理,故曰《貨殖傳》者所以補《平準書》之所未備也。蓋從學問、世故中淹透出來,將治身治國與貨殖之道不分爲二事,方有此文。大抵凡事見得深者,看貨殖亦深;見得淺者,看治身治國亦淺。古人做一事、作一文皆有原委,乃云司馬遷遭腐刑,家貧不能自贖而發憤於此,何其以細人之腹度君子之心也。 (《史懷》卷九,第148頁)

(明)倪思:好辭巧説,謂詞賦之類,此復何與,於《貨殖》直足開談。

(《史記評林》引,《四庫未收書輯刊》,一輯第12冊,第518頁)

(明)茅坤:太史公爲《貨殖》甚不足觀覽,特文有可采處,而其絕五方州郡物產及其習尚如畫。 (《史記評林》引,《四庫未收書輯刊》,一輯第12冊,第516頁)

(清)顧炎武:《貨殖傳》:"廉吏久久更富,廉賈歸富。"又曰:"貪賈三之,廉賈五之。"夫放於利而行多怨,廉者知取知予,無求多於人,義然後取,人不厭其取。是以取之雖少,而久久更富,廉者之所得,乃有其五也。 (《日知録校注》卷二十七,第1533頁)

(清)曾國藩:自桑、孔輩出,當時之弊,天子與民爭利。《平準書》譏上之政;《貨殖傳》譏下之俗。上下交征利,《孟子列傳》所爲廢書而歎也。中惟"家貧親老"數行,是子長自傷之辭。 (《史記會注考證》引,第5132頁)

(清)吴見思:《史記》序事之文,間以議論副之。此則純以諸公事實,佐我議論,故先出若干人,後出若干人,不過借爲文中照應引證。而文之奇妙,業已獨絕千古矣。

(《史記論文·史記評議》,第77頁)

周容:《貨殖列傳序》這一篇,簡直可以當作一篇經濟史概論讀,他作史能夠注重在民生方面,是他的史學的特色。唐杜佑作《通典》以食貨居首即是受了他的暗示。……這種經濟的重要的觀念雖然根據老子與管子的學説,可是司馬遷卻相信經濟的力量對於國家與倫理有莫大的影響,最爲深刻。 (《史學通論·漢之史學》,第38-39頁)

李景星:《史記》一書,於古今人物記之詳矣,幾於無格不備矣。而於書之將終,乃傳貨殖,舉生財之法,圖利之人,無貴無賤,無大無小,無遠無近,無男無女,都納之一篇之中。使下上數百年之販夫、豎子、傖父、財奴,皆賴以傳,幾令人莫名其用意所在。或曰"崇勢利"也;或曰"有所感激"也,紛紛議論,不一而足。是皆以私心窺太史公,究不得太史公之用心也。 (《史記評議》,《四史評議》,第120-121頁)

錢鍾書:斯《傳》文筆騰驤,固勿待言,而卓識鉅膽,洞達世情,敢質言而不爲高論,尤非常殊眾也。夫知之往往非難,行之亦或不大艱,而如實言之最不易;故每有舉世成風、終身爲經,而肯拈出道破者尠矣。蓋義之當然未渠即事之固然或勢之必然,人之所作所行常判别於人之應作應行。誨人以所應行者,如設招使射也;示人之所實行者,如悉鏡俾照也。馬遷傳貨殖,論人事似格物理然,著其固然、必然而已。

(《管錐編》(一),《錢鍾書集》,第608頁)

賈　客　詞并引

(唐)劉禹錫

【題解】

劉禹錫(772—842),字夢得,彭城人。貞元九年擢進士第,登博學宏詞科,從事淮南幕府,入爲監察御史。王叔文變革敗,坐貶連州刺史,在道貶朗州司馬。現存詩集十二卷。

這是唐代最早出現的一首專寫商賈的詩歌,但此處之商賈形象似乎並非正面,而是那種傳統的唯利是圖的商人形象。他們通過細心的運籌計算,把握商機,獲得利潤,最終富比王侯,刻畫出了商人的本色和經營的方式。最後通過與農夫相比可以明顯看出作者重農抑商的思想烙印。

五方之賈,以財相雄,而鹽賈尤熾。或曰:"賈雄則農傷。"予感之,作是詞。

賈客無定遊,所遊惟利并[1]。眩俗雜良苦[2],乘時取重輕[3]。心計析秋毫,捶鉤侔懸衡[4]。錐刀既無棄[5],轉化日已盈[6]。邀福禱波神,施財遊化城[7]。妻約雕金釧[8],女垂貫珠纓。高貲比封君[9],奇貨通倖卿[10]。趨時鷙鳥思,藏鏹盤龍形[11]。大艑浮通川[12],高樓次旗亭[13]。行止皆有樂,關梁自無征[14]。農夫何爲者,辛苦事寒耕。

(《劉禹錫集》卷二十一,中華書局1990年版)

【注釋】

[1]惟利并:唯利是圖。　[2]眩俗:迷惑世俗,欺騙世人。　[3]取重輕:取重取輕也。重輕爲偏義復詞,偏於重,即取重利。　[4]"捶鉤"句:《莊子·知北遊》:"大馬之捶鉤者,年八十矣,而不失毫芒。"成玄英疏:"大馬,官號,楚之大司馬也。捶,打鍛也。鉤,腰帶也。大司馬家有工人,少而善鍛鉤,行年八十而捶鉤彌巧,專性凝慮,故無毫芒之差失也。鉤,權也。謂能拈捶鉤,權知斤兩之輕重,無毫芒之差失也。"　[5]錐刀:錐芒刀刃,譬喻極細微。曹植《求自試賦》:"若使陛下出不世之詔,效臣錐刀之用。"　[6]轉化:變易,這裏指轉手買賣。　[7]化城:佛家語,爲一時幻化之城郭,比喻小乘所能達到之境界。《妙法蓮華經》卷三《化城喻品第七》:"譬如五百由旬險難惡道,曠絶無人,怖畏之處。若有多衆,欲過此道至珍寶處。有一導師,聰慧明達,善知險道通塞之相,將導衆人欲過此難。所將人衆,中路懈退,白導師言:'我等疲極而復怖畏,不能復進。前路猶遠,今欲退還。'導師多諸方便,而作是念:'此等可愍,云何舍大珍寶而欲退還?'作是念已,以方便力於險道中,過三百由旬化作一城,告衆人言:'汝等勿怖,莫得退還。今此大城,可於中止隨意所作。若入是城,快得安隱!若能前至,寶所亦可得去。'是時疲極之衆,心大歡喜,歎未曾有:

‘我等今者免斯惡道,快得安隱!’於是衆人前入化城,生已度想,生安隱想。爾時,導師知此人衆既得止息,無復疲惓,即滅化城,語衆人言:‘汝等去來,寶處在近。向者大城,我所化作,爲止息耳!’” [8]約:佩戴。曹植《美女篇》:“皓腕約金環。” [9]貲:通“資”,財貨。封君:領受封邑之貴族。 [10]倖卿:寵臣。 [11]鏹:錢貫。左思《蜀都賦》:“貨殖私庭,藏鏹過萬。” [12]艑:大船。 [13]旗亭:市樓。建於集市之中,上立旗幟,爲觀察使指揮集市之所。 [14]關梁:關口。陸路爲關,水路爲梁。

【集評】

錢锺書:封建時代名義上重農輕商,但是實際上往往對商人不是輕賤而是企羡,覺得他們獲利多,生活自由,不像農民的身子生根在耕種的土地上,動也動不得。……古詩裏就有“賈客樂”或“估客樂”這樣一個主題,唐代詩人像元稹、劉禹錫、張籍都作了這個題目的詩(都收入郭茂倩《樂府詩集》卷四十八),白居易也作了《鹽商婦》,張籍還有《野老歌》。

(《宋詩選注》,《錢鍾書集》,第85-86頁)

八、樂舞書畫

樂　　記（節選）

《禮記》

【題解】

《樂記》是中國古代第一部專門論述音樂問題的著作，作者不可知，但從其思想理論來看，一般認爲屬於荀子學派，故成書時間當在荀子之後。舊傳有二十三篇，今存十一篇，見於《禮記》卷十一（題爲《樂記》第十九），又見於司馬遷《史記》卷二十四（題目爲《樂書第二》）。本篇所録爲其第一部分，論述音樂之興起及其與人心的關係，故張守節《史記正義》引皇侃之釋曰："此章有三品，故名爲《樂本》，備言音聲所起，故名《樂本》。夫樂之起，其事有二：一是人心感樂，樂聲從心而生；一是樂感人心，心隨樂聲而變也。"

凡音之起，由人心生也。人心之動，物使之然也。感於物而動，故形於聲。聲相應，故生變。變成方[1]，謂之音。比音而樂之[2]，及干戚羽旄[3]，謂之樂。樂者，音之所由生也。其本在人心之感於物也。是故其哀心感者，其聲噍以殺[4]；其樂心感者，其聲嘽以緩[5]；其喜心感者，其聲發以散；其怒心感者，其聲粗以厲；其敬心感者，其聲直以廉[6]；其愛心感者，其聲和以柔。六者非性也[7]，感於物而後動。是故先王慎所以感之者。故禮以道其志，樂以和其聲，政以一其行，刑以防其奸，禮樂刑政，其極一也。

（《禮記正義》卷三十七，《十三經注疏》清嘉慶刊本，中華書局2009年版）

【注釋】

[1]方：規則。　[2]比音而樂之：將音排列組合而用樂器演奏之。　[3]干戚羽旄：指古代樂舞中的四種舞。干，盾；戚，斧。干戚，古代武舞者執之。羽，指翟羽，即野山雞的羽毛；旄，旄牛尾。羽旄，古代文舞者執之。　[4]噍以殺：聲音急促。　[5]嘽以緩：寬和舒緩。　[6]直以廉：正直而純淨。　[7]性：本性，天性。

【集評】

（戰國）吕不韋：凡音者，產乎人心者也，感於心則蕩乎音，音成於外而化乎內。是故聞其聲而知其風，察其風而知其志，觀其志而知其德，盛、衰、賢、不肖、君子、小人，皆形於

樂,不可隱匿,故曰樂之爲觀也深矣。(《吕氏春秋新校釋》卷六,第338頁)

(唐)杜佑:夫音生於人心,心慘則音哀,心舒則音和。然人心復因音之哀和亦感而舒慘,則韓娥曼聲哀哭,一里愁悲;曼聲長歌,眾皆喜忭,斯之謂矣。是故哀、樂、喜、怒、敬、愛六者,隨物感動,播於形氣,叶律吕,諧五聲。舞也者,詠歌不足,故手舞之,足蹈之。動其容,象其事,而謂之爲樂。(《樂序》,《通典》卷一百四十一,第733頁)

(南宋)朱熹:人生而靜,天之性也;感於物而動,性之欲也。夫既有欲矣,則不能無思;既有思矣,則不能無言;既有言矣,則言之所不能盡,而發於咨嗟咏歎之餘者,必有自然之音響、節奏而不能已焉。此詩之所以作也。(《詩集傳序》,《詩集傳》,第1頁)

(清)葉燮:原夫作詩者之肇端,而有事乎此也,必先有所觸以興起其意,而後措諸辭,屬爲句,敷之而成章。當其有所觸而興起也,其意、其辭、其句劈空而起,皆自無而有,隨在取之於心;出而爲情、爲景、爲事,人未嘗言之,而自我始言之。故言者與聞其言者,誠可悦而永也。(《原詩》卷一《內篇上》,《原詩•一瓢詩話•説詩晬語第5頁)

聲無哀樂論(節選)

(三國)嵇康

【題解】

嵇康(224—263),字叔夜,譙郡銍(今安徽宿州)人。他是魏正始年間"竹林七賢"之一,善於彈琴,在玄學與音樂理論及文學上均有很高成就,當時聲望頗隆,詩歌以四言詩《贈兄秀才入軍》與《幽憤詩》等享譽文壇,文則有《與山巨源絕交書》《養生論》《釋私論》《管蔡論》《聲無哀樂論》等名篇。與當時權臣司馬昭不和,因事被殺。

《聲無哀樂論》通過假設的"秦客"與"東野主人"(即作者自己)之間的問答形式,闡釋聲音的本體是"和",没有先在的哀與樂的情感在內,與先秦兩漢以來儒家傳統的音樂觀大相徑庭,特别是顛覆了傳統的"感物"説,在中國音樂理論史上有著很高的地位。嵇康是從思辨的高度來説明音樂的內在本質,並非刻意針對儒家理論。

有秦客問於東野主人曰:"聞之前論曰:治世之音安以樂,亡國之音哀以思。夫治亂在政,而音聲應之。故哀思之情,表於金石。安樂之象,形於管弦也。又仲尼聞韶,識虞舜之德[1];季札聽弦,知眾國之風[2]。斯已然之事,先賢所不疑也。今子獨以爲聲無哀樂,其理何居?若有嘉訊,今請聞其説。"主人應之曰:"斯義久滯,莫肯拯救。故念歷世,濫於名實。今蒙啟導,將言其一隅焉。夫天地合德,萬物貴生。寒暑代往,五行以成。故章爲五色,發爲五音。音聲之作,其猶臭味在於天地之間[3]。其善與不善,雖遭遇濁亂,其體自若[4],而不變也。豈以愛憎易操,哀樂改度哉?及宫商集化,聲音克諧。此人心至願,情欲之所鍾。古人知情不可恣，欲不可極，因其所用，每爲之節。使哀不至傷，樂不至淫。因事與名，物有其號[5]。哭謂之哀，歌謂之樂。斯其大較也。然樂云樂云，鐘鼓云乎哉？哀云哀云，哭泣云乎哉[6]？因茲而言，玉帛非禮敬之實，歌舞非悲哀之主也。

（《嵇康集校注》卷五，人民文學出版社1962年版）

【注釋】

[1]“仲尼聞韶”兩句：《論語·述而》：“子在齊，聞《韶》，三月不知肉味，曰：‘不圖爲樂之至於斯也！’”又《論語·八佾》：“子謂《韶》：盡美矣，又盡善也。”《韶》，傳説爲舜的樂名。 [2]“季札聽弦”兩句：《左傳·襄公二十九年》記載吴公子季札聘於魯，魯人請其觀周樂，奏衆國之風，季札皆能識之，每給予確評。 [3]臭味：味道。 [4]體：（聲音與音樂的）本體。 [5]“因事與名”兩句：因具體之事而予其名，故事物各有其名號。 [6]“樂云樂云”四句：《論語·陽貨》：“子曰：禮云禮云，玉帛云乎哉？樂云樂云，鐘鼓云乎哉？”表示禮與樂的本質並非在於外在的形式，而在於其內在的情感。

【集評】

（東晉）謝萬：邈矣先生，英標秀上。希巢洗心，擬莊托相。乃放乃逸，邁茲俗網。鍾期不存，奇音誰賞。

（《七賢嵇中散讚》，《全晉文》卷八十三，《全上古三代秦漢三國六朝文第1938頁）

（東晉）李氏（袁宏妻）：宣尼有言曰：惟仁者能好人，能惡人。自非賢智之流，不可以褒貶明德，擬議英哲矣。故彼嵇中散之爲人，可謂命世之傑矣。觀其德行奇偉，風韻劭邈，有似明月之映幽夜，清風之過松林也。若夫吕安者，嵇子之良友也；鍾會者，天下之惡人也。良友不可以不明，明之而理全；惡人不可以不拒，拒之而道顯。夜光非與魚目比映，三秀難與朝華爭榮。故布鼓自嫌于雷門，礫石有忌於琳琅矣。嗟乎道之喪也。雖智周萬物，不能違顛沛之難。故存其心者，不以一眚累懷；檢乎跡者，必以纖芥爲事。慨達人之獲譏，悼高範之莫全。淩清風以三歎，撫茲子而悵焉。聞先覺之高唱，理極滯其必宣。候千載之大聖，期五百之明賢。聊寄憤于斯章，思慷慨而炫然。

（《弔嵇中散文》，《全晉文》卷一百四十四，第2290-2291頁）

《世説新語·文學》：舊云，王丞相過江左，止道《聲無哀樂》《養生》《言盡意》三理而已。然宛轉關生，無所不入。（《世説新語箋疏》卷上之下，第249頁）

（南朝宋）顔延之：中散不偶世，本自餐霞人。形解驗默仙，吐論知凝神。立俗迕流議，尋山洽隱淪。鸞翮有時鎩，龍性誰能馴？

（《五君詠·嵇中散》，《文選》卷二十一，第1008-1009頁）

（南朝齊）王僧虔：才性四本，聲無哀樂，皆言家口實，如客至之有設也。

（《誡子書》，《南齊書·王僧虔傳》，第598頁）

（南朝梁）劉勰：詳觀蘭石之《才性》，仲宣之《去代》，叔夜之《辨聲》，太初之《本無》，輔嗣之《兩例》,平叔之二論,並師心獨見,鋒穎精密,蓋人倫之英也。

(《論説》,《文心雕龍義證》卷四,第683頁)

(南朝梁)劉勰:嵇康師心以遣論,阮籍使氣以命詩,殊聲而合響,異翮而同飛。

(《才略》,《文心雕龍義證》卷十,第1807頁)

《貞觀政要》:貞觀二年,太常少卿祖孝孫奏所定新樂。太宗曰:"禮樂之作,是聖人象物設教,以爲撙節,治亂善惡,豈此之由?"御史大夫杜淹對曰:"前代興亡,實由於樂。陳將亡也,爲《玉樹後庭花》;齊將亡也,而爲《伴侶曲》。行路聞之,莫不悲泣,所謂亡國之音。以是觀之,實由於樂。"太宗曰:"不然,夫音聲豈能感人?歡者聞之則悦,哀者聽之則悲,悲悦在於人心,非由樂也。將亡之政,其人心苦,然苦心所感,故聞而則悲耳。何有樂聲哀怨,能使悦者悲乎?今《玉樹》《伴侶》之曲,其聲具存,朕當爲公奏之,知公必不悲耳。"尚書右丞魏徵進曰:"古人稱'禮云禮云,玉帛云乎哉!樂云樂云,鐘鼓云乎哉!'樂在人和,不由音調。"太宗然之。(《論禮樂》,《貞觀政要集校》卷七,第417頁)

冬日洛城北謁玄元皇帝廟

(唐)杜甫

【題解】

杜甫(712—770),字子美,自號少陵野老,祖籍襄州襄陽(今湖北襄陽),一般認爲出生於鞏縣(今河南鞏義)。盛唐時期偉大的現實主義詩人。代表作有"三吏"(《新安吏》《石壕吏》《潼關吏》)、"三别"(《新婚别》《垂老别》《無家别》)等。杜詩中憂國憂民的思想在中國古典詩歌中的影響非常深遠,其人被後世尊稱爲"詩聖",其詩被稱爲"詩史"。這是作者於唐玄宗天寶八載冬天在洛陽城謁玄元皇帝(即老子)廟時所作。詩中描寫了洛陽城北邙山老子廟制的莊嚴肅穆,尤其是對廟壁上吴道子畫精工與逼真之稱頌,頗得吴道子畫之精神。

配極玄都閟[1],憑高禁籞長[2]。守祧嚴具禮[3],掌節鎮非常[4]。碧瓦初寒外,金莖一氣旁[5]。山河扶繡戶,日月近雕梁[6]。仙李蟠根大,猗蘭奕葉光[7]。世家遺舊史[8],道德付今王[9]。畫手看前輩,吴生遠擅場[10]。森羅移地軸,妙絶動宫牆。五聖聯龍衮,千官列雁行。冕旒俱秀發,旌旆盡飛揚[11]。翠柏深留景,紅梨迥得霜。風箏吹玉柱,露井凍銀牀[12]。身退卑周室[13],經傳拱漢皇[14]。谷神如不死,養拙更何鄉[15]。

(《杜詩詳注》卷二,中華書局1979年版)

【注釋】

[1]配極：玄元皇帝廟在洛陽城北，廟像天極，故云。閟，深閉。 [2]憑高：廟在北邙山上，地勢極高，故云。 [3]守祧：掌守先王先公之廟祧。老子被唐代皇家認作先祖，故有此稱。 [4]"掌節"句：掌守邦節以備非常。 [5]金莖：指廟中銅柱。 [6]"山河"兩句：形容廟宇之雄偉，以示玄元皇帝廟制之尊嚴。 [7]"仙李"兩句：唐奉老子爲聖祖，故言根大而葉盛。據《漢武故事》載，漢武帝生於猗蘭殿。此以漢武比唐玄宗。奕，綿綿不絕之義。 [8]"世家"句：因《史記》不載老子於"世家"，故云"遺舊史"。 [9]"道德"句：因唐玄宗曾注《道德經》，故云"付今王"。 [10]"畫手"兩句：謂廟中有唐時著名畫家吴道子畫《五聖圖》，故云。 [11]"森羅"六句：極言玄元廟壁上吴道子畫之精工與逼真。 [12]"翠柏"四句：敘謁廟時冬日之景。柏耐寒而色留，梨得霜而葉落。吹玉柱，風冽簷前。凍銀牀，冰凝井榦也。 [13]"身退"句：據史載，老子爲周守藏史，後見周德衰，乃乘青牛而去。 [14]"經傳"句：謂漢皇端拱而受《老子》。據《神仙傳》載，漢孝景帝讀《老子》，有所不解，以問河上公，公乃授素書二卷。 [15]"谷神"兩句：謂神藏而跡隱。《老子》第六章："谷神不死，是謂玄牝。"

【集評】

（北宋）張表臣：陳無己先生語余曰："今人愛杜甫詩，一句之內，至竊取數句以髣像之，非善學者。學詩之要，在乎立格命意用字而已。"余曰："如何等是？"曰："《冬日謁玄元皇帝廟詩》，敘述功德，反復外意，事核而理長；《閬中歌》，辭致峭麗，語脉新奇，句清而體好，茲非麗格之妙乎？《江漢詩》，言乾坤之大，腐儒無所寄其身；《縛雞行》，言雞蟲得失，不如兩忘而寓于道，茲非命意之精乎？《贈蔡希魯詩》云'身輕一鳥過'，力在一過字；《徐步詩》云'蕊粉上峰鬚'，功在一上字，茲非用字之精乎？學者體其格，高其意，鍊其字，則自然有合矣。何必規規然髣像之乎！"　（《珊瑚鉤詩話》卷二，《歷代詩話》，第464頁）

（清）錢謙益："配極"四句，言玄元廟用宗廟之禮，爲不經也。"碧瓦"四句，譏其宫殿踰制也。"世家遺舊史"，謂《史記》不列于世家。開元中敕升爲列傳之首，然不能升之于世家。蓋微詞也。"道德付今王"，謂玄宗親注《道德經》及置崇玄學，然未必知道德之意。亦微詞也。"畫手"以下，記吴生畫圖，冕旒旌旆，炫燿耳目，爲近于兒戲也。《老子》五千言，其要在清靜無爲，理國立身，是故身退則周衰，經傳則漢盛，即令不死，亦當藏名養拙。安肯憑人降形，爲妖爲神，以博世主之崇奉也。"身退"以下四句，一篇諷諭之意，總見于此。

（《錢注杜詩》卷九，第278頁）

（清）浦起龍：起四句，總冒也。廟貌祀典，稱尊追祖之意，靡不包舉。以下逐層鋪敘。"碧瓦"四句，紀廟制之盛。"外"字有高迴氣象，"旁"字有彌綸氣象。"仙李"四句，推崇奉之由，一順説下。惟其源遠，是以流長。世系雖莫稽，而玄旨實默契也。"遺舊史"，不必泥《史記》不列世家之説。"畫手"八句，贊畫壁之玅，上四虚引，下四實拈也。"翠柏"四句，寫景有森爽之色，確是神廟寒候也。末四句，就玄元詠嘆作收。言其識高，其教遠，其神無所不之也。着"更何鄉"三字，仍與廟貌關照。字字典重，句句高華。據事直書，不參議論。純是頌體。而細繹之，"配極"四句，亦似鉅典，亦似悖禮。"碧瓦"四句，亦似壯觀,亦似踰制。"蟠根""奕葉",亦似縣遠,亦似矯誣。"遺舊史",亦似反挑,亦似實刺。"付今王",亦似同揆,亦似假託。紀晝處,亦似尊崇,亦似涉戲。"谷神""何鄉",亦似呼吸可接,亦似神靈不依。而讀去毫無圭角,所以爲佳。錢箋語語指斥,意非不是也。但學者不善會之,偏在譏刺一邊看去,則失之遠矣。蓋題係朝廷鉅典,體宜頌揚。非比他事諷諫,尚可顯陳也。

(《讀杜心解》卷五,第689-690頁)

觀公孫大娘弟子舞劍器行

(唐)杜甫

【題解】

此詩前原有序曰:"大曆二年十月十九日,夔府別駕元持宅見臨潁李十二娘舞劍器,壯其蔚跂,問其所師,曰:'余公孫大娘弟子也。'開元五載,余尚童稚,記於郾城觀公孫氏舞劍器渾脱,瀏漓頓挫,獨出冠時。自高頭宜春、梨園二伎坊内人,洎外供奉舞女,曉是舞者,聖文神武皇帝初,公孫一人而已。玉貌錦衣,況余白首;今茲弟子,亦匪盛顏。既辨其由來,知波瀾莫二。撫事慷慨,聊爲《劍器行》。昔者吴人張旭善草書書帖,數嘗於鄴縣見公孫大娘舞西河劍器,自此草書長進,豪蕩感激,即公孫可知矣。"公孫大娘爲唐代開元時著名的舞蹈家,杜甫幼年曾見其舞劍器(一種古代武舞曲),時隔五十年後,又見其弟子李十二娘再舞劍器,然時代盛衰已自不同,故作者感慨萬分。此詩主要表現的是舞者高超的技藝及其動人的美感。

昔有佳人公孫氏,一舞劍器動四方。觀者如山色沮喪,天地爲之久低昂[1]。㸌如羿射九日落,矯如群帝驂龍翔[2]。來如雷霆收震怒,罷如江海凝清光。絳唇珠袖[3]兩寂寞,晚有弟子傳芬芳。臨潁美人[4]在白帝,妙舞此曲神揚揚。與余問答既有以[5],感時撫事增惋傷。先帝[6]侍女八千人,公孫劍器初第一。五十年間似反掌[7],風塵澒洞昏王室[8]。梨園弟子散如煙,女樂餘姿映寒日。金粟堆南木已拱[9],瞿塘石城草蕭瑟[10]。玳筵急管曲復終,樂極哀來月東出。老夫不知其所往,足繭荒山轉愁疾[11]。

(《杜詩詳注》卷二十,中華書局1979年版)

【注釋】

[1]"觀者"兩句:意謂當年觀公孫大娘舞劍器者很多,皆爲其高超技藝吸引,神情專注而失色發愣,彷佛天地也隨其舞蹈的節奏而爲之低昂。 [2]"㸌如"兩句:㸌然下垂,如同後羿射下九日;矯然上騰,又如天神駕龍在天空遨遊。形容公孫大娘的美妙舞技。 [3]絳唇

珠袖:分別指公孫大娘的歌和舞。 [4]臨潁美人:指公孫大娘的弟子李十二娘。 [5]既有以:敍述事情的原委。 [6]先帝:指開元盛世時的皇帝唐玄宗。 [7]“五十年”句:形容時間過得很快,五十年如同翻動手掌那樣。杜甫自開元五年(717)初見公孫大娘舞劍器,大曆二年(767)再見公孫大娘弟子舞劍器時,正好五十年。 [8]“風塵”句:指安史之亂,使唐王朝由盛轉衰。澒洞:瀰漫無際,廣大無邊。 [9]“金粟堆”句:金粟堆,即金粟山,在陝西省蒲城縣東北,唐玄宗死於寶應元年(762)四月,廣德元年(763)年三月葬此,稱泰陵。此時離杜甫寫此詩時已有四年,故曰“木已拱”。 [10]“瞿塘”句:杜甫表示自己這些年境況淒涼蕭瑟。瞿塘,即瞿塘峽,石城,即白帝城,是杜甫晚年漂泊的一帶。 [11]“老夫”兩句:老夫,杜甫自稱。兩句表示自己漂泊西南一帶,腳底磨成了繭,奔走不息,不知所往,倍感愁苦。

【集評】

(南宋)劉克莊:此篇與《琵琶行》,一如壯士軒昂赴敵場,一如兒女恩怨相爾汝。杜有建安黃初氣骨,白未脱長慶體爾。 (《後村詩話》新集卷一,第165頁)

(明)王嗣奭:“來如雷霆收震怒”,凡雷霆震怒,轟然之後,累累遠馳,赫有餘怒,故知“收”字之妙,若轟然一聲,闃然而止,雖震怒不爲奇也。“罷如江海凝清光”,鍾云:“此一語獨妙。”信然。鍾總評:“題是公孫大娘弟子,而序與詩,情事俱屬公孫氏,便自穆然深思。”余謂未盡也,不知情事俱屬玄宗,故序云:“撫事慷慨,聊爲《劍器行》。”知其意不在劍器也。詩云:“感時撫事增惋傷。”則“五十餘年似反掌”數句,乃其賦詩本旨;“足繭荒山”,從此而來,尤使人穆然深思也。 (《杜臆》卷九,第339-340頁)

(清)浦起龍:舞劍器者,李十二娘也。觀舞而感者,乃在其師公孫大娘也。感公孫者,感明皇也。是知劍器特寄託之端,李娘亦興起之藉。此段情景,正如湘中採訪使筵上,聽李龜年唱“紅豆生南國”,合坐淒然,同一傷惋。觀命題之法,知其意之所存矣。序中“公孫大娘弟子”句及“聖文神武皇帝”句,爲作詩眼目。“玉貌”,憶公孫。“白首”,悲今我。轉屬閒情襯貼,而所謂“撫事慷慨”者,則在前所云云也。末引張顛以顯其舞之神妙,又公詩所稱“餘波綺麗爲”者。 (《讀杜心解》卷二,第315頁)

(清)田雯:余嘗謂白香山《琵琶行》一篇,從杜子美《觀公孫大娘弟子舞劍器行》詩得來。“臨潁美人在白帝,妙舞此曲神揚揚。與余問答既有以,感時撫事增惋傷。”杜以四語,白成數行,所謂演法也。鳧脛何短,鶴脛何長,續之不能,截之不可,各有天然之致,不惟詩也,文亦然。楊升庵曰:“郭象《莊子注》云:‘工人無爲於刻木,而有爲於運矩;主上無爲於親事,而有爲於用臣。’柳子厚演之爲《梓人傳》一篇,凡數百言。毛萇《詩傳》云‘漣,風行水成文也。’蘇老泉演之爲《蘇文甫字説》一篇,亦數百言。皆得脱胎換骨之三昧。”知此則余之論白、杜之詩,了然無疑義矣。 (《古歡堂雜著》卷三,第717頁)

琵　琶　行

(唐)白居易

【題解】

白居易(772—846),字樂天,晚號香山居士。中唐時期著名詩人。此詩前原有序曰:"元和十年,予左遷九江郡司馬。明年秋,送客湓浦口,聞舟中夜彈琵琶者,聽其音,錚錚然有京都聲。問其人,本長安倡女,嘗學琵琶於穆、曹二善才。年長色衰,委身爲賈人婦。遂命酒,使快彈數曲,曲罷憫默。自敘少小時歡樂事,今漂淪憔悴,轉徙於江湖間。予出官二年,恬然自安,感斯人言,是夕始覺有遷謫意。因爲長句,歌以贈之,凡六百一十六言,命曰《琵琶行》。"説明此詩作於元和十一年(816)秋天,白居易被貶於江州司馬之時。作者慨歎自己與琵琶女有同病相憐之感,但描寫琵琶彈奏及其動人的美感時,使用了諸多比喻,富有較強的藝術感染力。

潯陽江頭夜送客[1],楓葉荻花秋瑟瑟。主人下馬客在船,舉酒欲飲無管絃。醉不成歡慘將别,别時茫茫江浸月。忽聞水上琵琶聲,主人忘歸客不發。尋聲暗問彈者誰,琵琶聲停欲語遲。移船相近邀相見,添酒迴燈重開宴。千呼萬喚始出來,猶抱琵琶半遮面。轉軸撥絃三兩聲,未成曲調先有情。絃絃掩抑聲聲思,似訴平生不得意。低眉信手續續彈,説盡心中無限事。輕攏慢撚抹復挑[2],初爲《霓裳》後《緑腰》[3]。大絃嘈嘈如急雨,小絃切切如私語。嘈嘈切切錯雜彈,大珠小珠落玉盤。間關鶯語花底滑,幽咽泉流冰下難[4]。冰泉冷澀絃凝絕,凝絕不通聲暫歇。别有幽愁暗恨生,此時無聲勝有聲。銀瓶乍破水漿迸,鐵騎突出刀槍鳴[5]。曲終收撥當心畫,四絃一聲如裂帛。東船西舫悄無言,唯見江心秋月白。沉吟放撥插絃中,整頓衣裳起斂容。自言"本是京城女,家在蝦蟆陵下住[6]。十三學得琵琶成,名屬教坊第一部。曲罷曾教善才伏,粧成每被秋娘妬[7]。五陵年少爭纏頭,一曲紅綃不知數。鈿頭雲篦擊節碎,血色羅裙翻酒污[8]。今年歡笑復明年,秋月春風等閑度。弟走從軍阿姨死,暮去朝來顔色故。門前冷落鞍馬稀,老大嫁作商人婦。商人重利輕别離,前月浮梁買茶去[9]。去來江口守空船,遶船月明江水寒;夜深忽夢少年事,夢啼妝淚紅闌干[10]!"我聞琵琶已歎息,又聞此語重唧唧[11];同是天涯淪落人,相逢何必曾相識!"我從去年辭帝京,謫居臥病潯陽城。潯陽地僻無音樂,終歲不聞絲竹聲。住近湓江地低濕,黄蘆苦竹繞宅生。其間旦暮聞何物?杜鵑啼血猿哀鳴。春江花朝秋月夜,往往取酒還獨傾。豈無山歌與村笛?嘔啞嘲哳難爲聽[12]。今夜聞君琵琶語,如聽仙樂耳暫明。莫辭更坐彈一曲,爲君翻作《琵琶行》。"感我此言良久立,卻坐促絃絃轉急。淒淒不似向前聲,滿座重聞皆掩泣。座中泣下誰最多,江州司馬青衫濕。

(《白居易集箋校》卷十二,上海古籍出版社1988年版)

【注釋】

[1]潯陽江:長江流經江西九江市北的一段。 [2]"輕攏"句:攏、撚、抹、挑,都是彈琵琶時使用的指法動作。 [3]"初爲"句:《霓裳》,即《霓裳羽衣曲》。《緑腰》,或作《緑要》《六么》,都是唐時京城時流行曲調。 [4]"間關"兩句:上句描寫琵琶聲的流暢清脆,下句描寫琵琶聲的深沉厚重。故清人段玉裁《經韻樓集》卷八《與阮芸台書》辨曰:"'泉流水下灘'不成語,且何以與上句屬對?昔年曾謂當作'泉流冰下難',故下文接以'冰泉冷澀'。難與滑對,難者,滑之反也。鶯語花底,泉流冰下,形容澀滑二境,可謂工絕。"此言頗有道理,可供參考。 [5]"銀瓶"兩句:比喻琵琶彈奏在寂靜之後突然接以激越之聲。 [6]蝦蟆陵:唐代長安城東南曲江附近,是當時歌妓聚居之地。 [7]秋娘:本是唐時長安城中著名妓女,能歌善舞,後來很多歌妓均喜以此爲名。這裏泛指當時著名歌妓。 [8]"五陵"四句:描寫琵琶女當年在長安城中歡樂的歌舞生活。 [9]浮梁:古縣名,即今江西省景德鎮市。 [10]闌干:縱橫而亂貌。 [11]唧唧:歎息聲。 [12]嘔啞嘲哳:指嘈雜而碎亂的聲音。

【集評】

(南宋)趙令畤:白樂天《琵琶行》云:"曲罷曾令善才伏。"而善才不知出處。《琵琶録》云:元和中,王芬、曹保,保有子善才,其孫曹綱,皆習此藝。次有裴興奴,與曹同時。其曹綱,善爲運撥若風雷,不長於提弦。興奴則長於攏撚,下撥稍軟。時人謂綱有右手,興奴有左手。樂天又有《聽曹綱琵琶示重蓮》詩云:"撥撥弦弦意不同,胡啼番語兩玲瓏。誰能截得曹綱手,插向重蓮紅袖中。"

(《侯鯖録》卷一,第35-36頁)

(南宋)張戒:《琵琶行》,雖未免於煩悉,然其語意甚當,後來作者,未易超越也。

(《歲寒堂詩話》卷上,《歷代詩話續編》,第458頁)

(南宋)尤袤:白居易之死,帝(唐宣宗)以詩吊之曰:"綴玉聯珠六十年,誰教冥路作詩仙?浮雲不繫名居易,造化無爲字樂天。童子解吟《長恨曲》,胡兒能唱《琵琶篇》。文章已滿行人耳,一度思卿一愴然。"

(《全唐詩話》卷一,《歷代詩話》,第59頁)

(南宋)葛立方:書生作文,務強此弱彼,謂之尊題。至於品藻高下,亦略存公論可也。白樂天在江州,聞商婦琵琶,則曰:"豈無山歌與村笛,嘔啞嘲哳難爲聽。今夜聞君琵琶語,如聽仙樂耳暫明。"《在巴峽聞琵琶》云:"弦清撥利語錚錚,背卻殘燈就月明。賴是無心惆悵事,不然爭奈子弦聲。"至其後作《霓裳羽衣歌》,乃曰:"湓城但聽山魈語,巴峽惟聞杜鵑哭。"乍賢乍佞,何至如此之甚乎?

(《韻語陽秋》卷十五,《歷代詩話》,第603頁)

(南宋)洪邁:白樂天《琵琶行》,蓋在潯陽江上爲商人婦所作。而商乃買茶於浮梁,婦對客奏曲,樂天移船,夜登其舟與飲,了無所忌。豈非以其長安故倡女不以爲嫌邪?集中又有一篇題云《夜聞歌者》,時自京城謫潯陽,宿於鄂州,又在《琵琶》之前。其詞曰:“夜泊鸚鵡洲,秋江月澄澈。鄰船有歌者,發調堪愁絶。歌罷繼以泣,泣聲通復咽。尋聲見其人,有婦顔如雪。獨倚帆檣立,娉婷十七八。夜淚似真珠,雙雙墮明月。借問誰家婦,歌泣何凄切。一問一霑襟,低眉終不説。”陳鴻《長恨傳序》云:“樂天深於詩多於情者也,故所遇必寄之吟詠,非有意於漁色。”然鄂州所見,亦一女子獨處,夫不在焉,瓜田李下之疑,唐人不譏也。（《容齋三筆》卷六,《容齋隨筆》,第498頁）

（南宋）洪邁:白樂天《琵琶行》一篇,讀者但羨其風致,敬其詞章,至形於樂府,詠歌之不足,遂以謂真爲長安故倡所作。予竊疑之。唐世法網雖於此爲寬,然樂天嘗居禁密,且謫官未久,必不肯乘夜入獨處婦人船中,相從飲酒,至於極彈絲之樂,中夕方去,豈不虞商人者它日議其後乎！樂天之意,直欲攄寫天涯淪落之恨爾。東坡謫黄州,賦定惠院海棠詩,有“陋邦何處得此花,無乃好事移西蜀”“天涯流落俱可念,爲飲一尊歌此曲”之句,其意亦爾也。或謂殊無一話一言與之相似,是不然。此真能用樂天之意者,何必效常人章摹句寫而後已哉！（《容齋五筆》卷七,《容齋隨筆》,第911–912頁）

（明）瞿佑:樂天《琵琶行》云:“門前冷落鞍馬稀,老大嫁作商人婦。”東坡舉此以喻杭妓琴操,即感悟而求落籍。龍仁夫《題琵琶亭》云:“老大嫗娥負所天,忍將離恨寄哀弦。江心正好觀秋月,卻抱琵琶過别船。”中含諷意。又有女子題詩船窗云:“爺娘重利妾身輕,獨抱琵琶萬里行。彈到陽關齊拍手,不知元是斷腸聲。”含無限悲怨,非抱器過船者比也。

（《歸田詩話》上,《歷代詩話續編》,第1245頁）

（清）黄子雲:香山《琵琶行》,婉折周詳,有意到筆隨之妙。篇中句亦警拔;音節靡靡,是其一生短處,非獨是詩而已。（《野鴻詩的》,《清詩話》,第865頁）

（清）趙翼:《琵琶行》亦是絶作。然身爲本郡上佐,送客到船,聞鄰船有琵琶女,不問良賤,即呼使奏技,此豈居官者所爲？豈唐時法令疏闊若此耶？蓋特香山借以爲題,發抒其才思耳。然在鄂州,又有《夜聞歌者》一首云:“歌罷繼以泣,泣聲通復咽。尋聲見其人,有婦顔如雪。借問誰家婦,歌泣何淒切？一問一沾襟,低眉終不説。”則聞歌覓人,竟有其事,恬不爲怪矣。（《甌北詩話》卷四,第43頁）

李憑箜篌引

（唐）李賀

【題解】

李賀(790—816),字長吉,唐皇室遠支。因避父晉肅諱,不得參加進士科考試。他性情孤僻,在仕途上無出路,然工於詩歌,尤長於樂府,人謂詩鬼之才,喜用神話傳説題材,創造出一些恢奇詭譎的詞句與意象。本篇亦如此,詩中描寫一個名叫李憑的梨園弟子,擅長彈奏箜篌。作者用獨特的藝術構思,豐富的想象,描繪李憑彈奏箜篌的技藝之精、曲調之美以及感染力之强。

吴絲蜀桐張高秋[1]，空山凝雲頽不流。湘娥啼竹素女愁[2]，李憑中國彈箜篌。崑山玉碎鳳凰叫[3]，芙蓉泣露香蘭笑[4]。十二門前[5]融冷光，二十三弦動紫皇[6]。女媧煉石補天處，石破天驚逗秋雨[7]。夢入神山教神嫗[8]，老魚跳波瘦蛟舞[9]。吴質不眠倚桂樹，露脚斜飛濕寒兔[10]。

（《李長吉歌詩彙解》卷一，上海古籍出版社1998年版）

【注釋】

[1]吴絲蜀桐張高秋：李憑在秋高氣爽的時候彈奏箜篌。吴地以產絲聞名，蜀地桐木適於製作樂器。吴絲蜀桐，形容箜篌材質之精美。 [2]湘娥啼竹素女愁：古代神話傳説，帝舜的兩個妃子娥皇和女英，在舜南巡死於蒼梧之野後，兩人追至洞庭湖，淚灑在竹上，形成斑竹。素女，神話傳説中的霜神。《史記•封禪書》："太帝使素女鼓五十弦瑟，悲，帝禁不止。"此句説明箜篌之音的感人之深。 [3]崑山玉碎鳳凰叫：形容箜篌之音的高亢清越。 [4]芙蓉泣露：形容箜篌之音的幽咽。香蘭笑：形容箜篌之音的歡快。 [5]十二門前：指長安。長安城四面各有三門，共十二門。 [6]二十三弦：指李憑所彈箜篌。箜篌有多種樣式，其中一種豎箜篌，體曲而長，共二十三弦。動紫皇：感動天神紫皇。 [7]"女媧"兩句：古代神話傳説，共工氏怒觸不周山，天傾西北，地傾東南，天爲之破，女媧煉五色石補天。這兩句形容箜篌聲音之美，以至於震驚了整個天界。 [8]夢入神山教神嫗：指彈奏箜篌之美，仿佛是在神山上將此絕技教給了神仙。 [9]老魚跳波瘦蛟舞：指動物之類亦爲之感動而歡欣。 [10]"吴質"兩句：吴質，即吴剛，神話傳説中在月中砍桂樹的人。寒兔，指月亮。神話傳説月亮中有白兔。這兩句形容箜篌聲之美，讓吴剛也爲之不眠，月亮上的白兔也因聽箜篌而被桂樹上的露珠淋濕了。

【集評】

（南宋）楊萬里：詩有驚人句。……李賀云："女媧煉石補天處，石破天驚逗秋雨。"

（《誠齋詩話》，《歷代詩話續編》，第138頁）

（南宋）劉辰翁：狀景如畫，自其所長。箜篌聲碎有之，"崑山玉"，頗無謂。下七字妙語，非玉簫不足以當。"石破天驚"，過於"繞梁"，"遏雲"之上，至"教神嫗"，忽入鬼語。吴質懶態，月露無情。

（《箋注評點李長吉歌詩》卷一，《文津閣四庫全書》集部第360册，第391頁）

（清）姚佺："中國彈箜篌"五字忽過。唐太宗時，西國進一胡，善彈琵琶，弦撥倍粗。太宗不欲番人勝中國，乃使羅黑黑隔帷聽之，一遍而得。帝謂番曰："此曲吾宫人能之。"遂取大琵琶，令黑黑帷下彈之，不遺一字，因驚歎辭去。西國降者數十國。長吉蓋得此意也。康昆侖琵琶雖第一手，乃得段師之教，而技益精。李憑不入教坊，焉知其能忘本態乎，故又推神嫗之教。

（《李長吉昌谷集句解定本》卷一，《續修四庫全書》集部第1311册，第220頁）

（清）陳本禮：此追刺開、寶小人禍國之由始也。考賀生於德宗貞元七年，歿於憲宗元和之十二年，距李憑彈箜篌供奉内庭時，幾五十餘年，長吉何得尚聞李憑之箜篌耶？蓋憑以一梨園小人,而玄宗暱之,初不料其即爲禍國孼首,賀以有唐王孫,追恨當時,故著此篇,以補國史之闕,與《春秋》書法相表裏。通首皆憤恨諷切之詞,乃一毫不露本意,此所謂愈曲愈微,愈深愈晦者也。各家注釋,均未發明此義,徒以寫聲之妙,重複謬贊,不顧疊床架屋,失其旨矣。　　(《協律鉤玄》卷一,《續修四庫全書》集部第1311册,第437頁)

論畫六法

(唐)張彦遠

【題解】

張彦遠(815—875),字愛賓,河東蒲州人,唐僖宗乾符年間官大理寺卿。他學識淵博,家藏眾多書畫名跡,著有《法書要録》和《歷代名畫記》十卷。本篇所録爲《歷代名畫記》卷一《論畫六法》,主要闡述對謝赫“六法”的理解,使得繪畫“六法”理論成了後世中國畫的不刊之論。

昔謝赫云:畫有六法[1]:一曰氣韻生動,二曰骨法用筆,三曰應物象形,四曰隨類賦彩,五曰經營位置,六曰傳模移寫。自古畫人,罕能兼之。

彦遠試論之曰:古之畫,或能移其形似而尚其骨氣,以形似之外求其畫,此難可與俗人道也;今之畫,縱得形似而氣韻不生。以氣韻求其畫,則形似在其間矣。上古之畫,跡簡意淡而雅正,顧、陸之流是也[2];中古之畫,細密精緻而臻麗,展、鄭之流是也[3];近代之畫,焕爛而求備;今人之畫,錯亂而無旨,眾工之跡是也[4]。

夫象物必在於形似,形似須全其骨氣。骨氣形似,皆本於立意而歸乎用筆,故工畫者多善書。然則古之嬪擘纖而胸束,古之馬喙尖而腹細,古之臺閣竦峙,古之服飾容曳,故古畫非獨變態[5],有奇意也,抑亦物象殊也。至於臺閣樹石、車輿器物,無生動之可擬,無氣韻之可侔,直要位置向背而已。顧愷之曰:“畫人最難,次山水,次狗馬,其臺閣一定器耳,差易爲也。”[6]斯言得之。至於鬼神人物,有生動之可狀,須神韻而後全。若氣韻不周,空陳形似,筆力未遒,空善賦彩,謂非妙也。故韓子曰[7]:“狗馬難,鬼神易,狗馬乃凡俗所見,鬼神乃譎怪之狀。”斯言得之。至於經營位置,則畫之總要。自顧、陸以降,畫跡鮮存,難悉詳之。唯觀吴道玄之跡[8],可謂六法俱全,萬象畢盡,神人假手,窮極造化也。所以氣韻雄狀,幾不容於縑素;筆跡磊落,遂恣意於牆壁,其細畫又甚稠密,此神異也。至於傳模移寫,乃畫家末事。然今之畫人,粗善寫貌,得其形似,則無其氣韻,具其彩色,則失其筆法,豈曰畫也?嗚呼!今之人斯藝不至也。

宋朝顧駿之[9],常結構高樓,以爲畫所,每登樓去梯,家人罕見,若時景融朗,然後含毫,天地陰慘,則不操筆。今之畫人,筆墨混於塵埃,丹青和其泥滓,徒汙絹素,豈曰繪畫?自古善畫者,莫匪衣冠貴胄、逸士高人,振妙一時,傳芳千祀,非閭閻鄙賤之所能爲也。

(《歷代名畫記》卷一,叢書集成初編本,中華書局1985年版)

【注釋】

[1]謝赫爲南朝齊代著名的畫論家,此"六法"理論出自其《古畫品録》,影響深遠。 [2]顧、陸:東晉時期的顧愷之和南朝劉宋時期的陸探微,皆爲史上著名畫家。 [3]展、鄭:唐代著名畫家展子虔和鄭法士。 [4]衆工之跡:指很多普通工匠的畫跡。 [5]變態:指把握事情變化的不同情態。 [6]顧愷之爲東晉時期著名畫家,引言出於其《魏晉勝流畫贊》,原文爲:"凡畫,人最難,次山水,次狗馬,台榭一定器耳,難成而易好,不待遷想妙得也。" [7]韓子:指韓非。引言出自《韓非子·外儲説左上》,曰:"客有爲齊王畫者,齊王問曰:'畫孰最難者?'曰:'犬馬最難。''孰易者?'曰:'鬼魅最易。'夫犬馬,人所知也,旦暮罄於前,不可類之,故難。鬼魅,無形者,不罄於前,故易之也。" [8]吴道玄:又名道子,唐代著名畫家,唐玄宗開元時曾被召入宫作畫。 [9]顧駿之:南朝劉宋時期著名畫家,善畫人物。

【集評】

(明)顧凝遠:六法中第一氣韻生動,有氣韻則有生動矣。氣韻或在境中,亦或在境外,取之於四時寒暑晴雨晦明,非徒積墨也。

(《畫引·論氣韻》,《中國古代畫論類編》修訂本上册,第118頁)

(清)唐岱:畫山水貴乎氣韻,氣韻者非雲煙霧靄也,是天地間之真氣。凡物無氣不生,山氣從石内發出,以晴明時望山,其蒼茫潤澤之氣,騰騰欲動,故畫山水以氣韻爲先也。謝赫所云六法:"一曰氣韻生動,二曰骨法用筆,三曰應物象形,四曰隨類傅彩,五曰經營位置,六曰傳模移寫。"六法中原以氣韻爲先,然有氣則有韻,無氣則板呆矣。氣韻由筆墨而生,或取圓渾而雄壯者,或取順快而流暢者。用筆不癡、不弱是得筆之氣也。用墨要濃淡相宜,幹濕得當,不滯、不枯,使石上蒼潤之氣欲吐,是得墨之氣也。不知此法,淡雅則枯澀,老健則重濁,細巧則怯弱矣,此皆不得氣韻之病也。氣韻與格法相合,格法熟則氣韻全,古人作畫豈易哉!

(《繪事發微·氣韻》,《中國古代畫論類編》修訂本下册,第865頁)

(清)方薰:昔人謂氣韻生動是天分,然思有利鈍,覺有後先,未可概論之也。委心古人,學之而無外慕,久必有悟,悟後與生知者殊途同歸。氣韻生動,須將生動二字省悟,能會生動,則氣韻自在。氣韻生動爲第一義,然必以氣爲主,氣盛則縱横揮灑,機無滯礙,其間韻自生動矣。杜老云"元氣淋漓障猶濕",是即氣韻生動。

氣韻有筆墨間兩種:墨中氣韻人多會得,筆端氣韻世每尟知。所以六要中又有氣韻兼力也。人見墨汁淹漬輒呼氣韻,何異劉實在石家如廁,便謂走入内室。

(《山静居畫論》,《中國古代畫論類編》修訂本上册,第229-230頁)

書唐氏六家書後

(北宋)蘇軾

【題解】

蘇軾(1037—1101),字子瞻,號東坡居士。眉州眉山(今四川眉山市)人。宋仁宗嘉佑二年(1057)進士,時年二十二歲,後歷任杭州、密州、徐州、湖州等地方官職,勤政愛民,成績卓著。因批評王安石新政,四十五歲時遭"烏台詩案",以誹謗朝廷之名,貶至黄州(今湖北黄岡)。五十九歲時被貶至惠州(今廣東惠州市),六十二歲時被貶至儋州(今海南儋州),六十五歲方遇赦北歸。晚年曾作《自題金山畫像》云:"問汝平生功業,黄州、惠州、儋州。"卒於常州,謚"文忠"。與其父蘇洵、弟蘇轍合稱"三蘇",又皆爲"唐宋八大家"之一。於詩詞文皆精,在書法、繪畫上亦皆有高深造詣,是文藝方面的全才。著有《東坡樂府》三卷、《東坡全集》一百一十五卷。本篇是其論述唐代六大書法家的評語,不僅論述精到,文章本身亦是散文佳品。

永禪師書[1],骨氣深隱,體兼衆妙,精能之至,反造疏淡。如觀陶彭澤詩[2],初若散緩不收,反復不已,乃識其奇趣。今法帖中有云"不具釋智永白"者[3],誤收在逸少部中[4],然亦非禪師書也。云"謹此代申",此乃唐末五代流俗之語耳,而書亦不工。歐陽率更書[5],妍緊拔群,尤工於小楷,高麗遣使購其書,高祖歎曰:"彼取其書,以爲魁梧奇偉人也。"此非知書者。凡書象其爲人。率更貌寒寢[6],敏悟絕人,今觀其書,勁嶮刻厲,正稱其貌耳。褚河南書[7],清遠蕭散,微雜隸體。古之論書者,兼論其平生,苟非其人,雖工不貴也。河南固忠臣,但有譖殺劉洎一事[8],使人怏怏。然余嘗考其實,恐劉洎末年褊忿,實有伊、霍之語[9],非譖也。若不然,馬周明其無此語[10],太宗獨誅洎而不問周,何哉?此殆天后朝許李所誣[11],而史官不能辨也。張長史草書[12],頹然天放,略有點畫處,而意態自足,號稱神逸。今世稱善草書者或不能真、行,此大妄也。真生行,行生草,真如立,行如行,草如走,未有未能行立而能走者也。今長安猶有長史真書《郎官石柱記》,作字簡遠,如晉、宋間人。顔魯公書[13],雄秀獨出,一變古法,如杜子美詩,格力天縱,奄有漢、魏、晉、宋以來風流,後之作者,殆難復措手。柳少師書[14],本出於顔,而能自出新意,一字百金,非虛語也。其言心正則筆正者,非獨諷諫,理固然也。世之小人,書字雖工,而其神情終有睢盱側媚之態,不知人情隨想而見,如韓子所謂竊斧者乎[15],抑真爾也?然至使人見其書而猶憎之,則其人可知矣。余謫居黄州,唐林夫自湖口以書遺余[16],云:"吾家有此六人書，子爲我略評之而書其後。"林夫之書過我遠矣，而反求於予，何哉？此又未可曉也。

元豐四年五月十一日，眉山蘇軾書。

（《蘇軾文集》卷六十九，中華書局1986年版）

【注釋】

[1]永禪師：即智永禪師，王羲之七世孫，唐代著名書法家。　[2]陶彭澤：即晉末宋初的陶淵明，曾爲彭澤令，故名。　[3]不具釋智永白：當時書信常用語。不具：不詳備，不周詳。智永：陳、隋間書法家。俗名法極，王羲之七世孫，山陰（今浙江紹興）永欣寺僧。相傳他曾手書《真草千字文》八百余本。虞世南得其傳授，影響初唐書學甚大。　[4]逸少：東晉大書法家王羲之，字逸少。　[5]歐陽率更：即唐代著名書法家歐陽詢，唐太宗時官至太子率更令，故稱。　[6]寒寠：寒傖醜陋。　[7]褚河南：即唐代著名書法家褚遂良。唐高宗即位時被封河南郡公，故稱。　[8]譖殺劉洎一事：據《新唐書·劉洎傳》載，劉洎在唐太宗貞觀中爲尚書右丞，累加銀表光禄大夫，因與褚遂良不睦，爲褚所誣，被賜死。　[9]"恐劉洎"二句：伊，商代伊尹；霍，西漢霍光。兩人皆手握重權，伊流放太甲於桐，霍廢昌邑王，擅立皇帝。後以"伊霍"並稱泛指能夠左右朝政的權臣。《新唐書·劉洎傳》載，唐太宗征遼還，"遂良即誣奏：'洎曰：國家不足慮，正當輔少主行伊、霍事，大臣有異者，誅之。'"太宗因而賜死劉洎。　[10]馬周：唐太宗時大臣。　[11]天后朝許李所誣：武則天當朝時允許李義府誣陷褚遂良。褚遂良因在唐高宗時得罪武則天，而當武氏當朝時，李義府爲人陰險，乘機誣陷褚遂良。　[12]張長史：即唐代著名書法家張旭。他精通楷法，又以草書知名，世稱"草聖"，曾官至左率府長史，故稱。　[13]顔魯公：即唐代著名書法家顔真卿。因功被封魯郡公，故稱。　[14]柳少師：即唐代著名書法家柳公權。唐武宗時官至太子少師，故稱。　[15]韓子所謂竊斧者：人有亡斧者，疑其鄰居之子，觀其言行皆似竊斧。後來找到斧頭，再觀其鄰人之子，言行皆不似竊斧者。後以"鄰人竊斧"之典故形容心隨境移的心理。此典出於《列子·説符》，而非《韓非子》。《韓非子·説難》中有"智其子而疑鄰人之父"的寓言，與此相似。作者或者誤記。　[16]唐林夫：蘇軾的朋友。其時有錢塘人唐坰，字林夫，或即其人。

【集評】

（北宋）黄庭堅：余嘗論右軍父子以來筆法超逸絶塵，惟顔魯公、楊少師二人。立論者十餘年，聞者瞠若。晚識子瞻，獨謂爲然。士大夫乃云，蘇子瞻於黄魯直愛而不知其惡，皆此類，豈其然乎？比來作字，時時仿佛魯公筆勢，然終不似子瞻暗合孫吴耳。

東坡書真行相半，便覺去羊欣、薄紹之不遠，予與東坡俱學顔平原，然予手拙，終不近也。自平原以來，惟楊少師、蘇翰林可人意爾，不無有筆類王家父子者，然予不好也。

東坡書如華嶽三峰，卓立參昴，雖造物之鑪錘，不自知其妙也。中年書圓勁而有韻，大似徐會稽；晚年沉著痛快，乃似李北海。此公蓋天資解書，比之詩人，是李白之流。往時許昌節度使薛能能詩，號雄健，時得前人句法，然遂睥睨前輩，高自賢聖，乃云："我生若在開元日,爭遣名爲李翰林。”此所謂“蚍蜉撼大樹,可笑不自量”者也。

(《山谷題跋》卷五,第44-45頁)

(南宋)葛立方:東坡評張顛、懷素草書云:“張顛醉素兩禿翁,追逐世好稱書工,有如市娼抹青紅。”卑之甚矣。至評六觀老人書,則云:“必如死灰實不枯,逢場作戲三昧俱。蒼鼠奮髯飲松腴,剡溪玉腋開雪膚。夏雲飛天萬人呼,莫作羞癡楊氏姝。”則知坡之所喜者,貴於自然,琱鐫而成者,非所貴也。然張顛自言,見公主擔夫爭道,而得筆法;觀公孫大娘舞劍器,而得神俊。僧懷素自言,我觀夏雲多奇峰,輒師之。謂夏雲因風變化無常勢,草書亦當爾。則二人筆法固亦出於自然,而坡去取之異如此,何邪?李頎贈顛詩云:“皓首窮草隸,時稱太湖精。”則知顛又精於隸書。錢起贈素詩曰:“能翻梵王字,妙盡伯英書。”則知素又精於梵字。苑舍人亦能梵字,故王維贈詩云:“楚詞共許勝揚馬,梵字何人辨魯魚。”言世人識梵字者少也。　(《韻語陽秋》卷十四,《歷代詩話》,第600頁)

(清)劉熙載:永禪師書,東坡評以“骨氣深穩,體兼眾妙,精能之至,反造疏澹。”則其實境超詣爲何如哉?今摹本《千文》,世尚多有,然律以東坡之論,相去不知幾由旬矣。

學《聖教》者致成爲院體,起自唐吴通微,至宋高崇望、白崇矩益貽口實。故蘇、黄論書但盛稱顔尚書、楊少師,以見與《聖教》别異也。其實顔、楊於《聖教》,如禪之翻案,於佛之心印,取其明離暗合;院體乃由死於句下,不能下轉語耳。小禪自縛,豈佛之過哉!

東坡評褚河南書“清遠蕭散”。張長史告顔魯公述河南之言,謂“藏鋒畫乃沉著”。兩説皆足爲學褚者之資,然有看繡、度鍼之别。

(《書概》,《藝概》卷五,第151頁,第153-154頁,第155頁)

畫　語　録(節選)

(清)石濤

【題解】

石濤(約1642—約1717),原姓朱,明宗室靖江王朱守謙後裔。初名若極,後又名道濟、元濟,字石濤,號苦瓜、阿長、鈍根、大滌子等。著有繪畫理論著作《畫語録》,另有大量的題畫詩跋,後人輯爲《大滌子題畫詩跋》和《清湘老人題記》。《畫語録》共十八章,本篇所録爲《一畫章》,集中表現了他論畫的基本思想“一畫”論。在他看來,“一畫”是萬物形象的最基本因素,也是繪畫的根本法則。畫家若能把握了“一畫”的根本法則,無論是對於山川人物,還是對於鳥獸草木等具體形象,都可以“深入其理,曲盡其態”,獲得藝術創作的高度自由。

太古無法,太樸不散;太樸一散,而法立矣。法於何立?立於一畫。一畫者,眾有之本,萬象之根[1];見用於神,藏用於人,而世人不知所以。一畫之法,乃自我立。立一畫之法者,蓋以無法生有法,以有法貫眾法也。

夫畫者,從於心者也。山川人物之秀錯,鳥獸草木之性情,池榭樓臺之矩度,未能深入其理,曲盡其態,終未得一畫之洪規也[2]。行遠登高,悉起膚寸。此一畫,收盡鴻濛之外[3],即億萬萬筆墨,未有不始於此而終於此,惟聽人之握取之耳。人能以一畫具體而微[4],意明筆透。腕不虛則畫非是,畫非是則腕不靈。動之以旋,潤之以轉,居之以曠,出如截,入如揭,能圓能方,能直能曲,能上能下,左右均齊,凸凹突兀,斷截橫斜,如水之就深,如火之炎上,自然而不容毫髮強也[5]。用無不神,而法無不貫也;理無不入,而態無不盡也。信手一揮,山川、人物、鳥獸、草木、池榭、樓臺,取形用勢,寫生揣意,運情摹景,顯露隱含,人不見其畫之成,畫不違其心之用。

蓋自太樸散,而一畫之法立矣;一畫之法立,而萬物著矣。我故曰:"吾道一以貫之[6]。"

(《畫語録·一畫章》,《中華美術叢書》初集第一輯,北京古籍出版社1998年版)

【注釋】

[1]"眾有"兩句:一切現象和萬事萬物的根本。 [2]洪規:根本大法。 [3]鴻濛:指天地未開闢之前的混沌狀態。 [4]具體而微:指以一畫大體地表現事物的具體狀態。 [5]"動之"句:指出筆和收筆要能如前面所説的自然狀態那樣,絲毫勉強不得。 [6]吾道一以貫之:語出《論語·里仁篇》,本是孔子説堅守自己的一貫之道。這裏石濤用來指自己以"一畫"貫徹自己畫論的核心。

【集評】

(清)張沅:宋王孫趙彝齋者,其品峻絕千古,其畫妙絕一世。品不以畫重而畫益以品重也。宋亡,隱居廣陳鎮,山水之外,別無興趣;詩酒之外,別無寄託;田叟野老之外,別無知契。孤昂肅潔之操,如雲中之龍,雪中之鶴,不可昵近者也。乃今之大滌非昔之彝齋乎?其人同,其行同,其履變也無不同。蓋彝齋之後,復一彝齋,數百載下可以嗣荒徽,可以並幽躅矣。兩先生之隱德,吾知頡頏西山之餓夫固然耳。且其浩浩落落之懷,一皆寓於筆墨之際,所謂品高者韻自勝焉。吾觀大滌子論畫,鉤玄(編按:原避諱作"元")抉奥,獨抒胸臆。文乃簡質古峭,莫可端倪,直是一子。海內不乏解人,當不以余言爲河漢也。

(《畫語録》跋,《中華美術叢書》初集第一輯,第59-60頁)

《清史稿》:釋道濟,字石濤,明楚藩裔,自號清湘老人。題畫自署或曰大滌子,或曰苦瓜和尚,或曰瞎尊者,無定稱。國變後爲僧,畫筆縱恣,脱盡窠臼,而實與古人相合。晚游江、淮,人爭重之。著《論畫》一卷,詞議玄妙。與髡殘齊名,號"二石"。

(《清史稿》卷五百四"釋道濟"條,第46册,第13903頁)

九、宗教信仰

辛　夷　塢

（唐）王維

【題解】

王維（701—761），字摩詰，祖籍太原祁（今山西太原），其父處廉徙家於蒲（今山西永濟），遂爲河東人。開元九年（721）進士及第，授太樂丞，後歷任右拾遺、河西節度判官、給事中、尚書右丞等職，世稱王右丞。王維精通佛學，晚年尤篤，受禪宗影響甚大，其名與字就取自佛典《維摩詰經》，故後人稱其"詩佛"。又精於詩文、音樂、繪畫，其詩眾體兼擅，以五律、絕句成就尤高。題材上則以山水田園影響最大，與孟浩然並稱"王孟"。有《王右丞文集》十卷行世，《舊唐書》卷一九〇、《新唐書》卷二〇二有傳。

王維描寫其輞川別業周圍景物的詩，總名《輞川集》，共收入五言絕句二十首，《辛夷塢》爲其十八。辛夷塢，藍田輞川（今陝西省藍田縣內）的風景勝地，位於王維輞川別業附近。本詩是王維以禪入詩的代表作品之一，蓮花聖潔而優雅的品性往往成爲佛心的象徵，以芙蓉比辛夷，用意正在於此。山澗寂無人聲人跡，這些美麗紅豔的辛夷花卻在塢中花開花落無聲無息，則正是禪境中的"無念"思想的體現。詩通過空寂閑靜的景物描寫，除了傳達出靜謐、澹泊和空靈的感覺外，還滲透出一種清淡、雅致和朦朦朧朧的"象外之象，景外之景"。在作者看來，整個精神世界和物質世界正像辛夷花那樣，在剎那的生滅中，因果相續、自在自爲地演化着。詩人心逐境寂，安禪入定，忘掉了現實的一切，把活脱脱、了無牽掛的禪意表達得一覽無遺。

木末芙蓉花[1]，山中發紅萼[2]。澗戶寂無人[3]，紛紛開且落[4]。

（《王維集校注》卷五，中華書局1997年版）

【注釋】

[1]木末芙蓉花：即指辛夷。辛夷，落葉喬木。其花初出時尖如筆椎，故又稱木筆，因其初春開花，又名應春花。花有紫白二色，大如蓮花。白色者名玉蘭。紫者六瓣，瓣短闊，其色與形似蓮花，蓮花亦稱芙蓉。辛夷花開在枝頭，故以"木末芙蓉花"借指。　[2]萼：花萼，花的組成部分之，由若干片狀物組成，包在花瓣外面，花開時托着花瓣。　[3]澗戶：澗口，山溪口。　[4]紛紛：他本作"絲絲"。

【集評】

（明）胡應麟：太白五言絕自是天仙口語，右丞卻入禪宗。如"人閒桂花落……""木末芙蓉花……"，讀之身世兩忘，萬念皆寂，不謂聲律之中，有此妙詮。

（《詩藪》内編卷六，第119頁）

俞陛雲：蘭生空谷，不以無人而不芳。東坡《羅漢贊》云：空山無人，水流花開。世稱妙悟，亦即此詩之意境。後二句之意，更有花開固孤芳自馨，花落亦無人悼惜。山林枯菀，悉付諸冥漠之鄉，洵超於象外矣。（《詩境淺説》續編卷一，第123頁）

僧伽歌

（唐）李白

【題解】

李白（701—762），字太白，祖籍隴西成紀（今甘肅秦安），出生於安西都護府之碎葉城（今吉爾吉斯坦共和國北部），五歲時隨父遷居綿州昌明（今四川江油）。李白反權貴，輕王侯，傲岸不群。其詩眾體兼長，尤擅樂府及七言歌行，詩風雄健縱横、豪放飄逸，想象奇特豐富，語言清新俊逸，色調瑰麗絢爛，是盛唐氣象的典型代表。有《李太白文集》三十卷傳世。《舊唐書》卷一九〇、《新唐書》卷二〇二有傳。

《僧伽歌》是李白贈與曾於五臺山修行的高僧僧伽的一首詩，據《清涼山志》卷七《僧伽神異》記載，《僧伽歌》中所寫的僧伽是天寶年間於五臺山修行的來自南天竺的頭陀僧。僧伽歸國前經過長安，曾遇見李白，與李白講論佛法，深受李白敬仰，故作歌贈之。詩的開篇點出所寫對象及他誦咒修持精進。接着介紹了僧伽的來歷和身份，以及頭陀僧伽的戒行清淨。第五、六句頌贊僧伽由於内心清淨，而德相莊嚴、行止高邁，使得一個身佩舍利瓶，手執古藤杖的天竺和尚宛如眼前。結尾處，詩人感歎自己落魄天涯，與僧伽相見恨晚，若早遇此得道高僧，便可通過懺悔、禮拜消除自己的波羅夷重罪以及輕垢微罪。此詩舒卷自如，文氣奔放流暢，基本上兩句一換韻，自然天成，清雄奔放。

真僧法號號僧伽[1]，有時與我論三車[2]。問言誦呪幾千徧，口道恒河沙復沙[3]。此僧本住南天竺[4]，爲法頭陀來此國[5]。戒得長天秋月明，心如世上青蓮色[6]。意清淨，貌稜稜[7]。亦不減，亦不增。瓶裏千年舍利骨[8]，手中萬歲胡孫藤。嗟予落泊江淮久，罕遇真僧説空有[9]。一言懺盡波羅夷[10]，再禮渾除犯輕垢[11]。

（《李太白全集校注》卷七，中華書局1977年版）

【注釋】

[1]僧伽：唐高僧，姓何。高宗時至長安、洛陽行化。歷游吴楚間，後遊灑州建伽藍居之。

中宗親爲書額"普光王寺"。景龍末年卒,乾符中謚證聖大師。據《太平廣記》載:"僧伽大師,西域人,姓何氏。唐龍朔初來遊北土,隸名於楚州龍興寺。……景龍二年,中宗皇帝遣使迎師入內道場,尊爲國師,尋出居薦福寺。……景龍四年三月二日,端坐而終。" [2]三車:佛教以羊車、鹿車、牛車爲三車,比喻三乘。《法華經》:"長者告諸子言羊車、鹿車、牛車今在門外,可以遊戲,汝等於此火宅宜速出來。"注云:"羊車喻聲聞乘,鹿車喻緣覺乘,牛車喻菩薩乘,俱以運載爲義,方便設施。" [3]恒河沙:恒河,水名。流經印度。恒河沙數言其多,至不可勝數。 [4]南天竺:古國名,即漢之身毒國,在蔥嶺西北,或云波羅門地。 [5]頭陀:梵語,稱僧人爲頭陀。《法苑珠林》:"西云頭陀,此云抖擻,能行此法,即能抖擻煩惱,去離貪著,如衣抖擻能去塵垢,是故從喻爲名。" [6]青蓮色:青色蓮花,瓣長而廣,青白分明,以喻僧伽心地清白。僧肇《維摩詰經注》云:"天竺有青蓮花,其葉修而廣,青白分明。" [7]貌稜稜:威嚴的樣子。言僧伽態度威嚴。 [8]舍利骨:《法苑珠林》:"舍利者,西域梵語,此云骨身,恐濫凡夫死人之骨,故存梵本之名。"舍利有三種:一爲骨舍利,色白;二爲髮舍利,色黑;三爲肉舍利,色赤。是佛舍利椎打不碎,是弟子舍利椎擊便破。 [9]空有:《後漢書·西域傳》:"清心釋累之訓,空有兼遣之宗。"章懷太子注云:"不執著爲空,執著爲有,兼遣謂不空不有,虛實兩忘也。"鳩摩羅什《維摩詰經注》:"佛法有二種,一者有,二者空,若常在有則累於想著,若常在空則舍於善本,若空有迭用則不設二過,猶日月代明,萬物以成。" [10]波羅夷:梵語,佛教戒律中最嚴重的罪名,犯此罪者,永棄佛法邊外。《法苑珠林》:"波羅夷者,此云極重罪是也。" [11]犯輕垢:比波羅夷罪減輕一等,凡沾汙淨行之類皆是。

【集評】

(明)謝榛:劉禹錫《送黔南僧》曰:"猿狖窺齋林葉動,蛟龍聞咒浪花低。"太白《僧伽歌》曰:"瓶裏千年舍利骨,手中萬歲瑚猻藤。"調高氣雄,大過禹錫。

(《詩家直説箋注》卷一,第76頁)

(清)王琦:《廣川書跋》:《僧伽傳》,蔣穎叔作,其謂李太白嘗以詩與師論三車者,誤也。詩鄙近,知非太白所作。世以昔人類在集中,信而不疑,且未嘗深求其言而知其不類。予爲之校其年,始知之。太白死在代宗元年,上距大足二年壬寅爲六十年而白生,當景龍四年白九歲,固不與僧伽接。然則其詩爲出於世俗,而復不考歲月,殆涅其服者托白以爲重,而儒者信之,又增異也。

(《李太白全集》卷七,第408頁)

論佛骨表[1]

(唐)韓愈

【題解】

韓愈(768—824),字退之,河南河陽(今河南孟縣)人,因韓氏郡望是河北昌黎,世稱韓昌黎。晚年任吏部侍郎,又稱韓吏部。謚號"文",又稱韓文公。德宗貞元八年(792)進士,歷任監察御史、陽山令、國子博士、太子右庶子、刑部侍郎、潮洲刺史、國子祭酒、吏部侍郎等職。韓愈大力提倡古文,與柳宗元共同領導了中唐古文運動。蘇軾稱其"文起八代之衰,道济天下之溺。"(《潮州韓文公廟碑》)。其文深於立意,巧於構思,語言精練,氣勢雄渾,才力充沛,想象奇特,形成奇崛宏偉的獨特風格。

本文是傳誦千古的辟佛名作,作於元和十四年(819),韓愈時任刑部侍郎。本篇是他於是年向唐憲宗上的奏表。據《舊唐書·韓愈傳》載:"鳳翔法門寺有護國真身塔,塔內有釋迦文佛指骨一節,其書本傳法,三十年一開,開則歲豐人泰。十四年正月,上令中使杜英奇押宫人三十人,持香花,赴臨皋驛迎佛骨。自光順門入大內,留禁中三日,乃送諸寺。王公士庶,奔走舍施,唯恐在後。百姓有廢業破產、燒頂灼臂而求供養者。愈素不喜佛,上疏諫。疏奏,憲宗怒甚。間一日,出疏以示宰臣,將加極法。裴度、崔群奏曰:'韓愈上忤尊聽,誠宜得罪,然而非內懷忠懇,不避黜責,豈能至此?伏乞稍賜寬容,以來諫者。'上曰:'愈言我奉佛太過,我猶爲容之。至謂東漢奉佛之後,帝王咸致夭促,何言之乖剌也?愈爲人臣,敢爾狂妄,固不可赦!'於是人情驚惋,乃至國戚諸貴,亦以罪愈太重,因事言之,乃貶爲潮州刺史。"

臣某言[2]:伏以佛者,夷狄之一法耳[3]。自後漢時流入中國[4],上古未嘗有也。昔者黄帝在位百年,年一百一十歲[5]。少昊在位八十年,年一百歲[6]。顓頊在位七十九年,年九十八歲[7]。帝嚳在位七十年,年一百五歲[8]。帝堯在位九十八年,年一百一十八歲[9]。帝舜及禹,年皆百歲[10]。此時天下太平,百姓安樂壽考[11],然而此時中國未有佛也。其後殷湯亦年百歲[12]。湯孫太戊在位七十五年[13];武丁,在位五十九年[14]:書史不言其年壽所極,推其年數,蓋亦俱不減百歲。周文王年九十七歲[15],武王年九十三歲[16],穆王在位百年[17]。此時佛法亦未人中國,非因事佛而致然也。

漢明帝時始有佛法[18],明帝在位纔十八年耳[19]。其後亂亡相繼,運祚不長[20]。宋、齊、梁、陳、元魏已下,事佛漸謹,年代尤促[21]。惟梁武帝在位四十八年[22],前後三度捨身施佛[23]。宗廟之祭不用牲牢[24],晝日一食,止於菜果[25]。其後竟爲侯景所逼,餓死臺城[26],國亦尋滅[27]。事佛求福,反更得禍。由此觀之,佛不足信,事亦可知矣。

高祖始受隋禪,則議除之[28]。當時群臣材識不遠[29],不能深知先王之道,古今之宜[30],推闡明聖[31],以救斯弊,其事遂止[32],臣常恨焉。伏維睿聖文武皇帝陛下神聖英武[33],數千百年已來未有倫比。即位之初,即不許度人爲僧尼道士[34],又不許創立寺觀。臣常以爲高祖之志必行於陛下之手。今縱未能即行,豈可恣之轉令盛也?今聞陛下令群僧迎佛骨於鳳翔,御樓以觀[35],舁入大內[36]。又令諸寺遞迎供養。臣雖至愚,必知陛下不惑於佛,作此崇奉,以祈福祥也。直以年豐人樂,徇人之心[37],爲京都士庶設詭異之觀[38],戲玩之具耳。安有聖明若此,而肯信此等事哉! 然百姓愚冥,易惑難曉,苟見陛下如此,將謂真心事佛,皆云:天子大聖,猶一心敬信;百姓何人,豈合更惜身命? 焚頂燒指[39],百十爲群,解衣散錢[40],自朝至暮,轉相仿效,惟恐後時,老少奔波,棄其業次[41]。若不即加禁遏,更歷諸寺,必有斷臂臠身,以爲供養者[42]。傷風敗俗,傳笑四方,非細事也。

夫佛本夷狄之人[43],與中國言語不通,衣服殊制,口不言先王之法言[44],身不服先王之法服[45],不知君臣之義、父子之情。假如其身至今尚在,奉其國命,來朝京師,陛下容而接之[46],不過宣政一見[47],禮賓一設[48],賜衣一襲[49],衛而出之於境,不令惑衆也。況其身死已久,枯朽之骨,凶穢之餘[50],豈宜令入宫禁?

孔子曰:"敬鬼神而遠之[51]。"古之諸侯行弔於其國[52],尚令巫祝先以桃茹祓除不祥[53],然後進弔。今無故取朽穢之物,親臨觀之,巫祝不先,桃茹不用,群臣不言其非,御史不舉其失,臣實恥之。乞以此骨付之有司,投諸水火,永絕根本,斷天下之疑,絕後代之惑。使天下之人,知大聖人之所作爲,出於尋常萬萬也。豈不盛哉!豈不快哉!佛如有靈,能作禍祟,凡有殃咎[54],宜加臣身。上天鑒臨,臣不怨悔。無任感激懇悃之至[55],謹奉表以聞。臣某誠惶誠恐。

(《韓愈文集彙校箋注》卷二十九,中華書局2010年版)

【注釋】

[1]佛骨:指佛教始祖釋迦牟尼的一節指骨。表:文體名,古代臣子上給皇帝的奏章之一,多用於陳情謝賀。漢蔡邕《獨斷》卷上云:"凡群臣上書於天子者有四名:一曰章,二曰奏,三曰表,四曰駁議。……表者不需頭,上言'臣某言',下言'臣某誠惶誠恐,頓首頓首,死罪死罪'……" [2]臣某言:表開頭的一種格式,某是上表者代詞。 [3]"伏以"二句:謂我以爲佛教本是來自夷狄的一種宗教。伏,下對上的敬詞。佛,指佛教。夷狄,指邊遠地區的少數民族,此處指天竺(今印度)。法,法度,這裏指宗教。 [4]"自後漢"句:據范曄《後漢書·西域·天竺國傳》載:"世傳明帝夢見金人,長大,頂有光明,以問群臣。或曰:'西方有神,名曰佛,其形長丈六尺而黃金色。'帝於是遣使天竺問佛道法,遂於中國圖畫形象焉。楚王英始信其術,中國因此頗有奉其道者。後桓帝好神,數祀浮屠、老子,百姓稍有奉者,後遂轉盛。"漢明帝劉莊曾派遣蔡愔到天竺去求佛法,得《四十二章經》和佛像,與僧人攝摩騰、竺法蘭同回,用白馬載佛經,永平十一年(68)在洛陽建寺,以"白馬"名之,佛法從此流人中國。 [5]"昔者"二句:黃帝,姓公孫,名軒轅。相傳他先後戰勝炎帝和蚩尤,爲漢族始祖。裴駰《史記集解》引皇甫謐《帝王世紀》:"在位百年而崩,年百一十一歲。"《太平御覽·皇王部·黃帝軒轅氏》引皇甫謐《帝王世紀》:"年百一十歲。" [6]"少昊"二句:少昊,姓己,一説姓嬴,名摯,號窮桑帝。孔穎達《周易正義》引皇甫謐《帝王世紀》:"在位八十四年而崩。" [7]"顓頊"二句:顓頊,相傳是黃帝之子昌意的後裔,號高陽氏。《史記集解》引皇甫謐《帝王世紀》:"在位七十八年,年九十八。" [8]"帝嚳"二句:帝嚳,相傳是黃帝之子玄囂的後裔,號高辛氏。《史記集解》引皇甫謐《帝王世紀》:"在位七十年,年百五

歲。" [9]"帝堯"二句：帝堯：相傳是帝嚳之子，號陶唐氏。《史記集解》引徐廣曰："堯在位凡九十八年。"《太平御覽·皇王部·帝堯陶唐氏》引皇甫謐《帝王世紀》："年百一十八歲。" [10]"帝舜"句：帝舜，相傳是顓頊的七世孫，號有虞氏。《史記集解》引徐廣曰："皇甫謐云'舜……百歲癸卯崩。"'禹，姓姒，以治理洪水被人稱頌，後建立夏朝。《史記集解》引皇甫謐《帝王世紀》："年百歲也。" [11]壽考：壽命長。考，老。 [12]"其後"句：殷湯，又稱商湯、湯，《史記集解》引皇甫謐曰："爲天子十三年，年百歲而崩。" [13]"湯孫"句：太戊，殷湯第四代孫，殷中宗。《尚書·無逸》："肆中宗之享國，七十有五年。" [14]"武丁"句：武丁，殷湯第十代孫，殷高宗。徐宗元《帝王世紀輯存》："武丁……享國五十九年，年百歲而崩。" [15]"周文王"句：周文王，姓姬，名昌，商末周族領袖，爲後來滅商建周奠定基礎。《史記集解》引徐廣日："文王九十七乃崩。" [16]"武王"句：武王，周文王之子，名發，周王朝的建立者。《禮記·文王世子》："武王九十三而終。" [17]"穆王"句：穆王，文王五世孫，名满。《尚書·吕刑》："王享國百年。" [18]漢明帝：光武帝劉秀之子劉莊，東漢第二代皇帝。 [19]十八年：明帝自公元57年至75年在位。 [20]"其後"二句：後漢自明帝死，到獻帝退位，共歷一百四十五年，中經章帝、和帝、殤帝、沖帝、質帝、少帝，在位時間皆甚短促。此後的三國和西晉、東晉，皇帝在位年數亦皆不長。運，國運。祚，此指君位。[21]"宋、齊"三句：宋(420—479)，立國五十九年，經八帝。齊(479—502)，立國二十四年，經七帝。梁(502—557)，立國五十六年，經四帝。陳(557—589)，立國三十三年，經五帝。以上爲南朝。元魏，即北魏(386—557)，立國一百六十年，經十七帝，此爲北朝。故云"年代尤促"。已，通"以"。謹，虔誠。促，短暫。 [22]梁武帝：南朝梁的開國皇帝，姓蕭，名衍，公元502年至549年在位。 [23]"前後"句：據《南史·梁本紀》載，梁武帝於大通元年(527)、中大通元年(529)、太清元年(547)三次捨身同泰寺作佛徒，每次皆由他的兒子和大臣用重金贖回。 [24]"宗廟"二句：據《南史·梁本紀》載，梁武帝於天監十六年(517)三月，下令"郊廟牲栓，皆代以麪(麵食)。"牲，祭祀用的牲畜。牢，古代稱牛、羊、豬各一頭爲太牢，稱羊、豬各一頭爲少牢。 [25]"晝日"二句：據《南史·梁本紀》載，梁武帝"溺信佛道，日止一食"。《三寶記》載，梁武帝"天監中便血味備斷，日惟一食，食止菜蔬。" [26]"其後"二句：侯景，字萬景，懷朔鎮(今內蒙古包頭)人。原爲北魏大將，後降梁，不久又叛梁，破建康(今江蘇南京)，攻人宫城，梁武帝被囚，後竟餓死。臺城，即宫城，宫禁所在之處，當時稱朝廷禁省爲"臺"，故名。 [27]尋：不久。 [28]"高祖"二句：高祖，唐高祖李淵，於618年廢隋恭帝，受禪讓，稱帝，建立唐朝，年號武德。據《舊唐書·傅奕傳》《新唐書·高祖紀》載，武德九年(626)太史令傅奕上疏請除釋教，高祖從其言，打算裁汰僧、尼、道士、女冠。 [29]"當時"句：指中書令蕭瑀等人反對傅奕除佛的主張。材識不遠，才能不高，識見短淺。 [30]宜：通"誼"，道理。 [31]推闡聖明：推求闡發聖主(指高祖)英明的旨意。 [32]其事遂止：實際議除佛教事主要因高祖不久退位而中止。[33]睿聖文武皇帝：元和三年(808)正月群臣上給憲宗的尊號。睿，聰明。聖，聖明。[34]度：世俗人出家，由其師剃去其髮鬚，稱爲"剃度"，亦單稱"度"，意即引度人脱離世俗苦海。 [35]御樓：登上宫樓。御，古代稱皇帝的行動爲"御"。 [36]舁(yú)：抬，扛。[37]徇：順從，隨着。 [38]士庶：士大夫和平民百姓。詭異之觀：新奇怪異的觀賞。

[39]焚頂燒指:指用香火燒灼頭頂或手指,以苦行來表示奉佛的虔誠。 [40]解衣散錢:指以施捨錢財來表示奉佛的虔誠。 [41]業次:生業,工作。業、次同義。《國語·晉語》韋昭注:"次,業也。" [42]臠(luán)身:從自己身上割下肉來。臠,把肉切成小塊。 [43]佛:此處指佛教創始者釋迦牟尼,他是古印度北部迦毗羅衛國(今尼泊爾境內)淨飯王之子,出生與活動的時期稍早於孔子。 [44]法言:合乎禮法的言語。 [45]法服:合乎禮法的服裝。 [46]容而接之,答應接見他。 [47]宣政:唐長安宫殿名,在東內大明宫內含元殿後,爲皇帝接見外國入京朝貢使臣之所。"唐時四夷入朝貢者,皆引見於宣政殿。" [48]禮賓:唐院名,在長興里北,爲招待外賓之所。"唐有禮賓院,凡胡客入朝,設宴於此。"設:設宴招待。 [49]一襲:一套,指單衣復衣齊全者。 [50]凶穢之餘:屍骨的殘餘。所迎佛骨僅指骨一節,故云。 [51]"敬鬼神"句:謂對鬼神要尊敬,但不要接近,即"敬而遠之"之意。語出《論語·雍也》。 [52]"行弔"句:謂到别的國家參加喪禮。弔,祭奠哀悼死者。 [53]"尚令"句:《禮記·檀弓下》:"君臨臣喪,以巫祝桃茢執戈,惡之也,所以異於生也。"注:"桃,鬼所惡。茢,萑苕,可掃不祥。"巫祝,官名,巫以舞蹈迎神娱神,祝以言辭向鬼神求福去災。桃,桃枝,古人迷信,認爲鬼怕桃木。茢(rú),苕帚,古人認爲可以掃除不祥。祓(fú)除,驅除。 [54]殃咎:猶"禍祟",禍害。 [55]無任:不勝。懇悃(kǔn):懇切忠誠。

【集評】

(北宋)歐陽修:每見前世有名人,當論事時,感激不避誅死,真若知義者;及到貶所,則慼慼怨嗟,有不堪之窮愁,形於文字。其心歡戚,無異庸人,雖韓文公不免此累。

(《與尹師魯第一書》,《歐陽修詩文集校箋》外集卷十七,第1793頁)

(南宋)洪邁:韓文公《諫佛骨表》,其詞切直,至云:"凡有殃咎,宜加臣身,上天鑒臨,臣不怨悔。"坐此貶潮州刺史。而《謝表》(編按即《潮州刺史謝上表》)云……摧挫獻佞,大與《諫表》不侔。 (《容齋五筆》卷九,《容齋随筆》,第939頁)

(明)茅坤:韓公以天子迎佛,特以祈壽護國爲心,故其議論亦只以福田上立説,無一字論佛宗旨。 (《唐宋八大家文鈔》卷一,第6頁)

(清)何焯:惑之大者則用借鑒,失之小者則用直陳,極得因事納誨立言之體。憲宗奉佛求壽,故前半只從年壽上立論。……祈福無驗,上已開陳,故入迎佛骨本事後。

(《義門讀書記》卷三十三《昌黎集·碑誌雜文》,第594-595頁)

(清)姚範:《論佛骨表》敍次論斷,簡質明健處,見公文字之老境。

(《援鶉堂筆記》卷四十二,《續修四庫全書》子部第1149册,第103頁)

林紓:昌黎《論佛骨》一表,爲天下之至文,直臣之正氣。入手,以憲宗畏死之故,引上古無數高年之天子,爲憲宗指迷,言耄耋之期,初非關於佛力。迨佛法既盛,自漢末迨梁,無永年之天子;武帝高壽,卒被横禍,則佛之效驗可知。一片皆爲流俗説話,力辟福禍之不關佛氏,精透極矣。 (《韓柳文研究法·韓文研究法》,第55頁)

錢基博:辨切而多風,急言竭論,氣自寬衍。學佛本非爲長生,而事佛必以凶折,卻亦並無證據。韓公無中生有,兩兩相形,語出懸揣,卻説來鑿鑿有據,可以悟文章翻空易奇之妙。然其意實用唐高祖時,傅奕《詆浮屠法疏》,見《唐書》傅奕本傳。

(《韓愈志》增订版,第144-145頁)

送僧浩初序

(唐)柳宗元

【題解】

柳宗元(773—819),字子厚,祖籍山西河東郡(今山西省永濟縣),故稱"柳河東"。後曾遷居江蘇吴縣,生於長安(今陜西西安)。因官終柳州刺史,又稱"柳柳州"。與韓愈共同倡導唐代古文運動,並稱"韓柳"。又與韓愈、歐陽修、蘇洵、蘇軾、蘇轍、王安石、曾鞏並稱爲"唐宋八大家"。詩歌亦頗有成就,與王維、孟浩然、韋應物並稱"王孟韋柳"。有《柳河東集》。

這篇文章屬於贈序文,作於元和六年(811),作者時任柳州刺史。柳宗元與韓愈雖以文並稱,但二人思想有别,尤其是對待佛教的態度上,他們曾有過一段長時間的辯論。貞元十九年(803),馬祖道一隔世弟子浮圖文暢從長安東南行,許多名士都寫詩作文送行,柳宗元也請韓愈作了《送浮圖文暢詩序》,序中倡言辟佛之道。柳宗元不同意這種觀點,到永州後寫了《送元十八山人南遊序》。時韓愈任東都洛陽都官員外郎,看到柳序後批評柳宗元"不斥浮圖",並將此意思托李礎捎信於柳宗元。元和六年,龍安海禪師弟子浩初欲離開永州,柳宗元寫下此序進一步闡述佛説往往與《周易》《論語》相合的觀點。此序主要爲了説明自己喜與浩初遊,樂與浩初言,蓋因浮圖之言可嗜,浮圖之人可遊,以此駁斥韓愈"病余與浮圖言,與浮圖遊"的批評。此序在結構上獨具特色,先寫與韓愈之論辯,説明自己崇佛的原因,後寫浩初之事,與前文印合,説理透闢,論證嚴密。

儒者韓退之與余善[1],嘗病余嗜浮圖,訾余與浮圖遊[2]。近隴西李生礎自東都來[3],退之又寓書罪余,且曰:"見《送元生序》[4],不斥浮圖。"浮圖誠有不可斥者,往往與《易》《論語》合,誠樂之,其於性情奭然[5],不與孔子異道。退之好儒未能過揚子[6]。揚子之書於莊、墨、申、韓皆有取焉[7]。浮圖者,反不及莊、墨、申、韓之怪僻險賊耶?曰:"以其夷也。"果不信道而斥焉以夷,則將友惡來、盜跖[8],而賤季札、由余乎[9]?非所謂去名求實者矣。吾之所取者與《易》《論語》合,雖聖人復生不可得而斥也。

退之所罪者其跡也,曰:"髡而緇[10],無夫婦父子,不爲耕農蠶桑而活乎人[11]。"若是,雖吾亦不樂也。退之忿其外而遺其中,是知石而不知韞玉也[12]。吾之所以嗜浮屠之言以此。與其人遊者,未必能通其言也。且凡爲其道者,不愛官,不爭能,樂山水而嗜閑安者爲多。吾病世之逐逐然唯印組爲務以相軋也[13],則舍是其焉從?吾之好與浮屠遊以此。

今浩初閑其性,安其情,讀其書,通《易》《論語》,唯山水之樂,有文而文之。又父子咸爲其道[14],以養而居[15],泊焉而無求,則其賢於爲莊、墨、申、韓之言,而逐逐然唯印組爲務以相軋者,其亦遠矣[16]。

李生礎與浩初又善。今之往也,以吾言示之。因北人寓退之視何如也[17]。

(《柳宗元集》卷二十五,中華書局1979年版)

【注釋】

[1]退之:韓愈字。古人自稱則稱名,稱呼別人則稱字或號。 [2]訾(zī):指責,批評。 [3]隴西:唐代隴西屬隴右道渭州,今甘肅隴西縣東南。李生礎:即李礎,貞元十九年(803)進士,李仁鈞之子,時爲湖南從事,元和六年,前往東都洛陽省父。 [4]《送元生序》:即柳宗元《送元十八山人南遊序》。 [5]奭(shì)然:曠達開闊的樣子。 [6]揚子:即揚雄,字子雲,東漢文學家、學者。 [7]申、韓:指申不害和韓非。前者爲戰國時期鄭國人,其學説本於黄老而主刑名;後者爲戰國時期韓國人,法家思想的集大成者。 [8]惡來:商紂的臣子,善於毁讒,作惡多端。跖(Zhí):名展雄,春秋末年魯國柳下人,故又名柳下蹠,因被誣爲盜,後世稱盜蹠。 [9]季札:春秋時吴國公子,吴王壽夢之季子,壽夢欲傳以位,辭不受,封於延陵,故稱延陵季子。由余:人名,其先晉人,逃亡入戎。奉使入見秦穆公。穆公以女樂贈戎王,戎王受而悦之。由余數諫不聽,遂奔秦。秦用由余謀伐戎,益國十二,開地千里,遂霸西戎。 [10]髠(kūn):本指古代一種剃光頭髮的刑罰。此處指和尚剃去頭髮。緇(zī):黑色,僧人的衣服爲淺黑色,此處指穿緇衣。 [11]活乎人:被人養活。[12]韞玉:石中包含著玉。 [13]病:厭惡,討厭。逐逐然:一定要得到的樣子。印組:印綬,代指做官。軋:傾軋,排擠不同派系的人。 [14]父子咸爲其道:指浩初父子和他的父親都信奉佛教。 [15]養而居:隱居。 [16]其亦遠矣:指那些在官場爭權奪利的人與浩初相比,那就相差很遠了。 [17]北人:指到北方洛陽去的人。

【集評】

(南宋)黄震:《送僧浩初序》專辟退之之辟佛。愚謂退之言仁義,而子厚異端;退之行忠直,而子厚邪党,尚不知愧,而反操戈焉。子厚自以爲智不遂,當矯名曰愚。吾見其真愚耳。 (《黄氏日抄》卷六十,《文津閣四庫全書》子部第235册,第454頁)

(南宋)劉謐:故子厚《送浩初上人序》曰:"儒者韓退之,嘗病余嗜浮圖。予以爲凡爲其道者,不愛官,不爭能,其賢於逐逐然唯印組是務者亦遠矣。"妙哉!子厚之言,深中愈膏肓也。又曰:"浮圖誠有不可斥者,往往與《易》《論語》合,不與孔子異道。雖聖人復生,不可得而斥也。"又曰:"退之所罪者其跡也,曰:'髠而緇,無夫婦父子,不爲耕農蠶桑。'忿其外而遺其中,是知石而不知韞玉也。"又曰:"果不通道而斥焉以夷,則將友惡來、盜蹠,而賤季劄、由余乎?"詳觀子厚之言,則韓柳之見,豈不天淵也哉!

(《三教平心論》卷下,第24-25頁)

（清）金聖歎：通篇如與退之辨難，殊不知都是憑空起波。前"嗜浮屠言""與浮屠遊"二句，如棋之勢子；中二大幅，如下棋；後入浩初，如棋劫也。

（《天下才子必讀書》卷十二，《金聖歎全集》第5冊，第433頁）

（清）何焯："而賤季札、由余乎"，季札、由余，用夏變夷者也。"吾之所取者，與《易》《論語》合"，不暇遠引，與《易》之乾坤、《論語》之本立道生猶有合否也。"無夫婦父子"至"不知韞玉也"，此遁詞耳。天下豈有外倫而能盡性者乎。"且凡爲道者"四句，所長止此，何至去人倫，無君父以殉之哉！然則柳子可謂昧于輕重者矣。此篇柳子極用意之作。

（《義門讀書記》卷三十六，第641頁）

南華寺

（北宋）蘇軾

【題解】

宋哲宗紹聖元年(1094)，五十九歲的蘇東坡再次遭貶，惠州安置。南遷路上，他拜謁了曹溪南華寺。南華寺是六祖惠能光大禪宗的地方，因作此詩。

云何見祖師？要識本來面[1]。亭亭塔中人[2]，問我何所見。可憐明上座，萬法了一電[3]。飲水既自知[4]，指月無復眩[5]。我本修行人[6]，三世積精鍊。中間一念失[7]，受此百年譴。摳衣禮真相[8]，感動淚雨霰[9]。借師錫端泉[10]，洗我綺語硯[11]。

（《蘇軾詩集》卷三十八，中華書局1982年版）

【注釋】

[1]"云何"二句：祖師，即六祖慧能。據《景德傳燈録》載：道明禪師聞五祖密付衣法與盧行者，即躡跡追逐至大庾嶺。曰："我來求法，願行者開示於我。"祖曰："不思善，不思惡。正恁麼時，那個是明上座本來面目？"師當下大悟。 [2]塔中人：即六祖塔。 [3]萬法了一電：《金剛經》云："一切有爲法，如露亦如電。" [4]飲水既自知：《壇經·行由品》載：明曰："慧明雖在黄梅，實未省自己面目。今蒙指示，如人飲水，冷暖自知。" [5]指月無復眩：《楞嚴經》云："如人以手指月示天，彼人因指當應看月，若復觀指以月爲體，此人豈惟亡失月輪，亦亡其指。" [6]修行：依據佛法的路線去行持實踐。《法華經·藥草喻品》："漸漸修行，皆得道果。" [7]一念：依據與刹那一念相應之智慧，而頓時開悟。《大般若經》：本覺與始覺相應，而理智冥合之無念之念，即是一念。 [8]"摳衣"句：出自《禮記·曲禮上》："摳衣趨隅，必慎唯諾。" [9]淚雨霰：南朝齊謝朓《晚登三山還望京邑》："佳期悵何許，淚下如流霰。" [10]"借師"句：《景德傳燈録》載：六祖初住曹溪，卓錫泉湧，清涼甘滑，贍足大衆。清人查慎行注："《南華志》：寺中有杖錫泉。" [11]綺語：《緣起經》云：身口意生十

惡。身三:殺、盜、淫;意三:貪、嗔、癡;口四:妄言、綺語、兩舌、惡口。

【集評】

(北宋)李彌遜:予舊觀東坡《南華寺》詩意,明上座非凡僧。後二十年,始識之於姑熟隱淨方丈。時夢堂新成尚虚,數與予偶坐堂上。味其言,非凡僧也。其後退居堂中,故衲子多以夢堂稱之。自是諸子得髓得皮,名滿四方矣。

(《福州仁王謨老語録序》,《全宋文》第180册,第277頁)

(清)紀昀:(開頭)觸境寄感,不同泛作禪語。

此方是東坡游南華寺詩,不可移掇他人;方是此時東坡游寺詩,不可移掇平日。此爲詩中有人。

(《蘇軾詩集》卷三十八引,第2061頁)

遊　仙　詩(其二)

(西晉)郭璞

【題解】

郭璞(276—324),字景純,河東聞喜(今屬山西)人。惠懷間避亂南下,王導引爲參軍。東晉初,曾任著作郎、尚書郎等職。後大將軍王敦引爲記室參軍,因勸阻王敦謀反,於太寧二年被害,死後追贈弘農太守。其作品以《遊仙詩》最爲著名,今傳《郭弘農集》是明人所輯。另有《周易注》《爾雅注》《山海經注》《穆天子傳注》《水經注》《楚辭注》《子虚上林賦注》等。

郭璞《遊仙詩》現存十四首,其中四首有殘缺。《文選》選録七首,本篇列第二。郭璞遊仙詩多借歌詠神仙抒寫其厭棄世俗生活、嚮往隱逸生活的情趣。本詩敘述隱者的仙境之樂,表達對遊仙之嚮往。境界瑰奇,寓意深長。

青谿千餘仞[1],中有一道士[2]。雲生梁棟間,風出窻戶裏[3]。借問此何誰,云是鬼谷子[4]。翹跡企潁陽[5],臨河思洗耳[6]。閶闔西南來[7],潛波渙鱗起[8]。靈妃顧我笑[9],粲然啓玉齒。蹇修時不存[10],要之將誰使[11]?

(《先秦漢魏晉南北朝詩》晉詩卷十一,中華書局1983年版)

【注釋】

[1]青谿:山名。李善《文選注》引庾仲雍《荊州記》:"臨沮縣有青溪山。山東有泉。泉側有道士精舍。郭景純嘗作臨沮縣,故《遊仙詩》嗟青溪之美。"郭璞爲臨沮縣(今湖北當陽)縣令事,不見《晉書》本傳,大約在王敦起之爲記室參軍時。仞:古代七尺或八尺爲一仞。"千餘仞",極言青溪山之高。　[2]道士:得道的高士,詩中指鬼谷子。　[3]"雲生"二句:形容

隱士精舍築處地勢之高。 [4]鬼谷子:戰國時人,姓王名詡,隱於鬼谷,故號之。他是縱橫家蘇秦、張儀的老師,人稱爲"真仙"。詩中泛指隱士,並有隱以自比之意。 [5]翹跡:舉足。潁陽:潁水之陽,相傳堯時高士許由隱居於此。 [6]洗耳:據晉皇甫謐《高士傳》卷上載:堯欲傳天下給許由,許由便逃到潁水之陽、箕山之下隱居。後堯又召他爲九州之長,許由以爲其言不善,便臨河洗耳。 [7]閶闔:西風。《史記·律書》:"閶闔風居西方"。 [8]"潛波"句:風行水上,波紋如魚鱗閃動。 [9]靈妃:即宓妃,傳說中的洛水女神。 [10]蹇修:相傳是伏羲臣子,掌媒事。《離騷》:"吾令豐隆乘雲兮,求宓妃之所在。解佩纕以結言兮,吾令蹇修以爲理。" [11]要:通"邀",請求。

【集評】

(南朝梁)劉勰:景純《仙篇》,挺拔而爲俊矣。

(《明詩》,《文心雕龍義證》卷二,第204頁)

(南朝梁)鍾嶸:晉弘農太守郭璞詩,憲章潘岳,文體相暉,彪炳可玩。始變中原平淡之體,故稱中興第一。《翰林》以爲詩首。但《遊仙》之作,詞多慷慨,乖遠玄宗。

(《詩品集注》,第247頁)

(唐)李善:凡遊仙之篇,皆所以滓穢塵網,錙銖纓紱,飡霞倒景,餌玉玄都。而璞之制,文多自敘,雖志狹中區,而辭無俗累,見非前識,良有以哉!

(《文選》卷二十一,第1018頁)

(清)陳祚明:景純本以仙姿游於方內,其超越恒情,乃在造語奇傑,非關命意。《遊仙》之作,明屬寄託之詞,如以"列仙之趣"求之,非其本旨矣!

(《采菽堂古詩選》卷十二,第379頁)

(清)張玉穀:此首隱以鬼谷自喻,而歎仙緣之尚有待也。前八,直就青溪道士所居敘起,點清鬼谷,表其遠企許由,爲己隱居學仙作影。後六,頂上河來即風波略一着色,幻出水仙顧笑有情,而以無媒難接、尚杳仙緣收住。離奇奧衍,嗣響楚騷。

(《古詩賞析》卷十二,第268頁)

(清)劉熙載:嵇叔夜、郭景純皆亮節之士,雖《秋胡行》貴玄默之致,《遊仙詩》假棲遯之言,而激烈悲憤,自在言外,乃知識曲宜聽其真也。 (《詩概》,《藝概》卷二,第54頁)

夢遊天姥吟留別

(唐)李白

【題解】

這是一首紀夢遊仙之作,詩題一作《別東魯諸公》,作於天寶五載(746)。李白離開長安後,曾與杜甫、高適同游梁宋,此時詩人心中頗爲苦悶,故往往寄情於求仙學道,以尋求解脫。後擬再遊吴越,告別東魯諸公時作此詩。天姥:山名,唐代屬剡縣(今浙江新昌)。

《太平寰宇記》卷九六引《後吴録》:"剡縣有天姥山,傳云登者聞天姥歌謠之響。"詩中描繪了一個虚幻的夢境,刻畫出想象中的天姥山奇麗明媚的景象,抒寫了詩人對神仙世界的熱烈嚮往和蔑視權貴、追求自由的傲岸人格和積極精神。全詩將豐富的想像和高度的誇張緊密結合,氣勢雄壯,風格豪放,語言流暢華美,情感浪漫奔放,可謂浪漫主義作品的典範之作。

海客談瀛洲[1],煙濤微茫信難求[2]。越人語天姥[3],雲霞明滅或可睹。天姥連天向天横,勢拔五嶽掩赤城[4]。天臺四萬八千丈[5],對此欲倒東南傾[6]。我欲因之夢吴越,一夜飛度鏡湖月[7]。湖月照我影,送我至剡溪[8]。謝公宿處今尚在[9],渌水蕩漾清猿啼[10]。脚著謝公屐[11],身登青雲梯[12]。半壁見海日,空中聞天雞[13]。千岩萬轉路不定,迷花倚石忽已暝[14]。熊咆龍吟殷岩泉,栗深林兮驚層巔[15]。雲青青兮欲雨,水澹澹兮生煙。列缺霹靂[16],丘巒崩摧。洞天石扉[17],訇然中開[18]。青冥浩蕩不見底[19],日月照耀金銀臺[20]。霓爲衣兮風爲馬[21],雲之君兮紛紛而來下。虎鼓瑟兮鸞回車[22],仙之人兮列如麻[23]。忽魂悸以魄動,怳驚起而長嗟[24]。惟覺時之枕席,失向來之煙霞[25]。世間行樂亦如此,古來萬事東流水。别君去兮何時還[26]? 且放白鹿青崖間,須行即騎訪名山[27]。安能摧眉折腰事權貴[28],使我不得開心顔!

(《李太白全集》卷十五,中華書局1977年版)

【注釋】

[1]海客:浪跡海上之人。瀛洲:傳説中的三神山之一。《史記·封禪書》:"自威、宣、燕昭使人入海求蓬萊、方丈、瀛洲三神山者,其傳在渤海中,去人不遠。患且至則船風引而去。蓋嘗有至者,諸仙人及不死之藥皆在焉。" [2]煙濤:波濤渺茫,遠看像煙霧籠罩的樣子。微茫:景象模糊不清。 [3]越:指今浙江一帶。 [4]勢拔五嶽掩赤城:山勢超過五嶽,遮掩住了赤城。拔:超出。赤城:山名,在今浙江天臺縣北,爲天臺山的南門,土色皆赤。[5]天臺:山名,在今浙江天臺縣北。四萬八千丈:形容天臺山很高,是一種誇張的説法,並非實數。四:一作"一"。陶弘景《真誥》:"天臺山高一萬八千丈"。 [6]對此欲倒東南傾:對著(天姥)這座山,(天台山)就好像要拜倒在它的東面一樣。意思是天臺山和天姥山相比,就顯得更低了。 [7]鏡湖:又名鑒湖或慶湖,在今浙江紹興。 [8]剡(Shàn)溪:水名,在今浙江嵊州市南,曹娥江上游。 [9]謝公:指謝靈運,東晉文學家,陳郡陽夏(今河南太康縣)人,曾任永嘉太守,後移居會稽。他遊覽天姥山時曾在剡溪住過,所作《登臨海嶠》詩有"暝投剡中宿,明登天姥岑"之句。 [10]渌水:清水。 [11]謝公屐:指謝靈運遊山時穿的一種特製木鞋,鞋底下安著活動的鋸齒,上山時抽去前齒,下山時抽去後齒。《南史·謝靈運傳》:"尋山陟嶺,必造幽峻,岩嶂數十重,莫不備盡。登躡常著木屐,止山則去其前齒,下山則去其後齒。" [12]青雲梯:形容高聳入雲的山路。 [13]天雞:傳説中神雞名。南朝梁任昉《述異記》卷下:"東南有桃都山,上有大樹,名曰桃都,枝相去三千里,

上有天雞。日初出照此木,天雞則鳴,天下之雞皆隨之鳴。" [14]暝:黄昏。 [15]"熊咆"兩句:熊咆龍吟,震盪著山山水水,使深林和山峰都驚懼戰慄。殷:這裏作動詞,震響。 [16]列缺:閃電。 [17]洞天:道教中稱神仙所居的洞府,意謂洞中别有天地。[18]訇(hōng)然:形容聲音很大。 [19]青冥:青天。 [20]金銀臺:金銀築成的宫闕,指神仙居住的地方。郭璞《遊仙詩》:"神仙排雲出,但見金銀臺。" [21]霓爲衣兮:屈原《九歌·東君》:"青雲衣兮白霓裳"。 [22]鸞:傳説中類似鳳凰一類的鳥。 [23]列如麻:形容衆多。宋張君房《雲笈七籤》卷九六《上元夫人步虛曲》:"忽過紫微垣,真人列如麻。" [24]"忽魂"二句:從夢中驚醒,長歎不已。 [25]"惟覺"二句:夢醒後只剩下眼前的枕席,剛才夢中的煙霞美景都已消失。 [26]君:指東魯友人。 [27]"且放"句:我且把白鹿放養在青山上,欲遠行時就騎它去訪問名山。 [28]折腰:低頭彎腰,卑躬狀。陶淵明曾歎:"我豈能爲五斗米向鄉裏小兒折腰!"(蕭統《陶淵明傳》)

【集評】

(明)高棅:太白天仙之詞,語多率然而成者。……《遠别離》《長相思》《烏棲曲》《鳴皋歌》《梁園吟》《天姥吟》《廬山謡》等作,長篇短韻,驅駕氣勢,殆與南山秋氣爭高可也。

(《唐詩品匯》,第267頁)

(清)沈德潛:託言夢遊,窮形盡相,以極"洞天"之奇幻;至醒後,頓失煙霞矣。知世間行樂,亦同一夢,安能於夢中屈身權貴乎?吾當别去,遍遊名山,以終天年也。詩境雖奇,脈理極細。

(《唐詩别裁集》卷六,第92頁)

(清)方東樹:陪起,令人迷。"我欲"以下正敍夢,愈唱愈高,愈出愈奇。"失向"句收住。"世間"二句入作意,因夢遊推開,見世事皆成虚幻也,不如此則作詩之旨無歸宿。留别意只末後一點。

(《昭昧詹言》卷十二,第254頁)

(清)愛新覺羅·弘曆:七言歌行本出楚騷、樂府,至於李白,然後窮極筆力,優入聖域。昔人謂其"以氣爲主,以自然爲宗,以俊逸高暢爲貴……詠之使人飄揚欲仙"(編按,語見王世貞《藝苑卮言》卷四)。而尤推其《天姥吟》《遠别離》等篇,以爲雖子美不能道。蓋其才横絶一世,故興會標舉,非學可及,正不必執此,謂子美不能及也。此篇夭矯離奇,不可方物,然因語而夢,因夢而悟,因悟而别,節次相生,絲毫不亂。若中間夢境迷離,不過詞意偉怪耳。

(《御選唐宋詩醇》卷六,《文津閣四庫全書》集部第483册,第771頁)

(清)陳沆:太白被放以後,回首蓬萊宫殿,有若夢遊,故託天姥以寄意。首言求仙難必,遇主或易,故"我欲因之夢吴越,一夜飛渡鏡湖月",言欲乘風而至君門也。"身登青雲梯,半壁見海日"以下言金鑾召見,置身雲霄,醉草殿廷,侍從親近也。"忽魂悸魄動"以下,言一旦被放,君門萬里。故云"惟覺時之枕席,失向來之煙霞"也。世間萬事東流水,安能摧眉事權貴云云,所謂"平生不識高將軍,手汙吾足乃敢嗔"也。題曰"留别",蓋寄去國離都之思,非徒酬贈握手之什。

(《詩比興箋》卷三,第159頁)

重過聖女祠

(唐)李商隱

【題解】

李商隱(約813—約858),字義山,號玉谿生、樊南生,祖籍懷州河內(今河南沁陽),生於河南滎陽(今鄭州滎陽)。唐文宗開成三年(838)進士。曾任弘農尉、東川節度使判官等職。李商隱是晚唐最著名的詩人,與杜牧並稱“小李杜”,與李賀、李白合稱“三李”。與溫庭筠合稱爲“溫李”,又因詩文與同時期的段成式、溫庭筠風格相近,且三人都在家族裏排行第十六,故並稱爲“三十六體”。其詩構思新奇,風格穠麗,尤其是愛情詩寫得纏綿悱惻,爲人傳誦,但過於隱晦迷離,難於索解,至有“詩家總愛西昆好,獨恨無人作鄭箋”(元好問《論詩絕句》)之説。因處於牛李黨爭的夾縫之中,一生很不得志。最後抑鬱寡歡而死,葬於鄭州滎陽(今滎陽苜蓿窪村)。據《新唐書》有《樊南甲集》二十卷,《樊南乙集》二十卷,《玉谿生詩》三卷,《賦》一卷,《文》一卷,部分作品已佚。

李商隱寫及聖女祠的詩共三首,其餘兩首均以《聖女祠》爲題。這首詩寫於大中十年(856)。聖女祠在今甘肅省武都縣,《水經注》載:“武都秦岡山懸崖之側,列壁之上,有神像狀婦人之容,其形上白下赤,世名之曰聖女。”唐代聖女祠是由陝西到西川的要道。李商隱在唐開成二年(837)回長安時途經這裏,曾作《聖女祠》詩:“杳靄逢仙跡,蒼茫滯客途。何年歸碧落,此路向皇都。”十九年後,李商隱再次回長安路過此地,所以詩題爲《重過聖女祠》。但是也有人認爲,聖女祠是指女冠居住的道觀,詩中歌詠的是一位女冠以及她所居住的聖女祠。

白石巖扉碧蘚滋[1],上清淪謫得歸遲[2]。一春夢雨常飄瓦[3],盡日靈風不滿旗[4]。萼緑華來無定所[5],杜蘭香去未移時[6]。玉郎會此通仙籍[7],憶向天階問紫芝[8]。

(《李商隱詩歌集解》增訂重排本,中華書局2004年版)

【注釋】

[1]滋:生長。 [2]上清:道教天上神仙居住的洞府,分玉清、太清、上清,是謂三清境。宋張君房《雲笈七籤》卷三:“其三清境者,玉清、上清、太清是也。亦名三天,其三天者,清微天、禹餘天、大赤天是也……靈寶君治在上清境,即禹餘天也。” [3]夢雨:暗用巫山神女的神話傳説。戰國時楚懷王游高唐,夢與神女相遇,神女自薦枕席,後屈原《九歌·山鬼》、宋玉《高唐賦》及《神女賦》都有描述,尤其是宋玉二賦稱讚其爲“旦爲朝雲,暮爲行雨”之美女,巫山雲雨遂成爲男女歡好之典。 [4]靈風:神靈之風。 [5]萼緑華:仙女名。據道

典《真誥》載，萼緑華是雲南山人女子，年二十許，上下青衣，於晉武帝升平三年十一月某夜降於羊權家。此後一個月，六過其家，授權屍解藥，權亦隱景化形而去。 [6]杜蘭香：仙女名。據晚唐五代杜光庭《墉城集仙録》載，有漁父於湘江之岸聞啼聲，四顧無人，惟一二歲女子。漁父憐而舉之。十餘歲，天姿奇偉。忽有青童自天而下，集其家，攜女去。臨升天，謂漁父説："我仙女也，嘗謫人間，今去矣！" [7]玉郎：傳説在天上掌管神仙籍簿的神仙。後人多謂玉郎爲李商隱之自謂。 [8]天階：天宫的殿階，亦指皇宫大殿之臺階。紫芝：仙草，服後可成仙飛舉。

【集評】

(清)金聖歎：此則又托聖女，以攄遷謫之怨也。言此岩扉本白，而今蘚滋成碧者，自蒙放逐，久不召還，多受沉屈，則轉更蕉萃(編按，即憔悴)也。"雨常飄瓦"者，歸朝之望，一念奮飛，恨不拔宅沖舉；"風不滿旗"者，寡黨之士，無有扶掖，終然顛墜而止也。

前解寫被謫，此解寫得援也。"萼緑華"，言定復有人憐而授手，特未卜其因緣則在何處也；"杜蘭香"，言近已有人辱承面許，然無奈其别去猶無多日也。末言既有相援之人，則必有得歸之日；此番若至中朝，定須牢記一問，有何巧宦之方，始得終免淪謫？蓋怨之甚，而遂出於戲言也。("萼緑華"，"杜蘭香"，皆聖女之同人也。"玉郎"，即稱聖女也。"憶向"，即記向也。)

(《貫華堂選批唐才子詩甲集七言律》卷六下，《金聖歎全集》第一册，第376頁)

(清)何焯：次聯乃是聖女祠，移向别仙鬼廟不得。"玉郎會此通仙籍"，玉郎疑是自謂。

(《義門讀書記》卷五十七，第1243頁)

俞陛雲：作游仙詩者，多涉雲思霞想。楚蜀之神女廟、小姑祠，雖皆托之遐想，尚有遺像流傳。聖女以石形虚擬，初無其像。玉谿此篇，借以寓身世之感，起結皆表明其意。……全篇皆空靈縹緲之詞，極才人之能事矣。 (《詩境淺説》丙編，第81-82頁)

虬髯客傳

(唐)杜光庭

【題解】

杜光庭(850—933)，字賓聖，號東瀛子。括蒼人(一説縉雲人，一説長安人)。咸通年間，杜光庭應九經舉落第，遂入天臺山，師從應夷山，爲陶弘景的七傳弟子。入道後以淵博的儒學基礎研究道教學説，廣泛搜集天下道書。他是中國著名的哲學家、思想家、道教集大成者，是"學海千尋，辭林萬葉，扶宗立教，天下第一"的道門領袖。唐僖宗李儇和前蜀王建兩位帝王視杜光庭爲帝佐國師，並將他類比軒轅黄帝之師"廣成子"，進其號爲"廣成先生"。他還是著名的文學家。在《全唐詩》中有詩一卷，特别是他的傳奇小説《虬髯客傳》在文學史上有很高的地位，曾得到魯迅先生的高度肯定。

《虬髯客傳》是唐傳奇中一篇著名的神仙小説,最早見於杜光庭《神仙感遇傳》,初名《虬鬚客》,文字簡略。宋初李昉編撰的《太平廣記》卷一九三收入杜光庭《虬髯客》,與現在流傳於世的《虬髯客傳》文字同,只少數語句稍有差異。宋張君房《雲笈七籤》卷一一二收有杜光庭《神仙感遇傳·虬鬚客》,又見於《道藏》。《虬髯客傳》主要寫隋末群雄並起,逐鹿中原。紅拂女慧眼識英雄,夜奔李靖,一同去太原。路遇虬髯客,結爲兄妹,去見李世民。一見李有天子氣象,似更受天命眷顧,虬髯客便退出競爭,以家財資助李氏,獨去海外稱王了。此故事不僅宣揚了真命天子的思想,更重要的是寄託了作者"內以治身,外以治國"的道教理想人生價值。杜光庭《道德真經廣聖義》推崇"內則修身,外即理國"的注解,並有"教諸侯"的內容。而其經歷也是先爲高道,後輔助王建治理蜀地,儼然爲王者之師,發揮了經世濟民的抱負。而這本就是道教教義中的基本部分。故虬髯客是其"內以治身,外以治國"道教理想的一個文學典型人物。杜光庭還運用道教"讖語"來顯示人物的個性特徵,以先驗性的預言來傳播道教的理念,從而使小説具有濃厚的道教色彩。例如,虬髯客本有稱王天下的政治抱負,並爲實現這一抱負而做了大量的物質準備。他與李靖、紅拂相識後,馬上就問:"亦闻太原之異人乎?"並借"望氣者"的口吻説:"太原有奇氣",以此來邀請他們相赴太原,共謀大事。在政治動盪的時代,説有異人奇氣,這就是天命真人出現的"讖語"。在杜光庭筆下,虬髯客在太原與李世民相會實際上就是"讖語"內容的具體展開,因而在描述當時還是"二郎"的李世民時就稱其"神氣揚揚,貌與常異",虬髯客見之非常驚異,稱爲"真天子也",但虬髯客並不甘心自己的失敗,還要讓"善相"的道兄再來見見李世民,看他是否真的具有王者之氣。道士見到李世民"神氣清朗,滿坐風生,顧盼煒如",馬上以棋局來讖告虬髯客:天下是李家的。故事末尾,杜光庭再次借虬髯客之口發佈讖語:"太原李氏,真英主也",斷定"三五年內,即當太平"。正是基於對未來的這種預測,虬髯客才拿出自己的全部財產贈予李靖,要他輔助李世民打天下,自己則去海外另謀發展。這些"讖語"尤如一條紅線貫穿於《虬髯客傳》之中,由此而顯示出道教傳奇小説所具有的特點。《虬髯客傳》對後世文學藝術影響深遠,明張鳳翼《紅拂記》傳奇、淩濛初《紅拂三傳》雜劇、馮夢龍《女丈夫》傳奇、清任伯年《風塵三俠圖》、徐悲鴻《太原三俠圖》,均取材於此。

隋煬帝之幸江都也[1],命司空楊素守西京[2]。素驕貴,又以時亂,天下之權重望崇者,莫我若也[3],奢貴自奉,禮異人臣[4]。每公卿入言,賓客上謁,未嘗不踞床而見[5],令美人捧出,侍婢羅列,頗僭於上[6],末年愈甚,無復知所負荷,有扶危持顛之心[7]。

一日,衛公李靖以布衣上謁[8],獻奇策。素亦踞見。公前揖曰:"天下方亂,英雄競起。公爲帝室重臣,須以收羅豪傑爲心,不宜踞見賓客。"素斂容而起,謝公,與語,大悦,收其策而退。當公之騁辯也,一妓有殊色,執紅拂[9],立於前,獨目公。公既去,而執拂者臨軒,指吏曰:"問去者處士第幾[10]? 住何處?"公具以答。妓誦而去。公歸逆旅[11]。其夜五更初,忽聞叩門而聲低者,公起問焉。

乃紫衣戴帽人，杖揭一囊。公問誰？曰："妾，楊家之紅拂妓也。"公遽延入。脱衣去帽，乃十八九佳麗人也。素面畫衣而拜。公驚答拜。曰："妾侍楊司空久，閲天下之人多矣，無如公者。絲蘿非獨生，願託喬木，故來奔耳[12]。"公曰："楊司空權重京師，如何？"曰："彼屍居餘氣[13]，不足畏也。諸妓知其無成，去者衆矣。彼亦不甚逐也。計之詳矣。幸無疑焉。"問其姓，曰："張。"問其伯仲之次[14]。曰："最長。"觀其肌膚儀狀、言詞、氣語，真天人也。公不自意獲之[15]，愈喜愈懼，瞬息萬慮不安，而窺戶者無停屨[16]。數日，亦聞追討之聲，意亦非峻[17]。乃雄服乘馬[18]，排闥而去[19]。

將歸太原。行次靈石旅舍[20]，既設牀，爐中烹肉且熟。張氏以髮長委地，立梳牀前。公方刷馬，忽有一人，中形[21]，赤髯如虬[22]，乘蹇驢而來。投革囊於爐前，取枕欹臥[23]，看張梳頭。公怒甚，未決，猶親刷馬。張熟視其面，一手握髮，一手映身搖示公[24]，令勿怒。急急梳頭畢。斂衽前問其姓[25]。臥客答曰："姓張。"對曰："妾亦姓張。合是妹。"遽拜之。問第幾。曰："第三。"問妹第幾。曰："最長。"遂喜曰："今夕幸逢一妹。"張氏遥呼："李郎且來見三兄！"公驟拜之。遂環坐。曰："煮者何肉？"曰："羊肉，計已熟矣。"客曰："飢。"公出市胡餅[26]。客抽腰間匕首，切肉共食。食竟，餘肉亂切送驢前食之，甚速。客曰："觀李郎之行，貧士也。何以致斯異人[27]？"曰："靖雖貧，亦有心者焉。他人見問，故不言，兄之問，則不隱耳。"具言其由。曰："然則將何之？"曰："將避地太原。"曰："然吾故非君所致也[28]。"曰："有酒乎？"曰："主人西，則酒肆也。"公取酒一斗。既巡，客曰："吾有少下酒物，李郎能同之乎？"曰："不敢。"於是開革囊，取一人頭並心肝。卻頭囊中，以匕首切心肝，共食之。曰："此人天下負心者，銜之十年[29]，今始獲之。吾憾釋矣。"又曰："觀李郎儀形器宇，真丈夫也。亦聞太原有異人乎？"曰："嘗識一人，愚謂之真人也。其餘，將帥而已。"曰："何姓？"曰："靖之同姓。"曰："年幾？"曰："僅二十。"曰："今何爲？"曰："州將之子[30]。曰："似矣。亦須見之。李郎能致吾一見乎？"曰："靖之友劉文靜者[31]，與之狎[32]。因文靜見之可也。然兄何爲？"曰："望氣者言太原有奇氣[33]，使吾訪之。李郎明發，何日到太原？"靖計之日。曰："達之明日，日方曙，候我於汾陽橋。"言訖，乘驢而去，其行若飛，迴顧已失。公與張氏且驚且喜，久之，曰："烈士不欺人[34]。固無畏。"促鞭而行。

及期，入太原。果復相見。大喜，偕詣劉氏。詐謂文靜曰："有善相者思見郎君，請迎之。"文靜素奇其人，一旦聞有客善相，遽致使迎之。使迴而至[35]，不衫不履，裼裘而來[36]，神氣揚揚，貌與常異。虬髯默然居末坐，見之心死，飲數杯，招靖曰："真天子也！"公以告劉，劉益喜，自負。既出，而虬髯曰："吾得十八九矣[37]。然須道兄見之。李郎宜與一妹復入京。某日午時，訪我於馬行東酒樓,樓下有此驢及瘦驢,即我與道兄俱在其上矣。到即登焉。”又別而去,公與張氏復應之。及期訪焉,宛見二乘。攬衣登樓,虬髯與一道士方對飲,見公驚喜,召坐圍飲,十數巡,曰:“樓下櫃中,有錢十萬。擇一深穩處一妹。某日復會於汾陽橋。”如期至,即道士與虬髯已到矣。俱謁文靜。時方弈棋,揖而話心焉[38]。文靜飛書迎文皇看棋[39]。道士對弈,虬髯與公傍待焉。俄而文皇到來,精采驚人,長揖而坐。神氣清朗,滿坐風生,顧盼煒如也[40]。道士一見慘然,下棋子曰:“此局全輸矣!於此失卻局哉!救無路矣!復奚言!”罷弈而請去。既出,謂虬髯曰:“此世界非公世界。他方可也。勉之,勿以爲念。”因共入京。虬髯曰:“計李郎之程,某日方到。到之明日,可與一妹同詣某坊曲小宅相訪。李郎相從一妹,懸然如磬[41]。欲令新婦祇謁[42],兼議從容[43],無前卻也。”言畢,吁嗟而去。公策馬而歸。

即到京,遂與張氏同往。至一小版門子,扣之,有應者,拜曰:“三郎令候李郎、一娘子久矣。”延入重門,門愈壯麗。婢四十人,羅列廷前。奴二十人,引公入東廳。廳之陳設,窮極珍異,巾箱、粧奩、冠鏡、首飾之盛,非人間之物。巾櫛粧飾畢,請更衣,衣又珍異。既畢,傳云:“三郎來!”乃虯髯紗帽裼裘而來,亦有龍虎之狀[44],歡然相見。催其妻出拜,蓋亦天人耳。遂延中堂,陳設盤筵之盛,雖王公家不侔也[45]。四人對饌訖,陳女樂二十人,列奏於前,若從天降,非人間之曲。食畢,行酒。家人自堂東舁出二十床,各以錦繡帕覆之。既陳,盡去其帕,乃文簿鑰匙耳[46]。虬髯曰:“此盡寶貨泉貝之數。吾之所有,悉以充贈。何者?欲以此世界求事,當或龍戰三二十載[47],建少功業。今既有主,住亦何爲?太原李氏,真英主也。三五年內,即當太平。李郎以奇特之才,輔清平之主,竭心盡善,必極人臣。一妹以天人之姿,蘊不世之藝[48],從夫之貴,以盛軒裳[49]。非一妹不能識李郎,非李郎不能榮一妹。起陸之貴,際會如期,虎嘯風生,龍吟雲萃[50],固非偶然也。持余之贈,以佐真主,贊功業也,勉之哉!此後十年,當東南數千里外有異事,是吾得事之秋也。一妹與李郎可瀝酒東南相賀[51]。”因命家童列拜,曰:“李郎一妹,是汝主也!”言訖,與其妻從一奴,乘馬而去。數步,遂不復見。公據其宅,乃爲豪家,得以助文皇締構之資[52],遂匡天下[53]。

貞觀十年,公以左僕射平章事[54]。適南蠻入奏曰:“有海船千艘,甲兵十萬,入扶餘國[55],殺其主自立。國已定矣。”公心知虬髯得事也。歸告張氏,具衣拜賀,瀝酒東南祝拜之。乃知真人之興也,非英雄所冀[56]。況非英雄者乎?人臣之謬思亂者,乃螳臂之拒走輪耳。我皇家垂福萬葉[57],豈虛然哉。或曰:“衛公之兵法,半乃虬髯所傳耳。”

(《唐人小說》卷上,中華書局1959年版)

【注釋】

[1]隋煬帝：姓楊名廣(569—618)，殺父自立皇帝，後在江都爲禁軍將領宇文化及所殺。江都：揚州，隋代郡名，治所在今江蘇揚州東北。 [2]司空：中國古代官名。西周始置，位次三公，與六卿相當，與司馬、司寇、司士、司徒並稱五官，掌水利、營建之事。楊素(？—606)：字處道，弘農(今屬陝西)人，隋朝開國功臣，歷任司空、司徒等官職，封越國公、楚國公。西京：隋都長安。 [3]"天下"二句：天下没有人比自己權位更重，名望更高。 [4]禮異人臣：所享受的禮節與臣子不同。暗示楊素使用帝王之禮。 [5]踞：伸直兩腿而坐。 [6]僭(jiàn)於上：享受的排場超越本分而很像皇帝。上，皇帝。 [7]"無復"二句：指楊素不關心自己負有挽救隋末危亡的重任。 [8]李靖(571—649)：字藥師，三原(今屬陝西)人。唐開國功臣，官刑部尚書，封衛國公。 [9]紅拂：紅色拂塵。拂塵是用麈尾或馬尾製成的器具，用來拂拭塵土或驅趕蚊蠅。 [10]處士：德才兼備而不出仕的人。[11]逆旅：旅店。 [12]奔：私奔。古代對非父母之命、媒妁之言所成就婚姻的稱謂。[13]屍居餘氣：比死屍多口氣。 [14]伯仲之次：兄弟姐妹的排行次序。 [15]不自意：出乎意料。 [16]窺户者無停屨：在窗外偷看的人絡繹不絕。 [17]峻：急切。 [18]雄服：男裝。 [19]排闥：推門。 [20]次：停留。靈石：縣名，今屬山西。 [21]中形：中等身材。 [22]赤髯如虬(qiú)：紅色的鬍鬚盤繞彎曲如虬龍。虬，無角的龍，或曰一種生有兩角的小龍。 [23]欹(qī)：傾斜。 [24]一手映身：一隻手藏在身後。 [25]斂衽：整理一下衣袖，表示鄭重。 [26]胡餅：餅面撒有芝麻(胡麻)的燒餅。 [27]致：得到。 [28]"然吾"句：然而我卻不是你要投奔的人。 [29]銜：懷恨。 [30]州將：李世民之父李淵在隋朝官太原留守，故稱州將。 [31]劉文靜：(568—619)，字肇仁，京兆武功(今屬陝西)人，隋末爲晉陽令，唐官至民部尚書、左僕射，封魯國公。 [32]狎：親近。 [33]望氣者：會望雲氣的人。 [34]烈士：豪俠義烈之士。 [35]使迴而至：去邀請的人剛回來，李世民跟着就到了。 [36]裼(xī)裘：古人穿裘皮之衣，外加正服，將正服的袖子卷起來露出裘皮衣袖，謂之裼裘。 [37]十八九：十之八九。 [38]話心：談心。 [39]文皇：唐太宗李世民。李世民死後謚號"文"。 [40]煒如：形容眼睛炯炯有神。 [41]懸然如磬：比喻家庭清貧，空無一物。典出《國語·魯語》："齊侯曰：'室如懸磬，野無青草，何恃而不恐？'" [42]新婦：指虬髯客新婚妻子。 [43]兼議從容：順便隨意聊聊。 [44]龍虎之狀：指帝王之相。 [45]侔：相等。 [46]文簿：指記録財產的冊子。 [47]龍戰：爭奪帝位的戰爭。 [48]蘊不世之藝：具有舉世罕見的才能。 [49]以盛軒裳：乘坐華貴的馬車，穿着華麗的衣服，意指享受榮華富貴。 [50]"起陸"四句：意爲帝王起興之時，猶如雲從龍，風從虎，必有傑出的人才聚集輔佐。 [51]瀝酒：灑酒於地。 [52]締構：指創建帝業。 [53]匡天下：統一天下。 [54]左僕射(yè)平章事：即宰相。唐尚書省設左、右僕射各一人，爲尚書令的副職。左、右僕射並非宰相，加"平章事"則爲宰相。 [55]扶餘國：古國名，在今吉林、遼寧、內蒙古一帶。 [56]冀：企求。 [57]萬葉：萬世。

【集評】

(南宋)洪邁:又有杜光庭《虬鬚客傳》:"隋煬帝幸江都,命楊素留守西京,李靖以布衣往謁,竊其一妓,道遇異人,與俱至太原,因劉文靜以見州將之子,言其真英主,傾家資與靖,使助創業之舉,即太宗也。"按,史載唐公擊突厥,靖察有非常志,自囚上急變。後高祖定京師,將斬之而止,必無先識太宗之事。且煬帝在江都時,楊素死已十餘年矣。此一傳,大抵皆妄云。(《容齋隨筆》卷十二,第155-156頁)

(明)陸采:此傳本張燕公譜,或曰杜光庭,非也。其事與《唐史》不合,史稱大業十四年,文皇年十八起義兵,而煬帝以元年幸江都,是時文皇甫六齡,安得謂僅二十,而有天子相乎?若以此幸爲十二年事,則楊素之亡已久,且衛公當上高祖急變,豈能識天子塵埃中邪?其爲子虚烏有之説無疑矣。説之豈真昧此特故爲是舛繆,以顯其寓言耳。雖然,亦奇甚矣。(《虞初志》卷一,第35頁)

魯迅:杜光庭之《虬髯客傳》(見《廣記》一百九十三)流傳乃獨廣,光庭爲蜀道士,事王衍,多所著述,大抵誕謾,此傳則記楊素妓人之執紅拂者識李靖於布衣時,相約遁去,道中又逢虬髯客,知其不凡,推資財,授兵法,令佐太宗興唐,而自率海賊入扶餘國殺其主,自立爲王云。後世樂此故事,至作畫圖,謂之三俠;在曲則明淩初成有《虬髯翁》,張鳳翼張太和皆有《紅拂記》。(《中國小説史略》,《魯迅全集》卷九,第90頁)

楊義:以"真命天子"的宿命觀作爲王朝顛覆前夕的強心劑,是可憐无補費精神的,但作者在把開國頌歌聊充末世挽歌之時,在一座"虎嘯風生,龍吟雲萃"的舞臺上搬演了氣勢不凡的風塵三俠戲劇,因而它也成爲唐傳奇動人神采的迴光返照。

(《中國古典小説史論》,第175頁)

亂蟠桃大聖偷丹　反天宫諸神捉怪(節選)

(明)吴承恩

【題解】

吴承恩(1500?—1582?),字汝忠,號射陽山人。淮安山陽(今江蘇淮安)人。吴承恩是否爲《西遊記》作者,目前尚有爭議,因現存《西遊記》明刻本,均署名爲"華陽洞天主人校"。吴承恩另有詩文集《射陽先生存稿》四卷。

《西遊記》是一部優秀的神魔小説。本篇選自其第五回,主要講述孫悟空大鬧天宫的故事。大鬧天宫的核心事件即本篇選録的第五回的前半部分,具體情節包括:孫悟空設計誆騙赤脚大仙,假冒大仙私闖瑶池蟠桃盛會,偷吃仙品仙酒,復誤入太上老君兜率宫,偷吃仙丹。從第五回中,我們可以明顯推知孫悟空對佛、道兩教的態度:只敢蔑視和反抗道家的權威人物——玉皇大帝,破壞道家天宫的秩序,而在佛家權威人物——如來佛面前則恭恭敬敬,頂禮膜拜。作者有意將佛教和道教串連起來進行比較,表現出揚佛貶道的主題,這正是中國古代相當長時期内佛、道鬥爭在文學作品中的有力體現。

話表齊天大聖到底是個妖猴，更不知官銜品從，也不較俸祿高低，但只注名便了。那齊天府下，二司仙吏，早晚伏侍，只知日食三飡，夜眠一榻，無事牽縈，自繇自在。閑時節，會友游宮，交朋結義。見三清稱個老字[1]，逢四帝道個陛下[2]。與那九曜星[3]、五方將、二十八宿、四大天王、十二元辰[4]、五方五老[5]、普天星相、河漢羣神，俱只以弟兄相待，彼此稱呼。今日東遊，明日西蕩，雲去雲來，行蹤不定。

一日，玉帝早朝，班部中閃出許旌陽真人[6]，頫顖啟奏道[7]："今有齊天大聖，日日無事閑遊，結交天上眾星宿，不論高低，俱稱朋友。恐後閑中生事，不若與他一件事管了，庶免別生事端。"玉帝聞言，即時宣詔。那猴王欣欣然而至，道："陛下，詔老孫有何陞賞？"玉帝道："朕見你身閑無事，與你一件執事。你且權管那蟠桃園，早晚好生在意。"大聖懽喜謝恩，朝上唱喏而退。他等不得窮忙，即入蟠桃園內查勘。本園中有個土地，攔住問道："大聖何往？"大聖道："吾奉玉帝點差，代管蟠桃園，今來查勘也。"那土地連忙施禮，即呼那一班鋤樹力士、運水力士、修桃力士、打掃力士，都來見大聖磕頭，引他進去。但見那：

夭夭灼灼，顆顆株株。夭夭灼灼桃盈樹，顆顆株株果壓枝。果壓枝頭垂錦彈，花盈樹上簇胭脂。時開時結千年熟，無夏無冬萬歲遲。先熟的酡顏醉臉，還生的帶蒂青皮。凝煙肌帶綠，映日顯丹姿。樹下奇葩並異卉，四時不謝色齊齊。左右樓臺竝館舍，盈空常見罩雲霓。不是玄都凡俗種[8]，瑤池王母自栽培。

大聖看翫多時，問土地道："此樹有多少株數？"土地道："有三千六百株。前面一千二百株，花微果小，三千年一熟，人吃了成仙了道，體健身輕。中間一千二百株，層花甘實，六千年一熟，人吃了霞舉飛昇，長生不老。後面一千二百株，紫紋緗核，九千年一熟，人吃了與天地齊壽，日月同庚。"大聖聞言，懽喜無任，當日查明了株樹，點看了亭閣，回府。自此後，三五日一次賞翫，也不交友，也不他遊。

一日，見那老樹枝頭桃熟大半，他心裏要吃個嘗新，奈何本園土地、力士竝齊天府仙吏緊隨不便。忽設一計道："汝等且出門外伺候，讓我在這亭上少憩片時。"那眾仙果退。只見那猴王脫了冠服，爬上大樹，揀那熟透的大桃摘了許多，就在樹枝上自在受用，吃了一飽，卻才跳下樹來，簪冠着服，喚眾等儀從回府。遲三二日，又去設法偷桃，盡他享用。

一朝，王母娘娘設宴，大開寶閣瑤池中，做蟠桃勝會，即着那紅衣仙女、青衣仙女、素衣仙女、皂衣仙女、紫衣仙女、黄衣仙女、綠衣仙女，各頂花籃，去蟠桃園摘桃建會。七衣仙女直至園門首，只見蟠桃園土地、力士同齊天府二司仙吏，都在那裏把門。仙女近前道："我等奉王母懿旨，到此摘桃設宴。"土地道："仙娥且住。今歲不比往年了，玉帝點差齊天大聖在此督理，須是報大聖得知，方敢開園。"仙女道:"大聖何在?"土地道:"大聖在園内,因困倦,自家在亭上睡哩。"仙女道:"既如此,尋他去來,不可遲悮。"土地即與同進,尋至花亭不見,只有衣冠在亭,不知何往。四下裏都没尋處。原來大聖耍了一會,吃了幾個桃子,變做二寸長的個人兒,在那大樹梢頭濃葉之下睡着了。七衣仙女道:"我等奉旨前來,尋不見大聖,怎敢空回?"旁有仙使道:"仙娥既奉旨來,不必遲疑。我大聖閑遊慣了,想是出園會友去了。汝等且去摘桃,我們替你回話便是。"

那仙女依言,入樹林之下摘桃。先在前樹摘了三籃,又在中樹摘了三籃,到後樹上摘取,只見那樹上花果稀疎,止有幾個毛蒂青皮的。原來熟的都是猴王吃了。七仙女張望東西,只見向南枝上止有一個半紅半白的桃子,青衣女用手扯下枝來,紅衣女摘了,卻將枝子望上一放。原來那大聖變化了,正睡在此枝,被他驚醒,大聖即現本相,耳躲内掣出金箍棒,幌一幌,碗來粗細,咄的一聲道:"你是那方怪物,敢大膽偷摘我桃?"慌得那七仙女一齊跪下道:"大聖息怒。我等不是妖怪,乃王母娘娘差來的七衣仙女,摘取仙桃,大開寶閣,做蟠桃勝會。適至此間,先見了本園土地等神,尋大聖不見,我等恐遲了王母懿旨,是以等不得大聖,故先在此摘桃,萬望恕罪。"大聖聞言,回嗔作喜道:"仙娥請起。王母開閣設宴,請的是誰?"仙女道:"上會自有舊規,請的是西天佛老、菩薩、聖僧羅漢,南方南極觀音,東方崇恩聖帝、十洲三島仙翁[9],北方北極玄靈,中央黄極黄角大仙:這個是五方五老。還有五斗星君[10],上八洞三清四帝,太乙天仙等眾,中八洞玉皇九壘[11],海岳神仙,下八洞幽冥教主[12]、注世地仙[13]。各宫各殿大小尊神,俱一齊赴蟠桃嘉會。"大聖笑道:"可請我麽?"仙女道:"不曾聽得説。"大聖道:"我乃齊天大聖,就請我老孫做個席尊,有何不可?"仙女道:"此是上會舊規,今會不知如何。"大聖道:"此言也是,難怪汝等。你且立下,待老孫先去打聽個消息,看可請老孫不請。"

好大聖,捻着訣,念聲咒語,對眾仙女道:"住,住,住!"這原來是個定身法,把那七衣仙女一個個睖睖睜睜[14],白着眼,都站在桃樹之下。大聖縱朵祥雲,跳出園内,竟奔瑤池路上而去。正行時,只見那壁廂[15]:

一天瑞靄光搖曳,五色祥雲飛不絕。白鶴聲鳴振九皋,紫芝色秀分千葉。主中間現出一尊仙,相貌昂然丰采别。神舞虹霓幌漢霄,腰懸寶籙無生滅。知名稱赤腳大羅仙[16],特赴蟠桃添壽節。

那赤腳大仙覿面撞見大聖[17],大聖低頭定計,賺哄真仙[18],他要暗去赴會,卻問:"老道何往?"大仙道:"蒙王母見招,去赴蟠桃嘉會。"大聖道:"老道不知。玉帝因老孫觔斗雲疾,着老孫五路邀請列位,先至通明殿下演禮,後方去赴宴。"大仙是個光明正大之人,就以他的誑語作真,道:"常年就在瑤池演禮謝恩,如何先去通明殿演禮,方去瑤池赴會?"無奈,只得撥轉祥雲,徑往通明殿去了。

大聖駕着雲,念聲咒語,搖身一變,就變做赤腳大仙模樣,前奔瑤池。不多時,直至寶閣,按住雲頭,輕輕移步,走入裏面。只見那裏:

瓊香繚繞,瑞靄繽紛。瑤台鋪彩結,寶閣散氤氳。鳳翥鸞翔形縹緲,金花玉萼影浮沉。上排着九鳳丹霞扆,八寶紫霓墩。五彩描金桌,千花碧玉盆。桌上有龍肝和鳳髓,熊掌與猩唇。珍饈百味般般美,異果嘉肴色色新。

那裏鋪設得齊齊整整,卻還未有仙來。這大聖,點看不盡,忽聞得一陣酒香撲鼻,急轉頭,見右壁廂長廊之下,有幾個造酒的仙官,盤糟的力士,領幾個運水的道人,燒火的童子,在那裏洗缸刷甕,已造成了玉液瓊漿,香醪佳釀。大聖止不住口角流涎,就要去吃,奈何那些人都在那裏,他就弄個神通，把毫毛拔下幾根,丢入口中,嚼碎噴將出去,念聲咒語,叫"變",即變做幾個瞌睡蟲,奔在衆人臉上。你看那夥人手軟頭低,閉眉合眼,丢了執事,都去盹睡。大聖卻拿了些百味八珍,佳殽異品,走入長廊裏面,就着缸,挨着甕,放開量,痛飲一番。吃勾了多時,酕醄醉了[19],自揣自摸道:"不好,不好!再過會,請的客來,卻不怪我?一時拿住,怎生是好?不如早回府中睡去也。"

好大聖,搖搖擺擺,仗着酒,任情亂撞,一會把路差了,不是齊天府,卻是兜率天宫。一見了,頓然醒悟,道:"兜率宫是三十三天之上[20],乃離恨天太上老君之處,如何錯到此間?也罷,也罷!一向要來望此老,不曾得來,今趁此殘步,就望他一望也好。"即整衣撞進去。那裏不見老君,四無人跡。原來那老君與燃燈古佛在三層高閣朱陵丹臺上講道[21],衆仙童、仙將、仙官、仙吏都侍立左右聽講。這大聖直至丹房裏面,尋訪不遇,但見丹竈之傍,爐中有火,爐左右安放着五個葫蘆,葫蘆裏都是煉就的金丹。大聖喜道:"此物乃仙家之至寶。老孫自了道以來,識破了内外相同之理,也要煉些金丹濟人,不期到家無暇。今日有緣,卻又撞着此物,趁老子不在,等我吃他幾丸嘗新。"他就把那葫蘆都傾出來,就都吃了,如吃炒豆相似。一時間丹滿酒醒,又自己揣度道:"不好,不好!這場禍比天還大,若驚動玉帝,性命難存!走,走,走!不如下界爲王去也!"他就跑出兜率宫,不行舊路,從西天門,使個隱身法逃去,即按雲頭,回至花果山界。

但見那旌旗閃灼,戈戟光輝,原來是四健將與七十二洞妖王,在那裏演習武藝。大聖高叫道:"小的們!我來也!"衆怪丢了器械,跪倒道:"大聖好寬心,丢下我等許久不來相顧!"大王道:"没多時,没多時。"且説且行,徑入洞天深處。四健將打掃安歇,叩頭禮拜畢,俱道:"大聖在天這百十年,實受何職?"大聖笑道:"我記得才半年光景,怎麼就説百十年話?"健將道:"在天一日,即在下方一年也。"大聖道:"且喜這番玉帝相愛,果封做齊天大聖,起一座齊天府,又設安静、寧神二司,司設仙吏侍衛。向後見我無事,着我代管蟠桃園。近因王母娘娘設蟠桃大會,未曾請我,是我不待他請,先赴瑶池,把他那仙品仙酒,都是我偷吃了。走出瑶池,踉踉蹡蹡,悮入老君宫闕,又把他五個葫蘆金丹也偷吃了。但恐玉帝見罪,方纔走出天門來也。"衆怪聞言大喜,即安排酒果接風,將椰酒滿斟一石碗奉上。大聖呷了一口,即咨牙俫嘴道[22]:"不好吃,不好吃!"崩、芭二將道:"大聖在天宫,吃了仙酒仙肴,是以椰酒不甚美口。常言道:'美不美,鄉中水。'"大聖道:"你們就是'親不親,故鄉人'。我今早在瑶池中受用時,見那長廊之下有許多瓶罐,都是那玉液瓊漿,你們都不曾嘗着。待我再去偷他幾瓶回來,你們各飲半杯,一個個也長生不老。"衆猴懽喜不勝。

大聖即出洞門,又翻一筋斗,使個隱身法,徑至蟠桃會上,進瑶池宫闕。只見那幾個造酒、盤糟、運水、燒火的,還鼾睡未醒。他將大的從左右脅下挾了兩箇,兩手提了兩箇,即撥轉雲頭,回來會衆猴,在於洞中就做個仙酒會,各飲了幾杯,快樂不題。

(《西遊記》李卓吾評本第五回,上海古籍出版社1994年版)

【注釋】

[1]三清:道教神名,即居住於玉清境的元始天尊、上清境的靈寶天尊、太清境道德天尊。 [2]四帝:道教神名。包括:東方青帝,主木,司春;南方赤帝,主火,司夏;西方白帝,主金,司秋;北方黑帝,主水,司冬。 [3]九曜(yào):指日、月、金、木、水、火、土、羅睺、計都九星。 [4]十二元辰:道教神名。指寅生屬虎,功曹元辰;卯生屬兔,太沖元辰;辰生屬龍,天罡元辰;巳生屬蛇,太乙元辰;午生屬馬,勝光元辰;未生屬羊,小吉元辰;申生屬猴,傳送元辰;酉生屬雞,從魁元辰;戌生屬犬,河魁元辰;亥生屬豬,登明元辰;子生屬鼠,神後元辰;丑生屬牛,大吉元辰。 [5]五方五老:代表東南西北中五個方向之神,包括西方西天佛老、南方南極觀音、東方崇恩聖帝、北方北極玄靈、中央黄極黄角大仙。 [6]許旌陽:道教神名,又稱許真君。俗名許遜(239—374),晉朝道士,字敬之,汝南(今屬河南)人,家南昌(今屬江西)。學道於吴猛,後舉孝廉,曾爲旌陽縣(今屬湖北)令。因感晉室動亂,棄官東歸,周遊江湖。傳説東晉寧康二年(374)在南昌西山,舉家白日飛升,得道成仙。宋代封其爲"神功妙濟真君",世稱許真君,又稱許旌陽。 [7]頫顖:叩頭。 [8]玄都凡俗種:玄都,即唐代長安城内的著名道觀玄都觀,據説觀内栽滿桃樹,唐劉禹錫《元和十年自朗州承召至京戲贈看花君子》詩云:"玄都觀裏桃千樹,儘是劉郎去後栽。" [9]十洲三島:道教福地。十洲,指玄、瀛、祖、聚窟、炎、麟、流、長、元、生洲;三島,指方丈、蓬萊、瀛洲。 [10]五斗星君:道教神名。五斗,即五方斗宿,以北斗爲主,南斗次之,再次爲東斗、西斗、中斗。其中北斗有七位星君,南斗有六位星君,東斗有五位星君,西斗有四位星君,中斗有三位星君,凡五斗二十五位星君。 [11]九壘:道教將天分爲九霄,地則分爲九壘,每壘均有神,稱"九壘土皇"。 [12]幽冥教主:道教神名,掌管陰司。 [13]注世地仙:即住世地仙。葛洪《抱朴子内篇·論仙》:"按仙經云,上士舉形昇虚,謂之天仙。中士游於名山,謂之地仙。下士先死後蜕,謂之屍解仙。" [14]睖睖睜睜:形容發愣的樣子。 [15]

那壁廂：那邊。 [16]大羅仙：住在道教最高仙境大羅天中的神仙。“赤腳大羅仙”未見道教典籍記載，或是民間杜撰。 [17]覿(dí)面：對面。 [18]賺哄：哄騙。 [19]酕醄(máotáo)：酩酊大醉的樣子。 [20]三十三天：道教天界名。包括東、西、南、北四方各八天及最高的大羅天，共三十三天。 [21]燃燈古佛：佛名，又稱“錠光佛”或“燃燈太子”。因其出生時周身光芒如燈燃，故名。 [22]咨牙倈(lái)嘴：即齜牙咧嘴。

【集評】

(清)張書紳：西遊全部，無題不是奇文，至於此篇，更奇。看他先寫閑字一層，居字一層，善字一層，乘勝點出小人，翻轉爲不善一層，又其次，先過到有所至，然後轉到無所不至。極力一書，追無剩意，逐字咬破，層次天然，乃稀世之奇文，非細心讀之，莫知其妙也。

(《新説西遊記》第五回，第167–168頁)

胡適：第一部分乃是世間最有價值的一篇神話文學。……著者寫猴王大鬧天宫的一長段，實在有點意思。玉帝把猴王請上天去，卻只叫他去做一個未入流的弼馬溫；猴王氣了，反下天宫，自稱“齊天大聖”；玉帝調兵來征伐，又被猴王打敗了；玉帝没法，只好又把他請上天去，封他“齊天大聖”，“只不與他事管，不與他俸禄”！後來天上的大臣又怕他太閑了，叫他去管蟠桃園。天上的貴族要開蟠桃勝會了，他們依著“上會的舊規”，自然不請這位前任弼馬溫。不料這饞嘴的猴子一時高興，把大會的仙品仙酒一齊偷吃了，攪亂了蟠桃大會，把一座莊嚴的天宫鬧的不成樣子，他卻又跑下天稱王去了！……美猴王的天宫革命，雖然失敗，究竟還是一個“雖敗猶榮”的英雄。

(《〈西遊記〉考證》，《胡適古典文學研究論集》，第914–915頁)

十、數術方技

乾　　卦（節選）

《周易》

【題解】

《周易》亦稱《易經》，簡稱《易》，《史記》稱《周易》爲周文王所作。全書分爲《上經》三十卦，《下經》三十四卦，共計六十四卦和三百八十四爻。卦和爻各有説明的文字，稱卦辭和爻辭，供占卜之用。此外還有《繫辭上傳》《繫辭下傳》《説卦傳》《序卦傳》《雜卦傳》。全書以陰陽二元論爲基礎，並對事物運行規律加以論證和描述。《周易》一書對於天地萬物進行性狀歸類，以天干地支論五行，並對事物的未來發展做出預測。《周易》是中國傳統思想文化中自然哲學與倫理實踐的根源，對中國文化産生了巨大的影響。

本篇選自《周易》。作爲《周易》的開篇，通過對大自然的直感觀察，認爲"天"體現着元始、亨通、和諧有利、貞正堅固這四種德性；之所以如此，在於"天"的本質元素是沛然剛健的陽氣，這種陽氣循環往復，主宰整個大自然。陳述了天道與人世的關係，乾元陽氣，化生萬物，生生不息，統貫天道。天地之大德曰生，而順應自然界的規律則可參贊天地之化育，促進事物的發展，使物産豐富，經濟繁榮，政通人和，天下太平。推天道以明人事，君子當把天道之剛健轉化爲一己之精神，以自強奮發的品質，積極進取，迎難而上。

乾：元，亨，利，貞[1]。

…………

彖曰：大哉乾元[2]，萬物資始，乃統天。雲行雨施，品物流形[3]。大明終始[4]，六位時成[5]，時乘六龍以御天[6]。乾道變化，各正性命[7]，保合大和[8]，乃利貞。首出庶物[9]，萬國咸寧。

象曰：天行健[10]，君子以自強不息。潛龍勿用，陽在下也[11]。見龍再田，德施普也[12]。終日乾乾，反復道也[13]。或躍在淵，進無咎也。飛龍在天，大人造也[14]。亢龍有悔，盈不可久也。用九，天德不可爲首也[15]。

（《周易正義》卷一，《十三經注疏》清嘉慶刊本，中華書局2009年版）

【注釋】

[1] 元，亨，利，貞：元，始也。亨，通也。利，和也。貞，正也。一説元亨是大通順，利貞是

占問的事有利。 [2]乾元:指元始之德,即天的元氣,而古人認爲元氣可以化生萬物。 [3]品物流形:品物,即品類之物,指各類事物,或言萬物;流形,即流布變動成形。 [4]大明:太陽。 [5]六位時成:六位,指六爻;時,意爲按時。六位時成指日出之時,天在上,地在下,四時的寒暑變化也因日照而成,説明陽氣的發展順延一定的規律。 [6]六龍:喻乾卦六爻。本句指六爻變動如六龍按時御天,天乘六氣,乾元以六位之氣化生萬物。 [7]各正性命:正,定也,靜定;性,屬性;命,壽命。即萬物各得性命之正。 [8]保合大和:保合,保持住;大和,即太和,指沖和之氣。 [9]首出庶物:新的陽氣又開始萌生萬物。[10]天行健:天行,即天道;健,剛健。 [11]陽在下:指初九陽氣因初生而居下,雖有陽德,潛藏在下,故曰潛龍不可妄動。 [12]德施普:指二九陽氣出現於地面,以其生養之德普及萬物;如言人事,則似聖人出世,恩施道德。 [13]反復道:反復,即重復實踐;道,即合理的行爲。 [14]造:即興起而有所作爲。此句喻大人居君位而有所作爲。 [15]天德:指陽剛之德,因乾卦六爻都是陽爻,故稱純陽爲天德。

陰　陽

《周易》

【題解】

本篇選自《周易·繫辭上》,主要論述"一陰一陽之謂道"。前半部分泛論"道"的蘊義,後半部分辨析《周易》中"陰陽變化"之理的體現。

一陰一陽之謂道,繼之者善也,成之者性也[1]。仁者見之謂之仁,知者見之謂之知[2],百姓日用不知;故君子之道鮮矣[3]。顯諸仁,藏諸用[4],鼓萬物而不與聖人同憂[5],盛德大業至矣哉! 富有之謂大業,日新之謂盛德。生生之謂易[6],成象之謂乾[7],效法之謂坤[8],極數知來之謂占[9],通變之謂事[10],陰陽不測之謂神[11]。

(《周易正義》卷七,《十三經注疏》清嘉慶刊本,中華書局2009年版)

【注釋】

[1]繼之者善:陰陽對立化生萬物是善。繼,傳繼。成之者性:所形成的每一物都有其本性。成,蔚成。 [2]仁者見之謂之仁,知者見之謂之知:仁者偏於見仁,智者偏於見智,所見者都不全面。 [3]君子之道:認識全面的道。 [4]顯諸仁,藏諸用:此句言道顯現於仁德,而潛藏於日用。諸,之於。 [5]不與聖人同憂:即與聖人之憂不同。聖人爲濟世利民而憂,然自然之道則無爲無憂。 [6]生生之謂易:生生,陰陽轉易相生,不息不絕;易,變化。 [7]成象之謂乾:成象,猶言成天之象。乾,指在天成象。 [8]效法之謂坤:法,指法

則。坤,指天地之地。[9]極數知來:極盡筮草數與爻數來占知未來的吉凶。[10]通變之謂事:通過變化而形成的事情。[11]陰陽不測之謂神:此句言陰陽變化的神妙不可測定。神,指神妙。

數　術　略(節選)

(東漢)班固

【題解】

《漢書·藝文志》,簡稱《漢志》,屬於史志書目,是我國現存最早的目録學文獻。該部分是作者根據劉向《别録》和劉歆《七略》增刪改撰而成的,仍存六藝、諸子、方技、六略的分類體系,另析"輯略"形成總序,置於志首,敘述了先秦學術思想源流和派别,是研究古代文化思想和圖書流傳等方面有價值的著作。總共著録圖書三十八種,五百九十六家,一萬三千二百六十九卷。

本篇選自《漢書·藝文志》,下述天文、曆譜、五行、著龜、雜占、刑法、數術等六個方面。所謂"數術",是指以陰陽五行生克制化之理,附會各種迷信之説,以制定人事和國家的氣數。這部分内容中既有天文曆法數學物理方面的科學知識,也有占卜吉凶堪輿相宅之類的迷信思想,簡明扼要地介紹了當時的人們對於天地鬼神等的認識。

…………

天文者,序二十八宿,步五星日月[1],以紀吉凶之象,聖王所以參政也。《易》曰:"觀乎天文[2],以察時變[3]。"然星事㓩悍,非湛密者弗能由也[4]。夫觀景以譴形[5],非明王亦不能服聽也[6]。以不能由之臣,諫不能聽之主,此所以兩有患也。

…………

曆譜者,序四時之位,正分至之節[7],會日月五星之辰[8],以考寒暑殺生之實。故聖王必正曆數[9],以定三統服色之制。又以探知五星日月之會,凶阨之患[10],吉隆之喜[11],其術皆出焉[12]。此聖人知命之術也。非天下之至材[13],其孰與焉[14]。道之亂也,患出於小人,而強欲知天道者。壞大以爲小,削遠以爲近,是以道術破碎而難知也。

…………

五行者,五常之形氣也[15]。《書》云:"初一、曰五行,次二、曰羞用五事。"言進用五事以順五行也。貌言視聽思心失,而五行之序亂,五星之變作,皆出於律曆之數,而分爲一者也。其法亦起五德終始,推其極[16],則無不至。而小數家因此以爲吉凶,而行於世[17],寖以相亂[18]。

…………

蓍龜者，聖人之所用也[19]。《書》曰："女則有大疑[20]，謀及卜筮[21]。"《易》曰："定天下之吉凶，成天下之亹亹者[22]，莫善於蓍龜。是故君子將有爲也，將有行也，問焉而以言，其受命也如響[23]，無有遠近幽深，遂知來物。非天下之至精[24]，其孰能與於此[25]。"及至衰世，解於齊戒[26]，而婁煩卜筮，神明不應。故筮瀆不告[27]，《易》以爲忌。龜厭不告[28]，《詩》以爲刺[29]。

…………

雜占者，紀百事之象[30]，候善惡之徵[31]。《易》曰："占事知來[32]。"衆占非一[33]，而夢爲大[34]，故周有其官[35]，而《詩》載熊羆虺蛇衆魚旐旟之夢，著明大人之占，以考吉凶。蓋參卜筮[36]。《春秋》之説訞也[37]，曰："人之所忌，其氣炎以取之[38]。訞由人興也，人失常則訞興，人無釁焉[39]，訞不自作[40]。"故曰："德勝不祥，義厭不惠[41]。"桑穀共生，太戊以興；雊雉登鼎，武丁爲宗。然惑者不稽諸躬[42]，而忌訞之見[43]。是以《詩》刺召彼故老，訊之占夢。傷其舍本而憂末[44]，不能勝凶咎也。

…………

形法者，大舉九州之執[45]，以立城郭室舍形人及六畜骨法之度數，器物之形容，以求其聲氣貴賤吉凶。猶律有長短[46]，而各徵其聲[47]，非有鬼神，數自然也[48]。然形與氣相首尾[49]，亦有有其形而無其氣，有其氣而無其形，此精微之獨異也[50]。

…………

數術者，皆明堂羲和史卜之職也[51]。史官之廢久矣，其書既不能具[52]，雖有其書而無其人[53]。《易》曰："苟非其人，道不虛行[54]。"春秋時，魯有梓慎，鄭有裨竈，晉有卜偃，宋有子韋；六國時，楚有甘公，魏有石申夫；漢有唐都，庶得麤觕[55]。蓋有因而成易，無因而成難。故因舊書以序數術爲六種。

（《漢書》卷三十，中華書局1962年版）

【注釋】

[1]步：推算。 [2]天文：日月星辰在宇宙間的分佈。 [3]時變：時世的變化。 [4]由：運用。 [5]譴形：責問形體。 [6]服聽：歸順聽命。 [7]正：確定。 [8]會：推合。 [9]正曆數：端正推算節氣的度。 [10]凶阨之患：兇險的憂患。 [11]吉隆之喜：吉祥的喜悦。 [12]術：方術。出：產生。 [13]至材：至高才能的人。 [14]其孰與焉：誰能夠參與這件事。 [15]五常：仁義禮智信。 [16]推：推演。 [17]行：流行。 [18]寖：逐漸。 [19]用：用來占卜吉凶。 [20]女：汝。 [21]謀：決定。 [22]亹亹：興旺發達。 [23]其受命也如響：《易》很快就會告訴他吉凶。 [24]至精：最精誠的人。 [25]其孰能與於此：有誰能成爲這樣呢。 [26]解：懈怠。 [27]瀆：輕慢。告：預告。 [28]龜厭：龜

神感到厭煩了。 [29]刺:警戒。 [30]象:表象。 [31]候:觀測。 [32]來:將來。 [33]非一:都不一致。 [34]夢爲大:以夢爲準。 [35]有:設置。 [36]蓋:大致。 [37]訞:妖。 [38]取之:招來災害。 [39]釁:可以躲藏的空隙。 [40]作:產生。 [41]義厭不惠:仁義太繁瑣就不順。 [42]稽諸躬:從自身加以考量。 [43]見:出現。 [44]傷:感到痛心。 [45]埶:地勢。 [46]律:律管。 [47]徵:發出。 [48]數自然也:是数的自然體現。 [49]相首尾:首尾相連貫。 [50]精微之獨異:精妙細微的獨特之處。 [51]堂義:祭祀天地、宗庙。 [52]具:完備。 [53]無其人:没有能够通曉其事的人。 [54]道不虛行:道是不會徒然運行的。 [55]庶得麤觕:差不多粗略懂一點兒。

方　技　略(節選)

(東漢)班固

【題解】

本篇選自《漢書·藝文志》,大體上介紹了醫學科學及方士巫術兩方面的內容。所謂“方技”,是指通過醫藥、養生、修煉求仙及迷信巫術等方法,達到祛病延年、健康長壽、長生不老的目的。

…………

醫經者,原人血脈經落骨髓陰陽表裏[1],以起百病之本[2],死生之分[3]。而用度箴石湯火所施,調百藥齊和之所宜。至齊之得[4],猶慈石取鐵[5],以物相使[6]。拙者失理[7],以瘉爲劇[8],以生爲死。

…………

經方者[9],本草石之寒溫[10],量疾病之淺深,假藥味之滋[11],因氣感之宜[12],辯五苦六辛,致水火之齊,以通閉解結,反之於平[13]。及失其宜者[14],以熱益熱,以寒增寒,精氣內傷,不見於外,是所獨失也[15]。故諺曰:“有病不治,常得中醫[16]。”

…………

房中者,情性之極,至道之際。是以聖王制外樂以禁內情[17],而爲之節文[18]。傳曰:“先王之所樂[19],所以節百事也。”樂而有節[20],則和平壽考[21]。及迷者弗顧[22],以生疾而隕性命。

…………

神僊者,所以保性命之眞[23],而游求於其外者也[24]。聊以盪意平心[25],同死生之域[26],而無怵惕於胸中[27]。然而或者專以爲務[28],則誕欺怪迂之文彌以益多[29],非聖王之所以教也[30]。孔子曰:"索隱行怪[31],後世有述焉[32],吾不爲之矣。"

…………

方技者,皆生生之具[33],王官之一守也[34]。太古有岐伯、俞拊,中世有扁鵲、秦和,蓋論病以及國[35],原診以知政[36]。漢興有倉公。今其技術晻昧[37],故論其書,以序方技爲四種。

(《漢書》卷三十,中華書局1962年版)

【注釋】

[1]原:探求。 [2]起:找尋出。 [3]分:界限。 [4]至齊之得:等到達到調和狀態。 [5]慈石:磁石。 [6]使:役使。 [7]理:分寸。 [8]瘉:病愈者。劇:病重者。 [9]經方:方劑著作。 [10]本:依據。 [11]假:憑藉。滋:作用。 [12]因:順應。 [13]反之於平:使它恢復到平衡。 [14]宜:平衡。 [15]獨:唯一的。 [16]常得中醫:經常生病就會成爲醫師。 [17]制外樂以禁內情:主張以音樂來抑制情欲。 [18]節文:節制修飾。 [19]先王之所樂:先王創作的音樂。 [20]樂而有節:歡樂而有節制。 [21]和平壽考:心平氣和,長命百歲。 [22]弗顧:無所顧忌。 [23]保性命之眞:追求長生不老。 [24]游求於其外:追求超脫凡塵。 [25]盪意平心:淨化思想,安定心神。 [26]同死生之域:視生死沒有分界。 [27]怵惕:驚懼。 [28]或者專以爲務:有的人專門從事這些事情。 [29]誕欺怪迂:荒誕不實,怪異迂闊。 [30]教:教化。 [31]索:尋求。 [32]述:記載。 [33]生生之具:安於生命自然的工具。 [34]守:主持。 [35]病:病理。國:國家的治理。 [36]原:探求。 [37]晻昧:模糊不清。

玄　道

(東晉)葛洪

【題解】

葛洪(283—363),字稚川,號抱朴子,丹陽句容(今江蘇句容縣)人。曾當過中小官吏,晚年在廣東羅浮山修道煉丹。其人學識淵博,著述甚多,今存《抱朴子》《神仙傳》《肘後備急方》等。

葛洪所撰《抱朴子》分內篇二十卷和外篇五十卷,"其內篇言神仙、方藥、鬼怪、變化、養生、延年、禳邪、卻禍之事,屬道家;其外篇言人間得失、世事臧否,屬儒家"。(《抱朴子外篇·自敘》)《抱朴子內篇》是魏晉南北朝時期神仙道教的代表性典籍,其核心內容是闡述道教的養生延年、修道成仙。

此章選自《抱朴子內篇·暢玄》。暢玄,即詳細闡述玄妙的大道。關於"玄"這一概念,老子已提及,如《老子》第一章:“玄之又玄,衆妙之門。”第六章:“玄牝之門,是謂天地根。”西漢揚雄直接將“道”稱爲“玄”:“夫玄也者,天道也,地道也,人道也,兼三道而天名之。”(《太玄·玄圖》)葛洪稱自己的仙道爲“玄道”,説:“夫玄道者,得之乎内,守之於外,用之者神,忘之者器,此玄道之要言也。”(《抱朴子内篇·暢玄》)由於“道”是道家道教的最高概念,在葛洪看來一切方技術數的實質上都是“道”的體現,所以他將《暢玄》置爲開宗明義的首篇。

夫五聲八音[1],清商流徵[2],損聰者也[3]。鮮華豔采,彧麗炳爛[4],傷明者也[5]。宴安逸豫[6],清醪芳醴[7],亂性者也。冶容媚姿[8],鉛華素質[9],伐命者也[10]。其唯玄道,可與爲永[11]。不知玄道者,雖顧眄爲生殺之神器[12],脣吻爲興亡之關鍵[13],綺榭俯臨乎雲雨[14],藻室華緑以參差[15]。組帳霧合[16],羅幬雲離[17]。西、毛陳於閑房[18],金觴華以交馳[19],清弦嘈囋以齊唱[20],鄭舞紛柔以逶迤[21],哀簫鳴以淩霞[22],羽蓋浮於漣漪[23],掇芳華於蘭林之囿[24],弄紅葩於積珠之池[25],登峻則望遠以忘百憂,臨深則俯攬以遺朝飢[26],入宴千門之焜熀[27],出驅朱輪之華儀[29]。然樂極則哀集,至盈必有虧。故曲終則歎發,燕罷則心悲也[29]。寔理勢之攸召[30],猶影響之相歸也[31]。彼假借而非真[32],故物往若有遺也[33]。

(《抱朴子内篇校釋》卷一,中華書局1985年版)

【注釋】

[1]五聲:古代分音階爲宫、商、角、徵、羽,稱爲“五聲”。八音:古代八種材料製成的樂器,即金、石、土、革、絲、木、匏、竹。　[2]清商流徵:清揚的商音和婉轉的徵音。此處泛指動聽的音樂。　[3]聰:聽力。　[4]彧(yù)麗:文彩繁盛的樣子。　[5]明:視力。　[6]宴安:安逸。　[7]清醪:清酒。芳醴:甜酒。　[8]冶容:豔麗的容貌。　[9]鉛華:抹臉的朱粉。素質:白色的皮膚。　[10]伐命:傷害生命。　[11]可與爲永:可以與大道永遠相處。[12]顧眄:看一眼。神器:政權、皇位。　[13]脣吻:嘴唇,此處指言語。　[14]綺榭:華麗的台榭。　[15]藻室:裝飾華麗的屋舍。霧合:如霧聚合,雲霧籠罩。　[16]組帳:華美的帷帳。　[17]羅幬(chóu):絲織的帷帳。　[18]西、毛:西施和毛嬙,古代著名美女。此泛指美女。　[19]交馳:手握酒杯你來我往,相互勸酒。　[20]嘈囋(cáozá):喧鬧。　[21]鄭舞:鄭國的舞蹈,此泛指舞蹈。　[22]哀:哀婉動人。　[23]羽蓋:用翠鳥羽毛裝飾的車蓋,此指船篷。　[24]掇:摘取。　[25]積珠:疑爲古代池塘名。　[26]朝飢:早晨空腹時感飢餓。　[27]焜熀(kūnhuǎng):光彩奪目的樣子。　[28]朱輪:古代達官貴人所乘坐的車子,用紅色漆輪。　[29]燕:通“宴”,宴會。　[30]寔(shí):此,這。　[31]影響:影子和迴響。相歸:指身影與身體、迴響與呼聲相互追隨。　[32]彼:代指上文提到的榮華富貴。假借:虚假的短暫存在。　[33]遺:悵然若失。

行　氣

（東晉）葛洪

【題解】

此章選自《抱朴子內篇·至理》，至理，即最好的治理，此指對身體最好的醫治和護理。本篇除進一步強調服食金丹是成仙的根本方法外，還提出了許多養生、修仙的方法和道術。這些養生方術主要包括行氣、房中等。行氣與內丹修煉密切相關，是養生術之一，正確的行氣對身體健康有益，葛洪提出的"內以養身"有一定的科學根據，但葛洪所謂的"外以卻惡"則近乎荒誕。葛洪在《抱朴子內篇》中誇大行氣的作用，尤其是渲染行氣的禁呪作用。《抱朴子內篇·釋滯》亦云："行氣或可以治百病，或可以入瘟疫，或可以禁蛇虎，或可以止瘡血，或可以居水中，或可以行水上，或可以辟飢渴，或可以延年命。"這種渲染，超出了養生範圍，滑入了方術末流，對此，我們應該明辨之。

抱朴子曰：服藥雖爲長生之本，若能兼行氣者，其益甚速，若不能得藥，但行氣而盡其理者，亦得數百歲。然又宜知房中之術[1]，所以爾者，不知陰陽之術[2]，屢爲勞損，則行氣難得力也。夫人在氣中，氣在人中，自天地至於萬物，無不須氣以生者也。善行氣者，內以養身，外以卻惡，然百姓日用而不知焉。吴越有禁呪之法，甚有明驗，多炁耳[3]。知之者可以入大疫之中，與病人同床而已不染。又以羣從行數十人，皆使無所畏，此是炁可以禳天災也。或有邪魅山精，侵犯人家，以瓦石擲人，以火燒人屋舍。或形見往來，或但聞其聲音言語，而善禁者以炁禁之，皆即絕，此是炁可以禁鬼神也。入山林多溪毒蝮蛇之地[4]，凡人暫經過，無不中傷，而善禁者以炁禁之，能辟方數十里上，伴侶皆使無爲害者。又能禁虎豹及蛇蜂，皆悉令伏不能起。以炁禁金瘡，血即登止。又能續骨連筋。以炁禁白刃，則可蹈之不傷，刺之不入。若人爲蛇虺所中[5]，以炁禁之則立愈。

（《抱朴子內篇校釋》卷五，中華書局1985年版）

【注釋】

[1]房中之術：即房中術，是一種關於男女交媾以養身的方術。　[2]陰陽之術：即房中術。　[3]炁：通"氣"。　[4]溪毒：溪流上的有毒瘴氣。蝮蛇：毒蛇名。　[5]虺：毒蛇名。

乘　　蹻

(東晉)葛洪

【題解】

此章選自《抱朴子內篇·雜應》,雜應,即應答一些旁雜的道術問題。在本篇中,葛洪共闡述了十三個疑難問題:斷穀、不寒、不熱、辟五兵、隱身、脱逃、不病、預測、吉凶、堅齒、聰耳、明目、不疲憊、禦瘟疫。在解答這些問題時,葛洪舉出了許多相應的道術。其中對於"不疲憊",葛洪例舉了乘蹻術。乘蹻是神仙騰空飛遁之術,可以高下任意,一日千里,大致屬於道教存思神遊之術。乘蹻是一種飛行術,包括乘物和不乘物兩種情況。乘蹻一般要服符和存思。能夠乘蹻者,可以周遊天下,不受山河阻隔。乘蹻有三種方法:一曰龍蹻,二曰虎蹻,三曰鹿盧蹻。後世文人在作品中也往往提及此道術,如三國曹植《升天行》:"乘蹻追術士,遠之蓬萊山。"唐代皮日休《太湖詩·曉次神景宮》:"存心服燕胎,叩齒讀龍蹻。"北宋王欽若《送張無夢歸天臺》:"祥風拂袂來幽谷,志士乘蹻朝玉宸。"初暐《送張無夢歸天臺山》:"暫來演道明光殿,歸去乘蹻太上家。"南宋程公許《題會慶建福宫長歌》:"龍蹻無路尋軒轅,洪崖何處避俗喧。"

所謂乘蹻之法,反映了方術家們對自然的細緻觀察和深入思考,也表現了古代人對突破空間獲取超自然力的執著追求。文中所言雖然多爲神遊存思之術,並飾以誇張玄虚之詞,但那大膽奇特的想象觸角,卻在無意中觸到了科學的門階。其中關於棗木飛車現已由古工藝史家王振鐸先生繪出復原圖,並依據葛洪的設想制出飛車樣機,據介紹飛車可飛到故宫午門的高度。關於用牛皮捆劍片牽引機車的想法,實爲關於飛機螺旋槳原理的最早表述。

若能乘蹻者[1],可以周流天下,不拘山河。凡乘蹻道有三法:一曰龍蹻[2],二曰虎蹻,三曰鹿盧蹻[3]。或服符精思,若欲行千里,則以一時思之。若晝夜十二時思之,則可以一日一夕行萬二千里,亦不能過此,過此當更思之,如前法。或用棗心木爲飛車,以牛革結環劍以引其機[4],或存念作五蛇六龍三牛交罡而乘之,上昇四十里,名爲太清[5]。太清之中,其氣甚罡,能勝人也。師言鳶飛轉高,則但直舒兩翅,了不復扇搖之而自進者,漸乘罡炁故也[6]。龍初昇階雲,其上行至四十里,則自行矣。此言出於仙人,而留傳於世俗耳,實非凡人所知也。又乘蹻須長齋,絕葷菜,斷血食,一年之後,乃可乘此三蹻耳。雖復服符,思五龍蹻行最遠,其餘者不過千里也。其高下去留,皆自有法,勿得任意耳。若不奉其禁,則不可妄乘蹻,有傾墜之禍也。

(《抱朴子內篇校釋》卷十五,中華書局1985年版)

【注釋】

[1]乘蹻：神仙騰空飛遁之術，可以高下任意，一日千里，大致屬於道教存思神遊之術。蹻：道士所穿的木屐、草鞋。 [2] 龍蹻：如龍飛行長空。道士飛行之術，見《龍經》。《雲笈七籤》卷一〇六《紫陽真人周君內傳》："紫陽真人……聞蒙山樂先生能讀《龍經》，遂往尋之。" [3]鹿盧蹻：如滑車或絞盤轉動之快速。 [4]牛革結環劍：用牛皮條系結柄環的劍。 [5]太清：三清之一。元始天尊所化法身道德天尊所居之地，在玉清、上清之上。此泛指仙境。 [6]罡炁：也稱罡風，道教稱高空中的風。

李 少 君

（東晉）王嘉

【題解】

本篇選自晉代王嘉《拾遺記》卷五。王嘉，字子年，生年不詳，約卒於390年。隴西安陽（今甘肅渭源縣）人，符秦時方士，多奇言異行，後被姚萇所殺。《晉書》有傳。

此處之李少君，《太平廣記》卷七一及《太平御覽》卷八一六均作董仲君。董仲君亦爲方士，見葛洪《神仙傳》。需要注意的是，魏晉小説以志怪爲主，所寫題材一般是超現實的，這些故事的來源大都是民間的一些傳説，後經文人或方士搜集和寫定，用夸飾和想象的手法反映了古代社會中流播的方術現象。本文所述故事表明，人死不可復生，帝所見李夫人不過是一雕刻逼真的石人而已。

初，帝深嬖李夫人[1]，死後常思夢之，或欲見夫人。帝貌憔悴，嬪御不寧[2]。詔李少君與之語曰[3]："朕思李夫人，其可得見乎？"少君曰："可遥見，不可同於帷幄。"帝曰："一見足矣，可致之。"少君曰："暗海有潛英之石[4]，其色青，輕如毛羽。寒盛則石溫，暑盛則石冷。刻之爲人像，神悟不異真人。使此石像往，則夫人至矣。此石人能傳譯人言語，有聲無氣，故知神異也。"帝曰："此石像可得否？"少君曰："願得樓船百艘，巨力千人，能浮水登木者，皆使明於道術，齎不死之藥。"乃至暗海，經十年而還。昔之去人，或升雲不歸，或託形假死，獲反者四五人。得此石，即命工人依先圖刻作夫人形。刻成，置於輕紗幙裏[5]，宛若生時。帝大悦，問少君曰："可得近乎？"少君曰："譬如中宵忽夢，而晝可得近觀乎？此石毒，宜遠望，不可逼也。勿輕萬乘之尊，惑此精魅之物！"帝乃從其諫。見夫人畢，少君乃使舂此石人爲丸，服之，不復思夢。乃築靈夢台，歲時祀之。

（《拾遺記》卷五，中華書局1981年版）

【注釋】

[1]李夫人:李延年妹,妙麗善歌舞,極爲漢武帝所寵,早死,武帝作賦悼之,事見《漢書·外戚傳》。 [2]嬪御:左右妃妾。 [3]李少君:齊人,方士,因懂得祭祀灶神求福、長生不老的方術而得到漢武帝的寵重。 [4]潛英:傳説中的一種海石。 [5]幞(mù):通"幕"。

羅 思 遠

《開天傳記》

【題解】

本篇選自《太平廣記》卷七十七所引《開天傳記》。主要講述唐代道士羅思遠的隱形術。隱形術也就是道教秘術中的遁法。傳説是民間道士依據"五行"觀念與"奇門遁甲"創造的一種神奇法術。遁術分爲逃遁術、隱遁術、搬運術等許多小法術。道教典籍《雲笈七籤》《遁甲符應經》,史書《後漢書·方術列傳》及神魔小説《列仙傳》《西遊記》《封神演義》等均有隱形術的記載和描寫。"隱形"術,或爲一種利用某種物質或心理暗示實施的障眼之法,類似於今天的魔術,在古代記載中常被描述得玄虚誕幻。

唐羅思遠多秘異術[1],最善隱形[2]。明皇樂隱形之法,就思遠勤求而學之。思遠雖傳授,不盡其要。帝每與思遠同爲之,則隱没人不能知。若自試,則或餘衣帶,或露襆頭脚,宫中人每知帝所在也。帝多方賜賚[3],或懼以死,而求之,終不盡傳。帝怒,命力士裹以油襆,置於油榨下,壓殺而埋瘞之[4]。不旬日,有中官自蜀道回,逢思遠於路。乘驢而笑謂使者曰:"上之爲戲,一何虐也。"

(《開天傳記》,《太平廣記》卷七十七,中華書局1961年版)

【注釋】

[1]羅思遠:唐代道士。 [2]隱形:即道教的隱遁術。 [3]賚(lài):賜予,給予。 [4]瘞(yì):掩埋,埋葬。

張　謹

（北宋）徐鉉

【題解】

徐鉉（916—991），五代宋初著名文字學家、文學家。字鼎臣，原籍會稽（今浙江紹興縣），徙居廣陵（今江蘇揚州市）。著有《騎省集》（一名《徐公文集》）三十卷，小説《稽神録》六卷，並參與編撰《文苑英華》《太平廣記》。《南唐書》《宋史》有傳。

本篇選自《太平廣記》卷四百五十五所引《稽神録》。《稽神録》是一部志怪小説集，書中所記多爲靈異神怪之事，宣揚神靈顯聖，因果報應。此書開宋人志怪小説鬼神怪異和因果報應迷信之風氣，此後吴淑撰《江淮異人録》、洪邁撰《夷堅志》均明顯受其影響。本篇主要講述道士張謹符籙法術的靈異和應驗，其怪誕之事自不足信，但在民間確實長期存在以畫籙治病的法術。或確有符籙治癒疾病之例，但這絕非符籙本身的作用，而涉及心理暗示。

道士張謹者，好符法[1]，學雖苦而無成。嘗客游至華陰市[2]，見賣瓜者，買而食之。旁有老父，謹覺其飢色，取以遺之，累食百餘，謹知其異，奉之愈敬。將去，謂謹曰："吾土地之神也，感子之意，有以相報。"因出一編書，曰："此禁狐魅之術也，宜勤行之。"謹受之，父亦不見。爾日宿近縣村中，聞其家有女子啼呼，狀若狂者，以問主人，對曰："家有女，近得狂疾，每日昃輒靚妝盛服[3]，云召胡郎來。非不療理，無如之何也。"謹即爲書符，施簷戶間。是日晚間，簷上哭泣且駡曰："何物道士，預他人家事，宜急去之。"謹怒呵之。良久，大言曰："吾且爲奴矣。"遂寂然。謹復書數符，病即都差。主人遺絹數十匹以謝之。謹嘗獨行，既有重齎，須得傔力[4]，停數日，忽有二奴詣謹，自稱曰德兒、歸寶，嘗事崔氏，崔出官，因見捨棄。今無歸矣，願侍左右。謹納之，二奴皆謹願黠利，尤可憑信。謹東行，凡書囊、符法、過所、衣服，皆付歸寶負之，將及關，歸寶忽大駡曰："以我爲奴，如役汝父。"因絶走。謹駭怒，逐之，其行如風，倏忽不見。既而德兒亦不見，所齎之物皆失之矣。時秦隴用兵，關禁嚴急，客行無驗，皆見刑戮。既不敢東度，復還主人，具以告之，主人怒曰："寧有是事，是無厭復將撓我耳。"因止於田夫之家，絕不供給，遂爲耕夫，邀與同作，晝耕夜息，疲苦備至，因憩大樹下，仰見二兒，曰："吾德兒、歸寶也，汝之爲奴，苦否？"又曰："此符法，我之書也。失之已久，今喜再獲，吾豈無情於汝乎？"因擲過所還之曰："速歸，鄉人待爾書符也。"即大笑而去。謹得過所，復詣主人，方異之，更遺絹數匹乃得去。

自爾遂絕書符矣。

(《稽神録》,《太平廣記》卷四百五十五,中華書局1961年版)

【注釋】

[1]符法:即道教的符籙法術。 [2]華陰市:今屬陝西,位於關中平原東部。 [3]昃(zè):太陽偏西。 [4]傔(qiàn):侍從。

十一、衣食住行

緇　　衣

《詩經》

【題解】

本篇選自《詩經•鄭風》，敘述鄭國一位大夫把自己舊衣服翻新，贈給來訪使者。贈衣是春秋時期一項禮俗，一般發生在關係親密的人之間。《左傳•襄公二十九年》記載，吴公子季札聘於鄭，"見子產，如舊相識，與之縞帶，子產獻紵衣焉"。反映贈衣習俗的詩篇，尚有《唐風•無衣》等。舊説以爲《緇衣》美鄭武公好賢，不必拘泥於此。

緇衣之宜兮[1]，敝，予又改爲兮[2]。適子之館兮[3]。還予授子之粲兮[4]。
緇衣之好兮[5]，敝，予又改造兮[6]。適子之館兮，還予授子之粲兮。
緇衣之蓆兮[7]，敝，予又改作兮。適子之館兮，還予授子之粲兮。

（《毛詩正義》卷四，《十三經注疏》清嘉慶刊本，中華書局2009年版）

【注釋】

[1]緇(zī)衣：一種黑色上衣。緇：黑色。宜：合身。　[2]敝：陳舊。改爲：重新做。爲：縫製。　[3]適：前往，到。館：賓館。　[4]還：返回。授：贈送。粲：鮮明，美化，代指衣服。　[5]好：美好。　[6]改造：重新製作。　[7]蓆(xí)：大，指寬緩。

【集評】

《禮記•緇衣》：子曰："好賢如《緇衣》，惡惡如《巷伯》，則爵不瀆而民作愿，刑不試而民咸服。"　（《禮記正義》卷五十五，《十三經注疏》清嘉慶刊本，第3575頁）

（清）姚際恒：予嘗謂解經以後出而勝，斷爲不誣。如此詩，《序》《傳》皆謂"國人美武公"；《集傳》《詩緝》皆從之，無異説。自季明德始以爲"武公好賢之詩"，則"改衣""適館""授粲"（編按，原文作"授餐"）皆合。不然，此豈國人所宜施于君上者哉！

（《詩經通論》卷五，第100頁）

（清）方玉润：愚謂"改衣""授粲"非在上者所難，特難於"適子之館"而不憚煩焉耳。夫使龍飛鳳翥之士日來吾前，而吾但爲之"改衣""授粲"，而不適其館，隆以禮貌之謂何？是徒以衣食餌國士，而國士且望望然去，尚得謂之好賢哉？（《詩經原始》卷五，第203頁）

游　子　吟

(唐)孟郊

【題解】

孟郊(753—814),字東野,湖州武康(今浙江省德清縣)人。唐德宗貞元十二年(796)進士,曾任溧陽縣尉等微職,卒於赴任途中。有《孟東野集》十卷,其詩風"幽奇冷澀",極爲韓愈所重,後人並稱"韓孟",又與賈島詩風類似,有"郊寒島瘦"之称。

此當作於溧陽縣尉任上,敘慈母、遊子情誼,雖與其整體"怪奇"詩風不類,卻感人至深,流傳千古。

慈母手中線,遊子身上衣。臨行密密縫,意恐遲遲歸。誰言寸草心[1],報得三春暉[2]。

(《孟東野詩集》卷一,人民文學出版社1959年版)

【注釋】

[1]寸草:小草。　[2]三春:陽春三月。暉:日光。

【集評】

(北宋)歐陽修:孟郊、賈島,皆以詩窮至死,而平生尤自喜爲窮苦之句。孟有《移居詩》云:"借車載家具,家具少於車。"乃是都無一物耳。又《謝人惠炭》云:"暖得曲身成直身。"人謂非其身備嘗之不能道此句也。賈云:"鬢邊雖有絲,不堪織寒衣。"就令織得,能得幾何?又其《朝飢詩》云:"坐聞西牀琴,凍折兩三絃。"人謂其不止忍飢而已,其寒亦何可忍也。

(《六一詩話》,《歷代詩話》,第266頁)

(南宋)曾季貍:予舊因東坡詩云:"我憎孟郊詩"及"要當鬭僧清,未足當韓豪。何苦將兩耳,聽此寒蟲號",遂不喜孟郊詩。五十以後,因暇日試取細讀,見其精深高妙,誠未易窺,方信韓退之、李習之尊敬其詩,良有以也。東坡性痛快,故不喜郊之詞艱深。要之,孟郊、張籍,一等詩也。唐人詩有古樂府氣象者,惟此二人。但張籍詩簡古易讀,孟郊詩精深難窺耳。孟郊如《遊子吟》《列女操》《薄命妾》《古意》等篇,精確宛轉,人不可及也。

(《艇齋詩話》,《歷代詩話續編》,第324頁)

(明)陸時雍:孟郊詩之窮也,思不成倫,語不成響,有一二語總稿衷之瀝血矣。自古詩人,未有拙於郊者。獨創成家,非高才大力,誰能辦此?郊之所以益重其窮也。賈島衲氣終身不除,語雖佳,其氣韻自枯寂耳。余嘗謂讀孟郊詩如嚼木瓜,齒缺舌敝,不知味之所在。賈島詩如寒虀,味雖不和,時有餘酸薦齒。

(《詩鏡總論》,《歷代詩話續編》,第1421頁)

勇晴雯病補雀金裘

(清)曹雪芹

【題解】

曹雪芹(約1715—約1763),名霑,字夢阮,號雪芹。其祖本遼陽漢人,明末被俘,入滿洲籍,屬於正白旗包衣(家奴),後隨滿人入關,因功發跡,成爲顯赫家族。康熙朝,曹璽、曹寅等任江寧織造,爲宫廷採辦物品,并訪察江南吏治民情。雍正即位,曹頫以"織造款項虧空"等罪名,被革職抄家。曹雪芹幼年長於南京,經歷富貴繁華,後遷居北京,生活艱難。晚年移居北京西郊,生活困頓潦倒。其一生心血,寫成一部八十回《紅樓夢》。《紅樓夢》原名《石頭記》,最初以八十回抄本的形式流傳。後高鶚續寫後四十回,組成今一百二十回《紅樓夢》。

本篇選自《紅樓夢》第五十二回,提到天馬箭袖、大紅猩猩氈、鳧靨裘,特别是産自俄羅斯的雀金裘,反映了滿清貴族服飾的奢華。賈母疼愛寶玉,賜之雀金裘。雀金裘卻被寶玉不小心燒壞。而賈母碰巧讓寶玉次日穿此裘見衆人。因此物來自異域,裁縫、繡匠皆不認得,更不敢縫補。在衆人不知所措之時,晴雯認出此裘,并想出用孔雀金線縫補的辦法。無奈正在病中,衆人亦無縫補的手藝,晴雯不得不強忍病痛,燈下熬夜補裘。文中賈母之慈愛,寶玉之乖巧、體貼,晴雯的外冷内熱,音容笑貌,躍然紙上。

賈母猶未起來,知道寶玉出門,便開了房門,命寶玉進去。寶玉見賈母身後寶琴面向里也睡未醒。賈母見寶玉身上穿著荔色哆羅呢的天馬箭袖[1],大紅猩猩氈盤金彩繡石青妝緞沿邊的排穗褂子[2]。賈母道:"下雪呢麽?"寶玉道:"天陰着,還没下呢。"賈母便命鴛鴦來:"把昨兒那一件烏雲豹的氅衣給他罢[3]。"鴛鴦答應了,走去果取了一件來。

寶玉看時,金翠輝煌,碧彩閃灼,又不似寶琴所披之鳧靨裘[4]。只聽賈母笑道:"這叫作'雀金呢',這是哦啰斯國拿孔雀毛拈了線織的。前兒把那一件野鴨子的給了你小妹妹[5],這件給你罢。"寶玉磕了一個頭,便披在身上。賈母笑道:"你先給你娘瞧瞧去再去。"寶玉答應了,便出來,只見鴛鴦站在地下揉眼睛。因自那日鴛鴦發誓決絶之後,他總不和寶玉講話。寶玉正自日夜不安,此時見他又要回避,寶玉便上來笑道:"好姐姐,你瞧瞧,我穿着這個好不好。"鴛鴦一摔手,便進賈母房中來了。寶玉只得到了王夫人房中,與王夫人看了,然後又回至園中,與晴雯麝月看過後,至賈母房中,回説:"太太看了,只説可惜了的,叫我仔細穿,别遭踏了他。”賈母道:“就剩下了這一件,你遭踏了也再没了。這會子特給你做這個也是没有的事。”説着又囑咐他:“不許多吃酒,早些回來。”寶玉應了幾個“是”。

…………

晴雯方才又閃了風[6],着了氣[7],反覺更不好了,翻騰至掌燈[8],剛安静了些。只見寶玉回來,進門就嗐聲跺脚[9]。麝月忙問原故,寶玉道:“今兒老太太喜喜歡歡的給了這個褂子,誰知不防後襟子上燒了一塊,幸而天晚了,老太太、太太都不理論。”一面説,一面脱下來。麝月瞧時,果見有指頂大的燒眼,説:“這必定是手爐里的火迸上了。這不值什麽,趕着叫人悄悄的拿出去,叫個能幹織補匠人織上就是了。”説着便用包袱包了,交與一個媽媽送出去[10]。説:“趕天亮就有才好。千萬别給老太太、太太知道。”

婆子去了半日,仍舊拿回來,説:“不但能幹織補匠人,就連裁縫繡匠並作女工的問了,都不認得這是什麽,都不敢攬。”麝月道:“這怎麽樣呢! 明兒不穿也罷了。”寶玉道:“明兒是正日子[11],老太太、太太説了,還叫穿這個去呢。偏頭一日燒了[12],豈不掃興。”晴雯聽了半日,忍不住翻身説道:“拿來我瞧瞧罷。没個福氣穿就罷了。這會子又着急。”寶玉笑道:“這話倒説的是。”説着,便遞與晴雯,又移過燈來,細看了一會。晴雯道:“這是孔雀金線織的,如今咱們也拿孔雀金線就像界線似的界密了[13],只怕還可混得過去。”麝月笑道:“孔雀線現成的,但這里除了你,還有誰會界線?”晴雯道:“説不得,我掙命罷了[14]。”寶玉忙道:“這如何使得! 才好了些,如何做得活[15]。”

晴雯道:“不用你蝎蝎螫螫的[16],我自知道。”一面説,一面坐起來,挽了一挽頭髮,披了衣裳,只覺頭重身輕[17],滿眼金星亂迸,實實撑不住。若不做,又怕寶玉着急,少不得恨命咬牙捱着。便命麝月只幫着拈線[18]。晴雯先拿了一根比一比,笑道:“這雖不很像,若補上,也不很顯。”寶玉道:“這就很好,那裏又找哦囉嘶國的裁縫去。”晴雯先將裏子拆開,用茶杯口大的一個竹弓釘牢在背面[19],再將破口四邊用金刀刮的散松松的,然後用針紉了兩條,分出經緯,亦如界線之法,先界出地子後,依本衣之紋來回織補。補兩針,又看看,織補兩針,又端詳端詳。無奈頭暈眼黑,氣喘神虚,補不上三五針,伏在枕上歇一會。

寶玉在旁,一時又問:“吃些滚水不吃?”一時又命:“歇一歇。”一時又拿一件灰鼠斗篷替他披在背上[20],一時又命拿個拐枕與他靠着[21]。急的晴雯央道:“小祖宗! 你只管睡罷。再熬上半夜,明兒把眼睛摳摟了[22],怎麽處[23]!”寶玉見他着急,只得胡亂睡下,仍睡不着。

一時只聽自鳴鐘已敲了四下,剛剛補完;又用小牙刷慢慢的剔出絨毛來。麝月道:“這就很好,若不留心,再看不出的。”寶玉忙要了瞧瞧,説道:“真真一樣了。”晴雯已嗽了幾陣,好容易補完了,説了一聲:“補雖補了,到底不像,我也再不能了!”噯喲了一聲,便身不由主倒下。

(《紅樓夢》,人民文學出版社2008年版)

【注釋】

[1]荔色:紫紅色。哆羅呢:一種較厚的寬幅毛織呢料。箭袖:爲方便射箭,在袖口接上一半圓形的袖口,似馬蹄。這里指帶箭袖的袍服。 [2]大紅猩猩氈:大紅、猩紅色毛料。盤金:用金線裝飾。石青:一種青色顔料。妝緞:織有普通圖案的綢緞。排穗:下緣垂有一排流蘇穗子。褂子:罩在袍子外面的衣服,對襟兒,比袍子稍短。 [3]烏雲豹:指沙狐頸下的皮毛,毛長輕軟,青灰色。氅衣:罩在衣服外的大衣。 [4]鳧(fú)靨(yè)裘:用野鴨子臉頰皮毛剪貼重疊作成的外衣。 [5]前兒:前天。 [6]闪了風:吹了涼風。 [7]氣:怒氣。 [8]掌燈:點燈之時。 [9]嗐(hài)聲:歎氣聲。 [10]媽媽:老年女僕。 [11]正日子:較重要的日子。 [12]頭一日:前一天。 [13]界線:手工刺繡和織補工藝中的一種縱横線織法。 [14]掙命:拼命。 [15]活:工作。 [16]蝎蝎螫螫:意謂啰啰嗦嗦,過分關心。 [17]捱:同挨,忍耐。 [18]拈(niān):拿。 [19]竹弓:用來撑起布面,供刺繡用的綳子。 [20]灰鼠:一種灰褐色松鼠,毛皮極名貴。斗篷:披在肩上,没有袖子的外衣。 [21]拐枕:形似枕頭,供坐在炕上或床上倚靠。 [22]摳摟:指眼窩下陷。 [23]處:對待。

食不厭精

《論語》

【題解】

本篇選自《論語·鄉黨》,記述了孔子在飲食上遵循的禮節,體現了“禮”與生活的合一。

食不厭精[1],膾不厭細[2]。食饐而餲[3],魚餒而肉敗[4],不食。色惡,不食。臭惡,不食。失飪[5],不食。不時[6],不食。割不正[7],不食。不得其醬[8],不食。肉雖多,不使勝食氣[9]。惟酒無量,不及亂[10]。沽酒市脯不食[11]。不撤薑食[12]。不多食。祭於公,不宿肉[13]。祭肉不出三日[14]。出三日,不食之矣。食不語,寢不言。雖疏食菜羹,瓜祭,必齊如也[15]。

(《論語集注》卷五,《四書章句集注》,中華書局1983年版)

【注釋】

[1]食(sì):米飯。厭:滿足。精:精細。 [2]膾(kuài):細切的肉。 [3]饐(yì)而餲:食物

氣味改變。 [4]餒(něi):魚爛曰餒。 [5]失飪:生熟不當。 [6]不時:非進餐之時。 [7]割不正:切割肉不方正。 [8]醬:食肉有醬,各有所宜。 [9]食:穀物,意謂飲食以穀物爲主。 [10]亂:謂醉酒,違禮亂德。 [11]沽:買。脯:乾肉。恐外來食物不潔淨。 [12]薑:辛辣無臭,能去葷腥,故不去。 [13]不宿肉:祭祀所得之肉,歸即班賜,不留過宿,不留神惠也。 [14]祭肉:自家祭祀之肉。意謂不過三日,皆以分賜祭肉。 [15]齊如:恭敬貌。

汲江煎茶

(北宋)蘇軾

【題解】

此詩作於宋哲宗元符三年(1100),時蘇軾被流放海南儋耳(海南島),雖屬日常瑣事細物,娓娓道來,卻妙趣橫生,是其典型的理趣詩,也體現了宋詩以平淡爲美,富於思理的特色。

活水還須活火烹[1],自臨釣石取深清[2]。大瓢貯月歸春甕[3],小杓分江入夜瓶[4]。茶雨已翻煎處脚[5],松風忽作瀉時聲[6]。枯腸未易禁三椀[7],坐聽荒城長短更。

(《蘇軾詩集》卷四十三,中華書局1982年版)

【注釋】

[1]活火:旺火,炭火之焰。蘇軾自注:"唐人云:'茶須緩火炙,活火煎。'" [2]釣石:釣魚之石。深清:深且清之江水。 [3]貯月:月映水中,一并舀入甕中。 [4]分江:分離江水。 [5]茶雨:一作"雪乳",一作"茶乳",指煮茶時湯面上乳白色浮沫。翻:沸水翻滚。脚:茶葉豎立水中,上下有如頭脚。 [6]松風:茶水倒出之聲。 [7]禁:承受。椀:同碗。

【集評】

(北宋)胡仔:此詩奇甚,道盡烹茶之要,且茶非活水則不能發其鮮馥,東坡深知此理矣。

(《苕溪漁隱叢話》後集卷十一,第84頁)

(南宋)楊萬里:東坡《煎茶》詩云:"活水還將活火烹,自臨釣石汲深清。"第二句七字而具五意:水清,一也;深處清,二也;石下之水,非有泥土,三也;石乃釣石,非尋常之石,四也;東坡自汲,非遣卒奴,五也。"大瓢貯月歸春甕,小杓分江入夜瓶",其狀水之清美極矣;"分江"二字,此尤難下。"雪乳已翻煎處脚,松風仍作瀉時聲。"此倒語也,尤爲詩家妙法,即少陵"紅稻啄餘鸚鵡粒,碧梧棲老鳳凰枝"也。"枯腸未易禁三椀,臥聽山城長短更",

又翻却盧仝公案：仝喫到七椀，坡不禁三椀；山城更漏無定，長短二字，有無窮之味。

（《誠齋詩話》，《歷代詩話續編》，第140頁）

飯　　粥

（清）李漁

【題解】

李漁（1611—1680），字笠鴻，號笠翁，浙江蘭溪人。明末，應鄉試不中，遂絶意仕途。清初，移居杭州，創作了大量戲曲和小説，頗爲暢銷。又移居南京，經營芥子園花書坊，成立私家戲班，過著風流自適的生活。《閒情偶寄》是李漁的生活寫照，包括《詞曲部》《演習部》《聲容部》《居室部》《器玩部》《飲饌部》《種植部》《頤養部》等八個部分，是一部講生活、養生的書。本篇選自《閒情偶寄·飲饌部》。

粥飯二物，爲家常日用之需，其中機彀[1]，無人不曉，焉用越俎者強爲致詞？然有吃緊二語，巧婦知之而不能言者，不妨代爲喝破，使姑傳之媳，母傳之女，以兩言代千百言，亦簡便利人之事也。先就粗者言之：飯之大病，在内生外熟，非爛即焦；粥之大病，在上清下澱[2]，如糊如膏。此火候不均之故，惟最拙最笨者有之，稍能炊爨者必無是事。然亦有剛柔合道，燥濕得宜，而令人咀之嚼之[3]，有粥飯之美形，無飲食之至味者。其病何在？曰：挹水無度[4]，增減不常之爲害也。其吃緊二語，則曰："粥水忌增，飯水忌減。"米用幾何，則水用幾何，宜有一定之度數。如醫人用藥，水一鍾或鍾半，煎至七分或八分，皆有定數。若以意爲增減[5]，則非藥味不出，即藥性不存，而服之無效矣。不善執爨者，用水不均，煮粥常患其少，煮飯常苦其多。多則逼而去之[6]，少則增而入之，不知米之精液全在於水，逼去飯湯者，非去飯湯，去飯之精液也。精液去則飯爲渣滓，食之尚有味乎？粥之既熟，水米成交，猶米之釀而爲酒矣。慮其太厚而入之以水[7]，非入水於粥，猶入水於酒也。水入而酒成糟粕，其味尚可咀乎？故善主中饋者[8]，挹水時必限以數，使其勺不能增，滴無可减，再加以火候調匀，則其爲粥爲飯，不求異而異乎人矣。

宴客者有時用飯，必較家常所食者稍精。精用何法？曰：使之有香而已矣。予嘗授意小婦[9]，預設花露一盞[10]，俟飯之初熟而澆之[11]，澆過稍閉，拌匀而後入碗。食者歸功於穀米，詫爲異種而訊之，不知其爲尋常五穀也。此法秘之已久，今始告人。行此法者，不必滿釜澆遍，遍則費露甚多，而此法不行於世矣。止以一盞澆一隅，足供佳客所需而止。露以薔薇、香櫞[12]、桂花三種爲上，勿用玫瑰,以玫瑰之香,食者易辨,知非穀性所有。薔薇、香櫞、桂花三種,與穀性之香者相若,使人難辨,故用之。

(《閒情偶寄》卷五,《李漁全集》,浙江古籍出版社1991年版)

【注釋】

[1]機彀:機關,奥妙。 [2]潑:沉潑。 [3]咀:含在口中品味。 [4]挹(yì)水:舀水。 [5]以意:隨意。 [6]逼:強行。 [7]慮:顧慮。厚:味重。 [8]中饋:酒食。 [9]小婦:妾。 [10]花露:以花瓣醞釀而成的液體。盞:小杯子。 [11]俟:等候。 [12]香櫞(yuán):又名佛手柑。

晏子拒更宅

《左傳》

【題解】

本篇選自《左傳·昭公三年》。春秋時期人物,晏子素以簡樸聞名,甚至因過儉獲譏。晏子出使晉國,與叔向論齊國政治,云:"民參其力,二入於公,而衣食其一。公聚朽蠹,而三老凍餒。國之諸市,屨賤踴貴。"晏子非刻意求儉,恤民病,譏時弊也。

初,景公欲更晏子之宅[1],曰:"子之宅近市,湫隘囂塵[2],不可以居,請更諸爽塏者[3]。"辭曰:"君之先臣容焉[4],臣不足以嗣之[5],於臣侈矣[6]。且小人近市,朝夕得所求,小人之利也。敢煩里旅[7]?"公笑曰:"子近市,識貴賤乎?"對曰:"既利之,敢不識乎?"公曰:"何貴何賤?"於是景公繁于刑[8],有鬻踊者[9]。故對曰:"踊貴,屨賤[10]。"既已告於君,故與叔向語而稱之[11]。景公爲是省於刑[12]。君子曰:"仁人之言,其利博哉。晏子一言而齊侯省刑。《詩》曰:'君子如祉,亂庶遄已[13]。'其是之謂乎!"及宴子如晉,公更其宅。反則成矣。既拜,乃毁之,而爲里室[14],皆如其舊,則使宅人反之[15],且諺曰:"'非宅是卜,唯鄰是卜[16]。'二三子先卜鄰矣[17],違卜不祥[18]。君子不犯非禮[19],小人不犯不祥,古之制也。吾敢違諸乎?"卒復其舊宅。公弗許,因陳桓子以請[20],乃許之。

(《春秋左傳正義》卷四十二,《十三經注疏》清嘉慶刊本,中華書局2009年版)

【注釋】

[1]景公:齊景公。更:更換。晏子:晏嬰,齊國大夫。 [2]湫(jiǎo):低窪,潮濕。隘:狹小。囂:喧鬧。塵:塵土飛揚。 [3]更諸:換之。爽:明亮。塏(kǎi):地勢高而乾燥。

[4]先臣：指晏子的先輩。容：居住。 [5]不足以嗣之：即不足以繼承先人。 [6]於臣：對於我而言。侈：過多，過度，指住宅。 [7]里旅：管理卿大夫家宅的官員。 [8]於是：當時，那個時候。繁于刑：謂刑罚多而嚴苛。 [9]鬻(yù)：賣。踊：古代受過刖刑的人穿的特製的鞋。 [10]屨(jù)：常人所穿的，用麻葛製成的一種鞋。 [11]故：所以。語：交談。稱：言説。晏嬰出使晉國與叔向交談，也提到齊國"屨賤踴貴"的怪現象，見於《左傳》此年的記載。 [12]省：減少，減免。 [13]《詩》：出自《詩經·小雅·巧言》。祉(zhǐ)：通祇，謂莊重，嚴肅。庶：庶幾，差不多。遄(chuán)：迅速，很快。已：停止。原詩意爲：君子如果莊重嚴肅，禍亂很快就會結束。 [14]里室：即鄰居之宅。蓋齊侯令毁鄰人之宅，而廣晏子之宅。 [15]宅人：指舊宅的居民。反之：返回自己原來的居處。 [16]非宅是卜：不是占卜住宅的位置。唯鄰是卜：要占問的是會有什麼樣的鄰居。意謂好鄰居比地理位置更難得。 [17]二三子：指鄰人。卜鄰：即占卜鄰居對自己是否有利。 [18]違卜：即遷移鄰居，破壞既有的鄰里關係。 [19]犯：觸犯。非禮：有違於禮的事情。 [20]因：通過。陳桓子：齊國大臣。請：晏子請。

【集評】

(戰國)韓非：或曰：晏子之貴踴，非其誠也，欲便辭以止多刑也。此不察治之患也。夫刑當無多，不當無少，無以不當聞，而以太多説，無術之患也。敗軍之誅以千百數，猶北不止；即治亂之刑如恐不勝，而姦尚不盡。今晏子不察其當否，而以太多爲説，不亦妄乎！夫惜草茅者耗禾穗，惠盜賊者傷良民。今緩刑罰，行寬惠，是利姦邪而害善人也，此非所以爲治也。 (《韓非子·難二》，《韓非子集解》卷十五，第360頁)

茅屋爲秋風所破歌

(唐)杜甫

【題解】

本詩作於上元二年(761)，時杜甫剛徙居成都西郊浣花草堂。詩歌描述秋風吹破茅屋，頑童欺人，抱茅而去，致使秋夜屋漏，淒風苦雨交加的情景。然而，仁者之心，推己及人，生出"安得廣廈千萬間，大庇天下寒士俱歡顔"之古道热肠，一掃淒苦之陰霾，另開光明境界。

八月秋高風怒號，卷我屋上三重茅。茅飛度江灑江郊，高者掛罥長林梢[1]，下者飄轉沉塘坳[2]。南村羣童欺我老無力，忍能對面爲盜賊。公然抱茅入竹去，脣焦口燥呼不得，歸來倚杖自嘆息。俄頃風定雲墨色，秋天漠漠向昏黑。布衾多年冷似鐵[3]，嬌兒惡卧踏裏裂[4]。牀頭屋漏無乾處，雨脚如麻未斷絶[5]。

自經喪亂少睡眠,長夜沾濕何由徹[6]!安得廣厦千萬間,大庇天下寒士俱歡顔[7],風雨不動安如山!嗚呼,何時眼前突兀見此屋[8],吾廬獨破受凍死亦足。

(《杜詩詳注》卷十,中華書局1979年版)

【注釋】

[1]掛罥(juàn):掛結。 [2]塘坳(āo):低洼積水處。 [3]衾(qīn):被子。 [4]惡卧:卧眠不安。裏:被裏。 [5]雨脚:雨絲。 [6]徹:到天明。 [7]庇:覆蓋。 [8]突兀:高聳貌。見:通現。

【集評】

(北宋)王安石:吟哦當此時,不廢朝廷憂。常願天子聖,大臣各伊周。寧令吾廬獨破受凍死,不忍四海赤子寒颼颼。傷屯悼屈止一身,嗟時之人我所羞。所以見公像,再拜涕泗流。推公之心古亦少,願起公死從之游。

(《杜甫畫像》,《王荆文公詩箋注》卷十三,第143頁)

(北宋)黄徹:樂天《新製布裘》云:"安得萬里裘,蓋裹周四垠。穩暖皆如我,天下無寒人。"《新製綾襖成》云:"百姓多寒無可救,一身獨暖亦何情!心中爲念農桑苦,耳裏如聞飢凍聲。争得大裘長萬丈,與君都蓋洛陽城。"皆伊尹身任一夫不獲之辜也。或謂子美詩意寧苦身以利人,樂天詩意推身利以利人,二者較之,少陵爲難。然老杜飢寒而憫人飢寒者也,白氏飽暖而憫人飢寒者也;憂勞者易生于善慮,安樂者多失于不思,樂天宜優。

(《䂬溪詩話》卷九,《歷代詩話續編》,第389頁)

(清)浦起龍:起五句完題,筆亦如飄風之來,疾捲了當。"南村"五句,述初破不可耐之狀,筆力恣横。單句縮住黯然。"俄頃"八句,述破後拉雜事,停"風"接"雨",忽變一境;滿眼"黑""溼",筆筆寫生。"自經喪亂",又帶入平時苦趣,令此夜徹曉,加倍煩難。末五句,翻出奇情,作矯尾厲角之勢。宋儒曰:"包與爲懷。"吾則曰:"狂豪本色。"

(《讀杜心解》卷二之二,第269-270頁)

書 房 壁

(清)李漁

【題解】

本文選自《閒情偶寄·居室部》。宫室之美,人情所同好,然在中國文化中,卻崇尚簡樸,譏刺奢華。《禮記·大學》曰"富潤屋,德潤身"。古人尚德,修身,故羞言潤屋,乃至以陋室自傲。唐劉禹錫作《陋室銘》以自勵,宋黄庭堅云"持家但有四立壁",看似慘然,實乃自許之辭也。逮至晚明，文風趨俗，衣食起居，皆入文章，雕琢潤屋之中，亦見情趣、雅致。本篇介紹書房牆壁之裝飾，從選料、用工，點綴佈局，既重美觀、雅致，有説實用、經濟處，間或插入古人佚事、奇聞，且論析妙理，妙筆生花，情趣盎然。

書房之壁，最宜瀟灑。欲其瀟灑，切忌油漆。油漆二物，俗物也，前人不得已而用之，非好爲是沾沾者。門户窗櫺之必須油漆，蔽風雨也；廳柱榱楹之必須油漆，防點污也。若夫書室之内，人跡罕至，陰雨弗浸，無此二患而亦蹈此轍，是無刻不在桐腥漆氣之中[1]，何不並漆其身而爲厲乎[2]？石灰堊壁[3]，磨使極光，上着也[4]。其次則用紙糊。紙糊可使屋柱牕楹共爲一色，即壁用灰堊，柱上亦須紙糊，紙色與灰，相去不遠耳。壁間書畫自不可少，然粘貼太繁，不留餘地，亦是文人俗態。天下萬物，以少爲貴。步幛非不佳[5]，所貴在偶爾一見。若王愷之四十里[6]，石崇之五十里[7]，則是一日中閧市，錦繡羅列之肆廛而已矣[8]。看到繁縟處，有不生厭倦者哉？昔僧玄覽往荊州陟屺寺[9]，張璪畫古松於齋壁[10]，符載贊之[11]，衛象詩之[12]，亦一時三絶，覽悉加堊焉。人問其故，覽曰："無事疥吾壁也。"誠高僧之言，然未免太甚。若近時齋壁，長箋短幅盡貼無遺，似沖繁道上之旅肆，往來過客無不留題，所少者只有一筆。一筆維何？"某年月日某人同某在此一樂"是也。此真疥壁，吾請以玄覽之藥藥之。

糊壁用紙，到處皆然，不過滿房一色白而已矣。予怪其物而不化[13]，竊欲新之。新之不已，又以薄蹏變爲陶冶[14]，幽齋化爲窯器[15]，雖居室内，如在壺中，又一新人觀聽之事也。先以醬色紙一層，糊壁作底，後用豆緑雲母箋，隨手裂作零星小塊，或方或扁，或短或長，或三角或四五角，但勿使圓，隨手貼於醬色紙上，每縫一條，必露出醬色紙一線，務令大小錯雜，斜正參差，則貼成之後，滿房皆冰裂碎紋，有如哥窯美器[16]。其塊之大者，亦可題詩作畫，置於零星小塊之間，有如銘鐘勒卣[17]，盤上作銘，無一不成韻事。問予所費幾何，不過於尋常紙價之外，多一二剪合之工而已。同一費錢，而有庸腐新奇之别，止在稍用其心。心之官則思。如其不思，則焉用此心爲哉？

糊紙之壁，切忌用板。板乾則裂，板裂而紙碎矣。用木條縱横作槅，如圍屏之骨子然。前人制物備用，皆經屢試而後得之。屏不用板而用木槅，即是故也。即如糊刷用棕，不用他物，其法亦經屢試，舍此而另換一物，則紙與糊兩不相能，非厚薄之不均，即剛柔之太過，是天生此物以備此用，非人不能取而予之。人知巧莫巧于古人，孰知古人于此亦大費辛勤，皆學而知之，非生而知之者也。

壁間留隙地，可以代櫥。此倣伏生藏書於壁之義[18]，大有古風，但所用有不合于古者。此地可置他物，獨不可藏書，以磚土性濕，容易發潮，潮則生蠹，且防朽爛故也。然則古人藏書于壁,殆虚語乎?曰:不然。東南西北,地氣不同,此法止宜於西北,不宜於東南。西北地高而風烈,有穴地數丈而始得泉者,濕從水出,水既不得,濕從何來?即使有極潮之地,而加以極烈之風,未有不返濕爲燥者。故壁間藏書,惟燕趙秦晉則可,此外皆應避之。即藏他物,亦宜時開時闔,使受風吹;久閉不開,亦有黴濕生蟲之患。莫妙於空洞其中,止設托板,不立門扇,仿佛書架之形,有其用而不侵吾地,且有磐石之固,莫能摇動。此妙制善算,居家必不可無者。

予又有壁内藏燈之法,可以養目,可以省膏,可以一物而備兩室之用,取以公世,亦貧士利人之一端也。我輩長夜讀書,燈光射目,最耗元神。有用瓦燈貯火,留一隙之光,僅照書本,余皆閉藏於内而不用者。予怪以有用之光置無用之地,猶之暴殄天物,因效匡衡鑿壁之義[19],於牆上穴一小孔,置燈彼屋而光射此房,彼行彼事,我讀我書,是一燈也,而備全家之用,又使目力不竭於焚膏,較之瓦燈,其利奚止十倍?以贈貧士,可當分財。使予得擁厚資,其不吝亦如是也。

(《閒情偶寄》卷四,《李漁全集》卷三,浙江古籍出版社1991年版)

【注釋】

[1]桐腥:桐油的氣味。 [2]厲:謂遍體生瘡癩。 [3]堊:白土。 [4]上着:上策,妙計。 [5]步幛:設於路兩側的遮蔽物。 [6]王愷:字君夫,西晉東海郡郯(今山東省郯城)人,晉武帝司馬炎母舅。曾與石崇鬬富,以紫絲步障四十里,而石崇作錦步障五十里以敵之。 [7]石崇:字季倫,西晉青州(今山東濰坊市)人,曾任荊州刺史,任上劫掠來往客商致富。王愷、石崇鬬富之事,可參見《世説新語·汰侈》。 [8]肆廛(chán):鬧市與居民區。 [9]陟屺寺:故址在今廣西靈山東南三十里處,傳爲唐武則天爲思母所造。 [10]張璪(Zǎo):字文通,吴郡(今蘇州市)人,唐代畫家,尤精松石。 [11]符載:字厚之,武都(今四川省綿竹市)人,唐代文學家。贊:頌揚類文體。 [12]衛象:唐代詩人。 [13]物:拘於物類,不開通。 [14]薄蹏:蹏同蹄,薄蹏,謂薄小紙。陶冶:謂糊牆多層,紙壁堅硬如陶瓷。 [15]窯器:窯同窑,窯器,謂陶器。 [16]哥窯:宋代瓷窯名,故址在今浙江省龍泉市南七十里華琉山下。 [17]銘鐘:鐘上作銘文。勒卣(yǒu):卣,酒器,口小腹大,有蓋和提梁。勒卣,刻文卣上。 [18]伏生:名勝,漢濟南郡(今山東省濟南市)人,爲秦博士,治《尚書》。秦始皇焚書,伏生藏書壁中。漢興,以《尚書》二十九篇,傳授齊魯間。 [19]匡衡:字稚圭,西漢東海郡承縣(今山東省棗莊市)人,好學而家貧,乃鑿壁借鄰家之燭光。

蜀道難

(唐)李白

【題解】

《蜀道難》爲樂府古題,多寫入蜀之艱難。據顧炎武《日知録》,此詩當作於開元、天寶間。李白發展爲雜言長篇,描述蜀道上驚險、奇麗的山川,筆調雄奇奔放,是其歌行體代表作。

噫吁嚱[1]! 危乎高哉! 蜀道之難,難於上青天。

蠶叢及魚鳧[2],開國何茫然! 爾來四萬八千歲,不與秦塞通人烟[3]。西當太白有鳥道[4],可以橫絕峨眉巔[5]。地崩山摧壯士死[6],然後天梯石棧相鉤連[7]。

上有六龍回日之高標[8],下有衝波逆折之回川[9]。黄鶴之飛尚不得過[10],猿猱欲度愁攀援[11]。青泥何盤盤[12]! 百步九折縈巖巒[13]。捫參歷井仰脅息[14],以手撫膺坐長嘆[15]。

問君西遊何時還,畏途巉巖不可攀[16]。但見悲鳥號古木,雄飛雌從繞林間。又聞子規啼夜月[17],愁空山。蜀道之難,難於上青天! 使人聽此凋朱顔。

連峰去天不盈尺,枯松倒挂倚絕壁。飛湍瀑流争喧豗[18],砯崖轉石萬壑雷[19]。其險也若此,嗟爾遠道之人胡爲乎來哉[20]?

劍閣崢嶸而崔嵬[21],一夫當關,萬夫莫開。所守或匪親,化爲狼與豺。

朝避猛虎,夕避長蛇。磨牙吮血[22],殺人如麻。錦城雖云樂[23],不如早還家。蜀道之難,難於上青天,側身西望長咨嗟[24]。

(《李太白全集》卷三,中華書局1977年版)

【注釋】

[1]噫(yī)吁(xū)嚱(hū):歎詞,蜀地方言。 [2]蠶叢、魚鳧:均爲古蜀國帝王。 [3]塞:山川險要之地。 [4]太白:山名,又名"太乙",秦嶺主峰,終年積雪,故名太白。西當:言其在太白山之西。鳥道:言其高聳入雲。 [5]橫絕:橫渡。言太白、峨眉兩峰對峙,似可橫渡。 [6]壯士:蜀國五丁力士。 [7]天梯:高峻的山路。石棧:鑿石架木成棧道。 [8]六龍:傳説羲和駕龍車,載日而行天。標:表記,指最高峰。 [9]衝波:激流。逆折:言水激岩石而翻騰。回川:迴旋之水流。 [10]黄鶴:鶴,通鵠,即黄鵠。 [11]猱(náo):猿類。 [12]青泥:即青泥嶺。盤盤:屈曲貌。 [13]縈:言山路縈繞山峰。 [14]捫(mén):摸。參(shēn):參宿,七星。歷:經過。井:井宿,八星。按古天文學,星辰與九州

相配,而秦屬參宿分野,蜀屬井宿分野。脅息:屏住呼吸。 [15]膺:胸部。 [16]畏途:險路。巉(chán)巖:高峻之巖。 [17]子規:即杜鵑,蜀中最多。傳説蜀王杜宇,號望帝,禪位開明帝,死後化爲子規,夜夜悲鳴,似説:"不如歸去"。 [18]喧豗(huī):喧鬧聲。[19]砯(pīng):水激石聲。 [20]嗟爾:感歎聲。胡爲:爲何? [21]劍閣:今四川劍閣縣東北,大劍山與小劍山之間的一條棧道,由秦入蜀的主要道路。崢嶸、崔嵬:俱高聳貌。 [22]吮:吸。 [23]錦城:成都别稱。 [24]咨嗟:歎息聲。

【集評】

(唐)殷璠:白性嗜酒,志不拘檢,常林栖十數載。故其爲文章,率皆縱逸。至如《蜀道難》等篇,可謂奇之又奇。然自騷人以還,鮮有此體調也。 (《河嶽英靈集注》,第36頁)

(唐)孟棨:李太白初自蜀至京師,舍於逆旅。賀監知章聞其名,首訪之。既奇其姿,復請所爲文。出《蜀道難》以示之。讀未竟,稱歎者數四,號爲"謫仙",解金龜换酒,與傾盡醉,期不間日,由是稱譽光赫。 (《本事詩·高逸》,《歷代詩話續編》,第14頁)

(清)沈德潛:筆陣縱横,如虯飛蠖動,起雷霆于指顧之間。任華、盧仝輩仿之,適得其恠(怪)耳。太白所以爲仙才也。 (《唐詩别裁集》卷六,第85頁)

劍門道中遇微雨

(南宋)陸游

【題解】

宋孝宗乾道八年,陸游應四川宣撫使王炎之邀,入幕謀劃收復長安,參與渭水強渡及大散關遭遇戰。後王炎幕府被解散,陸游被調回成都任參議官,途經劍閣,有感恢復關中之志難酬,故作此詩,以"詩人"自問。時四十八歲。任職成都期間,與范成大爲文字交,不拘禮法,時人譏其頹放,因自號放翁。後歷任福建及江西常平茶鹽公事,知嚴州,禮部郎中等職,因諫止增加賦税被彈劾,遂歸老鄉里。

衣上征塵雜酒痕[1],遠遊無處不銷魂。此身合是詩人未?細雨騎驢入劍門[2]。

(《劍南詩稿校注》卷三,上海古籍出版社2005年版)

【注释】

[1]征塵:路途所染之塵。 [2]劍門:山名,在今四川省劍閣縣北。

【集評】

(清)陳衍:評云:"劍南七絶,宋人中最占上峯,此首又其最上峯者,直摩唐賢之壘。"

僕謂以細雨騎驢劍門，博得詩人名號，亦太可憐；况尚未知其是否乎？結習累人至此！然此詩若自嘲，實自喜也。

（《石遺室詩話》卷二十七，第423頁）

錢鍾書：韓愈《城南聯句》説："蜀雄李杜拔"，早把李白杜甫在四川的居住和他們在詩歌裏的造詣聯繫起來；宋代也都以爲杜甫和黄庭堅入蜀以後，詩歌就登峰造極——這是一方面。李白在華陰縣騎驢，杜甫《上韋左丞丈》自説"騎驢三十載"，唐以後流傳他們兩人的騎驢圖；此外像賈島騎驢賦詩的故事，鄭綮的"詩思在驢子上"的名言等等，也仿佛使驢子變爲詩人特有的坐騎——這是又一方面。兩方面合凑起來，於是入蜀道中，驢子背上的陸游就得自問一下，究竟是不是詩人的材料。

（《宋詩選注》，《錢鍾書集》，第280-281頁）

般載雜賣

（北宋）孟元老

【題解】

本篇選自北宋孟元老所撰《東京夢華録》。孟元老，生卒不詳，據《東京夢華録》序，知其原名孟鉞，號幽蘭居士，曾任開封府儀曹，是北宋保和殿大學士領都水、將作二監事務孟昌齡的族人。崇寧二年（1103）隨其父到東京開封，建炎元年（1127）北宋覆亡後南逃，在東京共生活了二十三年。作者追憶京華風物，訪之故老，於南宋紹興十七年（1147）編次成集，曰《東京夢華録》，凡十卷。此書主要記載宋徽宗崇寧至宣和年間，開封内城、外城、河道、橋梁等城市佈局，以及街巷坊市、店鋪酒樓、飲食起居、四時風俗，可與張擇端《清明上河圖》相參看。此書開創了以筆記描述城市風土人情、掌故名物的新體裁，對後世反映南宋都城臨安的同類著作如《都城紀勝》《夢粱録》《武林舊事》《如夢録》《續東京夢華録》等影響頗大。本篇主要介紹當時開封街頭常見的交通工具：太平車、平頭車、串車、浪子車、癡車等。

東京般載車[1]，大者曰"太平"，上有箱無蓋，箱如枸攔而平[2]，板壁前出兩木，長二三尺許，駕車人在中間，兩手扶捉鞭綏駕之[3]，前列騾或驢二十餘，前後作兩行；或牛五七頭拽之[4]。車兩輪與箱齊，後有兩斜木脚拖[5]，夜中間懸一鐵鈴，行即有聲，使遠來者車相避。仍於車後繫驢騾二頭，遇下峻險橋路，以鞭諕之[6]，使倒坐緾車[7]，令緩行也。可載數十石[8]。官中車惟用驢，差小耳[9]。其次有"平頭車"，亦如"太平車"而小，兩輪前出長木作轅，木梢横一木，以獨牛在轅内，項負横木，人在一邊，以手牽牛鼻繩駕之，酒正店多以此載酒梢桶矣[10]。梢桶如長水桶，面安靨口[11]，每梢三斗許，一貫五百文[12]。又有宅眷坐車子[13]，與"平頭車"大抵相似，但椶作蓋[14]，及前後有枸欄門，垂簾。又有獨輪車，前後二人把駕,兩旁兩人扶枴[15],前有驢拽,謂之"串車",以不用耳子轉輪也[16],般載竹木瓦石。但無前轅,止一人或兩人推之。此車往往賣糕及餻糜之類人用[17],不中載物也。平盤兩輪,謂之"浪子車",唯用人拽。又有載巨石大木,只有短梯盤而無輪,謂之"癡車",皆省人力也。又馳騾驢馱子[18],或皮或竹爲之,如方匾竹筌[19],兩搭背上,斛㪷則用布袋馳之[20]。

(《東京夢華録箋注》卷三,中華書局2006年版)

【注釋】

[1]般載車:即運載車。 [2]枸欄:欄杆。 [3]綏:車中繩索。駕車執綏以保持穩定。 [4]拽(zhuài):牽引。 [5]木脚拖:制動裝置,形制不詳。 [6]諕(xià):同嚇。 [7]綞(duǒ):拖拽。 [8]石(dàn):古計量單位,一百二十斤爲一石。 [9]差:稍微。 [10]酒正:掌酒之官。酒梢桶:酒以木作長桶裝之,故名酒梢桶。 [11]曆(yè):酒窩兒,這里指出酒處。 [12]一貫:一千文。 [13]宅眷:女眷。 [14]稯(zōng):同棕。 [15]扶枴:扶持。 [16]耳子:器物旁兩旁供人提挈之處,蓋輪上把手。 [17]餻糜:一種食品。羊頭煮爛,去骨,原汁内放入豌豆,豆軟後放入糯米粉,成稠糕糜,又放入酥、松仁、胡桃仁、調匀後即可食。 [18]馱(duò)子:搭在牲口背上器具,方便馱運。 [19]方匾:方形竹器。筌(cī):排簫。 [20]㪷(dǒu):同斗,古度量器具,十升爲一斗,十斗爲一石。斛斗,代指糧食。

十二、山川物産

遊天台山賦并序

（東晉）孫綽

【題解】

孫綽(314—371)，字興公，東晉名士，太原中都（今山西平遥）人，遷居會稽。他熱愛山水，歷遊名山大川，《晉書·孫綽傳》載其"游放山水，十有餘年"。孫綽博學善文，與許詢爲"一時名流"，時人"或愛詢高邁，則鄙於綽；或愛綽才藻，而無取於詢"。其詩多談玄道，内容比較空泛。有明人輯《孫廷尉集》。

《遊天台山賦》乃纪遊小賦，文辭工丽，音節鏗鏘，在晋賦中比较有名。此賦爲孫綽平生得意之作，他曾頗自負地对好友范啓説："卿試擲地，要作金石聲。"啓讀後亦讚曰："應是我輩語。"（《世説新語·文學》）全文詞旨清新，富有情韵，对天台山勝景作了細致描摹，如："赤城霞起而建標，瀑布飛流以界道""雙闕雲竦以夾路，瓊臺中天而懸居。朱闕玲瓏於林間，玉堂陰映於高隅"等句，展現出天台山"窮山海之瓌富，盡人神之壯麗"的峻奇秀美。賦中兼有仙、佛内容與語言，景、情、理相融成章，結尾處作者更在佳山勝水中產生與大自然渾然合一的感悟，此種風格對謝靈運等山水詩人的創作產生了影響。

天台山者[1]，蓋山嶽之神秀者也。涉海則有方丈、蓬萊[2]，登陸則有四明、天台[3]，皆玄聖之所遊化[4]，靈仙之所窟宅[5]。夫其峻極之狀[6]，嘉祥之美，窮山海之瓌富[7]，盡人神之壯麗矣。所以不列於五嶽，闕載於常典者，豈不以所立冥奥[8]，其路幽迥[9]。或倒景於重溟[10]，或匿峯於千嶺。始經魑魅之塗[11]，卒踐無人之境。舉世罕能登陟[12]，王者莫由禋祀[13]。故事絕於常篇[14]，名標於奇紀。

然圖像之興，豈虚也哉！非夫遺世翫道[15]，絕粒茹芝者[16]，烏能輕舉而宅之[17]？非夫遠寄冥搜[18]，篤信通神者，何肯遥想而存之[19]？余所以馳神運思[20]，晝詠宵興[21]，俛仰之間[22]，若已再升者也。方解纓絡[23]，永託兹嶺。不任吟想之至，聊奮藻以散懷[24]。

太虚遼廓而無閡[25]，運自然之妙有[26]，融而爲川瀆[27]，結而爲山阜[28]。嗟台嶽之所奇挺[29]，寔神明之所扶持。蔭牛宿以曜峯[30]，託靈越以正基[31]。結根彌於華岱[32]，直指高於九疑[33]。應配天於唐典[34]，齊峻極於周詩[35]。

邈彼绝域[36]，幽邃窈窕。近智以守見而不之[37]，之者以路絕而莫曉[38]。哂夏蟲之疑冰[39],整輕翮而思矯[40]。理無隱而不彰[41],啓二奇以示兆[42]。赤城霞起而建標[43],瀑布飛流以界道[44]。

覩靈驗而遂徂[45],忽乎吾之將行[46]。仍羽人於丹丘[47],尋不死之福庭[48]。苟台嶺之可攀,亦何羨於層城[49]?釋域中之常戀[50],暢超然之高情[51]。被毛褐之森森[52],振金策之鈴鈴[53]。披荒榛之蒙蘢[54],陟峭崿之崢嶸[55]。濟楢溪而直進[56],落五界而迅征[57]。跨穹隆之懸磴[58],臨萬丈之絕冥[59]。踐莓苔之滑石[60],博壁立之翠屏[61]。攬樛木之長蘿[62],援葛藟之飛莖[63]。雖一冒於垂堂[64],乃永存乎長生[65]。必契誠於幽昧[66],履重嶮而逾平[67]。

既克隮於九折[68],路威夷而脩通[69]。恣心目之寥朗[70],任緩步之從容。藉萋萋之纖草[71],蔭落落之長松[72]。覿翔鸞之裔裔[73],聽鳴鳳之嗈嗈[74]。過靈溪而一濯[75],疏煩想於心胸[76]。蕩遺塵於旋流[77],發五蓋之遊蒙[78]。追羲農之絕軌[79],躡二老之玄蹤[80]。

陟降信宿[81],迄于仙都[82]。雙闕雲竦以夾路[83],瓊臺中天而懸居[84]。朱闕玲瓏於林間[85],玉堂陰映于高隅[86]。彤雲斐亹以翼櫺[87],皦日炯晃於綺疏[88]。八桂森挺以凌霜[89],五芝含秀而晨敷[90]。惠風佇芳於陽林[91],醴泉涌溜於陰渠[92]。建木滅景於千尋[93],琪樹璀璨而垂珠[94]。王喬控鶴以沖天[95],應真飛錫以躡虛[96]。騁神變之揮霍[97],忽出有而入無[98]。

於是遊覽既周[99],體静心閑。害馬已去[100],世事都捐[101]。投刃皆虚,目牛無全[102]。凝思幽巖[103],朗詠長川[104]。爾乃羲和亭午[105],遊氣高褰[106]。法鼓琅以振響[107],衆香馥以揚煙[108]。肆覲天宗[109],爰集通仙[110]。挹以玄玉之膏[111],嗽以華池之泉[112]。散以象外之説[113],暢以無生之篇[114]。悟遣有之不盡,覺涉無之有間[115];泯色空以合跡,忽即有而得玄[116]。釋二名之同出[117],消一無於三幡[118]。恣語樂以終日[119],等寂默於不言[120]。渾萬象以冥觀,兀同體於自然[121]。

(《文選》卷十一,上海古籍出版社1986年版)

【注釋】

[1]天台(Tāi)山:天台(臺)山在中國不止一處。此指浙江省東部名山,隸屬於台州市天台縣,爲一邑諸山之總稱。孫綽出任臨海章安令時,尋幽探險至此并作賦,天台山遂漸聞名。其同名山還有山東省日照市天臺(Tái)山,四川省邛(Qióng)崍市天臺山,河南省信陽市天臺山和貴州省平壩縣天臺山。 [2]方丈、蓬萊:《山海經》載,海上有蓬萊、瀛洲、方丈三座仙山,山上有仙人與長生不老藥。現實中僅蓬萊一地實存,地處膠東半島最北端,今屬山東省煙台市。 [3]四明:四明山,位於浙江省東部。 [4]玄聖:具有大德的人,此指仙人。遊化:遊方行化。 [5]窟宅:居住、盤踞的地方。 [6]峻極:勁挺峭拔。 [7]瓌(guī)富:瑰麗多姿。瓌:通"瑰"。 [8]冥奥:幽深。 [9]幽迥(jiǒng):深遠。 [10]倒景:倒影。重(zhòng)溟:指海。 [11]魑(chī)魅:古代傳説中山澤里的鬼怪。 [12]登陟

(zhì):登上。 [13]禋祀:古代祭天的一種禮儀。這幾句話的意思是,由於天台山地處幽深,且山勢陡峭難以攀登,所以歷代帝王均不至此舉行祭天儀式,天台山也因而未能知名於天下。 [14]常篇:猶常典,指經典。 [15]遺世:遺棄人間之事。此指離世隱居,修仙學道。翫(wán)道:研習道術。翫,通“玩”。 [16]絕粒:猶辟穀。道家以摒除火食、不進五穀來求延年益壽的修養術。 [17]輕舉:隱遁,避世。一説指飛升,成仙。 [18]遠寄冥搜:搜访幽冥。冥搜:盡力搜尋。 [19]“何肯”句:如何能悠遠地想象得出有天台山這樣一個地方呢?遥想:悠遠地思索。 [20]馳神:馳思,遐想。 [21]晝詠宵興:日夜詠吟。興:起,觸物以起情。 [22]俛仰之間:一低頭,一抬頭的工夫。形容時間極短。[23]纓絡:將項圈或項鏈以及長命鎖等頸飾融爲一體的一種飾物。此處比喻世俗的束縛。 [24]奮藻:奮筆寫作。藻:辭藻。散懷:抒發情懷。 [25]太虚:天,天空。遼闊:廣大的樣子。閡:阻隔。 [26]妙有:道家指超乎“有”和“無”以上的原始存在。唐李善注:“妙有謂一也。言大道運彼自然之妙一而生萬物也。……《老子》曰:‘道生一。’王弼曰:‘一,數之始而物之極也。’謂之爲妙有者,欲言有,不見其形,則非有,故謂之妙;欲言其無,物由之以生,則非無,故謂之有也。斯乃無中之有,謂之妙有也。” [27]川瀆(dú):泛指河流。 [28]山阜:土山,泛指山嶺。 [29]台嶽:指天台山。奇挺:奇異挺拔。 [30]牛宿(xiù):星宿名,二十八宿之一,玄武七宿的第二宿,有星六顆。又稱牽牛。古時以天上諸星應地下州郡,牛宿分野爲越地。天台山屬越地,故云。曜(yào):照耀。 [31]靈越:古越地的美稱。相傳是山海靈異出没的地方,故曰“靈越”。 [32]“結根”句:天台山的座基比華山、泰山還要廣闊。結根:猶植根,扎根。彌:廣。華岱:華山與泰山的并稱。 [33]直指:筆直指向,直趨。此指山峰高聳。九疑:九疑山,又名蒼梧山,世稱九峰相似,望而疑之,謂之九疑。位於湖南省南部永州市寧遠縣境内。 [34]配天:以德配天。配:對。唐典:杜預注:“姜姓之先,爲堯四嶽,故曰唐典也。”指天台山合乎唐典配天的資格。 [35]“齊峻極”句:天台山與《詩經》中所説的“峻極”相齐。周詩:指《詩經》。《詩經·大雅·嵩高》:“嵩高維嶽,峻極于天。” [36]邈:遠。絕:遠。 [37]“近智”句:智力短淺的人因見識狹隘而不到這裏。近智:智力淺近。守見:固守成見。不之:不到。 [38]“之者”句:到過天台山的人因道路險絕(未能走得更加深入)而不了解情況。莫曉:不了解情況。 [39]哂(shěn):嘲笑。夏蟲之疑冰:《莊子·秋水》:“夏蟲不可以語於冰者,篤於時也。” [40]翮(hé):鳥羽。矯:飛。 [41]“理無”句:不存在無法闡明的道理。 [42]二奇:指下文中的赤城與瀑布。兆:徵兆。 [43]赤城:天台山入口處,山石壁立,如紅色城牆,故名。建標:立物以爲標記。 [44]界道:劃爲一道疆界。 [45]覩(dǔ):通“睹”。靈驗:指赤城與瀑布。徂(cú):往。 [46]忽乎:猶言飄然。 [47]仍:追隨。羽人:仙人。道家有羽化登仙之説。丹丘:亦作“丹邱”。傳説中神仙的住處。 [48]福庭:幸福的地方。常指神仙所居之處。 [49]層城:古代神話中昆侖山上的高城。泛指仙鄉。[50]釋:放棄。域中:塵世。 [51]暢:達。 [52]被:穿。毛褐:獸毛或粗麻制成的短衣。 [53]金策:錫仗。 [54]披:撥開。荒榛:雜亂叢生的草木。蒙蘢:茂盛的樣子。[55]峭崿:高峰,高崖。崢嶸:高峻的樣子。 [56]楢(Yóu)溪:天台山中溪流名。 [57]五界:天台山的地名。迅征:快速前行。 [58]穹隆:拱形。懸磴:石橋。 [59]絕冥:深淵。 [60]莓苔:青苔。 [61]博:用手抓住。翠屏:長滿綠色藤蔓的石壁。 [62]樛(jiū):向下彎曲的樹木。 [63]葛藟(lěi):藟藤,葛類蔓草名。《詩經·周南·樛木》:"南有樛木,葛藟纍之。" [64]一冒:冒一次險。垂堂:近屋簷處。因從臺階邊可能會掉到臺階下,故用作比喻有危險的地方。《史記·司馬相如列傳》:"家累千金,坐不垂堂。" [65]永存乎長生:永葆長生之道。 [66]契:契合。幽昧:昏暗不明,此指道家深奥的玄理。 [67]履:踏。嶮(xiǎn):高峻貌。 [68]克隮:意謂能成就。九折:山路彎曲多折。 [69]威夷:延綿舒緩的樣子。脩通:暢通。 [70]恣:放縱。寥朗:空闊明朗。 [71]藉(jiè):憑藉草地而坐。 [72]蔭:遮蔽、蔭蔽。 [73]覿(dí):看見。翩翩:形容鳥飛翔時輕盈婀娜。 [74]噰(yōng)噰:鳥之和鳴聲。 [75]靈溪:天台山的溪流。 [76]疏:消散。 [77]蕩:清除。 [78]五蓋:佛家用語,指五種覆蓋衆生心識的俗念。包括貪欲蓋、嗔恚(huì)蓋、惛沉睡眠蓋、掉舉惡作蓋和疑蓋。遊蒙:愚昧昏蒙。 [79]羲農:指傳説中的伏羲氏和神農氏。絕軌:遠跡。指先賢的事蹟。 [80]躡:追隨。二老:指老子和老萊子。玄蹤:玄妙的蹤跡。 [81]信宿:連宿兩夜。 [82]迄:至。 [83]雙闕:天台山地名。古人用皇宫前的兩幢樓闕来形容"瓊臺"前的兩座秀峰。竦:通"聳"。 [84]中天:天空。 [85]朱闕:宫殿前红色的双柱。 [86]玉堂:玉飾的殿堂。亦爲宫殿的美稱。高隅:高山的一角。 [87]彤雲:紅霞。斐亹(wěi):紋理絢麗。櫺(líng):舊式的窗格。 [88]炯晃:光輝燦爛。綺疏:亦作"綺疎",指鏤有空心花紋的窗户。 [89]八桂:八株桂樹,指桂樹林。森挺:高聳挺拔。 [90]五芝:方術家傳説的五種神芝,服之可以永生。晨敷:清晨開放。 [91]惠風:溫和的風。佇(zhù)芳:蘊含著芬芳。陽林:山南的樹林。 [92]醴(lǐ)泉:甘泉。陰渠:山北的溝渠。 [93]建木:傳説中木名,生天地之中,高百仞,衆神緣之上天。後泛指高大的樹木。滅景:隱蔽形影。景:通"影"。尋:古時長度量詞。八尺爲一尋。 [94]琪樹:傳説仙境中的玉樹。垂珠:指樹上的果實如同明珠一般垂下來。 [95]王喬控鶴:指《列仙傳》中王子喬乘鶴升仙的典故。王喬:王子喬。本名姬晉,周靈王的太子,人稱太子晉。控:駕馭。 [96]應真:佛教語,羅漢。錫:佛教徒所用錫杖。躡虛:騰空。 [97]騁神變:發揮神奇的變化。揮霍:迅疾狀。 [98]出有而入無:出入於真實與虛幻之境。《淮南子》:"出於無有,入於無爲。" [99]周:遍。 [100]害馬:《莊子·徐無鬼》:"小童曰:'夫爲天下者,亦奚以异乎牧馬者哉?亦去其害馬者而已矣!'"此喻塵俗之欲念。 [101]捐:抛棄。 [102]"投刃"二句:用《莊子·養生主》"庖丁解牛"典故。刃:刀刃。 [103]凝思:沉思。 [104]朗詠:高聲吟詠。 [105]羲和:傳説中的太陽神。此指太陽。亭午:中午。 [106]遊氣:浮動的云氣。褰(qiān):散開。 [107]法鼓:佛教説法時召集聽衆的鼓聲。琅:金石相擊聲,形容鼓聲清脆響亮。 [108]馥:芳香。 [109]肆:遂。覲(jìn):朝見。 [110]爰(yuán):於是。通仙:衆仙人。 [111]挹(yì):舀取。玄玉之膏:傳説神仙所食的黑色玉膏。 [112]嗽:飲。華池:傳説中昆侖山上的仙池。 [113]散:宣講。象外之説:超脱與物象之外的學説,道家之"道"。 [114]暢:解説。無生之篇:指佛經。 [115]"悟遣"二句:領悟到"有"爲非而遣之,方可體會"無"之理。佛、道兩家皆以"無"爲宗。 [116]"泯色空"二句:消滅了色與空的界限,使之合二爲一,便可從"有"中得到"無"的玄理。泯:滅。色空:佛教用語,"色"指有形的事物(有),"空"指虛空(無)。

[117]二名：此指“有”與“無”。老子認爲二名同源。 [118]三幡：指色、空、觀。 [119]泯：放縱，無拘束。 [120]等：等同。 [121]“渾萬象”二句：在對世界萬物的玄妙體察中，茫然間若與大自然合而爲一。渾：渾同。萬象：世界萬物。冥觀：玄妙的體察。兀：茫然。

【集評】

（唐）李善：妙悟玄宗，則蕩然都遣，不知己之是己，不見物之爲物，故渾齊萬像以冥觀，兀然同體於自然。（《文選》卷十一，第500-501頁）

（明）鄒思明：此賦擒天上雲錦之章，疑懷連城而佩明月；離人間烟火之氣，若飲墜露而餐流霞。異姿、異想、異色、異聲，秇（編按：古通“藝”）海詞壇，英英楚楚。（《文選尤》卷二，《四庫全書存目叢書》集部第286册，第434頁）

（明）孫鑛：甚雅密，有條理，但修飾意多，天然趣少。（《重訂文選集評》卷二）

（清）方廷珪：晉人祖述老莊，以清虛爲學，以無爲爲宗，此賦借天台以談元理，非僅寫遊覽之樂也。（《重訂文選集評》卷二）

江水·三峽（節選）

（北魏）酈道元

【題解】

酈道元（約470—527），字善長，范陽涿州（今河北省涿州）人，歷仕北魏尚書郎、潁州太守、輔國將軍、河南尹、御史中尉等職，耿直清正。他博覽群書，反對“虛構地理學”，重視身體力行的實地考察，幼時曾隨父至山東訪求水道，後又游歷包括秦嶺、淮河以北和長城以南的廣大地區，收集各種相關資料，撰寫出地理巨著《水經注》四十卷，引用文獻近五百種。另有《本志》十三篇及《七聘》等文，未存。

《水經》是中國古代記載河流水道的地理專著，作者有東漢桑钦與晉代郭璞兩種説法。經清代全祖望、戴震等學者考證，大約爲漢魏時期作品，作者未明。酈道元以《水經》所記水道爲綱，作出三十多萬字注文，詳述了逾千条河流以及與之相關的郡縣城市、風物特產、民謡傳説、歷史古蹟等。《水經注》文筆峻美洗練，既是重要的地理著述，又是優秀的文學作品，對唐宋時期的山水遊記產生很大影響。此處兩段選自《江水注二》，前段摹寫三峽中的巫峽在各個季節不同，從雄奇險峻的山峰到湍急迂迴的水流，從高山遠樹到江中倒影，無不顯示出巫峽的獨特風光。特別在描寫秋天景色時，作者用猿鳴來烘托悲涼寂廖的氣氛，融情於景，使讀者若置身其中。後段主要引自《宜都記》，描繪了三峽之一的西陵峽尚未被世人欣賞的奇異景色。

自三峽七百里中[1]，两岸連山，略無闕處[2]，重巖疊嶂[3]，隱天蔽日，自非停午夜分[4],不見曦月[5]。至于夏水襄陵[6],沿泝阻絶[7],或王命急宣[8],有時朝發白帝[9],暮到江陵[10],其間千二百里,雖乘奔御風[11],不以疾也[12]。春冬之時,則素湍緑潭[13],迴清倒影[14],绝巘多生怪柏[15],懸泉瀑布[16],飛漱其間[17],清榮峻茂[18],良多趣味。每至晴初霜旦[19],林寒澗肅,常有高猿長嘯,屬引淒異[20],空谷傳響,哀轉久絶。故漁者歌曰:巴東三峡巫峡長,猿鳴三聲淚沾裳。

……江水又東,逕西陵峽,《宜都記》曰[21]:自黄牛灘東入西陵界,至峡口百許里,山水紆曲[22],而兩岸高山重障,非日中夜半,不見日月,絕壁或千許丈,其石彩色,形容多所像類[23],林木高茂,略盡冬春[24],猿鳴至清,山谷傳響,泠泠不絕[25]。所謂三峽,此其一也。山松言:常聞峽中水疾,書記及口傳,悉以臨懼相戒[26],曾無稱有山水之美也。及余來踐躋此境[27],既至欣然,始信耳聞之不如親見矣。其疊崿秀峰[28],奇構异形,固難以辭敍。林木蕭森[29],離離蔚蔚[30],乃在霞氣之表。仰矚俯映,彌習彌佳[31],流連信宿,不覺忘返,目所履歷[32],未嘗有也。既自欣得此奇觀,山水有靈,亦當驚知己於千古矣[33]。

(《水經注校證》卷三十四,中華書局2007年版)

【注釋】

[1]三峽:指長江上游從重慶奉節縣白帝城至湖北宜昌市南津關之間的瞿塘峽、巫峽與西陵峽,全長約一百九十公里。七百里:言三峽之長,非實數。 [2]略無:毫無。 [3]嶂:山峰高峻似屏障。 [4]停午:正午。夜分:半夜。 [5]曦月:日月。曦:日光。 [6]夏水襄陵:夏天大水漲至高陵之上。襄:上。陵:大土山。《尚書·堯典》曰:“湯湯洪水方割,蕩蕩懷山襄陵。” [7]沿:順流而下。泝(sù):逆流而上。 [8]或:有時。王命:朝廷的文告。 [9]白帝:城名。在今重慶市奉節縣。 [10]江陵:今湖北省江陵縣。 [11]奔:奔馳的快馬。 [12]以:趙一清《水經注刊誤》認爲當作“似”。 [13]素湍:激起白色浪花的急流。 [14]迴清倒影:物影倒映在迴旋的清波之中。 [15]巘(yǎn):山峰。 [16]懸泉:從山頂流下的泉水。 [17]漱:沖刷,沖蕩。 [18]清榮峻茂:江水清澈,山峰高峻,山上草木繁盛。 [19]霜旦:下霜的清晨。 [20]屬:連續。引:延長。淒異:異常淒涼。[21]《宜都記》:或指袁山松所著《宜都山川記》。袁山松,東晉人,擅長音樂,博學能文,官至吴郡太守。著有《後漢書》百篇,已佚。 [22] 紆曲:迂迴曲折。 [23]形容多所像類:(石塊的)形狀多有類似之處。 [24]“林木”二句:林中的樹木一年四季都高大茂盛。略盡:歷盡。 [25] 泠(líng)泠:本指流水的聲音,此處借指猿的啼叫聲淒清不絕。 [26]臨懼:登臨此境者心懷憂懼。 [27]踐躋:登臨。 [28]崿(è):山崖。 [29] 蕭森:樹木茂密狀。 [30]離離蔚蔚:茂盛郁勃之狀。 [31]彌習彌佳:越親近熟悉越覺得(景色)美好。習:親近熟悉。 [32]目所履歷:眼睛看到的。 [13]“山水”二句:千古以來山水若通靈性,逢此探索勝景之人,亦應當驚喜,視之爲知己。

【集評】

（清）劉熙載：酈道元敍山水，峻潔層深，奄有《楚辭·山鬼》《招隱士》勝境。柳柳州遊記，此其先導耶？

（《文概》，《藝概》卷一，第18頁）

錢鍾書：吴之三書（編按：指吴均《與施從事書》《與朱元思書》《與顧章書》）與酈道元《水經注》中寫景各節，輕倩之筆爲刻劃之詞，實柳宗元以下遊記之具體而微。

（《管錐編》（四），《錢鍾書集》，第2263頁）

望廬山瀑布（其二）

（唐）李白

【題解】

《望廬山瀑布》是李白在唐玄宗開元十三年（725）前後初遊廬山時所作。廬山乃江西省北部名山，位於今九江市南，星子縣西，以雄、奇、險、秀聞名於世。原作兩首，此選其二，另一首爲五言古詩。此詩是一首氣勢磅礴的山水詩，在陽光燦爛、紫煙繚繞的廬山香爐峰上，瀑布“飛流直下三千尺”，給詩人以深深的震撼，恍惚間感覺像銀河從九天傾落。全詩筆力縱肆而又自然率真，極言香爐峰之高，瀑布水之長，情感奔放，想象奇特，顯示出“谪仙人”潇洒旷放的風姿。

日照香爐生紫煙[1]，遥看瀑布挂前川[2]。飛流直下三千尺[3]，疑是銀河落九天[4]。

（《李太白全集》卷二十一，中華書局1977年版）

【注釋】

[1]香爐：指香爐峰，廬山名峰。因峰顶有水氣鬱結，雲霧瀰漫猶如香煙繚繞而得名。紫煙：陽光透過雲霧，遠望如同紫色煙雲。　[2]挂：懸挂。　[3]三千尺：極言山之高。非實指。　[4]九天：古人謂天有九重，九重天即天空最高處。此處形容瀑布落差之大。

【集評】

（北宋）蘇軾：帝遣銀河一派垂，古來惟有嫡仙詞。

（《蘇軾詩集》卷二十三，第1211頁）

（明）唐汝詢：泉自峰頂而出，故以香爐發端。從天際而下，故以銀河取譬。

（《唐詩解》卷二十五，第561頁）

劉拜山：結句空中落筆，直攝瀑布之神，兼傳“望”字之理，乃知誇張比擬之詞，必似此神理俱全，方臻上乘。《藝苑雌黄》譏石敏若“燕南雪花大於掌，冰柱懸簷一千丈”爲豪而畔理，信然。

（《千首唐人絕句》，第187頁）

望　　嶽

（唐）杜甫

【題解】

杜甫《望嶽》詩共三首，分别描繪東嶽泰山、西嶽華山與南嶽衡山，此選其一。本詩是杜甫早年作品，充滿了詩人青年時期的浪漫豪情。詩作洋溢着蓬勃朝氣，對泰山神奇秀麗的景色和高大雄偉的氣勢進行了熱情讚頌。“會當凌絕顶，一覽衆山小”則直抒胸臆，表達出詩人不畏險峰、敢於登頂的雄心氣概，以及積極進取的人生態度、兼濟天下的凌云壮志。全詩格調高亢，情感充沛，語句鏗鏘，極具感染力。

岱宗夫如何[1]？齊魯青未了[2]。造化鍾神秀[3]，陰陽割昏曉[4]。盪胸生曾雲[5]，決眥入歸鳥[6]。會當凌絶頂[7]，一覽衆山小[8]。

（《杜詩詳注》卷一，中華書局1979年版）

【注釋】

[1]岱宗：指東嶽泰山。泰山一名岱山，古時以其爲五嶽之首，故尊稱“岱宗”。其餘四嶽爲中嶽嵩山、西嶽華山、南嶽衡山和北嶽恒山。　[2]齊魯：春秋戰國時期兩國名，此指山東一帶。青未了：青翠的山色望不到邊際。　[3]造化：大自然。鍾：彙集。　[4]陰陽：陰指山北，陽指山南。割：分割。昏曉：黄昏與白晝。　[5]盪胸：心胸摇盪。曾雲：層層疊疊的雲氣。曾：通“層”。　[6]決眥(zì)：形容盡力睜大眼睛遠望，仿佛眼眶都要裂開了。眥：眼眶。　[7]會當：唐代口語，終當，一定要。凌：登上。　[8]小：以……爲小。形容詞的意動用法。

【集評】

（明）王嗣奭：“齊魯青未了”，“盪胸生雲”，“決眥入鳥”，皆望見岱岳之高大，揣摹想象而得之。故首用“夫何如”，正想象光景，三字直管到“入歸鳥”。此詩中大開合也。“齊魯青未了”，語未必實，而用此狀岳之高，真雄蓋一世。“陰陽割昏曉”，造語亦奇，此實語矣。“盪胸生層雲”，狀襟懷之浩蕩也。“決眥入歸鳥”，狀眼界之寬闊也。想象登岳如此，非實語，不可以句字解也。公蓋身在岳麓，神遊岳頂，所云“一覽衆山小”者，已冥搜而得之矣。

（《杜臆》卷一，第2頁）

（清）仇兆鼇：少陵以前題咏泰山者，有謝靈運、李白之詩。謝詩八句，上半古秀，而下却平淺。李詩六章，中有佳句，而意多重複。此詩遒勁峭刻，可以俯視兩家矣。龍門（編按：指杜甫《遊龍門奉先寺》）及此章，格似五律，但句中平仄未諧，蓋古詩之對偶者。而其

氣骨崢嶸，體勢雄渾，能直駕齊梁之上。（《杜詩詳注》卷一，第5頁）

（清）浦起龍：公望嶽詩凡三首，此望東嶽也。越境連綿，蒼峯不斷，寫嶽勢只“青未了”三字，勝人千百矣。“鍾神秀”，在嶽勢前推出；“割昏曉”，就嶽勢上顯出。“盪胸”“決眥”，明逗“望”字。末聯則以將來之凌眺，剔現在之遥觀，是透過一層收也……杜子心胸氣魄，於斯可觀。取爲壓卷，屹然作鎮。（《讀杜心解》卷一，第1-2頁）

送桂州嚴大夫

（唐）韓愈

【題解】

《送桂州嚴大夫》是韓愈晚年在京送别友人之作，時張籍、白居易、王建等人均有送詩，或同用南字韻。桂州即今廣西桂林，唐時爲嶺南道桂管經略使駐所。嚴大夫名嚴謨，長慶二年爲桂管觀察使。作者把對即將遠行赴任的友人的安慰與鼓勵，融入對桂林景色的生動摹寫之中。全詩對仗貼切新穎，中間兩聯最爲人所贊。頷聯用“青羅帶”“碧玉篸”喻桂林山水，清新出塵，自然高妙；頸聯則摘取具有地域特色的生活細節“輸翠羽”和“種黄甘”，勾勒出南國獨特的風土人情，兩聯一起更是構成富於色彩感的畫面。詩作極敘桂林山水之美：“遠勝”仙境，令人心馳神往。

蒼蒼森八桂[1]，兹地在湘南[2]。江作青羅帶[3]，山如碧玉篸[4]。户多輸翠羽[5]，家自種黄甘[6]。遠勝登仙去，飛鸞不暇驂[7]。

（《韓昌黎詩繫年集釋》卷十二，上海古籍出版社1984年版）

【注釋】

[1]蒼蒼：樹繁盛貌。森：繁茂。八桂：傳説桂州以八株桂樹而得名，典出《山海經·海内南經》：“桂林八樹，在番隅東。” [2]湘南：湘水之南。 [3]青羅帶：碧緑色的綢帶。 [4]篸(zān)：通“簪”。古人盤髮的首飾。 [5]輸翠羽：獻納翠鳥羽毛。翠鳥羽毛可做成名貴裝飾品。 [6]黄甘：即黄柑，橘屬。 [7]飛鸞：傳説仙人登仙乘坐的鳳鳥。驂(cān)：古代駕在車前兩側的馬。此處用作動詞，騎乘、駕馭。

【集評】

（明）袁宗道：韓昌黎《桂林》詩云：“水作青羅帶，山如碧玉篸”，每讀此詩，未嘗不神馳龍洞仙岩之間。（《答楊員外肖墨》，《白蘇齋類集》卷十六，第228頁）

（清）李憲喬：公南遷時想亦經桂，不然，何以寫得乃爾逼真。

（《韓詩臆説》卷二，第59頁）

始入雁山觀石梁記

(元)李孝光

【題解】

李孝光(1285—1350),字季和,號五峰,溫州樂清(今浙江省樂清市)人,歷任秘書監著作郎、秘書監丞等職。元代浙派古樂府創作的重要倡導者,與楊維楨并稱"李楊"。他倜儻博學,少時即負文名,應詔入仕前曾築室讀書於雁蕩五峰山下,過着閒静自適的隱居生活,時四方之士遠來受學,著名學者朱右、陶宗儀俱出其門下。有《五峰集》十一卷。

雁山即雁蕩山,位於今浙江省溫州市内,是中國東南部名山。李孝光的山水遊記《雁山十記》生動塑造了雁蕩山的文學形象,文筆簡峻,摹寫逼真,爲世人所稱道。《始入雁山觀石梁記》乃《雁山十記》首篇,雖僅三百餘字,卻生動描繪出雁山石梁的獨特之美。在溫暖明麗的冬日下出遊,北山口立石是"如浮屠氏"般的圓禿滑稽;石梁之氣勢,是拔地而起,如"大梯倚屋檐端";石洞開闊可容納千人,石腳則是空嵌而多姿;倒掛在絶壁著霜的小樹,是"絕可愛"地開着黄色小花;特别在静夜時分橡栗下墮時擊起的層層迴響,更是"鏗鏜宛轉",令人心醉。全文蘊含了作者對家鄉山水的讚美之情,也反映出他淡然灑脱的人生態度。

予家距雁山五里近,四方客遊者,或舍止吾家。吾歲率三四至山中[1],每一至,常如遇故人萬里外。

泰定元年冬[2],予與客張子約、陳叔夏復来[3]。他日小筍用自愒[4],晝爲餱糧食給[5],夕則舍頓牀敷[6],恒衡於吾心而莫得縱。於是盡屏去之,獨從家僮兩,持衾裯杖屨[7]。冬日妍煥[8],黄葉布地。客行望見山北口立石,髡然如浮屠氏[9];腰隆起,若世之遊方僧自襆被者[10],客矚然而笑[11]。時落日正射東南山,山氣盡紫,鳥相呼如歸人,入宿石梁。

石梁拔地起,上如大梯倚屋檐端,下入空洞,中可容千人。地上石脚空嵌[12],類腐木根。檐端有小樹,長尺許,倒掛絶壁上。葉著霜正红,始見謂是躑躅花[13],絶可愛。梁下有寺[14],寺僧具煮茶醅酒[15],客主俱醉。月已没,白雲西来如流水。風吹橡栗墮瓦上,轉射巖下小屋,從瓴中出[16],擊地上積葉,鏗鏜宛轉[17],殆非世間金石音。燈下相顧,蒼然無語。夜將半,設兩榻對卧,子約沾醉[18],比曉猶呼其門生[19],不知巖下宿也。

(《李孝光集校注》卷一,上海社會科學院出版社2005年版)

【注釋】

[1]率(shuài):大概,大約。 [2]泰定元年:1324年。 [3]張子約:號顔樂,黄巖(今浙江省黄巖市)人。作者詩友。陳叔夏:名德永,號兩峯,黄巖人。曾任和靖書院山長。 [4]小笱:竹子編制的小轎。愒(qì):通"憩",休息。 [5]餱(hóu):乾糧。 [6]牀敷:牀鋪。 [7]衾裯(qīnchóu):被子。 [8]妍燠(yù):美好而溫暖。燠:暖。 [9]髡(kūn)然:光秃貌。浮屠氏:和尚。浮屠:佛陀的舊譯。 [10]自襆(fú)被:自己背着鋪蓋。襆被:用包袱束裹衣被。 [11]囅(chǎn)然:大笑貌。 [12]空嵌:此謂石根多孔,有剔透之狀。 [13]躑躅花:《古今注》云:"羊躑躅花黄,羊食之則死,羊見之則躑躅分散,故名羊躑躅。"亦名黄杜鵑。 [14]梁下有寺:此指石梁寺。 [15]醅酒:未濾去糟的酒。 [16]瓴(líng):瓦溝。 [17]鏜鎕(táng):擬聲詞,此指橡實落在積葉上的聲音。 [18]沾醉:大醉。 [19]比曉:到了清晨。

【集評】

(元)陳德永:又公有《雁山十記》。雁山在永嘉東南,奇壯甲宇内。公世宅其下,祖宗積行樂善,雁山孕英誕秀,至是盡發之於公。

(《李五峰行狀》,《李孝光集校注》卷一,第3-4頁)

陳增傑:此篇居《雁山十記》之首,亦最爲後人所稱賞。筆墨簡雋,善於生描造境,其以袈僧狀"山北口立石"奇峰,形神畢肖;後來紛紛摹畫,無不以此爲藍本。後段寫絶壁霜花、月没云流、橡栗墮擊積葉,皆冢冢數筆,繪聲繪色,讀若身歷。結末復借子約醉語,將夜宿情景烘染得淋漓盡致,掩卷猶在耳目。 (《李孝光集校注》卷一,第8頁)

西湖七月半

(明)張岱

【題解】

張岱(1597—1679),字宗子,又字石公,號陶庵、蝶庵居士,山陰(今浙江省紹興)人,先世爲蜀之劍州人,故其《自爲墓志銘》稱"蜀人張岱"。他出身官宦家庭,早年生活優裕,明亡後避居山林從事著述,生活貧窘。其小品文成就很高,文筆優美傳神,多追憶往昔生活、西湖風光之作。有《琅嬛文集》《石匱書後集》《陶庵夢憶》《西湖尋夢》等著作存世。

《西湖七月半》是一篇優秀的小品文,體現了晚明文人特有的生活情調。此文爲追憶之作,精潔生動,清新自然,在寓諧於莊的文字中,透露出作者醉心於往昔的懷舊心態。文章雖寫遊湖,但描摹重點卻非西湖風景,而是遊湖賞月之人。在張岱筆下,既有不識如何賞月而故作風雅的俗夫,亦有與數位良友品茗賞月"而人不見其看月之態,亦不作意看月者",作者視後者爲同好,邀之共酌。月色、青山、湖水、荷花,清雅寧靜,表達出一種冷寂而孤高的情懷。

西湖七月半[1],一無可看,止可看看七月半之人[2]。看七月半之人,以五類看之[3]。其一,樓船簫鼓[4],峨冠盛筵[5],燈火優傒[6],聲光相亂[7],名爲看月而實不見月者,看之[8]。其一,亦船亦樓,名娃閨秀[9],攜及童孌[10],笑啼雜之,環坐露臺[11],左右盼望,身在月下而實不看月者,看之。其一,亦船亦聲歌,名妓閒僧,淺斟低唱,弱管輕絲[12],竹肉相發[13],亦在月下,亦看月,而欲人看其看月者,看之。其一,不舟不車[14],不衫不幘[15],酒醉飯飽,呼羣三五,躋入人叢[16],昭慶、斷橋[17],囂呼嘈雜[18],装假醉,唱無腔曲,月亦看,看月者亦看,不看月者亦看,而實無一看者,看之。其一,小船輕幌[19],浄几煖爐,茶鐺旋煮[20],素瓷静遞[21],好友佳人,邀月同坐,或匿影樹下,或逃囂裏湖[22],看月而人不見其看月之態,亦不作意看月者,看之。

杭人遊湖,巳出酉歸[23],避月如仇,是夕好名,逐隊争出,多犒門軍酒錢,轎夫擎燎[24],列俟岸上[25]。一入舟,速舟子急放斷橋[26],趕入勝會。以故二鼓以前[27],人聲鼓吹[28],如沸如撼[29],如魘如囈[30],如聾如啞。大船小船一齊凑岸,一無所見,止見篙擊篙,舟觸舟,肩摩肩,面看面而已。少刻興盡,官府席散,皂隸喝道去[31],轎夫叫船上人,怖以關門[32],燈籠火把如列星,一一簇擁而去。岸上人亦逐隊趕門,漸稀漸薄,頃刻散盡矣!

吾輩始艤舟近岸[33],斷橋石磴始凉[34],席其上[35],呼客縱飲。此時,月如鏡新磨,山復整妝,湖復頮面[36]。向之淺斟低唱者出,匿影樹下者亦出。吾輩往通聲氣[37],拉與同坐。韻友来[38],名妓至,杯箸安[39],竹肉發。月色蒼凉,東方將白,客方散去。吾輩縱舟,酣睡於十里荷花之中,香氣拍人[40],清夢甚愜[41]。

(《陶庵夢憶》卷七,上海古籍出版社1982年版)

【注釋】

[1]七月半:指農曆七月十五,中元節。有些地方俗稱鬼節。 [2]止:通“只”。 [3]“看七月半”二句:將看七月半景色的人分作五類來看。 [4]樓船:高而寬,外觀似樓閣的船。簫鼓:吹簫打鼓。名詞用作動詞。 [5]峨冠:高冠。貴族所戴的高帽子。 [6]優傒(xī):優伶與僕從。 [7]亂:交雜。 [8]看之:謂要看這類人。 [9]名娃:美女。 [10]童孌:美少年。孌:容貌美好。 [11]露臺:樓船上露天的平臺。 [12]弱管輕絲:輕柔地彈奏管絃樂。管、絲:指代樂器。 [13]竹肉相發:簫管伴隨著歌喉共同吟唱。竹:指簫管等樂器。肉:指歌喉。 [14]不舟不車:不乘船也不坐車。 [15]不衫不幘(zé):不穿長衫也不戴頭巾。指衣衫不整,行止隨便。幘:頭巾。 [16]躋(jī):本意是登,上升。此通“擠”。 [17]昭慶、斷橋:西湖名勝。昭慶指昭慶寺,斷橋位於白堤東端。 [18]囂呼:吵嚷。 [19]輕幌:細薄的窗幔。幌:簾帷。 [20]茶鐺(chēng):煎茶用的小鍋。旋煮:不停地煮茶。旋:快。 [21]素瓷:指潔淨精美的瓷質茶具。 [22]逃囂裏湖:逃避喧囂於裏湖。裏湖:西湖的蘇堤以西、白堤以北部。 [23]巳:巳時。上午九時至十一時。酉:酉

時。下午五時至七時。 [24]擎燎(liào):舉着火把。 [25]列俟(sì):排隊等候。俟:等待。 [26]速舟子:催促船夫。急放:趕快開船。 [27]二鼓:二更。指晚上九時至十一時。 [28]鼓吹:鼓吹樂。古代的一種器樂合奏曲,用鼓、鉦、簫、笳等樂器合奏。 [29]如沸如撼:如同水在沸騰,如同物體在震撼。形容極度喧鬧。 [30]魘(yǎn):夢中的驚叫。囈(yì):梦話。 [31]皂隸:衙門里的差役。皂:黑色。差役常穿黑色的衣服。 [32]怖以關門:以要關閉城門來恐嚇。 [33]艤(yǐ)舟:停船靠岸。 [34]石磴(dèng):石臺階。 [35]席其上:在上面擺設酒筵。 [36]湖復頮(huì)面:湖面重又顯露出明朗潔淨的面貌。頮面:洗臉。 [37]往通聲氣:過去打招呼。 [38]韻友:清雅之友。 [39]杯箸(zhù)安:放好酒杯與筷子。安:安放。 [40]香氣拍人:香氣襲人。 [41]愜:滿足,暢快。

【集評】

(清)金忠淳:茲編載方言巷咏、嘻笑瑣屑之事,然略經點染,便成至文。讀者如歷山川,如睹風俗,如瞻宫闕宗廟之麗,殆與《采薇》《麥秀》同其感慨,而出之以詼諧者歟?

(《硯雲甲編》本《陶庵夢憶》跋,《陶庵夢憶》,第1頁)

(清)伍崇曜:昔孟元老撰《夢華録》、吴自牧撰《夢粱録》,均於地老天荒,滄桑而後,不勝身世之感。茲編實與之同,雖間涉游戲三昧,而奇情壯采,議論風生,筆墨横姿,幾令讀者心目俱眩,亦異才也。 (《硯雲甲編》本《陶庵夢憶》跋,《陶庵夢憶》,第80頁)

橘　頌

(戰國)屈原

【題解】

《橘頌》列屈原著名組詩《九章》第八篇(王逸《楚辭章句》)。詩人藉對橘樹的讚美,表達了自己不諧流俗的品格和至死不渝的愛國精神。橘樹原産中國,在屈原筆下是美好而有節操的樹木:不僅"緑葉素榮,紛其可喜""圓果摶兮""文章爛兮",更兼"深固難徙,更壹志兮""蘇世獨立,横而不流兮"。因而詩人願以之爲友,生死與共。本篇文字簡樸而富於節奏感,情感真摯充沛,把個人身世之慨融入對橘樹的吟詠之中,開後世詠物詩之先河。

后皇嘉樹[1],橘徠服兮[2]。受命不遷[3],生南國兮[4]。深固難徙,更壹志兮[5]。緑葉素榮[6],紛其可喜兮[7]。曾枝剡棘[8],圓果摶兮[9]。青黄雜糅,文章爛兮[10]。精色内白[11],類可任兮[12]。紛緼宜脩[13],姱而不醜兮[14]。

嗟爾幼志[15],有以異兮[16]。獨立不遷[17],岂不可喜兮?深固難徙,廓其無求兮[18]。蘇世獨立[19],横而不流兮[20]。閉心自慎[21],不終失過兮[22]。秉德無私,參天地兮[23]。願歲并謝[24],與長友兮。淑離不淫[25],梗其有理兮[26]。年歲雖少,可師長兮[27]。行比伯夷[28],置以爲像兮[29]。

(《楚辭補注》,中華書局1983年版)

【注釋】

[1]后皇:后土皇天,指天地。 [2]"橘徠"句:美好的橘樹適宜生長在這裏。徠:通"來"。服:習慣。 [3]"受命"句:秉承自然的天性,不可遷徙。受:承受。命:天命,此指橘樹的自然本性。《楚辭章句》云:"屈原自比志節如橘,亦不可遷移。" [4]南國:南方。此指楚國。 [5]壹志:志向專一。 [6]素榮:白色的花。榮:花。 [7]"紛其"句:葉繁花多,十分可愛。紛:繁茂的樣子。 [8]曾枝:層層的枝葉。曾:通"層"。剡(yǎn)棘:尖銳的刺。剡:銳利。棘:刺。 [9]"圜果"句:圓圓的果實非常飽滿。摶(tuán):通"團"。 [10]"青黄"二句:果實青黄雜錯,紋路斑斕,色彩明亮。文章:花紋色彩。爛:色彩鮮明豔麗的樣子。 [11]"精色"句:果實具有色澤純淨的外表和潔白的果肉。精色:色澤純淨。此指果實表皮。 [12]"類可任"句:類似值得信任的君子。 [13]"紛緼(yūn)"句:生長繁茂,脩飾得體。亦作"紛藴",繁盛的樣子。 [14]姱而不醜:美麗非凡,出類拔萃。姱(kuā):美好。醜:通"儔",同類。 [15]爾:指橘。幼志:幼年時的志向。 [16]異:卓爾不群。 [17]獨立:特立獨行。 [18]廓:空寂,超脫。 [19]"蘇世"句:獨自清醒地立於世間。蘇:醒。 [20]"横而"句:堅持自我,不隨波逐流。横:横絕。指特立獨行的品格。 [21]閉心:關閉心靈。意謂摒棄欲念。 [22]"不終"句:始終不會有過失。不終:終不。失過:過失。 [23]"參天地":可與天地相匹配。參:比。 [24]願歲並謝:誓同生死。歲:歲月,年歲。謝:死亡。 [25]淑離:善良美好。淑:善良。離:通"麗"。一説,"離"是獨立不遷。淫:過度,不合正道。 [26]梗:堅硬挺拔。理:紋理。 [27]可師長:可以爲人師表。師長:用作動詞,作爲師長。 [28]伯夷:商末孤竹君長子,因辭讓君位離開孤竹國。曾諫阻周武王伐紂大軍,周朝建立後恥食周粟,餓死在首陽山上。伯夷被認爲是謙讓有節操的賢士。 [29]置以爲像:樹立爲榜樣。像:榜樣。

【集评】

(南朝梁)劉勰:三閭《橘頌》,情采芬芳,比類寓意,又覃及細物矣。

(《頌贊》,《文心雕龍義證》卷二,第321頁)

(清)林雲銘:一篇小小物贊,説出許多大道理。且以爲有志有德、可友可師,而尊之以頌,可謂備極稱揚,不遺餘力矣。在原當日見國事不可爲,而又有宗國無可去之義,故把橘之不能逾淮做個題目,不覺滔滔汩汩,寫過又寫。其上段言其履常本領,下段言其處變節概,皆是自己意中之事。因當世無一相以之人,亦無一相知之人,忽於放廢之所得一良友明師,乃傷心中之快心,雖慾不備極稱揚,不可得也。看來兩段中句句是頌橘,句句不是頌橘,但見原于橘,分不得是一是二,彼此互映,有鏡花水月之妙。

(《楚辭燈》卷三,第211-212頁)

贈從弟

(東漢)劉楨

【題解】

劉楨(186—217),字公幹,寧陽(今山東省寧陽縣)人,東漢著名文學家,"建安七子"之一。以詩歌見長,五言詩尤出色,爲七子之首,後人將他與曹植并稱"曹劉"。有《劉公幹集》傳世。

《贈從弟》共三首,運用比興之法,分咏蘋藻、松柏、鳳凰三物,此選其二。詩人讚頌在風霜侵襲下依舊挺拔蒼翠的松柏,勉勵堂弟常懷堅貞品性。全詩筆力遒勁,風格古樸,刻畫出勁松不畏嚴寒、剛正不屈的高貴氣節。

亭亭山上松[1],瑟瑟谷中風[2]。風聲一何盛[3]?松枝一何勁?冰霜正慘愴[4],終歲常端正。豈不罹凝寒,松柏有本性[5]。

(《文選》卷二十三,上海古籍出版社1986年版)

【注釋】

[1]亭亭:聳立的樣子。 [2]瑟瑟:形容風的聲音。 [3]一何:多麼。 [4]慘愴:凜冽,嚴酷。 [5]"豈不"二句:難道松樹没有遭受到嚴寒的侵襲?它(依然挺拔蒼翠)是由本性決定的。罹(lí):遭受苦難或不幸。

【集評】

(清)沈德潛:贈人之作,通用比體,亦是一格。 (《古詩源》卷六,第112頁)

(清)張玉穀:次章以松柏比,勉勁節之當特立也。首四,表松之不畏風也,却疊用對舉句法。五六,於風外添出冰霜,點醒常能端正。七八,以有本性推原作結,添出"柏"字,愈見錯綜。 (《古詩賞析》卷九,第217頁)

庭竹

(唐)劉禹錫

【題解】

竹四季常緑,中空而質地堅硬,世人認爲其堅而賢貞,將其與梅、蘭、菊并稱爲"四君子”,與松、梅并稱爲“歲寒三友”。東晉名士王徽之愛竹成癖,曾云:“何可一日無此君!”(《世説新語•任誕》)“此君”亦成爲竹之雅稱。此選劉禹錫《庭竹》一詩,描寫了竹的修、直、節,無論被“露滌”抑或“風揺”,無論身在何處,竹依然清高自立,猶如君子之風範。詩作俊爽明快,意藴雋永,滲透出一種堅毅樂觀的人格内藴。

露滌鉛粉節[1],風揺青玉枝[2]。依依似君子[3],無地不相宜。

(《劉禹錫集》卷二十五,中華書局1990年版)

【注釋】

[1]鉛粉節:竹節多呈灰黑,有似鉛粉色,故云。 [2]青玉枝:竹枝如同青玉般清脆光潤。 [3]依依:竹枝隨風輕柔揺動、閒雅自適貌。似君子:白居易《養竹記》云:“竹似賢,何哉?竹本固,固以樹德;君子見其本,則思善建不拔者。竹性直,直以立身;君子見其性,則思中立不倚者。竹心空,空以體道;君子見其心,則思應用虚受者。竹節貞,貞以立志;君子見其節,則思砥礪名行,險夷一致者。夫如是,故君子人多樹之爲庭實焉。”

山園小梅(其一)

(北宋)林逋

【題解】

林逋(967—1028),字君復,錢塘(今浙江省杭州市)人,宋真宗賜號“和靖處士”,仁宗賜謚“和靖先生”,世稱林和靖。和靖少孤,刻苦好學,性情清高,終生未仕。景德中曾漫遊江淮一帶,晚年隱居西湖孤山,種梅養鶴,有“梅妻鶴子”之謂。其詩歌題材比較狹窄,但造詣頗深,特别是寫景之作更有獨到之處,惜其作詩隨就隨棄,因而“所存百無一二”。有近人邵裴子所輯《林和靖詩集》四卷。

梅花原產中國,是“歲寒三友”之一,亦是“四君子”之一,世人將其視爲孤傲高潔的象徵。歷代多位詩人都有描繪梅的詩篇,《山園小梅》即是其中一首。林逋筆下的梅花明媚脱俗而又嫻静自賞,確有君子之態。全詩詞句清麗,尤以“疏影横斜水清淺,暗香浮動月黄昏”最爲人所推重,這兩句詩乃化用五代南唐江爲的詩句“竹影横斜水清淺,桂香浮動月黄昏”,僅易二字而盡得梅之韻致。上句寫臨水梅的風姿,“疏影横斜”,輕盈出塵;下句摹月下梅的内藴,“暗香浮動”,清幽淡雅,令人心慕不已。詩人在尾聯表達自己視梅爲知己、願與之親近的心願,可知梅之神韻乃詩人清冷高逸的人格寫照。此詩在宋代極具影響,如姜夔的兩首詠梅詞即以《疏影》《暗香》爲名。

衆芳揺落獨暄妍[1],占盡風情向小園。疏影横斜水清淺[2],暗香浮動月黄昏[3]。霜禽欲下先偷眼[4],粉蝶如知合斷魂[5]。幸有微吟可相狎[6],不須檀板共金樽[7]。

（《林和靖詩集》卷二,浙江古籍出版社1986年版）

【注釋】

[1]“衆芳”句:梅花在百花凋零時獨自開放得明媚美麗。衆芳:百花。摇落:凋謝,零落。暄妍:明媚美麗。 [2]疏影:梅影疏落有致的樣子。 [3]暗香浮動:梅花清幽的香氣四處飄動。 [4]霜禽:羽毛白色的鳥,如白鶴、白鷺等。偷眼:偷看。 [5]合:應該。斷魂:銷魂。 [6]微吟:低低吟唱。狎:親近。 [7]檀板:歌唱時用以擊節的檀木板。金樽:飲酒用的金杯。

【集評】

（北宋）歐陽修:逋工筆畫,善爲詩……《梅花》詩云:“疏影橫斜水清淺,暗香浮動月黄昏。”評詩者謂:“前世詠梅者多矣,未有此句也。”

（《歸田録》卷二,《宋元筆記小説大觀》,第618頁）

（南宋）周紫芝:林和靖賦梅花詩有“踈影橫斜水清淺,暗香浮動月黄昏”之語,膾炙天下殆二百年。

（《竹坡詩話》卷二,第485頁）

十月三日相公花下小飲賦四題·殘菊

（北宋）梅堯臣

【題解】

梅堯臣(1002—1060),字聖俞,宣州宣城(今安徽省宣城市)人,宣城古名宛陵,故世稱宛陵先生。少時應試不第,至皇佑三年(1051)被宋仁宗召試,同進士出身,曾任國子監直講、尚書都官員外郎等職,故世人亦稱其“梅直講”“梅都官”。其文學創作反對空泛浮豔之風,追求“平淡”,注重境界,其詩風格含蓄,語言自然。他在北宋詩文革新運動中與歐陽修、蘇舜欽齊名,并稱“梅歐”“梅蘇”。曾參與編修《新唐書》。有《宛陵先生集》六十卷。

“賦四題”即賦詩四首。此選其三。相公指晏殊,慶曆四年(1044),殊以同中書門下平章事、集賢殿學士出知潁州,慶曆八年(1048)春自潁州移知陳州,梅堯臣於是年秋末至陳州。

菊花原產中國,傲霜開放,色彩鮮豔、冷香襲人,爲“四君子”之一。菊花寄寓著歷代文人孤高堅韌的人格追求,此處所選《殘菊》可爲其中代表。詩作開篇令人傷感,“黄金蕊”愈豔麗,其凋謝頹勢則愈顯淒涼。而詩人筆鋒一轉,點出菊花“雖枯不改香”的特性,枝葉雖敗,花事亦盡,然香氣清幽,品格未改。"孤秀"一詞,更凸顯出菊花傲然獨立的風骨。菊花的晚節之香讓詩人動容,於是品酒賞花,對殘菊的憐惜與欽佩之情躍然紙上。

零落黄金蕊[1],雖枯不改香。深叢隱孤秀[2],猶得奉清觴[3]。

(《梅堯臣集編年校注》卷十八,上海古籍出版社1980年版)

【注釋】

[1]"零落"句:金黄色的菊花凋零墜落。 [2]"深叢"句:茂密的枝葉間隱藏着暫未掉落的余花。 [3]"猶得"句:仍然可以邊品嘗美酒邊觀賞菊花。清觴:美酒。

【集評】

公羽:結句"猶得奉清觴",轉寫面對至情至性的殘菊,不得不把酒賦詩的情懷。人與菊的相憐相悦,亦在詩境中得以融爲一體。 (《花香鳥語詩詞集錦·菊花》,第45頁)

愛蓮説

(北宋)周敦頤

【題解】

周敦頤(1017—1073),字茂叔,號濂溪,道州營道(今湖南省道縣)人,世稱濂溪先生。他是宋代理學派的开山之祖,"胸懷灑落,如光風霽月"(黄庭堅《濂溪詩序》),著名理學家程顥、程頤俱爲其弟子。著有《太極圖説》《通書》《周元公集》。

"説",是古代用記敘、議論或説明等方式来闡述事理的文體,常藉描繪事物以抒情言志。周敦頤在《愛蓮説》這篇散文中藉物抒懷,以花喻人。荷花原產中國,亭亭玉立,美麗高潔,其"出淤泥而不染,濯清漣而不妖"的品性,象徵著在污世中潔身自好的人格,作者的愛蓮之情,象徵自己對這種人格的讚賞與追慕,以及鄙棄追名逐利的惡濁世風的心態。全文清雅脱俗,情景交融,優美簡練而意蘊深遠。

水陸草木之花,可愛者甚蕃[1]。晉陶淵明獨愛菊[2]。自李唐來,世人甚愛牡丹[3]。予獨愛蓮之出淤泥而不染,濯清漣而不妖[4],中通外直,不蔓不枝[5],香遠益清[6],亭亭净植[7],可遠觀而不可褻玩焉[8]。

予謂菊,花之隱逸者也;牡丹,花之富貴者也;蓮,花之君子者也。噫!菊之愛[9],陶後鮮有聞[10]。蓮之愛,同予者何人?牡丹之愛,宜乎衆矣[11]!

(《周濂溪集》卷八,中華書局1985年版)

【注釋】

[1]蕃(fán):多。 [2]“晉陶淵明”句:陶淵明,東晉著名詩人。他喜愛菊花,常在詩中咏菊,其《饮酒》詩里的“采菊東籬下,悠然見南山”向來爲人所讚賞。 [3]“自李唐来”二句:自唐朝以来,人們很喜愛牡丹。李唐:指唐朝。唐朝皇帝姓李,故稱爲“李唐”。世人:社會上的普通人。關於唐人喜愛牡丹有許多記載,如唐李肇的《唐國史補》:“京城貴游,尚牡丹……每春暮,車馬若狂……種以求利,一本(一株)有直(通“值”)數萬(錢)者。” [4]清漣:水清澈而有微波的樣子,此處指清水。妖:美麗但不端莊。 [5]不蔓不枝:没有枝節牽連的繁雜。 [6]香遠益清:距離越遠香氣越清新。益:越。 [7]亭亭净植:筆直潔淨地站立。亭亭:修長聳立的樣子。 [8]褻(xiè)玩:近前把玩。褻:褻瀆,不尊重。 [9]菊之愛:對於菊花的喜愛。 [10]鮮(xiǎn)有聞:很少聽到。鮮,少。 [11]宜乎衆矣:當然很多了。宜:應當。此處與“乎”連用,有“當然”的意思。

【集評】

(南宋)史繩祖:濂溪周子作《愛蓮説》,謂蓮爲花之君子,亦以自況,與屈原千古合轍(編按:指屈原《橘頌》)。不寧惟是,而二篇之文皆不滿二百字,詠橘、詠蓮,皆能盡物之性,格物之妙,無復餘蘊。蓋心誠之所發越,萬物皆備於我之所著形。是可敬也,讀者宜精體之。 (《學齋佔畢》卷二,《文津閣四庫全書》子部第282冊,第350-351頁)

(明)蔡清:菊曰“隱逸”,所謂隱者爲高也。牡丹曰“富貴”,所謂仕者爲通也。蓮曰“君子”,則所謂“君子哉蘧伯玉,邦有道則仕,邦無道則可卷而懷之”者也。後賢注此,皆未有得周子命辭之意者,故特發之。 (《讀愛蓮説》,《虛齋集》卷四,第345頁)

秋　蕙

(元)揭傒斯

【題解】

揭傒斯(1274—1344),字曼碩,龍興富州(今江西省豐城縣)人。延佑元年(1314)由布衣薦授翰林國史院編修官,至正三年(1343)奉詔修遼、金、宋史,爲總裁之一。次年《遼史》成,得寒疾於史館,數日後卒,追封豫章郡公,謚文安。揭傒斯爲文嚴整明達,詩歌清麗婉轉,其詩文卓然不群,在當時影響很大。與虞集、柳貫、黄溍并稱“儒林四傑”。有《揭文安公集》。

本詩原題爲《題信上人春蘭秋蕙二首》,此選其二。“蕙”即蘭,古人稱蘭花爲“蘭蕙”。蘭花原產中國,從野生到人工培育,至今已有兩千多年栽培歷史,不僅與梅、竹、菊共稱“四君子”,而且被尊爲“中國蘭”。蘭花氣質高雅又暗香悠然,深受歷代詩人的喜愛。本詩通過詩人與秋蕙之間的問答,表達了他對秋蕙由衷的讚美。秋蕙生長於僻境幽谷,雖無人欣賞卻嫻静内斂、與世無争,一旦深秋花開之時,滿林盡是蘭的香氣!君子亦應如空谷幽蘭般淡雅出塵,品性高潔,這是詩人所透露出的人生態度。

幽叢不盈尺[1],空谷爲誰芳?一徑寒雲色,滿林秋露香。

(《揭傒斯全集》詩集卷八,上海古籍出版社1985年版)

【注釋】

[1]幽叢:秋蕙生長在溪谷間,叢生,故云。盈:超過。

繚　　綾

(唐)白居易

【題解】

白居易的《新樂府》五十篇關注現實,敢於直面社會矛盾,詩人自云乃"爲君、爲臣、爲民、爲物、爲事而作"。此處所選《繚綾》列《新樂府》第三十一篇,題序"念女工之勞也"。繚綾是一種精美絲織品,絲細質輕,製作極費功力,在唐代爲貢品,産於越州(今浙江紹興)一帶。此詩敘寫"越溪寒女"費盡心血織造繚綾、染色、裁剪、做成舞衣,"漢宫姬"卻讓這價值千金的華服"曳土踏泥",毫無珍惜之心。詩作揭露了被剥削者和剥削者之間的尖鋭矛盾,體現出詩人關心民生疾苦的精神和對貧家織婦的深深同情。另外,這首詩也反映出唐代絲織品製造業已達到極高水平,品種繁多、花樣翻新,僅詩中提及的就有羅、綃、紈、綺等各種織物,而帶有細緻花紋的繚綾更是精美異常。繚綾成衣底、花俱白,輕柔而閃亮,上面的花紋交相映照,流光溢彩,絲織、印染技術之高超令人驚歎。中國自古即有"絲綢之國"之稱,可謂當之無愧。

繚綾繚綾何所似?不似羅綃與紈綺[1]。應似天台山上明月前,四十五尺瀑布泉。中有文章又奇絶[2],地鋪白烟花簇雪。織者何人衣者誰?越溪寒女漢宫姬[3]。去年中使宣口敕[4],天上取樣人間織。織爲雲外秋雁行,染作江南春水色。廣裁衫袖長製裙,金斗熨波刀剪紋。異彩奇文相隱映,轉側看花花不定。昭陽舞人恩正深[5],春衣一對直千金。汗沾粉汙不再著,曳土踏泥無惜心。繚綾織成費功績,莫比尋常繒與帛[6]。絲細繰多女手疼[7],扎扎千聲不盈尺[8]。昭陽殿裏歌舞人,若見織時應也惜!

(《白居易集箋校》卷四,上海古籍出版社1988年版)

【注釋】

[1]羅:一種經線互相交纏而呈現出疏孔的絲織品。綃:由生絲織成的薄綢。紈:質地細膩

的薄絹。綺：帶有花紋的絲質品。 [2]文章：花紋色彩。 [3]漢宫姬：漢代皇宫的妃子、舞女。此處借漢喻唐。 [4]中使：宫中派出辦事的使者，多指宦官。勑(chì)：通"敕"。 [5]昭陽舞人：漢成帝寵妃趙飛燕。其寢宫爲昭陽殿。此指唐代宫殿的舞女。 [6]繒(zēng)與帛：絲質品的總稱。 [7]繰(sāo)，通"繅"。 [8]扎扎：擬聲詞，形容織機發出的聲音。

【集評】

陳寅恪：以越州而論，當安史亂前，雖亦爲蠶絲之產地，然絲織品並不特以工妙著稱。迨安史亂後，經薛兼訓(編按：時任浙東觀察使)之獎勵改良，其工藝遂大爲精進矣。其他東南各地，絲織工業之發展，其變化雖不若越州之顯著，實亦可據以推見也。

繚綾爲當時絲質品之最精最佳者，故費工耗力遠過其他絲織品，觀微之古題樂府此詩(編按：指元稹《織婦詞》)，知當時繚綾貢戶之苦至此，則詩人之作詩諷諫，自無足異也。

(《元白詩箋證稿》,《陳寅恪集》,第253-254頁)

秘色越器

(唐)陸龜蒙

【題解】

陸龜蒙(？—约881)，字魯望，號江隨子、天湖散人、甫里先生，吴郡(今江蘇省蘇州市)人。少時即通《春秋》等儒家經典，舉進士不第，曾任湖州、蘇州刺史幕僚，後隱居於松江甫里(今屬蘇州市吴中區)。他追求散淡自然的生活，存詩多隱逸之作。與皮日休并稱"皮陸"，二人唱和詩輯入《松陵集》，陸龜蒙有《甫里先生文集》。

越窑青瓷製作精美，釉色熒潤，在中國陶瓷史上具有非常重要的地位，唐人陸羽曾在《茶經》中贊其"類玉""類冰"。越州乃今浙江紹興一代，越窑主要在分布在今浙江省上虞、余姚等地，晚唐、五代時曾爲宫廷進貢瓷器精品"秘色瓷"。關於"秘色瓷"最早的文字描述，即出自陸龜蒙《秘色越器》。"秘色"，或因其爲供奉之物而得名，或是對瓷器色彩青翠、秀麗典雅的渲染，亦或是對制瓷工藝巧奪天工的讚賞。

九秋風露越窑開[1]，奪得千峰翠色來。好向中宵盛沆瀣[2]，共嵇中散鬬遺杯[3]。

(《甫里先生文集》卷十二，河南大學出版社1996年版)

【注釋】

[1]九秋：指秋天。秋季三個月約九十天，故云。窑：原作"寒"，據《全唐詩》改。 [2]中宵：

中夜,深夜。沆瀣(hàngxiè):夜間的水汽、露水。《楚辭·遠遊》:"餐六氣而飲沆瀣兮,漱正陽而含朝霞。" [3]嵇中散:即嵇康。《晉書·嵇康傳》載,嵇康好修道家"養性服食之事"。鬭(dòu):古通"鬥"。

【集評】

(北宋)趙令畤:今之秘色甆(編按:古通"瓷")器,世言錢氏有國,越州燒進,爲供奉之物,臣庶不得用之,故云秘色。比見陸龜蒙《進越器》詩云:"九秋風露越窯開,奪得千峯翠色來。好向中宵盛沆瀣,共嵇中散鬭遺杯。"乃知唐時已有秘色,非自錢氏始。

(《侯鯖録》卷六,第149頁)

(明)田藝蘅:陸龜蒙詩:"九秋風露越窰開,奪得千峯翠色來。"最爲諸窰之冠。至吴越王時愈精,臣庶不得通用,謂之秘色。　　(《留青日札》附録一,第757-758頁)

十三、南北風俗

士相見禮

《儀禮》

【題解】

《儀禮》是儒家核心經典"十三經"之一，也是儒家傳習最早的一部書，舊説爲周公所作，《史記》《漢書》認爲出於孔子，成書於東周時代。《儀禮》原稱《禮》，漢人稱爲《士禮》，相對《禮記》而言，又叫《禮經》，晉代稱《儀禮》，當時出於門閥宗法需要，特重其中詳定血統親疏的《喪服》諸篇，出現不少注疏，本篇所録即爲唐賈公彦注疏之本。

《儀禮》十七篇記述有關冠、婚、喪、祭、鄉、射、朝、聘等制度，其中以記載士大夫的禮儀爲主，多是關於禮儀的詳細記録，只記儀節，不談禮之意義。在倫理意識較之宗教意識更爲發達的古代中國，原始宗教儀式未能充分發展成爲正式宗教，而是很快轉化爲禮儀和制度形式以約束世道人心，成爲儒學體系的一個重要組成部分。作爲一部詳細的禮儀制度章程，《儀禮》告訴人們在何種場合下應該如何去做。正是由於先秦時期的儀節日益繁複，非有專門職業訓練並經常排練演習者不能經辦典禮，故而熟練掌握各種儀節的儒生逐漸成爲一種職業人士，但這類禮儀形式也因其複雜而難以傳繼。本篇文字就詳細描述了"士相見之禮"的儀節，對後世瞭解古代中國的禮儀生活有一定的參考價值。

士相見之禮[1]。摯[2]，冬用雉[3]，夏用腒[4]。左頭奉之[5]，曰："某也願見，無由達。某子以命命某見[6]。"主人對曰："某子命某見，吾子有辱。請吾子之就家也，某將走見[7]。"賓對曰："某不足以辱命，請終賜見。"主人對曰："某不敢爲儀[8]，固請吾子之就家也，某將走見。"賓對曰："某不敢爲儀，固以請。"主人對曰："某也固辭，不得命，將走見。聞吾子稱摯，敢辭摯。"賓對曰："某不以摯，不敢見。"主人對曰："某不足以習禮，敢固辭。"賓對曰："某也不依於摯，不敢見，固以請。"主人對曰："某也固辭，不得命，敢不敬從！"出迎於門外，再拜。客答再拜。主人揖，入門右。賓奉摯，入門左。主人再拜受，賓再拜送摯，出。主人請見，賓反見，退。主人送于門外，再拜。

（《儀禮注疏》卷七，《十三經注疏》清嘉慶刊本，中華書局2009年版）

【注釋】

[1]士相見之禮:士初入仕,拜見因道藝而相親的人,并行執摯之禮。 [2]摯(zhì):通“贄”,送給尊長者的見面禮物。 [3]雉:野雞。 [4]腒(jū):干山雞肉。 [5]左頭奉之:將雉頭朝左擺放奉上。 [6]某子:指介紹雙方見面的人。以命:以主人之命。 [7]走見:前往相見。走,往。 [8]不敢爲儀:指出自真心相待,而非做樣子。

晏子使楚

《晏子春秋》

【題解】

晏子(前500—前578),名嬰,字仲,謚平,後世多稱晏平仲,夷維人(今山東高密),春秋時期齊國政治家。《晏子春秋》是記載晏嬰言行的一部典籍,由史料和民間傳説彙編而成,經漢代劉向整理,共有內、外八篇,計二百一十五章。書中所記多爲晏嬰勸告君主勤政、戒除享樂、愛護百姓、任用賢能和虚心納諫之事,也有不少內容表現晏嬰聰明機敏,如本篇所選晏子使楚故事即是。《晏子春秋》雖不能完全作爲信史看待,但多數有一定根據,可與《左傳》《國語》《吕氏春秋》《論語》等書相互印證,作爲反映春秋後期齊國社會歷史風貌的史料。

《晏子使楚》講述的是春秋末期晏嬰出使楚國,楚王三次侮辱晏嬰,卻被晏嬰巧妙回擊。在本段文字中,楚王取笑齊國人偷盗,晏嬰卻以兩國水土不同的事實爲論據,指出同一物種因環境條件不同就會發生變異,既顯現了晏嬰機智善辩的才能和外交家的風度,也表現出先秦時期人們已對南北風物和人情的異同有了一定的認識。

晏子將使楚,楚王聞之,謂左右曰:“晏嬰,齊之習辭者也[1],今方來,吾欲辱之,何以也?”左右對曰:“爲其來也[2],臣請縛一人,過王而行,王曰:‘何爲者也?’對曰:‘齊人也。’王曰:‘何坐[3]?’曰:‘坐盗。’”晏子至,楚王賜晏子酒,酒酣,吏二縛一人詣王,王曰:“縛者曷爲者也?”對曰:“齊人也,坐盗。”王視晏子曰:“齊人固善盗乎?”晏子避席對曰:“嬰聞之,橘生淮南則爲橘,生於淮北則爲枳,葉徒相似,其實味不同[4]。所以然者何?水土異也。今民生長於齊不盗,入楚則盗,得無楚之水土使民善盗耶[5]?”王笑曰:“聖人非所與熙也[6],寡人反取病焉[7]。”

(《晏子春秋·內篇雜下》,上海古籍出版社1989年版)

【注釋】

[1]習:通曉,熟悉。辭:辭藻。 [2]爲其來:於其來。 [3]坐:因……犯罪。 [4]實:果

實。 [5]得無:莫不是,該不會。 [6]熙:通"嬉",開玩笑。 [7]病:辱,恥辱。

顔氏家訓(節選)

(北齊)顔之推

【題解】

顔之推(531—595?),字介,原籍琅邪臨沂(今山東臨沂北),是南北朝時期著名的詩人和學者,一生歷仕四朝,"三爲亡國之人",飽嘗離亂之苦,因此深知南北政治、俗尚的弊病,也能洞悉南學北學的短長,其畢生的理論、實踐和思想結晶,大多體現在《顔氏家訓》之中。

作爲中國傳統社會的典範教材,《顔氏家訓》被陳振孫譽爲"古今家訓之祖",開後世"家訓"的先河,它既是一部告誡子孫的家書,也是一部内容豐富的學術著作,結合儒學、文學、佛學、歷史、文字、民俗、社會、倫理等方面,强調了文教的重要性。《顔氏家訓》共有七卷二十篇,文字風格"質而明,詳而要,平而不詭",也是一部頗有文學價值的歷史文獻。本節所選内容分别爲南北文化中迥然不同的"庶孽"(妾生之子)觀、婦女社交習慣、親友離别表現和嬰兒周歲禮俗等方面的記載。

江左不諱庶孽[1],喪室之後,多以妾媵終家事[2];疥癬蚊虻[3],或未能免,限以大分[4],故稀鬩鬩之恥[5]。河北鄙於側出[6],不預人流[7],是以必須重娶,至於三四,母年有少於子者。後母之弟,與前婦之兄,衣服飲食,爰及婚宦,至於士庶貴賤之隔[8],俗以爲常。身没之後[9],辭訟盈公門[10],謗辱彰道路,子誣母爲妾,弟黜兄爲傭[11],播揚先人之辭迹[12],暴露祖考之長短,以求直己者[13],往往而有。悲夫!自古姦臣佞妾,以一言陷人者衆矣!況夫婦之義,曉夕移之[14],婢僕求容,助相説引,積年累月,安有孝子乎?此不可不畏。

(《顔氏家訓集解》增補本卷一《後娶》,中華書局1993年版)

【注釋】

[1]江左:六朝人稱江左爲江東,長江下游以南地區。庶孽:庶子,妾生之子。《史記·商君傳》:"商君者,衛之諸庶孽子也"。 [2]妾媵:侍妾。媵,古代諸侯貴族女子出嫁時,從嫁的妹妹或侄女。 [3]疥癬蚊虻:指家庭内部的小矛盾。 [4]大分(fèn):名分。 [5]鬩鬩(xì):爭執。 [6]河北:指黄河以北地區。側出:指妾婢所生的子女。 [7]人流:有身份者的行列。《人物志·流業篇》:"蓋人流之業,十有二焉:有清節家,有法家,有術家……"人流之流,與士流、學流、文流、某家者流之流義同。 [8]士庶:指士族和庶族。 [9]没(mò):死亡,壽終。 [10]辭訟:爭訟,訴訟。 [11]黜:貶低。 [12]辭迹:言語行迹。此

指先輩之隱私。 [13]直:正當,有理。 [14]移:動搖。

江東婦女,略無交遊,其婚姻之家[1],或十數年間,未相識者,惟以信命贈遺[2],致殷勤焉。鄴下風俗,專以婦持門戶[3],爭訟曲直,造請逢迎,車乘填街衢,綺羅盈府寺,代子求官,爲夫訴屈。此乃恒、代之遺風乎?南間貧素,皆事外飾,車乘衣服,必貴整齊;家人妻子,不免飢寒。河北人事[4],多由內政[5],綺羅金翠,不可廢闕,羸馬頓奴[6],僅充而已;倡和之禮[7],或爾汝之[8]。河北婦人,織紝組紃之事[9],黼黻錦繡羅綺之工[10],大優於江東也。

(《顏氏家訓集解》增補本卷一《治家》,中華書局1993年版)

【注釋】

[1]婚姻之家:指娘家與婆家雙方。 [2]信命遺贈:指派人傳書信問候,贈送禮物。 [3]持門戶:指掌管掌管家庭事務。 [4]人事:交際應酬。 [5]內政:本指家庭事務,借指操持家庭事務的妻子。 [6]頓(cuì):通"悴""瘁",勞累,困病。 [7]倡和:指夫妻。 [8]爾汝:彼此以爾汝相稱,表示親昵。指夫妻間相互輕賤的稱謂。 [9]織紝(rèn)組紃(xùn):指婦女的織作之事。紝,織布帛的絲縷。紃,圓形絛帶。 [10]黼黻(fǔfú):古代繪、繡的黑白相間的斧形禮服。

別易會難,古人所重;江南餞送,下泣言離。有王子侯[1],梁武帝弟,出爲東郡,與武帝別,帝曰:"我年已老,與汝分張[2],甚以惻愴。"數行淚下。侯遂密雲[3],赧然而出[4]。坐此被責[5],飄颻舟渚,一百許日,卒不得去。北間風俗,不屑此事,歧路言離,歡笑分首[6]。然人性自有少涕淚者,腸雖欲絕,目猶爛然[7];如此之人,不可強責。

(《顏氏家訓集解》增補本卷二《風操》,中華書局1993年版)

【注釋】

[1]王子侯:古時皇室所封的列侯。 [2]分張:分別。六朝人習慣用語。 [3]密雲:《周易·小畜》:"密雲不雨",後人用來指不哭。 [4]赧然:因羞愧而臉紅的樣子。 [5]坐:由於,因爲。 [6]分首:《類說》作"分手"。首、手古同音通用,《儀禮·大射儀》"後首",鄭玄注云:"古文'後首'爲'後手'。"又《士喪禮》鄭注:"古文'首'爲'手'。" [7]爛然:明亮的樣子。《詩·鄭風·女曰雞鳴》:"明星有爛",鄭箋:"明星尚爛爛然。"

江南風俗,兒生一期[1],爲製新衣,盥浴裝飾,男則用弓矢紙筆,女則刀尺針縷,並加飲食之物,及珍寶服玩,置之兒前,觀其發意所取,以驗貪廉愚智,名之爲試兒。親表聚集,致讌享焉[2]。自茲已後,二親若在,每至此日,嘗有酒食之事耳。無教之徒,雖已孤露[3],其日皆爲供頓[4],酣暢聲樂,不知有所感傷。梁孝元年少之時，每八月六日載誕之辰[5]，常設齋講[6]；自阮修容薨歿之後[7]，此事亦絕。

（《顏氏家訓集解》增補本卷二《風操》，中華書局1993年版）

【注釋】

[1]一期(jī)：一周歲。期，通"稘"，一周年。 [2]讌：通"宴"，宴會。 [3]孤露：指幼年喪父或父母雙亡。嵇康《與山巨源絕交書》："少加孤露"。 [4]供頓：設宴待客。 [5]載誕之辰：生日。 [6]齋講：齋素講經。 [7]修容：魏文帝時宮內女官名，位列九嬪。

南北詞人得失

（唐）李延壽

【題解】

《北史》一百卷，李延壽著。李延壽生卒不詳，主要活動於唐太宗初年至唐高宗初年約三十年間，約卒於唐高宗儀鳳年間(676—679)，字遐齡，相州(今河南安陽市)人。官至璽符郎，曾參與修撰《隋書》《五代史志》《晉書》等。在繼承其父李大師未完手稿基礎上，李延壽以十六年時間獨立完成《南史》和《北史》。《北史》參考各種雜史，在《魏書》《北齊書》《周書》《隋書》的基礎上刪訂改編而成，內容上起北魏道武帝登國元年(386)，下迄隋恭帝義寧二年(618)，共二百三十三年的歷史。

本篇選自《北史·文苑傳》，《隋書·文學傳》亦有類似論述。文章從人的情感開始發論，指出文學的感興起情，應當順應天地四時和本心，而漢魏六朝以來文學風尚的改易，則與政治、地域的更迭、分裂有關，由此引出一段著名的論述："江左宮商發越，貴於清綺；河朔詞義貞剛，重乎氣質。氣質則理勝其詞，清綺則文過其意。理深者便於時用，文華者宜於詠歌。"文學風格大致決定於南北地域的差異，其間或有高下長短之分，但主要是一種特質之別。作者進一步認爲，這種南北不同的成就和缺失，也是可以改進增益的，即"掇彼清音，簡兹累句，各去所短，合其兩長，則文質彬彬，盡美盡善"，這實際上體現了唐人一種較爲宏闊的文藝觀念，也可見當時文思與視野高邁之一斑。

夫人有六情，稟五常之秀；情感六氣，順四時之序。蓋文之所起，情發於中[1]。而自漢、魏以來，迄乎晉、宋，其體屢變，前哲論之詳矣。暨永明、天監之際[2]，太和、天保之間[3]，洛陽、江左，文雅尤盛，彼此好尚，互有異同。江左宮商發越[4]，貴於清綺；河朔詞義貞剛，重乎氣質[5]。氣質則理勝其詞，清綺則文過其意。理深者便於時用，文華者宜於詠歌。此其南北詞人得失之大較也[6]。若能掇彼清音[7],簡兹累句,各去所短,合其兩長,則文質彬彬,盡美盡善矣。

(《北史·文苑傳》,《北史》卷八十三,中華書局1974年版)

【注釋】

[1]中:內心。 [2]永明、天監:指齊永明、梁天監年間。 [3]太和、天保:指魏太和、北齊天保年間。 [4]宫商:古代五音之兩種,借指文章的聲律。發越:昂揚。 [5]氣質:文氣質樸。 [6]大較:大概,大略。較,略。 [7]掇:選取。

墨客揮犀(節選)

(北宋)彭乘

【題解】

《墨客揮犀》爲宋人輯撰的筆記,主要來源爲《夢溪筆談》《倦遊雜録》《遁齋閑覽》和《冷齋夜話》等,編者未詳,舊題彭乘。彭乘(985—1049),字利建,一字和建,益州華陽(今四川成都市)人。大中祥符五年(1012)舉進士第,後遷翰林學士。聚書萬餘卷,皆自校刊,蜀中善本多出其手。《宋史》有傳。然余嘉錫《四庫提要辨證》已辨此書非彭乘之作。此書在刊行之初即有較大影響,書中記述了不少名臣的言行事蹟、地方勝跡土俗、膾炙人口的詩詞佳句,其中關於動植物的不少知識多爲《淵鑒類函》廣泛採録。本節所選三篇文字,均爲《墨客揮犀》中記述的地方習俗,包括由南北地域氣候差異所決定的“北人重寒食”和“嶺南無雪”,以及較爲特別的飲食習慣及相關現象如“浙人喜食蛙”,既有基於當時科學和經驗基礎的認知,也有存而不論的耳食之語,顯得趣味盎然。

重寒食[1]

鎮陽於諸節中,尤重寒食。是日,不問貧富,皆制新衣,焕然滿目。云:“一歲終惟此日易衣[2]。雖甚弊,不復易,至來歲是日,復圖一新也。”余素知北人重此節,然不聞有易衣之俗。自閩嶺以南,視此節則若不聞矣。故沈佺期謫嶺表日[3],有詩曰[4]:“嶺外無寒食,春來不見餳[5]。鎮陽新甲子,何日是清明。”則南北異俗可知矣。

嶺南無雪

嶺南無雪,閩中無雪,建、劍、汀、邵四州有之。故北人嘲云:“南人不識雪,向道似楊花。”然南方楊柳實無花,是南人非止不識雪,兼亦不識楊花也。大觀庚寅季冬二十二日,余時在長樂,雨雪數寸,遍山皆白。土人莫不相顧驚嘆,蓋未嘗見也。余是日召友人吴述正同賞,時南軒梅一枝盛開,述正笑曰:“如此景致,亦恐北人所未識。”是歲,荔枝木皆凍死,遍山連野,彌望盡成枯枿[6]。至後年春,始於舊根株漸抽芽蘖[7],又數年始復繁盛。譜云:“荔枝木堅理難老,至今有三百歲者,生結不息。”今去君謨歿又五十年矣,是三百五十年間未有此寒也。

浙人喜食蛙

浙人喜食蛙,沈文通在錢塘日切禁之[8]。自是池沼之蛙[9],遂不復生。文通去,州人食蛙如故,而蛙亦盛。人因謂天生是物,將以資人食也[10],食蛙益甚。

(《墨客揮犀》卷六,中華書局2002年版)

【注釋】

[1]寒食:節令名。在農曆清明的前一天(一説前兩天)。相傳春秋時晉國介之推輔佐重耳(晉文公)回國後,隱於山中,重耳燒山逼他出來,之推抱樹燒死。文公爲悼念他,禁止在之推死日生火煮食,只吃冷食。以後相沿成俗,叫做寒食禁火。 [2]終:始終。 [3]沈佺期:字云卿,唐代詩人。謫:貶官降職或流放。 [4]詩:指沈佺期之詩《領表逢寒食》。[5]餳(xíng):飴,用麥芽之類熬成的糖稀。 [6]枿:枝條。 [7]蘖:泛指始生的草木及草木嫩芽。 [8]切:嚴厲。 [9]是:認爲(正確),肯定。 [10]資:供給。

總論南北曲

(明)王驥德

【題解】

本篇選自明人王驥德的《曲律》。王驥德(? —1623),字伯良,又字伯驥,號方諸生,別署秦樓外史、方諸仙史、玉陽仙史,浙江會稽人,出身於一個“家藏元人雜劇可數百種許”的書香之家,年少時即負才名,長期從事戲曲創作,師從徐渭,與湯顯祖等戲曲家均有交往。《曲律》是王驥德最爲重要的戲曲論著,計四十章,本篇爲第二章,與第一章“論曲源”均屬緒論性質。《曲律》對戲曲、散曲創作等既有較爲深入的理論探討,也於其技巧法則有所揭示,在中國戲曲理論史上可謂是承上啟下的重要著作,對李漁的《閑情偶寄·詞曲部》有相當突出的影響。本段內容較爲系統地論述了南北曲的產生歷史,以及不同的風格特徵。

曲之有南、北,非始今日也。關西胡鴻臚侍《珍珠船》(其所著書名)引劉勰《文心雕龍》,謂:塗山歌於“候人”[1],始爲南音;有娀謠於“飛燕”,始爲北聲。及夏甲爲東,殷整爲西。古四方皆有音,而今歌曲但統爲南、北。如《擊壤》《康衢》《卿雲》《南風》,詩之二南,漢之樂府,下逮關、鄭、白、馬之撰,詞有雅、鄭,皆北音也。《孺子》《接輿》《越人》《紫玉》,吴歈、楚豔,以及今之戲文,皆南音也。豫章左克明《古樂府》載:晉馬南渡,音樂散亡,僅存江南吴歌,荊、楚西聲。自陳及隋,皆以《子夜》《歡聞》《前溪》《阿子》等曲屬吴,以《石城》《烏棲》《估客》《莫愁》等曲屬西。蓋吴音故統東南;而西曲則後之,人概目爲北音矣[2]。以辭而論,則宋胡翰所謂:晉之東,其辭變爲南、北;南音多豔曲,北俗雜胡戎。以地而論,則吴萊氏所謂:晉、宋、六代以降,南朝之樂,多用吴音;北國之樂,僅襲夷虜[3]。以聲而論,則關中康德涵所謂:南詞主激越,其變也爲流麗;北曲主忼慨[4],其變也爲樸實。惟樸實故聲有矩度而難借,惟流麗故唱得宛轉而易調[5]。吴郡王元美謂:南、北二曲,譬之同一師承,而頓、漸分教[6];俱爲國臣,而文、武異科。北主勁切雄麗,南主清峭柔遠。北字多而調促,促處見筋;南字少而調緩,緩處見眼。北辭情少而聲情多,南聲情少而辭情多。北力在絃,南力在板[7]。北宜和歌,南宜獨奏。北氣易粗,南氣易弱。此其大較。康北人,故差易南調[8],似不如王論爲確;然陰陽、平仄之用,南、北故絕不同,詳見後説。

(《曲律》,《中國古典戲曲論著集成》(四),中國戲劇出版社1959年版)

【注釋】

[1] 塗:塗抹,塗飾。 [2]概目:概括。 [3]夷虜:指北方少數民族。 [4]忼慨:情緒激昂,奮發。 [5]調(tiáo):音律和諧。 [6]頓、漸分教:佛教中,不依次第,快速到達覺悟之教法,稱爲頓教;依順序漸進,經長時間修行而覺悟之教法,稱爲漸教。此用來借指南、北二曲各自朝不同方向發展。 [7]板:一種打擊樂器,即打節拍用的拍板。 [8]差易南調:大致以南調唱詞爲易。

舟楫爲食

(清)屈大均

【題解】

屈大均(1630—1696),幼年寄養邵家,初名紹龍,號非池。後復屈姓,更名大均,字紹龍。又字翁山,號萊圃,廣東番禺(今廣東廣州市番禺區)人。他是清初著名學者、詩人,與陳恭尹、梁佩蘭並稱"嶺南三大家"。曾參加抗清運動,順治七年(1650),兵敗後於番禺雷峰山海雲寺削髮爲僧,法名今種,字一靈,住所稱"死庵"。十二年后還俗,遊歷諸地。主要著作有《道援堂集》《翁山詩外》《翁山文外》《翁山易外》《廣東新語》及《四朝成仁録》等,今人編有《屈大均全集》。

本篇選自清人屈大均《廣東新語》,是書共二十八卷,每卷述事物一類,即所謂一

"語"。按屈大均自序云:"吾於《廣東通志》,略其舊而新是詳,舊十三而新十七,故曰《新語》,《國語》爲《春秋》外傳,《世説》爲《晉書》外史,是書則廣東之外志也。"可見此書本是對《廣東通志》一書所作的增補,但又與一般的地方志不同,它記載了許多有關廣東物產民俗、氣候地理、名勝古跡、方言土語的材料,對於研究明清時期廣東地方民俗史、經濟史、經濟成果與民生關係等,均有相當價值。

《舟楫爲食》是卷十四《食語》中之內容,記述廣東漁家往往依江海爲食,固然有地利之便和水產之豐,但也常被"強有力者"劃隔疆域、分治主次。屈大均見之而有"海利雖饒,取於人不能取於天"的感歎,足見《廣東新語》在載録民俗風物之外,亦有屈氏對經濟結構與民生狀態的關注。

廣爲水國,人多以舟楫爲食[1]。益都孫氏云:"南海素封之家,水陸兩登。"貧者浮家江海,歲入估人舟算緡[2]。中婦賣魚,蕩槳至客舟前,倏忽以十數。弱齡男女崽,身手便利,即張羅竿首,晝釣泥中。鱉、蟹、蜃、蛤之入,日給有餘,不須衣食父母。又舟人婦子,一手把舵筒,一手煮魚,橐中兒女在背上[3],日垂垂如負瓜瓠。扳罾搖櫓[4],批竹縱繩[5],兒女苦繈褓,索乳哭啼,恒不遑哺。地氣多燠[6],既省絮衣之半,跣足波濤不履襪[7],或男女同屐。男子冬夏止一褲一襦,婦人量三歲益一布裙,如是則女恒餘布。地惟秔稻,土厚獲多。人日計米一升,加以魚、蚌、烏菱、蕉、橘、藷、芋,減炊米十可二三,如是則男有餘粟。故古稱饒富居甲焉。按吾廣多雜食物,而水居尤易爲生。顧禾蟲之埠,蠕蜆之塘[8],皆爲強有力者所奪。以漁課爲名,而分畫東西江以據之,貧者不得沾丐餘潤焉。蛋人之蜆箩蝦籃[9],雖毫末皆有所主。海利雖饒,取於人不能取於天也。

(《廣東新語》卷十四,中華書局1985年版)

【注釋】

[1]食:食物。指依靠舟楫爲謀生工具。 [2]緡(mǐn):指成串的錢。 [3]橐(tuó):口袋的一種。 [4]罾(zēng):用竹竿或木棍做支架的方形漁網。 [5]批:劈,削。 [6]燠(yù):熱,暖。 [7]跣(xiǎn):赤腳。 [8]蠕(léi)蜆(xiǎn)之塘:养殖蠕、蜆的池塘。蠕,軟體動物,肉可食。蜆,軟體動物,介壳圓形或心形,表面有輪狀紋。淡水产,我國南北各地都有。肉可食,壳研粉可入藥。 [9]蛋人:廣府俗稱。指香港、澳門、廣東、廣西及福建一帶一種以船爲家的漁民,屬於漢族,但非漢族中的廣府民系。蜆箩(jì):取蜆之具。箩,漁具,網罟之屬。

民　　俗

(北宋)孟元老

【題解】

本篇選自孟元老《東京夢華録》。

本篇文字生動細緻地記述了買賣飲食、藥品者和乞丐、工、商等的打扮、行爲,無不有其規矩;而"花陣酒池,香山藥海。別有幽坊小巷,燕館歌樓,舉之萬數,不欲繁碎"等句,也勾畫出了繁盛熱鬧、喧囂侈華的市井生活,可謂一幅生動的汴京市民生活的風俗圖,可與《清明上河圖》作爲一種文字與圖像的呼應與互證。

凡百所賣飲食之人,裝鮮淨盤合器皿,車簷動使[1],奇巧可愛,食味和羹,不敢草略。其賣藥賣卦,皆具冠帶[2]。至於乞丐者,亦有規格。稍似懈怠,衆所不容。其士農工商諸行百戶衣裝[3],各有本色[4],不敢越外。謂如香鋪裹香人[5],即頂帽披背;質庫掌事[6],即著皂衫角帶不頂帽之類。街市行人,便認得是何色目[7]。加之人情高誼[8],若見外方之人爲都人淩欺,衆必救護之。或見軍鋪收領到鬥爭公事[9],橫身勸救,有陪酒食簷官方救之者,亦無憚也。或有從外新來,鄰左居住[10],則相借動使,獻遺湯茶,指引買賣之類。更有提茶瓶之人,每日鄰里互相支茶[11],相問動静。凡百吉凶之家,人皆盈門。其正酒店戶[12],見脚店三兩次打酒[13],便敢借與二五百兩銀器。以至貧下人家,就店呼酒,亦用銀器供送。有連夜飲者,次日取之。諸妓館只就店呼酒而已,銀器供送,亦復如是。其闊略大量,天下無之也。以其人煙浩穰[14],添十數萬衆不加多,減之不覺少。所謂花陣酒池,香山藥海。別有幽坊小巷,燕館歌樓[15],舉之萬數,不欲繁碎。

(《東京夢華録箋注》卷五,中華書局2006年版)

【注釋】

[1]動使:指各種器具。　[2]具:具備。指穿戴。　[3]士農工商:古時所謂的"四民"。　[4]本色:指本行業的特色。　[5]裹香人:製香的人。裹香,即纏香。　[6]質庫:當鋪。　[7]色目:身份。　[8]高誼:以情誼爲高,指重情重義。　[9]軍鋪:軍巡鋪,防火防盜的哨所。收領:拘捕。公事:官司。　[10]鄰左:鄰居。　[11]支茶:送茶。支,付。　[12]正酒店戶:宋代時有資格釀酒、賣酒,消費較高的大酒樓。　[13]脚店:没有釀酒資格,通常批發大酒樓所釀的酒賣給顧客的中小酒肆,消費也比較低。　[14]浩穰(ráng):人衆多的樣子。　[15]燕館:飯館。"燕",通"宴"。

社　會

（南宋）周密

【題解】

周密（1232—1298），字公謹，號草窗，又號霄齋、蘋洲、蕭齋。祖籍濟南，後流寓吴興（今浙江湖州市）。南宋末曾任義烏令，宋亡，隱居不仕，號四水潛夫。著有《齊東野語》《武林舊事》《癸辛雜識》等筆記，詞集有《草窗詞》。

本篇選自宋人周密筆記《武林舊事》。武林爲杭州（臨安）的别稱，以其地武林山得名，是宋室南渡後的國都。《武林舊事》成書於元至元二十七年（1290）以前，全書十卷，多載臨安城市風貌、四時節物、風俗典禮、山川州郡、瓦肆經紀等情況，爲後世瞭解南宋經濟文化、市民生活、戲曲文藝等提供了諸多重要的第一手資料。本篇記述的是某日霍山行宫朝拜時"百戲競集"的熱鬧場景，諸社雲集騁藝，沸反盈天，真實地記録了當時臨安社會的風俗人情。其中，"玉山寶帶，尺璧寸珠，璀璨奪目，而天驥龍媒，絨韉寶轡，競賞神駿"等句，生動地刻畫了當時當地的喜慶歡快場面，也從另一側面反映了商品經濟的繁盛和市民階層的興起，而許許多多"好奇者"的參與和珍寶器物的出現，更烘托出集會的熱烈氣氛。文末提到真武會、東嶽生辰社會，還暗指出類似集會甚多，足見南宋時期市民生活的豐富多姿。

二月八日爲桐川張王生辰[1]，霍山行宫朝拜極盛[2]，百戲競集，如緋緑社（雜劇）、齊雲社（蹴球）、遏雲社（唱賺）、同文社（耍詞）、角抵社（相撲）、清音社（清樂）、錦標社（射弩）、錦體社（花繡）、英略社（使棒）、雄辯社（小説）、翠錦社（行院）、繪革社（影戲）、淨發社（梳剃）、律花社（吟叫）、雲機社（撮弄）[3]。而七寶、榜馬二會爲最[4]。玉山寶帶，尺璧寸珠，璀璨奪目，而天驥龍媒[5]，絨韉寶轡，競賞神駿。

好奇者至翦毛爲花草人物。廚行果局，窮極肴核之珍。有所謂意思作者[6]，悉以通草羅帛，雕飾爲樓臺故事之類，飾以珠翠，極其精緻，一盤至直數萬，然皆浮靡無用之物，不過資一玩耳。奇禽則紅鸚、白雀，水族則銀蟹、金龜，高麗、華山之奇松，交、廣海嶠之異卉[7]，不可縷數，莫非動心駭目之觀也。若三月三日殿司真武會[8]，三月二十八日東嶽生辰社會之盛[9]，大率類此，不暇贅陳。

（《武林舊事》卷三，《東京夢華録（外四種）》，文化藝術出版社1998年版）

【注釋】

[1]張王：漢代人張渤，被後人奉爲神，稱作張王。　[2]霍山行宫：錢塘門外霍山上得廣惠

廟和長慶院,均供奉張王。 [3]唱賺:宋代民間流行的一種説唱形式,也是最早用同一宫調中的若干支曲子組成一個套數來歌唱的藝術形式。其由纏令發展而來,即王國維在《宋元詞曲考》中所稱的傳踏。唱賺的唱詞叫做"賺詞"。 角抵:古時的一種技藝表演,似今日的摔跤。花繡:紋身。小説:宋代説書四家之一,是當時最爲發達的説話技藝之一。行(háng)院:妓院或是江湖賣藝的女伎。吟叫:口技表演。 [4]七寶:指七寶會,由珠寶商人的行會組織。 [5]天驥龍媒:均指天馬。龍媒,《漢書•禮樂志》:"天馬徠龍之媒。"顔師古注引應劭曰:"言天馬者乃神龍之類,今天馬已來,此龍必至之效也。"後人因此用龍媒來指代天馬。 [6]意思作者:指心思巧妙的工匠。 [7]交、廣海嶠:交趾、廣東一帶南方嶺海地區。 [8]殿司真武會:指殿前司主辦的祭祀真武大帝的盛會。 [9]東嶽:道教尊奉的泰山之神,東嶽大帝。

都門竹枝詞

(清)李孚青

【題解】

李孚青(1664—1715?),字丹壑,號盤隱,江南合肥(今安徽合肥市)人。武英殿大學士、诗人李天馥之子,早慧。康熙十八年(1679),十六歲舉進士,授翰林院編修。澹泊名利,滯館閣二十年,父丧後,歸隱終老。《清史列傳》等有傳。著有《野香亭集》《盤隱山樵集》《道旁散人集》等,王士禎稱其詩风"清新温婉"。

此詩記録的是清代民间摸門釘的習俗。古代城門多爲木板縱横相夾,門釘即爲緊固夾板的用件,豪族貴戶家宅之門往往效法其例,以門釘加固門戶。古代"釘""丁"諧音,"丁"指男子,爲一家之重要人力資源和財富繼承者,故而摸門釘逐漸成爲已婚婦女祈求多子的習俗。清代北京的婦女每逢正月十五一定要去正陽門摸門釘,按蕭智漢《新增月日紀古》云:"燕城正月十六夜,婦女群遊,其前一人持香辟人,名辟人香。凡有橋處,相率以過,名走百病。又暗摸前門釘,中者兆吉宜子。"蔣芷儕《都門識小録摘録》亦載:"夜分必至正陽門下,暗摸門釘乃回,相傳爲走百病,又云爲求子之讖。"所謂"走百病",是因爲婦女藉此節日出門活動,行走較遠,或有健身之功用。

女伴金篦燕尾肥,手提長袖走橋遲。前門釘子爭來摸,今歲宜男定是誰[1]。

(《野香亭集》,《清代文集彙編》第二一二冊,上海古籍出版社2010年版)

【注釋】

[1]宜男:多子。舊時爲祝頌婦女多子之辭。

爆孛婁詩

(明)李詡

【題解】

李詡(1506—1593),色目人,字原德,號戒庵老人,江陰(今江蘇江陰市)人。著述多佚。生平事蹟見《(道光)江陰縣志》本傳。《戒庵老人漫筆》,明代李詡撰,多記録朝野典故及詩文瑣語,在明代筆記中頗具史料價值。

本篇生動描繪出當時民間製作爆米花的場景和風俗,洋溢著生活的情趣。"孛婁"是擬聲詞,方言有謂打雷爲"孛轆"者,故名。爆米花發明於宋代,當時不僅以之作爲一種食品,更在上元節時將它納入問卜求占的民俗儀式中。范成大在《吴郡志·風俗》中記載:"上元,……爆糯穀於釜中,名孛婁,亦曰米花。每人自爆,以卜一年之休咎。"王鏊《姑蘇志》亦云:"糯穀投焦釜曰'卜流',言卜流年也。"詩中"家家爆穀卜年華"即是此意,萬象更新之際,未出嫁的姑娘以此卜問自己的終身大事,老人則卜知一年吉凶,無疑使得這種飲食有了豐富的民俗特質和文化意藴。此詩見於明代李詡《戒庵老人漫筆》,清人顧禄《清嘉録》亦載録。

東入吴門十萬家[1],家家爆穀卜年華[2]。就鍋拋下黄金粟[3],轉手翻成白玉花。紅粉美人占喜事,白頭老叟問生涯。曉來妝飾諸兒女,數片梅花插鬢斜。

(《戒庵老人漫筆》卷六,中華書局1982年版)

【注釋】

[1]吴門:蘇州爲春秋吴國故地,故蘇州一帶亦稱作吴門。 [2]爆穀:將糯米、玉米或大米投入鍋内封好頂蓋,將之放在火爐上不斷轉動使之均匀受熱,爆出米花。 [3]黄金粟:即玉米。

十四、時令節序

月　　令（節選）

《禮記》

【題解】

月令，意即根據農曆十二個月不同的天文、地理、物候等自然特徵，配合施行的政令。本文將十二月分爲春夏秋冬四季，再將每季三個月依次以孟、仲、季排序。再以此爲綱目，開始講述不同季節和月份相應的自然狀況與人文活動。鄭玄説："名曰《月令》者，以其紀十二月政令之所行也。"换言之，一年十二個月，每月的天文如何，節氣如何，候應如何，根據這種天文、節氣，王者應該推行哪些政令，不應該推行哪些政令，以期國治民安，逐月詳言之。即月和令要互相配合，配合的原則是上察天文，下授民時，不可隨心所欲。本篇是以陰陽五行學説爲指導的一年施政綱領。如春季屬木，陽氣漸盛，是萬物生養的季節。因此，王者發布政令就要以寬厚仁恩爲主旨，以順應時氣。本篇的來源，鄭玄認爲"本《吕氏春秋》十二月紀之首章""禮家好事抄合之"，其説近是。下面所選爲有關"孟春之月"部分。

孟春之月[1]，日在營室[2]，昏參中[3]，旦尾中[4]。其日甲乙[5]，其帝大皞[6]，其神句芒[7]，其蟲鱗[8]，其音角[9]，律中大蔟[10]，其數八[11]，其味酸，其臭羶[12]。其祀戶[13]，祭先脾[14]。

東風解凍，蟄蟲始振[15]。魚上冰，獺祭魚[16]，鴻雁來。

…………

是月也，天氣下降[17]，地氣上騰，天地和同[18]，草木萌動。王命布農事，命田舍東郊[19]，皆修封疆[20]，審端經術[21]，善相丘陵、阪險、原隰[22]，土地所宜[23]，五穀所殖[24]，以教道民[25]，必躬親之[26]。田事既飭[27]，先定準直[28]，農乃不惑。

是月也，命樂正入學習舞[29]，乃修祭典[30]，命祀山林川澤，犧牲毋用牝[31]。禁止伐木，毋覆巢[32]，毋殺孩蟲、胎、夭、飛鳥[33]，毋麛毋卵[34]，毋聚大眾，毋置城郭[35]，掩骼埋胔[36]。

是月也，不可以稱兵[37]，稱兵天必殃[38]。兵戎不起，不可從我始。毋變天之道[39]，毋絶地之理，毋亂人之紀。

孟春行夏令[40],則雨水不時,草木蚤落[41],國時有恐。行秋令,則其民大疫,猋風暴雨總至[42],藜莠蓬蒿並興[43]。行冬令,則水潦爲敗[44],雪霜大摯[45],首種不入[46]。

(《禮記正義》卷十四,《十三經注疏》清嘉慶刊本,中華書局2009年版)

【注釋】

[1]孟春之月:農曆一月。 [2]日在營室:營室,二十八星宿之一,即室宿,其位置在十二次的諏訾。古人把黄道(太陽週年視運動的軌跡)附近的一週天按照由西向東的方向分爲十二個等分,叫做十二次,並給每次都取了名字。十二次是從太陽在冬至時所居的次開始數,這一次叫做星紀,第二次叫做玄枵,第三次就是諏訾。而室宿正當諏訾的位置,所以就用室宿(即營室)指代太陽運動的次,以説明時節已進入到孟春。 [3]昏參中:晚上運行到參宿中間的位置。參:二十八宿之一,由七顆星組成。 [4]尾:同爲二十八宿之一。 [5]其日甲乙:古代以十個天干紀日,十日一循環。古代的陰陽五行學家將十個天干分屬五行,以爲甲乙屬木行;以四季分屬五行,以春季屬木行,故以甲乙爲春之主日,也就是有代表性的、最爲重要的日子。 [6]大皞:傳説中的上古東方部落的首領,死後爲東方之帝,於五行則屬木帝,故主春。 [7]句芒:傳説中的木神,原名重,輔佐過大皞,故死後爲木神。 [8]其蟲鱗:龍爲鱗類,按照五行學説,蒼龍屬木行,主東方,故以鱗類爲春蟲。 [9]角:古代五聲音階(宫商角徵羽)的第三個音,按照五行學説,角音屬木,故爲春音。 [10]律中大蔟:古人用十二支律管觀測月氣,這十二支律管的名稱與十二樂律相同。蔟,十二律中第三律,孟春之月對應的是大蔟。 [11]其數八:五行按一定規則對應著不同的數字,其中木爲八。木代表春,故春爲八。 [12]其臭羶:這也是依據五行學説,羶氣屬木。 [13]其祀户:門的一扇叫做户,此處指户神,爲春日所祭拜之神。 [14]祭先脾:祭品以牲畜的脾臟爲先。 [15]蟄蟲:冬眠潛伏的蟲類。 [16]獺祭魚:獺常捕魚陳列水邊,如同陳列供品祭祀。 [17]天氣:天上的空氣。 [18]天地和同:天地二氣混合爲一。 [19]命田舍東郊:田,即田畯,主農事之官。舍,居住。命令主農事之官居住到東郊去。 [20]皆修封疆:一起整修地界。 [21]審端經術:經,通"徑",路徑。術,通"遂",溝渠。審查並修整田間道路和溝渠。 [22]善相丘陵、阪險、原隰(xí):好好查看丘陵、坡地和山澤。 [23]土地所宜:(斟酌)不同的土地適宜種什麼樣的莊稼。 [24]五穀所殖:種植五穀。五穀,一説稻、黍、稷、麦、菽,一説指麻、黍、稷、麦、菽。 [25]道:通"導"。 [26]躬親:親自參與,身體力行。 [27]飭(chì):整頓、整齊。 [28]先定準直:先確定種植的標準方法。 [29]樂正:掌管音樂的官員。習舞:教習舞蹈。 [30]修祭典:修訂祭祀的禮儀。 [31]牝:雌性。 [32]覆巢:傾覆鳥巢。 [33]孩蟲:幼蟲。胎:在腹中未出生者。夭:剛出生者。飛鳥:意即初飛之鳥。 [34]麛(mí):幼獸。 [35]置:建造。 [36]胔(zì):腐肉。 [37]稱兵:舉兵征伐。 [38]殃:降下災禍。 [39]變:違背。 [40]行夏令:施行夏季的政令。 [41]蚤:通"早"。 [42]猋(biāo)風:暴風。總:一起。 [43]藜莠蓬蒿:均爲雜草。 [44]水潦爲敗:水澇敗壞(農田)。 [45]摯:傷害。 [46]首種不入:第一輪種植難以播種。

【集評】

(唐)陸德明:此是《吕氏春秋》十二紀之首,後人删合爲此紀。蔡伯喈、王肅云周公所作。

(《禮記正義》卷十四,《十三經注疏》清嘉慶刊本,第2927頁)

(唐)孔穎達:从上以来,論當月施令之事。若施之順時,則氣序調釋,若施令失所,則災害滋興。故自此而下,論政失致災之事。

(《禮記正義》卷十四,《十三經注疏》清嘉慶刊本,第2939頁)

(南宋)張虙:行令,或以爲天之行令,或以爲君之行令,天令之不時乃君令之所致,其實一也。 (《月令解》卷一,《文津閣四庫全書》經部第39册,第512頁)

(清)孫希旦:是篇雖祖述先王之遺,其中多雜秦制,又博採戰國雜家之説,不可盡以三代之制通之。然其上察天時,下授民事,有唐、虞欽若之遺意。馬融輩以爲周公所作者固非,而柳子厚以爲瞽史之語者亦過也。 (《禮記集解》卷十五,第399-400頁)

物　色(節選)

(南朝梁)劉勰

【題解】

劉勰(約465—520),字彦和,祖籍山東莒縣(今山東省日照市莒縣),世居京口(今江蘇鎮江)。他曾官縣令、步兵校尉、宫中通事舍人,晚年創辦(北)定林寺。有《文心雕龍》五十篇傳世。

物色,指自然氣候和景物的狀態、形象。選文爲《物色》開篇的一段,申明了自然環境的變化對人内心情感的牽動和影響。劉勰邏輯思辯能力強,論述層次分明,語言精妙。本段先敍述四季變化對動物的影響,再進一步延及人的心情也在隨之產生對應的情緒,最後得出“歲有其物,物有其容;情隨物遷,辭以情發”的結論,爲古代文學理論中思維與文筆俱佳的作品。

春秋代序[1],陰陽慘舒[2];物色之動,心亦搖焉。蓋陽氣萌而玄駒步[3],陰律凝而丹鳥羞[4];微蟲猶或入感,四時之動物深矣。若夫珪璋挺其蕙心[5],英華秀其清氣[6];物色相召,人誰獲安[7]? 是以獻歲發春[8],悦豫之情暢;滔滔孟夏,鬱陶之心凝[9];天高氣清,陰沈之志遠;霰雪無垠,矜肅之慮深[10]。歲有其物,物有其容;情以物遷,辭以情發。一葉且或迎意,蟲聲有足引心[11]。況清風與明月同夜,白日與春林共朝哉!

(《文心雕龍義證》卷十,上海古籍出版社1989年版)

【注釋】

[1]代序：時序更替。 [2]陰陽慘舒：陰，秋冬寒冷之季；陽，春夏溫暖之季。慘，緊張。舒，伸張。慘舒指陰陽二氣消長，季節更迭變化。 [3]玄駒：螞蟻。 [4]陰律：陰氣。丹鳥：一說螢火蟲，一說螳螂。羞：潛伏。 [5]珪璋：兩種貴重的玉器，比喻人的美德。挺：突出，傑出。蕙：通"慧"。 [6]英華：即鮮花。代指人的美好氣質。 [7]獲安：獲得安寧。 [8]獻歲發春：進入新的一年，春天剛剛開始。 [9]滔滔：陽氣升騰之貌。鬱陶：愁思積聚之貌。 [10]霰(xiàn)：雪珠。矜肅：莊重嚴肅。 [11]迎：迎合。引：引發。本句意即葉落和蟲聲都能迎合或者引發人們相應的情感、思緒。

【集評】

駱鴻凱："春秋代序，陰陽慘舒"至"白日與春林共朝哉"，此言寫景文之所由發生也。夫春庚秋蟀，集候相悲，露本風榮，臨年共悅，凡夫動植，且或有心，况在含靈，而能無感？

（《文心雕龍札記·物色第四十六》，第291頁）

詩　品　序（節選）

（南朝梁）鍾嶸

【題解】

鍾嶸（約468—約518），字仲偉，潁川長社（今河南長葛）人。曾任參軍、記室等職。梁武帝天監十二年（513）以後，仿漢代"九品論人，七略裁士"的著作先例，寫成詩歌評論專著《詩品》。以五言詩爲主，全書將兩漢至梁作家122人，分爲上、中、下三品進行評論，故名爲《詩品》。

本篇爲《詩品·序》中的一節。此段通過列舉自然節氣與人事情感之間的變化關係，說明詩歌的起因與功用。鍾嶸認爲"氣之動物，物之感人，故摇蕩性情，形諸舞詠"（《詩品·序》），氣候的陰晴冷暖、人間的喜怒哀樂，都催生着人們抒發內心感情的慾望，而"陳詩""長歌"無疑是最好的表達方式。

若乃春風春鳥，秋月秋蟬，夏雲暑雨，冬月祁寒[1]，斯四候之感諸詩者也。嘉會寄詩以親，離群託詩以怨。至於楚臣去境[2]，漢妾辭宫[3]，或骨横朔野[4]，或魂逐飛蓬[5]，或負戈外戍，殺氣雄邊；塞客衣單，孀閨淚盡；或士有解佩出朝[6]，一去忘返；女有揚蛾入寵[7]，再盼傾國[8]：凡斯種種，感蕩心靈，非陳詩何以展其義，非長歌何以騁其情？

（《詩品集注》，上海古籍出版社1994年版）

【注釋】

[1]祁:大。 [2]楚臣去境:楚臣,指屈原。意指屈原被放逐,離開國境。 [3]漢妾辭宫:漢妾,指王昭君。意指王昭君嫁給呼韓邪單于,離開漢宫出使邊塞。 [4]朔野:北方的荒野。 [5]飛蓬:被風席捲飄飛的蓬草。 [6]解佩出朝:解下象徵官位的綬印,離開朝廷。代指失去官職。 [7]揚蛾入寵:揚眉得意,受到寵倖。 [8]再盼傾國:漢代李延年歌曲:"北方有佳人,絕世而獨立。一顧傾人城,再顧傾人國。"

元 會

(三國)曹植

【題解】

曹植(192—232),字子建,爲曹操第三子。史載其年十歲餘,即能誦讀《詩經》《論語》及辭賦數十萬言。善屬文。後遭曹丕之忌,不得用世,抑鬱而死。生前曾被迁封多次,最後的封地在陳郡,卒后谥號爲思,故後人称之爲"陳王"或"陳思王"。有《曹子建集》傳世。

皇帝於元旦朝會羣臣稱"正會",亦稱"元會",始於漢代。《晋書·禮志下》:"魏武帝都鄴,正會文昌殿,用漢儀,又設百華燈。晉氏受命,武帝更定元會儀。"詩歌描寫了曹植在洛陽參加元日朝會的盛景,措辭典雅,氣度華貴,頗有《詩·頌》之風範。

初歲元祚,吉日惟良[1]。乃爲嘉會,讌此高堂[2]。尊卑列敘,典而有章[3]。衣裳鮮潔,黼黻玄黄[4]。清酤盈爵,中坐騰光[5]。珍膳雜遝,充溢圓方[6]。笙磬既設,筝瑟俱張。悲歌厲響,咀嚼清商[7]。俯視文軒,仰瞻華梁[8]。願保兹善,千載爲常[9]。歡笑盡娱,樂哉未央[10]!皇家榮貴,壽考無疆[11]。

(《曹植集校注》卷三,人民文學出版社1984年版)

【注釋】

[1]初歲:正月。元祚:元,初始;祚,福氣。 [2]讌:通"宴"。高堂:皇帝朝會羣臣的殿堂。 [3]列敘:按次序排列。典:禮儀制度。章:程序。 [4]黼黻:黑白相間爲黼黻。玄黄:玄,黑色。這裏以"黼黻玄黄"代指華美的禮服。 [5]清酤(gū):美酒。中坐:指處於坐位中間。騰光:指酒光彩浮蕩的樣子。 [6]雜遝(tà):聚積之貌。圓方:指盛食物的器皿。 [7]厲響:聲音高亢。咀嚼:喻吟唱之意。清商:樂調名,爲周代房中樂之遺聲,散佚於唐代。 [8]文軒、華梁:指代繪有彩色圖案的欄板與屋梁。 [9]常:恒久不變。 [10]未央:未盡。 [11]壽考:年齡,這裏指曹氏皇族的壽命。

人日思歸

(隋)薛道衡

【題解】

薛道衡(540—609),字玄卿,河東汾陰(今山西省萬榮縣)人。歷仕北周、北齊。入隋,任內史侍郎,加開府儀同三司。薛道衡才名甚著,爲隋煬帝所忌,後因妄議時政被殺。他雖是北人,而詩風頗受南方影響,情詞清麗,委婉動人。其作《昔昔鹽》"暗牖懸蛛網,空梁落燕泥"句膾炙人口,其詩與盧思道齊名,在隋代詩人中藝術成就最高。有集三十卷,已佚。今存《薛司隸集》一卷。《先秦漢魏晋南北朝詩》録存其詩20餘首,《全上古三代秦漢三國六朝文》録存其文8篇。事蹟見《隋書》《北史》本傳。

人日,指農曆正月初七日。《荊楚歲時記》載:"正月七日爲人日。以七種菜爲羹,剪綵爲人,或鏤金箔爲人,以貼屏風,亦戴之頭鬢。又造華勝以相遺,登高賦詩。"此詩是作者《昔昔鹽》之外又一首廣爲傳誦的詩歌。全詩通俗明了,如同白話,因其感情真摯,其情景又頗爲常見,故能引起廣泛共鳴。

入春纔七日,離家已二年。人歸落鴈後[1],思發在花前[2]。

(《先秦漢魏晋南北朝詩》隋詩卷四,中華書局1983年版)

【注釋】

[1]人歸落鴈後:自己回去的時間落在北歸的大雁之後。　[2]思發在花前:意謂自己在花開以前就萌生了回鄉的想法。

【集評】

(唐)劉餗:薛道衡聘陳,爲人日詩云:"入春纔七日,離家已二年。"南人嗤之曰:"是底言!誰謂此虜解作詩!"及云:"人歸落雁後,思發在花前。"乃喜曰:"名下固無虛士。"

(《隋唐嘉話》上,第1頁)

漢宫春·立春日

(南宋)辛棄疾

【題解】

辛棄疾(1140—1207),南宋詞人。原字坦夫,改字幼安,别號稼軒,山東歷城人。年輕時參加抗金義軍,後歸順南宋,歷任湖北、江西、湖南、福建、浙東安撫使等職。一生力主抗金,是著名的愛國詞人,有《稼軒長短句》十二卷,在宋代詞人中存詞最多。

據《月令七十二候集解》中説:"正月節,立,建始也……立夏秋冬同。"立春,是春天建始,爲二十四節氣之首。我國自古是農業社會,春播才有秋收,所以歷來得到統治者的重視。據《事物記原》記載:"周公始制立春土牛,蓋出土牛以示農耕早晚。"後代的統治者這一天都要舉行鞭春之禮,意在鼓勵農耕,發展生産,而在民間也有一系列慶祝活動。

此詞是辛棄疾南歸之初,寓於京口時所作,表達了作者初歸南宋急欲報國、收復失土的決心,以及深恐自己蹉跎歲月,年華虚度的種種"清愁"。作者深恐這一年的花盛開又敗落,而失地卻未能收復,有家仍難歸去,惆悵之情溢於言表。這首詞以立春爲題目,寫到了民間此日的一些習俗,如嫋嫋春幡,黄柑薦酒,青韭堆盤等。

春已歸來,看美人頭上,嫋嫋春幡[1]。無端風雨[2],未肯收盡餘寒。年時燕子,料今宵、夢到西園[3]。渾未辦、黄柑薦酒[4],更傳青韭堆盤[5]。　　卻笑東風從此,便熏梅染柳[6],更没些閑。閑時又來鏡裏,轉變朱顔。清愁不斷,問何人、會解連環[7]。生怕見、花開花落,朝來塞鴈先還。

(《稼軒詞編年箋注》定本卷一,上海古籍出版社2007年版)

【注釋】

[1]春幡:宋高承《事物紀原·歲時風俗·春幡》載:"《後漢書》曰:'立春皆青幡幘,今世或剪綵錯緝爲幡勝,雖朝廷之制,亦鏤金銀或繒絹爲之,戴於首。'"《歲時風土記》載:"立春之日,士大夫之家,剪綵爲小幡,謂之春幡。或懸於家人之頭,或綴於花枝之下。"幡,冠上巾飾也。　[2]無端:無緣無故,没來由。　[3]西園:漢都長安西郊有上林苑,北宋都城汴京西門外有瓊林苑,都稱西園,專供皇帝打獵和游賞。　[4]渾:全然。黄柑薦酒:黄柑釀制的臘酒。　[5]堆盤:古時立春日做五辛盤,用黄柑釀酒,稱作洞庭春色。　[6]熏梅染柳:吹得梅花飄香、柳絲泛緑。　[7]解連環:《戰國策·齊策六》:"秦昭王嘗遣使者遺君王后玉連環,曰:'齊多智,而解此環不?'君王后以示群臣,群臣不知解,君王后引錐椎破之,謝秦使曰:'謹以解矣。'"辛詞用此喻憂愁難解。

【集評】

（清）周濟："春幡"九字，情景已極不堪，燕子猶記年時好夢，黄柑青韭，極寫晏安酖毒。换頭又提動黨禍，結用雁與燕激射，卻捎帶五國城舊恨。辛詞之怨，未有甚於此者。

（《宋四家詞選》，第33頁）

俞陛雲：上闋鋪敘"立春"而已。轉頭處向東風調笑，已屬妙語。更云人盼春來，我愁春至，因其暗换韶光，老卻多少朱顔翠鬢，語尤雋妙。然則歲歲之花開花落，春固徒忙，人亦徒增惆悵耳。

（《唐五代兩宋詞選釋》，第385頁）

正月十五夜燈

（唐）張祜

【題解】

張祜（约792—约853），字承吉，清河（今河北邢臺清河）人，一説南陽（今河南南陽）人，初寓居蘇州，後至長安，爲元稹排擠，曾漫遊各地，晚至淮南。愛丹陽曲阿地，築室隱居以種。詩多寫落拓不遇的情懷和隱居生活，對時政亦有所諷諫。又以宫詞著名。有《張承吉文集》，《全唐詩》中存詩二卷。

上元，即元宵節，是我國重要的傳統節日。元宵節正值正月十五，是新年以來的第一個月圓之夜，象徵著團圓美滿。元宵節的夜晚，人們競相出門賞月、燃燈放焰、吃圓宵、猜燈謎以示慶祝。元宵節的形成，可能與祭祀天神有關。據《史記·樂書》記載，早在西漢初期，宫廷中就有了正月十五祭祀太乙神（天帝），祈求福佑的禮儀活動。但元宵節真正作爲民俗節日，要到漢魏以後，其中佛教和道教文化對元宵節風俗的形成有着重要意義。漢明帝爲了弘揚佛法，下令正月十五夜在宫中和寺院"燃燈表佛"。而在道教文化中，正月十五是三元中的上元節，屬天官，天官喜樂，故上元節需燃燈。唐代以來有觀燈之俗，故又名"燈節"。此詩即描寫元宵節晚上，長安皇宫内外燈火通明、歌舞昇平的盛况。

千門開鎖萬燈明，正月中旬動帝京[1]。三百内人連袖舞[2]，一時天上着詞聲[3]。

（《張祜詩集校注》卷三，巴蜀書社2007年版）

【注釋】

[1]帝京，指長安。　[2]内人，指宫内官妓。唐開元二年置宜春院，在京城東面東宫内，崔令欽《教坊記》"妓女入宜春院，謂之内人"。連袖舞，即官妓們挽手舞蹈，袖子如同連在一起。　[3]着：通"著"，感受到。指由於人多聲響，百姓愉悦，使得天上也能聽到人間的歡歌。

解語花·上元

(北宋)周邦彦

【題解】

周邦彦(1056—1121),字美成,號清真居士,錢塘(今浙江杭州)人。歷官太學正、廬州教授、知溧水縣等。徽宗時爲徽猷閣待制,提舉大晟府。他精通音律,在詞體格律規範方面有集大成之功。作品多寫閨情、羈旅、詠物之作,語言典麗精雅,長調尤善鋪敍,爲後來格律派詞人所宗。

宋代元宵節的燈節,節目異彩紛呈,從十五日持續到十九日。孟元老《東京夢華録》卷六"元宵"云:"正月十五日元宵,大內前自歲前冬至後,開封府絞縛山棚,立木正對宣德樓。遊人已集御街,兩廊下,奇術異能,歌舞百戲。鱗鱗相切,樂聲嘈雜十餘里。"

這首詞以巧妙的構思、精粹的語言寫出了地方和京城元宵佳節的盛況,花燈的攢輝列彩,人群的喧囂熱鬧,月華的淡雅清澈,襯托出自我的孤寂無聊,抒發了詞人遠離京師、仕途偃蹇的鬱塞之氣,無限感慨寓於其中。

風銷絳蠟[1],露浥紅蓮[2],燈市光相射。桂華流瓦[3]。纖雲散,耿耿素娥欲下[4]。衣裳淡雅,看楚女、纖腰一把。簫鼓喧,人影參差,滿路飄香麝[5]。　因念都城放夜[6]。望千門如晝[7],嬉笑遊冶[8]。鈿車羅帕[9],相逢處,自有暗塵隨馬。年光是也。唯只見、舊情衰謝[10]。清漏移[11],飛蓋歸來[12],從舞休歌罷[13]。

(《清真集校注》卷下,中華書局2002年版)

【注釋】

[1]絳蠟:紅燭。　[2]紅蓮:蓮花燈。　[3]桂華:月光。舊言月中有桂,故以桂華代月。耿耿:微明貌。　[4]素娥:嫦娥,因月爲白色,故言素娥。　[5]麝:種似獐而小,雄麝臍部有香腺,可以作香料。　[6]都城放夜:彭大巽《山堂肆考·宫集》卷八引唐人韋述語:"西都京城街衢,有執金吾曉暝傳呼,以禁夜行,唯正月十五夜,敕許弛禁,前後各一日,謂之放夜。"孟元老《東京夢華録·十六日》:"(正月十五日)至十九日收燈,五夜城闉不禁。"　[7]千門:此處形容京城宫殿門衆多深廣。　[8]嬉笑遊冶:孟元老《東京夢華録·十六日》:"别有深坊小巷,繡額珠簾,巧制新妝,競誇華麗。春情蕩颺,酒興融洽,雅會幽歡,寸陰可惜,景色浩鬧,不覺更闌。寶騎駸駸,香輪轆轆,五陵年少,滿路行歌,萬户千門,笙簧未徹。"　[9]鈿車:以鈿爲飾的華麗車子。　[10]衰謝:減弱。　[11]清漏:古人以漏壺滴漏計時,這裏以清晰的漏滴聲指代時間。　[12]飛蓋:指代飛馳的車子。　[13]從:通"縱",猶任也,聽也。

【集評】

（南宋）張炎：不獨措辭精粹，又且見時序風物之盛，人家宴樂之同。

（《詞源》卷下，《詞話叢編》，第263頁）

（清）劉體仁：詞起結最难，而結尤難於起，蓋不欲轉入别調也……然又須結得有不愁明月盡，自有夜珠來之妙，乃得。美成《元宵》云："任舞休歌罷"，則何以稱焉！

（《七頌堂詞繹·詞起結最難》，《詞話叢編》，第618頁）

（清）周濟：此美成在荆南作，當與《齊天樂》同時，到處歌舞太平，京師尤爲絕盛。

（《宋四家詞選》，第13頁）

（清）陳廷焯：後半闋念及禁城放夜時，縱筆揮灑，有水逝雲卷，風馳電掣之感。

（《詞則·大雅集》卷二，第74頁）

（清）陳廷焯：因元宵而念京城放夜時，屈指年光，已成往事。此種著筆，何等姿態，何等情味，若泛寫元宵衣香燈影如何豔冶，便寫得工麗百二十分，終覺看來不俊。

（《雲韶集》卷四，《雲韶集》輯評之一）

王國維：詞忌用替代字，美成《解語花》之"桂華流瓦"，境界仍妙，惜以"桂華"二字代月耳。夢窗以下，則用代字更多，其所以然者，非意不足，則語不妙也。蓋意足則不暇代，語妙則不必代。

（《人間詞話》卷上，第8頁）

涼州郊外遊望[1]

（唐）王維

【題解】

社日是古代祭祀土地神的節日，一般在立春、立秋後第五個戊日。《荆楚歲時記》："社日，四鄰並結宗會社，宰牲牢，爲屋於樹下，先祭神，然後享其胙。"社日在唐代盛行，唐詩中有關描寫很多。王維的這首詩獨特之處在於反映了漢羌居地的民間風俗。唐開元二十五年（737）秋，王維奉使出塞，任涼州河西節度使判官，社日經過涼州城外，看到涼州農村的女巫們極爲活躍，就寫了這首社日祭神的詩。首句點出涼州郊外的荒涼景象，由於吐蕃連年犯邊，涼州郊外人煙稀少，此從三戶與四鄰可以看出。頷聯，寫祭社所見的情形，大家在土地神廟祭出自己的祭品，婆娑起舞，簫鼓齊鳴。頸聯具體描寫祭祀的儀式，灑酒澆芻狗，祭拜木人。尾聯寫女巫接神，翩翩起舞，塵土飛揚，也寓示着神人接受了歆享，場面熱鬧而神秘。

野老才三戶，邊村少四鄰。婆娑依里社[2]，簫鼓賽田神[3]。灑酒澆芻狗[4]，焚香拜木人。女巫紛屢舞，羅襪自生塵[5]。

（《王維集校注》卷二，中華書局1997版）

【注釋】

[1]涼州:古地名,即甘肅省西北部的武威。 [2]婆娑:舞者之狀貌。 [3]賽:神祇崇拜的一種活動方式,將祭神用的物品展列,供神評比。 [4]芻狗:古代祭祀時用草紮成的狗。 [5]羅襪自生塵:《洛神賦》:“淩波微步,羅襪生塵。”這裏形容女巫跳舞接神的情形。

寒 食

(唐)韓翃

【題解】

韓翃(754年前後在世),字君平,南陽(今河南南陽)人。天寶進士,官至中書舍人。“大曆十才子”之一。詩多酬贈之作。有《韓君平詩集》。

寒食,在清明節一日或二日,相傳春秋時晉文公負其功臣介之推,介之推憤然隱於綿山。文公悔悟,燒山逼令出仕,介之推抱樹焚死。百姓同情介之推的遭遇,相約於其忌日禁火冷食,以爲悼念,後相沿成俗。本詩境界開闊壯觀,亦有細膩生動之刻畫與托古鑒今之幽思,從誕生起便廣爲傳誦,其主旨歷代批評家解釋不一,蓋有諷刺、頌讚與諷諫三種説法,皆有所本。雖難有定論,然可見詩作本身所藴含的闡釋空間之寬廣,藴藉之深。

春城無處不飛花,寒食東風御柳斜[1]。日暮漢宫傳蠟燭[2],輕煙散入五侯家[3]。

(《全唐詩》增訂本卷二四五,中華書局1999年版)

【注釋】

[1]御柳:宫内御苑的柳樹,舊俗在寒食時,要折柳插門。 [2]漢宫:以漢喻唐,指唐朝皇宫。傳蠟燭,漢制此日宫中鑽新火燃燭以散予貴戚之臣。 [3]五侯:西漢成帝封諸舅,王譚爲平阿侯,王商爲成都侯,王立爲紅陽侯,王逢時爲高平侯,五人同日封,故謂之五侯。另,東漢桓帝同日分封五宦官,單超爲新豐侯,徐璜爲武原侯,具瑗爲東武陽侯,左悺爲上蔡侯,唐衡爲汝陽侯,也稱爲五侯。

【集評】

(唐)孟棨:制誥闕人,中書兩進名,御筆不點出。又請之,且求聖旨所與,德宗批曰:“與韓翃。”時有與翃同姓名者,爲江淮刺史。又具二人同進。御筆復批曰:“春城無處不飛花,寒食東風御柳斜。日暮漢宫傳蠟燭,輕煙散入五侯家。”又批云:“與此韓翃。”

(《本事詩·情感第一》,《歷代詩話續編》,第8頁)

(唐)高仲武:韓員外詩匠意近於史,興致繁富,一篇一詠,朝士珍之,多士之選也。

(《中興間氣集》卷上,《唐人選唐詩》十种,第280頁)

（清）賀裳：此詩作於天寶中，其時楊氏擅寵，國忠、銛與秦、虢、韩三姨號爲五家，豪貴榮盛，莫之能比，故借漢王氏五侯喻之，即賜火一事。而恩澤先霑於戚畹，非他人可望，其餘錫予之濫，又不待言矣。寓意遠，託興微，真得風人之遺。

（《載酒園詩話又編》，《清詩話續編》，第335頁）

（清）吴喬：唐之亡國由於宦官握兵，實代宗授之以柄，此詩在德宗建中初，只“五侯”二字見意，唐詩之通於《春秋》者也。（《圍爐詩話》卷一，《清詩話續編》，第498頁）

高步瀛：唐肅、代以來，宦官擅權，後漢事諷喻尤切。（《唐宋詩舉要》卷八，第812頁）

雨中花慢·今歲花時深院

（北宋）蘇軾

【題解】

《曆書》：“春分後十五日，斗指丁，爲清明，時萬物皆潔齊而清明，蓋時當，氣清景明，萬物皆顯，因此得名。”三月清明之時正值春回大地，自然界到處呈現一派生機勃勃的景象，正是郊遊的大好時光。因此，踏青賞春也成爲清明節前後的一大風俗。

此詞詠牡丹花，詞人於秋天見一牡丹花枝而觸景傷情。上闋寫花開時的種種景色：户内，花開深院，東風吹拂，茶煙蕩颺；户外，到處綠苔芳草，柳絮榆錢，特别是古寺名園，牡丹嬌豔。下闋突轉，由良辰美景之樂事，轉爲殘紅遍地之衰情。清明過後，春已過大半，唯有對酒惜花落淚。此時，正值秋季，牡丹花枝依依深情，詞人不由發出，不如留取十分春態，付與明年的喟歎。

初至密州，以累年旱蝗，齋素累月。方春牡丹盛開，遂不獲一賞。至九月，忽開千葉一朵，雨中特爲置酒，遂作。

今歲花時深院，盡日東風，蕩颺[1]茶煙。但有綠苔芳草，柳絮榆錢[2]。聞道城西，長廊古寺，甲第名園。有國豔帶酒[3]，天香染袂[4]，爲我留連。　清明過了，殘紅無處[5]，對此淚灑尊前。秋向晚，一枝何事，向我依然。高會聊追短景，清商不暇餘妍[6]。不如留取，十分春態，付與明年。

（《東坡樂府箋》卷一，上海古籍出版社2009年版）

【注釋】

[1]蕩颺：飄揚、飄蕩。　[2]榆錢：榆莢。因其形似小銅錢，故稱。　[3]國豔：國中最豔麗的花，多指牡丹花。　[4]天香：特指桂、梅、牡丹等花香。袂：衣袖。　[5]殘紅：凋殘的花、落花。　[6]清商：指秋風。商爲古代五音之一，古人認爲商音淒切，是秋天的聲音。

端　午

（南宋）胡仲弓

【題解】

胡仲弓，字希聖，清源人，胡仲參之弟。生卒不詳，約宋度宗咸淳二年(1266)前後在世。登進士第爲會稽令，工詩，著有《葦航漫遊稿》四卷。端午，農曆五月初五日，我國傳統民間節日。亦以紀念相傳於是日自沉汨羅江的古代愛國詩人屈原，有裹粽子及賽龍舟等風俗。《初學記》卷四引《風土記》："仲夏端午，烹鶩角黍。"詩內同時提到繫彩絲、包角黍的風俗和屈原之事，指出人們大多沉浸在歡慶佳節的喜悦之中，已經很少有人再想到千百年前殞命汨羅江的屈子了。全詩以熱鬧喜慶的氣氛開始，末句陡然轉入反思之中，亦寓"眾人皆醉我獨醒"之意。

畫舸縱橫湖水濱[1]，彩絲角黍鬭時新[2]。年年此日人皆醉，能弔醒魂有幾人[3]。

(《葦航漫遊稿》卷四，《文津閣四庫全書》集部第396冊，商務印書館2005年版)

【注釋】

[1]畫舸：雕刻或繪有圖案的船隻。　[2]彩絲：彩色的絲線，舊俗以彩絲爲端午日應節之物。漢應劭《風俗通》記載：五月五日以五彩絲繫臂，可辟邪祟，又名"長命縷""續命縷"。角黍：即粽子，因在春秋時期，人們用菰葉包黍米成牛角狀，故得名。鬭時新：爭相比賽時興和新潮。　[3]弔：即憑弔，悼念。醒魂：代指屈原，因其詩《漁父》有"舉世皆濁我獨清，眾人皆醉我獨醒"之句。

辛未七夕

（唐）李商隱

【題解】

七夕節，原名乞巧節。它的來源可能與牛郎織女的傳説有關，《詩經·小雅·大東》中有"跂彼織女，終日七襄……睆彼牽牛，不以服箱"的詩句，這是有關牛郎織女傳説最早的文字記録。七夕節乞巧源於漢代，東晉葛洪《西京雜記》記載："漢彩女常以七月七日穿七孔針於開襟樓，人俱習之。"

這首詩圍繞牛郎織女和七夕節乞巧的風俗來寫。碧落銀河之畔，正是相會之所，何故要等到金風玉露的七夕才相會呢？恐怕仙家愛好别離，所以便設置了隔河相望七夕相會的佳期。結尾轉到相會之樂，但爲何只是讓蜘蛛代爲乞巧，而無意答謝搭橋相會的烏鵲呢？言下之意，人們只顧乞巧的歡樂，卻對離别相聚之難得不甚關注。全詩以反問句作結，表達了作者對離多聚少的不解和苦悶難釋的孤寂之情。

恐是仙家好别離，故教迢遞作佳期[1]。由來碧落銀河畔[2]，可要金風玉露時[3]。清漏漸移相望久[4]，微雲未接過來遲。豈能無意酬烏鵲[5]，惟與蜘蛛乞巧絲[6]。

（《李商隱詩歌集解》增訂重排本，中華書局2004年版）

【注釋】

[1]教：使、令。迢遞：時間長久貌。 [2]碧落：道家稱東方第一層天，叫做“碧落”。這裏泛指天上。 [3]金風玉露：金風指秋風，玉露指秋露，這裏以秋天的景色指代秋天。 [4]清漏：古人以漏壺滴漏計時，這裏以清晰的漏滴聲指代時間。 [5] 烏鵲：《淮南子》：“烏鵲填河成橋，而渡織女。”《風俗記》：“織女七夕當渡河，使鵲爲橋。” [6]乞巧絲：《荆楚歲時記》：“七夕，人家婦女結采縷，穿七孔針，陳瓜果於庭中，以乞巧。有蟢子網於網上者，則以爲得巧。”

【集評】

（清）金聖歎：七夕詩，順口既嫌牙後，翻新又恐無干。如此幽情細筆，順則不順，翻卻不翻，真爲簾中悄問，耳後低商，檀口無言，蕙心密印。彼籬落下物，何處容渠插口也。○七夕，從來傳是合會，看他偏説恐好别離，便將仙靈眷屬與下界雌雄，早已分聖分凡，即離俱失。三、四一氣翻跌而下，言不然則胡爲而必取於七夕哉！五，寫黄姑之急，六，寫織女之憨。看他漏移、雲接，真是用字如畫！七、八一意切責遲者，猶言費盡中間周旋，自反故弄多巧，天下真有此等機變女郎，使人不可奈矣！

（《貫華堂選批唐才子詩甲集七言律》卷六下，《金聖歎全集》，第一冊，第375頁）

（清）賀裳：溫、李俱有七夕詩，李曰“清漏漸移相望久，微雲未接過來遲”，溫曰“蘇小横塘通桂檝，未應清淺隔牽牛”，皆妙于以荒唐事説得十分真實。

（《載酒園詩話》又編，《清詩話續編》，第375頁）

（清）胡以梅：七夕牛女之會本屬荒唐，此詩皆疑問翻案，不犯實位。手眼既高，而所用皆本地風光，又非空撐議論，故爲靈妙。起言恐是仙家好别離，故一年方作一會之遠耶？從來上天萬古常春，豈要秋風秋露之時乎？所以一任清漏漸移，望之既久，而俗傳織女過河必有微雲，乃竟微雲不接，欲其過來不勝其遲，是從來未見其相會矣。況且既云烏鵲填河以渡，何不思酬烏鵲，反愛蛛蜘，而下略愚凡，乞巧於蜘蛛哉！

（《唐詩貫珠箋釋》，《李商隱詩歌集解》增訂重排本引，第1176頁）

（清）紀昀：首四句作問之之詞，後四句即與就事論事，又逼入一步問之。超忽跌蕩，不可方物，只是命意高則筆下得勢耳。 （《玉谿生詩説》卷上）

張采田:此篇蓋初補太學博士,喜令狐(編按,指令狐綯,字子直)意漸轉圜而作。首二句反言之,實則深喜之。"清漏"句言子直舊好將合。"微雲"句言屬望尚未滿足。"豈能"二句則言博士一除,豈可不感激子直?而無如所得僅此,豈非仙家故教迢遞,以作將來之佳期哉?用意極爲深曲,然不詳考其本事,固不能領其妙趣耳。

(《李義山詩辯正》,《玉谿生年譜會箋》(外一種),第328頁)

黃侃:此篇純以氣勢取勝,首二句作疑詞,三、四申言致疑之理,五、六句與句首"好"字、次句"故"字相應;七、八句言嘉會果難,則當酬鵲橋之力,今但與蜘蛛以巧,是知佳期之稀,本緣仙意,仍與首二句相應。用意之高,制格之密,即玉谿集中亦罕見其比也。

(《李義山詩偶評》,《李商隱詩歌集解》增訂重排本引,第1174頁)

八月十五日看潮五絕

(北宋)蘇軾

【題解】

八月十五日爲中秋節,是中國傳統的節日,傳説是爲了紀念嫦娥奔月。中秋一詞最早見於《周禮》,但直到唐朝初年,中秋節才成爲固定的節日,宋代開始盛行。中秋節這天,通常要吃月餅,賞月。在中國沿海地區,海水受太陽和月亮等天體引力的影響,形成潮汐,而尤其以八月十五日左右爲盛,因此時,太陽和月亮幾乎成一直線,引力最大。所以,中秋節前後,爲觀潮的最佳時節。

這組錢塘江觀潮的七絕作於蘇軾任杭州通判的任上。第一首寫觀潮的準備。第二首寫潮來時的壯觀景象。第三首抒寫看潮後引起的身世之感。第四首借江潮諷喻現實。第五首作者以想象之語表達理想。

定知玉兔十分圓[1],已作霜風九月寒。寄語重門休上鑰[2],夜潮留向月中看。

萬人鼓噪懾吴儂[3],猶是浮江老阿童[4]。欲識潮頭高幾許,越山渾在浪花中。

江邊身世兩悠悠,久與滄波共白頭。造物亦知人易老,故教江水向西流[5]。

吴兒生長狎濤淵[6],重利輕生不自憐[7]。東海若知明主意,應教斥鹵變桑田[8]。

江神河伯兩醯雞[9],海若東來氣似霓[10]。安得夫差水犀手[11],三千強弩射潮低[12]。

(《蘇軾诗集》卷十,中華書局1982年版)

【注釋】

[1]玉兔:《五經通義》:"月中有兔與蟾蜍。"後世以玉兔指代月。 [2] 鑰:門直閂。上穿橫閂下插地上的直木。 [3]萬人鼓噪:《左傳·哀公十七年》:"越伐吴,吴子禦之笠澤,夾水而陳。越子爲左右句卒鼓噪而進,吴師大亂,遂敗之。"吴儂:吴地自稱曰我儂,稱人曰渠儂、個儂、他儂。因稱人多用儂字,故以"吴儂"指吴人。 [4]浮江老阿童:《晉書·羊祜傳》:"吴有童謠曰:'阿童復阿童,銜刀浮渡江。不畏岸上獸,但畏水中龍。'祜聞之曰:'此必水軍有功,但當思應其名者耳。'會益州刺史王濬徵爲大司農,祜知其可任,濬又小字阿童,因表留濬監益州諸軍事,加龍驤將軍,密令修舟楫,爲順流之計。" [5]江水向西流:枚乘《七發》:"江水逆流,海水上潮。"江水本自東,潮自海門逆入,江勢不能敵,往往隨潮西流。 [6]狎濤淵:《左傳·昭公三年》:"鄭子產曰:'火烈,民望而畏之,故鮮死焉;水弱,民狎而玩之,則多死焉。" [7]參見《咸淳臨安志》:"治平中,郡守蔡襄作《戒弄潮文》。熙寧中,兩浙察訪使李承之奏請禁止,然終不能遏也。" [8]斥鹵變桑田:《漢書·溝洫志》:"終古舄鹵兮生稻粱。"又《太平廣記》卷六十:"麻姑自言:'見東海三爲桑田,向到蓬萊,水又淺於往昔,會時略半也,豈將復還爲陵陸乎?'王方平笑曰:'聖人皆言海中復揚塵也。'" [9]河伯:參見《莊子·秋水篇》:"秋水時至,百川灌河;涇流之大,兩涘渚崖之間,不辯牛馬。於是焉河伯欣然自喜,以天下之美爲盡在己。順流而東行,至於北海,東面而視,不見水端。於是焉河伯始旋其面目,望洋向若而歎。" [10]醯雞:《莊子·田子方》:"孔子出,以告顔回曰:'丘之於道也,其猶醯雞與!微夫子之發吾覆也,吾不知天地之大全也。'"郭象注:"醯雞者甕中之蠛蠓。"後以醯雞形容細小的東西,常用以比喻眼界不廣,見識淺薄。 [11]海若:《楚辭·遠遊》:"使湘靈鼓瑟兮,令海若舞馮夷。"王逸注:海若,海神名。 [12]霓:虹。 [13]夫差水犀手:《國語》:"夫差依水犀之甲者三千。" [14]射潮低:《北夢瑣言》:"杭州連歲潮頭直打羅刹石。吴越錢尚父俾張弓弩候潮至,逆而射之,由是漸退。羅刹石化而爲陸地,遂列廩庾焉。"廩庾,糧倉。

【集評】

（南宋）朋九萬:熙寧六年,任杭州通判,因八月十五日觀潮,作詩五首,寫在本州安濟亭上。前三首並無譏諷,至第四首云:"吴兒生長狎濤淵,冒利忘生不自憐。東海若知明主意,應教斥鹵變桑田。"蓋言弄潮之人貪官中利物,致其間有溺而死者,故朝旨禁斷。軾謂主上好興水利,不知利少而害多。言"東海若知明主意,應教斥鹵變桑田",言此事之必不可成,譏諷朝廷水利之難成也。軾八月二十二日在台,虛稱言鹽法之爲害等情由,逐次隱諱,不説情實。二十四日再勘,方招。其詩係冊子內。

（《杭州觀潮五首》,《東坡烏臺詩案》,第15頁）

（南宋）洪邁:東坡賦詩,用人姓名,多以"老"字足成句。如……《看潮》云"猶似浮江老阿童",……是皆以爲助語,非真謂其老也。大抵七言則於第五字用之,五言則於第三字用之。

（《容齋三筆》卷六"東坡詩用老字",《容齋隨筆》,第494頁）

九日藍田崔氏莊[1]

(唐)杜甫

【題解】

九月九日爲重陽節,是中國四大祭祖的節日之一。重陽這天親人們一起登高"避災",插茱萸、賞菊花。這首詩作於從左拾遺貶爲華州司功參軍之後,首聯寫詩人值重陽佳節,一改老去悲秋心態,強作歡顔,與人盡歡。頷聯反用孟嘉落帽的典故,笑着不讓帽子被風吹落,承首句強自寬而來,於倔強中有姿態。頸聯描山繪水,氣象崢嶸,寥寥數語,既點出深秋的時令,又給人以高危冷峻之感。尾聯又從歡顔中翻出,不由悲從中來,呼應首句老來悲秋之意。全詩層層變化,轉折翻騰,酣暢淋漓,前人評價説:"字字亮,筆筆高。"(《讀杜心解》)詩人滿腹憂情,卻以壯語寫出,詩句顯得慷慨曠放,悽楚悲涼。

老去悲秋強自寬,興來今日盡君歡[2]。羞將短髮還吹帽[3],笑倩旁人爲正冠[4]。藍水遠從千澗落[5],玉山高並兩峰寒[6]。明年此會知誰健,醉把茱萸仔細看[7]。

(《杜詩詳注》卷六,中華書局1979年版)

【注釋】

[1]藍田:即今陝西省藍田縣。 [2]興來:《晉書》:王徽之夜雪訪戴安道,曰:"本乘興而來。"又:徽之至吴中,徑造竹下,留坐盡歡而去。 [3]吹帽:王隱《晉書》:孟嘉爲桓温參軍,九日游龍山,參僚畢集,時風至,吹嘉帽墮落,温命孫盛爲文嘲之。 [4]倩:請人代替自己做。 [5]藍水:即藍溪,在藍田山下。 [6]玉山:即藍田山。 [7]茱萸:草名。古時重陽節,都要佩茱萸,飲菊花酒。《西京雜記》:"漢武官人賈佩蘭,九日佩茱萸,飲菊花酒,令人長壽。"

【集評】

(北宋)陳師道:孟嘉帽落,前世以爲勝絶,杜子美《九日詩》云:"羞將短髮還吹帽,笑倩旁人爲正冠",其文雅曠達,不減昔人。故謂詩非力學可致,正須胸肚中泄爾。

(《後山詩話》,《歷代詩話》,第302頁)

(南宋)楊萬里:唐律七言八句,一篇之中,句句皆奇,一句之中,字字皆奇,古今作者皆難之。予嘗與林謙之論此事。謙之慨然曰:"但吾輩詩集中,不可不作數篇耳。如老杜《九日》詩云:'老去悲秋強自寬,興來今日盡君歡。'不徒入句便字字對屬。又第一句頃刻變化,才説悲秋,忽又自寬,以'自'對'君'甚切,君者君也,自者我也。'羞將短髮還吹帽,笑倩旁人爲正冠。'將一事翻騰作一聯,又孟嘉以落帽爲風流,少陵以不落爲風流,翻盡古人公案，最爲妙法。'藍水遠從千澗落，玉山高並兩峰寒。'詩人至此，筆力多衰，今方且雄傑挺拔，唤起一篇精神，自非筆力拔山，不至於此。'明年此會知誰健，醉把茱萸仔細看。'則意味深長，悠然無窮矣。"（《誠齋詩話》，《歷代詩話續編》，第139-140頁）

（清）許印芳：三、四語一事化爲兩句，此律詩用事之一法。……五、六寫現景，造句警拔，通篇俱振得起，此最宜學。結句收拾全題，詞氣和緩有力，而且有味。

（《瀛奎律髓彙評》卷十六，第635頁）

冬至祀墳

（北宋）韓琦

【題解】

韓琦（1008—1075），字稚圭，自號贛叟。相州安陽（今河南安陽）人。北宋政治家、名將，天聖進士。初授將作監丞，歷樞密直學士、陝西經略安撫副使、陝西四路經略安撫招討使。與范仲淹共同防禦西夏，名重一時，時稱"韓范"。嘉祐元年（1056），任樞密使；三年，拜同中書門下平章事。英宗嗣位，拜右僕射，封魏國公。神宗立，拜司空兼侍中，出知相州、大名府等地。熙寧八年卒，年六十八，謚忠獻。《宋史》有傳。著有《安陽集》五十卷。

冬至，二十四節氣之一。唐、宋時期，冬至是祭天祀祖的日子，皇帝在這天要到郊外舉行祭天大典，百姓在這一天要向父母尊長祭拜。本詩描寫了詩人冬至日回鄉祭祀先人墳墓的場景。詩人身居高位，衣錦還鄉卻謙虚而不誇飾，對親人不辭勞苦的養育心懷感恩，最終還不忘勸慰鄉親父老勤勞耕種，等候豐收。字裏行間展現出一代名相的德行與氣度。

至日郊原擁節旄[1]，先塋躬得奉牲醪[2]。霜威壓野寒方重，山色淩虚氣自高。衣錦不來誇富貴[3]，報親惟切念劬勞[4]。連村父老歡相迎，因勸勤耕候土膏[5]。

（《安陽集》卷十三，《文津閣四庫全書》集部第364册，商務印書館2005年版）

【注釋】

[1]擁：持，拿著。節旄（máo）：符節上裝飾的牦牛尾。符節，意即旄旌，古代祭祀時執以导神之物。　[2]先塋：先人的墳墓。牲醪（láo）：指祭祀用的牲口和甜酒。　[3]衣錦：穿錦繡衣裳，謂顯貴。也是衣錦還鄉的簡稱。　[4]切：懇切。劬（qú）勞：勞苦、苦累的意思，特指父母撫養兒女的勞累。《詩·小雅·蓼莪》："哀哀父母，生我劬勞。"　[5]土膏：土地中的膏澤，即土地的肥力，指肥沃的土地。《國語·周語一》："陽氣俱蒸，土膏其動。"

十二月八日步至西村

(南宋)陸游

【題解】

十二月八日,即臘八,相傳爲釋迦牟尼成道日,寺院於是日誦經,舉行法會,民間亦視爲盛節。宋吴自牧《夢粱録·十二月》載:"此月八日,寺院謂之臘八。"全詩記録了詩人於臘八節出遊西村時的所遇所感,全詩既描寫了氣候風物的怡人,也表明了詩人生活的閑適,尾聯寫由於人情善暖,轉而頓覺節物更新,亦是扣題點睛之筆。

臘月風和意已春,時因散策過吾鄰[1]。草煙漠漠柴門裹,牛迹重重野水濱。多病所須唯藥物,差科未動是閑人[2]。今朝佛粥更相餽[3],更覺江村節物新[4]。

(《劍南詩稿校注》卷二十六,上海古籍出版社1985年版)

【注釋】

[1]時因:即因時,根據時節(以安排活動)。散策:指拄杖步行。 [2]差科:指徭役。差科未動是閑人,意即自己没有政府徭役的負擔,故而清閑無事。 [3]佛粥:即臘八粥。各大寺院在臘八這一天用果子雜拌煮粥,分食衆僧。餽:通"饋",贈送。 [4]節物:季節的風物景色。

嘲守歲者

(清)袁枚

【題解】

袁枚(1716—1797),字子才,號簡齋,别號隨園老人,時稱隨園先生。浙江錢塘縣(今杭州市)人。乾隆四年進士,歷任溧水、江寧等縣知縣,有政績,四十歲即告歸。在江寧小倉山下築隨園,吟詠其中,是乾嘉時期代表詩人之一,與趙翼、蔣士銓合稱"乾隆三大家"。有《小倉山房詩文集》《隨園詩話》《子不語》等著作傳世。

守歲,傳統節日風俗之一,農曆除夕終夜不睡,以迎候新年的到來。晋周處《風土記》載:"蜀之風俗,至除夕,達旦不眠,謂之守歲",後來逐漸成爲各地共有的習俗。然而,袁枚在詩裏卻將"守歲"理解爲"守護舊歲,不捨其離開",並對守歲者的迂腐心理進行嘲諷。故作曲解,亦頗多趣味,體現了其積極曠達的人生態度和"嬉笑怒駡皆成文章"的創作風格。

有錢尚須散，有歲何必守！不知人世間，此例何時有？徹夜全家忙，守子直到丑。誰知重門關，依舊歲逃走。雖燒紅燭光，難掩黄雞口[1]。我道子胡然[2]，別歲如別友。故人自然佳，新人未必否。任其自去來，只要我長久。不學傅修期，年年六十九[3]。只學賈浪仙，祭詩且沽酒[4]。

（《小倉山房詩集》卷三十六，《小倉山房詩文集》，上海古籍出版社1988年版）

【注釋】

[1]黄雞：指打鳴報曉的公雞。 [2]子胡然：你怎麼這樣呢。責備的語氣。 [3]傅修期：即傅永。傅永，字修期，北魏武將。《北史·傅永列傳》載："時年逾八十，常諱言老，每自稱六十九。"此處指用虚報年齡的辦法掩藏漸長的年歲。 [4]賈浪仙：即賈島。賈島，字浪仙，一作閬仙。賈島常於每年除夕，取自己當年詩作，祭以酒脯而自勉。後因以"祭詩"爲典，表示作者自祭其詩藉以自慰。

十五、民族融合

趙武靈王胡服騎射

（西漢）司馬遷

【題解】

“胡服騎射”指的是學習胡人的短打服飾，同時也學習他們的騎馬、射箭等武藝。趙武靈王是戰國時趙國國君，他爲了抵禦北方胡人的侵略，實行了“胡服騎射”的軍事改革。“胡服騎射”是我國古代軍事史上的一次大變革，被歷代史學家傳爲佳話。特别是在中原王朝把少數民族看作“異類”，尊王攘夷的政治背景下，趙武靈王以敢爲天下先的進取精神，力排衆議，衝破守舊勢力的阻撓，堅決實行向夷狄學習的國策，表現了作爲古代社會改革家的魄力和膽識。同時，趙武靈王帶頭穿胡服，習騎馬，練射箭，親自訓練士兵，使趙國軍事力量日益强大，最終西退胡人，北滅中山國，成爲“戰國七雄”之一。

武靈王元年[1]，陽文君趙豹相[2]。梁襄王與太子嗣[3]，韓宣王與太子倉來朝信宮[4]。武靈王少，未能聽政，博聞師三人[5]，左右司過三人[6]。及聽政，先問先王貴臣肥義[7]，加其秩[8]；國三老年八十[9]，月致其禮。

…………

十九年春正月，大朝信宮。召肥義與議天下，五日而畢。王北略中山之地[10]，至於房子[11]，遂之代，北至無窮[12]，西至河，登黄華之上[13]。召樓緩謀曰[14]：“我先王因世之變，以長南藩之地[15]，屬阻漳、滏之險[16]，立長城，又取藺、郭狼[17]，敗林人於荏，而功未遂。今中山在我腹心，北有燕，東有胡[18]，西有林胡、樓煩、秦、韓之邊[19]，而無彊兵之救，是亡社稷[20]，柰何？夫有高世之名，必有遺俗之累[21]。吾欲胡服[22]。”樓緩曰：“善。”群臣皆不欲。

於是肥義侍[23]，王曰：“簡、襄主之烈[24]，計胡、翟之利。爲人臣者，寵有孝弟長幼順明之節，通有補民益主之業[25]，此兩者臣之分也。今吾欲繼襄主之跡[26]，開于胡、翟之鄉，而卒世不見也[27]。爲敵弱[28]，用力少而功多，可以毋盡百姓之勞，而序往古之勳[29]。夫有高世之功者，負遺俗之累；有獨智之慮者[30]，任驁民之怨[31]。今吾將胡服騎射以教百姓，而世必議寡人，柰何？”肥義曰：“臣聞疑事無功[32]，疑行無名[33]。王既定負遺俗之慮，殆無顧天下之議矣。夫論至德者不和于俗,成大功者不謀於衆。昔者舜舞有苗[34],禹袒裸國[35],非以養欲而樂志也[36],務以論德而約功也[37]。愚者闇成事,智者覩未形,則王何疑焉。”王曰:“吾不疑胡服也,吾恐天下笑我也。狂夫之樂,智者哀焉;愚者所笑,賢者察焉。世有順我者,胡服之功未可知也。雖驅世以笑我[38],胡地中山吾必有之。”於是遂胡服矣。

使王緤告公子成曰[39]:“寡人胡服,將以朝也,亦欲叔服之。家聽于親而國聽於君,古今之公行也[40]。子不反親,臣不逆君,兄弟之通義也[41]。今寡人作教易服而叔不服[42],吾恐天下議之也。制國有常[43],利民爲本;從政有經,令行爲上。明德先論於賤[44],而行政先信於貴[45]。今胡服之意,非以養欲而樂志也;事有所止而功有所出,事成功立,然後善也。今寡人恐叔之逆從政之經[46],以輔叔之議。且寡人聞之,事利國者行無邪[47],因貴戚者名不累,故願慕公叔之義[48],以成胡服之功。使緤謁之叔,請服焉。”公子成再拜稽首曰:“臣固聞王之胡服也。臣不佞[49],寢疾,未能趨走以滋進也[50]。王命之,臣敢對,因竭其愚忠。曰:臣聞中國者,蓋聰明徇智之所居也[51],萬物財用之所聚也,賢聖之所教也,仁義之所施也,詩書禮樂之所用也,異敏技能之所試也[52],遠方之所觀赴也,蠻夷之所義行也[53]。今王舍此而襲遠方之服,變古之教,易古人道,逆人之心,而佛學者[54],離中國[55],故臣原王圖之也。”使者以報。王曰:“吾固聞叔之疾也,我將自往請之。”

王遂往之公子成家,因自請之,曰:“夫服者,所以便用也;禮者,所以便事也。聖人觀鄉而順宜[56],因事而制禮[57],所以利其民而厚其國也。夫翦髮文身[58],錯臂左衽[59],甌越之民也[60]。黑齒雕題[61],卻冠秫絀[62],大吴之國也。故禮服莫同,其便一也。鄉異而用變,事異而禮易。是以聖人果可以利其國,不一其用[63];果可以便其事,不同其禮。儒者一師而俗異,中國同禮而教離,況於山谷之便乎[64]? 故去就之變[65],智者不能一;遠近之服,賢聖不能同。窮鄉多異,曲學多辯[66]。不知而不疑,異於己而不非者,公焉而衆求盡善也。今叔之所言者俗也,吾所言者所以制俗也[67]。吾國東有河、薄洛之水[68],與齊、中山同之,無舟楫之用。自常山以至代、上黨[69],東有燕、東胡之境,而西有樓煩、秦、韓之邊,今無騎射之備。故寡人無舟楫之用,夾水居之民,將何以守河、薄洛之水;變服騎射,以備燕、三胡、秦、韓之邊[70]。且昔者簡主不塞晉陽以及上黨[71],而襄主並戎取代以攘諸胡[72],此愚智所明也。先時中山負齊之彊兵,侵暴吾地,係累吾民[73],引水圍鄗,微社稷之神靈,則鄗幾於不守也。先王醜之[74],而怨未能報也。今騎射之備,近可以便上黨之形,而遠可以報中山之怨。而叔順中國之俗以逆簡、襄之意,惡變服之名以忘鄗事之醜[75],非寡人之所望也。”公子成再拜稽首曰:“臣愚,不達于王之義,敢道世俗之聞,臣之辠也。今王將繼簡、襄之意以順先王之志,臣敢不聽命乎!”再拜稽首。乃賜胡服。明日,服而朝。於是始出胡服令也。

趙文、趙造、周袑、趙俊皆諫止王毋胡服[76],如故法便。王曰:“先王不同俗,何古之法?帝王不相襲,何禮之循?虙戲、神農教而不誅[77],黄帝、堯、舜誅而不怒。及至三王[78],隨時制法[79],因事制禮。法度制令各順其宜,衣服器械各便其用。故禮也不必一道,而便國不必古。聖人之興也不相襲而王,夏、殷之衰也不易禮而滅。然則反古未可非,而循禮未足多也。且服奇者志淫[80],則是鄒、魯無奇行也;俗辟者民易[81],則是吴、越無秀士也[82]。且聖人利身謂之服,便事謂之禮。夫進退之節,衣服之制者,所以齊常民也,非所以論賢者也。故齊民與俗流,賢者與變俱。故諺曰‘以書御者不盡馬之情[83],以古制今者不達事之變’。循法之功,不足以高世;法古之學,不足以制今。子不及也。”遂胡服招騎射[84]。

(《史記》卷四十三,中華書局1982年版)

【注釋】

[1]武靈王元年:即公元前325年。 [2]趙豹:趙國有兩個趙豹,其一即此,爲武靈王之相者,封“陽文君”;其二爲武靈王之子,惠文王與平原君之同母弟,封“平陽君”。 [3]梁襄王與太子嗣:應作“梁惠王與太子嗣”。梁惠王即魏惠王,因魏國於惠王九年(前361)遷都大梁,故稱。太子嗣即日後的梁襄王,名嗣。 [4]韓宣王:韓昭侯之子,前332—前312年在位。太子倉:即後來的韓襄王,名倉。來朝信宫:來祝賀趙武靈王即位。信宫,趙宫名,在臨洺(今屬河北)縣。 [5]博聞師:幫帝王增長知識的官員。 [6]左右司過:隨時提醒帝王,使其少犯錯誤。 [7]問:慰問。肥義:人名。 [8]秩:俸禄或品級。 [9]三老:古三老朋多種不同的含義,這裏似指曾任要職的退休老臣或指德高望重的老人。 [10]略:巡視。 [11]房子:縣名,在今河北高邑西南,當時屬中山。 [12]無窮:即無終,在今河北薊縣的無終故城。 [13]黄華:在今山西省西北部近黄河處,具體位置不詳。 [14]樓緩:當時有名的策士,原趙人,曾爲趙相,後一度爲秦相,其事蹟見《秦本紀》。 [15]藩:屬國,屬地。 [16]屬:連接。阻:憑藉。漳、滏:二水名,均流經今河北省磁縣南,趙之長城恰好修在漳滏二水中間。 [17]藺:縣名,在今山西省離石縣西。 [18]胡:指東胡,後爲鮮卑。 [19]樓煩:當時居住在山西西北部的少數民族名,西與林胡相接。 [20]是:則。[21]遺俗:背離習俗。累:牽累,牽制。 [22]胡服:胡人(北方少數民族)的服飾。 [23]於是:當時。 [24]烈:功業。 [25]通:顯貴,得志。 [26]跡:業跡,事跡。 [27]卒世:盡世,全世上。 [28]爲敵弱:我爲胡服,敵人必困弱。 [29]序:次序,引申爲接續。 [30]獨智之慮:獨到的見解。 [31]驁:通“傲”。 [32]疑事:做事猶豫不決。 [33]疑行:行動有顧慮。 [34]舜舞有苗:傳説舜反對用武力征服三苗,經過三年德化,後來又拿着兵器跳舞,三苗終於歸服。見《韓非子·五蠹》。有苗,即三苗,古代南方的部族。 [35]禹袒裸國:傳説夏禹曾脱光上衣進入裸國。見《吕氏春秋·貴因》《淮南子·原道訓》。裸國,古

代傳説中的一個小國，其人不穿衣服。[36]養欲：滿足欲望。樂志：舒展心情。[37]約功：即邀功，求取功業。[38]驅世：讓全社會的人。[39]王緤（Xiè）：人名，趙臣。公子成：趙國貴族，武靈王的叔父。[40]公行：公認的行爲準則。[41]兄弟：清梁玉繩《史記志疑》認爲應依《戰國策》作爲"先王"。[42]教：教令，命令。[43]制：治理。[44]賤：指下層的平民百姓。[45]行政：施行政令。[46]經：常用的方法、原則。[47]行無邪：實行起來不會不正確。[48]願慕：希望借助。[49]不佞：不才。古人自謙之詞。[50]滋進：滋，多；進，進言。[51]徇智：聰敏。[52]異敏：奇巧。[53]蠻夷：古代泛指中原以外的各少數民族。義行：即"儀型"，效法，楷模。[54]怫（bèi）：通"悖"。背離，違背。[55]中國：指中原地區。[56]觀鄉而順宜：觀察人們的傾向而順其所宜。[57]因事而志禮：根據事物發展的需要而制定禮儀。[58]翦：通"剪"。文身：在身上刺花紋。文，通"紋"。[59]左衽：我國古代邊境一些部族的服裝，前襟向左，不同於中原地區的右衽。[60]甌越：古爲越國地，境内有甌江，故稱，在今浙江一帶。[61]黑齒：用草汁染黑牙齒。雕題：在額頭上刺花紋。[62]卻冠：魚皮帽。《集解》引徐廣曰，一本作"鮭冠"；《戰國策·趙策二》作"鯷冠"。鮭和鯷都是魚名。秫：通"鉥"，長針。絀：縫製。[63]不一其用：一：專一。用：措施。[64]山谷：指山野偏僻之地。[65]去就：舍取，即對事物的選擇。[66]曲學：偏頗淺陋的學説。[67]制俗：改變舊俗。[68]薄洛：薄洛津，漳水上的渡口。此處指漳水。[69]常山：山名，即恒山，古代恒山在今河北曲陽縣西北。[70]三胡：指林胡、樓煩、東胡。[71]簡主：趙簡子。[72]襄主：趙襄子。[73]係累：拘捕。[74]醜：恥辱。[75]鄗（Gào）：趙縣名，在今河北省高邑縣東南，邯鄲之東北。[76]趙文、趙造、趙俊皆趙國貴族。周袑（Shào）：趙大臣，後爲王傅。[77]虙（Fú）戲：即伏羲。[78]三王：説法不一，一般指夏禹、商湯、周文王。[79]隨時：順應時勢。[80]淫：浮蕩，放縱。[81]辟：通"僻"。不正，偏邪，引申爲奇異。易：輕率，簡慢。[82]秀士：出衆之士。[83]以書御者：用書本知識來駕馬的人。[84]招騎射：招收了騎馬射箭的士兵。

【集評】

李景星：用筆節節變化，有移步换形之妙。如敘程嬰、公孫杵臼存趙孤事，以淋漓激昂勝；敘武靈王議胡服事，以縱横跌宕勝；敘公子章等作亂，公子成、李兑等興兵圍主父事，以歷落纏綿勝。

（《史記評議》，《四史評議》，第46頁）

梁啟超：七雄中實行軍國主義者，惟秦與趙。趙之有武靈、肥義，猶秦之有孝公、商鞅也。而秦之主動力在臣，趙之主動力在君。……商鞅者，秦之俾斯麥；而武靈王者，趙之大彼得也。（《黄帝以後第一偉人趙武靈王傳》，《飲冰室文集點校》第四集，第2035頁）

王國維：胡服之入中國始於趙武靈王。……趙武靈王之易胡服，本爲習騎射之計，則其服爲上褶下袴之服可知，此可由事理推之者也，雖當時無袴褶之名，其制必當如此。

（《胡服考》，《觀堂集林》，第1069—1076頁）

瞿蜕園：胡服是什麽呢？就是窄袖長袍，皮靴皮帶，頭上戴插有羽毛的帽子（武冠）。這種裝束，逐步爲秦、漢所採用，武士的服裝大都如此。以後從北朝到唐、宋，更正式定爲公服,無論文武,都穿袍靴。古人動輒稱中國爲冠帶之國,事實上到北朝以後已經廢去古代的冠帶了。起源就在趙武靈王提倡胡服。(《通鑒選》,第25頁)

匈奴列傳

(西漢)司馬遷

【題解】

《匈奴列傳》是表現司馬遷進步民族觀的一篇材料。他改變了先秦中原統治者"尊王攘夷"的狹隘民族觀,而不帶偏見地爲北方少數民族立傳,並將匈奴人與中原人、秦人、楚人、越人、夷人等均列爲同宗同源的炎黄子孫,這種觀點在當時無疑具有極大的進步性,爲以後我國多民族融合起了巨大的促進作用。《匈奴列傳》內容充實,描寫生動,文學色彩較爲濃重,曾被梁啟超列爲《史記》中十大名篇之一。但若全面瞭解司馬遷的民族觀,還應該結合《大宛列傳》《朝鮮列傳》《南越列傳》《西南夷列傳》《東越列傳》《衛青霍去病列傳》《李將軍列傳》等有關內容。

匈奴,其先祖夏后氏之苗裔也[1],曰淳維[2]。唐虞以上有山戎、獫狁、葷粥[3],居於北蠻[4],隨畜牧而轉移。其畜之所多則馬、牛、羊,其奇畜則橐馳、驢、臝、駃騠、騊駼、驒騱[5]。逐水草遷徙,毋城郭常處耕田之業[6],然亦各有分地[7]。毋文書,以言語爲約束。兒能騎羊,引弓射鳥鼠;少長則射狐兔[8],用爲食。士力能毌弓[9],盡爲甲騎[10]。其俗,寬則隨畜[11],因射獵禽獸爲生業。急則人習戰攻以侵伐,其天性也。其長兵則弓矢[12],短兵則刀鋋[13]。利則進,不利則退,不羞遁走[14]。苟利所在,不知禮義。自君王以下,咸食畜肉,衣其皮革,被旃裘[15]。壯者食肥美,老者食其餘。貴壯健,賤老弱。父死,妻其後母[16];兄弟死,皆取其妻妻之[17]。其俗有名不諱,而無姓字。

夏道衰,而公劉失其稷官[18],變于西戎[19],邑于豳。其後三百有餘歲[20],戎狄攻大王亶父[21],亶父亡走岐下,而豳人悉從亶父而邑焉,作周。其後百有餘歲,周西伯昌伐畎夷氏。後十有餘年,武王伐紂而營雒邑[22],復居于酆、鄗[23]。放逐戎夷涇、洛之北,以時入貢,命曰"荒服"。其後二百有餘年,周道衰,而穆王伐犬戎[24],得四白狼四白鹿以歸。自是之後,荒服不至。於是周遂作《甫刑》之辟[25]。穆王之後二百有餘年,周幽王用寵姬褒姒之故[26],與申侯有郤[27]。申侯怒,而與犬戎共攻殺周幽王于驪山之下[28],遂取周之焦穫[29],而居于涇渭之間,侵暴中國[30]。秦襄公救周[31],於是周平王去酆、鄗而東徙雒邑[32]。當是之時,秦襄公伐戎至岐,始列爲諸侯。是後六十有五年,而山戎越燕而伐齊[33],齊釐公與戰于齊郊[34]。其後四十四年,而山戎伐燕。燕告急于齊,齊桓公北伐山戎,山戎走。其後二十有餘年,而戎狄至洛邑,伐周襄王[35],襄王奔于鄭之氾邑[36]。初,周襄王欲伐鄭,故娶戎狄女爲后,與戎狄兵共伐鄭。已而黜狄后[37],狄后怨。而襄王後母曰惠后,有子子帶,欲立之。於是惠后與狄后、子帶爲内應,開戎狄,戎狄以故得入,破逐周襄王,而立子帶爲天子。於是戎狄或居于陸渾[38],東至於衛,侵盜暴虐中國。中國疾之[39],故詩人歌之曰:"戎狄是應[40]","薄伐獫狁,至於太原[41]","出輿彭彭,城彼朔方[42]"。周襄王既居外四年,乃使使告急于晉。晉文公初立[43],欲修霸業,乃興師伐逐戎翟[44],誅子帶,迎内周襄王[45],居于雒邑。

當是之時,秦晉爲彊國。晉文公攘戎翟[46],居于河西圁、洛之閒,號曰赤翟、白翟[47]。秦穆公得由余[48],西戎八國服於秦。故自隴以西有緜諸、緄戎、翟、豲之戎[49];岐、梁山、涇、漆之北有義渠、大荔、烏氏、朐衍之戎。而晉北有林胡、樓煩之戎[50],燕北有東胡[51]、山戎。各分散居谿谷[52],自有君長,往往而聚者百有餘戎,然莫能相一[53]。

(《史記》一百十,中華書局1982年版)

【注釋】

[1]夏后氏:古部落名。相傳其領袖禹治水有功,繼承舜的王位,其子啟建立夏朝,因此夏后氏又爲夏朝别稱。 [2]淳維:也稱"熏粥",夏末商初人。 [3]唐虞:即陶唐氏和有虞氏,分别爲堯、舜的國號。山戎、獫狁(Xiǎnyǔn)、葷粥:均爲秦漢以前匈奴的名稱。大致分佈在今河北北部、陝西和甘肅北部、内蒙古自治區西部等區域。 [4]北蠻:北方蠻荒之地,即中國北部邊境内外。 [5]橐(tuó)駞:駱駝。驘:通"騾",公驢與母馬所生。駃騠(juétí):北狄駿馬。騊駼(táotú):一種良馬,毛多爲青色。驒騱(tuōxī):野馬名,體形較小。 [6]毋:通"無",没有。 [7]分地:分,通"份",指貴族、君長各有領地。 [8]少長:年齡稍大。 [9]毌(wān):通"彎",拉弓。 [10]甲騎:披甲騎馬的士兵,這裏泛指戰士。 [11]寬則隨畜:寬,無事,指没有戰爭的時候。隨畜,人隨着牲畜。 [12]長兵:指能夠遠距離殺傷敵人的兵器。 [13]鋋(chān):鐵柄小矛。 [14]羞:害羞,以動用法。 [15]被(pī)旃(zhān)裘:披着獸皮製作的衣服。被,通"披"。 [16]妻:把她作妻子。以動用法。 [17]取:通"娶"。 [18]公劉:周族的祖先,相傳爲後稷的曾孫。 [19]西戎:古代對西北戎族的總稱。分佈在今甘肅、陝西一帶。 [20]有:通"又"。 [21]太王亶父:周族領袖,周文王的祖父,周武王時尊爲太王。 [22]雒邑:即洛邑,今河南洛陽。 [23]酆(Féng)、鎬(Hāo):周文王建都酆(今陝西長安縣),周武王滅商後建都鎬(今陝西西安),故有酆京、鎬京之稱。 [24]穆王:即周穆王姬滿,西周開國後第五代君主。 [25]《甫刑》:周穆王命其相甫侯制定的刑法。 [26]周幽王:即姬宫湦,西周末代國君,公元前781年至前771年在位。姬:古代對婦女或妾的稱呼。褒姒(Sì):褒國美女,姓姒。周幽王寵妃,後被立爲後。 [27]郤(xī):通"隙",縫隙。 [28]驪山:山名,在陝西

省臨潼縣東南。 [29]焦穫:澤名,在陝西省涇陽縣西北。 [30]中國:指華夏族居住的中原地區及黄河中下游一帶。 [31]秦襄公:秦國開國君主,公元前777年至前766年在位。 [32]周平王:即姬宜臼,前770年至前720年在位。 [33]燕:周朝封國,今河北省北部和遼寧西部。 [34]齊釐公:姜禄甫,前730年至前698年在位。 [35]周襄王:姬鄭,公元前651年至前619年在位。 [36]鄭:周朝封國。始封於鄭(陝西華縣東),後來發展到今天河南中部,建都新鄭(今河南新鄭市)。氾(Fàn)邑:今河南省襄城縣。 [37]黜:廢除,貶退。 [38]陸渾:地名,今河南嵩縣西南。 [39]疾:厭惡,憎恨。 [40]戎狄是應:應,通"膺"。語出《詩經·魯頌·閟宫》。 [41]薄伐獫狁,至於大原:語出《詩經·小雅·六月》。大原:地名,在今甘肅省東北部。 [42]出輿彭(bāng)彭,城彼朔方:引自《詩經·小雅·出車》。輿,車廂。彭彭:形容車馬很多。 [43]晉文公:姬重耳,前636年至前628年在位,春秋五霸之一。 [44]翟:通"狄"。 [45]內:通"納",納入。 [46]攘:排斥,排除,討伐。 [47]河西:指今陝西東部黄河南段西岸地區。圁(Yīn):水名,在陝西省北部。 [48]由余:春秋時秦國大夫。 [49]隴:山名,在陝西省、甘肅省邊境。綿諸、緄(Kūn)戎、翟、豲(Huān):均爲西戎族部落名稱。 [50]林胡:部落名,分佈在今山西省和內蒙古自治區交界地帶的西段。樓煩:部落名,分佈在今山西省和內蒙古自治區交界地帶的東段。 [51]東胡:部族名。分佈在今內蒙古自治區西遼河上游一帶。 [52]谿谷:山谷。 [53]相一:相互統一。

【集評】

(清)顧炎武:因匈奴犯塞而有衛、霍之功,故序匈奴於衛將軍驃騎傳之前。

(《日知録校注》卷二十七,第1531頁)

(清)郭嵩燾:春秋時之戎翟皆在中國,推而至於玁鬻、玁狁、畎夷之屬,大都與中國錯居,未嘗北及沙漠以外也;迨七國以後,漸次收取胡地,而後匈奴始横於塞外。匈奴立國之始,與諸胡之徙出塞外者日相吞併,以成乎強大,其本末必多可紀者,而周、秦之世紀載無徵,史公乃混中國與西戎、北狄言之,並其種類亦不可詳矣。

(《史記劄記》卷五,第368頁)

(清)吴見思:前半序匈奴事,先從諸戎翟序起,如終南萬嶺,積翠千里。後半序漢武事,如黄河九曲,驚濤萬里,各具一勝。 (《史記論文·史記評議》,第66頁)

李景星:洋洋灑灑,幾至萬言,而結構摶捖,絕不費力。期間匈奴之盛衰,歷朝對匈奴之狀況,及漢世駕馭匈奴之得失,一一如繪。……又處處以紀敘之詳略,見世代之久近,錯綜變化,條理卻自井然。太史公記事,其用筆之善,有如此者。

(《史記評議》,《四史評議》,第101–102頁)

羽 林 郎

（東漢）辛延年

【題解】

作者辛延年，東漢人，生平不詳。

《羽林郎》始見於南朝梁徐陵《玉臺新詠》卷一，宋人郭茂倩《樂府詩集》卷六三《雜曲歌辭》亦收入。羽林郎爲漢代皇家禁衛軍的軍官。詩題曰“羽林郎”，詩中人物乃“金吾子”。清朱乾《樂府正義》認爲，這首詩是詩人借樂府舊題影射漢和帝永元初年外戚竇氏之驕横。

此詩不僅標誌着文人五言詩敍事詩的成熟，更重要的是它反映了漢代各民族的友好交融，較早塑造了我國少數民族婦女的光輝形象。詩歌主人公胡姬，是一位普普通通的少數民族少婦。她放棄先輩的遊牧生活，進入都市與漢族雜居，在所居之地當壚沽酒爲生。

外戚和宦官把持政權是東漢政權黑暗腐敗的一大特點，作爲被統治的廣大各族人民，自然成了他們踐踏的對象。如果説樂府民歌《陌上桑》反映了官僚惡霸、權豪勢要污辱漢族勞動婦女的社會現實，《羽林郎》則反映了外戚的家人污辱少數民族婦女的現實。詩中敍述了一個少数民族酒家女不畏强暴，拒絕霍家豪奴調戲，維護自己尊嚴的故事，塑造了一個剛烈、忠貞、機智、勇敢的少女形象。詩中語多駢偶，節奏明快。在刻畫人物時，採用了民歌中常見的鋪敘和誇張手法，顯得生動形象、活潑自然。

昔有霍家奴[1]，姓馮名子都。依倚將軍勢，調笑酒家胡[2]。胡姬年十五[3]，春日獨當壚[4]。長裾連理帶[5]，廣袖合歡襦[6]。頭上藍田玉[7]，耳後大秦珠[8]。兩鬟何窈窕[9]，一世良所無[10]。一鬟五百萬，兩鬟千萬餘[11]。不意金吾子[12]，娉婷過我廬[13]。銀鞍何昱爚[14]，翠蓋空峙㟥[15]。就我求清酒，絲繩提玉壺。就我求珍肴，金盤膾鯉魚[16]。貽我青銅鏡[17]，結我紅羅裾。不惜紅羅裂[18]，何論輕賤軀！男兒愛後婦，女子重前夫。人生有新故，貴賤不相踰。多謝金吾子[19]，私愛徒區區[20]。

（《玉臺新詠箋注》卷一，中華書局1985年版）

【注釋】

[1]霍家：指霍光家。霍光，漢昭帝時大司馬大將軍。　[2]調笑：調戲。酒家胡：賣酒的胡女。古稱西北少數民族爲胡。　[3]姬：美貌的女子。　[4]壚：舊時酒店裏安放酒甕的土臺子，亦指酒店。　[5]裾：衣襟。連理帶：兩條對稱的帶子，用以連接兩邊衣襟。　[6]合歡襦(rú)：绣着合歡花紋的短襖。　[7]藍田玉：指用藍田產的玉製成的首飾，指名貴的玉

飾。藍田,山名,在陝西省藍田縣。 [8]大秦珠:西域大秦國產的寶珠,也指遠方異域所產的寶珠。 [9]鬟(huán):古代婦女梳的環形髮髻。窈窕:女子文靜而美好。 [10]良所無:確實没有。 [11]"一鬟"句:兩個鬟髻的飾物便足足價值千萬。 [12]金吾:即執金吾,官名,是漢代掌管京師治安的禁衛軍長官。馮子都只是霍家"監奴",本不可能有此職位,文中這樣稱謂,僅作爲口頭上的敬稱,語含譏諷之意。 [13]娉婷:姿態美好的樣子。 [14]昱爚(yùyuè):光輝燦爛,光耀。 [15]翠蓋:飾以翠羽的車蓋。峙𡺸:即踟躕(chíchú),徘徊不進的樣子。 [16]膾(kuài):細切的肉。 [17]貽:贈送。青銅鏡:古時鏡子由青銅製作,可用來照容顏,亦可掛在胸前作裝飾品。 [18]紅羅:紅色的輕軟絲織品。多用以製作婦女衣裙。裂:古人從織機上把滿一匹的布帛裁剪下來叫"裂"。 [19]謝:道歉,這裏含有"謝絕"的意思。 [20]私愛:單相思。區區:指拳拳之心,懇摯之意。

【集評】

(明)許學夷:漢人樂府五言,如《相逢行》《羽林郎》《陌上桑》等,古色內含而華藻外見,可爲絕唱。（《詩源辯體》卷三,第68頁）

(清)沈德潛:駢麗之詞,歸宿卻極貞正,風之變而不失其正者也。

（《古詩源》卷三,第55頁）

(清)張玉穀:通首皆就胡姬之拒羽林郎著筆,故起四從對面說來,透後作提,似順實逆。"胡姬"十句,接寫胡姬年少當壚,服飾儀容之美。而寫儀容處,只舉鬟以例其餘,又就鬟細細估價,癡甚趣甚。"不意"四句,遥接起處來,以"不意"二字引入,下皆就胡姬意中摹寫矣。"銀鞍""翠蓋",補筆爲倚勢者鋪張,而著筆不多,又與上段繁簡變换。"就我"四句,調笑引端,寫出靦覥可笑。"貽我"四句,調笑實際,寫出干犯可慮。後六,以胡姬拒絕之辭作收。"女子重前夫",主句也,卻以"男兒愛後婦"對面剔出。惟知新不易故,豈以貴賤踰盟?申説何等決裂,而"多謝""區區"辭氣仍歸和婉,倚勢者終無如何矣。更不繳清,盡而不盡。（《古詩賞析》卷六,第144頁）

俞平伯:《羽林郎》和《陌上桑》的主題十分相像,都寫一個女子反抗強暴,不過讀《羽林郎》詩所得印象似偏於激烈,讀《陌上桑》詩,又覺得它很輕描淡寫,鬥爭不很尖鋭。其實兩詩所表現的女主角,態度的堅決,措詞的温婉而又嚴正,實完全相同,不過表現的技巧不同罷了。（《説漢樂府詩〈羽林郎〉》,《論詩詞曲雜著》,第187頁）

聶石樵:酒家胡,並非泛指中原之外的民族,而是具體指西域之民族。西域之民族雜居內地,多以商賈爲業,號稱"西域賈胡"。《後漢書》卷一百十八《西域傳》:"商胡販客,日款於塞下。"因此詩中之胡女,應即西域人。而且從其妝飾看,有所謂"大秦珠"者,《後漢書·西域傳》關於大秦國之記載云:"其人民皆長大平正,有類中國,故謂之大秦。土多金銀奇寶,有夜光璧、明月珠、駭雞犀、珊瑚、虎魄、琉璃、琅玕、朱丹、青碧。刺金縷繡,織成金縷罽、雜色綾……"這段文獻記載,可以和詩中胡女之妝飾相印證,説明此胡女確屬西域人。（《先秦兩漢文學史稿·兩漢卷》,第381頁）

世説新語(二則)

《世説新語》

【題解】

魏晉以來,所謂"五胡亂華"是站在漢族正統論上的政治判斷,實際上這正是衆多民族融合的大時代。王導任揚州刺史,宴會上所招待的"群胡"以及王導嫻熟運用梵語招呼的細節,竹林七賢之一的阮咸與鮮卑族女子通婚,都是這一時代各民族文化交流的證據。

王丞相拜揚州[1],賓客數百人並加霑接[2],人人有説色[3]。唯有臨海一客姓任及數胡人爲未洽[4],公因便還到,過任邊,云:"君出,臨海便無復人。"任大喜説[5]。因過胡人前,彈指云:"蘭闍[6],蘭闍。"群胡同笑,四坐並懽。

(《世説新語箋疏》卷上之下《政事》第12條,中華書局2007年版)

阮仲容先幸姑家鮮卑婢[7],及居母喪,姑當遠移,初云當留婢;既發,定將去[8]。仲容借客驢著重服自追之[9],累騎而返[10],曰:"人種不可失!"即遥集之母也[11]。

(《世説新語箋疏》卷下之上《任誕》第15條,中華書局2007年版)

【注釋】

[1]王丞相:即王導。王導(276—339),字茂弘,謚文獻,琅琊臨沂(今山東臨沂)人,東晉初年的大臣,歷仕晉元帝、明帝和成帝三代,是東晉政權的奠基者之一。 [2]霑接:恩意所及曰霑;接,款待。 [3]説色:説,通"悦"。快樂的臉色。 [4]臨海一客姓任:劉孝標引《語林》:"任名顒,時官在都,預王公坐。" [5]喜説:即喜悦。 [6]蘭闍:即蘭若。佛教名詞,原意是森林,引申爲"寂静處""空閑處""遠離處",躲避人間熱鬧處之地,有些房子可供修道者居住静修之用,一人或數人。也泛指一般的佛寺。 [7]阮仲容:即阮咸,字仲容,西晉陳留尉氏(今屬河南)人。與嵇康、阮籍、山濤、向秀、劉伶、王戎並稱"竹林七賢"。阮咸是阮籍之侄,與籍並稱爲"大小阮"。鮮卑:我國古代北方阿勒泰語系遊牧民族,其族源屬東胡部落,興起於大興安嶺山脈。先世是商代東胡族的一支。秦漢時從大興安嶺一帶南遷至西剌木倫河流域。曾歸附東漢。匈奴西遷後盡有其故地,留在漠北的匈奴十多萬户均併入鮮卑,勢力逐漸强盛。 [8]定:終究、到底。 [9]重服:即喪服。《晉書·傅咸傳》:"逮至漢文,以天下體大,服重難久,遂制既葬而除。" [10]累騎:二人同騎一馬。 [11]"人種"句:南朝梁劉孝標注:"《竹林七賢論》曰:咸既追婢,於是世議紛然。自魏末沉淪閭巷,逮晉咸寧中,始登王途。《阮孚别傳》曰:咸與姑書曰:'胡婢遂生胡兒。'姑

答書曰:'《魯靈光殿賦》曰'胡人遥集於上楹',可字曰遥集也。'故孚字遥集。"

【集評】

(南宋)朱熹:王導爲相,只周旋人過一生。嘗有坐客二十餘人,逐一稱讚,獨不及一胡僧,並一臨海人。二人皆不悦。導徐顧臨海人曰:"自公之來,臨海不復有人矣。"又謂胡僧曰:"蘭闍"。蘭闍,乃胡語之褒譽者也。於是二人亦悦。

(《朱子語類》卷一三六,《朱子全書》第十八册,第4220頁)

(明)李贄:《阮孚别傳》:"咸與姑書曰:'胡婢遂生胡兒。'姑答書曰:'《魯靈光殿賦》曰:"胡人遥集於上楹。"可字曰遥集。'"李温陵曰:甚矣,聲色之迷人也。破國亡家,喪身失志,傷風敗類,無不由此,可不慎歟!然漢武以雄才而拓地萬餘里,魏武以英雄而割據有中原,又何嘗不自聲色中來也,嗣宗仲容流聲後世,固以此耳。豈其所破敗者自有所在,或在彼而未必在此歟。吾以是觀之,若使夏不妹喜,吴不西施,亦必立而敗亡也。周之共主,寄食東西,與貧乞何殊,一飯不能自給,又何聲色之娱乎。固知成身之理,其道甚大,建業之山,英雄爲本,彼瑣瑣者非恃才妄作,果於誅戮,則不才無斷,威福在下也。此興亡之所在也,不可不慎也。(《初潭集·夫婦·賢夫》,第37頁)

余嘉錫:茂宏之意,蓋讚美諸胡僧於賓客喧噪之地,而能寂静安心,如處菩提場中。然則己之未加霑接者,正恐擾其禪定耳。群胡意外得此褒譽,故皆大懽喜也。

(《世説新語箋疏》卷上之下,第209頁)

望江南·邊塞苦

《敦煌曲子詞集》

【題解】

敦煌曲子詞,又稱敦煌寫本曲子詞。清光緒二十六年(1900),敦煌藏經洞發現大量唐五代文獻,其中有不少唐五代民間詞,散見於經卷正文後、紙背後、夾縫中,多爲前人所未知。後敦煌曲子詞多流失海外,經過數代學者努力,漸積漸多。1940年,王重民先生編成《敦煌曲子詞集》三卷,收詞161首(含7首殘篇)。後來,任二北《敦煌曲校録》《敦煌歌辭總編》,饒宗頤《敦煌曲》,林玫儀《敦煌曲子詞斠證初編》,等等,陸續有增補。

敦煌曲子詞大多無作者姓名,作者成分比較複雜,主要來自社會中下層。這首詞是敦煌曲子詞中敘寫民族融合的代表作,描寫了邊疆少數民族(敦煌人民)"背蕃歸漢"的美好願望,表達了對唐朝的讚美和傾慕心情。唐朝是我國封建社會的鼎盛時期。當時,國家强盛,政治安定,經濟發達,文化繁榮,引起邊疆各少數民族的傾慕,紛紛向唐朝派遣使者或學者,向唐朝學習。不少人因此留居長安,對促進我國各民族的團結和睦及文化交流產生了積極的影響。這首歌辭就反映了敦煌人民心向中原、渴望統一的心情。上片側重寫現實,寫敦煌人民的功績;下片則注重描寫敦煌人民的願望,而這些願望正是基於此種現實抒發的。

邊塞苦，聖上合聞聲[1]。背番歸漢經數歲[2]，常聞大國作長城[3]。金牓有嘉名[4]。　太傅化[5]，永保更延齡。每抱沈機扶社稷[6]，一人有慶萬家榮。早願拜龍旌。

（《敦煌曲子詞集》（修订本）卷上，商務印書馆1956年版）

【注釋】

[1]合：應當。　[2]番：吐蕃。　[3]聞：即“爲”。大國：指唐朝。長城：這裏比喻敦煌人民自己比作抵擋吐蕃奴隸主進犯的屏障，體現了爲唐朝做出貢獻的自豪感。　[4]金牓：牓，同榜，本爲科舉考試揭曉結果的提名榜，此處泛指唐王的褒獎。　[5]太傅：古代三公之一。《尚書·周官》：“立太師、太傅、太保。”此指歸義軍張義潮。　[6]抱：懷抱。沈：深邃貌，指張義潮思想的深邃，引申爲遠見卓識。機：機巧、機智。

【集評】

任半塘：辭託瓜沙之三軍百姓（斯四二六七有“管內三軍百姓奏請表”），代訴義潮對唐室之悃誠。始稱義潮領導西陲，撥亂反正，捍衛有年，地方頗歷艱苦，而唐室未能加恤；既示獻州之初，已蒙金榜酬勳於前，何尚不能推信心腹？晉爵是虛，羈縻是實，“歸闕”處置，毋乃寡恩。終望榮秩久長，機權契合，則趨朝拜伏，恩繫萬家，亦固所願耳。——如此複雜心情，惟義潮歸闕之際能有，若移植於七八十年以後石晉開運間之曹元忠，固知其不可矣。

（《敦煌歌辭總編》卷二，第460頁）

王重民：《邊塞苦》云“背蕃歸漢經數歲”，歌詠敦煌人民起義歸唐事，則更當作於歸義軍張氏時代矣。

（《敦煌曲子詞集》敍録，第16頁）

明　妃　曲（二首其一）

（北宋）王安石

【題解】

王安石（1021—1086），字介甫，號半山，封荆國公。撫州臨川人（今屬江西），北宋傑出的政治家、思想家、文學家、改革家，唐宋八大家之一。宋仁宗慶曆二年（1042）中進士後，曾任過地方官，神宗時爲宰相，創新法以改革弊政，遭到大官僚大地主的反對。後辭官退居南京。其詩長於説理，精於修辭，內容亦能反映社會現實。詞雖不多，卻風格高峻豪放，感慨深沉別具一格。有《臨川集》存世。

昭君出塞，是歷代文人經常用來抒發情懷的題材。其中內容和主題有悲挽昭君的，有怨恨毛延壽的。而王安石這首詩卻自出新意,將矛頭直接對準平庸無能的漢元帝,借詠歎王昭君的遭遇,對上層統治者扼殺人才表示憤慨,也包含自己被排斥,不爲仁宗所用的不滿。詩歌命意新警,而且聲情激楚,哀怨動人,在藝術上取得了很高的成就,當時梅堯臣、歐陽修、司馬光等名人都有和作,因而膾炙一時。《紅樓夢》第六十四回中,薛寶釵論詩時,對這首詩評價云:"作詩不論何題,只要善翻古人之意。若要隨人脚蹤走去,縱使字句精工,已落第二義,究竟算不得好詩。即如前人所詠昭君之詩甚多,有悲挽昭君的,有怨恨延壽的,又有譏漢帝不能使畫工圖貌賢臣而畫美人的,紛紛不一。後來王荆公復有'意態由來畫不成,當時枉殺毛延壽',永叔又有'耳目所見尚如此,萬里安能制夷狄'。二詩俱能各出己見,不與人同。"

明妃初出漢宫時[1],淚濕春風鬢脚垂[2]。低徊顧影無顔色,尚得君王不自持[3]。歸來卻怪丹青手[4],入眼平生幾曾有;意態由來畫不成,當時枉殺毛延壽[5]。一去心知更不歸,可憐著盡漢宫衣[6];寄聲欲問塞南事[7],衹有年年鴻雁飛。家人萬里傳消息,好在氈城莫相憶[8]。君不見咫尺長門閉阿嬌[9],人生失意無南北。

(《王荊文公詩箋注》,上海古籍出版社2010年版)

【注釋】

[1]明妃:即王嬙,漢元帝宫女。晉避司馬昭諱,改稱明君,後人又稱明妃。 [2]春風:指昭君姣好的臉龐。語本杜甫《詠懷古跡》其三:"畫圖省識春風面。" [3]"低徊"句:《後漢書·匈奴傳》記載:"呼韓臨辭大會,昭君麗容靚飾,顧影徘徊,竦動左右,帝見大驚,欲留之,而難於失信。"不自持:不能控制自己的感情。 [4]丹青手:指畫師毛延壽。 [5]毛延壽:畫工名。據《西京雜記》載:諸宫人皆賂畫工,嬙不肯,遂不得見。後匈奴求美女,帝按圖以昭君行,及召見,貌爲第一,帝悔之,而名籍已去,乃按其事,畫工棄市。 [6]著盡漢宫衣:指昭君仍全身穿着漢服。 [7]塞南:代指漢王朝。 [8]氈城:古代匈奴等遊牧民族所居氈帳集中地。借稱其王庭所在之處。 [9]咫尺:周代八寸爲"咫",表示距離極近。阿嬌:漢武帝陳皇后,以驕妒失寵,退居長門宫。

【集評】

(清)賀裳:王介甫《明妃曲》二篇,詩猶可觀,然意在翻案。如:"家人萬里傳消息,好在氈城莫相憶。君不見咫尺長門閉阿嬌,人生失意無南北。"其後篇益甚,故遭人彈射不已。

(《載酒園詩話》卷一,《清詩話續編》,第220頁)

(清)高步瀛:托意甚高,非徒以翻案爲能。 (《唐宋詩舉要》卷三,第328頁)

(清)陳衍:"低徊"二句,言漢帝之猶有眼力,勝於神宗。"意態"句,言人不易知。"可憐"句,用意忠厚。末言君恩之不可恃。 (《宋詩精華録》卷二,第42頁)

中國古代文學作品選

中華文化版

下編

文體編

鄧喬彬　何志軍◎主編

安徽師範大學出版社

下编　文體編

目　録

下　編　文體編

十六、神話傳説

十七、國風雅頌

十八、先秦史籍

十九、史漢傳統(通鑒及史學理論延伸)

二十、書奏贊論

二十一、詔令表啓

二十二、箴銘誄狀

二十三、序記題跋

二十四、屈騷辭賦

二十五、樂府歌辭

二十六、古近體詩

二十七、詞曲小調

二十八、古近小說

二十九、雜劇傳奇

三十、詩文評論

附　録

十六、神話傳説

生　民

《詩經》

【題解】

本篇選自《大雅》，屬周族史詩。《毛詩序》："《生民》，尊祖也。后稷生於姜嫄，文武之功起於后稷，故推以配天焉。"《生民》講述了姜嫄生子、棄子的神奇故事，以及后稷天生稼穡才能，發展農業，最終功成祭天的過程。

姜嫄生后稷，屬於感應生子神話。中國古代流傳着許多類似的始祖感生神話，如《詩經·商頌》中的"玄鳥生商"神話，《吴越春秋》中女嬉吞薏苡生大禹神話，以及《史記·高祖本紀》記載劉媪感神龍的傳説。此類神話傳説，來自不同的部族，體現着各文化群體對生命起源的認識和想象。

厥初生民[1]，時維姜嫄[2]。生民如何？克禋克祀[3]，以弗無子[4]。履帝武敏歆[5]，攸介攸止[6]，載震載夙[7]。載生載育，時維后稷[8]。

誕彌厥月[9]，先生如達[10]。不坼不副[11]，無菑無害[12]。以赫厥靈[13]。上帝不寧[14]，不康禋祀[15]，居然生子[16]。

誕置之隘巷[17]，牛羊腓字之[18]。誕置之平林，會伐平林[19]。誕置之寒冰，鳥覆翼之[20]。鳥乃去矣，后稷呱矣[21]。實覃實訏[22]，厥聲載路[23]。

誕實匍匐[24]，克岐克嶷[25]，以就口食[26]。蓺之荏菽[27]，荏菽旆旆[28]。禾役穟穟[29]，麻麥幪幪[30]，瓜瓞唪唪[31]。

誕后稷之穡[32]，有相之道[33]。茀厥豐草[34]，種之黄茂[35]。實方實苞[36]，實種實褎[37]。實發實秀[38]，實堅實好[39]。實穎實栗[40]，即有邰家室[41]。

誕降嘉種[42]，維秬維秠[43]，維穈維芑[44]。恒之秬秠[45]，是獲是畝[46]。恒之穈芑，是任是負[47]。以歸肇祀[48]。

誕我祀如何？或舂或揄[49]，或簸或蹂[50]。釋之叟叟[51]，烝之浮浮[52]。載謀載惟[53]。取蕭祭脂[54]，取羝以軷[55]，載燔載烈[56]，以興嗣歲[57]。

卬盛于豆[58]，于豆于登[59]。其香始升，上帝居歆[60]。胡臭亶時[61]。后稷肇祀。庶無罪悔[62]，以迄于今[63]。

（《毛詩正義》卷十七，《十三經注疏》清嘉慶刊本，中華書局2009年版）

【注釋】

[1]厥初生民:那個最初生育周族人的人。厥:其。民:這里指周人。 [2]時:是。維:爲。姜嫄(Yuān):周族男性始祖后稷的母親。 [3]克禋(yīn):能夠以火燒柴升煙進行祭祀。克:能夠。禋:以火燒柴升煙的祭祀方式。祀,祭祀。 [4]以:用。弗:指的是除去,去掉。 [5]履:踏,踩上。帝:天帝,上帝。武敏:腳拇指的足跡。武:足跡。敏:指腳拇指。歆:欣喜。 [6]介:接觸。止:駐留,不移動。 [7]震:動,指受感應。夙:開啓,貫通。[8]時:是,此。后稷:周族男性始祖。 [9]誕:發語詞。彌:滿。厥月:其月,指懷孕的月數。 [10]先生:指順利出生,分娩所用時間短。如:而。達:通達,順利。 [11]坼(chè):開裂。副(pì):剖開。此句指姜嫄生后稷時產門未裂,没有剖腹。 [12]菑(zāi):通"災"。害:傷害。 [13]赫:驚動。厥:其。靈:神靈。 [14]不寧:不安定,指激動,欣喜。 [15]不康:不徒然。康:空。 [16]居然:安然,平安地。 [17]置(zhì):放置。隘巷:狹窄的胡同。 [18]腓(féi):庇護。字:愛護,保護。 [19]會:正值,適逢。 [20]覆翼之:用翅膀加以覆蓋。翼:用翅膀,作動詞。 [21]呱(gū):小兒哭聲。 [22]覃(tán):深而長。訏:大,宏亮。 [23]載路:響徹道路。載:承載,引申爲響徹。 [24]匍匐(púfú):伏地。 [25]岐:爬行。嶷(nì):左顧右盼。 [26]就:往,趨近。 [27]藝:種植。荏(rěn)菽(shū):蘇子和大豆。荏:蘇子,一年生草本植物,果實可榨油。一説,荏指大。 [28]旆(pèi)旆:上揚貌。 [29]禾役:禾穗。穟(suì)穟:下垂貌。 [30]幪(méng)幪:茂密的樣子。 [31]瓞(dié):瓜蔓。一説是小瓜。唪(běng)唪:延伸貌。 [32]穡(sè):收穫,這里泛指種植莊稼。 [33]相:選擇。一説指助。道:辦法。 [34]茀(fú):除去。 [35]黄茂:泛指五穀的優良品種。 [36]方:排列整齊。苞:叢生。 [37]種:低矮。褎(yòu):長,高。 [38]發:指莖杆長高。秀:結穗揚花。 [39]堅:堅實。好:柔韌。 [40]穎:成熟的禾穗。栗:密實。 [41]即:前往,去。有邰(Tái):指邰地,在今陝西武功西南。 [42]降:指播下。一説指天降。 [43]秬(jù):一種黑黍。秠(pī):黑黍的一種。 [44]穈(mén):紅苗穀。芑(qǐ):白苗穀。 [45]恒:遍佈,全都。 [46]畝:本指田壟,這里指把收穫的莊稼放在田壟上。 [47]任:肩扛。負:馱在背上。 [48]肇(zhào):開始。祀:進行祭祀。 [49]舂(chōng):將穀物的皮殼去掉。揄(yóu):把舂好的米舀出來。 [50]簸(bǒ):用器具上下揚動以去掉穀的糠殼塵土等。蹂(róu):同揉,用手揉米。 [51]釋:用水淘米。叟(sǒu)叟:淘米聲。 [52]烝:通蒸,浮浮:熱氣上騰之相。[53]謀:計畫,商量。惟:思考,盤算。 [54]蕭:香蒿。祭脂:祭祀用的牛腸脂。 [55]羝(dī):公羊。軷(bá):祭祀路神。 [56]燔(fán):燒。烈:放在火上烤。 [57]興:興旺。嗣(sì)歲:指來年。嗣:承續。 [58]卬(áng):通仰,指往高處拿。一説指我們。盛(chéng):把東西放到器皿里。豆:一種食器,形似高足盤。 [59]登:一種食器,形似豆而淺。 [60]居:安然。歆:喜歡,高興。 [61]胡臭(xiù):濃烈的香氣。胡:本指大,這里謂濃烈。臭:氣味,這里指芳香的氣味。亶(dàn)時:實在合時。亶:確實。時:及時,合時。一説,時指美好。 [62]庶:庶幾,幾乎。罪悔:過失。 [63]迄:至,到。

【集評】

（東晉）陶淵明：悠悠上古，厥初生民，傲然自足，抱朴含真。智巧既萌，資待靡因。誰其贍之？實賴哲人。哲人伊何？時爲后稷。贍之伊何？實曰播殖。

（《勸農》，《陶淵明集箋注》卷一，第34頁）

（唐）白居易：周從后稷至文、武，積德累功世勤苦。豈知纔及四代孫，心輕王業如灰土！

（《八駿圖》，《白居易集箋校》卷四，第214頁）

（北宋）蘇軾：后稷、公劉、文、武創業之艱難，而幽、厲失道之漸，存乎《二雅》。成王纂承文、武之烈，而禮樂文章之備，存乎《頌》。其愈衰愈削而至夷於諸侯者，存乎《王·黍離》。蓋周道之盛衰，可以備見於此矣。（《問小雅周之衰》，《蘇軾文集》卷六，第183頁）

昆侖之丘

《山海經》

【題解】

本篇選自《山海經·西山經》。《山海經》成書於戰國至秦漢時期，是古地理、博物之書，保存了大量上古神話。中國的神話傳説有兩個系統：昆侖系統和蓬萊系統。昆侖神話發祥於西北高原，而蓬萊神話興起於東部沿海。昆侖山，是《山海經》中最重要的神山，也是諸多神話傳説的摇籃。屈原《離騷》中的神話世界，以及漢以後流傳頗廣的西王母傳説，皆導源於此。

西南四百里[1]，曰昆侖之丘，是實惟帝之下都[2]，神陸吾司之[3]。其神狀虎身而九尾，人面而虎爪；是神也，司天之九部及帝之囿時[4]。有獸焉，其狀如羊而四角，名曰土螻，是食人。有鳥焉，其狀如蠭，大如鴛鴦，名曰欽原，蠚鳥獸則死，蠚木則枯。有鳥焉，其名曰鶉鳥，是司帝之百服[5]。有木焉，其狀如棠[6]，黄華赤實[7]，其味如李而無核，名曰沙棠，可以御水，食之使人不溺。有草焉，名曰蘋草[8]，其狀如葵，其味如葱，食之已勞[9]。河水出焉[10]，而南流注于無達。赤水出焉，而東南流注于氾天之水。洋水出焉，而西南流注于醜塗之水。黑水出焉，而西流于大杅[11]。是多怪鳥獸。

（《山海經校注》卷二，上海古籍出版社1980年版）

【注釋】

[1]西南：槐江之山的西南。《山海經》本地理書，本配有地圖，故有方向、路程的記載。 [2]是：衍字。實：通寔，此。帝：天帝。 [3]司：主管。 [4]九部：九域之部界。囿：苑囿。時：時節。 [5]百服：諸多器物、服裝等。 [6]棠：棠梨。 [7]實：果實。 [8]蘋（pín）：草

名。《吕氏春秋·本味篇》:“菜之美者,昆侖之蘋。” [9]劳:憂愁。 [10]河水:黄河。 [11]大杅:山名。

【集評】

(東晉)陶淵明:玉堂凌霞秀,王母怡妙顔。天地共俱生,不知幾何年。靈化無窮已,館宇非一山。高酣發新謡,寧效俗中言!

(《讀山海經》,《陶淵明集箋注》卷四,第398頁)

(唐)李商隱:瑶池阿母綺窗開,黄竹歌聲動地哀。八駿日行三萬里,穆王何事不重來。 (《瑶池》,《李商隱詩歌集解》增訂重排本,第623頁)

鯀禹治水

《山海經》

【題解】

本篇選自《山海經·海内經》,記載鯀禹父子治水,卒定九州的故事。大禹故事,屬於中國古史的傳説時代,既有歷史根源,又充滿神話色彩。大禹治水,在《詩經》《尚書》《離騷》等先秦典籍多有記載,必有歷史根源,不能因爲記録的神話色彩而抹殺其真實性。其實,“鯀腹生禹”中的神話因素,亦非空穴來風,而是來源於西南古族的獨特生命觀念。

洪水滔天[1]。鯀竊帝之息壤以堙洪水[2],不待帝命。帝令祝融殺鯀於羽郊[3]。鯀復生禹[4]。帝乃命禹卒布土以定九州。

(《山海經校注》卷十三,上海古籍出版社1980年版)

【注釋】

[1]滔:漫。 [2]帝:天帝。息壤:能生長的土。堙(yīn):堵塞。 [3]祝融:火神。羽郊:羽山之郊。 [4]復:通腹。腹生,即剖腹而生。 [5]卒:最終。布:分散。《禹貢》九州爲冀州、兖州、青州、徐州、揚州、荊州、豫州、梁州、雍州。九州,指天下。

【集評】

(戰國)屈原:鮌婞直以亡身兮,终然殀乎羽之野。 (《離騷》,《楚辭補注》,第19頁)

(東晉)陶淵明:岩岩顯朝市,帝者慎用才。何以廢共鯀?重華爲之來。

(《讀山海經》,《陶淵明集箋注》卷四,第417頁)

(唐)韓愈:瞽叟之舜、鯀之禹,習非不惡也,而卒爲聖。人之性善惡果混乎?

(《原性》,《韓昌黎文集校注》卷一,第22頁)

精衛填海

《山海經》

【題解】

本篇選自《山海經·北山經》。在神話世界里,生命形態可以轉化,夸父之杖可化爲鄧林,蚩尤之桎梏可化爲楓木,帝女可以化爲仙草、桑樹、雲霞等。諸類神話多出自炎帝部族,體現先民對生命的獨特理解,以及頑強不息的生命精神。

又北二百里,曰發鳩之山[1],其上多柘木[2]。有鳥焉,其狀如烏[3],文首[4]、白喙[5]、赤足,名曰精衛,其鳴自詨[6]。是炎帝之少女[7],名曰女娃,女娃游于東海,溺而不返,故爲精衛。常銜西山之木石,以堙於東海[8]。

(《山海經校注》卷三,上海古籍出版社1980年版)

【注釋】

[1]發鳩之山:又名發苞山,鹿谷山,乃太行山一支。 [2]柘(zhè)木:柘樹,桑樹一類樹木。 [3]烏:烏鴉。 [4]文首:頭上有花紋。 [5]喙(huì):鳥嘴。 [6]詨(xiào):呼叫。自詨,自呼其名。 [7]炎帝:神農氏。 [8]堙(yīn):填塞。

【集評】

(東晉)陶淵明:精衛銜微木,將以填滄海;刑天舞干戚,猛志故常在。同物既無慮,化去不復悔。徒設在昔心,良晨詎可待? (《讀山海經》,《陶淵明集箋注》卷四,第410頁)

(唐)岑參:玉顔溺水死,精衛空爲名。怨積徒有志,力微竟不成。西山木石盡,巨壑何時平。 (《精衛》,《岑嘉州詩箋注》卷一,第301頁)

(唐)韓愈:鳥有償冤者,終年抱寸誠。口銜山石細,心望海波平。渺渺功難見,區區命已輕。人皆譏造次,我獨賞專精。豈計休無日,惟應盡此生。何慚刺客傳,不著報讎名。

(《學諸進士作精衛銜石填海》,《韓昌黎詩繫年集釋》卷七,第770頁)

黄帝戰蚩尤

《山海經》

【題解】

本篇選自《山海經·大荒北經》,講述了居於西北的黄帝部族,與居於南方的苗蠻部族之戰争,反映了遠古時期的民族融合。刑天、共工、蚩尤是三位著名的戰神,雖失敗被殺,然英武之氣不滅。刑天斷首,“乃以乳爲目,以臍爲口,操干戚以舞”;共工與顓頊争,“怒而觸不周之山,天主折,地維絶”;蚩尤被殺,所棄桎梏化爲楓木,血氣長存。正如屈原《國殤》所唱:“身既死兮神以靈,子魂魄兮爲鬼雄。”在神話世界中,不以成敗論英雄。

有係昆之山者,有共工之臺,射者不敢北鄉。有人衣青衣,名曰黄帝女魃[1]。蚩尤作兵伐黄帝[2],黄帝乃令應龍攻之冀州之野[3]。應龍畜水,蚩尤請風伯雨師,縱大風雨。黄帝乃下天女曰魃,雨止,遂殺蚩尤。魃不得復上,所居不雨。叔均言之帝[4],後置之赤水之北[5]。叔均乃爲田祖。魃時亡之[6]。所欲逐之者,令曰:“神北行!”先除水道,決通溝瀆。

(《山海經校注》卷十二,上海古籍出版社1980年版)

【注釋】

[1]女魃:旱神。傳説,禿無髮,所居之處,天不雨。 [2]蚩尤:南方水神。 [3]應龍:有翼之龍。冀州:中原地區。 [4]叔均:農神。據《海内經》,叔均爲穀神稷之後裔。 [5]赤水:傳説中,西方神水,源出昆侖。 [6]亡:逃逸。

【集評】

(唐)陳子昂:北登薊丘望,求古軒轅台。應龍已不見,牧馬空黄埃。

(《軒轅臺》,《陳子昂集》卷二,第22頁)

(唐)胡曾:涿鹿茫茫白草秋,軒轅曾此破蚩尤。丹霞遥映祠前水,疑是成川血尚流。

(《涿鹿》,《全唐詩》增訂本卷六四七,第10册,第7483頁)

東海歸墟

(戰國)列禦寇

【題解】

列禦寇,戰國人,先秦著作多次提及此人,如《莊子》《吕氏春秋》《尸子》《戰國策》等,或稱作"列御寇""列子圄寇"等。但一般認爲今本《列子》蓋成書於魏晉時期,融彙了衆多先秦古籍,《湯問》即其一。

本篇選自《列子·湯問》。東部沿海,自古流傳海外神山、巨人傳説,後與神仙傳説合流,遂形成蓬萊仙話系統。在燕、齊方士的鼓吹下,蓬萊仙話盛行於秦漢之際,自齊宣王、燕昭王開始,至秦皇、漢武達到高潮。據《史記·封禪書》記載,秦始皇多次派人入海求仙,親自巡遊東部沿海,希望獲得不死藥。而漢武帝則癡迷丹砂化黄金、安期生傳説,至死不悟。漢武帝之後,蓬萊傳説隨方士退出政治舞臺,逐步歸於道教的神仙世界以及文學世界。

渤海之東不知幾億萬里[1],有大壑焉,實惟無底之谷,其下無底,名曰歸墟。八紘九野之水[2],天漢之流[3],莫不注之,而無增無減焉。其中有五山焉:一曰岱輿,二曰員嶠,三曰方壺,四曰瀛洲,五曰蓬萊。其山高下周旋三萬里[4],其頂平處九千里[5]。山之中間相去七萬里,以爲鄰居焉。其上臺觀皆金玉,其上禽獸皆純縞[6]。珠玕之樹皆叢生[7],華實皆有滋味[8];食之皆不老不死。所居之人皆仙聖之種;一日一夕飛相往來者,不可數焉。而五山之根無所連箸,常隨潮波上下往還,不得暫峙焉[9]。仙聖毒之[10],訴之於帝。帝恐流於西極,失群仙聖之居,乃命禺強使巨鼇十五舉首而戴之[11]。迭爲三番,六萬歲一交焉。五山始峙而不動。而龍伯之國有大人,舉足不盈數步而暨五山之所[12],一釣而連六鼇,合負而趣[13],歸其國,灼其骨以數焉[14]。於是岱與、員嶠二山流於北極,沈于大海[15],仙聖之播遷者巨億計[16]。帝憑怒[17],侵減龍伯之國使阨[18],侵小龍伯之民使短。至伏羲神農時,其國人猶數十丈。

(《列子集釋》卷五,中華書局1979年版)

【注釋】

[1]億:數名,一説爲十萬,一説爲萬萬。　[2]八紘:八極,八方。九野:天之八方和中央。　[3]天漢:天上銀河。　[4]周旋:謂盤繞而上。　[5]九千里:山垂直高度。　[6]純縞:純,未染色絲;縞,未染色絹,皆白色。　[7]珠玕(gān):即琅玕,美石,次等玉,形似珠,故謂之珠玕。　[8]華實:花朵和果實。　[9]暫:短時間。峙:聳立不動。　[10]毒:厭惡,

苦惱。 [11]禺強:北海之神。 [12]暨:至。 [13]趣:通趨,奔走。 [14]數:卜算。 [15]沇:通"沉"。 [16]播遷:分散,遷移。 [17]憑:滿,大。 [18]侵:通浸,逐漸。阨(è):通隘,狹小。

【集評】

(三國)曹植:閶闔開,天衢通,被我羽衣乘飛龍。乘飛龍,與仙期,東上蓬萊採靈芝。靈芝採之可服食,年若王父無終極。 (《平陵東》,《曹植集校注》卷三,第400頁)

(唐)張籍:漢皇欲作飛仙子,年年採藥東海里。蓬萊無路海無邊,方士舟中相枕死。招搖在天迴白日,甘泉玉樹無仙實。九皇真人終不下,空向離宮祠太乙。

(《求仙行》,《張籍詩集》卷一,第5頁)

(唐)白居易:蓬萊今古但聞名,煙水茫茫無覓處。海漫漫,風浩浩,眼穿不見蓬萊島。不見蓬萊不敢歸,童男丱女舟中老。徐福、文成多誑誕,上元、太一虛祈禱。君看驪山頂上茂陵頭,畢竟悲風吹蔓草。 (《海漫漫》,《白居易集箋校》卷三,第149頁)

女媧補天

《淮南子》

【題解】

本篇選自《淮南子·覽冥訓》。《淮南子》,又名《淮南鴻烈》,西漢淮南王劉安及其門客編纂,共二十一卷。《淮南子》屬於雜家著作,而思想較接近道家。女媧是人類的始祖神,也是重新締造世界的神。《覽冥訓》中女媧補天的故事,明顯融入五行觀念,諸如五色石、黑龍等,已非原生態神話。

傳説女媧人首蛇身,一日七十變化。《山海經·大荒西經》云:"有神十人,名曰女媧之腸,化爲神,處栗廣之野,橫道而處。"女娲之肠化爲十個神靈,屬於"轉生神話",表明女娲具有創造生命的神奇力量。《風俗通》記載女媧造人神話,云:"俗説天地開闢,未有人民,女媧摶黄土作人,劇務,力不暇供,乃引繩於泥中,舉以爲人。故富貴者,黄土人也,貧賤凡庸者,絙人也。"所謂"黄土人""絙人"之分,則明顯帶有民間傳説的色彩。

往古之時,四極廢[1],九州裂[2],天不兼覆,地不周載[3],火爁炎而不滅[4],水浩洋而不息,猛獸食顓民[5],鷙鳥攫老弱[6]。於是女媧鍊五色石以補蒼天[7],斷鼇足以立四極[8]。殺黑龍以濟冀州[9],積蘆灰以止淫水[10]。蒼天補,四極正,淫水涸,冀州平,狡蟲死[11],顓民生。

(《淮南子集釋》卷六,中華書局1998年版)

【注釋】

[1]四極:天的四面。廢:坍塌。 [2]裂:崩裂。 [3]周:周遍。載:承載。 [4]爁炎:大火蔓延貌。 [5]顓(zhuān)民:善良的百姓。 [6]鷙鳥:猛禽。攫:抓取。 [7]女媧:女神,傳説蛇身人面。 [8]鼇:大龜。 [9]冀州:九州之一,指中原地帶。 [10]淫水:氾濫不息之水。 [11]狡蟲:猛獸。

【集評】

(戰國)屈原:女媧有體,孰制匠之? (《天問》,《楚辭補注》,第104頁)

(三國)曹植:古之國君,造簧作笙。禮物未就,軒轅纂成。或云二皇,人首蛇形。神化七十,何德之靈。 (《女媧贊》,《曹植集校注》卷一,第70頁)

(唐)李白:女媧戲黄土,團作愚下人。散在六合間,濛濛若沙塵。

(《上云樂》,《李太白全集》卷三,第206頁)

(唐)皮日休:女媧掉繩索,絙泥成下人。至今頑愚者,生如土偶身。雲物養吾道,天爵高我貧。大笑猗氏輩,爲富皆不仁。 (《偶書》,《皮子文藪》卷十,第113頁)

后羿射日

《淮南子》

【題解】

本篇選自《淮南子·本經訓》。太陽,象徵光明與永恆,具有無窮的力量。在它的力量面前,人類是如此的渺小,脆弱。后羿射日神話,改變了這種格局,展現了人類的偉大力量。

先秦典籍中,有兩個后羿,一是神話中射日的后羿,一是夏代有窮氏后羿,皆善射。據《左傳·襄公四年》記載,有窮氏后羿代夏自立,但任用奸人寒浞,沉迷於涉獵,終被家衆殺害,妻子亦被寒浞佔有。而據《淮南子·覽冥訓》記載,射日的后羿,從西王母那里獲得不死藥,却被妻子姮娥偷走,獨自奔月成仙。"羿請不死之藥於西王母,姮娥竊以奔月,悵然有喪,無以續之。"(《淮南子集釋》卷六)兩個后羿,一個被親信謀害,一個被妻子拋棄,都是略帶悲劇色彩的英雄。魯迅《故事新編》有《奔月》一篇,也是對這位末路英雄的現代文學演繹。

逮至堯之時[1],十日竝出,焦禾稼,殺草木,而民無所食。猰貐、鑿齒、九嬰、大風、封豨、脩蛇皆爲民害[2]。堯乃使羿誅鑿齒於疇華之野[3],殺九嬰於凶水之上[4],繳大風於青丘之澤[5],上射十日而下殺猰貐,斷修蛇於洞庭[6],禽封豨於桑林[7],萬民皆喜,置堯以爲天子。於是天下廣狹險易遠近始有道里。

(《淮南子集釋》卷八,中華書局1998年版)

【注釋】

[1]逮:及,到。 [2]猰貐(yàyǔ):怪獸名,傳説似狸,行走極快,聲似嬰兒,食人。鑿齒:怪獸名,傳説獠牙三尺,似鑿,能持戈、盾作戰。九嬰:能噴火的怪物,九首。大風:巨鳥。封豨(xī):巨大的野豬。 [3]疇華:南方水澤名。 [4]凶水:北方水名。 [5]繳(zhuó):帶絲繩的箭。青丘:東方之山。 [6]洞庭:南方水澤名,即今洞庭湖。 [7]禽:通"擒"。桑林:地名,在中原地帶。

【集評】

(唐)袁郊:嫦娥竊藥出人間,藏在蟾宫不放還。后羿遍尋無覓處,誰知天上却容奸。

(《月》,《全唐詩》增訂本卷五九七,第6968頁)

(唐)李商隱:雲母屏風燭影深,長河漸落曉星沉。常娥應悔偷靈藥,碧海青天夜夜心。

(《嫦娥》,《李商隱詩歌集解》增訂重排本,第1887頁)

韓 馮 妻

(東晉)干寶

【題解】

干寶(約276—336),字令升,祖籍新蔡(今屬河南),祖父仕吴而徙居,父官吴郡海鹽(今屬浙江),遂爲海鹽人。寶歷官左著作郎、山陰令、始安太守、司徒右長史至散騎常侍。領修國史,著《晉紀》二十卷(已佚),時稱良史。性好陰陽術數,作《搜神記》記"古今神祇靈異變化"之事,以"明神道之不誣",被贊爲"鬼之董狐",《搜神記》爲古代最著名的志怪小説。原書宋後已佚,明胡應麟輯佚文二十卷,爲今通行本。

本篇選自《搜神記》。本篇記述韓憑夫妻淒美的愛情故事。篇末兩人精魂化爲相思樹,鴛鴦的情節,既具神秘、傳奇色彩,有符合人類情感願望,在後世愛情故事中不斷演繹。

宋時大夫韓馮,娶妻而美。康王奪之[1]。馮怨,王囚之,論爲城旦[2]。妻密遺馮書,繆其辭曰[3]:"其雨淫淫,河大水深,日出當心。"既而王得其書,以示左右,左右莫解其意。臣蘇賀對曰:"'其雨淫淫',言愁且思也;'河大水深',不得往來也;'日出當心[4]',心有死志也。"俄而馮乃自殺。其妻乃陰腐其衣[5]。王與之登臺,妻遂自投臺下;左右攬之,衣不中手而死。遺書於帶曰:"王利其生,妾利其死,願以屍骨,賜馮合葬!"王怒,弗聽,使里人埋之[6],塚相望也。王曰:"爾夫婦相愛不已,若能使塚合,則吾弗阻也。"宿昔之閒[7],便有文梓木生於二塚之端,旬日而大盈抱[8]。屈體以相就,根交於下,枝錯於上。又有鴛鴦,雌雄各一,恒栖樹上,晨夜不去,交頸悲鳴,音聲感人。宋人哀之,遂號其木曰"相思樹"。相思之名,起於此也。今睢陽有韓馮城,其歌謡至今存焉。

(《新輯搜神記》卷二五,中華書局2007年版)

【注釋】

[1]康王:即宋偃王,亡國暴君,曾以囊盛血,懸掛,射之,謂之"射天"。 [2]城旦:筑城四年的刑罰。 [3]繆:詐。 [4]日:古人常指日爲誓,云:"有如日"。 [5]陰:暗地里。腐:使之腐敗。 [6]里人:鄉里主事者。 [7]宿昔:一夜。 [8]旬:十天。

董　永

(東晉)干寶

【題解】

本篇選自《搜神記》。本篇記述了董永孝心感天,織女助其償債的故事。董永的故事,最早見於東漢末年武梁祠石刻畫像。魏晉時,曹植《靈芝篇》描述的情節,與本篇類似。唐代《董永變文》,宋元話本《董永遇仙傳》,明清戲曲《織錦記》《槐蔭樹》等,情節更加豐富,最終嬗變,定型爲黄梅戲《天仙配》。

董永父亡[1],無以葬,乃自賣爲奴。主知其賢,與錢千萬遣之。永行三年喪畢,欲還詣主,供其奴職。道逢一婦人曰:"願爲子妻。"遂與之俱。主謂永曰:"以錢丐君矣[3]。"永曰:"蒙君之恩,父喪收藏。永雖小人,必欲服勤致力,以報厚德。"主曰:"婦人何能"永曰:"能織。"主曰:"必爾者,但令君婦爲我織縑百匹[4]。"於是永妻爲主人家織,十日而百匹具焉。主驚,遂放夫婦二人而去,行至本相逢處,乃謂永曰:"我是天之織女。感君至孝,天使我償之。今君事了,不得久停。"語訖,雲霧四垂,忽飛而去。

(《新輯搜神記》卷八,中華書局2007年版)

【注釋】

[1]董永:舊本"董永"下有"千乘人。少偏孤,與父居,肆力田畝,鹿車載自隨。"千乘:西漢郡名,郡治在今山東省高青縣東北。鹿車:獨輪車。 [2]主:主家,主人。 [3]丐:施予。 [4]縑(jiān):雙絲細絹。

【集評】

(三國)曹植:董永遭家貧,父老財無遺。舉假以供養,傭作致甘肥。責家填門至,不

知何用歸。天靈感至德,神女爲秉機。（《靈芝篇》,《曹植集校注》卷二,第327頁）

《董永變文》:人生在世審思量,暫時吵鬧有何方(妨);大衆志心須淨聽,先須孝順阿耶孃。好事惡事皆抄録,善惡童子每抄將。孝感先賢説董永,年登十五二親亡。自嘆福薄無兄弟,眼中流淚數千行。爲緣多生無姊妹,亦無知識及親房。家里貧窮無錢物,所買(賣)當身殯耶孃。（《敦煌變文集》,第109頁）

三王墓

（東晉）干寶

【題解】

此篇寫干將莫邪爲楚王作劍被殺,遺腹子赤比長大後爲報讎而獻出頭顱和寶劍,俠客持頭爲其報讎而與楚王同歸於盡,表現了古代人民反抗殘暴的英勇鬥爭和壯烈的獻身精神。魯迅《故事新編》中的《鑄劍》即取材於此篇。

楚干將莫邪爲楚王作劍,三年乃成。王怒,欲殺之。劍有雄雌。其妻重身當産[1],夫語妻曰:“吾爲王作劍,三年乃成。王怒,往必殺我。汝若生子是男,大,告之曰:‘出户望南山,松生石上,劍在其背’。”於是即將雌劍,往見楚王。楚王大怒,使相之[2]。劍有二,一雄一雌,雌來雄不來。王怒,誅殺之。

莫邪子名赤比,後壯[3],問其母曰:“吾父所在?”母曰:“汝父爲楚王作劍,三年乃成。王怒,殺之。去時囑我‘語汝子:‘出戶望南山,松生石上,劍在其背。’”於是子出戶南望,不見有山,但覩堂前松柱下,石砥之上[4],則以斧破其背,得劍,日夜思欲報楚王。

楚王夢見一兒,眉間廣尺,欲報讎。王即購之千金[5]。兒聞之,亡去。入山行歌,客有逢者,謂:“子年少,何哭之甚悲耶?”曰:“吾干將莫邪子也。楚王殺吾父,吾欲報之。”客曰:“聞王購子頭千金,將子頭與劍來,爲子報之。”兒曰:“幸甚!”即自刎,兩手捧頭及劍奉之,立僵[6]。客曰:“不負子也。”於是屍乃仆[7]。

客持頭往見楚王,王大喜。客曰:“此乃是勇士頭也,當於湯鑊煮之[8]。”王如其言煮頭,三日三夕不爛。頭踔出湯中[9],躓目大怒[10]。客曰:“此兒頭不爛,願王自臨視之[11],是必爛也。”王即臨之。客以劍擬王[12],王頭墮湯中。客亦自擬己頸,頭復墮湯。三皆俱爛,不可識別。分其湯肉葬之,故通名“三王墓”。今在汝南北宜春縣界[13]。

（《新輯搜神記》卷二五,中華書局2007年版）

【注釋】

[1]重身:謂身中有身,指懷孕。 [2]使相(xiàng):派人察看。 [3]壯:長大成人。 [4]石砥:石底的柱礎。 [5]購之千金:爲捕獲他而懸賞千金。 [6]立僵:站立不倒。僵:僵硬。 [7]仆:向前跌倒。 [8]鑊(huò):古代無足的大鼎。 [9]踔(chuō):跳躍。 [10]蹪目:蹪,此不可解,另本作"瞋",瞋(chēn),瞪大眼睛。 [11]臨視:靠近去看。 [12]擬:比度,此指快速地揮劍割下。 [13]宜春縣:在今河南省汝南縣西南。

談　生

《列異傳》

【題解】

本篇選自《列異傳》。《列異傳》,《隋書·經籍志》始著録,作魏文帝撰。《舊唐書·經籍志》和《新唐書·藝文志》則著張華撰,然無佐證。後人多以魏文帝爲作者。魏文帝即曹丕(187—226),曹操次子,字子桓,沛國譙(今安徽亳縣)人,在位七年。喜好文學,創作與理論均有成就。本書爲志怪書較早而有影響者,原書已軼,《三國志注》已見徵引,後《太平御覽》《太平廣記》所引尤多。魯迅於諸書輯得軼文五十則,見《古小説鉤沉》。

魏晉時常有女子死後復生與男子結合的故事流傳。本篇記述的是身爲富貴家之女,愛上了孤寒的男子,主動執着,一往情深,這在門第觀念嚴重的時代,體現出一種可貴的思想。作品篇幅不大,但情節完整,故事性較强,人物性格鮮明;所敍爲人鬼相交、幽明相雜之事,卻無陰森恐怖之感,蓋有人世真情貫注於其中也。此篇對後世影響甚大,明湯顯祖的《牡丹亭》對它亦有借鑒。

談生者,年四十,無婦。常感激讀書,忽夜半有女子[1],可年十五六,姿顔服飾,天下無雙,來就生爲夫婦,乃言:"我與人不同,勿以火照我也,三年之後,方可照。"爲夫妻,生一兒,已二歲;不能忍,夜伺其寢後,盜照視之。其腰已上生肉如人,腰下但有枯骨。婦覺,遂言曰:"君負我。我垂生矣[2],何不能忍一歲而竟相照也?"生辭謝,涕泣不可復止。云:"與君雖大義永離[3],然顧念我兒。若貧不能自偕活者[4],暫隨我去,方遺君物[5]。"生隨之去,入華堂,室宇器物不凡。以一珠袍與之,曰:"可以自給。"裂取生衣裾[6],留之而去。

後生持袍詣市,睢陽王家買之,得錢千萬。王識之,曰:"是我女袍,此必發墓。"乃取拷之。生具以實對。王猶不信,乃視女冢[7];冢完如故。發視之,果棺蓋下得衣裾。呼其兒,正類王女。王乃信之。即召談生,復賜遺衣[8],以爲主婿[9]。表其兒以爲侍中[10]。

(《太平廣記》卷三百一十六,中華書局1961年版)

【注釋】

[1]“常感激”二句:《太平廣記》談愷刻本“讀書忽”三字作“讀詩經”,中華書局校點本據明鈔本改。感激:奮發之意。 [2]垂生:將要復活過來。 [3]大義:夫婦之義。 [4]自偕活:自己跟他一起生存。 [5]方遺(wèi):將贈送。 [6]裂:扯裂。裾:衣服的前襟。 [7]冢(zhǒng):墳墓。 [8]遺衣:王女遺留下來的衣服。 [9]主:諸王之女,後稱郡主。 [10]表:上奏章申請。侍中:皇帝之近侍官。

劉晨阮肇

《幽明録》

【題解】

本篇選自劉義慶《幽明録》。劉義慶,見《世説新語》題解。《幽明録》亦稱《幽冥録》《幽冥記》,記神仙、鬼怪、精魅和佛教因果報應等奇異之事,其中不少故事来自民間傳説,反映了當時的社會生活和宗教觀念,時代感和生活氣息較明显。原書南宋時已佚,但各書徵引頗多,魯迅《古小説鉤沉》輯佚文兩百六十五則。

本篇寫劉晨、阮肇入天台山遇仙,遂成婚戀的故事。全篇敘事簡潔,虛實相生,描寫委婉動人,具有濃厚的人情味。安逸的仙境與動亂的人間形成強烈對比,表現了人們對幸福生活的渴望。此故事在後代廣爲流傳,也成爲文學創作中常用的典故和題材。

漢明帝永平五年[1],剡縣劉晨、阮肇共入天台山取穀皮[2],迷不得返,經十三日,糧食乏盡,飢餒殆死。遥望山上有一桃樹,大有子實,而絶岩邃澗[3],永無登路。攀援藤葛,乃得至上。各啖數枚,而飢止體充。復下山,持杯取水,欲盥漱[4],見蕪菁葉從山腹流出,甚鮮新,復一杯流出,有胡麻飯糝[5],相謂曰:“此知去人徑不遠。”便共没水,逆流二三里,得度山,出一大溪。

溪邊有二女子,姿質妙绝,見二人持杯出,便笑曰:“劉阮二郎,捉向所失流杯來[6]。”晨、肇既不識之,緣二女便呼其姓,如似有舊[7],乃相見忻喜[8]。問:“來何晚邪?”因邀還家。其家銅瓦屋[9],南壁及東壁下各有一大牀,皆施絳羅帳[10],帳角懸鈴,金銀交錯,牀頭各有十侍婢,敕云[11]:“劉、阮二郎,經涉山岨[12],向雖得瓊實[13],猶尚虛弊[14],可速作食。”食胡麻飯,山羊脯[15],牛肉,甚甘美。食畢行酒,有一羣女來,各持五三桃子,笑而言:“賀汝婿來。”酒酣作樂,劉、阮忻怖交並。至暮,令各就一帳宿,女往就之,言聲清婉,令人忘憂。

至十日後欲求還去,女云:“君已來是,宿福所牽[16],何復欲還邪?”遂停半年。氣候草木是春時,百鳥啼鳴,更懷悲思,求歸甚苦。女曰:“罪牽君[17],當可如何?"遂呼前來女子有三四十人,集會奏樂,共送劉、阮,指示還路。

既出,親舊零落,邑屋改異,無復相識。問訊得七世孫,傳聞上世入山,迷不得歸。至晉太元八年[18],忽復去,不知何所。

(《古小説鉤沉》,齊魯書社1997年版)

【注釋】

[1]永平五年:公元62年。永平:東漢明帝年號。 [2]剡(Shàn)縣:今浙江省嵊州市。天台山:位於浙江省台州市天台縣。穀皮:楮樹的一種,既能造紙又可藥用。 [3]絶:極高,極深。邃:深遠。 [4]盥(guàn):洗手,以手承水沖洗。 [5]胡麻飯糝:用米摻和胡麻製成的飯。胡麻:即芝麻,傳入中國時叫胡麻,胡人之麻的意思。胡麻飯:仙人的食物。 [6]捉:拿來。向:剛才。 [7]如似有舊:就像是舊相識一樣。舊:故交,老交情。 [8]忻(xīn):喜悦,歡欣。 [9]銅瓦:一作"筒瓦",用竹製成的瓦筒。 [10]絳羅帳:用大紅色羅綢做成的牀帳。絳:大紅色。 [11]敕:上級對下級的吩咐。 [12]岨(jū):通"阻",險要。 [13]瓊實:即仙果。 [14]虛弊:虛弱疲敝。 [15]脯(fǔ):乾肉。 [16]宿福:前世注定的福分。 [17]罪牽君:塵世的罪孽障罔纏繞着你。 [18]晉太元八年:383年。太元:晉武帝年號。

十七、國風雅頌

關　　雎

《詩經》

【題解】

本詩選自《國風·周南》,是國風的首篇。風,即音樂曲調。國風,即各地域曲風。《毛傳》稱此詩是歌詠"后妃之德",體現了《詩經》發乎情、止乎禮的婚戀風尚。

關關雎鳩[1],在河之洲。窈窕淑女[2],君子好逑[3]。
參差荇菜[4],左右流之[5]。窈窕淑女,寤寐求之[6]。
求之不得,寤寐思服[7]。悠哉悠哉[8],輾轉反側[9]。
參差荇菜,左右采之[10]。窈窕淑女,琴瑟友之。
參差荇菜,左右芼之[11]。窈窕淑女,鐘鼓樂之[12]。

(《毛詩正義》卷一,《十三經注疏》清嘉慶刊本,中華書局2009年版)

【注釋】

[1]關關:象聲詞,鳥的鳴叫聲,連續不斷之象。雎鳩(jūjiū):即王雎,俗名魚鷹,善捕魚。　[2]窈窕(yǎotiǎo):幽靜貌。淑:美好。　[3]好(hǎo)逑(qiú):好的配偶。　[4]參差:長短不齊。荇(xìng):多年生草本植物,葉浮於水面,嫩莖可食。　[5]流:隨水而流。　[6]寤(wù):醒來。寐,入睡。　[7]思:思念,思索。服:順從。　[8]悠哉:思慮深重貌。　[9]輾轉反側:翻來覆去,無法入睡。輾轉:翻轉。反:覆身而臥。側:側身而臥。[10]采:選擇。　[11]芼(mào):摸索,擇取。　[12]樂(yào)之:使之喜歡。樂:喜愛。

【集評】

(春秋)孔丘:子曰:"《關雎》,樂而不淫,哀而不傷。"

(《論語集注》卷二,《四書章句集注》,第66頁)

《詩大序》:是以《關雎》樂得淑女以配君子,愛在進賢,不淫其色。哀窈窕,思賢才,而無傷善之心焉。是《關雎》之義也。

(《毛詩正義》卷一,《十三經注疏》清嘉慶刊本,第569頁)

(南宋)朱熹:孔子曰:"《關雎》樂而不淫,哀而不傷。"愚謂此言爲此詩者,得其性情之正，聲氣之和也。蓋德如雎鳩，摯而有別，則后妃性情之正，固可以見其一端矣。至於寤寐反側，琴瑟鐘鼓，極其哀樂而皆不過其則焉。則詩人性情之正，又可以見其全體也。獨其聲氣之和，有不可得而聞者。雖若可恨，然學者姑即其詞而玩其理以養心焉，則亦可以得學詩之本矣。

（《詩集傳》卷一，第2頁）

（清）方玉潤：（一章）此詩佳處全在首四句，多少和平中正之音，細咏自見。取冠《三百》，真絕唱也。（三章）忽轉繁絃促音，通篇精神扼要在此。不然，前後皆平沓矣。（四、五章）"友"字"樂"字，一層深一層。快足滿意而又不涉於侈靡，所謂樂而不淫也。

（《詩經原始》卷一，第72頁）

漢　廣

《詩經》

【題解】

本詩選自《詩經·周南》，描寫了一種可望而不可即的愛情。詩歌以"漢之廣矣，不可泳思。江之永矣，不可方思"結尾，並反復詠唱，展現了回味悠長的情思。

南有喬木[1]，不可休息[2]。漢有游女[3]，不可求思。漢之廣矣，不可泳思[4]。江之永矣[5]，不可方思[6]

翹翹錯薪[7]，言刈其楚[8]。之子于歸[9]，言秣其馬[10]。漢之廣矣，不可泳思。江之永矣，不可方思。

翹翹錯薪，言刈其蔞[11]。之子于歸，言秣其駒[12]。漢之廣矣，不可泳思。江之永矣，不可方思。

（《毛詩正義》卷一，《十三經注疏》清嘉慶刊本，中華書局2009年版）

【注釋】

[1]喬木：屈曲的樹，一說指高大的樹。　[2]休：休息。息：或作"思"，語氣詞。　[3]漢：漢水。游女：游走的女子。　[4]泳：游泳渡水。　[5]江：長江。永：長。　[6]方：指木排或竹筏，此指用木排或竹筏渡水。　[7]翹（qiào）翹：高出的樣子。錯：雜亂。薪：指草木。　[8]刈（yì）：割。楚：荊條。　[9]之子：這個人，指漢水遊女。于歸：出嫁。　[10]秣（mò）：餵牲口。　[11]蔞（lóu）：一種蔞草，又名柳蒿。　[12]駒：馬六尺爲駒。一說是小馬。

【集評】

(南宋)朱熹:文王之化,自近而遠,先及於江漢之間,而有以變其淫亂之俗。故其出游之女,人望見之,而知其端莊静一,非復前日之可求矣。因以喬木起興,江漢爲比,而反復詠歎之也。

(《詩集傳》卷一,第6頁)

(清)方玉潤:殊知此詩即爲刈楚、刈蔞而作,所謂樵唱是也。近世楚、粵、滇、黔間,樵子入山,多唱山謳,響應林谷。蓋勞者善歌,所以忘勞耳。其詞大抵男女相贈答,私心愛慕之情,有近乎淫者,亦有以禮自持者。文在雅俗之間,而音節則自然天籟也。當其佳處,往往入神,有學士大夫所不能及者。

(《詩經原始》卷一,第87頁)

錢鍾書:《衛風·河廣》言河之不廣,《周南·漢廣》言漢之廣而"不可泳思"。雖曰河、漢廣狹之異乎,無乃示願欲強弱之殊耶?蓋人有心則事無難,情思深切則視河水清淺;歧以望宋,覺洋洋者若不能容刀、可以葦杭。此如《鄭風·褰裳》中"子惠思我",則溱、洧可"褰裳"而"涉",西洋詩中情人赴幽期,則海峽可泳而度,不惜躍入層波怒浪。《唐棣》之詩曰:"豈不爾思?室是遠而。"《論語·子罕》記孔子論之曰:"未之思也!夫何遠之有?"

(《管錐編》第一冊,《錢鍾書集》,第164頁)

静　　女

《詩經》

【題解】

本詩選自《詩經·邶風》,反映了先秦純樸的民風,真摯的愛情。雙方贈送的禮物都很普通,但對方都異常珍愛。"匪女之爲美,美人之貽",戀人間的愛慕之情溢於言表。

静女其姝[1],俟我於城隅[2]。愛而不見[3],搔首踟躕[4]。
静女其孌[5],貽我彤管[6]。彤管有煒[7],説懌女美[8]。
自牧歸荑[9],洵美且異[10]。匪女之爲美[11],美人之貽[12]。

(《毛詩正義》卷二,《十三經注疏》清嘉慶刊本,中華書局2009年版)

【注釋】

[1]静:嫻静。姝(shū):特殊,出衆。 [2]俟(sì):等待。城隅:城角。 [3]愛:借爲薆,隱藏起來。不見:看不到。見,或讀爲xiàn,顯現,出現。 [4]搔首:用手撓頭。踟躕:徘徊,來回走。 [5]孌:美好。 [6]貽:贈送。彤管:紅色的管,蓋樂器。 [7]煒(wěi):光亮。 [8]説:通悦。懌(yì):喜歡。女:通"汝",指彤管。 [9]牧:指郊外野地。歸:贈送。荑:草名,白茅始生稱荑。 [10]洵(xún):確實。 [11]女:通"汝",指荑。 [12]美人之貽:是"貽之美人"的倒裝句。

【集评】

（南宋）朱熹：言静女又贈我以荑，而其荑亦美且異，然非此荑之爲美也，特以美人之所贈，故其物亦美耳。

（《詩集傳》卷二，第26頁）

錢鍾書："自牧歸荑，洵美且異；匪女之爲美，美人之貽"；《傳》："非爲其徒説美色而已，美其人能遺我法則"；《正義》："言不美此女，乃美此人之遺於我者"。按：謬甚。詩明言物以人重，注疏却解爲物重於人，茅草重於姝女，可谓颠倒好恶者。……卉木無知，禽犢有知而非類，却胞與而爾汝之，若可酬答，此詩人之至情洋溢，推己及他。我而多情，則視物可以如人，體貼心印，我而薄情，則視人亦祇如物，侵耗使役而已。

（《管錐編》第一册，《錢鍾書集》，第148頁）

硕　　人

《詩經》

【題解】

本篇選自《國風•衛風》，對新娘進行了細緻入微的描寫，讚揚新娘的美麗華貴，展示婚禮的熱鬧、隆重。

碩人其頎[1]，衣錦褧衣[2]。齊侯之子[3]，衛侯之妻。東宫之妹[4]，邢侯之姨[5]，譚公維私[6]。

手如柔荑[7]，膚如凝脂[8]。領如蝤蠐[9]，齒如瓠犀[10]。螓首蛾眉[11]，巧笑倩兮[12]，美目盼兮[13]。

碩人敖敖[14]，説于農郊[15]。四牡有驕[16]，朱幩鑣鑣[17]。翟茀以朝[18]。大夫夙退[19]，無使君勞[20]。

河水洋洋[21]，北流活活[22]。施罛濊濊[23]，鱣鮪發發[24]。葭菼揭揭[25]，庶姜孽孽[26]，庶士有朅[27]。

（《毛詩正義》卷三，《十三經注疏》清嘉慶刊本，中華書局2009年版）

【注釋】

[1]碩人：身材高大的人。欣（qí）：身材修長。　[2]褧（jiǒng）：穿在錦衣外邊兒的單衫。　[3]齊侯之子：齊侯的女兒。　[4]東宫：指太子。古代太子住在東宫，故以此代稱。　[5]邢侯：邢國君主。邢，國名，其地在今河北邢臺。姨：古代男子稱呼其妻的姐妹爲姨。　[6]譚公：譚國的君主。譚，國名，其地在今山東濟南東龍山附近。私：古代對姊妹丈夫的稱呼。　[7]荑：初生的白茅。　[8]凝脂：凝固的動物油脂，這里應指凝結的豬油，言其潔白潤澤。　[9]領：項頸。蝤蠐（qiúqí）：天牛的幼蟲，身體長圓而白。　[10]瓠（hū）犀：葫蘆的籽，言其潔白並排列整齊。　[11]螓（qín）：蟲名，似蠶而小，廣額而方正。蛾：蠶蛾，

其觸鬚細長而彎。 [12]倩(qiàn):充滿活力的樣子。 [13]盼:眼珠黑白分明。 [14]敖敖:優遊,悠閒之狀。《詩經·邶風·柏舟》:“微我無酒,以敖以遊。”敖、遊都指閒暇狀態。 [15]説(shuì):休息。農郊:城的近郊,那里有農田,故稱農郊。邑外稱郊。 [16]牡:雄性的馬。驕:高大。 [17]朱:紅色。幩(fén):繫在馬銜兩邊的裝飾物,或用綢巾,或用布巾,飄帶狀。通常是紅色。鑣(biāo):色彩鮮明的樣子。 [18]翟(dí):山雞。茀(fú):車廂的遮蔽物。翟茀:指用山雞尾巴羽裝飾車輛,一説是遮車席子繪有山雞圖案。朝:到朝廷去。 [19]夙:早。 [20]君:指國君。 [21]河:黄河。洋洋:浩浩蕩蕩,水勢盛大。 [22]活活:流水聲。 [23]罛(gū):漁網。濊(huò):撒網入水的聲音。 [24]鱣(zhān):鱘類大魚。鮪(wěi):鱘魚。發(bō):魚跳躍貌。 [25]葭:蘆葦。菼:蘆荻。葦莖較粗而中空,荻莖短而中實。揭揭:高貌。 [26]庶姜:齊國衆多陪嫁和送親的姜姓女子。庶:衆。孽孽:指身材高大的樣子,一説指衣飾華貴。 [27]庶士:指爲參加婚禮的衆多男子。朅(qiè):健壯勇武。

【集評】

(南宋)朱熹:《春秋傳》曰:“莊姜美而無子,衛人爲之賦《碩人》。”即謂此詩。而其首章極稱其族類之貴,以見其爲正嫡小君,所宜親厚,而重歎莊公之昏惑也。

(《詩集傳》卷三,第36頁)

(清)姚際恒:“大夫夙退”二句,正美君、夫人新婚相得,代爲摹擬之辭,最爲妙筆,乃曲解以爲諷,豈可通乎?

(《詩經通論》卷四,第84頁)

錢鍾書:衛、鄘、齊風中美人如畫像之水墨白描,未渲染丹黄。《鄭風·有女同車》:“顔如舜華”,“顔如舜英”,着色矣而又不及其他。至《楚辭》始於雪膚玉肌而外,解道桃頰櫻唇,相爲映發,如《招魂》云:“美人既醉,朱顔酡些”,《大招》云:“朱唇皓齒,嫭以姱只。容則秀雅,穉朱颜只”,宋玉《好色賦》遂云:“施粉則太白,施朱則太赤”。色彩烘托,漸益鮮明,非《詩》所及矣。

(《管錐編》第一册,《錢鍾書集》,第160-161頁)

氓

《詩經》

【題解】

本篇選自《國風·衛風》,是一首棄婦詩,以被休棄女子口吻,敘述自己戀愛、私奔、經營家庭,最後慘遭休棄的過程。

氓之蚩蚩[1],抱布貿絲[2]。匪來貿絲[3],來即我謀[4]。送子涉淇[5],至于頓丘[6]。匪我愆期[7],子無良媒。將子無怒[8],秋以爲期。

乘彼垝垣[9],以望復關[10]。不見復關,泣涕漣漣[11]。既見復關,載笑載言[12]。爾卜爾筮[13],體無咎言[14]。以爾車來,以我賄遷[15]。

桑之未落,其葉沃若[16]。于嗟鳩兮[17]!無食桑葚[18]。于嗟女兮!無與士耽[19]。士之耽兮,猶可説也[20]。女之耽兮,不可説也。

桑之落矣,其黄而隕[21]。自我徂爾[22],三歲食貧[23]。淇水湯湯[24],漸車帷裳[25]。女也不爽[26],士貳其行[27]。士也罔極[28],二三其德[29]。

三歲爲婦[30],靡室勞矣[31]。夙興夜寐[32],靡有朝矣[33]。言既遂矣[34],至于暴矣[35]。兄弟不知,咥其笑矣[36]。静言思之[37],躬自悼矣[38]。

及爾偕老[39],老使我怨。淇則有岸,隰則有泮[40]。總角之宴[41],言笑晏晏[42],信誓旦旦[43],不思其反[44]。反是不思,亦已焉哉[45]!

(《毛詩正義》卷三,《十三經注疏》清嘉慶刊本,中華書局2009年版)

【注釋】

[1]氓(méng):流民。蚩蚩:嬉笑貌。 [2]布:帛一類的絲織品。絲:蠶絲。貿:交換。 [3]匪:非,不是。 [4]即:到這里。謀:指商量婚姻事宜。 [5]涉:渡水。淇:衛國的水名,在今河南省北部。 [6]頓丘:衛國地名。 [7]愆(qiān):拖延。 [8]將:請求。 [9]乘:等。垝(guǐ):高而危。垣:牆。 [10]復:返回。關:車廂,這里指車。 [11]涕:眼淚。漣漣:連綿不斷。 [12]載:語氣詞,則,乃。 [13]爾:你。卜:占卜,用灼熱的金屬器具在龜甲或牛骨上面鑽孔,根據裂紋以預測吉凶。筮(shī):用五十根蓍草依法反復排比,根據所構成的形狀斷定吉凶。 [14]體:指卜和筮所得到的兆體和卦象。 [15]賄:財物。 [16]沃若:潤澤貌,富有活力之像。 [17]于嗟:感歎詞。鳩:指鳩鳥,布穀鳥一類。 [18]桑葚(shèn):桑樹的果實,酸而甜,食用過多則迷醉。 [19]士:指成年男子。耽(dān):沉浸,迷戀。 [20]説:擺脱,通脱。 [21]隕(yún):落下。 [22]徂(cú):前

往,這里指出嫁。 [23]食貧:生活在貧困中。 [24]湯(shāng)湯:水勢盛大的様子。 [25]漸:浸濕。帷裳:車圍子。帷:帳。裳:裙子。車有圍如同床有帳,人有裙。 [26]爽:差錯,過失。 [27]貳:不專一。行:行爲。 [28]罔:無。極:準則。 [29]二三其德:三心二意,朝三暮四。 [30]婦:女子自稱。因其已經出嫁,故稱婦。 [31]靡:無。室:止。 [32]夙興:早起。夜寐:晚睡。 [33]朝(cháo):聚會。這里指夫妻相聚。 [34]言:助詞,無實義。遂:成,指家業成功。 [35]暴:暴虐。 [36]咥(xì):笑貌。 [37]言:助詞,無實義。 [38]躬:身。自悼:自我傷悼。 [39]及:與。偕:同。 [40]隰(xí):低濕之地。泮(pàn):邊際。 [41]總角:古代少年兒童頭髮束結,形似牛角。《國風·齊風·甫田》:"總角丱兮",指的就是這種髮式。總:同總,束結。宴:歡樂。 [42]晏晏:温和,和氣。 [43]旦旦:誠懇的様子。 [44]反:通"返",這里指兑現先前的承諾。 [45]已:停止。

【集評】

(南宋)朱熹:(第一章)夫既與之媒而不遂往,又責所無以難其事,再爲之約以堅其志,此其計亦狡矣。以御蚩蚩之氓,宜其有餘,而不免於見棄。蓋一失其身,人所賤惡,始雖以欲而迷,後必有時而悟,是以無往而不困耳。士君子立身一敗,而萬事瓦裂者,何以異此。可不戒哉!

(《詩集傳》卷三,第37頁)

(清)方玉潤:(一章)直起,與"昔有霍家奴"同一起法。訂約。(二章)懷想一段,落到合諧。(三章)色盛見憐一段,已有悔意。色衰愛弛一段,歸咎男子。(四章)歷敍勞苦,反遭見棄,自怨自艾,如泣如訴,情至之文。(五章)跌宕語,極有致,付之一歎。

(《詩經原始》卷四,第180頁)

錢鍾書:夫情之所鍾,古之"士"則登山臨水,恣其汗漫,争利求名,得以排遣;亂思移愛,事尚匪艱。古之"女"閨房窈窕,不能遊目騁懷,薪米叢脞,未足忘情攝志;心乎愛矣,獨居深念,思蹇產而勿釋,魂屏營若有亡,理絲愈紛,解帶反結,"耽不可説",殆亦此之謂歟? 明人院本《投梭記》第二十齣:"常言道:'男子癡,一時迷;女子癡,没藥醫。'"古羅馬詩人名篇中女語男曰:"吾與子兩情之熾相等,然吾爲婦人,則終遜汝丈夫一籌,蓋女柔弱,身心不如男之強有力也。"

(《管錐編》第一冊,《錢鍾書集》,第163頁)

黍　　離

《詩經》

【題解】

本篇選自《詩經·王風》。周平王東遷,定都雒邑,然王室衰微,位同諸侯,故此地所出詩歌,稱《王風》。《毛詩序》云:"《黍離》,閔宗周也。周大夫行役至于宗周,過故宗廟宫室,盡爲禾黍。閔宗周之傾覆,彷徨不忍去,而作是詩也。"

彼黍離離[1],彼稷之苗[2]。行邁靡靡[3],中心摇摇[4]。知我者,謂我心憂;不知我者,謂我何求[5]。悠悠蒼天[6],此何人哉[7]?

彼黍離離,彼稷之穗。行邁靡靡,中心如醉。知我者,謂我心憂;不知我者,謂我何求。悠悠蒼天,此何人哉?

彼黍離離,彼稷之實。行邁靡靡,中心如噎[8]。知我者,謂我心憂;不知我者,謂我何求。悠悠蒼天,此何人哉?

(《毛詩正義》卷四,《十三經注疏》清嘉慶刊本,中華書局2009年版)

【注釋】

[1]彼:那個地方。黍:粘性穀類作物,籽粒黄色。離離:茂盛的樣子。 [2]稷:穀子。 [3]行邁:步行。靡靡:遲緩。 [4]摇摇:心神不定的樣子。 [5]何求:有什麼追求。 [6]悠悠:深遠貌。 [7]此:指眼前景象。 [8]噎:有東西堵住喉嚨。

【集評】

(南宋)朱熹:元城劉氏曰:常人之情,於憂樂之事,初遇之,則其心變焉。次遇之,則其變少衰。三遇之,則其心如常矣。至於君子忠厚之情則不然。其行役往來、固非一見也。初見稷之苗矣,又見稷之穗矣,又見稷之實矣,而所感之心,終始如一,不少變而愈深,此則詩人之意也。(《詩集傳》卷四,第43頁)

(清)方玉潤:三章只换六字,而一往情深,低徊無限。此專以描摹虚神擅長,憑弔詩中絶唱也。唐人劉滄、許渾懷古諸詩,往迹襲其音調。(《詩經原始》卷五,第192頁)

(清)吴闓生:舊評:起二句滿目淒涼。結句含蓄無窮,欷歔欲絶。

(《詩義會通》卷一,第52頁)

溱　洧

《詩經》

【題解】

本篇選自《詩經·鄭風》,描寫了鄭地三月上巳節,男女相會水邊,有情人相互贈送禮物的場面。

溱與洧[1],方涣涣兮[2]。士與女[3],方秉蕑兮[4]。女曰觀乎[5]! 士曰既且[6]。且往觀乎[7],洧之外,洵訏且樂[8]。維士與女,伊其相謔[9],贈之以勺藥[10]。

溱與洧,瀏其清矣[11]。士與女,殷其盈矣[12]。女曰觀乎! 士曰既且。且往觀乎,洧之外,洵訏且樂。維士與女,伊其將謔[13],贈之以勺藥。

(《毛詩正義》卷四,《十三經注疏》清嘉慶刊本,中華書局2009年版)

【注釋】

[1]溱(Zhēn)、洧(Wěi):鄭國境内的兩條河。 [2]方:正值。渙渙:水勢浩大的樣子。 [3]士:男子。 [4]秉:持,拿。 蕑(jiān):蘭草。 [5]觀:觀看。 [6]既:已經。一説,即,便之義。且(cú):前往,通"徂"。 [7]且:姑且。 [8]洵(xún):的確,確實。訏(xū):熱鬧。 [9]伊:發語詞。謔(xuè):嬉戲。 [10]勺藥:香草名。 [11]瀏:水流清澈的樣子。 [12]殷:衆多。盈:滿。 [13]將:盛,大。

【集评】

(南宋)朱熹:鄭衛之樂,皆爲淫聲。然以詩考之,衛詩三十有九,而淫奔之詩才四之一。鄭詩二十有一,而淫奔之詩已不翅七之五。衛猶爲男悦女之詞,而鄭皆爲女惑男之語。衛人猶多刺譏懲創之意,而鄭人幾於蕩然無復羞愧悔悟之萌。是則鄭聲之淫,有甚於衛矣。故夫子論爲邦,獨以鄭聲爲戒而不及衛,蓋舉重而言,固自有次第也。詩可以觀,豈不信哉。 (《詩集傳》卷四,第56-57頁)

(清)方玉潤:此詩人自敍其國俗如此,不必言刺而刺自在。想鄭當國全盛時,士女務爲游觀。蒔花地多,耕稼人少。每值風日融和,良辰美景,競相出游,以至蘭勺互贈,播爲美談,男女戲謔,恬不知羞。則其俗流蕩而難返也。在三百篇中别爲一種,開後世冶遊豔詩之祖。 (《詩經原始》卷五,第226頁)

葛　生

《詩經》

【題解】

本篇選自《國風·唐風》,悼亡詩,夫悼婦,或婦悼夫。

葛生蒙楚[1],蘞蔓于野[2]。予美亡此[3],誰與[4]? 獨處。
葛生蒙棘,蘞蔓於域[5]。予美亡此,誰與? 獨息。
角枕粲兮[6],錦衾爛兮[7]。予美亡此,誰與? 獨旦[8]。
夏之日[9],冬之夜[10]。百歲之後,歸于其居[11]。
冬之夜,夏之日。百歲之後,歸于其室。

(《毛詩正義》卷六,《十三經注疏》清嘉慶刊本,中華書局2009年版)

【注釋】

[1]葛：一種藤生植物。蒙：覆蓋。楚：指荆條。 [2]蘞(liàn)：一種多年生蔓草。蔓：蔓延。 [3]亡此：死於此，指埋葬在這里。 [4]與：共處。 [5]域：指塋地，即墳墓所在地。 [6]角枕：方枕，當指死者安葬時所用。粲：色彩鮮明。 [7]錦衾(qīn)：錦面被子，用於斂屍。爛：色彩鮮明。 [8]獨旦：獨自到天明。 [9]夏之日：夏天的白晝。 [10]冬之夜：冬天的夜晚。 [11]其居：指墳墓。

【集評】

(南宋)朱熹：夏日、冬夜，獨居憂思，於是爲切。然君子之歸無期，不可得而見矣，要死而相從耳。鄭氏曰："言此者，婦人專一，義之至，情之盡。"蘇氏曰："思之深而無異心，此《唐風》之厚也。"

(《詩集傳》卷六，第73頁)

(清)方玉潤：(四、五章)二章句法只一互換，覺時光流轉，晌息百年，人生幾何，能不傷心？

(《詩經原始》卷六，第263頁)

蒹　葭

《詩經》

【題解】

本篇選自《詩經·秦風》，表現了詩人對"伊人"的愛慕和追求之情。至於二者的關係，則難以確定。舊説或以爲譏諷秦襄公不用周禮(《毛詩序》)，或以爲招隱(姚際恒《詩經通論》、方玉潤《詩經原始》)。今人多認爲他們是戀人關係，也有人認爲是君臣或朋友關係。詩中渲染出一種美麗淒清、惆悵迷茫的情調和意境，表現了對近在咫尺的企慕對象可望不可即的情思。藝術方面，借景抒情，情景交融，創造出了純樸的朦朧美，同時結構上重章疊句、一唱三歎，頗具回環往復、神韻悠長之美，是《詩經》中最優秀的作品之一。

蒹葭蒼蒼[1]，白露爲霜[2]。所謂伊人[3]，在水一方[4]。溯洄從之[5]，道阻且長[6]。溯游從之[7]，宛在水中央[8]。

蒹葭淒淒，白露未晞[9]。所謂伊人，在水之湄[10]。溯洄從之，道阻且躋[11]。溯游從之，宛在水中坻[12]。

蒹葭采采，白露未已[13]。所謂伊人，在水之涘[14]。溯洄從之，道阻且右[15]。溯游從之，宛在水中沚[16]。

(《毛詩正義》卷六，《十三經注疏》清嘉慶刊本，中華書局2009年版)

【注釋】

[1]蒹葭(jiānjiā):蘆葦。蒼蒼:深青色,此譯爲茂盛的樣子。下文"萋萋"、"采采"義同。[2]白露爲霜:晶瑩的露水凝結成了霜。爲,凝結成。 [3]所謂:所説、所念,這裏指所懷念的。伊人:那個人,指意中人。 [4]在水一方:在水的另一邊,即對岸。 [5]溯洄(sù huí):逆流而上。洄,上水、逆流。從,追求、尋找。 [6]道阻,道路上障礙多,很難走。 [7]溯游從之:順流而下尋找她。溯游,順流而下。"游"通"流",指直流的水道。 [8]宛在水中央:彷佛在河的中間。 [9]晞(xī):曬乾。 [10]湄(méi):岸邊,水與草交接之處。 [11]躋(jī):登,升高,意思是道路險峻,需攀登而上。 [12]坻(chí):水中的小洲或高地。 [13]未已:未止,還沒有完,指露水尚未被陽光蒸發完畢。已:完畢。 [14]涘(sì):水邊。 [15]右:迂回曲折,意思是道路彎曲。 [16]沚(zhǐ):水中的小塊陸地。

【集評】

(北宋)歐陽修:秦襄公雖未能攻取周地,然已命爲諸侯,受顯服而不能以周禮變其夷狄之俗,故詩人刺之。以詩蒹葭水草蒼蒼然,茂盛必待霜降以成其質,然後堅實而可用,以此秦雖強盛必用周禮以變其夷狄之俗,然後可列於諸侯。所謂伊人者,斥襄公也。

(《詩本義》卷四,《文津閣四庫全書》經部第23冊,第498頁)

(南宋)朱熹:言秋水方盛之時,所謂彼人者,乃在水之一方,上下求之而皆不可得。然不知其何所指也。 (《詩集傳》,第97頁)

(清)沈德潛:"蒹葭蒼蒼,白露爲霜。所謂伊人,在水一方。"蒼涼彌渺,欲即轉離。名人畫本,不能到也。明陳臥子謂"秦人思西周之詩",卓然特見。

(《説詩晬語》卷上,第87頁)

(清)姚際恒:此自是賢人隱居水濱,而人慕而思見之詩。"在水之湄",此一句已了。重加"溯洄""溯遊"兩番摹擬,所以寫其深企願見之狀。於是於下一"在"字上加一"宛'字,遂覺點睛欲飛,入神之筆。 (《詩經通論》,第141頁)

(清)黃中松:細玩"所謂"二字,意中之人難向人説,而"在水一方"亦想像之詞。若有一定之方,即是人跡可到,何以上下求之而不得哉?詩人之旨甚遠,固執以求之抑又遠矣。 (《詩疑辨證》卷三,《文津閣四庫全書》經部第30冊,第433頁)

(清)方玉潤:三章只一意,特換韻耳。其實首章已成絕唱。古人作詩多一意化爲三疊,所謂一唱三歎,佳者多有餘音,此則興盡首章,不可不知也。(《詩經原始》卷七,273頁)

吳闓生:"所謂伊人",鄭箋以爲知周禮之賢人,是也。 (《詩義會通》,第100頁)

王國維:《詩·蒹葭》一篇,最得風人深致。晏同叔之"昨夜西風凋碧樹。獨上高樓,望盡天涯路"似之。但一灑落,一悲壯耳。 (《人間詞話》,第6頁)

陳子展:詩境頗似象徵主義,而含有神秘意味。此詩蓋采自歌謠,不得謂民間無此詩人也。 (《詩經直解》,第387頁)

無　衣

《詩經》

【題解】

本詩選自《國風·秦風》。春秋時期,諸侯使者往來,有賦詩言志傳統。據《左傳·定公四年》記載,伍子胥率吳軍入郢,楚昭王逃往隨國。申包胥入秦乞援,"依於庭牆而哭,日夜不絕聲,勺飲不入口七日。秦哀公爲之賦《無衣》,九頓首而坐. 秦師乃出"。《無衣》,乃秦地動員參戰之詩,反映了秦地尚武的民風。

豈曰無衣,與子同袍[1]。王于興師[2],脩我戈矛[3]。與子同仇。
豈曰無衣,與子同澤[4]。王于興師,脩我矛戟。與子偕作[5]。
豈曰無衣,與子同裳[6]。王于興師,脩我甲兵[7]。與子偕行。

(《毛詩正義》卷六,《十三經注疏》清嘉慶刊本,中華書局2009年版)

【注釋】

[1]袍:穿在外邊的上衣。　[2]王(wàng):前往。《詩經·小雅·六月》:"王于出征,以匡王國。"王,指前往。《詩經·大雅·板》:"昊天曰明,及爾出王。"王,亦指前往。于:語助詞。　[3]脩:修理,整治。　[4]澤:借作"襗"(zé),内衣。　[5]偕作:共同去作。　[6]裳:下衣,古代穿的裙。　[7]甲兵:鎧甲和兵器。

【集評】

(南宋)朱熹:秦人之俗,大抵尚氣概,先勇力,忘生輕死,故其見於詩如此。然本其初而論之,岐豐之地,文王用之以興二南之化,如彼其忠且厚也。秦人用之,未幾而一變其俗,至於如此,則已悍然有招八州而朝同列之氣矣!何哉?雍州土厚水深,其民厚重質直,無鄭衛驕墮浮靡之習。以善導致,則易以興起而篤於仁義;以猛驅之,則其強毅果敢之資,亦足以強兵力農而成富強之業,非山東諸國所及也。嗚呼,後世欲爲定都立國之計者,誠不可不監乎此。而凡爲國者,其於導民之路,尤不可以不審其所之也。

(《詩集傳》卷六,第79頁)

采　薇

《詩經》

【題解】

《雅》,是朝廷正樂,又分《大雅》《小雅》。《大雅》31篇,多是西周作品,大多作於西周初期,少量作於西周末年。《小雅》74篇,絕大多數作於西周晚期。雅詩,又有正、變之分,大約以盛世歌頌類爲正雅,以衰世怨刺爲變雅。

本詩選自《詩經·小雅》,是戍邊軍人之歌。玁狁,是生活在北方的遊牧民族,即漢代的匈奴,一直是周王朝的邊患。詩歌通過物候展現時間的流逝,情感的變化、積累,是本詩重要表現方式。

采薇采薇[1],薇亦作止[2]。曰歸曰歸,歲亦莫止[3]。靡室靡家[4],玁狁之故[5]。不遑啓居[6],玁狁之故。

采薇采薇,薇亦柔止。曰歸曰歸,心亦憂止。憂心烈烈[7],載飢載渴[8]。我戍未定[9],靡使歸聘[10]。

采薇采薇,薇亦剛止[11]。曰歸曰歸,歲亦陽止[12]。王事靡盬[13],不遑啓處。憂心孔疚[14],我行不來[15]!

彼爾維何[16]?維常之華[17]。彼路斯何[18]?君子之車[19]。戎車既駕[20],四牡業業[21]。豈敢定居?一月三捷。

駕彼四牡,四牡騤騤[22]。君子所依[23],小人所腓[24]。四牡翼翼[25],象弭魚服[26]。豈不日戒[27]?玁狁孔棘[28]!

昔我往矣[29],楊柳依依[30]。今我來思[31],雨雪霏霏[32]。行道遲遲[33],載渴載飢。我心傷悲,莫知我哀!

(《毛詩正義》卷九,《十三經注疏》清嘉慶刊本,中華書局2009年版)

【注釋】

[1]薇:野菜名,又名野豌豆,冬天發芽,春天長大,可食。　[2]作:生出。止:語氣詞。　[3]莫:古"暮"字。　[4]靡(mǐ):没有,無。室,亦指家。　[5]玁狁(Xiǎnyǔn):北方民族名。　[6]遑(huáng):閒暇。啓居:安居,古人跪坐稱爲啓。　[7]烈烈:強烈。　[8]載:語助詞。　[9]戍:防守,守邊。未定:地點變動不定。　[10]使:使者。聘:探問。　[11]剛:堅硬,薇菜長大變老。　[12]陽:天暖。　[13]盬(gǔ):休止。　[14]孔:很,非常。疚:痛苦。　[15]我行:指出征。不來:不返。來,謂返回。　[16]爾:通"薾",花草繁盛之貌。　[17]常:通"棠",指棠棣,謂山櫻桃,一説指棠梨樹。華:花。　[18]路:假作"輅",

指戰車。 [19]君子：指領兵的將帥。 [20]戎車：兵車，戰車。駕，俗謂套車，使駕車的馬各就其位。 [21]牡：雄馬。業業：高大之象。 [22]騤(kuí)騤：戰車前進之象。 [23]依：憑藉。 [24]腓(féi)：庇。周代作戰，將官乘作戰，步兵借戰車作掩護。 [25]翼翼：整齊的樣子。 [26]象弭(mí)：象牙裝飾弓弭。弓的兩端縛弦處爲弭，鑲上象牙稱爲象弭。服：通"箙"，裝箭的袋子。魚服：魚皮做成的箭袋，一説箭袋爲魚形，或説上面畫有魚鱗圖案。 [27]日戒：每天都處在戒備狀態。 [28]棘：通"急"，一説指難以對付。 [29]往：指當初出征。 [30]依依：茂盛的樣子。 [31]來：返回。思：語氣詞。 [32]雨(yù)：作動詞，降落。霏(fēi)霏：紛紛落下的樣子。 [33]遲遲：緩慢。

【集評】

(南朝梁)劉勰：是以詩人感物，聯類不窮。流連萬象之際，沉吟視聽之區；寫氣圖貌，既隨物以宛轉；屬采附聲，亦與心而徘徊。故灼灼狀桃花之鮮，依依盡楊柳之貌，……並以少總多，情貌無遺矣。雖復思經千載，將何易奪？

(《物色》，《文心雕龍義證》卷十，第1733，1736，1738頁)

(南宋)朱熹：(六章)此章又設爲役人預自道其歸時之事，以見其勤勞之甚也。程子曰："此皆極道其勞苦憂傷之情也。上能察其情，則雖勞而不怨，雖憂而能勵矣。"范氏云："余於《采薇》，見先王以人道使人，後世則牛羊而已矣。" (《詩集傳》卷九，第106頁)

錢鍾書："昔我往矣，楊柳依依。"按李嘉祐《自蘇臺至望亭驛悵然有作》："遠樹依依如送客"，於此二語如齊一變至於魯，尚著迹留痕也。李商隱《贈柳》："隄遠意相隨"，《隨園詩話》卷一歎爲"真寫柳之魂魄"者，於此二語遺貌存神，庶幾魯一變至於道矣。"相隨"即"依依如送"耳。擬議變化，可與皎然《詩式》卷一"偷語""偷意""偷勢"之説相參。

(《管錐編》第一冊，《錢鍾書集》，第230頁)

鶴　　鳴

《詩經》

【題解】

這首詩選自《小雅》，描寫一位隱士的生存狀態，表達作者的求賢之心，勸告朝廷任用在野的賢人。

鶴鳴于九皋[1]，聲聞于野。魚潛在淵，或在于渚[2]。樂彼之園[3]，爰有樹檀[4]，其下維蘀[5]。它山之石，可以爲錯[6]。

鶴鳴于九皋，聲聞于天。魚在于渚，或潛在淵。樂彼之園，爰有樹檀，其下維穀[7]。它山之石,可以攻玉[8]。

(《毛詩正義》卷十一,《十三經注疏》清嘉慶刊本,中華書局2009年版)

【注釋】

[1]皋:沼澤。九皋:連片的沼澤。九,言其多。 [2]渚(zhǔ):水中的小陸地。 [3]彼:指詩中的賢人,隱士。 [4]樹檀:栽植的檀樹。檀:落葉喬木,木質堅硬,可以製造耐用的器具。 [5]蘀(tuò):隕落。 [6]錯:打磨物品的工具,有的用石頭做成,也有用金屬做的。 [7]穀:謂生。《詩經·王風·大車》:"穀則異室,死則同穴。"穀與死對言,則穀指生。 [8]攻玉:治玉。

【集評】

(北宋)程頤:玉之温潤,天下之至美也;石之粗厲,天下之至惡也。然兩玉相磨,不可以成器,以石磨之,然後玉之爲器,得以成焉。猶君子之與小人處也,横逆侵加,然後修省畏避,動心忍性,增益預防,而義理生焉,道德成焉。(《詩集傳》卷十,第121頁)

(清)方玉潤:此一篇好招隱詩也,奈被諸儒讀壞!蓋以理語解詩,已覺腐氣難堪;而又分疏而實按之,則尤滯而不靈。姚氏誚爲"説《詩》之魔",豈過當歟?唯鄭氏謂"教宣王求賢人之未仕者",差爲得之。然"教"字仍本《小序》"誨"字意,亦非。夫詩人之於宣王,何教之而何誨之耶?蓋諷之以求賢士之隱於山林者耳。詩人平居,必有一賢人在其意中,不肯明薦朝廷,故第即所居之園實賦其景。使王讀之,覺其中禽魚之飛躍,樹木之蔥蒨,水石之明瑟,在在可以自樂。即園中人令聞之清遠,出處之高超,德誼之粹然,亦一一可以並見。則即景以思其人,因人而慕其景,不必更言其賢,而賢已躍然紙上矣。其詞意在若隱若現,不即不離之間,並非有意安排,所以爲佳。若如姚氏云通篇作譬喻看,章法雖奇,詩味反索然也。此雅詩之近乎風者,以其園景皆實賦,故入雅體。倘以爲比也,豈非風乎?(《詩經原始》卷十,第375頁)

大　田

《詩經》

【題解】

本篇選自《小雅》,是一首以農業生產爲題材的作品,記述了一年四季從耕、種、收,祭祀祖先的農事活動。

大田多稼[1],既種既戒[2],既備乃事[3]。以我覃耜[4],俶載南畝[5],播厥百穀。既庭且碩[6],曾孫是若[7]。

既方既皁[8],既堅既好[9],不稂不莠[10]。去其螟螣[11],及其蟊賊[12],無害我田穉[13]。田祖有神[14],秉畀炎火[15]。

有渰萋萋[16],興雨祈祈[17]。雨我公田[18],遂及我私[19]。彼有不獲穉,此有不斂穧[20],彼有遺秉[21],此有滯穗[22],伊寡婦之利[23]。

曾孫來止[24],以其婦子。饁彼南畝[25],田畯至喜[26]。來方禋祀[27],以其騂黑[28],與其黍稷。以享以祀[29],以介景福[30]。

(《毛詩正義》卷十四,《十三經注疏》清嘉慶刊本,中華書局2009年版)

【注釋】

[1]大田:廣大的田地。稼:指播種五穀,種植莊稼。 [2]既:已經。種:選種子。戒:作好準備,準備齊全。 [3]乃事:指春耕前的準備工作。 [4]以:攜帶。覃耜:古代的一種農具,形狀貌似現在的鍬,安裝在木柄上。覃:指很長。一説,覃通"剡"(yǎn),指鋒利。 [5]俶(chù):開始。載:負荷,負載。南畝:南邊的農田。 [6]庭:直。碩:大,多。 [7]曾孫:田地的主人,周代貴族稱曾孫,相對於祖先而言。若:和順。 [8]方:並列。皁(zào):本指牲口槽,通"槽"。《莊子·馬蹄》:"編之以皁棧。"這里引申爲成排,排列。 [9]堅:堅挺。好:柔韌。 [10]稂(lǎng):一種對禾苗有害的草,又名狼尾草。莠(yǒu):類似穀苗的一種草。 [11]螟(míng):吃禾心的蟲子。螣:吃禾葉的蟲子。 [12]蟊(máo)賊:吃禾苗根節的蟲子。 [13]田穉(zhì):田里的幼苗。穉:幼嫩。 [14]田祖:田神。 [15]秉:持,拿著。畀(bì):給予,交付。炎火:指火把一類的燃燒物。 [16]渰(yǎn):陰雲興起之狀,天色變暗。萋萋:盛多之貌。 [17]祈祈:衆多的樣子。 [18]公田:收穫歸貴族擁有的田地。 [19]私:指私田。收穫歸農夫所有的田地。 [20]斂:收取。穧(jì):已經割下但没有收起來的農作物。 [21]遺:失,遺落。秉:成把的禾。 [22]滯:留下的。[23]伊:句首助詞,是,乃是。寡婦之利:指寡婦到田地里有遺落的糧食可拾取。 [24]來止:前來。 [25]饁(yè):送飯。 [26]田畯(jùn):田官。 [27]來方:使四方之神前來。來:使之前來。方:指四方之神。禋(yīn)祀:用火焚燒物品進行祭祀。 [28]騂(xìn):指紅毛公牛。黑:指豬。 [29]享:進獻。祀:祭祀。 [30]介:求。景福:大福。

【集評】

(南宋)朱熹:言農夫之心先公後私,故望此雲雨而曰:"天其雨我公田,而遂及我之私田乎。"冀怙君德而蒙其餘惠,使收成之際,彼有不及獲之穉禾,此有不及斂之穧束,彼有遺棄之禾把,此有滯漏之禾穗,而寡婦尚得取之以爲利也。此見其豐成有餘,而不盡取,又與鰥寡共之,既足以爲不費之惠,而亦不棄於地也。不然則粒米狼戾,不殆於輕視天物而慢棄之也乎。(《詩集傳》卷十三,第158頁)

(清)姚際恒:"彼有不獲穉"至末,極形其粟之多也,即上篇"千倉、萬箱"之意,而别以妙筆出之;非謂其有餘而不盡取也,非謂其與鰥寡共之也,非謂其爲不費之惠也,非謂其亦不棄於地也。而解者不知,偏以此等爲言,且以"粒米狼戾 "爲反襯語。嗟乎,是安可與言《詩》哉!(《詩經通論》卷十一,第235頁)

(清)方玉潤:凡文正面難以著筆,須從旁煊染,或閒處襯托,則愈閒愈妙,愈淡愈奇。前篇省耕,只嘗饁食二語寫出聖王愛民之情,千古如見其誠。此篇省斂,本欲形容稼穡之多,若從正面描摹,不過千倉萬箱等語,有何意味?且與上篇犯複,尤難出色。詩只從遺穗説起,而正穗之多自見。其穗之遺也,有低小之穗,爲刈獲之所不及者;有刈而遺忘,爲束縛之所不備者;亦有束縛雖備,而爲輦載之所不盡者;且更有輦載雖盡,而折亂在壠,爲刈獲所不削,而束縛之難拾者。凡此皆寡婦之利也。事極瑣碎,情極閒淡,詩偏盡情曲繪,刻摹無遺,娓娓不倦。無非爲多稼穡一語設色生光,所謂愈淡愈奇,愈閒愈妙,善於烘托法耳。

(《詩經原始》卷十一,第439頁)

靈　臺

《詩經》

【題解】

本篇選自《詩經·大雅》,描述了周王營造靈臺與民同樂的場景。《毛詩序》稱:"《靈臺》,民始附也。文王受命而民樂其有靈德,以及鳥獸昆蟲焉。"筑臺娛樂,是先秦君主常有的舉措,多屬勞民傷財之事,故後人常稱引《靈台》,以諷諫時君。

經始靈臺[1],經之營之。庶民攻之[2],不日成之[3]。
經始勿亟[4],庶民子來[5]。王在靈囿[6],麀鹿攸伏[7]。
麀鹿濯濯[8],白鳥翯翯[9]。王在靈沼[10],於牣魚躍[11]。
虡業維樅[12],賁鼓維鏞[13]。於論鼓鐘[14],於樂辟廱[15]。
於論鼓鍾,於樂辟廱。鼉鼓逢逢[16]。矇瞍奏公[17]。

(《毛詩正義》卷十六,《十三經注疏》清嘉慶刊本,中華書局2009年版)

【注釋】

[1]經:經營,指修建。始:當初,起初。靈臺:臺名,故址在今陜西西安西北。　[2]庶民:百姓。攻:建造。　[3]不日:指没多久,不幾天,時間較短。　[4]勿:不。亟:急切,急迫。　[5]子來:慈愛地前來。子:慈愛。一説指兒子。子來:親生兒子般前來。　[6]靈囿:畜養鳥獸的園林爲囿。靈:令,美好。　[7]麀(yōu):母鹿。伏:隱伏,一説是臥倒。　[8]濯(zhuó)濯:有光澤的樣子。　[9]翯(hè)翯:高飛貌。一説是潔白。　[10]沼(zhǎo):水池。　[11]於(wū):感歎詞。牣(rèn):滿。　[12]虡(jù):懸編鐘編磬的木架。業:懸鼓的木架。樅(cōng):本指一種常緑喬木,又名冷杉,這里指樂器架向上翹起之象。　[13]賁(fén):大。維:和。鏞:大鐘。　[14]論(lūn):排列有序。　[15]樂:歡樂。辟廱(bìyōng):貴族子弟學校。　[16]鼉(tuó)鼓:用鼉皮所蒙的鼓。鼉:一種鱷魚,皮堅厚。

逢逢:鼓聲。 [17]矇(méng)瞍(sǒu):盲人。矇:爲白内障致盲。瞍:指閉目盲人。奏:進,獻。公:通"功"。奏公:這里指獻藝。

【集評】

《孟子·梁惠王上》:孟子見梁惠王。王立於沼上,顧鴻鴈麋鹿,曰:"賢者亦樂此乎?"孟子對曰:"賢者而後樂此,不賢者,雖有此不樂也。《詩》云:'經始靈臺,經之營之。庶民攻之,不日成之。經始勿亟,庶民子來。王在靈囿,麀鹿攸伏。麀鹿濯濯,白鳥鶴鶴。王在靈沼,於牣魚躍。'文王以民力爲臺爲沼,而民歡樂之,謂其臺曰靈臺,謂其沼曰靈沼,樂其有麋鹿魚鼈。古之人與民偕樂,故能樂也。《湯誓》曰:'時日害喪,予及女皆亡。'民欲與之皆亡,雖有臺池鳥獸,豈能獨樂哉?"

(《孟子集注》卷一,《四書章句集注》,第202–203頁)

(南宋)朱熹:國之有臺,所以望氛祲,察災祥,時觀游,節勞佚也。文王之臺,方其經度營表之際,而庶民已來作之,所以不終日而成也。雖文王心恐煩民,戒令勿亟。而民心樂之,如子趣父事,不召自來也。孟子曰:"文王以民力爲臺爲沼,而民歡樂之,謂其臺曰靈臺,謂其沼曰靈沼,此之謂也。" (《詩集傳》卷十六,第186–187頁)

(清)方玉潤:(一章)民情踴躍,於興作日見之。(二章)飛走鱗介,各適其性,卻處處與王夾寫。見人物兩忘,不相驚擾之意。描摹物情,體貼入微。(三、四章)"辟雍""鐘鼓",盛世游觀,何等氣象。 (《詩經原始》卷十三,第496頁)

那

《詩經》

【題解】

頌,《毛詩序》曰:"頌者,美聖德之形容,以其成功告於神明者也。"《頌》,是宗廟祭祀之樂,多是舞曲。《周頌》31篇,是西周初期的詩;《魯頌》4篇,皆歌頌魯僖公之作。《商頌》5篇,大約是殷商中後期作品。

本篇選自《商頌》,是殷商王朝及後來宋國君主祭祀祖先通用的歌詩。

猗與那與[1]! 置我鞉鼓[2]。奏鼓簡簡[3],衎我烈祖[4]。湯孫奏假[5],綏我思成[6]。鞉鼓淵淵[7],嘒嘒管聲[8]。既和且平[9],依我磬聲[10]。於赫湯孫[11]! 穆穆厥聲[12]。庸鼓有斁[13],萬舞有奕[14]。我有嘉客[15],亦不夷懌[16]。自古在昔[17],先民有作[18]。温恭朝夕[19],執事有恪[20]。顧予烝嘗[21],湯孫之將[22]。

(《毛詩正義》卷二十,《十三經注疏》清嘉慶刊本,中華書局2009年版)

十八、先秦史籍

泰　誓

《尚書》

【題解】

《尚書》,先秦時稱爲《書》,包括《虞書》《夏書》《商書》《周書》四部分,或出於記録,或出於追述。相傳孔子曾編訂《尚書》,儒家五經之一,共100篇,秦火之後,漢伏生所傳《今文尚書》僅28篇。漢景帝時,魯恭王壞孔子壁,得《古文尚書》,比《今文尚書》多16篇,然未列於學官,西晉時失傳。東晉初,豫章内史梅賾奏《古文尚書》58篇,將《今文尚書》析爲33篇,又多出25篇,即今《十三經注疏》之《尚書》。

本篇選自《尚書·周書》。武王伐紂,東渡黄河,會諸侯於孟津,武王作《泰誓》三篇。本篇爲第二篇,先歷數商紂荒淫無道,自棄於神人的罪行,隨後提出"天視自我民視,天聽自我民聽"的治國理念,標誌着民本思想的萌芽。"百姓有過,在予一人"的説法,還見於舜命禹(《論語·堯曰》)、禹泣罪人(《説苑·君道》)、商湯祈雨桑林(《吕氏春秋·季秋紀·順民》)等記載,體現出中國歷史以民爲本,以天下蒼生爲己任的歷史傳統。

惟戊午[1],王次于河朔[2],羣后以師畢會[3]。王乃徇師而誓[4],曰:"嗚呼!西土有衆[5],咸聽朕言[6]。我聞吉人爲善,惟日不足。凶人爲不善,亦惟日不足。今商王受[7],力行無度[8],播棄犂老[9],昵比罪人[10]。淫酗肆虐[11],臣下化之[12],朋家作仇[13],脅權相滅[14]。無辜籲天[15],穢德彰聞。惟天惠民[16],惟辟奉天[17]。有夏桀弗克若天[18],流毒下國[19]。天乃佑命成湯[20],降黜夏命。惟受罪浮于桀[21]。剥喪元良[22],賊虐諫輔[23]。謂己有天命,謂敬不足行,謂祭無益,謂暴無傷[24]。厥監惟不遠[25],在彼夏王[26]。天其以予乂民[27],朕夢協朕卜[28],襲于休祥[29],戎商必克[30]。受有億兆夷人[31],離心離德。予有亂臣十人[32],同心同德。雖有周親[33],不如仁人。天視自我民視[34],天聽自我民聽。百姓有過,在予一人。今朕必往,我武惟揚[35],侵于之疆,取彼凶殘。我伐用張,于湯有光[36]。勖哉夫子[37]!罔或無畏[38],寧執非敵[39]。百姓懔懔[40],若崩厥角[41]。嗚呼!乃一德一心,立定厥功,惟克永世[42]。"

(《尚書正義》卷十一,《十三經注疏》清嘉慶刊本,中華書局2009年版)

【注釋】

[1]惟：發語詞。戊午：古干支日法。 [2]次：止。河朔：黄河北岸。 [3]后：諸侯。畢：全部。 [4]徇：巡視。 [5]西土：武王在西，故稱西土。 [6]咸：全部。 [7]受：通"紂"。 [8]力行：竭力而行。無度：無法度。 [9]播：徧。棄：指不尊敬。犁老：老年人。 [10]昵：親昵。比：朋比爲奸。 [11]酗：酗酒。虐：放縱情欲。 [12]化：謂上行下效。 [13]朋：朋比爲奸。家：如一家。作仇：造作仇怨。 [14]脅：假借。權：君權。滅：誅殺。 [15]無辜：無罪之人。籲(yù)：通"吁"，呼喊。 [16]惠：愛。 [17]辟(bì)：君主。 [18]克：能。若：順。 [19]毒：毒苦。 [20]命：天命。 [21]受：通"紂"。浮：超過。 [22]剥：傷害。喪：失去。元良：最好的人。 [23]賊：殺害。諫輔：進諫和輔佐之臣。 [24]暴：暴虐。傷：害處。 [25]監：通"鑒"，借鑒。 [26]夏王：夏桀。 [27]乂(yì)：治。 [28]協：和洽。卜：灼龜甲以卜。 [29]襲：重合。休：美善。 [30]戎：大。 [31]受：通"紂"。夷人：殷商處東方，屬東夷人。 [32]亂臣：治亂之臣。 [33]周親：至親。 [34]視：監察。意謂天以民爲考察天子的根據。 [35]揚：舉，指舉兵伐紂。 [36]汤：商汤。光：发扬光大。商汤流放夏桀，武王誅殺商紂。 [37]勖(xù)：勉勵。夫子：指將士。 [38]罔：不要。無畏：指輕敵。 [39]非敵：不能匹敵。 [40]懔懔：驚慌、不安貌。 [41]崩角：撞角。以獸爲喻，形容殷民惶恐之狀。 [42]永世：世代享受克商的尊榮。

【集評】

(戰國)荀況：湯以亳，武王以鄗，皆百里之地也，天下爲一，諸侯爲臣，通達之屬莫不從服，無它故焉，以濟義矣。是所謂義立而王也。

(《荀子·王霸》,《荀子集解》卷七，第204頁)

(戰國)莊周：堯授舜，舜授禹，禹用力而湯用兵，文王順紂而不敢逆，武王逆紂而不肯順，故曰不同。 (《莊子·天運》,《莊子集釋》卷五下，第527頁)

(戰國)韓非：昔者紂爲天子，將率天下甲兵百萬，左飲於淇溪，右飲於洹谿，淇水竭而洹水不流，以與周武王爲難。武王將素甲三千，戰一日，而破紂之國，禽其身，據其地而有其民，天下莫傷。 (《韓非子·初見秦》,《韓非子新校注》卷一，第24頁)

(春秋)管夷吾：《泰誓》曰："紂有臣億萬人，亦有億萬之心。武王有臣三千而一心。"故紂以億萬之心亡，武王以一心存。故有國之君，苟不能同人心，一國威，齊士義，通上之治以爲下法，則雖有廣地衆民，猶不能以爲安也。

(《管子·法禁》,《管子校注》卷五，第275頁)

克 殷 解

《逸周書》

【題解】

《逸周書》,又名《周書》,因《尚書》有《周書》,遂名《逸周書》。《逸周書》成書於漢代,蓋今傳今古文《尚書》之餘。今本《逸周書》七十篇,保留了大量珍貴史料。本篇選自《逸周書·克殷解》,詳細描述了武王伐商、誅殺商紂的過程。

在中國古史傳統中,民本思想淵源流長。春秋時期,邾文公卜遷都,利於民不利於君,曰:"苟利於民,孤之利也。天生民而樹之君,以利之也。"遂遷都而卒。衛國人驅逐了暴君,晉平公以爲非。師曠云:"天之愛民甚矣。豈其使一人肆於民上,以從其淫,而棄天地之性?"(《左傳·襄公十四年》)秦漢之後,君主專制,君權益尊,民權愈卑,遂生湯武革命是非之争。

周車三百五十乘[1],陳於牧野[2],帝辛從[3]。武王使尚父與伯夫致師[4]。王既以虎賁戎車馳商師[5],商師大敗。商辛奔内,登于廩臺之上[6],屏遮而自燔于火[7]。武王乃手太白以麾諸侯[8],諸侯畢拜[9],遂揖之[10]。商庶百姓[11],咸俟於郊[12]。羣賓僉進曰[13]:"上天降休[14]。"再拜稽首[15]。武王答拜,先入,適王所[16],乃尅射之[17],三發而後下車,而擊之以輕吕[18],斬之以黄鉞[19]。折懸諸太白[20]。適二女之所[21],乃既縊。王又射之三發,乃右擊之以輕吕[22],斬之以玄鉞[23],懸諸小白[24]。乃出場於厥軍[25]。

及期,百夫荷素質之旗於王前[26];叔振奏拜假,又陳常車[27];周公把大鉞、召公把小鉞以夾王[28]。泰顛、閎夭[29],皆執輕吕以奏王。王入,即位于社太卒之左[30]。羣臣畢從[31]。毛叔鄭奉明水[32],衛叔傅禮[33]。召公奭贊采[34],師尚父牽牲[35]。尹逸策曰[36]:"殷末孫受[37],德迷先成湯之明,侮滅神祇不祀[38],昏暴商邑百姓,其彰顯聞於昊天上帝。"

周公再拜稽首,乃出[39]。立王子武庚[40],命管叔相[41]。乃命召公,釋箕子之囚[42],命畢公、衛叔出百姓之囚。乃命南宫忽振鹿臺之財、巨橋之粟[43];乃命南宫百達、史佚遷九鼎三巫[44];乃命閎夭封比干之墓[45];乃命宗祀崇賓[46],饗禱之於軍[47]。乃班[48]。

(《逸周書彙校集注》修訂本卷四,上海古籍出版社2007年版)

【注釋】

[1]周車：西周戰車。乘：輛。 [2]陳：通“陣”。牧野：商之郊外。 [3]帝辛：商紂，名辛。從：迎戰。 [4]尚父：太公望，姜姓。伯夫：西周大臣。致師：單車挑戰。 [5]虎賁：勇士。戎車：戰車。馳：驅馳。 [6]内：城内。廩臺：臺名，又作“鹿臺”，紂王藏寶處。 [7]屏遮：以玉自障。燔：焚燒。 [8]太白：旗名。麾：招。 [9]畢：全部。拜：肅拜，一種軍禮，但俯下手，如今之作揖。 [10]揖：拱手禮。 [11]庶：庶民。百姓：百官。 [12]俟：等候。 [13]群賓：指周之群臣。僉（qiān）：全部。 [14]休：美善。 [15]再拜：拜兩次。稽首：拜時，以頭觸地。此謂殷商之民。 [16]適：至。 [17]剋：通“克”，勝任，謂武王親射。 [18]擊：刺。輕吕：劍名。 [19]黄鉞：以黄金裝飾的斧。 [20]折：斷。 [21]二女：妲己及嬖妾。 [22]右：衍文。 [23]玄鉞：黑斧。 [24]小白：旗名。 [25]出：出朝歌城。場：除地爲場。軍：郊外軍舍。 [26]期：告天之日期。荷：背負。前：爲王導路。 [27]叔振：武王同母弟，名鐸，後封於曹，又稱曹叔振鐸。奏：進。假：嘉。拜假：拜受天之嘉命。常：旗幟，長一丈六尺，畫日月圖案。常車：載常之車，以顯示威儀。 [28]把：持。夾：夾衛，簇擁。 [29]泰顛、閎夭：均爲周臣。 [30]社：祭祀土地神處。太卒：虎賁。左：古人朝聘貴左。 [31]從：從武王行禮。 [32]毛叔鄭：文王庶子。明水：淨水，以爲祭祀之元酒。 [33]衛叔：武王同母弟，康叔封。傳禮：相禮。 [34]召公奭：文王庶子。贊：佐。采：幣帛。 [35]師：官名，太師。牲：祭祀之犧牲。 [36]尹逸：史官。策：簡。策曰，謂讀簡冊。 [37]受：紂，字受。 [38]祇：地神。 [39]出：自社而出。[40]武庚：紂王太子禄父。 [41]管叔：武王同母弟，名鮮，封於管。 [42]箕子：紂王諸父，以佯狂被囚。 [43]南宫忽：人名。南官，又作南宫。振：通“赈”，指赈济。 [44]南宫百達：人名。九鼎：傳國之寶。三巫：世代守護九鼎的巫師。 [45]封：積土成丘，植樹木，劃定疆界，禁樵采者。比干：紂王諸父，諫紂而死。 [46]宗祀：太祝。崇宾：太祝名。 [47]饗：宴飨。禱：祈禱。軍：軍舍。 [48]班：班師，回鎬京。

【集評】

（戰國）孟軻：齊宣王問曰：“湯放桀，武王伐紂，有諸？”孟子對曰：“於《傳》有之。”曰：“臣弑其君，可乎？”曰：“賊仁者謂之賊，賊義者謂之殘。殘賊之人，謂之一夫。聞誅一夫紂矣，未聞弑君也。”

（《孟子·梁惠王下》，《孟子集注》卷二，第221頁）

（春秋）管夷吾：所謂能以所不有予人者，武王是也。武王伐紂，士卒往者，人有書社。入殷之日，決鉅橋之粟，散鹿台之錢，殷民大説。此所謂能以所不有予人者也。

（《管子·版法解》，《管子校注》卷二十一，第1205頁）

（西漢）司馬遷：清河王太傅轅固生者，齊人也。以治《詩》，孝景時爲博士。與黄生争論景帝前。黄生曰：“湯武非受命，乃弑也。”轅固生曰：“不然。夫桀紂虐亂，天下之心皆歸湯武，湯武與天下之心而誅桀紂，桀紂之民不爲之使而歸湯武，湯武不得已而立，非受命爲何？”黄生曰：“冠雖敝，必加於首；履雖新，必關於足。何者，上下之分也。今桀紂雖失道，然君上也；湯武雖聖，臣下也。夫主有失行，臣下不能正言匡過以尊天子，反因過而誅之，代立踐南面，非弑而何也？”轅固生曰：“必若所云，是高帝代秦即天子之位，非邪？”

於是景帝曰:“食肉不食馬肝,不爲不知味;言學者無言湯武受命,不爲愚。”遂罷。是後學者莫敢明受命放殺者。 (《儒林傳》,《史記》卷一百二十一,第3122頁)

(北宋)蘇軾:昔武王既克商,散財發粟,使天下知其不貪;禮下賢俊,使天下知其不驕;封先聖之後,使天下知其仁;誅飛廉、惡來,使天下知其義,如此,則其教化天下之實,固已立矣。 (《策别安萬民一》,《蘇軾文集》卷八,第254頁)

齊桓公拜胙

《左傳》

【題解】

本篇選自《左傳·僖公九年》。

春秋時期,天子式微,諸侯多輕王室。齊桓公爲一代霸主,尊王攘夷,故天子賜胙,以示親近、尊崇。而按周禮,祭祀之胙,只能賜給同姓諸侯。齊國,姜姓,屬異姓諸侯,故賜胙實屬殊榮。而齊桓公拜胙,亦意在尊崇天子,爲諸侯作示範。據《史記》記載,“拜胙”亦管仲之謀。《史記·齊太公世家》:“三十五年夏,會諸侯于葵丘。周襄王使宰孔賜桓公文武胙、彤弓矢、大路,命無拜。桓公欲許之,管仲曰‘不可’,乃下拜受賜。秋,復會諸侯於葵丘,益有驕色。周使宰孔會。諸侯頗有叛者。”齊桓公的霸業,得力於管仲,故孔子有“微管仲,吾其被髮左衽”之歎。

夏,會于葵丘,尋盟[1],且脩好,禮也。王使宰孔賜齊侯胙,曰:“天子有事于文武[2],使孔賜伯舅胙[3]。”齊侯將下拜。孔曰:“且有後命[4]。天子使孔曰:‘以伯舅耋老[5],加勞[6],賜一級[7],無下拜。’”對曰:“天威不違顔咫尺[8],小白,余敢貪天子之命,無下拜[9]?恐隕越于下[10],以遺天子羞。敢不下拜?”下,拜;登,受。秋,齊侯盟諸侯于葵丘,曰:“凡我同盟之人,既盟之後,言歸于好。”宰孔先歸,遇晉侯[12],曰:“可無會也。齊侯不務德而勤遠略[11],故北伐山戎,南伐楚,西爲此會也。東略之不知,西則否矣[13]。其在亂乎。君務靖亂,無勤於行。”晉侯乃還。

(《春秋左傳正義》卷十三,《十三經注疏》清嘉慶刊本,中華書局2009年版)

【注釋】

[1]尋盟:維持先前的聯盟。指齊國和其他諸侯國的聯盟。尋,接續,持續。 [2]有事于文武:春秋時期,大事爲祭祀和戰爭,這里指祭祀。文武指文王和武王,這里指祭祀文王和武王。 [3]伯舅:周代實行宗法制,周王稱呼同姓諸侯長者爲伯父或叔父,稱異姓諸侯長者爲伯舅。 [4]後命:追加的命令。 [5]耋(dié)老:年七十稱耋,這里指年高。 [6]

勞:慰勞。加勞:增加慰勞。 [7]賜一級:級指臺階,當時諸侯受天子賞賜,必降階下拜,方可受賜。賜一級謂不用下臺階。 [8]天威不違顔咫尺:天威:指天子的威嚴。違:指離開。顔:顔面。咫(zhǐ):八寸。謂天子如同在我面前。 [9]小白:齊桓公之名。 [10]隕越:墜落,逾越。 [11]勤:辛苦地做某些事。 [12]晉侯:晉獻公。 [13]否(pǐ):不可能。

【集评】

(春秋)孔丘:子曰:"晉文公譎而不正,齊桓公正而不譎。"

(《論語·憲問》,《論語集注》卷七,《四書章句集注》,第153頁)

(清)林雲銘:葵丘之會,所以明王禁,乃尊王之意,實有功於周室。況襄王得立,原藉首止之盟,以定其位,爲勞甚大。襄王賜胙,比之同姓諸侯,所以親之;比之夏商之後,所以尊之;又命無下拜,以寵異之。可謂加恩無不至矣。但恩可加,而禮不可假。齊桓之對,君臣、堂陛之分凜然,較之晉文請隧,不啻霄壤。此夫子所以評其正,孟子所以稱其盛也。文之嚴肅處,帶有婉曲之致。愈誦愈有味。 (《增訂古文析義合編》卷一)

王孫滿對楚子

《左傳》

【題解】

本篇選自《左傳·宣公三年》。楚屬南方古老部族,中原諸國蠻夷視之。當周成王時,熊繹獲封子男之田,居丹陽(今湖北省秭歸縣)。春秋初期,齊桓公稱霸,楚國亦壯大,逐步吞併江漢間姬姓小國,甚至獲周王賜胙,命鎮撫江南夷越,多次參與中原諸侯會盟。楚莊王即位初,不出號令,日夜爲樂,敢進諫者死無赦。伍舉隱語,曰:"有鳥在於阜,三年不蜚不鳴,是何鳥也?"莊王曰:"三年不飛,飛則沖天;三年不鳴,一鳴驚人。"一旦臨朝,罷黜奸佞,進用賢能,國勢大振,遂有問鼎中原之舉。

楚子伐陸渾之戎[1],遂至於雒[2],觀兵于周疆[3]。定王使王孫滿勞楚子[4]。楚子問鼎之大小輕重焉[5]。對曰:"在德不在鼎[6]。昔夏之方有德也[7],遠方圖物[8],貢金九牧[9],鑄鼎象物[10],百物而爲之備[11],使民知神姦[12]。故民入川澤山林,不逢不若[13]。螭魅罔兩[14],莫能逢之。用能協于上下,以承天休[15]。桀有昏德,鼎遷于商,載祀六百[16]。商紂暴虐,鼎遷于周。德之休明[17],雖小,重也。其姦回昏亂[18],雖大,輕也。天祚明德[19],有所厎止[20]。成王定鼎于郟鄏[21],卜世三十[22],卜年七百[23],天所命也。周德雖衰,天命未改,鼎之輕重,未可問也。"

(《春秋左傳正義》卷二十一,《十三經注疏》清嘉慶刊本,中華書局2009年版)

【注釋】

[1]楚子:指楚莊王。陸渾之戎:西北古族一支,原活動於秦、晉西北,後遷入河南伊河流域。 [2]雒:即雒水,發源於陝西,經河南流入黄河。 [3]觀兵:閲兵。周疆:東周邊疆。 [4]定王:周定王。王孫滿:東周王朝大夫。勞:慰勞。 [5]鼎:即九鼎,相傳夏禹所鑄,爲夏、商、周三代傳國之寶。 [6]德:古人認爲每個朝代都秉持一種精神立國,這種精神被稱爲德。如夏尚忠,商尚敬,周尚文。秦漢之後引入五行終始觀念,如周爲火德,秦爲水德,漢爲土德等觀念。但這里的德,側重在君主的品德。 [7]方:正值。 [8]遠方:四方邊遠地帶。圖物:繪畫各種物類。 [9]貢金九牧:九州長官進獻金屬。貢金:進貢青銅。九:指九州,代指天下。牧:各州的長官。 [10]象物:象所圖之物,即按照所圖之物的形象鑄鼎。 [11]百物:即萬物。備:齊全,完備。 [12]神:聰明正直爲神。姦:邪惡爲姦。 [13]不逢:不遇見。不若:不順,即對自己不利之物。 [14]螭魅:山林之妖。罔兩:木石之怪,也作魍魎。 [15]協:和諧。上下:君主和百姓。天休:上天賜予的福氣。 [16]載祀:載和祀均是"年"的意思。載有開始的意思,祀指年底遍祭群神的臘祭,載、祀概取一年首、尾之義。六百:指年數。 [17]休明:美善而光明。 [18]回:邪僻。昏:不明。 [19]祚(zuò):保佑。明德:光明之德,美德。 [20]厎(zhǐ)止:固定,這里指有既定的期限,不便輕易變動。 [21]定鼎:安定九鼎,實指定都。郟鄏(Jiárú):地名,周王城,其地在今河南洛陽西。 [22]卜:占卜。世:父子相繼爲一世,即一代君主。三十,意謂周王朝有三十代君主。 [23]卜年七百:指周王朝將延續七百年。

【集评】

(清)林雲銘:楚莊問鼎,自不是閒問。但彼時,周室雖微,名義猶存,未必遽爲楚併。即楚力能併周,諸侯亦未必服從。徒負不義之名於天下耳。王孫滿"在德不在鼎"一語,確是正論。其言鑄鼎之始,乃在夏后有天下之後,非因得鼎而後興也。其言夏鼎遷商,商鼎遷周,必有姦回昏亂如桀紂者,而湯武始得以休明之德,坐享天祚。況天命有當改之時,非人力所能勝。今周縱失德,德未必如桀紂。楚之明德,未必如湯武。即此日之天命,亦未必遽祚楚而厭周,則鼎之問也,不太早計乎?是一篇極有斟酌文字。舊評謂滿却楚之功,不足以贖怠周之罪,何其刻而不當理也! (《增訂古文析義合編》卷二)

(清)余誠:通篇以一"德"字作骨,惟德乃能愜民情,以膺天眷。故有德,則下有以宜民,上有以承天。而無鼎者可以鑄,無德則下無以宜民,上無以承天;而有鼎者勢必遷。是時周德雖衰,楚亦不德,莊王乃欲窺伺周室,宜乎王孫滿深折之也。正論侃侃,千古不磨之作。 (《重訂古文釋義新編》卷二,第50頁)

(清)吴楚材、吴調侯:提出德字,已足以破癡人之夢;揭出天字,尤足以寒奸雄之膽。 (《古文觀止》卷二,第43頁)

晏子不死君難

《左傳》

【題解】

在禮樂制度中，君臣皆須守禮，非絕對主僕關係，故孔子曰：“君使臣以禮，臣事君以忠。”春秋時期，禮崩樂壞，君不君，臣不臣，君臣之義遂不明。據《晏子春秋》記載，晏子侍于景公，景公請進暖食，晏子辭以非奉餽之臣，請進服裘，辭以非茵席子之臣。齊景公怪而問，晏子何爲，晏子對以“社稷之臣”，曰：“夫社稷之臣，能立社稷，别上下之義，使當其理；制百官之序，使得其宜；作爲辭令，可分布于四方。”自此之後，景公不以禮，不見晏子。

本篇選自《左傳·襄公二十五年》。春秋時期，不但天子式微，諸侯亦大權旁落，政在大夫。當齊靈公時，廢太子光，立公子牙。靈公疾，崔杼迎立公子光，是爲莊公。莊公立，殺公子牙，及其傅高厚。當此君臣相互傾軋的亂局中，晏子能明辨君臣之義，臨尸而哭，表現出過人的膽識和勇氣。

齊棠公之妻，東郭偃之姊也。東郭偃臣崔武子[1]。棠公死，偃御武子以弔焉[2]。見棠姜而美之，使偃取之[3]。偃曰：“男女辨姓，今君出自丁，臣出自桓[4]，不可。”武子筮之，遇“困”䷮之“大過”䷛[5]。史皆曰：“吉[6]。”示陳文子，文子曰：“夫從風[7]，風隕[8]，妻不可娶也。且其《繇》曰：‘困于石，據于蒺梨，入于其宫，不見其妻，凶。’困于石[9]，往不濟也。據于蒺梨，所恃傷也[10]。入于其宫，不見其妻，凶，無所歸也[11]。”崔子曰：“嫠也何害[12]？先夫當之矣[13]。”遂取之。莊公通焉[14]，驟如崔氏[15]。以崔子之冠賜人[16]，侍者曰：“不可。”公曰：“不爲崔子，其無冠乎[17]？”崔子因是[18]，又以其間伐晉也[19]，曰：“晉必將報。”欲弑公以説于晉[20]，而不獲間[21]。公鞭侍人賈舉而又近之[22]，乃爲崔子間公[23]。

夏五月，莒爲且于之役故，莒子朝于齊。甲戌，饗諸北郭[24]。崔子稱疾，不視事[25]。乙亥，公問崔子[26]，遂從姜氏[27]。姜入于室，與崔子自側户出[28]。公拊楹而歌[29]。侍人賈舉止衆從者[30]，而入閉門。甲興[31]，公登臺而請[32]，弗許；請盟[33]，弗許；請自刃於廟[34]，勿許。皆曰：“君之臣杼疾病，不能聽命。近於公宫[35]，陪臣干掫有淫者[36]，不知二命[37]。”公踰牆。又射之，中股，反隊[38]，遂弑之。

賈舉、州綽、邴師、公孫敖、封具、鐸父、襄伊、僂堙皆死。祝佗父祭于高唐[39]，至，復命。不説弁而死于崔氏[40]。申蒯侍漁者[41]，退謂其宰曰：“爾以帑免[42]，我將死。”其宰曰：“免，是反子之義也[43]。”與之皆死。崔氏殺融蔑于平陰。

晏子立于崔氏之門外，其人曰[44]：“死乎？”曰：“獨吾君也乎哉？吾死也[45]。”

曰:“行乎[46]?”曰:“吾罪也乎哉?吾亡也[47]。”曰:“歸乎?”曰:“君死,安歸[48]?君民者[49],豈以陵民[50]?社稷是主[51]。臣君者[52],豈爲其口實[53]?社稷是養[54]。故君爲社稷死,則死之[55];爲社稷亡,則亡之。若爲己死而爲己亡,非其私暱[56],誰敢任之[57]?且人有君而弒之[58],吾焉得死之,而焉得亡之?將庸何歸[59]?”門啓而入,枕尸股而哭[60]。興,三踊而出[61]。人謂崔子:“必殺之!”崔子曰:“民之望也[62]!舍之,得民[63]。”

(《春秋左傳正義》卷三十六,《十三經注疏》清嘉慶刊本,中華書局2009年版)

【注釋】

[1]臣:東郭偃爲崔武子之臣。崔武子:崔杼,齊國大夫。 [2]偃御武子:東郭偃爲崔杼駕車。弔:弔唁,吊問。 [3]偃:即東郭偃。取:通“娶”,爲崔杼娶之。 [4]辨姓:別姓,即同姓不婚。丁:齊丁公,齊太公之子,姜姓。桓:齊桓公,姜姓。 [5]困:坎下兑上爲困卦。大過:巽下兑上爲大過卦。 [6]史:卦師。吉:史就困卦而言,兑爲少女,坎爲中男,以少女配中男,故爲吉。 [7]陳文子:齊國大夫。夫從風:陳文子就變卦而言,坎爲中男,故稱夫。變而爲巽,巽爲風,故曰從風。 [8]風隕:坎變爲巽,即中男變爲風,風爲隕落之物,故此卦有夫妻相傷之象。且兑爲少女,未變,故所傷者爲中男,即崔杼。 [9]困于石:此爲困卦爻辭,坎爲險阻,故有此説。 [10]蒺梨:果實有刺。恃:依託,憑依。 [11]無所歸:無家可歸。 [12]嫠(lí):寡婦。 [13]先夫:前夫,指齊棠公。當之:即既應卦象,謂齊棠公已經承受災難而死。 [14]通:私通。 [15]驟:短時間内多次。如:前往。 [16]崔子之冠:崔杼之冠。賜人:賞賜給別人。 [17]不爲崔子:不是崔子。爲:是。無冠:没有帽子。意謂除了崔杼,難道別人就没有這樣的冠嗎?謂別人不知是崔杼之冠。 [18]因是:因爲這件事,怨恨齊侯,此爲省略句。 [19]以其間伐晉:利用晉國内亂出兵伐晉。間:投機,鑽空子。 [20]弒公:殺齊莊公。説于晉:取悦晉國。説:通“悦”,取悦。 [21]不獲間:没有機會。 [22]公鞭侍人賈舉:齊莊公鞭打侍奉他的賈舉。近之;親近他。 [23]間:監視,賈舉爲崔杼監視齊莊公。 [24]饗:宴請。 [25]視事:處理政務。 [26]問:探問,慰問。 [27]遂:於是。從:追。 [28]側户:側門。 [29]拊:拍打。楹:柱子。 [30]止衆從者:把衆多隨從人員閉於門外。從者:齊莊公的隨從。 [31]甲興:埋伏的甲兵出現。 [32]請:請免死。 [33]盟:即約定釋放的條件。 [34]自刃:自殺。廟:宗廟。 [35]近:崔杼的住處與齊侯的宫室不遠。 [36]陪臣:謂崔杼的家臣。干掫(zǒu):巡夜捕拿違法者。有淫者:謂捕獲到淫亂者。 [37]不知二命:不知道有其他指令,意謂只服從崔杼的命令。 [38]反隊:隊通“墜”,反隊,即又摔回牆内。 [39]高唐:齊國君主的别廟,其地在今山東高唐縣東三十五里。 [40]説:通“脱”,摘下。弁:一種帽子,通常與禮服搭配。 [41]侍漁者:負責收漁税的官員。 [42]帑:本作“孥”,指申蒯的妻和兒女。申蒯蓋託付家人於其宰。免:不必死君。 [43]反:違反。義:死君之義。 [44]其人:晏子的隨從。 [45]“獨吾君”二句:難道只是我的君主嗎?意謂自己和普通的大夫没有區别,没必要死。 [46]行:出逃國外。 [47]“吾罪”二句:意謂自己没有罪過,没必要逃。 [48]安歸:怎麼能回家?意謂要哭齊侯,盡君臣之義。 [49]君民者:即作

爲萬民的君主。 [50]陵民：淩駕於民之上。 [51]社稷是主：意謂君主要對整個國家負責。 [52]臣君者：即作爲輔佐君主的人。 [53]口實：食物，代指俸禄。 [54]養：奉養。社稷是養：意謂奉養社稷，實指服務於國家。 [55]死之：從君而死。 [56]私暱(nì)：暱通"昵"，指個人所親愛的人。 [57]任之：承擔其私昵之人的義務。 [58]人：指崔杼。有君：即立齊莊公。 [59]將庸何歸：將用什麼樣的方式返回呢？庸：用。 [60]尸股：尸體的大腿。 [61]興：起身。三踊：跳三次，此爲喪禮動作。 [62]民之望：即民心所向之人。 [63]得民：得民心。

【集評】

(清)林雲銘：齊莊公以淫見弒。若論食其禄者死其事，未嘗不是。晏子却揭出"社稷"二字来。非欲自惜，見得以此而死，以此而亡，煞有許多不當理處。故齊襄姑棼之弒，而死者乃徒人費、石之紛如，是也。陳靈少西之弒，而亡者乃公孫寧、儀行父，是也。此等皆平日導君於淫，以階禍亂，所謂其私暱是矣。而謂晏子肯以是自處乎？然第言不死、不亡而已，則君臣大義，又似乎漠不關情。故忙著一語，曰君死安歸，以明雖非私暱，而君臣大義，固自在也。此等見解，千古未經拈破，非仁精義熟者，不能如此透徹。末又言"人有君而弒之"，其意謂莊公雖失德，而崔子弒君之罪，總不能免於討。我不當死，不當亡，自有當死，當亡者在。隱隱射著崔子身上，非把前言重述一遍也。至其盟國人處，復提出"忠君利社稷"五字，試問崔、慶果其人乎？是明明自言，不與崔、慶矣。不亢不隨，善處亂世者，無如晏子。

(《增訂古文析義合編》卷二)

(清)余誠：認真社稷爲重，則君臣死生之際，辨析得自然精細。而以瀟洒擺脱之筆出之。此在晏子，爲超越千古之識。在左氏，爲超越千古之文。然非此超越千古之文，何足以傳超越千古之識。

(《重訂古文釋義新編》卷二，第68頁)

楚昭王不禜

《左傳》

【題解】

本篇選自《左傳·哀公六年》。在古人天人感應觀念中，異常天象預示人主禍福，但可通過祭祀等巫術消除。然而在充滿宗教、巫術色彩的古史中，不乏閃耀理性光輝之人物。《左傳·昭公二十六年》記載，齊國有彗星，齊侯欲禳之，晏子止之，曰："無益也，祇取誣焉。天道不諂，不貳其命，若之何禳之？且天之有彗也，以除穢也。君無穢德，又何禳焉？若德之穢，禳之何損？"又《吕氏春秋·制樂》記載，宋景公之時，熒惑守心，主君之禍，然可移於宰相、百姓、五穀，景公皆不可，曰："歲害則民饑，民饑必死。爲人君而殺其民以自活也，其誰以我爲君乎？是寡人之命固盡已。"楚人尚鬼，重淫祀。然楚昭王不計個人禍福，明辨神人之理，能以社稷爲重，故孔子贊其"知大道"。

是歲也,有雲如眾赤鳥,夾日以飛,三日。楚子使問諸周大史[1]。周大史曰:“其當王身乎! 若禜之[2],可移於令尹、司馬。”王曰:“除腹心之疾,而寘諸股肱,何益? 不穀不有大過,天其夭諸[3]? 有罪受罰,又焉移之?”遂弗禜。初,昭王有疾。卜曰:“河爲祟。”王弗祭。大夫请祭诸郊,王曰:“三代命祀,祭不越望[4]。江、漢、雎、章,楚之望也[5]。祸福之至,不是過也。不穀雖不德,河非所獲罪也。”遂弗祭。孔子曰:“楚昭王知大道矣! 其不失國也,宜哉!《夏書》曰[6]:‘惟彼陶唐,帥彼天常[7],有此冀方[8]。今失其行,亂其紀綱,乃滅而亡。’又曰:‘允出兹在兹[9]。’由己率常,可矣。”

(《春秋左傳正義》卷五十八,《十三經注疏》清嘉慶刊本,中華書局2009年版)

【注釋】

[1]周太史:周朝史官。當時,楚王在城父,距周不遠。 [2]禜(yíng):禳祭。 [3]夭:夭折。 [4]望:遙祭之山川。 [5]睢:即今湖北省之沮水。章:漳水。漳水源出今湖北省南漳縣西南之蓬萊洞山,東南流經鍾祥、當陽,合沮水,又東南經江陵縣入長江。 [6]《夏書》:佚書。 [7]帥:通“率”,遵循。天常:天道。 [8]冀方:陶唐與夏,皆建都冀州。[9]允:誠,確實。兹:此,指天道。

祁奚請免叔向

《左傳》

【題解】

本篇選自《左傳·襄公二十一年》。自晉獻公儘誅群公子,晉國公室漸趨孤弱,而諸卿大夫則勢大,鬥爭也日趨激烈。此年范氏與欒氏內亂,欒盈奔楚,叔向之弟叔虎與欒盈同黨,故叔虎被殺,叔向牽連入獄。祁奚先爲中軍尉,退休後爲公族大夫,外舉不避讎,內舉不避親,在晉國德高望重。在紛繁複雜的政治鬥爭中,祁奚能公私分明,不偏不黨,仗義執言,乃至事成不居功,更屬難能可貴。《莊子·山木》:“君子之交淡若水,小人之交甘若醴。君子淡以親,小人甘以絶。”於此,可見君子、小人之别。

人謂叔向曰:“子離於罪[1],其爲不知乎?”叔向曰:“與其死亡若何?《詩》曰[2]:‘優哉游哉,聊以卒歲。’知也。”欒王鮒見叔向曰:“吾爲子請!”叔向弗應[3]。出,不拜。其人皆咎叔向[4]。叔向曰:“必祁大夫[5]。”室老聞之[6],曰:“欒王鮒言於君無不行,求赦吾子,吾子不許。祁大夫所不能也,而曰必由之,何也?”叔向曰:“欒王鮒,從君者也[7],何能行? 祁大夫外舉不棄讎[8],內舉不失親,其獨遺我乎?《詩》曰:‘有覺德行,四國順之[9]。’夫子覺者也[10]。”

晉侯問叔向之罪於欒王鮒,對曰:“不棄其親,其有焉[11]。”於是祁奚老矣,聞之,乘馹而見宣子[12],曰:“《詩》曰:‘惠我無疆,子孫保之[13]。’《書》曰:‘聖有謩勳,明徵定保[14]。’夫謀而鮮過[15],惠訓不倦者,叔向有焉,社稷之固也。猶將十世宥之[16],以勸能者[17]。今壹不免其身[18],以棄社稷,不亦惑乎? 鯀殛而禹興[19]。伊尹放大甲而相之,卒無怨色[20]。管、蔡爲戮,周公右王[21]。若之何其以虎也棄社稷[22]? 子爲善,誰敢不勉[23]? 多殺何爲?”宣子説[24],與之乘[25],以言諸公而免之。不見叔向而歸。叔向亦不告免焉而朝[26]。

(《春秋左傳正義》卷三十四,《十三經注疏》清嘉慶刊本,中華書局2009年版)

【注釋】

[1]叔向:羊舌氏,名肸(Xī),字叔向,晉國大夫。離:遭遇。罪:晉國内亂,叔向之弟叔虎牽涉其中,此爲連坐之罪。 [2]《詩》:古逸詩,不見於《詩經》。叔向引這兩句詩表示自己優遊處世,不捲入政治紛争。 [3]弗應:不答應。 [4]咎:責怪。 [5]祁大夫:即祁奚,當時已經告老還鄉。 [6]室老:叔向的家臣之長,管理家族日常事務。 [7]從君者:即逢迎君主的小人,對君主的過錯不敢諫止。 [8]外舉:舉薦族外之人。不棄讎:即不排斥自己的讎人,指舉薦解狐。 [9]《詩》:出自《詩經·大雅·抑》。有覺:正直貌。四國:四方。[10]夫子:指祁奚。覺者:正直的人。 [11]不棄:不斷絕聯繫。其親:指叔向之弟叔虎。有焉:即同謀。 [12]馹(rì):傳車,古代傳遞緊急公文的車。宣子:指范宣子范匄,當時是晉國的執政卿。 [13]《詩》:出自《詩經·周頌·烈文》。惠:恩惠,好處。保:保有。意謂聰明的人有謀略而建立功勳,對這樣的人要明信而安定地保有。 [14]《書》:此爲《尚書》逸文,又見於古文《尚書·胤征》。謩(mó):通“謀”,謀略。勳:功業。保:保有。 [15]謀而鮮過:謀劃而少有過錯。鮮:很少。 [16]宥(yòu):寬恕。十世:十代。 [17]勸:鼓勵,勸勉。能者:有才能的人。 [18]壹:一次,相對十世而言。免:赦免。 [19]鯀殛:鯀盜取天帝息壤治水,失敗後被殺。禹興:大禹治水成功,繼舜爲帝。 [20]伊尹:商湯的賢相。大甲:商湯的孫子,荒淫,被伊尹放逐,改過後,伊尹重新輔佐他。怨:太甲對伊尹無怨。 [21]管蔡:管叔和蔡叔,周公旦的兄弟。戮:二人助殷商後裔反周,戰敗後,管叔被殺,蔡叔被流放。右:幫助,輔助。王:周成王。 [22]社稷:國家,這里代指社稷之臣叔向。 [23]勉:積極上進,努力。 [24]説:通“悦”,高興。 [25]與之乘:和祁奚乘一輛車。 [26]不告免:不向祁奚通告已被赦免。朝:指朝見晉侯。

【集評】

(清)林雲銘:羊舌虎以欒氏死,而叔向囚以待罪。此生死關頭也。有欒王鮒代請而不聽。人咸知其拒小人而俟君子,而不知其所以拒小人之意。蓋小人一飯之施,亦必責報。欒王鮒好貨者也,既知叔向之不當坐,便應言之於公,乃私來見而許其代請,意欲何爲? 謂非昔年向魯孫叔請帶故智乎? 不應不拜之故,不但一時恐無以給其求,縱令鮒不取貨,以此爲樹恩之地,將來亦不免失身阿附。何者?扶危之德,不可背也。蔡邕之哭董卓,止是受恩在先,無可奈何處。左氏言祁奚不見叔向而歸,叔向亦不告免焉而朝。施受之間,彼此相忘如此。而謂欒王鮒其肯乎?讀此篇知古人之見,非後人所能識也。東漢范滂繫獄,尚書霍諝理之得免。滂引此不爲謝,在滂得矣,恐未必能慰霍諝之心。古人之事,亦非後人所能學也。　　(《增訂古文析義合編》卷二)

(清)吴楚材、吴調侯:欒王鮒見叔向,而自請免之。祈奚免叔向,而竟不見之。君子小人,相去霄壤。不應不拜,所以絕小人;不告免,所以待君子。

(《古文觀止》卷二,第57頁)

馬齒徒長

《公羊傳》

【題解】

本篇選自《公羊傳·僖公二年》。《公羊傳》全名《春秋公羊傳》,又稱《公羊春秋》,"春秋三傳"之一,傳爲戰國時期公羊高所作,屬今文經學。與《左傳》重記事不同,《公羊傳》重在闡發《春秋》中的義理,即所謂"微言大義",在經學史、思想史、學術史上都有深遠影響。

自曲沃武公并翼,晉國结束長期分裂,開始向外擴張。武公代晉二年而卒,子詭諸立,是爲獻公。晉獻公恐群公子作亂,盡誅之,群公子多亡奔虢國,自此晉虢結讎。虞國處於虢、晉之間,晉與欲伐虢,必借道於虞。

獻公朝諸大夫而問焉,曰:"寡人夜者寢而不寐,其意也何?"諸大夫有進對者曰:"寢不安與?其諸侍御有不在側者與?"獻公不應。荀息進曰:"虞、郭見與[1]?"獻公揖而進之,遂與之入而謀曰:"吾欲攻郭,則虞救之,攻虞則郭救之,如之何?願與子慮之[2]。"荀息對曰[3]:"君若用臣之謀,則今日取郭,而明日取虞爾,君何憂焉?"獻公曰:"然則奈何?"荀息曰:"請以屈產之乘與垂棘之白璧往[4],必可得也。則寶出之内藏[5],藏之外府[6],馬出之内廄,繫之外廄爾,君何喪焉?"獻公曰:"諾。雖然,宫之奇存焉[7],如之何?"荀息曰:"宫之奇知則知矣。雖然,虞公貪而好寶,見寶,必不從其言,請終以往[8]。"於是終以往,虞公見寶,許諾。宫之奇果諫:"記曰:'脣亡則齒寒。'虞、郭之相救,非相爲賜[9],則晉今日取郭,而明日虞從而亡爾,君請勿許也。"虞公不從其言,終假之道以取郭,還四年,反取虞。虞公抱寶牽馬而至。荀息見曰:"臣之謀何如?"獻公曰:"子之謀則已行矣,寶則吾寶也,雖然,吾馬之齒亦已長矣。"蓋戲之也。

(《春秋公羊傳注疏》卷十,《十三經注疏》清嘉慶刊本,中華書局2009年版)

【注釋】

[1]郭：通“虢”。見：見於心。 [2]慮：謀劃。 [3]荀息：晉大夫。 [4]屈產之乘：屈，地名。乘：四匹馬。垂棘之白璧：垂棘刺，出美玉之地。白璧，玉以白爲美。 [5]内藏：宫内倉庫。 [6]外府：國家倉庫。 [7]宫之奇：虞國大夫。 [8]以：攜帶寶物。 [9]賜：贈送，意謂出賣。

【集評】

（戰國）韓非：虞公之兵殆而地削者，何也？愛小利而不慮其害。故曰：顧小利則大利之殘也。（《十過》，《韓非子新校註》卷三，第202頁）

（西漢）劉向：晉獻公用荀息之謀而禽虞，虞不用宫之奇而亡，故荀息非霸王之佐，戰國并兼之臣也，若宫之奇則可謂忠臣之謀也。（《善謀》，《新序校释》卷九，第1111頁）

厲王止謗

《國語》

【題解】

本篇選自《國語·周語上》。《國語》是國别體史書，分載周、魯、齊、晉、鄭、楚、吴、越等八國歷史。《國語》與《左傳》皆記載春秋時期歷史，然詳略各異，傳爲魯國史官左丘明所作，或以爲成書於戰國初年。周厲王晚年好利，任用榮夷公爲卿士。榮夷公，好專利，侵奪國人，故國人謗之。孔子曰：“放於利而行，多怨。”小民争利，尚且不能容於鄉里，況一國之君，何敢招天下之怨。故孟獻子曰：“畜馬乘不察於雞豚，伐冰之家不畜牛羊，百乘之家不畜聚斂之臣。與其有聚斂之臣，寧有盗臣。”“此謂國不以利爲利，以義爲利也。”（《大學》）今周厲王以天子之尊，與天下之民争利，怨聲載道，又欲效掩耳盗鈴之技，終流於彘，不亦宜乎！

厲王虐[1]，國人謗王[2]。邵公告曰[3]：“民不堪命矣！”王怒，得衛巫[4]，使監謗者[5]，以告，則殺之。國人莫敢言，道路以目。王喜，告邵公曰：“吾能弭謗矣[6]，乃不敢言。”邵公曰：“是障之也[7]。防民之口，甚於防川[8]。川壅而潰[9]，傷人必多，民亦如之。是故爲川者决之使導[10]，爲民者宣之使言[11]。故天子聽政，使公卿至於列士獻詩，瞽獻曲[12]，史獻書，師箴[13]，瞍賦[14]，矇誦[15]，百工諫[16]，庶人傳語[17]，近臣盡規[18]，親戚補察[19]，瞽史教誨，耆艾修之[20]，而後王斟酌焉，是以事行而不悖[21]。民之有口也，猶土之有山川也，財用於是乎出；猶其有原隰衍沃也[22]，衣食於是乎生。口之宣言也，善敗於是乎興[23]，行善而備敗[24]，其所以阜財用衣食者也[25]。夫民慮之于心而宣之於口，成而行之[26]，胡可壅也？若壅其口,其與能幾何[27]?”王不聽,於是國莫敢出言,三年,乃流王於彘[28]。

(《國語集解》,中華書局2002年版)

【注釋】

[1]厲王:周厲王,名胡。虐:行惡政。 [2]國人:居住在城内,或近郊的人。謗:誹謗。[3]邵公:邵康公,時爲厲王卿士。 [4]衛巫:衛國之巫。 [5]監:監察。巫有神通,有謗必知。 [6]弭:止。 [7]障:堵塞。 [8]川:江河。 [9]壅:堵塞。潰:崩潰。 [10]爲:治。决:疏通。導:暢通。 [11]宣:釋放。 [12]瞽:無目曰瞽,指樂師。 [13]師:小樂師。箴:諷諫。 [14]瞍:無眸子曰瞍。賦:賦公卿列士所獻之詩。 [15]矇:有眸子而無見曰矇。矇,主弦歌諷誦。 [16]百工:有一定技能者。 [17]傳語:通過别人傳達諷諫之意。 [18]近臣:謂貼身僕從。儘:通“進”。規:規勸。 [19]補:補過。察:察政。[20]耆艾:師傅。修:整理。 [21]悖:逆。 [22]原:高平之地。隰(xí):低濕之地。衍:低而平坦之地。沃:能灌溉之地。 [23]善:贊許之言。敗:譭謗之言。 [24]行:施行。備:防備,以之爲戒。 [25]阜:厚。 [26]成:成就,意謂採納建議。 [27]與:語氣詞。能幾何:意謂能持續多久。 [28]流:流放。彘(Zhì):晉地,在今山西省霍縣。

【集評】

(清)林雲銘:厲王虐政之行,謗者非一人,何可盡誅?衛巫豈真能分别謗者、不謗者?不過借神道設教名色,偶殺一二人,以示警耳。道路以目,不敢言而敢怒也。厲王之喜,蓋以民之愚,不能出其彀中。作用如此,可謂癡絕。召公所諫,語語格言。細看,當分四段。第一段言止謗有害。第二段言聽政全賴民言斟酌而行。第三段言民之有言,實人君之利。第四段言民之言,非孟浪而出,皆幾經裁度,不但不可壅,實不能壅者。廻抱“防川”之意,融成一片,警健絕倫。世人不察立言層節,輒把此等妙文,一氣讀却,良可惜也。

(《增訂古文析義合編》卷三)

(清)吴楚材、吴調侯:文只是中間一段正講,前後俱是設喻。前喻防民口有大害,後喻宣民言有大利。妙在將正意、喻意,夾和成文,筆意縱横,不可端倪。

(《古文觀止》卷三,第86頁)

叔向賀貧

《國語》

【題解】

本篇選自《國語·晉語八》。晉國六卿擅權,自郤氏、欒氏去後,政權漸歸韓、趙、魏三家。此時,晉平公奢淫,大夫效尤,奢靡之風漸起,故韓宣子有憂貧之叹。

富與貴皆人之所欲，不惟自身享用，更謀及子孫。然於富貴，世人多貪其利，而忘其害，唯賢者能明辨之。鄭公孫黑肱有臨終退還封地，曰："吾聞之，生於亂世，貴而能貧，民無求焉，可以後亡。"（《左傳·襄公二十二年》）又漢蕭何置産必居窮處，曰"後世賢，師吾儉；不賢，毋爲勢家所奪"。此與楚孫叔敖戒子受惡地同，皆居安思危，能於富貴中見災禍也。

叔向見韓宣子[1]，宣子憂貧，叔向賀之，宣子曰："吾有卿之名而無其實，無以從二三子[2]，吾是以憂，子賀我何故？"對曰："昔欒武子無一卒之田[3]，其宫不備其宗器[4]，宣其德行，順其憲則[5]，使越于諸侯[6]，諸侯親之，戎狄懷之[7]，以正晉國，行刑不疚[8]，以免於難。及桓子驕泰奢侈[9]，貪欲無藝[10]，略則行志[11]，假貸居賄[12]，宜及於難，而賴武之德[13]，以没其身。及懷子改桓之行[14]，而修武之德，可以免於難，而離桓之罪，以亡于楚[15]。夫郤昭子[16]，其富半公室，其家半三軍[17]，恃其富寵以泰於國[18]，其身尸於朝[19]，其宗滅於絳[20]。不然，夫八郤五大夫三卿[21]，其寵大矣，一朝而滅，莫之哀也，唯無德也。今吾子有欒武子之貧，吾以爲能其德矣[22]，是以賀。若不憂德之不建，而患貨之不足，將弔不暇[23]，何賀之有？"宣子拜稽首焉，曰："起也將亡，賴子存之，非起也敢專承之[24]，其自桓叔以下，嘉吾子之賜[25]。

（《國語集解》，中華書局2002年版）

【注釋】

[1]叔向：晋大夫。韩宣子：韩起，晋执政卿。　[2]二三子：指诸多晋大夫。　[3]欒武子：欒書，曾爲晉上卿。一卒：百人爲卒。依禮，上大夫受一卒之田，百頃。　[4]宫：室。宗器：祭器。　[5]憲則：法則。　[6]越：發揚，指美名傳揚。　[7]懷：懷歸。　[8]疚：病。　[9]桓子：欒書之子欒黶（Yǎn），曾任下軍元帥。　[10]藝：極限。　[11]略：侵犯。則：法則。行志：行其志向。　[12]居：積蓄。賄：財貨。　[13]武：欒武子。　[14]懷子：欒桓子之子欒盈。　[15]亡：流亡。　[16]郤昭子：郤至，晉卿大夫。　[17]家：家族之人。　[18]泰：奢泰。　[19]尸：陳列。　[20]絳：晉都城。　[21]八郤：八位郤氏之人。　[22]能：能行。　[23]弔：弔問。　[24]傳：一人。　[25]桓叔：晉穆侯之子，名成師。桓叔之子萬，封於韓邑，遂以韓爲氏，稱韓萬。

【集評】

（清）林雲銘：叔向賀貧之説，舊評以爲翻案文字。與劉子厚賀失火一樣奇創，不知王參元以富名掩其才名，人不敢薦。一失火便可賀。此則借一賀字，逗出德來，以爲勸勉。故引欒、郤有德、無德，禍福之應，做個樣子。其意以爲，宣子有欒武子之貧，若無其德，亦未必可以免難而庇宗，況又以貧爲憂乎？此因事納忠，詞甚峻厲，不是言空空一味貧便當賀，作寬慰奉承語也。是故，宣子憂貧，本是計利，而叔向却爲之計害。覺卿大夫柄政，無一非禍機所伏。以欒武子之德，宣及中外，止討得免難二字便宜。其餘則逃亡刑戮，或滅全宗。所謂高明之家,鬼瞷其室無害,即是利也。不知其所當憂,將改"賀"爲"弔"矣。宣子聞言,以存亡爲謝,且謂全宗受賜,其溢詞哉?是一篇極正當文字,如何認作翻案看。

(《增訂古文析義合編》卷三)

(清)吴楚材、吴調侯:不先説所以賀之之意,直舉欒、郤作一榜樣,以見貧之可賀、與不貧之可憂。貧之可賀,全在有德,有德自不憂貧。後竟説出憂貧之可弔來,可見徒貧原不足賀也。言下,宣子自應汗流浹背。

(《古文觀止》卷三,第104頁)

魯共公論酒味色

《戰國策》

【題解】

本文選自《戰國策·魏策二》。本文記載魯共公借祝酒之機,以酒色亡國,勸誡魏惠王的故事。憂勞興國,逸豫亡身,乃先哲明訓。然後世因嗜酒、好色、大興土木而亡國者,無朝不有,而歷史悲劇亦一再上演。至於齊桓公能知異味之禍,而不能去易牙,身受其禍,不亦太哀乎?蓋非知之難,行之實難也。

梁王魏嬰觴諸侯於范臺[1]。酒酣,請魯君舉觴[2]。魯君興[3],避席擇言曰[4]:"昔者,帝女令儀狄作酒而美[5],進之禹,禹飲而甘之,遂疏儀狄,絕旨酒,曰:'後世必有以酒亡其國者。'齊桓公夜半不嗛[6],易牙乃煎敖燔炙[7],和調五味而進之,桓公食之而飽,至旦不覺[8],曰:'後世必有以味亡其國者。'晉文公得南之威[9],三日不聽朝,遂推南之威而遠之,曰:"後世必有以色亡其國者。'楚王登强臺而望崩山[10],左江而右湖,以臨彷徨[11],其樂忘死,遂盟强臺而弗登[12],曰:'後世必有以高臺陂池亡其國者。'今主君之尊,儀狄之酒也;主君之味,易牙之調也;左白台而右閭須[13],南威之美也;前夾林而後蘭臺[14],强臺之樂也。有一於此,足以亡其國。今主君兼此四者,可無戒與!"梁王稱善相屬[15]。

(《戰國策》卷二十三,上海古籍出版社1985年版)

【注釋】

[1]魏嬰:又作"魏罃",即梁惠王。 [2]魯君:魯共公。 [3]興:站起。 [4]避席:離開坐席。擇言:擇善而言。 [5]帝女:蓋堯、舜之女。儀狄:人名。《淮南子·泰族訓》云:"儀狄爲酒,禹飲而甘之,遂疏儀狄而絕旨酒。" [6]嗛(qiàn):不足。 [7]易牙:佞臣。齊桓公嗜異味,易牙蒸其首子進之。敖:通"熬"。 [8]覺:醒。 [9]南之威:人名。 [10]楚王:楚昭王。强臺:又作荆臺,即章華之臺,楚靈王所筑。崩山:即巫山。 [11]彷徨:又作"方湟",即雲夢澤。 [12]盟:發誓。 [13]白台、閭須:皆魏國美女名。 [14]夾林、蘭臺:皆

魏王遊樂處。 [15]相屬：相戒。

【集評】

（清）余誠：因酒酣舉觴而連類告戒。先立四柱，後作總應，直起直收，筆力異樣，簡練高老。〇茅鹿門云："驟讀之如一瀉千里，細玩之却句琢字雕，一毫增減不得。"評得最爲精妙。（《重訂古文釋義新編》卷四，第181頁）

（清）吴楚材、吴調侯：整練而有扶疎之致，嚴重而饒點染之姿。古人作文，不嫌排偶者，正在此也。不善學者，即失之板實矣。（《古文觀止》卷四，第159頁）

十九、史漢傳統（通鑒及史學理論延伸）

高祖本紀（節選）

（西漢）司馬遷

【題解】

本篇節選自《高祖本紀》，多載劉邦在沛縣細微時事，及其種種神異符驗。司馬遷慣寫秦漢之際大人物細微時事，以窺斑見豹，描畫出社會大變動時期的獨特風貌。神異符驗則是所謂天子受命的徵兆，本紀寫高祖誕生、斬蛇、天子氣、兩次相面，皆爲此類故神其事的記載。司馬遷不動聲色地點出神異符驗背後的人謀心算，如："遂不知老父處""媪因忽不見""乃心獨喜，自負。諸從者日益畏之""高祖心喜。沛中子弟或聞之，多欲附者矣"。歸有光曾比較《史記》《漢書》紀高祖之區别云，前者"俊逸"，後者"嚴整"，即與此有關。高祖稱帝後還沛一段，則寫高祖的鄉思情懷，與前在沛縣時的謀慮算計不同，塑造出立體豐滿的人物形象。

高祖[1]，沛豐邑中陽里人[2]，姓劉氏，字季[3]。父曰太公[4]，母曰劉媪[5]。其先劉媪嘗息大澤之陂[6]，夢與神遇。是時雷電晦冥[7]，太公往視，則見蛟龍於其上。已而有身[8]，遂産高祖。

高祖爲人，隆準而龍顔[9]，美須髯[10]，左股有七十二黑子[11]。仁而愛人，喜施[12]，意豁如也[13]。常有大度，不事家人生産作業[14]。及壯，試爲吏，爲泗水亭長[15]，廷中吏無所不狎侮[16]。好酒及色。常從王媪、武負貰酒[17]，醉卧，武負、王媪見其上常有龍，怪之。高祖每酤留飲[18]，酒讎數倍[19]。及見怪，歲竟[20]，此兩家常折券弃責[21]。

高祖常繇咸陽[22]，縱觀[23]，觀秦皇帝[24]，喟然太息曰："嗟乎，大丈夫當如此也！"

單父人吕公善沛令[25]，避讎從之客[26]，因家沛焉[27]。沛中豪桀吏聞令有重客[28]，皆往賀。蕭何爲主吏[29]，主進[30]，令諸大夫曰[31]："進不滿千錢，坐之堂下。"高祖爲亭長，素易諸吏[32]，乃紿爲謁曰"賀錢萬"[33]，實不持一錢。謁入，吕公大驚，起，迎之門。吕公者，好相人[34]，見高祖狀貌，因重敬之，引入坐。蕭何曰："劉季固多大言，少成事。"高祖因狎侮諸客，遂坐上坐，無所詘[35]。酒闌[36]，吕公因目固留高祖[37]。高祖竟酒[38],後。吕公曰:“臣少好相人,相人多矣,無如季相,願季自愛。臣有息女[39],願爲季箕帚妾[40]。”酒罷,吕媪怒吕公曰:“公始常欲奇此女[41],與貴人。沛令善公,求之不與,何自妄許與劉季[42]?”吕公曰:“此非兒女子所知也[43]。”卒與劉季。吕公女乃吕后也[44],生孝惠帝、魯元公主[45]。

高祖爲亭長時,常告歸之田[46]。吕后與兩子居田中耨[47],有一老父過請飲[48],吕后因餔之[49]。老父相吕后曰:“夫人天下貴人。”令相兩子,見孝惠,曰:“夫人所以貴者,乃此男也。”相魯元,亦皆貴。老父已去,高祖適從旁舍來[50],吕后具言客有過[51],相我子母皆大貴。高祖問,曰:“未遠。”乃追及,問老父。老父曰:“鄉者夫人嬰兒皆似君[52],君相貴不可言。”高祖乃謝曰:“誠如父言,不敢忘德。”及高祖貴,遂不知老父處。

高祖爲亭長,乃以竹皮爲冠,令求盜之薛治之[53],時時冠之,及貴常冠,所謂“劉氏冠”乃是也。

高祖以亭長爲縣送徒酈山[54],徒多道亡[55]。自度比至皆亡之[56],到豐西澤中[57],止飲,夜乃解縱所送徒[58]。曰:“公等皆去,吾亦從此逝矣[59]!”徒中壯士願從者十餘人。高祖被酒[60],夜徑澤中[61],令一人行前。行前者還報曰:“前有大蛇當徑,願還。”高祖醉,曰:“壯士行,何畏!”乃前,拔劍擊斬蛇。蛇遂分爲兩,徑開。行數里,醉,因卧。後人來至蛇所,有一老嫗夜哭[62]。人問何哭,嫗曰:“人殺吾子,故哭之。”人曰:“嫗子何爲見殺?”嫗曰:“吾子,白帝子也[63],化爲蛇,當道,今爲赤帝子斬之[64],故哭。”人乃以嫗爲不誠,欲告之[65],嫗因忽不見。後人至,高祖覺。後人告高祖,高祖乃心獨喜,自負。諸從者日益畏之。

秦始皇帝常曰“東南有天子氣”,於是因東游以厭之[66]。高祖即自疑,亡匿,隱於芒、碭山澤巖石之閒[67]。吕后與人俱求,常得之。高祖怪問之。吕后曰:“季所居上常有雲氣,故從往常得季。”高祖心喜。沛中子弟或聞之,多欲附者矣。

秦二世元年秋[68],陳勝等起蘄[69],至陳而王[70],號爲“張楚”。諸郡縣皆多殺其長吏以應陳涉。沛令恐,欲以沛應涉。掾、主吏蕭何、曹參乃曰[71]:“君爲秦吏,今欲背之,率沛子弟,恐不聽。願君召諸亡在外者,可得數百人,因劫衆[72],衆不敢不聽。”乃令樊噲召劉季[73]。劉季之衆已數十百人矣。

於是樊噲從劉季來。沛令後悔,恐其有變,乃閉城城守[74],欲誅蕭、曹。蕭、曹恐,踰城保劉季[75]。劉季乃書帛射城上[76],謂沛父老曰:“天下苦秦久矣。今父老雖爲沛令守,諸侯並起,今屠沛。沛今共誅令,擇子弟可立者立之,以應諸侯,則家室完[77]。不然,父子俱屠,無爲也[78]。”父老乃率子弟共殺沛令,開城門迎劉季,欲以爲沛令。劉季曰:“天下方擾[79],諸侯並起,今置將不善,壹敗塗地[80]。吾非敢自愛,恐能薄,不能完父兄子弟。此大事,願更相推擇可者[81]。”

蕭、曹等皆文吏,自愛,恐事不就,後秦種族其家[82],盡讓劉季。諸父老皆曰:“平生所聞劉季諸珍怪[83],當貴,且卜筮之,莫如劉季最吉。”於是劉季數讓。衆莫敢爲,乃立季爲沛公。祠黄帝、祭蚩尤於沛庭[84],而釁鼓,旗、幟皆赤。由所殺蛇白帝子,殺者赤帝子,故上赤[85]。於是少年豪吏如蕭、曹、樊噲等皆爲收沛子弟二三千人,攻胡陵、方與[86],還守豐。

…………

十二年[87],十月,高祖已擊布軍會甀[88],布走,令别將追之。

高祖還歸,過沛,留。置酒沛宫[89],悉召故人父老子弟縱酒[90],發沛中兒得百二十人,教之歌。酒酣,高祖擊筑[91],自爲歌詩曰:“大風起兮雲飛揚,威加海内兮歸故鄉,安得猛士兮守四方!”令兒皆和習之。高祖乃起舞,慷慨傷懷,泣數行下。謂沛父兄曰:“游子悲故鄉。吾雖都關中,萬歲後吾魂魄猶樂思沛[92]。且朕自沛公以誅暴逆,遂有天下,其以沛爲朕湯沐邑[93],復其民[94],世世無有所與[95]。”

(《史記》卷八,中華書局1982年版)

【注釋】

[1]高祖:劉邦。張晏曰:“禮,謚法無‘高’,以爲功最高而爲漢帝之太祖,故特起名焉。” [2]沛:秦縣名,縣治在今江蘇省沛縣東。豐邑:沛縣一市鎮,即今江蘇省豐縣。里:相當於街巷。 [3]季:排行第三。 [4]太公:對老年男子的尊稱。 [5]媪(ǎo):老年婦女。劉邦父母名字已失傳。 [6]陂(bēi):岸。 [7]晦冥:天色昏暗。 [8]已而:不久。有身:懷孕。 [9]隆準:高鼻。龍顔:額如龍頭突起。顔:額頭。 [10]須髯:鬍鬚生於下巴稱須,生於兩頰稱髯。 [11]股:大腿。黑子:黑痣。 [12]施:施捨。 [13]意豁如:性情豁達。 [14]家人:平民百姓。生産作業:指農業生産活動。 [15]泗水亭:在今江蘇省沛縣東。亭長:官名。秦時縣下設鄉,鄉下每十里設亭。亭長掌治安、訴訟等事。 [16]廷中吏:衙門吏役。狎侮:戲弄耍笑。 [17]武負:武大娘。負,通“婦”。貰(shì):賒欠。 [18]酤(gū):買酒。 [19]讎:出售。 [20]歲竟:年終。 [21]折券弃責:勾銷酒債。責,通“債”。 [22]常:通“嘗”,曾經。繇:通“傜”,服傜役。 [23]縱觀:任意觀看。 [24]秦皇帝:秦始皇。 [25]單父(Shànfǔ):秦縣名。縣治在今山東單縣南。吕公:吕后之父。善沛令:與沛縣縣令要好。 [26]從之客:到沛令家做客。 [27]家沛:在沛縣安家。 [28]重客:貴客。 [29]主吏:秦漢郡縣地方官屬吏。 [30]主進:主持收納賀禮事宜。進通“費”“贐”,賀禮之財。 [31]大夫:此爲對賓客的尊稱。 [32]易:輕視。 [33]紿(dài):欺騙。謁:名帖。《索隱》:“謁謂以劄書姓名,若今之通刺,而兼載錢穀也。” [34]好相人:喜好給人看相。 [35]詘:通“屈”,謙讓。 [36]酒闌:酒筵將盡。 [37]目:使眼色。 [38]竟酒:到酒筵結束。竟:盡。 [39]息女:親生女兒。 [40]箕帚妾:從事打掃雜務的女僕,謙辭,即妻子。 [41]奇:認爲不凡。 [42]妄:隨便。 [43]兒女子:猶言“婦孺之輩”。 [44]吕后:吕雉,劉邦妻。 [45]孝惠帝:劉邦長子劉盈,前194年繼位,在

位七年。孝惠是他的廟號。魯元公主:劉盈之姐,後嫁魯元王張敖,故稱"魯元公主"。[46]告歸:請假回家。之:往。田:田間。　[47]耨(nòu):鋤草。　[48]請飲:討水喝。[49]餔(bū):給飯食。　[50]適:正巧。旁舍:鄰居。　[51]具:詳細。客有過:有客人路過。　[52]鄉:通"嚮",剛才。　[53]求盗:亭長下屬,執掌追捕盗賊的亭卒。薛:縣名。在今山東滕縣東南。治:製作。　[54]徒:服徭役的民夫。酈山:秦始皇墓寢處。　[55]道亡:半路逃跑。　[56]度:估計。比至:等到了酈山。　[57]豐西:豐邑西面。　[58]解縱:放走。　[59]逝:離去,指逃跑。　[60]被酒:帶着醉意。　[61]徑:抄小路。　[62]老嫗:老婦人。　[63]白帝:傳説中五方天帝中西方之帝,秦處西方,故自稱白帝子。　[64]赤帝:南方之帝,漢崇赤帝,故稱赤帝子。　[65]告:一本作"笞",打。　[66]厭(yā):壓制,以迷信的方法,鎮服或驅避可能出現的災禍,或致災禍於人。　[67]芒:芒山。碭(Dàng):碭山。二山在今河南永城縣,一北一南。　[68]秦二世元年:前209年。　[69]蘄(Qí):縣名。在今安徽宿縣南。　[70]陳:縣名。今河南淮陽縣。王:稱王。　[71]掾:縣令屬吏。曹參曾任掌刑獄的獄掾。　[72]劫:威脅。　[73]樊噲(Kuài):劉邦同鄉,後封舞陽侯,曾任左丞相。　[74]城守:憑藉城牆防守。　[75]踰:翻越。保:歸附、投靠。[76]書帛:在帛上寫信。　[77]完:保全。　[78]無爲:不值得。　[79]擾:亂。　[80]壹敗塗地:形容徹底失敗,不可收拾。　[81]更:重新。相:共同。推擇:推選。可者:可勝任沛令者。　[82]種族:滅種滅族。　[83]平生:平時。珍怪:異象。　[84]祠黄帝、祭蚩尤:古以黄帝蚩尤爲戰神,祭之以起義。　[85]上:崇尚。　[86]胡陵、方與:秦縣名,分别在今山東魚台縣東南、北部。　[87]十二年:前195年。　[88]布:英布。會甀(Kuàizhuì):鄉邑名,在今安徽宿縣東南。　[89]沛宫:劉邦在沛縣的住處。　[90]縱酒:縱情飲酒。[91]筑:古樂器名。有五弦、十三弦、二十一弦三種説法。其形似筝,頸細而肩圓,弦下設柱。演奏時,左手按弦的一端,右手執竹尺擊弦發音。　[92]萬歲後:死的諱辭。　[93]湯沐邑:指國君、皇后、公主等收取賦税的私邑。　[94]復:免除賦税徭役。　[95]與:給,指繳納賦税。

【集評】

(南宋)劉辰翁:後之爲史者,曰"還沛,置酒,召故人,極歡"云云足矣。看他發沛中兒教歌,酒酣、擊筑,歌呼起舞,展轉泣下,縷縷不絕,俯仰具見。直至空縣出獻,已去復留,其中與諸母故人道舊又佳,對父老説豐恨事又佳。古今文字,淋漓發粤,言嘆有情,少可及此。　　(《班馬異同》卷二,《四庫全書存目叢書》史部第1册,第84頁)

(明)凌稚隆:篇首書高祖,追稱之也。及敍其始事,則稱劉季;及得沛,則稱沛公;及王漢,則稱漢王;及即皇帝位,則稱上。此太史公用意縝密處。

(《史記評林》卷八,《四庫未收書輯刊》第1輯第11册,第181頁)

(明)歸有光:《漢》本紀嚴整,然不及《史記》俊逸,而《史記》又不免闊略。

(《歸震川評點本史記》卷八)

(清)牛運震:開端寫高祖狀貌性情,極質老莊重,是真命帝王本紀局仗。

"喟然太息曰:'嗟乎,大丈夫當如此也!'"語極雄渾聳動,較"彼可取而代也"自然氣槩不同。

中間插入"高祖常由咸陽"一段,極奇,前後敘高祖神異徵驗處俱通靈。

(《空山堂史記評注》卷二)

(清)吴見思:高祖開創之時,事務極多,多則便難摶捖矣。看他東穿西插,縱横不亂,如繡錯,如花分;突起忽住,絡繹不絕,如馬迹,如蛛絲;或一齊亂起,如野火,如驟雨;或一段獨下,如澄波,如皓月。萬餘字組成一片,非有神力,安能辦此!

《高紀》一篇,俱紀實事,不及寫其英雄氣概。只於篇首寫之,如慢易諸吏處、斬白蛇處;篇後寫之,如未央上壽處、沛中留飲處、病時卻醫處,寫其豁達本色,語語入神。

(《史記論文》,第15頁)

(清)姚苧田:漢室定鼎,誅伐大事皆詳于功臣《世家》《列傳》中。及《高祖本紀》,則多載其細微時事,及他神異符驗。所以其文繁而不殺、靈而不滯。歎後世撰實録者不敢復用此格,而因以竟無可傳之文也。

項羽方攘得關中,即云"富貴不歸故鄉,猶衣繡夜行",及垓下之敗,忼慨歌詩,英雄氣盡。此紀一段(按,指高祖過沛段),正語語與彼對照,羣雄之與真主,氣象一一如繪。史公之惠後學,千古無窮也。 (《史記菁華録》卷一,第23,25頁)

李景星:三代以下,以匹夫而有天下者,自漢高祖始,故太史公作《紀》多用特筆,與他本紀不同。 (《史記評議》,《四史評議》,第13頁)

秦同培:古時尚迷信,每謂帝王之興,必有天數神異,此不可信。要之,以布衣而起爲帝王,惴惴恐人不服,特托神靈以徵其兆耳。文中敘斬蛇事,轉筆極圓渾,措詞極簡潔。又曰"心獨喜,從者日益畏之",後又曰"心喜,沛中子弟多附者",此皆每段之結構處,亦化散事爲整篇之良法也。 (《白話史記讀本》,第39頁)

金日磾傳(節選)

(東漢)班固

【題解】

本篇選自《漢書·霍光金日磾傳》。霍光、金日磾皆以謹慎著稱,而其用心行事則相反,故類傳之。本傳筆法精密,敘述金日磾以匈奴俘虜之身,而初以養馬受知於漢武帝,以"上奇焉""上甚信愛之""愈厚焉""心敬日磾""尤奇異之"層層遞進,刻畫出其篤慎忠孝,前後如一。同時也以簡潔之筆側寫出其母閼氏之善教,其後人世代篤守忠孝,可稱世家。

金日磾字翁叔[1],本匈奴休屠王太子也[2]。武帝元狩中[3],票騎將軍霍去病將兵擊匈奴右地[4],多斬首,虜獲休屠王祭天金人[5]。其夏,票騎復西過居延[6],攻祁連山[7],大克獲。於是單于怨昆邪、休屠居西方多爲漢所破[8],召其王欲誅之。昆邪、休屠恐,謀降漢。休屠王後悔,昆邪王殺之,并將其衆降漢。封昆邪王爲列侯。日磾以父不降見殺,與母閼氏、弟倫俱没入官[9],輸黄門養馬[10],時年十四矣。

久之,武帝游宴見馬[11],後宫滿側。日磾等數十人牽馬過殿下,莫不竊視[12],至日磾獨不敢。日磾長八尺二寸[13],容貌甚嚴[14],馬又肥好,上異而問之,具以本狀對[15]。上奇焉,即日賜湯沐衣冠[16],拜爲馬監[17],遷侍中、駙馬都尉、光禄大夫[18]。日磾既親近,未嘗有過失,上甚信愛之,賞賜累千金,出則驂乘[19],入侍左右。貴戚多竊怨,曰:“陛下妄得一胡兒,反貴重之[20]!”上聞,愈厚焉[21]。

日磾母教誨兩子,甚有法度,上聞而嘉之。病死,詔圖畫於甘泉宫,署曰“休屠王閼氏”[22]。日磾每見畫常拜,鄉之涕泣,然後乃去。日磾子二人皆愛,爲帝弄兒[23],常在旁側[24]。弄兒或自後擁上項[25],日磾在前,見而目之[26]。弄兒走且啼曰:“翁怒[27]。”上謂日磾:“何怒吾兒爲?”其後弄兒壯大,不謹,自殿下與宫人戲,日磾適見之,惡其淫亂,遂殺弄兒。弄兒即日磾長子也。上聞之大怒,日磾頓首謝,具言所以殺弄兒狀。上甚哀,爲之泣,已而心敬日磾。

初,莽何羅與江充相善[28],及充敗衛太子[29],何羅弟通用誅太子時力戰得封[30]。後上知太子冤,乃夷滅充宗族黨與。何羅兄弟懼及[31],遂謀爲逆。日磾視其志意有非常[32],心疑之,陰獨察其動静,與俱上下[33]。何羅亦覺日磾意,以故久不得發。是時,上行幸林光宫[34],日磾小疾臥廬。何羅與通及小弟安成矯制夜出[35],共殺使者,發兵。明旦,上未起,何羅亡何從外入[36]。日磾奏廁心動[37],立入坐内户下[38]。須臾,何羅褎白刃從東箱上[39],見日磾,色變,走趨臥内欲入[40],行觸寶瑟[41],僵[42]。日磾得抱何羅,因傳曰[43]:“莽何羅反!”上驚起,左右拔刃欲格之[44],上恐并中日磾,止勿格。日磾捽胡投何羅殿下[45],得禽縛之[46],窮治[47],皆伏辜[48]。繇是著忠孝節[49]。

日磾自在左右,目不忤視者數十年[50]。賜出宫女,不敢近。上欲内其女後宫[51],不肯。其篤慎如此[52],上尤奇異之[53]。及上病,屬霍光以輔少主[54],光讓日磾。日磾曰:“臣外國人,且使匈奴輕漢。”於是遂爲光副[55]。光以女妻日磾嗣子賞。初,武帝遺詔以討莽何羅功封日磾爲秺侯[56],日磾以帝少不受封。輔政歲餘,病困[57],大將軍光白封日磾,臥授印綬。一日,薨,賜葬具冢地,送以輕車介士[58],軍陳至茂陵,謚曰敬侯。

日磾兩子,賞、建,俱侍中,與昭帝略同年,共臥起。賞爲奉車[59],建駙馬都尉。及賞嗣侯,佩兩綬。上謂霍將軍曰:“金氏兄弟兩人不可使俱兩綬邪?”霍光對曰:“賞自嗣父爲侯耳。”上笑曰:“侯不在我與將軍乎?”光曰:“先帝之約,有功乃得封侯。”時年俱八九歲。宣帝即位[60],賞爲太僕,霍氏有事萌牙[61],上書去妻[62]。上亦自哀之,獨得不坐[63]。元帝時爲光禄勳,薨,亡子,國除[64]。元始中繼絕世[65],封建孫當爲秺侯,奉日磾後。

…………

贊曰:金日磾夷狄亡國,羈虜漢庭,而以篤敬寤主,忠信自著,勒功上將,傳國後嗣,世名忠孝,七世内侍,何其盛也!本以休屠作金人爲祭天主,故因賜姓金氏云。

(《漢書》卷六十八,中華書局1962年版)

【注釋】

[1]日磾(Mìdī):匈奴音譯,後武帝賜其姓金。 [2]休屠:地名。匈奴休屠王的都城,在今甘肅省武威市北。 [3]元狩:武帝年號(前122—前117)。 [4]右地:西部地區。 [5]祭天金人:天神之主的金身像,相當於後世的金身佛像。 [6]居延:邊塞名。漢初,居延爲匈奴南下涼州的要道。舊址南起合黎山麓,北抵居延故城(今内蒙古額濟納旗西北)。 [7]祁連山:又名白山、雪山。祁連山有南北之分:南祁連山在新疆南部,自蔥鑊以東,直至今甘肅省南部之祁連山;北祁連山即今新疆天山。 [8]單于:匈奴君長的稱號。昆邪:匈奴部落之一,活動區域在今甘肅、内蒙古西部。 [9]閼氏:漢代匈奴單于、諸王妻的統稱。 [10]輸:送。黄門:官署名,掌管皇宫乘輿、犬馬等。 [11]游宴:游樂。 [12]竊視:偷看。 [13]八尺二寸:約相當於今187厘米。 [14]嚴:莊重貌。 [15]本狀:指養馬的情況。 [16]湯沐衣冠:沐浴後更衣戴冠,穿上官服。 [17]馬監:官名,黄門屬官,掌馬政。 [18]駙馬都尉:職掌副車(天子正車之備用車)之馬。 [19]驂乘:陪乘。 [20]貴重:器重。 [21]厚:厚遇。 [22]署:題名。 [23]弄兒:指供人狎弄的童子。 [24]旁側:左右。 [25]擁上項:抱着武帝的脖子。 [26]目:怒目而視。 [27]翁:老頭子。 [28]莽何羅:侍中僕射。江充:趙國邯鄲人,本名齊,曾任直指繡衣使者等,執法嚴酷,策劃了巫蠱之禍,被殺。 [29]衛太子:衛皇后之子劉據。 [30]用:因。 [31]及:牽連。 [32]志意:精神。 [33]上下:周旋。 [34]林光宫:秦胡亥所建宫殿,在甘泉宫附近。 [35]矯制:指假託君命行事。制,制書,皇帝命令。 [36]亡何:無何,没多久。 [37]奏廁:正準備去廁所。奏:向。 [38]立:立刻。内户:皇宫内殿。 [39]褏:通"袖",袖藏。白刃:利刃。東箱:即東廂,古代廟堂東側的廂房。後泛指正房東側的房屋。 [40]臥内:皇帝臥室。 [41]寶瑟:撥絃樂器。 [42]僵:倒下。 [43]傳:傳語,大呼。 [44]格:擊殺。 [45]捽(zuó)胡:揪住頭頸。 [46]禽:通"擒"。 [47]窮治:徹底查辦。 [48]伏辜:服罪,承擔罪責而死。 [49]繇是:由此。 [50]忤視:面對面看。 [51]内:納。 [52]篤慎:厚重謹慎。 [53]奇異:以之爲奇。 [54]屬(zhǔ):囑咐。少主:指漢昭帝劉弗陵,時年八歲。 [55]副:副手。 [56]秺(Dù):地名,在今山東成武縣内。 [57]病困:病重。 [58]介士:甲士。 [59]奉車:奉車都尉,掌御乘輿車。 [60]宣帝:劉詢,劉據之子。 [61]有:據楊樹達,"有"當爲"反"。 [62]去妻:休妻,其妻爲霍光之女。 [63]坐:連坐。 [64]國除:因犯罪、無後等緣故而被朝廷收回封國。 [65]元始:漢平帝年號(1—6年)。繼絕世:恢復已滅絕的宗祀,承續已斷絕的後代。

【集評】

(南宋)黄震:“日磾自在左右,目不忤視者數十年。”天資篤謹,與博陸侯相上下,而又不敢以夷人先中國,以帝少,不敢受遺詔之封,其器識皆遠過於光。使日磾爲光,當其歸政宣帝,謙讓不受時,必能奉身而去之矣。日磾之後,世名忠孝,七世内侍,亦宜哉!

(《黄氏日抄》卷四十七,《文津閣四庫全書》子部第235册,第389頁)

(明)唐順之:此傳段段結束,用郭解傳體。

(《漢書評林》卷六十八,《漢書》研究文獻輯刊第二册,第362頁)

(明)何孟春:百里奚以飯牛受知秦穆公,卜式以牧羊、金日磾以監馬受知漢武帝,人之才固隨用而見,而亦難乎其見而識之者。世無秦穆、漢武,雖豢龍之劉累,終不遇也。

(《漢書評林》卷六十八,《漢書》研究文獻輯刊第二册,第362—363頁)

(明)唐順之:殺弄兒與不納女事,似一類,乃分作兩處敘。

(明)茅坤:荆川云云(按,指上條唐順之評語),愚謂畫匠本色,正須淋漓恣態,而日磾以胡兒受命故,正在此。

(明)茅坤:敍莽何羅倉卒行逆處,類《戰國策》敘荆軻入秦本末,史漢之文極工處。

(明)茅坤:日磾本戎王裔,武帝一旦察其忠慎,授以非常之寵,殆千古只眼處。

(明)凌稚隆:不内女,視奏女者何如?殺弄兒,視知弑后而不發者何如?日磾與光均不學者也,斷與不斷而已。

(以上五條均見《漢書評林》卷六十八,《漢書》研究文獻輯刊第二册,第363頁)

(清)李景星:分三層寫:在宫中事武帝爲一層,同霍光輔昭帝爲一層,後世昌盛爲一層。而敍其後世昌盛處,筆筆與光傳反射。蓋光與日磾,其立身之謹慎同,其事主之忠勤同,然光不能制其妻,日磾獨能去其子,此其所以不同也。惟有此不同,是以光一世即絶,日磾七世不衰。傳家之遠近固在乎人,而史臣敘事乃亦能各充其分哉。

(《漢書評議》,《四史評議》,第222頁)

祖逖北伐

(南宋)袁樞

【題解】

袁樞(1131—1205),字機仲,建州建安(今福建建甌市)人。孝宗初,試禮部,詞賦第一。歷官至工部侍郎。《宋史》有傳。《通鑑紀事本末》一書,乃抄撮《資治通鑑》而成,卻開創了史書新體例:紀事本末體。《四庫全書總目》指出紀事本末體兼具紀傳體、編年體之長而無其短:“紀傳之法,或一事而複見數篇,賓主莫辨;編年之法,或一事而隔越數卷,首尾難稽。樞乃自出新意,因司馬光《資治通鑑》區别門目,以類排纂。每事各詳起訖,自爲標題。每篇各編年月,自爲首尾。始於三家之分晉,終於周世宗之征淮南。包括數千年事蹟,經緯明晰,節目詳具。前後始末,一覽了然。遂使紀傳、編年貫通爲一,實前古之所未有也。”“樞所綴集,雖不出《通鑑》原文,而去取翦裁,義例極爲精密。”章學誠認爲,紀事本末體原初目的不過爲“便觀覽”而纂輯抄録,但其成果卻無意中上接《尚書》傳統,下示史學新路向,因稱之爲“臭腐復化爲神奇”。《文史通義·書教下》云:“本末之爲體也,因事命篇,不爲常格;非深知古今大體,天下經綸,不能網羅隱括,無遺無濫。文省於紀傳,事豁於編年,決斷去取,體圓用神,斯真《尚書》之遺也。”

祖逖(266—321),字士稚,范陽郡遒縣(今河北省涿州市)人。父親祖武曾任上谷太守,出身中原士族大姓。其人智勇兼備,光復河南地區而惜乎未竟全功。後人則常因立足點不同,對其評價出入於英雄與奸雄之間。關於祖逖北伐之事的記載,從紀傳體《晉書·祖逖傳》到編年體《資治通鑑》,再到紀事本末體《通鑑紀事本末》卷十四祖逖北伐,可加以比較,明其體例。

晉愍帝建興元年[1]。初,范陽祖逖少有大志,與劉琨俱爲司州主簿[2]。同寢,中夜聞雞鳴[3],蹴琨覺[4],曰:“此非惡聲也[5]!”因起舞。及渡江,左丞相睿以爲軍諮祭酒[6]。逖居京口[7],糾合驍健[8],言於睿曰:“晉室之亂,非上無道而下怨叛也,由宗室争權,自相魚肉[9],遂使戎狄乘隙,毒流中土。今遺民既遭殘賊[10],人思自奮,大王誠能命將出師,使如逖者統之以復中原,郡國豪傑必有望風響應者矣!”睿素無北伐之志,以逖爲奮威將軍、豫州刺史[11],給千人廩[12],布三千疋[13],不給鎧仗[14],使自召募。逖將其部曲百餘家渡江[15],中流擊楫而誓曰:“祖逖不能清中原而復濟者,有如大江[16]!”遂屯淮陰[17],起冶鑄兵,募得二千餘人而後進。

元帝建武元年[18]。初,流民張平、樊雅各聚衆數千人在譙[19],爲塢主[20]。王之爲丞相也,遣行參軍譙國桓宣往説平、雅,平、雅皆請降。及豫州刺史祖逖出屯蘆洲[21],遣參軍殷乂詣平、雅,乂意輕平,視其屋,曰:“可作馬廄。”見大鑊,曰:“可鑄鐵器。”平曰:“此乃帝王鑊,天下清平方用之,奈何毁之!”乂曰:“卿未能保其頭,而愛鑊邪?”平大怒,於坐斬乂,勒兵固守[22]。逖攻之,歲餘不下,乃誘其部將謝浮,使殺之。逖進據太丘[23],樊雅猶據譙城,與逖相拒。逖攻之不克,請兵於南中郎將王含[24]。桓宣時爲含參軍,含遣宣將兵五百助逖。逖謂宣曰:“卿信義已著於彼,今復爲我説雅。”宣乃單馬從兩人詣雅曰[25]:“祖豫州方欲平蕩劉、石[26],倚卿爲援,前殷乂輕薄,非豫州意也。”雅即詣逖降。逖既入譙城,石勒遣石虎圍譙,王含復遣桓宣救之,虎解去。逖表宣爲譙國内史[27]。

六月己巳[28],晉王傳檄天下[29],稱:“石虎敢帥犬羊[30],渡河縱毒,今遣琅邪王裒等九軍[31],鋭卒三萬,水陸四道,徑造賊場[32],受祖逖節度。”尋復召裒還建康。

大興二年[33]。初,蓬陂塢主陳川自稱陳留太守[34]。祖逖之攻樊雅也,川遣其將李頭助之。頭力戰有功,逖厚遇之。頭每嘆曰:“得此人爲主,吾死無恨!”川聞而殺之。頭黨馮寵帥其衆降逖[35],川益怒,大掠豫州諸郡,逖遣兵擊破之。夏,四月,川以浚儀叛[36],降石勒。

祖逖攻陳川于蓬關[37],石勒遣石虎將兵五萬救之,戰于浚儀。逖兵敗,退屯梁國[38]。勒又遣桃豹將兵至蓬關,逖退屯淮南[39]。虎徙川部衆五千户于襄國[40],留豹守川故城。

三年夏六月。祖逖將韓潛與後趙將桃豹分據陳川故城,豹居西臺[41],潛居東臺,豹由南門,潛由東門,出入相守四旬。逖以布囊盛土如米狀,使千餘人運上臺,又使數人擔米,息於道。豹兵逐之,棄擔而走。豹兵久飢,得米,以爲逖士衆豐飽,益懼。後趙將劉夜堂以驢千頭運糧饋豹,逖使韓潛及别將馮鐵邀擊於汴水[42],盡獲之。豹宵遁,屯東燕城[43]。逖使潛進屯封丘以逼之[44]。馮鐵據二臺,逖鎮雍丘[45],數遣兵邀擊後趙兵。後趙鎮戍歸逖者甚多,境土漸蹙[46]。

先是,趙固、上官巳、李矩、郭默互相攻擊[47],逖馳使和解之,示以禍福,遂皆受逖節度。秋,七月,詔加逖鎮西將軍。逖在軍,與將士同甘苦,約已務施[48],勸課農桑[49],撫納新附,雖疏賤者皆結以恩禮。河上諸塢先有任子在後趙者[50],皆聽兩屬[51],時遣游軍僞抄之,明其未附。塢主皆感恩,後趙有異謀,輒密以告,由是多所克獲。自河以南,多叛後趙歸于晉。

逖練兵積穀,爲取河北之計。後趙王勒患之,乃下幽州爲逖修祖、父墓[52],置守冢二家[53],因與逖書,求通使及互市[54]。逖不報書,而聽其互市,收利十倍。逖牙門童建殺新蔡内史周密[55],降于後趙,勒斬之,送首於逖曰:"叛臣逃吏,吾之深仇,將軍之惡猶吾惡也。"逖深德之[56],自是後趙人叛歸逖者,逖皆不納,禁諸將,不使侵暴後趙之民[57],邊境之間,稍得休息。

四年秋,七月甲戌[58],以尚書僕射戴淵爲征西將軍、都督司兗豫并雍冀六州諸軍事、司州刺史[59],鎮合肥[60]。八月,豫州刺史祖逖以戴淵吴士,雖有才望[61],無弘致遠識[62],且已翦荆棘、收河南地[63],而淵雍容[64],一旦來統之,意甚怏怏[65]。又聞王敦與劉、刁搆隙[66],將有内難,知大功不遂[67],感激發病[68]。九月壬寅[69],卒於雍丘。豫州士女若喪父母,譙、梁間皆爲立祠。王敦久懷異志[70],聞逖卒,益無所憚。

冬,十月壬午[71],以逖弟約爲平西將軍、豫州刺史,領逖之衆。約無綏御之才[72],不爲士卒所附。

初,范陽李産避亂依逖[73],見約志趣異常,謂所親曰:"吾以北方鼎沸[74],故遠來就此,冀全宗族。今觀約所爲,有不可測之志[75]。吾託名姻親[76],當早自爲計,無事復陷身於不義也[77]。爾曹不可以目前之利而忘久長之策[78]。"乃帥子弟十餘人間行歸鄉里[79]。

永昌元年冬[80],十月,祖逖既卒,後趙屢寇河南[81],拔襄城、城父[82],圍譙。豫州刺史祖約不能禦,退屯壽春[83]。後趙遂取陳留,梁、鄭之間復騷然矣[84]。

(《通鑑紀事本末》卷十四,中華書局1964年版)

【注釋】

[1]晉愍帝:司馬鄴(300—318),西晉末代皇帝。建興元年即313年。 [2]劉琨(271—318):字越石,曾任并州刺史。司州:州治在洛陽。 [3]中夜:半夜。 [4]蹴(cù):踢。 [5]惡聲:古人認爲半夜雞鳴爲不祥之聲。 [6]睿:司馬睿,時任左丞相。軍諮祭酒:丞相的屬官。 [7]京口:今江蘇鎮江市。 [8]驍健:勇猛强健之士。 [9]自相魚肉:自相吞并、殘殺。 [10]殘賊:殘害。 [11]豫州:轄今河南東部地區。 [12]廩:糧食。 [13]疋(pǐ):通"匹",量詞,用於紡織品或騾馬等。 [14]鎧仗:鎧甲和兵器。 [15]部曲:此指豪門大族的私人軍隊,帶有人身依附性質。 [16]"祖逖"兩句:濟,渡。"所不……者,有如……"這種簡單誓詞格式産生於先秦。孔穎達認爲"如河""如日""如白水"等是取其明白之意。今人錢宗武認爲此格式是表假設關係的複句,"有"是語氣副詞,"如"釋"聽從",對天地自然神靈發誓,即"如祖逖不能恢復中原而返回江南,則聽從河神的懲罰"。 [17]淮陰:今江蘇淮安市。 [18]元帝:東晉元帝司馬睿。建武元年即317年。 [19]流民:因戰亂、饑荒等流亡外地的百姓。譙:今安徽亳州市。 [20]塢主:塢堡領袖。塢堡是産生於漢末戰亂年代的民間自衛性建築,通常以宗族血統爲主要紐帶。[21]蘆洲:安徽亳州市東渦水北岸。 [22]勒兵:領兵。 [23]太丘:今河南永城縣西北。 [24]南中郎將:官名。 [25]從兩人:帶領兩個隨從。 [26]祖豫州:祖逖,豫州刺史。劉:劉聰。石:石勒。 [27]内史:西漢以來王國設内史,相當於各郡的郡守。 [28]己巳:十八日。 [29]傳檄:傳佈聲討敵人的檄文於天下。 [30]帥:統率。犬羊:喻胡人之不開化,蔑稱。 [31]裒:司馬裒,晉元帝之子。 [32]造:往。賊場:討伐賊子之戰場。 [33]大興二年:319年,"大興"亦作"太興"。 [34]蓬陂:在今河南省開封市南。陳留:陳留郡,郡治在今河南開封市東。 [35]黨:黨羽。 [36]浚儀:縣名,縣治即河南開封市。 [37]蓬關:即蓬陂。 [38]梁國:今河南商丘縣。 [39]淮南:淮南郡,今安徽壽縣。 [40]襄國:今河北邢臺市。 [41]西臺:西城。臺是古代城池四周用來瞭望守衛的高壘。 [42]邀擊:截擊。 [43]東燕城:在今河南延津縣東北。 [44]封丘:今河南封丘縣。 [45]雍丘:今河南杞縣。 [46]蹙(cù):縮減。 [47]趙固:河南郡郡守。上官巳:原東海王司馬越部將。李矩:司州刺史。郭默:潁川郡郡守。 [48]約己務施:嚴於律己,施恩於人。 [49]課:致力於。 [50]任子:人質。後趙:十六國之一,石勒所建。 [51]聽:聽任。 [52]下:下令。幽州:今河北北部。祖、父墓:《晉書·祖逖傳》所載不同,修祖逖母墓。 [53]守冢:守墓。 [54]互市:通商,互相貿易。 [55]牙門:古時駐軍,主帥或主將帳前树牙旗爲軍門,称"牙門"。此指武將。新蔡:今河南新蔡縣。 [56]德:以之爲德。 [57]侵暴:侵犯暴掠。 [58]甲戌:十七日。 [59]戴淵:字若思,廣陵(今江蘇揚州市西北)人。 [60]合肥:今安徽合肥市。 [61]才望:才能聲望。 [62]弘致遠識:恢弘志向,遠大眼光。 [63]翦荆棘:披荆斬棘,喻與胡人歷年苦戰。翦通"剪"。 [64]雍容:從容。 [65]怏怏:不服氣或悶悶不樂的樣子。 [66]王敦:字處仲,琅琊臨沂(今山東臨沂市)人。東晉丞相王導的堂兄,後叛。劉:劉隗。刁:刁協。二人是晉元帝司馬睿的心

腹,代表皇權制衡王氏等士族。搆隙:結怨。 [67]大功:指祖逖中流擊楫發誓收復中原的志向。遂:成。 [68]感激:感動激發。 [69]壬寅:九月朔丁巳,無壬寅,疑與下文十月壬午(二十六日)誤置。 [70]異志:叛逆之心。 [71]壬午:十月朔丙戌,無壬午,疑與上文壬寅(十七日)誤置。 [72]綏御:安撫統率。 [73]李産:字子喬,祖逖同鄉。 [74]鼎沸:喻局勢動亂。 [75]不可測之志:即叵測之心,指叛逆之心。後祖約叛。 [76]託名:假借名義。姻親:因婚姻而結成的親戚關係。 [77]無事:無端,無故。此句意謂祖約有叛逆之心,恐因姻親關係受其牽連。 [78]爾曹:汝等,你們。 [79]間行:抄小路。 [80]永昌元年:322年。 [81]寇:劫掠。河南:黄河以南。 [82]襄城:今河南襄城縣。城父:今安徽亳州市城父鄉。 [83]壽春:今安徽壽縣。 [84]騷然:局勢動盪不安貌。

【集評】

(唐)史臣:祖逖散穀周貧,聞雞暗舞,思中原之燎火,幸天步之多艱,原其素懷,抑爲貪亂者矣。及金行中毁,乾維失統,三后流亡,遞縈居彘之禍,六戎横噬,交肆長蛇之毒,於是素絲改色,跅弛易情,各運奇才,並騰英氣,遇時屯而感激,因世亂以驅馳,陳力危邦,犯疾風而表勁,勵其貞操,契寒松而立節,咸能自致三鉉,成名一時。古人有言曰:"世亂識忠良。"蓋斯之謂矣。……士稚叶迹中興,克復九州之半,而災星告釁,笠轂徒招,惜矣!

(《祖逖傳》,《晉書》卷六十二,第1700頁)

(南宋)李燾:在晉之臣,獨一祖逖擊楫中流,鋭而欲逞,導又不資之以尺寸之刃、斗升之糧。及逖之兵勢已强,成效已著,黄河之南皆爲晉土,固宜命逖總領方面,以卒其功,何至以戴淵統之?此逖所以飲憤至死而歎其功之難成也。

當晉氏渡江之初,祖逖欲舉離散之衆,以荒破之地,與石勒争勝敗于河南。若出而與之鬬,是以肉喂虎,何益?不如撫人民,務耕桑,修守戰之具,内固根本,以待其來。使勒自困其兵,自耗其財,而吾初無勞也。我常逸,敵常疲,内不失所以爲國,外可以破勒。此非智者孰能爲?故河南之地,皆歸於晉。自孫氏立國于南,以吕蒙、陸遜之豪雄,不敢上岸輕議其地。至於桓溫之材,幼度之量,宋武之威,宋文之强,收復河洛,敗亡相繼。其失皆在於不務内事,馳逞於外,爲人所擾,卒不能安。故六朝之際,欲守河南,無善於逖之守也。惜夫祖逖之知守而不知變。當河南之初復,國弱兵少,敵勢方强,此可以坐而役敵;當河南之已安,兵强士附,河北之人,回首望救,此可以出而攻敵。而逖專守一道,不能乘機自用其强,遷延不進,身死無功,石勒遂爲脱網之寇,可不惜夫!

祖逖與晉披荆棘,冒風露,尺攘寸取,以復河南故土。而王導以戴淵一旦雍容,直據其上而節制之。是艱難之際,而逖盡其力;而平定之後,則淵居其利。故逖以感憤,而其功不終。噫!以逖之氣節,豈肯低首撫衿,碌碌從戴淵後者?王導遽以加之,抑英雄之氣,沮進取之謀,非策也。祖約之爲人,才能不及中,而輕以河南付之,兵折地喪,以敗國家事。嗚呼!於逖則抑之已甚,於約則用之太過,委任非當,以復河南,王導至此疏矣。

(《東晉論》,《六朝通鑑博議》卷三,第179,181,182頁)

(明)若水通:逖之慷慨忠義,見於渡江擊楫之日,然鋭氣頗凌邁矣。及鎮雍丘,智勇恩信結於士卒,雖古名將何以加焉?即未清中原,然氈裘之心已寒,華夏之氣舒矣。雖石勒勇略,猶知畏避,况其他乎?使天假以年,則中原之地、二帝之讎,可一洗而復之矣!卒之快快發病而死,豈非才有餘而量不足哉?

(《格物通》卷七十三,《文津閣四庫全書》子部第238册,第214頁)

(清)王夫之:祖逖立威河南,石勒求與通好,逖不報書而聽其互市,可謂善謀矣。

兩軍相距而絕其市,非能果絕之也;豈徒兵民之没於利而趨者雖殺之而不止哉?吾且有時而需彼境之物用而陰購之矣。絕市者,能絕吾之不往,而不能絕彼之不來也。吾之往市者,非一日而即能致於彼,畜之牧之,舟車數百里而輸之,未至於疆埸而早已洩,故雖不能必絕,而多所絕。若彼之來也,授受於疆埸,一夕而竟千金之易,而自我以逮吏士編氓,無不仰給焉,惡可絕也!于是而吾之金錢與其輕齎之貨賄,盡輦以歸敵,而但得其日就消亡之物,則敵日富而我日貧,金錢暗耗而不知,欲三軍之無匱也不能,而民貧怨起矣。

且絕市者曰:憂閒諜也。閒諜之往來,恒於歧徑,乃名爲絕市,而必不能禁下之私通,則歧徑四闢,而閒諜之往來無忌。互市通,而關津有吏焉,以譏其出入;交易有期焉,以限其往復;軍民之志欲得而私徑蕪,則閒諜之出入阻矣。且閒諜者,非必畜不軌之志以走險者也,私市通,歧徑四出,人知官禁之疏,而漸與敵狎,則因而玩死以讎姦者多矣。一之於互市,市之外,無相狎之門,自非深姦巨慝忘死以僥幸者,孰敢嘗試焉?以通之者絕之,逖之慮此密矣。此兩軍相距,贍財用、杜姦人之善術,用兵者不可不知也。

(《讀通鑑論》卷十三,第343-344頁)

二　　體

(唐)劉知幾

【題解】

劉知幾(661—721),字子玄,彭城(今江蘇徐州)人,唐代史學家。曾歷任著作佐郎、左史等職,參與國史纂修。《舊唐書》《新唐書》有傳,并可參《史通·自敍》《忤時》兩篇。《史通》二十卷系統體現其一生史學見解,是中國古代第一部史學評論著作,影響深遠。

本篇選自《史通》卷二,以《春秋》(《左傳》)、《史記》爲代表,比較分析了編年體、紀傳體兩種基本史學著作體例,指出其優劣互見、長短相形,不可偏廢。劉知幾推崇班固《漢書》、荀悦《漢紀》,認爲"後來作者,不出二途",則表明了他對紀傳體斷代史和編年體斷代史的重視。

三、五之代[1],書有典、墳[2],悠哉邈矣[3],不可得詳。自唐、虞以下迄于周[4],是爲《古文尚書》[5]。然世猶淳質,文從簡略,求諸備體,固已闕如。既而丘明傳《春秋》[6],子長著《史記》,載筆之體[7],於斯備矣。後來繼作,相與因循,假有改張[8],變其名目,區域有限[9],孰能踰此!蓋荀悦、張璠[10],丘明之黨也;班固、華嶠[11],子長之流也。惟此二家,各相矜尚[12],必辨其利害,可得而言之。

夫《春秋》者,繫日月而爲次,列時歲以相續,中國外夷,同年共世,莫不備載其事,形於目前[13]。理盡一言,語無重出。此其所以爲長也。至於賢士貞女,高才儁德,事當衝要者[14],必盱衡而備言[15];迹在沈冥者[16],不枉道而詳説[17]。如絳縣之老[18],杞梁之妻[19],或以酬晉卿而獲記[20],或以對齊君而見録。其有賢如柳惠,仁若顔回,終不得彰其名氏,顯其言行。故論其細也,則纖芥無遺;語其粗也,則丘山是棄。此其所以爲短也。

《史記》者,紀以包舉大端[21],傳以委曲細事[22],表以譜列年爵[23],志以總括遺漏[24],逮于天文、地理、國典、朝章[25],顯隱必該[26],洪纖靡失。此其所以爲長也。若乃同爲一事,分在數篇,斷續相離,前後屢出,於《高紀》則云語在《項傳》[27],於《項傳》則云事具《高紀》。又編次同類[28],不求年月,後生而擢居首帙[29],先輩而抑歸末章,遂使漢之賈誼將楚屈原同列[30],魯之曹沫與燕荆軻並編[31]。此其所以爲短也。

考兹勝負,互有得失。而晉世干寶著書[32],乃盛譽丘明而深抑子長,其義云:能以三十卷之約,括囊二百四十年之事,靡有遺也。尋其此説[33],可謂勁挺之詞乎[34]? 案春秋時事,入于左氏所書者,蓋三分得其一耳。丘明自知其略也,故爲《國語》以廣之。然《國語》之外,尚多亡逸,安得言其括囊靡遺者哉? 向使丘明世爲史官,皆仿《左傳》也,至於前漢之嚴君平、鄭子真[35],後漢之郭林宗、黄叔度[36],鼂錯、董生之對策[37],劉向、谷永之上書[38],斯並德冠人倫,名馳海内,識洞幽顯[39],言窮軍國[40]。或以身隱位卑,不預朝政[41];或以文煩事博,難爲次序。皆略而不書,斯則可也。必情有所吝[42],不加刊削[43],則漢氏之志傳百卷,並列于十二紀中,將恐碎瑣多蕪,闌單失力者矣[44]。故班固知其若此,設紀傳以區分,使其歷然可觀[45],綱紀有别。荀悦厭其迂闊[46],又依左氏成書,翦截班史,篇才三十[47],歷代保之[48],有逾本傳[49]。

然則班、荀二體,角力争先,欲廢其一,固亦難矣。後來作者,不出二途。故《晉史》有王、虞[50],而副以干《紀》;《宋書》有徐、沈[51],而分爲裴《略》[52]。各有其美,並行於世。異夫令升之言,唯守一家而已[53]。

(《史通通釋》卷二,上海古籍出版社1978年版)

【注釋】

[1]三、五:三皇、五帝。 [2]典:《五典》,傳説中五帝之書。墳:《三墳》,傳説中三皇之書。 [3]悠、邈:久遠。 [4]唐:唐堯。虞:虞舜。 [5]《古文尚書》:漢代發現的以先秦文字書寫的《尚書》,與口授流傳、以漢代隸書書寫的《尚書》不同,篇章亦有差異,稱《古文尚書》。 [6]傳(zhuàn):爲《春秋》作《左傳》。 [7]載筆:指史著。 [8]假:即使。改張:改變。 [9]區域:指史書的編纂體例。 [10]荀悦:字仲豫,潁川潁陰(今河南許昌)人,東

漢史學家,曾改紀傳體《漢書》爲編年體《漢紀》。張璠:晉代史學家,著《後漢紀》三十卷。 [11]華嶠:字叔駿,高唐(今山東高唐)人,西晉史學家,曾刪定改寫《東觀漢記》爲《後漢書》九十七卷。 [12]矜尚:誇耀推崇。 [13]形:呈現。 [14]銜要:重要,指關係國政的歷史人物。 [15]盱(xū):向上看。衡:眉毛上方。盱衡,揚眉舉目,喻理直氣壯。備:詳。 [16]沈冥:幽暗。喻埋沒無聞者。 [17]枉道:背離常理。 [18]絳縣之老:絳縣在今山東翼城東南,據《左傳·襄公三十年》,絳縣一老者築杞城(在今山東安邱縣東北)以求食,自云“臣生之岁,正月甲子朔,四百有四十五甲子矣,其季于今三之一也”。師曠推算其年七十三歲,晉卿趙孟任命絳縣之老爲君復陶(爲君辦理免役之事),並賜地。 [19]杞梁之妻:據《左傳·襄公二十三年》,齊大夫杞梁名殖,隨齊莊公攻莒,戰死。莊公逃歸,路遇杞梁之妻,派人慰問她。杞梁之妻曰:“殖之有罪,何辱命焉?若免於罪,猶有先人之敝廬在,下妾不得與郊吊。”古禮,唯有賤者受郊吊,杞梁乃大夫,郊吊非禮。莊公於是親至其家慰問。 [20]酬:應對。 [21]大端:大事,指國家軍政之事。 [22]委曲:敘事曲折周密。 [23]譜列:排列。年爵:年代、功爵。 [24]遺漏:指紀傳表未能記録之史事。 [25]國典:國家的典章制度。朝章:朝廷的儀禮法度。 [26]該:備。 [27]《高紀》:《史記·高祖本紀》。《項傳》:《史記·項羽本紀》。 [28]編次同類:指類傳如《史記·屈原賈生列傳》。 [29]擢:提升。首帙:卷首。 [30]將:與。 [31]曹沫:春秋魯國將領。前684年,齊桓公與魯莊公會於柯邑(今山東陽谷東北),曹沫持匕首挾持桓公訂立盟約,收回失地。據考曹沫與曹劌可能爲同一人。荆軻:戰國衛國人,爲燕太子刺殺秦王嬴政,事敗被殺。曹沫與荆軻同載於《史記·刺客列傳》。 [32]干寶:字令升,晉代史學家。曾著編年體《晋紀》二十卷。 [33]尋:探討。 [34]勁挺:據向達先生即“徑庭”,過分。 [35]嚴君平:西漢隱士,本姓莊名遵。避漢明帝劉莊諱書爲“嚴”。卜筮於成都以自養,精於老子之學。鄭子真:西漢隱士,名樸。漢成帝時曾拒絕大將軍王鳳禮聘。 [36]郭林宗:東漢人,名泰,居家教授弟子數千人,舉“有道”,不就。黄叔度:東漢人,名憲,郭泰之友。 [37]鼂錯:西漢潁川人,號“智囊”,主張削藩以加固中央集權。漢文帝十五年以對策高第,策文見《漢書·鼂錯傳》。董生:董仲舒,西漢廣川人,《春秋》公羊學大師。漢武帝時,以賢良對策聞名,後人稱之“天人三策”,策文見《漢書·董仲舒傳》。 [38]劉向:西漢人,字子政,本名更生。漢室宗族。漢成帝時屢次上書,其文見《漢書·楚元王傳》。谷永:西漢長安人,字子雲。漢成帝時,屢上書言事,其文見《漢書·谷永傳》。 [39]識:見識。洞:洞察。 [40]窮:盡。 [41]預:參與。 [42]吝:吝惜,不忍割愛。 [43]刊削:削除。 [44]闡單:力盡疲乏貌。 [45]歷然:清晰貌。 [46]迂闊:遠於事理,不切實際。 [47]篇才三十:指《漢紀》三十卷。 [48]保:通“寶”,以之爲寶。 [49]本傳:指《漢書》。 [50]王:王隱,字處叔,陳郡陳(今河南淮陽)人。晉代史學家,曾著《晉書》八十九卷。虞:虞預,字叔寧。晉代史學家,曾竊王隱著作,成《晉書》四十餘卷。兩種《晉書》皆紀傳體。 [51]徐:徐爰,字長玉,南朝宋琅邪(今江蘇句容縣北)人。曾著《宋書》六十五卷。沈:沈約,字休文,吴興武康(今浙江湖州德清)人,曾著《宋書》一百卷。 [52]裴:裴子野,字幾原,河東聞喜(今山西省聞喜县)人,曾刪沈約《宋書》爲編年體《宋略》,今佚。 [53]唯守一家:即前文干寶“盛譽丘明而深抑子長”,尊編年體貶紀傳體。

【集評】

(明)郭孔延:屈沉汨羅,賈吊均平,其怨同也;曹劫齊桓,荆劫秦王,其俠同也。《史記》既變編年之體,不得不類傳。既以類傳,安能拘先後輩?此無足爲《史記》累者。第列傳不始皋、夔、伊、周而始屈、賈,不極力爲孔、顔揄揚而爲刺客模寫,即子長復生,安能置喙?

(《史通》卷二,《四庫全書存目叢書》史部第279册,第25頁)

(清)浦起龍:此篇與《六家》頂接。《六家》舉史體之大全,二體定史家之正用。先分論其得失,不以有失而不行;後合勘其兩行,不得偏任而廢一。以"左、荀"等字當"編年"字觀,以"班、馬"等字當"紀傳"字觀。會此替身,乃得縣解。自後秘省敕撰,唯此二途;藝文史部,必先二類。知幾是篇,誠百代之質的也。(《史通通釋》卷二,第29—30頁)

劉咸炘:編年之書,本只綜括一代大要,自不能詳。其所不該乃在不可倚年而書者,如貨殖、遊俠諸風勢,知幾僅舉士女,隘矣。士女自當别有記載,雖紀傳亦何能備書?

紀傳能該編年,編年不能該紀傳。知幾有所見而爲究。

(《史學述林》卷三《史通駁議》,《劉咸炘學術論集·史學編》,第471—472頁)

至於二體優劣,則知幾謂若以左氏體該漢之志傳,則"碎瑣多蕪,闌單失力",是編年之短不可救,不能兼紀傳之長,不得不變爲紀傳明矣。至於紀傳本一整體,文存互見,豈可譏爲重出?若謂一事分在數篇,斷續相離,則彼編年文非分在數年,斷續相離乎?至於編次同類不求年月,此於史迹了無所妨,後世讀馬書者固未嘗誤以賈誼與屈原同時,曹沫與荆軻共國也,是則紀傳之短皆不爲短也。然則二體當存一而廢一邪?抑究有不能相兼之處,不可以存一而廢一邪?知幾於此,未嘗明以告我也。

(《史學述林》卷一《史體論》,《劉咸炘學術論集·史學編》,第367頁)

吕思勉:此篇乃從六家中取其二體,以爲可行於後世者也。編年之體有二長:一則便於考見一時代之大勢,以其以時爲綱,在同一時代中,各方面之情形畢具,此篇所謂"中國外夷,同年共世,莫不備載其事,形諸目前"者也。一則可將重複之文,盡行删去,故其體最宜於爲長編。(按時排列,則事之誤繆,有不待校而自見者,如某人已死於某年,而向來傳説,附諸某人之事,乃或在是年之後是也,此亦編年體之所以便於爲長編也。)此篇所謂"理盡一言,語無重出"者也。其短則在委曲瑣細,不能備詳。("干寶議撰《晋史》,以爲宜准丘明,其臣下委曲,仍爲譜注",即所以救此失。見下篇。)朝章國典,無所依附。故其記載,不如紀、傳、表、志體之完全,而後世正史之體,遂不得不舍此而取彼,已見《六家篇評》中。至謂高才儁德,跡在沈冥,即丘山是棄,自係往史偏重政治之故,不得以咎編年。即如《左氏》,浮誇之辭亦多矣,豈不可舍之以記顔回、柳惠邪!

(《史學四種·史通評》,第102頁)

二十、書奏贊論

諫逐客書

（戰國）李斯

【題解】

李斯（？—前208），战國末年楚國上蔡（今河南上蔡縣西）人。師從荀子學帝王之術，後入秦爲吕不韋客卿，并成爲秦王嬴政得力助手，一統六國，官至丞相。秦始皇死，與趙高矯詔殺太子扶蘇，立二世胡亥，後爲趙高陷害，腰斬於咸陽。

秦始皇十年（前237），韓人鄭國間諜事發，秦宗室大臣“請一切逐客”，波及各諸侯國來秦之客卿，李斯亦在被逐之列，因作此書上秦王。以秦國諸君取士而强之事實，歷敍客卿之功，詳論逐客之失，曉之以情，動之以利，理直氣壯，辭采斐然，體現了戰國策士善遊説的風貌。

臣聞吏議逐客，竊以爲過矣[1]。昔繆公求士[2]，西取由余於戎[3]，東得百里奚於宛[4]，迎蹇叔於宋[5]，來丕豹、公孫支於晉[6]。此五子者，不産於秦，而繆公用之，并國二十[7]，遂霸西戎。孝公用商鞅之法[8]，移風易俗，民以殷盛[9]，國以富彊[10]，百姓樂用，諸侯親服，獲楚、魏之師[11]，舉地千里[12]，至今治彊。惠王用張儀之計[13]，拔三川之地[14]，西并巴、蜀[15]，北收上郡[16]，南取漢中[17]，包九夷[18]，制鄢、郢[19]，東據成皋之險[20]，割膏腴之壤，遂散六國之從，使之西面事秦，功施到今[21]。昭王得范雎[22]，廢穰侯[23]，逐華陽[24]，彊公室[25]，杜私門[26]，蠶食諸侯[27]，使秦成帝業。此四君者，皆以客之功。由此觀之，客何負於秦哉[28]！向使四君卻客而不内[29]，疏士而不用[30]，是使國無富利之實，而秦無彊大之名也。

今陛下致昆山之玉[31]，有隨、和之寶[32]，垂明月之珠[33]，服太阿之劍[34]，乘纖離之馬[35]，建翠鳳之旗[36]，樹靈鼉之鼓[37]，此數寶者，秦不生一焉，而陛下説之[38]，何也？必秦國之所生然後可，則是夜光之璧不飾朝廷，犀象之器不爲玩好，鄭、衛之女不充後宫，而駿良駃騠不實外廄[39]，江南金錫不爲用，西蜀丹青不爲采[40]。所以飾後宫、充下陳[41]、娱心意、説耳目者，必出於秦然後可，則是宛珠之簪[42]、傅璣之珥[43]、阿縞之衣[44]、錦繡之飾不進於前，而隨俗雅化[45]、佳冶窈窕趙女不立於側也[46]。夫擊甕叩缶[47]，彈箏搏髀[48]，而歌呼嗚嗚快耳者[49]，真秦之聲也。《鄭》《衛》《桑間》《昭虞》《武象》者[50],異國之樂也。今弃擊甕叩缶而就《鄭》《衛》[51],退彈筝而取《昭虞》,若是者何也?快意當前,適觀而已矣[52]。今取人則不然:不問可否,不論曲直,非秦者去,爲客者逐。然則是所重者在乎色樂珠玉,而所輕者在乎人民也。此非所以跨海内制諸侯之術也[53]。

臣聞地廣者粟多,國大者人衆,兵彊則士勇。是以太山不讓土壤[54],故能成其大;河海不擇細流[55],故能就其深;王者不卻衆庶,故能明其德。是以地無四方,民無異國,四時充美,鬼神降福,此五帝三王之所以無敵也。今乃弃黔首以資敵國[56],卻賓客以業諸侯[57],使天下之士,退而不敢西向,裹足不入秦,此所謂"藉寇兵而齎盜糧"者也[58]。

夫物不産於秦,可寶者多;士不産於秦,而願忠者衆。今逐客以資敵國,損民以益讎[59],内自虚而外樹怨於諸侯,求國無危,不可得也。

(《史記》卷八十七《李斯列傳》,中華書局1982年版)

【注釋】

[1]竊:私下,謙詞。 [2]繆公:秦穆公,繆通"穆",春秋五霸之一。 [3]由余:春秋晉人。入戎,出使秦國,爲穆公招攬。由余獻策攻戎,使穆公拓地稱霸。 [4]百里奚:春秋楚人,虞國大夫。虞亡,爲楚人所執。穆公以五羖(公羊)皮贖他,用爲秦相。 [5]蹇(Jiǎn)叔:春秋時人,居宋,百里奚友,穆公迎爲上大夫。 [6]丕豹:春秋晉人,晉惠公殺其父丕鄭,豹奔秦,穆公用爲大夫。公孫支:秦人,遊晉,後歸秦,穆公用爲大夫。 [7]并國二十:指西戎地區,《秦本紀》載,秦繆公"益國十二,開地千里,遂霸西戎","二十"或爲約數,或爲"十二"之誤。 [8]孝公:秦孝公,戰國秦君。商鞅:即公孫鞅,戰國衛人,亦稱衛鞅。入秦,佐孝公變法,廢井田,開阡陌,倡農戰。封地在商、於,故號商君。後爲惠王所殺。[9]殷:衆多。殷盛即富裕。 [10]彊:通"强"。 [11]獲楚魏之師:商鞅率兵攻魏,大勝。魏獻河西地於秦。獲楚師事未詳。 [12]舉:攻佔。 [13]惠王:秦惠王,孝公子,戰國秦君。張儀:戰國魏人,惠王相,以連横破六國合縱。下舉諸事,拔三川、並巴蜀乃司馬錯、甘茂之功,因張儀爲相,歸功統言之耳。 [14]三川:東周以伊水、洛水、黄河爲三川,三川之地指黄河以南、靈寶以東地區,原屬韓。 [15]巴、蜀:古國名,分别在今四川省東部、西部。 [16]上郡:今陝西省榆林地區,原屬魏。 [17]漢中:今陝西省漢中地區,原屬楚。 [18]包:并吞。九夷:楚國諸部落。 [19]鄢(Yān):在今湖北省宜城縣。郢(Yǐng):楚都,在今湖北省江陵縣。 [20]成皋:亦稱虎牢,在今河南省汜水縣。 [21]施(yì):延續。 [22]昭王:秦昭王,戰國秦君。范雎(Jū):雎亦作"且""睢",戰國魏人,任秦相。 [23]穰侯:魏冉,秦昭王母宣太后異父同母弟,封穰侯。 [24]華陽:宣太后弟,封華陽君。華陽在今陝西省商縣。 [25]公室:王室。 [26]杜:杜絕,限制。 [27]蠶食:如蠶食葉,逐步攻佔各諸侯領地。 [28]負:辜負。 [29]卻:拒絕。内:通"納"。 [30]疏士:疏遠外來士人。 [31]昆山:昆侖山。 [32]隨:通"隋",春秋小國名。相傳隋侯救受傷的大蛇,蛇銜明珠以報,稱隋珠。和:春秋時楚人卞和得璞,屢獻,楚王以爲欺君,砍

其雙足。其後剖璞得玉,琢爲玉璧,稱和氏璧。 [33]明月之珠:夜光珠。 [34]太阿:古劍名,春秋時楚王命歐冶子、干將鑄寶劍三,此其一。 [35]纖離:良馬名。 [36]翠鳳之旗:以翡翠鳥羽毛製成鳳形裝飾的旗子。 [37]靈鼉(tuó)之鼓:以揚子鰐皮製成的鼓。 [38]説:通"悦"。 [39]駃騠:良馬名。 [40]丹:丹砂,可制紅色顔料。青:青雘,可制青黑色顔料。采:彩色。 [41]下陳:後列。 [42]宛珠之簪:以宛地(今河南省南陽市)之珠裝飾的簪子。 [43]傅:通"附"。璣:不圓的珠。珥:耳飾。傅璣之珥即綴珠的耳飾。 [44]阿縞:齊國東阿(今山東東阿縣)出産的白色薄綢。 [45]隨俗雅化:隨着世俗流行樣式打扮變俗爲雅。 [46]冶:妖冶,豔麗。 [47]甕(wèng):盛水的瓦器。缶:口小腹大的瓦器。擊打甕、缶爲節奏。 [48]搏髀(bì):拍擊大腿以爲節奏。 [49]快:使之愉快。 [50]《鄭》《衛》《桑間》:《禮記·樂記》:"鄭衛之音,亂世之音也,比於慢矣。桑間、濮上之音,亡國之音也。"《桑間》:本是衛國濮水濱地名,衛國男女歡會歌唱之地。以上指當時俗樂。"間"原作"閒"。《昭虞》:舜樂名,昭,一作韶。《武象》:周樂名。以上指當時雅樂。 [51]就:取,從。 [52]適觀:適合觀賞。 [53]跨:淩駕。喻統一。 [54]太山:泰山。讓:辭卻。 [55]擇:捨棄。 [56]黔首:以黑巾裹頭,指平民。資:資助。 [57]業:成就功業。 [58]藉:借。齎(jī):送。 [59]益:增益,增多。讎:通"仇",仇敵。

【集評】

(南朝梁)劉勰:范睢之言事,李斯之止逐客,並煩情入機,動言中務,雖批逆鱗而功成計合,此上書之善説也。 (《論説》,《文心雕龍義證》卷四,第715頁)

(南宋)樓昉:此先秦古書也。中間兩三節,一反一覆,一起一伏,略加轉换數個字,而精神愈出,意思愈明,無限曲折變態,誰謂文章之妙不在虛字助詞乎?

(《崇古文訣評文》,《歷代文話》第1册,第461頁)

(元)李淦:李斯《上秦始皇書論逐客》,起句即見事實,最妙。中間論不出於秦而秦用之,獨人才不出於秦而秦不用,反覆議論,痛快!深得作文之法,未易以人廢言也。

(《文章精義》,《歷代文話》第2册,第1162頁)

(明)歸有光:文章用意庸,易起人厭;須出人意表,方爲高手。如李斯《諫逐客書》,借人揚己,以小喻大,另是一種巧思。能打破此等關竅,下筆自驚世駭俗矣。

(《文章指南》仁集"用意奇巧則第七",《四庫全書存目叢書》集部第315册,第649頁)

(明)王達:吾嘗讀李斯上秦皇《逐客書》而有感焉。夫秦皇之爲人,可謂虎視四海者矣。李斯數語而秦皇終不敢逐客者,何也?此斯之所以能順其欲也。先誇人君得客之福如此,失客之患如此,所以啓之也。然後以富貴珍寶炫其志,音樂婦女鼓其惑,所以啗之也。當此之際,秦皇逐客之疑已去八九矣,李斯至此當如何哉?則將有以懼之焉。故曰:"今逐客以資敵國,損民以益仇,内自虛而外樹怨於諸侯,求國無危,不可得也。"嗚呼!斯之術至此盡矣,秦皇之心至此懼矣。斯雖欲去,秦皇有所不容其去者矣。先啓之以重其聽,後啗之以滌其疑,終懼之以堅其志,此斯所以能順其欲也。

(《讀李斯書》,《明文衡》卷四十七,《文津閣四庫全書》集部第459册,第416頁)

(清)金聖歎:自首至尾,落落只寫大意。初並無意爲文,看他起便一直徑起,住便一直徑住，轉便徑轉，接便徑接。後來文人無數筆法，對此一毫俱用不着，然正是後來無數筆法之祖也。（《天下才子必讀書》卷五，《金聖歎全集》第五册，第230頁）

（清）徐乾學：按，斯此書本自媒，而其言與帝王用人無方之義，有足相發。

（《古文淵鑒》卷九）

（清）何焯：戰國之文，楚人頗工爲辭。李斯本楚産，故其文華艷，而《文選》録之，爲祖師云。

評“今陛下致崑山之玉”至“此非所以跨海内、制諸侯之術也”：“今”字對前“昔”字，只“昔”字“今”字對照兩大段文字，前舉先世之典以事証，後就秦王一身以物喻，即小見大，于人情尤易通曉也。

評“必秦國之所生然後可”至“佳冶窈窕趙女不立於側也”：漢以後文字，筆力必不能若此馳騁。“所以飾後宫”以下，一意翻作兩層。（《義門讀書記》卷四十九，第953頁）

（清）浦起龍：旁羅處，層叠敲擊；到正寫，又妙在不黏。風雨發作，光怪變現，筆勢如生虵，不受捕捉。（《古文眉詮》卷四十）

林紓：所以稱“昔”者，就秦之先世言也，然語語不脱利益兩字之意。其利也，客利之也；其益也，客益之也。總結一語曰：此四君皆以客之功。提醒秦皇，請其回頭一看，即急急落到客之不負於秦。不負於秦，即不必逐，亦不可逐。然尚不簡直説出，但説他名實兩空，此由“利”字落到“害”字矣。

何義門又謂漢以後文字不能如此馳騁。實則文章逐時代而遷移，李斯富於才，此篇爲切己之事，故言之精切。實則仍是策士之詞鋒，不能不如此炫其神通以駭人也。

（《林紓選評古文辭類纂》卷三，第84-85頁）

（清）李兆洛：是駢體初祖。

此文若去其中間一節，則了無生趣矣。然語既氾濫，意雜詼嘲。雖曰羇旅之臣，要豈陳言之體？玩其華焉可也。（《駢體文鈔》卷十一，第166頁）

（日本）齋藤正謙：李斯《逐客書》，事理切當，而文字偉麗，秦人之文孰出其右？中説色樂珠玉，使後人爲之，一直排去，莫可觀矣。今以二“今”字，二“必”字，一“夫”字，斡旋文勢，一順一逆，翻轉出來，三段一意，不覺重複，真絶奇之作也。

（《拙堂文話》卷六，《歷代文話》第10册，第9908頁）

王文濡：歷言客卿之益，已自動聽，又就人物比較，層層駁詰，辯才無兩，自是戰國策士遺風。（《秦漢三國文評注讀本》上册，第61頁）

王文濡：急於求用，至比於色樂珠玉，自待之卑，誠不屑責。直待五刑之具而始覺悟，晚矣！（《評校音注古文辭類纂》卷十一，第14頁）

錢鍾書：按此書歷來傳誦，至其命意爲後世張本開宗，則似未有道者。二西之學入華，儒者闢佛與夫守舊者斥新知，訶爲異端，亦以其來自異域耳。爲二學作護法者，立論每與李斯之諫逐客似響之應而符之契，其爲暗合耶？其爲陰承也？

（《管錐編》（一），《錢鍾書集》，第531頁）

報任安書

(西漢)司馬遷

【題解】

任安,字少卿,滎陽(今河南滎陽市)人。曾任益州刺史、北軍使者護軍。任安是司馬遷的朋友,曾寫信給司馬遷,信中當提到要求司馬遷"推賢進士"之語。司馬遷曾因爲李陵仗義執言而受腐刑,其後反被提拔爲例由宦官擔任的中書令,掌尚書出入宫中奏事,故任安有此"推賢進士"之要求,而司馬遷以此爲恥,遲遲未復。武帝太始四年(前93),任安獲罪當死,司馬遷"恐不得舒憤懣以曉左右",方寫下這封回信。信中再三致意,"事本末未易明","事未易一二爲俗人言","可爲智者道,難爲俗人言","於俗不信",寫出深藏内心的憤懣。引古證今,"刑餘之人","刀鋸之餘","茸以蠶室",近於非人,"今少卿乃教以推賢進士,無乃與僕之私指謬乎?"點出欲復難回的沉痛。敘述因言獲罪之始末,剖析一己之心跡,傾吐隱忍苟活之故:"恨私心有所不盡,鄙没世而文采不表於後也",因發憤著書,與"意有所鬱結,不得通其道,故述往事,思來者"之古賢人異代同心。全篇情感痛切,欲訴無門,可與《離騷》相並。叔孫豹論"三不朽"有"立言",孟子論"天將降大任"則曰"苦其心志,勞其筋骨,空乏其身,行弗亂其所爲",《惜誦》亦"發憤以抒情"。《報任安書》綰合三者,融身世之悲,强調著書立言的深層動力"發憤"及其效果"不朽",首次建構了影響深遠的"發憤著書"説。司馬遷《虞卿傳》贊稱:"虞卿非窮愁,亦不能著書以自見於後世云。"可與此並參。桓譚《新論》云:"賈誼不左遷失志,則文彩不發。淮南不貴盛富饒,則不能廣聘駿士,使著文作書。"錢鍾書先生以爲"著書之事固出於窮,而亦或出於達,遷説不如桓説之周賅矣"。

本篇選自《漢書》,部分文字據《文選》補入。

太史公牛馬走司馬遷再拜言[1]。

少卿足下[2]:曩者辱賜書[3],教以慎於接物[4],推賢進士爲務。意氣勤勤懇懇[5],若望僕不相師用[6],而流俗人之言[7]。僕非敢如是也。雖罷駑[8],亦嘗側聞長者遺風矣[9]。顧自以爲身殘處穢[10],動而見尤[11],欲益反損,是以抑鬱而無誰語[12]。諺曰:"誰爲爲之[13]? 孰令聽之[14]?"蓋鍾子期死,伯牙終身不復鼓琴[15]。何則? 士爲知己用,女爲説己容[16]。若僕大質已虧缺[17],雖材懷隨、和[18],行若由、夷[19],終不可以爲榮,適足以發笑而自點耳[20]。

書辭宜答,會東從上來[21],又迫賤事[22],相見日淺[23],卒卒無須臾之間得竭指意[24]。今少卿抱不測之罪[25],涉旬月[26],迫季冬[27],僕又薄從上上雍[28],恐卒然不可諱[29]。是僕終已不得舒憤懣以曉左右[30],則長逝者魂魄私恨無窮[31]。請略陳固陋[32]。闕然不報[33],幸勿過[34]。

僕聞之:修身者,智之府也[35];愛施者,仁之端也;取予者,義之符也[36];恥辱者,勇之決也[37];立名者,行之極也。士有此五者,然後可以託於世[38],列於君子之林矣。故禍莫憯於欲利[39],悲莫痛於傷心,行莫醜於辱先,而詬莫大於宫刑[40]。刑餘之人[41],無所比數[42],非一世也[43],所從來遠矣!昔衛靈公與雍渠載[44],孔子適陳;商鞅因景監見[45],趙良寒心;同子参乘[46],爰絲變色[47]:自古而恥之。夫中材之人,事關於宦豎[48],莫不傷氣[49],況忼慨之士乎[50]!如今朝雖乏人,奈何令刀鋸之餘薦天下豪儁哉[51]!僕賴先人緒業[52],得待罪輦轂下[53],二十餘年矣。所以自惟[54]:上之,不能納忠效信[55],有奇策材力之譽,自結明主[56];次之,又不能拾遺補闕[57],招賢進能,顯巖穴之士[58];外之,不能備行伍[59],攻城野戰,有斬將搴旗之功[60];下之,不能累日積勞,取尊官厚禄,以爲宗族交遊光寵[61]。四者無一遂[62],苟合取容[63],無所短長之效[64],可見於此矣。鄉者[65],僕亦嘗厠下大夫之列[66],陪外廷末議[67]。不以此時引維綱[68],盡思慮,今已虧形爲埽除之隸[69],在闒茸之中[70],乃欲卬首信眉[71],論列是非,不亦輕朝廷,羞當世之士邪!嗟乎!嗟乎!如僕,尚何言哉!尚何言哉!

且事本末未易明也。僕少負不羈之才[72],長無鄉曲之譽[73],主上幸以先人之故,使得奉薄技[74],出入周衛之中[75]。僕以爲戴盆何以望天[76],故絶賓客之知,忘室家之業,日夜思竭其不肖之材力,務壹心營職,以求親媚於主上[77]。而事乃有大謬不然者。夫僕與李陵俱居門下[78],素非相善也,趣舍異路[79],未嘗銜盃酒接殷勤之歡。然僕觀其爲人自奇士,事親孝,與士信,臨財廉,取予義,分別有讓[80],恭儉下人[81],常思奮不顧身以徇國家之急[82]。其素所畜積也[83],僕以爲有國士之風[84]。夫人臣出萬死不顧一生之計,赴公家之難,斯已奇矣。今舉事壹不當,而全軀保妻子之臣隨而媒孽其短[85],僕誠私心痛之!且李陵提步卒不滿五千,深踐戎馬之地,足歷王庭[86],垂餌虎口,横挑彊胡[87],卬億萬之師[88],與單于連戰十餘日,所殺過當[89]。虜救死扶傷不給[90],旃裘之君長咸震怖[91],乃悉徵左右賢王[92],舉引弓之民,一國共攻而圍之。轉鬭千里,矢盡道窮,救兵不至,士卒死傷如積。然李陵一呼勞軍,士無不起,躬自流涕[93],沬血飲泣[94],張空弮[95],冒白刃,北首争死敵[96]。陵未没時[97],使有來報,漢公卿王侯皆奉觴上壽[98]。後數日,陵敗書聞,主上爲之食不甘味,聽朝不怡[99]。大臣憂懼,不知所出。僕竊不自料其卑賤,見主上慘悽怛悼[100],誠欲效其款款之愚[101]。以爲李陵素與士大夫絶甘分少[102],能得人之死力,雖古名將不過也。身雖陷敗,彼觀其意[103],且欲得其當而報漢[104]。事已無可奈何,其所摧敗,功亦足以暴於天下[105]。僕懷欲陳之,而未有路,適會召問,即以此指推言陵功[106],欲以廣主上之意[107],塞睚眦之辭[108]。未能盡明,明主不深曉,以爲僕沮貳師[109],而爲李陵游説,遂下於理[110]。拳拳之忠[111],終不能自列[112]。因爲誣上[113],卒從吏議[114]。家貧,財賂不足以自贖[115],交遊莫救,左右親近不爲壹言[116]。身非木石,獨與法吏爲伍,深幽囹圄之中[117],誰可告愬者[118]! 此正少卿所親見,僕行事豈不然邪?李陵既生降,隤其家聲[119],而僕又茸以蠶室[120],重爲天下觀笑。悲夫! 悲夫!

事未易一二爲俗人言也[121]。僕之先人,非有剖符丹書之功[122],文史、星曆[123],近乎卜祝之間[124],固主上所戲弄,倡優畜之[125],流俗之所輕也。假令僕伏法受誅,若九牛亡一毛,與螻螘何異[126]! 而世又不與能死節者比[127],特以爲智窮罪極,不能自免,卒就死耳。何也? 素所自樹立使然[128]。人固有一死,死有重於泰山[129],或輕於鴻毛,用之所趨異也[130]。太上不辱先,其次不辱身,其次不辱理色[131],其次不辱辭令[132],其次詘體受辱[133],其次易服受辱[134],其次關木索被箠楚受辱[135],其次鬄毛髮嬰金鐵受辱[136],其次毁肌膚斷支體受辱[137],最下腐刑[138],極矣。傳曰"刑不上大夫"[139],此言士節不可不厲也[140]。猛虎處深山,百獸震恐,及其在穽檻之中[141],摇尾而求食,積威約之漸也[142]。故士有畫地爲牢勢不入[143],削木爲吏議不對[144],定計於鮮也[145]。今交手足,受木索,暴肌膚,受榜箠[146],幽於圜牆之中[147],當此之時,見獄吏則頭槍地[148],視徒隸則心惕息[149]。何者? 積威約之勢也。及已至此,言不辱者,所謂彊顔耳[150],曷足貴乎! 且西伯[151],伯也[152],拘牖里[153];李斯,相也,具五刑[154];淮陰[155],王也[156],受械於陳;彭越、張敖[157],南鄉稱孤,繫獄具罪;絳侯誅諸吕[158],權傾五伯,囚於請室[159];魏其[160],大將也,衣赭、關三木[161];季布爲朱家鉗奴[162];灌夫受辱居室[163]。此人皆身至王侯將相,聲聞鄰國,及罪至罔加[164],不能引決自財[165]。在塵埃之中[166],古今一體,安在其不辱也! 由此言之,"勇怯,勢也;彊弱,形也[167]。"審矣[168],曷足怪乎! 且人不能蚤自財繩墨之外[169],已稍陵夷至於鞭箠之間[170],乃欲引節[171],斯不亦遠乎[172]! 古人所以重施刑於大夫者[173],殆爲此也。夫人情莫不貪生惡死,念親戚[174],顧妻子,至激於義理者不然,乃有不得已也。今僕不幸,蚤失二親,無兄弟之親,獨身孤立,少卿視僕於妻子何如哉? 且勇者不必死節,怯夫慕義,何處不勉焉[175]! 僕雖怯耎欲苟活[176],亦頗識去就之分矣[177],何至自湛溺累紲之辱哉[178]! 且夫臧獲婢妾猶能引決[179],況若僕之不得已乎! 所以隱忍苟活,函糞土之中而不辭者[180],恨私心有所不盡,鄙没世而文采不表於後也[181]。

古者富貴而名摩滅[182],不可勝記,唯俶儻非常之人稱焉[183]。蓋西伯拘而演《周易》;仲尼戹而作《春秋》;屈原放逐,乃賦《離騷》;左丘失明,厥有《國語》;孫子髕脚[184],《兵法》修列;不韋遷蜀,世傳《吕覽》[185];韓非囚秦,《説難》《孤憤》[186]。《詩》三百篇,大氐賢聖發憤之所爲作也[187]。此人皆意有所鬱結,不得通其道,故述往事,思來者。及如左丘明無目[188],孫子斷足,終不可用,退論書策以舒其憤[189],思垂空文以自見。僕竊不遜,近自託於無能之辭,網羅天下放失舊聞[190],考之行事[191],綜其終始[192],稽其成敗興壞之理[193]。上計軒轅,下至于兹,爲十表、本紀十二、書八章、世家三十、列傳七十,凡百三十篇[194]。亦欲以究天人之際[195],通古今之變,成一家之言。草創未就[196],適會此禍,惜其不成,是以就極刑而無慍色。僕誠已著此書,藏之名山,傳之其人[197],通邑大都[198],則僕償前辱之責,雖萬被戮[199],豈有悔哉!然此可爲智者道,難爲俗人言也。

且負下未易居[200],下流多謗議[201]。僕以口語遇遭此禍[202],重爲鄉黨戮笑[203],汙辱先人[204],亦何面目復上父母之丘墓乎[205]?雖累百世,垢彌甚耳!是以腸一日而九回,居則忽忽若有所亡[206],出則不知所如往。每念斯恥,汗未嘗不發背霑衣也。身直爲閨閤之臣[207],寧得自引深臧於巖穴邪[208]!故且從俗浮湛[209],與時俯仰,以通其狂惑[210]。今少卿乃教以推賢進士,無乃與僕之私指謬乎[211]?今雖欲自彫瑑[212],曼辭以自解[213],無益,於俗不信[214],祇取辱耳。要之死日,然後是非乃定。書不能盡意,故略陳固陋[215]。謹再拜[216]。

(《漢書》卷六十二《司馬遷傳》,中華書局1962年版)

【注釋】

[1]太史公:太史令,指司馬遷,古人書信格式,常先列具寫信人的官職姓名。或釋爲其父司馬談。牛馬走:像牛馬一樣奔走的僕役。宋代吴仁傑認爲"牛"當作"先",錢鍾書認爲"先馬走"猶後世所謂"馬前走卒",即同書札中自謙之稱"下走""僕"耳。按,《漢書》無此十二字,據《文選•報任少卿書》補入。 [2]足下:敬稱。 [3]曩(nǎng):從前。辱賜書:紆尊降貴賜信給我。 [4]接物:待人接物。 [5]勤勤懇懇:誠懇的樣子。 [6]望:怨。相師用:效法他人的意見行事。 [7]流:順從、追隨。按,以上兩句,《文選》作:"若望僕不相師,而用流俗人之言。" [8]罷:通"疲"。駑(nú):劣馬。罷駑喻才能庸劣。 [9]側聞:在一旁聽到。謙詞,如"伏聞"。 [10]顧:只是。身殘:指受宫刑,形體殘缺。處穢:處於汙穢可恥的境地,指形同宦官。 [11]尤:過錯。 [12]無誰語:無知己可傾訴。此句《文選》作"是以獨鬱悒而與誰語"。 [13]誰爲(wèi)爲(wéi)之:給誰做事。 [14]孰令聽之:即令孰聽之。 [15]鍾子期、伯牙:春秋楚人。伯牙善彈琴,鍾子期善聽琴。鍾子期死,伯牙認爲世無知音,毁琴不彈。 [16]説:通"悦"。按,此兩句《文選》作:"士爲知己者用,女爲説己者容。" [17]大質:身體。 [18]隨、和:見《諫逐客書》注。 [19]由:許由,堯時高士,相傳堯想把天下讓給他,他不接受。夷:伯夷,商孤竹君之子,周滅商,與其弟叔齊恥食周粟,餓死首陽山。 [20]點:汚辱。 [21]會:適逢。上:皇上。按,指漢武帝太始四年(前93年)東巡泰山而歸長安。 [22]迫賤事:忙於公私瑣事。賤事亦謙詞。[23]淺:短。 [24]卒,通"猝"。卒卒:匆忙急促。須臾:片刻。指,通"旨"。指意即心意。 [25]不測之罪:不可預測結果之罪,死罪的諱言。 [26]涉旬月:再過一個月。[27]迫季冬:近冬末。漢律,每年十二月處決罪犯。 [28]薄從上上雍:迫於急務,隨皇上到雍地。雍:在今陜西省鳳翔縣。 [29]卒然:猝然。不可諱:死的委婉説法,恐任安此次當處斬。 [30]曉:明告。左右:原指左右侍奉的人。此處不直稱對方,以示尊敬,與前稱

“足下”同。 [31]長逝者:死者。此句意謂任安死而不見回信,遺恨無窮。 [32]固陋:褊狹淺陋的見解。謙詞。 [33]闕然:相隔很久。 [34]過:責備。 [35]府:財物所聚之處。按,《文選》“府”作“符”。 [36]符:標誌。《文選》“符”作“表”。 [37]決:先決條件。 [38]託:托身,立身。 [39]憯(cǎn):通“慘”。欲利:貪圖私利。 [40]詬:恥辱。 [41]刑餘之人:被閹割的宦官,此指受宫刑的人。 [42]無所比數:不被當作同類。 [43]非一世:不只某一代如此。 [44]雍渠:衛國宦官。 [45]景監:秦國宦官。此句意謂商鞅通過景監推介見秦孝公。 [46]同子:趙談,漢文帝時宦官。司馬遷因父名“談”而諱稱。 [47]爰絲:即袁絲,袁盎字絲。 [48]宦豎:對宦官的賤稱。豎,古代對卑賤者的蔑稱。 [49]傷氣:志氣頹喪。 [50]忼慨:通“慷慨”。 [51]刀鋸之餘:同前“刑餘之人”。 [52]緒業:遺業。 [53]輦轂:皇帝車駕,漢人常以輦轂下代稱首都。此句意謂在皇帝身邊侍奉。 [54]惟:思。 [55]納忠效信:貢獻己之忠誠與信用。 [56]自結:意謂以忠誠取得皇帝信任。 [57]拾遺補闕:謙詞,爲朝廷做一些彌補遺漏欠缺的工作。闕,通“缺”。 [58]顯:顯揚。巖穴之士:隱士。 [59]備:充任。行伍:軍隊。 [60]搴(qiān):拔取。 [61]交遊:朋友。 [62]遂:成就。 [63]苟合取容:苟且求合以得到別人的容納。 [64]短長:猶小大。效:效驗,貢獻。 [65]鄉:通“向”,從前。 [66]厕:夾雜,處於,謙詞。下大夫:按周代官制,太史令屬下大夫。 [67]外廷:即外朝。漢代把官員分爲外朝與中朝,外朝是丞相以下的行政官員。國家疑難大事由外朝官員討論。末:微末。 [68]維綱:指國家法令。 [69]虧形:形體殘缺。埽:通“掃”。掃除之隸喻地位卑下如役隸。 [70]闒(tà)茸:卑賤。 [71]卬:通“昂”。信:通“伸”。 [72]負:仗恃。不羈之才:若駿馬不受拘束般的高遠之才。 [73]鄉曲:鄉里。漢代以察舉制取士,鄉評、鄉譽頗重要。 [74]薄技:即下文“文史星曆”之特長。 [75]周衛:周密護衛,指皇宫禁中。 [76]戴盆何以望天:頭頂盆子、望天二者不可得兼,喻己忙於職守,無暇他顧。[77]親媚:親近取媚。 [78]門下:指可以出入宫門的官員。元狩中,李陵曾爲侍中,司馬遷爲郎中,皆可出入宫門。 [79]趣舍:進退。趣,通“趨”。 [80]分別有讓:指對有差別的事物肯於退讓。 [81]下人:甘居人後。 [82]徇:通“殉”。 [83]素所畜積:指平素言所包含的氣度、志向。“畜”通“蓄”。 [84]國士:一國中傑出之士。 [85]媒:酒母。孽:通“蘗”(bò):曲蘗。媒蘗即釀酒的酒麴,此處作動詞,醞釀。 [86]王庭:匈奴單于所居之處。 [87]横挑:勇挑。彊胡:指匈奴。 [88]卬:通“仰”,仰攻。或云通“迎”,迎戰。或云乃“抑”,抑制。 [89]當:相當。此句意謂殺敵超過己方軍隊的人數。 [90]不給(jǐ):來不及援救。 [91]旃(zhān)裘:獸毛制做的皮衣,指匈奴。旃,通“氈”。 [92]左右賢王:匈奴最高官位,分領東西兩部。 [93]躬自:親自。按,“自”據《文選》補入。 [94]沬(huì):洗臉。沬血指血流滿面。 [95]拳(quān):弩弓。 [96]首:向。争死敵:與敵人拼命。 [97]未没:軍未覆亡。 [98]奉觴上壽:捧着酒杯向皇上祝賀取勝。 [99]聽朝:上朝聽政。 [100]怛(dá):痛。 [101]款款之愚:誠懇的忠心。 [102]士大夫:指李陵之部將。絕甘:甘美之食不享。分少:分財物於己少。 [103]彼觀:即觀彼。 [104]當:時機。 [105]暴(pù):顯露。 [106]推言:闡述。 [107]廣主上之意:寬主上之心。[108]睚眦:怒目而視。此句指與李陵有宿怨者落井下石之辭。 [109]沮:敗壞,中傷。

貳師:指貳師將軍李廣利,武帝寵妃李夫人之兄,武帝爲提拔他,派他征匈奴以獲軍功,李陵協助。李陵被圍,李廣利坐視不救。司馬遷替李陵説話,故武帝認爲他有意中傷貳師將軍。 [110]理:即大理,古代的司法官。 [111]拳拳:忠誠恭謹的樣子。 [112]列:陳述,羅列。 [113]因爲:因此成爲。誣上:古代"欺君罔上"乃重罪。 [114]吏議:法庭官吏的判決。 [115]財賂:財貨。漢律可用財物贖罪。 [116]左右親近:皇帝身邊近臣。 [117]幽:囚禁。囹圄:監獄。 [118]愬:通"訴",訴説。 [119]隤(tuí):毁壞,敗壞。 [120]茸:推入。蠶室:養蠶之室。此指執行宮刑及受宮刑者所居之獄室。因受宮刑者忌風寒,故其獄室像蠶室溫暖密封。 [121]一二:逐一。 [122]剖符:漢代皇帝給功臣的一種憑信。符,竹制,上寫永不改變爵位的誓言,剖分爲二,皇帝與功臣各存其一。丹書:即丹書鐵券,鐵制的券契,用朱砂書寫誓詞,故稱丹書。得剖符丹書的功臣,子孫有罪可以赦免。 [123]文史、星曆:史籍和天文曆法,皆太史令職掌。 [124]卜祝:占卜和祭祀之職。 [125]倡優:樂工伶人,古人視之爲輕賤的下等人。 [126]螘:通"蟻"。 [127]比:並列。 [128]素所自樹立:自己立身的工作和職位。 [129]有:《文選》作"或"。 [130]用:因。之:指死。此句意謂因死之趨向不同而有"重於泰山""輕於鴻毛"之别。 [131]理色:道理和顔面。 [132]辭令:言辭和教令。 [133]詘(qū)體:身體被捆綁。詘,通"屈"。 [134]易服:换上赭色囚衣。 [135]關木索:戴上枷索。關:戴上。木:枷。索:繩索。箠(chuí)楚:木杖和荆杖,刑具。 [136]鬄毛髮:剃光頭髮,指髡(kūn)刑。鬄:通"剃"。嬰金鐵:頸上套著鐵圈,指鉗刑。嬰:環繞。 [137]毁肌膚、斷支體:指肉刑。如臉上刺字的黥(qíng)刑、割鼻子的劓(yì)刑,砍去雙脚的刖(yuè)刑等。支,通"肢"。 [138]腐刑:即宮刑。閹割生殖器的酷刑。 [139]刑不上大夫:此語見《禮記·曲禮上》。 [140]厲:通"礪",磨礪。 [141]穽:通"阱"。檻(jiàn):關野獸的籠子。 [142]積威約:長期威力積累的約束。 [143]畫:通"劃"。 [144]吏:獄吏。 [145]定計:早就拿定主意。鮮:態度鮮明。或訓鮮爲"先",此句意謂在受刑之前自殺以避免受辱。 [146]榜:鞭打。 [147]圜牆:指監獄。圜:通"圓"。 [148]槍:通"搶",撞,觸。 [149]隸:獄卒。惕息:不敢喘息,形容極其恐懼。 [150]彊顔:厚著臉皮。 [151]西伯:即周文王。殷紂時他是西方諸侯之長,故稱。 [152]伯:方伯,一方諸侯之長。 [153]牖里:或作"羑里",在今河南省汾陰縣内。 [154]五刑:秦漢時包括黥、劓、斬左右趾、梟首、菹其骨肉。《史記·李斯列傳》:"具斯五刑。"《漢書·刑法志》:"令曰:'當三族者,皆先黥,劓,斬左右趾,笞殺之,梟其首,菹其骨肉於市。其誹謗詈詛者,又先斷舌。'故謂之具五刑。" [155]淮陰:淮陰侯韓信。 [156]王:韓信曾被封楚王。 [157]彭越:漢初功臣,封梁王。張敖:漢初功臣張耳之子,襲趙王。二人皆因被誣告謀反,下獄定罪。 [158]絳侯:周勃封號。誅諸吕:吕后家族吕禄、吕産等人謀反,周勃、陳平等誅之,迎立文帝。 [159]請室:漢代囚禁罪吏的監獄。周勃被人誣告謀反而下獄。 [160]魏其:魏其侯竇嬰。 [161]三木:頭、手、脚皆帶刑具。竇嬰被誣下獄處死。 [162]季布:項羽將領,屢次困辱劉邦。項羽死,劉邦懸賞捉拿季布。季布逃,自髡鉗變姓,賣身爲魯人朱家之奴。 [163]灌夫:平七國之亂有功,爲中郎將。武帝時被誣下獄、滅族。居室,少府所屬的官署名。 [164]罔:通"網",法網。 [165]引決:自殺。自財:自殺。財:通

“裁”。 [166]圜埃:指監獄。 [167]“勇怯”數句:語出《孫子·勢篇》。 [168]審:明白。 [169]蚤:通“早”。繩墨:指法令。 [170]陵夷:卑下,如丘陵之漸削平。 [171]引節:引決從節,自殺殉節。 [172]遠:晚。 [173]重:愼重。 [174]親戚:此指父母。 [175]何處不勉:在任何處境皆應勉勵自己不可受辱。 [176]耎:通“軟”。 [177]去就:去留,此句有捨生取義之意。 [178]湛溺:沉溺。累紲:縶囚犯之繩,此指囚禁。 [179]臧獲:古代奴婢的賤稱。《方言》:“海岱之間,罵奴曰臧,罵婢曰獲。” [180]函:包圍。糞土:指監獄。同上“圜埃”。 [181]鄙:鄙薄。没(mò)世:死。文采:此指《史記》。 [182]摩:通“磨”,磨去。 [183]俶儻(tìtǎng):卓爾不凡。 [184]孫子:孫臏,齊人,軍事家。臏(bìn)脚:古代肉刑之一,削去膝蓋骨。《兵法》指《孫臏兵法》。 [185]“不韋”二句:《吕覽》即《吕氏春秋》。據《史記·吕不韋列傳》,此書乃集門客之論,作於咸陽。遷蜀令下,吕不韋即飲鴆而死,實未貶入蜀。 [186]“韓非”二句:《説難》《孤憤》,《韓非子》中的兩篇。據《史記·老子韓非列傳》,實乃入秦前作。 [187]氐:通“抵”。 [188]及如:至如。按,《文選》無“明”字。 [189]退論書策:退而論,書於策。策:古代竹簡。 [190]失:通“佚”。放失即散佚。 [191]行事:行爲事蹟,指歷史。 [192]綜其終始:此句據《文選》補入。 [193]稽:考察。 [194]“上計軒轅”至“列傳七十”:據《文選》補入。 [195]際:關係。 [196]草創:草稿。就:成。 [197]其人:能傳此書者。《史記》在司馬遷逝世後,由其外甥楊惲公之於世。 [198]通邑大都:交通便利之大城市,當特指首都。參司馬遷《太史公自序》:“藏之名山,副在京師,俟後世聖人君子。” [199]戮:辱。 [200]負下:背負污辱下賤之名聲。居:相處。 [201]下流多謗議:意謂名聲污辱下賤,則謗議所歸,如水之就下。 [202]口語:言論,指爲李陵之廷議。 [203]重(zhòng):深。戮笑:辱笑。 [204]汙:通“污”。 [205]“亦何”句:可引後以明前,參《論衡·四諱篇》:“二曰:諱被刑爲徒,不上丘墓。” [206]忽忽:恍惚。亡:失去。“居則忽忽”兩句意,可參《詩經·小雅·蓼莪》:“入則靡至,出則銜恤。” [207]直:簡直。閨閤:宫中小門。閨閤之臣指宦官。 [208]引:引退。 [209]浮湛:浮沉。 [210]通:疏通發散。狂惑:憤慨與迷惑。 [211]私指:個人態度與意見。謬:相背。 [212]彫瑑(diāozhuàn):雕刻,此指修飾。 [213]曼辭:麗辭。 [214]不信:不被信任。 [215]固陋:淺陋,謙辭。 [216]謹再拜:據《文選》補入。

【集評】

(南宋)樓昉:反覆曲折,首尾相續,敍事明白,讀之令人感激悲痛。然看得豪氣猶未盡除。

(《崇古文訣評文》,《歷代文話》第一册,第466頁)

(南宋)真德秀:遷所論無可取者。然其文跌盪奇偉,亦已見如此人材。而因言事寘之腐刑,可爲痛惜也。

(《文章正宗》卷十五,《文津閣四庫全書》集部第453册,第148頁)

(明)孫鑛:(眉批)此與李答蘇書同敍力戰一事,而彼婉曲細説,此直截急下;彼濃態勝,此勁力勝。然此書神氣有餘,驅遣如意,讀此復讀彼,便覺彼書氣萎不振。

(眉批)直寫胸臆,發揮又發揮,惟恐傾吐不盡。讀之使人慷慨激烈,唏嘘欲絕,真是大有力量文字。

（眉批）凡文字貴鍊貴淨，此文全不鍊不淨；《中庸》稱“有餘”“不敢盡”，此則既“無餘”矣，猶嘵嘵不已，于文字宜不爲佳。然風神横溢，讀者多服其跌宕不羣，翻覺鍊、淨者之爲瑣小。意態豪縱不羈，其所爲盡而有餘，此所由筆力超越，故此等文字最不易學，學之須多讀書，養得一氣充足，據案一揮，庶幾彷彿。

（尾評）粗粗鹵鹵，任意寫去，而矯健磊落，筆力真如走蛟龍、挾風雨；且隋句險字，往往不乏，讀之但見其奇肆，而不得其構造鍛鍊處。古聖賢規矩準繩文字，至此一大變，卓爲百代偉作。（《重訂文選集評》卷十）

（清）金聖歎：學其疏暢，再學其鬱勃；學其迂迴，再學其直注；學其闊略，再學其細瑣；學其徑遂，再學其重複。一篇文字，凡作十來番學之，恐未能盡也。

（《天下才子必讀書》卷八，《金聖歎全集》第五册，第329頁）

（清）吴楚材、吴調侯：此書反覆曲折，首尾相續，敘事明白，豪氣逼人。其感慨嘯歌，大有燕趙烈士之風。憂愁幽思，則又直與《離騷》對壘。文情至此極矣！

（《古文觀止》卷五，第228頁）

（清）過珙：曲護李陵，亦有强爲分疏處；如“得當報漢”，豈可輕許？然言“無可奈何，其所摧敗，功亦足以暴於天下”，自是千古平心之論。其自述處，感慨悲壯，並無全非君上之心，可謂怨悱不亂者矣。（《古文評注》卷二，第128頁）

（清）余誠：大意不過謂刑餘之人，難以薦士，況當日原爲薦士受刑。其所以不死者，只爲要著書以償前辱，故且隱忍苟活耳，尚何能薦士？以復少卿書中“推賢進士”之語。但胸中一段不平之氣，觸之而動，遂不覺言之長矣，而行文亦極縱横馳驟之至。

（《重訂古文釋義新編》卷六，第305頁）

（清）浦起龍：答書大致在自白罪由、自傷慘辱、自明著史，而以謝解來書，位置兩頭，總納在“舒憤懣”三字内。蓋緣百三十篇中，不便放言以瀆史體，特借報書，一披豁其鬱勃之氣耳，豈獨爲任少卿道哉！沉雄激壯，如江海之氣，横空上出，摩蕩六虚。

（《古文眉詮》卷三十四）

（清）李兆洛：厚集其陣，鬱怒奮勢，成此奇觀。（《駢體文鈔》卷十九，第311頁）

（清）譚獻：柳宗元言“拔地倚天”，惟此文足以當之。長江大河，奇峰怪石，而又出於自然。直是無意爲文。

周秦渾穆之氣盡變，兩漢精純之體若失。起落皆有千鈞之重，層層逼拶，始出本意，如神龍之出没，一掉入於九淵。（《駢體文鈔》卷十九，第311，315頁）

（清）王步青：滿腔悲憤鬱勃，出之以激昂慷慨，文勢迂回曲折，而首尾相應。蘇氏謂文疏宕有奇氣，此篇是矣，自當與《離騷》抗衡千古。若楊惲之《報會宗》、子雲之《答劉歆》，其又具體而微者矣。（《古文筆法百篇》卷十五引）

（清）黄仁黼：此篇主意，細玩在受辱不死、著書自見上。故余後所書，即從死生著筆。而其自悲自責，並無一毫非上之心，可謂能得《小雅》“怨悱不亂”之旨。通體文勢豪放，一氣呵成，其如天馬行空，不可羈勒。（《古文筆法百篇》卷十五）

（清）林暢園：王氏（編按，指王觀國）《學林》謂遷坐舉李陵而下蠶室，罪與刑頗不相及。案,衛宏《漢官舊儀》所云,實武帝以其作景、武二紀多謗訕,故加以私憤之刑。

(《文選旁證》卷三十四引,《續修四庫全書》集部第1581冊,第582頁)

(清)林紓:處處提出"難爲俗人言"者,以來書中有"用流俗人語"。不肯進士進賢,故文中處處辯駁其不能之故。又萬萬不能爲俗人言之,正以辱甚怨深,無可告語也。

末幅仍歸到所以不肯薦士之故,若爲一身而言,實則一眼全注李陵。起初固以陵爲賢,陵降乃使己不直於朝議,則世士之不可信,又何必薦?然終不顯露不滿李陵之意,但躬身咎恨。咎恨愈深,則牢騷益甚。鋒棱雖露,仍不盡露。行文之蓄縮變化,真不可捫捉也!

(《林紓選評古文辭類纂》卷四,第137頁)

(清)孫琮:却少卿推賢進士之教,序自己著書垂後之意,迴環照應,使人莫可尋其痕迹,而段落自爾井然。

史遷一腔抑鬱,發之《史記》;作《史記》一腔抑鬱,發之此書。識得此書,便識得一部《史記》。蓋一生心事,盡洩於此也。縱横排宕,真是絕代大文章。

(《重訂文選集評》卷十)

(清)趙銘:夫遷以救李陵得罪,遷但欲護陵耳,非有沮貳師意也。帝怒其欲沮貳師而爲陵遊説,則遷罪更不容誅。以武帝用法之嚴,而吏傅帝意,以寘遷於法,遷之死尚得免乎?……遷惜《史記》未成,請減死一等就刑,以繼成父談所爲史;帝亦惜其才而不忍致誅,然則遷之下蠶室,出於自請無疑也。

(《琴鶴山房遺稿》卷五,《清代詩文集彙編》第706冊,第678頁)

(清)包世臣:竊謂"推賢薦士"非少卿來書中本語,史公諱言少卿求援,故以四字約來書之意,而斥少卿爲天下豪儁,以表其冤;中間述李陵事者,明與陵非素相善,尚力爲引救,況少卿有許死之誼乎!實緣自被刑後所爲不死者,以《史記》未成之故。是史公之身乃《史記》之身,非史公所得自私,史公可爲少卿死,而《史記》必不能爲少卿廢也。結以"死日是非乃定",則史公與少卿所共者,以廣少卿而釋其私憾。是故文瀾雖壯,而滴水歸源,一線相生,字字皆有歸著也。 (《復石贛州書》,《藝舟雙輯》,第21-22頁)

(清)李晚芳:此篇與《自敘》(編按,指《太史公自序》),俱原作史之由。《自敘》重承先繼聖,此重惜死立名。《自敘》悲惋,此則沉鬱雄健。其操縱起落,俱挾浩氣流行,如怒馬奔馳,不可羈勒,與《史記》之雅潔稍異,是史公另一種豪放激宕之文。蓋因救友陷刑,滿肚皮怫鬱不平之氣,借此發洩。書中"舒憤懣"三字是此本旨,故篇中處處皆憤懣之辭。縱横跌宕,慷慨淋漓,轉折提接雖多,卻如一氣呵成。揚眉裂眦而寫之,驟讀無不爲之惋惜。然文情雖甚佳,文理則甚悖。太史公,俠士也。人言其重游俠,而不知其本身即俠。觀其力救李陵之一段俠衷,有誰可及?因自念與陵原非相善,重其才品,尚且力救,陷罪不辭,而況與己相善如所謂交遊、左右、親近等輩,竟無一人如己之救李陵者救之,此其所以憤也!憤之極,故不禁率臆而談,衝口而出,成此悖理之文,而不自覺其過。但挺身救陵,雖爲友熱心,然陵兵敗降敵,罪在不赦,切切曲爲迴護,冀主上屈法貸宥,褊矣。乃主上不狥其情,羣臣共議其非,置諸宫刑,烏得不憤?憤則怨,正在無所抒怨之時,適少卿書來,以"推賢進士"勸之,遂將此四字反覆辨駁,極情盡致痛寫之。以爲其救李陵即推賢也,進士也,乃反嬰重罪。在職如此,被刑後尚何可言?此所以指爲刺謬也。滿帋(編按,即紙)怨詞,較乃甥《南山詩》不啻加倍，而楊惲族，太史不族，或者宣帝刻酷，不及武帝寬大；或亦少卿到底君子，非同會宗小人不能藏隱，暴露於帝，未可知也。〇篇中曲庇李陵處甚多，莫謬於"得當報漢"一語。陵心中即有此意，尚不敢宣露左右，乃兵敗降敵，距京師萬里外，太史何由知之而遽信之？不亦自誣而誣君乎？議爲誣上，情真罪當，何謂媒孽？或又疑陵於未出師時，已預商此意於遷，故遷執以爲是而進説於君，此真童稺之見者。夫李陵，名將也。其自命爲何等人，而肯豫爲不祥之言而苟作非夫之計乎？決無此意！　（《讀史管見》卷三）

高步瀛："推賢進士"，必來書中語，故史公用以發端，自抒其憤懣。包氏（編按，指包世臣）以爲史公諱安求援，約爲此四字，非也。其餘可備一解。

（《兩漢文舉要》，第87頁）

王文濡：通體以忍辱著書爲主義，而無窮冤抑，盡情一洩，如怨如慕，如泣如訴，反覆千數百言，卻以一氣呵成，慷慨激昂，音節悲壯，是天地間有數文字。

（《秦漢三國文評注讀本》下册，第26頁）

錢鍾書：（評"太上不辱先"至"最下腐刑極矣"）每下愈況，循次九而至底，"不辱"四，"受辱"五，事歸一致而詞判正反，變化以避呆板，得不謂爲有意爲文耶？

（《管錐編》（三），《錢鍾書集》，第1404頁）

此書情文相生，兼紆徐卓犖之妙，後人口沫手胝，遂多仿構。李陵《重報蘇武書》、劉知幾《史通·雜説》下以來論定爲贋託者，實效法遷此篇而作。楊惲《報孫會宗書》亦師其意。惲於遷爲外孫，如何無忌之似舅矣。瀉瓶有受，傳燈不絕。

（《管錐編》（三），《錢鍾書集》，第1489頁）

論貴粟疏

（西漢）鼂錯

【題解】

鼂錯（約前200—前154），潁川（今河南省禹州市）人。精通申商法家之學，曾任太子家令、御史大夫，主張尊皇權、抑諸侯，於七國之亂中被殺。本篇選自《漢書·食貨志》，剖析"法律賤商人，商人已富貴矣；尊農夫，農夫已貧賤矣"之怪現象，論述重農抑商的觀念必須有相應的措施支持，當務之急在"使民務農"，"欲民務農，在於貴粟"，"貴粟之道，在於使民以粟爲賞罰"，因而提出"入粟於邊"以换取爵位、免除罪行的建議。據《漢書·鼂錯傳》"錯復言守邊備塞、勸農力本當世急務二事"，可知鼂錯此次上書包括了相關聯之二事，"守邊備塞"事收入《漢書·鼂錯傳》。正因當時邊塞不安，防衛將士及糧草需求大增，而國家糧食儲備不足，引發了鼂錯的上疏。

聖王在上而民不凍飢者，非能耕而食之[1]，織而衣之也[2]，爲開其資財之道也。故堯、禹有九年之水，湯有七年之旱[3]，而國亡捐瘠者[4]，以畜積多而備先具也。今海内爲一,土地人民之衆不避湯、禹[5],加以亡天災數年之水旱,而畜積未及者,何也?地有遺利,民有餘力,生穀之土未盡墾,山澤之利未盡出也,游食之民未盡歸農也[6]。民貧,則姦邪生。貧生於不足,不足生於不農,不農則不地著[7],不地著則離鄉輕家,民如鳥獸,雖有高城深池,嚴法重刑,猶不能禁也。

夫寒之於衣,不待輕煖[8];飢之於食,不待甘旨[9];飢寒至身,不顧廉恥。人情,一日不再食則飢[10],終歲不製衣則寒。夫腹飢不得食,膚寒不得衣,雖慈母不能保其子[11],君安能以有其民哉[12]!明主知其然也,故務民於農桑[13],薄賦斂,廣畜積,以實倉廩,備水旱,故民可得而有也。

民者,在上所以牧之[14],趨利如水走下,四方亡擇也[15]。夫珠玉金銀,飢不可食,寒不可衣,然而衆貴之者,以上用之故也。其爲物輕微易臧[16],在於把握[17],可以周海内而亡飢寒之患[18]。此令臣輕背其主,而民易去其鄉,盜賊有所勸[19],亡逃者得輕資也[20]。粟米布帛生於地,長於時,聚於力[21],非可一日成也;數石之重[22],中人弗勝[23],不爲姦邪所利,一日弗得而飢寒至。是故明君貴五穀而賤金玉。

今農夫五口之家,其服役者不下二人[24],其能耕者不過百畮[25],百畮之收不過百石。春耕、夏耘,秋穫、冬臧,伐薪樵,治官府[26],給繇役[27];春不得避風塵,夏不得避暑熱,秋不得避陰雨,冬不得避寒凍,四時之間亡日休息;又私自送往迎來,弔死問疾,養孤長幼在其中[28]。勤苦如此,尚復被水旱之災,急政暴賦[29],賦斂不時,朝令而暮當具。有者半賈而賣[30],亡者取倍稱之息[31],於是有賣田宅、鬻子孫以償責者矣[32]。而商賈大者積貯倍息[33],小者坐列販賣,操其奇贏[34],日游都市,乘上之急,所賣必倍。故其男不耕耘,女不蠶織,衣必文采[35],食必粱肉[36];亡農夫之苦,有仟伯之得[37]。因其富厚,交通王侯[38],力過吏勢,以利相傾[39];千里游敖[40],冠蓋相望[41],乘堅策肥[42],履絲曳縞[43]。此商人所以兼并農人,農人所以流亡者也。

今法律賤商人[44],商人已富貴矣;尊農夫,農夫已貧賤矣。故俗之所貴,主之所賤也;吏之所卑,法之所尊也。上下相反,好惡乖迕[45],而欲國富法立,不可得也。方今之務,莫若使民務農而已矣。欲民務農,在於貴粟;貴粟之道,在於使民以粟爲賞罰[46]。今募天下入粟縣官[47],得以拜爵[48],得以除罪。如此,富人有爵,農民有錢,粟有所渫[49]。夫能入粟以受爵,皆有餘者也;取於有餘,以供上用,則貧民之賦可損,所謂"損有餘補不足"[50],令出而民利者也。順於民心,所補者三:一曰主用足,二曰民賦少,三曰勸農功[51]。今令民有車騎馬一匹者,復卒三人[52]。車騎者,天下武備也,故爲復卒。神農之教曰:"有石城十仞,湯池百步,帶甲百萬,而亡粟,弗能守也。"以是觀之,粟者,王者大用,政之本務。令民入粟受爵至五大夫以上[53],乃復一人耳,此其與騎馬之功相去遠矣[54]。爵者，上之所擅[55]，出於口而亡窮；粟者，民之所種，生於地而不乏。夫得高爵與免罪，人之所甚欲也。使天下人入粟於邊，以受爵免罪，不過三歲，塞下之粟必多矣。

（《漢書》卷二十四上《食貨志》，中華書局1962年版）

【注釋】

[1]食（sì）：供食。 [2]衣（yì）：供衣。 [3]"故堯、禹"二句：可並觀《賈子·新篇》："禹有十年之畜，故免九年之水；湯有十年之積，故勝七年之旱。" [4]亡捐瘠（jí）：没有飢餓而死者。亡：通"無"。捐：抛棄；瘠：瘦。 [5]不避：不讓，不次於。 [6]游食：游手好閒，不勞而食。 [7]地著（zhuó）：定居一地。指農民有固定户籍和土地。 [8]輕煖：輕便而保暖的衣物。 [9]甘旨：甘美的食物。 [10]再：兩次。 [11]保：養。 [12]以：連詞。 [13]務：使之盡力從事。 [14]牧：管理。 [15]亡擇：不加選擇。 [16]臧：通"藏"。 [17]把握：手。 [18]周：走遍。 [19]勸：鼓勵。 [20]輕資：輕便易攜的財物。 [21]聚於力：以勞作聚集。據《漢書》縮編的《漢紀》作"聚於市"。 [22]石（dàn）：量詞。古代既以"石"衡重，一石等於一百二十斤，亦作量器，一石等於十斗。 [23]中人：中等體力的人。勝（shēng）：擔負。 [24]服役：服兵役或勞役。 [25]晦：通"畝"。 [26]治官府：修理官舍。 [27]繇：通"徭"。 [28]長（zhǎng）：養育。 [29]政：通"徵"。 [30]賈：通"價"。 [31]倍稱之息：與本錢相等的利息。 [32]鬻（yù）：賣。責：通"債"。 [33]商賈（gǔ）：商人。顔師古注曰："行賣曰商，坐販曰賈。" [34]奇（jī）贏：囤聚居奇而獲利。 [35]文采：有文采的錦繡。 [36]粱：好粟米。 [37]仟伯：通"阡陌"。田間小路，此指田地。 [38]交通：交結。 [39]傾：傾倒，壓過。 [40]敖：通"遨"。 [41]冠蓋：官員的冠服和車乘。冠，禮帽；蓋，車蓋。此句意謂商人出行排場可比官員。 [42]堅：堅車。策：鞭。肥：肥馬。 [43]履絲曳（yè）縞（gǎo）：脚穿絲鞋，身披綢衣。曳，拖。 [44]法律賤商人：《史記·平準書》："天下已平，高祖乃令賈人不得衣絲乘車，重租税以困辱之。孝惠、高后時，爲天下初定，復弛商賈之律，然市井之子孫亦不得仕宦爲吏。量吏禄，度官用，以賦於民。" [45]乖迕（wǔ）：相違背。 [46]賞罰：偏義複詞，賞。即下文入粟拜爵除罪等措施。 [47]縣官：漢代常以此代稱皇帝或朝廷。 [48]爵：爵位。 [49]渫（xiè）：散出。 [50]損：減少。此句出自《老子》第七十七章。 [51]功：事。 [52]復：免除賦役。 [53]五大夫：漢代侯以下二十級爵位中，屬第九級。凡納粟四千石，即可封賜。 [54]"此其"句：意謂入粟受爵者與出車騎者相比，貢獻粟多，免除賦役少，效果更顯著。 [55]擅：專有。

【集評】

（清）林雲銘：農事爲國本，而使民務農，自是確論。且敘五穀金玉貴賤及農商苦樂處，無不曲盡。但爲粟賤病農，欲使有所散，是矣。而以粟拜爵贖罪，究竟爲富商之利，何益於農？徒輕名器，廢法律，佐國有限，害治無窮。故貢禹言，風俗敗壞皆起於"犯法者贖罪，入穀者補吏"，此則其計所不及也。

（《增訂古文析義合編》卷七）

(清)吴楚材、吴調侯:此篇大意,只在入粟于邊,以富强其國。故必使民務農,務農在貴粟,貴粟在以粟爲賞罰。一意相承,似開後世賣鬻之漸。然錯爲足邊儲計,因發此論,固非泛談。 (《古文觀止》卷六,第249頁)

(清)過珙:是一篇布帛菽粟文字,不蹈奇險,不立格局,自有照應起伏,而無照應起伏之迹。意思詳盡,氣勢優暢,是漢文中不可多得者。 (《古文評注》卷二,第32頁)

(清)浦起龍:與賈書(編按,指賈誼《論積貯疏》)同時上,意亦畧同。而此更畫出滋粟之方,在於自上貴之。上以權與粟則粟貴,上以權予金錢則粟輕。入粟一議,本計在於抑末,中間將珠玉對勘,正欲去其積重之勢,以歸權於粟也。後世邊儲事例由此而興,君子病之。至夫事例開而仍用銀錢折色,益失其初指矣。字字透肌刻骨,而佈局卻字字擺開,蘇家的乳在此。 (《古文眉詮》卷三十二)

王文濡:錯才雖不及賈生之純粹,而根柢管、商,近俗濟用,此篇亦其一也。得君如文、景而用之不盡,惜哉! (《評校音注古文辭類纂》卷十三,第6頁)

吕思勉:西漢之文,賈、鼂爲一派,以明切事情達於利害見長。

(《吕思勉文史四講》,第22頁)

錢鍾書:鼂、賈有見於國病民瘼,藥言對治,迫切目下,初非閒居高座,論道講德。故所樹義,尚墮一邊。人之作惡犯罪,固常出困乏所逼迫,復每由泰甚而恣肆。是以富貴能移,飽暖思淫;色荒禽荒,玩人玩物,皆非高資大力莫辦。至於競權爭利,不惜越貨殘民;嗜利之心隨聚斂而繼長,攬權之欲與威勢而俱增,其"不顧廉恥",視"飢寒無告"之窮氓,蓋倍蓰抑且千百焉。若夫自稱待致千金而後改行折節,想其始爲不善,必非迫於飢寒,則至果擁千金,恐亦仍如月攘一雞之更待來年耳。

(《管錐編》(三),《錢鍾書集》,第1442頁)

五帝本紀贊

(西漢)司馬遷

【題解】

《五帝本紀》記載傳説中五位帝王(黄帝、顓頊、帝嚳、堯、舜)的歷史,是《史記》第一篇本紀,篇末贊語旨在説明《五帝本紀》的史料來源及取捨原則,語簡意豐。用褚先生的話來概括即"信以傳信,疑以傳疑",然其意旨之表達,曲折多婉:學者多稱五帝,而茫無信史。《尚書》僅載堯舜,百家言及黄帝者多不可信,據稱孔子所傳之《五帝德》《帝繫姓》,儒者多不傳,則五帝之史難求可知。然司馬遷以實地調查廣搜舊聞之法,印證了諸書並非完全向壁虚構,并提出以"好學深思,心知其意"的史家之識,判斷擇取疑信之間的五帝之史,若非好學深思,相互參證,不能得其大概,亦不能避免淺見寡聞者的輕信或輕疑。清人牛運震通觀全書而總評此贊曰:"一部《史記》作法、要領,略見於此。"可謂通達之見。

太史公曰[1]:學者多稱五帝,尚矣[2]。然《尚書》獨載堯以來;而百家言黄帝,其文不雅馴[3],薦紳先生難言之[4]。孔子所傳宰予問《五帝德》及《帝繫姓》[5],儒者或不傳。余嘗西至空桐[6],北過涿鹿[7],東漸於海[8],南浮江淮矣,至長老皆各往往稱黄帝、堯、舜之處,風教固殊焉[9],總之不離古文者近是[10]。予觀《春秋》《國語》,其發明《五帝德》《帝繫姓》章矣[11],顧弟弗深考[12],其所表見皆不虚[13]。《書》缺有閒矣[14],其軼乃時時見於他説。非好學深思,心知其意,固難爲淺見寡聞道也。余并論次[15],擇其言尤雅者[16],故著爲本紀書首。

(《史記》卷一《五帝本紀》,中華書局1982年版)

【注釋】

[1]太史公:司馬遷自謂。 [2]尚:上,久遠。 [3]雅馴:典雅之訓。 [4]薦紳:即縉紳。縉:插。紳:帶子。古代大臣插笏板垂腰帶之裝束。 [5]宰予:孔子弟子,姓宰,名予,字子我,魯人。《五帝德》:《大戴禮》中一篇。《帝繫姓》:《孔子家語》中一篇。二書非正統經書,故儒者多不傳信。 [6]空桐:即崆峒山,在今甘肅平涼市西。據《莊子·在宥》,乃黄帝問道於廣成子處。 [7]涿鹿:山名,在今河北涿鹿縣東南。傳説黄帝誅蚩尤於此。 [8]漸:入。 [9]風教:風俗教化。 [10]古文:指《五帝德》《帝繫姓》二書。 [11]章:通"彰",明。 [12]弟:只。 [13]見:通"現"。 [14]閒:隙。謂《尚書》缺乏堯舜以前的歷史記載。 [15]論次:論定編次。 [16]其:指《尚書》以外的百家語、《五帝德》、《帝繫姓》、《春秋》、《國語》等書。

【集評】

(南朝梁)劉勰:相如屬筆,始贊荆軻。及遷《史》固《書》,託贊褒貶,約文以總録,頌體以論辭。

(《頌贊》,《文心雕龍義證》卷二,第342頁)

(清)金聖歎:此爲史贊之首,最古勁,最簡質,而意義最多,頓挫最大。讀之,生出通身筆力。

(《天下才子必讀書》卷七,《金聖歎全集》第五册,第270頁)

(清)林雲銘:此是《史記》開卷第一篇文字,龍門欲以五帝爲本紀之冠,以夫子删書斷自唐虞,則堯舜以前不可考,少不得參擇百家之言。奈百家之言多涉神恠,即有載孔子《五德》《繫姓》之語者,世儒又疑其非真,似乎難以考信矣。然以平日涉歷所至,其見聞不但與《尚書》相合,亦與百家言不甚相悖,又不得執《尚書》之所有而概疑其所無也,今試就百家之言論之,如《五德》《繫姓》之説,《春秋》《國語》發明甚詳,且不必深究其旨,但其事蹟風教,表見於長老之口者,既鑿鑿可據,在《尚書》堯舜以前,雖有缺略不全,而散見於百家者甚多,大約非神明其意者,不能辨其醇疵而採擇。若淺見寡聞者流,非事事輕信,則置不復道耳。此作者之大旨也。文之古奥曲折,時解多不能通其脉絡,殊爲恨恨。

(《增訂古文析義合編》卷八)

(清)吴楚材、吴調侯:此爲贊語之首,古質奥雅,文簡意多。轉折層曲,往復回環。其傳疑不敢自信之意,絶不作一了結語。乃贊語中之尤超絶者。

(《古文觀止》卷五,第176頁)

(清)余誠:通體俱是發明所以作《五帝本紀》之意。首段以書之有詳有畧,人之有言有不言,反復頓挫,次以遊歷得諸長老者爲証,再次以考之《春秋》《國語》及他説者爲據,而總歸之於"好學深思,心知其意"作收束。見非此則疑者,終不能信,惟此乃能信而擇之也,故末段點明"擇其言尤雅"作結。文僅二百餘字,而轉折之多,承接之妙,音節之古,結構之精,有難以悉舉者,要在善讀之士,一一静會之。

(《重訂古文釋義新編》卷六,第327頁)

(清)牛運震:《五帝本紀贊》,《史記》開端第一篇贊語。一部《史記》作法、要領,略見於此:"余嘗西至空峒,北過涿鹿,東漸於海,南浮江淮"云云,此自述其歷覽之博也;"顧弟弗深考,其所表見皆不虚,書缺有閒矣,其軼乃時時見於他説",此自述其考據典籍之詳且慎也;"好學深思,心知其意",此自道其讀書獨得之奇,與其作史之本,并示後世學者以讀《史記》之法也。"余并論次,擇其言尤雅者",此又自評其帝紀之妙,不外一"雅"字,一部《史記》皆當以此字領略之也。

《五帝本紀贊》以疎宕蕭瑟之筆,兼高古質邃之體。疎宕蕭瑟自是太史公本色,高古質邃則《五帝紀贊》獨勝,太史公出格文字也。

《五帝紀贊》妙在意多而文簡,尤妙在意屬而文斷。用筆靈活處,往往意到而筆不到,詞了而意不了,敘中夾斷,承中帶轉,正有吞吐離合、若斷若續之妙。吴澄硬分爲九節,此章句訓詁之見,不足以測太史公之文也。

太史公論贊,或檃括全篇,或偏舉一事,或考諸涉歷所親見,或証諸典記所參合,或於類傳之中摘一人以例其餘,或於正傳之外摭軼事以補其漏,皆有深義遠神,誠爲千古絕筆。司馬貞《索隱》譏其頗取偏引,以爲首末不具,褒貶未稱。别作一百三十篇述贊綴於簡末,其不知史法與文體殊甚,真所謂爝火於日月,浸灌於時雨者也!

(以上四條皆見《空山堂史記評注》卷一)

(清)李晚芳:刪書斷自唐虞,作史乃上紀五帝,非故欲立異於孔子也。蓋《書》雖不載黄帝、顓頊、高辛,而他書發明於堯以後者,非盡無據。見五帝之當紀,故開端以"學者多稱"爲言,曰"多稱",則言非止一人;曰"尚矣",則稱非止一時。《書》即缺載,而五帝斷不可没。此一節作一信,隱含下"好學"三句。但"言不雅馴""薦紳難言",又似不足徵者。此一節便見要"擇",已含末節之意。作一疑,隨引《戴禮》《家語》,見《五帝德》《帝繫姓》爲孔子所傳、宰予所問,若無可疑者。乃儒者不傳,又未可遽信。此一節即"慎言其餘"之旨。於是考諸身之所歷、耳目之所聞見、長老之所稱、風教之所異,又鑿鑿可徵,烏容不紀?中以"不離古文"節爲一紐,顧上起下。"古文"即《尚書》也,"不離"云者,見《書》雖足信;"近是"云者,見《書》亦不可泥。何也?發明《五帝德》《帝繫姓》,具章明於《春秋》《國語》,惟不深考,遂以其所表見爲虚。要之,《書》即缺載,而軼見於《戴禮》《家語》《國語》及東西南北、百家之所傳述,予人參考正在多有。此二節直逼出"好學深思"節,見己所以作紀者,實得力於此。不悖《書》,不泥《書》,將作史本領全副寫出,而以"擇言"一節爲總結。所謂多聞見而後能擇,結盡"不雅馴""難言""不傳""長老各稱"等節。中前四節,若信若疑;中後二節,欲斷未斷。惟"好學深思,心知其意",故能闕能慎,闕、慎即擇也。此二節,作史要領盡矣！文凡九節，節節聯貫；字僅二百，字字精嚴。吾莫名其妙矣，讀者可於轉接提綴迴應處細細領之。

（《讀史管見》卷一）

秦同培：我國古書難讀，而捨古書，則又無所依據。欲於古書中，采可信者連綴爲文，煞是不易。是文欲明採擇者之可信，故婉轉曲折言之。意多詞簡，擺落千端，於諸贊中，尤爲高簡。

（《白話史記讀本》，第1頁）

過秦論（節選）

（西漢）賈誼

【題解】

賈誼（前200—前168），洛陽（今河南洛陽市）人。年十八，以誦詩屬書聞名，河南守吴廷尉招置門下。二十歲餘，漢文帝招爲博士，一歲中，超遷至太中大夫。賈誼欲大興禮樂，革新制度，終遭權貴老臣排擠，出爲長沙王太傅。四年後召爲梁王太傅，梁王騎馬摔死，賈誼自責失職，抑鬱而亡，年僅三十三歲。著有《新書》十卷，後人輯《賈長沙集》傳世。

本篇節選自《史記·秦始皇本紀》"太史公曰"所引。《史記·陳涉世家》"褚先生曰"、《漢書·項羽傳》贊皆引本篇，《新書》亦載，異文甚多。司馬遷頗爲推重此論，贊曰："善哉乎賈生推言之也！"自此《過秦論》成爲史論經典，并成爲後人所揣摩的史論文體範本，左思《詠史詩》"著論准《過秦》"即此意。本篇總論秦得天下的形勢及失天下之原因，以論秦過，并鑒漢主。自秦之"成敗異變，功業相反"中得出教訓："仁義不施而攻守之勢異也"，論點後置結構有明顯的"爲文"之心。論文鋪敘地理形勢、歷數風雲人物，氣勢充沛，有戰國縱横家誇飾言説之餘風，如首段"席卷""包舉""囊括""并吞"數句，意同而氣盛，可窺其文風之一斑。

秦孝公據殽、函之固[1]，擁雍州之地[2]，君臣固守而窺周室[3]，有席卷天下、包舉宇内、囊括四海之意，并吞八荒之心[4]。當是時，商君佐之[5]，内立法度，務耕織，修守戰之備，外連衡而鬬諸侯[6]，於是秦人拱手而取西河之外[7]。

孝公既没，惠王、武王蒙故業[8]，因遺冊[9]，南兼漢中[10]，西舉巴、蜀[11]，東割膏腴之地，收要害之郡[12]。諸侯恐懼，會盟而謀弱秦，不愛珍器重寶肥美之地，以致天下之士，合從締交[13]，相與爲一。當是時，齊有孟嘗，趙有平原，楚有春申，魏有信陵[14]。此四君者，皆明知而忠信，寬厚而愛人，尊賢重士，約從離衡[15]，并韓、魏、燕、楚、齊、趙、宋、衛、中山之衆[16]。於是六國之士有寧越、徐尚、蘇秦、杜赫之屬爲之謀[17]，齊明、周最、陳軫、昭滑、樓緩、翟景、蘇厲、樂毅之徒通其意[18]，吴起、孫臏、帶佗、兒良、王廖、田忌、廉頗、趙奢之朋制其兵[19]。常以十倍之地[20]，百萬之衆，叩關而攻秦。秦人開關延敵[21]，九國之師逡巡遁逃而不敢進[22]。秦無亡矢遺鏃之費[23],而天下諸侯已困矣。於是從散約解,争割地而奉秦。秦有餘力而制其敝[24],追亡逐北[25],伏尸百萬,流血漂鹵[26]。因利乘便,宰割天下,分裂河山,彊國請服,弱國入朝。延及孝文王、莊襄王,享國日淺[27],國家無事。

及至秦王[28],續六世之餘烈[29],振長策而御宇内[30],吞二周而亡諸侯[31],履至尊而制六合[32],執棰拊以鞭笞天下[33],威振四海。南取百越之地[34],以爲桂林、象郡[35],百越之君俛首係頸[36],委命下吏[37]。乃使蒙恬北築長城而守藩籬[38],卻匈奴七百餘里,胡人不敢南下而牧馬,士不敢彎弓而報怨。於是廢先王之道,焚百家之言[39],以愚黔首[40]。墮名城[41],殺豪俊,收天下之兵聚之咸陽,銷鋒鑄鐻,以爲金人十二[42],以弱黔首之民。然後斬華爲城[43],因河爲津[44],據億丈之城,臨不測之谿以爲固。良將勁弩守要害之處,信臣精卒陳利兵而誰何[45],天下以定。秦王之心,自以爲關中之固[46],金城千里[47],子孫帝王萬世之業也[48]。

秦王既没,餘威振於殊俗[49]。陳涉[50],甕牖繩樞之子[51],甿隸之人[52],而遷徙之徒[53],才能不及中人,非有仲尼、墨翟之賢,陶朱、猗頓之富[54],躡足行伍之閒[55],而倔起什伯之中[56],率罷散之卒[57],將數百之衆,而轉攻秦。斬木爲兵,揭竿爲旗,天下雲集嚮應,贏糧而景從[58],山東豪俊遂並起而亡秦族矣。

且夫天下非小弱也,雍州之地,殽、函之固自若也。陳涉之位,非尊於齊、楚、燕、趙、韓、魏、宋、衛、中山之君;鉏櫌棘矜[59],非銛於句戟長鎩也[60];適戍之衆[61],非抗於九國之師[62];深謀遠慮,行軍用兵之道,非及鄉時之士也[63]。然而成敗異變,功業相反也。試使山東之國與陳涉度長絜大[64],比權量力,則不可同年而語矣[65]。然秦以區區之地[66],千乘之權[67],招八州而朝同列[68],百有餘年矣。然後以六合爲家[69],殽、函爲宫,一夫作難而七廟墮[70],身死人手,爲天下笑者,何也?仁義不施而攻守之勢異也。

(《史記》卷六《秦始皇本紀》,中華書局1982年版)

【注釋】

[1]殽、函:參《蘇秦始將連横》注。 [2]雍州:古九州之一,大致相當於今之陝西中部和北部、甘肅全部和青海部分地區。 [3]周室:指東周。 [4]八荒:即八方。古稱東南西北爲四方,東南、東北、西南、西北爲四隅,合稱八方。此泛指荒遠之地。 [5]商君:商鞅,參《蘇秦始將連横》注。 [6]連衡:即連横。 [7]拱手:兩手合抱,喻輕鬆。西河之外:魏國在黄河以西的地區。秦孝公二十二年(前340),派商鞅伐魏,大破魏軍,俘虜公子卬。魏割河西之地獻秦。 [8]惠王、武王:《漢書》作"惠文、武、昭襄",從下文舉例看,應是惠文王、武王、昭襄王三世史事。蒙:承。 [9]因:循。遺册:册亦作"策",指孝公所記政治計畫的簡册。 [10]漢中:參《蘇秦始將連横》注。 [11]巴、蜀:參《蘇秦始將連横》注。[12]"東割"兩句:秦武王四年(前307),秦攻取韓國宜陽;昭襄王二十年(前287),魏國獻

河東故都安邑;趙、魏、韓皆曾割地於秦。即所謂"膏腴之地""要害之郡"。 [13]合從:即"合縱"。 [14]"齊有"四句:孟嘗:齊國孟嘗君田文。平原:趙國平原君趙勝。春申:楚國春申君黄歇。信陵:魏國信陵君魏無忌。並稱"戰國四公子",以廣招賓客著稱。 [15]約從離衡:即山東各國相約"合縱",以離散秦"連横"之策。 [16]并:聯合。 [17]寧越:趙人,周威公聘爲師。徐尚:宋人,事不詳。蘇秦:參《蘇秦始將連横》注。杜赫:周人,曾遊説周昭文君。 [18]齊明:東周臣,後歷仕秦、楚、韓,與周最、樓緩等人推行合縱。周最:東周成君之子,歷仕魏、齊。陳軫:楚人,歷仕秦、楚。昭滑:楚人,曾任楚相。樓緩:魏文侯之弟,曾任魏相。翟景:魏人,事不詳。蘇厲:蘇秦之弟,仕齊。樂毅:魏人,兵法大家,歷仕齊、燕。 [19]吴起:衛人,任魏將。孫臏:參《報任安書》注。帶佗:楚將。兒良:越將。王廖、田忌:皆齊將。廉頗、趙奢:皆趙將。 [20]常:通"嘗",曾。 [21]延敵:迎戰對敵。 [22]九國:即上文所舉韓、魏等九國。逡(qūn)巡:遲疑徘徊,欲行又止。指前318年楚、趙、魏、韓、燕五國攻秦之事。 [23]鏃(zú):箭頭。 [24]敝:疲困。此句謂趁其疲困而制服敵人。 [25]亡:逃亡。北:敗走。 [26]鹵:通"櫓",大盾牌。 [27]享國日淺:孝文王在位僅數日,莊襄王在位不過三年。 [28]秦王:指秦始皇嬴政。 [29]六世:秦孝公、惠文王、武王、昭襄王、孝文王、莊襄王六世。餘烈:遺留的功業。 [30]振:舉。策:鞭。 [31]吞二周:秦昭襄王五十一年(前256)滅西周,莊襄王元年(前249)滅東周。諸侯:指六國。 [32]履至尊:登基稱帝。六合:天、地、四方。 [33]棰:杖。拊(fǔ):大棒。鞭笞(chī):鞭打。 [34]百越:亦稱百粤。古代越族散居在今浙江、福建、廣東、廣西一帶,因其種類繁多,故稱百越。 [35]桂林:桂林郡,地處今廣西北部及東部地區。象郡:地處今廣西南部地區。均爲秦始皇新置。 [36]俛:通"俯"。係:通"繫"。以帶繫頸,表示投降。 [37]委:交付。 [38]蒙恬:秦將。秦統一六國後,蒙恬率兵三十萬擊退匈奴,並主持修築長城。藩籬:籬笆,引申爲邊疆。 [39]"廢先王之道"兩句:《史記·秦始皇本紀》載,秦始皇三十四年(前213),博士淳于越反對郡縣制,主張分封制。丞相李斯上焚書之議以鉗制以古非今者,秦始皇遂下令,焚燒《秦記》以外的各國史記,以及非博士官所掌的《詩》、《書》、百家語。次年,又坑殺四百六十多名方士和儒生於咸陽。史稱"焚書坑儒"。 [40]黔首:百姓,秦始皇二十六年(前221),"更名民黔首"。黔:黎黑色。 [41]墮:通"隳",毁壞。 [42]"收天下之兵"三句:鋒:兵器。鐻(jù):鍾鼓的架子。《史記·秦始皇本紀》載,秦始皇二十六年,"收天下兵,聚之咸陽,銷以爲鍾鐻,金人十二,重各千石"。 [43]斬華爲城:斬一作"踐",是。意謂據守華山以爲帝都咸陽的東城。 [44]因河爲津:以黄河作爲帝都咸陽的護城河。 [45]信臣:忠心可靠之臣。何:呵問。誰何:關塞守兵盤查出入者。 [46]關中:通常指函谷關以西、秦嶺以北。 [47]金城:堅固之城。 [48]"子孫"句:秦始皇制書:"朕爲始皇帝,後世以計數,二世、三世,至於萬世,傳之無窮。" [49]殊俗:風俗異於漢族的地區。 [50]陳涉:又名陳勝,陽城(今河南登封市)人,秦末農民起義領袖。 [51]甕(wèng):一種口小腹大的陶制器皿。牖(yǒu):窗。甕牖即用破甕砌成的窗。繩樞:以繩子繫門板,喻簡陋。樞,門上的軸。 [52]甿:古"氓"字,種田之民。隸:低賤之民。 [53]遷徙之徒:謫罰去邊地戍守的士卒。 [54]陶朱:范蠡輔佐越王勾踐滅吴後,功成身退,經商於陶(今山東定陶),號陶朱公。猗頓:魯人,以經營鹽業致富。[55]行(háng)伍:古兵制,五人爲伍,五伍爲行,乃軍隊基層組織。[56]倔起:即"崛起"。什伯:古兵制,十人爲什,百人爲伯,亦軍隊基層組織。[57]罷:通"疲"。[58]贏:擔。景:通"影"。[59]鉏:通"鋤"。櫌(yōu):古農具,形似榔頭,碎土平田用。棘矜:棘木爲杖。[60]銛(xiǎn):鋒利。句戟:帶鉤之戟。鎩(shā):長刃之矛。[61]適戍:被貶謫戍守邊地。適,通"謫"。[62]抗:通"亢",高出。[63]鄉:通"向"。[64]度(duó):丈量物體長短。絜(xié):度量物體粗細。[65]同年而語:猶言相提並論。[66]區區:小貌。[67]千乘之權:擁有千輛戰車的國家,即中等實力之國。[68]八州:九州中除雍州以外的八州。[69]後:原作"后"。[70]七廟:古代天子設七廟供奉七代祖先。

【集評】

(西漢)劉向:賈誼言三代與秦治亂之意,其論甚美,通達國體,雖古之伊、管未能遠過也。使時見用,功化必盛。爲庸臣所害,甚可悼痛。

(《賈誼傳》贊引,《漢書》卷四十八,第2265頁)

(三國)曹丕:余觀賈誼《過秦論》,發周秦之得失,通古今之制義,洽以三代之風,潤以聖人之化,斯可謂作者矣。

(《典論》,《全三國文》卷八,《全上古三代秦漢三國六朝文》,第1098頁)

(北宋)陳師道:賈誼之《過秦》,以諭漢也;陸機之《辨亡》,以警晉也,有經世之心焉。

(《後山集》卷二十二,《文津閣四庫全書》集部第372册,第724頁)

(北宋)歐陽修:見其弊而識其所以革之者,才識兼通,然後其文博辯而深切,中於時病而不爲空言。蓋見其弊,必見其所以弊之因。若賈生論秦之失,而推古養太子之禮,此可謂知其本矣。(《與黄校書論文章書》,《歐陽修詩文集校箋》卷六十七,第1784頁)

(北宋)張耒:賈生論秦曰:"仁義不施,而攻守之勢異也。"世以爲確論,予獨謂之不然。夫攻守殊而事相關,異施設而同利害,其守之安危,觀其攻之善惡,其報應如表影聲響之不差也。……故如是而取之,必如是而失之。安有以盜賊所以取之,而能以君子之道守之歟?秦明法力征以經營天下,且數世矣。至於始皇之時,六國大抵皆消沮。始滅韓,後滅齊,大率十年間耳。皆滅人之國,虜人之君,其毒至慘也。夫此六國諸侯者,其上世皆有功於民,又皆據國數百年,其本根深結於人心者固,一旦芟夷蕩覆之,其勢必不帖然而遂已。如塞大水、伐大木,其漸漬之末流,播散之餘種,將且復漲而暴興,不得其寂寥氣盡則不止。秦雖欲反其所以取之道守之,而其機已成,其勢必復矣。故秦之事不可爲也。嗚呼!秦滅六國,不十餘年而六國並立,秦以不祀,其故豈不然歟?故賈生之論,戲論也。

(《秦論》,《張耒集》卷三十八,第616頁)

(北宋)高承:《文心》曰:"昔仲尼微言,門人追記,目爲《論語》。蓋群論立名,始於茲矣。"莊周之書,有"嘗試論之"。荀卿有《正論》,賈誼有《過秦論》,論以荀、賈爲始。

(《事物紀原》卷四經籍藝文部"論"條,第192頁)

(南宋)胡宏:賈生謂攻守之勢異,非歟?曰:攻守一道也。是故湯、武由仁義以攻,由仁義以守;漢、唐以仁義而攻,以仁義而守,子孫享之各數百年,蓋得其道也。

(《知言·文王》,《胡宏集》,第20頁)

(南宋)真德秀:誼之論秦,備述本末,而斷以兩言,可謂至矣。然誼之意,以攻守爲二塗,用權謀以攻,而用仁義以守,然後爲得。漢初豪傑所見大抵如此,故陸賈有逆取順守之言,而誼亦爲攻守異勢之説。豈知三代之得天下與守天下,初無二道乎?此誼之學所以爲雜於申、韓也。

(《文章正宗》卷十二《過秦論》評語,《文津閣四庫全書》集部第453冊,第118頁)

(元)李淦:文字有終篇不見主意,結句見主意者。賈誼《過秦論》"仁義不施,而攻守之勢異也",韓退之《守戒》"在得人"之類是也。

(《文章精義》,《歷代文話》第二冊,第1179-1180頁)

(南宋)項安世:予嘗謂賈誼之《過秦》,陸機之《辨亡》皆賦體也。大抵屈宋以前,以賦爲文。

(《項氏家説》卷八"説事篇"一"詩賦"條,《文津閣四庫全書》子部第234冊,第806頁)

(南宋)孫奕:漢人文章最爲近古,然文之重複,亦自漢儒倡之。賈生《過秦論》曰:"席捲天下,包舉宇内。囊括四海之意,并吞八荒之心",四句而一意也。

(《示兒編》卷七"文重複"條,《文津閣四庫全書》子部第286冊,第302頁)

(南宋)林希逸:論古文者,以省字省句爲高。若《過秦論》所謂"有席捲天下,包舉宇内,囊括四海之意,并吞八荒之心",其間十六字只是一意。蓋不如此,不足以甚孝公之用意也。若以并吞爲心,是有甚其用心,猶在四海之表也。今觀始皇既并六國、有天下,遂築長城、限匈奴,南取百粵,非"并吞八荒之心"乎?

(《竹溪鬳齋十一稿續集》卷二十八,《文津閣四庫全書》集部第396冊,第288頁)

(清)金聖歎:"過秦論"者,論秦之過也,秦過只是末句"仁義不施"一語便斷盡。此通篇文字,只看得中間"然而"二字一轉(編按,其所評《過秦論》文本在"餘威振於殊俗"後有"然而"二字)。未轉以前,重疊只是論秦如此之强;既轉以後,重疊只是論陳涉如此之微。通篇只得二句文字:一句只是以秦如此之强,一句只是以陳涉如此之微。至于前半有説六國時,此只是反襯秦;後半有説秦時,此只是反襯陳涉,最是疏奇之筆。

(《天下才子必讀書》卷六,《金聖歎全集》第五冊,第246-247頁)

(清)林雲銘:《過秦論》,乃論秦之過,三篇中,而此篇最爲警健。秦之過,止在結語"仁義不施,而攻守之勢異"二句。通篇全不提破,千廻萬轉之後,方徐徐説出便住,從來古文無此作法。尤妙在論秦之强處,重重疊疊説了無數,纔轉入陳涉;又將陳涉之弱處,重重疊疊説了無數,再轉入六國。然後以秦之能攻不能守處作一問難,迫出正意。段段看來,都是到水窮山盡之際,得絕處逢生之妙。此等筆力,即求之西漢中亦不易得也。

(《增訂古文析義合編》卷七)

(清)吴楚材、吴調侯:《過秦論》者,論秦之過也。秦過只是末"仁義不施"一句便斷盡,從前竟不説出。層次敲擊,筆筆放鬆,正筆筆鞭緊,波瀾層折,姿態横生,使讀者有一唱三歎之致。 (《古文觀止》卷六,第238頁)

(清)方苞:此篇論秦取天下之勢,守天下之道。其取之也雖不以仁義,而勢則可憑,且謀武實過於六國,此所以倖而得也。乃既得而因用此以守之,斷無可久之道矣,此所以失之易也。秦始終仁義不實,而成敗異勢者,以攻守之勢異也。

(清)姚鼐:固是合後二篇義乃完,然首篇爲特雄駿閎肆。

(清)張裕釗:瑋麗之辭,瑰放之氣,揮斥而出之,而沛然其甚有餘。惟盛漢之文,乃有此耳。 (以上三條皆見《兩漢文舉要》引,第13頁)

(清)余誠:通篇俱是寫"仁義不施而攻守之勢異"……其文平鋪直敘中,自具縱橫馳驟,向背往來。"且夫"以上是敘事,"且夫"以下是議論。其實敘事内原帶有議論,議論内亦兼有敘事。變化錯綜,不可端倪。至段落之長短相間,承接之虚實相生,句調之整齊參差相雜,更覺筆墨到處皆妙,難盡述。讀者當一一細心領取。○篇内"當是時"凡兩見,"於是"凡四見,"然後"字、"然而"字亦各兩見,似複非複,亦足見文家老橫,細心人當自辨之。

(《重訂古文釋義新編》卷五,第260頁)

(清)浦起龍:俗解通篇四分之三,儱侗(編按,即"籠統")説作秦强,全無曲勢,末句"攻守"二字,又如贅疣。予自少疑之。豈知前要託高九國,與後捺低陳涉相照。託高則以一當九,難矣,而秦反遠攻;捺低則以暴擊弱,易矣,而秦爲恃守。恰將九國之衆、陳涉之微,分頭激射,兩路拶逼,如此夾出後段,加倍精彩。藏曲於直,故得勢。而結尾兩言,更字字實落矣!神物無方,固未易識。 (《古文眉詮》卷三十二)

林紓:《過秦論》三篇,合成只一篇耳。第一篇專講氣勢。説得極高興處,卻露出敗興樣子。着眼在"仁義不施,而攻守之勢異"一語,爲畫龍之點睛。然初不説明,只説他前勝後敗,一個悶葫蘆中貯了無數機關,使人捫索不得。難在一層後又是一層。只不説秦之所以先天下之故,但言關中形勝如此,兵力如此,諸侯敗衄又至於此。宜在萬不可敗之列,何以竟至一敗塗地?及到"山東豪俊,遂並起而亡秦族矣"一語,在文勢似成結穴,忽又振起"且夫天下非小弱也"句,似有百倍之神力,從積壓在萬鈞之下,忽然以扛鼎之力,打挺而起,真非賈生力量不及此也!

通篇自"秦孝公據殽、函之固"至"合從締交,相與爲一",作一段讀。"當此之時"四字,太史公亦常用之,最爲便利。"當此之時"者,是文中之插筆,或旁引他事以爲證,或取證本事之利病,無所不可。文引四公子及六國之士,意其財力武節,皆足以困秦。即使秦勢高漲,插入此句,似秦之猛勢,亦當少緩。乃云"秦無亡矢遺鏃之費,而天下諸侯已困矣",見得列國雖有人才,一切無用。

"於是從散約解"至"國家無事",又是一段。足成上段之意,愈見得秦勢之堅固。"及至秦王"四字起,則全秦大局已定。直至"胡人不敢南下而牧馬,士不敢彎弓而報怨",作一小頓。方望溪以爲以上論戰,以下論守,是也。惟其有此戰功,所以敢廢先王之道,焚百家之書。至於良將信臣,皆爲之用。秦王之心,固能以自守,且守之至密也。此時若猝入陳涉,便近突。"天下已定"至王殂而餘威尚存,則真寫到極美滿地位。"然而陳涉"四字,則破空而來,似陡出不意,有此變局者。至秦已族滅,似爲文中收局矣;忽振起"且夫天下非小弱也"一句,見到雍、殽萬萬可守,而陳涉小丑,亦萬萬不能攻。中間將陳涉之兵勢,與九國比較,又回眸盼到上文。不惟是文字照應之法,正斥言其戰有餘而守不足;戰時舉天下莫之能禦,一失守勢,則攻之易如反掌。然而所以不能守之故,未嘗明言也。但淡淡作冷語曰:"仁義不施,而攻守之勢異也。"留下無數表明之意,於第二篇發之。真能懸空

立論，而又踏實也。（《林紓選評古文辭類纂》卷一，第5-6頁）

王文濡：通首只是寫“仁義不施，攻守勢異”八字，平鋪直敘中，自具縱横馳驟之觀。（《秦漢三國文評注讀本》上册，第4頁）

錢鍾書：名家名篇，往往破體，而文體亦因以恢弘焉。……賈生作論而似賦，稼軒作詞而似論，劉勰所謂“參體”，唐人所謂“破體”也。

《史記·陸賈列傳》漢高帝曰：“試爲我著秦所以亡失天下”；“過秦”“劇秦”遂爲西漢政論中老生常談。嚴氏所録（編按，指嚴可均輯《全漢文》），即有賈山《至言》、鼂錯《賢良文學對策》、嚴安《上書言世務》、吾丘壽王《驃騎論功論》、劉向《諫營昌陵疏》等，不一而足。賈生《過秦》三論外，尚復《上疏陳政事》，戒秦之失。漢之於秦，所謂“殷鑑不遠，在夏后氏之世”也。（《管錐編》（三），《錢鍾書集》，第1431-1432頁）

二十一、詔令表啓

除誹謗詔

（西漢）劉恆

【題解】

劉恆（前204—前157），漢高祖第三子，初封代王，後周勃等誅滅諸呂，迎立爲帝，在位二十四年（前180—前157），死後謚孝文帝。他繼續推行漢初與民休息、輕徭薄賦的政策，廢除秦法連坐，以笞刑取代黥、劓、刖刑，拉開了“文景之治”的序幕。

誹謗、妖言皆秦法，漢承秦制，但廢除了部分苛法以緩和社會矛盾。高后元年（前187）曾下詔廢除妖言令，漢文帝二年（前178）再下詔廢除誹謗、妖言之罪。詔書以古今進言之法相較，古法鼓勵進言而得民心，今法鉗制進言而失民心，高下顯然。且以百姓詛咒皇帝爲例，認爲不過是愚昧無知，不足以治罪，則其他言論之無罪可推。這與漢文帝對法的一貫觀念相合，《除連坐詔》云：“法者，治之正也，所以禁暴而率善人也。”“以不正之法罪之，是反害於民爲暴者也。”文帝廣開言路，廢除連坐、肉刑等苛法，在一定程度上體現了開明通達的治國思路。

古之治天下，朝有進善之旌[1]，誹謗之木[2]，所以通治道而來諫者[3]。今法有誹謗妖言之罪，是使衆臣不敢盡情[4]，而上無由聞過失也。將何以來遠方之賢良？其除之。民或祝詛上以相約結而後相謾[5]，吏以爲大逆[6]，其有他言，而吏又以爲誹謗。此細民之愚，無知抵死[7]，朕甚不取。自今以來，有犯此者勿聽治[8]。

（《史記》卷十《孝文本紀》，中華書局1982年版）

【注釋】

[1]進善之旌：傳説堯舜皆設，民可於此旗下進善言。 [2]誹謗之木：傳説堯舜所設，民可於橋頭木板上書政之失。 [3]來：使之來。 [4]情：實情。 [5]祝詛：禱於鬼神，詛咒他人。謾（mán）：抵賴。 [6]大逆：封建時代稱危害君父、宗庙、宫闕等罪行爲“大逆”。[7]抵：觸。 [8]聽治：断狱治事。

【集評】

(清)浦起龍:此詔乃爲求言而設,厲禁除而後言路開也。臣民兼曉,用意周匝。

(《古文眉詮》卷三十一)

王文濡:誹謗,秦法也,至是而始除之,後猶有以文字語言獲罪如楊惲等其人者。

(《評校音注古文辭類纂》卷三十四,第5頁)

李剛己:漢文諸詔令雖似藏鋒鍔,而其氣象實爲雄渾,歷代詔令皆不能及也。

(《評注經史百家雜鈔》卷十,第15頁)

秦同培:弭謗之道,莫善於仁政。文帝深知其由,特除此禁,寬仁於此可見矣。文亦以深厚之筆,曲曲傳之,三代下詔令可比隆謨誥者,唯文帝有焉。

(《白話史記讀本》,第46頁)

求賢詔

(西漢)劉徹

【題解】

劉徹(前156—前87),漢景帝中子,初封膠東王,後立爲太子,十六歲即皇帝位,在位五十四年(前140—前87),死後謚孝武帝。一方面,武帝雄才大略,在政治上削弱諸侯王勢力,加強中央集權;在經濟上統一貨幣,實行鹽鐵官營;在軍事上開疆拓土,征匈奴,攻朝鮮,定甌越、閩越,平南越,收西南夷;在外交上通使西域;在思想文化上推尊儒術,在人才選拔上完善察舉制,開創了大一統的漢代盛世。另一方面,武帝窮奢極慾,勞民傷財,篤信神仙方術,任用小人,導致三次巫蠱之禍,一生功過相參。晚年曾反省:"即位以來,所爲狂悖,使天下愁苦,不可追悔。自今事有傷害百姓,糜費天下者,悉罷之。"(《資治通鑑》卷二十二)

元封五年(前109),武帝"初置刺史部十三州",以六百石之刺史監察全國二千石之太守,成爲常規制度。大將軍大司馬衛青於此年病逝,"名臣文武欲盡",人才凋零,亟需補充。此詔即發佈於這種"非常"情況下,故全篇圍繞"非常"二字結構:非常之功、非常之人、泛駕之馬、跅弛之士、將相、使絕國者,皆與漢代爲滿足常規公務需求而培養的德行孝廉的常規人才不同,不拘一格的非常之士,"亦在御之而已",充分表露了武帝作爲最高統治者掌控天下英才於掌心的强大信心。

蓋有非常之功,必待非常之人。故馬或奔踶而致千里[1],士或有負俗之累而立功名[2]。夫泛駕之馬[3],跅弛之士[4],亦在御之而已。其令州郡察吏民[5],有茂材異等[6],可爲將相及使絕國者[7]。

(《漢書》卷六《武帝紀》,中華書局1962年版)

【注釋】

[1]踶(dì):用蹄子踢。 [2]負俗:被世俗之人譏評。 [3]泛駕:翻車。 [4]跅(tuò)弛(chí):放蕩,不循規矩。 [5]察:察舉。 [6]茂材:秀才。避光武帝劉秀諱改,茂、秀皆有"美"意。異等:超等。 [7]絕國:絕遠之國。

【集評】

(清)林雲銘:覷定"非常"二字,把平日所云"賢良方正"及"力田孝弟"等語,盡情閣置一邊,與高帝歌大風、思猛士同一氣槩,同一眼孔,真知人善任使之言也。余常歎古今用人多拘常格,埋没了無數英雄。試問西河守貪而好色,淮陰少年無行,曲逆反覆受金,果可以常格拘乎?善哉!宋末周參政之薦趙九齡也,曰:"吾儕平居,譚王道、説詩書,一日得用,從容廟朝,執持紀綱,可也。至於排難解紛、倉卒萬變,此等殆不可少。吾儕既不能辦,而惡他人之能辦,是誣天下以無士,而期國事之必不成也。是烏可哉?"州郡以人事君,當奉詔之時,亦宜持此平心之論,方能察之,不徒貴鑒别之精也。

(《增訂古文析義合編》卷七)

(清)余誠:"非常"二字,固足見武帝一片雄心,更可見武帝不拘成格,所以士雖負俗累,而但能立功名,斷不肯棄。後歸到一"御"字,揭出自己本領,英君氣概,千載如生。至其行文之妙,則起筆嚴重,能括全詔"馬""士"二句。縱横排奡,亦整齊,亦參差,亦緊煉,亦疎散。"泛駕""跅弛"二句,雙承雙轉,對偶之中,饒有幾神流利。"御"字一結,不分賓主,而正喻究自分明。末以"茂才異等"點出非常人,"將相""使絕國"點出非常功,不應而應,不顧而顧,章法高絕。 (《重訂古文釋義新編》卷六,第285頁)

(清)吴楚材、吴調侯:求材不拘資格,務期適用,漢世得人之盛,當自此詔開之。至以可使絕國者與將相並舉,蓋其窮兵好大,一片雄心,言下不覺畢露。與高帝《大風歌》同一氣概。 (《古文觀止》卷六,第233頁)

(清)浦起龍:是歲大將軍青(編按,指衛青)薨,初置刺史部十三州,故有此詔。精悍奇矯,武帝雄略本色。 (《古文眉詮》卷三一)

王文濡:只是破格取人之意,而使貪使詐,要非雄主不能駕馭。

(《評校音注古文辭類纂》卷三十五,第3頁)

求賢令

(戰國)嬴渠梁

【題解】

嬴渠梁(前381—前338),秦獻公之子,在位二十四年(前361—前338年),死後謚孝公。

前361年秦孝公即位時,秦國國勢衰微,强敵環伺,"秦僻在雍州,不與中國諸侯之會盟，夷翟遇之”。孝公發佈求賢令，一方面追憶穆公開疆拓土、爲西方諸侯之霸的光輝歷史，以“甚光美”小結；另一方面，毫不諱言穆公之後歷代君主之無德無能，致國土淪喪、諸侯卑秦，以“醜莫大焉”小結。二者對照，激發秦人知恥近乎勇之情緒，以獻公中興，復接穆公之志振起全篇，思念先君、光復故業之情與求賢若渴、唯謀彊秦之志相合，可謂真情流露的一代雄文。衛鞅聞此令，自魏入秦，先後以“帝道”“王道”“霸道”“强國之術”遊説孝公，推動變法，奠定了秦國的强大地位。

昔我繆公自岐、雍之間[1]，修德行武，東平晉亂，以河爲界，西霸戎翟[2]，廣地千里，天子致伯[3]，諸侯畢賀，爲後世開業，甚光美。會往者厲、躁、簡公、出子之不寧[4]，國家内憂，未遑外事，三晉攻奪我先君河西地[5]，諸侯卑秦，醜莫大焉。獻公即位，鎮撫邊境，徙治櫟陽[6]，且欲東伐，復繆公之故地，脩繆公之政令。寡人思念先君之意，常痛於心。賓客羣臣有能出奇計彊秦者，吾且尊官，與之分土。

（《史記》卷五《秦本紀》，中華書局1982年版）

【注釋】

[1]岐：岐山，今陝西岐山縣。雍：雍邑，今陝西鳳翔縣。　[2]戎翟：戎狄，西北少數民族。　[3]伯：霸。天子致伯事在秦繆公三十七年（前623），繆公霸西戎，周襄王派召公以金鼓賀繆公，即承認其霸主地位。　[4]厲、躁、簡公、出子：皆爲秦國昏君，參看《秦本紀》。　[5]先君：先祖。　[6]櫟陽：今陝西省臨潼縣北。

【集評】

（南宋）葉適：秦孝公出令，上距穆公二百五十年，穆公舊事常鏡見之，宜其興也！人未有求自强而不獲者，彼不幸而得商鞅，百餘年秦亦亡，遺患萬世，悲乎！

（《古文淵鑒》卷九引）

（清）愛新覺羅•玄燁：孝公亟思光復先業，博謀於賓客群臣，得勵精圖治之意，惜乎不知修德行仁，沾沾於奇計强秦也！（《古文淵鑒》卷九）

（清）徐乾學：秦文如始皇令丞相御史議帝號，及封禪諸石刻，其辭皆夸大，所謂作而不法者。孝公此篇，雖僅主富彊，而能振先業，招賢士，爲兼并之藉，故録之。

（《古文淵鑒》卷九）

初并天下議帝號令

(戰國)嬴政

【題解】

嬴政(前259—前210),秦莊襄王之子。十三歲繼位爲秦王,二十二歲親政,自前230年至前221年,十年間先後滅韓、趙、魏、楚、燕、齊六國,“海内爲郡縣,法令由一統”,開創前所未有的大一統帝國。此令的主題旨在議帝號,以彰顯秦國籠蓋一世之武功,令文主體簡述誅滅六國之過程及緣故,尤側重渲染六王“倍約”“畔秦”“倍盟”“畔約”,故秦兵一一“誅之”“擊滅之”“破之”,六王背德無信之“昏亂”“暴亂”,與秦王興兵誅暴亂、平天下之“成功”躍然紙上,文簡意豐,氣淩前代。秦王審訂群臣之議,定帝號爲“皇帝”,其命稱“制”,其令稱“詔”。

秦初并天下[1],令丞相、御史曰:“異日韓王納地效璽[2],請爲藩臣[3],已而倍約[4],與趙、魏合從畔秦[5],故興兵誅之[6],虜其王。寡人以爲善,庶幾息兵革。趙王使其相李牧來約盟[7],故歸其質子[8],已而倍盟,反我太原,故興兵誅之,得其王[9]。趙公子嘉乃自立爲代王[10],故舉兵擊滅之。魏王始約服入秦[11],已而與韓、趙謀襲秦,秦兵吏誅,遂破之。荆王獻青陽以西[12],已而畔約,擊我南郡[13],故發兵誅,得其王,遂定其荆地。燕王昏亂[14],其太子丹乃陰令荆軻爲賊,兵吏誅,滅其國。齊王用后勝計[15],絶秦使,欲爲亂,兵吏誅,虜其王,平齊地。寡人以眇眇之身[16],興兵誅暴亂[17],賴宗廟之靈,六王咸伏其辜[18],天下大定。今名號不更,無以稱成功,傳後世。其議帝號!”

(《史記》卷六《秦始皇本紀》,中華書局1982年版)

【注釋】

[1]并:并吞。 [2]異日:往日,從前。韓王:名安,桓惠王子。納、效:獻。 [3]藩臣:拱衛王室之臣。 [4]已而:不久,旋即。倍:通“背”。 [5]畔:通“叛”。 [6]興:起。 [7]趙王:悼襄王,名偃。李牧:趙國大將,封武安君。 [8]質:抵押,以財物或人作爲保證。春秋戰國時,常以王子或世子、公子互换以作盟約保證,稱爲質子。此處指春平君,趙國太子,或據《戰國策》及1970年遼寧莊河出土青銅鈹銘文指爲春平侯,趙國丞相。 [9]王:幽繆王,名遷。悼襄王子。 [10]趙公子嘉:悼襄王子,曾立爲太子,後廢。 [11]魏王:魏假,景湣王子。 [12]荆王:楚王,名負芻,哀王庶兄,殺弟自立。青陽:今安徽省青陽縣。 [13]南郡:秦置,今湖北省荆州。 [14]燕王:名喜。 [15]齊王:名建,襄王子。后勝:齊國丞相。 [16]眇眇:眇小,帝王謙辭。 [17]暴亂:殘暴昏亂者,指六國國君。

[18]辜：罪。

【集评】

(清)姚苧田：先儒謂：秦時詔令，雜以吏牘，自是一種文字。然《謨》《誥》之下，漢詔之前，實另具一段精嚴偉麗光景。此其第一令也，絕大不同。（《史記菁華録》卷一，第1頁）

葉玉麟：詔令先總挈滅六國之由，文極高簡。（《批註史記》第一冊，第85頁）

王文濡：結束六國，鋪陳功德，若入後人手，當累幅不能盡，文之簡潔，實開史遷之先。（《古文辭類篹評注》，第1154頁）

求 賢 令

（東漢）曹操

【題解】

曹操(155—220)，字孟德，沛國譙(今安徽亳縣)人。年二十，舉孝廉，徵拜爲議郎。鎮壓黄巾起義有功，遷濟南相。討董卓，迎獻帝，滅二袁，獨攬大權。建安年間任大將軍、丞相，封魏王。死後，曹丕代漢，追尊曹操爲武帝。生平見《三國志·魏書·武帝紀》，在文學上與二子曹丕、曹植合稱"三曹"，有《曹操集》。

建安年間，曹操先後發佈了三道求賢令，此爲建安十五年(210)春發佈的第一道。求賢令以德、能分觀之法，强調人才具有相對適用性，如孟公綽德優於能，管仲、陳平能優於德，皆有所用。同時，應根據時勢選擇可用之人，在此"天下尚未定"之"急時"，針對漢代察舉制偏重人才德行的傾向，鮮明地提出了"唯才是舉"的人才觀念。名雖爲令，然以"受命及中興之君"得賢爲比，有詔之實。

自古受命及中興之君[1]，曷嘗不得賢人君子與之共治天下者乎[2]！及其得賢也，曾不出閭巷，豈幸相遇哉？上之人不求之耳。今天下尚未定，此特求賢之急時也[3]！"孟公綽爲趙、魏老則優，不可以爲滕、薛大夫[4]。"若必廉士而後可用，則齊桓其何以霸世[5]！今天下得無有被褐懷玉而釣于渭濱者乎[6]？又得無盜嫂受金而未遇無知者乎[7]？二三子其佐我明揚仄陋[8]，唯才是舉，吾得而用之。

（《三國志》卷一《魏書·武帝紀》，中華書局1982年版）

【注释】

[1]受命：受天之命。指開國之君。中興：轉衰爲盛。指重新振起國勢之君。 [2]曷嘗：何嘗。 [3]特：正。 [4]"孟公綽"二句：出自《論語·憲問》孔子語。孟公綽爲魯國大夫，清静寡欲。趙氏、魏氏是晉國執政大臣。老：家臣之長。滕、薛：春秋時二小國。 [5]"若必

廉士”二句:指齊桓公用管仲而成就霸業,管仲原爲齊桓公對手公子糾之謀臣,後背主投敵,故不以廉士稱。 [6]被褐懷玉而釣于渭濱者:指周代開國勛臣吕尚。 [7]盗嫂受金而未遇無知者:指漢朝開國勛臣陳平,曾被周勃、灌嬰指責有通姦、受賄的污點。無知:魏無知,舉薦陳平於劉邦。 [8]二三子:諸位。仄陋:喻出身微賤而有才能者。

【集評】

(清)顧炎武:孟德既有冀州,崇獎跅弛之士。觀其下令再三,至於求“負污辱之名,見笑之行,不仁不孝,而有治國用兵之術者”。(建安二十二年八月令,十五年春令,十九年十二月令,意皆同。)於是權詐迭進,姦逆萌生。……夫以經術之治,節義之防,光武、明、章數世爲之而未足,毁方敗常之俗,孟德一人變之而有餘。

(《日知録校注》卷十三,第718–719頁)

(清)何焯:王莽謂諸有臧及内惡未發者,不以小疵妨大材。此莽羅致屏棄不齒之人,被以望外過恩,使爲己用耳。曹操亦謂:“若必廉士而後可用,則齊桓何以伯世?”篡賊所求,往往必於其類,以爲此屬,皆計不反顧,不得不奮効嗚呋,以圖富貴一時,乃可惟我所使也。

(清)周壽昌:漢制雜霸,而《求賢》諸詔,猶知以孝弟仁義爲重。故黨錮之餘,風節彌厲。魏武此令,專務狡詐,蔑棄廉隅,宜乎華歆、王朗從逆諸臣,靦然以老成自重;幼安諸老,屢徵不至,亦早見其本顛而枝必壞也。卒之立國甫及二世,而廢篡相尋,旋即亡滅,謂非魏武之有以啓之哉!

盧弼:顧、何、周諸説,於風俗人心極有關繫,誠爲名論。然據《毛玠傳》云:“玠與崔琰並典選舉,其所舉用,皆清正之士,雖於時有盛名而行不由本者,終莫得進。由是天下之士,莫不以廉節自勵。文帝爲五官將,屬所親眷,玠不奉命。”《先賢行狀》云:“玠典選舉,拔貞實,斥華僞,四海翕然,莫不勵行。”《和洽傳》云:“毛玠、崔琰並以忠清幹事,其選用先尚節儉。”據諸傳所載,則當時選用之風尚可知,似有不可以概論者。然當羣雄割據之時,不能不網羅倜儻不羈之士,造端不慎,流弊無窮,魏武此令,遂爲世所詬病矣。

(以上三條皆見《三國志集解》卷一,第134–135頁)

讓縣自明本志令

(東漢)曹操

【題解】

本篇亦稱《述志令》,作於建安十五年(210)十二月。其時曹操在軍事上統帥三軍,陸續消滅董卓、袁術、劉表等割據軍閥,一統北方;且曹操官居丞相,廢除三公,大權獨攬。朝廷内外多有對曹操“不遜之志”的猜度。正是在這種情況下,曹操寫下此令。“讓縣”之意,十數字已明,本文重點在“自明本志”,而“本志”屢變,流言日出,遂就世人所不易理解者，層層敘寫，衍爲一長篇自傳性令文，堪稱千古未有之奇文。

孤始舉孝廉[1]，年少，自以本非巖穴知名之士[2]，恐爲海内人之所見凡愚[3]，欲爲一郡守[4]，好作政教[5]，以建立名譽，使世士明知之[6]。故在濟南[7]，始除殘去穢[8]，平心選舉，違迕諸常侍[9]。以爲彊豪所忿，恐致家禍，故以病還。

去官之後，年紀尚少[10]，顧視同歲中[11]，年有五十，未名爲老。内自圖之，從此卻去二十年[12]，待天下清，乃與同歲中始舉者等耳。故以四時歸鄉里，於譙東五十里築精舍[13]，欲秋夏讀書，冬春射獵，求底下之地[14]，欲以泥水自蔽[15]，絶賓客往來之望，然不能得如意。後徵爲都尉[16]，遷典軍校尉[17]，意遂更欲爲國家討賊立功，欲望封侯作征西將軍[18]，然後題墓道言"漢故征西將軍曹侯之墓"[19]，此其志也。

而遭值董卓之難[20]，興舉義兵[21]。是時合兵能多得耳[22]，然常自損，不欲多之。所以然者，多兵意盛，與彊敵争，倘更爲禍始。故汴水之戰數千[23]，後還到揚州更募[24]，亦復不過三千人，此其本志有限也。後領兖州[25]，破降黄巾三十萬衆[26]。又袁術僭號于九江[27]，下皆稱臣，名門曰建號門，衣被皆爲天子之制，兩婦預争爲皇后。志計已定，人有勸術使遂即帝位，露布天下[28]，答言"曹公尚在，未可也"。後孤討禽其四將[29]，獲其人衆，遂使術窮亡解沮[30]，發病而死。及至袁紹據河北[31]，兵勢彊盛，孤自度勢，實不敵之，但計投死爲國，以義滅身，足垂於後。幸而破紹，梟其二子[32]。又劉表自以爲宗室[33]，包藏姦心，乍前乍卻[34]，以觀世事，據有當州[35]，孤復定之[36]，遂平天下。身爲宰相[37]，人臣之貴已極，意望已過矣。今孤言此，若爲自大，欲人言盡，故無諱耳。設使國家無有孤，不知當幾人稱帝，幾人稱王。

或者人見孤彊盛，又性不信天命之事，恐私心相評，言有不遜之志[38]，妄相忖度，每用耿耿[39]。齊桓、晉文所以垂稱至今日者[40]，以其兵勢廣大，猶能奉事周室也。《論語》云[41]"三分天下有其二，以服事殷，周之德可謂至德矣"，夫能以大事小也[42]。昔樂毅走趙[43]，趙王欲與之圖燕[44]，樂毅伏而垂泣，對曰："臣事昭王，猶事大王；臣若獲戾[45]，放在他國[46]，没世然後已，不忍謀趙之徒隸[47]，況燕後嗣乎[48]！"胡亥之殺蒙恬也[49]，恬曰："自吾先人及至子孫，積信於秦三世矣[50]；今臣將兵三十餘萬，其勢足以背叛，然自知必死而守義者，不敢辱先人之教以忘先王也。"孤每讀此二人書，未嘗不愴然流涕也。孤祖父以至孤身，皆當親重之任[51]，可謂見信者矣，以及子桓兄弟[52]，過于三世矣。孤非徒對諸君説此也，常以語妻妾，皆令深知此意。孤謂之言："顧我萬年之後[53]，汝曹皆當出嫁[54]，欲令傳道我心，使他人皆知之。"孤此言皆肝鬲之要也[55]。所以勤勤懇懇敘心腹者[56]，見周公有《金縢》之書以自明[57]，恐人不信之故。

然欲孤便爾委捐所典兵衆以還執事[58],歸就武平侯國[59],實不可也。何者?誠恐已離兵爲人所禍也。既爲子孫計,又己敗則國家傾危,是以不得慕虛名而處實禍[60],此所不得爲也。前朝恩封三子爲侯[61],固辭不受,今更欲受之,非欲復以爲榮,欲以爲外援,爲萬安計。孤聞介推之避晉封[62],申胥之逃楚賞[63],未嘗不舍書而歎,有以自省也。奉國威靈[64],仗鉞征伐[65],推弱以克彊[66],處小而禽大,意之所圖,動無違事,心之所慮,何向不濟[67]!遂蕩平天下,不辱主命,可謂天助漢室,非人力也。然封兼四縣[68],食户三萬[69],何德堪之!江湖未静,不可讓位;至于邑土,可得而辭。今上還陽夏、柘、苦三縣户二萬,但食武平萬户,且以分損謗議[70],少減孤之責也[71]。

(《三國志》卷一《魏書·武帝纪》裴松之注引《魏武故事》,中華書局1982年版)

【注釋】

[1]孤:古代王侯自稱。曹操時任丞相,封武平侯。孝廉:孝指善事父母;廉指清廉方正。漢武帝時始令郡國每年舉孝、廉各一人,後合稱孝廉。東漢時每年由各郡、國從二十萬人中薦舉一人,曹操被舉爲孝廉時才二十歲。 [2]巖穴知名之士:有名的隱士。巖穴,山洞。 [3]海内人:世人。凡愚:平庸無知者。 [4]郡守:一郡的最高行政長官,即太守。 [5]政教:政治與教化。 [6]世士:當世之士。 [7]在濟南:中平元年(184)曹操遷濟南國相。 [8]除殘去穢:曹操奏免貪官,禁止淫祀。 [9]違迕:違背、觸犯。常侍:中常侍,皇帝的侍從近臣,掌管宫廷文書、傳達皇帝命令,權勢顯赫。東漢末年,中常侍多用宦官,常與地方貪官勾結。 [10]年紀尚少:朝廷徵調曹操爲東郡太守。曹操託病辭官還鄉,年方三十來歲。 [11]同歲:同年被舉爲孝廉者。 [12]卻去:離去。 [13]譙(qiáo):譙縣,今安徽亳州市。曹操故鄉。精舍:書齋。 [14]底下之地:低窪之地,指瘠薄僻遠之地。 [15]泥水自蔽:意謂老於僻野,不求聞達。 [16]都尉:官名,掌軍事,官階相當於太守。 [17]典軍校尉:武官名,掌近衛兵,多由皇帝親信擔任。中平五年(188)曹操遷典軍校尉。 [18]征西將軍:東漢時授征西將軍的有四人,皆爲功臣。[19]墓道:指墓前神道碑。 [20]董卓之難:董卓字仲穎,涼州臨洮人。中平六年(189),漢靈帝死,少帝劉辯即位,大將軍何進召并州牧董卓領兵入洛陽。董卓廢少帝,立獻帝劉協,操縱朝政。 [21]興舉義兵:初平元年(190),關東各州郡起兵討董卓,自稱"義兵"。曹操在陳留郡己吾縣(今河南省陳留縣)招募五千人起兵討董。 [22]合兵:募集兵馬。 [23]汴水之戰:初平元年(190),關東各州郡以袁紹爲盟主,聯合討董,然各懷私利,不敢先進。曹操獨率軍西進,與董卓部將徐榮在滎陽汴水(今索河,在河南省滎陽縣西南)交戰,曹操中流矢,敗逃。 [24]揚州更募:汴水戰敗後,曹操與夏侯惇等到揚州募兵。東漢末年,揚州州治曆陽、壽春皆在今安徽省,轄今江蘇、安徽一帶。 [25]兗州:轄今山東西南部和河南東部。 [26]破降黄巾:初平三年(192),青州黄巾軍起義攻入兗州,殺刺史劉岱。濟北鮑信與兗州官吏迎曹操爲兗州牧。曹操領兵攻黄巾軍於壽張(今山東省東平縣西南),追至濟北,黄巾軍三十萬投降。曹操擇其精鋭爲"青州兵"。 [27]

袁術:字公路,袁紹異母弟,九江郡太守。僭(jiàn)號:盜用天子稱號。建安二年(197),袁術稱帝於壽春(今安徽省壽縣)。九江:郡名,轄今江蘇、安徽省南部和江西省。 [28]露布:不加緘封的文書。亦謂公佈文書。 [29]禽:通“擒”。建安二年(197)九月,袁術攻陳(今河南省淮陽縣),曹操引兵出擊,擒斬袁術四將橋蕤、李豐、梁綱、樂就。 [30]窮亡解沮:走投無路,瓦解崩潰。 [31]袁紹:字本初,袁術之兄。建安四年(199)三月,滅公孫瓚,據冀、青、幽、并四州。 [32]梟:梟首,斬首示衆。建安五年(200),曹操在官渡(今河南省中年縣東北)之戰中,以少勝多,擊敗袁紹。二子:袁譚、袁尚。 [33]劉表:字景升,漢皇族魯恭王劉餘之後。初平(190—193)年間任荆州刺史。 [34]乍前乍卻:忽前忽後,喻投機。 [35]當州:指荆州,轄今湖北、湖南等地。 [36]孤復定之:建安十三年(208)七月,曹操南征,八月劉表病死,九月其子劉琮以荆州降。 [37]宰相:丞相。東漢以太尉、司徒、司空三公代替西漢丞相、御史大夫,建安十三年(208),漢獻帝廢三公,任曹操爲丞相。 [38]不遜之志:不忠順之意圖。指代漢自立爲帝的野心。 [39]用:因。 [40]垂稱:垂名,著稱。 [41]“《論語》云”:見《論語·泰伯篇》,周西伯得到天下三分之二的諸侯支持,而仍然侍奉殷朝,可稱最高的道德。 [42]以大事小:强大的諸侯侍奉弱小的天子。 [43]樂毅:戰國燕昭王時名將,曾率五國聯軍大破齊國。燕惠王立,齊將田單反間計,讓騎劫代樂毅爲將,樂毅去燕投趙。 [44]趙王:趙惠文王。 [45]獲戾:得罪。 [46]放:放逐。 [47]徒隸:刑徒奴隶,泛指地位低賤的人。 [48]後嗣:後代,指燕惠王。 [49]胡亥:秦二世,秦始皇嬴政的小兒子。蒙恬:秦始皇時名將,秦統一六國後,他率兵三十萬,北擊匈奴,修築長城。秦始皇死後,趙高矯詔逼蒙恬自殺。 [50]三世:蒙恬及其父親蒙武、祖父蒙驁均爲秦國名將。 [51]親重之任:曹操的父親曹嵩,漢靈帝時官至太尉。曹嵩的養父宦官曹騰,漢桓帝時任中常侍、大長秋(管理皇宫事宜),封費亭侯。 [52]子桓:曹操次子曹丕的字。 [53]顧:等。萬年:死的諱稱。 [54]汝曹:你們。 [55]肝鬲(gé)之要:出自内心之要言。鬲,通“膈”,胸膈。 [56]勤勤懇懇:誠摯懇切。 [57]周公:姓姬名旦,周武王弟,周成王叔。《金縢(téng)》:《尚書·周書》篇名。武王病重,周公禱於鬼神,請求代武王死,禱詞封藏於金縢櫃中。武王死,成王年幼,周公攝政。管叔、蔡叔等誹謗周公篡位,周公避居東都洛邑(今河南洛陽)。後來成王啓櫃發現禱詞,知周公忠貞,大爲感動,親自迎回周公。縢,封緘。金縢:密封的金屬櫃。 [58]便爾:就此。委捐:放棄。典:掌管。執事:指朝廷統率軍隊的主管權。 [59]武平侯國:建安元年(196),獻帝任曹操爲大將軍,封武平侯。武平,在今河南鹿邑縣西。 [60]虚名:指放棄兵權以邀高名。 [61]封三子爲侯:漢獻帝在此令發佈後,於建安十六年(211),封曹植爲平原侯,曹據爲范陽侯,曹豹爲饒陽侯。 [62]介推:介子推,春秋時晉國人,曾隨晉公子重耳出亡十九年。重耳回國即位,大封從亡諸臣。介子推及其母隱居而死。 [63]申胥:申包胥,春秋時楚國大夫。伍子胥率吴軍伐楚,破郢都。申包胥求救兵於秦,勺飲不入口,痛哭七日,秦哀公爲之賦《無衣》,發兵救楚。功成,申包胥避楚王賞。 [64]威靈:漢皇室祖宗的威武神靈。 [65]鉞(yuè):古兵器,似大斧,亦爲儀仗器物。皇帝授鉞給主將,象徵代表天子出征。 [66]推:指揮。 [67]濟:成。 [68]四縣:指武平、陽夏(今河南太康縣)、柘(今河南柘城縣北)、苦(今河南鹿邑縣東)。 [69]食户三萬:受三萬户人家所納賦稅的供養。 [70]分損:減少,平息。 [71]少:稍。

【集評】

王文濡:説來正正堂堂,總是一腔陰謀詭計。文自龍跳虎躍,氣象不凡。

(《秦漢三國文評注讀本》下册,第107頁)

吕思勉:從古英雄,堅貞坦白,無如魏武者。予每讀《三國志注》引《魏武故事》所載建安十五年十二月己亥令,未嘗不愴然流涕也。

惟不諱爲身謀者,其爲公家謀乃真。使後人處公之位,必曰所恤者國家傾危,身之受禍非所計,更不爲子孫計也。然其誠否可知也。 (《論學集林·論魏武帝》,第113頁)

出 師 表

(三國)諸葛亮

【題解】

諸葛亮(181—234),字孔明,琅邪陽都(今山東沂南縣南)人。三國蜀漢政治家、軍事家,謚忠武侯。有《諸葛亮集》。建興五年(227),諸葛亮駐軍漢中(今陝西漢中市),準備出師北伐,臨行上此表。雖名《出師表》,表中並不詳論出師,唯篇末"今當遠離"稍透露消息。全篇主旨只有六個字:"親賢臣,遠小人",是對後主劉禪的諄諄教誨,故蘇軾以之比《説命》(傅説告誡武丁)、《伊訓》(伊尹告誡太甲)。但《出師表》不是泛泛以前漢興隆、後漢傾頹論述主旨,更重要的是以自身經歷闡明君臣相得與國家興衰之關係,觸動劉禪對此的體認。文中用十三次"先帝",十二次自稱"臣",君臣之間情感真摯深切,個人命運與國家命運共起伏,故而在此"危急存亡之秋",發出了令人千古同感的憂國之聲。

先帝創業未半而中道崩殂[1],今天下三分[2],益州疲弊[3],此誠危急存亡之秋也[4]。然侍衛之臣不懈於内,忠志之士忘身於外者,蓋追先帝之殊遇[5],欲報之於陛下也[6]。誠宜開張聖聽[7],以光先帝遺德[8],恢弘志士之氣[9],不宜妄自菲薄[10],引喻失義[11],以塞忠諫之路也。宫中府中[12],俱爲一體,陟罰臧否[13],不宜異同[14]。若有作姦犯科及爲忠善者[15],宜付有司論其刑賞[16],以昭陛下平明之理[17],不宜偏私,使内外異法也。

侍中、侍郎郭攸之、費禕、董允等[18],此皆良實[19],志慮忠純[20],是以先帝簡拔以遺陛下[21]。愚以爲宫中之事,事無大小,悉以咨之,然後施行,必能裨補闕漏[22],有所廣益。將軍向寵[23],性行淑均[24],曉暢軍事[25],試用於昔日,先帝稱之曰能[26],是以衆議舉寵爲督。愚以爲營中之事,悉以咨之,必能使行陳和睦[27],優劣得所[28]。親賢臣,遠小人,此先漢所以興隆也[29];親小人,遠賢臣,此後漢所以傾頹也[30]。先帝在時,每與臣論此事,未嘗不歎息痛恨於桓、靈也[31]。侍中、尚書、長史、參軍[32],此悉貞良死節之臣[33],願陛下親之信之,則漢室之隆,可計日而待也[34]。

臣本布衣[35],躬耕於南陽[36],苟全性命於亂世,不求聞達於諸侯[37]。先帝不以臣卑鄙[38],猥自枉屈[39],三顧臣於草廬之中[40],諮臣以當世之事,由是感激[41],遂許先帝以驅馳[42]。後值傾覆[43],受任於敗軍之際,奉命於危難之閒,爾來二十有一年矣[44]。

先帝知臣謹慎,故臨崩寄臣以大事也[45]。受命以來,夙夜憂歎,恐託付不效,以傷先帝之明,故五月渡瀘,深入不毛[46]。今南方已定,兵甲已足,當獎率三軍,北定中原,庶竭駑鈍[47],攘除姦凶[48],興復漢室,還于舊都[49]。此臣所以報先帝,而忠陛下之職分也。

至於斟酌損益,進盡忠言,則攸之、禕、允之任也。願陛下託臣以討賊興復之效;不效,則治臣之罪,以告先帝之靈。若無興德之言,則責攸之、禕、允等之慢[50],以彰其咎。陛下亦宜自謀,以諮諏善道[51],察納雅言[52],深追先帝遺詔。臣不勝受恩感激。今當遠離,臨表涕零,不知所言。

(《三國志》卷三十五《蜀書·諸葛亮傳》,中華書局1982年版)

【注釋】

[1]先帝:蜀昭烈帝劉備。崩殂(cú):帝王死。劉備建立蜀漢政權,三年去世。 [2]三分:魏、蜀、吴三國鼎立。 [3]益州:漢置,包括今四川、雲南、貴州、陝西部分地區。時爲蜀漢所有。疲弊:喻國力貧弱。 [4]誠:確實。秋:關鍵之時。 [5]追:追念。殊遇:超出平常的禮遇。 [6]陛下:後主劉禪。 [7]開張聖聽:廣開言路,聽取意見。 [8]光:發揚。[9]恢弘:發揚,擴大。 [10]妄自菲薄:不知自重,毫無根據地看輕自己。 [11]引喻失義:指言談失去道理。 [12]宫中:皇帝宫禁中的侍臣。府中:丞相府中的官吏。 [13]陟(zhì):升職。罰:降職。臧(zāng):表揚。否(pǐ):批評。 [14]異同:偏義複詞,義偏在異。 [15]作奸犯科:營私舞弊,違法亂紀。科,法律條文。 [16]有司:主管官吏。古代設官分職,各有專司。 [17]昭:顯示。平明:公平清明。理:治理。 [18]侍中、侍郎:皆皇帝侍從。郭攸之:字演長,南陽人,時任侍中。費禕(Yī):字文偉,江夏人,時任侍中。董允:字休昭,南郡人,時任黄門侍郎。 [19]良實:善良誠實。 [20]志慮:思想。忠純:忠誠純潔。 [21]簡拔:選拔。 [22]裨補闕漏:彌補缺漏。裨,彌補。闕,通"缺"。[23]向寵:字巨達,襄陽人。時封都亭侯、中部督,掌禁軍。 [24]淑:善良。均:公正。[25]曉暢:通曉,熟悉。 [26]"試用"兩句:向寵曾隨劉備伐吴,蜀兵大敗,唯向寵所部獨無損失。 [27]行(háng)陣:軍隊行列。"陳"通"陣"。 [28]優劣得所:指將領和士兵按才能高低不同安置得當。 [29]先漢:西漢。 [30]後漢:東漢。傾頹:傾覆衰敗。 [31]桓、靈:東漢桓帝劉志、靈帝劉宏。時外戚驕横,宦官專權,政治腐敗,終至天下大亂。[32]侍中:郭攸之和費禕。尚書:陳震。字孝起,南陽人。長史:漢時在丞相府及三公府

(太尉、司徒、司空)協助管理政務的官吏。指張裔,字君嗣,蜀郡成都人。參軍:丞相府屬官,指蔣琬,字公琰,零陵湘鄉人。 [33]貞良:堅貞可靠。死節:能以死殉節,報效國家。 [34]計日而待:犹言爲期不遠。 [35]布衣:平民。 [36]躬耕:親自耕種。南陽:郡名,治所在今河南南陽市。諸葛亮早年隱居於南陽郡鄧縣隆中村。 [37]聞達:揚名顯達。 [38]卑鄙:卑微鄙陋,謙詞。 [39]猥(wěi):謙詞,表示謙卑。枉屈:屈尊。 [40]顧:探望,拜訪。 [41]感激:感奮激發。 [42]驅馳:奔走效勞。 [43]值:遇。傾覆:失敗。指建安十三年(208)劉備在當陽長阪之敗。 [44]二十有一年:建安十二年(207)三顧茅廬,至蜀漢建興五年(227)北伐上表,共二十一年。 [45]臨崩寄臣以大事:蜀漢章武三年(223)劉備病危於白帝城,托國事於諸葛亮。 [46]"故五月"兩句:瀘:金沙江。不毛:不生植物,喻荒瘠。蜀漢建興三年(225)諸葛亮率軍南征諸反叛部落。 [47]駑鈍:喻才能平庸,謙辭 。 [48]攘(rǎng)除:掃除。姦凶:喻曹魏。 [49]舊都:東漢都城洛陽,時爲曹魏都城。 [50]慢:懈怠。 [51]諮諏(zōu):諮詢。 [52]雅言:善言。

【集評】

(東晉)李充:表宜以遠大爲本,不以華藻爲先。……諸葛亮之表劉主……可謂德音矣。

(《翰林論》,《全晉文》卷五十三,《全上古三代秦漢三國六朝文》,第1767頁)

(南朝梁)劉勰:孔明之辭後主,志盡文暢。

(《章表》,《文心雕龍義證》卷五,第834頁)

(北宋)蘇軾:諸葛孔明不以文章自名,而開物成務之姿,綜練名實之意,自見於言語。至《出師表》,簡而盡,直而不肆,大哉言乎!與《伊訓》《説命》相表裏,非秦漢以來以事君爲悦者所能至也。 (《樂全先生文集敍》,《蘇軾文集》卷十,第314頁)

(南宋)樓昉:規模正大,志念深遠,詳味乃見。吴、魏二國未識有此人物,有此文章否?

(《崇古文訣評文》,《歷代文話》第一册,第468頁)

(南宋)真德秀:三國非無文章,獨取武侯一表者,以其發於至忠也。

(《文章正宗》卷十,《文津閣四庫全書》集部第453册,第106頁)

(南宋)真德秀:按,孔明所陳,于君子、小人之際尤致意焉。其後孔明既没,而公琰、文偉諸賢相繼任政,國賴以安,此"親君子"之效也。孔明知帝禪有桓、靈之資,故豫陳之以爲殷監,其言至深切也。禪乃忽而不省,哀哉!

(《蜀漢本末》卷中,《四庫全書存目叢書》史部第19册,第320頁)

(南宋)胡寅:孔明,一代之英,遠謀宏議,無一不售者。至其自明之語,曰"謹慎"而已,何其約也!《詩》不云乎:"惟此文王,小心翼翼。昭事上帝,聿懷多福。"若亮者,有文王之小心矣。彼劉禪凡庸,何足以當元臣如此其敬,而孔明事之,靡不盡道。握國魁柄、總御六師,而無專意恣行毫末可指者,非盛德孰能臻此!使曹操而聞孔明事幼主之規,得不羞愧而入地乎! (《致堂讀史管見》卷六,第329–330頁)

(清)金聖歎:此文,自來讀者皆歎其矢死伐魏,以爲精忠,殊不知此便是了没交涉也。看先生自云"臨表涕泣",夫伐魏即伐魏耳,何用涕泣爲哉?正惟此日國事實當危急存亡之際,而此日嗣主方在醉生夢死之中。"知子莫如父",惟不才之目,固已驗矣;豈"知臣莫如君”，而自取之語，乃遂敢真蹈也。于是而身提重師，萬萬不可不去；心牽鈍物，又萬萬不能少寬。因而切切開導，勤勤叮嚀，一回如嚴父，一回如慈嫗。蓋先生此日此表之涕泣，固自有甚難甚難于嗣主者，而非爲漢賊之不兩立也。後日杜工部有詩云：“幹排雷雨猶力争，根斷泉源豈天意。”正是此一副眼淚矣。哀哉哀哉！

（《天下才子必讀書》卷九，《金聖歎全集》第五册，第359頁）

（清）愛新覺羅•玄燁：將欲外攘，先修内治，大臣之誼，純臣之心。

（《古文淵鑒》卷二十二）

（清）王鴻緒：至誠忠愛，可格金石而泣鬼神，昔人謂“與《伊訓》《説命》相表裏”，信然！

（《古文淵鑒》卷二十二）

（清）林雲銘：表爲出師而作，而出師語，却只在末段點過。前後惓惓，惟以君德爲詞。按，史稱後主初立，政事無巨細咸决於孔明，則其無能爲也可知。此番帥諸軍北駐漢中，勢難在朝匡救，除卻薦人自代之外，别無他法也。篇中段段提出“先帝”，大旨以興復漢室必當追先帝之遺德，欲追先帝遺德，止在用賢納諫、刑賞無私一著，賢臣用則小人自遠矣。若自安於不逮，雖有賢臣，亦不肯爲用也。中段以“賢臣”“小人”竝提，或以爲指黄皓。按，孔明出師在建興五年，越十九年後，蔣琬、董允皆卒，費禕以陳祗爲侍中，皓始預政。此處“小人”似與皓無涉。大抵後主爲人狎昵孌近，是其素性，此乃防微杜漸之説，可謂格君心之非者矣。髯蘓（編按，蘓當作“蘇”，指蘇軾）謂“與《伊訓》《説命》相表裏”。

（《增訂古文析義合編》卷九）

（清）吴楚材、吴调侯：大意只重親賢遠佞，而親賢尤爲遠佞之本。故始以“開張聖聽”起，末以“諮諏”“察納”收。篇中十三引先帝，勤勤懇懇，皆根極至誠之言，自是至文。

（《古文觀止》卷六，第278頁）

（清）浦起龍：伊尹頻稱先王，武鄉頻引先帝，具聖賢氣象，兼骨肉恩情。似老家人出外，丁甯幼主人，言言聲淚兼并，而一時外攘内顧，雙管並下。于事則主行師，於情則主居守，平側自見也。

（《古文眉詮》卷三十七）

（清）余誠：出屯漢中，以圖中原，此番大事，固所難已。而後帝資稟昏懦，比昵嬖倖，關係不少，又難遠離，計惟薦人自代，上匡主德，下昭平明。一片忠心，千古如見。其文筆之古茂，亦且突過西京，昔人謂諸葛君真名士也，自是定評。

（《重訂古文釋義新編》卷六，第358頁）

（清）過珙：懇懇惻惻，是君臣語，亦是父子語。看其敘寵遇，則曰“三顧臣”，曰“諮臣”，曰“寄臣以大事”；敘報效，則曰“許先帝”，曰“受任”，曰“恐付託不效”。當年心事，自有耿耿不可磨滅處。

（《古文評注》卷二，第130頁）

（清）曾國藩：古人絕大事業，恒以精心敬慎出之。以區區蜀漢一隅，而欲出師關中，北伐曹魏，其志願之宏大，事勢之艱危，亦古今所罕見。而此文不言其艱鉅，但言志氣宜恢宏，刑賞宜平允，君宜以親賢納言爲務，臣宜以討賊進諫爲直而已。故知不朽之文必自襟度遠大、思慮精微始也。

（《求闕齋讀書録》卷四）

（清）林紓：此表非相臣之告幼主也，直仁慈之父兄詔其子弟，忠實之師傅詔其弟子之言也。

篇中用三“不宜”、兩“以爲”,兩“必能”字,即足以見其心。曰“不宜菲薄”“不宜異同”“不宜偏私”者,箴其愚,導其正,望其公也。“以爲宫中之事”“以爲營中之事”兩語,似宫中、營中,後主均不能作主,悉當諮此數人。“以爲”者,專斷之詞,亦命令之詞也,口吻神似父師臨行之告誡。必如此始當,不如此便不當也。曰“必能裨補闕漏”“必能行陣和穆”,又是自信之詞,不管後主聽與不聽,一味攄其忠悃,堅囑一番,使之必信者。

然語氣之間,又自疑過專,故處處稱先帝。稱先帝者凡十二處,見得己之所言,悉先帝之言也。口吻似伊尹,而處處皆挾哀音。“追先帝殊遇”者,自責之詞也。“光先帝遺德”者,責望後主也。“先帝簡拔以遺陛下”者,此舊人之不宜妄黜也。“先帝稱能”者,明向寵非己之私人也。“先帝痛恨桓、靈者”,即箴後主不可效桓、靈舉動也。“先帝不以臣卑鄙”者,欲後主信託己身也。“許先帝以馳驅”者,誓以死報國也。“先帝知臣”者,亦欲責望後主知之也。“恐傷先帝之明”者,不敢負諸責也。“報先帝”者,感恩也。“告先帝”者,矢誓也。“追先帝遺詔”者,以孝望後主也。一味和平,和中帶肅,平中寓直。

其處置國事,如處家事,先説人才難得,次言任人宜專,觀人宜明,以下力保賢才,賢爲内守。又恐後主信任不堅,故諄諄堅囑。其下言三顧,言渡瀘,始言其感恩,後言其報國。“爾來二十有一年”一語,是老臣與國同休戚之口吻。

並不著意爲文,而語語咸自血性中流出。精忠之言,看似輕描淡寫,而一種勤懇之意,溢諸言外。視郭忠武之自陳,尚覺郭言少激,而公文則純是一腔熱血也。

(《林紓選評古文辭類纂》卷三,第98–99頁)

王文濡:忠肝貫金石,義氣壯乾坤,千載下如或見之。文之古茂,猶其餘事。

(《秦漢三國文評注讀本》上册,第103頁)

陳　情　表

(三國)李密

【題解】

李密(224—287),字令伯,一名虔,犍爲武陽(今四川彭山)人。與陳壽等人師從學者譙周,仕蜀使吴,有才辯。以孝著稱。幼年喪父,母何氏改嫁,由祖母劉氏撫養成人。蜀漢亡,晉武帝屢召爲太子洗馬,李密第一次上表請辭,未被批准。即本文所述“臣具表聞,辭不就職。詔書切峻,責臣逋慢,郡縣偪迫,催臣上道,州司臨門,急於星火。”本文是第二次上表,辭以祖母年老多病、無人供養,敘述早孤之苦、祖母撫養之恩,與朝廷徵召之急、進退之難,情感真切,對比鮮明,頗爲動人。更重要的是,因侍奉祖母而暫辭徵召,并非故矜名節、絶意仕進,既符合晉武帝以孝治天下的標榜,也不與效忠新朝衝突,故而打動武帝,特准其請,且賜奴婢,令郡縣供膳。祖母去世後,李密方出任太子洗馬,遷漢中太守。後免官,卒於家中。其生平可參《華陽國志》《晉書》本傳。

臣以險釁[1]，夙遭閔凶[2]。生孩六月，慈父見背[3]，行年四歲，舅奪母志[4]。祖母劉，愍臣孤弱，躬見撫養。臣少多疾病，九歲不行，零丁孤苦，至於成立[5]。既無伯叔，終鮮兄弟，門衰祚薄[6]，晚有兒息[7]。外無朞功强近之親[8]，内無應門五尺之童[9]，煢煢孑立[10]，形影相弔[11]。而劉早嬰疾病[12]，常在牀蓐[13]，臣侍湯藥，未曾廢離[14]。

逮奉聖朝，沐浴清化[15]，前太守臣逵察臣孝廉[16]，後刺史臣榮舉臣秀才[17]，臣以供養無主，辭不赴命。詔書特下，拜臣郎中[18]，尋蒙國恩[19]，除臣洗馬[20]，猥以微賤[21]，當侍東宫[22]，非臣隕首所能上報[23]。臣具表聞，辭不就職。詔書切峻[24]，責臣逋慢[25]，郡縣偪迫[26]，催臣上道，州司臨門[27]，急於星火。臣欲奉詔奔馳，則劉病日篤[28]，苟順私情[29]，則告訴不許，臣之進退，實爲狼狽。

伏惟聖朝以孝治天下[30]，凡在故老[31]，猶蒙矜育[32]，況臣孤苦，特爲尤甚。且臣少仕僞朝[33]，歷職郎署[34]，本圖宦達，不矜名節[35]。今臣亡國賤俘，至微至陋，猥蒙拔擢，寵命優渥[36]，豈敢盤桓，有所希冀？但以劉日薄西山，氣息奄奄，人命危淺，朝不慮夕。臣無祖母，無以至今日，祖母無臣，亦無以終餘年，母孫二人，更相爲命，是以區區不敢廢遠[37]。

臣今年四十有四，祖母劉今年九十有六，是臣盡節於陛下之日長[38]，報養劉之日短也。烏鳥私情[39]，願乞終養。臣之辛苦，非徒蜀之人士及二州牧伯所見明知[40]，皇天后土[41]，實所共鑒。願陛下矜愍愚誠[42]，聽臣微志[43]，庶劉僥倖，保卒餘年。臣生當隕首，死當結草[44]，臣不勝犬馬怖懼之情[45]！

（《三國志》卷四十五《蜀書·楊戲傳》裴松之注引，中華書局1982年版）

【注釋】

[1]險釁（xìn）：指命運兇險多難。 [2]夙：早。此指幼年。閔凶：憂患兇喪之事。 [3]見背：謂父母或長輩去世。 [4]舅奪母志：舅父强逼李密母親改嫁，即奪其守節之志。 [5]成立：長大成人。 [6]祚（zuò）：福澤。 [7]兒息：子嗣。 [8]朞功强近之親：比較親近的親戚。古代喪禮制度以親屬關係的親疏規定服喪時間的長短，服喪一年稱"朞"，九月稱"大功"，五月稱"小功"。 [9]應門五尺之僮：指照管客來開門等事的童僕。 [10]煢（qióng）煢孑（jié）立：生活孤單無靠。 [11]弔：安慰。形影相弔喻孤苦無依。 [12]嬰：糾纏。 [13]蓐（rù）：通"褥"，褥子。 [14]廢離：廢養而遠離。 [15]清化：清明的政治教化。 [16]太守臣逵：名逵的太守，姓已失載。察：舉薦。孝廉：漢代舉薦人才的一種科目，"孝"指孝順父母，"廉"指品行廉潔。 [17]刺史臣榮：名榮的刺史，姓已失載。秀才：當時地方推舉優秀人才的一種科目，由州推舉，與後來經過考試的秀才不同。 [18]拜：授官。郎中：官名。晉時各部有郎中。 [19]尋：不久。 [20]除：任命官職。洗馬：官名。太子的屬官，在宫中服役，掌管圖書。 [21]猥：辱。自謙之詞。 [22]東宫：太子居住的地方。指太子。 [23]隕首：喪命。 [24]切峻：急切嚴厲。 [25]逋慢：回避怠

慢。 [26]偪:通"逼"。 [27]州司:州官。 [28]日篤:日益沉重。 [29]苟順:姑且遷就。 [30]伏惟:舊時奏疏、書信中下級對上級常用的敬語。 [31]故老:遺老。 [32]矜育:憐惜撫育。 [33]僞朝:指蜀漢。 [34]歷職郎署:指曾在蜀漢官署中擔任過郎官職務。 [35]矜:矜持愛惜。 [36]寵命:恩命。指拜郎中、洗馬等官職。優渥(wò):優厚。 [37]區區:形容感情懇切。 [38]陛下:對帝王的尊稱。 [39]烏鳥私情:相傳烏鴉能反哺,喻子女對父母的孝養之情。 [40]二州:指益州和梁州。益州治所在今四川省成都市,梁州治所在今陝西省勉縣東,二州區域大致相當於蜀漢所統轄的範圍。牧伯:刺史。上古一州的長官稱牧,又稱方伯,所以後代以牧伯稱刺史。 [41]皇天后土:猶言天地神明。 [42]愚誠:愚拙的至誠之心。 [43]聽:聽許,同意。 [44]結草:《左傳·宣公十五年》"魏武子有嬖妾,無子。武子疾,命顆(按,武子之子)曰:'必嫁是。'疾病,則曰:'必以爲殉。'及卒,顆嫁之,曰:'疾病則亂,吾從其治也。'及輔氏之役,顆見老人結草以亢杜回,杜回躓而顛,故獲之。夜夢之曰:'余,而所嫁婦人之父也。爾用先人之治命,余是以報。'"後因以"結草"爲受厚恩而雖死猶報之典。 [45]犬馬:作者自比,謙卑語。

【集評】

(北宋)李格非:諸葛孔明《出師表》,劉伶《酒德頌》,陶淵明《歸去來詞》,李令伯《乞養親表》,皆沛然從肺腑中流出,殊不見有斧鑿痕。是數君子,在後漢之末,兩晉之間,初未嘗以文章名世,而其意超邁如此。吾是以知文章以氣爲主,氣以誠爲主。

(《冷齋夜話》卷三,《日本五山版冷齋夜話》,第29頁)

(南宋)趙與時:讀諸葛孔明《出師表》而不墮淚者,其人必不忠。讀李令伯《陳情表》而不墮淚者,其人必不孝。讀韓退之《祭十二郎文》而不墮淚者,其人必不友。青城山隱士安子順世通云。 (《賓退録》卷九,第116頁)

(南宋)真德秀:令伯之表,反復諄篤,出於真誠。至今讀之,猶足使人感動,況當時之君乎! (《文章正宗》卷十,《文津閣四庫全書》集部第453册,第106頁)

(明)吴訥:按韻書:"表、明也,標也,標著事緒使之明白以告乎上也。"三代以前,謂之敷奏。秦改曰表。漢因之。竊嘗考之,漢晉皆尚散文,蓋用陳答情事,若孔明《前後出師》、李令伯《陳情》之類是也。唐宋以後,多尚四六。

(《文章辨體序説》,《歷代文話》第二册,第1617頁)

(明)楊慎:李密《陳情表》有"少事僞朝"之句,責備者謂其篤於孝而妨於忠。嘗見佛書引此文,"僞朝"作"荒朝",蓋密之初文也。"僞朝"字蓋晉改之以入史耳。

(《升菴集》卷四十七,《文津閣四庫全書》集部第424册,第624頁)

(清)愛新覺羅·玄燁:悱惻出於至性,自是不朽之文。 (《古文淵鑒》卷二十三)

(清)王鴻緒:至情陳乞,至今讀之,猶足生人忠孝之思。 (《古文淵鑒》卷二十三)

(清)林雲銘:純是一片至性語,不事雕飾,惟見天真爛漫。唐陳子昂爲人陳情,全借此作,粉本便成妙篇。但"僞朝"二字,動爲后儒訾毀其謬,人皆惜焉。有曲爲之説曰:"令伯欲辭職終養,故不惜卑辭婉語以動之。"殊不知當年三國,自陳壽作《志》以來,二千餘年,皆以魏爲正統。即涑水《通鑒》(編按,指司馬光及《資治通鑒》),亦因之。魏既爲正,則蜀、吴爲僞，不待言矣。至紫陽《綱目》（編按，指朱熹及《資治通鑒綱目》），方改蜀爲後漢，此千古特筆也！令伯在晉武時，何以知後世有帝蜀之説乎！使紫陽仍涑水之舊，則至今正僞尚未能明，吾知後儒必無此責備之論矣。吾輩讀書，此等落人牙後之見，當以爲戒。又，楊升庵雜著云："嘗見佛書引此文，'僞朝'作'荒朝'，蓋密之初文也。'僞'字乃晉改之以入史耳。""荒"者，僻遠之義，較"僞"字甚優，特附載以廣異聞。

（《增訂古文析義合編》卷十）

（清）吴楚材、吴調侯：歷敘情事，俱從天真寫出，無一字虚言駕飾。晉武覽表，嘉其誠款，賜奴婢二人，使郡縣供祖母奉膳。至性之言，自爾悲惻動人。

（《古文觀止》卷七，第285頁）

（清）浦起龍：情真則文，則真，則至。何處著一字粉飾？　（《古文眉詮》卷四十一）

（清）余誠：層次説來，無一語不委婉動人，固是至性至情之文。而通體局勢渾成，步驟安雅，更極盡結構之妙。讀者須細玩其詞旨，及其轉落承接，方不辜負作者苦心，而得此文之益。若徒隨人道好，何以讀爲！〇通體俱是陳情，而前兩段是陳其已往之情，乃題前文字。中三段是陳其現今之情，乃題中文字。末段是陳其日後之情也，乃題後文字。曲折委婉，所以可傳。尤妙在不急出題，層層次次，直説得情理透足，方才點出題面，煞住末段。餘情繾綣，亦覺哀音堪聽，真是千古絶響。

（《重訂古文釋義新編》卷七，第367頁）

（清）李兆洛：言外尚有沉憂。情摯，語出自然，遂以千古文事，殊弱漢人，渾穆之氣盡。

（《駢體文鈔》卷十六，第266頁）

（清）謝有煇：孝養是子孫職分當耳，非異事也。獨其敘生平孤苦之況，及祖母撫養深恩，不忍一日廢離之情，殊足感動人。按史，令伯遷漢中太守，自以失分懷怨，其人固非淡于宦情者，則此疏尤見令伯之情至耳。　（《古文賞音》卷七《晉名文附》）

吕思勉：此篇爲魏晉文字，看其音調和婉，詞句整齊。……此等爲言情文字之式。凡言情文字，能得魏晉人氣息最佳，以其毫無傖夫氣也。　（《吕思勉文史四講》，第23頁）

爲卞彬謝修卞忠貞墓啓

（南朝梁）任昉

【題解】

任昉（460—508），字彦昇，樂安博昌（今山東壽光市）人。歷仕南朝宋、齊、梁三代。博學淹通，雅善屬文，尤長於載筆，齊梁之際，"當世王公表奏，莫不請焉"，與沈約並稱"任筆沈詩"。《梁書》《南史》有傳。明人輯有《任中丞集》。

卞彬，字士蔚，南齊濟陰冤句人。卞忠貞即卞壼，字望之，卞彬高祖。西晉末年，以尚書令、右將軍受詔平蘇峻之亂，與二子眕、盱殉難，後追贈謚曰忠貞。梁天監初，武帝下詔爲卞壼重修墓塋，此文是任昉代卞彬所作上武帝的謝啓，既恰到好處地表達了謝意，又寄託了“忠遘身危,孝積家禍”的感慨,“碑表蕪滅”四句寫景如在目前,篇短情長。

作爲上行文的奏啓,屬於奏議文類。《文心雕龍·奏啓》云:“自晉來盛啓,用兼表奏。陳政言事,既奏之異條;讓爵謝恩,亦表之別幹。必斂飭入規,促其音節,辨要輕清,文而不侈,亦啓之大略也。”三國魏之箋記,往往開篇稱“啓聞”,篇末署“謹啓”。至兩晉則奏啓之文流行,兼具奏之言事與表之謝恩兩種用途。奏啓通常篇幅短小,多用駢句,講究得體而不過度的文辭修飾,在語言形式上受到六朝駢體的影響。《文選》所收三篇啓,均爲任昉之作。

臣彬啓:伏見詔書,并鄭義泰宣敇[1],當賜修理臣亡高祖、晉故驃騎大將軍、建興忠貞公壼墳塋[2]。臣門緒不昌[3],天道所昧[4]。忠遘身危[5],孝積家禍[6]。名教同悲[7],隱淪惆悵[8]。而年世貿遷[9],孤裔淪塞[10],遂使碑表蕪滅[11],丘樹荒毀,狐兔成穴,童牧哀歌。感慨自哀,日月纏迫[12]。

陛下弘宣教義[13],非求効於方今;壼餘烈不泯[14],固陳力於異世[15]。但加等之渥[16],近闕於晉典[17];樵蘇之刑[18],遠流於皇代[19]。臣亦何人,敢謝斯幸[20]?不任悲荷之至[21]!謹奉啓事以聞。謹啓。

(《文選》卷三十九,上海古籍出版社1986年版)

【注釋】

[1]鄭義泰:太樂令。敇(chì):通“敕”,皇帝的詔命。 [2]驃騎大將軍:卞壼死後追贈侍中、驃騎將軍、開府儀同三司。建興:建興縣,今南京市東南,卞壼曾封建興公。墳塋:墳墓。 [3]門緒:家族後代。 [4]昧:暗昧。 [5]忠遘身危:指卞壼忠於王室,殉難於蘇峻之亂中。遘(gòu):造成。 [6]孝積家禍:指卞壼二子眕、盱與父同赴國難。《晉書·卞壼傳》載二子“見父没,相隨赴賊,同時見害。” [7]名教:禮教中人,此指晉尚書郎弘訥等士大夫。弘訥曾於朝議稱頌卞壼之忠孝,“宜加鼎司之号,以旌忠烈之勛”。 [8]隱淪:隱士,此指徵士翟湯等。《晉書·卞壼傳》載翟湯之歎:“父死於君,子死於父,忠孝之道,萃於一門。” [9]年世:年代。貿遷:變遷。貿,原文作“貿”。 [10]孤裔:孤弱的後代。淪塞:沉淪阻塞,遭受困厄。 [11]碑表蕪滅:墓碑堙没於荒草间。 [12]纏迫:急速。 [13]陛下:指梁武帝。教義:教化禮義。此指忠孝之道。 [14]餘烈:遺留後世的德業。泯:滅。 [15]陳力:施展才力。異世:前世。此指晉世。以上兩句意謂卞壼雖德業不滅,亦不過盡忠於晉世,非有功於梁朝。 [16]加等:超等。渥(wò):優厚,優遇。李善注引《左傳》:“凡諸侯薨於朝會,加一等,死王事,加二等。”加等之渥,指爲王室犧牲的臣子應享有額外優厚的待遇。 [17]闕:缺,指無記載。晉典:晉代的典冊。 [18]樵蘇:砍柴刈草。此句意謂刑法禁止在賢者墓地周邊砍柴刈草。 [19]遠流:《戰國策·齊策四》載:“昔者秦攻齐,令曰:‘有敢去柳下季壟五十步而樵采者,死不赦。’”皇代:指梁代。 [20]謝:辭謝。斯幸:指對梁武帝重修卞壼墓深感榮幸。 [21]不任:不勝。荷:負擔。

【集評】

（清）愛新覺羅·玄燁：敘先世忠孝，有棐篤之思。（《古文淵鑒》卷二十六）

（清）王鴻緒：自敘淪塞處，惻然動人。（《古文淵鑒》卷二十六）

（清）許槤：彦昇文簡鍊入韻，絕無畦町可窺。所謂秀采外揚、深衷内朗，其體格當在休文（編按，指沈約）之上。（《六朝文絜箋注》卷六，第85-86頁）

送橘啓

（南朝梁）劉峻

【題解】

劉峻（462—521），字孝標，以字行，平原（今山東淄博市）人。劉宋泰始初年，峻八歲，被魏人虜入北朝。家貧嗜學，寄人廊屋，常燃麻炬，通宵達旦。齊永明中返鄉，又廣借書籍閱讀，崔慰祖謂之"書淫"。入梁，召入西省典校秘書。後爲安成王户曹參軍，因疾去職。居東陽紫岩山講學，門徒甚衆。曾注《世説新語》，引證富贍，爲世所重。今有《劉孝標集校注》。

作者送橘，兼附短箋，以十數句極力鋪寫"南中橙甘"，而篇末反問"氈鄉之果，寧有此邪？"於友朋諧謔情趣中包含南北迁流的人生感慨，知其背景的北方友人自然心領神會，得其滋味。

作爲平行文的書啓，屬於書牘文類。其源亦來自下級對上級的私人書信，限於尊卑上下之職分，則近於上行文；表述私人交誼之情好，又近於書信文。在發展過程中，尊卑上下之意味逐步降低，私人交誼之情好逐步上升，因而演化出平行文類書啓。如本文即是劉峻寫給朋友的短章書啓，完全以表達私人交誼爲中心。

南中橙甘[1]，青鳥所食[2]。始霜之旦，采之風味照座[3]，劈之香霧噀人[4]。皮薄而味珍，脈不黏膚[5]，食不留滓。甘踰萍實[6]，冷亞冰壺[7]。可以熏神[8]，可以芼鮮[9]，可以漬蜜[10]。氈鄉之果[11]，寧有此邪？

（《六朝文絜箋注》卷六，中華書局1962年版）

【注釋】

[1]南中：古指今四川、貴州、雲南一帶，此泛指南方。 [2]青鳥：神話傳説中爲西王母取食傳信的神鳥。 [3]照座：映照滿座。 [4]噀（xùn）：噴。 [5]脈不黏膚：橘絡和橘瓤不黏連。 [6]萍實：蘋果，或謂萍蓬草的果實。 [7]冰壺：盛冰玉壺。 [8]熏神：使精神振作。 [9]芼（mào）：選用。鮮：即羹，本指用菜和肉做成的湯，此指用橘子做的羹湯。[10]漬蜜：用蜂蜜浸漬成蜜餞。 [11]氈鄉：以氈爲帳幕之鄉，北方遊牧民族地區，此當指

北魏。

【集評】

(清)許槤:結畫短篇,朗潤芬烈,讀之覺生香如挹紙上。

(《六朝文絜箋注》卷六,第86頁)

王文濡:寥寥數語,清雅絕倫。字有餘甘,嚼之不竭,讀之亦覺香霧噗人,風味照座。

(《南北朝文評注讀本》上册,第150頁)

謝東宫賚内人春衣啓

(南朝梁)庾肩吾

【題解】

庾肩吾(487—553),字子慎,一作慎之。南陽新野(今河南南陽市新野縣)人。梁代文學家,庾信之父。《梁書》《南史》有傳。作爲書法家,著有《書品》。作爲文學家,是宫體詩的倡導者之一,侯景之亂後,詩轉蒼勁。明人輯有《庾度支集》。本篇是謝太子賜衣之信,發想奇特,鋪寫精整,以自然草木驚訝於人工春服之春色,鷰燕紛飛喻春服之形制,收以觀者流連之態,寫出所賜春服之美,不着一謝字,而意在其中。

階邊細草,猶推綟葉之光[1];户前桃樹,翻訝藍花之色[2]。遂得裾飛合鷰[3],領鬬分鸞[4]。試顧采薪,皆成留客[5]。

(《六朝文絜箋注》卷六,中華書局1962年版)

【注釋】

[1]綟(lì)葉:綟草,其色蒼緑,可染色。 [2]藍花:紅藍草之花,其色赤黄,可染色。 [3]裾(jū):衣服的前後襟。張衡《舞賦》:"裾似飛鷰,袖如迴雪。"鷰:通"燕"。 [4]領:衣領。此句意謂衣領相對如鸞鳳嬉戲遊鬭。 [5]留客:《楚辭·大招》:"長袂拂面,善留客只。"

【集評】

(清)許槤:窮狀物之妙,盡摛詞之致。 (《六朝文絜箋注》卷六,第88頁)

謝滕王賚馬啓

（南朝梁）庾信

【題解】

庾信(513—581)，字子山，南陽新野(今河南南陽市新野縣)人。以四十歲爲界，前期身處南朝，以清麗宫體聞名；後期身處北朝，詩文皆轉蒼勁。《周書》《北史》有傳。今有《庾子山集注》。本篇謝啓通篇用典，句句喻馬而無馬字，體現了庾信駢文體式寫作的高超技巧。

某啓：奉教垂賚烏騮馬一匹[1]。柳谷未開[2]，翻逢紫鷰[3]；臨源猶遠，忽見桃花[4]。流電爭光，浮雲連影[5]。張敞畫眉之暇，直走章臺[6]；王濟飲酒之歡，長驅金埒[7]。

（《六朝文絜箋注》卷六，中華書局1962年版）

【注釋】

[1]垂：用作敬詞，多用於上對下的動作。賚(lài)：賜。烏騮馬：毛色烏黑的駿馬。 [2]柳谷：《搜神記》卷七載，張掖之柳谷有開石，石紋有五馬之象，乃魏晉代興之符。 [3]翻：通"反"。紫鷰：即紫燕，駿馬名。魏文帝有紫燕騮。 [4]"臨源"二句："臨"一作"陵"，明用《桃花源記》典，暗寓桃花馬(毛色白中雜紅斑)之名。 [5]"流電"二句：明寫奔馬疾速可與光影爭勝，暗寓漢文帝九逸中的赤電、浮雲二駿馬名(見《西京雜記》)。 [6]"張敞"二句：張敞字子高，曾任京兆尹。《漢書·張敞傳》載其爲夫人畫眉，爲有司彈劾；又曾走馬章臺街(長安章臺下街，妓院集中區域)，使御史驅馬，自以便面(一種圓形扇子)遮蔽馬面。 [7]"王濟"二句：王濟字武子，《世説新語·汰侈》載其於北邙山下，"買地作埒，編錢匝地競埒，時人號曰'金溝'。"埒(liè)：矮牆，此指馬射場四周圍牆。

【集評】

（清）許槤：幽峭雅至，斯爲六朝碎金。 （《六朝文絜箋注》卷六，第95頁）

二十二、箴銘誄狀

虞人之箴

《左傳》

【題解】

《左傳·襄公四年》載，晉臣魏絳獻和戎之策於晉悼公，力陳伐戎之弊、和戎之利，並因晉悼公好田獵、喜征伐，故引《虞人之箴》以警示之。"昔周辛甲之爲大史也，命百官官箴王闕"，可知是周代掌管田獵之臣（虞人）所作之官箴，亦是現存最早之完整箴文。官箴以勸誡帝王或朝廷官吏爲宗旨，與後之私箴以自警爲宗旨不同。

芒芒禹迹[1]，畫爲九州[2]，經啓九道[3]。民有寢、廟[4]，獸有茂草；各有攸處[5]，德用不擾[6]。在帝夷羿，冒于原獸[7]，忘其國恤[8]，而思其麀牡[9]。武不可重[10]，用不恢于夏家[11]。獸臣司原[12]，敢告僕夫[13]。

（《春秋左傳正义》卷二十九，《十三經注疏》清嘉慶刊本，中華書局2009年版）

【注釋】

[1]芒芒：遠貌。 [2]畫：分。 [3]經：劃分土地分界。啓：開通。九道：九州之道路。或釋"九"爲"衆多"。 [4]寢：住宅。廟：宗廟。 [5]攸：所。 [6]用：因。此句意謂人（民）與獸所需、所安各異，故互不干擾。 [7]冒：貪。原：田，田獵。 [8]恤：憂。 [9]麀（yōu）：牝鹿。 [10]武：此指田獵。重：累次。 [11]恢：大。夏家：夏朝。 [12]獸臣：即掌管田獵的虞人。司：掌管。 [13]此句意謂告之於君王之左右近臣。官箴雖爲警戒君王而作，然古人不敢直指君王，故云。

【集評】

（南朝梁）劉勰：箴者，針也，所以攻疾防患，喻鍼石也。斯文之興，盛於三代。夏商二箴，餘句頗存……惟《虞箴》一篇，體義備焉。 （《銘箴》，《文心雕龍義證》卷三，第409頁）

（清）四庫館臣：《虞人之箴》，遠見《左傳》。繩闕匡違，其風自古。

（《四庫全書總目》卷七十九，第687頁）

（清）姚鼐：箴銘類者，三代以來有其體矣。聖賢所以自戒警之義，其辭尤質而意尤深。

（《古文辭類纂評注》，第17頁）

青州牧箴

（西漢）揚雄

【題解】

揚雄（前53—18），字子雲，蜀郡成都（今四川成都市）人。家貧嗜酒，好學深思，博覽群書。年四十余，除郎中，給事黄門。王莽時，校書天禄閣，因符命事牽連，恐被收，自投閣下，幾死，以病免。不久復召爲大夫。《漢書》有傳。揚雄善模仿而出新，著有《法言》《太玄》《州箴》《反離騷》等，在文學上是漢賦四大家之一，今有通行本《揚雄集校注》。

《後漢書•胡廣傳》載："揚雄依《虞箴》作十二州二十五官箴。"《文心雕龍•銘箴》亦云："揚雄稽古，始範《虞箴》，作《卿尹》《州牧》二十五篇。"知其箴皆模仿《虞人之箴》而作。青州牧即青州最高行政長官，此箴亦屬官箴。箴文點出青州之盛衰與周王室之盛衰，兩者同步，江山如一而興廢異途，暗寓規箴東漢王室之意。

茫茫青州[1]，海岱是極[2]。鹽鐵之地，鉛松怪石[3]。羣水攸歸[4]，萊夷作牧[5]。貢篚以時[6]，莫怠莫違。昔在文武，封吕於齊[7]。厥土塗泥[8]，在邱之營[9]。五侯九伯[10]，是討是征[11]。馬殆其銜[12]，御失其度[13]。周室荒亂，小白以霸[14]。諸侯僉服[15]，復尊京師[16]。小白既没，周卒陵遲[17]。嗟茲天王[18]，附命下土[19]。失其法度，喪其文武[20]。牧臣司青，敢告執矩[21]。

（《揚雄集校注》，上海古籍出版社1993年版）

【注釋】

[1]茫茫：廣大貌。 [2]海：今黄海。岱：泰山。極：至。《尚書•禹貢》："海岱惟青州。" [3]"鹽鐵"二句：《禹貢》："厥貢鹽絺，海物惟錯。岱畎絲、枲，鉛、松、怪石。" [4]羣水：《禹貢》記載青州有濰、淄、汶、濟等河流。 [5]萊夷：商周時古國名，後爲齊國所滅。在今山東半島東北部。牧：放牧。此句亦出《禹貢》。 [6]篚（fěi）：盛貢品的竹筐。 [7]吕：吕尚，即姜尚，以吕爲氏。周武王封之於營邱，國號齊。 [8]厥：其。塗泥：海濱灘塗。 [9]邱之營：即營邱，齊國國都，在今山東臨淄。 [10]五侯：公侯伯子男五等諸侯。九伯：九州之方伯。 [11]是討是征：《史記•齊世家》："五侯九伯，汝實征之，以夾輔周室。" [12]殆：鬆懈。銜：馬嚼子，置於馬口以控馬。 [13]御：駕車者。 [14]小白：齊桓公名。 [15]僉（qiān）：都。 [16]京師：國都，此指周王朝。 [17]陵遲：衰敗。 [18]天王：周天子。 [19]下土：指據有青州之地的齊國。 [20]文武：文治武功。 [21]執矩：執掌法度者，指皇帝信用之大臣，亦不敢直言皇帝之意。

【集評】

(清)李兆洛:子雲善倣,所倣必肖。能以氣合,不以形似也。細尋之,乃得倣古之法。

(《駢體文鈔》卷四,第72頁)

女史箴

(西晉)張華

【題解】

張華(232—300),字茂先,范陽方城(今河北固安縣)人,官至西晉司空。"八王之亂"中,爲趙王司馬倫及孫秀所殺。《晉書》有傳。張華學識淵博,著有《博物志》,其詩體華艷,鍾嶸《詩品》稱其"兒女情多,風雲氣少",明人輯有《張司空集》。

女史是古代女官名,以知書婦女充任。其職責是掌管王后禮儀,或爲世婦下屬,掌管書寫文檔等事。《周禮·天官·女史》載:"女史掌王后之禮職,掌内治之貳,以詔后治内政。"此箴作於晉惠帝元康二年(292),其時皇后賈南風擅權,殺皇太后。《晉書·張華傳》載:"華懼后族之盛,作《女史箴》以爲諷。"因諷諫對象貴爲皇后,故多援引往古帝王賢淑后妃行跡,推出"飾性"重於"飾容"的主旨,嚴厲批評女色因專寵而擅權,實有所指,不宜泛化理解。

茫茫造化[1],二儀既分[2]。散氣流形,既陶既甄[3]。在帝庖羲[4],肇經天人[5]。爰始夫婦,以及君臣[6]。家道以正[7],王猷有倫[8]。婦德尚柔,含章貞吉[9]。婉嫕淑慎[10],正位居室[11]。施衿結褵[12],虔恭中饋[13]。肅慎爾儀[14],式瞻清懿[15]。樊姬感莊,不食鮮禽[16]。衛女矯桓,耳忘和音[17]。志厲義高[18],而二主易心[19]。玄熊攀檻,馮媛趍進[20]。夫豈無畏?知死不恡[21]!班妾有辭,割驩同輦[22]。夫豈不懷?防微慮遠!

道罔隆而不殺[23],物無盛而不衰。日中則昃[24],月滿則微[25]。崇猶塵積,替若駭機[26]。人咸知飾其容,而莫知飾其性[27]。性之不飾,或愆禮正[28]。斧之藻之[29],克念作聖[30]。出其言善,千里應之[31]。苟違斯義,則同衾以疑[32]。夫出言如微,而榮辱由茲[33]。勿謂幽昧,靈監無象[34]。勿謂玄漠[35],神聽無響。無矜爾榮[36],天道惡盈。無恃爾貴,隆隆者墜[37]。鑒於《小星》[38],戒彼攸遂[39]。比心《螽斯》,則繁爾類[40]。驩不可以黷[41],寵不可以專[42]。專實生慢[43],愛極則遷。致盈必損,理有固然。美者自美[44],翩以取尤[45]。冶容求好,君子所讎[46]。結恩而絕[48],職此之由[49]。

故曰:翼翼矜矜[50],福所以興。靖恭自思[51],榮顯所期。女史司箴,敢告庶姬。

(《文選》卷五十六,上海古籍出版社1986年版)

【注釋】

[1]造化:自然。 [2]二儀:天地。 [3]“散氣”兩句:天地之氣化爲萬物之形,如同製作陶器。 [4]庖羲:古代傳説中三皇之一。《周易·繫辭下》:“古者包犧氏之王天下也,仰則觀象於天,俯則觀法於地,觀鳥獸之文與地之宜,近取諸身,遠取諸物,於是始作八卦,以通神明之德,以類萬物之情。” [5]肇:始。經:治理。 [6]“爰始”兩句:爰:於是。《周易·序卦傳》:“有天地然後有萬物,有萬物然後有男女,有男女然後有夫婦,有夫婦然後有父子,有父子然後有君臣,有君臣然後有上下,有上下然後禮義有所錯。” [7]家道:治家之道。 [8]王猷:治國之道。倫:序。 [9]章:美質。貞:正。吉:吉祥。 [10]婉嫕(yì):溫婉嫻靜。淑慎:賢淑謹慎。 [11]正位居室:主内務之位。 [12]施衿結褵:衿:衣領。褵:通“縭”,佩巾。女子出嫁,母親爲其穿嫁衣、繫佩巾,表示至男家後奉事舅姑,操持家務。 [13]中饋:指家中供膳諸事。 [14]儀:儀容。 [15]式:語助詞。式瞻即敬仰、景慕。懿(yì):美德。 [16]“樊姬”兩句:樊姬,楚莊王夫人,以不食禽獸之肉規諫楚王廢田獵之習,參《列女傳》。 [17]“衛女”兩句:矯:糾正。和音:中和之音。衛女:衛侯之女,齊桓公夫人。以不聽鄭、衛之聲規諫桓公廢淫樂之習,參《列女傳》。 [18]厲:高。 [19]二主:即上文楚莊王、齊桓公。 [20]“玄熊”兩句:馮媛:漢元帝宫中馮婕妤。身爲元帝擋逃逸之黑熊,參《漢書·外戚傳》。 [21]悋(lìn):通“吝”,吝惜。 [22]“班妾”兩句:班妾即班婕妤,名不詳,曾拒絕與漢成帝同輦,並諫曰:“賢聖之君皆有名臣在側,三代末主乃有嬖女。”參《漢書·外戚傳》。驩:通“歡”。 [23]罔:無。隆:盛。殺:衰。 [24]昃:太陽西斜。 [25]微:虧減。 [26]“崇猶”兩句:崇:興。替:廢。駭機:突然觸發的弩機。前句喻興之難,後句喻廢之易。 [27]“人咸知”兩句:參蔡邕《女誡》:“夫心猶首面也,是以甚致飾焉。面一旦不修,則塵垢穢之;心一朝不思善,則邪惡入之。人咸知飾其面,而莫修其心。” [28]愆:违背。禮正:禮儀之正道。 [29]斧:斧鑿。藻:藻飾。本指梁楹上刻畫的文飾圖案,引申爲修飾。 [30]克念作聖:克制私念即爲聖人。語出《尚書·周書·多方》:“惟聖罔念作狂,惟狂克念作聖。” [31]“出其”兩句:語出《周易·繫辭上》:“君子居其室,出其言善,則千里之外應之,況其邇者乎?” [32]衾:被子。 [33]“夫出言”兩句:語出《周易·繫辭上》:“言行,君子之樞機。樞機之發,榮辱之主也。” [34]靈:神靈。象:形象。 [35]玄漠:寂静。 [36]矜:自恃。 [37]隆隆:喻極盛。 [38]《小星》:《詩經·召南·小星》,此處當用《毛詩序》意:“《小星》,惠及下也。夫人無妬忌之行,惠及賤妾,進御於君,知其命有貴賤,能盡其心矣。” [39]攸:語助詞。遂:專擅。 [40]“比心”兩句:《螽斯》:《詩經·周南·螽斯》,此處當用《毛詩序》意:“《螽斯》,后妃子孫衆多也,言若螽斯。不妒忌,則子孫衆多也。”類:族。 [41]黷:輕慢不敬。 [42]專:專擅。 [43]慢:褻慢。 [44]美者自美:語出《列子·黄帝》,自美:自以爲美。 [45]翩:通“偏”,反。尤:過錯。 [46]冶容:妖冶之儀容。好(hào):被寵愛。 [47]讎:視爲仇敵。 [48]結恩而絕:意謂本以冶容美色結帝王之歡心恩寵,最終卻以恩斷義絕告終。 [49]職:唯,只。 [50]翼翼

矜矜:小心謹慎的樣子。 [51]靖恭:謹重恭敬。

【集評】

(西晉)陸雲:張公箴誄自過五言詩耳。但雲自不便五言詩,由己而言耳。《玄泰誄》自不及《士祚誄》,兄《丞相箴》小多,不如《女史》清約耳。

(《與兄平原書》,《陸雲集》卷八,第143頁)

(明)孫鑛:雖是四言,却流動有頓挫,調圓而意活。後來《大寶箴》蓋本此。

(《重訂文選集評》卷十四)

(清)孫琮:后夫人之行,不侔乎天地,則無以奉神靈之統而理萬物之宜,此綱紀之首也。篇中所引,猶謹飭之次者,然亦不愧爲婦矣。○女德多敗於寵愛,寵愛每根於色美,後幅垂戒更深。

(《重訂文選集評》卷十四)

(清)江瑔:苦口陳箴,莊言警世。理正而不腐,詞潤而不縟。飾容、飾性之義,實由蔡邕《女誡》脱胎而來,尤爲不刊之名理。此拯世之文,不特以箴當時,亦千秋女儀之則也。

(《南北朝文評注讀本》下册,第66頁)

五箴并序

(唐)韓愈

【題解】

《五箴》作於唐順宗永貞元年(805),韓愈三十八歲,已經歷諸多政壇起伏、人生風波。《五箴》之作,看似内省的自訟自警,實含外放的社會批判。通過耽游、進言、行止、好惡、名聲五個方面,使用排偶、對比的方法,透露了一個真誠求進者何以成爲早衰無爲者的深層社會原因,也表明了韓愈堅持自我、永不退縮的鮮明個性。明戒暗諷的風格使之具有强大的内在張力,與其他箴文的直接警示迥然不同。

人患不知其過,既知之,不能改,是無勇也。余生三十有八年[1],髮之短者日益白,齒之摇者日益脱,聰明不及於前時[2],道德日負於初心,其不至於君子而卒爲小人也,昭昭矣!作《五箴》以訟其惡云[3]。

游 箴

余少之時,將求多能[4],蚤夜以孜孜[5];余今之時,既飽而嬉,蚤夜以無爲。嗚呼余乎,其無知乎?君子之棄,而小人之歸乎?

言 箴

不知言之人[6],烏可與言?知言之人,默然而其意已傳。幕中之辯[7],人反以汝爲叛[8];臺中之評[9],人反以汝爲傾[10]。汝不懲邪[11]?而呶呶以害其生邪[12]?

行　箴[13]

行與義乖[14]，言與法違。後雖無害，汝可以悔。行也無邪，言也無頗[15]。死而不死[16]，汝悔而何？宜悔而休，汝惡曷瘳[17]？宜休而悔，汝善安在？悔不可追，悔不可爲。思而斯得，汝則弗思。

好 惡 箴

無悖而好，不觀其道；無悖而惡，不詳其故[18]。前之所好，今見其尤[19]。從也爲比[20]，捨也爲讎[21]。前之所惡，今見其臧。從也爲愧，捨也爲狂。維讎維比，維狂維媿，於身不祥，於德不義。不義不祥，維惡之大。幾如是爲[22]，而不顛沛？齒之尚少[23]，庸有不思[24]。今其老矣，不慎胡爲！

知 名 箴

内不足者，急於人知。霈焉有餘[25]，厥聞四馳[26]。今日告汝，知名之法：勿病無聞[27]，病其曄曄[28]。昔者子路，惟恐有聞。赫然千載，德譽愈尊[29]。矜汝文章，負汝言語[30]。乘人不能，揜以自取[31]。汝非其父，汝非其師。不請而教，誰云不欺？欺以賈憎[32]，揜以媒怨[33]。汝曾不寤[34]，以及於難[35]。小人在辱，亦克知悔。及其既寧，終莫能戒，既出汝心，又銘汝前。汝如不顧，禍亦宜然！

（《韓愈文集彙校箋注》卷三，中華書局2010年版）

【注释】

[1]三十有八年："三"或作"四"。有：通"又"。韓愈中年老態，可參《與崔羣書》："近者尤衰憊，左車第二牙無故動摇脱去。目視昏花，尋常間便不分人顔色。兩鬢半白，頭髮五分亦白其一，鬚亦有一莖兩莖白者。"《祭兄子十二郎老成文》："吾年未四十，而視茫茫，而髮蒼蒼，而齒牙動摇。""吾自今年來，蒼蒼者或化而爲白矣，動摇者或脱而落矣。毛血日益衰，志氣日益微。"　[2]聰明：耳聰目明。　[3]訟：責備。　[4]多能：多方面的才能。語出《論語·子罕》。　[5]蚤：通"早"。　[6]知言：謂善於辨析他人之言辭。　[7]幕：幕府。辯：諫。韓愈曾任職徐州張建封幕府中，並諫"晨入夜歸""走馬擊毬"等。　[8]叛：逆。　[9]臺：御史臺。韓愈曾任監察御史，並上諫爲災民免租，被貶連州陽山令。　[10]傾：傾軋，指政敵互相攻訐。　[11]懲：以之爲戒。　[12]呶(náo)呶：喋喋不休。　[13]行：或作"悔"。　[14]義：道義。　[15]頗：偏頗。　[16]死而不死：身死而精神不死。　[17]瘳(chōu)：病愈，指改過。　[18]詳：知曉。　[19]尤：過錯。　[20]比：朋比爲奸。　[21]捨：捨弃。　[22]幾：通"豈"。　[23]齒：年紀。　[24]庸：常。　[25]霈：充沛。　[26]厥：其。聞：名聲。　[27]病：以之爲病。　[28]曄曄：光耀顯赫。　[29]"昔者"四句：《論語·公冶長》："子路有聞，未之能行，唯恐有聞。"　[30]負：自負。　[31]揜：夺取。　[32]賈(gǔ)：招致。　[33]媒：导致。　[34]寤：通"悟"。　[35]以及：以至於。

【集評】

（南宋）黄震：《五箴》之作，年四十八，謂"聰明不及於前時；道德日負於初心"。而

“游”也、“言”也、“行”也、“好惡”與“知名”也,名自爲之箴。拳拳進德之心也。

(《黄氏日抄》卷五十九,《文津閣四庫全書》子部第235册,第445頁)

(清)張伯行:先儒謂昌黎因文以見道,觀此序知其省身克己之勇如此,固非文人所能及也。學者亦可因此而自奮矣。(張伯行選編《唐宋八大家文鈔》卷二,第40頁)

(清)李剛己:此序詞簡意摯,無一字浮浪,讀韓文宜深玩此等,不宜專學其奇倔之作,以其易涉叫囂也。

漢氏以降,爲四言韻語者,自太史公、揚子雲之外,鮮能出三百篇之範圍,惟韓公不襲取三百篇形貌,而力足與之並。如此五首,詞恉深切,筆勢奇宕,實用周成《小毖》、衛武《抑戒》之嗣音也。(《唐宋文舉要》甲編卷三引,第413–416頁)

(清)吴闓生:言當悔而不悔,則惡不能改矣;不當悔而悔,則善亦亡矣。“悔不可追”謂當悔也,“悔不可爲”謂不當悔也。通篇兩意相承到底。

(《唐宋文舉要》甲編卷三引,評《行箴》,第415頁)

(清)儲欣:“公何人耶?《五箴》懸前。過必自訟,訟即速遷。希顏配孟,師表億年。嗟余小子,質鈍萬千。壯志頗鋭,屈首陳編。嘐嘐慕古,屢空晏然。漸老漸頹,舍憂則眠。菅茅塞徑,攘我蕙荃。奚以斧之?盍誦茲篇。小人下達,埶若隮顛。惟懼能奮,惟奮寡愆。古人既耄,抑戒賓筵。桑榆匪晚,爲霞滿天。陋巷陶陶,風月無邊。彭殤一致,修身俟焉。庶無罪悔,豈曰能賢。”右余曩所題《五箴》後者,仍録之以自儆。

(《唐宋十大家全集録·昌黎先生全集録》卷一,《四庫全書存目叢書》集部第404册,第277頁)

(清)林雲銘:士生斯世,立名原不可少,惟有其實,而名自從之。病在一個“急”字。蓋急則揜人,急則欺人,人必不肯受人之欺,受人之揜,皆取禍之道也。禍至以爲悔,何如禍未至以爲戒?若聞戒而不知顧,是自納於禍而已。立名者,宜以此箴爲當頭一棒。至所引“子路有聞”,解作“著聞”之“聞”。似以“未之能行”句作不稱其實看。昌黎所注《論語》此類甚多,然皆奇合,不可拘朱注而訾其謬也。(《韓文起》卷八,評《知名箴》)

(清)愛新覺羅·弘曆:自訟之深,悔過之深,其精神肆溢楮墨間,猶若見其饋不食而寢不寐也。《詩》曰:“溫溫恭人,如集於木。惴惴小心,如臨於谷。”《小宛》詩人如此,則其時可知。觀韓愈《五箴》,而德宗之世亦可知矣。雖然,《悔箴》言之:“行也無邪,言也無頗,死而不死,汝悔而何”,則又坦坦蕩蕩,而非有所恐懼疑惑而動其心也。君子之心本如是歟?

(《御選唐宋文醇》卷二,《文津閣四庫全書》集部第483册,第484頁)

(近代)林紓:此退之悟道之言,不能以文字目。讀之大有餘味。

(《林紓選評古文辭類纂》卷八,第384頁)

王文濡:《五箴》體極嚴峻,語意卻清切有味。

(《評校音注古文辭類纂》卷五十九,第10頁)

封燕然山銘并序

（東漢）班固

【題解】

漢和帝即位，改元永元，永元元年(89)，臣服漢朝的南匈奴單于屯屠河上書，請求合兵征討北匈奴。時竇憲遣客刺殺齊殤王子都鄉侯暢事覺，因自求擊匈奴以贖死。竇太后遂以竇憲爲車騎將軍，率軍出征，大勝北匈奴於稽落山，追擊至私渠比鞮海，登燕然山(今蒙古杭愛山)，令中護軍班固作銘，刻石勒功而還。銘文五句，以楚辭體銘功，文短氣盛。銘文之序鋪寫出師之聲勢、破敵之迅猛，駢散疊用，很有特點，體現了東漢銘文序、銘一體的形態。

惟永元元年秋七月[1]，有漢元舅曰車騎將軍竇憲[2]，寅亮聖皇[3]，登翼王室[4]，納于大麓[5]，惟清緝熙[6]。乃與執金吾耿秉[7]，述職巡禦[8]，治兵于朔方[9]。鷹揚之校[10]，螭虎之士[11]，爰該六師[12]，暨南單于、東胡、烏桓、西戎、氐、羌侯王君長之羣[13]，驍騎十萬[14]。元戎輕武[15]，長轂四分[16]，雷輜蔽路[17]，萬有三千餘乘。勒以八陣[18]，莅以威神[19]，玄甲耀日[20]，朱旗絳天[21]。遂淩高闕[22]，下雞鹿[23]，經磧鹵[24]，絕大漠[25]，斬溫禺以釁鼓[26]，血尸逐以染鍔[27]。然後四校橫徂[28]，星流彗埽[29]，蕭條萬里，野無遺寇。

於是域滅區殫[30]，反旆而旋[31]，考傳驗圖[32]，窮覽其山川。遂逾涿邪[33]，跨安侯[34]，乘燕然[35]，躡冒頓之區落[36]，焚老上之龍庭[37]。將上以攄高文之宿憤[38]，光祖宗之玄靈[39]；下以安固後嗣[40]，恢拓境宇[41]，振大漢之天聲[42]。茲可謂一勞而久逸，暫費而永寧也[43]。乃遂封山刊石[44]，昭銘盛德[45]。其辭曰：

鑠王師兮征荒裔[46]，勦凶虐兮截海外[47]，夐其邈兮亙地界[48]，封神丘兮建隆嵑[49]，熙帝載兮振萬世[50]。

（《文選》卷五十六，上海古籍出版社1986年版）

【注释】

[1]惟：發語詞。永元：漢和帝年號。　[2]有漢：即漢朝。有，助詞。元舅：大舅。竇憲是竇皇后兄，漢和帝是竇皇后養子，故稱。車騎將軍：官名，位僅次於大將軍。　[3]寅：恭敬。亮：輔佐。　[4]登翼：登用輔翼。　[5]納於大麓：麓：録，意謂總領政事。語出《尚書·舜典》。　[6]惟：語助詞。緝熙：和樂光明。語出《大雅·文王》："穆穆文王，於緝熙敬止。"[7]執金吾：官名，掌管京師治安的長官。耿秉：字伯初，扶風茂陵人。　[8]述職：供職。巡

禦:巡視警戒。 [9]朔方:朔方郡,在今内蒙古鄂爾多斯一帶。常泛指北方。 [10]鷹揚:如鷹之飛揚,喻威武。校:部校,軍隊之一部。 [11]螭(chī)虎:蛟龍猛虎,喻威猛。[12]爰:於是。該:整備。六師:六軍,指天子之軍。 [13]暨:與。南單于:號“休蘭尸逐侯鞮單于”,名“屯屠河”,上言竇太后請合兵伐北匈奴,遂成此役。東胡、烏桓、西戎、氐、羌:皆爲當時漢朝周邊少數民族部落。 [14]驍騎:勇猛的騎兵。 [15]元戎:大型戰車。輕武:輕便戰車。 [16]長轂:兵車。四分:四面分開。 [17]雷輜:車行如雷。[18]勒:統帥,指揮。八陣:古代用兵的八種陣勢。李善注引《雜兵書》:“八陣者,一曰方陣,二曰圜陣,三曰牝陣,四曰牡陣,五曰衝陣,六曰輪陣,七曰浮沮陣,八曰雁行陣。”[19]莅:臨。威神:神明般的威嚴。 [20]玄甲:黑甲。耀日:反射日光。 [21]絳:深紅色。此句意謂朱旗招展,遮蔽天空。 [22]高闕:山名,在今内蒙古杭錦後旗北,或云古塞名。 [23]雞鹿:古塞名。在今内蒙古鄂爾多斯右翼黄河西北岸。 [24]磧(qì):沙石地。鹵(lǔ):鹽鹼地。 [25]絕:窮盡。 [26]溫禺:溫禺鞮王,北單于之弟。釁鼓:以牲畜的血塗器物的縫隙。此指以人血塗軍鼓,爲軍中祭祀儀式。 [27]尸逐:尸逐骨都侯,與溫禺鞮王皆有繼承單于位之權利。鍔:刀劍的刃。 [28]四校:指部隊。校,古代軍隊的編制。橫徂:橫行。 [29]星流彗埽:喻其迅疾。 [30]殫:盡。 [31]旆:泛指旌旗。旋:回歸。 [32]傳:歷史。圖:地圖。 [33]涿邪:山名。在今蒙古人民共和國西部。 [34]安侯:水名。高步瀛認爲安侯河可能是喀爾喀之鄂爾渾河(在今蒙古人民共和國境内)。 [35]乘:登。 [36]躡:踐踏。冒頓:西漢初年匈奴單于,姓攣鞮。區落:部落。[37]老上:匈奴王名。冒頓死,子稽粥立,號爲老上單于。龍庭:單于祭天之地。 [38]攄:抒發。高文:漢高祖、漢文帝。李善注引《史記》:“高祖自將擊韓王信,遂至平城,爲匈奴所圍七日。”又引《文帝紀》:“匈奴攻朝鄏塞,殺北都尉。” [39]祖:太祖,即漢高祖。宗:太宗,即漢文帝。玄靈:神靈。 [40]後嗣:後代子孫。 [41]恢拓:開拓。 [42]天聲:如天之盛大的聲威。 [43]“茲可謂”兩句:語出《漢書·匈奴傳》揚雄上書:“以爲不一勞者不久佚,不暫費者不永寧。” [44]封山:封土於山,即設祭壇於山以祭天。刊石:刻石,即刻銘於石。 [45]昭銘盛德:以銘文顯耀盛德於後世。 [46]鑠(shuò):盛大。荒裔:荒遠邊區。 [47]截:斷,整治使齊一。海外:竇憲追擊北匈奴至私渠北鞮海(在今蒙古境内)。語出《商頌·長發》:“相土烈烈,海外有截。” [48]夐(xiòng):遠。邈:遠。亙:窮盡。地界:大地之界限。 [49]神丘:指燕然山。隆:高。嵑:通“碣”,圓頂的石碑。[50]熙:美盛。帝載:帝王之業。語出《尚書·舜典》:“有能奮庸,熙帝之載。”

【集評】

(南朝梁)劉勰:若班固《燕然》之勒,張昶《華陰》之碣,序亦盛矣。

(《銘箴》,《文心雕龍義證》卷三,第401頁)

(明)吴訥:以山川、宫室、門關爲銘者,若漢班孟堅之《燕然山》,則旌征伐之功;晉張孟陽之《劍閣》,則戒殊俗之僭叛,其取義又各不同也。

(《文章辨體序説》,《歷代文話》第二册,第1626-1627頁)

(明)孫鑛:撰句鍊字,仍是《封禪》《美新》遺調。但以簡質意行之,乃更覺饒古色,舍

冲味。蓋以淡筆洒濃墨，烟潤中姿態自遠出采繪上。（《重訂文選集評》卷十四）

（清）孫琮：命將綏邊服，雄圖出廟堂。氣象素雍，猶是兩階干羽也。碑銘中應推爲第一。

（《重訂文選集評》卷十四）

（清）何焯：能盡以約，所以爲大手筆。（《義門讀書記》卷四十九，第972頁）

林紓：班蘭台《封燕然山銘》，文至肅穆，序不以華藻爲敷陳，骨節鏘然，銘用《楚詞》體，實則非也。《楚詞》之聲悲，銘詞之聲沈；《楚詞》之聲抗，銘詞之聲啞。其詞曰："鑠王師兮征荒裔，勦兇虐兮截海外，敻其邈兮亘地界，封神丘兮建隆嵑，熙帝載兮振萬世。"吐屬不類蘭台。然蘭台深知銘體典重，一涉悲抗，便爲失體，故聲沉而韻啞。

（《春覺齋論文·流別論四》，《歷代文話》第七册，第6343頁）

王文濡：黷兵異域，功不敵罪。文雖脅於勢而爲之，然竭辭獻媚，不可謂非文人無行。

（《評校音注古文辭類纂》卷四十，第4-5頁）

座右銘

（東漢）崔瑗

【題解】

崔瑗（78—143），字子玉，東漢涿郡安平（今河北安平縣）人。學者崔駰之子，早孤，家貧好學。年十八，從賈逵問學，精通天官、歷數與《京房易傳》。年四十餘，始爲郡吏。漢安元年（142）因胡廣、竇章薦舉，遷濟北相，旋被劾貪污罪下獄，自訟清白得免。《後漢書》有傳。據《文選》吕延濟注，崔瑗之兄崔章爲人所殺，崔瑗手刃仇敵，亡命遇赦，作此銘以自戒。此説未必可信，但此銘確爲崔瑗總結人生經驗所提煉出的理想標尺，從人與己、名與實等方面提出了待人處世、自身修養的準則，表現了古代内斂人格的自我約束。

無道人之短，無説己之長。施人慎勿念，受施慎勿忘[1]。世譽不足慕，唯仁爲紀綱。隱心而後動[2]，謗議庸何傷[3]？無使名過實，守愚聖所臧[4]。在涅貴不淄[5]，曖曖内含光[6]。柔弱生之徒，老氏誡剛强[7]。行行鄙夫志[8]，悠悠故難量。慎言節飲食[9]，知足勝不祥。行之苟有恆，久久自芬芳。

（《文選》卷五十六，上海古籍出版社1986年版）

【注釋】

[1]"施人"兩句：參《戰國策·魏策四》唐且語信陵君："人之有德於我也，不可忘也；吾有德於人也，不可不忘也。" [2]隱：審度，忖度。 [3]庸何：何，什麽。 [4]臧：善，稱揚。《孔子家語》卷二載孔子答子路："聰明睿智，守之以愚。"亦見《荀子·宥坐》。 [5]在涅貴不淄：語出《論語·陽貨》："不曰白乎？涅而不緇。" [6]曖曖：昏昧不明貌。 [7]"柔弱"兩

句:語出《老子》七十六章:“人之生也柔弱,其死堅强。萬物草木生之柔脆,其死枯槁。故堅强者死之徒,柔弱者生之徒。” [8]行行:剛强貌。《論語·先進》:“閔子侍側,誾誾如也;子路,行行如也;冉有、子貢,侃侃如也,子樂。‘若由也,不得其死然。’” [9]“慎言”句:《周易·頤卦》象辭:“君子以慎言語,節飲食。”

【集评】

(明)孫鑛:銘作五言,亦異雅淡。不浮飾,自饒名理。(《重訂文選集評》卷十四)

(清)方廷珪:爲人若此,庶乎近矣。(《重訂文選集評》卷十四)

王文濡:布帛菽粟之言。(《評校音注古文辭類纂》卷五十九,第8頁)

劍閣銘

(西晉)張載

【題解】

張載,字孟陽,安平武邑(今河北武邑縣)人。博學能文,任職佐著作郎,遷弘農太守,拜中書侍郎。見世紛亂,稱疾而歸。《晉書》有傳。與弟協、亢並稱“三張”。明人輯有《張孟陽集》。

劍閣即劍門關,在今四川省劍閣縣北的劍門山上。據《晉書》,太康初年,張載父張收任蜀郡太守,張載省親,道經劍閣,作此銘。益州刺史張敏見而奇之,上表薦於晉武帝司馬炎,武帝令人刻此銘於劍閣山。銘文刻畫劍閣地形愈是險要,就愈是反襯出歷史上“憑阻作昏”者屢蹈覆轍的深刻教訓,突出了“興實在德,險亦難恃”的主旨,寄託了作者“道清則順”的政治理想。銘文採用四言韻語,四句或六句一换韻,平仄交錯,抑揚有致。

巖巖梁山[1],積石峩峩[2]。遠屬荆衡[3],近綴岷嶓[4]。南通邛僰[5],北達褒斜[6]。狹過彭碣[7],高逾嵩華[8]。惟蜀之門,作固作鎮[9]。是曰劍閣,壁立千仞。窮地之險[10],極路之峻。世濁則逆,道清斯順。閉由往漢,開自有晉[11]。秦得百二,并吞諸侯。齊得十二,田生獻籌[12]。矧兹狹隘[13],土之外區[14]。一人荷戟,萬夫趑趄[15]。形勝之地[16],匪親勿居[17]。昔在武侯,中流而喜。山河之固,見屈吴起。興實在德,險亦難恃。洞庭孟門,二國不祀[18]。自古迄今,天命匪易[19]。憑阻作昏,鮮不敗績[20]。公孫既滅[21],劉氏銜璧[22]。覆車之軌,無或重跡[23]。勒銘山阿[24],敢告梁益[25]。

(《文選》卷五十六,上海古籍出版社1986年版)

【注釋】

[1]巖巖：高峻貌。梁山：梁州之山，此指劍閣山。 [2]峩(é)峩：高峻貌。 [3]屬(zhǔ)：連。荆：荆山，在今湖北省南漳縣西。衡：衡山，在今湖南省衡山縣西。 [4]綴：連。岷：岷山，在今四川省松潘縣北。嶓(Bō)：嶓塚山，在今甘肅省天水與禮縣之間。 [5]邛(Qióng)：邛都，古代少數民族國名，在今四川省西昌縣東南。僰(Bó)：古代西南少數民族名，在今四川省宜賓一帶。 [6]褒斜：古道名，亦名褒斜谷、褒斜口，南口曰褒，北口曰斜。在今陝西省西南。 [7]彭：彭門山，在今四川省彭縣西北，有兩山相對如闕，故稱彭門。碣：碣石山，在今河北省昌黎縣西北，已没入海。 [8]嵩：嵩山，在今河南省登封縣北。華：華山，在今陝西省華陰縣南。 [9]作：爲。固：險要之地。鎮：屏障之地。 [10]窮：盡。 [11]"閉由"二句：劉備立蜀漢，與魏對峙，封山閉路。鍾會伐蜀，蜀道復通。時雖在魏，政出晉王司馬昭，故稱有晉。 [12]"秦得"四句：語出《史記·高祖本紀》，秦人據秦之險地，可以二敵百；齊人據齊之險地，則以二敵十。"百二"或解爲以一百敵二百，"十二"或解爲以十敵二十。田生：田肯。籌：謀。 [13]矧(shěn)：況且。 [14]土：國土。外區：邊遠地區。 [15]趑趄：徘徊不前。 [16]形勝：地形險要，藉此取勝。 [17]匪：通"非"。親：親人，親戚。居：據有。 [18]"昔在"八句：《史記·孫子吴起列傳》："武侯浮西河而下，中流顧謂吴起曰：'美哉山河之固，此魏國之寶也。'起對曰：'在德不在險。昔三苗氏左洞庭，右彭蠡，德義不修，禹滅之。……殷紂之國，左孟門，右太行，常山在其北，大河經其南，修政不德，武王殺之。'"孟門：孟門山，在今河南輝縣西。二國不祀：意謂宗廟被毁、無人祭祀，即亡國。 [19]易：改變。 [20]鮮：少。敗績：軍隊潰敗。 [21]公孫：公孫述，曾據蜀爲王，爲吴漢所滅。 [22]劉氏：蜀後主劉禪，劉備之子。銜璧：古代國君死則口銜璧，戰敗投降，銜璧表示國亡當死。劉禪抬棺材投降鄧艾，亦此意。 [23]無或重跡：不要重蹈覆轍。 [24]山阿：山的曲折處。 [25]梁益：梁州、益州兩州刺史，兩州皆在今四川。

【集評】

(南朝梁)劉勰：唯張載《劍閣》，其才清采。迅足駸駸，後發前至，勒銘岷漢，得其宜矣。

(《銘箴》，《文心雕龍義證》卷三，第407頁)

(明)張溥：《劍閣》一銘，文章典則，鐫石蜀山，古今榮遇。

(《漢魏六朝百三家集題辭注》，第140頁)

(清)孫琮：巉巉劍閣，宛然在目。然勒銘之意，正爲險不可恃也。歸重"德"字，深得古今制勝長策。通體典質，可與山川爭壽。 (《重訂文選集評》卷十四)

(清)吴汝綸：此文感時而發，氣骨甚雄峻。 (《古文辭類纂評注》，第1849頁)

陶徵士誄并序

(南朝宋)顔延之

【題解】

顔延之(384—456),字延年,琅琊臨沂(今山東臨沂市)人。《宋書》《南史》有傳。少孤貧,博學善文,文章之美,冠絕當時。詩與謝靈運齊名,代表作有《五君詠》《北使洛》等。性好酒,褊激直言,每犯權貴。累官至金紫光禄大夫,而居身清約,不營財利,與陶淵明爲忘年之交。

徵召未仕之士爲官,朝廷徵聘爲徵,三公以下徵召爲辟。徵士,即拒絕徵辟的士人。晉安帝義熙十四年(418),陶淵明被徵爲著作郎,辭不就職,故稱陶徵士。誄文本是累述德行以確定謚號的依據,即《文心雕龍·誄碑》所云"讀誄定謚",後來"序述哀情,則觸類而長",出現了"辭哀而韻長"的誄文,是爲古誄之變體。漢以來誄文,多包括散體之序和韻體之誄兩部分,前者多述功德,後者多表哀情。《陶徵士誄》亦如此,序稱淵明之德行以定"靖節"之謚號,誄陳淵明之達觀而疑天道之不公。所述志趣相投之友情愈真誠,則所感淵明誡己之意愈深切:"叡音永矣,誰箴余闕?"情深意長,哀音無限。

夫璿玉致美[1],不爲池隍之寶[2];桂椒信芳[3],而非園林之實。豈其深而好遠哉[4]?蓋云殊性而已[5]。故無足而至者,物之藉也[6];隨踵而立者,人之薄也[7]。若乃巢、高之抗行[8],夷、皓之峻節[9],故已父老堯、禹[10],錙銖周、漢[11]。而緜世浸遠[12],光靈不屬[13],至使菁華隱没[14],芳流歇絕[15],不其惜乎!雖今之作者[16],人自爲量[17],而首路同塵[18],輟塗殊軌者多矣[19]。豈所以昭末景[20],汎餘波[21]!

有晉徵士尋陽陶淵明[22],南岳之幽居者也[23]。弱不好弄[24],長實素心[25]。學非稱師[26],文取指達[27]。在衆不失其寡,處言愈見其默[28]。少而貧病,居無僕妾。井臼弗任[29],藜菽不給[30]。母老子幼,就養勤匱[31]。遠惟田生致親之議[32],追悟毛子捧檄之懷[33]。初辭州府三命[34],後爲彭澤令[35]。道不偶物[36],棄官從好[37]。遂乃解體世紛[38],結志區外[39],定迹深棲,於是乎遠。灌畦鬻蔬,爲供魚菽之祭[40];織絇緯蕭[41],以充糧粒之費。心好異書,性樂酒德[42],簡棄煩促[43],就成省曠[44]。殆所謂國爵屏貴,家人忘貧者與[45]?有詔徵爲著作郎[46],稱疾不到。春秋若干[47],元嘉四年月日[48],卒于尋陽縣之某里。近識悲悼,遠士傷情,冥默福應[49],嗚呼淑貞[50]!

夫實以誄華[51],名由謚高[52],苟允德義,貴賤何筭焉[53]?若其寬樂令終之美,好廉克己之操[54],有合謚典[55],無愆前志[56]。故詢諸友好,宜謚曰靖節徵士。其辭曰：

物尚孤生，人固介立[57]。豈伊時遘[58]，曷云世及[59]？嗟乎若士！望古遥集[60]。韜此洪族[61]，蔑彼名級[62]。睦親之行，至自非敦[63]。然諾之信[64]，重於布言[65]。廉深簡絜[66]，貞夷粹温[67]。和而能峻[68]，博而不繁。依世尚同，詭時則異。有一於此，兩非默置[69]。豈若夫子，因心違事[70]？畏榮好古，薄身厚志[71]。世霸虚禮[72]，州壤推風[73]。孝惟義養[74]，道必懷邦[75]。人之秉彜[76]，不隘不恭[77]。爵同下士，禄等上農[78]。度量難鈞，進退可限[79]。長卿棄官[80]，稚賓自免[81]。子之悟之[82]，何悟之辯[83]？賦詩歸來[84]，高蹈獨善[85]。亦既超曠[86]，無適非心[87]。汲流舊巘[88]，葺宇家林[89]。晨烟暮藹，春煦秋陰。陳書輟卷，置酒絃琴。居備勤儉，躬兼貧病[90]。人否其憂，子然其命[91]。隱約就閑[92]，遷延辭聘[93]。非直也明[94]，是惟道性[95]。糾纏斡流[96]，冥漠報施[97]。孰云與仁？實疑明智[98]。謂天蓋高，胡諐斯義[99]？履信曷憑？思順何寘[100]？年在中身[101]，疢維痁疾[102]。視死如歸，臨凶若吉。藥劑弗嘗，禱祀非恤[103]。傃幽告終，懷和長畢[104]。嗚呼哀哉！

敬述靖節，式尊遺占[105]。存不願豐[106]，没無求贍[107]。省訃却賻[108]，輕哀薄斂。遭壤以穿，旋葬而窆[109]。嗚呼哀哉！

深心追往，遠情逐化[110]。自爾介居[111]，及我多暇。伊好之洽[112]，接閻鄰舍[113]。宵盤晝憩[114]，非舟非駕[115]。念昔宴私，舉觴相誨：“獨正者危，至方則礙。哲人卷舒，布在前載。取鑒不遠，吾規子佩[116]。”爾實愀然[117]，中言而發[118]：“違衆速尤[119]，迕風先蹷[120]。身才非實，榮聲有歇[121]。”叡音永矣[122]，誰箴余闕[123]？嗚呼哀哉！仁焉而終，智焉而斃。黔婁既没[124]，展禽亦逝[125]。其在先生，同塵往世[126]。旌此靖節[127]，加彼康惠[128]。嗚呼哀哉！

（《文選》卷五十七，上海古籍出版社1986年版）

【注釋】

[1]璿(xuán)：亦作“璿”，美玉，據説常出於幽谷深水。致：極。　[2]池隍：護城河，有水爲池，無水爲隍。　[3]桂椒：肉桂及山椒，香木，據説常生於高山之上。信：確實。　[4]深：指璿玉出深水。遠：指桂椒生高山。　[5]殊性：特殊的習性。　[6]藉：憑藉。此句意謂無足而至之寶物，乃憑藉君主的喜好耳。　[7]薄：鄙薄。此句意謂隨踵而立之俗人，乃衆人所鄙薄耳。　[8]巢：巢父，堯時隱者。高：伯成子高，禹時隱者。抗行：高行。　[9]夷：伯夷，商末孤竹國君長子，避位而逃；商滅，不食周粟，餓死於首陽山。皓：商山四皓，秦末漢初隱居於商山的四隱士，皆鬚眉皓白，故稱。通常認爲包括夏黄公、甪里先生、綺里季、東園公。峻節：高潔的節操。　[10]父老：以之爲父老，此句意謂視堯、禹爲父老百姓。語出《後漢書·郅惲傳》。　[11]錙銖：古代重量單位，一般以二十四銖爲一兩，六銖爲一錙。錙銖喻輕微。此句意謂視周、漢爲錙銖。　[12]緜世：歲月連緜。浸：漸。　[13]光靈：喻隱者德行。屬(zhǔ)：聯接，繼承。　[14]菁華：亦喻隱士德行。　[15]芳流：喻隱士之傳

統。 [16]作者:隱者。語出《論語·憲問》:“作者七人矣。” [17]量:氣量、抱負。此句意謂各有抱負。 [18]首路同塵:初行同道。 [19]輟途:半途而廢。殊軌:分道揚鑣。[20]昭:使之顯明。末景:夕照、餘光,喻前代隱士之傳統。 [21]汎:氾濫,推動。餘波:同餘光之喻。 [22]尋陽:即潯陽,今江西省九江市。 [23]南岳:此指廬山,或指淵明詩中常見的“南山”。陶淵明隱居潯陽柴桑,在廬山附近。幽居者:隱士。 [24]弄:嬉戲。 [25]素心:不受世俗浸染之心。 [26]學非稱師:其學不重在爲人師,而在爲己。 [27]文取指達:指:通“旨”。其文唯取達意。 [28]“在衆”兩句:衆寡、言默皆相對,意謂在衆人、玄言襯托下愈發顯出其獨處静默之風姿。 [29]井:赴井汲水。臼:以臼舂穀。任:承受。 [30]藜:一種野菜,亦稱灰藋、灰菜。菽:豆。二者皆貧者之食。給:供給。 [31]就養:就近而奉養父母。勤匱:雖勤苦而物質匱乏。 [32]惟:思。田生:田過,戰國齊人。致親:奉養雙親。典出《韓詩外傳》,齊宣王問君父孰重,田過對以父重。宣王以離親事君質疑,田過對曰,禄、爵雖受之於君,而皆致之於親也。 [33]毛子:毛義,東漢廬江人。捧檄:典出《後漢書》卷三十九,毛義家貧而孝,官府徵召爲令,捧檄而喜;母亡,辭官守孝,屢辭徵召。張奉歎曰:“賢者固不可測。往日之喜,乃爲親屈也。斯蓋所謂‘家貧親老,不擇官而仕’者也。” [34]三命:多次徵召。 [35]彭澤:彭澤縣,在今江西省九江。 [36]道不偶物:爲官之道不合俗世規則。 [37]從好:從本性之所好,即歸隱田園。語出《論語·述而》“從吾所好”。 [38]解體:脱身。 [39]結志區外:猶言志在田園。 [40]“灌畦”兩句:語出潘岳《閑居賦》:“灌畦鬻蔬,供朝夕之膳。”魚菽之祭:菲薄之祭。 [41]絇(qú):古時鞋頭上的裝飾,有孔,可穿繫鞋帶。緯:編織。蕭:蒿草,可編席。 [42]酒德:劉伶作《酒德頌》,陶然忘我,摒棄世務,後遂稱飲酒亦見品德。 [43]簡:省。煩促:煩惱、迫促之世務。 [44]就成:遂成。省曠:清省曠達。 [45]“國爵”二句:意謂得道者不僅摒棄國爵,且使家人忘懷貧寒,超然物外。前句語出《莊子·天運》:“夫孝悌仁義,忠信貞廉,此皆自勉以役其德者也,不足多也。故曰:至貴國爵,屏焉;至富國財,屏焉;至願名譽,屏焉。是以道不渝。”後句語出《莊子·則陽》:“故聖人其窮也,使家人忘貧;其達也,使王公忘爵禄而化卑。” [46]著作郎:官名,晉時屬秘書監。掌管編撰著述之事。 [47]春秋:年紀。 [48]元嘉:宋文帝劉義隆年號。元嘉四年即427年。[49]冥默福應:福報之説無跡可尋。 [50]淑貞:善良正直。 [51]實:行實,德行。華:光彩。 [52]謚:謚號,有官謚和私謚之別,陶淵明之謚“靖節”爲私謚。 [53]“苟允”兩句:筭:通“算”,計較。若合乎德義之標準,即可爲之作誄贈謚,何必計較其人地位之貴賤?[54]“若其”兩句:令終:善終。李善注引《謚法》:“寬樂令終曰靖,好廉自克曰節。” [55]謚典:《謚法》。 [56]愆(qiān):違。 [57]固:本來。介:特。 [58]伊:語助詞。遘:遇。意謂豈能時時遇到此種人物? [59]曷云世及:曷:何。更不用説代代都有。 [60]望古遥集:與古代的隱士遥相共鳴。 [61]韜:隱藏不露。洪族:大族。陶淵明曾祖陶侃乃東晉大將軍,封長沙郡公。 [62]名級:名位品級。 [63]“睦親”兩句:意謂親族和睦之德行,出於自然而非勉强。敦:勉强。 [64]然諾:然、諾皆應對之詞,表示應允。引申爲言而有信。 [65]布:季布,漢代楚人,以重信用著稱。《史記·季布傳》載楚人諺曰:“得黄金百,不如得季布一諾。” [66]廉深簡絜:廉正深沉、簡樸清白。 [67]貞夷粹溫:中正平和、純粹溫厚。 [68]峻：嚴。 [69]“依世”四句：依順世俗者尚同，違逆時代者尚異，尚同或尚異，有其任一傾向，皆有非議，難以默然置之。 [70]因：順應。違事：違棄世事。 [71]薄身：生活簡樸。 [72]世霸：當世之霸者，指東晉執政者。虚禮：虚己備禮，以待賢者。 [73]州壤：州土，指州郡長官。推風：推崇其德行。 [74]義養：贍養父母。 [75]懷邦：關心邦國。 [76]秉：秉持。彝：常道。 [77]隘：偏狹。恭：敬。 [78]“爵同”兩句：意謂位卑禄薄。 [79]“度量”兩句：鈞：古代重量單位，一鈞爲三十斤，此用爲動詞測度。意謂器度難測其深廣，進止可知其合禮。 [80]長卿：司馬相如字。棄官：司馬相如在漢景帝時曾託病辭官。見《史記·司馬相如傳》。 [81]稚賓：郇相字，西漢太原人，舉州郡茂才，亦託病辭官。見《漢書·鮑宣傳》附。 [82]子之悟之：前“之”是語助詞，後“之”指弃官歸隱之道。 [83]辯：明理透徹。 [84]賦詩歸來：多解爲《歸去來辭》，或指《歸園田居》等詩。 [85]高蹈：超然世外，指隱居。 [86]超曠：超然曠達。 [87]無適非心：無往不隨心。 [88]巘(yǎn)：山，山頂。 [89]葺：以茅草覆屋頂。 [90]躬兼貧病：《史記·仲尼弟子列傳》載賢人原憲對子貢語：“吾聞之，無財者謂之貧，學道而不能行者謂之病。若憲，貧也，非病也。”此處借用字面義，指淵明貧病兼具，非不能行道之謂。 [91]“人否”兩句：别人不接受貧病之憂，淵明卻視之爲天命。化自《論語·雍也》孔子贊顔回語：“一簞食，一瓢飲，在陋巷，人不堪其憂，回也不改其樂。” [92]隱約：隱身守約，指窮困。就閑：隱居。 [93]遷延：退避。聘：指官府徵聘。 [94]非直：非但。也：助詞。明：賢明。 [95]道性：道德品性。 [96]糾纆(mò)：糾、纆皆繩索，喻交織糾纏。斡：旋轉。流：流動。 [97]冥漠：同上文“冥默”，皆玄遠難測之意。報施：報答。 [98]“孰云”兩句：《老子》“天道無親，常與善人”，作者因淵明之遭遇，對《老子》之説産生懷疑。參《史記·伯夷叔齊列傳》司馬遷之疑。 [99]“謂天”兩句：李善注：“言天高聽卑而報施無爽，何故爽於斯義而不與仁乎？”“謂天蓋高”出自《小雅·正月》。諐(qiān)：通“愆”，錯。 [100]“履信”兩句：《周易·繫辭上》孔子語：“佑者，助也。天之所助者，順也；人之所助者，信也。履信，思乎順，又以尚賢也，是以自天佑之，吉無不利。”寘：置。此謂淵明履行信義、思順天道皆無上天之報答。 [101]中身：中年。 [102]疢(chèn)：熱病。痁(shān)：瘧疾。 [103]禱祀：祈禱祭祀。非恤：不憂。 [104]“傃幽”兩句：意謂懷抱平和歸於幽冥，“傃幽”“告終”“長畢”皆死之婉辭。 [105]“敬述”兩句：敬陳靖節先生之遺囑。式：語助詞。占：口述。 [106]豐：富裕。 [107]贍：供养。 [108]訃：訃告。卻：辭卻。賻(fù)：吊丧者送给丧家的布帛、钱财等。 [109]“遭壤”兩句：意谓随地可挖墓穴下葬。旋葬：随即下葬。窆(biǎn)：將棺木葬入圹穴。 [110]“深心”兩句：深心、遠情皆作者對友人淵明之情，追往、逐化皆憶亡者生平交誼。 [111]介居：獨居，指隱居。 [112]伊：語助詞。洽：融洽。 [113]閻：里巷之門。 [114]盤：盤桓，歡樂。 [115]非舟非駕：意謂不乘舟車，徒步共行。 [116]“獨正”六句：淵明告誡作者之言，“獨正”“至方”互文見義。佩：佩戴，引申爲記住。獨守方正之道者不能圓通隨俗，故與世多忤，常遭危殆。明哲之人歸隱出仕，屈伸進退自如，前代典籍早有記載。故可取法前賢，記住我對你的規勸。 [117]惙然：憂慮。 [118]中言：由衷而發之言。 [119]尤：指責。 [120]蹷：跌倒。 [121]“身才”兩句：李善注：“言身及才不足爲實，榮華聲名有時而滅。恐己恃才以傲物,憑寵以陵人,故以相誡也。” [122]叡音:明哲之言,即淵明對作者的勸誡。永:遠。 [123]箴:規箴。闕:過失。 [124]黔婁:春秋隱士,屢辭徵召,家貧,死時衾不蔽體。其妻爲之謚“康”,曰:“彼先生者,甘天下之淡味,安天下之卑位,不戚戚於貧賤,不忻忻於富貴,求仁而得仁,求義而得義,其謚爲康,不亦宜乎。” [125]展禽:春秋魯人。采邑柳下,謚惠,故稱柳下惠。《論語·微子》:“柳下惠爲士師,三黜。人曰:‘子爲可以去乎?’曰:‘直道而事人,焉往而不三黜？枉道而事人,何必去父母之邦?’” [126]同塵往世:與前代賢士同跡。 [127]旌:表彰。 [128]加:超過。康、惠:黔婁、展禽的謚號。

【集評】

(南朝宋)何法盛:延之爲始安郡,道經尋陽,常飲淵明舍,自晨達昏。及淵明卒,延之爲誄,極其思致。 (《文選》卷五十七李善注引,第2469頁)

(元)方回:延之詩雖不及靈運,其胷次則過之。靈運嘗入廬山,不爲遠法師所與,亦不聞其見交於淵明。延之獨與淵明交好甚深。以年計之,永初三年,淵明年五十八矣,長延之二十歲,亦可謂忘年之交也。延之後作《靖節徵士誄》,書曰“有晉徵士”,雖出於衆志,而延之實秉易名之筆,其知淵明蓋深也。“違衆速尤,迕風先蹶。身才非實,榮聲有歇”,延之《誄》書淵明所誨如此,又書淵明“獨正者危,至方則礙”語,其有得淵明也多矣。故曰:詩雖不及靈運,其胷次則過之。

(《文選顔鮑謝詩評》卷三,《文津閣四庫全書》集部第445册,第232頁)

(清)毛奇齡:予惟近代多諛墓。非好爲佞,亦以其人無可述,不得不張門閥、鋪官階,夸飾所無有。獨顔光禄誄陶徵士,蔡中郎作《郭有道碑文》,第約舉大槩,而其人已見。

(《敕封文林郎内閣中書舍人劉先生墓誌銘》,《西河集》卷九十四,《文津閣四庫全書》集部第441册,第107頁)

(清)譚獻:文章之事,味如醇醪,色若球璧。有道之士,知己之言。○予嘗言:文辭不外事、理,而運動者情也。似此情、事、理交至,六經九流而外,此類文事,古今數不盈百。

(《駢體文鈔》卷二十六,第590頁,第591頁)

(清)方廷珪:作忠烈人誄文出色易,作恬退人誄文出色難。英氣故易,静氣故難也。陶靖節胸懷高邁,性情瀟灑,作者能以静氣傳之。 (《重訂文選集評》卷十四)

(清)許槤:誄文骨勁色蒼,不特爲淵明寫照,而其品概,亦因之修然遠矣。

追往念昔,知己情深,而一種幽閒貞静之致,宣露行間,尤堪諷詠。

(《六朝文絜箋注》卷十二,第169頁,第175頁)

(清)江琼:序文一句一字,俱極斟酌。誄詞前幅,將淵明生平,一一寫出。入後追念往昔,知己情深。“叡音永矣,誰箴余闕”,有子期已死,伯牙絕弦之感。

(《南北朝文評注讀本》下册,第67頁)

韓文公行狀

（唐）李翱

【題解】

李翱(772—841)，字習之。隴西成紀(今甘肅秦安縣)人，一説趙郡(今河北趙縣)人。貞元十四年進士，授校書郎，官至山南東道節度使。有《李文公集》。

《文章緣起》認爲行狀起於西漢，最初多爲在職官員的個人履歷，以備朝廷考察。東漢後逐漸用於記載亡者事蹟，或以表謚，或以備史，確定了後世行狀的基本規範。《文心雕龍·書記》指出行狀文體的核心規範是“體貌本原，取其事實”，但因行狀多由狀主的門生故吏所作，與碑誄等哀祭文體皆受傳統“隱惡揚善”觀念制約，往往有不盡不實的弊病。李翱曾任史官，作《百官行狀奏》批評唐代行狀不實之弊：“莫不虛加仁義禮智，妄言忠肅惠和。”“曾不直敍其事，故善惡混然不可明。”并提出規範之道：“指事説實，直載其詞，則善惡功跡，皆據事足以自見矣。”

本文原題爲《故正議大夫行尚書吏部侍郎上柱國賜紫金魚袋贈禮部尚書韓公行狀》，因韓愈謚“文”，故省稱《韓文公行狀》。文章簡述韓愈家世、仕歷，而以韓愈從裴度智平蔡州、諫迎佛骨、宣撫鎮州亂軍三事爲主幹，以一生居官、處世、爲人、爲文的行跡爲輔助，敍述平實，剪裁得當，細節生動，既刻畫了一個在政治上愛國體民、反對分裂，在文化上堅持儒道、反對佛教，在文學上不蹈陳言、自我樹立的韓愈形象，又寫出了一個有性情、敢擔當的韓愈形象。

曾祖泰，皇任曹州司馬[1]。祖濬素，皇任桂州長史[2]。父仲卿，皇任秘書郎[3]，贈尚書左僕射[4]。公諱愈，字退之，昌黎人[5]。生三歲，父歿，養於兄會舍[6]。及長，讀書能記他生之所習[7]。年二十五，上進士第。汴州亂[8]，詔以舊相東都留守董晉爲平章事、宣武軍節度使[9]，以平汴州。晉辟公以行，遂入汴州，得試秘書省校書郎[10]，爲觀察推官[11]。晉卒，公從晉喪以出，四日而汴州亂，凡從事之居者皆殺死。

武寧軍節度使張建封奏爲節度推官，得試太常寺協律郎[12]，選授四門博士[13]，遷監察御史[14]。爲幸臣所惡[15]，出守連州陽山令[16]。政有惠於下，及公去，百姓多以公之姓以命其子。改江陵府法曹參軍[17]，入爲權知國子博士[18]。宰相有愛公文者[19]，將以文學職處公[20]。有争先者，構公語以非之[21]。公恐及難[22]，遂求分司東都[23]。權知三年，改真博士。入省爲分司都官員外郎[24]，改河南縣令[25]。日以職分辨於留守及尹[26]，故軍士莫敢犯禁。入爲職方員外郎[27]。華州刺史奏華陰縣令柳澗有罪[28]，遂將貶之。公上疏，請發御史辯曲直，方可處以罪,則下不受屈。既柳澗有犯,公由是復爲國子博士。改比部郎中、史館修撰[29],轉考功郎中[30],修撰如故。數月,以考功知制誥[31]。

上將平蔡州[32],先命御史中丞裴公度使諸軍以視兵[33],及還,奏兵可用,賊勢可以滅,頗與宰相意忤[34]。既數月,盜殺宰相[35],又害中丞不克[36],中丞微傷,馬逸以免,遂爲宰相,以主東兵[37]。自安禄山起范陽[38],陷兩京[39],河南、北七鎮節度使身死則立其子,作軍士表以請,朝廷因而與之。及貞元季年[40],雖順地節將死[41],多即軍中取行軍副使、將校以授之節[42],習以成故矣。朝廷之賢,恬然於所安,以苟不用兵爲貴,議多與裴丞相異。唯公以爲,盜殺宰相而遂息兵,其爲懦甚大,兵不可以息。以天下力取三州[43],尚何不可?與裴丞相議合,故兵遂用。而宰相有不便之者[44],月滿,遷中書舍人[45],賜緋魚袋[46]。後竟以他事改太子右庶子[47]。

元和十二年秋[48],以兵老久屯[49],賊未滅,上命裴丞相爲淮西節度使以招討之[50]。丞相請公以行,於是以公因本官兼御史中丞,賜三品服及魚[51],爲行軍司馬[52],從丞相居於郾城[53]。公知蔡州精卒悉聚界上以拒官軍,守城者率老弱,且不過千人,亟白丞相,請以兵三千人間道以入,必擒吴元濟。丞相未及行,而李愬自唐州文城壘提其卒以夜入蔡州[54],果得元濟。蔡州既平,布衣柏耆以計謁公[55],公與語,奇之,遂白丞相曰:"淮西滅,王承宗膽破[56],可不勞用衆[57],宜使辯士奉相公書,明禍福以招之,彼必服。"丞相然之。公令柏耆口占爲丞相書[58],明禍福,使柏耆袖之以至鎮州[59]。承宗果大恐,上表請割德、棣二州以獻[60]。丞相歸京師,公遷刑部侍郎[61]。

歲餘,佛骨自鳳翔至[62],傳京師諸寺。時百姓有燒指與頂以祈福者,公奏疏言[63],自伏羲至周文、武時,皆未有佛,而年多至百歲,有過之者。自佛法入中國,帝王事之,壽不能長。梁武帝事之最謹,而國大亂。請燒棄佛骨。疏入,貶潮州刺史[64],移袁州刺史[65],百姓以男女爲人隸者,公皆計傭以償其直而出歸之[66]。入遷國子祭酒[67]。有直講[68],能説《禮》而陋於容,學官多豪族子,擯之不得共食。公命吏曰:"召直講來,與祭酒共食。"學官由此不敢賤直講。奏儒生爲學官,日使會講。生徒奔走聽聞,皆相喜曰:"韓公來爲祭酒,國子監不寂寞矣。"

改兵部侍郎[69]。鎮州亂,殺其帥田弘正[70],征之不克,遂以王庭湊爲節度使。詔公往宣撫。既行,衆皆危之。元稹奏曰[71]:"韓愈可惜。"穆宗亦悔[72],有詔令至境觀事勢,無必於入。公曰:"安有受君命而滯留自顧?"遂疾驅入。庭湊嚴兵拔刃弦弓矢以逆[73]。及館,甲士羅於庭,公與庭湊、監軍使三人就位[74]。既坐,庭湊言曰:"所以紛紛者,乃此士卒所爲,本非庭湊心。"公大聲曰:"天子以爲尚書有將帥材[75],故賜之以節,實不知公共健兒語[76],未嘗及大錯[77]。"甲士前奮言曰："先太史爲國打朱滔[78]，滔遂敗走，血衣皆在。此軍何負朝廷，乃以爲賊乎？"公告曰："兒郎等且勿語[79]，聽愈言。愈將爲兒郎已不記先太史之功與忠矣[80]，若猶記得，乃大好。且爲逆與順、利與病，不能遠引古事，但以天寶來禍福爲兒郎等明之[81]。安禄山、史思明、李希烈、梁崇義、朱滔、朱泚、吴元濟、李師道，復有若子若孫在乎[82]？亦有居官者乎？"衆皆曰："無。"又曰："令公以魏博六州歸朝廷[83]，爲節度使，後至中書令，父子皆授旌節[84]，子與孫雖在童幼者亦爲好官，窮富極貴[85]，寵榮耀天下。劉悟、李祐皆居大鎮[86]，王承元年始十七[87]，亦仗節，此皆三軍耳所聞也。"衆乃曰："田弘正刻此軍[88]，故軍不安。"公曰："然汝三軍亦害田令公身，又殘其家矣，復何道？"衆乃讙曰[89]："侍郎語是。"庭湊恐衆心動，遽麾衆散出，因泣謂公曰："侍郎來，欲令庭湊何所爲？"公曰："神策六軍之將[90]，如牛元翼比者不少[91]，但朝廷顧大體，不可以棄之耳，而尚書久圍之，何也？"庭湊曰："即出之。"公曰："若真耳，則無事矣。"因與之宴而歸，而元翼果出。乃還，於上前盡奏與庭湊言及三軍語，上大悦曰："卿直向伊如此道！"由是有意欲大用之。

王武俊贈太師，呼太史者，燕趙人語也。

轉吏部侍郎[92]。凡令史皆不鎖，聽出入[93]。或問公，公曰："人所以畏鬼者，以其不能見也。鬼如可見，則人不畏矣。選人不得見令史[94]，故令史勢重，聽其出入，則勢輕。"改京兆尹[95]，兼御史大夫，特詔不就御史臺謁，後不得引爲例。六軍將士皆不敢犯，私相告曰："是尚欲燒佛骨者，安可忤？"故賊盗止。遇旱，米價不敢上。李紳爲御史中丞，械囚送府，使以尹杖杖之[96]。公曰："安有此？"使歸其囚。是時紳方幸，宰相欲去之[97]，故以臺與府不協爲請[98]，出紳爲江西觀察使，以公爲兵部侍郎。紳既復留[99]。公入謝，上曰："卿與李紳争何事？"公因自辯。數日，復爲吏部侍郎。

長慶四年得病[100]，滿百日假，既罷[101]，以十二月二日卒於靖安里第[102]。

公氣厚性通，論議多大體。與人交，始終不易。凡嫁内外及交友之女無主者十人[103]。幼養於嫂鄭氏，及嫂殁，爲之服朞以報之[104]。深於文章，每以爲自揚雄之後，作者不出。其爲文未嘗效前人之言，而固與之並。自貞元末以至於兹，後進之士，其有志於古文者[105]，莫不視公以爲法。有集四十卷，小集十卷[106]。及病，遂請告以罷[107]。每與交友言既終以處妻子之語[108]，且曰："某伯兄德行高[109]，曉方藥，食必視《本草》[110]，年止於四十二。某疎愚[111]，食不擇禁忌，位爲侍郎，年出伯兄十五歲矣。如又不足，於何而足？且獲終於牖下[112]，幸不至失大節，以下見先人，可謂榮矣。"享年五十七，贈禮部尚書。

謹具任官事跡如前[113]，請牒考功[114]，下太常定謚[115]，并牒史館。謹狀。

（《全唐文》卷六百三十九，中華書局1983年版）

【注釋】

[1]皇任:猶榮任。曹州:今山東曹縣。司馬:州郡屬官。 [2]桂州:今廣西桂林。長史:州郡屬官。 [3]秘書郎:秘書省屬官,掌宫中藏書及抄書等。 [4]贈:追贈。左僕射:尚書省長官爲尚書令,其副職爲左、右僕射。 [5]昌黎:今河北昌黎縣。 [6]會:韓會,韓愈兄。 [7]"讀書"句:意謂能兼記其他學生所學習的内容。 [8]汴州:今河南開封市。貞元十二年,汴州軍亂。 [9]東都留守:洛陽留守。古時皇帝出巡或親征,命大臣督守京城,便宜行事,謂之"京城留守"。陪都、行都常設留守,多以地方長官兼任。平章事:唐代以尚書、中書、門下三省長官爲宰相,因位高權重,不常設置,故選任其他官員加同中書門下平章事之名,簡稱"同平章事",同參國事。節度使:管理一道或數州,總攬軍、民、財政事務。 [10]校書郎:秘書省屬官,掌典籍校勘等。 [11]觀察:觀察使,唐代諸道置觀察使,位次於節度使。推官:節度使、觀察使的屬官,掌勘問刑獄。 [12]太常寺:官署名,掌祭祀禮樂。協律郎:官名,掌校正樂律。 [13]四門:即"四門學",古代學校名。唐代四門學爲大學,隸國子監,傳授儒家經典,性質與國子學、太學同,只是學生家庭出身品級較低。博士:學官名。 [14]監察御史:御史臺屬官,掌巡察百官。 [15]幸臣:寵臣,指京兆尹李實。 [16]陽山:今廣東陽山縣。 [17]江陵府:今湖北荆州。法曹參軍:司法官。 [18]權知:代掌某官職。國子:即"國子監",中國古代的教育管理機關和最高學府。 [19]宰相:指鄭絪,時任中書侍郎同平章事。 [20]文學職:指與文章有關的職位,如中書舍人、翰林學士等。處:安置。 [21]構:構陷、誣陷。 [22]及難:遇禍。 [23]分司:唐制,中央官員在陪都洛陽任職者,稱爲分司。除御史之分司者有實職外,其他分司者,多以優待退閑之官,無實職。 [24]省:指中央官署。都官:隋唐時指刑部尚書,此指刑部。員外郎:郎中之次官。 [25]河南:縣名,唐時治所在洛陽城内。 [26]職分:職務本分。 [27]職方:兵部設職方司,掌天下地圖等。 [28]華州:州治在今陜西華縣。華陰(今陜西華陰市)是華州屬縣。 [29]比部郎中:刑部屬官,掌簿籍稽查。史館修撰:掌修國史。 [30]考功郎中:吏部屬官,掌官吏考課之事。 [31]知制誥:掌草擬誥命。唐代以某官兼此職者,稱某官知制誥。 [32]上:唐憲宗。蔡州:州治在今河南汝南縣。其時淮西節度使吴少陽之子吴元濟,以襲位不遂,自領軍務,縱兵四掠,威脅洛陽。 [33]御史中丞:唐代御史大夫若缺位,即以副職中丞代行其職。裴公度:裴度,字中立,河東聞喜(今山西聞喜縣)人。力主削除藩鎮。 [34]宰相:指韋貫之,時任尚書右丞同中書門下平章事。 [35]宰相:指武元衡,時任門下侍郎、平章事,於元和十年(815)六月初三早朝路上被刺。 [36]"又害"句:裴度與武元衡同日遇刺,受傷,三日後詔任門下侍郎、同中書門下平章事。 [37]東兵:指朝廷向東用兵征討淮西。 [38]安禄山:營州柳城(今遼寧朝陽)胡人。本姓康,名軋犖山,母改嫁突厥人安延偃,遂改姓安,更名禄山。曾任平盧兵馬使、營州都督等職。後得唐玄宗寵信,兼任平盧、范陽、河東節度使。天寶十四年(755)十一月於范陽起兵叛亂,南下攻陷洛陽、長安。次年稱雄武皇帝,國號燕。至德二年(757),被其子安慶緒所殺。范陽:郡名,治所在薊縣(今北京市西南)。 [39]兩京:京城長安、東都洛陽。 [40]季年:末年。 [41]順地:指服從朝廷統轄的地方。節將:持節的大將,即節度使。 [42]副使:節度使的副手。 [43]三州:淮西三州,包括申州、光州、蔡州。韓

愈所論可參《論淮西事宜狀》。 [44]宰相:指李逢吉、韋貫之。 [45]中書舍人:中書省屬官,掌草擬詔旨。 [46]緋魚袋:指緋衣與魚符袋。唐制,五品以上官員緋衣、佩魚符袋。 [47]太子右庶子:太子的屬官。 [48]元和十二年:即817年,原作"十三",據四部叢刊《李文公集》改。 [49]老:歷時長久。 [50]淮西:唐方鎮名,即淮南西道,治所在蔡州。 [51]三品服及魚:紫衣和魚符袋。唐制,三品以上官紫衣,五品以上緋衣。官位不及者,賜紫服、魚袋以爲恩寵。 [52]行軍司馬:掌軍事參謀。 [53]郾城:今河南郾城縣。 [54]李愬:時任隨鄧節度使。唐州:治所在今河南唐河縣。提:率領。 [55]布衣柏耆:平民柏耆,魏州(治所在今河北大名)人,學縱横家術。 [56]王承宗:契丹人,成德節度使。 [57]用衆:用兵。 [58]口占:口授其辭。 [59]鎮州:州治在真定(今河北正定縣)。成德節度使治所所在地。 [60]德、棣:德州(今山東陵縣)、棣州(今山東惠民縣)。 [61]刑部侍郎:刑部副長官。 [62]"佛骨"句:唐憲宗曾遣使迎鳳翔(今陝西鳳翔縣)法門寺佛骨入禁中。 [63]奏疏:即《諫佛骨表》,參"宗教信仰"門。 [64]潮州:州治在海陽(今廣東潮安縣)。 [65]袁州:州治在宜春(今江西宜春市)。 [66]傭:傭金。直:債金。 [67]國子祭酒:國子監主管官。 [68]直講:學官名。輔助博士講授經學。 [69]兵部侍郎:兵部副長官。 [70]田弘正:本名興,朝廷賜姓弘正。元和十五年任成德軍節度使,爲原成德軍都知兵馬使王庭湊所殺。原文"弘"作"宏",清人避乾隆弘曆諱,本文徑改。 [71]元稹:字微之,河南(今河南洛陽市)人。曾任監察御史,官至同中書門下平章事。 [72]穆宗:唐穆宗李恒,821年至824年在位。 [73]嚴兵:陳兵。逆:迎。 [74]監軍使:官名。唐代在各方鎮及出征討叛之軍中設置,多以宦官爲之,與統帥分庭抗禮。此指宋惟澄。 [75]尚書:指王庭湊,任檢校工部尚書。 [76]健兒:士兵。 [77]及大錯:發展爲叛逆大罪。 [78]先太史:對王廷湊之父王武俊的尊稱,王武俊死後追贈太師,燕趙方言讀"師"爲"史"。朱滔:曾任盧龍節度使,因求深州不得,乃與王武俊反叛,稱冀王。後王武俊降唐。朱滔聯合回紇攻貝州,爲王武俊所敗。 [79]兒郎:長官對士兵的昵稱。 [80]將爲:以爲。 [81]天寶:唐玄宗年號,742年至756年。 [82]若:或。此句所舉皆唐代割據叛亂者。 [83]令公:對中書令的尊稱,此指田弘正。 [84]旌節:唐制,節度使賜雙旌雙節。旌以專賞,節以專殺。 [85]窮:與"極"互文見義。 [86]劉悟:李師道部將,殺李歸順朝廷。李祐:大鎮:重鎮,大藩鎮。 [87]王承元:王承宗之弟,王承宗死,朝廷以其爲義成節度使。 [88]刻:刻薄,苛刻。 [89]讙(huān):喧嘩。 [90]神策六軍:唐代京都禁軍。 [91]牛元翼:時任深州刺史、深冀節度使,受命討王庭湊,被困。 [92]吏部侍郎:吏部副長官。掌官吏考課、任免、升降、調動等。 [93]令史:六部低級官吏,掌文書。鎖:封閉。聽:聽任。原文作"廳",據《李文公集》改。 [94]選人:候補、候選的官員。 [95]京兆尹:官名。漢代管轄京兆地區的行政長官,職權相當於郡太守。後因以稱京都地區的行政長官。 [96]尹杖:指京兆尹府中行刑的木杖。 [97]宰相:指李逢吉。 [98]臺:御史臺。府:京兆府。 [99]復留:李紳訴於穆宗,改授户部侍郎。 [100]長慶:唐穆宗年號。長慶四年即824年。 [101]罷:免職。 [102]靖安里:位於長安朱雀街。第:府第。 [103]無主:指喪父之女子,故無主婚者。 [104]朞(jī):通"期",服朞即服喪一年,按禮制,孫爲祖父母、夫爲妻、女爲父母,韓愈爲嫂喪服朞過禮,爲報養育之恩。 [105]古文:相對六朝駢體而言的散體文,常以先秦兩漢散文爲學習對象。 [106]小集:收入部分作品的集子,通常篇幅較小。 [107]請告以罷:請求免職退休。 [108]既終:猶死後。處:安置。 [109]伯兄:指長兄韓會。[110]《本草》:指《神農本草經》或《唐本草》。 [111]疎愚:粗疏笨拙。謙辭。 [112]終獲牖下:猶言終老家中,壽終正寢。 [113]具:陳述。 [114]牒:呈送公文。考功:吏部考功司,掌考核官吏政績。 [115]太常:太常寺,掌祭祀禮儀、擬議謚號等。"謚","謚"的異體字。

【集評】

(南宋)朱熹:退之卻喜皇甫湜,卻不甚喜李翱。後來湜爲退之作《墓誌》,卻説得無緊要,不如李翱《行狀》較着實。蓋李翱爲人較樸實,皇甫湜較落魄。

(《朱子語類》卷一百三十七,《朱子全書》第十八册,第4262頁)

(清)儲欣:至質至明,穹然躋韓先生於伊萊、傅説、尹吉甫、仲山甫、顔子、子貢、孟氏、子輿之間,使人望之如神人然,行狀之力也。皇甫碑誌遜一籌矣!敘次有詳畧,無并猥,尤得《史記》法。

(《習之先生全集録》卷二,《唐宋十大家全集録》,《四庫全書存目叢書》集部第404册,第767頁)

二十三、序記題跋

秦楚之際月表序

(西漢)司馬遷

【題解】

通常認爲,序體源於西漢《毛詩大序》。至司馬遷,則序體由他序變自序:其《太史公自序》以敘述爲主,既序書亦序人,開創了長篇自序體;其表序、傳序則以議論爲主,闡明相關表、傳的主旨,以史識獨特、意味深長别樹一幟。

《秦楚之際月表》始於二世元年(前209)陳涉起兵,終於漢王五年(前202)劉邦稱帝,共八年。名"秦楚之際"而非"秦漢之際",意在點出陳涉(張楚)發難、項羽(西楚)滅秦之功。序短意長,行文曲折。先敘秦楚之際號令三嬗之速之易,再寫虞、夏、商、周、秦一統之遲之難,形成發人深省的鮮明對比。而秦受命後以暴力禁錮爲"維萬世之安"之手段,反立促其亡,表現了司馬遷對秦濫用暴力的批評,其稱德、力均不及前王之劉邦爲"大聖",漢得天下乃天命,包含了對歷史大勢難以預測的驚奇,文意深長,無限詠嘆。

太史公讀秦楚之際[1],曰:初作難,發於陳涉;虐戾滅秦[2],自項氏;撥亂誅暴[3],平定海内,卒踐帝祚[4],成於漢家[5]。五年之間,號令三嬗[6]。自生民以來[7],未始有受命若斯之亟也[8]。

昔虞、夏之興,積善累功數十年[9],德洽百姓[10],攝行政事[11],考之于天[12],然後在位。湯、武之王,乃由契、后稷脩仁行義十餘世[13],不期而會孟津八百諸侯[14],猶以爲未可,其後乃放弒[15]。秦起襄公,章於文、繆[16],獻、孝之後[17],稍以蠶食六國[18],百有餘載,至始皇乃能并冠帶之倫[19]。以德若彼[20],用力如此[21],蓋一統若斯之難也。

秦既稱帝,患兵革不休,以有諸侯也,於是無尺土之封[22],墮壞名城[23],銷鋒鏑[24],鉏豪桀[25],維萬世之安[26]。然王跡之興,起於閭巷[27],合從討伐,軼於三代[28],鄉秦之禁[29],適足以資賢者爲驅除難耳[30]。故憤發其所爲天下雄[31],安在無土不王[32]? 此乃傳之所謂大聖乎[33]? 豈非天哉,豈非天哉! 非大聖孰能當此受命而帝者乎[34]?

(《史記》卷十六,中華書局1982年版)

【注釋】

[1]秦楚之際:謂二世失政,項羽起兵之時。 [2]虐戾:殘暴兇狠。此句指項羽入咸陽,殺子嬰,燒秦宫。 [3]暴:指項羽。 [4]踐:登。帝祚:帝位。 [5]漢家:漢政權,此指高帝劉邦。 [6]“五年”兩句:清人梁玉繩指出,自陳涉稱王(前209)至劉邦稱帝(前202)共八年,“五”當作“八”。可參《太史公自序》:“秦既暴虐,楚人發難,項氏遂亂,漢乃扶義征伐;八年之閒,天下三嬗。”或云此序重在楚漢之争(前207—前202)。嬗:通“禪”,更替。 [7]生民:人類誕生。 [8]未始:未曾。受命:受天命,登帝位。亟:急。 [9]數十年:據《史記·五帝本紀》,舜三十歲舉,五十歲代堯攝行天子事,六十一歲踐帝位。禹治洪水十三年,越二十年代舜爲帝。 [10]洽:潤澤。 [11]攝行:代理行使職權。 [12]考之於天:經受上天的考驗。 [13]十餘世:契至商湯歷十三世立商、后稷至武王歷十五世立周。 [14]期:約。孟津:古黄河渡口,在今河南孟縣南。周武王伐紂,會諸侯於此。 [15]放弒:湯放逐桀,武王弒紂。 [16]章:通“彰”。文、繆:文公、繆公。 [17]獻、孝:獻公、孝公。 [18]六國:齊、楚、燕、趙、韓、魏。 [19]冠帶之倫:指代表先進禮樂文明的六國。 [20]彼:虞夏商周。 [21]此:秦。 [22]無尺土之封:廢封建制,行郡縣制。 [23]墮壞:拆毁。墮通“隳”,毁壞。 [24]鋒鏑:刀鋒、箭頭,指兵器。 [25]鉏:通“鋤”,剷除。 [26]維:維繫。 [27]閭巷:指民間。 [28]軼:超過。 [29]鄉:通“嚮”:過去。禁:即“無尺土之封,墮壞名城,銷鋒鏑,鉏豪傑”等法禁。 [30]資:助。賢者:指劉邦。爲驅除難:爲之掃除了滅秦的困難。 [31]天下雄:天下之雄主。 [32]“安在”句:哪裏會是無封土則不能一統天下呢? [33]傳:書傳,相對於“經”而言的解釋性著作。 [34]此:此時,秦楚之際。

【集評】

(明)茅坤:讀《秦楚月表》,而海内土崩鼎沸之始末,甚矣其可累欷而太息也!而彼真人者翱翔其間,一切撥亂反之正,若轉圜然。豈非神武而聖者乎!

(明)茅坤:《月表》之文甚跌宕,遒古可誦。

(明)淩約言:此表字不滿五百,態度無限,委蛇如黄河之水,百折百迴。此干景升《晉紀論》之祖。

(明)董份:關鍵全在“自生民以來”二句,後特分疏耳。

(明)鍾惺:雖足作本朝文字,不無推尊,然有體有法,不似後人一味曲筆。

(以上五條皆見《史記評林》,《四庫未收書輯刊》第1輯11册,第297頁)

(清)林雲銘:秦楚之際乃秦既失政、漢未嗣統、羣雄逐鹿之時,然漢業實由此而興,自當以漢受命立説。開手把陳涉、項氏提過,倒入漢踐帝祚,便已得體。隨將歷代受命之難較論一番,則漢興之易,果爲生民以來所未有矣。揆其故,蓋由於秦廢分封,自除藩衛,使奮起閭巷者可以不階尺土而興王業。故“無土不王”之説,可以論其常,不可拘大聖人之作用也。豈非天有意於其間哉!然天雖有意於亡秦,若非大聖如高帝者出,亦不過如“初發難”之陳涉而已,如“虐戾滅秦”之項氏而已。安能當此羣雄角逐之時,獨受命而爲帝者乎?前段云“受命之亟”,明陳涉、項氏之興,亦由天命,但非大聖,不得爲帝耳!文之妙在頌揚得體,其曲折澹宕,前人已有評之者。 (《增訂古文析義合編》卷八)

（清）浦起龍：漢成帝業，乃月表後事，文顧略題事而頌本朝，何也？暴亂相仍，昭代起而治象開，正須以揚休史筆，廓清殺運，此制作之祖法也。宕往神行，千古逸調。

（《古文眉詮》卷十九）

（清）姚苧田：後半只作一氣貫注之筆，趕出兩個"天"字、兩個"大聖"來，錯互迷離，數十字中，恰有萬仞陡注之勢，其得力只在中間一句宕開，一筆兜轉，有千鈞力。

（《史記菁華録》卷一，第28-29頁）

（清）吴楚材、吴調侯：前三段一正，後三段一反，而歸功于漢。以四層咏歎，無限委蛇，如黄河之水，百折百迴，究未嘗著一實筆，使讀者自得之，最爲深妙。

（《古文觀止》卷五，179頁）

（清）李晚芳：此篇論漢得天下之速，由于秦法爲之驅除。此大聖受命，所以異于三代聖王也，是漢家開國一篇大文字。太史公歸重聖德，極力頌揚，最得史臣大體。○開首以陳、項夾出漢家，曰"卒踐"，是撇去陳、項，而獨重漢家矣。又引虞、夏、商、周、秦得天下之難，夾出漢家得天下之易，歸功於秦法驅除，雖曰人事，豈非天命哉！此篇章法頗易曉，太史公最鄭重謹慎之文。（《讀史管見》卷一）

林紓：凡行文稱頌本朝功德，多有根據。漢高起亭長而有天下，實無一些根據者也。文中間忽舉虞、夏、商、周，積善累功，修仁行義，或數十年，或十餘世，見得唯積累始有天下。即以秦言，由襄以及文、繆、獻、孝，亦積其武力而成帝業。故由此轉入高祖，則無積無累，如何措詞？讀者到此，試爲作者設想，又如何下筆？況又用"以德若彼，用力若此，一統若斯之難"作一雙鎖，其下愈無轉身之地矣。妙在撇去虞、夏、商、周，單起一無道之秦，與受天命之漢對峙，自然漢勝而秦敗；且並不張惶，但閑閑説出王跡之興，起於閭巷，合從討伐，軼於三代，似上天安排一强秦之無道，用待高祖驅除。言外似高祖一身之積善累功，修仁行義，足以超越三代者。真善於作反映之筆矣！

無土能王，始爲大聖。無可稱頌，但有歸之於天。末句用後詰以作收束，風神綽約，力脆者不能學也。

綜言之，凡文勢到窮蹙之處，總須覓一墊筆，方能入彀。文以德力並列，似秦之得天下亦有根據；哪知根據雖有，偏自行鏟滅，故真人即以之藉手以起事。脱卸處毫不費力，即由其能用墊筆也。（《林紓選評古文辭類纂》卷二，第50頁）

張裕釗：此文如昔人評右軍書，有龍跳天門、虎卧鳳闕之勢。

雄逸恣肆，千古一人。其奇宕則韓歐之所自出也。

（《評校音注古文辭類纂》卷六，第4頁，編按，此書每卷重新編頁）

李景星：《月表》立法最精妙，乃史家别體，亦是創體，前後都無有也。蓋楚漢等八國，嗣又分爲二十國，事務極雜，時間復短，既不能以事計，亦不能以年數，此處參差錯綜，安置最難。自太史公創爲此表，按月排列，逐事附入，遂使當時情狀一一分明。因其眼光過人，故胸中筆下具有經緯。表序感慨世變，推尊本朝，純以唱嘆傳神，而歸原天命，尤爲得體。

（《史記評議》，《四史評議》，第21頁）

秦同培：史公真意，只是説漢高乘時得勢，並無神異能力。但身在漢庭，卻又不容如此輕忽，所以作文便亦因勢推崇。是序純是題前蓄勢，未嘗着一實筆。入後始歸功於漢，無限委蛇，無限詠嘆，一波未平，一波又起。結局只是一種亂極思治之自然趨勢。讀者於此，可審史公着筆之妙。（《白話史記讀本》，第51頁）

秋日登洪府滕王閣餞別序

(唐)王勃

【題解】

王勃(650—676),字子安,絳州龍門(今山西省河津縣)人。父王福畤,祖父王通,即隋末大儒文中子。王勃幼聰敏,六歲能文,十四歲舉幽素科,拜朝散郎,入沛王李賢府任修撰。任虢州參軍時,因藏匿、殺害官奴而犯死罪,遇大赦,免官,其父亦受此牽連,從雍州司功參軍貶爲交趾令。唐高宗鳳儀元年(676),王勃往交趾省親,渡南海時溺水驚悸而亡。有《王子安集》。新舊《唐書》有傳。

滕王閣故址在今江西省南昌市贛江邊。貞觀十三年(639),唐高祖李淵第二十二子李元嬰受封滕王,永徽三年(652)後曾任洪州都督,建閣於治所南昌,故稱洪府滕王閣。唐高宗上元二年(675)重陽,王勃路經南昌,恰逢洪州都督閻公於滕王閣大宴賓客,王勃即席寫下這篇駢體餞送序。與依附著作而存在的書序不同,具有獨立文體意義的餞別序始於唐初。姚鼐《古文辭類纂》云:"唐初贈人,始以序名,作者亦眾。"宋代總集《文苑英華》就把王勃此文收爲"序"類文體"餞送"題材的第一篇。

序文心思牢騷滿腹,語言華彩絢麗,章法細若織錦。開篇扣題"洪府"二字,寫地理,頌人文,溯古今,畫出洪府壯闊圖景。二節再扣題"秋日登滕王閣"數字,返闊入細。視角隨步變,寫出樓閣氣勢、秋景壯麗。仰觀則閣高入九霄,俯視則下深若無地。山川原野,岸上人家,江中舟船,歷歷在目。"層台""飛閣"四句,"落霞""秋水"二句,句式句意,前人早發,王勃心摹手追,推陳出新,後來居上,雖關文字意境,亦由通篇氣脈貫通也。三節扣"餞"字,抒盛筵感懷。歡歌酣宴,興盡悲來,序意一轉而悲,再轉又振,即"老當益壯""窮且益堅"四句,頗發本心。四節扣題"別"字,托出序意。蘭亭金谷,雅集盛筵,終有別時。自序遭際,謙詞自抑;稱誦賓主,托意龍門,可謂善頌善禱。

豫章故郡[1],洪都新府。星分翼軫[2],地接衡廬[3]。襟三江而帶五湖[4],控蠻荆而引甌越[5]。物華天寶,龍光射牛斗之墟[6];人傑地靈,徐孺下陳蕃之榻[7]。雄州霧列,俊采星馳[8]。臺隍枕夷夏之交[9],賓主盡東南之美[10]。都督閻公之雅望[11],棨戟遥臨[12];宇文新州之懿範[13],襜帷暫駐[14]。十旬休假[15],勝友如雲;千里逢迎,高朋滿座。騰蛟起鳳[16],孟學士之詞宗;紫電青霜[17],王將軍之武庫[18]。家君作宰,路出名區[19];童子何知[20],躬逢勝餞。

時維九月,序屬三秋[21]。潦水盡而寒潭清[22],煙光凝而暮山紫[23]。儼驂騑於上路[24],訪風景於崇阿[25]。臨帝子之長洲[26],得天人之舊館[27]。層臺聳翠[28],上出重霄;飛閣翔丹,下臨無地[29]。鶴汀鳧渚[30],窮島嶼之縈迴;桂殿蘭宫,即岡巒之體勢[31]。披繡闥[32],俯雕甍[33]。山原曠其盈視,川澤紆其駭矚[34]。閭閻撲地[35],

鐘鳴鼎食之家[36];舸艦迷津[37],青雀黄龍之軸[38]。雲銷雨霽[39],彩徹區明[40]。落霞與孤鶩齊飛,秋水共長天一色[41]。漁舟唱晚,響窮彭蠡之濱[42];雁陣驚寒,聲斷衡陽之浦[43]。

遥襟甫暢[44],逸興遄飛[45]。爽籟發而清風生[46],纖歌凝而白雲遏[47]。睢園緑竹,氣凌彭澤之樽[48];鄴水朱華,光照臨川之筆[49]。四美具[50],二難并[51]。窮睇眄於中天[52],極娱游於暇日。天高地迥,覺宇宙之無窮;興盡悲來,識盈虚之有數[53]。望長安於日下[54],目吴會於雲間[55]。地勢極而南溟深[56],天柱高而北辰遠[57]。關山難越,誰悲失路之人;溝水相逢[58],盡是他鄉之客。懷帝閽而不見[59],奉宣室以何年[60]? 嗟乎! 時運不齊[61],命途多舛[62]。馮唐易老[63],李廣難封[64]。屈賈誼於長沙,非無聖主;竄梁鴻於海曲,豈乏明時[65]。所賴君子見機[66],達人知命[67]。老當益壯[68],寧移白首之心;窮且益堅,不墜青雲之志[69]。酌貪泉而覺爽[70],處涸轍而相歡[71]。北海雖賒,扶摇可接[72];東隅已逝,桑榆非晚[73]。孟嘗高潔,空餘報國之情[74];阮籍猖狂,豈效窮途之哭[75]!

勃,三尺微命,一介書生[76]。無路請纓,等終軍之弱冠[77];有懷投筆,愛宗慤之長風[78]。舍簪笏於百齡,奉晨昏於萬里[79]。非謝家之寶樹[80],接孟氏之芳鄰[81]。他日趨庭,叨陪鯉對[82];今兹捧袂,喜託龍門[83]。楊意不逢,撫淩雲而自惜[84];鍾期相遇,奏流水以何慚。嗚呼! 勝地不常,盛筵難再;蘭亭已矣[85],梓澤丘墟[86]。臨别贈言,幸承恩於偉餞[87];登高作賦[88],是所望於羣公。敢竭鄙懷,恭疏短引[89];一言均賦,四韻俱成[90]。請灑潘江,各傾陸海云爾[91]。

(《王子安集注》卷八,上海古籍出版社1995年版)

【注釋】

[1]豫章:漢郡名。唐改置洪州,設都督府。後避唐代宗李豫之諱,“豫章”被改爲“南昌”。　[2]星分翼軫:翼、軫是二星宿名,意謂從天空分野看,與翼、軫相分界。　[3]地接衡廬:衡、廬即衡山、廬山,分别指代唐代衡州、江州。意謂從地面接壤看,與衡州、江州相連接。　[4]三江:長江過彭蠡湖,分三道入海,故稱三江。泛指長江中下游。五湖:洞庭、青草、鄱陽、彭蠡、太湖。泛指南方之大湖。　[5]蠻荆:古稱楚國爲蠻荆。甌越:古東越王都東甌,故稱甌越。　[6]“龍光”句:據《晉書·張華傳》,牛、斗二星之間常有紫氣,循跡於豐城(古屬豫章郡)得寶劍龍泉、太阿,後劍化雙龍而去。　[7]“徐孺”句:據《後漢書·徐稚傳》,陳蕃爲豫章太守,禮遇隱士徐稚(即徐孺子),專設一榻,去則懸之。　[8]“雄州”兩句:洪州轄區内的都城如霧氣彌散,人才如羣星奔馳。　[9]臺隍:臺爲亭臺,隍爲護城河,合指城池。　[10]東南之美:語出《世説新語·言語》贊會稽賀生:“不徒東南之美,實爲海内之秀”。　[11]都督閻公:舊説是洪州都督閻伯璵,岑仲勉已證其誤。閻公與下文宇文新州、孟學士、王將軍,名皆不詳。　[12]棨(qǐ)戟:以赤黑色繒作套的木戟,古代大官出行儀仗之一。　[13]懿範:美好的榜樣。　[14]襜(chān)帷:車上的帷幕,此處指代車

馬。 [15]十旬休假:唐制,十日爲一旬,遇旬日則官員休沐,稱"旬休"。 [16]騰蛟起鳳:宛如蛟龍騰躍、鳳凰起舞,喻文章之美。《西京雜記》載:"董仲舒夢蛟龍入懷,乃作《春秋繁露》。""揚雄著《太玄經》,夢吐鳳凰,集《玄》之上,頃而滅。" [17]紫電青霜:古寶劍名。紫電,孫權之劍。青霜,劉邦斬白蛇之劍鋒刃若霜雪。 [18]武庫:武器庫。借指軍事韜略。據《晉書·杜預傳》,杜預號曰"杜武庫"。 [19]"家君"兩句:王勃之父王福畤任交趾縣縣令。宰:官吏通稱。名區:名勝之地,指洪州。 [20]童子:猶言晚輩,王勃自稱。 [21]三秋:古人稱七、八、九月爲孟秋、仲秋、季秋,三秋即季秋,九月。 [22]潦(lǎo)水:雨後積水。 [23]"煙光"句:夕陽照射餘霞雲煙,似凝結不動;暮色漸深染山色如紫。 [24]儼:通"嚴",整齊。驂(cān)騑(fēi):駕車四馬,左右兩邊稱驂或騑,此處指代馬車。 [25]訪:遊覽。阿(ē):山丘。 [26]帝子:與下之"天人"皆指滕王李元嬰。長洲:滕王閣前贛江中的沙洲。 [27]舊館:指滕王閣。 [28]層臺:一作"層巒"。聳翠:形容山巒、樹木等高聳蒼翠。 [29]"飛閣"兩句:飛簷塗飾紅漆,下臨深淵。"翔"一作"流"。王巾《頭陀寺碑》:"層軒延袤,上出雲霄。飛閣逶迤,下臨無地。" [30]汀:水邊的高地。鳧:野鴨。渚:水中小洲。 [31]即岡巒之體勢:依山崗的地形而高低起伏。 [32]披:開。繡闥:裝飾精美的門。 [33]雕甍:雕飾精美的屋脊。 [34]"川澤"句:言川澤迂迴曲折令人觀之驚歎。 [35]閭閻:里巷内外的門,此處指住宅。 [36]鐘鳴鼎食:擊鐘列鼎而食,形容豪貴之家。 [37]舸(gě)艦:大船。迷:通"彌",滿。 [38]青雀黃龍:船的裝飾形狀。軸:通"舳",船尾把舵處,此處指代船隻。 [39]銷:通"消",消散。 [40]彩:日光。徹:通貫。區:天空。 [41]"落霞"二句:句式化用庾信《馬射賦》:"落花與芝蓋同飛,楊柳共春旗一色。"一説"落霞"是鳥類。 [42]彭蠡:五湖之一。 [43]聲斷衡陽:衡陽有回雁峰,相傳秋雁至此不再南飛,待春而返。亦可理解爲大雁南飛,叫聲消失於衡陽水邊。 [44]遥襟:遠懷。甫:才。 [45]遄(chuán)飛:勃發,飛揚。 [46]爽籟:管子參差不齊的排簫。 [47]纖歌:清越的歌聲。白雲遏:《列子·湯問》載秦青之歌"響遏行雲"。 [48]"睢園"兩句:意謂滕王閣群賢宴會之樂,勝過隱士獨樂。睢園即漢梁孝王菟園,睢水流經,有茂竹修篁,以之喻滕王閣。彭澤:縣名,在今江西湖口縣東,此處指彭澤令陶潛。《歸去來兮辭》:"有酒盈樽"。 [49]"鄴水"兩句:意謂滕王閣群賢賦詩文采之盛,影響後來文士。鄴水流經鄴下(今河北省臨漳縣),朱華:荷花。曹植《公宴詩》:"秋蘭被長阪,朱華冒綠池。"以曹植文采喻滕王閣群賢文筆。臨川:郡名,治所在今江西省撫州市,此處指臨川太守謝靈運。 [50]四美:劉琨《答盧諶》:"音以賞奏,味以殊珍。文以明言,言以暢神。之子之往,四美不臻。"四美指音樂、飲食、文章、言語之美。一説指良辰、美景、賞心、樂事。 [51]二難:指賢主、嘉賓難得。 [52]睇(dì)眄(miǎn):極目而視。中天:長天。 [53]盈虛:盛衰。數:運數,規律。 [54]日下:古代以太陽喻帝王,帝王所在稱"日下"。《世説新語·夙惠》載晉明帝司馬紹數歲時答晉元帝司馬睿語:"舉目見日,不見長安。" [55]吴會(Kuài):吴郡和會稽郡。雲間:松江縣古稱。《世説新語·排調》載陸雲(字士龍)與荀隱(字鳴鶴)對語:"雲間陸士龍""日下荀鳴鶴"。 [56]地勢極:指王福畤被貶之地海南在大地之偏遠盡頭。南溟:南海。 [57]天柱:傳説中昆侖山高聳入天的銅柱。北辰:北極星,喻國君。 [58]溝水:一作"萍水"。 [59]帝閽:天帝的守門人。此處借指朝廷。 [60]奉宣室:指入朝做官。奉:侍奉。宣室,漢未央宫正殿,皇帝召見大臣議事之處。賈誼遷謫長沙,四年後,漢文帝復召回長安,於宣室中問鬼神之事。 [61]齊:好。 [62]舛(chuǎn):不順。 [63]"馮唐"句:據《史記·馮唐列傳》,馮唐在文帝、景帝時不被重用,武帝時被舉薦,已九十餘歲。 [64]"李廣"句:據《史記·李廣列傳》,李廣乃漢武帝時名將,多次與匈奴作戰,軍功卓著,但始終未獲封爵。 [65]"竄梁鴻"兩句:竄:逐。梁鴻,東漢人,作《五噫歌》諷刺朝廷,得罪漢章帝,避居齊魯、吴中沿海。明時:漢章帝號稱明主。 [66]機:"機"通"幾",預兆,細微的徵兆。《易·繫辭下》:"君子見幾而作。" [67]達人:通達事理的人。知命:《易·繫辭上》:"樂天知命故不憂。" [68]老當益壯:年紀雖老而志氣壯盛。《後漢書·馬援傳》:"丈夫爲志,窮當益堅,老當益壯。" [69]青雲之志:青雲有仕途亨通義,亦有隱士高潔義,此指後者。《續逸民傳》:"嵇康早有青雲之志。" [70]貪泉:在廣州南海縣石門,傳説飲此水則貪,東晉廉吏吴隱,特飲此水,且爲詩表明心志不改,見《晉書·良吏傳》。 [71]涸轍:乾涸的車轍,喻處境困厄。語出《莊子·外物》。 [72]"北海"兩句:賒:遠。扶摇:飓風。語出《莊子·逍遥遊》。 [73]"東隅"兩句:東隅指日出處,表示早晨,引申爲"早年"。桑榆指日落處,表示傍晚,引申爲"晚年"。《後漢書·馮異傳》:"失之東隅,收之桑榆。" [74]"孟嘗"兩句:據《後漢書·孟嘗傳》,孟嘗字伯周,東漢會稽上虞人。曾任合浦太守,以廉潔奉公著稱,後因病隱居。桓帝時,雖屢被薦舉,終不見用。 [75]"阮籍"兩句:據《晉書·阮籍傳》,阮籍"時率意獨駕,不由徑路。車跡所窮,輒慟哭而反"。 [76]介:個。 [77]"無路"兩句:據《漢書·終軍傳》,終軍字子雲,濟南人。武帝時出使南越,自請"願受長纓,必羈南越王而致之闕下",時僅二十餘歲。弱冠:古人二十歲行冠禮,表示成年,稱"弱冠"。 [78]"有懷"兩句:投筆,用《後漢書·班超傳》班超投筆從戎之事。宗慤(Què):據《宋書·宗慤傳》,宗慤字元幹,南朝劉宋南陽人,年少自述志向:"願乘長風破萬里浪"。後因戰功受封。 [79]"舍簪笏"兩句:意謂捨弃官職而侍奉父母。簪笏即冠簪、手版,官吏用物,此處指代官職。百齡:百年,猶"一生"。奉晨昏:侍奉父母。《禮記·曲禮上》:"凡爲人子之禮……昏定而晨省。" [80]謝家之寶樹:喻優秀子弟。《世説新語·言語》:"謝太傅問諸子侄:'子弟亦何預人事,而正欲使其佳?'諸人莫有言者。車騎答曰:'譬如芝蘭玉樹,欲使其生於庭階耳。'" [81]孟氏之芳鄰:據劉向《列女傳·母儀篇》,孟軻之母爲教育孟子而三遷擇鄰,後定居於學宫附近。 [82]"他日"兩句:鯉,孔鯉,孔子之子。趨庭,受父親教誨。《論語·季氏》:"(孔子)嘗獨立,鯉趨而過庭。曰:'學詩乎?'對曰:'未也。''不學詩,無以言。'鯉退而學詩。他日,又獨立,鯉趨而過庭。曰:'學禮乎?'對曰:'未也。''不學禮,無以立。'鯉退而學禮。"叨(tāo):謙辭。叨陪:谦称陪侍。 [83]"今茲"兩句:捧袂,舉起雙袖,表示恭敬的姿勢。龍門:《後漢書·李膺傳》:"膺以聲名自高,士有被其容接者,名爲登龍門。" [84]"楊意"兩句:楊意乃楊得意的省稱,他曾向漢武帝舉薦同郡人司馬相如。淩雲:指司馬相如所作《大人賦》。《史記·司馬相如列傳》:"相如既奏《大人》之頌,天子大悦,飄飄有淩雲之氣。" [85]蘭亭:在今浙江省紹興市西南。晉穆帝永和九年(353)三月三日上巳節,王羲之與群賢宴集於此,行修禊禮,並賦詩以志。 [86]梓澤:西晉石崇金谷園的别稱,故址在今河南省洛陽市西北,石崇曾聚友宴飲賦詩於此。 [87]"臨别"兩句:《荀子·非相》:"故贈人以言,重於金石珠玉。"

偉餞:盛筵。 [88]登高作賦:《韓詩外傳》:"孔子曰:'君子登高必賦。'" [89]疏:録、寫。引:序。 [90]"一言"兩句:賦:分。每人分得一字爲韻,作四韻詩一首。一韻二句,四韻八句,王勃所成即《滕王閣詩》:"滕王高閣臨江渚,佩玉鳴鸞罷歌舞。畫棟朝飛南浦雲,珠簾暮卷西山雨。閑雲潭影日悠悠,物换星移幾度秋。閣中帝子今何在?檻外長江空自流。" [91]潘江、陸海:鍾嶸《詩品》:"陸才如海,潘才如江。"此處恭維在座諸賢之文才如陸機、潘岳之才大。

【集評】

(清)林雲銘:此篇三尺童子無有不讀,所用故典,坊本解釋頗詳,但恨未尋出篇中脉絡耳。或以爲涉於賦體,且病其"鋪敘無倫,自敘太多",皆由於未嘗細讀故也。賦雖以描寫景物爲工,若空空一閣,别無景物,何貴登臨?序中豈可遺卻?但以用韻不用韻爲辨,則非賦體可知矣。至所謂"鋪敘無倫",尤爲可笑。余細讀之,見其初以南昌名勝,從天引起地,從地引起人,又從人分出賓主:此起手鋪敘之倫也。因就賓主句落下閻公,兼點宇文,並許多佳客,與己爲會之時,及所會之地:此入題鋪敘之倫也。到閣之後,先寫閣居山水之間,增山水之勝。開閣而眺,再寫閣外所見之實景,及當秋之奇景:此形容鋪敘之倫也。逸興既發,或聞風聲,或聆歌聲,或偕德星飲酒,或見文士臨池。凡遊宴中所當有而不能備有者,皆無不有,誠可爲樂:此序事鋪敘之倫也。遊樂已極,由壯生悲,人情皆然,窮旅尤甚。以爲在會諸客中,必有不能忘情於不遇,與己相等者:此感慨鋪敘之倫也。末以時命自安、藏器待時之意,爲在會不得志諸君子慰藉。再自敘同此淪落,而壯志不衰。今因省父途中,得遇佳會,雖平日之詞章,見詘於君上,而得伸於知己,亦爲可幸:此收束鋪敘之倫也。復把盛衰不常之理,以感慨發作餘波,並繫以詩,寓吊古之意:此結尾鋪敘之倫也。其中佈置之巧,步步銜接,步步脱卸,皆有開闔相因之妙。傖父不知篇中脈絡,且以"關山難越"以下俱錯認作自嘆之詞,所以有"鋪敘無倫,自敘太多"之評耳。

(《增訂古文析義合編》卷十)

(清)謝有煇:篇中脉絡本自井然,《析義》逐層拈出,直似别開生面,可見讀書在自出心裁,難泥舊解耳。 (《唐名文》,《古文賞音》卷十二)

(清)李雲程:以文論,此四六體也。平仄要合,對仗要工,段落要明,次序要清,多用古典,詞要藻麗,方有足觀。以法論,首敘天文地理,次敘賢主嘉賓,次敘時令,次敘閣内閣外,似盡矣。乃忽拓開筆勢,將古之失志者感慨一番,又將今之失志者規勉一番,方敘到自己,又自負一番。波瀾壯闊,不是徒了題目者。 (《古文筆法百篇》卷十八)

(清)黄仁黼:自來手八叉、才七步如曹子建、溫庭筠輩,類皆不免枚皋速而不工之弊;至求其可以三《二京》而四《三都》者,則又非相如之工而不速不可。古今所傳,惟禰正平《鸚鵡》一篇庶幾兼之。然非年弱冠,而又有黄祖娱賓之迫,不得不順從以遠害,盡辭以效愚。若夫子安,路出洪州,躬逢勝餞,既無避害之苦,又叨末座之賓,出紙慨然,此閻公之所以見恚也。而序珠來去,舉筆有神,初不讓八叉、七步之捷,竟致陳思《銅雀》,能傾魏武之心。以視孟堅之折西賓,太沖之訪岷事,其工拙又何如也?然非遺墨一夢,安見十三楮子不減《洛神》,能令閻公嘆爲天才而矍然起敬哉! (《古文筆法百篇》卷十八)

(清)余誠:對衆揮毫,珠璣絡繹,固可想見旁若無人之概。而字句屬對極工,詞旨轉折一氣,結構渾成,竟似無縫天衣。縱使出自從容雕琢,亦不得不嘆爲神奇,况乃以倉猝立就,尤屬絕無而僅有矣!○分閲之:首敘地,次敘人,次敘時,次敘閣中景、閣外景及當秋景,再次敘在閣之會,再次敘樂後生出感慨,再次爲凡不遇者悲,再次爲凡不遇者慰,再次自敘,再次嘆盛衰不常,及以詩寓吊古意作結,段段各有實義。合讀之:從地説到人,從賓主引入自己,從時敘出閣,從閣中而及閣外,從秋景而及在閣之會,從壯生出悲而爲他人慨,復從悲説轉壯而爲他人慰,從自敘處困不挫而及以作序爲快,從慨嘆勝衰不常而因以詩吊古爲結,步步一氣相生。且其間轉折承接,脱卸收束,開合賓主,起伏照應,俱於實處自具虛神,讀者當細爲尋繹。○此文是序體非賦體,賦必有韻,文未嘗用韻。彼以賦體譏此文者,非惟不知文,亦未知賦矣。至謂篇中自敘太多者,蓋以"關山難越"之下,盡誤認作自嘆語耳!細讀自知其非。此等題文,不外"情景"兩字,即如此篇,前半自寫景,後半是言情,明眼人自能辨之。

(《重訂古文釋義新編》卷七,第377頁)

送孟東野序

(唐)韓愈

【題解】

與詩文集序不同,具有獨立文體意義的贈序作品,出現於唐初。後之總集亦編目收入,如《文苑英華》序類包括"餞送""贈别",《明文海》有"贈序""送序"。吴訥辨析文體云:"大抵序事之文,以次第其語、善敘事理爲上。近世應用,惟贈送爲盛。當取法昌黎韓子諸作,庶爲有得古人贈言之義。"姚鼐則明確區分序跋類與贈序類,分别選録:"唐初贈人始以序名,作者亦衆。至於昌黎,乃得古人之意,其文冠絕前後作者。"唐初贈序多駢體抒情,漸成格套;韓愈贈序皆散文議論,不拘一格。林紓曾指出:"韓昌黎集中無史論,舍《原道》外,議論之文,多歸入'贈序'及'書'中。"(《春覺齋論文》)

貞元十七年(801),孟郊已年過五十,將赴任溧陽縣尉,鬱鬱不歡,韓愈作此序以寬慰之。除題目及文末"東野之役於江南"數句點出贈序之體及贈序緣由外,通篇皆論,與通常贈序多述離情别意迥然不同。"不平則鳴"、天"擇其善鳴者假之鳴"、善鳴者之命懸乎天,發端奇,轉折活,打通天人萬物之情與理,落到孟郊東野之鳴與命,以理化情,近於莊子。歷代對"不平"的理解多偏於憤激不平,但此文的"不平則鳴"與司馬遷的"發憤著書"説實有區别,宋代趙汝談、清代林雲銘皆指出此文"不平"内涵大於憤激不平。錢鍾書先生的分析頗值參考:"韓愈的'不平'和'牢騷不平'並不相等,它不但指憤鬱,也包括歡樂在内。""'有動'和'不平'就是同一事態的正負兩種説法。"(《詩可以怨》)

大凡物不得其平則鳴[1]。草木之無聲,風撓之鳴[2]。水之無聲,風蕩之鳴。其躍也或激之[3],其趨也或梗之,其沸也或炙之[4]。金石之無聲,或擊之鳴。人之於言也亦然,有不得已者而後言。其歌也有思,其哭也有懷。凡出乎口而爲聲者,其皆有弗平者乎!

樂也者,鬱於中而泄於外者也,擇其善鳴者而假之鳴[5]。金、石、絲、竹、匏、土、革、木八者[6],物之善鳴者也。維天之於時也亦然,擇其善鳴者而假之鳴。是故以鳥鳴春,以雷鳴夏,以蟲鳴秋,以風鳴冬,四時之相推敚[7],其必有不得其平者乎!其於人也亦然,人聲之精者爲言,文辭之於言,又其精也,尤擇其善鳴者而假之鳴。

其在唐、虞[8],咎陶、禹其善鳴者也[9],而假之以鳴。夔不以文辭鳴[10],又自假於《韶》以鳴[11]。夏之時,五子以其歌鳴[12]。伊尹鳴殷[13],周公鳴周[14]。凡載於《詩》、《書》、六藝[15],皆鳴之善者也。周之衰,孔子之徒鳴之[16],其聲大而遠。傳曰:"天將以夫子爲木鐸[17]。"其弗信矣乎?其末也,莊周以其荒唐之辭鳴[18]。楚,大國也,其亡也,以屈原鳴。臧孫辰、孟軻、荀卿[19],以道鳴者也。楊朱、墨翟、管夷吾、晏嬰、老聃、申不害、韓非、眘到、田駢、鄒衍、尸佼、孫武、張儀、蘇秦之屬[20],皆以其術鳴。秦之興,李斯鳴之。漢之時,司馬遷、相如、揚雄[21],最其善鳴者也。其下魏晉氏,鳴者不及於古,然亦未嘗絶也。就其善鳴者,其聲清以浮[22],其節數以急[23],其辭淫以哀,其志弛以肆[24]。其爲言也,亂雜而無章。將天醜其德莫之顧邪[25]?何爲乎不鳴其善鳴者也?

唐之有天下,陳子昂、蘇源明、元結、李白、杜甫、李觀[26],皆以其所能鳴。其存而在下者孟郊,東野始以其詩鳴,其高出魏晉,不懈而及於古,其他浸淫乎漢氏矣[27]。從吾遊者,李翺、張籍其尤也[28]。三子者之鳴,信善鳴矣。抑不知天將和其聲而使鳴國家之盛邪?將窮餓其身、思愁其心腸而使自鳴其不幸邪?三子者之命則懸乎天矣!其在上也奚以喜?其在下也奚以悲?

東野之役於江南也[29],有若不懌者然[30],故吾道其命於天者以解之[31]。

(《韓愈文集彙校箋注》卷九,中華書局2010年版)

【注釋】

[1]平:平静,平衡。 [2]撓(náo):摇動。 [3]激:阻遏水勢。 [4]炙:燒。 [5]假:借助。 [6]金、石、絲、竹、匏(páo)、土、革、木:製作樂器的八種材料,此泛指樂器,如鐘、磬、瑟、簫、笙、塤(xūn)、鼓、柷(zhù)等。 [7]推敚(duó):推移。敚,通"奪"。 [8]唐、虞:傳説中堯、舜的國號。 [9]咎陶(Gāoyáo):亦作咎繇、皋陶。傳説中舜之臣,掌刑獄。[10]夔:傳説中舜的樂官。 [11]《韶》:舜時樂曲。 [12]五子:夏王太康的五個弟弟。太康耽於遊樂而失國,五子作歌告誡。《尚書》有《五子之歌》,後人僞託。 [13]伊尹:名摯,商代宰相,曾佐湯伐桀。相傳伊尹作《伊訓》《太甲》《咸有一德》等,見《尚書》,或云後人僞託。 [14]周公:名旦,武王之弟。曾佐武王伐紂滅商,後又佐幼主成王攝政,制禮作樂。相傳周公作《洛誥》《大誥》《無逸》等,見《尚書》。 [15]六藝:指《詩經》《尚書》《易》《禮》

《樂》《春秋》六經。 [16]徒：屬，類。 [17]“天將”句：語出《論語•八佾》。木鐸：中有木舌的金屬鈴。古代發政布令，先摇木鐸，因以木鐸喻宣揚教化者。 [18]荒唐：漫無邊際，“荒唐之言”語出《莊子•天下》。 [19]臧孫辰：字仲，謚文，春秋時魯國大夫。《左傳》、《國語•魯語》有其言。 [20]楊朱：字子居，戰國時魏人。其説重爲我，拔一毛以利天下不爲。言論散見於《孟子》《莊子》《荀子》《韓非子》《列子》。管夷吾：字仲，春秋時齊國人，佐齊桓公稱霸，有《管子》。晏嬰：即晏子，字平仲，春秋時齊景公相國，其言行見於《晏子春秋》。申不害：戰國時鄭國人。韓昭侯時爲相，法家術派，有《申子》。眘：通“慎”，眘到即慎到，戰國時趙國人。法家勢派，有《慎子》。田駢：戰國時齊國人。有《田子》，今佚。鄒衍：戰國時齊國人，陰陽家，有《鄒子》，今佚。尸佼：戰國時晉國人。有《尸子》，今佚。 [21]揚雄：原作揚雄。 [22]以：而。 [23]節：節奏。數(shuò)：繁密。 [24]弛：鬆弛，引申爲頹廢。肆：放蕩。 [25]醜：以之爲醜陋。顧：顧惜。 [26]陳子昂：字伯玉，梓州射洪人。有《陳伯玉集》。蘇源明：字弱夫，京兆武功(今陝西武功縣)人。詩文散見於《全唐詩》《全唐文》。元結：字次山，河南洛陽人。有《元次山文集》。李觀：字元賓，趙州贊皇(今河北贊皇縣)人。有《李元賓文集》。 [27]浸淫：逐漸滲透。此有接近意。 [28]李翱：參看《韓文公行狀》題解。張籍：字文昌，吴郡人。善作樂府詩，有《張司業集》。尤：最優秀者。 [29]役於江南：指赴溧陽(今江蘇溧陽市)就任縣尉。唐代溧陽屬江南道宣州。 [30]懌(yì)：高興。“不懌者然”一作“不释然者”。 [31]解：寬解。

【集評】

(南宋)洪邁：韓文公《送孟東野序》云：“物不得平則鳴。”然其文云：“在唐、虞時，咎陶、禹其善鳴者，而假之以鳴。夔假於《韶》以鳴。”“伊尹鳴殷，周公鳴周。”又云：“天將和其聲而使鳴國家之盛。”然則非所謂“不得其平”也。 (《容齋隨筆》卷四，第52頁)

(南宋)謝枋得：此篇凡六百二十餘字，“鳴”字四十，讀者不覺其繁，何也？句法變化凡二十九樣，有頓挫，有升降，有起伏，有抑揚，如層峰疊巒，如驚濤怒浪，無一句懈怠，無一字塵埃，愈讀愈可喜。 (《文章軌範評文》，《歷代文話》第一册，第1059頁)

(南宋)黄震：自“物不得其平則鳴”一語，由物而至人之所言，又至“天之於時”，又至人言之精者爲文，歷序唐、虞、三代、秦、漢以及於唐。節節申以“鳴”之説，然後歸之東野以詩鳴。終之曰：“不知天將和其聲以鳴國家之盛耶？抑將窮餓其身、思愁其心腸而使自鳴其不幸也?”歸宿有味，而所以勸止東野之不平者有道矣。師友之義，於斯乎在，而世徒以文觀之，豈惟不知公，抑不知文者耶！

(《黄氏日抄》卷五十九，《文津閣四庫全書》子部第235册，第446頁)

(南宋)王楙：鳴者蓋有出於自然者矣，豈可謂專不得其平邪？是又以一意起而兩意終者如此。 (《野客叢書》)

(南宋)趙汝談：凡有懷而欲吐者，皆爲不得其平，非必有所憤激也。

(《妙絕古今》卷三引，《文津閣四庫全書》集部第453册，第523頁)

(元)李淦：退之《送孟東野序》，一“鳴”字發出許多議論，自《周禮》“梓人爲筍簴”來。

(《文章精義》,《歷代文話》第二册,第1183頁)

(明)唐順之:此篇文字錯綜,立論乃爾奇。則筆力固不可到也。

(《唐宋八大家文鈔校注集評》卷七,第317頁)

(明)茅坤:一"鳴"字成文,乃獨倡機軸,命世筆力也。前此惟《漢書》敘蕭何追韓信,用數十"亡"字。此篇將牽合入天成,乃是筆力神巧,與《毛穎傳》同,而雄邁過之。

(《唐宋八大家文鈔校注集評》卷七,第316-317頁)

(清)金聖歎:拉雜散漫,不作起,不作落,不作主,不作賓。只用一"鳴"字跳躍到底,如龍之變化,屈伸于天,更不能以逐鱗逐爪觀之。

(《天下才子必讀書》卷十一,《金聖歎全集》第五册,第404頁)

(清)儲欣:歷敘古來著作,而以孟郊東野之詩繼之。閃鑠變化,詭怪惶惑,其妙處公自言之矣:"言之短長與聲之高下皆宜"是也。氣盛則宜,後人有如許氣,纔許摹倣他四十個"鳴"字。

(《唐宋十大家全集録·昌黎先生全集録》卷三,《四庫全書存目叢書》集部第404册,第346頁)

(清)林雲銘:按昌黎少時,夢人與丹篆一卷,强吞之,傍有一人拊掌而笑。覺後胸中有物下咽,自是文章日麗。後見孟郊,乃夢中傍笑者。是兩人文詞皆本天授,爲最得意之友,而是篇爲最得意之文也。其大意以爲,千古文章雖出於人,卻都是天之現身,不過借人聲口發出,猶人之作樂,借樂器而傳,非樂器自能傳也。故凡人之有言,皆非無故而言,其胸中必有不能已者,這"不能已"便是不得其平、爲天所假處。篇中從物聲説到人言,從人言説到文辭,從歷代説到唐朝,總以天假善鳴一語作骨,把個千古能文的才人,看得異樣鄭重,然後落入東野身上,盛稱其詩,與歷代相較一番,知其爲天所假,自當聽天所命。又扯李翺、張籍二人伴説,用"從吾遊"三字連自己插入其中,自命不小,以此視人世之得失升沉,宜不足以入其胸次也。語語悲壯。俗眼錯認"不平"二字爲不得用扼腕,何啻千里?獨不思篇中言皋陶,言禹,言夔,言伊尹,言周公,皆稱其鳴之善。其不平處豈亦爲不得用而然乎?即末段説入東野身上,亦以鳴國家之盛與自鳴不幸兩意雙敲,原未嘗料定東野一生必不得用到底也,安得以"不平"二字爲疑?坊本全不知講究本旨,只贊其用許多"鳴"字,不見重複爲佳。而塾師轉相教授,囫圇讀熟。噫!鷃,與之言天,蛙,與之言海,不蹈失言之過乎?更世俗愬冤者,動謂之"不平之鳴",尤謬妄可笑。

(《增訂古文析義合編》卷十二,《韓文起》卷五)

(清)何焯:只説文章如何關係,便有酸氣。旁見側出,突兀崢嶸。○"鳴"字句法雖學《攷工》,然波瀾要似《莊子》。

三子之上下,繫國家之盛衰,却説得藴藉不流于夸毗。又藏過棄才,則國家之盛可卜。極得體。但吾終疑"不得其平"四字,與聖賢之善鳴,及鳴國家之盛處,終不能包含。此韓子之文,尚未與經爲一耳。(《義門讀書記》卷三十二,第562-563頁)

(清)過珙:此篇極拉雜散漫,不可捉摸。然大旨謂凡形之於聲者,皆出於不得已;於不得已中,又有善不善之别。而所謂善者,又有幸不幸之分,則皆係乎天也。至其用"鳴"字凡四十,而轉换處二十有九,便有二十九樣頓挫,二十九樣聲調。有起有伏,有抑有揚,總把千古能文的才人,看得異樣鄭重。然後轉到東野,盛稱其詩,愈讀愈奇。

(《古文評注》卷三,第50頁)

(清)吴楚材、吴調侯:此文得之悲歌慷慨者爲多。謂凡形之聲者,皆不得已。於不得已中,又有善不善。所謂善者,又有幸不幸之分。只是從一"鳴"中,發出許多議論。句法變换,凡二十九樣。如龍之變化,屈伸於天,更不能逐鱗逐爪觀之。

(《古文觀止》卷八,第365頁)

(清)浦起龍:東野官下僚,韓子標表其詩辭,直躋之古作者,以此導其先路,不爲質語遊揚,正是絕色遊揚也。以一"鳴"字作骨,以"善"字作低昂,其手法變化在"鳴"字,其線索抽牽,卻在"善"字。(《古文眉詮》卷四十九)

(清)曾國藩:天擇物之善者而假之鳴,其爲鳴盛與鳴不幸,惟天之所命耳。文之立意止此。徵引太繁,頗傷冗蔓。

"維天之于時也亦然"。通首按住"天"字。(《求闕齋讀書録》卷八)

黄仁黼:東野一序,評家謂文公極欲推崇其文,因舉歷代之善鳴者以顯其鳴。余嘗讀而疑焉。夫鳴者,鳴其不平也,其於天也,以鳥以雷,以蟲以風;其於人也,以歌以哭;而其形于樂也,以金以石,以絲以竹,以匏、土、革、木。或鼓之鳴,或激之鳴,或戛之鳴。大叩而大鳴,小叩而大鳴,皆不得已而鳴,非不釋然而鳴,此所以爲善鳴也。是以古今人才得其大鳴者爲大人,得其小鳴者爲小人。使其先有一不釋然者存於心,則其鳴大者小矣。東野之詩,其大鳴者也。而溧陽之行,有不釋然於心,則未免小其鳴矣。文公恐其鳴之或小也,故一再擇其善鳴者以假之鳴,使其爲言,不至以悲喜之形而亂雜其鳴,將爲天之所醜也。然則此序之作,雖以善其詩之鳴,而其勉以善鳴者實深矣,豈但推崇其文而爲是鳴也哉!(《古文筆法百篇》卷四)

林紓:《送孟東野序》最岸異,然可謂之格奇而調變,不能謂爲有道理之文。舉禹、咎陶、伊尹、周公、孔子、孟軻、荀卿與蟲鳥同聲,今人斷無此等文膽,而昌黎公然出之自在游行者,段落分得清楚,則人與物所據之界限,自然不紊。若不變其調,亦積疊如纍棋,未有不至於顛墜者。人但見以"鳴"字驅駕全篇,不知中間只人物分疏而已。入手是説物,由物遂轉及人,由人而寓感於物,因思天不能鳴,亦假氣假物以鳴,猶之人耳,故由天復歸到人之本位。自"唐、虞"句起,直至於"唐之有天下,陳子昂、蘇源明、元結、李白、杜甫、李觀,皆以所能鳴",作一停蓄,然後振起,"存而在下者,孟郊東野始以其詩鳴",似有千觔(斤)力量,用一語力支以上無數之陪客,讀者無不奪氣結舌,以爲得未曾有。不知亦少有弊病,猝讀之不能即覺。須知以上所鳴者,或以道,或以術,或以文,初未及詩,陳子昂諸人,正以詩鳴者也。此數人既以詩名,則説到東野,不應用一"始"字。雖昌黎狡獪,將陳子昂諸人所鳴者,抹去"詩"字,代以"能"字,是急救之法,終竟好奇者不能有圓足之道理,及思出"能"字,固費心血不少。然工夫則在用一"存"字,見得死者皆能詩之徒,而存而在下者,能詩只有一東野。"始"字對在下説,亦可敷衍得去。昌黎以後,學者孔多,均屬數見不鮮。學古人當取契神髓,不惟襲其風貌。如此等體,仿效至難,置之不學可也。

(《韓柳文研究法·韓文研究法》,第23-24頁)

林紓:此篇爲昌黎集中之創格,舉天地人物,盡以"鳴"字括之。至孔子之徒亦指爲善鳴,則真有膽力矣。文無他妙巧,但以氣行,然須觀其脱卸處、筍接處,覓得關頭,則讀此便大有把握。

入手摹《莊子·逍遥遊篇》,由物鳴轉入"人"字,則關鎖已開,即容易着筆。又從"人"字轉入假物以鳴,既人能假物以鳴,則天亦能假物以鳴,於是由"天"字轉入"人"字,以下均言人矣。言人者,爲文章發泄地步也。自唐、虞下,至馬、揚雄二氏,爲昌黎最服膺者,取爲"鳴"字之結束。魏晋之文,爲昌黎所不屑,但用作餘波而已。

其下提出"善鳴"二字,全爲東野之詩寫照,看似淩虚之論,實則眼光均側注東野之詩。"不鳴其善鳴",言不能如皋、禹之鳴於廟堂也。且不即出東野,先將唐初諸子作襯筆,雖善鳴而皆不存,存者唯東野。故"東野孟郊始以其詩鳴",此一句將以上無數"鳴"字,納須彌於一芥之中,煞筆真有萬鈞之力。因隨手帶出門徒翱、籍,以陪東野。總結一語曰:"三子之鳴信善",則知世間更無善鳴如此三人者。把元、白、夢得諸老一掃而空,見得門人尚且善鳴,則其師可知。鳴盛是客,鳴不幸是主,皆牢騷語。歸本一個"天"字,即云雖不幸亦天也,慰東野並以自慰。此是昌黎本色文字,然句奇語重,餘人不足語也。

(《林紓選評古文辭類纂》卷六,第189-190頁)

桃花源記

(東晉)陶淵明

【題解】

陶淵明(365—427),字元亮;或云名潛,字淵明;或云在晋名淵明,在劉宋名潛。潯陽柴桑(今江西九江市)人。其曾祖陶侃是東晋大司馬,祖父陶茂官至武昌太守,父親名諱不詳。陶淵明初任江州祭酒,後自解職歸,復爲鎮軍參軍、建威參軍、彭澤令。義熙二年(406),陶淵明不願束帶折腰見禮掌巡視之督郵,解印去職,從此不仕。自號五柳先生,死後朋友私謚爲靖節先生。《晋書》有傳。有《陶淵明集》。

記又稱雜記,主要用於敘事記物。明代賀復徵《文章辨體匯選》分爲考工、敘事體、議論體、變體、寓體五種。《文章緣起》以揚雄《蜀記》爲記體文之始,亦有學者溯源於《尚書》中的《禹貢》《顧命》以及《考工記》《學記》等。

關於本文文體,歷來有三説:詩序、小説、記。因本文原與《桃花源詩》相連,故吕思勉先生强調,本篇應視爲《桃花源詩序》(《吕思勉文史四講》)。因本文曾收入志怪小説集《搜神後記》,且具有虚構性,故亦常被視爲小説。三説皆有局部的道理,亦有局部的問題。詩序説的局部問題在於,從文本看,記中未見與作詩相關的直接敘述;從接受看,唐代類書皆獨選本文而不及詩,自宋刻本《陶淵明集》以來,原題皆作《桃花源記并詩》或《桃花源詩并記》而非《桃花源詩并序》,且收入"記傳贊述"或"雜文"類,可知《桃花源記》在接受史上不僅獨立於且地位遠高於《桃花源詩》,而且從目録的角度視之爲記文。小説説的局部問題在於,從史源看,現存《搜神後記》是真僞參半的明代輯録本,李建國先生《新輯搜神後記》辨證《桃花源》一篇"未見諸書引作《搜神後記》或《續搜神記》""實鈔自陶集",當然,以《搜神後記》作者確爲陶淵明者亦大有人在,如陳寅恪先生等,此不贅述。記體説的局部問題在於,本文究竟是實録還是虛構。從文體層面看,不妨將《桃花源記》視作一篇具有多重文體指向的記體文,首先是陶淵明記述所聞異事的記體文,其次,是否具有小説特徵取決於對異事的真實或虛構的判斷,是否具有詩序特徵取決於對記與詩主次關係的判斷。這種文體互滲或者説邊界交叉的情況,或許與魏晉時代記體文尚未定型有關,而文體互滲在陶淵明文章中亦非特例,參《五柳先生傳》化傳統實録的傳體文爲虛擬傳神的自傳文可窺一斑。

晉太元中[1],武陵人捕魚爲業[2]。緣溪行[3],忘路之遠近。忽逢桃花林,夾岸數百步,中無雜樹,芳草鮮美,落英繽紛[4]。漁人甚異之。復前行,欲窮其林[5]。

林盡水源[6],便得一山。山有小口,髣髴若有光,便捨船,從口入。初極狹,纔通人[7]。復行數十步,豁然開朗。土地平曠,屋舍儼然[8],有良田、美池、桑竹之屬[9]。阡陌交通[10],雞犬相聞。其中往來種作[11],男女衣著,悉如外人[12]。黄髮垂髫[13],並怡然自樂[14]。

見漁人,乃大驚,問所從來。具答之[15]。便要還家[16],設酒殺雞作食[17]。村中聞有此人,咸來問訊[18]。自云先世避秦時亂,率妻子邑人來此絕境[19],不復出焉,遂與外人隔絕。問今是何世,乃不知有漢,無論魏晉[20]。此人一一爲具言所聞,皆歎惋[21]。餘人各復延至其家[22],皆出酒食。停數日,辭去。此中人語云:"不足爲外人道也[23]。"

既出,得其船,便扶向路[24],處處誌之[25]。及郡下[26],詣太守[27],説如此。太守即遣人隨其往,尋向所誌,遂迷,不復得路。

南陽劉子驥[28],高尚士也,聞之,欣然規往[29]。未果,尋病終[30]。後遂無問津者[31]。

(《陶淵明集箋注》卷六,中華書局2003年版)

【注釋】

[1]太元:晉孝武帝年號(376—396),共21年。 [2]武陵:今湖南省常德市。 [3]緣:沿。 [4]落英:落花。繽紛:盛多、紛亂貌。 [5]窮:盡。 [6]林盡水源:桃林盡頭即溪流源頭。 [7]纔:僅僅。 [8]儼然:整齊的樣子。 [9]屬:類。 [10]阡陌:田間小路,南北曰阡,東西曰陌。交通:交叉相通。 [11]種作:耕種勞作。 [12]外人:外國人或外鄉人。 [13]黄髮:老人髮色枯黄,故以黄髮指老人。垂髫(tiáo):古代童子未冠時不束頭髮,故以垂髫指兒童。 [14]怡然:快樂的樣子。 [15]具:詳細。 [16]要:通"邀",邀請。 [17]作食:準備飯食。 [18]咸:都。問訊:打聽。 [19]妻子邑人:妻室、子女、鄉人。絕境:與外界隔絕之地。 [20]無論:不必説。 [21]歎惋:嗟歎惋惜。 [22]延:邀請。 [23]不足:不值得。 [24]扶:沿著。向路:原來的路。 [25]誌:作標記。 [26]郡

下:郡城中。 [27]詣:往見。 [28]南陽:今河南南陽。劉子驥:名驎之,隱士,《晉書·隱逸傳》有傳。其人好游山澤,曾於衡山采藥,見澗水之南有二石囷,水深不得進,後聞其中有仙靈方藥,再次尋找,不得其路。 [29]規:計畫。 [30]尋:不久。 [31]津:渡口。問津:問路,指尋訪桃花源。

【集評】

(北宋)蘇軾:世傳桃源事,多過其實。考淵明所記,止言先世避秦亂來此,則漁人所見,似是其子孫,非秦人不死者也。又云"殺雞作食",豈有仙而殺者乎?

(《和陶桃花源并引》,《蘇軾詩集》卷四十,第2196頁)

(北宋)唐庚:唐人有詩云:"山僧不解數甲子,一葉落知天下秋。"及觀陶元亮詩云:"雖無紀曆志,四時自成歲。"便覺唐人費力。如《桃源記》言:"尚不知有漢,無論魏、晉。"可見造語之簡妙。蓋晉人工造語,而元亮其尤也。

(《唐子西文録》,《歷代詩話》,第443頁)

(南宋)趙與時:靖節所記桃花源,人謂桃花觀即是其處,不知公蓋寓言也。

(《靖節先生集》卷六引,《續修四庫全書》集部第1304册,第322頁)

(南宋)周正夫:人言陶淵明隱,淵明何嘗隱,正是出耳。

(《北窻炙輠録》卷下,《文津閣四庫全書》子部第345册,第743頁)

(南宋)洪邁:陶淵明作《桃源記》云源中人自言:"先世避秦時亂,率妻子邑人,來此絶境,不復出焉。乃不知有漢,無論魏、晉。"繫之以詩曰:"嬴氏亂天紀,賢者避其世。黄、綺之商山,伊人亦云逝。願言躡輕風,高舉尋吾契。"自是之後,詩人多賦《桃源行》,不過稱贊仙家之樂。唯韓公云:"神仙有無何渺茫,桃源之説誠荒唐。世俗哪知僞爲真,至今傳者武陵人。"亦不及淵明所以作記之意。按《宋書》本傳云:"潛自以曾祖晉世宰輔,恥復屈身後代。自宋高祖王業漸隆,不復肯仕。所著文章,皆題其年月。義熙以前,則書晉氏年號,自永初以來,唯云甲子而已。"故五臣注《文選》用其語,又繼之云:"意者恥事二姓,故以異之。"此説雖經前輩所記,然予切意桃源之事,以避秦爲言。至云"無論魏、晉",乃寓意於劉裕,託之於秦,借以爲喻耳。近時胡宏仁仲一詩,屈折有奇味。大略云:"靖節先生絶世人,奈何記僞不考真?先生高步窘末代,雅志不肯爲秦民。故作斯文寫幽意,要似寰海離風塵。"其説得之矣。 (《容齋三筆》卷十,《容齋隨筆》,第548-549頁)

(元)方回:予謂避秦之士非秦人也,乃楚人痛其君國之亡,不忍以身爲仇人役,力未足以誅秦,故去而隱於山中爾。至晉而後,漁人見其子孫,或誇訛以爲神仙,固以非矣。王介甫"知有父子無君臣"之句,尤爲悖理。楚雖三户,亡秦必楚,不遽亡之,則亦避之,蓋深於知君臣之義者。介甫殆未知也。淵明豈輕於作此記,亦私痛晉之士大夫翻然事劉裕而無耻者爾。 (《桃源行》序,《新安文獻志》甲集卷五十,第1076頁)

(清)林雲銘:唐舒元輿《桃源畫記》謂,武陵之源分靈洞三十六之一支。似漁人所遇實有其處矣。愚以爲元亮生於晉宋之間,遐思治世,不欲作三代以下人物,爲此寓言寄興。猶王績之醉鄉,不必實有是鄉;白玉蟾之寂光國,不必實有是國也。且其中皆見道之言:其曰"桃花夾岸",非所謂三十六宫都是春乎?其曰"山口髣髴有光",非所謂性之初見,圓陀陀，光爍爍乎？其曰“童叟怡然自樂”，非所謂遊心於物之初，至美至樂乎？其曰“不知有漢，無論魏晉”，非所謂道無始無終無古無今乎？其曰“不足爲外人道”，非所謂如人飲水，冷煖自知乎？始得之無心，終述于有意，非所謂赤水玄珠，象罔得之，離朱不得乎？

（《增訂古文析義合編》卷十）

（清）吴楚材、吴調侯：桃源人要自與塵俗相去萬里，不必問其爲仙爲隱。靖節當晉衰亂時，超然有高舉之思，故作記以寓志，亦《歸去來辭》之意也。

（《古文觀止》卷七，第291頁）

（清）邱嘉穗：設想甚奇，直於汙濁世界中另闢一天地，使人神游於黄、農之代。公蓋厭塵網而慕淳風，故嘗自命爲無懷、葛天之民，而此記即其寄託之意。如必求其人與地之所在而實之，則鑿矣。

（《東山草堂陶詩箋》卷五，《四庫全書存目叢書》集部第3册，第267頁）

（清）李雲程：寫得歷歷分明，無不以爲真。及至後問津不得，咸以爲仙矣，誰知此乃寓言其所得也。《輯評》云：分明胸次裏别有洞天，故幻出一篇奇文。嘗著文章自娱，頗示己志，先生固已自解矣。以文論，清潔高遠，渺無塵氛，隱現空虚，全無半點沾滯，亦飄飄乎仙筆矣。予嘗言，文未有無爲而作者，如何又有無中生有之文？不知情意是實有，而事與境不必盡有。如此首，桃源是有，漁人之遇所未有，乃作者添出爲文之波瀾，以寄託其意耳。消息全露在“不足爲外人道”一句，讀者得之章句之外可矣。

（《古文筆法百篇》卷八）

（清）黄仁黼：色、空兩念，非參禪者不明；真、妄兩途，非見道者不悟。靖節以不禪不儒之概，作非仙非隱之談，此桃花源所以有記也。故其始終往來，只一漁父，忽迷忽得，若即若離，雞犬相聞，男女共話。謂以爲真，而迹無可驗；謂以爲妄，而事若可憑。致使無色不空，無空非色。雖其此中人語，着墨無多，而夾岸桃花、半村屋舍，不啻以畫工之筆，傳化工之神。令人讀之，如入蜃樓蛟室，不見雲霧，但見青天。倘非參透禪機、窺破道旨，無塵氛半點之擾，有高出一世之情，而能構此絕境，爲世俗紛華之子一破迷途哉？

（《古文筆法百篇》卷八）

（清）陳衍：文章之有線索者，莫密於陶淵明《桃花源記》。首言“武陵人捕魚爲業”，無名氏一人也。次言“漁人甚異之”，則稱爲漁人。又次言“纔通人”，此人即漁人。又次言“悉如外人”，此由漁人目中，看出桃源中人也。又次言“見漁人乃大驚”，又次言“村中聞有此人”，一“見”一“聞”，皆由那一邊説過來。又次“率妻子邑人”，又次言“遂與外人間隔”，應上“外人”。又次言“此人”，“一一爲具言”，又應上“此人”。又次言“餘人”，“各復延至其家”，即上所謂“邑人”。又次言“此中人語云：‘不足爲外人道也。’”以“此中人”總源以内人，又以“外人”總源以外人。又次言“太守即遣人隨其往”，則别出一人爲去路。通篇凡用十三箇“人”字，無一字可省者。此外，“便捨船”，“便要還家”，“便扶向路”，三“便”字；“問所從來”，“咸來問訊”，“問今是何世”，三“問”字；“聞有此人”，“所聞皆歎惋”，“聞之欣然規往”，三“聞”字；“其中往來種作”，“此中人語云”，兩“中”字；“自云先世避秦時亂”，“此中人語云”，兩“云”字，皆線索之不可少者。

（《石遺室論文》卷三，《陳石遺集》，第1590頁）

畫　記

(唐)韓愈

【題解】

《畫記》作於貞元十一年(795),時韓愈二十八歲,去年受挫於博學鴻詞科考試,回到故鄉河陽,有感而作此文。韓愈以表面類似而實不同於流水帳的實用語言融入文中,完成了一次記體文的創新寫作,達到了似拙實巧、曲極其妙的境界。文章所記之畫當是一幅包含了古今不同時代人、物的練習畫作,全文不過700餘字,前四段卻花了400餘字詳細記録了畫中123個人、83匹馬、11頭牛及駱駝、驢、隼、犬、羊、狐、兔、麋鹿等動物數量,還包括兵器、食器、娛具等諸種物品,蘇軾甚至斥之爲“近似甲名帳耳,了無可觀”。然而這些近似流水帳的記録,實際包含着韓愈有意的嘗試,在近似流水帳的實用語言中,加入句法的變化,如“騎而立者”“騎而被甲載兵立者”“騎而被甲載兵行且下牽者”中間插入“一人騎執大旗前立”,句法頓變(如不變當爲“騎而執大旗前立者”);後又“騎且負者”,“且”與“而”一字之别,意味頓殊。從所記人、物看,有輕重詳略,非平列等同:詳於人,略於物;於物中詳於馬,略於其它。詳者,詳於其動作姿態,而由動作姿態可想見其神情風韻,可謂記中有畫。最後一段記敘韓愈彈棊得畫、惜畫到偶遇畫家、贈畫的戲劇性經歷,通過畫家趙侍御的感慨,既記録了畫作之得失,也暗寓着人生之得失。其中的情感與前四段記敘的冷静恰恰形成有意的對照,反過來使人意識到冷静記敘中實已包含了作者對畫作的情感、人生的感慨,故可稱曲極其妙。後來評者指出本文學習《尚書·顧命》《考工記·梓人職》等篇中記人記物部分,更有學習《畫記》而成的《鳳翔吴生畫記》《五百羅漢圖記》《核舟記》等,正可説明韓愈雜記文推陳出新、破體爲文、熔鑄範式的特殊意義。

雜古今人、物小畫共一卷[1]。

騎而立者五人,騎而被甲載兵立者十人[2],一人騎執大旗前立,騎而被甲載兵行且下牽者十人[3],騎且負者二人,騎執器者二人,騎擁田犬者一人[4],騎而牽者二人,騎而驅者三人,執羈靮立者二人[5],騎而下倚馬臂隼而立者一人[6],騎而驅涉者二人[7],徒而驅牧者二人[8],坐而指使者一人,甲胄手弓矢鈇鉞植者七人[9],甲胄執幟植者十人,負者七人,偃寢休者二人[10],甲胄坐睡者一人,方涉者一人,坐而脱足者一人[11],寒附火者一人[12],雜執器物役者八人,奉壺矢者一人[13],舍而具食者十有一人[14],挹且注者四人[15],牛牽者二人[16],驢驅者四人,一人杖而負,婦人以孺子載而可見者六人,載而上下者三人[17],孺子戲者九人:凡人之事三十有二[18],爲人大小百二十有三,而莫有同者焉。

馬大者九匹。於馬之中又有上者、下者、行者、牽者、奔者、涉者、陸者、翹者、顧者、鳴者、寢者、訛者、立者、人立者、齕者、飲者、溲者、陟者、降者、痒磨樹者、噓者、嗅者、喜而相戲者、怒相踶齧者、秣者、騎者、驟者、走者、載服物者、載狐兔者[19]：凡馬之事二十有七，爲馬大小八十有三，而莫有同者焉。

牛大小十一頭。橐駝三頭[20]。驢如橐駝之數而加其一焉。隼一。犬羊狐兔麋鹿共三十。旃車三兩[21]。雜兵器、弓矢、旌旗、刀劍、矛楯、弓服、矢房、甲冑之屬[22]，缾盂、簦笠、筐筥、錡釜、飲食服用之器[23]，壺矢博奕之具，二百五十有一。皆曲極其妙。

貞元甲戌年[24]，余在京師，甚無事，同居有獨孤生申叔者[25]，始得此畫而與余彈棊[26]，余幸勝而獲焉。意甚惜之，以爲非一工之所能運思[27]，蓋叢集衆工之所長耳[28]，雖百金不願易也。明年，出京師，至河陽[29]，與二三客論畫品格，因出而觀之。座有趙侍御者[30]，君子人也[31]，見之慼然，若有所感，少而進曰："噫！余手之所摹也，亡之且二十年矣。余少時常有志乎兹事，得國本[32]，絶人事而摹得之，遊閩中而喪焉[33]。居閑處獨，時往來余懷也[34]，以其始爲之勞而夙好之篤也[35]。今雖遇之，力不能爲已[36]，且命工人存其大都焉[37]。"余既甚愛之，又感趙君之事，因以贈之，而記其人、物之形狀與數而時觀之，以自釋焉[38]。

（《韓愈文集彙校箋注》卷三，中華書局2010年版）

【注釋】

[1]雜：聚集。共一卷：共在一幅畫卷上。　[2]被甲載兵：披鎧甲、帶武器。載：負荷。[3]下牽者：下面牽馬者。　[4]擁：帶。田犬：獵犬。　[5]羈：馬籠頭。靮(dí)：韁繩。　[6]臂隼：臂上架著隼。臂：作動詞用。隼：鶻、鷹一類的猛禽。　[7]驅涉：騎馬渡水。　[8]徒：徒步。　[9]手：手持。鈇：通"斧"。植：指將斧鉞的柄立於地上。　[10]偃寢休者：躺臥休息者。　[11]脱足：脱襪光脚。　[12]附：靠近。　[13]壺矢：古代投壺遊戲的器具，以矢投入壺中，投中多者勝。　[14]舍而具食：止息做飯。　[15]挹(yì)：舀出。注：注入。　[16]牛牽：即牽牛，下文"驢驅"同。　[17]載而上下：上下車。　[18]凡：總計。[19]陸：上岸。與"涉"相對。一説當釋爲跳躍。《莊子·馬蹄》："翹足而陸"。翹：馬蹄高抬。訛：通"吪"，動。齕(hé)：咬，指吃草。溲：便溺。陟：登坡。降：下坡。噓：呵氣。踶齧：踢咬。秣(mò)：飼料，作動詞用，指吃飼料。驟：快跑。走：小跑。　[20]橐(tuó)駝：駱駝。　[21]旃(zhān)車：插著旗子的車。旃，一種赤色曲柄旗。一説指用毛毯蓋着的車子。兩：通"輛"。　[22]楯：通"盾"。弓服：裝弓的袋。矢房：裝箭的袋。　[23]簦(dēng)：雨具。比笠大，有柄，即雨傘。筥(jǔ)：圓形竹器。錡(qí)：三足的鍋。釜：無足的鍋。　[24]貞元甲戌年：唐德宗貞元十年(794)。　[25]獨孤生申叔：字子重。貞元十年與韓愈同游宦長安，十三年中進士，曾任校書郎，十八年二十七歲時居父喪卒，韓愈有《獨孤申叔哀辭》。　[26]彈棊：一種博弈遊戲。其棋局方二尺，中心高，如覆盂，四角微隱起。具體遊戲方法已失傳。　[27]工：畫工。　[28]叢：聚集。　[29]河陽：今河南孟縣，韓愈故鄉。　[30]侍御：侍御史。掌糾彈百官及受理冤訟之事。　[31]君子人：誠實正派

的人。 [32]國本:國庫所藏的畫本,或國工所繪之畫本。 [33]閩中:今福建地區。 [34]往來:縈繞。 [35]夙好之篤:一向十分喜愛。 [36]已:通"矣"。 [37]大都:大略,大概。 [38]自釋:自我寬慰。

【集評】

(北宋)蘇軾:永叔作《醉翁亭記》,其辭玩易,蓋戲云耳,又不以爲奇特也,而妄庸者亦作永叔語云:"平生爲此最得意。"又云:"吾不能爲退之《畫記》,退之又不能爲《醉翁記》。"此又大妄也。僕嘗謂退之《畫記》近似甲名帳耳,了無可觀,世人識真者少,可歎亦可愍也。

(《記歐陽論退之文》,《蘇軾文集》卷六十六,第2055-2056頁)

(北宋)秦觀:余家既世崇佛氏,又嘗覽韓文公《畫記》,愛其善敘事,該而不煩縟,詳而有軌律。讀其文,恍然如即其畫,心竊慕焉。於是倣其遺意,取羅漢佛之像而記之。顧余文之陋,豈能使人讀之如即其畫哉?姑致敘之私意云爾。

(《五百羅漢圖記》,《淮海集箋注》卷三十八,第1217頁)

(南宋)張邦基:張公芸叟作《鳳翔吴生畫記》,秦少遊作《五百羅漢圖記》,皆法韓退之《畫記》,俱無愧也。 (《張芸叟秦少遊文法韓退之》,《墨莊漫録》卷四,第131頁)

(明)胡應麟:"東坡不喜韓退之《畫記》,謂之甲乙帳簿。此老千古卓識,不隨人觀場者也。"(編按,出自楊慎《丹鉛續録》卷十)

退之諸記,但紀事,不錯議論,尚有前輩典刑,特句格太變幻,寡漢人渾樸之致耳。子瞻正與相反,用修好異,特引其言,豈定論哉!

(《少室山房筆叢》卷六續甲部《丹鉛新録》二《畫記》,第98頁)

(明)茅坤:妙處在物數龐雜,而詮次特悉,於其記可以知其畫之絕世矣。

(《唐宋八大家文鈔校注集評》卷八,第410頁)

(清)林雲銘:記本因畫而作,然記中實有畫。在當日畫固爲入神之畫,而記尤爲入神之記也。中分人之事爲一段,馬之事爲一段,諸畜、器物共爲一段,而穿插變化,使人莫可端倪。如記人一段内所騎之馬,於記馬一段内點出;"所擁""所牽""所驅""所臂"之畜,及所披、所載、所執、所植、所奉、所挹注,與婦人以孺子所載之具,皆記諸畜、器物内點出。此亦不難參互稽核,但當日畫卷中,定不是把這些人、物寫在空空一個地面,必有山川、草木、廬舍、水火、床榻、槽櫪等件,然後人畜可行可止,器物可藏可出也。細思如何一併入記?看他記人有上下,馬有陟降,人與馬皆有涉者,非山川乎?人有驅牧,馬有磨樹,非草木乎?人有舍而具食,非廬舍乎?人有挹注,有附火,非水火乎?人有宴寢,馬有秣者,非床榻槽櫪乎?凡畫中所有、難以入記者,無不歷歷如見,所以謂之入神。世人只在有字句中讀書,余一生耑(編按,通"專")在無字句中讀書,若世人有能向無字句中讀書,余雖不敏,願安承教。 (《韓文起》卷七)

(清)沈德潛:敘次錯綜,後因趙侍御之戚然有感,卷而歸之,尤見曠懷高識,不同尋常處。

(《增評唐宋八大家文讀本》卷五)

(日)賴山陽:敘其所由獲,然後及其所由失,大是有情有景,勿爲閑筆讀過。無此一段,此文亦帳(編按,當作賬)簿耳! (《增評唐宋八大家文讀本》卷五)

(清)浦起龍:畫爲出獵圖,記是白描手,點墨不踰分外,有所應有而止,吾不難其變而貴其樸。(《古文眉詮》卷四十九)

(清)方苞:周人以後無此種格力。歐公自謂不能爲,所謂曉其深處,而東坡以所傳爲妄,於此見知言之難。(《唐宋文舉要》甲編卷三引,第411頁)

(清)陳衍:方望溪以爲周人以後無此種格力,然望溪亦未言與周文何者相似也。案,退之此記,直敘許多人物,從《尚書•顧命》脱化出來。《顧命》云:"二人雀弁,執惠,立于畢門之内。四人綦弁,執戈上刃,夾兩階戺。一人冕,執劉,立於東堂,一人冕,執鉞,立於西堂。一人冕,執戣,立於東垂。一人冕,執瞿,立於西垂。一人冕,執鋭,立於側階。"中間一段,又從《考工記•梓人職》脱化出來。《梓人職》云:"天下之大獸五:脂者、膏者、蠃者、羽者、鱗者。宗廟之事,脂者膏者以爲牲,蠃者、羽者、鱗者以爲筍虡,外骨、内骨,卻行、仄行、連行、紆行、以脰鳴者、以注鳴者、以旁鳴者、以翼鳴者、以股鳴者、以胸鳴者,謂之小蟲之屬。"又其數於纍纍有言,如記賬簿,不畏人譏其冗長者,又從《史記•曹世家》專敘攻城下邑之功,如記賬簿,千餘言皆平鋪直敘,惟用兩三處小結束,如"盡定魏地,凡五十二城","定齊,凡得七十餘縣"。末云:"凡下二國,縣一百二十二;得王二人,相三人,將軍六人,大莫敖、郡守、司馬、候、御史各一人。"退之學而變化之,何嘗必周以前哉!

(《石遺室論文》卷四,《陳石遺集》,第1598頁)

(清)張裕釗:讀此文固須求其參錯之妙,尤當玩其精整。

(《張裕釗詩文集》附録三《張裕釗〈古文辭類纂〉批語輯存》,第526頁)

徐樹錚:先有精整,乃有所謂參錯,參錯而不精整,則雜而無章矣。

此文佳處,全在句法錯綜,繁而明,簡而曲,質而不俚,段與段句法變換,而段之中各句又自爲變换,不然,與雜貨單何異!何得爲文?歐公自謂不能爲者,自是不能仿爲之意。此種文字,長篇大幅中偶摹效一二句,尚覺生色,若全篇仿此,試問有何趣味?遽謂周人以後無此格力,未免過當,蓋無是題耳。且有是題,亦不必作是調耳,非無是文也。

(《唐宋文舉要》甲編卷三引,第411頁)

林紓:書畫古器物之記,務尚考訂,體近於跋尾。韓昌黎之《畫記》專摹《考工》,後人仿效,雖語語皆肖,究同木偶。記古器物固須刻劃,必一一摹擬,又似鑿矣。

(《春覺齋論文•流别論》,第70頁)

林紓:《畫記》極生峭,卻最易學。如《羅漢渡海》《龍生請齋圖記》,幾於無語不肖。顧依樣葫蘆,肖亦何益!本文初無他奇,奇在兩用"凡"字,一用"皆"字,實庸手所萬不能到。入手敘人,其次敘馬,又次敘雜畜器物,若無所收束,直是一卷賬本,何名爲記?文合以上之人馬,最之曰:"凡人之事三十有二,爲人大小百二十有三,莫有同者焉。"夫人有事也,馬屬於人,尚有何事?乃以牽、涉、翹、顧、鳴、寢諸態爲馬之事,復最之曰:"凡馬之事二十有七,爲馬大小八十有三,而莫有同者焉。"文心之妙,能舉不相偶之事,對舉成偶,真匪夷所思。惟人、馬之外,尚有雜畜及兵杖之屬,此不可"凡"者也,乃總束之曰"皆曲極其妙",歸入畫工好處,即爲記中之結束。學文者當從此處著眼,方有把握。若但學其字法句法,殊皮毛耳,胡曰善學?(《韓柳文研究法•韓文研究法》,第11頁)

袁家渴記

(唐)柳宗元

【題解】

遊記是記體文中的一大類,不依附於詩、賦、駢文等文體而存在,具有文體獨立意義的散體遊記,當以柳宗元"永州八記"爲代表。"永州八記"前四記(《始得西山宴遊記》《鈷鉧潭記》《鈷鉧潭西小丘記》《至小丘西小石潭記》)作於元和四年(809),後四記(《袁家渴記》《石渠記》《石澗記》《小石城山記》)作於元和七年(812),本文是八記之五,亦是後四記的首篇。

文章敘次井然,筆法簡妙。開篇與《游黄溪記》同爲遞進比較法,皆化自《史記·西南夷列傳》首段。以已遊已記之鈷鉧潭、西山爲襯托,凸顯出同爲"永中幽麗奇處"的袁家渴。次寫水。高嶂出其源,淺灘激其瀨,其間地形多變,高低曲折,流水隨物賦形,情態各異。"重洲小溪,澄潭淺渚",寫澄潭之静則曰"平"曰"深黑",寫淺瀨之動則曰"峻"曰"沸白",簡練生動,如在目前。"舟行若窮,而又無際"八字,以乘舟者視角寫水之曲折、視界之狹闊、心態之變化,可與王維《藍田山石門精舍》"安知清流轉,忽與前山通"、陸游《遊山西村》"山窮水盡疑無路,柳暗花明又一村"相比,而更爲簡練有味。次寫水中山石,尤寫林木花草與水、石交錯而繁生之態。次寫風,而風動山木,花草偃伏,紅緑紛雜,花香氤氲,波怒流旋,山水林木花草於風中一一活現,令人視覺、嗅覺、聽覺齊齊調動,恍如置身其間。末段與《鈷鉧潭西小丘記》結尾同一情調,而前以議論出之,此以敘述涵之。幽麗奇景,無人賞識、無人理解,則"永之人未嘗遊焉";獨與景會,情往興來,則貶謫千里、自放山水之作者得其精神,發其幽光。袁山松曾歎"山水有靈,亦當驚知己於千古",信然!

由冉溪西南水行十里[1],山水之可取者五,莫若鈷鉧潭[2]。由溪口而西[3],陸行,可取者八九,莫若西山[4]。由朝陽巖東南水行[5],至蕪江[6],可取者三,莫若袁家渴。皆永中幽麗奇處也。

楚、越之間方言[7],謂水之反流者爲"渴"[8],音若"衣褐"之"褐"[9]。渴上與南館高嶂合[10],下與百家瀨合[11]。其中重洲小溪[12],澄潭淺渚[13],間厠曲折[14]。平者深黑,峻者沸白[15]。舟行若窮[16],忽又無際。

有小山出水中[17],皆美石,上生青叢,冬夏常蔚然[18]。其旁多巖洞,其下多白礫[19];其樹多楓、柟、石楠、楩、櫧、樟、柚[20]。草則蘭芷[21],又有異卉,類合歡而蔓生[22],轇轕水石[23]。

每風自四山而下,振動大木,掩苒衆草[24],紛紅駭緑[25],蓊葧香氣[26]。衝濤旋瀨[27],退貯谿谷[28]。摇颺葳蕤[29],與時推移[30]。其大都如此[31],余無以窮其狀[32]。

永之人未嘗遊焉，余得之，不敢專也[33]，出而傳於世[34]。其地主袁氏，故以名焉。

（《柳宗元集》卷二十九，中華書局1979年版）

【注釋】

[1]冉溪：水名，又名染溪，在永州城南（今湖南省永州市西南）。柳宗元遷居此處，名之曰愚溪，參《愚溪詩序》。　[2]鈷鉧潭：形似古代熨斗（鈷鉧）的水潭，參《鈷鉧潭西小丘記》。　[3]溪口：冉溪匯流入瀟水處。　[4]西山：參《始得西山宴遊記》。　[5]朝陽巖：瀟水邊的巨岩，因面朝東方，唐代詩人元結名之爲"朝陽巖"，參《朝陽巖銘并序》。　[6]蕪江：又稱茅江，瀟水支流。　[7]楚：楚地略相當於今湖北湖南，越地略相當於安徽、浙江、江蘇。　[8]反流：原文作"支流"，據何焯《義門讀書記》改。中國地形西高東低，水流通常向東，反流則爲向西。　[9]"音若"句：《文苑英華》此六字屬"渴"下小字注文，非正文。可參。　[10]南館：不詳，或爲地名。高嶂：聳立如屏障的高峰，或爲袁家渴發源地。　[11]百家瀨：地名。瀨，淺水激流沙石上曰瀨。　[12]重洲：水中洲多相連貌。　[13]淺渚：略高於水面的小洲。　[14]間厠：間雜交錯。　[15]峻：峻急。　[16]窮：盡。　[17]小山：即今之鬭刀洲，長約百米，寬約二十米。　[18]蔚然：茂盛貌。　[19]礫：小石子。　[20]柟（nán）：即楠樹。石楠：又名千年紅，常緑灌木或小喬木。楩（pián）：黄楩木，喬木。櫧（zhū）：常緑喬木，似柞樹，果實可食。　[21]芷：白芷，一種香草。　[22]合歡：又名馬纓花。落葉喬木，羽狀複葉，小葉對生，夜間成對相合，俗稱"夜合花"。　[23]轇轕（jiāo gě）：交錯雜亂貌。　[24]掩苒：披靡，偃倒。　[25]紛紅駭緑：互文見義，指風吹草木，紅花緑葉紛亂摇動，像受驚一樣。　[26]蓊葧（wěngbó）：草木茂盛貌，引申爲氣息濃郁。[27]衝：吹起。旋：使迴旋。　[28]貯：藏。　[29]摇颺：摇動。葳蕤：草木茂盛貌。　[30]與時推移：隨時令不同而變化。　[31]大都：大體。　[32]狀：情狀。　[33]專：獨占，獨享。　[34]出：寫出此文。

【集評】

（北宋）蘇軾：子厚記云："每風自四山而下，振動大木，掩苒衆草，紛紅駭緑，蓊葧香氣。"劉夢得、柳子厚皆善造語，若此句，殆入妙矣。

（《書子厚夢得造語》，《蘇軾文集》卷六十七，第2109頁）

（明）茅坤：景奇，興亦奇。

（清）何焯："每風自四山而下"至"大都如此"，發明"反流"，襯筆尤狀出"幽麗"。

（《義門讀書記》卷三十六，第647頁）

（清）沈德潛：記水、記山、記石、記樹、記草，無不入妙。尤在記風一段，共九句，凡性情形勢、往來動定，一一具備，可云化工。〇王右丞"安知清流轉，忽與前山通"，神來之句，讀"舟行若窮"二語，故應勝之。（《增評唐宋八家文讀本》卷九）

（日）賴山陽："不敢專也"云云，是其所以記耳。與前（編按，指《小石潭記》）"過清不可久居"同結了，又點出地名，名義無一篇不變化。（《增評唐宋八家文讀本》卷九）

(清)李光地:末段言風處,亦以興己。

(清)姚鼐:《風賦》"邸華葉而振氣"云云,文特就賦意而演之。《七發》云:"衆芳芬鬱,亂於五風"云云,亦本《風賦》。秦漢人文,善學者得其片言隻字,即可推演成妙文。

(以上兩條皆見《唐宋文舉要》甲編卷四引,第507頁)

(清)陳衍:《袁家渴記》起亦《黄溪記》法,餘則用楚騷、漢賦、六朝初盛唐詩語意寫之。

(《石遺室論文》卷四,《陳石遺集》,第1604頁)

林紓:《袁家渴記》於水石容態之外,兼寫艸木。每一篇,必有一篇中之主人翁,不能謂其漫記山水也。"舟行若窮,忽又無際",此景又甚類浙之西溪。大抵南中溪流,多抱山。山趺入水,兩山夾之,則溪流狹;山趺一縮,則溪面即宏闊。初行若窮,舟未繞山而轉也;忽又無際,則轉處見溪矣。大木楓柟,小艸蘭芷,在文中點綴,却亦易寫。妙在拈出一個"風"字,將草木收縮入"風"字。總寫凡"紛紅駭緑,蓊葧香氣,沖濤旋瀨,退貯溪谷,摇揚葳蕤,與時推移"等句,均把水聲、花氣、樹響作一總束,又從其中渲染出奇光異采,尤覺動目。綜而言之,此等文字,須含一股静氣,又須十分畫理,再著以一段詩情,方能成此傑構。

(《韓柳文研究法·柳文研究法》,第120-121頁)

林紓:溪之平者,其下必深,深則不可見底,故黑。峻水之觸石而激者,故成沸白。既若窮而又無際,溪轉也。杭之西溪正爾。

此篇寫風動草木,描神賦色,非身歷其境,不能見其工。

(《林紓選評古文辭類纂》卷九,第402-403頁)

書《六一居士傳》後

(北宋)蘇軾

【題解】

吴訥《文章辨體序説》云:"漢晉諸集,題跋不載。至唐韓、柳,始有讀某書及讀某文、題其後之名。迨及歐、曾而後,始有跋語。"歐陽修四十歲謫官滁州,曾號醉翁。晚年有歸隱之心,改號六一居士。熙寧三年(1070)知蔡州(州治在今河南汝陽)時,已六十四歲,感於年老病衰,内外交困,有歸隱之志,遂作《六一居士傳》以明改號之由:"客有問曰:'六一,何謂也?'居士曰:'吾家藏書一萬卷,集三代以來金石遺文一千卷,有琴一張,有棋一局,而常置酒一壺。'客曰:'是爲五一爾,奈何?'居士曰:'以吾一翁,老於此五物之間,是豈不爲六一乎?"'跋有專書之跋、專文之跋,蘇軾此文即後者,乃《六一居士傳》一文之跋。此文以莊子《齊物論》之旨,解析六一居士名號所含"五物""一翁"之關係,闡述人與物齊、體道受形、物不累人,故能超乎軒裳圭組、得失悲喜之外。文章故設問答,逐層批駁,巧翻波瀾於尺幅之間,雖未必歐陽修晚年寄情娱性本意,卻别具新意,寫出官場俗世羈縻不住的自由之想。

蘇子曰："居士可謂有道者也[1]。"

或曰："居士非有道者也。有道者，無所挾而安[2]，居士之於五物，捐世俗之所争[3]，而拾其所棄者也。烏得爲有道乎？"

蘇子曰："不然。挾五物而後安者，惑也。釋五物而後安者，又惑也。且物未始能累人也[4]，軒裳圭組[5]，且不能爲累，而况此五物乎？物之所以能累人者，以吾有之也。吾與物俱不得已而受形於天地之間[6]，其孰能有之？而或者以爲己有，得之則喜，喪之則悲。今居士自謂六一，是其身均與五物爲一也[7]。不知其有物耶，物有之也？居士與物均爲不能有，其孰能置得喪於其間？故曰：'居士可謂有道者也。'雖然，自一觀五，居士猶可見也。與五爲六，居士不可見也。居士殆將隱矣。"

（《蘇軾文集》卷六十六，中華書局1986年版）

【注釋】

[1]居士：古称有德才而隐居不仕者。 [2]無所挾而安：不需倚重外物而心安理得。挾：倚仗。 [3]捐：捨棄。 [4]累：帶累。 [5]軒裳圭組：車馬、服飾、印信、綬帶等，指官場事務，語出《六一居士傳》。 [6]受形：得其形體。 [7]均：齊。

【集評】

（南宋）黄震：謂六一翁均五物爲一，歐陽子不免寓情於物，然亦人之情。蘇子廣之以齊物之説，則莊老之學，未必歐陽命名之本心也。

（《黄氏日抄》卷六十二，《文津閣四庫全書》子部第235册，第466頁）

（明）茅坤：本莊生齊物我見解，而篇末類滑稽可愛。

（明）王納諫：東坡文字妙在鼓舞，得一玄論，必鼓之舞之，以盡其變，兔起鶻落，自有餘態。 （《蘇長公小品》卷三，第31頁）

（明）陶望齡：一句一折，釋老之胸，莊騷之舌。

寸山尺沼，居然有五嶽突兀、大海洄澈之勢。 （《蘇長公小品》卷三引，第31頁）

（明）陳繼儒：善爲居士出脱。 （《蘇長公小品》卷三引，第32頁）

（清）張伯行：人之所以異於物者，以其能别是非，而不爲物累也。若以有知覺之人，與無知覺之物等而視之，謂能不累於物，則天下無是理也。歐公自號六一，聊以寄興，未必有此意。而東坡以老莊之旨，從而爲之辭。此朱子所以譏其不根而害道也。存此而論之，以概其餘。 （張伯行選編《唐宋八大家文鈔》卷八，第181頁）

書《洛陽名園記》後

(北宋)李格非

【題解】

李格非(1045—1106),字文叔,濟南章丘(今山東章丘市)人。詞人李清照之父。熙寧九年(1076)及進士第,曾任著作佐郎、禮部員外郎、提點京東刑獄。以文章受知於蘇軾,號稱蘇門"後四學士"之一,《宋史》有傳。

《洛陽名園記》記北宋名公巨卿所營洛陽名園十九座,記後附有"論曰",闡述作者爲文之用心,可視爲題跋,故歷代多名之"書《洛陽名園記》後"。文章因小見大,從洛陽名園的特殊歷史地理位置切入,將"園圃之廢興""洛陽之盛衰""天下之治亂"層層綰合,層層遞進,借古喻今,寓意深長。此文作於宋哲宗紹聖二年(1095),離北宋滅亡(1127)不過三十餘年,李清照身經其父感慨的亂離,邵博讀此文至於落淚,可見文中天下興亡之感,絕非無因而作。

論曰:洛陽處天下之中,挾殽、澠之阻[1],當秦、隴之襟喉[2],而趙、魏之走集[3],蓋四方必争之地也。天下常無事則已[4],有事則洛陽先受兵。予故嘗曰:"洛陽之盛衰者,天下治亂之候也[5]。"

方唐貞觀、開元之間[6],公卿貴戚開館列第於東都者[7],號千有餘邸[8]。及其亂離[9],繼以五季之酷[10],其池塘竹樹,兵車蹂踐[11],廢而爲丘墟;高亭大榭[12],烟火焚燎,化而爲灰燼。與唐共滅而俱亡者,無餘處矣。予故嘗曰:"園圃之興廢,洛陽盛衰之候也。"

且天下之治亂,候於洛陽之盛衰而知;洛陽之盛衰,候於園圃之廢興而得,則《名園記》之作,予豈徒然哉[13]? 嗚呼! 公卿大夫方進於朝[14],放乎一己之私意自爲[15],而忘天下之治忽[16],欲退享此樂,得乎? 唐之末路是矣!

(《洛陽名園記》,《全宋筆記》第三編一,大象出版社2008年版)

【注釋】

[1]挾:擁有。殽:通"崤",崤山,在今河南洛寧縣北。澠:澠池,在今河南澠池縣西。阻:險阻。 [2]當:處於。秦:今陝西一帶。隴:今陝西西部和甘肅東部。襟、喉,衣襟與咽喉,比喻要衝之地。 [3]趙、魏:戰國時,趙地在今河北南部和山西東部一帶;魏地在今河南北部和山西西南部一帶。走集:原指邊境上的堡壘,此指交通樞紐。 [4]常:正常。 [5]候:癥候、徵兆。 [6]方:當。貞觀:唐太宗年號(627—649)。開元:唐玄宗年號(713—741)。 [7]東都:洛陽。相對於京都長安而言,洛陽稱東都。 [8]邸:高官住宅。 [9]

亂離：戰亂而致流離失所。 [10]五季：五代，指後梁、後唐、後晉、後漢、後周。 [11]蹂踐：蹂躪踐踏。 [12]榭：建在高臺上的木屋。多爲遊觀之所。 [13]徒然：偶然，謂無因。 [14]進：進用。 [15]放：放縱。自爲：爲所欲爲。 [16]治忽：治亂。忽：荒怠。

【集評】

（南宋）邵博：洛陽名公卿園林，爲天下第一。裔夷以勢役祝融回禄，盡取以去矣。予得李格非文叔《洛陽名園記》，讀之至流涕。文叔出東坡之門，其文亦可觀，如論"天下之治亂，候於洛陽之盛衰；洛陽之盛衰，候於園囿之興廢"。其知言哉！

（《邵氏聞見後録》卷二十四，第191頁）

（南宋）樓昉：園囿何關於世道輕重？所以然者，興廢可以占盛衰，盛衰可以占治亂。盛衰不過洛陽，而治亂關於天下。斯文之作，爲洛陽非爲園囿；爲天下非爲洛陽也。文字不過二百字，而其中該括無限盛衰治亂之變。意有含蓄，事存鑒戒，讀之令人感嘆。

（《崇古文訣評文》，《歷代文話》第一册，第508頁）

（南宋）謝枋得：名園特游觀之末，今張大其事，恢廣其意，謂園囿之興廢，乃洛陽盛衰之候；洛陽之盛衰，乃天下治亂之候，是至小之物關係至大。有學有識，方能爲此文。

（《文章軌範評文》，《歷代文話》第一册，第1058頁）

（清）金聖歎：幺麼小題，發出如許大論。大儒眼中，固無細事；大儒胸中，固無小計；大儒手中，固無瑣筆：定當如此。

（《天下才子必讀書》卷十五，《金聖歎全集》第五册，第534頁）

（清）林雲銘：此既作《名園記》之後，又自敘所以作記之意。先輩評其小題大做，不必復贅。但説得如許渾成，見得此記之作，大有關係。末發出感慨正旨，止用"唐之末路"四字，一結便住，不言垂戒，而垂戒之意自在言外，筆法高絕。（《增訂古文析義合編》卷十四）

（清）浦起龍：洛陽于唐爲東都，于宋爲西京。冠蓋之所會，流風之所漸，諸公滚滚（編按，當作衮衮），反是不思，大率然矣。前塵後影，有心人語，先見如著。

（《古文眉詮》卷七十四）

（清）過珙：即名園之興衰，推到天下之治亂，是小題大做法。

（《古文評注》卷四，第99頁）

二十四、屈騷辭賦

離　　騷

（戰國）屈原

【題解】

西漢劉向輯録屈原、宋玉、及漢代賈誼、東方朔、王褒等人作品爲《楚辭》，東漢王逸爲之作章句。本篇選自《楚辭》，是屈原的代表作，蓋作於屈原被楚懷王疏遠之後，抒發了“信而見疑，忠而被謗”的抑鬱之情。離騷，即遭遇憂愁之義。

帝高陽之苗裔兮[1]，朕皇考曰伯庸[2]。攝提貞于孟陬兮[3]，惟庚寅吾以降[4]。皇覽揆余初度兮[5]，肇錫余以嘉名[6]。名余曰正則兮[7]，字余曰靈均[8]。紛吾既有此内美兮[9]，又重之以脩能[10]。扈江離與辟芷兮[11]，紉秋蘭以爲佩[12]。汩余若將不及兮[13]，恐年歲之不吾與[14]。朝搴阰之木蘭兮[15]，夕攬洲之宿莽[16]。日月忽其不淹兮[17]，春與秋其代序[18]。惟草木之零落兮[19]，恐美人之遲暮[20]。不撫壯而棄穢兮[21]，何不改此度[22]？乘騏驥以馳騁兮[23]，來吾道夫先路[24]！

昔三后之純粹兮[25]，固衆芳之所在。雜申椒與菌桂兮[26]，豈維紉夫蕙茝[27]！彼堯舜之耿介兮[28]，既遵道而得路。何桀紂之猖披兮[29]，夫唯捷徑以窘步[30]。惟夫黨人之偷樂兮[31]，路幽昧以險隘。豈余身之憚殃兮[32]，恐皇輿之敗績[33]！忽奔走以先後兮，及前王之踵武[34]。荃不察余之中情兮[35]，反信讒而齌怒[36]。余固知謇謇之爲患兮[37]，忍而不能舍也[38]。指九天以爲正兮[39]，夫唯靈脩之故也[40]。曰黄昏以爲期兮，羌中道而改路[41]！初既與余成言兮，後悔遁而有他。余既不難夫離别兮，傷靈脩之數化[42]。

余既滋蘭之九畹兮[43]，又樹蕙之百畝。畦留夷與揭車兮[44]，雜杜衡與芳芷[45]。冀枝葉之峻茂兮[46]，願竢時乎吾將刈[47]。雖萎絶其亦何傷兮，哀衆芳之蕪穢[48]。衆皆競進以貪婪兮，憑不厭乎求索[49]。羌内恕己以量人兮[50]，各興心而嫉妒。忽馳騖以追逐兮，非余心之所急。老冉冉其將至兮，恐脩名之不立。朝飲木蘭之墜露兮，夕餐秋菊之落英[51]。苟余情其信姱以練要兮[52]，長顑頷亦何傷[53]。擥木根以結茝兮[54]，貫薜荔之落蕊[55]。矯菌桂以紉蕙兮[56]，索胡繩之纚纚[57]。謇吾法夫前脩兮[58]，非世俗之所服[59]。雖不周於今之人兮[60]，願依彭咸之遺則[61]。長太息以掩涕兮[62],哀民生之多艱[63]。余雖好脩姱以鞿羈兮[64],謇朝誶而夕替[65]。既替余以蕙纕兮[66],又申之以攬茝[67]。亦余心之所善兮,雖九死其猶未悔。怨靈脩之浩蕩兮[68],終不察夫民心。衆女嫉余之蛾眉兮,謡諑謂余以善淫[69]。固時俗之工巧兮[70],偭規矩而改錯[71]。背繩墨以追曲兮,競周容以爲度[72]。忳鬱邑余侘傺兮[73],吾獨窮困乎此時也。寧溘死以流亡兮[74],余不忍爲此態也。鷙鳥之不羣兮[75],自前世而固然。何方圜之能周兮[76],夫孰異道而相安?屈心而抑志兮,忍尤而攘詬[77]。伏清白以死直兮[78],固前聖之所厚。

悔相道之不察兮,延佇乎吾將反[79]。回朕車以復路兮[80],及行迷之未遠。步余馬于蘭皋兮[81],馳椒丘且焉止息。進不入以離尤兮[82],退將復脩吾初服[83]。製芰荷以爲衣兮[84],集芙蓉以爲裳。不吾知其亦已兮,苟余情其信芳。高余冠之岌岌兮,長余佩之陸離[85]。芳與澤其雜糅兮,唯昭質其猶未虧。忽反顧以遊目兮[86],將往觀乎四荒[87]。佩繽紛其繁飾兮,芳菲菲其彌章[88]。民生各有所樂兮,余獨好脩以爲常。雖體解吾猶未變兮,豈余心之可懲[89]。

女嬃之嬋媛兮[90],申申其詈予[91],曰鮌婞直以亡身兮[92],終然殀乎羽之野[93]。汝何博謇而好脩兮[94],紛獨有此姱節?薋菉葹以盈室兮[95],判獨離而不服[96]。衆不可户説兮[97],孰云察余之中情?世並舉而好朋兮,夫何煢獨而不予聽[98]?依前聖以節中兮[99],喟憑心而歷茲[100]。濟沅湘以南征兮[101],就重華而敶詞[102]。啓《九辯》與《九歌》兮[103],夏康娱以自縱[104]。不顧難以圖後兮,五子用失乎家巷[105]。羿淫遊以佚畋兮[106],又好射夫封狐[107]。固亂流其鮮終兮[108],浞又貪夫厥家[109]。澆身被服強圉兮[110],縱欲而不忍。日康娱而自忘兮,厥首用夫顛隕[111]。夏桀之常違兮[112],乃遂焉而逢殃。后辛之菹醢兮[113],殷宗用而不長。湯禹儼而祗敬兮[114],周論道而莫差[115]。舉賢而授能兮,循繩墨而不頗。皇天無私阿兮[116],覽民德焉錯輔[117]。夫維聖哲以茂行兮,苟得用此下土[118]。瞻前而顧後兮,相觀民之計極[119]。夫孰非義而可用兮?孰非善而可服[120]?阽余身而危死兮[121],覽余初其猶未悔。不量鑿而正枘兮[122],固前脩以菹醢。曾歔欷余鬱邑兮[123],哀朕時之不當[124]。攬茹蕙以掩涕兮,霑余襟之浪浪[125]。

跪敷衽以陳辭兮[126],耿吾既得此中正[127]。駟玉虬以椉鷖兮[128],溘埃風余上征[129]。朝發軔於蒼梧兮[130],夕余至乎縣圃[131]。欲少留此靈瑣兮[132],日忽忽其將暮。吾令羲和弭節兮[133],望崦嵫而勿迫[134]。路曼曼其脩遠兮,吾將上下而求索。飲余馬於咸池兮[135],總余轡乎扶桑[136]。折若木以拂日兮[137],聊逍遥以相羊[138]。前望舒使先驅兮[139],後飛廉使奔屬[140]。鸞皇爲余先戒兮,雷師告余以未具。吾令鳳鳥飛騰兮,繼之以日夜。飄風屯其相離兮[141],帥雲霓而來御[142]。紛總總其離合兮[143],斑陸離其上下[144]。吾令帝閽開關兮[145],倚閶闔而望予[146]。時曖曖其將罷兮[147],結幽蘭而延佇[148]。世溷濁而不分兮,好蔽美而嫉妒。朝吾將濟於白水兮[149],登閬風而緤馬[150]。忽反顧以流涕兮,哀高丘之無女[151]。溘吾遊此春宫兮[152],折瓊枝以繼佩[153]。及榮華之未落兮,相下女之可詒[154]。吾令豐隆乘雲兮[155],求宓妃之所在[156]。解佩纕以結言兮[157],吾令蹇脩以爲理[158]。紛總總其離合兮,忽緯繣其難遷[159]。夕歸次於窮石兮[160],朝濯髮乎洧盤[161]。保厥美以驕傲兮[162],日康娱以淫遊。雖信美而無禮兮,來違棄而改求[163]。覽相觀於四極兮,周流乎天余乃下。望瑶臺之偃蹇兮[164],見有娀之佚女[165]。吾令鴆爲媒兮[166],鴆告余以不好。雄鳩之鳴逝兮,余猶惡其佻巧。心猶豫而狐疑兮,欲自適而不可。鳳皇既受詒兮[167],恐高辛之先我[168]。欲遠集而無所止兮[169],聊浮遊以逍遥。及少康之未家兮[170],留有虞之二姚[171]。理弱而媒拙兮,恐導言之不固。世溷濁而嫉賢兮,好蔽美而稱惡。閨中既以邃遠兮[172],哲王又不寤。懷朕情而不發兮,余焉能忍與此終古?

索藑茅以筳篿兮[173],命靈氛爲余占之[174]。曰兩美其必合兮[175],孰信脩而慕之[176]? 思九州之博大兮[177],豈唯是其有女? 曰勉遠逝而無狐疑兮[178],孰求美而釋女? 何所獨無芳草兮,爾何懷乎故宇[179]? 世幽昧以昡曜兮,孰云察余之善惡? 民好惡其不同兮,惟此黨人其獨異! 户服艾以盈要兮[180],謂幽蘭其不可佩。覽察草木其猶未得兮,豈珵美之能當[181]? 蘇糞壤目充幃兮[182],謂申椒其不芳。欲從靈氛之吉占兮,心猶豫而狐疑。巫咸將夕降兮[183],懷椒糈而要之[184]。百神翳其備降兮[185],九疑繽其並迎[186]。皇剡剡其揚靈兮[187],告余以吉故[188]。曰勉陞降以上下兮[189],求榘矱之所同[190]。湯禹嚴而求合兮[191],摯咎繇而能調[192]。苟中情其好脩兮,又何必用夫行媒[193]? 説操築於傅岩兮[194],武丁用而不疑。吕望之鼓刀兮[195],遭周文而得舉。甯戚之謳歌兮[196],齊桓聞以該輔[197]。及年歲之未晏兮[198],時亦猶其未央[199]。恐鵜鴂之先鳴兮[200],使夫百草爲之不芳。何瓊佩之偃蹇兮[201],衆薆然而蔽之[202]。惟此黨人之不諒兮[203],恐嫉妒而折之[204]。時繽紛其變易兮,又何可以淹留[205]? 蘭芷變而不芳兮,荃蕙化而爲茅。何昔日之芳草兮,今直爲此蕭艾也[206]? 豈其有他故兮,莫好脩之害也! 余以蘭爲可恃兮,羌無實而容長。委厥美以從俗兮[207],苟得列乎衆芳。椒專佞以慢慆兮[208],樧又欲充夫佩幃[209]。既干進而務入兮[210],又何芳之能祗? 固時俗之流從兮[211],又孰能無變化? 覽椒蘭其若兹兮,又況揭車與江離? 惟兹佩之可貴兮,委厥美而歷兹[212]。芳菲菲而難虧兮,芬至今猶未沬[213]。和調度以自娱兮,聊浮游而求女。及余飾之方壯兮,周流觀乎上下。

靈氛既告余以吉占兮,歷吉日乎吾將行。折瓊枝以爲羞兮[214],精瓊靡以爲粻[215]。爲余駕飛龍兮,雜瑶象以爲車[216]。何離心之可同兮? 吾將遠逝以自疏。邅吾道夫崑崙兮[217],路脩遠以周流。揚雲霓之晻藹兮[218],鳴玉鸞之啾啾[219]。朝發軔於天津兮[220],夕余至乎西極。鳳皇翼其承旂兮[221],高翺翔之翼翼[222]。忽吾行此流沙兮[223],遵赤水而容與[224]。麾蛟龍使梁津兮[225],詔西皇使涉予[226]。路脩遠以多艱兮,騰衆車使徑待[227]。路不周以左轉兮[228],指西海以爲期[229]。屯余車其千乘兮,齊玉軑而並馳[230]。駕八龍之婉婉兮,載雲旗之委蛇。抑志而弭節兮[231],神高馳之邈邈。奏《九歌》而舞《韶》兮[232],聊假日以媮樂[233]。陟陞皇之赫戲兮[234],忽臨睨夫舊鄉[235]。僕夫悲余馬懷兮[236],蜷局顧而不行[237]。

亂曰:已矣哉!國無人莫我知兮,又何懷乎故都!既莫足與爲美政兮,吾將從彭咸之所居!

(《楚辭補注》,中華書局1983年版)

【注釋】

[1]高陽:帝顓頊,號高陽氏,傳説中的帝王。 [2]皇考:皇,美;考,父死稱考。伯庸:屈原父字。 [3]攝提:即攝提格,古代紀年術語,相當於寅年。貞:正。孟陬(zōu):夏曆正月,寅月。 [4]庚寅:庚寅日,古干支紀日法。降:降生。 [5]皇:皇考。覽:觀察。揆:揣度。初度:初生時之氣度。 [6]肇:開始。錫:賜。 [7]正則:公平而有法則,含有平之意。屈原名平,字原,正則爲化名。 [8]均:平、匀。廣平,曰原。 [9]紛:衆多。内美:内在美質。 [10]重:加上。脩通修,長。脩能:富有才幹。 [11]扈:披。江離:香草名,又名蘼蕪。辟芷:辟通僻,生於幽僻之地的香草。 [12]紉:聯綴。蘭:澤蘭。佩:佩飾。[13]汩(yù):水流急速貌。 [14]與:等待。 [15]搴(qiān):拔取。阰(pí):土山。木蘭:香木名,去皮不死。 [16]攬:採。宿莽:草名,經冬不死。 [17]忽:迅疾貌。淹:停留。 [18]代:更替。序:次序。 [19]惟:思。 [20]遲:晚。 [21]不:何不?撫:持,把握。壯:壯年。穢:蕪穢之德行。 [22]度:態度。 [23]騏驥:駿馬。 [24]來:召喚辭。先:先行。道:通導。 [25]后:君。三后:禹、湯、文王。有説三后,乃楚之先王,熊繹、若敖、蚡冒。 [26]申椒:申地的花椒。菌桂:香木名。 [27]蕙茝:皆香草名。 [28]耿介:光明正直。 [29]猖披:放縱不檢。 [30]捷徑:抄小路,謂不走正路。窘:困窘。 [31]黨人:朋比爲奸之人。偷:苟安。樂:享樂。 [32]憚殃:害怕遭遇災禍。 [33]皇:君主。輿:車。敗績:翻車。 [34]踵武:足跡。 [35]荃:香草名,喻君。 [36]齌(jì):迅疾。 [37]謇謇:忠貞貌。 [38]忍:克制。 [39]正:通證。 [40]靈脩:指楚王。 [41]羌:發語詞。 [42]數(shuò)化:多次變化。 [43]滋:栽培。畹:三十畝,或言二十畝,十二畝。 [44]畦(xí):壟。留夷:芍藥。揭車:香草名,味辛,白花。 [45]杜衡:又名馬蹄香。 [46]冀:期盼。峻:高大。 [47]竢:通俟,等待。刈(yì):割取。 [48]蕪穢:荒蕪骯髒。 [49]憑:滿。厭:滿足。 [50]恕:忖度。量人:以己度人。 [51]落英:初開之花。 [52]信:真實。姱:美好。練要:精誠專一。 [53]顑頷(kǎnhàn):消瘦貌。傷:憂慮。 [54]擥:同攬,持也。木根:木之本。結:編織。 [55]貫:貫穿。薜荔:香草名,攀緣而生。 [56]矯:舉。 [57]索:繩索。胡繩:香草名。纚(xí)纚:長而美之貌。 [58]謇:猶謇謇,忠貞貌。法:效法。前脩:前代賢人。 [59]服:用,指服食和佩帶。 [60]周:合,融洽。 [61]彭咸:殷商之賢人。遺則:榜樣。 [62]太息:歎息。 [63]民生:人生。 [64]鞿:馬韁繩。羈:馬籠頭。 [65]謇:發語詞。誶(suì):進諫。替:廢棄。 [66]

纕(xiāng):佩帶。 [67]申:重復。吕:古“以”字。 [68]浩蕩:無思慮貌。 [69]諑(zhuó):譭謗。 [70]工:善。巧:巧言取媚。 [71]偭(miǎn):違背。規矩:猶言法則。錯:同措。改錯,改變措施。 [72]周容:苟合求容。度:法。 [73]忳(tūn):憂鬱貌。侘傺(chàchì):失意貌。 [74]溘(kè):忽然。 [75]鷙鳥:猛禽。 [76]圜:通圓。周:合。 [77]尤:罪。攘:招致。 [78]伏:通服,習慣於。 [79]延:長久。佇(zhù):站立。反:通返。 [80]復路:回復舊路。 [81]步:慢行。皋:水邊高地。 [82]進:入仕。離:通罹,遭遇。 [83]初服:原本的服飾。 [84]芰(jī):菱。 [85]陸離:參差貌。 [86]遊目:縱目而望。 [87]四荒:四方遥遠之地。 [88]章:同彰,顯著。 [89]懲:懼。 [90]女嬃:屈原姊。嬋媛:不捨貌。 [91]申申:反復。詈:責駡。 [92]婞直:剛直。亡:通忘。[93]殀:早死。羽:羽山,傳説中神山。 [94]博謇:博學而忠貞。 [95]薋:草多貌。菉:王芻,又名菉蓐。葹:蒼耳。菉、葹皆惡草。 [96]判:分別。服:佩戴。 [97]户説:挨門挨户地解説。 [98]煢(qióng):孤。 [99]節:節度。中:中正之道。 [100]喟:歎息。憑:滿,指憤懣。歷兹:至此。 [101]濟:渡。征:遠行。 [102]重華:舜名。傳説舜死葬九嶷山,在沅湘間。敶:通陳。 [103]啓:禹之子。《九辯》《九歌》皆樂曲名,傳説夏啓盗於天庭。 [104]夏:指夏啓。康:安樂。縱:放縱。 [105]五子:即五觀,又作武觀,夏啓幼子,曾據西河之地反叛。用:因此。失:衍文。巷:借爲鬨,同鬨,鬥争。 [106]羿:有窮國君主,夏之諸侯,逐夏后相自立。佚:放縱。畋:打獵。 [107]封:大。 [108]固:必定。亂流:横流而渡。鮮:少。終:結果。 [109]浞:即寒浞,相傳爲后羿相,後策動家臣殺后羿,并强佔其妻。家:指妻室。 [110]澆(Ào):寒浞子。披服:穿戴,引申爲依仗、憑藉。强圉:暴力。 [111]首:頭。顛隕:掉落。澆既滅夏后相,縱欲不忍,終被夏后相之子少康所殺。 [112]違:背離正道。 [113]后:君主。辛:商紂名。菹(zū):酸菜。醢(hǎi):肉醬。 [114]儼:畏懼。祗(zhī):敬。 [115]周:周遍。論:擇。道:治國之道。 [116]私阿:偏愛。 [117]民德:民之有德者。錯:同措,安置。 [118]苟:誠,確實。 [119]計:謀劃。極:準則。 [120]服:用。 [121]阽(diàn):猶危也。 [122]鑿:所鑿之孔。枘(ruì):插入孔中之木。 [123]曾:多次。歔欷:哀泣之聲。鬱邑:憂鬱。 [124]不當:生不逢時之意。 [125]霑:同沾。浪浪:流淚貌。 [126]敷:鋪開。衽:衣前襟。 [127]耿:光明。中正:中正之道。 [128]駟:四馬駕的車。虬(qiú):無角之龍。椉:同乘。鷖(yī):鳳鳥一種。 [129]溘:忽然。埃:當作竢,等待。 [130]軔(rèn):放在車輪前的木頭,防止車輪滚動。蒼梧:即九嶷山。 [131]縣圃:神山,在昆侖山之上。 [132]靈:神靈。瑣:門上鏤紋,形如連瑣,皆指神宫之門。 [133]羲和:日御。弭:停止。節:馬鞭。 [134]崦嵫:西方神山,日落處。迫:靠近。 [135]咸池:日浴處。 [136]扶桑:神樹。 [137]若木:神樹,傳説在昆侖西。 [138]相羊:猶徘徊。 [139]望舒:月御。[140]飛廉:風神。 [141]飄風:旋風。屯:聚合。 [142]御:迎。 [143]紛:多。緫緫:緫同總,繁多貌。 [144]斑:猶多。陸離:光輝燦爛貌。 [145]閽:守門人。 [146]閶闔:天門。 [147]曖曖:昏暗貌。罷:終了。 [148]延佇(zhù):遷延、停留。 [149]白水:河名,出崑崙山。 [150]閬風:神山,在昆侖山上。緤(xiè):繫馬。 [151]高丘:指昆侖山。 [152]春宫:青帝所居之宫。 [153]繼:接續。佩:玉佩。 [154]詒:同貽,贈送。 [155]豐隆：雲神。椉，通“乘”。 [156]宓(Fú)妃：洛水女神。 [157]纕：香囊。結言：約定。 [158]理：媒人。 [159]緯繣(huà)：乖戾。遷：就，接近。 [160]窮石：地名，傳説在西方。 [161]洧盤：神水名，傳説出崦嵫山。 [162]保：憑、恃。 [163]違：離棄。 [164]偃蹇：高貌。 [165]有娀(Sōng)：古國名。傳説有娀氏有二女，居之高臺之上，有燕子遺卵，生殷商始祖契。佚女：美女。 [166]鴆：鳥名，羽有劇毒。 [167]受詒：接受委託。 [168]高辛氏：帝嚳，傳説中的帝王，娶有娀氏之女生契。 [169]集：鳥止樹上。 [170]少康：夏后相之子，夏代中興之君主。家：成家。 [171]有虞氏：古國名，澆滅夏后相，少康逃至有虞，有虞以女妻之。 [172]闈：宫中小門。邃遠：幽深。 [173]藑茅：一種靈草。以：與。筳：折斷的小竹枝。篿(zhuān)：楚人稱用結草折竹占卜爲篿。[174]靈氛：善占卜者。 [175]曰：占卜結果。兩美：指君臣。 [176]孰：誰。信脩：真正品行美好。 [177]思：同思。 [178]曰：以下至“謂申椒其不芳”，爲靈氛釋卦之辭。[179]故宇：舊居。 [180]服：佩戴。艾：白蒿，惡草。要：通“腰”。 [181]珵(chéng)：美玉。當：得當。 [182]蘇：取。 [183]巫咸：古神巫。 [184]懷：懷帶。椒：香物，用以降神。糈：精米，用以享神。要：迎。 [185]翳：遮蔽。 [186]九嶷：九嶷山之神。繽：衆多貌。 [187]皇：神靈。剡(yǎn)剡：光明貌。揚靈：發揚神的光靈。 [188]故：緣由。[189]曰：以下至“百草爲之不芳”，爲巫咸之辭。 [190]榘：同矩。矱(huò)：度量長度之具。 [191]儼：敬。 [192]摯(zhì)：商湯時之賢臣。咎繇(Gāoyáo)：即皋陶，舜時賢臣。調：協調。 [193]行：行人，使者。 [194]説(Yuè)：即傅説，殷商武丁時賢臣。築：建築用的杵。傅岩：地名。相傳傅説築城傅岩，武丁舉以爲相。 [195]鼓刀：相傳姜太公曾在朝歌操刀賣肉。 [196]甯戚：春秋時期，衛國人，曾在飼牛時，叩牛角而歌，齊桓公夜出，聞之，以爲客卿。 [197]該：備。 [198]晏：晚。 [199]央：盡。 [200]鵜鴂(tíjué)：即杜鵑，常以立夏鳴，鳴則百花皆謝。 [201]偃蹇：衆多貌。 [202]薆然：隱藏貌。[203]諒：信。 [204]折：摧折。之：指瓊佩。 [205]淹留：久留。 [206]直：發語詞。[207]委：委棄。 [208]專：專權。佞：巧言。慢慆(tāo)：傲慢。 [209]榝(shā)：惡草名。 [210]干：求。入：入仕。 [211]流從：隨波逐流之意。 [212]歷：選。 [213]沬(mèi)：滅。 [214]羞：美味的食品。 [215]精：把米搗精細。靡(mí)：細屑。粻(zhāng)：糧。 [216]瑶：美玉。象：象牙。 [217]邅(zhān)：轉。 [218]揚：舉起。晻藹：幽暗貌。 [219]玉鸞：車上鈴。 [220]天津：天河的渡口，東極箕、斗之間。 [221]翼：敬。承：持。 [222]翼翼：和貌。 [223]流沙：西北沙漠地帶。 [224]赤水：水名，出昆侖山。容與：從容貌。 [225]麾：指揮。梁：橋。 [226]西皇：西方神靈。 [227]騰：傳告。徑待：侍衛。 [228]不周：即不周山，神山，在崑崙山西北。 [229]西海：神話中，西方之海。期：期會。 [230]玉軚(dài)：用玉裝飾的車輪。 [231]志：當做幟。 [232]《韶》：舜樂名。 [233]假：假借。媮(yú)：愉樂。 [234]皇：皇天。赫戲：光明貌。[235]睨(nì)：旁觀。舊鄉：故國。 [236]僕夫：車御。 [237]蜷局：拳曲。

【集評】

(西漢)司馬遷：屈平疾王聽之不聰也，讒諂之蔽明也，邪曲之害公也，方正不容也，故憂愁幽思而作《離騷》。離騷者,猶離憂也。夫天者,人之始也;父母者,人之本也。人窮則反本,故勞苦倦極,未嘗不呼天也;疾痛慘怛,未嘗不呼父母也。屈平正道直行,竭忠盡智以事其君,讒人閒之,可謂窮矣。信而見疑,忠而被謗,能無怨乎?屈平之作《離騷》,蓋自怨生也。《國風》好色而不淫,《小雅》怨誹而不亂。若《離騷》者,可謂兼之矣。上稱帝嚳,下道齊桓,中述湯武,以刺世事。明道德之廣崇,治亂之條貫,靡不畢見。其文約,其辭微,其志絜,其行廉,其稱文小而其指極大,舉類邇而見義遠。其志絜,故其稱物芳。其行廉,故死而不容。自疏濯淖汙泥之中,蟬蛻於濁穢,以浮游塵埃之外,不獲世之滋垢,皭然泥而不滓者也。推其志也,雖與日月爭光可也。

(《屈原传》,《史記》卷八十四,第2482頁)

(東漢)王逸:《離騷》之文,依《詩》取興,引類譬諭,故善鳥香草,以配忠貞;惡禽臭物,以比讒佞;靈脩美人,以媲於君;宓妃佚女,以譬賢臣;虬龍鸞鳳,以託君子;飄風雲霓,以爲小人。其詞温而雅,其義皎而朗。凡百君子,莫不慕其清高,嘉其文采,哀其不遇,而愍其志焉。

(《楚辭補注》,第2-3頁)

(南朝梁)劉勰:故其敘情怨,則鬱伊而易感;述離居,則愴怏而難懷;論山水,則循聲而得貌;言節候,則披文而見時。是以枚、賈追風以入麗,馬、揚沿波而得奇,其衣被詞人,非一代也。故才高者菀其鴻裁,中巧者獵其豔辭,吟諷者銜其山川,童蒙者拾其香草。

(《辨騷》,《文心雕龍義證》卷一,第162-163頁)

山　　鬼

(戰國)屈原

【題解】

本篇選自《楚辭·九歌》。《九歌》源於祭歌,共十一篇,曰《東皇太一》《雲中君》《湘君》《湘夫人》《大司命》《少司命》《東君》《河伯》《山鬼》《國殤》《禮魂》。楚地祭神之俗,蓋以男巫下女神,以女巫下男神,多纏綿悱惻之辭。屈原因之作《九歌》,以人神交接之難,寓君臣相得之難,摹情抒懷,感人至深。《山鬼》描寫了山中女神苦等戀人未得,獨自歸去的過程,情態最爲淒婉。

若有人兮山之阿[1],被薜荔兮帶女蘿[2]。既含睇兮又宜笑[3],子慕予兮善窈窕[4]。乘赤豹兮從文狸[5],辛夷車兮結桂旗[6]。被石蘭兮帶杜衡[7],折芳馨兮遺所思[8]。余處幽篁兮終不見天[9],路險難兮獨後來[10]。表獨立兮山之上[11],雲容容兮而在下[12]。杳冥冥兮羌晝晦[13],東風飄兮神靈雨[14]。留靈脩兮憺忘歸[15],歲既晏兮孰華予?采三秀兮於山間[16],石磊磊兮葛蔓蔓。怨公子兮悵忘歸[17],君思我兮不得閒。山中人兮芳杜若,飲石泉兮蔭松柏[18]。君思我兮然疑作[19]。靁填填兮雨冥冥，猨啾啾兮又夜鳴[20]。風颯颯兮木蕭蕭，思公子兮徒離憂[21]。

（《楚辭補注》，中華書局1983年版）

【注釋】

[1]若：仿佛。阿：山之彎曲處。 [2]被：同披。薜荔：蔓生常緑灌木，又稱木蓮。女蘿：即松蘿，地衣類植物，常垂掛於樹梢。 [3]含睇（dì）：含情流盼。 [4]慕：思慕。窈窕：姿態姣好。 [5]赤豹：毛赤而紋黑的豹。文狸：毛色黄黑相雜之狸。 [6]辛夷：香木名。結：繫於車上。桂旗：用桂花枝做的旗。 [7]石蘭：蘭草一種，又名山蘭。杜衡：香草，俗名馬蹄香。 [8]遺（wèi）：贈送。 [9]篁：竹林。 [10]後來：遲到。 [11]表：突出貌。[12]容容：浮動貌。 [13]羌：發語詞。 [14]飄：暴風。 [15]留：等候。靈脩：指戀人。憺（dàn）：安然。 [16]三秀：靈芝。靈芝一年開三次花，故稱三秀。於山：即巫山。於（wū），假借爲巫。 [17]悵：惆悵。 [18]蔭：遮蔽。 [19]然：誠然。 [20]猨：同猿。又：當作狖（yòu），黑色長尾猿。 [21]徒：徒然。離：遭遇。

【集評】

（東漢）王逸：《九歌》者，屈原之所作也。昔楚國南郢之邑，沅、湘之間，其俗信鬼而好祠。其祠，必作歌樂鼓舞以樂諸神。屈原放逐，竄伏其域，懷憂苦毒，愁思沸鬱。出見俗人祭祀之禮，歌舞之樂，其詞鄙陋。因爲作《九歌》之曲，上陳事神之敬，下見己之冤結，託之以風諫。故其文意不同，章句雜錯，而廣異義焉。（《楚辭補注》，第55頁）

（清）戴震：《山鬼》六章，通篇皆爲山鬼與己相親之辭，亦可以假山鬼自喻。蓋自吊其與山鬼爲伍，又自悲其同乎山鬼也。歌辭反側讀之，皆其寄意所在。

（《屈原賦注·九歌》（萬有文庫本），第21頁）

（清）賀貽孫：《山鬼篇》另抽心意，不作佞鬼語，却作鬼佞人之詞，更奇；"若有人兮山之阿"，無端説鬼，徜恍幻妙。"披薜荔兮帶女蘿"，鬼中安得有此高士？"既含睇兮又宜笑"，鬼中安得有此美人？"子慕余兮善窈窕"，鬼趣也。"折芳馨兮遺所思"，鬼韻也。"乘赤豹兮從文狸"，鬼馬也。"辛夷車兮結桂旗"，鬼輿從也。憑空點綴，字字奇絕。

（《騷筏》，《四庫未收書輯刊》第十輯第13册，第10頁）

九　　辯(節選)

(戰國)宋玉

【題解】

宋玉,生卒年不詳,以辭賦事楚頃襄王,能效屈子從容辭令,然莫敢直諫。傳世作品有《九辯》,另《高唐賦》《神女賦》《風賦》《登徒子好色賦》等,然真僞難辨。本篇節選自《九辯》,抒發壯志難酬,抑鬱失意之情,雖有模擬《離騷》痕跡,然開篇秋風之歎一段,頗爲獨到,爲千古悲秋之祖。

悲哉秋之爲氣也!蕭瑟兮,草木摇落而變衰。憭慄兮[1],若在遠行。登山臨水兮,送將歸。泬寥兮[2],天高而氣清;宗廫兮[3],收潦而水清[4]。憯悽增欷兮[5],薄寒之中人[6];愴怳懭悢兮[7],去故而就新;坎廩兮[8],貧士失職而志不平;廓落兮[9],羈旅而無友生[10];惆悵兮而私自憐。燕翩翩其辭歸兮,蟬宗漠而無聲[11]。鴈廱廱而南遊兮[12],鵾鷄啁哳而悲鳴[13]。獨申旦而不寐兮[14],哀蟋蟀之宵征[15]。時亹亹而過中兮[16],蹇淹留而無成[17]。

(《楚辭補注》,中華書局1983年版)

【注釋】

[1]憭慄(liáolì):悽愴貌。　[2]泬(xuè)寥:曠蕩空虚貌。　[3]宗廫:虚静貌。　[4]潦(lǎo):雨水。　[5]憯悽(cǎnqī):悲痛貌。欷(xī):欷歔,悲歎貌。　[6]中人:傷人。　[7]愴怳(chuǎnghuǎng):失意貌。懭悢(kuànglǎng):不得志貌。　[8]坎(kǎn)廩(lǎn):坎坷。　[9]廓落:空曠寂寞。　[10]友生:朋友。　[11]宗漠:同"寂寞"。　[12]鴈:同雁。廱(yōng)廱:雁鳴聲。　[13]鵾(kūn)鷄:鳥名,似鶴。啁哳(zhāozhā):細碎叫聲。　[14]申:至。　[15]宵征:夜行。　[16]亹(wěi)亹:行進不止貌。中:中年。　[17]蹇(jiǎn):發語詞。淹留:久留。

【集評】

(南宋)朱熹:秋者,一歲之運,盛極而衰,肅殺寒涼,陰氣用事,草木零落,百物凋悴之時,有似叔世危邦,主昏政亂,賢智屏絀,姦凶得志,民貧財匱,不復振起之象,是以忠臣志士,遭讒放逐者,感事興懷,尤切悲歎也。(《楚辭集注》卷六,第116頁)

(清)王夫之:人之有秋心,天之有秋氣,物之有秋容。三合而懷人之情悽愴不容已矣。故爲屈子重悲焉。(《楚辭通釋》卷八,第121頁)

(清)吴世尚:《九辯》比興居多,最得風人之致。其於世道衰微,靈均坎壈,止以一

“秋”字盡之,何其言簡而意括也!　　(《楚辭疏》,《楚辭文獻叢刊》,第55冊,第17頁)

鵩鳥賦

(西漢)賈誼

【題解】

本文是賈誼謫居長沙時所作。據《史記·屈原賈生列傳》記載:“賈生爲長沙王太傅,三年,有鴞飛入賈生舍,止於坐隅。楚人命鴞曰服。賈生既已適居長沙,長沙卑濕,自以爲壽不得長,傷悼之,乃爲賦以自廣。”鴞,即今之貓頭鷹。按古長沙風俗,貓頭鷹入宅,預示主人將死。《鵩鳥賦》用萬物變化、死生無常、福禍相因等觀念,來化解、排遣胸中的抑鬱之情。

單閼之歲兮[1],四月孟夏。庚子日斜兮[2],鵩集予舍[3]。止于坐隅兮[4],貌甚閑暇。異物來萃兮[5],私怪其故[6]。發書占之兮[7],讖言其度[8],曰:“野鳥入室兮,主人將去。”請問于鵩兮:“予去何之[9]? 吉乎告我,凶言其災。淹速之度兮[10],語予其期[11]。”鵩廼歎息,舉首奮翼;口不能言,請對以臆[12]:

“萬物變化兮,固無休息。斡流而遷兮[13],或推而還[14]。形氣轉續兮,變化而蟺[15]。沕穆無窮兮[16],胡可勝言! 禍兮福所依,福兮禍所伏;憂喜聚門兮,吉凶同域。彼吴強大兮,夫差以敗[17];越棲會稽兮[18],句踐霸世。斯游遂成兮,卒被五刑[19];傅説胥靡兮,廼相武丁[20]。夫禍之與福兮,何異糾纆[21];命不可説兮,孰知其極[22]! 水激則旱兮[23],矢激則遠;萬物迴薄兮[24],振盪相轉。雲蒸雨降兮,糾錯相紛;大鈞播物兮[25],坱圠無垠[26]。天不可預慮兮,道不可預謀;遲速有命兮,焉識其時。

“且夫天地爲鑪兮,造化爲工[27];陰陽爲炭兮,萬物爲銅。合散消息兮[28],安有常則? 千變萬化兮,未始有極,忽然爲人兮,何足控摶[29];化爲異物兮[30],又何足患! 小智自私兮,賤彼貴我;達人大觀兮,物無不可。貪夫殉財兮,烈士殉名。夸者死權兮[31],品庶每生[32]。怵迫之徒兮[33],或趨東西;大人不曲兮[34],意變齊同[35]。愚士繫俗兮[36],窘若囚拘;至人遺物兮[37],獨與道俱。衆人惑惑兮,好惡積億[38];真人恬漠兮[39],獨與道息。釋智遺形兮,超然自喪;寥廓忽荒兮[40],與道翱翔。乘流則逝兮,得坻則止[41];縱軀委命兮[42],不私與己[43]。

“其生兮若浮,其死兮若休;澹乎若深泉之静[44],泛乎若不繫之舟。不以生故自寶兮,養空而浮[45];德人無累,知命不憂。細故蔕芥[46],何足以疑!”

(《文選》卷十三,上海古籍出版社1986年版)

【注釋】

[1]單閼(chán'è):古以歲星紀年,太歲在卯曰單閼。 [2]庚子:古以干支紀日,庚子爲四月某一天。 [3]鵩:貓頭鷹。集:止。 [4]坐隅:座位之一角。 [5]異物:怪物。萃:止。 [6]私:暗自。 [7]發:打開。書:占卜之書。 [8]讖(chèn):預言。度:定數。 [9]之:往。 [10]淹:遲。 [11]語:告訴。 [12]臆:胸臆,心中所想。 [13]斡(wò):轉。 [14]推:推移。還:回。 [15]而:如。嬗(chán):蜕變。 [16]沕(wù)穆:精微深遠。 [17]夫差:吴國君主,曾大敗越國,越王勾踐入吴爲奴,然終滅於越。 [18]越:指越王勾踐。棲:山居。越王勾踐戰敗,曾被吴軍圍困會稽山。 [19]斯:李斯,曾爲秦丞相,終被腰斬於市。五刑:黥、劓、刖、宫、大辟等五種刑法。 [20]傅説:殷商高宗武丁時賢臣,相傳傅説築城傅岩,武丁舉以爲相。胥靡:刑罰名,把罪人繫在一起,使服勞役。 [21]糾纆:繩兩股爲糾,三股爲纆,意謂福禍絞結。 [22]極:準則。 [23]激:迅疾。旱:通悍,迅猛。 [24]迴:同回,返。薄:迫近。 [25]鈞:製造陶器所用轉輪。大鈞,謂造化。 [26]坱圠(yǎngyà):無邊貌。 [27]工:冶金之工匠。 [28]消:滅。息:生。 [29]控:控制。摶(tuán):把東西揉成球狀。控摶,意謂貪戀生命。 [30]異物:謂死亡。 [31]夸:虚名。權:權勢。 [32]品庶:衆庶,一般人。每:貪。 [33]怵(chù):恐懼,爲利所誘。迫:爲貧賤所迫。 [34]曲:曲於外物。 [35]意:通億,料度。齊同:齊同萬物。 [36]繫:爲世俗所累。 [37]至人:至德之人。物:外物。 [38]億:古十萬爲億,意謂積累極多。 [39]真人:得道之人。恬漠:恬淡,寂静。 [40]寥廓:深遠,空曠。忽荒:恍惚。 [41]坻(chí):水中小州。 [42]縱:放縱,歸於自然。 [43]私:指貪戀生命。 [44]澹:安静。 [45]空:虚空之性。 [46]細故:小事情。蔕芥:即芥蒂,指鵩鳥入宅之事。

【集評】

(南朝梁)劉勰:賈誼《鵩賦》,致辨於情理。(《詮賦》,《文心雕龍義證》卷二,第289頁)

(南宋)朱熹:凡誼所稱,皆列禦寇、莊周之常言,又爲傷悼無聊之故,而藉之以自誑者,夫豈真能原始反終,而得夫朝聞夕死之實哉!誼有經世之才,文章蓋其餘事,其奇偉卓絶,亦非司馬相如輩所能彷彿。而揚雄之論,常高彼而下此,韓愈亦以馬、揚厠於孟子、屈原之列,而無一言以及誼,余皆不能識其何説也。(《楚辭集注》卷八,第154-155頁)

子虛賦

(西漢)司馬相如

【題解】

司馬相如(前179—前117),字長卿,蜀郡成都人。漢景帝時,以貲爲郎,後病免,客遊梁,爲梁孝王門客,與鄒陽、枚乘、嚴忌等交遊。梁孝王卒,相如歸成都閒居,曾與臨邛卓文君當壚賣酒。漢武帝讀其《子虛賦》,激賞,召見,相如復作《上林賦》,賦奏,以爲郎。會唐蒙通夜郎,發巴蜀吏卒甚衆,民情擾動。相如奉使安撫,復通西南夷,遷爲中郎,多有諷諫。相如口吃而善著書,《子虛》《上林》外,尚有《長門賦》《大人賦》等騷體名篇。《子虛賦》假設子虛出使齊國,向烏有先生誇耀楚王遊雲夢澤之盛況;烏有先生加以駁斥。《上林賦》承上,寫亡是公誇飾天子上林苑遊獵的宏闊盛況。《子虛賦》《上林賦》體現了漢大賦鋪張揚厲的審美風尚。

楚使子虛使於齊,王悉發車騎,與使者出畋[1]。畋罷,子虛過姹烏有先生[2],亡是公存焉。坐定,烏有先生問曰:"今日畋樂乎?"子虛曰:"樂。""獲多乎?"曰:"少。""然則何樂?"對曰:"僕樂齊王之欲夸僕以車騎之衆,而僕對以雲夢之事也。"曰:"可得聞乎?"

子虛曰:"可。王車駕千乘,選徒萬騎,畋於海濱。列卒滿澤,罘網彌山[3]。掩兔轔鹿[4],射麋脚麟[5]。騖於鹽浦[6],割鮮染輪[7]。射中獲多,矜而自功。顧謂僕曰:'楚亦有平原廣澤游獵之地,饒樂若此者乎?楚王之獵,孰與寡人乎?'僕下車對曰:'臣,楚國之鄙人也。幸得宿衛十有餘年,時從出游,游於後園,覽於有無,然猶未能徧覩也,又焉足以言其外澤乎?'齊王曰:'雖然,略以子之所聞見而言之。'"

"僕對曰:'唯唯[8]。臣聞楚有七澤,嘗見其一,未覩其餘也。臣之所見,蓋特其小小者耳,名曰雲夢。雲夢者,方九百里,其中有山焉。其山則盤紆岪鬱[9],隆崇嵂崒[10]。岑崟參差[11],日月蔽虧[12]。交錯糾紛,上干青雲[13]。罷池陂陀[14],下屬江河[15]。其土則丹青赭堊[16],雌黄白坿[17],錫碧金銀。衆色炫耀,照爛龍鱗。其石則赤玉玫瑰[18],琳瑉昆吾[19],瑊玏玄厲[20],碝石碔砆[21]。其東則有蕙圃,衡蘭芷若[22],穹窮菖蒲[23],茳蘺蘪蕪[24],諸柘巴苴[25]。其南則有平原廣澤,登降陁靡[26],案衍壇曼[27]。緣以大江,限以巫山。其高燥則生葴菥苞荔[28],薜莎青蘋[29]。其埤濕則生藏莨蒹葭[30],東蘠彫胡[31]。蓮藕觚盧[32],菴閭軒于[33]。衆物居之,不可勝圖。其西則有涌泉清池:激水推移,外發芙蓉菱華,内隱鉅石白沙;其中則有神龜蛟鼉[34],瑇瑁鼈黿[35]。其北則有陰林:其樹楩枏豫章[36],桂椒木蘭,檗離朱楊[37],樝梨梬栗[38],橘柚芬芳;其上則有鵷鶵孔鸞[39],騰遠射干[40]。其下則有白虎玄豹,蟃蜒貙犴[41]。'"

"'於是乎乃使剸諸之倫[42],手格此獸[43]。楚王乃駕馴駮之駟[44],乘彫玉之輿。靡魚須之橈旃[45],曳明月之珠旗[46]。建干將之雄戟[47],左烏號之雕弓[48],右夏服之勁箭[49]。陽子驂乘[50],孅阿爲御[51]。案節未舒[52],即陵狡獸[53]。蹵蛩蛩[54],轔距虛[55]。軼野馬[56],轊陶駼[57],乘遺風[58],射游騏[59]。倏眒倩浰[60],雷動猋至,星流霆擊,弓不虛發,中必決眦[61],洞胸達掖[62],絕乎心繫[63]。獲若雨獸[64],揜草蔽地。於是楚王乃弭節徘徊,翱翔容與,覽乎陰林,觀壯士之暴怒,與猛獸之恐懼。徼𠔌受詘[65],殫覩衆物之變態[66]。'"

"'於是鄭女曼姬[67],被阿緆[68],揄紵縞[69],雜纖羅[70],垂霧縠[71]。襞積褰縐[72],紆徐委曲,鬱橈谿谷[73]。衯衯裶裶[74],揚袘戌削[75],蜚襳垂髾[76]。扶輿猗靡[77],翕呷萃蔡[78],下靡蘭蕙[79],上拂羽蓋[80]。錯翡翠之威蕤[81],繆繞玉綏[82]。眇眇忽忽[83],若神仙之髣髴。'"

"'於是乃相與獠於蕙圃[84],媻姍教窣[85],上乎金隄[86]。揜翡翠[87],射鵔鸃[88]。微矰出[89],孅繳施[90]。弋白鵠[91],連駕鵝[92]。雙鶬下[93],玄鶴加[94]。怠而後發[95],游於清池[96]。浮文鷁[97],揚旌栧[98]。張翠帷,建羽蓋。罔瑇瑁,鉤紫貝[99]。摐金鼓[100],吹鳴籟[101]。榜人歌[102],聲流喝[103]。水蟲駭,波鴻沸。涌泉起,奔揚會[104]。礧石相擊[105],硠硠礚礚[106]。若雷霆之聲,聞乎數百里之外。'"

"'將息獠者[107],擊靈鼓[108],起烽燧[109]。車按行[110],騎就隊[111]。纚乎淫淫[112],般乎裔裔[113]。於是楚王乃登雲陽之臺[114],怕乎無爲[115],憺乎自持[116]。勺藥之和具[117],而後御之[118]。不若大王終日馳騁,曾不下輿[119],脟割輪焠[120],自以爲娱。臣竊觀之,齊殆不如。'於是齊王無以應僕也。"

烏有先生曰:"是何言之過也!足下不遠千里,來貺齊國[121],王悉發境内之士,備車騎之衆,與使者出畋,乃欲戮力致獲[122],以娱左右,何名爲夸哉?問楚地之有無者,願聞大國之風烈[123],先生之餘論也。今足下不稱楚王之德厚,而盛推雲夢以爲高,奢言淫樂而顯侈靡,竊爲足下不取也。必若所言,固非楚國之美也。無而言之,是害足下之信也。彰君惡,傷私義[124],二者無一可。而先生行之,必且輕於齊而累於楚矣[125]。且齊東陼鉅海[126],南有琅邪[127]。觀乎成山[128],射乎之罘[128]。浮渤澥[130],游孟諸[131]。邪與肅慎爲隣[132],右以湯谷爲界[133]。秋田乎青丘[134],彷徨乎海外,吞若雲夢者八九[135],於其胸中曾不蔕芥[136]。若乃俶儻瑰瑋[137],異方殊類,珍怪鳥獸,萬端鱗崪[138]。充牣其中[139],不可勝記。禹不能名,卨不能計[140]。然在諸侯之位,不敢言游戲之樂,苑囿之大。先生又見客[141],是以王辭不復,何爲無以應哉?"

(《文選》卷七,上海古籍出版社1986年版)

【注釋】

[1]畋(tián):打獵。 [2]過:訪問。姹(chà):誇耀。 [3]罘(fú)網:捕兔之網。 [4]轔(lín)鹿:用車輾鹿。 [5]脚麟(lín);抓住麟之脚。 [6]騖(wù):奔馳。鹽浦:產鹽的海濱。 [7]鮮:獵物。 [8]唯唯:是。 [9]盤紆(yū)茀(fú)鬱:迂回曲折。 [10]崋崒(lǜzú):高聳險危。 [11]岑崟(cényín):高俊貌。 [12]蔽:遮蔽。虧:半缺。 [13]干:觸犯。 [14]罷(pí)池:山坡傾斜貌。陂陀(pó):山寬廣貌。 [15]屬(zhǔ):相連。 [16]丹:朱砂。青:空青。赭(zhě):赤土。堊(è):白土。 [17]雌黄:礦物名。白坿(fù):白石英。 [18]玫瑰:火齊珠,一種美石。 [19]琳瑉(mín):玉石。昆吾:同琨珸,美

石。[20]瑊玏(jiānlè):玉石。玄厲:黑石,可磨刀。[21]碝(ruǎn)石:玉石,白中帶赤。碔砆(wǔfū):玉石,赤地白紋。[22]蘅(héng):杜衡。蘭:澤蘭。芷(zhǐ):白芷。若:杜若。[23]芎藭(xiōngqióng):香草名,又名川芎。菖蒲:香草名。[24]江蘺(lí):香草名。蘪蕪(míwú):香草名。[25]諸柘(zhè):甘蔗。巴苴(jū):芭蕉。[26]陁(yǐ)靡:山勢傾斜綿延貌。[27]案衍:低下貌。壇曼:平寬貌。[28]葴(zhēn):馬藍。菥(xī):似燕麥。苞:與茅相似。荔(lì):似蒲而小,可製刷子。[29]薛:蒿的一種。莎(suō):蒿的一種,可製斗笠、蓑衣。薠(fān):似莎而大。[30]藏莨(zānglàng):蘆荻。蒹葭(jiānjiā):蘆葦。[31]東蘠(qiáng):一種似蓬草類植物。彫胡:即菰米,俗名茭白。[32]觚(gū)盧:菰米的嫩芽。[33]菴閭(ānlǘ):水草名。軒于(xuānyú):水草名。[34]鼉(tuó):揚子鱷。[35]瑇瑁(dàimèi):龜類動物。黿(yuán):大鱉。[36]楩(pián):南方大木名。枏(nān):楠樹。豫章:大樹名。[37]檗(bò):黃檗。離:山梨。朱楊:赤莖柳。[38]樝(zhā)梨:形似梨,味甘。梬(yǐng)栗:又名梬棗,形似柿而小。[39]鵷(yuān)鶵:鳥名,似鳳。孔:孔雀。[40]射(yè)干:獸名,似狐而小,能緣木。[41]蟃蜒:大獸名,形似狸。貙犴(qūhàn):似狸而大的野獸。[42]剸諸:即專諸,春秋時期吴國勇士,刺殺吴王僚而死。[43]格:搏擊。[44]馴:馴服。駮:同駁,雜色馬。駟:合駕一車的四匹馬。[45]靡:同麾。橈旃(náozhān):曲柄旗。[46]曳:牽引。[47]建:舉。干將:吴國人,善製劍。[48]烏號:柘桑名,製弓良木。[49]服:袋。夏服,傳夏后氏有良弓箭。[50]陽子:即伯樂,春秋時期秦國人,善相馬。[51]纖阿:傳説中,月御。[52]案:同按。節:馬鞭。[53]陵:陵轢,踐踏。狡:矯健。[54]蹵(cù):踐踏。蛩(qióng)蛩:青色獸,善奔走。[55]距虛:似馬而小,善奔走。[56]軼:超過。[57]轊(wèi):車軸頭。陶駼(tú):傳説中產於北海中野獸,狀如馬。[58]遺風:千里馬名。[59]騏:青黑色馬。[60]倏眒(shūshùn)、倩浰(qiànliàn):皆迅速貌。[61]決:裂開。眦(zì):目眶。[62]洞:洞穿。掖:同腋。[63]心繫:連接心臟的血脈。[64]雨獸:獸如雨下。[65]徼:攔截。𠞩(jù):疲倦之極。詘:同屈,力盡意。[66]殫(dān):盡。變態:多樣姿態。[67]曼:皮膚潤澤。[68]被:同披。阿(ē):細繒。緆(xì):細布。[69]揄(yú):拖拽。紵(zhù):麻布。縞:細絹。[70]纖:細。[71]霧縠:薄紗如霧。[72]襞(bì)積:裙上的摺疊。褰(qiān):套裙。緆:極細的葛布。[73]鬱橈:深曲貌。[74]衯(fēn)衯裶(fēi)裶:衣長貌。[75]揚:提起。袘(yì):裙裳的下部邊緣。戌削:整齊貌。[76]蜚:古飛字。襳:婦人衣帶。髾(shāo):婦人上衣的下端。[77]扶輿:衣服合體貌。猗靡:體態美好。[78]翕(xì)呷、萃蔡:皆衣服飄動聲。[79]靡:通摩。[80]羽蓋:羽毛裝飾的車蓋。[81]錯:錯雜。翡翠:兩種鳥,翡毛紅,翠毛青。威蕤(ruí):威通葳,羽毛光鮮貌。[82]綏:裝在車上,引人上車的繩索。[83]眇眇:飄渺。忽忽:飄忽不定貌。[84]相與:指楚王與女子。獠:獵。[85]媻(pán)姍敦(bó)窣(sū):匍匐而上。[86]金隄:堅固的水隄。[87]揜:以網捕取。[88]鵔鸃(jùnyì):一種野雞,羽毛呈五彩。[89]矰:短箭。[90]繳(zhuó):繫在矰尾的生絲。[91]弋:用帶繩的箭射鳥。[92]連:用帶繩的箭牽連而下。駕鵝:野鵝。[93]鶬(cāng):鳥名,似雁而黑。[94]加:加箭鶴上。[95]怠:疲倦。[96]清池:雲夢澤西部湧泉清池。 [97]浮:泛舟。鷁(yì):水鳥名,指舟。 [98]栧(yì):船槳。 [99]紫貝:紫地黑文的貝殼類動物。 [100]摐(chuāng):敲擊。金鼓:鉦。 [101]籟:簫。 [102]榜:船夫。 [103]流喝:悲嘶之聲。 [104]奔揚:濤。 [105]礧石:衆石。 [106]硠(láng)硠磕(kē)磕:水石相擊聲。 [107]獠:獵。 [108]靈鼓:六面鼓。 [109]起:燃起。 [110]按行:依次而行。 [111]就隊:歸隊。 [112]纚(xǐ):連屬貌。淫淫:漸進貌。 [113]般(pán):盤旋。裔裔:漸行貌。 [114]雲陽之臺:即陽臺,巫山之下。 [115]怕:安靜貌。無爲:閑暇。 [116]憺:安然。自持:自得。 [117]和:加芍藥調和五味。具:具備。 [118]御:進食。 [119]曾:竟然。 [120]脟(luán):同臠,肉塊。焠:同淬,染。車行鹽濱,輪上沾有鹽粒,故以之染肉。 [121]貺:賜惠之意。 [122]戮力:合力。 [123]風:風俗。烈:功業。 [124]私義:個人信義。 [125]累:牽累、取罪。 [126]陼(zhǔ):水邊。 [127]琅邪:即琅琊山,在今山東省諸城縣東南海濱。 [128]成山:在今山東省榮成縣東。 [128]之罘:在今山東省福山縣東北。 [130]渤澥:渤海的港灣。 [131]孟諸:古藪澤名,故地在今河南省商丘市東北。 [132]邪:同斜。肅慎:古國名,在今東北三省地區。 [133]湯谷:傳説中,太陽初生之地。 [134]田:打獵。青丘:古國名,相傳在海外三百里處。 [135]吞:包容。 [136]蔕芥:芥蒂。 [137]俶儻(tìtǎng):不凡。瑰瑋:瑰麗奇偉。 [138]崒:同萃。 [139]牣(rèn):滿。 [140]卨(xiè):同契,堯時司徒。 [141]見客:受到賓客禮遇。

【集評】

(西漢)司馬遷:《春秋》推見至隱,《易》本隱之以顯,《大雅》言王公大人而德逮黎庶,《小雅》譏小己之得失,其流及上。所以言雖外殊,其合德一也。相如雖多虛辭濫説,然其要歸引之節儉,此與《詩》之風諫何異。楊雄以爲靡麗之賦,勸百風一,猶馳騁鄭衛之聲,曲終而奏雅,不已虧乎?(《司馬相如列傳》,《史記》卷一百一十七,第3073頁)

(西漢)揚雄:或問:"吾子少而好賦?"曰:"然。童子彫蟲篆刻。"俄而,曰:"壯夫不爲也。"或曰:"賦可以諷乎?"曰:"諷乎!諷則已,不已,吾恐不免於勸也。"

(《法言義疏》卷二《吾子》,第45頁)

(南朝梁)劉勰:相如好書,師範屈宋,洞入夸豔,致名辭宗。然覈取精意,理不勝辭,故揚子以爲文麗用寡者長卿,誠哉是言也。(《才略》,《文心雕龍義證》卷十,第1777頁)

(明)王世貞:《子虛》《上林》,材極富,辭極麗,而運筆極古雅,精神極流動,意極高,所以不可及也。(《藝苑卮言》卷二,《歷代詩話續編》,第982頁)

歸　田　賦

（東漢）張衡

【題解】

張衡（78—139），字平子，東漢南陽西鄂（今河南省南陽縣北）人。張衡曾任太史令、精於天文曆算，文學創作有《二京賦》《思玄賦》等，有《張河間集》傳世。其《歸田賦》是漢代抒情小賦的代表作。

遊都邑以永久[1]，無明略以佐時[2]。徒臨川以羨魚[3]，俟河清乎未期[4]。感蔡子之慷慨[5]，從唐生以決疑[6]。諒天道之微昧[7]，追漁父以同嬉[8]。超埃塵以遐逝，與世事乎長辭[9]。

於是仲春令月[10]，時和氣清。原隰鬱茂[11]，百草滋榮。王雎鼓翼[12]，鶬鶊哀鳴[13]，交頸頡頏[14]，關關嚶嚶[15]。於焉逍遙[16]，聊以娛情。爾乃龍吟方澤[17]，虎嘯山丘。仰飛纖繳[18]，俯釣長流。觸矢而斃，貪餌吞鉤。落雲間之逸禽[19]，懸淵沈之魦鰡[20]。

於時曜靈俄景[21]，係以望舒[22]。極般遊之至樂[23]，雖日夕而忘劬[24]。感老氏之遺誡[25]，將迴駕乎蓬廬。彈五絃之妙指[26]，詠周孔之圖書[27]。揮翰墨以奮藻[28]，陳三皇之軌模[29]，苟縱心於物外，安知榮辱之所如[30]。

（《文選》卷十五，上海古籍出版社1986年版）

【注釋】

[1]都邑：指洛陽。永久：長久。　[2]明略：高明的謀略。時：當時君主。　[3]羨魚：《淮南子·説林訓》有“臨流而羡魚，不如歸家織網”。　[4]俟：等待。河清：《左傳·襄公八年》：“俟河之清，人壽幾何！”　[5]蔡子：指蔡澤，戰國策士，曾任秦相。　[6]唐生：燕國善相者，曾爲蔡澤看相。　[7]諒：信，確實。微昧：幽暗不明。　[8]漁父：隱士。據《楚辭·漁父》，屈原放逐，行吟澤畔，漁父見其形容憔悴，勸其歸隱，鼓枻而歌曰：“滄浪之水清兮，可以濯我纓。滄浪之水濁兮，可以濯我足。”　[9]長辭：永别。　[10]令：美好。　[11]原：高地。隰：下濕之地。　[12]王雎：即雎鳩，水鳥，猛禽。鼓：振動。　[13]鶬鶊：即黄鶯。　[14]頡（jié）頏（háng）：向上飛爲頡，向下飛爲頏。　[15]關關：王雎鳴聲。嚶嚶：黄鶯鳴聲。　[16]於焉：於是乎。　[17]爾乃：於是。方澤：大澤。　[18]纖：細。繳（zhuó）：繫在箭尾的細絲。　[19]落：射落。逸禽：高飛之鳥。　[20]懸：魚被釣起。魦（shā）鰡（liú）：皆魚名。　[21]曜靈：指日。俄：斜。景：日光。　[22]望舒：指月。　[23]般（pán）遊：遊樂。　[24]劬（qú）：疲憊。　[25]老氏：老子。《老子·十二章》云：“馳騁田獵令人心發

狂。" [26]五絃:五絃琴,傳爲舜所作。指:同旨,旨趣。 [27]周孔:周公,孔子。 [28]翰:筆。藻:文采。 [29]陳:陳述。三皇:傳説中古帝王,或云燧人氏、伏羲氏、神農氏。軌模:典範。 [30]如:去,歸。

【集評】

(北宋)葉夢得:張子平作《歸田賦》,意興雖蕭散,然所序懷,乃在"仰飛纖繳,俯瞰清流"。吾謂釣弋亦何足爲樂?人生天地間,要與萬物各得其欲,不但適一己也。

(《避暑録話》,《賦話》卷七引,第57頁)

(南宋)魏慶之引《漫塘録》:樊宗師墓銘云:"惟古於詞必己出"云云,"後皆指前公相襲",真是如此。《子虚》《大人賦》全倣《遠遊》,而屈子心事,非相如所可窺識,故氣象自别。淵明《歸去來辭》,千古絕唱,亦是祖《歸田賦》意。此類甚多,只如退之《平淮西碑》,全是《尚書》句法;《秋懷》詩全是選詩體。 (《詩人玉屑》卷八,第188頁)

蕪 城 賦

(南朝宋)鮑照

【題解】

鮑照(414—466),字明遠,東海(今江蘇省漣水縣)人。出身貧寒,曾任宋臨海王劉子項參軍,故世稱鮑參軍,後劉子項作亂,爲亂兵所殺。鮑照擅長七言歌行,多發懷才不遇之鳴,對唐代李白、高適、岑參等人創作影響較大,傳世有《鮑參軍集》。《蕪城賦》描寫廣陵(故址在今江蘇省,江都縣東北)戰亂後的荒涼景象。文章通過大肆渲染廣陵日子的繁華,反襯今日風物的衰敗淒涼,世事變幻,歷史滄桑之感,噴薄而出,是駢體抒情小賦的代表作。

瀰迆平原[1],南馳蒼梧漲海[2],北走紫塞雁門[3]。柂以漕渠[4],軸以崑崗[5]。重江複關之隩[6],四會五達之莊[7]。當昔全盛之時,車掛轊[8],人駕肩;廛閈撲地[9],歌吹沸天。孳貨鹽田[10],鏟利銅山[11];才力雄富,士馬精妍。故能奓秦法[12],佚周令[13],劃崇墉[14],刳濬洫[15],圖修世以休命[16]。是以板築雉堞之殷[17],井幹烽櫓之勤[18],格高五嶽[19],袤廣三墳[20]。崪若斷岸[21],矗似長雲[22]。製磁石以禦衝[23],糊赬壤以飛文[24]。觀基扃之固護[25],將萬祀而一君[26]。出入三代[27],五百餘載,竟瓜剖而豆分!

澤葵依井,荒葛罥塗[28]。壇羅虺蜮[29],階鬭麏鼯[30]。木魅山鬼,野鼠城狐,風嗥雨嘯[31],昏見晨趨。飢鷹厲吻[32],寒鴟嚇雛[33]。伏虣藏虎[34],乳血飱膚[35]。崩榛塞路[36],崢嶸古馗[37]。白楊早落,塞草前衰。稜稜霜氣[38],蔌蔌風威[39]。孤蓬自振[40],驚砂坐飛[41]。灌莽杳而無際[42],叢薄紛其相依[43]。通池既已夷[44],峻隅又已頹[45]。直視千里外,唯見起黄埃。凝思寂聽,心傷已摧。

若夫藻扃黼帳[46],歌堂舞閣之基;璇淵碧樹[47],弋林釣渚之館。吴蔡齊秦之聲,魚龍爵馬之玩[48]。皆薰歇燼滅[49],光沉響絶。東都妙姬,南國麗人,蕙心紈質[50],玉貌絳脣,莫不埋魂幽石,委骨窮塵[51]。豈憶同輿之愉樂,離宫之苦辛哉[52]?

天道如何?吞恨者多[53]。抽琴命操[54],爲《蕪城之歌》。歌曰:“邊風急兮城上寒,井逕滅兮丘隴殘[55]。千齡兮萬代,共盡兮何言!”

(《文選》卷十一,上海古籍出版社1986年版)

【注釋】

[1]彌迆(mǐnǐ):綿延漸平之貌。平原:指廣陵。 [2]蒼梧:漢代郡名,治所在今廣西省梧州市。漲海:南海。 [3]紫塞:指長城。傳説秦漢所筑長城,土色皆紫,故稱紫塞。雁門:郡名,治所在今山西省代縣。 [4]柂(tuó):引。漕渠:運糧河道。 [5]崑崗:又名阜崗、廣陵崗,廣陵城即在其上。 [6]隩(ào):深隱。 [7]莊:大道。 [8]轊(wèi):車軸頂端。 [9]廛(chán):居民區。閈(hàn):里門,即居民區之門。撲地:即遍地。 [10]孳:繁殖。貨:財貨。鹽田:漢初吴王劉濞(Bì)都廣陵,曾煮海水爲鹽。 [11]鏟利:取利。銅山:劉濞曾利用所屬豫章郡銅礦鑄錢。 [12]奓:奓同侈,超過。 [13]佚:同軼,超過。 [14]劃:開。崇:高。墉:城。 [15]刳(kū):挖。濬(jùn)洫:濬同浚,濬洫,指護城河。 [16]圖:圖謀。修世:長世。休命:美好的天命。 [17]板:筑城牆用的夾板。築:筑墻夯土用的杵頭。雉:城牆長三丈,高一丈爲一雉。堞:城上呈凹凸狀的墻,又稱女牆。殷:盛。 [18]井幹(gàn):筑墻時,搭建在兩邊的木架,如井上的木欄。烽櫓:舉烽火之望台。 [19]格:高度。五嶽:東嶽泰山,西嶽華山,南嶽衡山,北嶽常山(即恒山),中嶽嵩山。 [20]袤廣:南北曰袤,東西曰廣。三墳:未詳。 [21]崪(zú):高俊。斷岸:陡峭的河岸。 [22]矗(chù):高聳貌。 [23]禦衝:防禦襲擊。磁石:傳説阿房宫以磁石爲門,防刺客藏劍行刺。 [24]糊:塗墻。赬(chēng)壤:赤色泥土。文:紋飾。 [25]基扃(jiǒng):城闕。扃:城門關鍵。 [26]將:期望。祀:年。 [27]出入:猶言經過。三代:漢、魏、晉。 [28]罥(juàn):掛。 [29]壇:堂。虺(huī):毒蛇。蜮;傳説中的短狐,能害人。 [30]麏(jūn):似麋而小。鼯(wú):鼠類。 [31]嗥(háo):嚎叫。 [32]厲:磨礪。吻:鳥喙。 [33]鴟(chī):鷂鷹。嚇:恐嚇。雛:泛指小鳥。 [34]虣(bào):古“暴”字,或作“虦”,白虎。 [35]飧(sūn):晚餐。膚:肉。 [36]崩:散亂貌。榛:泛指叢生灌木。 [37]崢嶸:幽暗貌。馗:大道。 [38]稜稜:同棱棱,形容霜氣逼人。 [39]蔌(sù)蔌:風疾貌。 [40]振:動。 [41]坐飛:言其平地而起。 [42]灌莽:灌木草莽。 [43]叢薄:相雜貌。 [44]通池:護城河。夷:平。 [45]隅:城樓之一角。 [46]藻扃:有紋飾的門户。黼帳:繡帳。 [47]璇:美玉。淵:池。 [48]爵:同雀。魚龍、爵馬,古雜技名。 [49]薰:香氣。 [50]蕙:香草名。紈:細絹。 [51]委:委棄。 [52]離宫:行宫。 [53]吞恨:猶含恨,飲恨。 [54]命操:猶譜曲。 [55]井逕:田間小路。丘隴:墳墓。

【集評】

(日本)遍照金剛:《蕪城賦》,大才子有不足處,一歇哀傷便已,無有自寬知道之意。

(《南卷·論文意》,《文鏡秘府論彙校彙考》,第1357頁)

(清)姚鼐:驅邁蒼涼之氣,驚心動魄之辭,皆賦家之絕境也。

(《古文辭類纂評注》,第2346頁)

(清)許槤:(眉批)從盛時極力説入,總爲蕪字張本,如此方有勢有力。

(《六朝文絜箋注》卷一,第28頁)

林紓:蕪城,廣陵故城也。世祖孝建三年,竟陵王誕據廣陵反,沈慶之討平之。誅城内男丁,以女口爲軍賞,鮑照感事而賦也。

文不敢斥言世祖之夷戮無辜,亦不言竟陵之肇亂,入手盛言廣陵形勝及其繁盛,後乃寫其凋敝衰颯之形,俯仰蒼茫,滿目悲涼之狀,溢然紙上,真足以驚心動魄矣。

(《林紓選評古文辭類纂》卷十,第486頁)

阿房宫賦

(唐)杜牧

【題解】

杜牧(803—852),字牧之,京兆萬年(今西安市)人。宰相杜佑之孫,太和二年(828)進士,曾入牛僧孺淮南節度使幕府,在揚州有一段放浪形骸的生活,歷任監察御史、刺史、中書舍人等職。詩文方面,既描寫聲色之作,亦有感慨世事,詠歎興亡之佳作。有《樊川文集》二十卷,《外集》《别集》各一卷。《阿房宫賦》作於唐敬宗寶歷元年(825)。時敬宗淫於聲色,大興土木,民聲鼎沸。杜牧以秦始皇作阿房宫二世而亡的教訓,驚醒敬宗。“楚人一炬,可憐焦土”,可謂當頭棒喝。通篇以散文爲賦,融敘事、抒情、議論爲一體,文氣勁拔,是唐代文賦代表作。

六王畢[1],四海一。蜀山兀[2],阿房出[3]。覆壓三百餘里,隔離天日。驪山北構而西折[4],直走咸陽。二川溶溶[5],流入宫牆。五步一樓,十步一閣;廊腰縵迴[6],簷牙高啄[7]。各抱地勢[8],鉤心鬬角[9]。盤盤焉[10],囷囷焉[11],蜂房水渦[12],矗不知乎幾千萬落[13]。長橋臥波[14],未雲何龍[15]?複道行空,不霽何虹?高低冥迷,不知東西。歌臺暖響[16],春光融融;舞殿冷袖,風雨淒淒。一日之内,一宫之間,而氣候不齊[17]。

妃嬪媵嬙[18],王子皇孫,辭樓下殿,輦來于秦。朝歌夜絃,爲秦宫人。明星熒熒,開粧鏡也;緑雲擾擾,梳曉鬟也。渭流漲膩,棄脂水也;煙斜霧横,焚椒蘭也。雷霆乍驚,宫車過也;轆轆遠聽,杳不知其所之也。一肌一容,盡態極妍,縵立遠視[19]，而望幸焉。有不見者，三十六年。

燕、趙之收藏，韓、魏之經營，齊、楚之精英，幾世幾年，摽掠其人，倚疊如山。一旦不能有，輸來其間。鼎鐺玉石[20]，金塊珠礫[21]，棄擲邐迤[22]，秦人視之，亦不甚惜。嗟乎！一人之心，千萬人之心也。秦愛紛奢，人亦念其家。奈何取之盡錙銖[23]，用之如泥沙？使負棟之柱，多於南畝之農夫；架梁之椽，多於機上之工女；釘頭磷磷[24]，多於在庾之粟粒[25]；瓦縫參差，多於周身之帛縷；直欄橫檻，多於九土之城郭[26]；管絃嘔啞[27]，多於市人之言語。使天下之人，不敢言而敢怒。獨夫之心，日益驕固。戍卒叫[28]，函谷舉[29]，楚人一炬[30]，可憐焦土！

滅六國者，六國也，非秦也。族秦者[31]，秦也，非天下也。嗟夫！使六國各愛其人，則足以拒秦；使秦復愛六國之人，則遞三世可至萬世而爲君，誰得而族滅也？秦人不暇自哀，而後人哀之；後人哀之而不鑑之，亦使後人而復哀後人也！

（《樊川文集》卷一，上海古籍出版社1978年版）

【注釋】

[1]六王：即齊、楚、燕、趙、韓、魏等六國諸侯。畢：完結。 [2]蜀山：蜀地之山。兀：光秃。 [3]阿房：阿房宮，秦始皇所建，故址在今西安市西南阿房村。 [4]驪山：在今陝西省臨潼縣東南。北構：自驪山之北構建閣道，經阿房宮西折至咸陽。 [5]二川：渭水和樊川。溶溶：水盛貌。 [6]廊腰縵迴：意謂走廊圍繞宮殿如繒縵環繞腰間。 [7]簷牙：屋簷突出如獸牙。高啄：屋簷高聳如啄天。 [8]抱：形容樓閣依地形而建，其勢如抱。 [9]鈎心鬬角：意謂樓閣錯落，廊道連接爲一體。 [10]盤盤：屈曲貌。 [11]囷（qūn）囷：迴旋貌。 [12]蜂房：形容天井之多。 [13]落：屋簷上的滴水裝置。 [14]長橋：傳阿房宮有長橋橫跨渭水。 [15]未雲何龍：古有風從虎，雲從龍之説。 [16]暖：形容歌舞歡樂之時。響：歌聲。 [17]不齊：不同。 [18]媵嬙：均宮内女官名，嬙貴而媵賤。 [19]縵：舒緩貌。 [20]鐺（chēng）：鐵質平底鍋。鼎鐺：視鼎爲鐺。 [21]塊：土塊。礫：碎石。[22]邐迤（lǐyǐ）：綿延貌。 [23]錙銖（zīzhū）：一兩的二十四分之一爲銖，六銖爲錙。[24]磷磷：繁多貌。 [25]庾（yǔ）：露天穀倉。 [26]九土：九州。 [27]嘔啞：嘈雜聲。[28]戍卒叫：指陳涉率領之大澤鄉戍卒起義。 [29]舉：攻克。 [30]楚人一炬：指項羽火燒阿房宮事。 [31]族：族滅。

【集評】

（元）辛文房：（杜牧）初未第，來東都，時主司侍郎崔郾，太學博士吴武陵策蹇進謁曰："侍郎以峻德偉望，爲明君選才，僕敢不籌施塵露。向偶見文士十數輩，揚眉抵掌，共讀一卷文書，覽之，乃進士杜牧《阿房宮賦》。其人，王佐才也。"因出卷搢笏朗誦之。郾大加賞。曰："請公與狀頭！"郾曰："已得人矣。"曰："不得，即請第五人。更否，則請以賦見還！"辭容激厲。郾曰："諸生多言牧疏曠不拘細行，然敬依所教，不敢易也。"

（《唐才子傳校箋》第三册，第194-195頁）

(清)林雲銘:此等題目,止要形容得壯麗無比。虧他起手單刀直入,便把阿房點出。不用閒話,遂趁筆寫得如許高大。若徒然高大,何足爲奇?乃其中之結構處,則有樓閣,其多已如彼。空濶處則有長橋、複道,其雄又如此。抑何如壯麗也。然宫中無可爲樂,亦覺減價。乃稽其歌舞之人,皆含六國之殊色,接應不暇。即有可爲樂矣,使奇珍不列于前,亦非全美。乃稽其充牣之寶,皆兼六國之厚積,視猶糞壤,則阿房之曠古無比也。豈不信哉!但其剙作非出鬼輸神工。皆竭民之財力而爲之,民心既失,豈能獨樂?則天下之族秦,竟爲秦滅六國之續。可謂千古永鑒矣。蜀山費盡斬伐,末後止還他一片焦土。盛極而衰,理本如此。篇中十三易韻,末以感慨發垂戒意,千古僅作。

(《增訂古文析義合編》卷十三)

(清)余誠:開首直起,以下層層鋪敘,賦體自應爾爾。其佳處全在造句新奇,措詞流麗,運筆變換,故能使阿房始末與宫中情景,一一宛然在目。然不得“嗟乎”以下議論,亦僅以描寫聲調見長耳,有何義味?文妙將柱椽、釘頭、瓦縫、欄檻、管弦等項,收拾前幅,而以“可憐焦土”了結之,大發感慨。末因垂戒後世,殊覺言有盡而意無窮矣。至波瀾之壯闊,結構之精嚴,亦難多遘。宜乎,昔人有“唐文至此大振”之褒也。

(《重訂古文釋義新編》卷七,第398頁)

(清)吴楚材、吴調侯:前幅極寫阿房宫之瑰麗,不是羨慕其奢華,正以見驕横斂怨之至,而民不堪命也,便伏有不愛六國之人意在。所以一炬之後,迴視向來瑰麗,亦復何有?以下因盡情痛悼之,爲隋廣、叔寶等人炯戒,尤有關治體。不若《上林》《子虛》,徒逢君之過也。

(《古文觀止》卷七,第318頁)

赤 壁 賦

(北宋)蘇軾

【題解】

蘇軾因批評王安石新政,四十五歲時遭“烏台詩案”,以誹謗朝廷之名,貶謫黄州(今湖北省黄岡市)團練副使。本篇《赤壁賦》與《後赤壁賦》,即作於貶所,是宋代文賦代表作。《赤壁賦》用賦體主客問答的傳統格局,駢散並用,情景交融,在長江月夜的幽美景色中,體悟出物我合一的人生境界。蘇軾自評其文,“吾文如萬斛泉源,不擇地皆可出,在平地滔滔汩汩,雖一日千里無難。及其與山石曲折,隨物賦形,而不可知也”。《赤壁賦》正體現蘇文汪洋恣肆,且隨物賦形的自然風格。

壬戌之秋[1],七月既望[2],蘇子與客泛舟,遊於赤壁之下。清風徐來,水波不興。舉酒屬客,誦明月之詩[3],歌窈窕之章[4]。少焉,月出於東山之上,徘徊於斗牛之間[5]。白露横江,水光接天。縱一葦之所如[6],凌萬頃之茫然[7]。浩浩乎如憑虛御風[8],而不知其所止,飄飄乎如遺世獨立[9],羽化而登仙[10]。

於是飲酒樂甚,扣舷而歌之。歌曰:"桂棹兮蘭槳[11],擊空明兮泝流光[12]。渺渺兮予懷[13],望美人兮天一方。"客有吹洞簫者,倚歌而和之,其聲嗚嗚然,如怨如慕,如泣如訴。餘音嫋嫋[14],不絶如縷。舞幽壑之潛蛟[15],泣孤舟之嫠婦[16]。

蘇子愀然,正襟危坐,而問客曰:"何爲其然也?"客曰:"'月明星稀,烏鵲南飛。'此非曹孟德之詩乎?西望夏口[17],東望武昌[18]。山川相繆[19],鬱乎蒼蒼。此非孟德之困於周郎者乎?方其破荆州[20],下江陵[21],順流而東也,舳艫千里[22],旌旗蔽空,釃酒臨江[23],横槊賦詩,固一世之雄也,而今安在哉?況吾與子漁樵於江渚之上,侶魚蝦而友麋鹿。駕一葉之扁舟,舉匏尊以相屬[24]。寄蜉蝣於天地[25],渺滄海之一粟。哀吾生之須臾,羨長江之無窮。挾飛仙以遨遊,抱明月而長終[26]。知不可乎驟得[27],託遺響於悲風[28]。"

蘇子曰:"客亦知夫水與月乎?逝者如斯[29],而未嘗往也。盈虛者如彼,而卒莫消長也。蓋將自其變者而觀之,則天地曾不能以一瞬;自其不變者而觀之,則物與我皆無盡也,而又何羨乎?且夫天地之間,物各有主[30],苟非吾之所有,雖一毫而莫取。惟江上之清風,與山間之明月,耳得之而爲聲,目遇之而成色,取之無禁,用之不竭,是造物者之無盡藏也[31],而吾與子之所共食[32]。"客喜而笑,洗盞更酌。肴核既盡[33],杯盤狼藉。相與枕藉乎舟中,不知東方之既白。

(《蘇軾文集》卷一,中華書局1986年版)

【注釋】

[1]壬戌:干支紀年法,即宋神宗元豐五年(1082)。 [2]既望:農曆十六日。望,十五日。 [3]明月之詩:即曹操《短歌行》,其中有"明明如月,何時可掇"與"月明星稀,烏鵲南飛"之句。 [4]窈窕之章:即《詩經·關雎》,其中有"窈窕淑女,君子好逑"之句。 [5]斗牛:天上斗宿,牛宿。 [6]一葦:形容舟小如葦葉。《詩經·衛風·河廣》:"誰謂河廣,一葦杭之。" [7]凌:越過。 [8]憑:憑依,乘。御:駕馭。 [9]遺世:遺忘塵世。獨立:指精神自由。 [10]羽化:古有生羽成仙之説。登:指升天。 [11]棹、槳:划船工具。桂、蘭:桂、木蘭木,均香木名。 [12]空明:之空明之江水。泝:同溯。流光:水面摇曳之月光。 [13]渺渺:悠遠貌。 [14]嫋嫋:形容簫聲悠長。 [15]舞:指蛟龍感而起舞。 [16]嫠(lí)婦:寡婦。 [17]夏口:古城名,故址在今武漢市黄鵠山上。 [18]武昌:今湖北省鄂州市。 [19]繆(liǎo):通繚,環繞。 [20]荆州:今湖北省襄陽市一帶。 [21]江陵:今湖北省江陵縣。 [22]舳(zhú):船尾拖拽處。艫(lú):船頭刺櫂處。舳艫,船與船相接貌。 [23]釃(shī)酒:斟酒。 [24]匏尊:即匏樽,酒器。相屬:相勸。 [25]蜉蝣:朝生暮死的小蟲。 [26]長終:至於永遠。 [27]驟:突然。 [28]遺響:簫聲。悲風:秋風。 [29]逝者如斯:斯,指流水,語出《論語·子罕》。 [30]物各有主:各任自然,不相侵奪。 [31]造物者:指天地。無盡藏:佛家語,無盡的寶藏。 [32]食:享受。 [33]肴:葷菜。核:果品。

【集評】

(南宋)楊萬里:東坡《赤壁賦》云"扣舷而歌之,歌曰"云云,"客有吹洞簫者,倚歌而和之,其聲嗚嗚然,如怨如慕"。山谷爲坡寫此賦爲圖障云"扣舷而歌曰",又曰"其聲嗚嗚,如怨如慕"。去"之""歌""然"三字,覺神觀精鋭。(《誠齋詩話》,《歷代詩話續編》,第150頁)

(清)林雲銘:二《赤壁》俱是夜遊。此篇十二易韻,以江風山月作骨。前面步步點出,一泛舟間,勝遊已畢。坡翁忽借對境感慨之意,現前指點,發出許多大議論。然以江山無窮吾生有盡,尚論古人遺跡,欷歔憑弔,雖文人悲秋常調,但從吹簫和歌聲中引入,則文境奇。其論曹公之詩,曹公之事,低徊流連,兩疊而出,則文致奇。盛言曹公英雄,較論我生微細,蜉蝣短景,對境易衰,則文勢奇。迨至以水月爲喻,發出正論,則《南華》《楞嚴》之妙理,可以包絡天地,佉同造化,尤非文人夢想所能到也。　(《增訂古文析義合編》卷十五)

(清)余誠:起首一段,就風月上寫游赤壁情景,原自含共適之意。入後從渺渺予懷,引出客簫。復從客簫借弔古意,發出物我皆無盡的大道理。説到這個地位,自然可以共適,而平日一肚皮不合時宜,都消歸烏有,那復有人世興衰成敗在其意中?尤妙在江上數語,回應起首,始終總是一個意思。遊覽一小事耳,發出這等大道理,遂堪不朽。若不是此篇妙賦,千載下,誰知赤壁曾爲蘇子遊耶?(《重訂古文釋義新編》卷八,第498-499頁)

(清)况周頤:歐陽文忠《秋聲賦》,蘇文忠前後《赤壁賦》,皆可選摘某篇某段而歌之。此類可歌之文,尤不勝僂指。紅簫鐵板,異曲同工已。

(《蕙風詞話續編》卷一,《詞話叢編》,第4534頁)

二十五、樂府歌辭

大風歌

(西漢)劉邦

【題解】

劉邦(前256—前195),字季,沛縣豐邑中陽里(今江蘇豐縣)人。初爲泗水亭長,秦二世元年(前209)起兵,稱沛公。子嬰元年(前206),西入函谷關,子嬰降,秦滅,封爲漢王。後破項羽,統一天下。爲漢朝開國皇帝,死後特謚高皇帝。

據《史記·高帝本紀》,漢高祖十二年(前195)十月,淮南王黥布反,劉邦擊之,還,過故鄉沛縣,召鄉人飲酒於沛宫。酒酣,劉邦擊筑,自爲歌詩。漢人稱之《三侯之章》,唐人題爲《大風歌》。

大風起兮雲飛揚,威加海内兮歸故鄉[1],安得猛士兮守四方!

(《史記》卷八,中華書局1982年版)

【注釋】

[1]加:淩駕。海内:四海之内,即天下。故鄉:指沛縣。

【集評】

(南宋)陳巖肖:漢高帝《大風歌》,不事華藻,而氣概遠大,真英主也。

(《庚溪詩話》卷上,《歷代詩話續編》,第165頁)

(南宋)朱熹:文中子曰:"《大風》,安不忘危,其霸心之存乎!"美哉乎,其言之也!漢之所以有天下,而不能爲三代之王,其以是夫?然自千載以來,人主之詞亦未有若是之壯麗而奇偉者也。嗚呼雄哉!(《楚辭後語》卷一,《楚辭集注》,第222頁)

(明)李東陽:古歌辭貴簡遠。《大風歌》止三句,《易水歌》止二句,其感激悲壯,語短而意益長。(《懷麓堂詩話校釋》二五,第90頁)

(明)锺惺:雄大不浮。〇前二句言創,其氣大;後一句言守,其思遠。雖欲不爲帝王,不可。(《古詩歸》卷三,《續修四庫全書》集部第1589册,第383頁)

(清)王夫之:神韻所不待論。三句三意,不須承轉,一比一賦,脱然自致,絕不入文士映帶。豈亦非天授也哉!(《古詩評選》卷一,《船山全書》第14册,第483頁)

(清)方熊:漢祖《大風歌》汪洋自恣,不必三百篇遺音,實開漢一代氣象,實爲漢後詩開創。若武帝《瓠子》《秋風》《柏梁》諸作,從湘纍脱化,有詞人本色也。

(《文章緣起》補注,《文津閣四庫全書》集部第494冊,第399頁)

(清)陳祚明:雄駿,可以籠罩百代。　　(《采菽堂古詩選》卷三,第55頁)

(清)沈德潛:上言掃除羣雄,末言守成也。○時帝春秋高,韓、彭已誅,而孝惠仁弱,人心未定。思猛士,其有悔心乎?　　(《古詩源》卷二,第31頁)

(清)李因篤:雄沉愷摯,以此籠蓋一世,振起兩京,如建瓴之濤,憑高而下矣。

(《漢詩音注》卷一)

垓下歌

(秦)項籍

【題解】

項籍(前232—前202),字羽,下相(今江蘇宿遷市)人。楚國名將項燕之孫,力能扛鼎,然學書、劍、兵法,皆不成。秦二世元年(前209),與叔父項梁於吴中起義。項梁戰死後,項籍於鉅鹿之戰大破秦軍。滅秦,自立爲西楚霸王,分封諸侯王。後與漢王劉邦爭天下,爲劉邦所破,自刎於烏江畔。

垓下,在今安徽省靈璧縣南沱河北岸。據《史記·項羽本紀》,漢高祖五年(前202年),劉邦與各路諸侯圍困項羽於垓下,夜,四面楚歌,項羽飲帳中,悲歌慷慨,即此歌也。

力拔山兮氣蓋世[1],時不利兮騅不逝[2]。騅不逝兮可奈何?虞兮虞兮奈若何[3]!

(《史記》卷七,中華書局1982年版)

【注釋】

[1]力拔山:《史記·項羽本紀》載其"力能扛鼎"。　[2]騅(zhuī):毛色青白相雜的馬。項羽坐騎名"烏騅"。逝:馳騁。　[3]虞:虞姬。

【集評】

(南宋)朱熹:羽固楚人,而其詞忼慨激烈,有千載不平之餘憤。

(《楚辭後語》卷一,《楚辭集注》,第222頁)

(明)釋道盛:昔人謂高帝《大風歌》與霸王《垓下歌》各自寫出帝王興衰氣象,蓋謂其語足並也。余獨謂垓下是何等時?虞姬死而子弟散,匹馬逃亡,身迷大澤,亦何暇更作歌詞?即有作,亦誰聞之而誰記之歟?吾謂此數語者,無論事之有無,應是太史公筆補造化,代爲傳神。首二句轟轟烈烈,感憤千狀,是造物之逼殺英雄,直使風雲失色而天地無光;後二句怨極悲極,到此處,饒他蓋世好漢,至於無可奈何,只有一悲憤以作結局耳。此與下文"天之亡我,非戰之罪也"一語正相映帶,然後將英雄喪身失命時一段氣概譜出全神,而文章之事,亦可以不朽於天地之間矣。

(《與某》,《尺牘新鈔》三集《結鄰集》,《中國文學珍本叢書》一輯四十二種,第32頁)

(明)王世貞:《垓下歌》正不必以"虞兮"爲嫌,悲壯烏咽,與《大風》各自描寫帝王興衰氣象,千載而下,惟曹公"山不厭高""老驥伏櫪",司馬仲達"天地開闢""日月重光"語,差可嗣響。(《藝苑卮言》卷二,《歷代詩話續編》,第977頁)

(清)沈德潛:"可奈何""奈若何",嗚咽纏綿,從古真英雄必非無情者。

(《古詩源》卷二,第32頁)

(清)張玉穀:上二,自表平素無敵,點清目下被圍,順插"騅"字。三句,承上遞下。末句,收到愛姬可惜,英雄氣短,兒女情長。"可奈何""奈若何",真極纏綿嗚咽。

(《古詩賞析》卷三,第65頁)

(清)李因篤:雄沈悱惻,與高帝《大風歌》相當。世儒以成敗論人,而太史公獨尊,爲《本紀》冠漢上,千古具眼人也。○項王此歌,兼高、武之妙,深于漢者當自知之。

(《漢詩音注》卷二)

北方有佳人

(西漢)李延年

【題解】

李延年,生卒不詳,中山(今河北定州市)人,世爲倡家,父母兄妹皆以樂舞爲職業。李延年因法受腐刑,入宫。《漢書·外戚傳》:"延年性知音,善歌舞,武帝愛之。每爲新聲變曲,聞者莫不感動。"李延年侍武帝時曾歌此曲,誇耀美色,暗薦其妹。武帝爲之歎息曰:"善!世豈有此人乎?"後李延年之妹成爲武帝寵妃李夫人,李延年家族亦因李夫人之寵而盛,因李夫人之死而衰。從側寫美色的文學技巧看,傾城、傾國,當受《登徒子好色賦》"嫣然一笑,惑陽城,迷下蔡"之影響,此歌除"寧不知"三字外,全爲五言,顯示了五言歌詩在漢代的興起。

北方有佳人,絕世而獨立[1]。一顧傾人城[2],再顧傾人國。寧不知傾城與傾國,佳人難再得!

(《漢書》卷九十七上,中華書局1962年版)

【注釋】

[1]絕世:舉世無雙。獨立:超凡拔俗。 [2]傾:傾倒。或云傾覆。

【集評】

(清)陳祚明:將進女弟,反作是語,言縱使傾城國,猶不能不愛之,況未必遽爾。

(《采菽堂古詩選》卷三,第75頁)

(清)沈德潛:欲進女弟,而先爲此歌,倡優下賤之技也,然寫情自深。古來破家亡國,何必皆庸愚主耶?(《古詩源》卷二,第44頁)

(清)張玉穀:説其可愛,卻反説其可畏;説其可畏,正是説其可愛。妙在"寧不知"句,索性將可畏之疑團打破,而以"難再得"兜醒可愛意。用筆真有欲活故殺之奇。

(《古詩賞析》卷三,第71頁)

(清)李因篤:首二句無韻。○一轉入神,寫傾城傾國俱直。(《漢詩音注》卷二)

烏孫公主歌

(西漢)劉細君

【題解】

烏孫公主,漢江都王劉建之女劉細君,據《漢書·西域傳》載,武帝元封年中,以公主身份遠嫁烏孫王昆莫。"公主至其國,自治宫室居,歲時一再與昆莫會,置酒飲食,以幣、帛賜王左右貴人。昆莫年老,言語不通,公主悲愁,自爲作歌。"寫異國居處飲食之不慣,觸動濃烈思鄉之情與幽居之痛。此爲楚歌,而句句押韻,流利平易。

吾家嫁我兮天一方[1],遠託異國兮烏孫王[2]。穹廬爲室兮旃爲牆[3],以肉爲食兮酪爲漿[4]。居常土思兮心内傷[5],願爲黄鵠兮歸故鄉。

(《漢書》卷九十六下,中華書局1962年版)

【注釋】

[1]吾家:兼有家國之意。 [2]烏孫:古代西域國名,在今伊犁河谷。當時的烏孫王是昆莫。 [3]穹廬:帳篷。 [4]酪:乳酪。 [5]土思:思故土。

【集評】

(南宋)朱熹:公主詞極悲哀,固可録,然并著其本末者,亦以爲中國結婚夷狄,自取羞辱之戒云。(《楚辭後語》卷二,《楚辭集注》,第229頁)

(清)陳祚明:"穹廬"二句,自公主視之,天壤之間,乃有此異事,烏能不悲?

(《采菽堂古詩選》卷三,第60頁)

(清)李因篤:觀此知《十八拍》之淺。○細君之悲,有甚于此者,俱渾然言外。歌詞最古,遒健哀惻,一語不雜,尤在明妃《怨詩》之上。(《漢詩音注》卷二)

有　所　思

《樂府詩集》

【題解】

《樂府詩集》一百卷，北宋末郭茂倩編。郭茂倩生卒不詳，字德粲，鄆州東平（今山東東平縣）人。通音律，善隸書，元豐年間曾任河南府法曹參軍。《樂府詩集》主要輯録漢魏至唐五代的樂府歌辭，兼及先秦至唐末歌謠，既有民間歌謠，也有文人作品。分爲十二類：郊廟歌辭、燕射歌辭、鼓吹曲辭、横吹曲辭、相和歌辭、清商曲辭、舞曲歌辭、琴曲歌辭、雜曲歌辭、近代曲辭、雜歌謠辭、新樂府辭。每類有總序，每曲有題解，考訂精審。曲辭先列原作與古辭，再按時代順序列歷代擬作，井然有序。

本篇原爲《樂府詩集》中《鼓吹曲辭·鐃歌十八首》第十二首。此詩寫女子心理，妙在以極恨寫極愛，以決絶寫纏綿。情之愛恨，本不易充分表達，而此詩以女子對愛情信物簪的態度變化爲支點，寫出愛之纏綿、恨之決絶以及其後的複雜心理活動。

有所思，乃在大海南。何用問遺君[1]？雙珠玳瑁簪[2]，用玉紹繚之[3]。聞君有他心，拉雜摧燒之[4]。摧燒之，當風揚其灰。從今以往，勿復相思。相思與君絶！雞鳴狗吠，兄嫂當知之。妃呼豨[5]！秋風肅肅晨風颸[6]，東方須臾高知之[7]。

（《樂府詩集》卷十六，中華書局1979年版）

【注釋】

[1]何用：用何。問遺（wèi）：饋贈。　[2]玳瑁（dàimào）：龜類，甲殼可打磨製作飾品。[3]紹繚：纏繞。　[4]摧燒：折斷、燒毁。　[5]妃呼豨（bēixīxū）：音據聞一多《樂府詩箋》。　[6]晨風：雉鳥。　[7]高：通"皓"，白，天亮。

【集評】

（清）李因篤：此刺淫奔之詩。蓋既相棄而其人復來，故歷敘以拒之。其人不去，爲雞犬所見，必驚覺兄嫂，猶夜半事也。至涼風之來，則天欲明矣，須臾日高，家人並起，其情愈苦，故其詞愈危。秋風雖肅，而此有甚焉，殆晨颸也，合看盡致。"東方須臾高"，不露日字，妙，妙！看全詩則擾擾通宵矣，詞詞促其行，實脈脈留之住也，入鄭衛三昧矣。

（《漢詩音注》卷五）

（清）陳祚明：此首最通順，欲知《鐃歌》正調者視此。○《鐃歌》本襲楚音，當亦取人臣思君之旨，而情思纏綿陫惻，爲決絶之言，怨而怒矣。然望之深，故怨之切，人情乎！且"摧燒""揚灰"，絶我已甚，不合則去，理或宜然也。○四押"之"字，摇曳多姿。"紹繚""拉雜”“摧燒”字法古。珠簪不足而紹以玉,情何殷也!摧燒不足而揚其灰,絶何甚也!此皆樂府淋漓法。疊“摧燒之”三字,有反覆咨嗟意;重“相思”二字縮下,轉掉快而纏綿;“兄嫂”句,《死麕》卒章之誼也。進以禮,退以義,固應爾矣。末又重一段,申暢其旨,皆取淋漓。通首章法、句法、字法並古,而妙在情深,三復不厭。〇章性涵云:“全以淋漓盡致,此樂府之異于古詩也。”

(《采菽堂古詩選》卷一,第17–18頁)

(清)張玉穀:此詩極寫相思變態,末仍收到不忍輕絶意,是爲變不詭正,忠厚之道。篇分三截看。首五,從平日相思追敘起,點清地遠,即爲下“聞”字伏根。商量“問遺”寄意,就一簪上寫得有加無已,悃欵交至,跌起中截,欲開先合也。中六,突接聞有他心,頓生怨恨,即借欲遺之物摧燒揚灰,寫出女兒刻毒性情;以從今勿思頓住,一層伸一層,都作十成死句,盡力一開,又恰以跌起下截之餘情不盡。末六,“相思與君絶”,雙承上兩截來。雖貼己邊説,而着一“相”字,已拖彼邊在内,言我實思君,而今與君絶者,以君有他心故;君亦嘗思我,而今與我絶者,豈亦疑我之有他心乎?五字中有按定細想,代揣彼心,自問己心意。因接“雞鳴”二句,證我之心於人。又伸“妃呼”三句,證我之心於天,截然竟止,絶不抱轉思彼。不與彼絶,而意已躍然言下,蓋全在“相思”五字虛轉得力也。〇“用玉”句,意足上而韻卻領下,亦是一奇。

(《古詩賞析》卷五,第108頁)

上　邪

《樂府詩集》

【題解】

本篇原爲《樂府詩集》中《鼓吹曲辭·鐃歌十八首》第十五首,是一位女子熱烈奔放的愛情願望和堅貞不渝的愛情誓言,正反申述,指天爲誓顯示其嚴肅、正式和鬼神無欺的真誠,而五事之奇,更彰顯其在愛情之路上一往無前、絶不回首的姿態,是面對天地世人的大膽宣言。清人莊述祖認爲本篇與《有所思》當爲一篇,其説亦可參。

上邪[1],我欲與君相知,長命無絶衰[2]。山無陵[3],江水爲竭,冬雷震震夏雨雪[4],天地合,乃敢與君絶。

(《樂府詩集》卷十六,中華書局1979年版)

【注釋】

[1]上邪:上天呀。　[2]長命:永令。　[3]陵:大土山,此指山峰。　[4]雨(yù):降,落。

【集評】

(清)李因篤:不言“永好”而曰“乃敢與君絕”,語亦奇驚。此盟詛之詞。

(《漢詩音注》卷五)

(清)陳祚明:人臣之死不變之心,何凜凜也!“山無陵”數句,凡五事疊語,參錯離奇,初不排。“天地合”三字尤奇。(《采菽堂古詩選》卷一,第18頁)

(清)陳本禮:起首重在一“欲”字。是我“欲”與君,非君“欲”與我也。君果傾心“欲”我,則我固願永以爲好,何必重費我之盟誓耶?竊恐君心之不然耳。蓋我之所以不忍絕君者,猶《楚詞》“初既與予有成言兮,後悔遁而有他。余既不難乎離别兮,恐靈修之數化也。”(《漢詩統箋》,第305頁)

(清)張玉穀:此陳忠心於上之詩。首三,正説,意言已盡。後五,反面竭力申説,如此然後敢絕,是終不可絕也。疊用五事,兩就地維説,兩就天時説,直説到天地混合,一氣趕落,不見堆垛,局奇筆横。(《古詩賞析》卷五,第109頁)

十五從軍征

《樂府詩集》

【題解】

本篇在《樂府詩集》中是《紫騮馬歌辭》的後半部分,據《古今樂録》摘出。敘述老兵歸家而失家的場景,用對話問答和白描式敘述,從一個側面展現了戰爭對漢代社會的破壞。從史實來説,桓寬《鹽鐵論·繇役》記録的漢代兵役超期情況,可與此詩相參:“今中國爲一統,而方内不安,徭役遠而外内煩也。古者,無過年之繇,無踰時之役。今近者數千里,遠者過萬里,歷二期。長子不還,父母愁憂,妻子詠歎,憤懣之恨發動於心,慕思之積痛於骨髓。此《杕杜》《采薇》之所爲作也。”從文學源流來説,《詩經·豳風·東山》寫東征將士歸鄉途中對村莊、庭院荒涼無人的描寫,當影響及此詩。

十五從軍征,八十始得歸。道逢鄉里人:“家中有阿誰[1]?”“遥看是君家,松柏冢纍纍[2]。”兔從狗竇入[3],雉從樑上飛[4]。中庭生旅穀[5],井上生旅葵。舂穀持作飯,採葵持作羹。羹飯一時熟,不知飴阿誰[6]?出門東向看,淚落沾我衣。

(《樂府詩集》卷二十五,中華書局1979年版)

【注釋】

[1]阿誰:誰。阿:語氣助詞。[2]冢:墳。纍纍:墳相連貌。[3]狗竇:家犬進出的牆洞。[4]雉:野雞。[5]旅:植物野生稱旅生。[6]飴:送。

【集評】

(明)譚元春:周公《東山》詩法,從庭户無人生出許多妙語,遂爲此詩鼻祖。

(《古詩歸》卷六,《續修四庫全書》集部第1589册,第421頁)

(清)陳祚明:悲痛之極。辭若此者,又以盡言爲佳。蓋言情不欲盡,盡則思不長;言事欲盡,不盡則哀不深。(《采菽堂古詩選》卷三,第90-91頁)

(清)沈德潛:"遥望"二句,乃鄉人答詞;下從征者入門之詞,古人詩每滅去針線痕迹。○通章用支、微韻,而"烹穀持作飯,采葵持作羹"二句,不入韻中,最是摇曳之至。非古人不能用韻也。(《古詩源》卷四,第82頁)

(清)張玉穀:此傷久從征役、歸家無人之詩。首四,從幼役老歸直敘起,問有阿誰,已極淒慘。"遥望"二句,鄉人答辭,但云多冢,已答無人,用筆靈動。"兔從"四句,接寫到家後空室無人之景,兩就動物説,兩就植物説。後六句,即借穀、葵作飯作羹,逗出貧苦,隨以熟無所貽,望冢淚落,收足無人之痛。音節亦近樂府。(《古詩賞析》卷四,第97頁)

白　頭　吟

《樂府詩集》

【題解】

本篇在《樂府詩集》中屬《相和歌辭·楚調曲》。《西京雜記》載,"司馬相如將聘茂陵人女爲妾,卓文君作《白頭吟》以自絶,相如乃止。"此説近於附會。一説云:"《白頭吟》疾人相知,以新間舊,不能至於白首,故以爲名。"(《樂府詩集》引)較近於理。全篇通過比較棄婦的"一心"與變心男子的"兩意",表達了"願得一心人,白頭不相離"的愛情婚姻理想,決絶中又含有無限依戀。

皚如山上雪,皎若雲間月。聞君有兩意,故來相決絶[1]。今日斗酒會,明旦溝水頭。躞蹀御溝上[2],溝水東西流[3]。淒淒復淒淒,嫁娶不須啼[4]。願得一心人,白頭不相離。竹竿何嫋嫋[5],魚尾何簁簁[6]。男兒重意氣[7],何用錢刀爲[8]!

(《樂府詩集》卷四十一,中華書局1979年版)

【注釋】

[1]故:特地。　[2]躞蹀(xièdié):徘徊。　[3]東西流:溝水反向流,或解爲偏義複詞,即東流或西流。　[4]嫁娶:偏義複詞,女子出嫁。　[5]嫋嫋:隨風擺動。　[6]簁(shāi)簁:魚躍貌。　[7]意氣:情義。　[8]錢刀:刀型錢幣,泛指錢。

【集評】

（清）王夫之：亦雅亦宕，樂府絕唱。捎著當日説，一倍愴人。《谷風》敘有無之求，《氓》蚩數復關之約，正自村婦鼻涕長一尺語。必謂漢人樂府不及三百篇，亦紙窗下眼孔耳。屢與不厭，天才欲比文園（編按，指司馬相如）之賦心。

（《古詩評選》卷一，《船山全書》第14冊，第494頁）

（清）陳祚明：調古情遠，宛轉其辭，以諷切爲心，不取直遂。大是佳作。〇明作決絕語，然語語有冀望之情焉。何其善立言也！〇雪白月皎，興，決絕意分明。〇今日會，明日便分；水東西流，永不合矣。其決絕如此。退而自傷，眷言往日嫁娶之初，其情若何。而今至此，此定須啼矣。然坐不得一心人耳，己已何怨！言不啼，啼過畢。〇"錢刀"以比顏色，將"意氣"二字責之。（《采菽堂古詩選》卷三，第70頁）

（清）張玉穀：首四，以"山上雪""雲間月"之易消易蔽，比起有兩意人，隨以當與決絕點清詩旨。"今日"四句，決絕正面。暫會即離，復借喻於溝水分流，以見永無重合。"淒淒"四句，脱接暗轉，蓋終冀其變兩意爲一心而白頭相守也。妙在從人家嫁娶時淒淒啼哭，憑空指點一婦人同有之願，不着己身説，而己身已在裏許。用筆能於占身分中含得勾留之意，最爲靈警。末四，復接一喻，借魚之貪餌，點明男子貪色之非，而以當重意氣收轉，貴乎一心，不用錢刀，破其所以忽有"兩意"之故。真能使曾著犢鼻褌者（編按，指司馬相如）汗出如漿，不果娶妾，宜哉！（《古詩賞析》卷三，第83頁）

（清）李因篤：文君此曲，旨厚而詞清，哀而不傷，怨而不怒，得風人之婉切，與蘇李并驅矣。（《漢詩音注》卷二）

江　　南

《樂府詩集》

【題解】

此詩乃現存採蓮歌之祖。以隱語懸置人物，曲傳情意的民歌藝術手法頗值注意。全詩只寫蓮葉和魚兒，卻令人感受到採蓮女子的情感期盼，即因隱語之使用。通過"蓮"（憐）的諧音隱語、"採蓮"的舉動，以及"魚"在古代民俗中往往"代替'匹偶'或'情侶'的隱語"（聞一多《説魚》），巧妙傳達了男女之情。此種隱語表達亦影響了後世此類詩歌創作，如魚玄機《寓言詩》就以"芙蓉葉下魚戲"反襯"如何作得雙成"。至於此詩"蓮""田""間"的押韻，以及後四句的復遝句式，在民歌的素樸外增添了江南的靈動。

江南可採蓮，蓮葉何田田[1]，魚戲蓮葉間。魚戲蓮葉東，魚戲蓮葉西，魚戲蓮葉南，魚戲蓮葉北。

（《樂府詩集》卷二十六，中華書局1979年版）

【注釋】

[1]田田:蓮葉盛密貌。

【集評】

(唐)吴兢:蓋美其芳晨麗景,嬉遊得時。

(《樂府古題要解》卷上,《歷代詩話續編》,第24頁)

(清)陳祚明:起三句已足。排演四句,文情恣肆。寫魚飄忽,校《詩》"在藻""依蒲"尤活。

(《采菽堂古詩選》卷二,第21頁)

(清)張玉穀:此採蓮曲也。前三,敘事,不説花偏説葉,葉尚可愛,花不待言矣。魚戲葉間,更有以魚比己意,詩旨已盡。後四,忽接上"間"字,平排衍出東、西、南、北四句,轉見古趣。

(《古詩賞析》卷五,第110頁)

孤兒行

《樂府詩集》

【題解】

本篇在《樂府詩集》屬《相和歌辭瑟調曲》,又名《孤子生行》《放歌行》。通過千里行商、辦飯視馬、朝暮汲水、瓜車翻覆等情節,敘述孤兒受兄嫂虐待,生不如死的悲痛與絕望,刻畫出人倫扭曲、世態澆薄的社會狀態。

孤兒生,孤子遇生[1],命獨當苦[2]!父母在時,乘堅車,駕駟馬。父母已去[3],兄嫂令我行賈[4]。南到九江[5],東到齊與魯[6]。臘月來歸,不敢自言苦。頭多蟣虱[7],面目多塵[8]。大兄言辦飯[9],大嫂言視馬[10]。上高堂[11],行取殿下堂[12],孤兒淚下如雨。使我朝行汲[13],暮得水來歸。手爲錯[14],足下無菲[15]。愴愴履霜[16],中多蒺藜[17]。拔斷蒺藜,腸肉中愴欲悲[18]。淚下渫渫[19],清涕纍纍[20]。冬無複襦[21],夏無單衣。居生不樂[22],不如早去,下從地下黄泉[23]。春氣動,草萌芽。三月蠶桑,六月收瓜。將是瓜車[24],來到還家[25]。瓜車反覆[26],助我者少,啗瓜者多[27]。"願還我蒂[28],兄與嫂嚴,獨且急歸[29],當興校計[30]。"

亂曰:里中一何譊譊[31],願欲寄尺書[32],將與地下父母[33],兄嫂難與久居。

(《樂府詩集》卷三十八,中華書局1979年版)

【注釋】

[1]遇:遭逢。生:生活。　[2]命:命運。　[3]已去:已去世。　[4]行賈(gǔ):往來經商,販賣貨物。　[5]九江:九江郡。西漢郡治壽春(今安徽壽縣);東漢郡治陵陰(今安徽定遠縣

西北)。[6]齊:西漢置齊郡,東漢爲齊國。治臨淄(今山東淄博市臨淄城北)。魯:漢魯國治魯縣(今山東曲阜市)。[7]蟣(jǐ):虱卵。[8]面目多塵:此句應爲五言,與前"苦"押韻,故句末或脱一"土"字。[9]辦飯:料理飯食。[10]視馬:照看馬匹。[11]高堂:正屋大廳。[12]行:又。取:通"趨",急走。殿下堂:邊屋、廂房。[13]汲:汲水。[14]錯:讀爲"皵"(què),皮膚皴裂。[15]菲:通"扉",草鞋。[16]愴愴:悲傷貌。或云愴愴即"蹌蹌",疾走貌。履:踩、踏。[17]蒺藜:一種蔓生野草,籽多尖刺。[18]腸:腓腸,脚脛後的肉,即小腿肚子。[19]渫(xiè)渫:淚流不斷貌。[20]纍纍:淚流重疊貌。[21]複襦:夾襖。[22]居生:活着。[23]下從:指跟隨父母於地下。黄泉:猶地下。[24]將:推。是:此。[25]來到還家:向回家的路走來。[26]反覆:通"翻覆",翻車。[27]啗(dàn):通"啖",吃。[28]蒂:瓜蒂。指孤兒無法阻止别人吃瓜,惟有哀求留下瓜蒂,好向兄嫂交代。[29]獨:將。且:語助詞。[30]興:興起,惹起。校計:猶"計較",指兄嫂的計較。[31]里中:孤兒所居之地。譊(náo)譊:吵鬧聲,指兄嫂叫駡。[32]尺書:信札。[33]將與:捎給。

【集評】

(明)鍾惺:極俚、極碎,寫得極奇、極古、極奥。

看他轉節落語,有崎嶇歷落不能成聲之意,情淚紙上。

(《古詩歸》卷五,《續修四庫全書》集部第1589册,第412頁)

(明)譚元春:予每讀唐人"爲長心易憂,早孤意常傷",觸着痛處,終日不樂。又復誦《孤兒行》一過,汗下、淚下,非至性人身當其苦,聳動不來。

(《古詩歸》卷五,《續修四庫全書》集部第1589册,第412頁)

(清)賀貽孫:《孤兒行》寫得兄嫂有權,大兄無用,南北奔走,皆奉兄嫂嚴令,便自傳神。至"大兄言辦飯,大嫂言視馬",則大兄未嘗無愛弟意,然終拗大嫂不過,孤兒之命可知。末後啗瓜覆車,無端點綴,尤是一齣鬧場佳劇,令人且悲且笑。而收場仍不放過兄嫂,作者用意深矣。(《詩筏》,《清詩話續編》,第150頁)

(清)李因篤:歷敘兄嫂之虐,只得"兄嫂令我行賈"六字與"大兄言辦飰,大嫂言視馬"二句正寫耳。先後只就孤兒苦況痛切言之,兄嫂之威,不寒而栗矣。○不曰"孤弟",而曰"孤兒",直叛其子於父母,痛絕兄嫂之辭也。(《漢詩音注》卷六)

(清)陳祚明:筆極高古,情極生動,轉折變態,備盡形容。"南到""東到",極言遠道劬勞;"辦飯"猶飯人;"視馬"寓不問人之意;"行取殿"言不敢在人前。"使我"以下曲折,極寫"手爲錯",或言其皸。"下從"至"黄泉"爲句。下忽起一端,另寫時令,從"氣"及"草",從"草"及"桑",從"桑"及"瓜",來脉迢迢,幾許宛曲。"春氣動"三字,又微若跟"地下黄泉"。此段文情甚奇。味通篇前後,"將瓜車"似是實事,詩正咏之。前此"行賈""行汲",乃追寫耳!不然,何獨於將車一小事如此細細咏歎耶?○"行取殿下堂"句,當是計較子母,已多折閲,而下堂也。"殿"如下下考之意,即所謂"殿最"者是。○"瓜車反覆"數語,生動淋漓,如見車翻瓜墮,累累滿地。衆共攫食,一兒大啼也。"願還我蒂",不得已之苦言。

(《采菽堂古詩選》卷二,第35-36頁)

(清)沈德潛:極瑣碎,極古奧。斷續無端,起落無迹,淚痕血點,結撥而成,樂府中有此一種筆墨。

(《古詩源》卷三,第69頁)

(清)張玉穀:此見兄嫂虐使孤兒,代爲訴苦之詩。起三句,以"孤兒"命句,總挈通章。下分三段寫。

首段,自"父母"句起,至"淚下如雨"止,皆言行賈辛勤,歸來兄嫂不恤之苦。"父母在時"三句,題前反襯,"父母已去"二句,本段提筆。而惟因親没,故兄嫂得以虐之,又是全篇點眼,直注"亂"中寄書地下意。"南到"四句,正敘遠賈晚歸之苦。"頭多"七句,接上"不敢自言",言出門勞頓,兄嫂莫知,而風塵憔悴之形,亦應共見,乃辦飯、視馬,使令迭來,上堂、下堂,進退維谷,孤兒能不淚下如雨乎?曲折寫來,略作頓勢。

次段自"使我"句起,至"地下黄泉"止,皆敘遠汲之苦。"使我"二句,接上直入,不更裝頭,總見無一息暫休意。"手爲"五句,正敘遠汲手錯足傷之苦。"淚下"四句,頂"悲"字複説涕淚,補出無衣。"冬"字應前"臘月","夏"字又領後"六月"也。"居生"三句,歸到不樂生、幸速死,本段束筆,恰又逗起"亂"意。

三段自"春氣"句起,至"當興較計"止,敘收瓜覆車,兄嫂較計之苦。"春氣"四句,遥接前"臘月""履霜",由時序逐漸引起,以虚筆括過蠶桑,遞入收瓜本事,紆徐摇曳而來,與上截文法大變。上是直接法,此是脱接法,上是急受法,此是緩受法,各極其妙。"將是"五句,正敘收瓜將車車覆,勞而失誤之。助少啗多,真堪一歎。"願還"四句,一面求人見憐,一面急歸告訴,見得此番較計必定受苦異常,收足兄嫂之嚴,已將"亂"意喝起。

"亂"語有不必多言,拚得一死意,雖單頂第三段申説,然全篇亦借以總收。書寄父母,直抱轉"父母已去""下從地下黄泉"等句作呼應。"兄嫂難與久居",則上文無數虐使,到頭結穴也。通體照應謹嚴,接落變换,敘次簡古,無美不臻。

(《古詩賞析》卷五,第123-124頁)

(清)宋長白:古樂府多有不可句讀者,流傳既久,容有脱誤之處。若《病婦行》《孤兒行》二首,雖參錯不齊,情與境會,口語心計之狀,活現筆端。每讀一過,覺有悲風刺人毛骨。後賢遇此種題,雖竭力描邈(編按,"描邈",禪宗詞彙,意通"描摹"),讀之正如嚼蠟,淚亦不能爲之墮,心亦不能爲之哀也。

(《柳亭詩話》卷十,《中國文學珍本叢書》第一輯第二種,第210頁)

陌　上　桑

《樂府詩集》

【題解】

本篇在《樂府詩集》屬《相和歌辭·相和曲》,有《豔歌羅敷行》(《宋書·樂志》)、《日出東南隅行》(《玉臺新詠》)等題,今名《陌上桑》出自晉代崔豹《古今注》,後多沿用。全篇敘事可分三節:羅敷採桑、太守驚豔、羅敷拒辭,頗具喜劇色彩,有戲劇衝突而不激烈。最打動歷代讀者的，或許還是詩人用側寫方式描畫出的具有無限想象空間的美的羅敷。正如美國文學批評家克林斯•布魯克斯所云："文學處理特別的道德題材，但文學的目的卻不必是傳道或說教。"道德的立場不能也不應限制美的主題。虛處著筆，從美的效果來寫美，修辭上排比、誇飾，其源當自宋玉《登徒子好色賦》，體現了賦與詩文體功能的交融滲透。

日出東南隅[1]，照我秦氏樓。秦氏有好女，自名爲羅敷[2]。羅敷憙蠶桑，採桑城南隅。青絲爲籠係，桂枝爲籠鈎。頭上倭墮髻[3]，耳中明月珠。緗綺爲下裙[4]，紫綺爲上襦[5]。行者見羅敷，下擔捋髭鬚；少年見羅敷，脱帽著帩頭[6]。耕者忘其犂，鋤者忘其鋤。來歸相怒怨，但坐觀羅敷[7]。

使君從南來，五馬立踟躕。使君遣吏往，問是誰家姝？"秦氏有好女，自名爲羅敷。""羅敷年幾何？""二十尚不足，十五頗有餘。"使君謝羅敷[8]："寧可共載不？"羅敷前置辭："使君一何愚！使君自有婦，羅敷自有夫。"

"東方千餘騎，夫壻居上頭。何用識夫壻，白馬從驪駒[9]。青絲繫馬尾，黄金絡馬頭。腰中鹿盧劍[10]，可直千萬餘[11]。十五府小史，二十朝大夫。三十侍中郎，四十專城居[12]。爲人潔白皙，鬑鬑頗有鬚[13]。盈盈公府步，冉冉府中趨。坐中數千人，皆言夫壻殊。"

（《樂府詩集》卷二十八，中華書局1979年版）

【注釋】

[1]東南：偏義複詞，指東方。 [2]自名：本名。羅敷：漢代女子常用名。 [3]倭墮髻：即"墮馬髻"，髮髻偏於一側，似墮非墮。漢代女子流行髮式。 [4]緗：杏黄色。綺：有花紋的絲織品。 [5]襦(rú)：短襖。 [6]著：束、戴。帩(qiào)頭：束髮的紗巾。古代男子先束髮，再戴帽。 [7]坐：因。 [8]謝：問。 [9]驪駒：毛色黑的小馬。 [10]鹿盧：即轆轤，井上汲水的用具，繩子纏繞其上。鹿盧劍，指劍的把手用絲條纏繞起來，像鹿盧的樣子。或云劍把以玉製成鹿盧形。 [11]直：價值。 [12]專城居：一城之主。在漢代通常指太守、刺史等。 [13]鬑鬑(liánlián)：鬍鬚疏朗的樣子。

【集評】

（南宋）朱熹：後代文集中詩，亦多不解其辭意者。樂府中《羅敷行》，羅敷即使君之妻，使君即羅敷之夫。其曰"使君自有婦，羅敷自有夫"，正相戲之辭。又曰"夫婿從東來，千騎居上頭"，觀其氣象，即使君也。後人亦錯解了，須得其辭意，方見好笑處。

（《朱子語類》卷八十，《朱子全書》第十七册，第2758-2759頁）

（明）锺惺：妙在貞静之情，即以風流豔詞發之，豔亦何妨于正也。

（《古詩歸》卷五，《續修四庫全書》集部第1589册，第409頁）

（清）王夫之：樂府諸曲多采之民間，以傅管絃、悦流耳，即裁自文士，亦必筆墨氣盡，吟咏情長。古體固然有如此者。雖因流俗之率爾，而裁制固自純好。使不了漢爲此，於

“皆言夫婿殊”之下,必再作峻拒語,即永落惡道矣。蘇、曾之于古文,王、唐之於制藝,曾不足以供夕堂之一哂,惟此而已。當代樂推,益茲三歎。

(《古詩評選》卷一,《船山全書》第14冊,第486-487頁)

(清)陳祚明:三解〇樂府體總以鋪陳豔異爲工,與古詩確分二種。〇從日寫至樓,從樓寫至女,古人發端往往條遞不驟。〇將寫羅敷容飾之盛,乃先用“籠係”“籠鉤”二語,與下相排。一則文氣變宕不羈,再則自採桑而轉到容飾,無過渡之迹,其法甚妙。〇寫羅敷全須寫容貌,今止言服飾之盛耳,偏無一言及其容貌,特於看羅敷者盡情描寫,所謂虛處著筆,誠妙手也。“立踟躕”是人踟躕,反言馬,故趣。〇“年幾何”單一句,亦使君問語。〇羅敷致辭,截然嚴正,但二語已足,此詩意便可竟,後解又極寫一段,傲使君耳!當時不必一一言及此,然若非此夫壻,幾無以謝使君者然。〇如此淋漓大篇,無三解極寫一段,勢不可住。〇“鬑鬑有鬚”如畫;“盈盈”“冉冉”,字法生動;“皆言夫婿殊”,如此竟住,大佳!落落無章法,乃其章法之妙也。〇寫羅敷意中,視府君蔑如耳。〇“來歸”二句,“坐”,緣也,緣“觀羅敷”,故怨怒妻妾之陋,非坐而觀之之“坐”。

(《采菽堂古詩選》卷二,第24頁)

(清)沈德潛:鋪陳穠至,與辛延年《羽林郎》一幅筆墨,此樂府體别於古詩者在此。〇“謝使君”四語,大義凜然。末段盛稱夫壻,若有章法,若無章法,是古人入神處。〇篇中韻脚,三“頭”字,二“隅”字,二“餘”字,二“夫”字,二“鬚”字。(《古詩源》卷三,第66頁)

(清)張玉穀:一解,總述羅敷美好,分四層寫,爲二解使君思載引端,即與三解盛誇夫婿遥對。首四,敘明姓名,以朝日發端,即有皦日明心之意,總冒通章。“羅敷”四句,敘其出采,遇使君之由也。先就桑具著色。“頭上”四句,詳其服飾;“行者”八句,意在敘其容貌之美也,卻偏不一句正寫,只歷敘見者莫不神魂顛倒若此,而其美自見,且即以襯出使君,神來之筆。二解,正敘使君之犯、羅敷之拒。“使君”十一句,順敘使君見之踟躕,邀與同載,中插遣吏往問姓名一層問答,應筆也;又插問年一層問答,補筆也。委曲明劃。“羅敷”四句,正敘禦暴,開口下一“愚”字,中有暗於理、昧於勢二義。“有婦”“有夫”,先斥其暗於理,已足使使君語塞。三解,皆羅敷之語,蒙上“自有夫”來,極誇夫婿之美好尊貴如此,意謂爾即不顧倫理,就勢而言,亦何可以匄奪。總以曉其愚也,而着意鋪張,又恰與首解兩相輝映。“東方”二句,以夫婿之高顯提起,“何用”六句,詳其服飾,“十五”四句,詳其歷官,“爲人”四句,詳其容貌儀表。末二,以人皆豔羡作結,竟不兜繳使君,而使君之慚愧而去可知矣,妙絕!〇前後同一鋪陳濃至,然前屬作者正寫,後乃就羅敷口中説出,故不覺堆垛板重。

(《古詩賞析》卷五,第114頁)

古詩爲焦仲卿妻作并序

《玉臺新詠》

【題解】

《玉臺新詠》十卷,南朝梁徐陵編。徐陵(507—583),字孝穆,東海郯(今山東郯城縣)人。曾任梁東宫學士、通直散騎侍郎,出使北魏被扣留,後入陳,官至太子少傅。《陳書》《南史》有傳。著有《徐孝穆集》。據唐代劉肅《大唐新語》,《玉臺新詠》一書是梁簡文帝蕭綱令徐陵編撰,此説一向通行。近年有學者對編撰者身份提出諸種新解,然未爲確證。《玉臺新詠》"撰録豔歌",是一部專門收録男女閨情題材的詩歌總集,頗具特色。其中首次收録了如《上山采蘼蕪》《羽林郎》《古詩爲焦仲卿妻作》等漢樂府名篇,以及秦嘉《贈婦詩》等文人詩。

《古詩爲焦仲卿妻作》首見於《玉臺新詠》,在《樂府詩集》中屬《雜曲歌辭》,題爲《焦仲卿妻》,後人亦常取其首句稱爲《孔雀東南飛》。作者不詳,學界對其創作年代有東漢末年、六朝兩種看法。我們認同漢末創作説,但在流傳過程中應該也經過六朝文人的修飾加工。此詩是中國古代敘事詩中罕見的長篇作品,共三百五十七句,一千八百七十五字。作爲一首反映漢末愛情婚姻悲劇的敘事長詩,相比其他漢樂府詩的場景敘事、片段敘事,具有更完整的故事結構。故事從劉蘭芝向焦仲卿敘述不堪焦母挑剔驅使的人生困境開始,歷經焦母逼子休妻,夫妻傷别自誓,發展到劉兄逼妹改嫁,太守爲子迎娶等情節,最後夫妻痛定死别,於迎娶之夜分别自殺殉情。故事採用倒敘、順敘與插敘的手法,善於以對話表現不同人物的身份和性格,詳略得當,剪裁有致,拓展了詩歌内容的深度和藝術表現力,塑造了生動的人物形象。例如劉蘭芝,不僅有美麗善良、多才多藝、知書達禮的賢淑一面,也有感情專一、維護尊嚴、個性獨立的剛烈一面,是漢樂府詩中具有典型意義的女性形象。這一形象在詩中宿命般的悲劇結局,具有深刻的社會意義,也是詩人對壓抑人性的禮教世界發出的無聲控訴。此外,循規蹈矩、服從尊長的焦仲卿,最終也以殉情自殺的方式表明了自己無望的反抗。詩中專斷蠻横的焦母、劉兄,寬厚慈愛的劉母,以及太守、丞吏、媒人等角色,共同構成了這出悲劇的人物世相。詩歌結尾以一副浪漫想象的畫面,在悲劇上添加了一縷理想的亮色:華山旁墓葬上,枝葉交通的連理樹、相向而鳴的鴛鴦鳥,猶如焦仲卿、劉蘭芝死後精魂所化,永不分離。在這幅畫面中,容納了禮教世界裏無法實現的愛情自由、婚姻自主的理想。對類似的愛情婚姻悲劇作品有深遠的影響,例如《搜神記》韓憑夫婦死後所化的相思樹、鴛鴦鳥,以及梁山伯祝英台死後化蝶的浪漫想像。

漢末建安中[1],廬江府小吏焦仲卿妻劉氏[2],爲仲卿母所遣[3],自誓不嫁。其家逼之,乃没水而死[4]。仲卿聞之,亦自縊于庭樹[5]。時傷之,爲詩云爾[6]。

孔雀東南飛,五里一徘徊[7]。“十三能織素[8],十四學裁衣。十五彈箜篌[9],十六誦詩書。十七爲君婦,心中常苦悲。君既爲府吏,守節情不移[10]。賤妾留空房,相見常日稀。雞鳴入機織[11],夜夜不得息。三日斷五疋[12],大人故嫌遲[13]。非爲織作遲,君家婦難爲!妾不堪驅使[14],徒留無所施[15]。便可白公姥[16],及時相遣歸[17]。”

府吏得聞之,堂上啓阿母[18]:“兒已薄禄相[19],幸復得此婦,結髪同枕席[20],黄泉共爲友[21]。共事二三年[22],始爾未爲久[23]。女行無偏斜[24],何意致不厚[25]?”阿母謂府吏:“何乃太區區[26]!此婦無禮節,舉動自專由[27]。吾意久懷忿,汝豈得自由!東家有賢女,自名秦羅敷[28]。可憐體無比[29],阿母爲汝求。便可速遣之,遣之慎莫留!”府吏長跪答[30]:“伏惟啓阿母[31],今若遣此婦,終老不復取[32]!”阿母得聞之,搥牀便大怒[33]:“小子無所畏,何敢助婦語!吾已失恩義,會不相從許[34]!”

府吏默無聲,再拜還入户,舉言謂新婦[35],哽咽不能語:“我自不驅卿[36],逼迫有阿母。卿但暫還家,吾今且報府[37]。不久當歸還,還必相迎取。以此下心意[38],慎勿違吾語。”新婦謂府吏:“勿復重紛紜[39]!往昔初陽歲[40],謝家來貴門[41]。奉事循公姥[42],進止敢自專[43]?晝夜勤作息[44],伶俜縈苦辛[45]。謂言無罪過[46],供養卒大恩[47]。仍更被驅遣,何言復來還?妾有繡腰襦[48],葳蕤自生光[49]。紅羅複斗帳[50],四角垂香囊。箱簾六七十[51],緑碧青絲繩[52]。物物各自異,種種在其中。人賤物亦鄙,不足迎後人[53]。留待作遣施[54],於今無會因[55]。時時爲安慰,久久莫相忘!”

雞鳴外欲曙,新婦起嚴妝[56]。著我繡裌裙[57],事事四五通[58]。足下躡絲履[59],頭上瑇瑁光[60]。腰若流紈素[61],耳著明月璫[62]。指如削葱根[63],口如含朱丹[64]。纖纖作細步[65],精妙世無雙。上堂拜阿母,母聽去不止[66]。“昔作女兒時,生小出野里[67]。本自無教訓[68],兼媿貴家子。受母錢帛多[69],不堪母驅使。今日還家去,念母勞家裏。”卻與小姑别[70],淚落連珠子。“新婦初來時,小姑始扶牀[71]。今日被驅遣,小姑如我長。勤心養公姥,好自相扶將[72]。初七及下九[73],嬉戲莫相忘。”出門登車去,涕落百餘行。

府吏馬在前,新婦車在後。隱隱何甸甸[74],俱會大道口。下馬入車中,低頭共耳語:“誓不相隔卿[75],且暫還家去,吾今且赴府。不久當還歸,誓天不相負!”新婦謂府吏:“感君區區懷[76]!君既若見録[77],不久望君來。君當作磐石[78],妾當作蒲葦[79]。蒲葦紉如絲[80],盤石無轉移。我有親父兄[81],性行暴如雷。恐不任我意,逆以煎我懷[82]。”舉手長勞勞[83],二情同依依。

入門上家堂,進退無顔儀[84]。阿母大拊掌[85]:“不圖子自歸[86]!十三教汝織,十四能裁衣,十五彈箜篌,十六知禮儀,十七遣汝嫁,謂言無誓違[87]。汝今何罪過，不迎而自歸？"蘭芝慙阿母[88]："兒實無罪過。"阿母大悲摧[89]。

還家十餘日，縣令遣媒來。云有第三郎，窈窕世無雙[90]。年始十八九，便言多令才[91]。阿母謂阿女："汝可去應之。"阿女含淚答："蘭芝初還時，府吏見丁甯[92]，結誓不別離。今日違情義，恐此事非奇[93]。自可斷來信[94]，徐徐更謂之[95]。"阿母白媒人："貧賤有此女[96]，始適還家門[97]。不堪吏人婦，豈合令郎君？幸可廣問訊[98]，不得便相許。"

媒人去數日，尋遣丞請還[99]。説"有蘭家女[100]，承籍有宦官[101]"。云"有第五郎[102]，嬌逸未有婚。遣丞爲媒人，主簿通語言[103]"。直説太守家，有此令郎君，既欲結大義[104]，故遣來貴門。阿母謝媒人："女子先有誓，老姥豈敢言[105]？"阿兄得聞之，悵然心中煩[106]。舉言謂阿妹："作計何不量[107]！先嫁得府吏，後嫁得郎君，否泰如天地[108]，足以榮汝身。不嫁義郎體[109]，其住欲何云[110]？"蘭芝仰頭答："理實如兄言。謝家事夫壻，中道還兄門[111]。處分適兄意[112]，那得自任專？雖與府吏要[113]，渠會永無緣[114]。登即相許和[115]，便可作婚姻。"媒人下牀去，諾諾復爾爾[116]。還部白府君[117]："下官奉使命，言談大有緣。"府君得聞之，心中大歡喜。視曆復開書[118]，便利此月内，六合正相應[119]。"良吉三十日[120]，今已二十七，卿可去成婚。"交語速裝束[121]，駱驛如浮雲[122]。青雀白鵠舫[123]，四角龍子幡[124]。婀娜隨風轉[125]，金車玉作輪。躑躅青驄馬[126]，流蘇金鏤鞍[127]。齎錢三百萬[128]，皆用青絲穿。雜綵三百疋[129]，交廣市鮭珍[130]。從人四五百，鬱鬱登郡門[131]。

阿母謂阿女："適得府君書，明日來迎汝。何不作衣裳？莫令事不舉[132]！"阿女默無聲，手巾掩口啼，淚落便如瀉。移我琉璃塌[133]，出置前窗下。左手持刀尺，右手執綾羅。朝成繡裌裙，晚成單羅衫。晻晻日欲暝[134]，愁思出門啼。

府吏聞此變，因求假暫歸。未至二三里，摧藏馬悲哀[135]。新婦識馬聲，躡履相逢迎。悵然遥相望，知是故人來。舉手拍馬鞍，嗟歎使心傷："自君别我後，人事不可量[136]。果不如先願，又非君所詳。我有親父母，逼迫兼弟兄。以我應他人，君還何所望！"府吏謂新婦："賀卿得高遷！盤石方且厚[137]，可以卒千年。蒲葦一時紉，便作旦夕間。卿當日勝貴[138]，吾獨向黄泉！"新婦謂府吏："何意出此言！同是被逼迫，君爾妾亦然。黄泉下相見[139]，勿違今日言！"執手分道去，各各還家門。生人作死别，恨恨那可論？念與世間辭，千萬不復全[140]！

府吏還家去，上堂拜阿母："今日大風寒，寒風摧樹木，嚴霜結庭蘭。兒今日冥冥[141]，令母在後單。故作不良計[142]，勿復怨鬼神！命如南山石，四體康且直[143]！"阿母得聞之，零淚應聲落："汝是大家子，仕宦於臺閣[144]。慎勿爲婦死，貴賤情何薄[145]！東家有賢女，窈窕豔城郭[146]。阿母爲汝求，便復在旦夕[147]。"府吏再拜還，長歎空房中，作計乃爾立[148]。轉頭向户裏，漸見愁煎迫。

其日馬牛嘶[149]，新婦入青廬[150]。菴菴黄昏後[151]，寂寂人定初[152]。"我命絶今日,魂去尸長留!”攬裙脱絲履,舉身赴清池[153]。府吏聞此事,心知長别離。徘徊庭樹下,自掛東南枝[154]。

兩家求合葬,合葬華山傍[155]。東西植松栢,左右種梧桐。枝枝相覆蓋,葉葉相交通[156]。中有雙飛鳥,自名爲鴛鴦。仰頭相向鳴,夜夜達五更。行人駐足聽,寡婦起彷徨。多謝後世人[157],戒之慎勿忘!

(《玉臺新詠箋注》卷一,中華書局1985年版)

【注釋】

[1]建安:東漢末代皇帝漢獻帝年號,共25年(196—220)。 [2]廬江:廬江郡,郡治初在今安徽廬江縣西南,漢末徙今安徽潛山縣。府小吏:郡守府中小吏。 [3]遣:古時女子出嫁後被夫家休回娘家。 [4]没水:投水。 [5]自縊:上吊。 [6]云爾:句末語氣詞。[7]“孔雀”二句:以雙鳥相離起興,兼喻夫婦相離,是古代民歌的傳統手法。徘徊:來回飛翔。 [8]素:白色絲絹。 [9]箜篌(kōnghóu):古撥絃樂器,狀似筝、瑟,二十三弦或二十五弦。 [10]守節:持守節操。 [11]入機織:在織布機上織布。 [12]斷:截,把織好的布從織布機上截下來。疋:匹。 [13]大人:指婆婆,焦仲卿母。故:藉故。遲:慢。[14]妾:古代妻對夫自稱妾。不堪:不勝任。 [15]無所施:没有用處。 [16]白:告訴。公姥(mǔ):偏義複詞,此專指婆婆。 [17]及時:趁早。相:表示一方对另一方有所施爲。遣歸:打發回娘家。 [18]啓:稟告。 [19]薄禄相:禄命骨相淺薄。意即不是做大官的命相。古人認爲富貴貧賤可據相貌判斷。 [20]結髮:即束髮。古時男子二十歲束髮而冠,女子十五歲束髮而笄,以示成年。 [21]“黄泉”句:意謂至死不離。 [22]共事:共同生活。 [23]爾:如此,指上句。 [24]行:行爲。偏斜:不正。意謂無越禮的行爲。 [25]何意:何料。致:招致。不厚:不喜愛。 [26]區區:愚拙,見識短淺。 [27]自專由:自作主張而不請示長輩。 [28]羅敷:樂府詩中常作美女代稱。 [29]可憐:可愛。體:容貌、身段。 [30]長跪:古人席地而坐,爲表示恭敬就將上身伸直,即長跪。“答”,一作“告”。 [31]伏惟:古人對尊長表示卑謙的發語詞。 [32]終老:終身。取:通“娶”。 [33]槌:通“捶”,擊打。牀:古時坐具亦稱牀。 [34]會不:决不。從許:依從允許,答應。意即决不答應仲卿的請求。 [35]舉言:轉述其母的話。新婦:即媳婦,非專指新娘。 [36]自:本。卿,古時君呼臣或平輩相稱都可稱卿,此是焦仲卿對妻子的呢稱。 [37]報府:到廬江府去辦公。報,通“赴”。 [38]下心意:打定主意。指要求妻子定下等他回歸迎娶的心意。 [39]紛紜:多事。 [40]初陽歲:冬至陽氣初動,故云。[41]謝家:辭别娘家。貴門:指仲卿家。 [42]奉事:侍奉、行事。循:順從。 [43]進止:進退舉止,指一切舉動。 [44]作息:偏義複詞,此指勞作。 [45]伶俜(pīng):孤獨貌。縈(yíng):纏繞。 [46]謂言:自以爲。 [47]卒:完成。 [48]繡腰襦:繡花的短襖。[49]葳蕤(wēiruí):草木茂盛貌。形容刺繡的花樣豔麗異常。 [50]紅羅:紅色絲織品。複斗帳:上狹下寬,形如覆斗的雙層帳子。 [51]箱簾:箱子和鏡奩。簾,通“奩”,鏡奩,梳妝匣子。 [52]緑碧:青色。 [53]後人:指仲卿日後再娶的妻子。 [54]遺(wèi)施:贈送,遺一作遣。 [55]會因:見面的機會。 [56]嚴妝:盛妝。 [57]繡裌裙:繡花帶裏子

的裙子。 [58]事事:指梳妝、穿衣等事。通:遍。 [59]躡:踩,指穿鞋。絲履:用絲織品製成的輕便鞋子。 [60]瑇瑁光:用瑇瑁製作的髮簪光澤耀人。 [61]紈素:質地輕柔的素帛。 [62]明月璫:用明月珠做的耳墜。 [63]削葱根:削尖的葱白,喻手指尖細潔白。 [64]朱丹:紅色寶石,喻嘴唇紅豔潤澤。 [65]纖纖:細巧貌。細步:小步。 [66]聽:聽任。止:阻止。 [67]野里:鄉野。 [68]教訓:教育。 [69]錢帛:彩禮。 [70]卻:退,回身。 [71]始扶牀:年幼扶牀學步。 [72]扶將:扶持,照看。 [73]初七:農曆七月初七,即七夕,古時婦女於此夜供奉織女,稱"乞巧"。下九:每月的十九日,古代婦女置酒集會遊戲,稱"陽會"。 [74]隱隱、甸甸:象聲詞,形容車馬聲。 [75]隔:斷絕。卿:指劉蘭芝。 [76]區區:用情專一。 [77]見:被。見録:記着我。録,記。 [78]磐石:大石。 [79]蒲葦:蒲草和蘆葦。 [80]紉(rèn):通"韌"。 [81]親父兄:偏義複詞,此單指親兄。 [82]逆:逆推,事先預料。煎我懷,自己内心猶如油煎。 [83]舉手:揮手告别。勞勞:憂傷貌。 [84]進退:偏義複詞,指進見家人。無顔儀:臉上没有光彩。 [85]拊掌:拍掌,表示驚訝。 [86]不圖:不料。 [87]無誓違:即不違誓,不違背夫家的規矩。一説無過失。誓,"諐"(qiān)之誤,古"愆"字,過失。 [88]慙阿母:在母親面前感到羞愧。 [89]悲摧:悲傷。 [90]窈窕:容貌美好。 [91]便言:善於辭令。便,通"辯"。令:美好。 [92]丁寧:叮囑。 [93]非奇:不好,不佳。 [94]斷:回絕。來信,指縣令派來的媒人。信,使者。 [95]更謂之:再討論此事。 [96]貧賤:門第低賤,謙詞。 [97]適:出嫁。 [98]幸:希望,委婉語。廣問訊:打聽消息,意即再找别人家的女子。 [99]尋:不久。丞:縣丞,縣令屬下。請還:請示於太守府而回。 [100]説:聽説。蘭家女:蘭芝姑娘。 [101]承籍:承繼祖先仕官之籍。宦官:即官宦。 [102]第五郎:太守第五子。嬌逸:嬌美文雅。 [103]主簿:管理文書檔案的官吏。通語言:指以上話不是太守直接向縣丞説的,而是通過主簿轉述。 [104]結大義:結婚。 [105]老姥:老婦。 [106]悵然:憤恨煩惱貌。 [107]作計:打算。不量:不思量。 [108]否(pǐ)泰:《易經》中兩卦名。此指壞運、好運。 [109]義郎:對太守兒子的美稱。"郎"原作"即"。 [110]住:長住娘家。[111]兄門:古代夫死從子,劉母當從子,故由劉蘭芝兄長掌家。 [112]處分:決定,處理。適:順從。 [113]要(yāo):約。 [114]渠會:與他相會。渠:他,指仲卿。 [115]登即:立即。許和:答應。 [116]諾諾復爾爾:意即"好,好,就這樣,就這樣"。諾諾,答應聲。爾爾,如此這般。 [117]部:府衙。白:報告。府君:太守。 [118]"視曆"句:查曆書,選吉日。視曆、開書,互文見義。 [119]"便利"二句:意謂查閲曆書,在此月内六合相配,適宜結婚。便:就。利:宜於。六合:古人用干支記月日,結婚時必選六合相應的吉日,即子與丑合,寅與亥合,卯與戌合,辰與酉合,巳與申合,午與未合。 [120]良吉:良辰吉日。 [121]交語:交相傳話。裝束:指籌備婚禮。 [122]駱驛:往來不絕。浮雲:喻人數衆多。 [123]"青雀"句:畫有青雀、白鵠的船。 [124]龍子幡:繡龍的旗幡。 [125]婀娜:輕柔飄拂貌。 [126]躑躅:徘徊不進貌。青驄(cōng)馬:青白雜色的馬。 [127]流蘇:五彩羽毛做成的穗子。金鏤鞍:用金屬雕鏤的馬鞍。 [128]齎(jī):贈送。三百萬:指彩禮錢。 [129]雜綵:各色綢緞。 [130]交廣:交州和廣州。交州:漢郡名,今廣東、廣西、越南等地。廣州:三國吴置,即今廣東省。市:買。鮭珍:泛指山珍海味。鮭(xié):

魚類菜肴的總稱。 [131]讙讙:盛多貌。登郡門:聚集到太守府。登,又疑爲"發",從太守府出發。 [132]舉:成。 [133]琉璃塌:鑲嵌著琉璃的坐榻。塌,通"榻"。 [134]晻(yǎn)晻:日色昏暗。暝:暮。 [135]摧藏:摧挫肝腸,極度悲哀。 [136]量:預料。 [137]且:原作可。 [138]日勝貴:一天比一天富貴。 [139]下:原作不。 [140]千萬:無論如何,表示堅決。不復全:不能保全。 [141]日冥冥:指日暮,喻生命即將結束。 [142]不良計:不好的打算,指自殺。 [143]"命如"二句:意謂壽命如山高石固,身體健康硬朗。 [144]臺閣:尚書官署,此泛指郡守府。 [145]"貴賤"句:意謂焦、劉貴賤有別,休妻不算薄情。 [146]豔城郭:指美豔冠於全城。 [147]便:就。復:答覆。 [148]作計:指自殺的打算。乃爾:就這樣。立:確定。 [149]馬牛嘶:牛馬嘶叫,指迎親時的熱鬧場景。 [150]青廬:用青布搭成的帳篷,舉行婚禮所在地。 [151]菴菴:昏暗貌。 [152]人定初:夜深人静之時,指亥時初刻,相當於如今晚上九點鐘。 [153]舉身:縱身。赴清池:投水自殺。 [154]自掛東南枝:自縊在庭樹東南方向的枝幹上。 [155]華山:當爲廬江郡内小山。 [156]交通:交錯連接。 [157]多謝:多多致意。

【集評】

(明)锺惺:此古今第一首長詩,當於亂處看其整,纖處看其厚,碎處看其完,忙處看其閑,此隆古人氣脉力量所至,不可强也。後來惟老杜差能厝手,然能爲古詩,不能爲樂府,古詩猶易長,樂府不易長也。

蔡琰《悲憤》,《廬江小吏妻》,累千數百言,人知其委曲詳至,幾於無餘矣。不知其意言之外、手口之間,有一段説不出來處,所以爲長詩之妙也。

(明)譚元春:人知其詳處,不知其畧處;人知其真處,不知其諧處;人知其苦處,不知其復處;人知其烈處,不知其細處。知此數者,可以讀此詩。

(以上兩條見《古詩歸》卷六,《續修四庫全書》集部第1589冊,第417頁)

(明)王世貞:《孔雀東南飛》質而不俚,亂而能整,敍事如畫,敍情若訴,長篇之聖也。

(《藝苑卮言》卷二,《歷代詩話續編》,第980頁)

(清)李因篤:此古今第一大篇,亦第一絕作,如對大羹玄酒,又如臨宗廟百官。敘事敷詞,俱臻神品。○曲盡人情,而無刻畫之痕。篇法、句法、字法,慘淡經營,然非有意爲照應者,至矣!至矣!後代惟老杜《北征》得其神理,他不足擬也。○可以怨,可以興,可以羣,可以觀,諸美備具。○最妙處:出繡襦、别小姑、媒人議昏、太守迎婦,偏於閒處着色,《北征》"山果""曉妝"數段,正祖此篇。○篇中有詳有略,總非可以常法求也。○高古樸淡,亦非夭矯離奇。 (《漢詩音注》卷七)

(清)陳祚明:長篇淋漓古致,華采縱横,所不俟言。佳處在歷述十許人口中語,各各肖其聲情,神化之筆也。○"五里一徘徊",用《豔歌何嘗行》語,興彼此顧戀之情。此下更不道兩人家世,竟入"十三織素"等語,突然而來,章法甚異。蓋長篇既極淋漓,最忌沓拖。此處寫家世,殁後寫兩家得聞,各各懊悵追悔,便是太盡。太盡反無味,故突起突住,留不盡之意方妙。

○此後兩家聞二人之死,倉皇悲慟,各懷悔恨,必有一番情事。然再寫,則沓拖,故直言求合葬，文勢緊峭。乃知通篇之縷縷，無一閑語也。前此不寫兩家家世，不重其家世也；後此不寫兩家倉皇，不重其倉皇也。最無謂語而可以寫神者，謂之不閑。若不可少而不關篇中意者，謂之閑。于此可悟裁剪法。〇末段淋漓宛轉，賦中之亂，使人情不可堪。如此大篇，非得淋漓宛轉，語勢不可住。〇以理論之，此女情深矣，而禮義未至。婦之於姑，義無可絶，不以相遇之厚薄動也。觀此母非不愛子，豈故嫌婦？承順之間，必有未當者。織作之勤，乃粗迹耳！先意承志，事姑自有方，何可便以勞苦爲足！母不先遣，而悍然請去，過矣。吾甚悲女之貞烈，有此至情，而未聞孝道也。曰"生小出野里"，曰"汝是大家子"，詳女歸十餘日，而便許他人，則其家爲小家可知，哀哉！此女不生於大家，而不聞孝道之微也。府吏良謹願，然不能諭婦以事姑，而但求母以留婦，不能慰母之心，而但知徇婦之愛。至於彼以死償，則此不得不以死報。後此之死，死於此女既亡之後，誠無可如何也。抑前此刑于之化，猶有未盡乎？論詩本不宜言理，然此有係於風化，故偶及之。作者但言女自請遣，直筆自見矣。（《采菽堂古詩選》卷二，第47頁，第50頁）

（清）沈德潛：共一千七百八十五字，古今第一首長詩也。淋淋漓漓，反反覆覆，雜述十數人口中語，而各肖其聲音面目，豈非化工之筆！〇長篇詩若平平敘去，恐無色澤。中間須點染華縟，五色陸離，使讀者心目俱炫。如篇中新婦出門時，"妾有繡羅襦"一段，太守擇日後，"青雀白鵠舫"一段是也。〇作詩貴剪裁。入手若敘兩家家世，末段若敘兩家如何悲慟，豈不冗漫拖沓？故竟以一二語了之。極長詩中具有剪裁也。〇别小姑一段，悲愴之中，復極溫厚。風人之旨，固應爾耳。〇"否泰如天地"一語，小人但慕富貴，不顧禮義，實有此口吻。〇"蒲葦""磐石"，即以新婦語誚之，樂府中每多此種章法。

（《古詩源》卷四，第76頁）

（清）張玉穀：古來長詩，此爲第一，而讀去不覺其長者，結構嚴密也。〇長詩無剪裁則傷繁重，無藴藉則傷平直，無呼應則傷懈弛，無點綴則傷枯淡，此詩須看其錯綜諸法，無美不臻處。〇男家無公，乃云"公姥"；女家無父，乃云"父母"；共事二三年，而云新婦初來，姑始扶床，今被驅遣，姑如我長；府吏小役，而云"仕宦於台閣"。皆是詩人故露滲漏處，勿泥可也。（《古詩賞析》卷七，第159頁，第162頁）

（清）賀貽孫：《焦仲卿妻》形容阿母之虐，阿兄之横，親母之依違，太守之强暴，丞吏、主簿、一班媒人張皇趨附，無不絶倒，所以入情。若只寫府吏、蘭芝兩人癡態，雖刻畫逼肖，決不能引人涕泗縱横至此也。（《詩筏》，《清詩話續編》，第149頁）

西　洲　曲

《樂府詩集》

【題解】

本篇於《樂府詩集》屬《雜曲歌辭》，約爲南朝梁陳之際的民歌，亦可能經過文人的部分修飾。全詩以男女昔日相會之西洲爲中心，以四季、朝暮爲次序，寫女子期待情人，久盼不至,唯願夢中相會之深情。詩中採用民歌常見的諧音雙關和頂真辭格,形成了音節流利宛轉、情思纏綿哀怨的獨特風貌。

憶梅下西洲[1],折梅寄江北[2]。單衫杏子紅[3],雙鬢鴉雛色[4]。西洲在何處,兩槳橋頭渡。日暮伯勞飛[5],風吹烏臼樹[6]。樹下即門前,門中露翠鈿[7]。開門郎不至,出門採紅蓮。採蓮南塘秋[8],蓮花過人頭。低頭弄蓮子[9],蓮子青如水。置蓮懷袖中[10],蓮心徹底紅[11]。憶郎郎不至,仰首望飛鴻[12]。鴻飛滿西洲,望郎上青樓[13]。樓高望不見,盡日欄杆頭[14]。欄杆十二曲[15],垂手明如玉。卷簾天自高[16],海水摇空緑[17]。海水夢悠悠,君愁我亦愁。南風知我意,吹夢到西洲[18]。

(《樂府詩集》卷七十二,中華書局1979年版)

【注釋】

[1]"憶梅"句:回憶當年梅花盛開之時,曾往西洲與情人相會。下:往。西洲:男女相會之地。 [2]江北:長江以北,男子所在地。 [3]杏子紅:指杏紅色的單衫。 [4]鴉雛色:像小烏鴉羽毛一樣烏黑發亮的顔色。 [5]伯勞:鳥名,仲夏開始啼叫,性單棲。 [6]烏臼:落葉喬木,夏開小黄花。 [7]翠鈿(diàn):用翠玉製作或鑲嵌的首飾。 [8]南塘:地名,女子所在地附近。 [9]蓮子:雙關語,諧"憐子",憐即愛。 [10]懷袖:懷抱。 [11]蓮心:諧"憐心"。徹底紅:喻愛之深。 [12]鴻:雁。望飛鴻:盼望書信之意。 [13]青樓:刷青漆的楼房,古代女子居處。 [14]盡日:終日。 [15]十二曲:極言欄杆之曲折,亦喻女子多方眺望、愁腸深曲。據鄧小軍《釋〈西洲曲〉"欄杆十二曲"》,十二曲乃十二重、十二層之意,極言樓高,曲字爲與"玉"押韻,可參。 [16]"卷簾"句:捲簾所見,天空空自高遠。 [17]"海水"句:江水空自摇盪,如海之遼闊。 [18]"南風"兩句:南風向北吹送,讓我在夢境中與情人重會於西洲。

【集評】

(明)锺惺:聲情摇曳而迂回,不纖不碎,太白妙派。

(明)譚元春:試看此一曲中,拆開分看,有多少絶句。然相續相生,音節幽亮。雖其下愈盡,而其上愈含蓄可味,何情緒之多也!

評"仰首望飛鴻":有不語含情之妙;"盡日欄杆頭":禁不得;"海水摇空緑:情中境語,如登臨眺覽詩,最難;"吹夢到西洲":人憶梅,風吹夢,清幻之極。

(以上三條見《古詩歸》卷十,《續修四庫全書》集部第1589册,第467頁)

(明)陸時雍:梁武《西洲曲》,絶似《子夜歌》,累疊而成,語語渾稱,風格最老。

(《詩鏡總論》,《歷代詩話續編》,第1408頁)

(清)張玉穀:此閨情詩也。由春而夏而秋,直舉一歲相思,盡情傾吐,真是創格。前十二,春時憶也。折梅將寄所思,飾容而往,日暮而歸,凝妝而待,無如郎之不至何,則好春已過，又將有事採蓮矣。説採蓮，有望憐意。"採蓮"八句，夏時憶也。採蓮、弄蓮、懷蓮，情傳所事，無如郎之仍不見何，則長夏已過，又將轉盼飛鴻矣，説飛鴻有望音書意。後十二，秋時憶也。感飛鴻而盼望高樓，郎終不見，闌干徒倚，天海茫茫，至此心盡氣絶，惟冀有夢同愁，風吹夢到而已，兜應西洲，隱然重又一歲。首尾循環，無窮摇曳。

（《古詩賞析》卷十七，第433頁）

（清）陳祚明：《西洲曲》摇曳輕揚，六朝樂府之最豔者。初唐劉希夷、張若虚七言古詩皆從此出，言情之絶唱也。夫"豔"非詞華之謂，聲情宛轉，語語動人，若趙女目挑心招，定非珠鐺翠翹使人動心引魄也。尋其命意之由，蓋緣情溢於中，不能自已，隨目所接，隨境所遇，無地無物非其感傷之懷。故語語相承，段段相綰，應心而出，觸緒而歌，並極纏綿，俱成哀怨。此與《離騷》《天問》同旨，豈不悲哉！或者以其聲韻悠揚，指爲唐調，不知特因唐人轉相倣效，故語多相類耳。細味篇中如"單衫杏子紅，雙鬢鴉雛色"，如"蓮子青如水""蓮心徹底紅"，此豈唐人語耶！○段段綰合，具有變態，由樹及門，由門望路，自然過渡。尤妙在"開門露翠鈿"句，可畫。借"翠"字生出紅蓮"紅"字，借"過人頭"生出"低頭"句，蓮子、蓮心，"青""紅"二字相生不對，忽又漾下紅蓮，生出飛鴻，從飛鴻度登樓，從登樓見高天、海水。情自近而之遠，自淺而之深，無可奈何而託之於夢，甚至夢借風吹，縹緲幻忽，無聊之思，如游絲隨風，浮萍逐水，不獨無地無物盡屬感傷，無時無刻暫蠲愁緒矣。太白尤亹亹於斯，每希規似，《長干》之曲，竟作粉本。至如"海水摇空緑"，寄愁明月，隨風夜郎，並相蹈襲，故知此詩誠唐人所心慕手追而究莫能逮者也。

（《采菽堂古詩選》卷十五，第485頁）

（清）沈德潛：續續相生，連跗接萼，摇曳無窮，情味愈出。○似絶句數首，攢簇而成，樂府中又生一體。初唐張若虚、劉希夷七言古發源於此。（《古詩源》卷十二，第246頁）

木　蘭　詩

《樂府詩集》

【題解】

此詩最早著録於南朝陳代僧人釋智匠所編《古今樂録》，最早收録於《古文苑》，在《樂府詩集》屬《梁鼓角横吹曲》。此詩時代及作者爭議較多，較通行的看法是，此詩是北朝民歌中篇幅最長的敘事詩，或經後代文人修飾。本篇敘述了木蘭代父從軍的傳奇故事，但其重點并非在於從軍殺敵，而在於替父從軍和辭功還家兩部份，突出刻畫了一個有情有義、智勇兼具的女英雄形象，同時具有民間喜劇色彩。詩歌語言樸素生動，善於鋪敘場景，并以複疊等修辭手法充分傳達情感，具有鮮明的民歌特色。

唧唧復唧唧[1]，木蘭當户織。不聞機杼聲[2]，唯聞女歎息。問女何所思，問女何所憶，女亦無所思，女亦無所憶。昨夜見軍帖[3]，可汗大點兵[4]。軍書十二卷,卷卷有爺名。阿爺無大兒,木蘭無長兄。願爲市鞍馬[5],從此替爺征。

東市買駿馬,西市買鞍韉[6],南市買轡頭[7],北市買長鞭。旦辭爺孃去[8],暮宿黄河邊。不聞爺孃唤女聲,但聞黄河流水鳴濺濺[9]。旦辭黄河去,暮至黑山頭[10]。不聞爺孃唤女聲,但聞燕山胡騎鳴啾啾[11]。

萬里赴戎機[12],關山度若飛。朔氣傳金柝[13],寒光照鐵衣,將軍百戰死,壯士十年歸。歸來見天子,天子坐明堂[14]。策勳十二轉[15],賞賜百千强[16]。可汗問所欲,"木蘭不用尚書郎[17],願馳千里足[18],送兒還故鄉"。

爺孃聞女來,出郭相扶將[19]。阿姊聞妹來,當户理紅妝。小弟聞姊來,磨刀霍霍向豬羊。開我東閣門,坐我西間牀。脱我戰時袍,著我舊時裳。當窗理雲鬢[20],掛鏡帖花黄[21]。出門看火伴[22],火伴皆驚惶。"同行十二年,不知木蘭是女郎。"

雄兔脚撲朔[23],雌兔眼迷離[24]。雙兔傍地走[25],安能辨我是雄雌。

(《樂府詩集》卷二十五,中華書局1979年版)

【注釋】

[1]唧唧:歎息聲。一作"促織何唧唧"。 [2]機杼:織布機上的梭子,來回穿梭織布。 [3]軍帖:徵兵的文書、名冊。十二:泛言其多,非確數。 [4]可汗:古代西域和北方諸國對君主的稱呼。點兵:徵兵。 [5]市:買。 [6]韉(jiān):馬鞍下的墊子。 [7]轡(pèi):馭馬的嚼子、籠頭和韁繩。 [8]孃:通"娘"。 [9]濺濺:河水洶湧激射聲。 [10]黑山:即殺虎山,在今内蒙古呼和浩特市東南。 [11]燕山:指燕然山,今蒙古人民共和國境内的杭愛山。啾(jiū)啾:馬鳴聲。 [12]戎機:軍機,指戰争。 [13]朔氣:北方的寒氣。金柝(tuò):即刁斗,銅制,白天用來做飯,晚上用來報更。 [14]明堂:天子祭祀、朝諸侯、教學、選士等儀式舉行之處。 [15]策勳:記功勞。轉:將勳位分作若干等,每升一等叫一轉。十二轉形容功勳卓著,屢獲升遷,非確數。一説十二等爵是唐代制度。 [16]强:多、餘。 [17]尚書郎:尚書省的官員。尚書省是古代中央的政府機關。 [18]千里足:指駝、馬等代步之物。一作"願借明駝千里足"。 [19]郭:外城。扶將:扶持。 [20]雲鬢:頭髮烏黑濃密如雲。 [21]掛:一作"對"。帖花黄:當時流行的一種婦女面飾,把黄金色紙張剪裁爲花鳥星月等形狀貼於額上,或在額上點以黄色。 [22]火伴:即夥伴。 [23]撲朔:指雄兔脚毛蓬松,一説指跳躍的樣子。 [24]迷離:指雌兔眼睛眯縫。 [25]傍地走:相並而走。傍:臨近。

【集評】

(南宋)嚴羽:《木蘭歌》最古,然"朔氣傳金柝,寒光照鐵衣"之類,已似太白,必非漢魏人詩也。

(《滄浪詩話校釋·考證》,第216頁)

(明)謝榛:《木蘭詞》云:"問女何所思,問女何所憶。女亦無所思,女亦無所憶。""東市買駿馬,西市買鞍韉,南市買轡頭,北市買長鞭。"此乃信口道出,似不經意者,其古樸自然，繁而不亂。若一言了問答，一市買鞍馬，則簡而無味，殆非樂府家數。"萬里赴戎機，關山度若飛。朔氣傳金柝，寒光照鐵衣。將軍百戰死，壯士十年歸。"絶似太白五言近體，但少結句爾。能于古調中突出幾句律調，自不減文姬筆力。"雄兔脚撲朔，雌兔眼迷離，雙兔傍地走，安能辨我是雄雌。"此結最著題，又出奇語。若缺此四句，使六朝諸公補之，未必能道此。（《四溟詩話》卷三，第82-83頁）

（明）謝榛：左舜齊曰："況有'可汗大點兵'之句，乃唐人無疑。"魏太武時，柔然已號"可汗"，非始於唐也。通篇較之太白，殊不相類。（《詩家直説箋注》卷一，第83頁）

（明）锺惺：英雄本色，卻字字不離女兒情事，便自有聖賢作用，不是一味英雄人所爲。

（《古詩歸》卷十四，《續修四庫全書》集部第1589册，第508頁）

（明）胡應麟：此歌中，古質有逼漢、魏處，非二代所及也。惟"朔氣""寒光"，整麗流亮類梁陳。

《木蘭歌》是晉人擬古樂府，故高者上逼漢、魏，平者下兆齊梁。如"南市買轡頭，北市買長鞭"，尚協東京遺響，至"當窗理雲鬢，對鏡貼花鈿"，齊梁豔語宛然。又"出門見伙伴"等句，雖甚樸野，實自六朝聲口，非兩漢也。（《詩藪》内編卷三，第44-45頁）

（清）陳祚明：《木蘭詩》首篇甚古（編按，《采菽堂古詩選》收木蘭詩二首，次篇爲唐人擬作）。當其淋漓，輒類漢魏，豈得以唐調疑之？〇"朔氣傳金柝"數語，固類唐人，然齊梁間人每爲唐語，惟唐人必不能爲漢魏語。以此知其真古詞也。〇此詩章法脱换，轉掉自然。凡作長篇，不可無章法，不可不知脱换之妙。此詩脱换，又有陡然竟過處，無文字中，含蓄多語，彌見高老。〇以從軍俠女，但用唧唧夜織直起，妙。若後人必先序家世，或序點兵，瑣屑而來矣！今直從當户織過出，歎息入題，何其超脱斬截！〇"女亦無所思"二句，就上語又作一折入題，大佳。若竟承"思""憶"字直下，豈及此之變幻？又此二句非惟變幻，亦復深細。女自有尋常所思、所憶，百慮不及從軍。今歎息乃欲從軍，真是無所思、無所憶也。〇"東市"四句，故令辭繁不殺，方得淋漓。樂府體自應爾。〇自辭爺孃，過下黄河，生出辭黄河，過下至黑山，此所謂脱换法。以人則爺孃爲主，以地則黑山爲主。入一黄河，介於其間，甚無謂，却甚變幻。再提爺孃唤女，總寫木蘭思親之孝。〇不復序木蘭功業，以三四壯語寫去，亦脱换法。〇"將軍百戰死，壯士十年歸"，即過"歸"字，何其斬截！〇"歸來見天子"，鄭重言之。〇還鄉以後，又寫令極其淋漓。小弟磨刀，正應上"無大兒"。若此時，則已大可知。〇"開我東閣門"以下，曲寫時事，細肖。"當窗"二句，故作嬌致相形。〇"出門"四句，簡盡而節操儼然。〇結作比意，古甚，唐人豈能道隻字？〇前云"當户"，後云"開門"，章法隱隱照應。〇"東市"一段，"聞女來"一段，"開我東閣門"一段，淋漓古雅，與漢魏甚近。〇或疑唐時始有"可汗"之名，此甚可笑。北魏已稱"可汗"，梁樂府中現載《慕容可汗曲》矣！（《采菽堂古詩選》卷二十八，第937-938頁）

（清）沈德潛：事奇詩奇。卑靡時得此，如鳳皇鳴，慶雲見，爲之快絶。〇唐人韋元甫有擬木蘭詩一篇，後人并以此篇爲韋作，非也。韋係中唐人，杜少陵《草堂》一篇，後半全用此詩章法矣。斷以梁人作爲允。（《古詩源》卷十三，第279頁）

（清）張玉穀：木蘭可傳，一在孝能勇往代父，一在貞能明哲保身，而得功辭爵，亦多可取。此詩須看其運化諸意，虛實錯綜處。前四，就木蘭停織歎息敘起，正引代父。然舉後改妝而出、保身而歸諸事,一歎息中躊躇已定,是爲總提。"問女"十二句,表其願替爺征之孝,複疊問答,故作疑陣,紆徐而入,代爲辭令,却極明劃慷慨。"東市"四句,接上市鞍馬來,只就辦馬裝上平排東西南北四句,似板實活。改男妝事,宜於此處順便點清,今偏特地藏過,直至後幅返妝,突然反托出來,又足見敘事虛實互用之妙。"朝辭"八句,敘辭家赴邊事,帶定爺娘,兩層遞落,筆勢翔舞不定。"萬里"六句,敘從征勞苦、功成歸朝事,忽又用整鍊之筆爲中腰作鎮,讀之神旺。"壯士"二句,隱然點醒男妝。"歸來"八句,敘策勛賞賜、辭官還鄉事。天子亦不知其爲女,保身意已略逗出。"爺娘"六句,敘女歸舉家歡喜事,忽然添出姊弟。又用三疊調寫出熱鬧異常,與"朝辭"段遥對。"磨刀"句,特奇古。且偏用"聞女""聞姊"等字,一若木蘭此時仍是女妝者然,轉落下段,益見不測。"開我"六句,敘入閨返妝事,然逐句脱卸,直至"當窗"十字,方始明白點出,愈悶愈快。出門時不寫改妝,而此處寫返照者,前是避順避實,此則借以蹴起火伴之驚也,布置最善。後八,點破保身,爲通章結穴。蓋保身意欲插敘於前,則無處安頓,如自出於口,則終涉嫌疑,妙借火伴驚惶,同行年久,不知是女醒出,隨以奚落語申明作收。以兔爲比,不倫不類,更極古趣。木蘭千古奇人,此詩亦千古傑作。《焦仲卿妻》之後,罕有其儔。在蕭梁時,更不圖得此如椽筆也。

(《古詩賞析》卷二十,第482-483頁)

(清)賀貽孫:敘事長篇動人啼笑處,全在點綴生活。如一本雜劇,插科打諢,皆在淨丑。……《木蘭詩》有阿姊理粧,小弟磨刀一段,便不寂寞。而"出門見火伴",又是絕妙團圓劇本也。

(《詩筏》,《清詩話續編》,第149-150頁)

二十六、古近體詩

四愁詩并序

(東漢)張衡

【題解】

這首詩最早爲南朝梁蕭統《文選》收録,前有小序,或由編者據《後漢書·張衡傳》所加,僅增比興寄託之説。由小序可知,此詩作於作者出任河間相時期,也可推知此詩的創作背景和寓意。其寫作方法主要受楚辭的香草美人比興寄託的影響,以懷人之愁寓意遭讒壓抑之苦悶。全詩在藝術成就上也頗值得關注,其重疊複沓的結構和淒美深摯的情感對後世詩歌産生了深遠影響,晉代傅玄、張載的《擬四愁詩》就是顯證。而此詩體制上通篇採用七字句,更是開創了我國古代七言詩的先河。

張衡不樂久處機密,陽嘉中,出爲河間相。時國王驕奢,不遵法度,又多豪右并兼之家。衡下車,治威嚴,能内察屬縣,奸猾行巧劫,皆密知名。下吏收捕,盡服擒。諸豪俠遊客,悉惶懼逃出境。郡中大治,爭訟息,獄無繫囚。時天下漸弊,鬱鬱不得志,爲《四愁詩》。屈原以美人爲君子,以珍寶爲仁義,以水深雪雰爲小人。思以道術爲報,貽於時君,而懼讒邪不得以通。其辭曰:

一思曰:我所思兮在太山[1],欲往從之梁父艱[2]。側身東望涕沾翰[3]。美人贈我金錯刀[4],何以報之英瓊瑤[5]?路遠莫致倚逍遥[6],何爲懷憂心煩勞。

二思曰:我所思兮在桂林[7],欲往從之湘水深[8]。側身南望涕沾襟。美人贈我金琅玕[9],何以報之雙玉盤?路遠莫致倚惆悵,何爲懷憂心煩傷。

三思曰:我所思兮在漢陽[10],欲往從之隴阪長[11]。側身西望涕沾裳。美人贈我貂襜褕[12],何以報之明月珠?路遠莫致倚踟躕[13],何爲懷憂心煩紆。

四思曰:我所思兮在雁門[14],欲往從之雪紛紛。側身北望涕沾巾。美人贈我錦繡段[15],何以報之青玉案[16]?路遠莫致倚增歎,何爲懷憂心煩惋[17]。

(《文選》卷二十九,上海古籍出版社1986年版)

【注釋】

[1]太山:即泰山,在山東省泰安市境内。[2]梁父:泰山的支脈。[3]翰:衣襟。[4]金錯

刀:刀環或刀柄用黄金鍍過的佩刀。一説"錯刀",指錢幣。《漢書·食貨志》:"錯刀以黄金錯其文,曰一刀直五千。" [5]英:"瑛"的借字,瑛是美石似玉者。瓊瑶:兩種美玉。 [6]倚:通"猗",語助詞,無意義。 [7]桂林:郡名,治所在今廣西桂林。 [8]湘水:源出廣西興安縣陽海山,東北流入湖南省會合瀟水,入洞庭湖。 [9]琅玕(lánggān):一種似玉的美石。金琅玕,《玉台新詠》作"琴琅玕",以琅玕裝飾之琴。 [10]漢陽:郡名,前漢稱天水郡,後漢改爲漢陽郡,今甘肅省甘谷縣南。 [11]隴阪:山坡爲"阪"。天水有大阪,名隴阪。[12]襜褕(chānyú):直襟的單衣。 [13]踟躕(chíchú):徘徊不前貌。 [14]雁門:郡名,今山西省西北部。 [15]段:同"緞",履後跟。 [16]青玉案:青玉製成的放食器的小几案。[17]煩惋:紛煩怨恨。

【集評】

(西晉)傅玄:昔張平子作《四愁詩》,體小而俗,七言類也。聊擬而作之,名曰《擬四愁詩》。 (《擬張衡四愁詩序》,《先秦漢魏晉南北朝詩》,第573頁)

(唐)吴兢:《四愁》,漢張衡所作,傷時之文也。其皆以所思之處方朝廷,美之爲君子,珍玩爲義,岩險雪霜爲讒諂。其流本出於《楚辭》《離騷》。《七哀》起於漢末。如曹植"明月照高樓"、王仲宣"南登霸陵岸",皆《七哀》之一也。

(《樂府古題要解·四愁七哀》,《歷代詩話續編》,第59頁)

(明)許學夷:張衡樂府七言《四愁詩》,兼本風騷,而其體渾淪,其語隱約,有天成之妙,當爲七言之祖。 (《詩源辨體》卷三,第65頁)

(明)張溥:《同聲》麗而不淫,《四愁》遠摹正則,蔡邕翠鳥,秦嘉述昏,俱出其下,謂之好色,謂之思賢,其曰可矣。 (《漢魏六朝百三家集題辭注·張河間集》,第50頁)

(清)沈德潛:心煩紆鬱,低徊情深,風騷之變格也。 (《古詩源》卷二,第55頁)

(清)張玉穀:七言詩雖始於《柏梁》,然屬聯句,非正體也。溯厥源流,此爲鼻祖。

(《古詩賞析》卷六,第138頁)

(清)沈德潛:詩有不用淺深、不用變換,略易一二字,而其味油然自出者,妙於反覆詠歎也。《芣苡》《殷其雷》後,張平子《四愁》得之。 (《説詩晬語》卷上,第84頁)

贈婦詩并序(三首其一)

(東漢)秦嘉

【題解】

秦嘉,字士會,生卒不詳,東漢隴西(今甘肅東南)人。曾任上計吏、黄門郎等職。

此詩是東漢文人五言詩成熟的標誌。據小序及詩意,秦嘉時任隴西郡上計吏,歲末將至京都洛陽述職,而妻子徐淑臥病娘家。秦嘉遣車相迎,唯得一信,因作此詩。別離情事可參看二人往來詩、信，詩入《玉台新詠》，信載《全後漢文》。首四句概寫人生短暫憂艱之感。朝露喻人生短暫，漢人常用。處世艱辛，以《易》之二卦屯、蹇涵括。憂愁艱辛之早，歡樂相會之晚，承"朝露""屯蹇"而發。下四句實寫觸發所感之情事。本已睽隔，此去益遠。一"車"，兩"空"，活畫詩人期盼與失落。下六句抒寫情轉淒慘。徐淑《答夫秦嘉書》云："身非形影，何得動而輒俱？體非比目，何得同而不離？"其《答夫詩》則曰："思君兮感結，夢想兮容輝。君發兮引邁，去我兮日乖。"秦嘉讀信，益增悲戚，食不下嚥，獨坐空屋，孤枕難眠。末二句遙承"憂艱"而大之，點出無盡憂愁循環相接，此情無計可消除。化用《詩經》成句而了無痕跡，篇終無盡情意。

鍾嶸《詩品》列秦嘉夫婦于中品，評曰："夫妻事既可傷，文亦淒怨。二漢爲五言詩者，不過數家，而婦人居二。徐淑敘別之作，亞於《團扇》矣。""淒怨"二字移評此詩風格甚當。魏晉名士王衍云："情之所鍾，正在我輩。" 此論可於此詩、此人、此事發之。

秦嘉，字士會，隴西人也，爲郡上掾。其妻徐淑，寢疾還家，不獲面別，贈詩云爾。

人生譬朝露，居世多屯蹇[1]。憂艱常早至，歡會常苦晚。念當奉時役[2]，去爾日遙遠。遣車迎子還[3]，空往復空返。省書情悽愴，臨食不能飯。獨坐空房中，誰與相勸勉？長夜不能眠，伏枕獨輾轉。憂來如尋環[4]，匪席不可卷[5]。

（《玉台新詠箋注》卷一，中華書局1985年版）

【注釋】

[1]屯蹇(zhūn jiǎn)：屯、蹇，《周易》二卦名，皆艱難不順之意。 [2]奉時役：指秦嘉任上計吏，被派遣入京。 [3]"遣車"句：徐淑臥病娘家，秦嘉入京，派車相迎，並作《與妻徐淑書》。 [4]尋環：循環。 [5]"匪席"句：《詩經·邶風·柏舟》："我心匪席，不可卷也。"匪，同"非"。

【集評】

（明）胡應麟：秦嘉夫婦往還曲折，具載詩中。真事真情，千秋如在，非他託興可以比肩。

（《詩藪》內編卷二，第26頁）

（清）陳祚明：伉儷之情甚真。結句原於《國風》，演爲六朝樂府。

（《采菽堂古詩選》卷四，第108頁）

（清）沈德潛：詞氣和易，感人自深。然去西漢渾厚之風遠矣。

（《古詩源》卷三，第54頁）

（清）方玉潤：此詩敘述清婉，開劉公幹、謝惠連。誦之久，自有一種綺旎葱蒨之致。

（《昭味詹言》卷二，第67頁）

迢迢牽牛星

《文選》

【題解】

《古詩十九首》是東漢末年一批文人詩作的選輯,最早見於南朝梁蕭統《文選》。這十九首詩沒有題目,一般以每首第一句作題目。它們的形式都是五言體,語言樸素自然;內容多寫夫婦間的離情別緒和士子文人仕途的失意之感,充滿感傷情調。《古詩十九首》是五言詩達到成熟的標誌,在我國詩歌發展史上有很高的地位,劉勰《文心雕龍》稱之爲"五言之冠冕"。

本詩是《古詩十九首》第十首,是最早以牛郎織女民間故事爲題材的詩篇。此詩借神話傳説中牛郎、織女被銀河阻隔而不得會面的悲劇,抒發了女子離別相思之情,寫出了人間夫妻不得團聚的悲哀。字裏行間,蘊藏着一定的不滿和反抗意識。詩人抓住銀河、機杼這些和牛郎織女神話相關的物象,借寫織女有情思親、無心織布、隔河落淚、對水興歎的心態,來比喻人間的離婦對辭親去遠的丈夫的相思之情。全詩想像豐富,感情纏綿,用語婉麗,境界奇特,是相思懷遠詩中的新格高調。

迢迢牽牛星[1],皎皎河漢女[2]。纖纖擢素手[3],札札弄機杼[4]。終日不成章[5],泣涕零如雨[6]。河漢清且淺,相去復幾許[7]?盈盈一水間[8],脈脈不得語[9]。

(《文選》卷二十九,上海古籍出版社1986年版)

【注釋】

[1]迢迢:遥遠的樣子。牽牛星:俗稱牛郎星,是天鷹星座的主星,在銀河東。隔銀河與織女星相對。 [2]皎皎:明亮的樣子。河漢女:指織女星,是天琴星座的主星,在銀河西。河漢,即銀河。 [3]擢:擺動。 [4]札札:象聲詞,機織聲。杼(zhù):織布機上的梭子。 [5]章:指布帛上的經緯紋理,此指整幅的布帛。此句化用《詩經·小雅·大東》"跂彼織女,終日七襄;雖則七襄,不成報章",言織女因情繫牽牛,終日也織不成布匹。 [6]涕:眼淚。零:落下。 [7]相去:相離,相隔。去,離。復幾許:又能有多遠。 [8]盈盈:水清澈的樣子。 [9]脈(mò)脈:含情相視的樣子。

【集評】

(清)張庚:欲寫織女之繫情於牽牛,卻先用"迢迢"二字將牽牛推遠,以下方就織女寫出許多情致。

(《古詩十九首解》,第9頁)

梁啓超:至如"迢迢牽牛星"一章,純借牛女作象徵,沒有一字實寫自己情感,而情感已活躍句下。此種作法,和周公的《鴟鴞》一樣,實文學界最高超的技術。

(《中國之美文及其歷史》,第130頁)

飲　　酒(二十首其五)

(東晉)陶淵明

【題解】

陶淵明《飲酒》組詩前有小序:"余閑居寡歡,兼秋夜已長,偶有名酒,無夕不飲。顧影獨盡,忽焉復醉。既醉之後,輒題數句自娱。紙墨遂多,辭無詮次。聊命故人書之,以爲歡笑爾。"詩人表面上説"辭無詮次",實爲借飲酒以遣興抒懷。在這首詩中,詩人寫田園之景,記結廬之事,抒隱逸之情。景與意會,情與景偕,顯示出詩人恬静閑適、安貧樂道、悠然自得的心境和遠離官場、潔身自愛、淡漠名利的人生態度。文辭自然疏放,不待錘煉而自工,被王國維《人間詞話》認爲是無我之境的典範之作。

結廬在人境[1],而無車馬喧[2]。問君何能爾[3],心遠地自偏[4]。采菊東籬下,悠然見南山[5]。山氣日夕佳[6],飛鳥相與還[7]。此中有真意,欲辯已忘言[8]。

(《陶淵明集箋注》卷三,中華書局2003年版)

【注釋】

[1]結廬:構築房舍。結,建造、構築。人境:人世間。 [2]車馬喧:意指世俗的交往。 [3]爾:這樣。 [4]心遠地自偏:心遠離世俗,自然覺得住的地方僻静了。 [5]悠然:閑舒的樣子。南山:指廬山。 [6]日夕:傍晚。 [7]相與:相伴。 [8]欲辯已忘言:想要辯識卻不知怎麼表達。《莊子·齊物論》:"辯也者,有不見也。""夫大道不稱,大辯不言。"《莊子·外物》又云:"言者所以在意也,得意而忘言。"

【集評】

(北宋)蘇軾:因采菊而見山,境與意會,此句最有妙處。近歲俗本皆作"望南山",則此一篇神氣都索然矣。　(《東坡題跋》卷二《題淵明飲酒詩後》,第28頁)

(北宋)晁補之:東坡云:陶淵明意不在詩,詩以寄其意耳。"採菊東籬下,悠然望南山。"則既採菊又望山,意盡於此,無餘藴矣,非淵明意也。"採菊東籬下,悠然見南山",則本自採菊,無意望山,適舉首而見之,故悠然忘情,趣閑而景遠,此未可於文字精粗間求之。　(《雞肋集》卷三十三《題陶淵明詩後》,《文津閣四庫全書》集部第373册,第823頁)

(北宋)蔡啓:"採菊東籬下,悠然見南山",此其閑適自得之意,直若超然邈出宇宙之外,俗本多以見字爲望字,若爾,便有褰裳濡足之態矣。乃知一字之誤,害理有如是者。

(《蔡寬夫詩話》,《宋詩話輯佚》,第380頁)

(南宋)吴曾:東坡以淵明“採菊東籬下,悠然見南山”。無識者以“見”爲“望”,不啻碔砆之與美玉。然余觀白樂天《效淵明詩》有云:“時傾一杯酒,坐望東南山。”然則流俗之失也久矣。惟韋蘇州《答長安丞裴説》有云:“採菊露未晞,舉頭見南山。”乃知真得淵明詩意,而東坡之説爲可信。 (《能改齋漫録》卷三,第57頁)

(南宋)葛立方:韋應物詩擬陶淵明,而作者甚多,然終不近也。《答長安丞裴稅》詩云:“臨流意已悽,採菊露未晞。舉頭見秋山,萬事都若遺。”蓋效淵明“採菊東籬下,悠然見南山。此懷有真意,欲辨已忘言”之句也。然淵明落世紛深入理窟,但見萬象森羅,莫非真境,故因見南山而真意具焉。應物乃因意悽而采菊,因見秋山而遺萬事,其與陶所得異矣。 (《韻語陽秋》卷四,《歷代詩話》,第515頁)

(明)鍾惺:“心遠”二字,千古名士高人之根。“真意”“忘言”,即在此數句。俗人必待讀完下語,始賞之。 (《古詩歸》卷九,《續修四庫全書》集部第1589冊,第454頁)

(清)沈德潛:胸有元氣,自然流出,稍著痕跡便失之。 (《古詩源》卷九,第202頁)

(清)陳祚明:“心遠地即偏”,公固不蹈東海。採菊見山,此有真境,非言可宣,即所爲桃源者,是耶? (《采菽堂古詩選》卷十三,第416頁)

(清)方東樹:此但書即目即事,而高致高懷可見。起四句言地非偏僻,而吾心既遠,則地隨之。境既閒寂,景物復佳,然非心遠,則不能領其真意味。既領於心,而豈待言?所謂‘造適不及笑,獻笑不及言’,有曾點之意。後六句即‘心遠地偏’之實事。” (《昭昧詹言》卷四,第113頁)

宗白華:陶淵明從他的庭園悠然窺見大宇宙的生氣與節奏而證悟到忘言之境。……中國古代農人的農舍就是他的世界。他們從屋宇得到空間概念。從“日出而作,日入而息”,由宇中出入而得到時間觀念。空間、時間合成他的宇宙而安頓著他的生活。 (《美學散步》,第106頁)

春江花月夜

(唐)張若虚

【題解】

張若虚(約660—約720),揚州(今屬江蘇)人。曾任兗州兵曹。生卒年、字号均不詳。事蹟略見於《舊唐書·賀知章傳》《新唐書·劉晏傳》。唐中宗神龍年間,與賀知章、張旭、包融並稱“吴中四士”。詩多散佚,《全唐詩》僅存二首。

《春江花月夜》是樂府《清商曲辭·吴聲歌曲》舊題。曲調相傳爲陳後主所創制(《舊唐書·音樂志》)。今據宋人郭茂倩《樂府詩集》所録,除張若虚這一首外,尚有隋煬帝二首,諸葛穎一首,張子容二首,溫庭筠一首。此詩雖沿襲樂府舊題,但已擺脱六朝宫體藩籬,並賦以新意。全詩通過描寫春江花月夜幽美恬靜的背景,抒寫遊子思婦望月懷人的纏綿之情,並將其與宇宙人生之哲思融爲一體,構成了奇妙迷人的藝術境界。本詩語言清麗流暢，情感真摯細膩，韻律和諧婉轉，極富音樂美和哲理美，爲初唐詩之名篇。

春江潮水連海平，海上明月共潮生。灩灩隨波千萬里[1]，何處春江無月明。江流宛轉遶芳甸[2]，月照花林皆似霰[3]。空裏流霜不覺飛[4]，汀上白沙看不見[5]。江天一色無纖塵，皎皎空中孤月輪。江畔何人初見月，江月何年初照人？人生代代無窮已，江月年年望相似。不知江月待何人，但見長江送流水。白雲一片去悠悠，青楓浦上不勝愁[6]。誰家今夜扁舟子，何處相思明月樓[7]？可憐樓上月徘徊，應照離人妝鏡臺。玉戶簾中卷不去[8]，擣衣砧上拂還來[9]。此時相望不相聞，願逐月華流照君。鴻雁長飛光不度[10]，魚龍潛躍水成文[11]。昨夜閑潭夢落花[12]，可憐春半不還家。江水流春去欲盡，江潭落月復西斜。斜月沉沉藏海霧，碣石瀟湘無限路[13]。不知乘月幾人歸[14]，落月摇情滿江樹[15]。

（《樂府詩集》卷四十七，中華書局1979年版）

【注釋】

[1]灩（yàn）灩：動盪閃光貌，這裏指月光。 [2]芳甸：春天的原野，郊外之地叫做甸。 [3]霰（xiàn）：雪珠。 [4]流霜：比喻空中月色朦朧流蕩。 [5]汀（tīng）：水邊沙地。 [6]青楓浦：一名雙楓浦，在今湖南瀏陽瀏水中。這裏泛指荒僻的水邊之地。 [7]明月樓：代指明月照臨的樓頭的思婦。 [8]玉戶：門的美稱。 [9]擣衣砧（zhēn）：古人洗衣，置石板上，用棒槌棰擊去汙。這石板叫擣衣砧。鴻雁：古人説鴻雁能傳送書信，事見《漢書·蘇武傳》。 [10]光不度：意謂飛不過這片無盡的月光，也就是書信不到之意。 [11]魚龍：這裏是偏義復詞，龍字無義。古樂府《飲馬長城窟行》："客從遠方來，遺我雙鯉魚。呼兒烹鯉魚，中有尺素書。"後以魚書指書信，這句意思同上句，水成文，也就是虛幻同水花之意。 [12]閑潭：幽静的水邊。 [13]碣石：山名，在河北。指北方。瀟湘：水名，瀟水在湖南零陵入湘水，這一段湘水叫瀟湘，指南方。無限路：極言離人相距之遠。 [14]乘月：隨着月色。 [15]摇情：激蕩情思，猶言牽情。

【集評】

（明）胡應麟：張若虛《春江花月夜》，流暢婉轉，出劉希夷《白頭翁》上，而世代不可考。詳其體制，初唐無疑。（《詩藪》内篇卷三，第51頁）

（明）唐汝詢：此望月而思家也。言月明而當春水方盛之時，隨波萬里，靡所不照。霜流沙白，狀其光也。因言月之照人，莫辨其始。人有代更，月長皎潔，我不知爲誰而輸光乎？所見唯江流不返耳。又睹孤雲之飛而想今夕，有乘扁舟爲客者，有登樓而傷別者，己與室家是也。遂敘閨中悵望之情，久客思家之意。因落月而念歸路之遙，恨不能乘月而歸，徒對此江樹而含情也。（《唐詩解》卷十一，第224-225頁）

（明）鍾惺：淺淺説去，節節相生，使人傷感。未免有情，自不能讀，讀不能厭。……將"春、江、花、月、夜"五字煉成一片奇光，分合不得，真化工手。

(《唐詩歸》卷六,《續修四庫全書》集部第1589册,第599頁)

(清)沈德潛:前半見人有變易,月明常在,江月不必待人,惟江流與月同無盡也。後半寫思婦悵望之情,曲折三致。題中五字安放自然,猶是王、楊、盧、駱之體。

(《唐詩别裁集》卷五,第74頁)

(清)王闓運:張若虚《春江花月夜》用《西洲》格調,孤篇横絶,竟爲大家。

(《王志》卷二)

(清)王堯衢:此篇是逐解轉韻法。凡九解:前二解是起,後二解是收。起則漸漸吐題,收則漸漸結束。中五解是腹。雖其詞有連有不連,而意則相生。至於題目五字,環轉交錯,各自生趣。"春"字四見,"江"字十二見,"花"字只二見,"月"字十五見,"夜"字亦只二見。於江則用"海潮""波""流""汀""沙""浦""潭""瀟湘""碣石"等以爲陪,於月則用"天""空""霰""霜""雲""樓""妝台""簾""砧""魚""雁""海霧"等以爲映。於代代無窮乘月望月之人之内,摘出扁舟游子、樓上離人兩種,以描情事。樓上宜月,扁舟在江,此兩種人,於春江花月夜,最獨關情。故知情文相生,各各呈豔,光怪陸離,不可端倪,真奇制也。

(《唐詩合解箋注》卷三,第73頁)

(清)賀裳:《春江花月夜》,其爲名篇不待言,細觀風度格調,則劉希夷《擣衣》諸篇類也。此誠盛唐中之初唐。 (《載酒園詩話》又編,《清詩話續編》,第306頁)

(清)吴喬:張若虚《春江花月夜》,正意只在"不知乘月幾人歸"。

(《圍爐詩話》卷二,《清詩話續編》,第529頁)

(清)毛先舒:張若虚"春江潮水"篇,不著粉澤,自有腴姿,而纏綿蘊藉,一意縈紆,調法出没,令人不測,殆化工之筆哉! (《詩辯坻》卷三,《清詩話續編》,第50頁)

梁啟超:這首詩讀起來令人飄飄有出塵之想:"江畔何人初見月,江月何年初照人","誰家今夜扁舟子,何處相思明月樓",這類話,真是詩家最空靈的境界。全首讀來固然迴腸盪氣,但那音節既不是哀絲豪竹一路,也不是急管促板一路,專用和平中聲,出以搖曳,確是《三百篇》正脈。

(《中國韻文裏頭所表現的情感》,《飲冰室文集點校》第六集,第3456頁)

聞一多:這是詩中的詩,頂峰上的頂峰。從這邊回頭一望,連劉希夷都是過程了,不用説盧照鄰和他的配角駱賓王,更是過程的過程。

(《宫體詩的自贖》,《唐詩雜論》,第18—19頁)

白雪歌送武判官歸京

(唐)岑參

【題解】

此詩約作於天寶十三載(754),時作者入安西北庭節度使封常清幕府爲節度判官,武判官,當爲岑參的前任或同僚,名不詳。岑參在輪台(今屬新疆)送别他回京,作此詩。全詩將詠雪與送别緊密結合,分别寫送别前、餞别時、送行時、送别後之雪景,層次分明,氣象萬千,明麗之中見豪邁樂觀之胸襟。

北風捲地白草折[1],胡天八月即飛雪[2]。忽如一夜春風來,千樹萬樹梨花開[3]。散入珠簾濕羅幕,狐裘不暖錦衾薄[4]。將軍角弓不得控[5],都護鐵衣冷難着[6]。瀚海闌干百丈冰[7],愁雲慘淡萬里凝。中軍置酒飲歸客[8],胡琴琵琶與羌笛。紛紛暮雪下轅門[9],風掣紅旗凍不翻[10]。輪台東門送君去[11],去時雪滿天山路[12]。山迴路轉不見君,雪上空留馬行處。

(《岑嘉州詩箋注》卷二,中華書局2004年版)

【注釋】

[1]白草:西北地方所產之草,乾枯時呈白色,故名。 [2]胡天:指西域的天氣。 [3]"忽如"二句:形容塞外飛雪如春天盛開的梨花。 [4]衾:被子。 [5]角弓:以獸角裝飾的弓。不得控:因手凍僵而拉不開。 [6]都護:官名,唐設北庭、安西等大都護府,長官稱都護,這裏泛指將官。 [7]瀚海:沙漠。闌干:縱横的樣子。 [8]中軍:古時分兵爲中、左、右三軍,中軍爲主帥親率的軍隊。這裏指主帥的營帳。歸客:指武判官。 [9]轅門:古代軍營前以兩車之轅相向交接,成一半圓形門,後遂稱營門爲轅門。 [10]掣:牽引,扯動。翻:翻卷,飄揚。 [11]輪台:今新疆輪台,唐時隸屬北庭都護府。 [12]天山:山名,在新疆内。

【集評】

(清)方東樹:奇峭。起颯爽。"忽如"六句,奇才奇氣,奇情逸發,令人心神一快。須日誦一過,心摹而力追之。"瀚海"句換氣,起下"歸客"。 (《昭昧詹言》卷十二,第248頁)

將 進 酒

(唐)李白

【題解】

《將進酒》爲古樂府《鼓吹曲辭·漢鐃歌》曲名,内容多飲酒放歌,體制多短篇。將(qiāng)進酒即請飲酒。李白此詩,前人多謂作於天寶三載(744)賜金放還之後,今人或以爲作於開元二十一年(733)的嵩山元丹丘處。此時李白首次入京失意歸來,托酒以抒發懷才不遇之悲憤,借酒以銷揮之不去的萬古憂愁。詩中感歎人生短暫,主張及時行樂,輕視功名利禄,於失意苦悶中顯現豪放曠達之心態。

君不見,黄河之水天上來,奔流到海不復回[1]。君不見,高堂明鏡悲白髮,朝如青絲暮成雪。人生得意須盡歡,莫使金樽空對月[2]。天生我材必有用,千金散盡還復來[3]。烹羊宰牛且爲樂[4],會須一飲三百杯[5]。岑夫子[6],丹丘生[7],進酒君莫停,與君歌一曲,請君爲我傾耳聽。鐘鼓饌玉何足貴[8],但願長醉不用醒。古來聖賢皆寂寞[9],惟有飲者留其名。陳王昔時宴平樂[10],斗酒十千恣歡謔[11]。主人何爲言少錢?徑須沽取對君酌[12]。五花馬[13],千金裘,呼兒將出换美酒[14],與爾同銷萬古愁。

(《李太白全集》卷三,中華書局1977年版)

【注釋】

[1]“奔流”句:古樂府《長歌行》:“百川東到海,何時復西歸。” [2]金樽:酒杯的美稱。 [3]“天生”二句:極言其抱負之遠大和千金之易得。其《上安州裴長史書》:“曩昔東遊維揚,不逾一年,散金三十餘萬,有落魄公子,悉皆濟之。” [4]烹羊宰牛:意思是豐盛的酒宴。語本曹植《箜篌引》:“中廚辦豐膳,烹羊宰肥牛。” [5]會須:應該。 [6]岑夫子:岑勳,南陽人,李白有詩《酬岑勳見尋就元丹丘對酒相待以詩見招》。 [7]丹丘生:即元丹丘,當時的隱士。 [8]鐘鼓饌(zhuàn)玉:形容富貴豪華的生活。鐘鼓,鳴鐘擊鼓作樂。饌玉,美好的飲食。 [9]寂寞:這裏是被世人冷落的意思。 [10]陳王昔時宴平樂:陳王曹植從前在平樂觀舉行宴會。陳王,即曹植,因封於陳(今河南淮陽一帶),死後謚“思”,世稱陳王或陳思王。宴,舉行宴會。平樂,觀名,漢明帝所建,在洛陽西門外。這句和下句都出自曹植《名都篇》:“歸來宴平樂,美酒斗十千。” [11]斗酒十千恣(zì)歡謔(xuè):喝名貴的酒,縱情歡樂。斗酒十千,一斗酒價值十千錢,意即名貴。恣,放縱、無拘束。謔,玩笑。 [12]徑須沽取:那就應當買了來。徑,即、就。沽,通“酤”,買或賣,這裏指買。取,語助詞,表示動作的進行。 [13]五花馬:毛色斑駁的馬。一説,剪馬鬣爲五瓣。極言馬的名貴。 [14]將:拿。

【集評】

(明)陸時雍:“天生我材必有用,千金散盡還復來”,“仰天大笑出門去,我輩豈是蓬蒿人”,淺淺語,使後人傳道無已,以其中有靈氣。

(《唐詩鏡》卷一八,《文津閣四庫全書》集部第471册,第399頁)

(清)趙翼:青蓮工於樂府。蓋其才思横溢,無所發抒,輒借此以逞筆力;故集中多至一百十五首。有借舊題以寫己懷、述時事者。如《將進酒》之與岑夫子、丹邱生共飲。

(《甌北詩話》卷一,第5頁)

(清)徐增:太白此歌,最爲豪放,才氣千古無雙。

(《而庵説唐詩》卷六,《四庫全書存目叢書》集部第396册,第618頁)

(清)王堯衢:此篇用長短句爲章法,篇首用兩個“君不見”領起,亦一局也。

(《唐詩合解箋注》卷三,第92頁)

上陽白髮人

（唐）白居易

【題解】

本詩是白居易《新樂府》五十首中的第七首。《新樂府》題下總序云："凡九千二百五十二言，斷爲五十篇。篇無定句，句無定字，繫於意，不繫於文。首句標其目，卒章顯其志，《詩》三百之義也。其辭質而徑，欲見之者易諭也。其言直而切，欲聞之者深誡也。其事核而實，使采之者傳信也。其體順而肆，可以播於樂章歌曲也。總而言之，爲君、爲臣、爲民、爲物、爲事而作，不爲文而作也。"《新樂府》五十首，選擇題材有明顯的政治傾向，主題明確，態度鮮明，廣泛觸及中唐社會政治、經濟、軍事、婦女婚姻、習俗等方面，爲白居易繼承並發展古代詩歌美刺傳統的重要組詩。詩題中的"上陽"，即上陽宫，在洛陽皇城西南。詩的標題下，作者自注云："愍怨曠也。"古時，稱成年無夫之女爲怨女，成年無妻之男爲曠夫。這裏"怨曠"並舉，實際上寫的是被幽禁在宫廷中的可憐女子。封建統治者爲了自己的需要，常強選大量民間少女入宫。她們被禁錮在戒備森嚴的深宫，白白葬送如花似錦的青春人生。唐天子自開元二十四年十月以後，即不再到東都，上陽宫自然冷落下來。詩人對宫人極爲同情，元和四年(809)寫下這首詩。詩歌通過一位老宫女一生的悲慘遭遇，概括了無數後宫女子的悲慘命運，揭露了封建宫廷廣選民女以充後宫制度的殘酷和罪惡。詩作熔敍事、寫景、抒情於一爐，形象真切生動。語言淺近通俗，音韻流暢自然，句式參差錯落，頗具民歌風調。在唐代以宫女爲題材的詩歌中，堪稱少有的佳作。

天寶五載已後，楊貴妃專寵，後宫人無復進幸矣。六宫有美色者，輒置別所，上陽是其一也。貞元中尚存焉。

上陽人，紅顏暗老白髮新。綠衣監使守宫門[1]，一閉上陽多少春。玄宗末歲初選入，入時十六今六十。同時采擇百餘人，零落年深殘此身[2]。憶昔吞悲別親族，扶入車中不教哭。皆云入內便承恩，臉似芙蓉胸似玉。未容君王得見面，已被楊妃遥側目[3]。妒令潛配上陽宫，一生遂向空房宿。秋夜長，夜長無寐天不明。耿耿殘燈背壁影[4]，蕭蕭暗雨打窗聲。春日遲，日遲獨坐天難暮。宫鶯百囀愁厭聞，梁燕雙栖老休妒。鶯歸燕去長悄然，春往秋來不記年。唯向深宫望明月，東西四五百迴圓。今日宫中年最老，大家遥賜尚書號[5]。小頭鞋履窄衣裳，青黛點眉眉細長。外人不見見應笑，天寶末年時世妝[6]。上陽人，苦最多。少亦苦，老亦苦，少苦老苦兩如何！君不見昔時吕向《美人賦》[7]，又不見今日《上陽白髮歌》！

（《白居易集箋校》卷三，上海古籍出版社1988年版）

【注釋】

[1]綠衣監使:唐代管理宫女的太監。唐制:京都諸園苑設監一人,從六品下;副監一人,從七品下。六品服深綠,七品服淺綠。 [2]殘:殘餘,只剩下。 [3]楊妃:楊玉環。側目:因嫉妒怒目而視。 [4]耿耿:明亮的樣子。 [5]大家:宫中近侍及後妃等呼皇帝爲“大家”。尚書:宫中女官名。 [6]“小頭鞋履”四句:謂上陽宫女的穿著仍舊是小頭鞋、窄袖衣裳,畫眉細長,都是天寶末年的時興,到貞元時期,婦女已經時興衣裳寬大,畫眉闊短了,所以外人見了肯定發笑。 [7]吕向《美人賦》:作者原注:“天寶末,有密采豔色者,當時號花鳥使。吕向獻《美人賦》以諷之。”吕向,字子回,開元年間爲翰林學士兼集賢院校理,其《美人賦》今存,見《文苑英華》卷九六。

【集評】

(清)施補華:《上陽白髮人》《新豐折臂翁》兩篇,長於諷諭,頗得風人之旨,惜詞未簡古。

(《峴傭説詩》,《清詩話》,第989頁)

(清)沈德潛:只“惟向深宫望明月,東西四五百迴圓”二語,已見官人之苦,而楊妃之嫉妬專寵,足以致亂矣。女禍之誡,千古昭然。 (《唐詩别裁集》卷八,第116頁)

圓圓曲

（清）吴偉業

【題解】

吴偉業（1609—1672），字駿公，號梅村，別署鹿樵生、灌隱主人、大雲道人，世居江蘇昆山，祖父始遷江蘇太倉，崇禎進士。與錢謙益、龔鼎孳並稱“江左三大家”，又爲婁東詩派開創者。長於七言歌行，初學“長慶體”，後自成新吟，後人稱之爲“梅村體”。

圓圓，即陳圓圓，本姓邢，名沅，字畹芬，俗名圓圓。明清之際蘇州名妓，後爲吴三桂寵妾。後吴三桂鎮守山海關時，李自成軍攻陷北京，圓圓被李自成部將劉宗敏所俘。吴三桂大怒，遂引清兵入關，貢獻北京，驅逐李自成，而明朝亦隨之爲清人所滅。圓圓復歸吴三桂，後隨吴三桂至雲南，晚年出家爲女道士。這首詩約作於順治八年（1651）（錢仲聯《吴梅村詩補箋》），以陳圓圓的遭遇爲線索，反映明清易代的歷史事實，運用比喻、雙關等手法委婉地諷刺了吴三桂爲了一己私仇而背明降清的罪行。全詩婉轉流暢、情節曲折，敍事、抒情、議論貫穿其中，表現出很高的藝術成就，是“梅村體”的代表作，歷來廣爲傳誦。

鼎湖當日棄人間[1]，破敵收京下玉關[2]，慟哭六軍俱縞素[3]，衝冠一怒爲紅顏。紅顏流落非吾戀，逆賊天亡自荒讌。電掃黄巾定黑山，哭罷君親再相見[4]。相見初經田、竇家[5]，侯門歌舞出如花。許將戚里空箜篌伎[6]，等取將軍油壁車[7]。家本姑蘇浣花里[8]，圓圓小字嬌羅綺[9]。夢向夫差苑裏遊，宫娥擁入君王起[10]。前身合是採蓮人[11]，門前一片横塘水。横塘雙槳去如飛[12]，何處豪家強載歸[13]？此際豈知非薄命，此時只有淚沾衣。薰天意氣連宫掖，明眸皓齒無人惜。奪歸永巷閉良家，教就新聲傾坐客[14]。坐客飛觴紅日暮，一曲哀絃向誰訴？白晳通侯最少年[15]，揀取花枝屢迴顧。早攜嬌鳥出樊籠，待得銀河幾時渡[16]？恨殺軍書底死催，苦留後約將人誤。相約恩深相見難，一朝蟻賊滿長安[17]。可憐思婦樓頭柳，認作天邊粉絮看。遍索緑珠圍内第，強呼絳樹出雕欄[18]。若非壯士全師勝[19]，爭得蛾眉匹馬還？蛾眉馬上傳呼進，雲鬟不整驚魂定。蠟炬迎來在戰場，啼妝滿面殘紅印[20]。專征簫鼓向秦川，金牛道上車千乘。斜谷雲深起畫樓，散關月落開妝鏡[21]。傳來消息滿江鄉，烏桕紅經十度霜[22]。教曲妓師憐尚在，浣紗女伴憶同行。舊巢共是啣泥燕，飛上枝頭變鳳凰。長向尊前悲老大，有人夫壻擅侯王。當時祇受聲名累，貴戚名豪競延致。一斛明珠萬斛愁，關山漂泊腰支細。錯怨狂風颺落花，無邊春色來天地[23]。嘗聞傾國與傾城，翻使周郎受重名。妻子豈應關大計，英雄無奈是多情。全家白骨成灰土，一代紅妝照汗青[24]。君不見館娃初起鴛鴦宿,越女如花看不足。香逕塵生烏自啼,屧廊人去苔空綠[25]。換羽移宫萬里愁[26],珠歌翠舞古梁州[27]。爲君别唱吴宫曲,漢水東南日夜流[28]!

(《吴梅村全集》卷三,上海古籍出版社1990年版)

【注釋】

[1]鼎湖:古代傳説黄帝鑄鼎於荊山下,鼎成,乘龍升天。典出《史記·封禪書》:"黄帝采首山銅,鑄鼎於荊山下。鼎既成,有龍垂胡髯下迎黄帝。黄帝上騎,群臣後宫從上者七十餘人,龍乃上去,餘小臣不得上,乃悉持龍髯。龍髯拔,墮,墮黄帝之弓。"後人用爲帝王或帝王崩逝的代詞。這裏指明崇禎帝在李自成軍隊入北京後被迫上吊自殺。 [2]"破敵"句:指吴三桂引清兵擊敗李自成起義軍。吴三桂,字長白,武舉出身,明末任遼東總兵,封平西伯,駐防山海關。李自成的農民起義軍攻克北京,他引清兵入關,幫助清兵擊敗起義軍,封平西王。接著又進攻南明所據守的雲貴地區,殺明永曆帝。康熙十二年(1673),他舉兵叛清,十七年,在衡州(今湖南衡陽)稱帝,不久病死。玉關:玉門關,在今甘肅敦煌西,借指山海關。 [3]六軍:周朝天子所統帥的軍隊,一軍爲一萬二千五百人。後泛指朝廷的軍隊。縞(gǎo)素:指吴三桂軍隊爲崇禎帝服喪。 [4]"紅顔"四句:作者擬吴三桂口氣,説舉兵南下是爲了報國仇家恨,不是因爲陳圓圓被擄。逆賊:指李自成義軍,詩人對農民起義軍懷仇恨心理。荒宴:飲酒荒淫。黄巾、黑山:都是東漢末張角領導的農民軍,這裏指李軍。親:指吴三桂之父吴襄。初降於李自成,並寫信勸子投降。因李自成軍隊俘獲了陳圓圓,吴拒降而引清兵入關,李自成遂殺其全家。 [5]田、竇:武安侯田蚡、魏其侯竇嬰,都是西漢得勢的外戚,此指崇禎帝的外戚,一説是周皇后之父嘉定伯周奎,一説爲田貴妃之父田(畹)弘遇。 [6]戚里:本爲西漢初外戚居住地,此指周奎或田弘遇家。空篌伎:彈箜篌的歌伎。空篌:即箜篌,古樂器名,李賀有《李憑箜篌引》詩。 [7]將軍:指吴三桂。油壁車:亦稱油碧車,以油漆塗飾車壁,多供貴婦人乘坐。《樂府詩集·蘇小小歌》云:"妾乘油壁車,郎騎青驄馬"。 [8]姑蘇:今江蘇蘇州。浣花里:借用中唐歌伎薛濤居成都西郊浣花溪事,指陳圓圓蘇州住處。 [9]小字:小名。 [10]"夢向"二句:寫圓圓的願望,以西施作比,暗示圓圓曾被送入皇宫。夫差:春秋時吴王,其宫苑在蘇州。 [11]前身:前生。採蓮人:指西施。西施未入宫前,是浙江紹興的若耶溪邊浣紗的民女。 [12]横塘:在蘇州西南。 [13]豪家:田弘遇家(或周奎家)。陳圓圓被某權貴從妓院贖出,後獻入宫廷。 [14]"熏天"四句:指田貴妃受到寵愛,勢焰熏天;圓圓進宫,得不到皇帝賞識,出宫成爲田家歌妓。宫掖:皇宫旁屋,嬪妃居住處。永巷:宫中長巷,宫女居住的地方。良家:抑指田弘遇家。 [15]通侯:漢代列侯中的最高一等。 [16]銀河幾時渡:用牛郎、織女銀河相會的典故,説吴與陳匆匆離别,趕赴山海關駐防,難料後會之期。 [17]蟻賊:對李自成義軍的蔑稱。長安:西漢都城,指代明朝都城北京。 [18]"可憐"四句:寫陳圓圓已被吴三桂納爲妾。思婦樓頭柳:用王昌齡《閨怨》詩典故,喻指圓圓已爲良家婦女。粉絮:白色柳絮,喻指歌妓。綠珠:西晉石崇家妓。時趙王倫專權,倫黨孫秀欲得綠珠,石崇不許。孫乃矯詔捕石崇,綠珠墜樓自盡。內第:內宅。絳樹:三國魏時歌女。這裏綠珠、絳樹皆指陳圓圓。此句寫李自成部下四處搜索、奪走陳圓圓。 [19]壯士:指吴

三桂。　[20]“蠟炬”二句：蠟炬：即蠟燭。典出東晉王嘉《拾遺記》：魏文帝迎娶被選入宫的常山美女薛靈芸，未至京師數十里，蠟炬之光相繼不滅。此指吴三桂迎歸圓圓時的盛大排場。啼妝殘紅印：臉上的胭脂被淚水留下亂痕。東漢時代的女子，爲表現嫵媚之態，以粉薄拭目下，看似啼痕，故稱啼妝。這裏借指陳圓圓的淚痕。　[21]“專征”四句：寫吴三桂追擊義軍去陝西，以平西王身份開藩南鄭，圓圓隨行得享富貴。秦川：關中别名，指陝西。金牛道：漢中入川的棧道，《水經注·沔水一》引來敏《本蜀論》：“秦惠王伐蜀而不知道，作五石牛，以金置尾下，言能屎金。蜀王負力，令五丁引之，成道。秦使張儀、司馬錯尋（循）路滅蜀，因曰石牛道。”石牛道即金牛道。斜穀、散關：陝西地名，即《華陽國志·蜀志》中説的褒谷。　[22]“傳來”二句：圓圓富貴的消息傳到蘇州，已是她離開十年之後了。江鄉：蘇州在長江邊。烏桕（jiù），樹名，深秋時葉變紅。十度霜：經霜十次，指十年。　[23]“當時”六句：就陳圓圓遭際而感慨。寫圓圓因受聲名之累，不斷飄泊，以致腰肢瘦損，豈料得大富貴。一斛珠：形容圓圓當年身價之高。典出宋代佚名小説《梅妃傳》：唐玄宗思念梅妃，適逢外國進貢珍珠，即命封一斛密賜梅妃。萬斛愁：形容陳圓圓受到特别的恩寵，卻給自己帶來了無窮的哀愁。　[24]“嘗聞”六句：吴三桂因陳圓圓而開關迎降清兵，因而導致全家被農民軍所殺。傾國傾城：美麗的女子能傾覆一國一城，造成禍害。語出漢李延年詩：“北方有佳人，遺世而獨立。一顧傾人城，再顧傾人國。”周郎：三國時的周瑜，青年時就爲吴國名將，人稱“周郎”。他娶了美女小喬爲妻。這裏用來比吴三桂。汗青：史册，化用文天祥詩句“留取丹心照汗青”。　[25]“館娃”四句：館娃，宫名，遺址在吴縣靈岩山。香逕：即采香逕，亦作“采香涇”，在靈臺山前。宋人范成大《吴郡志·古跡》：“采香逕，在香山之旁小溪也。吴王種香於香山，使美人泛舟於溪以采香。今自靈岩山望之，一水直如矢，故俗又名箭涇。”屧（xiè）廊：即響屧廊。傳説夫差專爲聽西施的足音構築的一條長廊。越女：指西施。　[26]换羽移宫：以音調變化比喻人事變遷，這裏指改朝换代。羽、宫：不同音調，“宫、商、角、徵、羽”中兩調。　[27]古梁州：指明清時的漢中府，治所在南鄭，吴三桂自順治五年（1648）至順治八年鎮守漢中。梁州本大禹所置九州之一，指華山以南廣大地區。劍閣以東有高梁之山，傳説因此而得名。　[28]漢水：南鄭臨着漢水。李白《江上吟》：“功名富貴若長在，漢水亦應西北流。”

【集評】

（清）楊際昌：世稱杜少陵爲詩史，學杜者不須襲其貌，正須識此意耳。吴梅村歌行，大抵發於感愴，可歌可泣。余尤服膺《圓圓曲》。前幅云：“慟哭六軍皆縞素，衝冠一怒爲紅顔。”後幅云：“全家白骨成灰土，一代紅粧照汗青。”使吴逆無地自容。體則元、白，可爲史則已如老杜也。　（《國朝詩話》卷一，《清詩話續編》，第1666頁）

（清）靳榮藩：此首以“慟哭六軍俱縞素，沖冠一怒爲紅顔”作挈領，以“若非壯士全師勝，爭得蛾眉匹馬還”作中權，以“全家白骨成灰土，一代紅妝照汗青”作收束，此六句真史筆也，是全篇之眼目。　（《吴詩集覽》卷七上，《續修四庫全書》集部第1396册，第562頁）

（清）趙翼：梅村之詩最工者，莫如《臨江參軍》《松山哀》《圓圓曲》《茸城行》諸篇，題既鄭重，詩亦沉鬱蒼涼，實屬可傳之作。　（《甌北詩話》卷九，第131頁）

(清)胡薇元:此詩用春秋筆法,作金石刻畫,千古妙文。長慶諸老,無此深微高妙。一字千金,情韻俱勝。(《夢痕館詩話》卷四,《吴梅村全集》引,第80頁)

嚴迪昌:《圓圓曲》主旨乃爲陳圓圓遭際而作,較爲實事求是。……《圓圓曲》係對當年秦淮舊識的系列感慨吟唱之一,此中當然有"難爲回首"的興亡之歎。

(《清詩史》,第399頁)

建德江宿

(唐)孟浩然

【題解】

孟浩然(689—740),名不詳(一説名浩),字浩然,襄州襄陽(今湖北襄陽)人,世稱"孟襄陽"。其詩多寫山水行旅、隱居閒適,是唐代山水田園詩派的代表詩人,與王維合稱"王孟",詩風清曠沖淡,尤工五言,明謝榛云:"浩然五言古詩、近體,清新高妙,不下李杜。"(《四溟詩話》卷二)有《孟浩然集》四卷傳世。《舊唐書》卷一九〇、《新唐書》卷二〇三有傳。

詩題一作《宿建德江》。建德江,浙江流經建德縣水段。詩人於開元十六年(728)赴長安求仕,因觸怒玄宗而一無所獲,雖漫遊吴越。日暮泊舟建德江畔,一股淡淡的新愁湧上心頭,遂成此篇。詩寫江中夜泊所見所感,其中"野曠"兩句繪景如畫,構思新穎。

移舟泊煙渚[1],日暮客愁新。野曠天低樹,江清月近人。

(《孟浩然詩集箋注》卷下,上海古籍出版社2000年版)

【注釋】

[1]煙渚:籠罩着煙霧的江中小洲。

【集評】

(南宋)羅大經:孟浩然詩云"江清月近人",杜陵云"江月去人只數尺",子美視浩然爲前輩,豈祖述而敷衍之耶! 浩然之句渾涵,子美之句精工。

(《鶴林玉露》甲編卷三,第51頁)

(明)胡應麟:"野曠天低樹,江清月近人",神韻無倫。

(《詩藪》内編卷六,第111頁)

(明)唐汝詢:客愁因景而生,故下聯不復言情而旅思自見。

(《唐詩解》卷二十二,第456頁)

咏 石 灰

(明)于謙

【題解】

于謙(1398—1457),字廷益,錢塘(今屬浙江)人。永樂十九年(1421)進士。天順元年(1457),石亨誣于謙有異謀,被處死。成化元年(1465),冤白,復官。弘治二年(1489)謚肅湣,萬曆中,改謚忠肅。今存《于忠肅集》二十卷。《明史》卷一七〇有傳。

此詩作於景泰初年,時于謙監修京師,詩不載於今本《于忠肅集》,但廣爲傳誦。這首詠物詩在內容上寫石灰的生成過程,寄寓了作者崇高的懷抱,旨在歌頌歷盡磨難而氣節不改的偉大人格。古人論詩往往分詩人之詩、志人之詩,此詩當以志人之詩觀之,所詠之物與所言之志結合得巧妙而貼切,志之所至,發而爲詩,不求工而别開境界,其品格高昂而峻拔。

千槌萬鑿出深山[1],烈火叢中煉幾番[2]。粉骨碎身都不顧[3],只留清白在人間[4]。

(《御選明詩》卷一〇四,《文津閣四庫全書》集部第482册,商務印書館2005年版)

【注釋】

[1]"千槌"句:槌,一作"錘"。深山,一作"名山"。此句言採石於山。 [2]"烈火"句:一作"烈火焚燒若等閒",又作"烈火坑中煉爾顔"。此句言燒制石灰。 [3]"粉骨"句:一作"粉身碎骨都不怕"。 [4]"只留"句:一作"要留清白在人間"。

【集評】

(清)姚之駰:《於肅湣公行狀》,景泰初,公監修京城時,見石灰,因口占一絕云:"千槌萬鑿出深山,烈火坑中煉爾顔。粉骨碎身皆不顧,要留清白在人間。"此詩讖也。

(《元明事類鈔》卷二十二,《文津閣四庫全書》子部第293册,第118頁)

送李中丞之襄州

(唐)劉長卿

【題解】

劉長卿(約709—約785),字文房,河間(今屬河北)人,曾任長州縣尉,遭貶後出。唐肅宗至德年間,曾任淮西鄂嶽轉運留後,因被人誣陷,下姑蘇(今江蘇蘇州)獄,後貶爲潘州(今廣東茂名)南巴尉,移睦州司馬。官至隨州刺史,世稱劉隨州。一生不得志,寫詩抒政治失意,寫自然景物簡括鮮明,五、七言律絕成就較高,自稱“五言長城”。有《劉隨州詩集》。

此詩一作《送李中丞歸漢陽》,約作於大曆八年(773)前後,詩人時在鄂州(今湖北武昌)任鄂嶽轉運留後。李中丞,李姓御史中丞,名不詳。襄州,唐山南道州名,治所在襄陽,即今湖北襄樊市。這首詩是贈送退伍軍人李中丞,讚揚他久經沙擊,忠勇爲國,感傷他老來流落的境遇,並深表同情。藝術上表現出對仗工穩,情感真摯,意境含蓄的特點。

流落征南將[1],曾驅十萬師。罷歸無舊業[2],老去戀明時[3]。獨立三朝識[4],輕生一劍知[5]。茫茫江漢上,日暮復何之[6]!

(《劉長卿集編年校注》,人民文學出版社1999年版)

【注釋】

[1]征南將:指李中丞。 [2]舊業:在家鄉的產業。 [3]明時:對當時朝代的美稱。 [4]三朝:指玄宗、肅宗、代宗三朝。 [5]輕生:以報國爲重而看輕自己的生命。 [6]何之:何往,何處去。

【集評】

(明)陸時雍:三、四老氣深衷。

(《唐詩鏡》卷二九,《文津閣四庫全書》集部第471册,第442頁)

(清)喬億:清壯激昂,而意自渾渾。(《大曆詩略》卷一,《大曆詩略箋釋輯評》,第25頁)

俞陛雲:此詩爲老將寫照。功成身退,絕無怨尤,真廉恥之將,惜未詳其名也。起句以詠歎出之,言今日江頭野老,即昔之領十萬横磨劍,拜征南上將者。三四句言半生戎馬,不解治生,至歸徒四壁,而戀闕之懷,老猶懇懇。五六句謂回首當年,曾雄鎮三邊,纖塵不動。以身許國之心,焉得逢人而語?惟龍泉知我耳。篇末言以鋒鏑之餘生,向江潭而投老,不作送別慰藉語,而爲之慨歎,蓋深惜其才也。 (《詩境淺説》甲編,第15-16頁)

登　高

（唐）杜甫

【題解】

這首詩作於唐代宗大曆二年(767)秋，時杜甫居夔州。是年重陽節，作者登高遠眺，看到秋色蕭瑟，想到自己衰老多病，加之好友李白、高適等相繼去世，悲從中來，於是寫下了這首頗負盛名的七律。詩中蒼涼淒寒的江邊秋景與作者漂泊西南的衰年遲暮之感交相映襯，構成了全詩悲壯沉鬱的格調。此詩前面寫景，後面抒情，景中寓情，即景抒情，加之屬對之精切，字句之鍛煉，章法之嚴整，形成了爐火純青的藝術化境。明人胡應麟《詩藪》內編卷五推其爲"古今七言律第一"。

風急天高猿嘯哀[1]，渚清沙白鳥飛迴[2]。無邊落木蕭蕭下[3]，不盡長江滚滚來。萬里悲秋常作客[4]，百年多病獨登臺[5]。艱難苦恨繁霜鬢[6]，潦倒新亭濁酒杯[7]。

（《杜詩詳注》卷二十，中華書局1979年版）

【注釋】

[1]猿嘯哀：巫峽多猿，叫聲淒厲。　[2]渚(zhǔ)：水中的小塊陸地。鳥飛回：鳥在急風中飛舞盤旋。　[3]落木：指秋天飄落的樹葉。蕭蕭：風吹樹葉聲。　[4]萬里：指遠離故鄉。常作客：長期漂泊他鄉。　[5]百年：一生。　[6]艱難：兼指國運和自身命運。苦恨：極其遺憾。苦，極。繁霜鬢：形容白髮多，如鬢邊著霜雪。繁，這裏作動詞，增多。　[7]潦倒：衰頹，失意。這裏指衰老多病，志不得伸。新停：剛剛停止。

【集評】

（南宋）羅大經：杜陵詩云："萬里悲秋常作客，百年多病獨登臺。"蓋萬里，地之遠也；秋，時之慘悽也；作客，羈旅也；常作客，久旅也；百年，齒暮也；多病，衰疾也；臺，高迥處也；獨登臺，無親朋也。十四字之間含八意，而對偶又極精確。

（《鶴林玉露》乙編卷五，第215頁）

（明）胡應麟：杜"風急天高"一章五十六字，如海底珊瑚，瘦勁難名，沉深莫測，而精光萬丈，力量萬鈞。通章章法、句法、字法，前無昔人，後無來學，微有説者，是杜詩，非唐詩耳。然此詩自當爲古今七言律第一，不必爲唐人七言律第一也。

（《詩藪》內編卷五，第95頁）

（明）王世貞：老杜集中，吾甚愛"風急天高"一章，結亦微弱。

（《藝苑卮言》卷四，《歷代詩話續編》，第1008頁）

(清)楊倫:高渾一氣,古今獨步,當爲杜集七言律詩第一。

(《杜詩鏡銓》卷十七,第842頁)

(清)方東樹:前四句景,後四句情。一二碎,三四整,變化筆法。五六接遞開合,兼敘點,一氣噴薄而出,此放翁所常擬之境也。收不覺爲對句,换筆换意,一定章法也。而筆勢雄駿奔放,若天馬之不可羈,則他人不及。(《昭昧詹言》卷十七,第400頁)

(清)王堯衢:前解,因登高所聞見以興感。後解,以愁病多端作轉,合到"艱難苦恨"。

(《唐詩合解箋注》卷十,第390頁)

俞陛雲:七律爲格調所拘,欲寓神明於矩矱,殊非易事。惟少陵才大,變化從心,如公孫舞劍,極縱横動盪之致,七律而同於七古之排奡也。起結皆用對句,一提便起,一勒便住,忘其爲對偶。首句於對仗中兼用韻,分之有六層意,合之則寫其登高縱目,若秋聲萬種,排空雜遝而來。中四句,風利不得泊,有一瀉千里之勢,純以氣行,而意自見。五六句亦分六層意,而以融合出之。末句感時傷老,雖佳節開筵,而停杯不御,極寫其潦倒之懷也。與"即從巴峽穿巫峽,便下襄陽向洛陽"詩,格調相同。若仿其用對句作收筆,而結束無力,則無異頸腹二聯矣。(《詩境淺説》丙編,第65-66頁)

程千帆:這篇詩大約作於大曆二年(767)秋。以上兩篇(編按,另一篇指《閣夜》)作品都是杜甫衰年遲暮,流落天涯,吊古傷今之作,充滿了悲壯的氣息。而大氣盤旋,一氣呵成,屬對精工而不露痕跡,代表著詩人晚年在七律方面的成就。

(《程千帆新選新評新注唐詩三百首》,第150頁)

錦　瑟

(唐)李商隱

【題解】

這首詩雖以首二字標題,實爲無題詩。關於該詩主旨,歷來解説紛紜,大抵有悼亡説、自傷身世説、詠物説、愛情説等幾類。詩以錦瑟悲聲興起,中間兩聯則顯示了其一生迷惘、哀傷的心態,結尾表明這種感受自當時身歷至今日始終揮之不去。詩中朦朧的情意、重疊的象喻、迷茫傷感的心態造就了模糊多變的詩歌境界,包含各種各樣的象徵與暗示,給後世讀者留下了頗爲廣闊的想像空間,增添了極大的藝術魅力。

錦瑟無端五十絃[1],一絃一柱思華年。莊生曉夢迷蝴蝶[2],望帝春心托杜鵑[3]。滄海月明珠有淚[4],藍田日暖玉生烟[5]。此情可待成追憶,只是當時已惘然[6]。

(《李商隱詩歌集解》增訂重排本,中華書局2004年版)

【注釋】

[1]“錦瑟”句：瑟，撥絃樂器，古代有五十根弦，後來一般只有二十五根弦。《周禮·樂器圖》：“雅瑟二十三弦，頌瑟二十五弦，飾以寶玉者曰寶瑟，繪文如錦者曰錦瑟。”《漢書·郊祀志上》：“泰帝使素女鼓五十弦瑟，悲，帝禁不止，故破其瑟爲二十五弦。”古瑟大小不等，弦數亦不同。無端：没來由，無緣無故。此隱隱有悲傷之感，乃全詩之情感基調。 [2]“莊生”句：典出《莊子·齊物論》：“莊周夢爲蝴蝶，栩栩然蝴蝶也；自喻適志與！不知周也。俄然覺，則蘧蘧然周也。不知周之夢爲蝴蝶與？蝴蝶之夢爲周與。”作者引莊生夢蝶故事，以言人生如夢，往事如煙之意。 [3]“望帝”句：典出《華陽國志·蜀志》：“杜宇稱帝，號曰望帝。……其相開明，決玉壘山以除水害，帝遂委以政事，法堯舜禪授之義，遂禪位於開明。帝升西山隱焉。時適二月，子鵑鳥鳴，故蜀人悲子鵑鳥鳴也。”子鵑即杜鵑，又名子規。傳説蜀國的杜宇帝因水災讓位於自己的臣子，而自己則隱歸山林，死後化爲杜鵑日夜悲鳴直至啼出血來。 [4]“滄海”句：典出《博物志》：“南海外有鮫人，水居如魚，不廢績織，其眼泣則能出珠。”又《新唐書·狄仁傑傳》：“仁傑舉明經，調汴州參軍，爲吏誣訴黜陟，使閻立本如訊，異其才，謝曰：‘仲尼稱觀過知仁，君可謂滄海遺珠矣。’” [5]藍田：藍田，山名，在陜西藍田縣東南，是盛産玉石之地。《元和郡縣誌》：“關内道京兆府藍田縣：藍田山，一名玉山，在縣東二十八里。”玉生煙：宋王應麟《困學紀聞》卷十八載：司空表聖：“戴容州謂詩家之景，如藍田日暖，良玉生煙，可望而不可置於眉睫之前也。李義山‘玉生煙’之句蓋本於此。” [6]惘然：失意的樣子。

【集評】

（北宋）劉攽：李商隱有《錦瑟》詩，人莫曉其意，或謂是令狐楚家青衣名也。

（《中山詩話》，《歷代詩話》，第287頁）

（北宋）黄朝英：義山《錦瑟》詩云（詩略），山谷道人讀此詩，殊不曉其意，後以問東坡。東坡云：此出《古今樂志》，云：‘錦瑟之爲器也，其絃五十，其柱如之。其聲也適、怨、清、和。’”案李詩“莊生曉夢迷蝴蝶”，適也；“望帝春心托杜鵑”，怨也；“滄海月明珠有淚”，清也；“藍田日暖玉生煙”，和也。一篇之中，曲盡其意。史稱其瑰邁奇古，信然。

（《緗素雜記》，《苕溪漁隱叢話》前集卷二十二引，第147頁）

（金）元好問：望帝春心托杜鵑，佳人錦瑟怨華年。詩家總愛西昆好，獨恨無人作鄭箋。

（《論詩三十首》其十二，《元好問詩編年校注》卷一，第56頁）

（明）王世貞：李義山《錦瑟》，中二聯是麗語，作“適怨清和”解，甚通。然不解則涉無謂，既解則意味都盡。以此知詩之難也。（《藝苑卮言》卷四，《歷代詩話續編》，第1016頁）

（清）何焯：此悼亡之詩也。首特借素女鼓五十絃之瑟而悲、泰帝禁不可止以發端。言悲思之情、有不可得而止者。次聯則悲其遽化爲異物。腹聯又悲其不能復起之九原也。曰“思華年”，曰“追憶”，指趣曉然，何事紛紛附會乎？錢飲光亦以爲悼亡之詩，與吾意合。莊生句取義于鼓盆也。但云生平不喜義山詩。意爲詞掩，卻所未喻。亡友程湘衡謂：此義山自題其詩以開集首者。次聯言作詩之旨趣，中聯又自明其匠巧也。余初亦頗喜其説之新，然義山詩三卷出於後人掇拾，非自定，則程説固無據也。

(《義門讀書記》卷五十七，第1243頁)

(清)黄子雲：詩固有引類以自喻者，物與我自有相通之義。若"錦瑟無端五十絃，一絃一柱思華年"，物我均無是理。"莊生曉夢"四語，更又不知何所指，必當日獺祭之時，偶因屬對工麗，遂强題之曰"錦瑟無端"，原其意亦不自解，而反弁之卷首者，欲以欺後世之人，知我之篇章興寄，未易度量也。(《野鴻詩的》，《清詩話》，第853頁)

(明)王世貞：李義山《錦瑟》，中二聯是麗語，作"適怨清和"解，甚通。然不解則涉無謂，既解則意味都盡。以此知詩之難也。(《藝苑卮言》卷四，《歷代詩話續編》，第1016頁)

(清)馮浩：此悼亡詩定論也。以首二字爲題，集中甚多，何足泥也。余爲逐句箋定，情味彌出矣。《許彦周詩話》"適怨清和"一作"感怨清和"，云令狐楚侍人能彈此四曲，皆妄説耳。(《玉谿生詩集箋注》，第494頁)

(清)薛雪：如此一首詩，全在起句一"無端"二字，通體妙處，俱從此出。意云：錦瑟一絃一柱，已足令人悵望年華，不知何故有此許多絃柱，令人悵望不盡；全似埋怨錦瑟無端有此絃柱，遂致無端有此悵望。即達若莊生，亦迷曉夢；魂爲杜宇，猶託春心。滄海珠光，無非是淚；藍田玉氣，恍若生煙。觸此情懷，垂垂追溯，當時種種，盡付惘然。對錦瑟而興悲，歎無端而感切。如此體會，則詩神詩旨，躍然紙上。

(《一瓢詩話》，《原詩·一瓢詩話·説詩晬語》，第101頁)

(清)孫洙：義山悼亡之作，集中屢見，此亦是也。先前相聚，漫不經心；日後追思，覺當時已惘然。(《唐詩三百首》，第174頁)

梁啟超：義山集中近體的《錦瑟》《碧城》《聖女祠》等篇，古體的《燕台》《河内》等篇，我敢説他能和中國文字同其命運。……這些詩，他講的什麼事我理會不著，拆開來一句一句叫我解釋，我連文義也解不出來。但我覺得他美，讀起來令我精神上得一種新鮮的愉快。須知，美是多方面的，美是含有神秘性的。我們若還承認美的價值，對於這種文學是不容輕輕抹煞啊！(《中國韻文裏頭所表現的情感》，《飲冰室文集點校》第六集，第3456頁)

和子由澠池懷舊

(北宋)蘇軾

【題解】

嘉祐六年(1061)冬，蘇軾赴鳳翔府節度判官任上，蘇轍送其至鄭州後，返回京師，寫下了《懷澠池寄子瞻兄》："相攜話别鄭原上，共道長途怕雪泥。歸騎還尋大梁陌，行人已度古崤西。曾爲縣吏民知否？舊宿僧房壁共題。遥想獨遊佳味少，無言騅馬但鳴嘶。"並將它寄與蘇軾，蘇軾次其韻，即本詩。這首詩前四句寫人生閲歷無數，而某個經歷就彷彿鴻雁飛來，在雪地上留下一足半爪，然後又飛走了。將這種偶然性經歷看作人生痕跡，成爲後來可資回憶的東西。比喻新穎而形象，奇妙而警策，因而後人將"雪泥鴻爪"作爲成語,比喻往事所留的記憶,又象徵人生之飄忽不定。詩的後半部分則凸顯蘇軾的人生哲見,人的行動不能不受客觀環境的限制,很多事都身不由己,以此來寬慰蘇轍,離别是常有之事,不必傷情。對於二十六歲的蘇軾來説,能寫出思想境界如此之高、領悟能力之超常、人生哲理之深刻的作品,是難能可貴的。

人生到處知何似?應似飛鴻踏雪泥。泥上偶然留指爪,鴻飛那復計東西[1]。老僧已死成新塔[2],壞壁無由見舊題[3]。往日崎嶇還記否,路長人困蹇驢嘶[4]。

(《蘇軾詩集》卷三,中華書局1982年版)

【注釋】

[1]計:想到。　[2]"老僧"句:蘇轍原韻第六句自注:"轍昔與子瞻應舉,過宿縣中寺舍,題其老僧奉閑之壁。"僧人奉閑死後,其遺體火化葬於塔中。因奉閑死去不久,塔新建,故云"成新塔"。　[3]壞壁:斑駁頹壞的牆壁。壁,蘇軾與蘇轍曾題詩的奉閑僧舍壁。　[4]"往日"二句:此句後蘇軾自注云:"往歲,馬死於二陵,騎驢至澠池。"往歲,即嘉祐元年。二陵,即二崤山,在今河南洛寧縣北。蹇,跛足。

【集評】

(元)劉塤:此詩若繩以唐人律體,大概疏直欠工。然"鴻泥"之喻,直是造理,前人所未到也。且悠悠感慨,令人動情,世不可率爾讀之,要須具眼。

(《隱居通議》卷十,第109頁)

(清)方東樹:此詩人所共賞,然余不甚喜,以其流易。(《昭昧詹言》卷二十,第446頁)

(清)吴汝綸:起超雋,後半率。　(《唐宋詩舉要》卷六引,第657頁)

錢锺書:"雪泥鴻爪"是蘇軾的有名譬喻之一,在宋代就有人稱道(魏慶之《詩人玉屑》卷十七、蔡正孫《詩林廣記》後集卷三引《陵陽室中語》),後來變爲成語。

(《宋詩選注》,《錢鍾書集》,第103頁)

書　憤

(南宋)陸游

【題解】

此詩作於孝宗淳熙十三年(1186),時陸游奉祠,閒居家鄉山陰。這首詩是作者愛國主義詩篇的代表作。詩題《書憤》,即寫"我"心中深深的悲憤和激憤。前四句寫往昔自己豪氣干雲,親身投入戰鬥行列。"樓船"一聯全用名詞組成,與唐五代温庭筠《商山早行》詩中"雞聲茅店月,人跡板橋霜"句法相同。後四句寫如今,歎息自己壯志落空,年事已高,只能期望如諸葛亮之類的將領,出兵北伐,收復失地。全詩撫今追昔,抒發了歲月蹉跎、年華已逝而報國之志難以實現的悲憤,以及對南宋統治者妥協投降的憤慨。此詩沉鬱頓挫,氣韻渾厚,語言自然流暢、高度凝練,意境壯闊,是陸游七言律詩的代表作。

早歲那知世事艱,中原北望氣如山。樓船夜雪瓜洲渡[1],鐵馬秋風大散關[2]。塞上長城空自許[3],鏡中衰鬢已先斑。《出師》一表真名世[4],千載誰堪伯仲間[5]。

(《劍南詩稿校注》卷十七,上海古籍出版社2005年版)

【注釋】

[1]樓船:高大的戰船。瓜洲渡:在今江蘇鎮江對岸的長江邊上。 [2]大散關:在今陝西寶雞西南大散嶺上,爲宋前線重鎮。 [3]塞上長城:據唐李延壽《南史·檀道濟傳》卷一五載,南朝宋文帝殺其大將檀道濟,道濟投幘怒叱文帝:"乃壞汝萬里長城!"這裏代指國家棟梁。 [4]《出師》一表:諸葛亮在蜀漢後主建興五年(227)出師北伐魏國時,曾向後主劉禪上《出師表》,表示自己恢復中原的決心。 [5]伯仲:兄弟次序,長爲伯,次爲仲。後人用以評量人或物差不多、不相上下爲伯仲。

【集評】

(清)方東樹:志在立功,而有才不遇,奄忽就衰,故思之而有憤也。妙在三四句,兼寫景象,聲色動人,否則近於枯竭。(《昭昧詹言》卷二十,第463頁)

(清)許印芳:此詩前開後合,章法又與前二詩(編按,同題作)不同,筆意變化。末二句思得諸葛其人,經略中原,非以諸葛自比。通篇沈鬱頓挫,而三、四雄渾。不但句中力量充足,抑且言外神彩飛動。(《瀛奎律髓彙評》卷三二引,第1373頁)

錢鍾書:這首詩是陸游六十一歲所作,想起少年時要恢復中原,"氣湧如山"。

(《宋詩選注》,《錢鍾書集》,第297頁)

省試湘靈鼓瑟

(唐)錢起

【題解】

錢起(710? —782?),字仲文,吴興(今浙江湖州)人。天寶九年(750)登進士第,授秘書省校書郎。後歷任藍田尉、祠部員外郎、司勳員外郎、考功郎中等職。有詩名,位居"大曆十才子"之首。今存《錢考功集》十卷。《舊唐書》卷一六八、《新唐書》卷二〇三有傳。

此詩乃天寶九年(750)作者參加進士考試時所作,唐人稱試帖詩。試帖詩格式爲五言六韻(排律,即在五律中增加兩聯對語),限韻,即以規定的某字爲韻。當時進士考試由尚書省禮部主持,故稱“省試”。“湘靈鼓瑟”爲當年考試中的詩題。湘靈即湘水之神,即舜的妃子娥皇和女英。《楚辭·遠遊》:“使湘靈鼓瑟兮,令海若舞馮夷。”該試帖詩即由此而來。唐代進士試帖詩由於限時、限題、限韻,且有句數、字數等規定,往往只就題面意思作適當發揮和延伸,不宜寫出真情實感,從而不容易寫出好詩,而錢起此詩結構緊密,意境含蓄,辭藻華麗,對語精工,全篇渾成,尤其是尾聯二句妙手偶得,搖曳多姿,韻味深長,意境高遠,在當時和後世均頗負盛名。

善鼓雲和瑟[1],常聞帝子靈[2]。馮夷空自舞[3],楚客不堪聽[4]。苦調淒金石[5],清音入杳冥[6]。蒼梧來怨慕[7],白芷動芳馨[8]。流水傳湘浦[9],悲風過洞庭。曲終人不見,江上數峰青。

(《錢起詩集校注》卷六,浙江古籍出版社1992年版)

【注釋】

[1]雲和瑟:雲和山所出之琴瑟。《周禮·春官宗伯·大司樂》:“孤竹之管,雲和之琴瑟。”注:“雲和,山名。”山具體位置今不詳。 [2]帝子靈:指堯的女兒娥皇和女英。 [3]馮夷:神話中的水神名。 [4]楚客:逐客、逐臣。此指屈原,屈原《九歌》中有《湘君》《湘夫人》兩篇。 [5]金石:指鐘磬一類樂器。 [6]杳冥:天空。 [7]蒼梧:即九嶷山,在今湖南寧遠縣境內,傳説舜帝南巡,死於蒼梧之野。 [8]白芷:香草名。 [9]湘浦:一作瀟浦,古籍中“瀟湘”連用,義同。

【集評】

(後晉)劉昫:(錢)起能五言詩。初從鄉薦,寄家江湖,嘗於客舍月夜獨吟,遽聞人吟於庭曰:“曲終人不見,江上數峰青。”起愕然,攝衣視之,無所見矣,以爲鬼怪,而志其一十字。起就試之年,李暐所試《湘靈鼓瑟詩》題中有“青”字,起即以鬼謡十字爲落句,暐深嘉之,稱爲絕唱。(《錢徽傳》,《舊唐書》卷一六八,第4383頁)

(明)李東陽:唐律多於聯上著工夫,如雍陶《白鷺》、鄭谷《鷓鴣》詩二聯,皆學究之高者。至於起結,即不成語矣。如杜子美《白鷹》起句,錢起《湘靈鼓瑟》結句,若奏金石以破蟋蟀之鳴,豈易得哉!(《懷麓堂詩話校釋》,第111頁)

(明)王世貞:人謂唐以詩取士,故詩獨工,非也。凡省試詩,類鮮佳者。如錢起《湘靈》之詩,億不得一。(《藝苑卮言》卷四,《歷代詩話續編》,第1015頁)

(清)沈德潛:遠神不盡,落句固好,然亦詩人意中所有,謂得自鬼語,蓋謗之耳。

(《唐詩別裁集》卷十八,第239頁)

岳鄂王墓

(元)趙孟頫

【題解】

趙孟頫(1254—1322),字子昂,號松雪道人,又號水晶宫道人,湖州(今浙江吴興)人。趙孟頫博學多才,能詩善文,工書法,精繪藝,擅金石,通音律。特别是書法和繪畫成就最高。存詩較少,著有《松雪齋集》。

宋亡後,趙孟頫經過杭州西湖,拜謁岳飛墓,寫下了此詩。岳墓建在風景秀麗的西湖岸邊,但由於連年戰亂,陵園荒蕪,景象淒涼。這首詩以反映這樣的現實入筆,表達了作者對抗金英雄被害屈死的歎息和哀悼,譴責南宋君臣苟安誤國,流露了深沉無盡的家國之思、亡國之恨。

鄂王墳上草離離[1],秋日荒涼石獸危[2]。南渡君臣輕社稷,中原父老望旌旗[3]。英雄已死嗟何及[4],天下中分遂不支[5]。莫向西湖歌此曲,水光山色不勝悲。

(《趙孟頫集》,浙江古籍出版社2012年版)

【注釋】

[1]鄂王:岳飛(1103—1142),字鵬舉,相州湯陰(今河南湯陰)人。南宋抗金名將,因力主抗戰於紹興十一年(1142)被權奸秦檜等陰謀殺害。宋寧宗嘉泰四年(1204),追封爲鄂王。其墓在杭州西湖邊棲霞嶺下。離離:野草茂盛的樣子。 [2]石獸:指岳飛墓前的石馬、石象之類。 [3]望旌旗:意爲盼望南宋大軍到來。旌旗,代指軍隊。 [4]嗟何及:後悔歎息已來不及。 [5]中分:指宋金以淮水爲界中分國家。不支:不能支撑,指南宋滅亡。

【集評】

(元)陶宗儀:自我元統一函夏以來,名人士多有詩吊之,不下數十百篇,其最膾炙人口者,如……趙魏公孟頫云云。(《南村輟耕録》卷三,第41頁)

(明)李東陽:"南渡""中原"之句,若使他人爲之,則其深厚簡切,誠莫有過之者,不可廢也。(《懷麓堂詩話校釋》一二一條,第280頁)

二十七、詞曲小調

憶秦娥·簫聲咽

（唐）李白

【題解】

此詞始見於宋人邵博《邵氏聞見後録》卷一九。其引此詞原文後云："李太白詞也。予嘗秋日餞客咸陽寶釵樓上，漢諸陵在晚照中，有歌此詞者，一座淒然而罷。"宋末《唐宋諸賢絕妙詞選》《草堂詩餘》等詞選本亦作李白詞收入，傳播遂廣。明胡應麟《少室山房筆叢》卷四一始疑其僞，清王琦輯注《李太白文集》時亦以爲"其真僞未易定決"。今人證真、辨僞者皆有，迄無定論。兹從宋人之説作李白詞。《憶秦娥》調始見於本詞，當爲李白所創。調名即詞題，其內容通過秦娥懷人的方式曲折表達出作者對秦娥的思念，其深層含義則折射出詞人因懷才不遇而對社會政治的失望、憤懣和對人生前途的悲觀，表達了對盛世的傷别之情。結尾兩句懷古覽今，聲情悲壯，得到後人的高度評價。

簫聲咽，秦娥夢斷秦樓月[1]。秦樓月，年年柳色，灞橋傷别[2]。　　樂遊原上清秋節[3]，咸陽古道音塵絕[4]。音塵絕，西風殘照[5]，漢家陵闕[6]。

（《全唐五代詞》正編卷一，中華書局1999年版）

【注釋】

[1]秦娥：原指秦地美女，"秦、晉之間，美貌謂之娥。"（揚雄《方言》卷二），此指唐都長安（屬古秦地）城內的思婦。"蕭聲咽"句：此處暗用蕭史弄玉典故。漢劉向《列仙傳》卷上："蕭史者，秦穆公時人也。善吹蕭，能致孔雀、白鶴於庭。穆公有女，字弄玉，好之。公遂以女妻焉。日教弄玉作鳳鳴。居數年，吹似鳳聲，鳳凰來止其屋。公爲作鳳台，夫婦止其上，不下數年。一旦皆隨鳳凰飛去。"　[2]灞橋：本作霸陵，漢文帝劉恒陵墓，位於長安東。附近有灞橋，漢唐長安人常在此折柳送別。唐無名氏《三輔黃圖》卷六《橋》："灞橋，在長安東，跨水作橋。漢人送客至此橋，折柳送別。"　[3]樂遊原：位於長安東南，秦爲宜春苑，漢宣帝在此建樂遊廟，遂稱樂遊苑，唐代成爲著名的遊覽勝地。其地勢高而平，可遠眺長安全城，每逢佳節，長安士女多來此處賞玩。清秋節：秋高氣爽的日子，此處特指農曆九月初九重陽節。古時這一天有登高和飲菊花酒的習俗。　[4]咸陽古道：咸陽爲秦代都城，在長安西北，漢唐時期，自長安去往西北經商、從軍的必經之地。音塵：本指車馬走動時發

出的聲音和揚起的塵土,後代指音訊。 [5]殘照:夕陽。 [6]漢家陵闕:長安周圍,有西漢十一位皇帝的陵墓。闕,古代宫室、陵墓前兩邊的石牌坊、門樓。

【集評】

(南宋)邵博:"簫聲咽……",李太白詞也。予嘗秋日餞客咸陽寶釵樓上,漢諸陵在晚照中,有歌此詞者,一坐悽然而罷。 (《邵氏聞見後録》卷十九,第151頁)

(南宋)程大昌:《黄圖》曰:"灞橋,跨灞水爲橋也。漢人送客至此橋,折柳爲别。"故李白樂府曰:"年年柳色,灞橋傷别。" (《演繁露》卷七,第129頁)

(南宋)劉克莊:詞家有長腔,有短闋。坡公《戚氏》等作,以長而工也。唐人《憶秦娥》之詞曰:"西風殘照,漢家陵闕。"《清平樂》之詞曰:"夜常留半被,待君魂夢歸來。"以短而工也。

(《劉叔安感秋八詞》,《後村先生大全集》卷九十九,宋集珍本叢刊第82册,第28頁)

(明)顧起綸:唐人作長短句,乃古樂府之濫觴也。李太白首倡《憶秦娥》,淒惋流麗,頗臻其妙,爲千載詞家之祖。(《花庵詞選跋》,《文津閣四庫全書》集部第498册,第563頁)

(明)卓人月:悲涼跌盪,雖短詞中具長篇古風之意氣。

(《古今詞統》卷五,《續修四庫全書》集部第1728册,第565頁)

(清)劉熙載:梁武帝《江南弄》、陶弘景《寒夜怨》,陸瓊《飲酒樂》,徐孝穆《長相思》,皆具詞體,而堂廡未大。至太白《菩薩蠻》之繁情促節,《憶秦娥》之長吟遠慕,遂使前此諸家,悉歸環內。

又:太白《菩薩蠻》《憶秦娥》兩闋,足抵少陵《秋興》八首。想其情境,殆作於明皇西幸後乎?

又:太白《憶秦娥》,聲情悲壯,晚唐、五代,惟趨婉麗,至東坡始能復古。後世論詞者,或轉以東坡爲變調,不知晚唐、五代乃變調也。 (《詞曲概》,《藝概》卷四,第106-108頁)

(清)黄蘇:此乃太白於君臣之際,難以顯言,因託興以抒幽思耳。言至今簫聲之咽,無非秦地女郎夢想從前秦樓之月耳。夫秦樓乃簫史與弄玉夫婦和諧,吹簫引鳳,升仙之所。至今誰不慕之。豈知今日秦樓之月,乃是灞陵傷别之月耳。第二闋,漢之樂遊原,極爲繁盛。今際清秋古道之音塵已絶,惟見淡風斜日,映照陵闕而已。歎古道之不復,或亦爲天寶之亂而言乎?然思深而託興遠矣。 (《蓼園詞評》,《詞話叢編》,第3033頁)

(清)孫麟趾:何謂渾?如"淚眼問花花不語,亂紅飛過鞦韆去""江上柳如煙,雁飛殘月天""西風殘照,漢家陵闕",皆以渾厚見長者也。詞至渾,功候十分矣。

(《詞逕》,《詞話叢編》,第2556頁)

王國維:太白純以氣象勝。"西風殘照,漢家陵闕",寥寥八字,遂關千古登臨之口。後世唯范文正之《漁家傲》,夏英公之《喜遷鶯》,差足繼武,然氣象已不逮矣。

(《人間詞話》,第3頁)

吴梅:太白此詞實冠今古,決非後人可以僞託,非如《菩薩蠻》《桂殿秋》《連理枝》諸闋,讀者尚有疑詞也。 (《詞學通論》第六章,第66-67頁)

俞陛雲:此詞自抒積感,借閨怨以寫之,因身在秦地,即以秦女簫聲爲喻。起筆有飄飄淩雲之氣。以下接寫離情,灞橋折柳,爲遷客征人傷懷之處,猶勞勞亭爲古送行之地,太白題亭上詩:"春風知別苦,不遣柳條青",同此感也。下闋仍就秦地而言,樂游原上,當清秋游賞之時,而古道咸陽,乃音塵斷絕,悲愉之不同如是。古道徘徊,既所思不見,而所見者,惟漢代之遺陵廢闕,留殘狀於西風夕照中。一代帝王,結局不過如是,則一身之傷離感舊,洵命之衰耳。結二句俛仰今古,如聞變徵之音。(《唐五代兩宋詞選釋》,第3頁)

唐圭璋:此首傷今懷古,託興深遠。……"西風"八字,只寫境界,興衰之感都寓其中。其氣魄之雄偉,實冠今古。(《唐宋詞簡釋》,第2頁)

詹安泰:聲情激越,氣格高昂,吊古傷今,充滿了故宫禾黍之感。這詞的藝術成就,歷來都給以很高的評價,但是否李白所作,則仍有爭論。有人認爲"此詞實冠古今,決非後人可以僞託"(吴梅《詞學通論》)。有人把它和《菩薩蠻》一樣看待,認爲"決非產生於填詞的初期,決非產生於温庭筠以前"(劉大傑《中國文學發展史》)。彼此都没有什麼證據,仍應在存疑之列。(《詹安泰詞學論稿·唐五代文人詞》,第261-262頁)

菩薩蠻·小山重疊金明滅

(唐)温庭筠

【題解】

温庭筠(約812—870),本名岐,字飛卿,太原祁(今山西祁縣)人,花間詞派的重要作家之一。詩詞兼工,詩與李商隱齊名,並稱"温李";詞與韋莊齊名,並稱"温韋"。有《温庭筠詩集》《金奩集》,存詞七十餘首。

菩薩蠻,唐代教坊曲名,用作詞調。《花間集》録温庭筠《菩薩蠻》詞十四首,皆爲代言體。這首詞截取獨處閨中少婦日常生活中晨起梳妝這一片斷,通過描寫其容貌、動作、服飾,從中體現她的處境和心情。自唐代詩人常詠的"宫怨""閨怨"以來,這類題材在詩詞中頗爲常見,但温庭筠把閨怨寫得綺綉淒豔,與眾不同。整首詞寫閨中少婦之幽怨,卻未直接暴露,而是隱約地通過一系列的細節描寫,暗示其心理活動。意象之間若斷若續,幾乎看不到縫綴的針線,中間留有可供讀者想像的空間。這種精緻綺麗、含蓄蘊藉之詞,與敦煌民間曲子詞自然質樸的風格大異其趣,對後世詞風影響深遠。

小山重疊金明滅[1],鬢雲欲度香顋雪[2]。懶起畫蛾眉[3],弄妝梳洗遲[4]。　照花前後鏡,花面交相映[5]。新帖繡羅襦[6],雙雙金鷓鴣[7]。

(《温庭筠全集校注》卷十,中華書局2007年版)

【注釋】

[1]小山:指屏風。也有人説指眉額或山枕。　[2]鬢雲:濃雲一般的鬢髮。　[3]蛾眉:形

容女子細長而秀美的眉毛,猶如蠶蛾的觸角。《詩•衛風•碩人》:"螓首蛾眉。" [4]弄妝:即化妝、打扮。 [5]"照花"兩句:梳妝時,用兩面鏡子前後對照,頭上插戴的花朵與如花似玉的面容交相輝映,顯得格外豔麗。 [6]帖:通"貼",指貼金,是唐代一種刺繡工藝,用金箔做出花樣,再繡貼在衣料上。襦:短襖。 [7]金鷓鴣:指羅衣上用金箔貼成的鷓鴣圖樣。古人往往以鷓鴣、鴛鴦、鳳凰等動物寓意成雙成對。此處反襯女子獨守空閨的孤獨寂寞。

【集評】

(清)張惠言:此感士不遇也。篇法仿佛《長門賦》,而用節節逆敘。此章從夢曉後,領起"懶起"二字,含後文情事,"照花"四句,《離騷》"初服"之意。 (《詞選》,第12頁)

(清)陳廷焯:所謂沉鬱者,意在筆先,神餘言外。寫怨夫思婦之懷,寓孽子孤臣之感。凡交情之冷淡,身世之飄零,皆可於一草一木發之。而發之又必若隱若見,欲露不露,反復纏綿,終不許一語道破。匪獨體格之高,亦見性情之厚。飛卿詞,如"懶起畫蛾眉,弄妝梳洗遲。"無限傷心,溢於言表。 (《白雨齋詞話》卷一,第5–6頁)

王國維:"畫屏金鷓鴣",飛卿語也,其詞品似之。 (《人間詞話》,第3頁)

王國維:固哉,皋文之爲詞也!飛卿《菩薩蠻》、永叔《蝶戀花》、子瞻《卜算子》,皆興到之作,有何命意?皆被皋文深文羅織。 (《人間詞話》,第23頁)

俞陛雲:飛卿詞極流麗,爲《花間集》之冠。《菩薩蠻》十四首,尤爲精湛之作。

(《唐五代兩宋詞選釋》,第24頁)

唐圭璋:此首寫閨怨,章法極密,層次極清。首句,寫繡屏掩映,可見環境之富麗;次句,寫鬢絲撩亂,可見人未起之容儀。三、四兩句敘事,畫眉梳洗,皆事也。然"懶"字、"遲"字,又兼寫人之情態。"照花"兩句承上,言梳洗停當,簪花爲飾,愈增豔麗。末句,言更換新繡之羅衣,忽覩衣上有鷓鴣雙雙,遂興孤獨之哀與膏沐誰容之感。有此收束,振起全篇。上文之所以懶畫眉、遲梳洗者,皆因有此一段怨情蘊蓄於中也。

(《唐宋詞簡釋》,第3頁)

劉永濟:此調本二十首,今存十四首,此則十四首之一。二十首之主題皆以閨人因思別久之人而成夢,因而將夢前、夢後、夢中之情事組合而成。此首則寫夢醒時之情思也。……全首以人物之態度、動作、衣飾、器物作客觀之描寫,而所寫之人之心情乃自然呈現。此種心情,又爲因夢見離人而起者,雖詞中不曾明言,而離愁別恨已縈繞筆底,分明可見,讀之動人。此庭筠表達藝術之高也。 (《唐五代兩宋詞簡析》,第2頁)

俞平伯:本篇旨在寫豔,而只説"妝",手段高絕。寫妝太多似有賓主倒置之弊,故於結句曰"雙雙金鷓鴣",此乃暗點豔情,就表面看總還是妝耳。

(《讀詞偶得•清真詞釋》,第14頁)

夏承燾:這首詞寫一個女子孤獨的哀愁。全詞用美麗的字句,寫她的曉妝:開首寫額黄褪色,頭髮散亂,是未妝之前;三四句是懶妝意緒;五六句是妝成以後對影自憐的心情;最後七八兩句表面還是寫妝扮,她在試衣時忽然看見衣上的"雙雙金鷓鴣",於是悵觸自己的孤獨的生活。全詞寓意,於是最後豁出。"雙雙"二字是全首的詞眼,七八兩句是全文的高峰。但表面還是平敘曉妝過程,好象不轉,實是一個大轉折。這手法比明轉更高。

(《唐宋詞欣賞•詞的轉韻》,第157頁)

虞美人·春花秋月何時了

(南唐)李煜

【題解】

李煜(937—978),字重光,初名從嘉,號鍾隱、蓮峰居士。彭城(今江蘇徐州)人。南唐元宗李璟第六子,901年嗣位,史稱南唐後主。後爲宋所俘至汴梁(今河南開封),封違命侯、隴西公,四十二歲那年生辰(七月七日),宋太宗派人將其毒死。他文學、藝術修養頗深,工書善畫,尤精音律。其詞悽婉真切,詞史地位顯著,王國維《人間詞話》:“詞至李後主而眼界始大,感慨遂深,遂變伶工之詞爲士大夫之詞。”宋人將他與其父李璟詞合刻爲《南唐二主詞》。

《虞美人》,唐代教坊曲名,用作詞調。北宋張君房《脞説》以爲此調始於項羽《虞兮之歌》,因項羽遭遇垓下之圍時,曾歌“虞兮虞兮奈若何”(《史記•項羽本紀》)。南宋王灼《碧雞漫志》卷四駁曰:“予謂後世以此命名可也,曲起於當時非也。”這首詞爲作者被俘入宋後第二年(978)所作,主要抒寫國亡後詞人的慘痛心情。上闋觸景傷懷;下闋多憂易老,將滿腔悲憤,運以婉曲之筆,噴薄而出。從金陵到汴梁,由國君變囚犯,作者不能忘懷的是自己的故國和昔日豪華享樂的宫廷生活,因此,整日以淚洗面,生發出無限的哀愁。而正是由於其身世與遭遇的巨變,感同身受的悲慘經歷使其寫出了“問君能有幾多愁,恰似一江春水向東流”的千古名句,貼切、生動地將抽象的情感形象化、具體化,産生了一種悽婉、動人的藝術魅力,對後世詞人有較大影響。秦觀《千秋歲》:“春去也,飛紅萬點愁如海。”賀鑄《青玉案》:“試問閑愁都幾許,一川煙草,滿城風絮,梅子黄時雨。”其名句均受其影響。

春花秋月何時了?往事知多少[1]。小樓昨夜又東風[2],故國不堪回首月明中[3]。　　雕欄玉砌依然在[4],只是朱顔改[5]。問君都有幾多愁,恰似一江春水向東流[6]。

(《南唐二主詞校訂》,中華書局2007年版)

【注釋】

[1]往事:指作者過去爲帝王時的種種事情。　[2]東風:春風。　[3]故國:即南唐,舊都金陵,今江蘇南京市。　[4]雕欄玉砌:泛指精美的宫殿建築。　[5]朱顔:紅潤的容顔。這裏暗示因自傷憂愁而容顔衰老。　[6]“問君”句:假設的問語。君,指自己。

【集評】

(北宋)陳師道:王斿,平甫之子,嘗云:“今語例襲陳言,但能轉移爾。”世稱秦詞“愁如海”爲新奇,不知李國主已云:“問君能有幾多愁?恰似一江春水向東流。”但以江爲海爾。

(《後山詩話》,《歷代詩話》,第315頁)

(南宋)陸游:李煜歸朝後,鬱鬱不樂,見於詞語。在賜第,七夕命故妓作樂聞於外。太宗怒。又傳“小樓昨夜又東風”,併坐之,遂被禍。(《避暑漫抄》,第4頁)

(南宋)羅大經:詩家有以山喻愁者……有以水喻愁者,李頎云:“請量東海水,看取淺深愁”,李後主云:“問君都有幾多愁,恰似一江春水向東流”,秦少游云:“落紅萬點愁如海”,是也。賀方回云:“試問閑愁知幾許,一川煙艸,滿城風絮,梅子黄時雨。”蓋以三者比之愁多也,尤爲新奇,兼興中有比,意味更長。(《鶴林玉露》乙編卷一,第127頁)

(南宋)王楙:《後山詩話》載王平甫子斿謂秦少游“愁如海”之句,出於江南李後主“問君能有幾多愁,恰似一江春水向東流”之意。僕謂李後主之意,又有所自。樂天詩曰:“欲識愁多少,高於灩澦堆。”劉禹錫詩曰:“蜀江春水拍山流,水流無限似儂愁。”得非祖此乎?則知好處前人皆已道過,後人但翻而用之耳。(《野客叢書》卷二十,第298頁)

(南宋)陳郁:太白云:“請君試問東流水,别意與之誰短長?”江南李主曰:“問君還有幾多愁,恰似一江春水向東流。”略加融點,已覺精采。至寇萊公則謂:“愁情不斷如春水。”少游云:“落紅萬點愁如海。”青出於藍,而勝於藍矣。

(《藏一話腴》甲集卷上,《宋代筆記小説》第22册,第21頁)

(明)孫緒:李白有詩云:“請君試問東流水,别意與之誰短長。”又曰:“桃花潭水深千尺,不及汪倫送我情。”趙嘏:“此時愁望情多少,萬里春流繞釣磯。”李後主曰:“問君能有幾多愁,恰似一江春水向東流。”李、趙皆祖於白者也。

(《沙溪集》卷十三,《文津閣四庫全書》集部第422册,第570頁)

(明)毛先舒:詞女紫竹愛綴詞。一日,手李後主集。其父問曰:“後主詞中何處最佳?”答曰:“問君能有幾多愁,恰似一江春水向東流。”

(《南唐拾遺記》,《四庫全書存目叢書》史部第163册,第415頁)

(清)王士禛:鍾隱入汴後,“春花秋月”諸詞與“此中日夕只以眼淚洗面”一帖,同是千古情種,較長城公煞是可憐。(《花草蒙拾》,《詞話叢編》,第677頁)

(清)王闓運:常語耳,以初見故佳,再學便濫矣。“朱顔”本是山河,因歸宋不敢言耳。若直説山河改,反又淺也。結亦恰到好處。(《湘綺樓評詞》,《詞話叢編》,第4285–4286頁)

梁啟超:音節上雖然仍帶含蓄,也算得把滿腔愁怨盡情發洩了,所以,宋太祖看見,竟自賜他牽機藥,要他的命。(《中國韻文裏頭所表現的情感》,《飲冰室文集點校》,第3442頁)

俞陛雲:就詞而論,李、劉、秦諸家之以水喻愁,不若後主之“春江”九字,真傷心人語也。

(《唐五代兩宋詞選釋》,第117頁)

劉永濟:此詞明言“故國”,明言“雕欄玉砌”,故宋太宗聞之,即賜牽機藥以死之。

(《唐五代兩宋詞簡析》,第21頁)

俞平伯:情一往而深,其春愁秋怨如之,其詞筆復宛轉哀傷,隨其孤往,則謂爲千古之名句可,謂爲絶代之才人亦可。(《讀詞偶得·清真詞釋》,第32頁)

唐圭璋:此首感懷故國,悲憤已極。起句,追維往事,痛不欲生;滿腔恨血,噴薄而出:誠《天問》之遺也。"小樓"句承起句,縮筆吞咽;"故國"句承起句,放筆呼號。一"又"字慘甚。東風又入,可見春花秋月,一時尚不得遽了,罪孽未滿,苦痛未盡,仍須偷息人間,歷盡磨折。下片承上,從故國月明想入,揭出物是人非之意,末以問答語,吐露心中萬斛愁恨,令人不堪卒讀。通首一氣盤旋,曲折動盪,如怨如慕,如泣如訴。

(《唐宋詞簡釋》,第43頁)

雨霖鈴·寒蟬凄切

(北宋)柳永

【題解】

柳永(984—1053),祖籍河東(今屬山西),後移居崇安(今屬福建)。原名三變,字景莊、耆卿。排行老七,故稱柳七。景祐元年(1034)進士,官至屯田員外郎,世稱柳屯田。他是北宋第一個大量寫作慢詞的文人,在詞史上有重要地位。其詞以寫羈旅行役、離情別緒見長,善於運用鋪敘和白描手法,加之善於從民間曲子詞中汲取養料,其詞表現出質樸自然的通俗化、口語化特徵。有《樂章集》傳世。

《雨霖鈴》,詞牌名,原爲唐教坊曲名,宋人王灼《碧雞漫志》卷五:"《明皇雜録》及《楊妃外傳》云:帝(玄宗)幸蜀,初入斜谷,霖雨彌旬。棧道中聞鈴聲,帝方悼念貴妃,采其聲爲《雨霖鈴曲》以寄恨。……今雙調《雨霖鈴慢》,頗極哀怨,真本曲遺聲。"這首詞是柳永的代表作。抒寫了作者離京南下時長亭送別的情景。上闋依次描述離別的場面與雙方惜別的情態,好像一個故事,鋪敘了令人傷心的情節序曲。下闋述懷,設想離別後的情景。"今宵"二句以景染情,融情入景。"今宵酒醒何處"遙接上闋之"帳飲",將作者借酒消愁以致沉醉的情態刻畫得如在眼前。"楊柳岸,曉風殘月"則集中諸多離愁意象,營造出一個凄清的懷人境界。柳詞之所以在當時流傳廣播,"凡有井水飲處,即能歌柳詞"(葉夢得《避暑録話》)與他這種明白曉暢、情事俱顯的詞風有很大關係。

寒蟬凄切。對長亭晚[1],驟雨初歇。都門帳飲無緒[2],留戀處、蘭舟催發[3]。執手相看淚眼,竟無語凝噎[4]。念去去[5]、千里煙波,暮靄沈沈楚天闊[6]。　多情自古傷離別。更那堪[7]、冷落清秋節。今宵酒醒何處,楊柳岸[8]、曉風殘月。此去經年,應是良辰、好景虛設。便縱有、千種風情[9],更與何人説。

(《樂章集校注》卷中,中華書局1994年版)

【注釋】

[1]長亭:古代驛路每五里一短亭,十里一長亭,供行人休息、送別。　[2]都門帳飲:在京城

野外,設置帳幕,宴飲送人。無緒:没有情緒。 [3]蘭舟:木蘭舟,船的美稱。 [4]凝噎:悲傷之極,氣結聲阻於喉,一時説不出話來。 [5]念去去:念,設想。去去,遠遠離去。[6]暮靄:本指雲氣,這裏指晚上的煙霧。楚天闊:傍晚時分,天氣陰沉,南天空闊無邊。古時楚國擁有湘、鄂、江、浙之地,非常遼闊。楚國在南方,故南天亦稱楚天。 [7]更那堪:哪里更經得起。 [8]楊柳岸:隋煬帝開鑿大運河,沿堤遍植楊柳。 [9]風情:戀愛之情。

【集評】

(明)俞彦:古豪傑英爽都在,使屯田此際操觚,果可以"楊柳外,曉風殘月"命句否。且柳詞亦只此佳句,餘皆未稱。而亦有本,祖魏承班《漁歌子》"窗外曉鶯殘月",第改二字增一字耳。(《爰園詞話》,《詞話叢編》,第402頁)

(清)賀裳:柳屯田"今宵酒醒何處?楊柳岸,曉風殘月",自是古今俊句。

(《皺水軒詞筌》,《詞話叢編》,第703頁)

(清)沈謙:詞不在大小淺深,貴于移情。"曉風殘月""大江東去",體製雖殊,讀之皆若身歷其境,惝怳迷離,不能自主,文之至也。(《填詞雜説》,《詞話叢編》,第629頁)

(清)黄蘇:送别詞,清和朗暢,語不求奇,而意致綿密,自爾穩愜。

(《蓼園詞評》,《詞話叢編》,第3086頁)

(清)劉熙載:詞有點,有染。柳耆卿《雨淋鈴》云:"多情自古傷離别,更那堪冷落清秋節。今宵酒醒何處?楊柳岸曉風殘月。"上二句點出離别冷落,"今宵"二句乃就上二句意染之。點染之間,不得有他語相隔,隔則警句亦成死灰矣。

(《詞曲概》,《藝概》卷四,第119頁)

(清)田同之:今人論詞,動稱辛、柳,……耆卿詞以"關河冷落,殘照當樓"與"楊柳岸、曉風殘月"爲佳,非是則淫以褻矣。此不可不辨。(《西圃詞説》,《詞話叢編》,第1453頁)

(清)張德瀛:耆卿詞多本色語,所謂有井水處,能歌柳詞,時人爲之語曰"曉風殘月柳三變",又曰"露花倒影柳屯田",非虚譽也。特其詞婉而不文,語纖而氣雌下,蓋骫骳從俗者。以發乎情止乎禮義之旨繩之,則望景先逝矣。胡致堂謂爲掩眾制而盡其妙,蓋耳食之言耳。(《詞徵》,《詞話叢編》,第4156頁)

(清)吴衡照:詞有襲前人語而得名者,雖大家不免。如方回"梅子黄時雨",耆卿"楊柳岸晓風殘月",少游"寒鴉數點,流水遶孤村",幼安"是他春帶愁來,春歸何處,卻不解帶將愁去"等句,惟善於調度,正不以有藍本爲嫌。

(《蓮子居詞話》卷一,《詞話叢編》,第2414-2415頁)

(清)謝章挺:説景要微妙。微妙則耐思,而景中有情。"寒鴉數點,流水遶孤村","楊柳岸、曉風殘月",所以膾炙人口也。(《賭棋山莊詞話》卷一二,《詞話叢編》,第3478頁)

(清)沈祥龍:寫景貴淡遠有神,勿墮而奇險。言情貴蘊藉有致,勿浸而淫褻。"曉風殘月","衰草","微雲",寫景之善者也;紅雨飛愁,黄花比瘦,言情之善者也。

(《論詞隨筆》,《詞話叢編》,第4057頁)

梁啟超:(周邦彦《夜飛鵲》)"兔葵燕麥"二語與柳屯田之"曉風殘月",可稱送别詞中雙絕,皆熔情入景也。(《藝蘅館詞選》乙卷引,第80頁)

俞陛雲:後闋以“自古傷離”“更與何人説”二語作起結,提得起,勒得住,能手無弱筆也。

(《唐五代兩宋詞選釋》,第148頁)

劉永濟:此乃别京都戀人之詞,當是出爲屯田員外郎時所作。上半闋敘臨别時之情景;下半闋乃設想别後相思之苦。從今宵以至經年均一時想到。“今宵”二句,傳誦一時,蓋所寫之景與别情相切合。今宵别酒醒時恰是明早舟行已遠之處,而“楊柳岸,曉風殘月”又恰是最淒涼之景,讀之自然使人感到一種難堪之情,故一時傳誦以爲名句。

(《唐五代兩宋詞簡析》,第56頁)

唐圭璋:此首寫别情,盡情展衍,備足無餘,渾厚綿密,兼而有之。宋于庭謂柳詞多“精金粹玉”,殆謂此類。(《唐宋詞簡釋》,第70頁)

水調歌頭·明月幾時有

(北宋)蘇軾

【題解】

隋煬帝幸江都時制《水調歌》,唐大曲沿用之。宋人裁截其歌頭,創爲新聲,即《水調歌頭》。本詞是一首對月抒懷兼懷人的中秋詞。神宗熙寧九年(1076),時蘇軾知密州(今山東諸城)。蘇軾政治上與變法派意見每有不合,便請外調,遂官密州,失意在所難免。加之七年未與其弟蘇轍(子由)相見,時值中秋,“每逢佳節倍思親”,因此在明月下飲酒時,禁不住千頭萬緒縈繞心間,進而浮想聯翩,感慨萬千,寫下了這首千古名作。該詞被宋人譽爲中秋詞之絕唱,“中秋詞自東坡《水調歌頭》一出,餘詞盡廢”(胡仔《苕溪漁隱叢話》後集卷三九)。在藝術構思方面,作者馳騁想像,驅遣神話傳説,點化前人詠月詩句,營造了一個清曠澄澈、神奇瑰麗的藝術境界。

丙辰中秋,歡飲達旦,大醉,作此篇,兼懷子由。

明月幾時有,把酒問青天[1]。不知天上宫闕,今夕是何年[2]。我欲乘風歸去[3],惟恐瓊樓玉宇[4],高處不勝寒[5]。起舞弄清影,何似在人間。　轉朱閣,低綺户,照無眠[6]。不應有恨,何事長向别時圓。人有悲歡離合,月有陰晴圓缺,此事古難全。但願人長久,千里共嬋娟[7]。

(《東坡樂府箋》卷一,上海古籍出版社2009年版)

【注釋】

[1]“明月”二句:化用李白詩《把酒問月》:“青天明月來幾時,我今停杯一問之。” [2]“不知”二句:天上宫闕,指月宫。唐牛僧孺《周秦紀行》詩中云:“香風引到大羅天,月地雲階拜洞仙。共道人間惆悵事,不知今夕是何年。”或爲蘇軾所本。 [3]乘風歸去:《列子·黄

帝》:“乘風而歸……不知風乘我耶,我乘風耶。” [4]瓊樓玉宇:指月中的華麗宫殿。 [5]不勝寒:不勝,經不住。據唐鄭處誨《明皇雜録》載,中秋夜,道士葉靜能邀唐玄宗遊月宫,到月宫後,玄宗感覺“寒凜特異”,忍受不住。這裏暗用此典。 [6]無眠:不眠之人,蘇軾自指。 [7]“但願”二句:意謂但願雙方都能永葆健康,雖遠隔千里,仍可共沐月光清輝。這一寫法前人較爲常用,如南朝謝莊《月賦》有“隔千里兮共明月”,唐孟郊《古怨别》詩“别後唯所思,天涯共明月”,許渾《懷江南同志》“唯應洞庭月,萬里共嬋娟”。蘇詞融會點化,超越前人,遂成千古名句。

【集評】

(南宋)胡仔:坡詞“低綺戶”當云“窺綺戶”,二字既改,其詞益佳。

(《苕溪漁隱叢話》前集卷五九,第407頁)

又:中秋詞,自東坡《水調歌頭》一出,餘詞盡廢。

(《苕溪漁隱叢話》後集卷三十九,第321頁)

(南宋)張炎:詞以意趣爲主,要不蹈襲前人語意。如東坡中秋《水調歌》云(詞略)……此數詞皆清空中有意趣,無筆力者未易到。

(《詞源》卷下,《詞話叢編》,第260–261頁)

(南宋)曾季貍:東坡《水調歌頭》“但願人長久,千里共嬋娟”,本謝莊《月賦》“隔千里兮共明月”。 (《艇齋詩話》,《歷代詩話續編》,第325頁)

(南宋)趙彦衛:《水調歌頭》版行者末云:“但願人長久”,真跡云:“但得人長久”,以此知前輩文章爲後人妄改亦多矣。 (《雲麓漫鈔》卷四,第57頁)

(明)卓人月:畫家大斧皴,書家擘窠體也。

(《古今詞統》卷一二,《續修四庫全書》集部第1729册,第57頁)

(清)陳廷焯:純以神行,不落騷雅窠臼。太白之詩,東坡之詞,皆是異樣出色。

(《詞則·大雅集》,第52頁)

(清)劉熙載:詞以不犯本位爲高。東坡《滿庭芳》“老去君恩未報,空回首彈鋏悲歌”,語誠慷慨,然不若《水調歌頭》“我欲乘風歸去,又恐瓊樓玉宇,高處不勝寒”,尤覺空靈藴藉。

(《詞曲概》,《藝概》卷四,第121頁)

(清)王闓運:大開大合之筆,亦他人所不能,才子才子,勝詩文字多矣。

(《湘綺樓評詞》,《詞話叢編》,第4288頁)

(清)黄蘇:通首只是詠月耳。前闋,是見月思君,言天上宫闕,高不勝寒,但仿佛神魂歸去,幾不知身在人間也。次闋,言月何不照人歡洽,何似有恨偏于人離索之時而圓乎。復又自解,人有離合,月有圓缺,皆是常事。惟望長久,共嬋娟耳。纏綿惋惻之思,愈轉愈曲,愈曲愈深。忠愛之思,令人玩味不盡。 (《蓼園詞評》,《詞話叢編》,第3069頁)

(清)先著、程洪:凡興象高,即不爲字面礙。此詞前半,自是天仙化人之筆。惟後半“悲歡離合”“陰晴圓缺”等字,苛求者未免指此爲累。然再三讀去,摶捖運動,何損其佳。

(《詞潔》卷三,《詞話叢編》,第1356頁)

王國維:若屯田之《八聲甘州》、玉局之《水調歌頭》“中秋寄子由”,則佇興之作,格高

千古,不能以常調論也。（《人間詞話》,第20頁）

唐圭璋:此首中秋詞。上片,因月而生天上之奇想;下片,因月而感人間之事實。揮灑自如,不假雕琢,而浩蕩之氣,超絕塵凡。（《唐宋詞簡釋》,第88頁）

醉花陰·薄霧濃雰愁永晝

（南宋）李清照

【題解】

李清照(1084—1155),濟南章丘(今屬山東)人,號易安居士。宋詞婉約派代表詞人之一。其前期詞多寫閨情相思,後期詞融入家國之恨和身世之感,風格迥異。有《漱玉詞》。

《醉花陰》又名《重九》《醉東風》。雙調52字,上、下片各三仄韻。這首詞寫於北宋末期,是作者重陽節思念丈夫趙明誠而作。上闋借景寓情,抒寫離愁。首句曲折地寫出詞人無聊、無奈之感,表達相思嫌日長的思念之情。"佳節"二字反襯其愁苦,"夜涼"則烘托其內心的淒涼和孤寂。下闋寫主人公之感受。開頭既寫出了詞人淡雅如菊的情懷,又暗用古詩句"馨香盈懷袖,路遠莫致之"(《古詩·庭中有奇樹》)之意,寄寓夫妻離別帶來的牽掛和思念之情。結尾三句,借物擬人,比喻新奇,情景交融,意境全出,遂成千古名句。此詞成功地刻畫了一個多愁善感的少婦形象,歷來被奉爲名篇佳構,對後世影響深遠。

薄霧濃雰愁永晝[1]。瑞腦消金獸[2]。時節又重陽,寶枕紗廚[3],半夜涼初透。　　東籬把酒黃昏後[4],有暗香盈袖。莫道不銷魂,簾捲西風[5],人比黃花瘦[6]。

（《李清照集箋注》卷一,上海古籍出版社2002年版）

【注釋】

[1]永晝:漫長的白天。　[2]瑞腦:即龍腦,一種名貴的香料。金獸:獸形的銅香爐。　[3]紗櫥:防蚊蟲的紗帳。　[4]東籬:陶淵明《飲酒》詩:"采菊東籬下,悠然見南山。"借指種菊之地。　[5]簾捲西風:即西風簾卷之倒裝。　[6]黃花:即菊花。

【集評】

(明)瞿佑:九日詞"簾捲西風,人似黃花瘦",亦婦人所難到也。

（《香臺集》卷下,第93頁）

(明)柴虎臣:指取溫柔,詞歸醞藉。暱而閨帷,勿浸而巷曲;浸而巷曲,勿墮而村鄙。又云:語境則"咸陽古道""汴水長流";語事則"赤壁周郎""江州司馬";語景則"岸草平沙""曉風殘月";語情則"紅雨飛愁""黃花比瘦"。（《詩辨坻》卷四引,《清詩話續編》,第94頁）

(清)王闓運:此語若非出女子自寫照,則無意致。

(《湘綺樓評詞》,《詞話叢編》,第4290頁)

唐圭璋:此首情深詞苦,古今共賞。起言永晝無聊之情景,次言重陽佳節之感人。换頭,言向晚把酒。着末,因花瘦而觸及己瘦,傷感之至。尤妙在“莫道”二字唤起,與方回之“試問閒愁知幾許”句,正同妙也。(《唐宋詞簡釋》,第144頁)

青玉案·元夕

(南宋)辛棄疾

【題解】

這是一首詠元夕的節序詞,作於宋孝宗乾道六年(1170),時辛棄疾在臨安任司農寺主簿(鄧廣銘《稼軒詞編年箋注》定本卷一)。上闋側重寫燈,運用誇張、比喻等修辭方法把燈市夜色寫得絢爛多彩。下闋寫觀燈之人,在熱鬧的燈市中著力表現一位獨立“闌珊處”的伊人。將女子孤高淡泊、甘於寂寞、不同凡俗、别具情趣的形象刻畫得栩栩如生。而作者苦苦尋覓的美女正寄託了他政治失意、功業無成的落寞孤憤,也象徵著作者對高潔人格的不懈追求。

東風夜放花千樹[1]。更吹落、星如雨[2]。寶馬雕車香滿路。鳳簫聲動,玉壺光轉[3],一夜魚龍舞[4]。　蛾兒雪柳黄金縷[5],笑語盈盈暗香去[6]。衆裏尋他千百度,驀然回首[7],那人卻在,燈火闌珊處[8]。

(《稼軒詞編年箋注》定本卷一,上海古籍出版社2007年版)

【注釋】

[1]“東風”句:元夕賞燈,燈如火樹銀花。唐蘇味道《正月十五夜》:“火樹銀花合,星橋鐵鎖開。” [2]星如雨:形容空中煙花或彩燈衆多。宋孟元老《東京夢華録》卷六載:“各以竹竿出燈球於半空,遠近高低,若飛星然。” [3]玉壺:比喻月亮。一説玉制的燈。南宋周密《武林舊事》卷二《元夕》:“燈之品極多,……福州所進,則純用白玉,晃耀奪目,如清冰玉壺,爽徹心目。” [4]魚龍:魚形、龍形的花燈。 [5]“蛾兒”句:蛾兒、雪柳、黄金縷均是婦女佩戴的頭飾。 [6]笑語盈盈:周邦彦《瑞龍吟》(章台路):“障風映袖,盈盈笑語。”暗香:清香,借指美人。 [7]驀然:忽然,猛地。 [8]闌珊:形容燈火漸漸衰歇。

【集評】

（明）卓人月：星中織女，亦復吹落人世。

（《古今詞統》卷十，《續修四庫全書》集部第1729冊，第17頁）

（清）彭孫遹：辛稼軒“驀然回首，那人卻在，燈火闌珊處”，秦、周之佳境也。

（《金粟詞話》，《詞話叢編》，第722頁）

（清）譚獻：稼軒心胸，發其才氣，改之而下則獷。何嘗不和婉。（評辛棄疾《青玉案·元夕》起句“東風夜放花千樹”）（《復堂詞話》，《詞話叢編》，第3994頁）

王國維：古今之成大事業、大學問者，必經過三種之境界：“昨夜西風凋碧樹。獨上高樓，望盡天涯路。”此第一境也。“衣帶漸寬終不悔，爲伊消得人憔悴。”此第二境也。“眾裏尋他千百度，驀然回首，那人卻在燈火闌珊處。”此第三境也。此等語皆非大詞人不能道。然遽以此意解釋諸詞，恐爲晏歐諸公所不許也。（《人間詞話》，第6頁）

梁啟超：自憐幽獨，傷心人別有懷抱。（《藝蘅館詞選》丙卷引，第96頁）

俞陛雲：此詞自起筆至“笑語”句，皆紀“元夕”之遊觀。惟結末三句別有會心。其回首欲見之人，豈避喧就寂耶？或人約黄昏，有城隅之俟耶？含意未申，戛然而止，蓋待人尋味也。

（《唐五代兩宋詞選釋》，第387頁）

釵頭鳳·紅酥手

（南宋）陸游

【題解】

據宋人周密《齊東野語》卷一《放翁鍾情前室》載：“陸務觀初娶唐氏，閎之女也，於其母夫人爲姑姪。伉儷相得，而弗獲於其姑。既出，而未忍出之，則爲別館，時時往焉。姑知而掩之，雖先知挈去，然事不得隱，竟絕之，亦人倫之變也。唐後改適同郡宗子士程，嘗以春日出遊，相遇於禹跡寺南之沈氏園。唐以語趙，遣致酒肴。翁悵然久之，爲賦《釵頭鳳》一詞，題園壁間（詞略）。實紹興乙亥歲也。”陸游與原配夫人唐婉本來情投意合，感情甚篤。然而，陸游母親不喜歡唐婉，逼迫陸游休妻再娶，在父母包辦婚姻的宋代社會，陸游只好同其妻離異，後另娶，唐氏也改嫁趙士程，這對原本和睦恩愛的伉儷被活活拆散，之後彼此杳無音信。若干年後的一個春日，陸游在家鄉山陰禹跡寺附近的沈園與唐婉邂逅，唐婉遣人送酒肴款待陸游，聊表其撫慰之情。陸游百感交集，莫名惆悵，就在沈園牆壁上揮筆寫下此詞。唐婉見後曾和曰：“世情薄，人情惡，雨送黄昏花易落。曉風乾，淚痕殘。欲箋心事，獨語斜欄。難、難、難。　　人成各，今非昨，病魂常似鞦韆索。角聲寒，夜闌珊。怕人尋問，咽淚裝歡。瞞、瞞、瞞。”這兩首《釵頭鳳》可謂字字心血，聲聲涕淚，令讀者爲之愴然！具有極強的藝術感染力，因此歷代膾炙人口，傳誦不絕。

紅酥手[1]，黄縢酒[2]，滿城春色宫牆柳[3]。東風惡，歡情薄，一懷愁緒，幾年離索[4]，錯、錯、錯。　　春如舊，人空瘦，淚痕紅浥鮫綃透[5]。桃花落，閒池閣，山盟雖在,錦書難託[6],莫、莫、莫[7]。

(《放翁詞編年箋注》上卷,上海古籍出版社1981年版)

【注釋】

[1]酥:柔軟細嫩。 [2]黄滕(téng)酒:即黄封酒。京師官酒以黄紙或黄絲絹密封瓶口,故名。 [3]宫牆:沈園牆壁。南宋山陰(今浙江紹興)曾爲陪都,故云。 [4]離索:分離。 [5]浥(yì)鮫(jiāo)綃(xiāo):浥,濕潤。鮫綃,古代傳説中鮫人所織的綃,這裏指絲綢手帕。 [6]錦書:情書。 [7]莫:罷了。

【集評】

(清)賀裳:宋陸務觀春游,遇故婦於禹跡寺南之沈園,婦與酒餚,陸悵然賦一詞曰:"紅酥手。黄藤酒。滿城春色宫牆柳。東風惡。懽情薄。一懷愁緒,幾年離索。錯錯錯。 春如舊。人空瘦。淚痕紅浥鮫綃透。桃花落。閒池閣。山盟雖在,錦書難託。莫莫莫。"每見後人喜用此調,率無佳者。難于三疊字,不牽湊耳。獨吾友卓珂月錯認一闋爲工。"濃于霧。堅于樹。春愁不比郎相負。風何惡。雲何薄。今朝相棄,昔年相約。諾諾諾。 人無緒。書無據。驀然一旦簾前遇。欣還愕。疑還度。容顔雖似,丰神難學。錯錯錯。"後半尖警,殆過於原詞,不惟無愧而已。

(《皺水軒詞筌》,《詞話叢編》,第710頁)

(清)沈雄:《樂府紀聞》曰:陸放翁初娶唐氏,伉儷相得,弗獲於姑。陸出之,未忍絶,爲别館往焉。姑知而掩之,遂絶。後改適趙士程,春游相遇於禹跡寺之沈園。唐語其夫爲致酒,放翁悵悵,賦此《釵頭鳳》云(詞略)。(《古今詞話·詞辨》,《詞話叢編》,第926頁)

(清)吴衡照:吾鄉許蒿廬先生(編按,昂霄)嘗疑放翁室唐氏改適趙某事爲出於傅會,説見《帶經堂詩話》校勘類附識。《拜經樓詩話》亦以《齊東野語》所敘歲月先後參錯不足信,與蒿廬説合。則當時仲卿新婦之厄,翁子故妻之情,殆好事者從而爲之辭與。唐氏荅詞,語極俚淺,然因知《釵頭鳳》有换平韻者,紅友《詞律》又疎已。

(《蓮子居詞話》卷一,《詞話叢編》,第2407頁)

(清)陳廷焯:"山盟雖在,錦書難託,莫莫莫。"放翁傷其妻之作也;(放翁妻唐氏改適趙士程)"不合畫春山,依舊留愁住。"放翁妾别放翁詞也。前則迫於其母而出其妻,後之迫於後妻而不能庇一妾,何所遭之不偶也。至兩詞皆不免於怨,而情自可哀。

(《白雨齋詞話》卷六,第163–164頁)

(清)況周頤:放翁出妻爲作《釵頭鳳》者,姓唐名琬,和放翁《釵頭鳳》詞,見《御選歷代詩餘詞話》及《林下詞選》:"世情薄。人情惡。雨送黄昏花易落。曉風乾。淚痕殘,欲箋心事,獨語斜闌。難難難。 人成各。今非昨。病魂常似鞦韆索。角聲寒。夜闌珊。怕人尋問,咽淚妝歡。瞞瞞瞞。"前後段俱轉平韻,與放翁詞不同。

(《蕙風詞話續編》卷二,《詞話叢編》,第4577頁)

梁啟超:這是和《孔雀東南飛》同性質的一出悲劇,所以他這詞極能動人。

（《中國韻文裏頭所表現的情感》，《飲冰室文集點校》第六集，第3444頁）

揚州慢·淮左名都

（南宋）姜夔

【題解】

姜夔（1155—1221），字堯章，號白石道人，饒州鄱陽（今屬江西）人。擅長詩詞，精通音律，喜愛書法。其詞風清空騷雅，格調古雅峭拔。有《白石道人歌曲》。

淳熙三年（1176）冬至，作者來到兩歷金兵戰火而一片荒涼的揚州，面對眼前情景，再聯想晚唐杜牧筆下繁華的揚州，不禁愴然有感，於是寫下這首詞以抒發此時之感。開篇點明揚州昔日之繁盛，接著大筆勾勒今日之荒涼，詞人選擇薺麥、廢池、喬木、空城等最能表現戰後蕭條的典型事物，點染出揚州城此時殘破荒涼的情景，勾起了戰亂兵火給人們留下的痛苦記憶。陳廷焯《白雨齋詞話》云："'猶厭言兵'四字，包括無限傷亂語，他人累千百言，亦無此韻味。"可見作者用詞之精確。下闋寫對揚州的感受，妙在運用虛擬手法，設想杜牧重來，心境迥異，以杜牧詩境與揚州現實對比，構思奇妙，渾然無跡。結尾寫橋雖在卻月冷夜寂，花雖紅而無人欣賞，充滿了時過境遷、物是人非的傷感與哀思。

淳熙丙申至日，予過維揚。夜雪初霽，薺麥彌望。入其城則四顧蕭條，寒水自碧。暮色漸起，戍角悲吟。予懷愴然。感慨今昔，因自度此曲。千岩老人以爲有黍離之悲也[1]。

淮左名都[2]，竹西佳處[3]，解鞍少駐初程。過春風十里[4]，盡薺麥青青。自胡馬、窺江去後，廢池喬木，猶厭言兵。漸黃昏、清角吹寒，都在空城。　杜郎俊賞[5]，算而今、重到須驚。縱豆蔻詞工，青樓夢好[6]，難賦深情。二十四橋仍在[7]，波心蕩、冷月無聲。念橋邊紅藥[8]，年年知爲誰生。

（《姜白石詞箋注》卷一，中華書局2009年版）

【注釋】

[1]千岩老人：南宋詩人蕭德藻，字東夫，自號千岩老人。姜夔曾學詩於他。　[2]淮左名都：淮左，宋時稱淮南東路，其首府設在揚州，故稱。　[3]竹西：亭名，爲揚州名勝古跡之一。杜牧《題揚州禪智寺》："誰知竹西路，歌吹是揚州。"此指揚州。　[4]春風十里：杜牧《贈別》詩："春風十里揚州路，卷上珠簾總不如。"此處借指揚州。　[5]杜郎：即杜牧。杜牧常遊賞揚州，留下許多優美詩句。　[6]豆蔻詞工，青樓夢好：豆蔻，形容少女美豔；青樓，妓院。分別化用杜牧詩《贈別》"娉娉嫋嫋十三餘，豆蔻梢頭二月初"以及《遣懷》"十年一覺揚州夢，贏得青樓薄幸名"。　[7]二十四橋：杜牧《寄揚州韓綽判官》詩："二十四橋明

月夜,玉人何處教吹簫。” [8]紅藥:紅色的芍藥花。

【集評】

(清)先著:“二十四橋仍在,波心蕩、冷月無聲”,是“蕩”字著力。所謂一字得力,通首光彩,非煉字不能然,煉亦未易到。 (《詞潔》卷四,《詞話叢編》,第1359頁)

(清)陳廷焯:“自胡馬、窺江去後,廢池喬木,猶厭言兵。漸黄昏、清角吹寒,都在空城。”數語寫兵燹後情景逼真,“猶厭言兵”四字,包括無限傷亂語,他人累千百言,亦無此韻味。 (《白雨齋詞話》卷二,第29頁)

王國維:白石寫景之作,如“二十四橋仍在,波心蕩,冷月無聲”“數峰清苦,商略黄昏雨”“高樹晚蟬,説西風消息”,雖格韻高絶,然如霧裏看花,終隔一層。

(《人間詞話》,第9頁)

陳匪石:此爲賦體,哀時念亂之感,一以摹寫被兵後景象出之。起處從過揚州説入,曰“名都”,曰“佳處”,爲下之“空城”反襯,極言揚州之名勝,風景應佳,亦“少駐初程”前之揣想,絶不料其“四顧蕭條”,即序中所謂“昔”也。 (《宋詞舉》,第47頁)

俞陛雲:此詞極寫兵後名都荒寒之狀。……凡亂後感懷之作,詞人所恒有,白石之精到處,淒異之音,沁入紙背,復能以浩氣行之,由於天分高而醖釀深也。

(《唐五代兩宋詞選釋》,第401-402頁)

唐圭璋:此首寫維揚亂後景色,悽愴已極。千巖老人(蕭德藻)以爲有《黍離》之悲,信不虚也。至文筆之清剛,情韻之綿邈,亦令人諷誦不厭。 (《唐宋詞簡釋》,第189頁)

長相思·山一程

(清)納蘭性德

【題解】

納蘭性德(1655—1685),原名成德,字容若,號楞伽山人,滿洲正黄旗人。大學士明珠長子。康熙十五年(1676)進士,選授三等侍衛,後遷至一等侍衛,深得康熙隆遇。以寒疾卒,年僅三十一。詩詞皆工,尤擅詞作,其詞真摯自然,風格類李煜,有“李重光後身”之稱。況周頤尊之爲“國初第一詞手”(《蕙風詞話》卷五);王國維更稱其“北宋以來,一人而已”(《人間詞話》)。著有《通志堂集》十八卷,詞集名《飲水詞》。《清史稿》卷四八四有傳。

此詞當作於康熙二十一年(1682),時詞人作爲御前侍衛扈從康熙東巡,至山海關外至東北途中,作此詞。詞以具體的時空推移過程和視覺感受,從關外的特殊環境氣氛中烘托出綿長深苦的思鄉之情。上闋在“山一程,水一程”的長途跋涉中直接抒發了思念家鄉的愁情;下闋以遷怨於物的寫法,側面顯現其愛戀故園的癡心。這一濃重故園情結的背後,透露出作者嚮往寧靜生活、厭倦扈從生涯的狷介品性。

山一程，水一程。身向榆關那畔行[1]，夜深千帳燈[2]。　風一更，雪一更，聒碎鄉心夢不成[3]，故園無此聲。

（《納蘭詞箋注》修訂本卷一，上海古籍出版社2003年版）

【注釋】

[1]榆關：又稱渝關，即山海關，在今河北秦皇島東北。　[2]千帳燈：形容軍營內燈火輝煌。　[3]聒（guō）：聲音嘈雜，使人厭煩。

【集評】

王國維："明月照積雪"，"大江流日夜"，"中天懸明月"，"長河落日圓"，此種境界，可謂千古壯觀。求之於詞，唯納蘭容若塞上之作，如《長相思》之"夜深千帳燈"，《如夢令》之"萬帳穹廬人醉，星影摇摇欲墜"差近之。

（《人間詞話》，第12頁）

般涉調·哨遍·高祖還鄉

（元）睢景臣

【題解】

睢景臣（約1275—約1320），一名舜臣，字嘉賢，後字景賢，江蘇揚州人，後移居杭州。元代鍾嗣成《録鬼簿》將其名列在"方今已亡名公才人，余相知者"之列。還"爲之作傳"。其《傳》云："公元一三〇三年（大德七年），公自維揚來杭州，餘與之識。"又説其"自幼讀書，以水沃面，雙眸紅赤。不能遠視"。然"心性聰明，酷愛音律"。睢景臣與鍾嗣成年輩相當或稍長。又據鍾嗣成爲睢景臣所作"凌波仙"吊詞中有"半生才便作三間些"句推斷，睢景臣大約活了五十歲。所作雜劇《千里投人》《鶯鶯牡丹記》《楚大夫屈原投江》三種，今俱不存。《全元散曲》收其套數三篇，殘曲一，後人輯有《睢景臣詞》。

此套數原載《太平樂府》卷九、《雍熙樂府》卷七。據《史記·高祖本紀》記載，漢高祖十二年（前195），劉邦曾回到故鄉沛縣，召鄉人父老暢飲，酒酣，自爲歌曰："大風起兮雲飛揚，威加海內兮歸故鄉，安得猛士兮守四方！"《高祖還鄉》藉此爲創作背景，通過虛構手法，借鄉民的視角和口吻，對劉邦榮歸故里的歷史事件大加嘲弄。尤其是對迎駕的喧鬧場面、皇帝的儀仗作了繪聲繪色的描述，形象生動，滑稽可笑。而鄉民認清來人後的氣憤和數落，則有力地揭露了劉邦流氓無賴的本來面目。作品構思新穎巧妙，筆調詼諧幽默，在元代散曲中頗具代表性。

社長排門告示[1]，但有的差使無推故[2]，這差使不尋俗[3]。一壁廂納草也根[4]，一邊又要差夫，索應付[5]。又是言車駕，都説是鑾輿[6]，今日還鄉故[7]。王鄉老執定瓦臺盤[8],趙忙郎抱着酒胡蘆[9]。新刷來的頭巾,恰糨來的綢衫[10],暢好是妝幺大戶[11]。

【耍孩兒】瞎王留引定火喬男女[12],胡踢蹬吹笛擂鼓[13]。見一颩人馬到莊門[14],匹頭裹幾面旗舒[15]:一面旗白胡闌套住箇迎霜兔[16],一面旗紅曲連打着箇畢月烏[17]。一面旗雞學舞[18],一面旗狗生雙翅[19],一面旗蛇纏胡蘆[20]。

【五煞】紅漆了叉,銀錚了斧[21],甜瓜苦瓜黃金鍍[22],明晃晃馬鐙鎗尖上挑[23],白雪雪鵝毛扇上鋪[24]。這些箇喬人物[25],拿着些不曾見的器仗,穿着些大作怪的衣服。

【四】轅條上都是馬,套頂上不見驢,黃羅傘柄天生曲[26],車前八箇天曹判[27],車後若干遞送夫。更幾箇多嬌女[28],一般穿着,一樣粧梳。

【三】那大漢下的車,衆人施禮數,那大漢覷得人如無物。衆鄉老展脚舒腰拜,那大漢挪身着手扶[29]。猛可裏抬頭覷[30],覷多時認得,險氣破我胸脯。

【二】你須身姓劉[31],你妻須姓吕,把你兩家兒根脚從頭數[32]:你本身做亭長耽幾盞酒[33],你丈人教村學讀幾卷書。曾在俺莊東住,也曾與我喂牛切草,拽埧扶鋤[34]。

【一】春採了桑,冬借了俺粟,零支了米麥無重數。換田契強秤了麻三秤[35],還酒債偷量了豆幾斛,有甚糊突處[36]。明標着冊曆[37],見放着文書[38]。

【尾】少我的錢差發內旋撥還[39],欠我的粟稅糧中私准除[40]。只道劉三誰肯把你揪捽住[41],白甚麼改了姓更了名喚做漢高祖[42]。

(《全元散曲》,中華書局1964年版)

【注釋】

[1]"社長"句:社長挨家挨戶地通知。社:古時地方的基層單位,元代以五十家爲一社。 [2]無推故:不要藉故推辭。 [3]不尋俗:不尋常,不一般。 [4]"一壁廂"句:一邊要供給馬飼料。一壁廂,一邊。也,襯字,無義。 [5]索應會:要認真對待。索,必須,應該。 [6]鑾輿:帝王乘坐的車駕,此處作皇帝的代稱。 [7]鄉故:即故鄉。 [8]鄉老:鄉村中年長且有地位有影響的頭面人物。 [9]忙郎:一般農民的稱謂。 [10]糨(jiāng)來:漿好,刷洗。用米汗給洗淨的衣服上漿叫"糨"。 [11]"暢好"句:正好充裝有身份的闊佬。暢好是,正是。妝幺(yāo),裝模作樣。 [12]"瞎王留"句:愛出風頭的青年率領一夥裝模作樣的壞傢伙。瞎,猶言壞,胡來。王留,元曲中常用以指好出風頭的農村青年。火,通"夥"。喬男女,壞傢伙,醜東西。 [13]胡踢蹬:胡亂,瞎折騰。踢蹬,語助詞,起強調作用。 [14]一颩(biāo):一隊。周密《癸辛雜識》別集下"一颩"條:"虜中謂一聚馬爲颩,或三百匹,或五百匹。" [15]匹頭裹:迎面,當頭。 [16]"白胡闌"句:指儀仗中的月旗。胡闌,"環"的合音。即圓圈。迎霜兔,玉兔,古代神話謂月中有玉兔搗藥。 [17]"紅麴連"句:指儀仗中的日旗。曲連,"圈"的合音,即紅圈,象日的形狀。畢月烏,古代傳説日中有

三足金烏。後來的星曆家又以七曜(日、月、火、水、木、金、土)及各種鳥獸配二十八宿。 [18]雞學舞,此指舞鳳旗。 [19]狗生雙翅,此指飛虎旗。 [20]蛇纏葫蘆:此指蟠龍戲珠旗。這些旗幟都是鄉下人没有看到過的,只是根據自己的生活經驗。隨意加以解釋的。 [21]銀錚:鍍了銀的錚。 [22]"甜瓜"句:這是説金瓜錘,帝王的儀仗。 [23]"明晃晃"句:這是説朝天鐙,帝王的儀仗。 [24]"白雪雪"句:這是寫鵝朱宫扇。 [25]喬人物:怪人物,裝模作樣的人。 [26]"黄羅傘"句:此指帝王儀仗中的"曲蓋"。曲蓋象傘,柄是曲的。 [27]天曹判:天上的判官。形容威風凜凜、表情呆板的侍從人員。 [28]多嬌女:指美麗的宫娥。 [29]挪身:挪動身軀。 [30]猛可裏:猛然間,忽然間。覷(qù):偷看。上文"覷得人如無物"的"覷",當"斜視"講。 [31]"你身"句:你個人本姓劉。須,本。 [32]根腳:根基,猶今言出身。 [33]亭長:劉邦曾經做過泗上亭長。秦制 。十里爲亭,十亭爲鄉。耽:沉溺,迷戀。 [34]拽垻(jù)扶鋤::泛指平整土地之類的農活。兩牛并耕爲一垻。 [35]麻三秤:麻三十斤。鄉間以十斤爲一秤。 [36]有甚糊突處:有什麽糊塗的地方,意即十分清楚。糊突,糊塗,含混不清。 [37]册曆:帳簿。[38]見(xiàn):通"現"。文書,契約,借條。 [39]差發:官府規定的差役、賦稅等。旋撥還:立刻扣除以作償還。 [40]私准除:暗地裏扣除。 [41]劉三:劉邦,排行第三,故稱。揪捽(zuó):揪住,抓著。 [42]白甚麽:爲甚麽無緣無故地。

【集評】

(元)鍾嗣成:維揚諸公俱作《高祖還鄉》套數,惟公《哨遍》製作新奇,諸公者皆出其下。

(《録鬼簿》卷下,《新校録鬼簿正續編》,第136頁)

鄭振鐸:《高祖還鄉》,確是奇作。他能夠把流氓皇帝劉邦的無賴相,用傍敲側擊的方法曲曲傳出。他使劉邦的榮歸故鄉的故事,從一個村莊人眼裏和心底説出。村莊人心直嘴快,直把這個故使威風的大皇帝,弄得啼笑皆非。這雖是游戲作,卻嬉笑怒駡,皆成文章了。

(《中國俗文學史》第九章,第456頁)

越調·天淨沙·秋思

(元)馬致遠

【題解】

馬致遠,生卒年不詳,號東籬,大都(今北京)人。與關漢卿、白樸、鄭光祖並稱"元曲四大家"。馬致遠早年追求功名,情懷豪壯,但抱負一直未能施展。在大都生活了約二十年,後到杭州,曾任江浙行省務官,晚年退隱,過着"紅塵不問門前惹"的閒適生活。所作雜劇十五種,今僅存七種,今人任訥輯有《東籬樂府》一卷,《全元散曲》收録小令一百一十五首、套數十三套。

馬致遠小令、套數均有題作《秋思》的曲子,且都負盛名。此令曲一向爲人們所擊節讚賞,其成功之處在於音韻的和諧優美與畫面的渾成幽遠,更在於通過特定的語言傳達出主人公迷惘無助而又疲倦的遊子心緒。雖題材不出遊子天涯,但語簡意豐,字字珠璣,意象豐富沉厚,韻味深長,並富於哲理意蘊,被元人周德清譽爲"秋思之祖",是散曲中的名作。

枯藤老樹昏鴉[1],小橋流水人家,古道西風瘦馬。夕陽西下,斷腸人在天涯[2]。

(《全元散曲》,中華書局1964年版)

【注釋】

[1]昏鴉:暮鴉。元盛如梓《庶齋老學叢談》卷中引此曲,前兩句作"瘦藤老樹昏鴉,遠山流水人家"。 [2]斷腸人:指漂泊天涯、極度憂思的遊子。

【集評】

(清)李調元:致遠[越調·天淨沙]云云。數語爲秋思之祖。

(《雨村曲話》,《歷代曲話彙編》,第291頁)

王國維:此元人馬東籬《天淨沙》小令也。寥寥數語,深得唐人絕句妙境。有元一代詞家,皆不能辦此也。(《人間詞話》,第16頁)

王國維:元人小令套數之佳,亦不讓其雜劇。茲各録其最佳者一篇,以示其例,略可以見元人之能事也。小令〔天淨沙〕(無名氏。此詞《庶齋老學叢談》及元刊《樂府新聲》,均不著名氏,《堯山堂外紀》以爲馬致遠撰,朱竹垞《詞綜》仍之,不知何據。)"枯藤老樹昏鴉,小橋流水人家,古道西風瘦馬,夕陽西下,斷腸人在天涯。"……〔天淨沙〕小令,純是天籟,仿佛唐人絕句。馬東籬《秋思》一套,周德清評之以爲萬中無一,明王元美等亦推爲套數中第一,誠定論也。此二體雖與元雜劇無涉,可知元人之于曲,天實縱之,非後世所能望其項背也。(《宋元戲曲史》,第106–108頁)

掛枝兒·泥人

《掛枝兒》

【題解】

以捏泥人來比喻男女間真摯的愛情,相傳始於元人趙孟頫之妻管道升,其《我儂詞》云:"你儂我儂,忒煞情多。情多處,熱如火;把一塊泥,捏一個你,塑一個我。將咱兩個,一齊打破,用水調和,再捏一個你,再塑一個我。我泥中有你,你泥中有我;我與你生同一個衾,死同一個槨。"後經增删修潤,在民間廣爲流傳。馮夢龍輯録的此首《泥人》,乃明人依據流行曲調《掛枝兒》譜寫，語言較爲簡練，但仍保持了真率熾烈、清新自然的藝術風格，成爲明清時期小調歌曲的代表作之一。

泥人兒，好一似咱兩個。捻一個你[1]，塑一個我。看兩下裏如何？將他來揉和了重新做。重捻一個你，重塑一個我。我身上有你也，你身上有了我。

（《掛枝兒》卷二，《明清民歌時調集》，上海古籍出版社1987年版）

【注釋】

[1]捻（niǎn）：用手指搓轉。

【集評】

（明）沈德符：比年以來，又有《打棗竿》《掛枝兒》二曲，其腔調約略相似，則不問南北，不問男女，不問老少良賤，人人習之，亦人人喜聽之，以至刊佈成帙，舉世傳誦，沁人心腑。

（《萬曆野獲編》卷二十五，第647頁）

馮夢龍：此趙承旨贈管夫人語，增添數字，便成絕調。趙云：我泥裏有你，你泥裏有我。此改"身上"二字，可謂青出於藍矣。

（《掛枝兒·泥人》文末評語，《明清民歌時調集》，第66頁）

二十八、古近小説

過江諸人

《世説新語》

【題解】

本篇選自《世説新語·言語第二》。西晉後期,相繼發生了"八王之亂"和北方少數民族入侵中原等事件,北方陷入連年戰亂中,大批士族紛紛南渡。本篇反映了當時南渡的士大夫在國亡家破後的没落情緒。通過對比,將周顗等人的庸懦頽廢和王導的剛毅奮發刻畫得形象生動。

過江諸人[1],每至美日[2],輒相邀新亭[3],藉卉飲宴[4]。周侯中坐而歎曰[5]:"風景不殊[6],正自有山河之異[7]!"皆相視流淚。唯王丞相愀然變色曰[8]:"當共勠力王室[9],克復神州[10],何至作楚囚相對[11]?"

(《世説新語箋疏》卷上之上《言語》第31條,中華書局2007年版)

【注釋】

[1]過江諸人:指從北方南渡到東晉朝廷任職的士族中部分官僚人物,如王導、周顗等人。 [2]美日:天氣美好的日子。 [3]輒相邀句:常常相約到新亭去。輒:常。新亭:亭名,三國吴建。故址在今江蘇省南京市南,東晉時爲朝士遊宴之所。 [4]藉(jiè)卉飲宴:坐在草地上飲酒宴會。藉:襯、墊,這裏指以草爲墊坐臥其上。卉,草的總稱。 [5]周侯:周顗(Yǐ),字伯仁,晉汝南安成(今河南平輿西南人)。周浚長子,少有重名。曾任荊州、兖(Yǎn)州刺史、尚書左僕射。 [6]風景不殊:風景還是那樣。殊:不同。 [7]"正自"句:只是山河有了改變。指被北方民族佔領。正自:只是。 [8]王丞相:王導,字茂弘,臨沂(今山東省臨沂縣)人,東晉政權的奠基人,歷仕晉元帝、晉明帝、晉成帝三代。爲晉元帝丞相。愀(qiǎo)然:臉色改變的樣子。 [9]"當共"句:應當共同爲王室盡力。勠(lù)力:努力,盡力。王室:帝王之家,借指朝廷。 [10]克復神州:恢復中原。神州:戰國鄒(Zōu)衍稱中國爲赤縣神州。此處指中原一帶地方。 [11]"何至"句:何至像囚徒一樣互相對看着流淚啊!楚囚:《左傳·成公九年》記載楚國樂師鍾儀作了晉國的俘虜,仍奏楚聲,不忘南音。晉人稱他爲"楚囚",後世因此用來泛指俘虜、囚犯。這裏比喻過江諸人徒然懷念中原,但悲泣無計。

【集評】

(南宋)劉辰翁:俯仰情至。　　(《世説新語彙校集注》,第82頁)

(明)王世懋:晉人雅尚清談,風流映於後世,而臨川王生長晉末,沐浴浸漑,述爲此書。至今諷習之者,猶能令人舞蹈,若親睹其獻酬。儻在當時,聆樂衛之韶音,承殷劉之潤響,引宫刻羽,貫心入脾,尚書爲之含笑,平子由斯絶倒,不亦宜乎!

(《中國歷代小説序跋集》,第411頁)

(明)胡應麟:劉義慶《世説》十卷。讀其語言,晉人面目氣韻恍忽生動,而簡約玄淡,真致不窮,古今絶唱也。……《世説》以玄韻爲宗,非紀事比。劉知幾謂非實録,不足病也。

(《少室山房筆叢》卷二十九,第378頁)

王子猷居山陰

《世説新語》

【題解】

本篇選自《世説新語·任誕第二十三》。本篇表現了王徽之任性放达的生活態度,這種追求順情適性的行爲,爲當時士大夫所崇尚。寫得情景交融,文字簡練優美。

王子猷居山陰[1],夜大雪,眠覺[2],開室,命酌酒,四望皎然[3]。因起仿偟[4],詠左思《招隱詩》[5],忽憶戴安道[6]。時戴在剡[7],即便夜乘小船就之。經宿方至,造門不前而返[8]。人問其故,王曰:"吾本乘興而來,興盡而返,何必見戴?"

(《世説新語箋疏》卷下之上《任誕》第47條,中華書局2007年版)

【注釋】

[1]王子猷:名徽之,字子猷。王羲之子。曾爲桓溫參軍,後作過黄門侍郎。山陰:縣名,今浙江省紹興市。　[2]覺:醒。　[3]皎然:潔白,這裏形容雪色。　[4]仿偟:通"彷徨",徘徊。　[5]左思:字太沖,西晉臨淄(今山東淄博)人。家世儒學,官秘書郎。作《三都賦》,十年乃成,時人競相傳寫,洛陽爲之紙貴。《招隱詩》:共二首,描寫隱士生活,詩見《昭明文選》。　[6]戴安道:戴逵,字安道,學問廣博,能文,並擅長音樂、書、畫,隱居不仕。　[7]剡(Shàn):縣名,故城在今浙江省嵊縣西南。　[8]"經宿"二句:經過了一夜才到達,王徽之到了戴家門口卻不進去,又返回山陰去了。經宿:經過一夜。造:到,至。

【集評】

(明)王世懋:大是佳境。　　(《世説新語彙校集注》,第635頁)

(明)淩濛初:讀此每令人飄飄欲飛。　　(《世説新語彙校集注》,第635頁)

(明)陳繼儒:予喜賞雪,每戲曰:古今二鈍漢,袁安閉户,子猷返棹,應事避寒,作許題目。
(《岩棲幽事》,《四庫全書存目叢書》子部第118册,第703頁)

鶯鶯傳

(唐)元稹

【題解】

元稹(778—831),字微之,河南河内(今河南洛陽市附近)人。貞元九年(793)十五歲時明經擢第;元和元年(806)举才識兼茂、明於體用科,拜左拾遺。後得罪宦官和權臣,屢遭貶斥,轉而交結宦官,累遷同中書門下平章事。其詩與白居易齊名,世称“元白”,作品收録於《元氏長慶集》。

本篇載於《太平廣記》卷四百八十八《雜傳記》類,題《鶯鶯傳》,下注:“元稹譔”。宋趙德麟《侯鯖録》卷五及曾慥《類説》卷二十八《異聞集》所收録本傳均題作《傳奇》;明人以傳中張生賦《會真詩》,故亦稱作《會真記》。此傳不見於元稹詩文集,然據宋代王銍《傳奇辨正》考證,文中張生爲元稹之自寓,此傳依其親身經歷寫成,後來文人學者也多認同,如劉克莊、胡應麟、瞿佑、魯迅、陳寅恪等。

此傳作於傳奇興盛前期,已完全摒棄神怪情節,而直接反映現實生活,體現出傳奇小説的真正成熟。作品成功塑造了鶯鶯這一性格複雜,内涵豐富,美麗深情,多才多藝,善良而悲怨的女子形象;情節曲折生動,心理描寫細膩,又融入詩歌書信,抒情氣氛濃厚,文備衆體,取得了極好的藝術效果。但對張生始亂終棄的行爲進行辯護,魯迅謂之:“篇末文過飾非,遂墮惡趣。”此篇對後世文學影響巨大,歌詠鶯鶯的詩歌詞曲繁富,説唱和戲曲藝術改編和創演鶯鶯故事的尤多,金代董解元《西廂記諸宫調》和元代王實甫的雜劇《西廂記》將這一文學題材的創作推向更高的藝術水平。

唐貞元中[1],有張生者,性溫茂[2],美風容,内秉堅孤[3],非禮不可入。或朋從遊宴,擾雜其間,他人皆洶洶拳拳[4],若將不及,張生容順而已,終不能亂。以是年二十三,未嘗近女色。知者詰之,謝而言曰:“登徒子非好色者,是有兇行[5]。余真好色者,而適不我值[6]。何以言之?大凡物之尤者[7],未嘗不留連於心,是知其非忘情者也[8]。”詰者識之。無幾何,張生遊于蒲[9]。蒲之東十餘里,有僧舍曰普救寺[10],張生寓焉。適有崔氏孀婦[11],將歸長安,路出於蒲,亦止兹寺。崔氏婦,鄭女也。張出於鄭[12],緒其親,乃異派之從母[13]。是歲,渾瑊薨于蒲[14]。有中人丁文雅[15],不善於軍,軍人因喪而擾,大掠蒲人[16]。崔氏之家,財產甚厚,多奴僕。旅寓惶駭,不知所託。先是張與蒲將之黨有善[17],請吏護之[18],遂不及於難。十餘日,廉使杜確將天子命以總戎節[19],令於軍,軍由是哉[20]。鄭厚張之德甚，因飾饌以命張[21]，中堂宴之。復謂張曰："姨之孤嫠未亡[22]，提携幼稚[23]。不幸屬師徒大潰[24]，寔不保其身。弱子幼女，猶君之生[25]。豈可比常恩哉！今俾以仁兄禮奉見[26]，冀所以報恩也。"命其子，曰歡郎，可十餘歲，容甚溫美。次命女："出拜爾兄，爾兄活爾。"久之辭疾。鄭怒曰："張兄保爾之命。不然，爾且擄矣[27]。能復遠嫌乎？"久之乃至。常服睟容[28]，不加新飾，垂鬟接黛，雙臉銷紅而已[29]。顏色艷異，光輝動人。張驚爲之禮。因坐鄭旁，以鄭之抑而見也[30]，凝睇怨絕[31]，若不勝其體者[32]。問其年紀，鄭曰："今天子甲子歲之七月，終於貞元庚辰[33]，生年十七矣。"張生稍以詞導之，不對。終席而罷。張自是惑之，願致其情，無由得也。崔之婢曰紅娘。生私爲之禮者數四，乘間遂道其衷[34]。婢果驚沮[35]，腆然而奔[36]。張生悔之。翼日[37]，婢復至。張生乃羞而謝之，不復云所求矣。婢因謂張曰："郎之言，所不敢言，亦不敢泄。然而崔之姻族，君所詳也。何不因其德而求娶焉[38]？"張曰："余始自孩提[39]，性不苟合。或時紈綺間居，曾莫流盼[40]。不爲當年[41]，終有所蔽。昨日一席間，幾不自持。數日來，行忘止，食忘飽，恐不能逾旦暮[42]。若因媒氏而娶，納采問名[43]，則三數月間，索我於枯魚之肆矣[44]。爾其謂我何[45]？"婢曰："崔之貞慎自保，雖所尊不可以非語犯之。下人之謀，固難入矣。然而善屬文[46]，往往沈吟章句，怨慕者久之。君試爲喻情詩以亂之。不然則無由也。"張大喜，立綴《春詞》二首以授之[47]。是夕，紅娘復至，持綵牋以授張，曰："崔所命也。"題其篇曰《明月三五夜》。其詞曰："待月西廂下，近風户半開。拂牆花影動，疑是玉人來。"張亦微喻其旨[48]。是夕，歲二月旬有四日矣[49]。崔之東有杏花一株，攀援可踰。既望之夕[50]，張因梯其樹而踰焉。達於西廂，則户半開矣。紅娘寢於牀，生因驚之。紅娘駭曰："郎何以至？"張因紿之曰[51]："崔氏之牋召我也。爾爲我告之。"無幾，紅娘復來，連曰："至矣，至矣！"張生且喜且駭，必謂獲濟。及崔至，則端服嚴容，大數張曰[52]："兄之恩，活我之家，厚矣。是以慈母以弱子幼女見託。奈何因不令之婢[53]，致淫逸之詞。始以護人之亂爲義，而終掠亂以求之[54]。是以亂易亂，其去幾何？誠欲寢其詞[55]，則保人之姦，不義；明之於母，則背人之惠，不祥；將寄於婢僕[56]，又懼不得發其真誠：是用託短章，願自陳啓。猶懼兄之見難[57]，是用鄙靡之詞，以求其必至。非禮之動[58]，能不愧心。特願以禮自持。無及於亂！"言畢，翻然而逝。張自失者久之。復踰而出，於是絕望。數夕，張生臨軒獨寢，忽有人覺之。驚駭而起，則紅娘斂衾携枕而至[59]。撫張曰："至矣，至矣！睡何爲哉！"並枕重衾而去。張生拭目危坐久之[60]，猶疑夢寐。然而修謹以俟[61]。俄而紅娘捧崔氏而至。至則嬌羞融治，力不能運支體[62]，曩時端莊，不復同矣。是夕，旬有八日也。斜月晶瑩，幽輝半牀。張生飄飄然，且疑神仙之徒，不謂從人間至矣。有頃，寺鐘鳴，天將曉。紅娘促去。崔氏嬌啼宛轉,紅娘又捧之而去,終夕無一言。張生辨色而興[63],自疑曰:“豈其夢邪?”及明,覩粧在臂[64],香其衣,淚光熒熒然,猶瑩于茵席而已。是後又十餘日,杳不復知。張生賦《會真詩》三十韻[65],未畢,而紅娘適至。因授之,以貽崔氏。自是復容之[66]。朝隱而出,暮隱而入,同安於曩所謂西廂者,幾一月矣。張生常詰鄭氏之情。則曰:“我不可奈何矣。”因欲就成之。無何[67],張生將之長安[68],先以情諭之[69]。崔氏宛無難詞[70],然而愁怨之容動人矣。將行之再夕[71],不可復見,而張生遂西下[72]。

數月,復游于蒲,會于崔氏者又累月[73]。崔氏甚工刀札[74],善屬文。求索再三,終不可見。往往張生自以文挑[75],亦不甚覩覽。大畧崔之出人者[76],藝必窮極,而貌若不知;言則敏辯,而寡於酬對[77]。待張之意甚厚,然未嘗以詞繼之[78]。時愁豔幽邃[79],恒若不識,喜慍[80]之容,亦罕形見。異時獨夜操琴[81],愁弄悽惻,張竊聽之。求之,則終不復鼓矣。以是愈惑之。張生俄以文調及期[82],又當西去。當去之夕,不復自言其情[83],愁歎于崔氏之側。崔已陰知將訣矣[84],恭貌怡聲,徐謂張曰:“始亂之,終棄之,固其宜矣。愚不敢恨[85]。必也君亂之,君終之,君之惠也。則歿身之誓,其有終矣。又何必深感於此行?然而君既不懌[86],無以奉寧[87]。君常謂我善鼓琴,向時羞顔,所不能及。今且往矣,既君此誠[88]。”因命拂琴,鼓《霓裳羽衣》序[89],不數聲,哀音怨亂,不復知其是曲也。左右皆歔欷[90],崔亦遽止之[91],投琴,泣下流連,趨歸鄭所,遂不復至。明旦而張行。

明年[92],文戰不勝[93],張遂止於京。因貽書于崔,以廣其意[94]。崔氏緘報之詞,粗載於此,曰:“捧覽來問,撫愛過深。兒女之情,悲喜交集,兼惠花勝一合[95],口脂五寸,致耀首膏唇之飾[96]。雖荷殊恩,誰復爲容[97]?睹物增懷[98],但積悲歎耳。伏承使於京中就業[99],進修之道,固在便安[100]。但恨僻陋之人,永以遐棄[101]。命也如此,知復何言!自去秋已來,常忽忽如有所失。於諠譁之下,或勉爲語笑,閒宵自處,無不淚零。乃至夢寐之間,亦多感咽。離憂之思。綢繆繾綣,暫若尋常[102]。幽會未終,驚魂已斷。雖半衾如暖,而思之甚遙。一昨拜辭,倏逾舊歲[103]。長安行樂之地,觸緒牽情[104]。何幸不忘幽微,眷念無斁[105]。鄙薄之志,無以奉酬。至於終始之盟,則固不忒[106]。鄙昔中表相因或同宴處[107]。婢僕見誘,遂致私誠。兒女之心,不能自固。君子有援琴之挑[108],鄙人無投梭之拒[109]。及薦寢席,義盛意深。愚陋之情,永謂終託。豈期既見君子,而不能定情[110]。致有自獻之羞,不復明侍巾幘[111]。没身永恨,含歎何言!倘仁人用心,俯遂幽眇[112],雖死之日,猶生之年。如或達士略情[113],舍小從大,以先配爲醜行,以要盟爲可欺[114]。則當骨化形銷,丹誠不泯[115],因風委露,猶託清塵[116]。存没之誠[117],言盡於此。臨紙嗚咽,情不能申。千萬珍重,珍重千萬!玉環一枚,是兒嬰年所弄,寄充君子下體所佩[118]。玉取其堅潤不渝,環取其終始不絕。兼亂絲一絇[119]，文竹茶碾子一枚[120]。此數物不足見珍。意者欲君子如玉之真[121]，弊志如環不解[122]。淚痕在竹[123]，愁緒縈絲。因物達情，永以爲好耳。心邇身遐[124]，拜會無期。幽憤所鍾，千里神合。千萬珍重！春風多厲，強飯爲嘉[125]。慎言自保，無以鄙爲深念。"張生發其書於所知，由是時人多聞之。所善楊巨源好屬詞[126]，因爲賦《崔娘》詩一絕云："清潤潘郎玉不如[127]，中庭蕙草雪銷初[128]。風流才子多春思，腸斷蕭娘一紙書[129]。"河南元稹亦續生《會真詩》三十韻，詩曰："微月透簾櫳[130]，螢光度碧空。遙天初縹緲[131]，低樹漸葱朧[132]。龍吹過庭竹[133]，鸞歌拂井桐[134]。羅綃垂薄霧[135]，環佩響輕風[136]。絳節隨金母[137]，雲心捧玉童[138]。更深人悄悄，晨會雨濛濛。珠瑩光文履[139]，花明隱繡龍[140]。瑤釵行綵鳳[141]，羅帔掩丹虹[142]。言自瑤華浦[143]，將朝碧玉宫。因遊洛城北[144]，偶向宋家東[145]。戲調初微拒，柔情已暗通。低鬟蟬影動[146]，回步玉塵蒙。轉面流花雪，登牀抱綺叢。鴛鴦交頸舞，翡翠合歡籠[147]。眉黛羞偏聚，唇朱暖更融。氣清蘭蕊馥，膚潤玉肌豐。無力慵移腕[148]，多嬌愛斂躬[149]。汗流珠點點，髮亂綠葱葱。方喜千年會，俄聞五夜窮[150]。留連時有恨，繾綣意難終。慢臉含愁態[151]，芳詞誓素衷[152]。贈環明運合[153]，留結表心同[154]。啼粉流宵鏡，殘燈遠暗蟲[155]。華光猶苒苒[156]，旭日漸曈曈[157]。乘鶩還歸洛[158]，吹簫亦上嵩[159]。衣香猶染麝[160]，枕膩尚殘紅[161]。冪冪臨塘草[162]，飄飄思渚蓬[163]。素琴鳴怨鶴[164]，清漢望歸鴻[165]。海闊誠難渡，天高不易沖。行雲無處所[166]，簫史在樓中[167]。"張之友聞之者，莫不聳異之，然而張志亦絕矣。稹特與張厚，因徵其詞。張曰："大凡天之所命尤物也[168]，不妖其身，必妖於人。使崔氏子遇合富貴，乘寵嬌，不爲雲，不爲雨，爲蛟爲螭[169]，吾不知其所變化矣。昔殷之辛[170]，周之幽[171]，據百萬之國[172]，其勢甚厚。然而一女子敗之，潰其衆，屠其身，至今爲天下僇笑[173]。予之德不足以勝妖孽，是用忍情。"於時坐者皆爲深歎。

後歲馀，崔已委身於人，張亦有所娶。適經所居，乃因其夫言于崔[174]，求以外兄見[175]。夫語之，而崔終不爲出。張怨念之誠，動於顔色。崔知之，潛賦一章，詞曰："自從消瘦減容光，萬轉千回懶下牀。不爲旁人羞不起，爲郎憔悴卻羞郎。"竟不之見。後數日，張生將行，又賦一章以謝絕云："棄置今何道，當時且自親[176]。還將舊時意，憐取眼前人[177]。"自是，絕不復知矣。時人多許張爲善補過者。予常於朋會之中，往往及此意者[178]，夫使知者不爲，爲之者不惑[179]。貞元歲九月[180]，執事李公垂宿于予靖安里第[181]，語及於是。公垂卓然稱異[182]，遂爲《鶯鶯歌》以傳之。崔氏小名鶯鶯，公垂以命篇[183]。

（《太平廣記》卷四百八十八，中華書局1961年版）

【注釋】

[1]貞元:唐德宗李適年號(785—805)。 [2]溫茂:溫厚樸實。 [3]內秉堅孤:性格很堅定,脾氣孤高。內秉:秉性。 [4]拳拳:借手指握成拳頭來形容對於事物的牢固持守,不能舍去的樣子,這裏指對於遊宴的熱衷。 [5]"登徒子"二句:宋玉《登徒子好色賦》説登徒子之妻醜陋,而登徒子喜歡她,與之生子五人,宋玉認爲從此足見登徒子之好色。後來人們以"登徒子"爲好色之徒的代稱。但此處張生説的意思是,登徒子不擇美醜,根本不能叫作"好色",而只是一種淫行而已。"兇行"猶"淫行"。 [6]值:遇,碰到。 [7]物之尤者:人物中最特出的。尤物,通常指特别美丽的女子。 [8]"未嘗"二句:意思是平時我在心上並非不留意那些特别出色的美女,从這可説我不是一個無情之人。 [9]蒲:蒲州,北周置。唐改爲河中府,府治在今山西省永濟縣西,是唐代都城長安和東京洛陽之間的交通要道,當時很繁盛。 [10]普救寺:唐代蒲州著名的佛寺。 [11]孀婦:寡婦。 [12]張出於鄭:張生的母親姓鄭。 [13]"緒其親"二句:按上文説鶯鶯的母親是鄭家的女兒,而張生的母親也姓鄭,攀起親來,崔老夫人是張生的姨母(從母)。異派:不是嫡親的。[14]渾瑊(Jiān)薨于蒲:渾瑊(736—799),鐵勒族人,早年從李光弼、郭子儀討平安祿山、史思明的叛亂,又一再打敗吐蕃的入侵。 [15]中人:宦官。丁文雅:當時監渾瑊軍的宦官。 [16]大掠蒲人:中唐以來,唐皇朝中央力量薄弱,藩鎮跋扈,軍士驕横,常有劫掠居民的事。 [17]張與浦將之黨有善:張生和蒲州將校的朋友熟識。蒲將:指原來渾瑊部下的將校。 [18]請吏護之:請求蒲州渾瑊軍府中的官吏來保護崔家。 [19]"廉使杜確"句:繼渾瑊之後,杜確任觀察使,奉皇帝的命令來主持軍務。廉使:觀察處置使的省稱。 [20]戢:收斂。 [21]因飾饌以命張:準備酒菜款待張生。 [22]孤嫠(lí)未亡:守寡。未亡:即未死的人,古時寡婦的自稱。孤嫠未亡:統指寡婦。 [23]提攜幼稚:帶着幼小的孩子。 [24]不幸屬師徒大潰:不幸遇到軍隊混亂。屬:適值,正逢。師徒:指軍隊。 [25]猶君之生:幼子弱女就像是您給了他們生命。猶:像。 [26]俾:使。 [27]爾且擄矣:你(鶯鶯)已經被亂軍擄走了。 [28]常服睟容:穿着平常的衣服,面色光潤。睟:光潤。 [29] 不加新飾,垂鬟接黛,雙臉銷紅而已:没有重新梳妝修飾,只是雙鬟下垂接近黛眉,雙頰緋紅而已。銷紅:散紅。 [30]以鄭之抑而見也:因爲鄭氏強迫她出來相見。 [31]凝睇怨絕:眼中含着怨氣凝視。 [32]若不勝其體:身體嬌弱得好像坐不住似的,極言嬌柔的樣子。 [33]"今天子甲子歲"二句:指唐德宗興元元年甲子(784)至貞元十六年庚辰(800)。 [34]乘間:找到一個空隙。衷:心事,衷情。 [35]驚沮:駭呆了。 [36]腆(tiǎn)然:害羞地。 [37]翼日:通"翌"日,明天。 [38]因其德:憑藉着她們(指崔氏)對您的感激。德:恩德。 [39]孩提:還需要抱着的孩子。孩:小兒。提:抱。[40]紈綺間居,曾莫流盼:夾雜在婦女中間,也不曾偷看過(她們)一眼。紈綺:借作婦女的代稱。 [41]不爲:不謂。當年:壯年。 [42]恐不能逾旦暮:恐怕過不了幾個早晚了,意思説就要死了。 [43]納采問名:我國封建時代訂婚的步驟,有納采、問名、納吉、納徵、請期等五個步驟,以後才是舉行婚儀。 [44]索我於枯魚之肆:等到那個時候早已死了,比喻遠水救不得近火之意,典出《庄子》《外物》篇。 [45]爾其謂我何:你告訴我該怎麼辦呢?其:表疑问。 [46]屬(zhǔ)文:寫文章。 [47]《春詞》二首:《全唐詩》收元稹《古豔

詩》兩首，注云："一作《春詞》。" [48]微喻：默會，隱然體會到。旨：旨意。這裏指詩的含義。 [49]歲二月旬有四日：當年(即指貞元十六年庚辰)二月十四日。 [50]望：陰曆每月十五或十六，月圓，叫"望"。 [51]紿(dài)之：謊騙。 [52]數：數落，列舉事理，加以責備。 [53]不令：不懂事，不聽話。 [54]掠亂：趁火打劫。 [55]寢其詞：不説破，隱瞞。其詞：指張生的《春詞》。 [56]寄於婢僕：托婢僕轉告。寄：托。 [57]見難：爲難。見：敬詞，如"見笑"。 [58]非禮之動：封建禮教禁止男女之間的來往，鶯鶯寫詩騙張生進來以便進行責備，也是一種"非禮之動"。 [59]斂衾：拿着疊好的被子。 [60]危坐：一本正經地端坐着。 [61]修謹以俟：打扮整潔後恭敬地等待。 [62]支：通"肢體"。[63]辨色而興：天濛濛亮的時候就起來了。辨色：指天色朦朧可辨。興：這裏指起床。[64]粧：指脂粉。 [65]《會真詩》三十韻：即後文元稹所賦詩。 [66]自是復容之：從此又容納了張生。 [67]無何：没有多久。 [68]之：去。 [69]先以情諭之：先用感情來勸導她。 [70]宛無難詞：表面上没有一句不樂意的話。宛：形容顯然可見的情狀。 [71]將行之再夕：動身的前兩天晚上。 [72]西下：長安在蒲州的西面稍南，所以自蒲州去長安稱"西下"。 [73]累月：幾個月。 [74]刀札：古代記文字於木簡上，寫錯了，用刀削去。札：書札，這裏指散文、書簡之類。下一句"善屬文"的文指韻文(詩、賦)。 [75]"往往"句：張生經常寫文作詩去挑逗她。 [76]出人：示人，拿出來給人看。 [77]"藝必窮極"四句：崔鶯鶯才能很高，外表上卻很難看出來，很會説話却很少與人談論。 [78]未嘗以詞繼之：未曾以文詞和張生酬和。 [79]幽邃(suì)：默靜深沉。 [80]慍(yùn)：不高興。 [81]異時：過些時候。 [82]文調及期：到了科舉考試的時候了。文調：這裏指科舉考試。 [83]不復自言其情：不再像上次别離那樣"以情諭之"，表示準備遺棄鶯鶯了。 [84]陰知將訣矣：暗地知道將訣别了。 [85]愚：鶯鶯自稱。 [86]不懌(yì)：不愉快，不高興。 [87]無以奉寧：没有什麼可以安慰你。奉寧：奉勸：安慰。 [88]既君此誠：滿足你的願望。既：成全。 [89]《霓裳羽衣》序：唐代著名樂舞《霓裳羽衣曲》的序曲。此舞曲乃玄宗率梨園弟子所制。 [90]歔欷(xūxī)：低聲飲泣。 [91]遽：急促。[92]明年：這里指貞元十七年。 [93]文戰不勝：意即没有考中，文戰指科举考试。 [94]以廣其意：讓她把事情想開一些。 [95]花勝：亦作"華勝"。古代女子作首飾的假花。[96]糴首：指花勝。膏唇：指口脂(唇膏)。 [97]雖荷殊恩，誰復爲容：雖然蒙你的厚賜，但(你不在，我)還爲誰去妝飾呢！ [98]懷：懷想。 [99]伏承使於京中就業：從來信知道你是在京中溫習課業。伏承：謙詞，即"敬從來信藉知……"。 [100]便安：便利，安穩。便、安：安静，安好。 [101]永以遐棄：永遠被遠遠地拋棄。 [102]綢繆(móu)繾綣(quǎn)，暫若尋常：纏綿恩愛，當時(指夢中相遇)還和平常一樣。 [103]倏(shū)：忽然。 [104]觸緒牽情：隨處都能牽絆人的感情。 [105]眷念無斁(yì)：時刻想念。斁：厭棄。 [106]不忒：不變。 [107]鄙：鶯鶯自稱。中表相因：有表親關係。宴處：宴會。[108]援琴之挑：這裏用以比喻張生對鶯鶯挑引。 [109]投梭之拒：晉代謝鯤向鄰家高氏女調情，高女拒絕了他，並用織機上的梭子投擲謝鯤，打掉了他兩個牙齒。比喻女子抗拒男子的挑逗引诱。 [110]不能定情：指不能確定婚約。 [111]侍巾幘：服侍男子梳頭戴巾，比喻成爲男子的妻子。 [112]俯遂幽眇：俯就我的願望。幽眇：鶯鶯自稱的謙詞。

[113]略情:開朗,想得開。 [114]要盟:在要脅之下訂立的盟約。 [115]泯(mǐn):滅。 [116]清塵:對人的敬稱。塵:指人腳下的塵土,這裏指還要在你身邊。 [117]存没:生死。 [118]下體所佩:古人佩玉,用絲繩垂在腰帶下,故称"下體所佩。" [119]絇(qú):縷,唐代量原絲的單位。 [120]文竹:有斑點的竹子,即所謂"湘妃竹"。茶碾子:碾茶葉的用具。 [121]真:通"貞",堅貞。 [122]弊:通"敝",鶯鶯自稱的謙詞。 [123]淚痕在竹:即上文的湘妃竹。 [124]心邇身遐:心近身遠。 [125]强(qiǎng)飯:勉力加餐。 [126]楊巨源:字景山,蒲州人,貞元五年(789)進士及第,有詩名,與元稹、白居易、張籍友善。 [127]清潤潘郎玉:指晉潘岳、衛玠,都是著名的美男子。 [128]蕙草:古代常用蕙草來比喻美人,這句以"中庭蕙草"喻深處閨中的鶯鶯。雪銷初:仲春時節,即崔、張相遇的時候。 [129]蕭娘:唐代男子常稱自己所愛女子爲蕭娘,猶稱男子爲蕭郎。 [130]簾櫳:簾上空隙透光處。 [131]遙天初縹緲:遠處的天色迷蒙可辨,這句形容黄昏微月的天色。 [132]"低樹"句:形容低樹林子在春天月夜的景象。 [133]龍吹過庭竹:風吹過庭院裏的竹子,發出像笛子般的低吟。龍吹:形容笛韻。 [134]鶯歌:這裏指鳥鳴。 [135]羅銷垂薄霧:形容在月夜遙見衣裙。 [136]環:玉環。 [137]絳節:傳説中仙人的儀仗。隨金母:我國古代以五行(木、火、金、水、土)配五方。西方屬金,故稱西王母爲金母。 [138]雲心捧玉童:這裏借用其字畫,以喻鶯鶯的稚年玉貌。玉童:傳説中道家的少年神仙。雲心:雲彩中間。 [139]文履:繡花鞋子。 [140]隱:花紋從布帛中透出。龍,應作"襱",褲子。 [141]瑤釵行綵鳳:玉釵上雕飾的彩鳳,緩緩地行近。瑤:一種美玉。 [142]羅帔(pèi)掩丹虹:披肩好像掩在身上的一片虹彩。丹虹:帔上的織繡。 [143]言自瑤華浦:説是從瑤華浦來。瑤華浦和下句的"碧玉宫"都是仙人居住的地方。 [144]因遊洛城北:暗用曹植《洛神賦》的典故,這裏比鶯鶯爲洛神。 [145]宋家東:借用宋玉《登徒子好色賦》的典故,暗指鶯鶯來赴幽會。 [146]蟬影:形容髮髻像蟬翼一樣輕巧美麗。 [147]翡翠合歡:鳥名。 [148]慵(yōng):這裏形容困倦的樣子。 [149]斂躬:身體拳曲。 [150]窮:盡。 [151]慢臉:懶洋洋的神色。 [152]素衷:真心,本意。 [153]贈環明運合:古人以"環"諧音"還",故以贈別,取必定回來的吉兆。 [154]留結表心同:張生留贈給鶯鶯一枚"同心結",表示同心相愛。 [155]殘燈遠暗蟲:天快亮了,本來飛繞着殘燈的那些蟲子,都漸漸遠去。暗蟲:形容飛蟲迷蒙,看不清楚的樣子。 [156]華光:燭光。苒苒:形容燭輝搖曳的樣子。 [157]曈(tóng)曈:太陽初升,漸漸光亮的樣子。 [158]乘鶩(wù)還歸洛:借用洛神的歸去比喻鶯鶯離開張生。鶩:水鳥名。 [159] 吹簫亦上嵩:化用劉向《列仙傳》中王子晉的故事,比喻張生赴長安應試。 [160]麝:麝香,取麝臍中的分泌物製成的貴重香料。 [161]殘紅:指鶯鶯留下的胭脂痕跡。 [162]冪(mì)冪:草濃密的樣子。 [163]飄飄思渚蓬:以途中所見水邊蓬草的飄轉不定,形容張生的流轉四方。渚蓬:洲上的蓬草。 [164]怨鶴:指《別鶴操》,一種聲調悽怨,表現離情別緒的古琴曲調。 [165]清漢望歸鴻:以清漢比喻鶯鶯爲漢水邊的神女。清漢:銀河。歸鴻:比喻來信。 [166]行雲無處所:用宋玉《高唐賦》中的典故比喻鶯鶯前途難定。 [167] 蕭史在樓中:暗喻鶯鶯已經嫁人了,只有張生一人獨處而已。 [168]天之所命尤物:上天對特出的美人所作的安排。 [169]蛟、螭(chī):一傳説中像龍而無角

的靈物。 [170]殷之辛：指的是殷紂王。 [171]周之幽：西周的末代君王周幽王。 [172]百萬之國：大國。百萬：指人口。 [173]僇(lù)笑：恥笑。僇：辱。 [174]因其夫：通過鶯鶯的丈夫。 [175]外兄：表兄。 [176]"棄置"二句：棄置：指張生棄己。自親：指當時鶯鶯自己對張生的依戀。 [177]憐：愛。眼前人：指張生別娶的妻子。 [178]往往及此意者：往往談及張生遺棄鶯鶯這個所謂道理。 [179]"夫使知者不爲"二句：使知道這個故事的人，不要再做張生那樣的事；已經做過的，也不要迷惑於美色。 [180]貞元歲九月：貞元年間九月。 [181] 執事：對朋友的尊稱。李公垂：李紳，無錫人，中唐詩人，與元稹、白居易友善，時相唱和，曾任尚書右僕射、門下侍郎等職。靖安里：在唐代長安城的中部。 [182] 卓然：驚貌。 [183] 命篇：李紳以女主人公崔鶯鶯的名字作爲篇章的題目即《鶯鶯歌》。命：命題。

【集評】

(南宋)王銍《〈傳奇〉辨證》：所謂《傳奇》者，蓋微之自敍，特假他姓以自避耳。

(《侯鯖録》卷五，第126頁)

(南宋)劉克莊：鶯鶯事雖元稹自敍，猶借張生爲名。(《後村詩話》前集卷一，第12頁)

(明)胡應麟：王性之《鶯鶯傳跋》……余每爲之擊節。今去唐千餘載，而微之事一經考訂，萬口同然。 (《少室山房筆叢·華陽博議下》，第533頁)

魯迅：元稹以張生自寓，述其親歷之境。雖文章尚非上乘，而時有情致，固亦可观，惟篇末文過飾非，遂墮惡趣。 (《中國小説史略》，《魯迅全集》卷九，第86頁)

陳寅恪：《鶯鶯傳》爲微之自敍之作，其所謂張生即元微之化名，此固無可疑。

(《元白詩箋證稿》，《陳寅恪集》，第112頁)

李 娃 傳

(唐)白行簡

【題解】

白行簡(776—826)，字知退，先世太原(今山西太原)人，後徙華州下邽(今陕西渭南東北)，詩人白居易之弟。元和二年(807)登進士第，歷官左拾遺、司門外郎、主客郎中。著文集二十卷，已佚。以傳奇著稱，代表作爲《李娃傳》，另有《三夢記》一篇。

《李娃傳》見《太平廣記》卷四百八十四，篇末注："出《異聞集》"。有人認爲此篇與唐代民間《一枝花》的説話故事有密切關係，或從其修改加工而來。小说敘述了滎陽巨族公子與長安倡女李娃之間突破了門閥觀念的曲折动人的愛情故事，是唐傳奇中的傑出之作。構思巧妙而嚴密，情節新奇精彩；人物塑造個性鮮明，尤其是写出了李娃性格的複雜性和流動性，形象十分豐滿。他如生活场景富於变化，对比强烈，又刻畫細膩，描写真切，語言生動形象，使之成爲唐傳奇中可讀性與藝術性最强的作品。《李娃傳》的故事一直以來廣爲流傳,對後世小説和戲劇影響甚大,如元代石君寶的雜劇《李亞仙花酒曲江池》和明代薛近兖《繡襦記》傳奇均取材於此。

汧國夫人李娃[1],長安之倡女也。節行瓌奇[2],有足稱者,故監察御史白行簡爲傳述。

天寶中[3],有常州刺史滎陽公者[4],畧其名氏,不書。時望甚崇,家徒甚殷。知命之年[5],有一子,始弱冠矣[6],雋朗有詞藻[7],迥然不羣,深爲時輩推伏[8]。其父愛而器之,曰:"此吾家千里駒也。"應鄉賦秀才舉[9],將行,乃盛其服玩車馬之飾[10],計其京師薪儲之費[11]。謂之曰:"吾觀爾之才,當一戰而霸[12]。今備二載之用,且豐爾之給[13],將爲其志也。"生亦自負,視上第如指掌[14]。自毘陵發[15],月餘抵長安,居于布政里。

嘗遊東市還,自平康東門入[16],將訪友于西南。至鳴珂曲,見一宅,門庭不甚廣,而室宇嚴邃[17]。闔一扉,有娃方凭一雙鬟青衣立,妖姿要妙[18],絕代未有。生忽見之,不覺停驂久之[19],徘徊不能去。乃詐墜鞭于地,候其從者,勑取之[20]。累眄於娃[21],娃回眸凝睇,情甚相慕。竟不敢措辭而去。

生自爾意若有失,乃密徵其友遊長安之熟者以訊之。友曰:"此狹邪女李氏宅也[22]。"曰:"娃可求乎?"對曰:"李氏頗贍[23]。前與通之者[24],多貴戚豪族,所得甚廣。非累百萬,不能動其志也。"生曰:"苟患其不諧[25],雖百萬,何惜。"

他日,乃潔其衣服,盛賓從而往[26]。扣其門,俄有侍兒啓扃。生曰:"此誰之第耶。"侍兒不答,馳走大呼曰:"前時遺策郎也[27]!"娃大悦曰:"爾姑止之[28]。吾當整粧易服而出。"生聞之,私喜。乃引至蕭牆間[29],見一姥垂白上僂[30],即娃母也。生跪拜前致詞曰:"聞茲地有隙院[31],願稅以居[32],信乎[33]?"姥曰:"懼其淺陋湫隘[34],不足以辱長者所處,安敢言直耶[35]。"延生于遲賓之館[36],館宇甚麗。與生偶坐[37],因曰:"某有女嬌小,技藝薄劣,欣見賓客,願將見之。"乃命娃出。明眸皓腕,舉步豔冶。生遽驚起,莫敢仰視。與之拜畢,敘寒燠[38],觸類妍媚[39],目所未覩[40]。復坐,烹茶斟酒,器用甚潔。

久之日暮,鼓聲四動[41]。姥訪其居遠近。生紿之曰[42]:"在延平門外數里[43]。"冀其遠而見留也。姥曰:"鼓已發矣,當速歸,無犯禁。"生曰:"幸接歡笑,不知日之云夕。道里遼闊,城内又無親戚。將若之何?"娃曰:"不見責僻陋,方將居之[44],宿何害焉。"生數目姥,姥曰:"唯唯。"生乃召其家僮,持雙縑[45],請以備一宵之饌。娃笑而止之曰:"賓主之儀,且不然也[46]。今夕之費,願以貧窶之家[47],隨其粗糲以進之。其餘以俟他辰[48]。"固辭,終不許。

俄徙坐西堂,帷幙簾榻,焕然奪目;粧奩衾枕,亦皆侈麗。乃張燭進饌,品味甚盛。徹饌[49],姥起。生娃談話方切,詼諧調笑,無所不至。生曰:"前偶過卿門，遇卿適在屏間。厥後心常勤念[50]，雖寢與食，未嘗或捨。”娃答曰：“我心亦如之。”生曰：“今之來，非直求居而已[51]，願償平生之志。但未知命也若何？”言未終，姥至，詢其故，具以告。姥笑曰：“男女之際，大欲焉存[52]。情苟相得，雖父母之命，不能制也。女子固陋，曷足以薦君子之枕席[53]？”生遂下階，拜而謝之曰：“願以己爲廝養[54]。”姥遂目之爲郎[55]，飲酣而散。

及旦，盡徙其囊橐[56]，因家于李之第。自是生屏跡戢身[57]，不復與親知相聞。日會倡優儕類[58]，狎戲遊宴。囊中盡空，乃鬻駿乘及其家童[59]。歲餘，資財僕馬蕩然。邇來姥意漸怠，娃情彌篤[60]。

他日，娃謂生曰：“與郎相知一年，尚無孕嗣。常聞竹林神者，報應如響[61]，將致薦酹求之[62]，可乎？”生不知其計，大喜。乃質衣於肆[63]，以備牢醴[64]，與娃同謁祠宇而禱祝焉，信宿而返[65]。策驢而後，至里北門，娃謂生曰：“此東轉小曲中[66]，某之姨宅也。將憩而覲之，可乎？”生如其言。前行不踰百步，果見一車門[67]。窺其際[68]，甚弘敞。其青衣自車後止之曰[69]：“至矣。”生下，適有一人出訪曰：“誰？”曰：“李娃也。”乃入告。俄有一嫗至，年可四十餘，與生相迎曰：“吾甥來否？”娃下車，嫗逆訪之曰[70]：“何久踈絕[71]？”相視而笑。娃引生拜之。既見，遂偕入西戟門偏院[72]。中有山亭，竹樹葱蒨[73]，池榭幽絕。生謂娃曰：“此姨之私第耶？”笑而不答，以他語對。俄獻茶果，甚珍奇。食頃[74]，有一人控大宛[75]，汗流馳至曰：“姥遇暴疾頗甚，殆不識人[76]。宜速歸。”娃謂姨曰：“方寸亂矣[77]！某騎而前去，當令返乘，便與郎偕來。”生擬隨之。其姨與侍兒偶語，以手揮之，令生止于户外，曰：“姥且歿矣。當與某議喪事，以濟其急，奈何遽相隨而去？”乃止，共計其凶儀齋祭之用。日晚，乘不至。姨言曰：“無復命何也？郎驟往覘之[78]，某當繼至。”生遂往，至舊宅，門扃鑰甚密[79]，以泥緘之[80]。生大駭，詰其隣人。鄰人曰：“李本稅此而居，約已周矣[81]。第主自收。姥徙居而且再宿矣[82]。”徵徙何處[83]，曰：“不詳其所。”生將馳赴宣陽，以詰其姨，日已晚矣，計程不能達。乃弛其裝服[84]，質饌而食，賃榻而寢。生恚怒方甚，自昏達旦，目不交睫。質明[85]，乃策蹇而去[86]。既至，連扣其扉，食頃無人應。生大呼數四，有宦者徐出，生遽訪之：“姨氏在乎？”曰：“無之。”生曰：“昨暮在此，何故匿之？”訪其誰氏之第。曰：“此崔尚書宅。昨者有一人稅此院，云遲中表之遠至者[87]。未暮去矣。”

生惶惑發狂，罔知所措，因返訪布政舊邸。邸主哀而進膳[88]。生怨懣，絕食三日，遘疾甚篤[89]，旬餘愈甚。邸主懼其不起，徙之於凶肆之中[90]。綿綴移時[91]，合肆之人共傷歎而互飼之。後稍愈，杖而能起。由是凶肆日假之[92]，令執繐帷[93]，獲其直以自給。累月，漸復壯，每聽其哀歌，自歎不及逝者，輒嗚咽流涕，不能自止。歸則効之。生聰敏者也。無何，曲盡其妙，雖長安無有倫比。

初,二肆之傭凶器者[94],互爭勝負。其東肆車轝皆奇麗[95],殆不敵,唯哀挽劣焉[96]。其東肆長知生妙絕[97],乃醵錢二萬索顧焉[98]。其黨耆舊[99],共較其所能者,陰教生新聲,而相贊和。累旬,人莫知之。其二肆長相謂曰:“我欲各閱所傭之器於天門街[100],以較優劣。不勝者,罰直五萬,以備酒饌之用,可乎?”二肆許諾。乃邀立符契[101],署以保證,然後閱之。士女大和會[102],聚至數萬。於是里胥告于賊曹[103],賊曹聞于京尹[104]。四方之士,盡赴趨焉,巷無居人。

自旦閱之,及亭午[105],歷舉輦轝威儀之具,西肆皆不勝,師有慙色[106]。乃置層榻於南隅[107],有長髯者,擁鐸而進[108],翊衛數人[109]。於是奮髯揚眉,扼腕頓顙而登[110],乃歌《白馬》之詞[111];恃其夙勝[112],顧眄左右,旁若無人。齊聲讚揚之;自以爲獨步一時,不可得而屈也。有頃,東肆長於北隅上設連榻,有烏巾少年,左右五六人,秉翣而至[113],即生也。整衣服,俯仰甚徐,申喉發調,容若不勝[114]。乃歌《薤露》之章[115],舉聲清越,響振林木。曲度未終,聞者歔欷掩泣[116]。西肆長爲衆所誚[117],益慙耻,密置所輸之直于前,乃潛遁焉。四座愕眙[118],莫之測也。

先是天子方下詔,俾外方之牧[119],歲一至闕下[120],謂之“入計”。時也,適遇生之父在京師,與同列者易服章[121],竊往觀焉。有老豎[122],即生乳母壻也[123],見生之舉措辭氣,將認之而未敢,乃泫然流涕。生父驚而詰之。因告曰:“歌者之貌,酷似郎之亡子。”父曰:“吾子以多財爲盜所害,奚至是耶?”言訖,亦泣。及歸,豎間馳往[124],訪於同黨曰:“向歌者誰?若斯之妙歟?”皆曰:“某氏之子。”徵其名,且易之矣。豎凜然大驚;徐往,迫而察之。生見豎,色動回翔[125],將匿于衆中。豎遂持其袂曰:“豈非某乎?”相持而泣。遂載以歸。至其室,父責曰:“志行若此,污辱吾門!何施面目,復相見也?”乃徒行出,至曲江西杏園東[126],去其衣服,以馬鞭鞭之數百。生不勝其苦而斃。父棄之而去。

其師命相狎暱者陰隨之,歸告同黨,共加傷歎。令二人齎葦席瘞焉[127]。至則心下微溫,舉之,良久,氣稍通。因共荷而歸,以葦筒灌勺飲,經宿乃活。月餘,手足不能自舉。其楚撻之處皆潰爛,穢甚。同輩患之,一夕棄於道周[128]。行路咸傷之[129],往往投其餘食,得以充腸。十旬,方杖策而起。被布裘,裘有百結,襤褸如懸鶉[130]。持一破甌巡于閭里,以乞食爲事。自秋徂冬,夜入于糞壤窟室,晝則周遊廛肆。

一旦大雪,生爲凍餒所驅,冒雪而出,乞食之聲甚苦。聞見者莫不悽惻。時雪方甚,人家外户多不發。至安邑東門,循里垣,北轉第七八,有一門獨啓左扉,即娃之第也。生不知之,遂連聲疾呼:“饑凍之甚!”音響悽切,所不忍聽。娃自閤中聞之[131],謂侍兒曰:“此必生也。我辨其音矣。”連步而出。見生枯瘠疥癘[132],殆非人狀。娃意感焉,乃謂曰:“豈非某郎也?”生憤懣絕倒,口不能言,頷頤而已[133]。娃前抱其頸，以繡襦擁而歸於西廂。失聲長慟曰："令子一朝及此，我之罪也！"絶而復蘇。姥大駭奔至，曰："何也？"娃曰："某郎。"姥遽曰："當逐之。奈何令至此？"娃斂容卻睇曰[134]："不然。此良家子也。當昔驅高車，持金裝，至某之室，不踰期而蕩盡[135]。且互設詭計，捨而逐之，殆非人行。令其失志，不得齒於人倫[136]。父子之道，天性也。使其情絶，殺而棄之，又困躓若此[137]。天下之人，盡知爲某也。生親戚滿朝，一旦當權者熟察其本末，禍將及矣。況欺天負人，鬼神不祐，無自貽其殃也。某爲姥子，迨今有二十歲矣。計其貲，不啻直千金[138]。今姥年六十餘，願計二十年衣食之用以贖身，當與此子別卜所詣[139]。所詣非遥，晨昏得以溫凊[140]，某願足矣。"姥度其志不可奪，因許之。給姥之餘，有百金。北隅四五家，税一隙院。乃與生沐浴，易其衣服。爲湯粥通其腸；次以酥乳潤其臟；旬餘，方薦水陸之饌[141]。頭巾履襪，皆取珍異者衣之。未數月，肌膚稍腴；卒歲，平愈如初。

異時[142]，娃謂生曰："體已康矣，志已壯矣。淵思寂慮[143]，默想曩昔之藝業，可溫習乎？"生思之曰："十得二三耳。"娃命車出遊，生騎而從。至旗亭南偏門鬻墳典之肆[144]，令生揀而市之[145]，計費百金，盡載以歸。因令生斥棄百慮以志學，俾夜作晝，孜孜矻矻[146]。娃常偶坐，宵分乃寐[147]。伺其疲倦，即諭之綴詩賦[148]。二歲而業大就，海內文籍，莫不該覽。生謂娃曰："可策名試藝矣[149]。"娃曰："未也。且令精熟，以俟百戰。"更一年，曰："可行矣。"於是遂一上登甲科[150]，聲振禮闈[151]。雖前輩見其文，罔不斂衽敬羨[152]，願友之而不可得。娃曰："未也。今秀士苟獲擢一科第[153]，則自謂可以取中朝之顯職，擅天下之美名。子行穢跡鄙[154]，不侔於他士[155]。當礱淬利器[156]，以求再捷，方可以連衡多士[157]，爭霸群英。"生由是益自勤苦，聲價彌甚。其年遇大比[158]，詔徵四方之雋，生應直言極諫策科[159]，名第一，授成都府參軍。三事以降[160]，皆其友也。

將之官，娃謂生曰："今之復子本軀，某不相負也。願以殘年，歸養老姥。君當結媛鼎族，以奉蒸嘗[161]。中外婚媾[162]，無自黷也[163]。勉思自愛，某從此去矣。"生泣曰："子若棄我，當自剄以就死！"娃固辭不從，生勤請彌懇[164]。娃曰："送子涉江，至於劍門[165]，當令我回。"生許諾。

月餘，至劍門。未及發而除書至[166]，生父由常州詔入，拜成都尹[167]，兼劍南採訪使[168]。浹辰[169]，父到。生因投刺[170]，謁於郵亭[171]。父不敢認，見其祖父官諱[172]，方大驚，命登階，撫背慟哭移時[173]，曰："吾與爾父子如初。"因詰其由，具陳其本末。大奇之，詰娃安在。曰："送某至此，當令復還。"父曰："不可。"翌日，命駕與生先之成都[174]，留娃於劍門，築別館以處之[175]。明日，命媒氏通二姓之好，備六禮以迎之[176]，遂如秦晉之偶。

娃既備禮[177]，歲時伏臘[178]，婦道甚修，治家嚴整，極爲親所眷尚[179]。後數歲,生父母偕歿,持孝甚至。有靈芝產於倚廬[180],一穗三秀[181]。本道上聞[182]。又有白鷰數十[183],巢其層甍[184]。天子異之,寵錫加等[185]。終制[186],累遷清顯之任[187]。十年間,至數郡。娃封汧國夫人。有四子,皆爲大官;其卑者猶爲太原尹。弟兄姻媾皆甲門[188],内外隆盛,莫之與京[189]。

嗟乎!倡蕩之姬,節行如是,雖古先烈女,不能踰也。焉得不爲之歎息哉!

予伯祖嘗牧晉州[190],轉户部[191],爲水陸運使[192],三任皆與生爲代[193],故諳詳其事。貞元中,予與隴西公佐,話婦人操烈之品格,因遂述汧國之事。公佐拊掌竦聽[194],命予爲傳。乃握管濡翰[195],疏而存之。時乙亥歲秋八月[196],太原白行簡云。

(《太平廣記》卷四百八十四,中華書局1961年版)

【注釋】

[1]汧(Qiān)國:唐時的汧陽郡,治所在今陝西省千陽縣。汧國夫人,李娃的封號。娃:指年輕的女子。 [2]瓌(guī):通“瑰”,美好。 [3]天寶:唐玄宗年號(742—756)。 [4]滎(Xíng)陽:唐縣名,即今河南滎陽縣。文中的常州刺史是滎陽望族中人,故尊稱爲滎陽公。 [5]知命之年:指五十歲,《論語·爲政》裏有“五十而知天命”的話,後來便以“知命之年”作爲五十歲的代稱。 [6]弱冠:古代男子二十歲行冠禮,因此後用弱冠指男子二十歲左右的年齡。 [7]雋:通“俊”。 [8]推伏:推崇佩服。 [9]應鄉賦秀才舉:由州縣推薦到京城參加考試。唐代科舉制度:由州縣選拔的叫鄉貢,應舉通稱爲秀才,貢士叫賦,鄉賦就是鄉貢。 [10]盛:這裏是使其豐盛的意思,也就是多多地準備。 [11]薪儲之費:即日常的生活費用。 [12]霸:即奪魁。 [13]豐爾之給:充分地供給你。 [14]視上第如指掌:將考取功名看成是很輕易的事情。 [15]毘(Pí)陵:唐郡名,原爲常州郡,管轄地在今江蘇省武進縣。 [16]平康:長安里名,爲唐時妓女聚居之地。 [17]嚴邃:嚴密而幽深。 [18]妖姿要(yāo)妙:形容姿態容貌非常美麗。要妙,美好的意思。 [19]驂(cān):坐騎。 [20]勑:通“敕”,原指帝王的詔命,此處泛指命令。 [21]累:連續,屢次。眄(miǎn):斜視。 [22]狹邪女:即妓女。 [23]贍(shàn):富裕。 [24]通:來往,交往。 [25]諧:成事。 [26]賓從:跟從之人。 [27]策:馬鞭。 [28]姑止之:暫且將他留住。 [29]蕭牆:即指影壁。 [30]垂白上僂(lǚ):滿頭白髮且駝背。 [31]隙院:空房子。 [32]稅:租賃。 [33]信乎:是真的嗎? [34]湫隘:低濕狹小。 [35]直:通“值”,價格,價錢。 [36]延:引進。遲(zhì)賓之館:即指客廳。遲:待,接待。 [37]偶坐:一同坐下。 [38]敘寒燠(yù):即寒暄一番,講應酬話。燠:暖,熱。 [39]觸類妍媚:渾身上下都嫵媚動人。 [40]覩:通“睹”。 [41]鼓聲四動:表示時間已晚,準備進入夜禁。 [42]紿(dài):欺騙,欺瞞。 [43]延平門:唐代長安西城有三門,南邊的爲延平門。 [44]方將居之:正準備請你在此居住。 [45]雙縑:兩匹絹,唐代的絹綢可代替貨幣使用。 [46]且不然也:不應該是這樣的。 [47]窶(jù):貧窮。 [48]其餘以俟他辰:其他的留待別的日子。 [49]徹:通“撤”,這裏指吃完飯撤席。 [50]厥後:從此以後。 [51]直:只是,僅

僅。 [52]大欲：自然産生的強烈的欲望，指男女的結合。 [53]曷：通“何”，怎麽。[54]願以己爲廝養：願爲你的奴僕。廝養：侍役。 [55]郎：女婿。 [56]囊橐(tuó)：口袋。 [57]屏跡戢(jì)身：隱藏行蹤，很少外出。“屏”和“戢”都爲隱藏的意思。 [58]儕(chái)類：同類人物。 [59]鬻：賣。 [60]彌篤：更爲深厚。 [61]報應如響：指求神的效果非常明顯。 [62]薦酹(lèi)：將酒灑在地上以祭祀鬼神。 [63]質：典當。肆：商鋪。 [64]牢：指祭祀用的牲畜。醴：甜酒。 [65]信宿：即連續住了兩夜。 [66]小曲：小的胡同。 [67]車門：院門。 [68]窺其際：張望裏面。 [69]青衣：丫頭，婢女。 [70]逆訪：迎問。逆：通“迎”。 [71]踈絕：疏遠，没有聯繫。 [72]西戟門：西邊懸掛木戟的門。戟門爲顯貴之家的標誌。 [73]葱蒨(qiàn)：草木茂盛的樣子。 [74]食頃：一頓飯的功夫。 [75]大宛：古西域國名，盛産名馬，這裏作馬的代名詞。 [76]殆不識人：幾乎連人都認不得了，爲病重之意。 [77]方寸：心。 [78]覘(chān)：看。 [79]鑰：鎖閉。 [80]緘：封閉，封上。 [81]約已周：租憑已經到期。 [82]再宿：過了兩夜。 [83]徵：詢問。 [84]弛：脱下。 [85]質明：天剛剛亮。 [86]策蹇(jiǎn)：騎着跛腳的馬。蹇：跛。 [87]云遲中表之遠至者：説要等候一個從遠方來京的親戚。 [88]哀而進膳：因爲同情而給他頓飯吃。 [89]遘疾甚篤：得了很重的病。 [90]凶肆：殯儀鋪。 [91]綿綴：沉綿不起，指病勢很重。 [92]日假之：每天讓他幹點事情。 [93]繐帷：靈帳。[94]傭凶器：出租辦理喪葬所用物器。 [95]轝：載柩具。 [96]哀挽：出殯時唱的挽歌。 [97]肆長：店鋪的老闆。 [98]醵(jù)錢：湊錢。索顧：尋求雇傭。 [99]耆舊：老手。 [100]閱：陳列，排列。 [101]符契：契約。 [102]大和會：大聚會。 [103]里胥：管理鄉里的人。賊曹：京城裏承擔治安職責的官員。 [104]京尹：即京兆尹，負責治理京師的官。 [105]亭午：正午。 [106] 慙：通“慚”。 [107]層榻：高榻。 [108]鐸(duó)：大鈴鐺。 [109]翊(yì)衛：助手。 [110]扼腕頓顙(sǎng)：手握手腕，頻頻點頭。顙：額頭。 [111]《白馬》之詞：即《白馬歌》，古代祭祀時唱歌曲。 [112]夙勝：一向最爲擅長的。 [113]翣(shà)：古時儀仗中使用的大掌扇。 [114]容若不勝：面容哀傷，像是經受不起悲痛。 [115]《薤(xiè)露》之章：即《薤露歌》。古代送葬之歌。 [116]歔欷(xūxī)：悲泣。 [117]誚：譏議。 [118]愕眙(yì)：惊诧而直着眼睛發呆。 [119]外方之牧：指京城以外各州郡的行政長官。 [120]歲一至闕下：每年到京城裏來一次。[121]同列者：同僚。易服章：更换便服。 [122]豎：僕人。 [123]壻：古時婦女對丈夫的稱呼。 [124]間(jiàn)馳往：尋個機會跑去。 [125]回翔：立即轉身，躲避。翔：如鳥飛，形容其快。 [126]曲江：池名，在長安縣東南。 [127]令二人齎(jī)葦席瘞(yì)焉：命令二人拿葦席去把他卷起埋葬。 [128]道周：路旁。 [129]行路：過路人。 [130]懸鶉(chún)：形容衣服破爛。 [131]閤：通“閣”。 [132]疥癘(jièlài)：疥瘡。 [133]頷(hàn)頤：點頭。 [134]卻睇：回頭看。睇：斜視，流盼。 [135]期(jī)：一年。 [136]不得齒於人倫：被人們所瞧不起。 [137]躓(zhì)：被絆倒，此處引申爲倒楣。 [138]不啻(chì)：不僅。 [139]别卜所詣：另外尋找住處。 [140]溫凊(qìng)：慰問寒暄。凊：冷，涼。 [141]薦：進獻。水陸之饌：山珍海味等美味佳餚。 [142]異時：一天。 [143]淵思寂慮：深入冷静地思考。 [144]旗亭：古代設在市上的小樓，用以指揮店鋪開門關門。

鬻墳典之肆:出售古籍的書店。墳典:三墳五典的簡稱,三皇的書成爲三墳,五帝的書成爲五典,指古代的典籍。 [145]揀而市之:選購一些。 [146]孜(zī)孜矻(kū)矻:勤勉不懈的樣子。 [147]宵分:半夜。 [148]諭之綴詩賦:叫他吟詩作賦。 [149]策名試藝:報名參加考試。 [150]登甲科:考中了甲科。唐代考試制度,進士分甲乙兩科,明經分甲乙丙丁四科,甲科考題較難。登甲科即爲考取最難的一種。 [151]禮闈(wéi):禮部的別稱。 [152]斂衽(rèn):會客時整理一下衣襟稱爲“斂衽”,是表示尊敬的動作。[153]擢一科第:考中進士。擢:考取。 [154]行穢跡鄙:行爲有污點,事蹟較鄙陋。[155]侔(móu):同,與,相等。 [156]礱(lóng):在石上磨東西。淬:淬火,先將鐵器燒紅後再浸入水中。礱淬:磨練之意,此句引申爲刻苦專研學問。 [157]連衡:聯絡、結交。 [158]大比:古代三年一次的科舉考試稱爲“大比”。 [159]直言極諫策科:唐代爲選拔人才而特別開設的考試科目之一。 [160]三事以降:三公以下的官。三事即指三公,爲太師、太傅、太保,或大司馬、大司徒、大司空。 [161]蒸嘗:冬天祭祀叫蒸,秋天祭祀叫嘗。“奉蒸嘗”即爲操辦祭祀,引申爲婦女主持家務之意。 [162]中外:本指中表親,此處引申爲皇親國戚。 [163]自黷(dú):自己玷污自己。 [164]勤請彌懇:再三懇切地請求。 [165]劍門:唐縣名,管轄地在今四川省劍閣縣東北。 [166]除書:任命官員的詔書。 [167]尹:府尹,一府的最高長官。 [168]劍南:唐道名,轄境在今四川省成都市。採訪使:唐官名,又稱採訪處置使,負責舉劾所屬州縣官吏。 [169]浹(jiā)辰:古代以干支紀日,從子到亥十二時辰爲一周,即十二天。 [170]刺:名片,訪謁時通報姓名用。 [171]郵亭:古代設在沿途,供官員、送文書的和旅客住宿的驛站。 [172]官諱:官職和姓名。諱:古代對長輩不敢直稱其名,叫諱。 [173]移時:过了一段時間。 [174]命駕:吩咐準備車輛。 [175]築別館:另修一座房子。 [176]六禮:古代結婚時的六項手續,即納采、問名、納吉、納徵、請期、親迎。 [177]既備禮:成婚後。 [178]歲時伏臘:逢年過節。伏是夏祭,臘是冬祭,均爲古禮。 [179]眷:寵愛。 [180]倚廬:守孝的草屋。 [181]一穗三秀:穀類花實結聚成的長條爲“穗”,開花叫“秀”。“一穗三秀”即一穗開三花,極爲罕見,被認爲是祥瑞的徵兆。 [182]本道上聞:本道的官員上報給皇帝。[183]鷰:通“燕”。 [184]甍(méng):房屋脊樑。 [185]寵錫加等:格外地給予賞賜嘉獎。 [186]終制:服喪期滿。制,古人遇父母逝世,要三年不問外事,稱爲守制。 [187]清顯之任:清廉顯赫高貴的官職。 [188]甲門:名門望族。 [189]莫之與京:没有谁家能跟他比大小。京,大,引申爲争强比胜。 [190]牧晉州:任晉州刺史。晉州:唐州名,即平陽郡,轄區在今山西省臨汾、霍縣、紛西、洪洞、浮山、安澤等縣一帶。 [191]户部:唐代中央六部之一,掌管全國土地、户籍、賦稅、財政收支等事務。長官爲户部尚書。 [192]水陸運使:官名,户部所屬,管理水陸交通等事務。 [193]爲代:做前後任。 [194]拊掌:拍手。 [195]握管濡(rú)翰:提筆沾墨。“管”和“翰”都是毛筆的代稱。 [196]乙亥歲:即唐德宗貞元十一年(795)。

【集评】

(明)李贄:觀鄭生墜鞭稅院,託遠借宿,謀匿尋刎種種所云,世俗小聰明小伎倆耳,卻成乞丐，本錢安得？如汧國夫人説母卜居，買書勸讀，倍業辭婚，若大經濟若大主張，逼真女中俠烈也。誰謂没鬚眉中便無男子乎？其四子皆爲大官弟兄，婚媾皆甲門，內外隆盛，莫之與京，悉所以報汧國也，如鄭生者，不失乞兒本色，安得有此。

（《虞初志》卷四，第22-23頁）

（明）鍾瑞先：此傳摹情甚酷。（《虞初志》卷四，第30頁）

（清）俞正燮：《太平廣記·李娃傳》，文筆極工。所云常州刺史滎陽公及其子姓官爵，劉後村《詩話》以爲鄭亞、鄭畋，然稽之《唐書·宰相世系表》鄭氏滎陽房中無有合者，益故錯隱之。（《癸巳存稿》，第447頁）

魯迅：行簡本善文筆，李娃事又近情而聳聽，故纏綿可觀。

（《中國小説史略》，《魯迅全集》卷九，第79頁）

杜十娘怒沉百寶箱

（明）馮夢龍

【題解】

馮夢龍（1574－1646），字猶龍，又字子猶，號龍子猶，又署墨憨齋主人。南直隸蘇州府長洲縣（今江蘇省蘇州市）人。馮夢龍久困科場，崇禎三年五十七歲時選歲貢，五年出任丹徒縣訓導，七年擢升福建壽寧知縣，十一年卸任返鄉。馮夢龍是晚明著名通俗文學家，在戲曲、小説以及民間文學的搜集、整理、改編創作和出版方面傾注了巨大心血，做出了傑出貢獻。小説的編著除了長篇《三遂平妖傳》《新列國志》等外，最負盛名的是在天啓年間先後出版的《喻世明言》《警世通言》《醒世恒言》三部白話短篇小説集，被合稱爲“三言”，爲古代白話短篇小説的代表作。

本篇是馮夢龍根據同時代文人宋懋澄《負情儂傳》改編而成的擬話本，是“三言”中的名篇。小説敘写明萬曆年間京師名妓杜十娘的愛情悲劇，表現和歌頌了十娘對自由美好生活的追求和堅貞崇高的節操，控訴了封建禮教和制度的罪惡。作品在自然展開而富於吸引力的情節中刻畫人物性格，在震撼人心的戲劇性高潮中完成对十娘這一“千古女俠”形象的塑造。十娘的故事感動了後来無數的人們，明清有《百寶箱》《八寶箱》傳奇，近現代又屡被改編爲戲曲、電影，也曾被翻譯成外文，流傳海外，在國內外都產生了很大的影響。

掃蕩殘胡立帝畿[1]，龍翔鳳舞勢崔嵬；
左環滄海天一帶，右擁太行山萬圍。
戈戟九邊雄絕塞[2]，衣冠萬國仰垂衣[3]；
太平人樂華胥世[4]，永永金甌共日輝[5]。

這首詩，單誇我朝燕京建都之盛。説起燕都的形勢，北倚雄關，南壓區夏[6],真乃金城天府[7],萬年不拔之基。當先洪武爺掃蕩胡塵[8],定鼎金陵[9],是爲南京。到永樂爺從北平起兵靖難[10],遷於燕都,是爲北京。只因這一遷,把個苦寒地面,變作花錦世界。自永樂爺九傳至於萬曆爺[11],此乃我朝第十一代的天子。這位天子,聰明神武,德福兼全,十歲登基,在位四十八年,削平了三處寇亂。那三處?

日本關白平秀吉[12],西夏哱承恩[13],播州楊應龍[14]。

平秀吉侵犯朝鮮,哱承恩、楊應龍是土官謀叛[15],先後削平。遠夷莫不畏服[16],爭來朝貢。真個是:

一人有慶民安樂,四海無虞國太平。

話中單表萬曆二十年間,日本國關白作亂,侵犯朝鮮。朝鮮國王上表告急,天朝發兵泛海往救。有户部官奏准:目今兵興之際,糧餉未充,暫開納粟入監之例。原來納粟入監的[17],有幾般便宜:好讀書,好科舉,好中,結末來又有個小小前程結果。以此宦家公子,富室子弟,到不願做秀才,都去援例做太學生。自開了這例,兩京太學生[18],各添至千人之外。內中有一人,姓李名甲,字干先,浙江紹興府人氏。父親李布政所生三兒[19],惟甲居長。自幼讀書在庠[20],未得登科,援例入於北雍。因在京坐監[21],與同鄉柳遇春監生同遊教坊司院內[22],與一個名姬相遇。那名姬姓杜名媺,排行第十,院中都稱爲杜十娘,生得:

渾身雅艷,遍體嬌香,兩彎眉畫遠山青,一對眼明秋水潤。臉如蓮萼,分明卓氏文君,唇似櫻桃,何減白家樊素[23]。可憐一片無瑕玉,誤落風塵花柳中。

那杜十娘自十三歲破瓜[24],今一十九歲,七年之內,不知歷過了多少公子王孫,一個個情迷意蕩,破家蕩產而不惜。院中傳出四句口號來[25],道是:

坐中若有杜十娘,斗筲之量飲千觴[26];
院中若識杜老媺,千家粉面都如鬼[27]。

卻説李公子,風流年少,未逢美色,自遇了杜十娘,喜出望外,把花柳情懷,一擔兒挑在他身上。那公子俊俏龐兒,溫存性兒,又是撒漫的手兒,幫襯的勤兒,與十娘一雙兩好,情投意合。十娘因見鴇兒貪財無義,久有從良之志,又見李公子忠厚志誠,甚有心向他。奈李公子懼怕老爺,不敢應承。雖則如此,兩下情好愈密,朝歡暮樂,終日相守,如夫婦一般,海誓山盟,各無他志。真個:

恩深似海恩無底,義重如山義更高。

再説杜媽媽女兒,被李公子占住,別的富家巨室,聞名上門,求一見而不可得。初時李公子撒漫用錢,大差大使,媽媽脅肩諂笑,奉承不暇。日往月來,不覺一年有餘,李公子囊篋漸漸空虛,手不應心,媽媽也就怠慢了。老布政在家聞知兒子闞院,幾遍寫字來喚他回去。他迷戀十娘顔色,終日延捱。後來聞知老爺在家發怒,越不敢回。古人云:"以利相交者,利盡而疎。"那杜十娘與李公子真情相好,見他手頭愈短,心頭愈熱。媽媽也幾遍教女兒打發李甲出院,見女兒不統口[28],又幾遍將言語觸突李公子,要激怒他起身。公子性本溫克,詞氣愈和,媽媽没奈何,日逐只將十娘叱罵道:"我們行户人家[29],喫客穿客,前門送舊,後門迎新,門庭鬧如火,錢帛堆成垛。自從那李甲在此,混帳一年有餘,莫説新客,連舊主顧都斷了,分明接了個鍾馗老,連小鬼也没得上門。弄得老娘一家人家,有氣無煙,成什麽模樣!"杜十娘被罵,耐性不住,便回答道:"那李公子不是空手上門的,也曾費過大錢來。"媽媽道:"彼一時,此一時,你只教他今日費些小錢兒,把與老娘辦些柴米,養你兩口也好。别人家養的女兒便是搖錢樹,千生萬活,偏我家晦氣,養了個退財白虎[30],開了大門七件事,般般都在老身心上。到替你這小賤人白白養着窮漢,教我衣食從何處來?你對那窮漢説:有本事出幾兩銀子與我,到得你跟了他去,我别討個丫頭過活卻不好?"十娘道:"媽媽,這話是真是假?"媽媽曉得李甲囊無一錢,衣衫都典盡了,料他没處設法。便應道:"老娘從不説謊,當真哩。"十娘道:"娘,你要他許多銀子?"媽媽道:"若是别人,千把銀子也討了,可憐那窮漢出不起,只要他三百兩,我自去討一個粉頭代替[31]。只一件,須是三日内交付與我。左手交銀,右手交人。若三日没有銀時,老身也不管三七二十一,公子不公子,一頓孤拐[32],打那光棍出去。那時莫怪老身!"十娘道:"公子雖在客邊乏鈔,諒三百金還措辦得來。只是三日忒近,限他十日便好。"媽媽想道:"這窮漢一雙赤手,便限他一百日,他那裏来銀子。没有銀子,便鐵皮包臉,料也無顔上門。那時重整家風,媺兒也没得話講。"答應道:"看你面,便寬到十日。第十日没有銀子,不干老娘之事。"十娘道:"若十日内無銀,料他也無顔再見了。只怕有了三百兩銀子,媽媽又翻悔起來。"媽媽道:"老身年五十一歲了,又奉十齋[33],怎敢説謊?不信時與你拍掌爲定。若翻悔時,做豬做狗。"

從來海水斗難量,可笑虔婆意不良[34];
料定窮儒囊底竭,故將財禮難嬌娘。

是夜,十娘與公子在枕邊,議及終身之事。公子道:"我非無此心。但教坊落籍[35],其費甚多,非千金不可。我囊空如洗,如之奈何!"十娘道:"妾已與媽媽議定只要三百金,但須十日内措辦。郎君遊資雖罄,然都中豈無親友,可以借貸。倘得如數,妾身遂爲君之所有,省受虔婆之氣。"公子道:"親友中爲我留戀行院,都不相顧。明日只做束裝起身,各家告辭,就開口假貸路費,湊聚將來,或可滿得此數。"起身梳洗,别了十娘出門。十娘道:"用心作速,專聽佳音。"公子道:"不須分付。"公子出了院門,來到三親四友處,假説起身告别,衆人到也歡喜。後來敘到路費欠缺,意欲借貸。常言道:"説着錢,便無緣。"親友們就不招架。他們也見得是,道李公子是風流浪子,迷戀煙花,年許不歸,父親都爲他氣壞在家。他今日抖然要回,未知真假。倘或説騙盤纏到手,又去還脂粉錢,父親知道,將好意翻成惡意,始終只是一怪,不如辭了乾淨。便回道:"目今正值空乏,不能相濟,慚愧！慚愧!"人人如此,個個皆然,並没有個慷慨丈夫,肯統口許他一十二十兩。

李公子一連奔走了三日,分毫無獲,又不敢回決十娘,權且含糊答應。到第四日又没想頭,就羞回院中。平日間有了杜家,連下處也没有了,今日就無處投宿。只得往同鄉柳監生寓所借歇。柳遇春見公子愁容可掬,問其來歷。公子將杜十娘願嫁之情,備細説了。遇春搖首道:"未必,未必。那杜媺曲中第一名姬[36],要從良時,怕没有十斛明珠,千金聘禮。那鴇兒如何只要三百兩?想鴇兒怪你無錢使用,白白占住他的女兒,設計打發你出門。那婦人與你相處已久,又礙却面皮,不好明言。明知你手内空虚,故意將三百兩賣個人情,限你十日。若十日没有,你也不好上門。便上門時,他會説你笑你,落得一場褻瀆[37],自然安身不牢,此乃煙花逐客之計。足下三思,休被其惑。據弟愚意,不如早早開交爲上。"公子聽説,半晌無言,心中疑惑不定。遇春又道:"足下莫要錯了主意。你若真個還鄉,不多幾兩盤費,還有人搭救。若是要三百兩時,莫説十日,就是十個月也難。如今的世情,那肯顧緩急二字的。那煙花也算定你没處告債,故意設法難你。"公子道:"仁兄所見良是。"口裏雖如此説,心中割捨不下。依舊又往外邊東央西告,只是夜裏不進院門了。公子在柳監生寓中,一連住了三日,共是六日了。杜十娘連日不見公子進院,十分着緊,就教小廝四兒街上去尋。四兒尋到大街,恰好遇見公子。四兒叫道:"李姐夫,娘在家裏望你。"公子自覺無顔,回復道:"今日不得功夫,明日來罷。"四兒奉了十娘之命,一把扯住,死也不放。道:"娘叫喒尋你。是必同去走一遭。"李公子心上也牽掛着婊子,没奈何,只得隨四兒進院。見了十娘,嘿嘿無言[38]。十娘問道:"所謀之事如何?"公子眼中流下淚來。十娘道:"莫非人情淡薄,不能足三百之數麽?"公子含淚而言,道出二句:

不信上山擒虎易,果然開口告人難。

"一連奔走六日,並無銖兩[39],一雙空手,羞見芳卿,故此這幾日不敢進院。今日承命呼唤,忍恥而來,非某不用心,實是世情如此。"十娘道:"此言休使虔婆知道。郎君今夜且住,妾别有商議。"十娘自備酒肴,與公子懽飲。睡至半夜,十娘對公子道:"郎君果不能辦一錢耶?妾終身之事,當如何也?"公子只是流涕,不能答一語。漸漸五更天曉。十娘道:"妾所臥絮褥内藏有碎銀一百五十兩,此妾私蓄,郎君可持去。三百金,妾任其半,郎君亦謀其半,庶易爲力。限只四日,萬勿遲誤。"十娘起身將褥付公子,公子驚喜過望。唤童兒持褥而去。逕到柳遇春寓中,又把夜來之情與遇春説了。將褥拆開看時,絮中都裹著零碎銀子，取出兑時果是一百五十兩[40]。遇春大驚道："此婦真有心人也。既係真情，不可相負。吾當代爲足下謀之。"公子道："倘得玉成，決不有負。"當下柳遇春留李公子在寓，自出頭各處去借貸。兩日之内，湊足一百五十兩交付公子道："吾代爲足下告債，非爲足下，實憐杜十娘之情也。"李甲拿了三百兩銀子，喜從天降，笑顔逐開，欣欣然來見十娘，剛是第九日，還不足十日。十娘問道："前日分毫難借，今日如何就有一百五十兩？"公子將柳監生事情，又述了一遍。十娘以手加額道："使吾二人得遂其願者，柳君之力也。"兩個歡天喜地，又在院中過了一晚。次日十娘早起，對李甲道："此銀一交，便當隨郎君去矣。舟車之類，合當預備。妾昨日於姊妹中借得白銀二十兩，郎君可收下爲行資也。"公子正愁路費無出，但不敢開口，得銀甚喜。説猶未了，鴇兒恰來敲門叫道："孅兒，今日是第十日了。"公子聞叫，啓户相延道："承媽媽厚意，正欲相請。"便將銀三百兩放在桌上。鴇兒不料公子有銀，嘿然變色，似有悔意。十娘道："兒在媽媽家中八年，所致金帛，不下數千金矣。今日從良美事，又媽媽親口所訂，三百金不欠分毫，又不曾過期。倘若媽媽失信不許，郎君持銀去，兒即刻自盡。恐那時人財兩失，悔之無及也。"鴇兒無詞以對。腹内籌畫了半晌，只得取天平兑准了銀子，説道："事已如此，料留你不住了。只是你要去時，即今就去。平時穿戴衣飾之類，毫釐休想。"説罷，將公子和十娘推出房門，討鎖來就落了鎖。此時九月天氣。十娘才下床，尚未梳洗，隨身舊衣，就拜了媽媽兩拜。李公子也作了一揖。一夫一婦，離了虔婆大門。

鯉魚脱却金鉤去，擺尾搖頭再不來。

公子教十娘且住片時："我去唤個小轎擡你，權往柳榮卿寓所去，再作道理。"十娘道："院中諸姊妹平昔相厚，理宜話别。況前日又承他借貸路費，不可不一謝也。"乃同公子到各姊妹處謝别。姊妹中惟謝月朗徐素素與杜家相近，尤與十娘親厚。十娘先到謝月朗家。月朗見十娘秃髻舊衫，驚問其故。十娘備述來因。又引李甲相見。十娘指月朗道："前日路資，是此位姐姐所貸，郎君可致謝。"李甲連連作揖。月朗便教十娘梳洗，一面去請徐素素來家相會。十娘梳洗已畢，謝徐二美人各出所有，翠鈿金釧[41]，瑶簪寶珥，錦袖花裙，鸞帶繡履，把杜十娘裝扮得焕然一新，備酒作慶賀筵席。月朗讓臥房與李甲杜孅二人過宿。次日，又大排筵席，遍請院中姊妹。凡十娘相厚者，無不畢集。都與他夫婦把盞稱喜。吹彈歌舞，各逞其長，務要盡歡，直飲至夜分。十娘向衆姊妹一一稱謝。衆姊妹道："十姊爲風流領袖，今從郎君去，我等相見無日。何日長行，姊妹們尚當奉送。"月朗道："候有定期，小妹當來相報。但阿姊千里間關[42]，同郎君遠去，囊篋蕭條，曾無約束，此乃吾等之事。當相與共謀之，勿令姊有窮途之慮也。"衆姊妹各唯唯而散。是晚，公子和十娘仍宿謝家。至五鼓，十娘對公子道:“吾等此去,何處安身?郎君亦曾計議有定着否?”公子道:“老父盛怒之下,若知娶妓而歸,必然加以不堪,反致相累。展轉尋思,尚未有萬全之策。”十娘道:“父子天性,豈能終絕。既然倉卒難犯,不若與郎君於蘇杭勝地,權作浮居[43]。郎君先回,求親友於尊大人面前勸解和順,然後攜妾于歸[44],彼此安妥。”公子道:“此言甚當。”次日,二人起身辭了謝月朗,暫往柳監生寓中,整頓行裝。杜十娘見了柳遇春,倒身下拜,謝其周全之德:“異日我夫婦必當重報。”遇春慌忙答禮道:“十娘鍾情所歡,不以貧窶易心,此乃女中豪傑。僕因風吹火[45],諒區區何足掛齒!”三人又飲了一日酒。次早,擇了出行吉日,雇倩轎馬停當。十娘又遣童兒寄信,別謝月朗。臨行之際,只見肩輿紛紛而至[46],乃謝月朗與徐素素拉衆姊妹來送行。月朗道:“十姊從郎君千里間關,囊中消索,吾等甚不能忘情。今合具薄贐[47],十姊可檢收,或長途空乏,亦可少助。”説罷,命從人挈一描金文具至前,封鎖甚固,正不知什麽東西在裏面。十娘也不開看,也不推辭,但殷勤作謝而已。須臾,輿馬齊集,僕夫催促起身。柳監生三盃別酒,和衆美人送出崇文門外,各各垂淚而別。正是:

他日重逢難預必,此時分手最堪憐。

再説李公子同杜十娘行至潞河[48],舍陸從舟,卻好有瓜洲差使船轉回之便[49],講定船錢,包了艙口。比及下船時,李公子囊中並無分文餘剩。你道杜十娘把二十兩銀子與公子,如何就没了?公子在院中闞得衣衫藍縷,銀子到手,未免在解庫中取贖幾件穿著,又制辦了鋪蓋,剩來只勾轎馬之費。公子正當愁悶,十娘道:“郎君勿憂,衆姊妹合贈,必有所濟。”乃取鑰開箱。公子在傍自覺慚愧,也不敢窺覷箱中虛實。只見十娘在箱裏取出一個紅絹袋來,擲於桌上道:“郎君可開看之。”公子提在手中,覺得沉重。啓而觀之,皆是白銀,計數整五十兩。十娘仍將箱子下鎖,亦不言箱中更有何物。但對公子道:“承衆姊妹高情,不惟途路不乏,即他日浮寓吴越間,亦可稍佐吾夫妻山水之費矣。”公子且驚且喜道:“若不遇恩卿,我李甲流落他鄉,死無葬身之地矣。此情此德,白頭不敢忘也。”自此每談及往事,公子必感激流涕,十娘亦曲意撫慰,一路無話。不一日,行至瓜洲,大船停泊岸口,公子別僱了民船,安放行李。約明日侵晨,剪江而渡。其時仲冬中旬[50],月明如水,公子和十娘坐於舟首。公子道:“自出都門,困守一艙之中,四顧有人,未得暢語。今日獨據一舟,更無避忌。且已離塞北,初近江南,宜開懷暢飲,以舒向來抑鬱之氣,恩卿以爲何如?”十娘道:“妾久疏談笑,亦有此心,郎君言及,足見同志耳。”公子乃攜酒具於船首,與十娘鋪氈並坐,傳杯交盞。飲至半酣,公子執巵對十娘道:“恩卿妙音,六院推首[51]。某相遇之初,每聞絕調,輒不禁神魂之飛動。心事多違,彼此鬱鬱,鸞鳴鳳奏,久矣不聞。今清江明月,深夜無人,肯爲我一歌否?”十娘興亦勃發,遂開喉頓嗓，取扇按拍，嗚嗚咽咽，歌出元人施君美《拜月亭》雜劇上“狀元執盞與嬋娟”一曲，名《小桃紅》。真個：

聲飛霄漢雲皆駐，響入深泉魚出遊。

卻説他舟有一少年，姓孫名富字善賚，徽州新安人氏[52]。家資巨萬，積祖揚州種鹽[53]。年方二十，也是南雍中朋友。生性風流，慣向青樓買笑，紅粉追歡，若嘲風弄月[54]，到是個輕薄的頭兒。事有偶然，其夜亦泊舟瓜洲渡口，獨酌無聊。忽聽得歌聲嘹亮，鳳吟鸞吹，不足喻其美。起立船頭，佇聽半晌，方知聲出鄰舟。正欲相訪，音響倏已寂然。乃遣僕者潛窺蹤跡，訪於舟人。但曉得是李相公僱的船，並不知歌者來歷。孫富想道：“此歌者必非良家，怎生得他一見？”展轉尋思，通宵不寐。捱至五更，忽聞江風大作。及曉，彤雲密佈，狂雪飛舞。怎見得，有詩爲證：

千山雲樹滅，萬徑人蹤絕！扁舟蓑笠翁，獨釣寒江雪[55]。

因這風雪阻渡，舟不得開。孫富命艄公移船，泊於李家舟之傍。孫富貂帽狐裘，推窗假作看雪。值十娘梳洗方畢，纖纖玉手，揭起舟傍短簾，自潑盂中殘水，粉容微露，卻被孫富窺見了，果是國色天香。魂搖心蕩，迎眸注目，等候再見一面，杳不可得。沉思久之，乃倚窗高吟高學士《梅花詩》二句[56]，道：

雪滿山中高士臥，月明林下美人來。

李甲聽得鄰舟吟詩，舒頭出艙，看是何人。只因這一看，正中了孫富之計。孫富吟詩，正要引李公子出頭，他好乘機攀話。當下慌忙舉手，就問：“老兄尊姓何諱？”李公子敘了姓名鄉貫，少不得也問那孫富。孫富也敘過了。又敘了些太學中的閒話，漸漸親熟。孫富便道：“風雪阻舟，乃天遣與尊兄相會，實小弟之幸也。舟次無聊，欲同尊兄上岸，就酒肆中一酌，少領清誨，萬望不拒。”公子道：“萍水相逢，何當厚擾？”孫富道：“説那裏話！‘四海之内，皆兄弟也’。”喝教艄公打跳[57]，童兒張傘，迎接公子過船，就於船頭作揖。然後讓公子先行，自己隨後，各各登跳上涯。行不數步，就有個酒樓。二人上樓，揀一副潔淨座頭，靠窗而坐。酒保列上酒肴。孫富舉杯相勸，二人賞雪飲酒。先説些斯文中套話。漸漸引入花柳之事。二人都是過來之人，志同道合，説得入港[58]，一發成相知了。孫富屏去左右，低低問道：“昨夜尊舟清歌者，何人也？”李甲正要賣弄在行，遂實説道：“此乃北京名姬杜十娘也。”孫富道：“既係曲中姊妹，何以歸兄？”公子遂將初遇杜十娘，如何相好，後來如何要嫁，如何借銀討他，始末根由，備細述了一遍。孫富道：“兄攜麗人而歸，固是快事，但不知尊府中能相容否？”公子道：“賤室不足慮。所慮者，老父性嚴，尚費躊躇耳！”孫富將機就機，便問道：“既是尊大人未必相容，兄所攜麗人，何處安頓？亦曾通知麗人，共作計較否？”公子攢眉而答道：“此事曾與小妾議之。”孫富欣然問道:“尊寵必有妙策[59]。”公子道:“他意欲僑居蘇杭,流連山水。使小弟先回,求親友宛轉於家君之前。俟家君回嗔作喜,然後圖歸,高明以爲何如?”孫富沉吟半晌,故作愀然之色,道:“小弟乍會之間,交淺言深,誠恐見怪。”公子道:“正賴高明指教,何必謙遜?”孫富道:“尊大人位居方面[60],必嚴帷薄之嫌[61],平時既怪兄遊非禮之地,今日豈容兄娶不節之人。況且賢親貴友,誰不迎合尊大人之意者?兄枉去求他,必然相拒。就有個不識時務的進言於尊大人之前,見尊大人意思不允,他就轉口了。兄進不能和睦家庭,退無詞以回復尊寵。即使留連山水,亦非長久之計。萬一資斧困竭[62],豈不進退兩難!”公子自知手中只有五十金,此時費去大半,説到資斧困竭,進退兩難,不覺點頭道是。孫富又道:“小弟還有句心腹之談,兄肯俯聽否?”公子道:“承兄過愛,更求盡言。”孫富道:“疏不間親,還是莫説罷。”公子道:“但説何妨。”孫富道:“自古道:‘婦人水性無常。’況煙花之輩,少真多假。他既係六院名姝,相識定滿天下;或者南邊原有舊約,借兄之力,挈帶而來,以爲他適之地。”公子道:“這個恐未必然。”孫富道:“既不然,江南子弟,最工輕薄,兄留麗人獨居,難保無踰牆鑽穴之事[63]。若挈之同歸,愈增尊大人之怒。爲兄之計,未有善策。況父子天倫,必不可絶。若爲妾而觸父,因妓而棄家,海內必以兄爲浮浪不經之人。異日妻不以爲夫,弟不以爲兄,同袍不以爲友,兄何以立於天地之間?兄今日不可不熟思也!”公子聞言,茫然自失,移席問計:“據高明之見,何以教我?”孫富道:“僕有一計,於兄甚便。只恐兄溺枕席之愛,未必能行,使僕空費詞説耳!”公子道:“兄誠有良策,使弟再覩家園之樂,乃弟之恩人也。又何憚而不言耶?”孫富道:“兄飄零歲餘,嚴親懷怒,閨閣離心[64],設身以處兄之地,誠寢食不安之時也。然尊大人所以怒兄者,不過爲迷花戀柳,揮金如土,異日必爲棄家蕩產之人,不堪承繼家業耳!兄今日空手而歸,正觸其怒。兄倘能割衽席之愛,見機而作,僕願以千金相贈。兄得千金,以報尊大人,只説在京授館,並不曾浪費分毫,尊大人必然相信。從此家庭和睦,當無間言。須臾之間,轉禍爲福。兄請三思,僕非貪麗人之色,實爲兄效忠於萬一也!”李甲原是没主意的人,本心懼怕老子,被孫富一席話,説透胸中之疑,起身作揖道:“聞兄大教,頓開茅塞。但小妾千里相從,義難頓絶,容歸與商之。得其心肯,當奉復耳。”孫富道:“説話之間,宜放婉曲。彼既忠心爲兄,必不忍使兄父子分離,定然玉成兄還鄉之事矣。”二人飲了一回酒,風停雪止,天色已晚。孫富教家僮算還了酒錢,與公子攜手下船。正是:

逢人且説三分話,未可全拋一片心。

卻説杜十娘在舟中,擺設酒果,欲與公子小酌,竟日未回,挑燈以待。公子下船,十娘起迎。見公子顏色匆匆,似有不樂之意,乃滿斟熱酒勸之。公子搖首不飲。一言不發，竟自床上睡了。十娘心中不悦，乃收拾杯盤，爲公子解衣就枕，問道："今日有何見聞，而懷抱鬱鬱如此？"公子歎息而已，終不啓口。問了三四次，公子已睡去了。十娘委決不下，坐於床頭而不能寐。到夜半，公子醒來，又歎一口氣。十娘道："郎君有何難言之事，頻頻歎息？"公子擁被而起，欲言不語者幾次，撲簌簌掉下淚來。十娘抱持公子於懷間，軟言撫慰道："妾與郎君情好，已及二載，千辛萬苦，歷盡艱難，得有今日。然相從數千里，未曾哀戚。今將渡江，方圖百年歡笑，如何反起悲傷，必有其故。夫婦之間，死生相共，有事儘可商量，萬勿諱也。"公子再四被逼不過，只得含淚而言道："僕天涯窮困，蒙恩卿不棄，委曲相從，誠乃莫大之德也。但反復思之，老父位居方面，拘於禮法，況素性方嚴，恐添嗔怒，必加黜逐。你我流蕩，將何底止？夫婦之歡難保，父子之倫又絕。日間蒙新安孫友邀飲，爲我籌及此事，寸心如割。"十娘大驚道："郎君意將如何？"公子道："僕事内之人，當局而迷。孫友爲我畫一計頗善，但恐恩卿不從耳！"十娘道："孫友者何人？計如果善，何不可從？"公子道："孫友名富，新安鹽商，少年風流之士也。夜間聞子清歌，因而問及。僕告以來歷，並談及難歸之故，渠意欲以千金聘汝。我得千金，可藉口以見吾父母；而恩卿亦得所天。但情不能舍，是以悲泣。"説罷，淚如雨下。十娘放開兩手，冷笑一聲道："爲郎君畫此計者，此人乃大英雄也。郎君千金之資，既得恢復，而妾歸他姓，又不致爲行李之累，發乎情，止乎禮，誠兩便之策也。那千金在那裏？"公子收淚道："未得恩卿之諾，金尚留彼處，未曾過手。"十娘道："明早快快應承了他，不可挫過機會。但千金重事，須得兑足交付郎君之手，妾始過舟，勿爲賈豎子所欺[65]。"時已四鼓，十娘即起身挑燈梳洗道："今日之粧，乃迎新送舊，非比尋常。"於是脂粉香澤，用意修飾，花鈿繡襖，極其華艷，香風拂拂，光采照人。裝束方完，天色已曉。孫富差家僮到船頭候信。十娘微窺公子，欣欣似有喜色，乃催公子快去回話，及早兑足銀子。公子親到孫富船中，回復依允。孫富道："兑銀易事，須得麗人妝臺爲信。"公子又回復了十娘，十娘即指描金文具道："可便擡去。"孫富喜甚。即將白銀一千兩，送到公子船中。十娘親自檢看，足色足數，分毫無爽。乃手把船舷，以手招孫富。孫富一見，魂不附體。十娘啓朱唇，開皓齒道："方才箱子可暫發來，内有李郎路引一紙[66]，可檢還之也。"孫富視十娘已爲甕中之鱉，即命家僮送那描金文具，安放船頭之上。十娘取鑰開鎖，内皆抽替小箱。十娘叫公子抽第一層來看，只見翠羽明璫。瑤簪寶珥，充牣於中[67]，約值數百金。十娘遽投之江中。李甲與孫富及兩船之人，無不驚詫。又命公子再抽一箱，乃玉簫金管。又抽一箱，盡古玉紫金玩器，約值數千金。十娘盡投之於大江中。岸上之人，觀者如堵。齊聲道："可惜可惜！"正不知什麽緣故。最後又抽一箱，箱中復有一匣。開匣視之，夜明之珠，約有盈把。其他祖母緑,貓兒眼,諸般異寶,目所未睹,莫能定其價之多少。衆人齊聲喝彩,喧聲如雷。十娘又欲投之於江。李甲不覺大悔,抱持十娘慟哭,那孫富也來勸解。十娘推開公子在一邊,向孫富罵道:"我與李郎備嘗艱苦,不是容易到此,汝以姦淫之意,巧爲讒説,一旦破人姻緣,斷人恩愛,乃我之仇人。我死而有知,必當訴之神明,尚妄想枕席之歡乎!"又對李甲道:"妾風塵數年,私有所積,本爲終身之計。自遇郎君,山盟海誓,白首不渝。前出都之際,假託衆姊妹相贈,箱中韞藏百寶,不下萬金。將潤色郎君之裝,歸見父母,或憐妾有心,收佐中饋[68],得終委託,生死無憾。誰知郎君相信不深,惑於浮議[69],中道見棄,負妾一片真心。今日當衆目之前,開箱出視,使郎君知區區千金,未爲難事。妾櫝中有玉,恨郎眼内無珠。命之不辰[70],風塵困瘁,甫得脱離,又遭棄捐。今衆人各有耳目,共作證明,妾不負郎君,郎君自負妾耳!"於是衆人聚觀者,無不流涕,都唾罵李公子負心薄幸。公子又羞又苦,且悔且泣,方欲向十娘謝罪。十娘抱持寶匣,向江心一跳。衆人急呼撈救。但見雲暗江心,波濤滚滚,杳無蹤影。可惜一個如花似玉的名姬,一旦葬於江魚之腹。

三魂渺渺歸水府,七魄悠悠入冥途。

當時旁觀之人,皆咬牙切齒,爭欲拳毆李甲和那孫富。慌得李孫二人,手足無措,急叫開船,分途遁去。李甲在舟中,看了千金,轉憶十娘,終日愧悔,鬱成狂疾,終身不痊。孫富自那日受驚,得病臥床月餘,終日見杜十娘在傍詬罵,奄奄而逝。人以爲江中之報也。

卻説柳遇春在京坐監完滿,束裝回鄉,停舟瓜步[71]。偶臨江淨臉,失墜銅盆於水,覓漁人打撈。及至撈起,乃是個小匣兒。遇春啓匣觀看,内皆明珠異寶,無價之珍。遇春厚賞漁人,留於床頭把玩。是夜夢見江中一女子,凌波而來,視之,乃杜十娘也。近前萬福,訴以李郎薄幸之事。又道:"向承君家慷慨,以一百五十金相助,本意息肩之後,徐圖報答。不意事無終始;然每懷盛情,悒悒未忘。早間曾以小匣托漁人奉致,聊表寸心,從此不復相見矣。"言訖,猛然驚醒,方知十娘已死,歎息累日。後人評論此事,以爲孫富謀奪美色,輕擲千金,固非良士;李甲不識杜十娘一片苦心,碌碌蠢才,無足道者。獨謂十娘千古女俠,豈不能覓一佳侶,共跨秦樓之鳳[72],乃錯認李公子,明珠美玉,投於盲人,以致恩變爲仇,萬種恩情,化爲流水,深可惜也!有詩嘆云:

不會風流莫妄談,單單情字費人參[73];
若將情字能參透,喚作風流也不慚。

(《警世通言》第三十二卷,人民文學出版社1980年版)

【注釋】

[1]殘胡：指元朝的統治者。帝畿(jī)：指京都或京都附近地區，此處指北京。　[2]九邊：明朝建國百餘年間，金元殘餘勢力伺機南下，成爲明代的嚴重邊患，因此明朝在北方設立了九個邊防區，即遼東、薊州、宣府、大同、太原、延綏、寧夏、固原、甘肅，史稱"九邊重鎮"。　[3]衣冠萬國：使動用法，使萬國的君主衣冠整齊(前來中國朝拜)。　[4]華胥世：太平盛世。　[5]金甌：本指金的盆、盂器皿之類。這裏比喻疆土的堅固。　[6]區夏：指中原地區。　[7]金城天府：金城比喻城之堅，天府指地之富裕。　[8]洪武爺：即明太祖朱元璋。　[9]定鼎：新皇朝定都建國的意思。　[10]永樂爺：指明成祖朱棣。　[11]萬曆：明神宗朱翊鈞的年號(1573—1620)。　[12]關白：日本古代職官，相當於中國的宰相。關白本意源自中國，本爲"陳述、稟告"之意，後該詞由遣唐使引進日本。平秀吉：又名豐臣秀吉，是日本戰國時代末期封建領主。他曾出兵明朝，但最終被打敗。　[13]西夏：寧夏，舊省名。哱承恩：當時寧夏總兵哱拜的兒子。　[14]播州：今貴州遵義。楊應龍：四川播州世襲土司，後因起兵作亂而被殺。　[15]土官：即"土司"，是封建王朝封賜的少數民族地區能世襲的官員或統治者。　[16]遠夷：遠方國家。夷：本指少數民族，此處泛指外族地區，帶有貶義。　[17]納粟入監：明清兩代富家子弟通過捐納粟米或銀子便可進入國子監。　[18]兩京：北京和南京。　[19]布政：即布政使，與按察使同爲一省的行政長官。　[20]庠(xiáng)：泛指古代的學校。　[21]坐監：在國子監讀書，學習。　[22]教坊司：中國古代宮廷音樂機構，始建於唐，專門管理宮廷俗樂的教習和演出事宜。後因其也負責管理官妓和妓院，因此常作爲妓院的代稱。　[23]白家樊素：即唐代詩人白居易家的歌妓。白居易贊其"櫻桃樊素口，楊柳小蠻腰"。　[24]破瓜：常被用來指女子破身。[25]口號：表示隨口吟成。　[26]斗筲(shāo)：斗與筲都是容量很小的器皿，比喻氣量狹小或才識短淺，此處比喻酒量小。筲：竹編容器，容量一斗二升。　[27]粉面：傅粉的臉，借指美人。　[28]不統口：不改口。　[29]行(háng)户人家：即行院，妓院。　[30]退財白虎：破財凶神白虎，星宿名，舊時迷信以爲歲中凶神。　[31]粉頭：妓女。　[32]孤拐：脚踝骨。　[33]十齋：信佛之人，每月初一、初八、十四、十五、十八、二十三、二十四、二十八、二十九、三十等十天不吃葷腥，稱作"十齋"。　[34]虔婆："三姑六婆"中的一種，此處指妓院的鴇母。　[35]落籍：即脫籍，指妓女從良。　[36]曲中：妓坊的通稱，唐宋時妓女住的地方叫坊曲。　[37]褻瀆：侮辱。　[38]嘿(mò)：通"默"，閉口不言。　[39]銖兩：特指極少的錢財。銖是兩的二十四分之一。　[40]兌：稱。　[41]翠鈿：鑲嵌翡翠的首飾。[42]間關：形容旅途的艱辛，崎嶇、輾轉。　[43]浮居：不固定的居所。　[44]于歸：指女子出嫁。　[45]因風吹火：順着風勢吹火，乘便行事，並不費力氣。　[46]肩輿：轎子。[47]贐(jìn)：臨別贈送的財物。　[48]潞河：大運河的北端，在今北京通州境內。　[49]瓜洲：古鎮名，位於今江蘇揚州南，與鎮江隔江相望。　[50]仲冬：舊曆十一月。　[51]六院：明初南京妓院著名的共有六家，這裏泛指妓院。　[52]徽州新安：即今安徽歙縣。[53]種(zhòng)鹽：做鹽商。　[54]嘲風弄月：指玩弄妓女。　[55]"千山"四句：化用柳宗元《江雪》："千山鳥飛絕，萬徑人蹤滅。孤舟蓑笠翁，獨釣寒江雪。"　[56]高學士：明代詩人高啓，曾爲翰林院編修，故稱高學士。　[57]打跳：放下跳板。　[58]入港：交談投

機。 [59]尊寵:古時指妻妾或者外室。 [60]方面:古指一個地方的軍政要職或其長官。 [61]帷薄之嫌:指不合封建禮法的男女交往。帷薄:借指內室。 [62]資斧:貨財器用,亦指旅費。 [63]逾牆鑽穴:指勾引婦女,偷情幽會之類的事情。 [64]閨閣:指李甲家中的妻子。 [65]賈(gǔ)豎子:做買賣的小子。 [66]路引:明朝年間規定凡人員遠離所居地百里之外,都需由當地政府發放"路引",如無"路引"者要依律治罪。此處"路引"指的就是國子監所發的准許回籍的證件。 [67]充牣(rèn):充滿。 [68]收佐中饋(kuì):收留下來幫助燒飯做家務。中饋:原指家務勞動,後引申爲妻室。 [69]浮議:沒有根據的話。 [70]不辰:生不逢時。 [71]瓜步:瓜步鎮,在今江蘇六合南瓜步山下。 [72]共跨秦樓之鳳:相傳春秋時蕭史擅吹簫,秦穆公將女兒弄玉嫁於他,夫妻恩愛異常。這裏比喻夫妻的恩愛、美滿生活。 [73]參(cān):揣摩。

嬰寧

(清)蒲松齡

【題解】

本篇選自蒲松齡《聊齋志異》。蒲松齡從小喜歡民間文學,《聊齋志異》是在廣泛搜集民間傳説的基礎上,窮幾十年精力创作出的一部文言短篇小説集。此外他還有詩文集、雜著、戲劇及通俗歌曲多種。

《聊齋志異》共收文言小説490多篇,內容多記神鬼、狐妖、精魅的奇異故事,作者是要借鬼狐世界來反映、影射人間生活,对社會現實加以揭露、批判,寄託孤憤,表達自己和人民的願望。在創作方法上"用傳奇法,而以志怪"(魯迅語),標誌着古代文言小説藝術的高峰。

《嬰寧》是《聊齋志異》中的名篇,写書生王子服與狐女嬰寧的愛情故事。小説情節不算複雜,重心在於刻畫嬰寧可愛的性格:天真爛漫,外憨內黠。小説在敘述王子服偶遇、尋訪嬰寧以及攜歸成親的過程中,穿插進嬰寧迷離身世的披露,着重對嬰寧愛笑、愛花的舉止和不諳世情禮俗的言語進行反復而又有變化的渲染,襯以富於詩意的環境描寫,塑造出一位性情天然,純真活潑的美麗少女形象。這樣的形象超越了世俗的社會,寄託着作者的美好理想,也可看作返璞歸真的人生狀態的一種象徵。

王子服,莒之羅店人[1]。早孤。絶惠[2],十四入泮[3]。母最愛之,尋常不令遊郊野。聘蕭氏,未嫁而夭,故求凰未就也[4]。會上元[5],有舅氏子吴生,邀同眺矚[6]。方至村外,舅家有僕來,招吴去;生見游女如雲,乘興獨遨。有女郎攜婢,撚梅花一枝,容華絕代,笑容可掬。生注目不移,竟忘顧忌。女過去數武[7],顧婢曰:"个兒郎目灼灼似賊!"遺花地上,笑語自去。

生拾花悵然，神魂喪失，怏怏遂返。至家，藏花枕底，垂頭而睡，不語亦不食。母憂之。醮禳[8]，益劇，肌革鋭減。醫師診視，投劑發表[9]。，忽忽若迷。母撫問所由，默然不答。適吴生來，囑密詰之[10]。吴至榻前，生見之淚下。吴就榻慰解，漸致研詰[11]。生具吐其實，且求謀畫。吴笑曰："君意亦復癡！此願有何難遂？當代訪之。徒步於野，必非世家。如其未字[12]，事固諧矣；不然，拚以重賂[13]，計必允遂。但得痊瘳，成事在我。"生聞之，不覺解頤[14]。吴出告母，物色女子居里，而探訪既窮，並無蹤緒。母大憂，無所爲計。然自吴去後，顔頓開，食亦略進。數日，吴復來。生問所謀。吴紿之曰[15]："已得之矣。我以爲誰何人，乃我姑氏女，即君姨妹行[16]，今尚待聘；雖内戚有婚姻之嫌，實告之，無不諧者。"生喜溢眉宇，問："居何里？"吴詭曰[17]："西南山中，去此可三十餘里。"生又付囑再四，吴鋭身自任而去。

生由此飲食漸加，日就平復。探視枕底，花雖枯，未便彫落[18]。凝思把玩，如見其人。怪吴不至，折柬招之。吴支托不肯赴召[19]。生恚怒，悒悒不歡[20]。母慮其復病，急爲議姻；略與商搉[21]，輒搖首不願。惟日盼吴。吴迄無耗[22]，益怨恨之。轉思三十里非遥，何必仰息他人[23]？懷梅袖中，負氣自往，而家人不知也。伶仃獨步，無可問程，但望南山行去。約三十餘里，亂山合沓[24]，空翠爽肌，寂無人行，止有鳥道[25]。遥望谷底，叢花亂樹中，隱隱有小里落。下山入村，見舍宇無多，皆茅屋，而意甚修雅。北向一家，門前皆絲柳，牆内桃杏尤繁，間以修竹；野鳥格磔其中[26]。意其園亭，不敢遽入。回顧對户，有巨石滑潔，因據坐少憩。俄聞牆内有女子，長呼"小榮"，其聲嬌細。方佇聽間，一女郎由東而西，執杏花一朵，俛首自簪[27]。舉頭見生，遂不復簪，含笑撚花而入。審視之，即上元途中所遇也。心驟喜。但念無以階進[28]；欲呼姨氏，顧從無還往，懼有訛悮。門内無人可問。坐卧徘徊，自朝至於日昃[29]，盈盈望斷，並忘飢渴。時見女子露半面來窺，似訝其不去者。忽一老媪扶杖出，顧生曰："何處郎君，聞自辰刻便來，以至於今。意將何爲？得勿飢耶？"生急起揖之，答云："將以盼親[30]。"媪聾聵不聞。又大言之，乃問："貴戚何姓？"生不能答。媪笑曰："奇哉！姓名尚自不知，何親可探？我視郎君，亦書癡耳。不如從我來，啖以粗糲[31]；家有短榻可卧。待明朝歸，詢知姓氏，再來探訪，不晚也。"生方腹餒思啗[32]，又從此漸近麗人，大喜。從媪入，見門内白石砌路，夾道紅花，片片墮階上；曲折而西，又啓一關[33]，豆棚花架滿庭中。肅客入舍[34]，粉壁光明如鏡；窗外海棠枝朵，探入室中；裀籍几榻[35]，罔不潔澤。甫坐[36]，即有人自窗外隱約相窺。媪唤："小榮！可速作黍。"外有婢子噭聲而應。坐次，具展宗閥[37]。媪曰："郎君外祖，莫姓吴否？"曰："然。"媪驚曰："是吾甥也！尊堂，我妹子。年來以家窶貧[38]，又無三尺男，遂至音問梗塞。甥長成如許，尚不相識。"生曰："此來即爲姨也，匆遽遂忘姓氏。”媪曰:“老身秦姓,並無誕育;弱息僅存[39],亦爲庶產[40]。渠母改醮[41],遺我鞠養。頗亦不鈍,但少教訓,嬉不知愁。少頃,使來拜識。”

未幾,婢子具飯,雛尾盈握[42]。媪勸餐已,婢來斂具。媪曰:“喚寧姑來。”婢應去。良久,聞户外隱有笑聲。媪又喚曰:“嬰寧,汝姨兄在此。”户外嗤嗤笑不已。婢推之以入,猶掩其口,笑不可遏。媪瞋目曰:“有客在,咤咤叱叱,是何景象?”女忍笑而立,生揖之。媪曰:“此王郎,汝姨子。一家尚不相識,可笑人也。”生問:“妹子年幾何矣?”媪未能解。生又言之。女復笑不可仰視。媪謂生曰:“我言少教誨,此可見矣。年已十六,呆癡裁如嬰兒[43]。”生曰:“小於甥一歲。”曰:“阿甥已十七矣,得非庚午屬馬者耶[44]?”生首應之。又問:“甥婦阿誰?”答云:“無之。”曰:“如甥才貌,何十七歲猶未聘? 嬰寧亦無姑家[45],極相匹敵[46];惜有內親之嫌。”生無語,目注嬰寧,不遑他瞬[47]。婢向女小語云:“目灼灼,賊腔未改!”女又大笑,顧婢曰:“視碧桃開未?”遽起,以袖掩口,細碎連步而出。至門外,笑聲始縱。媪亦起,喚婢襆被[48],爲生安置。曰:“阿甥來不易,宜留三五日,遲遲送汝歸。如嫌幽悶,舍後有小園,可供消遣;有書可讀。”

次日,至舍後,果有園半畝,細草鋪氈,楊花糝徑[49];有草舍三楹,花木四合其所。穿花小步,聞樹頭蘇蘇有聲,仰視,則嬰寧在上。見生來,狂笑欲墮。生曰:“勿爾,墮矣!”女且下且笑,不能自止。方將及地,失手而墮,笑乃止。生扶之,陰捘其腕[50]。女笑又作,倚樹不能行,良久乃罷。生俟其笑歇,乃出袖中花示之。女接之曰:“枯矣。何留之?”曰:“此上元妹子所遺,故存之。”問:“存之何意?”曰:“以示相愛不忘也。自上元相遇,凝思成疾,自分化爲異物[51];不圖得見顔色,幸垂憐憫。”女曰:“此大細事[52]。至戚何所靳惜[53]? 待郎行時,園中花,當喚老奴來,折一巨綑負送之。”生曰:“妹子癡耶?”“何便是癡?”曰:“我非愛花,愛撚花之人耳。”女曰:“葭莩之情[54],愛何待言。”生曰:“我所謂愛,非瓜葛之愛[55],乃夫妻之愛。”女曰:“有以異乎?”曰:“夜共枕席耳。”女俛思良久,曰:“我不慣與生人睡。”語未已,婢潛至,生惶恐遁去。少時,會母所。母問:“何往?”女答以園中共話。媪曰:“飯熟已久,有何長言,周遮乃爾[56]?”女曰:“大哥欲我共寢。”言未已,生大窘,急目瞪之,女微笑而止。幸媪不聞,猶絮絮究詰,生急以他詞掩之。因小語責女。女曰:“適此語不應説耶?”生曰:“此背人語。”女曰:“背他人,豈得背老母。且寢處亦常事,何諱之?”生恨其癡,無術可以悟之。

食方竟,家中人捉雙衛來尋生[57]。先是,母待生久不歸,始疑;村中搜覓幾徧,竟無蹤兆。因往詢吴。吴憶曩言[58],因教於西南山村行覓。凡歷數村,始至於此。生出門,適相值[59],便入告媪,且請偕女同歸。媪喜曰:“我有志,匪伊朝夕[60]。但殘軀不能遠涉,得甥攜妹子去,識認阿姨,大好!”呼嬰寧。寧笑至。媼曰:“有何喜,笑輒不輟? 若不笑,當爲全人。”因怒之以目。乃曰:“大哥欲同汝去,可便裝束。”又餉家人酒食,始送之出曰:“姨家田產豐裕,能養宂人[61]。到彼且勿歸,小學詩禮,亦好事翁姑。即煩阿姨,爲汝擇一良匹[62]。”二人遂發。至山坳,回顧,猶依稀見媼倚門北望也。

抵家,母睹姝麗,驚問爲誰。生以姨女對。母曰:“前吴郎與兒言者,詐也。我未有姊,何以得甥?”問女,女曰:“我非母出。父爲秦氏,没時,兒在褓中,不能記憶。”母曰:“我一姊適秦氏,良確;然殂謝已久[63],那得復存?”因審詰面龐、誌贅[64],一一符合。又疑曰:“是矣。然亡已多年,何得復存?”疑慮間,吴生至,女避入室。吴詢得故,惘然久之。忽曰:“此女名嬰寧耶?”生然之。吴亟稱怪事。問所自知,吴曰:“秦家姑去世後,姑丈鰥居[65],祟於狐,病瘠死。狐生女名嬰寧,繃卧床上,家人皆見之。姑丈殁,狐猶時來;後求天師符黏壁間,狐遂攜女去。將勿此耶?”彼此疑參[66]。但聞室中吃吃,皆嬰寧笑聲。母曰:“此女亦太憨生。”吴請面之。母入室,女猶濃笑不顧。母促令出,始極力忍笑,又面壁移時,方出。纔一展拜[67],翻然遽入,放聲大笑。滿室婦女,爲之粲然[68]。吴請往覘其異[69],就便執柯[70]。尋至村所,廬舍全無,山花零落而已。吴憶姑葬處,仿佛不遠;然墳壟湮没,莫可辨識,詫歎而返。母疑其爲鬼。入告吴言,女略無駭意;又弔其無家,亦殊無悲意,孜孜憨笑而已。衆莫之測。母令與少女同寢止。昧爽即來省問[71],操女紅精巧絕倫[72]。但善笑,禁之亦不可止;然笑處嫣然,狂而不損其媚,人皆樂之。鄰女少婦,爭承迎之。母擇吉將爲合巹[73],而終恐爲鬼物。竊於日中窺之[74],形影殊無少異。至日,使華妝行新婦禮;女笑極不能俯仰,遂罷。生以其憨癡,恐漏洩房中隱事;而女殊密秘,不肯道一語。每值母憂怒,女至,一笑即解。奴婢小過,恐遭鞭楚,輒求詣母共話;罪婢投見,恒得免。而愛花成癖,物色徧戚黨;竊典金釵,購佳種,數月,階砌藩溷[75],無非花者。

庭後有木香一架,故鄰西家。女每攀登其上,摘供簪玩。母時遇見,輒訶之。女卒不改。一日,西人子見之,凝注傾倒。女不避而笑。西人子謂女意已屬,心益蕩。女指牆底笑而下。西人子謂示約處,大悦。及昏而往,女果在焉。就而淫之,則陰如錐刺,痛徹於心,大號而踣[76]。細視,非女,則一枯木卧牆邊,所接乃水淋竅也[77]。鄰父聞聲,急奔研問,呻而不言。妻來,始以實告。爇火燭竅[78],見中有巨蠍,如小蟹然。翁碎木捉殺之。負子至家,半夜尋卒[79]。鄰人訟生,訐發嬰寧妖異[80]。邑宰素仰生才,稔知其篤行士,謂鄰翁訟誣,將杖責之。生爲乞免,遂釋而出。母謂女曰:“憨狂爾爾,早知過喜而伏憂也。邑令神明,幸不牽累;設鶻突官宰[81],必逮婦女質公堂,我兒何顏見戚里?”女正色,矢不復笑。母曰:“人罔不笑[82],但須有時。”而女由是竟不復笑,雖故逗,亦終不笑;然竟日未嘗有戚容[83]。

一夕,對生零涕。異之。女哽咽曰:"曩以相從日淺,言之恐致駭怪。今日察姑及郎,皆過愛無有異心,直告或無妨乎?妾本狐產。母臨去,以妾託鬼母,相依十餘年,始有今日。妾又無兄弟,所恃者惟君。老母岑寂山阿,無人憐而合厝之[84],九泉輒爲悼恨。君倘不惜煩費,使地下人消此怨恫[85],庶養女者不忍溺棄。"生諾之,然慮墳冢迷於荒草。女但言"無慮"。刻日,夫妻輿櫬而往[86]。女於荒煙錯楚中[87],指示墓處,果得媪尸,膚革猶存。女撫哭哀痛。舁歸[88],尋秦氏墓合葬焉。是夜,生夢媪來稱謝,寤而述之。女曰:"妾夜見之,囑勿驚郎君耳。"生恨不邀留。女曰:"彼鬼也,生人多,陽氣勝,何能久居?"生問小榮,曰:"是亦狐,最黠[89]。狐母留以視妾,每攝餌相哺,故德之常不去心[90]。昨問母,云已嫁之。"由是歲值寒食[91],夫妻登秦墓,拜掃無缺。女逾年,生一子。在懷抱中,不畏生人,見人輒笑,亦大有母風云。

異史氏曰:觀其孜孜憨笑,似全無心肝者;而牆下惡作劇,其黠孰甚焉。至悽戀鬼母,反笑爲哭,我嬰寧殆隱於笑者矣。竊聞山中有草,名"笑矣乎",嗅之,則笑不可止。房中植此一種,則合歡、忘憂,並無顏色矣;若解語花[92],正嫌其作態耳[93]。

(《聊齋志異》會校會注會評本卷二,上海古籍出版社1978年版)

【注釋】

[1]莒:古地名,今屬山東省。 [2]惠:通"慧",聰明。 [3]入泮:入學讀書。泮:指泮宮,古代諸侯舉行鄉射所設的學宮,西南爲水,東北爲牆。 [4]求凰:形容男子求偶。出自西漢司馬相如《琴歌》之一:"鳳兮鳳兮歸故鄉,遨遊四海求其凰。"相傳司馬相如歌此曲向卓文君求愛。 [5]上元:元宵節。 [6]眺矚:望遠觀賞。 [7]數武:幾步,半步爲武。 [8]醮(jiào)禳(ráng):指通過祭祀來除邪消災。 [9]發表:中醫療法的一種,即用藥物把感受的風寒散發出來。 [10]囑:托付。詰:細問。 [11]研:詳細。 [12]未字:還沒有許婚。字,許嫁。 [13]拚:捐棄。 [14]解頤:臉上露出笑容。頤,臉頰。 [15]紿:通"詒",欺騙。 [16]行:輩。 [17]詭:欺詐。 [18]彫:通"凋",草木零落。 [19]支托:支吾推託。 [20]悒:憂愁不歡。 [21]搉(què):研討,也作"榷",這裏指商量討論。 [22]迄:終,終了。耗:消息,音信。 [23]仰息:依賴,依靠。 [24]沓(tà):重疊,會合。[25]鳥道:鳥飛行的通道,形容山路險峻。 [26]格磔:形容鳥啼的聲音。 [27]俛:通"俯",低頭。簪:插戴在頭上。 [28]無以階進:没有進去的理由。階,本爲一层层的阶梯,此指可用作借口的緣由。 [29]昃(zè):太陽偏西。 [30]盼:探望。 [31]粗糲:粗糧、糙米,這裏指粗茶淡飯。 [32]餒:飢餓。 [33]闈:門。 [34]肅客:迎客。肅,恭敬地引進。 [35]裀籍:坐墊,坐席。裀,通"茵",墊褥。 [36]甫:初,剛剛。 [37]具展宗閥:陳説宗族門第之事。閥:仕宦人家自序功狀而樹立在門外的柱子,後引申爲功業、世家。 [38]窶(jù):泛指貧窮。 [39]弱息:幼弱的子女,亦專指女兒。 [40]庶產:非正妻

所生。 [41]渠母改醮：她的母親改嫁了。渠：第三人稱代詞，相當於他、她。改醮：已婚的婦女再嫁。 [42]雛尾盈握：小雞的尾部滿滿一把，形容雛雞肥嫩。雛，小雞；盈握，抓在手裏滿滿的一把。 [43]裁：通“才”。 [44]庚午屬馬者：指生於庚午年，生肖屬馬。 [45]無姑家：即未嫁。姑家，婆家。 [46]匹敵：相配，匹配。敵，相當，同等。 [47]不遑他瞬：没有功夫去看其他地方。遑：空閒，閒暇。瞬：注視。 [48]襆被：包被。襆，通“幞”，包裹、覆蓋物品的布帛。 [49]糝(sǎn)：散落，散開。 [50]陰捘(zùn)：暗地裏捏。捘：按，捏。 [51]“自分”句：以爲自己要死了。分：料想。異物：指死了的人。 [52]大細事：極小的事兒。大：極，很。 [53]靳(jìn)：吝惜。 [54]葭莩之情：指親戚之情。葭莩，關係疏遠的親戚，也泛指親戚。 [55]瓜葛：比喻親戚關係。 [56]周遮：囉嗦，多言。 [57]雙衛：兩頭驢。衛，驢的代稱。 [58]曩(nǎng)：過去，從前。 [59]值：遇。 [60]匪伊朝夕：已經不是一朝一夕的事兒了。匪，通“非”。 [61]宂(rǒng)：通“冗”，閒散的，多餘無用的。 [62]匹：配偶。 [63]殂謝：死亡。殂：死。 [64]誌贅(zhuì)：痣和贅疣。誌：通“痣”。贅：贅疣。 [65]鰥居：無妻而獨居。鰥，男子無妻。 [66]參：參詳，討論。 [67]展拜：跪拜。 [68]粲然：笑的樣子。粲，笑貌。 [69]覘(chān)：觀察，察看。 [70]執柯：比喻作媒。出自《詩·豳風·伐柯》：“伐柯如何？匪斧不克；取妻如何？匪媒不得。” [71]“昧爽”句：天亮就來問安。昧爽：拂曉。省問：問候。 [72]女紅(gōng)：即女工。紅，通“工”，通常指女子所做的織布、縫紉、刺繡等工作。 [73]合巹(jǐn)：指成婚。 [74]“竊於”句：偷偷在陽光下觀察嬰寧。傳説鬼在日光下没有影子。 [75]階砌藩溷(hùn)：臺階、籬笆乃至於廁所。藩：籬笆。溷：廁。 [76]踣(bó)：向前撲倒。 [77]水淋竅：枯木上水滴出來的一個洞。竅：孔，洞。 [78]爇(ruò)火燭竅：燃燒火把來照看洞孔。爇：焚燒。燭：照亮。 [79]尋卒：就死了。尋，遂。 [80]訐：揭發別人的短處、私事。 [81]鶻(hú)突：糊塗，事情不分曉。 [82]罔：無，没有。 [83]戚：憂愁。 [84]合厝(cuò)；合葬。厝：殯葬。 [85]恫：哀痛，痛苦。 [86]輿櫬：用車運載着棺材。輿：運載。櫬：棺材。 [87]錯楚：雜亂的草莽叢。楚，叢莽。 [88]舁(yú)：帶，運載。 [89]黠：聰慧，機靈。 [90]“故德”句：所以感激她，常常惦記着她。德，感激。不去心，指心中惦記着。 [91]寒食：寒食節，清明節前一兩天，期間禁煙火，只吃冷食。 [92]解語花：指善解人意、貌美如花的女子。出自五代王仁裕《開元天寶遺事·解語花》：“明皇秋八月，太液池有千葉白蓮數枝盛開，帝與貴戚宴賞焉，左右皆嘆羨。久之，帝指貴妃示於左右曰：‘爭如我解語花？’” [93]作態：故作姿態，不自然。

【集評】

(清)但明倫：此篇以笑字立胎，而以花爲眼，處處寫笑，即處處以花映帶之。撚梅花一枝數語，已伏全文之脈，故文章全在提掇處得力也。以撚花笑起，以摘花不笑收，寫笑層見疊出，無一意宂複，無一筆雷同，不笑後復用反襯，後仍結轉笑字，篇法嚴密乃爾。

(清)何守奇：嬰寧憨態，一片天眞，過於司花兒遠矣。我正以其笑爲全人。

(以上兩條皆見《聊齋志異》會校會注會評本卷二，第159頁)

(清)方舒巖：昔《碩人》以倩傳神，西子以矉增美。若子服于嬰寧，撚梅初遇，託掩面而解颜;執杏重逢,更相視而莫逆。似此一笑,百媚叢生,何待千金;兩眉常展,誠憂無不忘,而歡可永合矣。雖憨笑疑癡,狂笑疑俗,乃房中私急,何曾鄰里或聞。而墙下變生,頓使陽城徙惑。倘云樂而不厭,亶其然乎?如謂怒者爲常,不可測矣。况悲鬼母,不嫌易笑爲啼,改葬秦墳,畢竟先號後笑也哉! (《聊齋志異》全校會注集評本卷一,第229頁)

紅 樓 夢

第二十七回 滴翠亭楊妃戲彩蝶 埋香塚飛燕泣殘紅[1]

(清)曹雪芹

【題解】

中國古代小説分爲文言與白話兩個系統,文言小説產生和成熟在前,白話小説在後,兩者雖也互有影響,但大體上各有其發展的軌跡。文言小説至唐代中期以傳奇爲成熟標誌,形成了創作的第一個高潮,此後持續有新的變化和發展。白話小説肇始於唐代俗講、變文、説話,至宋元隨説話藝術繁榮而產生了可供閱讀的話本小説,其中由短篇的小説話本發展爲明清的擬話本小説,以"三言二拍"爲代表。由長篇的講史話本和説經話本發展爲明代的章回體演義小説,《三國演義》《水滸傳》《西遊記》分别代表着歷史演義、英雄傳奇和神魔小説三種類型小説的最高成就。明後期出現了基本屬於文人獨立創作的白話長篇小説《金瓶梅》,改變了之前以累積型與集體多重創作爲主的編撰方式和以歷史、英雄、神魔爲題材的創作狀況,開創了以日常家庭生活去表現社會的世情小説流派,使白話小説在反映社會現實生活的豐富性、深刻性和藝術的表現力上有了突破性的發展。白話小説經過明後期和清代前期的創作繁榮,至清中期已積累了豐富的藝術經驗,這時社會歷史和文化又進入一個新的階段,與此相應,白話長篇小説也邁入了文人獨立創作的完成期,產生了一批傑出和有特色的章回小説,以《紅樓夢》誕生爲標誌,中國白話小説發展到了藝術的高峰。

《紅樓夢》被譽爲中國文學的無尚瑰寶。她的出現既有着中國文學和文化以及社會歷史長期發展的深厚基礎,也有着作者個人和家庭的特殊背景。作者曹雪芹,名霑,號雪芹,又號芹溪,出身於清代一個八旗世家,其先祖爲遼陽漢人,明末被滿洲俘虜,充正白旗包衣(家奴),後因功而發跡。雪芹之父、祖、曾祖三代四人擔任江寧織造(負責供應宫廷所用織物和向皇帝報告吏治民情,品階雖低而地位重要的職務)達五十年,祖父曹寅與康熙帝關係密切,深受寵信。但到雍正帝時,曹家因經濟問題及牽涉政治鬥爭,被抄家而敗落,時值少年的曹雪芹隨家遷回北京,數年後曹家再經打擊遂一敗塗地。後雪芹移居西郊,窮困潦倒。家族的盛衰變遷和自己的經歷體驗激發他通過小説來抒寫人生感受和對社會的認識,也成爲他創造藝術世界的生活之源,貴族世家的文化哺養則爲這位文學天才的縱横馳騁提供了優質充沛的能量。曹雪芹將其全部心血傾注於《紅樓夢》的創作中，在完成八十回及後幾十回的部分初稿後溘然逝去。《紅樓夢》初名《石頭記》，原來書稿只在親友中流傳，先後出現數種鈔本，上有脂硯齋、畸笏叟等人的批語，這些鈔本後被稱爲脂評本，存八十回。乾隆後期，程偉元與高鶚修輯續補《紅樓夢》後四十回，於乾隆五十六年(1791)、五十七年兩次以活字排印了一百二十回本《紅樓夢》，此本被稱爲程高本。此後至20世紀初鈔本被發現前，社會上主要以程高本流傳。

《紅樓夢》展現了賈府這一百年望族的榮盛和衰敗過程，在具有典型特徵的中國宗法家族的環境中，描寫了賈寶玉、林黛玉和薛寶釵等貴族青年以及衆多下層女子的愛情婚姻悲劇與人生悲劇，並延展和深化爲對時代社會的悲劇反映，具有極爲豐富和深刻的蘊涵。作品塑造了一系列個性鮮明血肉豐滿的人物形象，結構恢宏而渾然天成，語言鮮活流暢，敘事自然生動，描寫細膩真切。而抒情精神的灌注，使全書富於詩的意境。魯迅"總之自有《紅樓夢》出來以後，傳統的思想和寫法都打破了"可謂高度概括的評價。

本篇選取第二十七回，主要寫大觀園裏芒種節祭餞花神活動中女兒們的生活情態和性格心理，其中又着重刻劃了薛寶釵和林黛玉兩位女主人公形象。在一回的篇幅裏寫了七八件事，轉換了多處場景，這些事都發生在一個上午，但各有其前因後果，顯露出複雜的人物關係和多層次的矛盾，不同於一般的線性敘事，而呈現着縱横交織的網狀敘事特徵。此回有黛玉、寶釵、紅玉、鳳姐、寶玉、探春等多位主要和重要人物登場，每人的性格都在自然行進的活動中表現得十分鮮明生動。在滿園飛花，洋溢着節日氣氛的大觀園裏，卻有一人"獨倚花鋤淚暗灑，灑上空枝見血痕"，哭吟出寄寓着悲苦身世和孤標傲世品格的葬花詩，這一景象成爲後來各種藝術形式《紅樓夢》的經典畫面或表演情境——"黛玉葬花"，高潔淒美的黛玉形象隨之定格。

話説林黛玉正自悲泣，忽聽院門響處，只見寶釵出來了，寶玉襲人一群人送了出來。待要上去問着寶玉，又恐當着衆人問羞了寶玉不便，因而閃過一旁，讓寶釵去了，寶玉等進去關了門，方轉過來，猶望着門灑了幾點淚。自覺無味，方轉身回來，無精打采的卸了殘妝。

紫鵑雪雁素日知道林黛玉的情性：無事悶坐，不是愁眉，便是長歎，且好端端的不知爲了什麽，常常的便自淚道不乾的。先時還有人解勸，怕他思父母，想家鄉，受了委曲，只得用話寬慰解勸。誰知後來一年一月的竟常常的如此，把這個樣兒看慣，也都不理論了。所以也没人理，由他去悶坐，只管睡覺去了。那林黛玉倚着床欄杆，兩手抱着膝，眼睛含着淚，好似木雕泥塑的一般，直坐到二更多天方才睡了。一宿無話。

至次日乃是四月二十六日，原來這日未時交芒種節[2]。尚古風俗：凡交芒種節的這日，都要設擺各色禮物，祭餞花神，言芒種一過，便是夏日了，衆花皆卸，花神退位，須要餞行。然閨中更興這件風俗，所以大觀園中之人都早起來了。那些女孩子們，或用花瓣柳枝編成轎馬的，或用綾錦紗羅疊成干旄旌幢的[3],都用彩線繫了。每一顆樹上,每一枝花上,都繫了這些物事。滿園裏繡帶飄颻,花枝招展,更兼這些人打扮得桃羞柳讓,燕妒鶯慚,一時也道不盡。

且説寶釵、迎春、探春、惜春,李紈、鳳姐等並巧姐、大姐、香菱與衆丫鬟們在園内玩耍,獨不見林黛玉。迎春因説道:“林妹妹怎麽不見？好個懶丫頭！這會子還睡覺不成?”寶釵道:“你們等着,我去鬧了他來。”説着便丢下了衆人,一直往瀟湘館來。正走着,只見文官等十二個女孩子也來了,上來問了好,説了一回閒話。寶釵回身指道:“他們都在那裏呢,你們找他們去罷。我叫林姑娘去就來。”説着便逶迤往瀟湘館來。

忽然抬頭,見寶玉進去了,寶釵便站住低頭想了想:寶玉和林黛玉是從小兒一處長大,他兄妹間多有不避嫌疑之處,嘲笑喜怒無常;況且林黛玉素習猜忌,好弄小性兒的。此刻自己也跟了進去,一則寶玉不便,二則黛玉嫌疑。罷了,倒是回來的妙。想畢抽身回來。

剛要尋別的姊妹去,忽見前面一雙玉色蝴蝶,大如團扇,一上一下迎風翩躚,十分有趣。寶釵意欲撲了來玩耍,遂向袖中取出扇子來,向草地下來撲。只見那一雙蝴蝶忽起忽落,來來往往,穿花度柳,將欲過河去了。倒引的寶釵躡手躡腳的,一直跟到池中滴翠亭上,香汗淋漓,嬌喘細細。寶釵也無心撲了,剛欲回來,只聽滴翠亭裏邊嘁嘁喳喳有人説話。原來這亭子四面俱是遊廊曲橋,蓋造在池中水上,四面雕鏤槅子糊着紙[4]。

寶釵在亭外聽見説話,便煞住腳往裏細聽,只聽説道:“你瞧瞧這手帕子,果然是你丢的那塊,你就拿着;要不是,就還芸二爺去。”又有一人説話:“可不是我那塊！拿來給我罷。”又聽道:“你拿什麽謝我呢？難道白尋了來不成。”又答道:“我既許了謝你,自然不哄你。”又聽説道:“我尋了來給你,自然謝我;但只是揀的人,你就不拿什麽謝他?”又回道:“你別胡説。他是個爺們家,揀了我的東西,自然該還的。我拿什麽謝他呢?”又聽説道:“你不謝他,我怎麽回他呢？況且他再三再四的和我説了,若没謝的,不許我給你呢。”半晌,又聽答道:“也罷,拿我這個給他,算謝他的罷。——你要告訴別人呢？須説個誓來。”又聽説道:“我要告訴一個人,就長一個疔,日後不得好死!”又聽説道:“噯呀！咱們只顧説話,看有人來悄悄在外頭聽見。不如把這槅子都推開了,便是有人見咱們在這裏,他們只當我們説頑話呢。若走到跟前,咱們也看的見,就別説了。”

寶釵在外面聽見這話,心中吃驚,想道:“怪道從古至今那些姦淫狗盜的人,心機都不錯。這一開了,見我在這裏,他們豈不臊了。況才説話的語音,大似寶玉房裏的紅兒的言語。他素昔眼空心大,是個頭等刁鑽古怪東西。今兒我聽了他的短兒,一時人急造反,狗急跳牆,不但生事,而且我還没趣。如今便趕着躲了,料也躲不及,少不得要使個‘金蟬脱殼’的法子。”猶未想完,只聽“咯吱”一聲，寶釵便故意放重了腳步，笑着叫道：“顰兒，我看你往那裏藏！”一面説，一面故意往前趕。

那亭内的紅玉墜兒剛一推窗，只聽寶釵如此説着往前趕，兩個人都唬怔了。寶釵反向他二人笑道：“你們把林姑娘藏在那裏了？”墜兒道：“何曾見林姑娘了。”寶釵道：“我才在河那邊看着林姑娘在這裏蹲着弄水兒的。我要悄悄的唬他一跳，還没有走到跟前，他倒看見我了，朝東一繞就不見了。别是藏在這裏頭了。”一面説，一面故意進去尋了一尋，抽身就走，口内説道：“一定是又鑽在山子洞裏去了。遇見蛇，咬一口也罷了。”一面説一面走，心中又好笑：這件事算遮過去了，不知他二人是怎樣。

誰知紅玉聽了寶釵的話，便信以爲真，讓寶釵去遠，便拉墜兒道：“了不得了！林姑娘蹲在這裏，一定聽了話去了！”墜兒聽説，也半日不言語。紅玉又道：“這可怎麽樣呢？”墜兒道：“便是聽了，管誰筋疼，各人幹各人的就完了。”紅玉道：“若是寶姑娘聽見，還倒罷了。林姑娘嘴裏又愛刻薄人，心裏又細，他一聽見了，倘或走露了風聲，怎麽樣呢？”二人正説着，只見文官，香菱，司棋，待書等上亭子來了。二人只得掩住這話，且和他們頑笑。

只見鳳姐兒站在山坡上招手叫，紅玉連忙棄了衆人，跑至鳳姐跟前，堆着笑問：“奶奶使唤作什麽事？”鳳姐打諒了一打諒，見他生的乾淨俏麗，説話知趣，因笑道：“我的丫頭今兒没跟進我來。我這會子想起一件事來，要使唤個人出去，不知你能幹不能幹，説的齊全不齊全？”紅玉笑道：“奶奶有什麽話，只管吩咐我説去。若説的不齊全，誤了奶奶的事，憑奶奶責罰就是了。”鳳姐笑道：“你是那位小姐房裏的？我使你出去，他回來找你，我好替你説的。”紅玉道：“我是寶二爺房裏的。”鳳姐聽了笑道：“嗳喲！你原來是寶玉房裏的，怪道呢。也罷了，等他問，我替你説。你到我們家，告訴你平姐姐：外頭屋裏桌子上汝窯盤子架兒底下放着一卷銀子，那是一百六十兩，給繡匠的工價，等張材家的來要，當面稱給他瞧了，再給他拿去。再裏頭床頭間有一個小荷包拿了來。”

紅玉聽説撤身去了，回來只見鳳姐不在這山坡子上了。因見司棋從山洞裏出來，站着繫裙子，便趕上來問道：“姐姐，不知道二奶奶往那裏去了？”司棋道：“没理論。”紅玉聽了，抽身又往四下裏一看，只見那邊探春寶釵在池邊看魚。紅玉上來陪笑問道：“姑娘們可知道二奶奶那去了？”探春道：“往你大奶奶院裏找去。”紅玉聽了，才往稻香村來，頂頭只見晴雯、綺霰、碧痕、紫綃、麝月、待書、入畫、鶯兒等一群人來了。

晴雯一見了紅玉，便説道：“你只是瘋罷！院子裏花兒也不澆，雀兒也不喂，茶爐子也不爖[5]，就在外頭逛。”紅玉道：“昨兒二爺説了，今兒不用澆花，過一日澆一回罷。我喂雀兒的時侯，姐姐還睡覺呢。”碧痕道：“茶爐子呢？”紅玉道:“今兒不該我攏的班兒,有茶没茶别問我。”綺霰道:“你聽聽他的嘴!你們别説了,讓他逛去罷。”紅玉道:“你們再問問我逛了没有。二奶奶使唤我説話取東西的。”説着將荷包舉給他們看,方没言語了。

大家分路走開。晴雯冷笑道:“怪道呢!原來爬上高枝兒去了,把我們不放在眼裏。不知説了一句話半句話,名兒姓兒知道了不曾呢,就把他興的這樣!這一遭半遭兒的算不得什麽,過了後兒還得聽呵!有本事從今兒出了這園子,長長遠遠的在高枝兒上才算得。”一面説着去了。

這裏紅玉聽説,不便分證[6],只得忍着氣來找鳳姐兒。到了李氏房中,果見鳳姐兒在這裏和李氏説話兒呢。紅玉上來回道:“平姐姐説,奶奶剛出來了,他就把銀子收了起來,才張材家的來討,當面稱了給他拿去了。”説着將荷包遞了上去,又道:“平姐姐教我回奶奶:才旺兒進來討奶奶的示下,好往那家子去。平姐姐就把那話按着奶奶的主意打發他去了。”鳳姐笑道:“他怎麽按我的主意打發去了?”紅玉道:“平姐姐説:我們奶奶問這裏奶奶好。原是我們二爺不在家,雖然遲了兩天,只管請奶奶放心。等五奶奶好些,我們奶奶還會了五奶奶來瞧奶奶呢。五奶奶前兒打發了人來説,舅奶奶帶了信來了,問奶奶好,還要和這裏的姑奶奶尋兩丸延年神驗萬全丹。若有了,奶奶打發人來,只管送在我們奶奶這裏。明兒有人去,就順路給那邊舅奶奶帶去的。”

話未説完,李氏道:“嗳喲喲!這些話我就不懂了。什麽‘奶奶’‘爺爺’的一大堆。”鳳姐笑道:“怨不得你不懂,這是四五門子的話呢。”説着,又向紅玉笑道:“好孩子,難爲你説的齊全。别像他們扭扭捏捏的蚊子似的。嫂子你不知道,如今除了我隨手使的幾個丫頭老婆之外,我就怕和他們説話。他們必定把一句話拉長了作兩三截兒,咬文咬字,拿着腔兒,哼哼唧唧的,急的我冒火,他們那裏知道!先時我們平兒也是這麽着,我就問着他:難道必定裝蚊子哼哼就是美人了?説了幾遭,才好些兒了。”李宫裁笑道[7]:“都像你潑皮破落户[8]才好。”鳳姐又道:“這一個丫頭就好。方才兩遭,説話雖不多,聽那口聲就簡斷。”説着又向紅玉笑道:“你明兒服侍我去罷。我認你作女兒,我一調理,你就出息了。”

紅玉聽了,撲哧一笑。鳳姐道:“你怎麽笑?你説我年輕,比你能大幾歲,就作你的媽了?你還作春夢呢!你打聽打聽,這些人頭比你大的大的,趕着我叫媽,我還不理。今兒抬舉了你呢!”紅玉笑道:“我不是笑這個,我笑奶奶認錯了輩數了。我媽是奶奶的女兒,這會子又認我作女兒。”鳳姐道:“誰是你媽?”李宫裁笑道:“你原來不認得他?他是林之孝之女。”鳳姐聽了十分詫異,説道:“哦!原來是他的丫頭。”又笑道:“林之孝兩口子都是錐子紮不出一聲兒來的。我成日家説,他們倒是配就了的一對夫妻,一個天聾,一個地啞。那裏承望養出這麽個伶俐丫頭來！你十幾歲了？”紅玉道：“十七歲了。”又問名字，紅玉道：“原叫紅玉的，因爲重了寶二爺，如今只叫紅兒了。”

鳳姐聽説將眉一皺，把頭一回，説道：“討人嫌的很！得了玉的益似的，你也玉，我也玉。”因説道：“既這麽着，肯跟，我還和他媽説，‘賴大家的如今事多，也不知這府裏誰是誰，你替我好好的挑兩個丫頭我使’，他一般答應着。他饒不挑[9]，倒把這女孩子送了别處去。難道跟我必定不好？”李氏笑道：“你可是又多心了。他進來在先，你説話在後，怎麽怨的他媽！”鳳姐道：“既這麽着，明兒我和寶玉説，叫他再要人，叫這丫頭跟我去。可不知本人願意不願意？”紅玉笑道：“願意不願意，我們也不敢説。只是跟着奶奶，我們也學些眉眼高低，出入上下，大小的事也得見識見識。”剛説着，只見王夫人的丫頭來請，鳳姐便辭了李宫裁去了。紅玉回怡紅院去，不在話下。

如今且説林黛玉因夜間失寐，次日起来遲了，聞得衆姊妹都在園中作餞花會，恐人笑他癡懶，連忙梳洗了出來。剛到了院中，只見寶玉進門來了，笑道：“好妹妹，你昨兒可告我了不曾？教我懸了一夜心。”林黛玉便回頭叫紫鵑道：“把屋子收拾了，撂下一扇紗屜；看那大燕子回來，把簾子放下來，拿獅子倚住[10]；燒了香就把爐罩上。”一面説一面又往外走。寶玉見他這樣，還認作是昨日中晌的事，那知晚間的這段公案[11]，還打恭作揖的。林黛玉正眼也不看，各自出了院門，一直找别的姊妹去了。寶玉心中納悶，自己猜疑：看起這個光景來，不像是爲昨日的事；但只昨日我回來的晚了，又没有見他，再没有衝撞了他的去處了。一面想，一面由不得隨後追了來。

只見寶釵探春正在那邊看鶴舞，見黛玉去了，三個一同站着説話兒。又見寶玉來了，探春便笑道：“寶哥哥，身上好？我整整的三天没見你了。”寶玉笑道：“妹妹身上好？我前兒還在大嫂子跟前問你呢。”探春道：“寶哥哥，你往這裏來，我和你説話。”寶玉聽説，便跟了他，離了釵、玉兩個，到了一棵石榴樹下。

探春因説道：“這幾天老爺可曾叫你？”寶玉笑道：“没有叫。”探春説：“昨兒我恍惚聽見説老爺叫你出去的。”寶玉笑道：“那想是别人聽錯了，並没叫的。”探春又笑道：“這幾個月，我又攒下有十來吊錢了，你還拿了去，明兒出門逛去的時侯，或是好字畫，好輕巧頑意兒，替我帶些來。”寶玉道：“我這麽城裏城外、大廊小廟的逛，也没見個新奇精緻東西，左不過是那些金、玉、銅、磁[12]，没處撂的古董，再就是綢緞吃食衣服了。”探春道：“誰要這些。怎麽像你上回買的那柳枝兒編的小籃子，整竹子根摳的香盒兒，膠泥垛的風爐兒，這就好了。我喜歡的什麽似的，誰知他們都愛上了，都當寶貝似的搶了去了。”寶玉笑道：“原來要這個。這不值什麽，拿五百錢出去給小子們，管拉一車來。”探春道：“小厮們知道什麽。你揀那樸而不俗、直而不拙者，這些東西，你多多的替我帶了來。

我還像上回的鞋作一雙你穿,比那一雙還加工夫,如何呢?”

寶玉笑道:“你提起鞋來,我想起個故事:那一回我穿着,可巧遇見了老爺,老爺就不受用,問是誰作的。我那裏敢提‘三妹妹’三個字,我就回説是前兒我生日,是舅母給的。老爺聽了是舅母給的,才不好説什麽,半日還説:‘何苦來!虚耗人力,作踐綾羅,作這樣的東西。’我回來告訴了襲人,襲人説這還罷了,趙姨娘氣的抱怨的了不得:‘正經兄弟,鞋搭拉襪搭拉的没人看的見[13],且作這些東西!’”探春聽説,登時沉下臉來,道:“這話糊塗到什麽田地!怎麽我是該作鞋的人麽?環兒難道没有分例的?一般的衣裳是衣裳,鞋襪是鞋襪,丫頭老婆一屋子,怎麽抱怨這些話!給誰聽呢!我不過是閑着没事兒,作一雙半雙,愛給那個哥哥兄弟,隨我的心。誰敢管我不成!這也是白氣。”寶玉聽了,點頭笑道:“你不知道,他心裏自然又有個想頭了。”探春聽説,益發動了氣,將頭一扭,説道:“連你也糊塗了!他那想頭自然是有的,不過是那陰微鄙賤的見識。他只管這麽想,我只管認得老爺、太太兩個人,别人我一概不管。就是姊妹弟兄跟前,誰和我好,我就和誰好,什麽偏的庶的,我也不知道。論理我不該説他,但忒昏憒的不像了!還有笑話呢:就是上回我給你那錢,替我帶那頑的東西。過了兩天,他見了我,也是説没錢使,怎麽難,我也不理論。誰知後來丫頭們出去了,他就抱怨起來,説我攢的錢爲什麽給你使,倒不給環兒使呢。我聽見這話,又好笑又好氣,我就出來往太太跟前去了。”正説着,只見寶釵那邊笑道:“説完了,來罷。顯見的是哥哥妹妹了,丢下别人,且説梯己去[14]。我們聽一句兒就使不得了!”説着,探春寶玉二人方笑着來了。

寶玉因不見了林黛玉,便知他躲了别處去了,想了一想,索性遲兩日,等他的氣消一消再去也罷了。因低頭看見許多鳳仙石榴等各色落花,錦重重的落了一地,因歎道:“這是他心裏生了氣,也不收拾這花兒來了。待我送了去,明兒再問着他。”説着,只見寶釵約着他們往外頭去。寶玉道:“我就來。”説畢,等他二人去遠了,便把那花兜了起來,登山渡水,過樹穿花,一直奔了那日同林黛玉葬桃花的去處來。

將已到了花塚,猶未轉過山坡,只聽山坡那邊有嗚咽之聲,一行數落着,哭的好不傷感。寶玉心下想道:“這不知是那房裏的丫頭,受了委曲,跑到這個地方來哭。”一面想,一面煞住腳步,聽他哭道是:

花謝花飛花滿天,紅消香斷有誰憐?
遊絲軟繫飄春榭,落絮輕沾撲繡簾。
閨中女兒惜春暮,愁緒滿懷無釋處,
手把花鋤出繡閨,忍踏落花來復去。
柳絲榆莢自芳菲,不管桃飄與李飛。

桃李明年能再發,明年閨中知有誰?
三月香巢已壘成,梁間燕子太無情!
明年花發雖可啄,卻不道人去梁空巢也傾。
一年三百六十日,風刀霜劍嚴相逼,
明媚鮮妍能幾時,一朝飄泊難尋覓。
花開易見落難尋,階前悶殺葬花人,
獨倚花鋤淚暗灑,灑上空枝見血痕。
杜鵑無語正黄昏,荷鋤歸去掩重門。
青燈照壁人初睡,冷雨敲窗被未溫。
怪奴底事倍傷神[15],半爲憐春半惱春:
憐春忽至惱忽去,至又無言去不聞。
昨宵庭外悲歌發,知是花魂與鳥魂?
花魂鳥魂總難留,鳥自無言花自羞。
願奴脅下生雙翼,隨花飛到天盡頭。
天盡頭,何處有香丘?
未若錦囊收豔骨,一抔淨土掩風流[16]。
質本潔來還潔去,強於汙淖陷渠溝[17]。
爾今死去儂收葬[18],未卜儂身何日喪?
儂今葬花人笑癡,他年葬儂知是誰?
試看春殘花漸落,便是紅顔老死時。
一朝春盡紅顔老,花落人亡兩不知!

寶玉聽了不覺癡倒。要知端詳,且聽下回分解。

(《紅樓夢》,人民文學出版社2008年版)

【注釋】

[1]楊妃、飛燕:唐玄宗貴妃楊玉環和漢成帝皇后趙飛燕,二人都是中國古代著名美人,楊體態豐腴,趙身瘦輕盈,這裏分别比喻薛寶釵與林黛玉。 [2]芒種節:我國古代有反映氣候變化和農事季節的二十四節氣,芒種節爲其一,西曆一般在6月的6或7日。 [3]干旄(máo)旌(jīng)幢(chuáng):干旄:用犛牛尾裝飾旗竿,樹立於車後,顯示威儀。干,通竿;旄,犛牛尾。旌:與旄類似,下有五彩羽毛裝飾。幢:作爲儀仗用的旗幟。這裏以干旄旌幢概稱各種旗幟。 [4]槅(gé)子:窗或其他器物上用木條做的格子。 [5]爖:生火,燒。 [6]分證:分辯。 [7]李宫裁:李紈,字宫裁,賈政長子賈珠的遺孀,即上文説的大奶奶、李氏。 [8]潑皮破落户:原指因家業敗落無以爲生的流氓無賴,此作潑辣講,是戲謔之語。 [9]饒:這裏表示讓步關係,即便……也罷了。 [10]獅子:此指用來壓簾子的小石獅子。 [11]公案:本爲官吏審理案件時用的桌子,代指官司、案件,這裏指事情的原

由,即頭天晚上黛玉到怡紅院叫門不開之事。 [12]左不過:只不過,方言。 [13]鞋搭拉襪搭拉:形容穿的鞋襪破舊不整。搭拉,下垂的樣子。 [14]梯己:親近的、貼心的(話)。 [15]底事:什麼事。底,何。 [16]一抔(pǒu):一捧。抔,掬。 [17]汙淖(nào):污泥。淖,泥沼,泥濘。 [18]儂(nóng):我。

二十九、雜劇傳奇

感天動地竇娥冤（第三折[1]）

（元）關漢卿

【題解】

關漢卿（約1225—1302），名不詳，號已齋叟，又作一齋，己齋，大都人。其人高才多藝，不屑仕進。不但寫戲，且能演戲，與雜劇作家楊顯之等相善，同藝人歌伎交往密切。早年主要在大都生活，中年時到達汴梁，元滅南宋後曾南遊杭州，途中到過揚州。所作元雜劇達六十六種，今存十八種，爲元雜劇之冠。另有散曲留存。關劇反映了廣闊的社會生活，其戲曲敘事具有現實性、豐富性和完整性。劇中人物形象鮮明生動，結構嚴謹，戲劇衝突緊湊，情節曲折，波瀾迭起，語言本色當行，富於舞臺演出效果。代表作有《竇娥冤》《救風塵》《望江亭》《單刀會》等。

此劇寫竇娥三歲喪母，七歲做童養媳，十七歲守寡，她對這樣的命運没有怨言，恪守婦德，決定侍奉婆婆終生。而張驢兒父子以救了蔡婆的性命爲由逼迫婆媳二人招親，遭到竇娥的堅決反对。當張驢兒誤毒死其父而脅迫竇娥順從時，竇娥奮起抗爭，要與張驢兒“官休”。竇娥面對官衙大堂力辯自己的清白，卻遭到嚴刑毒打，爲了保護婆婆，她屈招入獄。她曾幻想案件會有昭雪之日，而等待她的卻是處斬的命運。臨刑前竇娥對天地鬼神發出憤怒的責駡，並發出三樁誓願。三年後竇娥父親任肅政廉訪史，到當地核查案件，竇娥的鬼魂向父親申訴了冤屈，並協助父親捉拿兇手，昭雪了沉冤。

此處節選了第三折。竇娥在被押往刑場時清醒地看到了殘酷的現實，【端正好】【滾繡球】唱詞是竇娥從自己的遭遇出發，對感受到的社會黑暗所作的悲憤控訴，代表着元代廣大人民的怨憤情緒和對正義的呼喚。临刑前發下的三樁誓願，是她反抗性格之集中表現和昇華，也是此劇雖寫竇娥命运之悲慘而仍具有令人激昂和奮起力量的原因。

（外扮監斬官上[2]，云）下官監斬官是也。今日處決犯人，着做公的把住巷口[3]，休放往來人閒走。（浄扮公人鼓三通、鑼三下科[4]。劊子磨旗[5]、提刀，押正旦帶枷上。劊子云）行動些[6]，行動些，監斬官去法場上多時了！（正旦唱[7]）

【正宮·端正好】[8]没來由犯王法，不提防遭刑憲，叫聲屈動地驚天！頃刻間遊魂先赴森羅殿[9]，怎不將天地也生埋怨？

【滾綉球】有日月朝暮懸，有鬼神掌着生死權，天地也，只合把清濁分辨，可怎生錯看了盜跖顔淵[10]？爲善的受貧窮更命短,造惡的享富貴又壽延。天地也,做得個怕硬欺軟,却原來也這般順水推船[11]。地也,你不分好歹何爲地？天也,你錯勘賢愚枉做天！哎,只落得兩淚漣漣。

(劊子云)快行動些,誤了時辰也。(正旦唱)

【倘秀才】則被這枷扭的我左側右偏,人擁的我前合後偃,我竇娥向哥哥行有句言[12];(劊子云)你有甚麽話説?(正旦唱)前街裹去心懷恨,後街裹去死無冤,休推辭路遠。

(劊子云)你如今到法場上面,有甚麽親眷要見的？可教他過來,見你一面也好。(正旦唱)

【叨叨令】可憐我孤身隻影無親眷,則落的吞聲忍氣空嗟怨。(劊子云)難道你爺娘家也没的?(正旦云)止有個爹爹,十三年前上朝取應去了[13],至今杳無音信。(唱)早已是十年多不睹爹爹面。(創子云)你適纔要我往後街裹去,是什麽主意?(正旦唱)怕則怕前街裹被我婆婆見。(劊子云)你的性命也顧不得,怕他見怎的?(正旦云)俺婆婆若見我披枷帶鎖,赴法場餐刀去呵,(唱)枉將他氣殺也麽哥[14],枉將他氣殺也麽哥！告哥哥,"臨危好與人行方便。"

(卜兒哭上科[15],云)天那,兀的不是我媳婦兒!(劊子云)婆子靠後!(正旦云)既是俺婆婆來了,叫他來,待我囑付他幾句話咱。(劊子云)那婆子近前來,你媳婦要囑付你話哩。(卜兒云)孩兒,痛殺我也!(正旦云)婆婆,那張驢兒把毒藥放在羊肚兒湯裹,實指望藥死了你,要霸佔我爲妻。不想婆婆讓與他老子吃,倒把他老子藥死了。我怕連累婆婆,屈招了藥死公公,今日赴法場典刑。婆婆,此後遇着冬時年節,月一十五,有瀽不了的漿水飯[16],瀽半碗兒與我吃,燒不了的紙錢,與竇娥燒一陌兒[17],則是看你死的孩兒面上!(唱)

【快活三】念竇娥葫蘆提當罪愆[18],念竇娥身首不完全,念竇娥從前已往幹家緣[19]。婆婆也,你只看竇娥少爺無娘面。

【鮑老兒】念竇娥伏侍婆婆這幾年,遇時節將碗涼漿奠;你去那受刑法尸骸上烈些紙錢[20],只當把你亡化的孩兒薦。(卜兒哭科,云)孩兒放心,這個老身都記得。天那,兀的不痛殺我也!(正旦唱)婆婆也,再也不要啼啼哭哭,煩煩惱惱,怨氣衝天。這都是我做竇娥的没時没運,不明不暗,負屈銜冤。

(劊子做喝科,云)兀那婆子靠後,時辰到了也。(正旦跪科)(劊子開枷科)(正旦云)竇娥告監斬大人,有一事肯依竇娥,便死而無怨。(監斬官云)你有什麽事？你説。(正旦云)要一領淨席[21],等我竇娥站立;又要丈二白練[22],掛在旗槍上[23]。若是我竇娥委實冤枉,刀過處頭落,一腔熱血,休半點兒沾在地下,都飛在白練上者。(監斬官云)這個就依你,打甚麽不緊[24]。(劊子做取席站科,又取白練掛旗上科)(正旦唱)

【耍孩兒】不是我竇娥罰下這等無頭願[25],委實的冤情不淺。若没些兒靈聖與世人傳,也不見得湛湛青天。我不要半星熱血紅塵灑,都只在八尺旗槍素練懸。等他四下裏皆瞧見。這就是咱萇弘化碧[26],望帝啼鵑[27]。

(劊子云)你還有甚的説話?此時不對監斬大人説,幾時説那!(正旦再跪科,云)大人,如今是三伏天道,若竇娥委實冤枉,身死之後,天降三尺瑞雪,遮掩了竇娥尸首。(監斬官云)這等三伏天道,你便有衝天的怨氣,也召不得一片雪來。可不胡説!(正旦唱)

【二煞】你道是暑氣暄,不是那下雪天,豈不聞飛霜六月因鄒衍[28]?若果有一腔怨氣噴如火,定要感的六出冰花滚似綿[29],免着我尸骸現。要甚麽素車白馬[30],斷送出古陌荒阡[31]!

(正旦再跪科,云)大人,我竇娥死的委實冤枉,從今以後,着這楚州亢旱三年[32]。(監斬官云)打嘴!那有這等説話!(正旦唱)

【一煞】你道是天公不可期[33],人心不可憐,不知皇天也肯從人願。做甚麽三年不見甘霖降?也只爲東海曾經孝婦冤[34],如今輪到你山陽縣。這都是官吏每無心正法[35],使百姓有口難言!

(劊子做磨旗科,云)怎麽這一會兒天色陰了也?(内做風科。劊子云)好冷風也!(正旦唱)

【煞尾】浮雲爲我陰,悲風爲我旋,三椿兒誓願明題遍。(做哭科,云)婆婆也,直等待雪飛六月,亢旱三年呵,(唱)那其間纔把你個屈死的冤魂這竇娥顯!

(劊子做開刀,正旦倒科)(監斬官驚云)呀,真個下雪了,有這等异事!(劊子云)我也道平日殺人,滿地都是鮮血,這個竇娥的血,都飛在那丈二白練上,並無半點落地,委實奇怪。(監斬官云)這死罪必有冤枉。早兩椿兒應驗了,不知亢旱三年的説話,准也不准?且看後來如何。左右,也不必等待雪晴,便與我擡他尸首,還了那蔡婆婆去罷。(衆應科,擡尸下)

(《全元戲曲》第一卷,人民文學出版社1990年版)

【注釋】

[1]折:元雜劇的結構單位。通常由四折與一個楔子組成一本劇,一折相當於現在一幕,它既是故事情節發展的段落,也是音樂組織的單元。楔子是在四折之外增加的短小段落,可放在劇首,相當於序幕,也可置於折與折之間,類似過場戲。 [2]外:角色名,雜劇角色分末、旦、淨、雜四大類,末是扮演男性人物的角色,旦爲扮演女性人物的角色,淨爲扮演性格粗獷豪放或陰險奸詐及相貌特異的男性人物角色,雜爲上三類之外的人物角色。正末和正旦分别爲男女主角,簡稱末和旦。在末、旦、淨中,主要角色之外增加的次要角色,稱爲外,這裏的外是“外末”的省稱,根據不同的情況還可作“外旦”“外淨”的省稱。 [3]做公的:當公差的人,意同下文的“公人”,指衙門中的差役。 [4]鼓三通、鑼三下科:科,

科泛、科範的简称,是雜劇中動作表情和舞臺效果的指示,演員須相應做出表示的動作表情,或製造某種舞臺效果。鼓三通、鑼三下科,表示打三次鼓,敲三下鑼。 [5]磨旗:磨旗,即搖旗、揮旗。 [6]行動些:快些走。 [7]正旦唱:元雜劇的體制通常是一本戲四折由一個主角唱完,其他角色只有賓白而無唱詞,由男主角唱的叫末本,由女主角唱的叫旦本。《竇娥冤》是旦本戲,故由正旦主唱。 [8]【正宫•端正好】:【正宫】是宫調名,樂曲的調式,同一折都用相同的宫調,【端正好】和下面的【倘秀才】等是曲牌名,一折由同宫調的多支曲牌組成一套曲子。 [9]森羅殿:按佛教及民間傳説,掌管地獄者爲閻羅王,其審判案件的地方稱閻羅殿,也叫森羅殿。 [10]盗:跖是古代傳説中民眾反抗貴族統治的首領,被貶稱爲盗跖。顔淵,孔子的學生,貧而好學,古代以之爲賢人的典型。 [11]順水推船:比喻乘便行事,此處作趨炎附勢解。 [12]行(háng):用於人稱代詞後面,表示處所,“哥哥行"即“哥哥那裏”。 [13]取應:指應考。 [14]也麼哥:襯詞,無實義。通常用於元明曲辭中疊句的結尾,有加强語氣的作用。 [15]卜兒:屬“雜”一類角色,扮演老婦人。[16]瀽(jiǎn):倒,潑。 [17]一陌兒:一百張紙錢。陌,通“百”。 [18]葫蘆提:糊裏糊塗,宋元口語,也作“葫蘆題”“葫蘆蹄”。 [19]幹家緣:幹家務。 [20]烈:燒。 [21]一領:一張。 [22]白練:白絲綢。 [23]旗鎗:指旗桿頂端的槍頭。 [24]打甚麼不緊:猶有什麼要緊,即“不要緊”。 [25]無頭願:指不以特定的某人爲對象的誓願。俗語説:“冤有頭,債有主”,“頭”指冤家對頭,竇娥的誓願不是針對單個人而發,而是向天地鬼神而發,實則指嚮着整個黑暗的社會。 [26]萇弘化碧:萇弘,春秋時周朝大夫,無辜被害,流血化爲碧玉,不見其屍。事見《左傳》《莊子》等。 [27]望帝啼鵑:據古代傳説,蜀王杜宇,號望帝,被其臣子逼迫讓位,後隱居山中,其魂化爲杜鵑,日夜悲啼。事見《蜀王本紀》《華陽國志》等。 [28]飛霜六月因鄒衍:鄒衍,戰國時齊人,爲燕國忠臣,傳説他被讒下獄,仰天大哭,時值夏天,上蒼感動而下霜。後以“六月飛霜’喻冤獄。事見《淮南子》。 [29]六出冰花:指雪,因雪爲六瓣形晶體。 [30]素車白馬:古人乘素車白馬送葬。 [31]斷送:原作葬送,此處作“送”解。 [32]楚州亢旱:楚州,州治在今江蘇省清江市,劇中竇娥婆婆家住山陽縣,屬於楚州所轄。亢旱,大旱。 [33]期:寄以希望。 [34]東海曾經孝婦冤:《漢書•于定國傳》載:東海有一孝婦,勤謹守養婆婆,婆婆想讓她再嫁,她一直不肯。後婆婆爲不牽累她而自縊死,小姑告到官府,説孝婦殺其母親。官府逮捕孝婦並加以刑訊,孝婦屈招。此案呈上知府,于公爲之爭辯無效,太守竟按罪殺了孝婦。東海郡大旱了三年,後任太守從于公處瞭解乾旱的緣故,殺牛親往孝婦墓上祭奠,並表旌其孝行,天立即下了大雨,當年莊稼豐收。郡人對于公非常敬重。干寶《搜神記》轉述前書之事,末尾增記了“長老”的傳言,説孝婦名周青,臨刑前以竹竿懸掛五色旗旛,立誓説若有罪則甘於被殺,血往下流,無罪則血往上倒流,後果然如其所誓。 [35]官吏每:官吏們,每,宋元時口語,用通“們”。

【集評】

(元)熊自得:關一齋,字漢卿,燕人。生而倜儻,博學能文,滑稽多智,藴藉風流,爲一時之冠。是時文翰晦盲，不能獨振，淹於辭章者，久矣。

（《析津志·名宦傳》，《析津志輯佚》，第147頁）

（明）賈仲明：珠璣語唾自然流，金玉詞源即便有，玲瓏肺腑天生就。風月情，忒慣熟；姓名香，四大神洲。驅梨園領袖，總編修帥首，撚雜劇班頭。

（《録鬼簿》卷上，《新校録鬼簿正續編》，第49頁）

（明）朱權：關漢卿之詞，如瓊筵醉客。觀其詞語，乃可上可下之才。蓋所以取者，初爲雜劇之始，故卓以前列。（《太和正音譜》，《中國古典戲曲論著集成》（三），第17頁）

（明）臧晉叔：而關漢卿輩爭挾長技自見，至躬踐排場，面傅粉墨，以爲我家生活，偶倡優而不辭者，或西晉竹林諸賢託杯酒自放之意。（《元曲選》序，第3頁）

（明）孟稱舜：漢卿曲如繁弦促調，風雨驟集，讀之覺音韻泠泠不離耳上，所以稱爲大家，續西廂四折雖俊艷遜王，而本色俱在。《竇娥冤》劇詞調快爽，神情悲弔，尤關之錚錚者也。

（《新鐫古今名劇酹江集》《竇娥冤》眉批，《古本戲曲叢刊》四集之八）

王國維：關漢卿一空倚傍，自鑄偉詞，而其言曲盡人情，字字本色，故當爲元人第一。……明寧獻王《曲品》躋馬致遠於第一，而抑漢卿於第十。蓋元中葉以後，曲家多祖馬、鄭，而祧漢卿，故寧王之評如是。其實非篤論也。（《宋元戲曲史》，第103-104頁）

王國維：其最有悲劇之性質者，則如關漢卿之《竇娥冤》，紀君祥之《趙氏孤兒》。劇中雖有惡人交構其間，而其蹈湯赴火者，仍出於其主人翁之意志，則列之於世界大悲劇中，亦無愧色也。

（《宋元戲曲史》，第99頁）

關大王獨赴單刀會（第四折）

（元）關漢卿

【題解】

關漢卿的雜劇創作中，歷史劇有相當的數量，也取得較高成就，《單刀會》是其代表作。此劇寫三國紛爭時期吴蜀爭奪荆州過程中的一次較量。赤壁之戰後，劉備占取了荆州的大部地區，孫權本不容許，經魯肅勸説，暫"借"與劉備作立足之地，後劉備進軍西川，奪取了劉璋的益州，孫權遂命魯肅向劉備索"還"荆州。魯肅定下三計，派使宴請鎮守荆州的關羽，企圖在宴席上脅迫關羽歸還荆州，關羽看穿對方計謀，奮然單刀赴會，在筵席上與魯肅唇槍舌劍相向，義正詞嚴地駁斥了魯肅的要求，吴方埋伏的刀斧手擁出，關羽威懾魯肅送其回到船上，與前來接應的隊伍安全而返。

此處選的是第四折，寫關羽只帶周倉和數十人，乘小舟一葉過江赴會，面對浩瀚大江回憶起當年赤壁鏖兵的慘烈情景，抒發了歷史感慨和英雄情懷。在筵席上，魯肅指責關羽劉備失信，索還荆州，關羽則以劉備爲皇家血統，當承受漢家基業相辯駁，最後以正義和威武挫敗了魯肅劫持的圖謀。作品塑造了關羽正氣凜然、智勇兼備的英雄形象，歌頌了忠誠於漢家事業的節操和敢於戰勝敵人的大無畏氣概，這在民族矛盾尖鋭的元代具有特定的現實意義。

第一折、第二折魯肅徵詢橋公和司馬徽意見,通過二人之口,極力渲染了關羽的英雄業績和不可戰勝的氛圍;第三折關羽出場,通過應對東吴的邀請以及關平等的勸阻,表現其赤膽忠心。在前三折充分鋪墊基礎上,第四折正面展開宴會上的激烈交鋒,水到渠成地完成了關羽英雄形象的塑造。故事在戲劇衝突的頂點收結,斬截利落。曲辭融慷慨激昂與蒼涼悲壯於一體,富於感染力。

(魯肅上,云)歡來不似今朝,喜來那逢今日?小官魯子敬是也。我使黄文持書去請關公[1],欣喜許今日赴會。荊襄地合歸還俺江東[2]。英雄甲士已暗藏壁衣之後[3],令人江上相候,見舡到便來報我知道[4]。(正末關公引周倉上[5],云)周倉,將到那裏也?(周云)來到大江中流也。(正末云)看了這大江,是一派好水呵!(唱)

【雙調·新水令】大江東去浪千叠,引着這數十人駕着這小舟一葉。又不比九重龍鳳闕[6],可正是千丈虎狼穴。大丈夫心别[7]。我覷這單刀會似賽村社[8]。

(云)好一派江景也呵,(唱)

【駐馬聽】水湧山叠,年少周郎何處也?不覺的灰飛烟滅,可憐黄蓋轉傷嗟。破曹的檣櫓一時絕[9],鏖兵的江水猶然熱[10],好教我情慘切!(帶云)這也不是江水,(唱)二十年流不盡的英雄血[11]!

(云)却早來到也。報復去[12]。(卒報科)(做相見科)(魯云)江下小會,酒非洞裏之長春,樂乃塵中之菲藝[13],猥勞君侯屈高就下[14],降尊臨卑,實乃魯肅之萬幸也!(正末云)量某有何德能,着大夫置酒張筵?既請必至。(魯云)黄文,將酒來。二公子滿飲一杯。(正末云)大夫飲此杯。(把盞科)(正末云)想古今咱這人過日月好疾也呵!(魯云)過日月是好疾也。光陰似駿馬加鞭,浮世似落花流水。(正末唱)

【胡十八】想古今立勛業,那裏也舜五人、漢三傑[15]?兩朝相隔數年别,不付能見者[16],却又早老也。開懷的飲數杯,(云)將酒來。(唱)盡心兒待醉一夜。

(把盞科)(正末云)你知"以德報德,以直報怨"麽[17]?(魯云)既然將軍言"以德報德,以直報怨",借物不還者謂之怨。想君侯文武全材,通練兵書,習《春秋》《左傳》[18],濟拔顛危,匡扶社稷,可不謂之仁乎?待玄德如骨肉,覷曹操若仇讎,可不謂之義乎?辭曹歸漢,棄印封金[19],可不謂之禮乎?坐服于禁,水淹七軍[20],可不謂之智乎?且將軍仁義禮智俱足,惜乎止少個"信"字,欠缺未完。再若得全個"信"字,無出君侯之右也。(正末云)我怎生失信?(魯云)非將軍失信,皆因令兄玄德公失信。(正末云)我哥哥怎生失信來?(魯云)想昔日玄德公敗於當陽之上,身無所歸,因魯肅之故,屯軍三江夏口。魯肅又與孔明同見我主公,即日興師拜將,破曹兵於赤壁之間。江東所費巨萬,又折了首將黄蓋。因將軍賢昆玉無尺寸地[21]，暫借荆州以爲養軍之資；數年不還。今日魯肅低情曲意，暫取荆州，以爲救民之急；待倉廩豐盈，然後再獻與將軍掌領。魯肅不敢自專，君侯台鑒不錯[22]。（正末云）你請我吃筵席來那，是索荆州來？（魯云）没、没、没，我則這般道。孫、劉結親，以爲唇齒，兩國正好和諧。（正末唱）

【慶東原】你把我真心兒待，將筵宴設，你這般攀今覽古，分甚枝葉[23]？我跟前使不着你"之乎者也""詩云子曰"，早該豁口截舌[24]！有意説孫、劉，你休目下翻成吴、越[25]！

（魯云）將軍原來傲物輕信！（正末云）我怎麼傲物輕信？（魯云）當日孔明親言：破曹之後，荆州即還江東。魯肅親爲代保。不思舊日之恩，今日恩變爲仇，猶自説"以德報德，以直報怨"！聖人道："信近於義，言可復也[26]。""去食去兵，不可去信[27]"。"大車無輗，小車無軏，其何以行之哉[28]？"今將軍全無仁義之心，枉作英雄之輩。荆州久借不還，卻不道"人無信不立"！（正末云）魯子敬，你聽的這劍戒麼[29]？（魯云）劍戒怎麼？（正末云）我這劍戒，頭一遭誅了文醜，第二遭斬了蔡陽[30]，魯肅呵，莫不第三遭到你也？（魯云）没、没，我則這般道來。（正末云）這荆州是誰的？（魯云）這荆州是俺的。（正末云）你不知，聽我説。（唱）

【沉醉東風】想着俺漢高皇圖王霸業，漢光武秉正除邪，漢王允將董卓誅，漢皇叔把溫侯滅[31]，俺哥哥合承受漢家基業。則你這東吴國的孫權，和俺劉家却是甚枝葉？請你個不克己先生自説[32]！

（魯云）那裏甚麽響？（正末云）這劍戒二次也。（魯云）却怎麽説？（正末云）這劍按天地之靈，金火之精，陰陽之氣，日月之形；藏之則鬼神遁迹，出之則魑魅潛踪；喜則戀鞘沉沉而不動，怒則躍匣錚錚而有聲。今朝席上，倘有爭鋒，恐君不信，拔劍施呈。吾當攝劍[33]，魯肅休驚。這劍果有神威不可當，廟堂之器豈尋常；今朝索取荆州事，一劍先交魯肅亡[34]。（唱）

【雁兒落】則爲你三寸不爛舌，惱犯我三尺無情鐵。這劍飢餐上將頭，渴飲仇人血。

【得勝令】則是條龍向鞘中蟄[35]，唬得人向坐間呆。今日故友每才相見，休着俺弟兄每相間别[36]。魯子敬聽者，你内心休喬怯[37]，暢好是隨邪[38]，休怪吾當十分酒醉也[39]。

（魯云）臧宫動樂[40]。（臧宫上，云）天有五星，地攢五岳；人有五德，樂按五音。五星者：金、木、水、火、土。五岳者：常、恒、泰、華、嵩[41]。五德者：溫、良、恭、儉、讓。五音者：宫、商、角、徵、羽。（甲士擁上科）（魯云）埋伏了者。（正末擊案，怒云）有埋伏也無埋伏？（魯云）並無埋伏。（正末云）若有埋伏，一劍揮之兩段！（做擊案科）（魯云）你擊碎菱花[42]。（正末云）我特來破鏡[43]！（唱）

【攪箏琶】却怎生鬧吵吵軍兵列，上來的休遮當莫攔截。（云）當着我的，呵呵!(唱)我着他劍下身亡,目前流血! 便有那張儀口、蒯通舌[44],休那裹躲閃藏遮。好生的送我到船上者,我和你慢慢的相別。

(魯云)你去了倒是一場伶俐[45]。(黄文云)將軍,有埋伏哩。(魯云)遲了我的也。(關平領眾將上,云)請父親上船,孩兒每來迎接哩。(正末云)魯肅,休惜殿後。(唱)

【離亭宴帶歇指煞】我則見紫袍銀帶公人列,晚天凉風冷蘆花謝,我心中喜悦。昏慘慘晚霞收,冷颼颼江風起,急颭颭雲帆扯[46]。承管待、承管待,多承謝、多承謝。唤梢公慢者,纜解開岸邊龍,船分開波中浪,棹攪碎江心月[47]。正歡娱有甚進退,且談笑不分明夜[48]。説與你兩件事先生記者:百忙裹趁不了老兄心[49],急切裹倒不了俺漢家節[50]。(下)

(《全元戲曲》第一卷,人民文學出版社1990年版)

【注釋】

[1]黄文:劇中虚構人物,過江使者。 [2]荊襄:荊州、襄陽,在今湖北、湖南及河南部分地區。江東:今蕪湖、南京市以東的長江南岸地區,三國時爲東吴政權所據,故亦作東吴一方的代稱。 [3]壁衣:軍營裹的帷幕。 [4]舡(xiāng,又讀chuán):船。 [5]周倉:關羽親隨之將,史傳無有關記載,這是民間通俗文藝虚構的人物,在《三國志平話》裹是出現於後期的蜀將,與關羽無關係,《元刊雜劇三十種》本中未見此人物,疑爲明鈔本在《三國志演義》産生後從小説中移來的人物。 [6]九重龍鳳闕:指帝王住的宫殿。 [7]大丈夫心别:謂豪傑心情不同於一般人。 [8]賽村社:指農村祭神的日子裹民眾祭祀神靈、歌舞飲宴的民俗活動。這裹用來表示關羽將單刀赴會視同戲樂輕鬆之事。 [9]檣(qiáng):桅杆。櫓:槳。此處聯用借指船隻。 [10]由然:通"猶然"。 [11]【雙調·新水令】【駐馬聽】:此二曲化用宋蘇軾《念奴嬌·赤壁懷古》詞意,自然貼切。蘇詞是後人的懷古抒情,此處則是赤壁之戰的親身參與者的回憶感慨,又結合了目前劇中的特定情境,因而更顯得真切深沉。 [12]報復:回報。 [13]長春:酒名,代指美酒。菲藝:菲薄的伎藝。二句意思是酒非好酒,樂舞也很平常,是客氣之詞。 [14]猥:謙詞,猶言辱。猥勞即有勞大駕。君侯:關羽曾被封壽亭侯,故稱之。 [15]舜五人:帝舜手下的五位賢臣:禹、棄、契、皋陶、夔。漢三傑:輔佐劉邦定天下的張良、蕭何、韓信。 [16]不付能:通"不甫能",即好容易。 [17]"你知"二句:以德報德,以直報怨。語出《論語·憲問》篇。意謂有恩德施於我的,當以恩德報答他;與我有仇怨的,我也該用公正的態度對待他。 [18]習《春秋》《左傳》:《三國志·蜀志》引《江表傳》言"羽好左氏傳,諷詠畧皆上口"。 [19]棄印封金:《三國志·蜀志》載關羽曾於曹操東征战敗劉備時被擒而降,關羽爲曹操刺殺袁紹大將顔良,操封其爲壽亭侯,並重加賞賜,後關羽"盡封其所賜,拜書告辭,而奔先主於袁軍"。但衍爲棄印封金的具體故事,當爲《三國志平話》等講唱文藝。 [20]于禁:曹操大將。《三國志》載于禁奉命統領七軍,以龐德爲先鋒攻打樊城,適遇雨期軍爲漢水所淹,關羽大敗之,于禁降羽,龐德被殺。《三國志演義》則寫成關羽決襄江水淹七軍,活捉龐德。 [21]昆玉:對

人稱其兄弟的敬辭。 [22]台：舊時對人的敬稱。鑒：審察。“台鑒不錯”：“您裁奪得很對”。 [23]枝葉：此處是比喻吴蜀兩國的關係。後文中“枝葉”作“關係”解。 [24]豁口截舌：割開嘴，截斷舌頭。意謂説這些不該説的話，真當割嘴斷舌。 [25]吴、越：春秋時，吴越世爲敵國，後人用之以喻敵對關係。 [26]信近於義，言可復也：語出《論語·學而》篇，意思是講信用跟“義”相近，因爲説過的話可以由其行動來證明。 [27]“去食去兵”二句：語出《論語·顏淵》，意爲在糧食、軍械和信用三者中，不得已可去掉糧食、軍械，但信用卻不能去，它是立民之本。 [28]“大車無輗”三句：語出《論語·爲政》，古代把牛車叫大車，馬車叫小車。輗(ní)：車轅前的横木。軏(yuè)，車轅前的曲鉤，都是套馬駕車不可缺少的關鍵所在，用來比喻人無信用就無以立足。 [29]劍戒：劍鳴報警之意。王惲《秋澗集·劍戒》：“僕有一劍……每臨静夜，屢聆悲鳴。比復作聲，錚然也。且聞百煉之精，或嘗試人者鳴，世傳以爲劍戒。” [30]文醜：袁紹所部名將。蔡陽：《三國志·魏書》作蔡揚，曹操部下的將軍。 [31]漢皇叔把溫侯滅：漢皇叔，指劉備，因史載其爲漢景帝子中山靖王勝之後，《全相三國志平話》寫漢獻帝令人查宗譜，封劉備爲漢皇叔，但《三國志》並無此記載。溫侯：吕布，字奉先，東漢九原人。曾爲董卓部將，後與王允謀除董卓。官奮威將軍，封溫侯。在漢末諸侯爭奪中爲曹操戰敗擒殺，劉備雖曾助曹操，但不是主要和直接消滅吕布的力量。 [32]克己：克制、約束自己，不克己，這裏有不肯反省檢查自己過錯之意。 [33]攝劍：拔劍。 [34]先交：即“先教”，“交”通“教”。 [35]蟄：潛伏。 [36]間别：分離，阻絕。 [37]喬怯：驚懼。 [38]隨邪：歪斜，不正經。 [39]吾：我。當：語助詞。“吾當”在雜劇中常用作自稱。 [40]臧宫：虛構人物。 [41]恒：當作“衡”。常山即恒山，與衡、泰、華、嵩合稱“五嶽”。 [42]菱花：古代鏡子的代稱。 [43]破鏡：象徵決裂與分離，鏡與“子敬”的“敬”諧音，語意雙關。 [44]張儀：戰國時魏人，著名策士，曾遊説六國連横事秦；蒯通：楚漢相爭時辯士。二人皆辯士之佼佼者。 [45]伶俐：乾淨利落。 [46]急颭颭：形容船隻順風疾行的樣子。 [47]棹(zhào)：槳。 [48]不分明夜：不分白天和夜晚。 [49]趁：此處通“稱”。 [50]急切裏：匆忙急迫之間。

【集評】

（明）沈德符：雜劇如《王粲登樓》《韓信胯下》《關大王單刀會》《趙太祖風雲會》之屬，不特命詞之高秀，而意象悲壯，自足籠蓋一時。

（《萬曆野獲編》卷二五“雜劇院本”，第648頁）

（清）錢謙益：元人關漢卿《單刀會》雜劇，盛稱魯肅陳兵設伏，邀侯臨江亭燕會，擒侯以奪荆州。侯單刀往赴，掀髯談笑。肅慴伏莫敢出氣，盡撤陸口伏兵，送侯還營。其詞曲發揚蹈厲，觀者咸拊手擊節。

（《重編義勇武安王集》卷七，《北京圖書館古籍珍本叢刊·14·史部·傳記類》，第403頁）

（清）楊恩壽：關帝升列中祀，典禮綦隆，自不許梨園子弟登場搬演。京師戲館，早已禁革。湖南自塗朗軒督部陳臬時，始行示禁。所謂《單刀會》者，余固習見之也。第二支演帝登舟後，掀髯憑眺，聲情激越，不減東坡[酹江月]。當場高唱，幾欲裂鐵笛而碎唾壺。

（《詞餘叢話》卷二，《中國古典戲曲論著集成》(九)，第264頁）

（清）王季烈：就曲文論之，第四折之【新水令】【駐馬聽】二曲，感慨蒼涼，洵爲絶唱。而

“是二十年流不盡的英雄血”一句,尤爲神來之筆。宜其盛行於世,已六七百年之久也。

(《孤本元明雜劇》,第2頁)

崔鶯鶯待月西廂記

第三本　張君瑞害相思　第二折

(元)王實甫

【題解】

關於《西廂記》的作者,元代鍾嗣成《録鬼簿》和明初朱權《太和正音譜》著爲王實甫,但明中葉後出現了關(漢卿)作王(實甫)續、關作、王作關續的説法,然無確據,故應以見於最早記載的王實甫爲作者。王實甫,名德信,大都人,生卒年不詳,生活年代約在元貞、大德間。據賈仲明【淩波仙】吊詞,知他經常出入於青樓和演藝場所,才華過人,以戲劇創作揚名於世。他的作品見於著録的有13種,現存三種,除《西廂記》外,還有《吕蒙正風雪破窰記》《四丞相歌舞麗堂春》,另有殘曲二種。

《西廂記》的故事源於唐代元稹的小説《會真記》(《鶯鶯傳》),而直接的藍本是金董解元的《西廂記諸宫調》。劇寫書生張珙赴長安考試途經蒲州普救寺,遇見已故相國小姐崔鶯鶯,頓生愛慕,熱烈追求,鶯鶯深感其情,但兩人無由接近。適逢蒲州叛將孫飛虎兵圍普救寺,欲擄崔鶯鶯爲妻,危急關頭,鶯鶯建言老夫人宣佈,能退賊兵者即許配之。張生應聲而出,致書好友白馬將軍杜確,杜率軍星夜解圍。事後老夫人反悔賴婚,給二人造成極大痛苦,在侍女紅娘的推動和幫助下,經過幾番曲折,鶯鶯克服了思想矛盾,與張生自由結合。老夫人發覺後拷問紅娘,紅娘據理力爭,老夫人被迫應允二人婚事,但令張生即刻上京赴考,待獲功名官職後方可成親。張生上京考取狀元,授官榮歸,與鶯鶯團圓。

《西廂記》生動地展現了封建時代青年男女爭取愛情自由的曲折過程和戀愛心理,對壓迫和摧殘青年的舊制度和禮教進行了有力的抨擊,熱烈歌頌了青年男女的鬥爭精神,表達了“願天下有情的皆成眷屬”的美好理想。

《西廂記》在藝術上打破了元雜劇一本四折的慣例,以五本二十一折連演一個長篇故事,又突破一本四折由一位主要演員從頭到尾演唱的常規,而在一部劇中由多位演員演唱,對元雜劇的體制進行了大膽的革新和創造;《西廂記》塑造的人物形象異常鮮明豐滿,情節生動,波瀾起伏,懸念叢生,有強烈的戲劇效果;曲辭華美,詩意濃郁,是文采派的代表。

我們節選第三本第二折和第四本第三折。

第三本第二折寫因老夫人賴婚導致張生相思成病,鶯鶯讓紅娘去探望,張生託紅娘帶上訴情的書簡,鶯鶯看到書信佯怒責怪紅娘,之後又央求紅娘去送回書,名爲斥責張生實則暗約相會,張生得書大喜,急盼天黑赴約。此折從紅娘之眼觀察鶯鶯的行動和情緒的變化，並通過紅娘之口揭露鶯鶯的“假處”。此折“鬧簡”與後一折“賴簡”，寫在鶯鶯與張生、紅娘三人之間的喜劇性衝突，最能表現出鶯鶯在爭取自由愛情道路上的內心矛盾，從中可見作者描寫人物鮮活性格和細膩心理的高度藝術成就。

第四本第三折寫老夫人被迫同意崔張婚事後，要張生馬上赴京考試，鶯鶯與母親、紅娘到十里長亭爲張生餞行，表現了被迫離別的戀人纏綿悱惻和複雜微妙的心理情感。作品善於通過秋景的描寫和環境氛圍的渲染烘托人物的內心，情景交融，更兼語言優美，生動流暢，極富詩情畫意，歷來爲人傳誦。

(旦上云[1])紅娘伏侍老夫人不得空便，偌早晚敢待來也[2]。起得早了些兒，困思上來，我再睡些兒咱。(睡科)(紅上云)奉小姐言語去看張生，因伏侍老夫人，未曾回小姐話去。不聽得聲音，敢又睡哩。我入去看一遭。(紅唱[3])

【中吕·粉蝶兒】風靜簾閑，透紗窗麝蘭香散，啓朱扉搖響雙環。絳臺高[4]，金荷小[5]，銀釭猶燦[6]。比及將暖帳輕彈，先揭起這梅紅羅軟簾偷看[7]。

【醉春風】則見他釵軃玉斜横[8]，髻偏雲亂挽[9]。日高猶自不明眸[10]，暢好是懶、懶。

(旦做起身長歎科)(紅唱)半晌抬身，幾回搔耳，一聲長歎。

我待便將簡帖兒與他[11]，恐俺小姐有許多假處哩。我則將這簡帖兒放在妝盒兒上，看他見了説甚麽。(旦做照鏡科，見帖看科)(紅唱)

【普天樂】晚妝殘，烏雲軃，輕勾了粉臉，亂挽起雲鬟。將簡帖兒拈，把妝盒兒按，開拆封皮孜孜看[12]，顛來倒去不害心煩。(旦怒叫)紅娘！(紅做意云[13])呀，決撒了也[14]！厭的早扢皺了黛眉[15]。(旦云)小賤人，不來怎麽！(紅唱)忽的波低垂了粉頸[16]，氲的呵改變了朱顔[17]。

(旦云)小賤人，這東西那裏將來的？我是相國的小姐，誰敢將這簡帖來戲弄我，我幾曾慣看這等東西？告過夫人，打下你個小賤人下截來。(紅云)小姐使將我去，他着我將來[18]。我不識字，知他寫着甚麽？

【快活三】分明是你過犯[19]，没來由把我摧殘；使別人顛倒惡心煩[20]，你不慣，誰曾慣？

姐姐休鬧，比及你對夫人説呵，我將這簡帖兒去夫人行出首去來。(旦做揪住科)我逗你耍來。(紅云)放手，看打下下截來。(旦云)張生近日如何？(紅云)我則不説。(旦云)好姐姐，你説與我聽咱！(紅唱)

【朝天子】張生近間、面顔，瘦得來實難看。不思量茶飯，怕待動彈；曉夜將佳期盼，廢寢忘餐。黄昏清旦，望東牆淹淚眼。(旦云)請個好太醫看他證候咱[21]。(紅云)他症候吃藥不濟。病患、要安，則除是出幾點風流汗。

(旦云)紅娘，不看你面時，我將與老夫人看，看他有何面目見夫人？雖然我家虧他，只是兄妹之情，焉有外事。紅娘，早是你口穩哩；若別人知呵，甚麽模樣。(紅云)你哄着誰哩,你把這個餓鬼弄得七死八活,卻要怎麽?

【四邊靜】怕人家調犯[22],“早共晚夫人見些破綻,你我何安[23]。”問甚麽他遭危難? 攛斷得上竿,掇了梯兒看[24]。

(旦云)將描筆兒過來,我寫將去回他,着他下次休是這般。(旦做寫科)(起身科,云)紅娘,你將去説:“小姐看望先生,相待兄妹之禮如此,非有他意。再一遭兒是這般呵,必告夫人知道。”和你個小賤人都有話説。(旦擲書下)(紅唱)

【脱布衫】小孩兒家口没遮攔[25],一迷的將言語摧殘[26]。把似你使性子,休思量秀才,做多少好人家風範[27]。(紅做拾書科)

【小梁州】他爲你夢裏成雙覺後單,廢寢忘餐。羅衣不奈五更寒,愁無限,寂寞淚闌干。

【么篇】似這等辰勾空把佳期盼[28],我將這角門兒世不曾牢拴[29],則願你做夫妻無危難。我向這筵席頭上整扮,做一個縫了口的撮合山[30]。

(紅云)我若不去來,道我違拗他,那生又等我回報,我須索走一遭。(下)(末上云)那書倩紅娘將去,未見回話。我這封書去,必定成事,這早晚敢待來也。(紅上云)須索回張生話去。小姐,你性兒忒慣得嬌了;有前日的心,那得今日的心來?

【石榴花】當日個晚妝樓上杏花殘,猶自怯衣單,那一片聽琴心清露月明間。昨日个向晚,不怕春寒,幾乎險被“先生饌”[31],那其間豈不胡顔[32]。爲一個不酸不醋風魔漢,隔牆兒險化做了望夫山。

【鬥鵪鶉】你用心兒撥雨撩雲,我好意兒傳書寄簡。不肯搜自己狂爲,則待要覓别人破綻。受艾焙權時忍這番[33],暢好是奸。“張生是兄妹之禮,焉敢如此[34]!”對人前巧語花言;——没人處便想張生,——背地裏愁眉淚眼。

(紅見末科)(末云)小娘子來了。擎天柱[35],大事如何了也?(紅云)不濟事了,先生休傻。(末云)小生簡帖兒是一道會親的符籙[36],則是小娘子不用心,故意如此。(紅云)我不用心? 有天理,你那簡帖兒好聽!

【上小樓】這的是先生命慳,須不是紅娘違慢。那簡帖兒倒做了你的招狀,他的勾頭,我的公案[37]。若不是覷面顔,厮顧盼,擔饒輕慢[38],先生受罪,禮之當然。賤妾何辜? 爭些兒把你娘拖犯[39]。

【么篇】從今後相會少,見面難。月暗西廂,鳳去秦樓[40],雲斂巫山。你也赸,我也赸;請先生休訕[41],早尋個酒闌人散。

(紅云)只此再不必申訴足下肺腑,怕夫人尋,我回去也。(末云)小娘子此一遭去,更着誰與小生分剖;必索做一个道理,方可救得小生一命。(末跪下揪住紅科)(紅云)張先生是讀書人,豈不知此意,其事可知矣。

【滿庭芳】你休要呆裏撒奸[42];你待要恩情美滿,卻教我骨肉摧殘。老夫人手執着棍兒摩娑看，粗麻綫怎透得針關。直待我拄着拐幫閑鑽懶，縫合唇送暖偷寒[43]。待去呵，小姐性兒撮鹽入火[44]，消息兒踏着泛[45]；待不去呵，（末跪哭云）小生這一个性命，都在小娘子身上。（紅唱）禁不得你甜話兒熱趲[46]：好着我兩下裏做人難。

我没來由分説；小姐回與你的書，你自看者。（末接科，開讀科）呀，有這場喜事，撮土焚香，三拜禮畢。早知小姐簡至，理合遠接，接待不及，勿令見罪！小娘子，和你也歡喜。（紅云）怎麽？（末云）小姐罵我都是假，書中之意，着我今夜花園裏來，和他"哩也波哩也囉"哩[47]。（紅云）你讀書我聽。（末云）"待月西廂下，迎風户半開，隔墻花影動，疑是玉人來。"（紅云）怎見得他着你來？你解與我聽咱。（末云）"待月西廂下"，着我月上來；"迎風户半開"，他開門待我；"隔墻花影動，疑是玉人來"，着我跳過墻來。（紅笑云）他着你跳過墻來，你做下來。端的有此説麽？（末云）俺是個猜詩謎的社家[48]，風流隋何，浪子陸賈[49]，我那裏有差的勾當。（紅云）你看我姐姐，在我行也使這般道兒[50]。

【耍孩兒】幾曾見寄書的顛倒瞞着魚雁[51]，小則小心腸兒轉關[52]。寫着道西廂待月等得更闌，着你跳東牆"女"字邊"干"[53]。原來那詩句兒裏包籠着三更棗[54]，簡帖兒裏埋伏着九里山[55]。他着緊處將人慢[56]，您會雲雨鬧中取静，我寄音書忙裏偷閑。

【四煞】紙光明玉板[57]，字香噴麝蘭，行兒邊湮透非春汗？一緘情淚紅猶濕，滿紙春愁墨未乾。從今後休疑難，放心波玉堂學士，穩情取金雀鴉鬟[58]。

【三煞】他人行别樣的親，俺跟前取次看[59]，更做道孟光接了梁鴻案。别人行甜言美語三冬暖，我跟前惡語傷人六月寒。我爲頭兒看：看你個離魂倩女[60]，怎發付擲果潘安[61]。

（末云）小生讀書人，怎跳得那花園過也？（紅唱）

【二煞】隔墻花又低，迎風户半拴，偷香手段今番按[62]。怕墻高怎把龍門跳[63]，嫌花密難將仙桂攀。放心去，休辭憚；你若不去呵，望穿他盈盈秋水，蹙損他淡淡春山[64]。

（末云）小生曾到那花園裏，已經兩遭，不見那好處；這一遭知他又怎麽？（紅云）如今不比往常。

【煞尾】你雖是去了兩遭，我敢道不如這番。你那隔牆酬和都胡侃[65]，證果的是今番這一簡[66]。（紅下）

（末云）萬事自有分定，誰想小姐有此一場好處。小生是猜詩謎的社家，風流隋何，浪子陸賈，到那裏扢扎幫便倒地[67]。今日顏天百般的難得晚。天，你有萬物於人，何故爭此一日？疾下去波！讀書繼晷怕黄昏，不覺西沉強掩門；欲赴海棠花下約，太陽何苦又生根？（看天云）呀，才晌午也，再等一等。（又看科)今日萬般的難得下去也呵。碧天萬里無雲,空勞倦客身心;恨殺魯陽貪戰[68],不教紅日西沉!呀,卻早倒西也,再等一等咱。無端三足烏[69],團團光爍爍;安得后羿弓[70],射此一輪落?謝天地!卻早日下去也!呀,卻早發擂也!呀,卻早撞鐘也!拽上書房門,到得那裏,手挽着垂楊滴流撲跳過牆去[71]。(下)

(《全元戲曲》第二卷,人民文學出版社1990年版)

【注釋】

[1]旦上:本劇由正旦扮演崔鶯鶯,簡稱"旦";外旦扮演老夫人,簡稱"外";旦俫(lái)扮紅娘,省爲"紅"。旦俫是幼小的旦角,即小旦。 [2]偌早晚:這時候。 [3]紅唱:據弘治本補。元雜劇一般由旦或末一人唱完所有曲子,但此劇打破了這一慣例,此折由扮紅娘的小旦演唱,而旦與末不唱。 [4]絳:深紅色。絳臺:深紅色的燭臺。 [5]金荷:燭臺上承燭淚的銅盤,狀如荷葉,亦稱銅荷。 [6]銀釭(gāng):銀白色的燈,此指燈光。 [7]梅紅羅:深紅色的綾羅。 [8]釵嚲(duǒ)玉斜:玉釵斜墜。 [9]髻偏雲亂挽:髮髻歪斜,頭髮散亂。雲:烏雲,古代以烏雲比喻女子的黑髮。 [10]明眸:睜開眼。 [11]簡帖兒:書信。 [12]孜孜看:專注地看。 [13]紅做意:做出某種表情,此指做出警覺、注意的樣子。 [14]決撒:敗露,壞事了。 [15]厭的:突然,猛的。扢皺:皺起,緊皺。此句意爲突然間皺起了眉頭。 [16]忽的波:忽然間。波:襯字,無義。 [17]氳的:變了臉色,泛起紅暈。 [18]"小姐使將我去"二句:前句之"將"是助詞,無義;後句之"將"是動詞,意爲"拿""取"。 [19]過犯:過失,錯誤。 [20]顛倒:倒反,反而。 [21]證候:症候。 [22]調犯:説閒話、嘲諷。 [23]"早共晚"二句:此爲紅娘仿述鶯鶯對她所説的話。 [24]攛斷(cuānduàn):通"攛掇",慫恿之意。掇(duō):端,搬。這兩句是當時常用語,意思是哄得人家上了杆子,又把梯子搬走看人家着急。 [25]没遮攔:説話没有顧忌,信口而出。 [26]一迷的:一味的,一個勁。摧殘:指責罵。 [27]把似:與其。意爲與其你向我發脾氣,不如你不要去想那秀才。好人家風範:官宦人家閨女的樣子。 [28]辰勾:水星,因其平常難以看到,用以比喻盼佳期如等待看到辰星一樣困難。 [29]角門:旁門。世:從來,向來。意謂我一直都想讓你們自由往來。 [30]撮合山:媒人。 [31]先生饌(zhuàn):語出《論語·爲政》"有事,弟子服其勞;有酒食,先生饌"。此處借作調侃,意謂險些被你張先生吃了。 [32]胡顏:羞愧無顏。 [33]艾(ài)焙(bèi):用艾草烤灸患者經穴,此意爲責備、訓斥。 [34]"張生是兄妹之禮"二句:紅娘仿鶯鶯口吻説的話。 [35]擎天柱:張生將紅娘視爲幫助自己達到目的之關鍵人物,故稱之。 [36]符籙:道教用以驅使鬼神的符號。 [37]招狀:犯人招認罪行的供詞。勾頭:逮捕罪犯的拘票。公案:審判的案件。 [38]"若不是"三句:覷面顔,看面子。廝顧盼,相顧看,指照顧、留情。擔饒:擔待寬恕。輕慢,指冒犯。意謂如不是看着大家相互間的面子,寬容了你的冒犯之舉。 [39]爭些兒:差一點。你娘:紅娘自指。 [40]鳳去秦樓:傳説秦穆公以愛女弄玉嫁蕭史,蕭史善吹簫,嘗教弄玉吹作鳳鳴,鳳凰畢集,二人乃雙雙乘之仙去。 [41]赸(shàn):跳躍,此處謂走開,後文聯用即大家散夥之意。訕:羞慚。休訕:即不必羞慚。 [42]呆裏撒奸:外作癡呆,內懷奸詐。 [43]"直待我"二句:簡直要我被老夫人打得腿跛

嘴破，還須爲你們倆傳情遞意。 [44]撮鹽入火：比喻性情急躁。 [45]消息：機關的樞鈕，亦稱“泛子”或“泛”，觸踏着便中了機關，引起連鎖活動，這裏比喻觸動了鶯鶯的隱情，就會惹發她的脾氣。 [46]“用甜話兒熱趲”：用好話催説。熱趲(zǎn)：急忙地奔走。熱：副詞，形容催逼得緊。趲：快走。 [47]哩也波哩也囉：北方方言，無實義，指代不便明言之事，猶言“如此這般”，這裏隱指男女之事。 [48]猜詩謎的社家：解詩的行家。宋元時很多伎藝有社團組織，叫“某某社”，猜謎的社團叫“商謎社”。 [49]隋何、陸賈：漢初謀士，多才而善辯。 [50]道兒：詭計。 [51]魚雁：此處指傳遞書信的人。 [52]轉關：打埋伏，使巧。 [53]女字邊干：此用拆字格，合之爲“奸”字。 [54]三更棗：棗與“早”諧音，語出佛教故事。此處謂鶯鶯以詩句藏謎，暗約張生。 [55]九里山：原是韓信設埋伏佈陣擊破項羽之處，此處喻鶯鶯簡帖裏打了埋伏，騙過了紅娘。 [56]着緊處：緊要關頭。慢：怠慢。 [57]玉板：光潔堅韌的紙，稱爲玉板箋。 [58]穩情：十拿九穩靠得住。金雀鴉鬟：指鶯鶯。 [59]取次看：意思是小看了他。取次：輕忽。 [60]離魂倩女：唐傳奇《離魂記》写張倩女與王宙相愛，魂魄離開身體追隨王宙的故事，此處以倩女喻鶯鶯。 [61]擲果潘安：此處喻張生。 [62]按：驗證。 [63]龍門：山名，在今山西省河津縣與陝西省韓城縣之間。 [64]春山：指眉毛。謂雙眉若春山之秀。 [65]胡侃：胡調、扯淡。 [66]證果：佛教用語。證：證實。此謂經過實驗而有所得。 [67]扢扎幫：形容動作迅速。 [68]魯陽貪戰：語出《淮南子·覽冥訓》：“魯陽公與韓構難，戰酣日暮，援戈而揮之，日爲之退三舍。”意思是好像太陽總不肯下山。 [69]三足烏：指太陽。 [70]后羿：神話傳説中射落九個太陽的英雄。 [71]滴流撲：擬聲詞，跌倒、摔下的聲音。

【集評】

(明)賈仲明：風月營密匝匝列旌旗，鶯花寨明颩颩排劍戟，翠紅鄉雄赳赳施謀智。作詞章風韻美，士林中等輩伏低。新雜劇、舊傳奇，《西廂記》天下奪魁。

(《録鬼簿》卷上，《新校録鬼簿正續編》，第71頁)

(明)朱權：王實甫之詞，如花間美人。鋪敘委婉，深得騷人之趣，極有佳句，若玉環之出浴華清，綠珠之采蓮洛浦。

(《太和正音譜》，《中國古典戲曲論著集成》(三)，第17頁)

(明)王世貞：北曲故當以《西廂》壓卷。

又：何元朗極稱鄭德輝《㑳梅香》《倩女離魂》《王粲登樓》，以爲出《西廂》之上。《㑳梅香》雖有佳處，而中多陳腐措大語，且套數、出没、賓白，全剽《西廂》。《王粲登樓》事實可笑，毋亦厭常喜新之病歟？

(《曲藻》卷四，《中國古典戲曲論著集成》(四)，第29頁，第34頁)

(明)王驥德：世稱曲手，必曰關、鄭、白、馬，顧不及王，要非定論。

(《曲律》卷三，《中國古典戲曲論著集成》(四)，第149頁)

又：舊曲列品有四：曰神、曰妙、曰能、曰具。而神品以屬《琵琶》《拜月》。夫曰神品，必法與詞兩擅其極，惟實甫《西廂》可當之耳。

(《曲律》卷四,《中國古典戲曲論著集成》(四),第172頁)

(明)徐復祚:馬東籬、張小山自應首冠,而王實甫之《西廂》,直欲超而上之。蓋諸公所作,止於四折,而《西廂》則十六折,多寡不同,骨力更陡,此其所以勝也。昔人評者,謂"玉環之出浴華清,綠珠之采蓮洛浦",信不誣也。實甫之傳,本於董解元,解元爲說唱本,與實甫本可稱雙璧。實甫《麗春堂》劇,不及《西廂》。

(《曲論》,《中國古典戲曲論著集成》(四),第241頁)

(清)李漁:填詞除雜劇不論,止論全本,其文字之佳,音律之妙,未有過於《北西廂》者。

(《閑情偶寄》,《中國古典戲曲論著集成》(七),第33頁)

(明)王驥德:首三曲穠艷婉麗,委曲如畫,周昉《仕女圖》不過如此。

(《西廂記集解》第三本第二折評,第177頁)

(明)湯顯祖:"則見"三句,遞伺其發怒次第也。皺眉將欲決撒也,垂頸又躊躇也,變朱顏則決撒矣。(《西廂記集解》第三本第二折評,第178頁)

(清)金聖歎:寫紅娘初焉以退賊故,方德張生;既焉以賴婚故,方憐張生;既焉以揮毫故,方愛張生;既焉以不效故,方羞張生。至此乃忽然以苦纏故,不覺惱張生。

(《貫華堂第六才子書西廂記》卷六《鬧簡》,《金聖歎全集》第二冊,第999頁)

又:《西廂記》止寫得三個人:一個是雙文,一個是張生,一個是紅娘。……譬如文字,則雙文是題目,張生是文字,紅娘是文字之起承轉合。有此許多起承轉合,便令題目透出文字,文字透入題目也;……譬如藥,則張生是病,雙文是藥,紅娘是藥之炮製。有此許多炮製,便令藥往就病,病來就藥也。其餘如夫人等,算只是炮製時所用之薑、醋、酒、蜜等物。

(《貫華堂第六才子書西廂記》卷二《讀第六才子書西廂記法》四十七、四十八、四十九,《金聖歎全集》第二冊,第862頁)

崔鶯鶯待月西廂記

第四本　草橋店夢鶯鶯　第三折

(夫人長老上云)今日送張生赴京,十里長亭,安排下筵席。我和長老先行,不見張生小姐來到。(旦、末、紅同上)(旦云)今日送張生上朝取應,早是離人傷感,況值那暮秋天氣,好煩惱人也呵!悲歡聚散一杯酒,南北東西萬里程。

【正宮·端正好】碧雲天,黃花地,西風緊,北雁南飛。曉來誰染霜林醉?總是離人淚[1]。

【滾綉球】恨相見得遲,怨歸去得疾。柳絲長玉驄難繫[2],恨不倩疏林挂住斜暉。馬兒迍迍的行[3],車兒快快的隨,却告了相思迴避,破題兒又早別離[4]。

聽得道一聲去也,鬆了金釧;遥望見十里長亭,減了玉肌:此恨誰知?

(紅云)姐姐今日怎麽不打扮?(旦云)你那知我的心裏呵?

【叨叨令】見安排着車兒、馬兒,不由人熬熬煎煎的氣;有甚麽心情花兒、靨兒[5],打扮得嬌嬌滴滴的媚;准備着被兒、枕兒,則索昏昏沉沉的睡;從今後衫兒、袖兒,都揾做重重叠叠的淚。兀的不悶殺人也麽哥!兀的不悶殺人也麽哥!久已後書兒、信兒,索與我悽悽惶惶的寄[6]。

(做到)(見夫人科)(夫人云)張生和長老坐,小姐這壁坐,紅娘將酒來。張生,你向前來,是自家親眷,不要迴避。俺今日將鶯鶯與你,到京師休辱没了俺孩兒,掙揣一个狀元回來者[7]。(末云)小生托夫人餘蔭,憑着胸中之才,視官如拾芥耳。(潔云[8])夫人主見不差,張生不是落後的人。(把酒了,坐)(旦長吁科)

【脱布衫】下西風黄葉紛飛,染寒烟衰草淒迷。酒席上斜簽着坐的[9],蹙愁眉死臨侵地[10]。

【小梁州】我見他閣淚汪汪不敢垂,恐怕人知;猛然見了把頭低,長吁氣,推整素羅衣。

【幺篇】雖然久後成佳配,奈時間怎不悲啼。意似癡,心如醉,昨宵今日,清減了小腰圍。

(夫人云)小姐把盞者!(紅遞酒,旦把盞長吁科,云)請吃酒!

【上小樓】合歡未已,離愁相繼。想着俺前暮私情,昨夜成親,今日别離。我諗知這幾日相思滋味[11],却原來比别離情更增十倍。

【幺篇】年少呵輕遠别,情薄呵易棄擲。全不想腿兒相挨,臉兒相偎,手兒相携。你與俺崔相國做女婿,妻榮夫貴[12],但得一個並頭蓮,煞强如狀元及第。

(夫人云)紅娘把盞者!(紅把酒科)(旦唱)

【滿庭芳】供食太急,須臾對面,頃刻别離。若不是酒席間子母每當迴避,有心待與他舉案齊眉。雖然是厮守得一時半刻,也合着俺夫妻每共桌而食。眼底空留意,尋思起就裏,險化做望夫石。

(紅云)姐姐不曾吃早飯,飲一口兒湯水。(旦云)紅娘,甚麽湯水嚥得下!

【快活三】將來的酒共食,嘗着似土和泥。假若便是土和泥,也有些土氣息,泥滋味。

【朝天子】暖溶溶玉醅,白泠泠似水,多半是相思淚。眼面前茶飯怕不待要吃[13],恨塞滿愁腸胃。"蝸角虚名,蠅頭微利[14]",拆鴛鴦在兩下裏。一個這壁,一個那壁,一遞一聲長吁氣[15]。

(夫人云)輛起車兒[16],俺先回去,小姐隨後和紅娘來。(下)(末辭潔科)(潔云)此一行别無話兒,貧僧准備買登科録看[17],做親的茶飯少不得貧僧的。先生在意,鞍馬上保重者!從今經懺無心禮,專聽春雷第一聲。(下)(旦唱)

【四邊靜】霎時間杯盤狼藉，車兒投東，馬兒向西，兩意徘徊，落日山橫翠。知他今宵宿在那裏？有夢也難尋覓。

張生，此一行得官不得官，疾便回來。(末云)小生這一去白奪一个狀元，正是:“青霄有路終須到，金榜無名誓不歸。”(旦云)君行別無所贈，口占一絕，爲君送行:“棄擲今何在，當時且自親，還將舊來意，憐取眼前人[18]。”(末云)小姐之意差矣，張珙更敢憐誰？謹賡一絕，以剖寸心:“人生長遠別，孰與最關親？不遇知音者，誰憐長嘆人?”(旦唱)

【耍孩兒】淋漓襟袖啼紅淚，比司馬青衫更濕。伯勞東去燕西飛，未登程先問歸期。雖然眼底人千里，且盡生前酒一杯。未飲心先醉，眼中流血，心內成灰。

【五煞】到京師服水土，趁程途節飲食，順時自保揣身體[19]。荒村雨露宜眠早，野店風霜要起遲！鞍馬秋風裏，最難調護，最要扶持。

【四煞】這憂愁訴與誰？相思只自知，老天不管人憔悴。淚添九曲黃河溢[20]，恨壓三峰華岳低[21]。到晚來悶把西樓倚，見了些夕陽古道，衰柳長堤。

【三煞】笑吟吟一處來，哭啼啼獨自歸。歸家若到羅幃裏，昨宵個綉衾香暖留春住，今夜個翠被生寒有夢知。留戀你別無意，見據鞍上馬，閣不住淚眼愁眉。

(末云)有甚言語囑付小生咱?(旦唱)

【二煞】你休憂“文齊福不齊”，我則怕你“停妻再娶妻[22]”。休要“一春魚雁無消息”！我這裏青鸞有信頻須寄，你卻休“金榜無名誓不歸”。此一節君須記，若見了那异鄉花草，再休似此處棲遲。

(末云)再誰似小姐？小生又生此念。(旦唱)

【一煞】青山隔送行，疏林不做美，淡烟暮靄相遮蔽。夕陽古道無人語，禾黍秋風聽馬嘶。我爲甚麽懶上車兒內，來時甚急，去後何遲?

(紅云)夫人去好一會，姐姐，咱家去!(旦唱)

【收尾】四圍山色中，一鞭殘照裏。遍人間煩惱填胸臆，量這些大小車兒如何載得起[23]?(旦、紅下)(末云)僕童趕早行一程兒，早尋个宿處。淚隨流水急，愁逐野雲飛。(下)

(《全元戲曲》第二卷，人民文學出版社1990年版)

【注釋】

[1]【正宮·端正好】:此曲化用范仲淹【蘇幕遮】詞:“碧雲天，黃葉地，秋色連波，波上寒翠煙。”以及《西廂記諸宮調》卷六:“君不見滿川紅葉，儘是離人眼中血。”用色彩豐富，特色鮮明的深秋景物渲染出美麗而淒清的畫面，將戀人離別的傷感愁苦之情滲透其中，情景融和一體，產生了感人的藝術力量。 [2]玉驄:馬名，原叫玉花驄，爲青白色之駿馬，後作

馬的代稱。 [3]迍(tūn)迍:形容行動緩慢,流連不進的樣子。 [4]破題兒:開頭。唐宋文人稱詩賦起首幾句爲破題。元雜劇中常用破題兒比喻開端、第一次。 [5]靨(yè)兒:原指嘴邊的酒窩,此處是指婦女妝扮面部的一種首飾。 [6]【叨叨令】:此曲中用了大量的襯字,使唱詞口語化,既通俗易懂,又活潑生動,表現出王實甫華美中兼具本色的語言風格。 [7]掙揣:奪取。 [8]潔:元代俗稱僧人爲"潔郎",元劇中將扮演僧人的角色簡稱爲"潔",此處指法本長老。 [9]酒席上斜簽着坐的:(張生)在酒席上側身半坐,這是古代晚輩在長輩前的姿態。簽,插;的,助詞,無義。 [10]死臨侵:形容無精打采,死氣沉沉的樣子。此語主要見於元雜劇中。 [11]諗知:知悉。 [12]妻榮夫貴:按世俗的觀念是夫榮妻貴,這裏反過來説妻榮夫貴,是因爲鶯鶯本是相國小姐,張生做了相國家女婿,就可因此而具有尊貴身份,用不着再上京去考功名。 [13]怕不待要:難道不要。 [14]蝸角虚名,蠅頭微利:均指微不足道的名利。 [15]一遞一聲:一聲接着一聲。遞:接連不斷。 [16]輛起車兒:駕起車子。輛:用作動詞。 [17]登科録:登載科舉考試後獲得進士者的姓名冊録。 [18]"棄擲今何在"四句:原爲《鶯鶯傳》中張生拋棄鶯鶯後又求見面,鶯鶯用以拒絕他的贈詩,此處是反其意用之,表達了對張生愛情專一的要求。 [19]保揣:保重。揣:量度。 [20]九曲黄河:古之黄河,自孟津而北,分爲九道。 [21]三峰華岳:指華山的蓮花峰、毛女峰、松檜峰。 [22]停妻再娶妻:拋棄原妻重新娶妻。 [23]量這些大小車兒如何載得起:估量這樣一個小車兒如何裝得下(我滿懷的煩惱)呢。量:動詞,審度,估量。這些大:這般大,作"小車兒"的修飾語。

【集評】

(明)徐士範:此折敘離合情緒,客路景物,可稱辭曲中賦。

(《集評校注〈西廂記〉》,第157頁)

(清)毛奇齡:此折凡三截:首至[叨叨令],將赴長亭時語:"下西風"至"長吁氣",餞時語;"霎時間"至末,別時語。諸曲皆絕妙好詞也。層見錯出,有緒無緒,俱臻妙境。

(《集評校注〈西廂記〉》,第158–161頁)

(清)金聖歎:"恨成就得遲,怨分去得疾。柳絲長玉驄難繫。"……通篇反反覆覆,曲曲折折,都只寫此"遲""疾"二句也。

(《貫華堂第六才子書西廂記》卷七《哭宴》,《金聖歎全集》第二冊,第1070頁)

又:"馬兒慢慢行,車兒快快隨。"……二句十字,真正妙文,……蓋昨日拷問之後,一夜隔絕不通,今日反借餞別,圖得相守一刻。……馬兒則慢慢行,車兒則快快隨。車兒既快快隨,馬兒仍慢慢行,於是車在馬右,馬在車左,男左女右,比肩並坐,疏林掛日,更不復夜,千秋萬歲,永在長亭。此真小兒女又稚小,又苦惱,又聰明,又憨癡,一片的的微細心地,不知作者如何寫出來也!

(《貫華堂第六才子書西廂記》卷七《哭宴》,《金聖歎全集》第二冊,第1071頁)

又:"閣淚汪汪不敢垂,恐怕人知";張生怕人知,乃雙文偏又知之。昨讀莊、惠濠上互不能知之文,今又讀張、崔長亭脈脈共知之文,真乃各極其妙也。"猛然見了把頭低,長吁氣,推整素羅衣。"是何神理,直寫至此。……真寫殺張生也。然是寫雙文看張生也,然則真看殺張生也。〇寫雙文如此看張生。真寫殺雙文也。……今卻轉從雙文口中體貼張生之體貼雙文,便又多得一層,文心漩澓,真有何限。

(《貫華堂第六才子書西廂記》卷七《哭宴》,《金聖歎全集》第二冊,第1073頁)

破幽夢孤雁漢宫秋(第三折)

(元)馬致遠

【題解】

馬致遠著有雜劇十五種,今存《漢宫秋》《青衫淚》《陳摶高臥》《岳陽樓》《任風子》《薦福碑》六種,及與人合寫的《黄粱夢》一種。馬致遠同時也是重要散曲家。周德清首將"關、鄭、白、馬"並提,後來人們都稱馬致遠爲元曲"四大家"之一。

《破幽夢孤雁漢宫秋》是馬致遠的代表作,演述王昭君出塞的故事。馬致遠一方面借鑒了史料筆記及詩文中的某些材料、情節,一方面又進行了新的創造,以獨特的面貌表達富於現實意義和個人思考的藴涵。

劇寫漢元帝時中大夫毛延壽爲固寵而奏請廣選室女充實後宫,元帝命其辦理。有秭歸民女王昭君當受選之列,毛延壽欲索百金爲賂,昭君不從,延壽遂將美人圖點破,昭君不得見君,退居永巷。元帝巡宫偶遇昭君,驚其絕代姿容,問知被置冷宫原委,即令將延壽斬首,封昭君爲明妃,寵於西宫。延壽逃往匈奴,獻昭君畫像,挑撥單于向漢朝索要昭君,以百萬雄兵南侵相威脅。滿朝文武畏刀避箭,奏請以昭君和番,元帝怒斥"滿朝中都做了毛延壽",歎恨"這做天子的官差不自由",最終只能忍痛讓昭君出塞。臨行,元帝親往灞橋送别,昭君行至漢匈交界處,縱身投入黑江中。元帝送别昭君回宫,夜裏夢與昭君相會,忽然傳來長空中孤雁悽楚的叫聲,將元帝驚醒,感到無限哀傷悽愴。

此處節選第三折,描寫灞橋送别時,元帝對昭君遠去的哀憐痛惜和被迫分離的怨恨無奈;也表現了昭君眷戀元帝之情與身殉祖國的氣節。【七兄弟】【梅花酒】【收江南】幾支曲辭在塞北風光、悲涼秋景的畫面上,一邊描寫昭君隨着匈奴人隊伍走入窮荒,一邊刻畫元帝設想自己車馬回咸陽宫中的心理,哀婉欲絕,富於感染力。

(番使擁旦上[1],奏胡樂科,旦云)妾身王昭君,自從選入宫中,被毛延壽將美人圖點破,送入冷宫。甫能得蒙恩幸[2],又被他獻與番王形像[3]。今擁兵來索,待不去,又怕江山有失;没奈何將妾身出塞和番。這一去,胡地風霜,怎生消受也! 自古道:"紅顔勝人多薄命,莫怨春風當自嗟[4]。"(駕引文武内官上[5],云)今日灞橋餞送明妃[6],卻早來到也。(唱)

【雙調·新水令】錦貂裘生改盡漢宫妝[7],我則索看昭君畫圖模樣[8]。舊恩金勒短[9],新恨玉鞭長。本是對金殿鴛鴦[10],分飛翼怎承望!

（云）您文武百官計議，怎生退了番兵，免明妃和番者。（唱）

【駐馬聽】宰相每商量，大國使還朝多賜賞。早是俺夫妻悒怏[11]，小家兒出外也摇裝[12]。尚兀自渭城衰柳助凄涼[13]，共那灞橋流水添惆悵。偏您不斷腸。想娘娘那一天愁都撮在琵琶上。

（做下馬科）（與旦打悲科[14]）（駕云）左右慢慢唱者，我與明妃餞一杯酒。（唱）

【步步嬌】您將那一曲陽關休輕放[15]，俺咫尺如天樣。慢慢的捧玉觴，朕本意待尊前捱些時光。且休問劣了宫商[16]，您則與我半句兒俄延着唱。

（番使云）請娘娘早行，天色晚了也。（駕唱）

【落梅風】可憐俺別離重，你好是歸去的忙。寡人心先到他李陵臺上[17]。回頭兒卻纔魂夢裏想，便休題貴人多忘。

（旦云）妾這一去，再何時得見陛下？把我漢家衣服都留下者。正是：今日漢宫人，明朝胡地妾；忍着主衣裳，爲人作春色[18]。（留衣服科）（駕唱）

【殿前歡】説甚麽留下舞衣裳，被西風吹散舊時香[19]。我委實怕宫車再過青苔巷[20]，猛到椒房[21]、那一會想菱花鏡裏妝，風流相，兜的又横心上[22]。看今日昭君出塞，幾時似蘇武還鄉[23]？

（番使云）請娘娘行罷，臣等來多時了也。（駕云）罷罷罷，明妃，你這一去，休怨朕躬也。（做別科，駕云）我那裏是大漢皇帝！（唱）

【雁兒落】我做了別虞姬楚霸王，全不見守玉關征西將[24]。那裏取保親的李左車，送女客的蕭丞相[25]？

（尚書云）陛下不必挂念。（駕唱）

【得勝令】那裏也架海紫金梁[26]？枉養着那邊庭上鐵衣郎。您也要左右人扶侍，俺可甚糟糠妻不下堂[27]！您但提起刀槍，卻早小鹿兒心頭撞[28]。今日央及煞娘娘[29]，怎做的男兒當自强[30]！

（尚書云）陛下，咱回朝去罷。（駕唱）

【川撥棹】怕不待放絲繮[31]，咱可甚鞭敲金鐙響[32]？你管燮理陰陽[33]，掌握朝綱，治國安邦，展土開疆。假若俺高皇，差你個梅香[34]，背井離鄉，卧雪眠霜；若是他不戀恁春風畫堂[35]，我便官封你一字王[36]。

（尚書云）陛下，不必苦死留他，着他去了罷。（駕唱）

【七弟兄】説甚麽大王、不當、戀王嬙，兀良[37]，怎禁他臨去也回頭望！那堪這散風雪旌節影悠揚，動關山鼓角聲悲壯[38]。

【梅花酒】呀！俺向着這迥野悲涼[39]：草已添黄，兔早迎霜[40]；犬褪得毛蒼，人搠起纓鎗，馬負着行裝，車運着餱糧[41]，打獵起圍場[42]。他、他、他傷心辭漢主，我、我、我携手上河梁[43]。他部從入窮荒，我鑾輿返咸陽。返咸陽，過宫墻；過宫墻，繞迴廊；繞迴廊，近椒房；近椒房，月昏黄；月昏黄，夜生涼；夜生涼，泣寒螿[44];泣寒螿,緑紗窗;緑紗窗,不思量。

【收江南】呀!不思量除是鐵心腸。鐵心腸也愁淚滴千行。美人圖今夜挂昭陽,我那裏供養,便是我高燒銀燭照紅妝[45]。

(尚書云)陛下回鑾罷,娘娘去遠了也。(駕唱)

【鴛鴦煞】我則索大臣行説一個推辭謊,又則怕筆尖兒那火編修講[46]。不見他花朵兒精神,怎趁那草地裏風光?唱道竚立多時[47],徘徊半晌;猛聽的塞雁南翔,呀呀的聲嘹亮。却原來滿目牛羊,是兀那載離恨的氈車半坡裏響[48]。(下)

(番王引部落擁昭君上,云)今日漢朝不棄舊盟,將王昭君與俺番家和親。我將昭君封爲寧胡閼氏[49],坐我正宫。兩國息兵,多少是好。衆將士,傳下號令,大衆起行,望北而去。(做行科)(旦問云)這裏甚地面了?(番使云)這是黑龍江[50],番漢交界去處。南邊屬漢家,北邊屬我番國。(旦云)大王,借一杯酒,望南澆奠;辭了漢家,長行去罷。(做奠酒科,云)漢朝皇帝,妾身今生已矣,尚待來生也。(做跳江科)(番王驚救不及,歎科,云)嗨!可惜可惜!昭君不肯入番,投江而死。罷罷罷,就葬在此江邊,號爲青塚者[51]。我想來,人也死了,枉與漢朝結下這般讎隙,都是毛延壽那厮撥弄出來的[52]。把都兒[53],將毛延壽拿下,解送漢朝處治。我依舊與漢朝結和,永爲甥舅[54],却不是好。(詩云)則爲他丹青畫誤了昭君,背漢主暗地私奔;將美人圖又來哄我,要索取出塞和親。豈知道投江而死,空落的一見消魂。似這等奸邪逆賊,留着他終是禍根。不如送他去漢朝哈喇[55],依還的甥舅禮,兩國長存。(下)

(《全元戲曲》第二卷,人民文學出版社1990年版)

【注釋】

[1]旦:這裏指王昭君。　[2]甫:才,剛剛。　[3]形像:圖像。　[4]"紅顔勝人多薄命"兩句:這是宋代歐陽修《明妃曲·再和王介甫》一詩中的兩句。　[5]駕:元雜劇中皇帝的代稱,所謂"駕頭雜劇"即扮演帝王的雜劇,這裏指漢元帝。　[6]灞橋:在今陜西西安東面,灞水之上,古人多於此送别。明妃:即王昭君。　[7]生:生硬、勉強。　[8]則:通"只"。索:得。則索:只得、只能夠。　[9]金勒短:像駕馭馬的金勒一樣短。金勒:金飾的帶嚼口的馬絡頭。極言昭君得到皇帝恩寵的時間短。　[10]金殿鴛鴦:這是唐代李白《宫中行樂詞》中的詩句,劇中借來形容美滿夫妻。　[11]早是:本來。悒怏(yìyàng):不愉快。[12]小家兒:小户人家。摇裝:本作"遥裝",從南北朝到明代一直流傳的風俗。遠行者在離家前,選吉日出門,家人親友也要正式設酒送别,但是出行者出走一會兒後須返回,改日再正式出發,可能有祝願此行必定平安的寓意。　[13]尚兀(wù)自:尚自。兀:無義,語氣助詞。渭城衰柳:這是唐代王維《送元二使安西》中"渭城朝雨浥輕塵,客舍青青柳色新"二句的詩意。渭城:在今天陜西咸陽市東。　[14]打悲:裝作悲傷的樣子。打:此處作"做"解。　[15]一曲陽關:這是唐代王維《送元二使安西》:"勸君更盡一杯酒,西出陽關無

故人"二句的詩意。後來被人譜作《陽關三疊》曲,作爲送别唱的歌曲。 [16]劣了宫商:音調不協。宫商:指腔調,是我國古代五聲音階宫商角徵羽的簡稱。 [17]李陵臺:李陵是漢武帝時的名將,因孤軍深入,兵敗投降於匈奴。李陵臺在元代的上京,今天內蒙古自治區波羅城。 [18]"今日漢宫人"四句:前兩句出自李白《王昭君》詩,後兩句出自宋代陳師道《妾薄命》詩。 [19]西風吹散舊時香:這是元代詩人元淮《昭君出塞》詩中的句子,【新水令】【駐馬聽】等曲也多化用此詩的句意。 [20]青苔巷:指昭君以前所住的冷宫長巷。 [21]椒房:《漢書·車千秋傳》顔師古注云:"椒房,殿名,皇后所居也。以椒和泥塗壁,取其温而芳也。" [22]兜的:陡然的、突然的、猛然的。 [23]蘇武還鄉:蘇武是漢代出使匈奴的使臣,匈奴曾強迫他投降,但他始終不屈,被禁19年後,終得回國。 [24]"我做了别虞姬楚霸王"二句:楚漢相争時,楚王項羽的愛妾虞姬在漢軍重圍中自刎。玉關:玉門關,古時軍事要塞,在今甘肅敦煌西北小方盘城。 [25]"那裏保親的李左車"二句:保親與送客相對成文,古時婚禮,女子出嫁時,由親戚一人陪送到夫家,叫做送女客。李左車:漢初著名的謀士,曾輔佐韓信攻下燕齊二國。蕭丞相:漢代的蕭何,漢初功臣。根據史書這兩個人都没有送親的故事,這是漢元帝譏諷朝中以賢臣名將自居的文武大臣們,除了推舉昭君和番來平息邊患外,没有什麼用處。 [26]那裏也架海紫金梁:意思是説哪里有架海金梁呢!元雜劇常以"擎天白玉柱,架海紫金梁"比喻重臣名將。 [27]糟糠妻:貧賤時共患難的妻子。據《後漢書·宋弘傳》記載,漢光武帝劉秀想把湖陽公主嫁給宋弘,但是要宋弘先休掉妻子。宋弘對劉秀説:"臣聞貧賤之知不可忘,糟糠之妻不下堂。" [28]小鹿兒心頭撞:人心情緊張時,心跳加速,就像小鹿撞觸心頭一樣。 [29]央及:央求。煞:通"索",要的意思。 [30]男兒當自強:這是唐代李頎《緩歌行》"男兒立身須自強,十年閉户穎水陽"的化用。 [31]怕不待:難道不准備。 [32]鞭敲金鐙響:元雜劇常以"鞭敲金鐙響,人唱凱歌回"形容勝利歸來的氣概。 [33]爕(xiè)理:調和。 [34]梅香:舊時多以"梅香"爲婢女的名字,因此常常以此作爲婢女的代稱。 [35]恁(nín):古時通"您"。 [36]一字王:遼代封王用一個字的,地位最尊,如趙王、魏王。兩個字則次一等,如蘭陵郡王。漢代没有這種制度,這裏是借用。 [37]兀良:無義,用於句首時,有加強語氣或指示方向的作用。 [38]"散風雪旌節影悠揚"二句:唐杜甫《閣夜》"五更鼓角聲悲壯,三峽星河影動摇"的化用。旌節:旌旗儀仗之類。 [39]迥野:廣闊的原野。 [40]兔早迎霜:《元曲選》作"色早迎霜",這裏據《雍熙樂府》、《詞林摘艷》所引曲文改正。迎霜:指白色,迎霜兔是元人慣用的一個詞。 [41]餱(hóu)糧:乾糧、食糧。 [42]打獵起圍場:打獵的撤掉了圍場。 [43]携手上河梁:漢李陵《與蘇武》詩:"攜手上河梁,遊子暮何之?"表示惜别的意思。 [44]寒螿(jiāng):蟬的一種,到深秋天寒才不再鳴叫。 [45]高燒銀燭照紅妝:化自宋蘇軾《海棠》詩:"只恐夜深花睡去,故燒高燭照紅妝。" [46]"我則索大臣行説一個推辭謊"二句:這兩句是説,我要在大臣們面前説一個推託的謊話,又怕那些編修啰嗦。火:通"夥",可能古代皇帝言行,都有史官做筆録,因此劇中漢元帝才這樣説。 [47]唱道:或作"暢道",真是,誠然是。元劇中【雙調·鴛鴦煞】的定格,第五句開頭,必用此二字作襯字。 [48]氈車:古代北方少數民族政權后妃所乘的車子,用錦緑青氈作車蓋。 [49]閼氏(Yānzhī):漢時匈奴單于正妻的稱號。 [50]黑龍江:當爲黑江,龍字是衍文。題目"沉黑江明妃青塚恨",可以作爲證據。 [51]青塚:指漢代王昭君墓,在今天內蒙古自治區呼和浩特市南。傳説當地多白草而此塚獨青,故名。 [52]搬弄:挑撥、播弄。 [53]把都兒:蒙古語"勇士"的音譯,元雜劇中多作武士、兵士和將士解。 [54]甥舅:古時稱女婿、丈人爲甥舅。單于自認爲是漢朝的女婿,所以這樣講。 [55]哈喇:蒙古語,殺的意思。

【集評】

(明)賈仲明:萬花叢裏馬神仙,百世集中説致遠,四方海內皆談羨。戰文場,曲狀元,姓名香,貫滿梨園。《漢宫秋》《青衫淚》《戚夫人》《孟浩然》。共庾白關老齊肩。

(《録鬼簿》卷上,《新校録鬼簿正續編》,第68頁)

(明)朱權:馬東籬之詞,如朝陽鳴鳳。其詞典雅清麗,可與《靈光》《景福》兩相頡頏,有振鬣長鳴,萬馬皆瘖之意。又若神鳳飛鳴於九霄,豈可與凡鳥共語哉?宜列羣英之上。

(《太和正音譜》,《中國古典戲曲論著集成》(三),第16頁)

(明)臧晉叔:或謂元取士有填詞科,若今帖括然,取給風簷寸晷之下,故一時名士,雖馬致遠、喬孟符輩,至第四折往往彊弩之末矣。 (《元曲選》序,《元曲選》,第3頁)

(明)孟稱舜:讀《漢宫秋》劇,真若孤雁横空,林風肅肅,遠近相和。前此惟白香山潯陽江上《琵琶行》可相伯仲也。 (《孤雁漢宫秋總評》,《孟稱舜集》,第581頁)

(清)焦循:元、明以來,作昭君雜劇者有四家。馬東籬《漢宫秋》一劇,可稱絕調;臧晉叔《元曲選》取爲第一,良非虛美。(《劇説》卷五,《中國古典戲曲論著集成》(八),第190頁)

趙氏孤兒大報讐(第三折)

(元)紀君祥

【題解】

紀君祥,大都人,生平不詳。《録鬼簿》謂與李壽卿、鄭廷玉同時,都列於"已死名公才人",當爲元雜劇前期作家。作雜劇六種,現僅存《趙氏孤兒》。

《趙氏孤兒》題材來源於《左傳》和《史記》,又吸收了劉向《説苑》和《新序》有關材料,而進行了新的藝術創造。劇寫春秋時晉靈公大將屠岸賈在靈公前陷害文臣趙盾,將趙氏滿門良賤三百口誅盡殺絕。趙盾之子趙朔爲駙馬,亦被迫自刎,囚禁中的公主產下遺腹子即趙氏孤兒,託付趙朔門客草澤醫生程嬰帶出,把守大門的韓厥將軍將其放走後自刎。屠岸賈發覺,下令全國大搜捕,如三日之內,無人交出孤兒,便把全國一月之上,半歲之下的嬰兒全部殺盡。程嬰潛往罷職歸農的中大夫公孫杵臼莊上,求其撫養遺孤,自己則以親生的嬰兒冒充孤兒讓公孫杵臼去出首。公孫以自身年歲已高,養孤之責更爲艱難,而爭擔藏孤罪名,讓程嬰去告發。屠岸賈捉拿公孫杵臼,搜出假孤兒將其殺戮,公孫遭受嚴刑拷打,觸階而死。屠岸賈視程嬰爲心腹,收爲門客,並認孤兒爲義子。二十年後，孤兒長大成人，程嬰告知其身世，於是攻殺了屠岸賈，報了血海深讐。

這部劇圍繞着“搜孤”與“救孤”，展開了一場正義與邪惡的生死搏鬥，它歌頌了程嬰、韓厥、公孫杵臼等一系列重義輕生的肝膽俠義之士。自始至終激蕩着一種磅礴高昂的正義精神和向邪惡勢力報讐雪恨的情緒。劇情緊張驚險，扣人心弦。曲詞壯烈高亢，具有感人的悲劇力量。體制上也突破了一本四折的限制，共有五折，且每折由不同人物主唱。

此處節選第三折，演述屠岸賈接到程嬰首告後，領兵往太平莊捉拿公孫杵臼，要程嬰親自拷打公孫，供出同謀和藏孤之處，公孫不屈撞階而死，程嬰之子冒充的趙氏孤兒被搜出剁成三段，真孤兒得以保存下來。作品在尖鋭激烈的衝突中塑造人物形象，精確地刻畫出他們處於特殊情境中複雜微妙的心理情感，屠岸賈的狡猾兇殘、程嬰的驚懼痛苦和公孫杵臼的堅貞義烈都得到生動的表現。

(屠岸賈領卒子上，云)兀的不走了趙氏孤兒也！某已曾張掛榜文，限三日之內，不將孤兒出首，即將晉國內小兒，但是半歲以下、一月以上，都拘刷到我帥府中，盡行誅戮。令人，門首覷者，若有首告之人，報復某家知道。(程嬰上，云)自家程嬰是也。昨日將我的孩兒送與公孫杵臼去了，我今日到屠岸賈跟前首告去來。令人，報復去，道有了趙氏孤兒也。

(卒子云)你則在這裏，等我報復去。(報科，云)報的元帥得知，有人來報，趙氏孤兒有了也。(屠岸賈云)在那裏？(卒子云)現在門首哩。(屠岸賈云)着他過來。(卒子云)着過來。(做見科，屠岸賈云)兀那厮，你是何人？(程嬰云)小人是個草澤醫士程嬰。(屠岸賈云)趙氏孤兒今在何處？(程嬰云)在吕吕太平莊上，公孫杵臼家藏着哩。(屠岸賈云)你怎生知道來？(程嬰云)小人與公孫杵臼曾有一面之交。我去探望他，誰想卧房中錦繃綉褥上[1]，躺着一個小孩兒。我想，公孫杵臼年紀七十，從來没兒没女，這個是那裏來的？我説道：“這小的莫非是趙氏孤兒麽？”只見他登時變色，不能答應，以此知孤兒在公孫杵臼家裏。(屠岸賈云)咄！你這匹夫！你怎瞞的過我？你和公孫杵臼往日無讐，近日無寃，你因何告他藏着趙氏孤兒？你敢是知情麽？説的是，萬事全休；説的不是，令人磨的劍快，先殺了這個匹夫者！(程嬰云)告元帥暫息雷霆之怒，略罷虎狼之威。聽小人訴説一遍咱。我小人與公孫杵臼原無讐隙，只因元帥傳下榜文，要將晉國內小兒拘刷到帥府，盡行殺壞。我一來爲救晉國內小兒之命，二來小人四旬有五，近生一子，尚未滿月。元帥軍令，不敢不獻出來，可不小人也絕後了？我想，有了趙氏孤兒，便不損壞一國生靈，連小人的孩兒也得無事，所以出首。(詩云)告大人暫停嗔怒，這便是首告緣故；雖然救晉國生靈，其實怕程家絕户。(屠岸賈笑科，云)哦，是了。公孫杵臼原與趙盾一殿之臣，可知有這事來。令人，則今日點就本部下人馬，同程嬰到太平莊上，拿公孫杵臼走一遭去。(同下)(正末公孫杵臼上，云)老夫公孫杵臼是也。想昨日與程嬰商議，救趙氏孤

兒一事,今日他到屠岸賈府中首告去了,這早晚屠岸賈這廝必然來也呵。(唱)

【雙調·新水令】我則見蕩征塵飛過小溪橋,多管是損忠良賊徒來到。齊臻臻擺着士卒,明晃晃列着槍刀。眼見的我死在今朝,更避甚痛笞掠。

(屠岸賈同程嬰領卒子上,云)來到這吕吕太平莊上也。令人,與我圍了太平莊者。程嬰,那裏是公孫杵臼宅院?(程嬰云)則這個便是。(屠岸賈云)拿過那老匹夫來!公孫杵臼,你知罪麽?(正末云)我不知罪。(屠岸賈云)我知你個老匹夫和趙盾是一殿之臣。你怎敢掩藏着趙氏孤兒?(正末云)老元帥,我有熊心豹膽?怎敢掩藏着趙氏孤兒!(屠岸賈云)不打不招。令人,與我揀大棒子着實打者。(卒子做打科,正末唱)

【駐馬聽】想着我罷職辭朝,曾與趙盾名爲刎頸交[2]。(云)這事是誰見來?(屠岸賈云)現有程嬰首告着你哩。(正末唱)是那個埋情出告[3]?原來這程嬰舌是斬身刀。(云)你殺了趙家滿門良賤三百餘口,則剩下這孩兒,你又要傷他性命。(唱)你正是狂風偏縱撲天雕,嚴霜故打枯根草。不爭把孤兒又殺壞了,可着他三百口寃讐甚人來報?

(屠岸賈云)老匹夫!你把孤兒藏在那裏?快招出來,免受刑法!(正末云)我有甚麽孤兒藏在那裏?誰見來?(屠岸賈云)你不招?令人,與我采下去[4],着實打者!(做打科,屠岸賈云)這老匹夫賴肉頑皮,不肯招承,可惱,可惱!程嬰,這原是你出首的,就着替我行杖者。(程嬰云)元帥,小人是個草澤醫士,撮藥尚然腕弱,怎生行的杖?(屠岸賈云)程嬰,你不行杖,敢怕指攀出你麽?(程嬰云)元帥,小人行杖便了。(做拿杖子科,屠岸賈云)程嬰,我見你把棍子揀了又揀,只揀着那細棍子,敢怕打的他疼了,要指攀下你來?(程嬰云)我就拿大棍子打者。(屠岸賈云)住者。你頭裏只揀着那細棍子打,如今你卻拿起大棍子來,三兩下打死了呵,你就做的個死無招對。(程嬰云)着我拿細棍子又不是,拿大棍子又不是,好着我兩下做人難也!(屠岸賈云)程嬰,你只拿着那中等棍子打。公孫杵臼老匹夫,你可知道行杖的就是程嬰麽?(程嬰行杖科,云)快招了者。(三科了[5])(正末云)哎喲,打了這一日,不似這幾棍子打的我疼,是誰打我來?(屠岸賈云)是程嬰打你來。(正末云)程嬰,你剗的打我那[6]!(程嬰云)元帥,打的這老頭兒兀的不胡説哩。(正末唱)

【雁兒落】是那一個實丕丕將着粗棍敲?打的來痛殺殺精皮掉。我和你狠程嬰有甚的讐?卻教我老公孫受這般虐。

(程嬰云)快招了者。(正末云)我招,我招。(唱)

【得勝令】打的我無縫可能逃,有口屈成招。莫不是那孤兒他知道,故意的把咱家指定了。(程嬰做慌科)(正末唱)我委實的難熬,尚兀自強着牙根兒鬧[7]。暗地裏偷瞧,只見他早諕的腿脡兒搖[8]。

(程嬰云)你快招罷,省得打殺你。(正末云)有,有,有。(唱)

【水仙子】俺二人商議要救這小兒曹。(屠岸賈云)可知道指攀下來也。你說二人,一個是你了,那一個是誰?你實說將出來,我饒你的性命。(正末云)你要我說那一個,我說,我說。(唱)哎,一句話來到我舌尖上却咽了。(屠岸賈云)程嬰,這樁事敢有你麼?(程嬰云)兀那老頭兒,你休妄指平人。(正末云)程嬰,你慌怎麼?(唱)我怎生把你程嬰道,似這般有上梢無下梢[9]。(屠岸賈云)你頭裏說兩個,你怎生這一會兒可說無了?(正末唱)只被你打的來不知一個顛倒。(屠岸賈云)你還不說,我就打死你個老匹夫!(正末唱)遮莫便打的我皮都綻[10],肉盡銷,休想我有半字兒攀着。

(卒子抱倈兒上科,云)元帥爺賀喜,土洞中搜出個趙氏孤兒來了也。(屠岸賈笑科,云)將那小的拿近前來,我親自下手,剁做三段。兀那老匹夫,你道無有趙氏孤兒,這個是誰?(正末唱)

【川撥棹】你當日養神獒,把忠臣來撲咬。逼的他走死荒郊,刎死鋼刀,縊死裙腰。將三百口全家老小,盡行誅剿,並没那半個兒剩落,還不厭你心苗[11]。

(屠岸賈云)我見了這孤兒,就不由我不惱也。(正末唱)

【七弟兄】我只見他左瞧、右瞧,怒咆哮。火不騰改變了猙獰貌[12],按獅蠻拽札起錦征袍[13],把龍泉扯離出鯊魚鞘[14]。

(屠岸賈怒云)我拔出這劍來,一劍,兩劍,三劍。(程嬰做驚疼科,屠岸賈云)把這一個小業種剁了三劍,兀的不稱了我平生所願也!(正末唱)

【梅花酒】呀!見孩兒臥血泊。那一個哭哭號號,這一個怨怨焦焦,連我也戰戰搖搖。直恁般歹做作,只除是没天道呀!想孩兒離褥草[15],到今日恰十朝。刀下處怎耽饒?空生長枉劬勞,還說甚要防老[16]!

【收江南】呀!兀的不是家富小兒驕[17]。(程嬰做掩淚科)(正末唱)見程嬰心似熱油澆,淚珠兒不敢對人抛。背地裏揾了,没來由割捨的親生骨肉吃三刀。

(云)屠岸賈那賊!你試覷者。上有天哩,怎肯饒過的你。我死打甚麼不緊!(唱)

【鴛鴦煞】我七旬死後偏何老,這孩兒一歲死後偏知小[18]。俺兩個一處身亡,落的個萬代名標。我囑付你個後死的程嬰,休別了橫亡的趙朔[19]。暢道是光陰過去的疾,冤讐報復的早。將那廝萬剮千刀,切莫要輕輕的素放了[20]。

(正末撞科,云)我撞階基,覓個死處。(下)(卒子報科,云)公孫杵臼撞階基身死了也。(屠岸賈笑科)那老匹夫既然撞死,可也罷了。(又笑科,云)程嬰,這一樁裏多虧了你,若不是你呵,如何殺的趙氏孤兒?(程嬰云)元帥,小人原與趙氏無讐,一來救晉國內眾生,二來小人跟前也有個孩兒,未曾滿月,若不搜的那趙氏孤兒出來,我這孩兒也無活的人也。(屠岸賈云)程嬰,你是我心腹的人,不如只在我家中做個門客,擡舉你那孩兒成人長大。在你跟前習文,送在我跟前演武。我也年近五旬,尚無子嗣,就將你的孩兒與我做個義兒。我偌大年紀了,後來我的官位,也等你的孩兒討個應襲,你意下如何?(程嬰云)多謝元帥擡舉。(屠岸賈詩云)則爲朝綱中獨顯趙盾,不由我心中生忿。如今削除了這點萌芽,方纔是永無後釁。(同下)

(《全元戲曲》第三卷,人民文學出版社1990年版)

【注釋】

[1]繃:束縛小兒用的寬布幅。 [2]刎頸交:可以同生死共患難的朋友。 [3]埋情:即昧情,昧了良心。 [4]采下去:抓下去。 [5]三科了:演員重複表演了三次同樣的動作。 [6]劃的:平白無故的。 [7]鬧:這裏是喧嚷的意思。 [8]腿脡兒:腿肚子。 [9]有上梢無下梢:宋元俗語,有始無終、有頭無尾的意思。 [10]遮莫:即使、儘管。 [11]厭:通"饜",滿足。 [12]火不騰:形容怒時面赤。也作火不登,《兒女團圓》第一折:"火不登紅了面皮。" [13]獅蠻:戰袍上的腰帶。帶子上用獅子蠻王作裝飾圖案,因稱蠻獅帶。 [14]龍泉:寶劍名,這裏引申爲劍。 [15]褥草:產婦臨產時所用的草席、草墊。 [16]防老:養兒防老,積穀防饑,是民間諺語。 [17]家富小兒驕:元劇慣用語。這裏是反語,説自己的嬰兒,不能如一般嬰兒那樣嬌貴,反而要被送去替死。 [18]"我七旬死後偏何老"二句:兩句中的"後"字,都是語助詞,與"呵"或"了"相類似。 [19]休別了:不要背棄、辜負的意思。 [20]素放了:白白放過,空放過。

【集評】

(明)賈仲明:壽卿、廷玉在同時,《三度藍關韓退之》,《松陰夢》裏三生事。《驢皮記》,情意資。《冤報冤趙氏孤兒》。編成傳,寫上紙,表表於斯。

(《録鬼簿》卷上,《新校録鬼簿正續編》,第102頁)

(明)朱權:紀君祥之詞,如雪裏梅花。

(《太和正音譜》,《中國古典戲曲論著集成》(三),第19頁)

(明)孟稱舜:此是千古最痛最快之事,應有一篇極痛快文發之。讀此覺太史公傳猶爲寂寥,非大作手,不易辦也。 (《趙氏孤兒總評》,《孟稱舜集》,第584頁)

(清)李調元:考程嬰、屠岸賈事,始見《説苑·復恩篇》。公孫杵臼,別見《新序·節士篇》,《左傳》無一字及之。今《八義》劇所演鉏麑、提彌明、靈輒三事,乃詳宣二年傳中;而晉因韓厥之言以立趙武,則在成公四年傳。

(《劇話》卷下,《中國古典戲曲論著集成》(八),第49頁)

王國維:其最有悲劇之性質者,則如關漢卿之《竇娥冤》,紀君祥之《趙氏孤兒》。劇中雖有惡人交構其間,而其蹈湯赴火者,仍出於其主人翁之意志,則列之於世界大悲劇中,亦無愧色也。 (《宋元戲曲史》,第99頁)

蔡伯喈琵琶記

第二十齣[1]　糟糠自厭

(元)高明

【題解】

高明(1305？—1359),字則誠,號菜根道人,浙江瑞安人。至正五年中進士,歷任處州録事,紹興府判官、江臺行臺椽、福建行省都事等職。高明富有才幹,而性情耿直,屢次觸犯權貴,一直沉淪下僚,鬱鬱不得志。元末隱居於寧波城東的櫟社,《琵琶記》就在此時創作。

劇寫漢代陳留農家子弟蔡邕字伯喈,與趙五娘新婚之後被父親逼迫上京考試,取得狀元後,牛丞相要招他做女婿,伯喈不肯,向朝廷辭官回鄉侍親,皇帝不許。伯喈奉旨與牛小姐成親後,雖生活在溫柔富貴之中,但時刻想念着五娘與父母,又無法表白,內心極爲痛苦。趙五娘在家鄉獨自侍養公婆,備歷艱辛,兩老因飢病先後死去,五娘剪髮買葬,羅裙包土,安葬了公婆,然後描畫了公婆遺像,扮作道姑,以琵琶賣唱,上京尋夫。五娘於偶然機會進入牛府,牛小姐問知其故,遂安排五娘與伯喈相會,牛丞相讓伯喈攜二妻回鄉祭掃公婆,最後皇帝下旨將蔡家滿門旌表。

有關蔡伯喈與趙五娘的故事很早就在民間流傳,早期戲文中也有《趙貞女蔡二郎》一本,演蔡伯喈中狀元後拋棄髮妻趙五娘,後被雷轟的故事。高明在把民間傳説和戲文改編成完整的劇作《琵琶記》時,對故事內容進行了全新的改造,把原來譴責伯喈棄親背婦的主旨,改變爲歌頌伯喈全忠全孝。爲了體現作者的創作意圖,造成了一些人物如蔡伯喈、牛小姐在性格上的概念化和不夠真實的情形,但對趙五娘這一人物,基本上能够按照生活的邏輯,去塑造一位血肉豐滿的勞動婦女形象,具有真實感人的藝術力量,能在舞臺上長久地閃現着光輝。

在戲劇結構上通過雙線並行展開,穿插交錯,使越來越懸殊的生活境遇構成強烈的對比映照,把社會現實中貧與富、貴與賤的鮮明對立,喜樂與淒慘的巨大反差集中地呈現在舞臺之上,取得了動人的藝術效果。另外善於細緻描寫內心世界,人物語言的切合地位身份等都是其顯著特色。

《糟糠自厭》,寫五娘在伯喈上京後,獨自侍養公婆。陳留發生災荒,五娘變賣衣裳首飾換米給公婆供食,自己卻背地裏以糠粃充飢,二老發現後由原來的埋怨責怪變爲痛心悔恨乃至昏倒在地。作者繼承了詩歌傳統的比興手法,即景因物,自然生發,真切形象地表現了人物的心理情感。

(旦上唱[2])【山坡羊】亂荒荒不豐稔的年歲[3],遠迢迢不回來的夫壻。急煎煎不耐煩的二親[4],軟怯怯不濟事的孤身己[5]。衣盡典,寸絲不掛體。幾番要賣了奴身己,爭奈没主公婆教誰管取?(合[6])思之,虚飄飄命怎期? 難捱,實丕丕災共危[7]。

【前腔】滴溜溜難窮盡的珠淚[8],亂紛紛難寬解的愁緒。骨崖崖難扶持的病體[9],戰欽欽難捱過的時和歲[10]。這糠呵,我待不喫你,教奴怎忍飢? 我待喫呵,怎喫得[11]?(介[12])苦! 思量起來不如奴先死,圖得不知他親死時。(合前)

(白)奴家早上安排些飯與公婆,非不欲買些鮭菜[13],爭奈無錢可買。不想婆婆抵死埋冤,只道奴家背地喫了甚麽。不知奴家喫的卻是細米皮糠,喫時不敢教他知道,只得迴避。便埋冤殺了,也不敢分説。苦! 真實這糠怎的喫得。(喫介)(唱)

【孝順歌】嘔得我肝腸痛,珠淚垂,喉嚨尚兀自牢嘎住[14]。糠! 遭礱被舂杵,篩你簸揚你,喫盡控持[15]。俏似奴家身狼狽[16],千辛萬苦皆經歷。苦人喫着苦味,兩苦相逢,可知道欲吞不去。(喫吐介)(唱)

【前腔】糠和米,本是兩倚依,誰人簸揚你作兩處飛? 一賤與一貴,好似奴家共夫壻,終無見期。(白)丈夫,你便是米麽,(唱)米在他方没尋處。(白)奴便是糠麽,(唱)怎的把糠救得人飢餒? 好似兒夫出去,怎的教奴,供給得公婆甘旨[17]?(不喫放碗介)(唱)

【前腔】思量我生無益,死又值甚的! 不如忍飢爲怨鬼。公婆老年紀,靠着奴家相依倚,只得苟活片時。片時苟活雖容易[18],到底日久也難相聚。謾把糠來相比,(白)這糠尚兀自有人喫,(唱)奴家骨頭,知他埋在何處?

(外、淨上探白)媳婦,你在這裏説甚麽?(旦遮糠介)(淨搜出打旦介)(白)公公,你看麽,真個背後自逼邏東西喫[19],這賤人好打!(外白)你把他喫了,看是什麽物事?(淨慌喫介),(吐介)(外白)媳婦,你逼邏的是甚麽東西?(旦介)(唱)

【前腔】這是穀中膜,米上皮,將來逼邏堪療飢。(外、淨白)這是糠,你卻怎的喫得?(旦唱)嘗聞古賢書,狗彘食人食[20]。(白)公公,婆婆,(唱)須強如草根樹皮。(外、淨白)這的不嗄殺了你?(旦唱)嚼雪餐氈蘇卿猶健[21],餐松食柏倒做得神仙侶[22],縱然喫些何慮?(白)公公,婆婆,别人喫不得,奴家須是喫得。(外、淨白)胡説! 偏你如何喫得?(旦唱)爹媽休疑,奴須是你孩兒的糟糠妻室[23]!

(外、淨哭介,白)原來錯埋冤了人,兀的不痛殺了我!(倒介)(旦叫介,唱)

【雁過沙】他沉沉向迷途,空教我耳邊呼。公公,婆婆,我不能盡心相奉事,番教你爲我歸黄土。公公,婆婆,教人道你死緣何故? 公公,婆婆,你怎生割捨拋棄了奴?

(白)公公,婆婆。(外醒介,唱)

【前腔】媳婦，你耽飢事公姑[24]。媳婦，你耽飢怎生度？錯埋冤你也不肯辭[25]，我如今始信有糟糠婦。媳婦，我料應不久歸陰府。媳婦，你休便爲我死的把生的受苦。(旦叫婆婆介，唱)

【前腔】婆婆，你還死教奴家怎支吾[26]？你若死教我怎生度？我千辛萬苦回護丈夫[27]，如今到此難回護。我只愁母死難留父，況衣衫盡解，囊篋又無[28]。(外叫淨介，唱)

【前腔】婆婆，我當初不尋思，教孩兒往皇都。把媳婦閃得苦又孤，把婆婆送入黄泉路，只怨是我相耽悮。我骨頭未知埋在何處所？

(旦白)婆婆都不省人事了，且扶入裏面去。正是青龍共白虎同行[29]，吉凶事全然未保。(並下)(末上白)福無雙至猶難信，禍不單行卻是真[30]。自家爲甚説這兩句？爲鄰家蔡伯喈妻房，名喚做趙氏五娘子，嫁得伯喈秀才，方纔兩月，丈夫便出去赴選。自去之後，連年饑荒，家裏只有公婆兩口，年紀八十之上，甘旨之奉，虧殺這趙五娘子，把些衣服首飾之類，盡皆典賣，糴些糧米做飯與公婆喫，他卻背地裏把些細米皮糠逼邏充飢。唧唧[31]，這般荒年饑歲，少甚麼有三五個孩兒的人家，供膳不得爹娘。這個小娘子，真個今人中少有，古人中難得。那公婆不知道，顛倒把他埋冤，今來聽得他公婆知道[32]，卻又痛心，都害了病[33]。俺如今去他家裏探取消息則個。(看介)這個來的卻是蔡小娘子，怎生恁地走得慌？(旦慌走上介，白)天有不測風雲，人有旦夕禍福。(見末介)公公，我的婆婆死了。(末介)我恰要來。(旦白)公公，我衣衫首飾，盡行典賣，今日婆婆又死，教我如何區處[34]？公公可憐見，相濟則個。(末白)不妨，婆婆衣衾棺椁之費，皆出於我，你但盡心承值公公便了[35]。(旦哭介，唱)

【玉包肚】千般生受[36]，教奴家如何措手？終不然把他骸骨[37]，没棺椁送在荒丘？(合)相看到此，不由人不珠淚流，正是不是冤家不聚頭[38]。(末唱)

【前腔】不須多憂，送婆婆是我身上有。你但小心承直公公，莫教又成不救。(合前)

(旦白)如此，謝得公公！只爲無錢送老娘，(末白)娘子放心，須知此事有商量。(合)正是：歸家不敢高聲哭，只恐人聞也斷腸。(並下)

(《全元戲曲》第十卷，人民文學出版社1990年版)

【注釋】

[1]齣：也寫作“出”，南戲及明清傳奇(用南方樂曲和語言演唱的戲曲形式)劇本结构上的單位，是故事演出的一個段落。南戲的劇本一般都爲長篇，一場戲爲一齣，不过早期南戲雖有段落可分，但不注明齣數。 [2]旦：南戲和傳奇角色，充當戲中的女主角，一般都由青年女子扮演。此外，南戲和傳奇還有生、淨、丑、末、外、貼等六種角色。生：戲中的男主角，一般扮演書生、秀才、狀元之類的人物。淨：俗稱“花臉”，本有正淨、副淨和武淨之分，

南戲中只有副淨,所扮演的人物一般都具有滑稽打諢的特徵。丑:在戲中所扮演的人物大致和淨所扮人物相同,也是插科打諢一類的人物。末:末也有正末和副末之分,而南戲也只有副末。副末在戲中一是用以開場,二是扮演次要的男性人物,副末與副淨相對。外:扮演老年男子,或老年婦女。貼:即貼旦,在戲中扮演次要女子。 [3]稔(rěn):指莊稼成熟。不豐稔,莊稼的收成不好。 [4]不耐煩:不能忍受。 [5]身己:身體。《廣韻》:"己,身也。"《錯立身》第四齣白:"我身己不快,去不得。" [6]合:南戲中的"合"字有二義:一指合唱,一指南戲中同一曲牌連續使用兩支以上而最後幾句曲詞相同的稱爲"合頭"。在上曲合頭上注一"合"字,下曲不再重出曲文,僅注"合前"二字,意即"合頭同前"。 [7]實丕丕:實實在在。 [8]的:原無"的"字。看前後句法應有"的"字,今補。 [9]骨崖崖:瘦骨嶙峋的樣子。 [10]戰欽欽:即戰兢兢,憂懼重重、時提警戒之心的意思。 [11]"我待喫呵"二句:巾箱本作小字白文,此改爲曲文。 [12]介:南戲和傳奇劇本中規定劇中人物的動作、表情以及演出時的舞臺效果部分叫"科介",簡稱"介"。 [13]鮭(xié)菜:泛指魚菜。鮭:即魚類菜肴。 [14]牢嗄(shà)住:緊緊地卡住。 [15]控持:折磨。 [16]俏:猶"渾"或"直",也寫作"悄""峭""誚",有渾如、恰似、完全的意思。 [17]甘旨:本指美好的食物,這裏特指供養父母的食物。 [18]苟活:勉強、苟且活下去,極言貧困。 [19]逼邏:亦作"辟邏",安排、張羅的意思。 [20]狗彘(zhì)食人食:語出《孟子·梁惠王》:"狗彘食人食而不知檢。"原意是説國王養狗豬,使它吃人的糧食,這樣浪費,而國王不知檢斂。這裏不過是斷章取義,意思是:原來是狗和豬吃的東西,現在拿來給人吃。所以這原意應該是"狗彘,食人食",而這裏是"狗彘食,人食"。 [21]"嚼雪餐氈"句:蘇卿即西漢蘇武,字子卿,杜陵人。 [22]餐松食柏:即以松、柏的葉子、果實充飢。這裏是譬喻無糧食可吃。 [23]糟糠妻室:指貧賤時同甘苦共患難的妻子。語見《後漢書·宋弘傳》。 [24]耽飢:忍飢挨餓。 [25]不肯辭:不肯辨白。 [26]支吾:支持,對付。 [27]回護:辯護、袒護。 [28]囊篋:口袋與箱子,此處指財物。 [29]青龍共白虎:星宿名,古時的選擇家、星命家以青龍爲吉星,白虎爲凶星,故這麼説。 [30]"福無雙至猶難信"二句:語出《説苑·權謀》"此所謂福不重至,禍必重來者也"。俗語小變其文,作"福無雙至、禍不單行"。 [31]唧唧:即嘖嘖,讚歎聲。 [32]今來:現今、近來。 [33]元本無"病"字,痛作"用",義不可通;今據明改本《陳繼儒評點鐫琵琶記》補正,巾箱本此句作"卻又疼他都病倒"。 [34]區處:處理。 [35]承值:即"承直",侍奉、看護之意。 [36]生受:道謝的話,有難爲、有勞的意思。 [37]終不然:難道的意思。 [38]不是冤家不聚頭:一般是指夫妻而言,這裏乃是泛指一家骨肉。

【集評】

(明)徐渭:用清麗之詞,一洗作者之陋,於是村坊小伎,進與古法部相參,卓乎不可及已。……或言"《琵琶記》高處在《慶壽》《成婚》《彈琴》《賞月》諸大套"。此猶有規模可尋。惟《食糠》《嘗藥》《築墳》《寫眞》諸作,從人心流出。嚴滄浪言"水中之月,空中之影",最不可到。如《十八答》,句句是常言俗語,扭作曲子,點鐵成金,信是妙手。

(《南詞敘録》,《中國古典戲曲論著集成》(三),第239-243頁)

(明)王世貞:則誠所以冠絕諸劇者,不唯其琢句之工,使事之美而已,其體貼人情,委曲必盡;描寫物態,仿佛如生;問答之際,了不見扭造,所以佳耳。

(《曲藻》,《中國古典戲曲論著集成》(四),第33頁)

(明)魏良輔:《琵琶記》遒高則誠所作,雖出於《拜月亭》之後,然自爲曲祖,詞意高古,音韻精絕。(《曲律》,《中國古典戲曲論著集成》(五),第6頁)

(明)吕天成:永嘉高則誠,能作爲聖,莫知乃神。特創調名,功同倉頡造字;細編曲拍,才如後夔之典音。志在筆先,片言宛然代舌;情從境轉,一段真堪斷腸。化工之肖物無心,大冶之鑄金有式。關風教特其粗耳,諷友人夫豈信然?勿亞於北劇之《西廂》,且壓乎南聲之《拜月》。(《曲品》卷上,《中國古典戲曲論著集成》(六),第210頁)

又:《琵琶》。蔡邕之托名無論矣,其詞之高絕處,在佈景寫情,色色逼真,有運斤成風之妙。串插甚合局段,苦樂相錯,具見體裁。可師、可法,而不必議者也。詞隱先生嘗謂予曰:'東嘉妙處,全在調中平、上、去聲字用得變化,唱來和協。至於調之不倫,韻之太雜,則彼已自言,不必尋數矣。'萬物共褒,允宜首列。

(《曲品》卷下,《中國古典戲曲論著集成》(六),第224頁)

(明)徐復祚:高皇帝微時,嘗奇此傳;及登極,召則誠,以疾辭。使者以傳進,上覽之,曰:"《五經》《四書》,在民間譬諸五穀,不可無;此傳乃珍饈之屬,俎豆之間亦不可少也。"

(《曲論》,《中國古典戲曲論著集成》(四),第233頁)

王國維:《拜月亭》南戲,前有所因;至《琵琶》則獨鑄偉詞,其佳處殆兼南北之勝。今録其《喫糠》一節,可窺其一斑……此一齣實爲一篇之警策,竹垞《靜志居詩話》,謂聞則誠填詞,夜案燒雙燭,填至《喫糠》一齣,句云'糠和米本一處飛',雙燭花交爲一。吴舒鳧《長生殿傳奇序》,亦謂則誠居櫟社沈氏樓,清夜按歌,幾上蠟炬二枚,光交爲一,因名其樓曰瑞光。此事固屬附會,可知自昔皆以此齣爲神來之作。然記中筆意近此者,亦尚不乏。

(《宋元戲曲史》,第124-126頁)

牡丹亭

第十齣　驚　　夢

(明)湯顯祖

【題解】

湯顯祖(1550—1616),字義仍,號若士,又號海若,别署清遠道人,江西臨川人。早年即有文名,因不肯依附首輔張居正而屢次科舉落第,在張死後次年才中進士。他在南京禮部主事任上,寫了《論輔臣科臣疏》,公開揭露政治黑暗和當政者的專横與結黨營私,甚至指責了神宗本人,因而被貶到廣東徐聞爲典史。後調任浙江遂昌知縣,多有善政,爲當地人民所愛戴。但因朝政昏暗,又受人排擠,於四十九歲時被劾辭職歸鄉。之後隱居家中,讀書寫作。他在思想上受王學左派的影響,對李贄十分佩服,與袁宏道等人也有過往來。在文學思想上,支持公安派的"獨抒性靈"觀點,反復古,主張"至情"觀。

湯顯祖的戲劇創作取得了高度的成就,流傳下來的有傳奇五種:《紫簫記》《紫釵記》《牡丹亭》《邯鄲記》《南柯記》,後四者被稱爲"臨川四夢"或"玉茗堂四夢"。

《牡丹亭》是《西廂記》之後最負盛名的愛情戲劇。作品描寫貴族小姐杜麗娘和青年書生柳夢梅曲折奇幻的愛情故事,深刻地反映和批判了封建禮教對婦女的摧殘和個性的壓抑,熱情地歌頌了女主人公"爲情而死""死而復生"的感人至情,表達了明中葉後反對理學、要求個性解放的時代精神。

《驚夢》分爲"遊園"與"驚夢"兩部分。前一部分寫被禮教禁錮而與社會,與大自然隔絕的杜麗娘背着父母到後花園去遊賞,在遊園前她盡心打扮,心中充滿對自然風光的嚮往和對自己美麗容貌的欣賞之情,在將邁出閨房前既激動又嬌羞、猶疑;來到花園,滿園春色令她驚喜異常,感發了她的生命活力,喚起青春的覺醒,同時讓她從美麗春色的無人知賞進而湧起惆悵之感,由表面的辜負了大好春光的自責,流露出對自己青春在無聲無息中逝去的傷感和怨歎。後一部分寫麗娘遊園後困乏小憩,夢見手持柳枝的青年書生前來向她表達愛慕,麗娘爲其所感,兩情和合,眷戀不舍。由於麗娘在現實中缺乏獲得愛情的條件,只能於夢裏鍾情,這是前面遊園生情的自然合理發展。這出戲以含蓄蘊藉、富有詩意的曲詞,深微精細地揭示出杜麗娘複雜的內心世界,表現了杜麗娘從身心受縛至青春覺醒,進而熱烈追求美好愛情的性格,也爲後面因夢而病,因情而死及由情復生的情節發展提供了依據。

【繞池遊】(旦上)夢回鶯囀,亂煞年光遍[1]。人立小庭深院。(貼)炷盡沉煙[2],抛殘繡線,恁今春關情似去年[3]?(烏夜啼)(旦)曉來望斷梅關[4],宿妝殘[5]。(貼)你側著宜春髻子[6],恰憑闌。(旦)翦不斷,理還亂[7],悶無端。(貼)已分付催花鶯燕借春看。(旦)春香,可曾叫人掃除花徑?(貼)分付了。(旦)取鏡臺衣服來。(貼取鏡臺衣服上)"雲髻罷梳還對鏡,羅衣欲換更添香[8]。"鏡臺衣服在此。

【步步嬌】(旦)裊晴絲吹來閒庭院[9],搖漾春如線。停半晌、整花鈿[10]。沒揣菱花[11],偷人半面,迤逗的彩雲偏[12]。(行介)步香閨怎便把全身現!(貼)今日穿插的好。

【醉扶歸】(旦)你道翠生生出落的裙衫兒茜[13],豔晶晶花簪八寶塡[14],可知我常一生兒愛好是天然[15]。恰三春好處無人見[16]。不隄防沉魚落雁鳥驚諠[17],則怕的羞花閉月花愁顫[18]。(貼)早茶時了,請行。(行介)你看:"畫廊金粉半零星,池館蒼苔一片青。踏草怕泥新繡襪[19],惜花疼煞小金鈴[20]。"(旦)不到園林,怎知春色如許!

【皂羅袍】原來姹紫嫣紅開遍[21],似這般都付與斷井頹垣。良辰美景奈何天,賞心樂事誰家院[22]! 恁般景致,我老爺和奶奶再不提起。(合)朝飛暮捲[23],

雲霞翠軒;雨絲風片,煙波畫船[24]——錦屏人忒看的這韶光賤[25]!(貼)是花都放了[26],那牡丹還早。

【好姐姐】(旦)遍青山啼紅了杜鵑[27],荼蘼外煙絲醉軟[28]。春香啊,牡丹雖好,他春歸怎占的先[29]!(貼)成對兒鶯燕呵。(合)閑凝眄,生生燕語明如翦[30],嚦嚦鶯歌溜的圓。(旦)去罷。(貼)這園子委是觀之不足也[31]。(旦)提他怎的!(行介)

【隔尾】觀之不足由他繾[32],便賞遍了十二亭臺是枉然。到不如興盡回家閒過遣。(作到介)(貼)"開我西閣門,展我東閣床[33]。瓶插映山紫[34],爐添沉水香。"小姐,你歇息片時,俺瞧老夫人去也。(下)(旦歎介)"默地遊春轉[35],小試宜春面[36]。"春呵,得和你兩留連,春去如何遣?咳,恁般天氣,好困人也。春香那裏?(作左右瞧介)(又低首沉吟介)天呵,春色惱人[37],信有之乎!常觀詩詞樂府,古之女子,因春感情,遇秋成恨,誠不謬矣。吾今年已二八,未逢折桂之夫[38];忽慕春情,怎得蟾宫之客?昔日韓夫人得遇于郎[39],張生偶逢崔氏[40],曾有《題紅記》《崔徽傳》二書。此佳人才子,前以密約偷期[41],後皆得成秦晋[42]。(長歎介)吾生於宦族,長在名門。年已及笄[43],不得早成佳配,誠爲虚度青春,光陰如過隙耳。(淚介)可惜妾身顔色如花,豈料命如一葉乎![44]

【山坡羊】没亂裏春情難遣[45],驀地裏懷人幽怨。則爲俺生小嬋娟[46],揀名門一例、一例裏神仙眷。甚良緣,把青春抛的遠!俺的睡情誰見?則索因循靦腆[47]。想幽夢誰邊,和春光暗流轉?遷延,這衷懷那處言!淹煎[48],潑殘生[49],除問天!身子困乏了,且自隱几而眠[50]。(睡介)(夢生介)(生持柳枝上)"鶯逢日暖歌聲滑,人遇風情笑口開。一徑落花隨水入,今朝阮肇到天台[51]。"小生順路兒跟着杜小姐回來,怎生不見?(回看介)呀,小姐,小姐!(旦作驚起介)(相見介)(生)小生那一處不尋訪小姐來,卻在這裏!(旦作斜視不語介)(生)恰好花園内,折取垂柳半枝。姐姐,你既淹通書史,可作詩以賞此柳枝乎?(旦作驚喜,欲言又止介)(背想)這生素昧平生,何因到此?(生笑介)小姐,咱愛殺你哩!

【山桃紅】則爲你如花美眷,似水流年,是答兒閒尋遍[52]。在幽閨自憐。小姐,和你那答兒講話去。(旦作含笑不行)(生作牽衣介)(旦低問)那邊去?(生)轉過這芍藥欄前,緊靠着湖山石邊[53]。(旦低問)秀才,去怎的?(生低答)和你把領扣鬆,衣帶寬,袖梢兒揾着牙兒苫也[54],則待你忍耐温存一晌眠[55]。(旦作羞)(生前抱)(旦推介)(合)是那處曾相見,相看儼然,早難道這好處相逢無一言[56]?(生强抱旦下)(末扮花神束髮冠,紅衣插花上)"催花御史惜花天[57],檢點春工又一年。蘸客傷心紅雨下[58],勾人懸夢采雲邊。"吾乃掌管南安府後花園花神是也。因杜知府小姐麗娘,與柳夢梅秀才,後日有姻緣之分。杜小姐遊春感傷,致使柳秀才入夢。咱花神專掌惜玉憐香,竟來保護他,要他雲雨十分歡幸也。

【鮑老催】(末)單則是混陽蒸變,看他似蟲兒般蠢動把風情搧。一般兒嬌凝翠綻魂兒顫[59]。這是景上緣,想内成,因中見[60]。呀,淫邪展污了花臺殿[61]。咱待拈片落花兒驚醒他。(向鬼門丢花介[62])他夢酣春透了怎留連? 拈花閃碎的紅如片。秀才纔到的半夢兒;夢畢之時,好送杜小姐仍歸香閣。吾神去也。(下)

【山桃紅】(生、旦攜手上)(生)這一霎天留人便,草藉花眠。小姐可好?(旦低頭介)(生)則把雲鬟點,紅松翠偏。小姐休忘了呵,見了你緊相偎,慢廝連,恨不得肉兒般團成片也,逗的箇日下胭脂雨上鮮。(旦)秀才,你可去呵?(合)是那處曾相見,相看儼然,早難道這好處相逢無一言?(生)姐姐,你身子乏了,將息,將息。(送旦依前作睡介)(輕拍旦介)姐姐,俺去了。(作回顧介)姐姐,你可十分將息,我再來瞧你那。"行來春色三分雨,睡去巫山一片雲。"(下)(旦作驚醒,低叫介)秀才,秀才,你去了也?(又作癡睡介)(老旦上)"夫壻坐黄堂[63],嬌娃立繡窗。怪他裙衩上,花鳥繡雙雙。"孩兒,孩兒,你爲甚瞌睡在此?(旦作醒,叫秀才介)咳也。(老旦)孩兒怎的來?(旦作驚起介)奶奶到此!(老旦)我兒,何不做些鍼指,或觀玩書史,舒展情懷? 因何晝寢於此?(旦)孩兒適花園中閒玩,忽值春暄惱人,故此回房。無可消遣,不覺困倦少息。有失迎接,望母親恕兒之罪。(老旦)孩兒,這後花園中冷静,少去閒行。(旦)領母親嚴命。(老旦)孩兒,學堂看書去。(旦)先生不在,且自消停[64]。(老旦嘆介)女孩兒長成,自有許多情態,且自由他。正是:"宛轉隨兒女,辛勤做老娘。"(下)(旦長嘆介)(看老旦下介)哎也,天那,今日杜麗娘有些僥倖也。偶到後花園中,百花開遍,覩景傷情。没興而回,晝眠香閣。忽見一生,年可弱冠[65],丰姿俊妍。於園中折得柳絲一枝,笑對奴家説:"姐姐既淹通書史,何不將柳枝題賞一篇?"那時待要應他一聲,心中自忖,素昧平生,不知名姓,何得輕與交言。正如此想間,只見那生向前説了幾句傷心話兒,將奴摟抱去牡丹亭畔,芍藥闌邊,共成雲雨之歡。兩情和合,真個是千般愛惜,萬種温存。歡畢之時,又送我睡眠,幾聲"將息"。正待自送那生出門,忽值母親來到,唤醒將來。我一身冷汗,乃是南柯一夢[66]。忙身參禮母親,又被母親絮了許多閒話。奴家口雖無言答應,心内思想夢中之事,何曾放懷。行坐不寧,自覺如有所失。娘呵,你教我學堂看書去,知他看那一種書消悶也。(作掩淚介)

【綿搭絮】雨香雲片[67],才到夢兒邊。無奈高堂,唤醒紗窗睡不便。潑新鮮冷汗粘煎,閃的俺心悠步嚲[68],意軟鬟偏。不爭多費盡神情[69],坐起誰忺[70]? 則待去眠。(貼上)"晚妝銷粉印,春潤費香篝[71]。"小姐,薰了被窩睡罷。

【尾聲】(旦)困春心遊賞倦,也不索香薰繡被眠。天呵,有心情那夢兒還去不遠。

春望逍遥出晝堂,張説　間梅遮柳不勝芳。羅隱

可知劉阮逢人處？許渾 回首東風一斷腸。韋莊

（《牡丹亭》，人民文學出版社1963年版）

【注釋】

[1]亂煞年光遍：使人眼花繚亂的春光到處都是。 [2]炷（zhù）：爇燒。沉煙：沉水香，薰用的香料。 [3]恁：怎麼。關情：動心，牽動情懷，表示對人或事物注意，重視。 [4]梅關：即大庾嶺，宋代蔡挺在這裏設置關城。 [5]宿妝：隔夜的殘妝。 [6]宜春髻子：相傳立春那天，婦女剪綵作燕子狀，戴在髻上，上貼“宜春”二字。見《荆楚歲時記》。 [7]翦不斷，理還亂：南唐後主李煜詞《相見歡》中的兩句。 [8]“雲髻罷梳還對鏡”二句：薛逢詩《宫詞》中的兩句。 [9]晴絲：遊絲、飛絲，也即後文所説的煙絲，蟲類所吐的絲縷，常在空中飄遊，在春天晴朗的日子最容易看見。 [10]花鈿：泛指婦女髻髮兩邊的裝飾物。 [11]没揣：不料、不意、驀然。 [12]迤逗的彩雲偏：這幾句話寫出一個少女含情默默的微妙心理，她是連看見鏡子裏自己的影子都有些不好意思的。迤（yǐ）逗：元曲中或作拖逗，挑逗、引惹的意思。彩雲：美麗的髮卷的代稱。 [13]翠生生：色彩鮮明豔麗。出落的：顯出，襯托出。茜（qiàn）：通“蒨”，鮮明。 [14]豔晶晶花簪八寶填：戴着嵌有各種寶石的、光燦燦的簪子。豔晶晶：極言光彩絢麗燦爛。花簪：用珍寶嵌飾成的簪子。八寶：形容寶石種類極多。填：嵌飾。 [15]愛好：愛美。天然：天性使然。 [16]三春好處：比喻自己的青春美貌。 [17]沉魚落雁：小説戲曲中用來形容女子的美貌。語出莊子《齊物論》：“毛嬙、麗姬，人之所美者，魚見之深入，鳥見之高飛。” [18]羞花閉月：同上，形容女子容貌的美麗。語出李白《西施》：“秀色掩今古，荷花羞玉顔。”曹植《洛神賦》：“仿佛兮若輕雲之蔽月。”蔽月：即閉月。顫：抖動。 [19]泥：沾汙，這裏作動詞用。 [20]“惜花疼煞小金鈴”：典出《開元天寶遺事》：“天寶初，寧王……於後園中紉紅絲爲繩，密綴金鈴，繫於花梢之上。每有鳥鵲翔集，則令園吏掣鈴索以驚之。蓋惜花之故也。”疼煞：爲惜花驅鵲而常常掣鈴，連小金鈴都被拉得疼煞了，這是一種誇大的描寫。 [21]姹紫嫣紅：形容花色的鮮豔美丽。 [22]誰家：哪一家，也有人認爲作“什麼”解。 [23]朝飛暮卷：這是唐代王勃《滕王閣》詩“畫棟朝飛南浦雲，珠簾暮卷西山雨”的化用。 [24]煙波：水氣彌漫的情狀。 [25]錦屏人：泛指深閨中人。忒（tè）：過於。韶光：春光。 [26]是：凡是、所有的。 [27]啼紅了杜鵑：到處開遍了豔麗的杜鵑花。寇準詩：“杜鵑啼處血成花。”或以爲指開遍了杜鵑花，語亦可通。 [28]荼蘼（túmí）：花名，屬薔薇科。羽狀複葉，新枝及葉柄有刺，夏日開花，白色，重瓣。這裏指荼蘼架。煙絲：即遊絲。 [29]“牡丹雖好”二句：皮日休詠牡丹詩有“獨佔人間第一春”句。牡丹當春盡才開花，故有此反問。整句意爲，牡丹雖美，但它開花太遲了，怎能占春花中第一呢？這裏寓有杜麗娘對美麗的青春被耽誤了的幽怨和傷感。 [30]“生生燕語明如翦”句：形容燕語明快如剪。 [31]觀之不足：看不厭。 [32]繾（qiǎn）：留戀、牽綰。 [33]“開我西閣門，展我東閣床”：語出《木蘭詩》：“開我東閣門，坐我西閣床。” [34]映山紫：映山紅的一種，色紅紫。 [35]默地：沉默地。 [36]宜春面：指新妝。 [37]春色惱人：語出王安石《夜直》：“春色惱人眠不得，月移花影上欄杆。” [38]折桂：蟾宫折桂，比喻進士及第，下句的蟾宫意同。 [39]韓夫人

得遇于郎:宋《清瑣高議·流紅記》叙唐僖宗時,宫女韓氏以紅葉題詩,從御溝中流出,被于祐拾到。于祐也以紅葉題詩,投入溝水的上流,恰爲韓氏撿得。後來兩人結爲夫婦。[40]張生偶逢崔氏:指張生和崔鶯鶯的故事,源於唐代元稹的《會真記》。 [41]偷期:幽會。 [42]得成秦晉:成爲夫婦。春秋時期,秦、晉兩國世代聯姻,故後世稱聯姻爲秦晉。 [43]及笄(jī):古代女子十五歲開始以笄(簪)束發,叫及笄。意思是女子已經成年,到了婚配的年齡。 [44]豈料命如一葉:語出元好問《鷓鴣天·薄命妾》:詞“顔色如花畫不成,命如葉薄可憐生。” [45]没亂裏:形容心緒很亂。 [46]生小嬋娟:指自小就聰明伶俐。 [47]則索:只得。靦腆:害羞。 [48]淹煎:受熬煎,遭折磨。 [49]潑殘生:苦命兒。潑:表示厭惡,原來是駡人的話。 [50]隱几:靠着几案。 [51]阮肇到天台:見到愛人。用劉晨和阮肇在天台山桃源洞遇見仙女的故事,見劉義慶《幽明録》。 [52]是答兒:到處。下文的“那答兒”即那邊。 [53]湖山石:太湖出產的怪石。 [54]袖梢兒揾着牙兒苫:用牙咬着衣袖的角,表示害羞或忍痛的樣子。 [55]一晌:一會兒。 [56]早難道:其實就是難道的意思,只是加重了語氣。 [57]催花御史:《玉塵集》:“(唐)穆宗,每宫中花開,則以重頂帳蒙蔽欄杆,置惜花御史掌之。” [58]蘸:落花沾在人的身上。 [59]“單則是”三句:從花神眼中形容杜麗娘與柳夢梅的夢中幽會。 [60]“景上緣”三句:佛家説法。景上緣,想内成:比喻這姻緣僅是一場夢幻。因中見:是説一切事物均由因緣造成。景:影。見:現。 [61]展污:沾污、弄髒。 [62]鬼門:戲臺上演員的上下場門。 [63]黄堂:漢代太守的廳堂。 [64]消停:休息。 [65]弱冠:二十歲。 [66]南柯一夢:唐人傳奇《南柯太守傳》,寫淳于棼夢見自己被大槐安國國王招爲駙馬,做南柯太守。南柯,後來被用做夢的代稱。 [67]雨香雲片:雲雨,指夢中的幽會。 [68]步嚲(duǒ):脚步偏斜。嚲:偏斜。 [69]不爭多:差不多,幾乎。 [70]忺(xiān):適意、愜意。 [71]香篝:薰籠,熏香用。

【集評】

(明)王驥德:臨川之於吴江,故自冰炭。吴江守法,斤斤三尺,不欲令一字乖律,而毫鋒殊拙;臨川尚趣,直是横行,組織之工,幾與天孫爭巧,而屈曲聱牙,多令歌者齚舌。吴江嘗謂:“寧協律而不工,讀之不成句,而謳之始協,是爲曲中之工巧。”曾爲臨川改易《還魂》字句之不協者,吕吏部玉繩以致臨川。臨川不懌,復書吏部曰:“彼惡知曲意哉! 余意所至,不妨拗折天下人嗓子。”其志趣不同如此。鬱藍生謂臨川近狂,而吴江近狷,信然哉!

(《曲律》,《中國古典戲曲論著集成》(四),第165頁)

(明)沈德符:湯義仍《牡丹亭夢》一出,家傳户誦,幾令《西廂》減價;奈不諳曲譜,用韻多任意處,乃才情自足不朽也。(《顧曲雜言》,《中國古典戲曲論著集成》(四),第206頁)

(明)吕天成:《還魂》杜麗娘事甚奇。而着意發揮懷春慕色之情,驚心動魄。且巧妙疊出,無境不新,真堪千古矣。 (《曲品》卷下,《中國古典戲曲論著集成》(六),第230頁)

(明)張琦:臨川學士旗鼓詞壇,今玉茗堂諸曲,爭膾人口,其最者,《杜麗娘》一劇,上薄風、騷,下奪屈、宋,可與實甫《西廂》交勝。獨具宫商半拗,得再調協一番,辭、調兩到,詎非盛事與? 惜乎其難之也! (《衡曲麈譚》,《中國古典戲曲論著集成》(四),第270頁)

（清）梁廷枏：玉茗四夢，《牡丹亭》最佳，《邯鄲》次之，《南柯》又次之，《紫釵》則強弩之末耳。（《曲話》卷三，《中國古典戲曲論著集成》（八），第276頁）

（日）青木正兒：竊謂此記曲詞清新，逸出蹊徑之外，穠麗淡白，隨境變化手法，不獨自由自在驅使筆端顯示入神妙技，且科白亦用意周到，善於描寫人物性格，盡其委曲。至若結構，針線綿密，事件展開，絕無不自然處，"靜場"與"鬧場"，"愁場"與"歡場"，佈置得宜。惟稍可非難者，下卷麗娘再生以後事，闌目往往有冗漫處。……至若《閨塾》之嬌癡可憐；《驚夢》《尋夢》之穠麗神秘；《寫真》《悼殤》之纖細悲痛；《幽媾》《冥誓》之幽怪淒豔，爲劇中最喫緊處，其妙絕處，固無待我論矣。（《中國近世戲曲史》，第241-242頁）

桃花扇

第七齣　卻　　奩[1]

（清）孔尚任

【題解】

孔尚任（1648—1718），字聘之，號東塘，自署雲亭山人。山東曲阜人。孔子第六十四代孫，早年隱居於曲阜縣北石門山中，閉門讀書。康熙二十四年（1685）清聖祖玄燁到曲阜祭孔，孔尚任被推在皇帝前講經因而受到賞識，被任命爲國子監博士，到北京任職。不久被派往淮揚治水。期間，他曾遊歷揚州、南京一帶，憑弔前朝的歷史遺跡，結識了一些明代遺老，三年後回到北京。康熙三十八年（1699），他的《桃花扇》傳奇定稿，上演後轟動一時，廣泛傳抄，據説康熙亦曾派人來要劇本。次年罷官，原因不明，兩年後回鄉，重度隱居生活，直至去世。

孔尚任有詩文集《湖海集》《石門集》《長留集》等，劇作除《桃花扇》外，還有與顧彩合作的傳奇《小忽雷》。

孔尚任創作《桃花扇》有着十分明確的意圖："借離合之情，寫興亡之感。"要讓人們"知三百年之基業，隳於何人，敗於何事，消於何年，歇於何地。不獨令觀者感慨涕零，亦可懲創人心，爲末世之一救矣。"

作品共四十齣。前十一齣，主要寫明末"四公子"之一的侯方域與秦淮名妓李香君二人相互傾慕和結合，帶出了復社文人和下層人民與魏閹餘孽阮大鋮的對立和鬥爭。第十二齣開始，由於阮大鋮、馬士英對侯方域的迫害，造成侯李二人的分離，通過分離後侯李二人各自的活動，反映出更廣闊的社會生活面和複雜的矛盾鬥爭：李自成攻入北京，崇禎帝自縊以後，馬士英、阮大鋮爲搶迎立大功，在南京擁立福王（弘光帝）。弘光帝昏聵淫佚，任由馬阮弄權誤國，馬阮作威作福，結黨營私，排斥忠良，大肆打擊報復（包括對李香君的迫害）。在朝外，負有抗敵衛國重任的黃得功、劉良佐、劉澤清、高傑四鎮，爲爭權奪利而互相殘殺。由於馬阮在南京胡作非爲,捕殺東林黨和復社文人(包括捕囚侯方域),激怒駐守武昌的寧南侯左良玉,左起兵東下討伐馬阮,馬阮“寧叩北兵之馬,不試南賊之刀”,急調黄劉三鎮堵截左良玉,造成了內戰,清兵乘虚而入,史可法孤守揚州,城破後投江殉國。清兵攻南京,弘光帝逃奔黄得功,黄之部將田雄與二劉殺黄,俘弘光降清。南朝亡後,侯李二人在棲霞山白雲寺相遇敍情,被張瑤星道士當頭棒喝,於是幡然省悟,割斷情根,入山修道去了。尾聲裏,隱居後的柳敬亭、蘇昆生與老贊禮相遇,三人一起追念往事,慨歎悲歌,一套“哀江南”淒淒切切,道出桑海之變,抒盡亡國之痛。

此處節選《卻奩》一齣,演侯方域與李香君結合後,友人楊龍友來賀,香君詢知婚禮之酒席妝奩均爲阮大鋮背後所贊助,目的是請侯方域爲其在復社文人前洗脫罪名,當即脫妝拔簪,痛斥阮大鋮之奸惡,責備侯方域的徇私廢公,表明自己的堅定立場。此出戲表現了香君警覺敏銳、明辨是非的政治目光和重義輕利的品德,也對比映照出侯方域的妥協軟弱。

【夜行船】(末)人宿平康深柳巷[2],驚好夢門外花郎[3]。繡户未開,簾鉤才響,春阻十層紗帳。

下官楊文驄[4],早來與侯兄道喜[5]。你看院門深閉,侍婢無聲,想是高眠未起。(唤介)保兒,你到新人窗外,説我早來道喜。(雜)昨日睡遲了,今日未必起來哩。老爺請回,明日再來罷。(末笑介)胡説! 快快去問。(小旦內問介[6])保兒! 來的是那一個?(雜)是楊老爺道喜來了。(小旦忙上)倚枕春宵短,敲門好事多。(見介)多謝老爺,成了孩兒一世姻緣。(末)好説。(問介)新人起來不曾?(小旦)昨晚睡遲,都還未起哩。(讓坐介)老爺請坐,待我去催他。(末)不必,不必。(小旦下)

【步步嬌】(末)兒女濃情如花釀,美滿無他想,黑甜共一鄉[7]。可也虧了俺幫襯,珠翠輝煌,羅綺飄蕩,件件助新妝,懸出風流榜。

(小旦上)好笑,好笑! 兩個在那裏交扣丁香[8],並照菱花[9],梳洗才完,穿戴未畢。請老爺同到洞房,唤他出來,好飲扶頭卯酒[10]。(末)驚卻好夢,得罪不淺。(同下)(生、旦艷妝上)

【沈醉東風】(生)這雲情接着雨況,剛搔了心窩奇癢,誰攪起睡鴛鴦。被翻紅浪,喜匆匆滿懷歡暢。枕上餘香,帕上餘香,消魂滋味,才從夢裏嘗。

(末、小旦上)(末)果然起來了,恭喜,恭喜!(一揖,坐介)(末)昨晚催妝拙句,可還説的入情麽。(生揖介)多謝!(笑介)妙是妙極了,只有一件。(末)那一件?(生)香君雖小,還該藏之金屋[11]。(看袖介)小生衫袖,如何着得下?(俱笑介)(末)夜來定情,必有佳作。(生)草草塞責,不敢請教。(末)詩在那裏?(旦)詩在扇頭。(旦向袖中取出扇介)(末接看介)是一柄白紗宫扇。(嗅介)香的有趣。(吟詩介)妙,妙! 只有香君不愧此詩。(付旦介)還收好了。(旦收扇介)

【園林好】(末)正芬芳桃香李香,都題在宫紗扇上;怕遇着狂風吹蕩,須緊緊袖中藏,須緊緊袖中藏。

(末看旦介)你看香君上頭之後[12],更覺艷麗了。(向生介)世兄有福,消此尤物[13]。(生)香君天姿國色,今日插了幾朵珠翠,穿了一套綺羅,十分花貌,又添二分,果然可愛。(小旦)這都虧了楊老爺幫襯哩。

【江兒水】送到纏頭錦,百寶箱,珠圍翠繞流蘇帳[14],銀燭籠紗通宵亮,金杯勸酒合席唱。今日又早早來看,恰似親生自養,賠了妝奩,又早敲門來望。

(旦)俺看楊老爺,雖是馬督撫至親[15],卻也拮据作客,爲何輕擲金錢,來填煙花之窟[16]? 在奴家受之有愧,在老爺施之無名;今日問個明白,以便圖報。(生)香君問得有理,小弟與楊兄萍水相交[17],昨日承情太厚,也覺不安。(末)既蒙問及,小弟只得實告了。這些妝奩酒席,約費二百餘金,皆出懷寧之手[18]。(生)那個懷寧?(末)曾做過光禄的阮圓海。(生)是那皖人阮大鋮麽?(末)正是。(生)他爲何這樣周旋?(末)不過欲納交足下之意。

【五供養】(末)羨你風流雅望,東洛才名[19],西漢文章[20]。逢迎隨處有,爭看坐車郎[21]。秦淮妙處[22],暫尋個佳人相傍,也要些鴛鴦被、芙蓉妝;你道是誰的,是那南鄰大阮[23],嫁衣全忙。

(生)阮圓老原是敝年伯[24],小弟鄙其爲人,絶之已久。他今日無故用情,令人不解。(末)圓老有一段苦衷,欲見白於足下。(生)請教。(末)圓老當日曾遊趙夢白之門[25],原是吾輩。後來結交魏黨[26],只爲救護東林[27],不料魏黨一敗,東林反與之水火[28]。近日復社諸生[29],倡論攻擊,大肆毆辱,豈非操同室之戈乎[30]? 圓老故交雖多,因其形跡可疑,亦無人代爲分辯。每日向天大哭,説道:“同類相殘,傷心慘目,非河南侯君,不能救我。”所以今日諄諄納交[31]。(生)原來如此,俺看圓海情辭迫切,亦覺可憐。就便真是魏黨,悔過來歸,亦不可絶之太甚,況罪有可原乎。定生、次尾[32],皆我至交,明日相見,即爲分解。(末)果然如此,吾黨之幸也。(旦怒介)官人是何説話,阮大鋮趨附權奸,廉恥喪盡;婦人女子,無不唾罵。他人攻之,官人救之,官人自處於何等也?

【川撥棹】不思想,把話兒輕易講。要與他消釋災殃,要與他消釋災殃,也隄防旁人短長[33]。官人之意,不過因他助俺妝奩,便要徇私廢公;那知道這幾件釵釧衣裙,原放不到我香君眼裏。(拔簪脱衣介)脱裙衫,窮不妨;布荆人[34],名自香。

(末)阿呀! 香君氣性,忒也剛烈[35]。(小旦)把好好東西,都丢一地,可惜,可惜!(拾介)(生)好,好,好! 這等見識,我倒不如,真乃侯生畏友也[36]。(向末介)老兄休怪,弟非不領教,但恐爲女子所笑耳。

【前腔】(生)平康巷,他能將名節講;偏是咱學校朝堂,偏是咱學校朝堂,混賢奸不問青黄[37]。那些社友平日重俺侯生者,也只爲這點義氣;我若依附奸邪,那時羣起來攻,自救不暇,焉能救人乎。節和名,非泛常[38];重和輕,須審詳。

(末)圓老一段好意,也還不可激烈。(生)我雖至愚,亦不肯從井救人[39]。(末)既然如此,小弟告辭了。(生)這些箱籠,原是阮家之物,香君不用,留之無益,還求取去罷。(末)正是"多情反被無情惱,乘興而來興盡還[40]。"(下)(旦惱介)(生看旦介)俺看香君天姿國色,摘了幾朵珠翠,脱去一套綺羅,十分容貌,又添十分,更覺可愛。(小旦)雖如此説,舍了許多東西,倒底可惜。

【尾聲】金珠到手輕輕放,慣成了嬌癡模樣,辜負俺辛勤做老娘。

(生)些須東西,何足掛念,小生照樣賠來。(小旦)這等才好。

(小旦)花錢粉鈔費商量[41],(旦)裙布釵荊也不妨,

(生)只有湘君能解佩[42],(旦)風標不學世時妝[43]。

(《桃花扇》卷一,人民文學出版社1959年版)

【注釋】

[1]卻奩:卻,謝絕。奩,妝奩,嫁妝。 [2]平康:唐代長安里名,妓女聚居之處,新科進士往往遊樂其中,後多泛指妓院。 [3]花郎:賣花人。 [4]楊文驄:即楊龍友,貴陽人。弘光朝官常、鎮二府巡撫,後從唐王朱聿鍵抗清,兵敗被殺。 [5]侯兄:侯方域(1618—1654),河南商丘人,晚明復社重要人物,與冒辟疆、陳貞慧、吴應箕合稱"四公子",以文名當世。 [6]小旦:傳奇脚色名,本劇中扮李香君之假母李貞麗。 [7]黑甜共一鄉:謂熟睡,黑甜鄉常常指熟睡中的境界。 [8]丁香:丁香結,本是丁香花的花蕾,此處借指形似丁香花蕾的衣服紐扣。 [9]菱花:指鏡子,古時用銅鏡,背面所鑄花紋一般爲菱花,因此稱菱花鏡,或用菱花作鏡子的代稱。 [10]扶頭:清醒頭腦,振奮精神。卯酒:早晨卯時(五至七時)飲的酒。 [11]金屋:指很華麗的房屋,相傳漢武帝作太子的時候,長公主(漢武帝的姑母)想將自己的女兒阿嬌嫁給他,問他的意思,漢武帝回答説:"若得阿嬌,我要造一所金屋給她住。" [12]上頭:古代女子十五歲時把頭髮攏起到頭上用簪子束住,以示成年,此指妓女初次接客,也叫"梳櫳""梳弄"。 [13]尤物:本指特殊的人物,一般用以稱有特殊姿色的美人。 [14]流蘇:彩色絲線或羽毛所作的裝飾品。流蘇帳,以流蘇爲裝飾的帳子。流蘇:一種和絲縧似的飾品。 [15]馬督撫:即馬士英,當時任安徽鳳陽督撫,弘光朝總攬朝政,以貪邪著稱。 [16]煙花:宋元以來妓女的通稱。 [17]萍水相交:浮萍在水面漂流,比喻偶然相遇、交情短淺的朋友。 [18]懷寧:即阮大鋮,安徽懷寧人。[19]東洛才名:晉代左思磨琢十年,寫成《三都賦》,當時人競相傳抄,一時出現洛陽紙貴的局面,此處表現侯方域才名大。 [20]西漢文章:用西漢賈誼、司馬遷、司馬相如的作品比喻侯方域文章寫得好、有文采。 [21]爭看坐車郎:相傳晉代美男子潘安,每當他乘車外出,即有女子羨慕,向他車中投果以示好。 [22]秦淮:即秦淮河,源出溧水,流經南京。城南兩側河房,古代多爲妓女聚居地,笙歌畫舫,頗稱繁華。 [23]南鄰大阮:晉代阮姓名

人有南北之別，南阮指阮籍、阮咸等，大阮即阮籍，這裏借指阮大鋮。 [24]年伯：父親的同年。阮大鋮與侯方域的父親侯恂是同年，故方域呼阮爲"年伯"。 [25]趙夢白：即趙南星，明末高邑（今河北省高邑縣）人。 [26]魏黨：即明末宦官以魏忠賢爲首的閹黨，馬士英、阮大鋮之流，都是他的餘孽。 [27]東林：即東林黨。 [28]水火：比喻彼此不相容。 [29]復社：明天啓年間代表中小地主利益的政治、文化團體。 [30]操同室之戈：即同室操戈，指兄弟間不和，自相殘殺，這裏指同類人互相攻擊。 [31]諄諄：殷勤。納交：獻財物禮品以相交結。 [32]定生：陳貞慧，字定生，江蘇省宜興縣人，明亡隱居不仕。次尾：吴應箕，字次尾，安徽省貴池縣人，明亡後曾在家鄉率衆抗清，兵敗被執，不屈而死。二人均復社後期著名人物。 [33]短長：説短論長，評論的意思。 [34]布荆：布衣、荆釵。 [35]忒也剛烈：過於剛烈。"忒"：太、很、過於。 [36]畏友：正直而敢於直言不諱的朋友。 [37]不問青黄：不管是非黑白的意思。青黄：是非黑白。 [38]泛常：平常。 [39]從井救人：跳到井裏去救人，原比喻徒然危害自己而對别人没有好處的行爲，現多比喻冒險救人。從：跟從。出自《論語·雍也》：宰我問曰：'仁者，雖告之曰：井有仁（人）焉，其從之也？'子曰：'何爲其然也？君子可逝也，不可陷也。'" [40]"多情反被無情惱"二句：上句是宋蘇軾《蝶戀花》詞句，下句是東晉王子猷訪問戴安道時説的話"乘興而來，興盡而返"。 [41]花錢粉鈔：指花費在花粉等裝飾上的錢。 [42]湘君解佩：出自屈原《湘君》"遺余佩兮醴浦"，寫湘夫人丢棄湘君所贈玉佩。這裏用來比喻香君卻奩。 [43]風標：風度、儀態。

【集評】

（清）劉中柱：一部傳奇，描寫五十年前遺事，君臣將相，兒女友朋，無不人人活現，遂成天地間最有關係文章。往昔之湯臨川，近今之李笠翁，皆非敵手。

（《桃花扇跋》，《中國古典戲曲序跋彙編》，第1614頁）

（清）梁廷枏：《桃花扇》筆意疎爽，寫南朝人物，字字繪影繪聲。至文詞之妙，其艷處似臨風桃蕊，其哀處似着雨梨花，固是一時傑構。

（《曲話》卷三，《中國古典戲曲論著集成》（八），第270-271頁）

（清）無名氏：秀才之打也，公子之駡也，皆於此折結穴。侯郎之去也，香君之守也，皆於此折生隙。五官咸湊，百節不松，文章關捩也。

（《桃花扇》第七齣《卻奩》總批，《桃花扇》，第27頁）

（日）青木正兒：《桃花扇》於細心搜羅明末史實以構成此劇之一點言之，辟前人未開之徑，最爲著名。……此作在史實之拘束中，而能自在運用其構思，毫無跼蹐瑟縮之態，起伏轉折照應，秩序整然，毫不見衝突處，此其所以爲傑構也。……又其收場"第四十齣《入道》"脱生旦團圓之舊套，使侯方域與李香君入道，手段亦真高妙也。……至若賓白之妙，應對無寸毫間隙，人品性格悉發露於言語之間，面目生動，如真見其人。古來戲曲性格描寫能至此種地步者，即謂爲不多見，亦非過當也。惜哉！作者不諳度曲，遂使評者謂爲"《桃花扇》有佳詞而無佳調"（《戲曲概論》卷下）也。論其文辭，比之《長生殿》僅典麗而乏生動者，《桃花扇》當出一頭地。（《中國近世戲曲史》，第387-389頁）

三十、詩文評論

毛　詩　序

《詩經》

【題解】

本篇爲《詩毛氏傳》國風首篇《關雎》下的一篇序言。唐陸德明《經典釋文》引舊説："起此至'用之邦國焉'，名《關雎序》，謂之《小序》；自'風，風也'訖末，名爲《大序》。"《小序》説明《關雎》篇旨，《大序》闡明儒家的詩教理論。關於其作者，或謂《大序》爲子夏（卜商）作，或謂《小序》爲子夏、毛公合作，亦有西漢衛宏作等説法。至今尚無定論。

《詩大序》比較全面地闡述了詩歌言志抒情的特徵、內容與分類、表現方法及社會作用等等，突出了詩歌的教化意義，是先秦儒家詩歌理論集大成式的總結。

《關雎》，后妃之德也，風之始也[1]，所以風天下而正夫婦也[2]。故用之鄉人焉[3]，用之邦國焉[4]。

風，風也，教也；風以動之，教以化之。詩者，志之所之也，在心爲志，發言爲詩。情動於中而形於言，言之不足故嗟歎之，嗟歎之不足故永歌之[5]，永歌之不足，不知手之舞之，足之蹈之也。

情發於聲，聲成文謂之音[6]。治世之音安以樂，其政和；亂世之音怨以怒，其政乖；亡國之音哀以思，其民困。故正得失，動天地，感鬼神，莫近於詩。先王以是經夫婦，成孝敬，厚人倫，美教化，移風俗。

故詩有六義焉：一曰風，二曰賦，三曰比，四曰興，五曰雅，六曰頌。上以風化下，下以風刺上，主文而譎諫[7]，言之者無罪，聞之者足以戒，故曰風。至於王道衰，禮義廢，政教失，國異政，家殊俗，而變風、變雅作矣[8]。國史明乎得失之跡[9]，傷人倫之廢，哀刑政之苛，吟詠情性，以風其上，達於事變而懷其舊俗者也。故變風發乎情，止乎禮義。發乎情，民之性也；止乎禮義，先王之澤也。是以一國之事，繫一人之本，謂之風；言天下之事，形四方之風，謂之雅[10]；雅者，正也，言王政之所由廢興也。政有小大，故有小雅焉，有大雅焉。頌者，美盛德之形容，以其成功告於神明者也。是謂四始[11]，詩之至也。

然則《關雎》《麟趾》之化[12]，王者之風，故繫之周公。南，言化自北而南也。《鵲巢》《騶虞》之德[13]，諸侯之風也，先王之所以教，故繫之召公。《周南》《召南》，正始之道，王化之基[14]。是以《關雎》樂得淑女，以配君子，憂在進賢，不淫其色；哀窈窕，思賢才，而無傷善之心焉[15]。是《關雎》之義也。

（《毛詩正義》卷一，《十三經注疏》清嘉慶刊本，中華書局2009年版）

【注釋】

[1]《關雎》是《詩經·國風》的第一篇，也是整個《詩經》的第一篇，故曰“風之始也”；舊説此篇是寫周文王妃太姒事，故曰“后妃之德也”。唐孔穎達《毛詩正義》解釋説：“言后妃之有美德，文王風化之始也。言文王行化始於其妻，故用此爲風教之始。” [2]風：教化。 [3]鄉大夫舉行鄉飲酒禮，以《關雎》合樂。《毛詩正義》釋曰：“令鄉大夫以之教其民也。” [4]諸侯舉行燕禮以享其臣子及賓客時，奏《關雎》之樂。《毛詩正義》釋曰：“令天下諸侯以之教其臣也。”這兩句釋《關雎》之用。 [5]永歌：長歌。 [6]文：指宫、商、角、徵、羽五聲之調。 [7]主文而譎諫：用文辭進行委婉的諷諫。 [8]變風、變雅：風與雅中描寫衰世的篇章。“變”與“正”相對。 [9]國史：王室的史官。古有采詩以觀風俗之習，孔穎達《毛詩正義》引鄭玄答張逸曰：“國史采衆詩時，明其好惡，令瞽矇歌之。其無作主，皆國史主之，令可歌。” [10]“是以一國之事”六句：孔穎達《毛詩正義》釋曰：“言風雅之别，其大意如此也。一人者，作詩之人。其作詩者，道己一人之心耳，要所言一人心，乃是一國之心。詩人覽一國之意以爲己心，故一國之事繫此一人使言之也。但所言者，直是諸侯之政，行風化於一國，故謂之國，以其狹故也。言天下之事，亦謂一人言之。詩人總天下之心，四方風俗，以爲己意，而詠歌王政，故作詩道説天下之事，發見四方之風，所言者乃是天子之政，施齊正於天下，故謂之雅，以其廣故也。” [11]四始：《關雎》爲國風之始，《鹿鳴》爲小雅之始，《文王》爲大雅之始，《清廟》爲頌之始。古人認爲此四篇是詠王道興衰之所由，有著特殊的重要性。 [12]《麟趾》：即《麟之趾》，《詩經·國風·周南》中的最後一篇。《詩小序》以爲是“《關雎》之應也。” [13]《鵲巢》《騶虞》：《鵲巢》是《國風·召南》中的首篇，《小序》以爲是歌詠“夫人之德也”；《騶虞》是《國風·召南》中的最後一篇，《小序》認爲：“《騶虞》，《鵲巢》之應也。《鵲巢》之化行，人倫既正，朝廷既治，天下純被文王之化，則庶類蕃殖，蒐田以時，仁如騶虞，則王道成也。”騶虞，一種義獸名。 [14]“《周南》”三句：《毛詩正義》釋曰：“《周南》《召南》二十五篇之詩，皆是正其初始之大道，王業風化之基本也。” [15]傷善：章太炎《關雎故言》釋爲“善傷”，即女子之善懷。

【集評】

（東漢）班固：樂者，聖人之所樂也，而可以善民心。其感人深，其移風易俗易，故先王著其教焉。夫民有血氣心知之性，而無哀樂喜怒之常，應感而動，然後心術形焉。是以纖微癄瘁之音作，而民思憂；闡諧嫚易之音作，而民康樂；粗厲猛奮之音作，而民剛毅；廉直正誠之音作，而民肅敬；寬裕和順之音作，而民慈愛；流辟邪散之音作，而民淫亂。先王恥其亂也，故制雅頌之聲，本之情性，稽之度數，制之禮儀，合生氣之和，導五常之行，使之陽而不散，陰而不集，剛氣不怒，柔氣不懾，四暢交於中，而發作於外，皆安其位而不相奪，足以感動人之善心,不使邪氣得接焉,是先王立樂之方也。

(《禮樂志》,《漢書》卷二十二,第1036–1037頁)

(東漢)鄭玄:詩之興也,諒不於上皇之世。大庭、軒轅,逮於高辛,其時有亡,載籍亦蔑云焉。《虞書》曰:"詩言志,歌永言,聲依永,律和聲。"然則詩之道,放於此乎?有夏承之,篇章泯棄,靡有孑遺。邇及商王,不風不雅。何者?論功頌德,所以將順其美;刺過譏失,所以匡救其惡。各於其黨,則爲法者彰顯,爲戒者著明。周自后稷播種百穀,黎民阻饑,兹時乃粒,自傳於此名也。陶唐之末中葉,公劉亦世修其業,以明民共財。至於大王、王季,克堪顧天。文、武之德,光熙前緒,以集大命於厥身,遂爲天下父母,使民有政有居。其時詩:風有《周南》《召南》,雅有《鹿鳴》《文王》之屬。及成王,周公致大平,制禮作樂,而有頌聲興焉,盛之至也。本之由此風雅而來,故皆録之,謂之詩之正經。

後王稍更陵遲,懿王始受譖亨齊哀公,夷身失禮之後,邶不尊賢。自是而下,厲也,幽也,政教尤衰,周室大壞。《十月之交》《民勞》《板》《蕩》,勃爾俱作,眾國紛然,刺怨相尋。五霸之末,上無天子,下無方伯,善者誰賞,惡者誰罰,紀綱絶矣!故孔子録懿王、夷王時詩,訖於陳靈公淫亂之事,謂之變風變雅。

(《詩譜序》,《毛詩正義》卷首附録,《十三經注疏》清嘉慶刊本,第554–556頁)

(南朝梁)劉勰:詩文弘奥,包韞六義,毛公述傳,獨標興體。豈不以風通而賦同,比顯而興隱哉!故比者,附也;興者,起也。附理者切類以指事,起情者依微以擬議。起情故興體以立,附理故比例以生。比則畜憤以斥言,興則環譬以記諷。蓋隨時之義不一,故詩人之志有二也。

(《比興》,《文心雕龍義證》卷八,第1333–1338頁)

典論·論文

(三国)曹丕

【題解】

曹丕(187—226),字子桓,沛國譙人,曹操長子。220年,代漢自立,國號魏,死後謚號爲魏文帝。他愛好文學,在詩文方面皆有成就,本篇爲其傑作《典論》中的一篇,涉及古代文學理論中的一些重要問題,如"文氣説"、文體論以及文章的意義與作用等,也可稱爲現存第一篇專門談論文學的文章,在中國古代文學理論史上有很高的地位與價值。

文人相輕,自古而然。傅毅之於班固,伯仲之間耳,而固小之,與弟超書曰:"武仲以能屬文爲蘭台令史,下筆不能自休[1]。"夫人善於自見,而文非一體,鮮能備善,是以各以所長,相輕所短。里語曰:"家有弊帚,享之千金。"斯不自見之患也。

今之文人,魯國孔融文舉,廣陵陳琳孔璋,山陽王粲仲宣,北海徐幹偉長,陳留阮瑀元瑜，汝南應瑒德璉，東平劉楨公幹。斯七子者[2]，於學無所遺，於辭無所假，咸以自騁驥騄於千里，仰齊足而並馳，以此相服，亦良難矣。蓋君子審己以度人，故能免於斯累，而作《論文》。

王粲長於辭賦，徐幹時有齊氣[3]，然粲之匹也。如粲之《初征》《登樓》《槐賦》《征思》，幹之《玄猿》《漏卮》《圓扇》《橘賦》，雖張、蔡不過也[4]。然於他文，未能稱是。琳、瑀之章表書記，今之儁也。應瑒和而不壯，劉楨壯而不密。孔融體氣高妙，有過人者，然不能持論，理不勝詞，以至乎雜以嘲戲。及其所善，揚、班儔也[5]。

常人貴遠賤近[6]，向聲背實[7]，又患暗於自見，謂己爲賢。夫文，本同而末異。蓋奏議宜雅，書論宜理，銘誄尚實，詩賦欲麗。此四科不同，故能之者偏也；唯通才能備其體。

文以氣爲主，氣之清濁有體，不可力強而致。譬諸音樂，曲度雖均，節奏同檢，至於引氣不齊[8]，巧拙有素，雖在父兄，不能以移子弟。

蓋文章經國之大業，不朽之盛事[9]。年壽有時而盡，榮樂止乎其身，二者必至之常期，未若文章之無窮。是以古之作者，寄身於翰墨，見意於篇籍，不假良史之辭，不托飛馳之勢，而聲名自傳於後。故西伯幽而演《易》[10]，周旦顯而制《禮》[11]，不以隱約而弗務，不以康樂而加思。夫然，則古人賤尺璧而重寸陰，懼乎時之過已。而人多不強力，貧賤則懾於飢寒，富貴則流於逸樂，遂營目前之務，而遺千載之功。日月逝於上，體貌衰於下，忽然與萬物遷化，斯志士之大痛也。

融等已逝，唯幹著論，成一家言[12]。

（《文選》卷五十二，上海古籍出版社1986年版）

【注釋】

[1]“傅毅之於班固”六句：傅毅（？—89），字武仲，東漢文學家，《後漢書》卷八十上《文苑傳》有傳。他曾爲蘭台令史，典校圖書，管理劾奏等文書檔案工作。班固亦爲蘭台令史，兩人才華相當，但班固卻看不起他，在與其弟班超書中説傅毅“下筆不能自休”，即爲文冗長散漫而不止。　[2]七子：即上文王粲等七人，後世稱爲“建安七子”，是漢末建安時期曹魏集團内有代表性的文人。其中，孔融在政治上雖不屬曹魏集團，但當時住在宫内，與其他人亦常交往。　[3]齊氣：舒緩之氣。　[4]張、蔡：張衡、蔡邕，東漢時期著名的文人。　[5]揚、班：揚雄、班固，分别是西漢末與東漢著名的文人。　[6]貴遠賤近：以時間距離遠的爲貴，以距離近的爲賤。　[7]向聲背實：重視虚名，輕視實際。　[8]引氣：樂器吹奏時的運氣。　[9]不朽之盛事：《左傳·襄公二十四年》：“太上有立德，其次有立功，其次有立言，雖久不廢，此之謂不朽。”文章屬於“立言”，故曰“不朽之盛事”。　[10]西伯幽而演《易》：西伯，即周文王，據説他在被拘囚時而演繹《周易》。《史記·太史公自序》：“昔西伯拘羑里，

演《周易》。" [11]周旦顯而制《禮》:周旦,即周公,據説他在掌權後開始制禮作樂,開創了後世的禮樂文明。 [12]"唯幹著論"兩句:徐幹著有《中論》,曹丕《與吴質書》説他"著《中論》二十篇,成一家之言,辭義典雅,足傳於後,此子爲不朽矣"。

【集評】

《魏書》:(魏文)帝初在東宫,疫癘大起,時人彫傷,帝深感歎,與素所敬者大理王朗書曰:"生有七尺之形,死唯一棺之土,唯立德揚名,可以不朽,其次莫如著篇籍。疫癘數起,士人彫落,余獨何人,能全其壽?"故論撰所著《典論》、詩賦,蓋百餘篇,集諸儒於肅城門内,講論大義,侃侃無倦。 (《三國志·魏書·文帝紀》裴松之注引,《三國志》,第88頁)

(南朝齊)陸厥:自魏文屬論,深以清濁爲言;劉楨奏書,大明體勢之致。岨峿妥帖之談,操末續顛之説,興玄黄於律吕,比五色之相宣,苟此秘未睹,茲論爲何所指邪?故愚謂前英已早識宫徵,但未屈曲指的,若今論所申。至於掩瑕藏疾,合少謬多,則臨淄所云"人之著述,不能無病"者也。非知之而不改,謂不改則不知,斯曹、陸又稱"竭情多悔,不可力強"者也。 (《與沈約書》,《南齊書·文學傳·陸厥傳》,《南齊書》,第898-899頁)

(南朝梁)劉勰:故魏文稱"文以氣爲主,氣之清濁有體。不可力強而致。"故其論孔融,則云"體氣高妙";論徐幹,則云"時有齊氣";論劉楨,則云"有逸氣"。公幹亦云:"孔氏卓卓,信含異氣,筆墨之性,殆不可勝。"並重氣之旨也。

(《風骨》,《文心雕龍義證》卷六,第1059-1060頁)

(南朝梁)劉勰:魏文之才,洋洋清綺,舊談抑之,謂去植千里,然子建思捷而才儁,詩麗而表逸;子桓慮詳而力緩,故不競於先鳴;而樂府清越,《典論》辯要,迭用短長,亦無懵焉。但俗情抑揚,雷同一響,遂令文帝以位尊減才,思王以勢窘益價,未爲篤論也。

(《才略》,《文心雕龍義證》卷十,第1798頁)

(唐)李德裕:魏文《典論》稱"文以氣爲主,氣之清濁有體",斯言盡之矣。然氣不可以不貫;不貫則雖有英詞麗藻,如編珠綴玉,不得爲全璞之寶矣。鼓氣以勢壯爲美,勢不可以不息;不息則流宕而忘反。亦猶絲竹繁奏,必有希聲窈眇,聽之者悅聞;如川流迅激,必有洄洑逶迤,觀之者不厭。 (《文章論》,《全唐文》卷709,第7280頁)

(清)劉熙載:自《典論·論文》以及韓、柳,俱重一"氣"字。余謂文氣當如《樂記》二語曰:"剛氣不怒,柔氣不懾。" (《文概》,《藝概》卷一,第38頁)

魯迅:孝文帝曹丕,以長子而承父業,篡漢而即帝位。他也是喜歡文章的。其弟曹植,還有明帝曹叡,都是喜歡文章的。不過到那個時候,於通脱之外,更加上華麗。丕著有《典論》,現已失散無全本,那裏面説:"詩賦欲麗","文以氣爲主"。《典論》的零零碎碎,在唐宋類書中;一篇整的《論文》,在《文選》中可以看見。

後來有一般人很不以他的見解爲然。他説詩賦不必寓教訓,反對當時那些寓訓勉於詩賦的見解,用近代的文學眼光看來,曹丕的一個時代可説是"文學的自覺時代",或如近代所説是爲藝術而藝術的一派。所以曹丕做的詩賦很好,更因他以"氣"爲主,故於華麗以外,加上壯大。歸納起來,漢末魏初的文章,可説是:"清峻,通脱,華麗,壯大"。

(《而已集·魏晉風度及文章與藥及酒之關係》,《魯迅全集》第3卷,第526頁)

文心雕龍·神思(節選)

(南朝梁)劉勰

【題解】

《文心雕龍》體大思精,是我國第一部系統闡述文學理論的專著。全書共五十篇,分上下兩編。上編論述文學的基本原則和理論,以及各種文體的流變;下編闡述文學創作中的具體問題,如構思,想象,內容與形式,賞鑒,繼承與創新,等等。《神思》爲創作論之首,論及文學藝術創作中的諸多問題。本文所選爲第一部分,主要論文藝創作中的構思與想象。

古人云:形在江海之上,心存魏闕之下,神思之謂也[1]。文之思也,其神遠矣。故寂然凝慮,思接千載[2];悄焉動容,視通萬里[3];吟詠之間,吐納珠玉之聲;眉睫之前,卷舒風雲之色;其思理之致乎。故思理爲妙,神與物遊。神居胸臆,而志氣統其關鍵;物沿耳目,而辭令管其樞機。樞機方通,則物無隱貌,關鍵將塞,則神有遁心。是以陶鈞文思,貴在虛靜,疏瀹五藏,澡雪精神[4],積學以儲寶,酌理以富才,研閱以窮照,馴致以懌辭,然後使玄解之宰[5],尋聲律而定墨;獨照之匠[6],窺意象而運斤[7];此蓋馭文之首術,謀篇之大端。夫神思方運,萬塗競萌,規矩虛位,刻鏤無形,登山則情滿於山,觀海則意溢於海,我才之多少,將與風雲而並驅矣。方其搦翰,氣倍辭前,暨乎篇成,半折心始[8]。何則?意翻空而易奇,言徵實而難巧也。是以意授於思,言授於意,密則無際,疏則千里,或理在方寸而求之域表,或義在咫尺而思隔山河。是以秉心養術,無務苦慮,含章思契,不必勞情也[9]。

(《文心雕龍義證》卷六,上海古籍出版社1989年版)

【注釋】

[1]"形在江海之上"三句:《莊子·讓王》:"中山公子牟謂瞻子曰:身在江海之上,心居乎魏闕之下,奈何。"魏闕,本指古代君主的宮門,此處代指朝廷。莊文原意謂身在野而心戀利祿。劉勰此處藉以說明"神思"乃是一種身在此而心在彼的想像活動。 [2]寂然凝慮,思接千載:當主體凝神沉思時,可以聯想上下幾千年之久。 [3]悄焉動容,視通萬里:遐想紛飛時,仿佛可看到幾萬里之遠。 [4]疏瀹五藏,澡雪精神:疏瀹,疏通;五藏,五臟。《莊子·知北遊》:"老聃曰,汝齋戒疏瀹而心,澡雪而精神。"此二句謂創作主體淨化精神,完全進入創作狀態。 [5]玄解之宰:掌握思理的主宰。古人認爲是心,今人以爲是大腦。

[6]獨照之匠:有獨到見解者。此處指創作主體。 [7]運斤:《莊子·徐無鬼》:"匠石運斤成風。"本指揮動斧頭,這裏指創作。 [8]"方其搦翰"四句:剛剛拿起筆來準備寫作、文辭尚未形成之前,氣勢非常旺盛;等到文章完成之後,至多只能達到心中此前想象效果的一半。 [9]"含章思契"二句:章,文采;契,契卷,此處引申指寫作規則與技巧。二句謂掌握了一定的創作規則與技巧後,就不必勞心苦思了。

【集評】

(南朝梁)蕭子顯:文章者,蓋情性之風標,神明之律吕也。藴思含毫,遊心內運,放言落紙,氣韻天成。莫不稟以生靈,遷乎愛嗜,機見殊門,賞悟紛雜。若子桓之品藻人才,仲治之區判文體,陸機辨於《文賦》,李充論於《翰林》,張眎摘句褒貶,顔延圖寫情興,各任懷抱,共爲權衡。屬文之道,事出神思,感召無象,變化不窮。俱五聲之音響,而出言異句;等萬物之情狀,而下筆殊形。 (《南齊書·文學傳論》,《南齊書》,第907頁)

(舊題唐)王昌齡:詩有三思。一曰生思。二曰感思。三曰取思。

生思一。久用精思,未契意象。力疲智竭,放安神思。心偶照境,率然而生。

感思二。尋味前言,吟諷古制,感而生思。

取思三。搜求於象,心入於境,神會於物,因心而得。

(《詩格》卷下,《全唐五代詩格彙考》,第173頁)

(明)謝榛:"若妙識所難,其易也將至;忽之爲易,其難也方來。"此劉勰《明詩》至要,非老於作者不能發。凡構思當於難處用工,艱澀一通,新奇迭出,此所以難而易也;若求之容易中,雖十脫稿而無一警策,此所以易而難也。 (《四溟詩話》卷四,第119頁)

與東方左史虯修竹篇序

(唐)陳子昂

【題解】

陳子昂(661—702),字伯玉,梓州射洪人。曾官至右拾遺,故後人亦稱"陳拾遺"。《舊唐書》卷一九〇、《新唐書》卷一〇七有傳,有《陳拾遺集》十卷。本文批評晉宋以來詩歌——特别是齊梁詩歌未能繼承"漢魏風骨"傳統,提倡詩歌的"興寄",也就是詩騷以來的比興傳統,對初唐詩壇頗有影響,也爲盛唐詩歌高潮期的到來作了理論上的準備。

東方公足下[1]:文章道弊五百年矣。漢、魏風骨,晉、宋莫傳,然而文獻有可徵者。僕嘗暇時觀齊、梁間詩,彩麗競繁,而興寄都絶,每以永歎。思古人常恐逶迤頽靡,風雅不作,以耿耿也。一昨於解三處見明公《詠孤桐篇》[2],骨氣端翔,音情頓挫,光英朗練,有金石聲。遂用洗心飾視,發揮幽鬱。不圖正始之音[3],復睹於兹,可使建安作者相視而笑[4]。解君云:"張茂先[5]、何敬祖[6],東方生與其比肩。"僕亦以爲知言也。故感歎雅制,作《修竹詩》一篇,當有知音以傳示之。

(《陳子昂集》卷一,中華書局1960年版)

【注釋】

[1]東方公:對東方虯的尊稱。東方虯,武則天時爲左史。《全唐詩》收其《昭君怨》三首、《春雪》一首。 [2]《詠孤桐篇》:東方虯所作詩篇,今已佚。解三,人名,生平不詳。 [3]正始之音:正始,魏齊王芳年號(240—248)。正始時期有何晏、王弼、阮籍、嵇康等人。此處所謂"正始之音",當是指阮籍、嵇康等人的詩歌。 [4]建安作者:建安,漢獻帝年號(196—220)。此處"建安作者"指以三曹七子爲代表的建安詩人。 [5]張茂先:張華,字茂先,西晉初年著名詩人。 [6]何敬祖:何劭,字敬祖,西晉初年詩人。

【集評】

(唐)盧藏用:《易》曰:"物不可以終否,故受之以泰。"道喪五百歲而得陳君。君諱子昂,字伯玉,蜀人也。崛起江漢,虎視函夏,卓立千古,横制頽波,天下翕然,質文一變。

(《陳伯玉文集序》,《陳子昂集》附録,第260頁)

(唐)韓愈:齊梁及陳隋,眾作等蟬噪。搜春摘花卉,沿襲傷剽盜。國朝盛文章,子昂始高蹈。

(《薦士》,《韓昌黎詩繫年集釋》卷五,第528頁)

(元)元好問:沈宋横馳翰墨場,風流初不廢齊梁。論功若准平吴例,合著黄金鑄子昂。

(《論詩三十首》其八,《元好問詩編年校注》卷一,第52頁)

答李翊書

(唐)韓愈

【題解】

韓愈在唐代古文的創作與理論上均可謂領袖人物,蘇軾稱其"文起八代之衰"。他提倡"古文",即散體文,主要針對自六朝以來一直至當代越來越追求形式之美的駢文而言,要求文章言之有物,文以明道,惟陳言之務去。由於他的影響,加上柳宗元等人在散文創作上的桴鼓相應,最終使得"古文"成爲後世散文創作的主流。明人將他與柳宗元以及宋代的歐陽修、王安石、曾鞏、三蘇(蘇洵、蘇軾、蘇轍)共稱爲"唐宋八大家"。他在中國散文史和散文理論史上以及文化史上均有深遠影響。本篇是其散文理論中有代表性的一篇。

六月二十六日,愈白:李生足下[1]:生之書,辭甚高,而其問何下而恭也!能如是,誰不欲告生以其道?道德之歸也有日矣,況其外之文乎?抑愈所謂望孔子之門牆而不入於其宫者[2],烏足以知是且非邪？雖然,不可不爲生言之。

生所謂立言者是也;生所爲者與所期者,甚似而幾矣[3]。抑不知生之志,蘄勝於人而取於人邪？將蘄至於古之立言者邪？蘄勝於人而取於人,則固勝於人而可取於人矣;將蘄至於古之立言者,則無望其速成,無誘於勢利,養其根而俟其實,加其膏而希其光。根之茂者其實遂,膏之沃者其光曄;仁義之人,其言藹如也。

抑又有難者:愈之所爲,不自知其至猶未也,雖然,學之二十餘年矣。始者非三代兩漢之書不敢觀[4],非聖人之志不敢存,處若忘,行若遺,儼乎其若思,茫乎其若迷。當其取於心而注於手也,惟陳言之務去[5],戛戛乎其難哉。其觀於人也,不知其非笑之爲非笑也。如是者亦有年,猶不改,然後識古書之正僞,與雖正而不至焉者,昭昭然白黑分矣。而務去之,乃徐有得也。當其取於心而注於手也,汩汩然來矣[6]。其觀於人也,笑之則以爲喜,譽之則以爲憂,以其猶有人之説者存也。如是者亦有年,然後浩乎其沛然矣。吾又懼其雜也,迎而距之,平心而察之,其皆醇也,然後肆焉。雖然,不可以不養也。行之乎仁義之途,游之乎《詩》《書》之源,無迷其途,無絶其源,終吾身而已矣。

氣,水也;言,浮物也。水大而物之浮者大小畢浮,氣之與言猶是也,氣盛則言之短長與聲之高下者皆宜。雖如是,其敢自謂幾於成乎？雖幾於成,其用於人也奚取焉？雖然,待用於人者,其肖於器邪？用與舍屬諸人。君子則不然:處心有道,行己有方,用則施諸人,舍則傳諸其徒,垂諸文而爲後世法。如是者,其亦足樂乎？其無足樂也？

有志乎古者希矣[7]！志乎古必遺乎今,吾誠樂而悲之。亟稱其人[8],所以勸之,非敢褒其可褒,而貶其可貶也。問於愈者多矣,念生之言不志乎利,聊相爲言之。愈白。

(《韓愈文集彙校箋注》卷六,中華書局2010年版)

【注釋】

[1]李生:即李翊,貞元十八年進士。或謂韓愈此篇“李翊”當作“李翱”(字習之,韓愈弟子),然無文獻依據。　[2]“所謂”句:語出《論語•子張》:“子貢曰:譬之宫牆,賜之牆也及肩,窺見室家之好。夫子之牆數仞,不得其門而入,不見宗廟之美,百官之富。”本是子貢比喻自己難以企及孔子之真傳,此處韓愈藉以謙稱自己在文章上的造詣。　[3]幾:即庶幾。差不多,有所成的意思。　[4]“非三代”句:這是韓愈表達自己重視古書尤其是三代兩漢之書的意思。並非説他不看三代兩漢之外的書。在《進學解》中,韓愈説:“上規姚姒,渾渾無涯;周誥、殷盤,佶屈聱牙;《春秋》謹嚴,《左氏》浮誇;《易》奇而法,《詩》正而葩;下逮莊、《騷》,《太史》所録,子雲、相如,同工異曲。”亦是此意。　[5]惟陳言之務去:力避陳腐之言。即追求語言意義及形式上的創新。　[6]汩汩然:水流迅急貌。　[7]希:罕見,

稀少。 [8]亟:屢次,不斷。

【集評】

(唐)皇甫湜:先生七歲好學,言出成文。及冠,恣爲書,以傳聖人之道,人始未信。既發不掩,聲震業光,眾方驚爆而萃排之。乘危將顛,不懈益張,卒大信於天下。先生之作,無圓無方,至是歸工。抉經之心,執聖之權,尚友作者,跂邪觝異,以扶孔氏,存皇之極。知與罪,非我計,茹古涵今,無有端涯,渾渾灝灝,不可窺校。及其酣放,豪曲快字,淩紙怪發,鯨鏗春麗,驚耀天下。然而栗密窈眇,章妥句適,精能之至,入神出天。嗚呼極矣!後人無以加之矣,姬氏以來,一人而已矣。

(《韓文公墓誌銘》,《全唐文》卷687,第7039-7040頁)

(唐)李漢:先生生於大曆戊申,幼孤,隨兄播遷韶嶺。兄卒,鞠於嫂氏,辛勤來歸。自知讀書爲文,日記數千百言。比壯,經書通念曉析,酷排釋氏,諸史百子,皆搜抉無隱。汗瀾卓踔,奫泫澄深,詭然而蛟龍翔,蔚然而虎鳳躍,鏘然而韶鈞鳴;日光玉潔,周情孔思,千態萬貌,卒澤於道德仁義,炳如也。洞視萬古,愍惻當世,遂大拯頹風,教人自爲。時人始而驚,中而笑且排,先生志益堅,其終人亦翕然,而隨以定。嗚呼!先生於文,摧陷廓清之功,比於武事,可謂雄偉不常者矣。

(《唐吏部侍郎昌黎先生諱愈文集序》,《全唐文》卷744,第7697頁)

(北宋)蘇軾:自東漢以來,道喪文弊,異端並起,歷唐貞觀、開元之盛,輔以房、杜、姚、宋而不能救。獨韓文公起布衣,談笑而麾之,天下靡然從公,復歸於正,蓋三百年於此矣。文起八代之衰,而道濟天下之溺,忠犯人主之怒,而勇奪三軍之帥。豈非參天地、關盛衰、浩然而獨存者乎!(《潮州韓文公廟碑》,《蘇軾文集》卷十一,第509頁)

(清)黄宗羲:昌黎"陳言之務去"。所謂"陳言"者,每一題,必有庸人思路共集之處纏繞筆端,剥去一層,方有至理可言。猶如玉在璞中,鑿開頑璞,方始見玉,不可認璞爲玉也。不知者求之字句之間,則必如《曹成王碑》,乃謂之去陳言,豈文從字順者,爲昌黎之所不能去乎?(《論文管見》,《南雷文定》三集卷三,第58頁)

(清)程廷祚:韓退之崛起數千載之後,屬文章靡敝,憑陵轥轢,首唱古文,而能範圍後來之作者,誠可謂文人之雄也已。然其自負太過,後之尊崇亦太過,此不可以不論。開皇之世,李諤上書論文體,深斥齊梁之弊,謂宜屏黜輕浮,遏止華僞。唐之中葉,柳冕與杜黄裳書,言文雅不振,當尊經術,卑文士,以正人心,而美風俗。以時考之,乃狂瀾之欲頹,百川將入於滄溟矣。退之安得自矜一人之力,其所乘之時然也。且退之以道自命,則當直接古聖賢之傳,三代可四,而六經可七矣。乃志在於"沉浸醲鬱,含英咀華,作爲文章",戛戛乎去陳言而造新語,以自標置,其所操抑末矣。以此與八代爭短長,縱使己所言皆在於仁義道德,彼所言皆在於月露風雲,而究無以相服。

(《復家魚門論古文書》,《青溪集》卷十,第275頁)

(清)劉熙載:昌黎接孟子知言養氣之傳,觀《答李翊書》,學養並言可見。昌黎謂"仁義之人,其言藹如"。蘇老泉以孟、韓爲"温醇",意蓋隱合。

説理論事,涉於遷就,便是本領不濟。看昌黎文,老實説出緊要處,自使用巧騁奇者望之辟易。

韓文起八代之衰,實集八代之成。蓋惟善用古者能變古,以無所不包,故能無所不掃也。八代之衰,其文內竭而外侈;昌黎易之以萬怪惶惑、抑遏蔽掩,在當時真爲補虛消腫良劑。

(《文概》,《藝概》卷一,第20-21頁)

答洪駒父書

(北宋)黄庭堅

【題解】

黄庭堅(1045—1105),字魯直,號山谷,又號涪翁,洪州分寧人。宋代著名文學家,有《山谷集》六十九卷,《宋史》卷四百四十四《文苑》六有傳。他是宋代影響最大的詩歌流派——江西詩派的代表人物,爲詩追求理趣和學問化,與蘇軾並稱"蘇黄"。本篇是他答其外甥洪駒父的書信,其中許多觀點(如"無一字無來處""點鐵成金"等),可以代表他與"江西詩派"的詩歌理論。

駒父外甥教授[1]:別來三歲,未嘗不思念。閒居絕不與人事相接,故不能作書,雖晉城亦未曾作書也[2]。專人來,得手書,審在官不廢講學[3],眠食安勝,諸稚子長茂,慰喜無量。

寄詩語意老重,數過讀,不能去手,繼以歎息,少加意讀書,古人不難到也。諸文亦皆好,但少古人繩墨耳,可更熟讀司馬子長、韓退之文章[4]。

凡作一文,皆須有宗有趣,終始關鍵,有開有闔;如四瀆雖納百川,或匯而爲廣澤,汪洋千里,要自發源注海耳[5]。

老夫紹聖以前[6],不知作文章斧斤,取舊所作讀之,皆可笑。紹聖以後,始知作文章,但以老病惰懶,不能下筆也。外甥勉之,爲我雪恥。

《駡犬文》雖雄奇,然不作可也。東坡文章妙天下,其短處在好駡,慎勿襲其軌也。

甚恨不得相見,極論詩與文章之善病,臨書不能萬一,千萬強學自愛,少飲酒爲佳。

所寄《釋權》一篇,詞筆縱橫,極見日新之效。更須治經,深其淵源,乃可到古人耳。青瑣祭文[7],語意甚工,但用字時有未安處[8]。自作語最難,老杜作詩,退之作文,無一字無來處,蓋後人讀書少,故謂韓、杜自作此語耳。古之能爲文章者,真能陶冶萬物,雖取古人之陳言入於翰墨,如靈丹一粒,點鐵成金也。

文章最爲儒者末事,然索學之,又不可不知其曲折,幸熟思之。至於推之使高，如泰山之崇崛，如垂天之雲；作之使雄壯，如滄江八月之濤，海運吞舟之魚，又不可守繩墨令儉陋也[9]。

（《四部叢刊》影宋本《豫章黄先生文集》卷十九）

【注釋】

[1]駒父：洪芻，字駒父，黄庭堅外甥，有才名，爲詩亦宗江西詩派。 [2]晉：進。 [3]審：知道，瞭解。 [4]"諸文亦皆好"四句：認爲洪駒父所寄來的文章都寫得不錯，只是缺少了些古人的規矩，所以勸他多讀司馬遷和韓愈的文章，從中瞭解和體會。 [5]"如四瀆"四句：《爾雅·釋水》："江、淮、河、濟爲四瀆，發源注海者也。"此四句謂寫文章就像四瀆雖廣納百川而最終注於海一樣，要有開源，要懂得吸收，最後要收束而深化主題。也就是前面三句所説的"有宗有趣，終始關鍵，有開有闔"。 [6]紹聖：宋哲宗年號，自1094年至1097年。黄庭堅在紹聖二年51歲時被謫黔州，故其"紹聖以前"指被謫黔之前。 [7]青瑣：未詳，疑謂《青瑣高議》作者劉斧。 [8]安：妥帖。 [9]又不可守繩墨令儉陋也：意謂學習古人，但不能一味模仿而没有創新，以致自己的創作貧儉寒陋。

【集評】

（北宋）陳師道：黄詩韓文，有意故有工，左、杜則無工矣。然學者先黄後韓，不由黄、韓而爲左、杜，則失之拙易矣。 （《後山詩話》，《歷代詩話》，第305頁）

（南宋）張戒：《國風》《離騷》固不論，自漢魏以來，詩妙於子建，成於李杜，而壞於蘇黄。余之此論，固未易爲俗人言也。子瞻以議論作詩，魯直又專以補綴奇字，學者未得其所長，而先得其所短，詩人之意掃地矣。段師教康崑崙琵琶，且遣不近樂器十餘年，忘其故態。學詩亦然。蘇黄習氣淨盡，始可以論唐人詩。唐人聲律習氣淨盡，始可以論六朝詩。鐫刻之習氣淨盡，始可以論曹劉李杜詩。

（《歲寒堂詩話》上，《歷代詩話續編》，第455頁）

（金）王若虚：山谷之詩，有奇而無妙，有斬絶而無横放，鋪張學問以爲富，點化陳腐以爲新，而渾然天成，如肺肝中流出者，不足也。此所以力追東坡而不及歟？或謂論文者尊東坡，言詩者右山谷，此門生親党之偏説，而至今詞人多以爲口實，同者襲其跡而不知返，異者畏其名而不敢非。善乎吾舅周君之論也，曰："宋之文章至魯直，已是偏仄處。陳後山而後，不勝其弊矣。人能中道而立，以巨眼觀之，是非真僞，望而可見也。"若虚雖不解詩，頗以爲然。近讀《東都事略·山谷傳》云："庭堅長於詩，與秦觀、張耒、晁補之游蘇軾之門，號四學士。獨江西君子以庭堅配軾，謂之蘇、黄。"蓋自當時已不以是爲公論矣。

（《滹南詩話》卷二，《歷代詩話續編》，第518–519頁）

（清）劉熙載：黄山谷詞用意深至，自非小才所能辦。惟故以生字俚語侮弄世俗，若爲金、元曲家濫觴。 （《詞曲概》，《藝概》卷四，第108頁）

論　詞

(北宋)李清照

【題解】

此篇作於北宋末年,提出詞"别是一家",有自己獨特的特點,強調詞與詩歌之間的區别,對於蘇軾"以詩爲詞"的創作傾向表示不滿。

樂府聲詩並著,最盛於唐開元、天寶間[1],有李八郎者[2],能歌,擅天下。時新及第進士,開宴曲江[3],榜中一名士,先召李,使易服隱名姓,衣冠故敝,精神慘沮,與同之宴所,曰表弟,願與坐末。衆皆不顧。既酒行樂作,歌者進,時曹元謙、念奴爲冠。歌罷,衆皆諮嗟稱賞。名士忽指李曰:"請表弟歌。"衆皆哂,或有怒者。及轉喉發聲,歌一曲,衆皆泣下。羅拜,曰:"此李八郎也。"

自後鄭衛之聲日熾,流靡之變日煩。已有《菩薩蠻》《春光好》《莎雞子》《更漏子》《浣溪沙》《夢江南》《漁父》等詞,不可遍舉。五代干戈,四海瓜分豆剖,斯文道熄。獨江南李氏君臣尚文雅,故於"小樓吹徹玉笙寒","吹皺一池春水"之詞,語雖奇甚,所謂亡國之音哀以思也[4]!

逮至本朝,禮樂文武大備,又涵養百餘年,始有柳屯田永者,變舊聲,作新聲,出《樂章集》[5]。大得聲稱於世,雖協音律,而詞語塵下。又有張子野[6]、宋子京兄弟[7],沈唐[8]、元絳[9]、晁次膺輩繼出[10],雖時時有妙語,而破碎何足名家!至晏元獻、歐陽永叔、蘇子瞻[11],學際天人,作爲小歌詞,直如酌蠡水於大海[12],然皆句讀不葺之詩爾[13],又往往不協音律者。何耶?蓋詩文分平側,而歌詞分五音,又分五聲,又分六律,又分清濁輕重。且如近世所謂《聲聲慢》《雨中花》《喜遷鶯》,既押平聲韻,又押入聲韻;《玉樓春》本押平聲韻,又押上去聲,又押入聲。本押仄聲韻,如押上聲則協,如押入聲則不可歌矣。王介甫、曾子固,文章似西漢,若作一小歌詞,則人必絶倒,不可讀也[14]。

乃知别是一家[15],知之者少。後晏叔原、賀方回、秦少游、黄魯直出[16],始能知之。又晏苦無鋪敘,賀苦少典重,秦即專主情致,而少故實,譬如貧家美女,雖極妍麗丰逸,而終乏富貴態。黄即尚故實,而多疵病,譬如良玉有瑕,價自減半矣。

(《苕溪漁隱叢話》後集卷三十三引,人民文學出版社1962年版)

【注釋】

[1]開元、天寶:均爲唐玄宗年號。開元,自713年至741年;天寶,自742年至756年。

[2]李八郎：即李衮，唐代男子之善歌者。　[3]開宴曲江：曲江爲唐代長安城東南著名之風景區，每届新及第進士照例在此飲宴聚會。　[4]"獨江南李氏君臣尚文雅"五句：五代南唐國主李璟、李煜父子及其臣下馮延巳等人，喜好作詞，且成就不俗。"小樓吹徹玉笙寒"爲李璟《攤破浣溪沙》中詞句，"吹皺一池春水"爲馮延巳《謁金門》中詞句。南唐後爲趙宋所滅，故稱其君臣之詞乃"亡國之音哀以思"也。　[5]"始有柳屯田永者"四句：柳永，原名三變，字耆卿，景祐進士，官屯田員外郎，有《樂章集》。他改制了不少唐宋舊曲，翻作新調。又創作了不少長調，在詞的發展史上頗有貢獻。但李清照從詞的雅調出發，認爲其詞"調語塵下"，不認同其俗調。　[6]張子野：張先(990—1028)，字子野，北宋著名詞人，有《張子野詞》。　[7]宋子京兄弟：宋祁(998—1061)，字子京，北宋著名詞人；其兄宋庠，字公序，其詞今未見。　[8]沈唐：字公述，北宋詞人，曾官大名府簽判。　[9]元絳：字厚之(1008—1083)，宋神宗時爲參知政事，《宋史》卷三百四十三有傳。　[10]晁次膺：晁端禮(1046—1113)，字次膺，北宋詞人。有《閑齋琴趣》。　[11]晏元獻、歐陽永叔、蘇子瞻：即晏殊、歐陽修、蘇軾。　[12]直如酌蠡水於大海：簡直就像在大海裏取一瓢水一樣。形容他們才氣縱横，作詞對他們來説非常容易。　[13]然皆句讀不葺之詩爾：但都只是句子長短不齊的詩罷了。李清照主張詞"别是一家"，强調詞與詩的區别，所以對於蘇軾等人以詩爲詞現象表示不滿。　[14]"王介甫"六句：王安石、曾鞏文章寫得好，可以直逼西漢，但若以他們的風格來寫詞，也一定不忍卒讀。這是對當時以文爲詞現象的不滿。　[15]别是一家：詞有其自身的特色，與詩文皆有别，獨成一家。　[16]晏叔原、賀方回、秦少游、黄魯直：即北宋著名詞人晏幾道(1030？—1106?，字叔原，號小山)、賀鑄(1063—1120，字方回)、秦觀(1049—1100，字少游，號淮海居士)、黄庭堅(1045—1105，字魯直，號山谷)。

【集評】

(南宋)胡仔：易安歷評諸公歌詞，皆摘其短，無一免者。此論未公，吾不憑也。其意蓋自謂能擅其長，以樂府名家者。退之詩云："不知群兒愚，那用故謗傷。蚍蜉撼大樹，可笑不自量。"正爲此輩發也。　(《苕溪漁隱叢話》後集卷三十三，第255頁)

(清)裴暢：易安自恃其才，藐視一切，語本不足存；第以一婦人能開此大口，其妄不待言，其狂亦不可及也。　(《詞苑萃編》卷九引，《續修四庫全書》集部第1733册，第503頁)

(清)方成培：易安居士言：詩文分平仄，而歌詞分五音，又分五聲，又分音律，又分清濁輕重。且如近世所謂《聲聲慢》《雨中花》《喜遷鶯》，既押平聲韻，又押入聲韻。《玉樓春》本押平聲韻，又押上、去聲，又押入聲。本押仄聲韻，如押上聲則協，如押入聲，則不可歌矣。培案：段安節言，商角同用，是押上聲者，入聲亦可押也。與易安所説不同。

(《香研居詞麈》卷三，第42頁)

滄浪詩話·詩辨(節選)

(南宋)嚴羽

【題解】

嚴羽,字儀卿,一字丹丘,自號滄浪逋客,著有《滄浪集》和《滄浪詩話》。他生活在南宋後期,論詩主張妙悟,喜歡以禪喻詩,創别才别趣之説,反對的主要是當時江西詩派的末流和永嘉四靈的詩風。

夫學詩者以識爲主:入門須正,立志須高;以漢、魏、晉、盛唐爲師,不作開元、天寶以下人物[1]。若自退屈,即有下劣詩魔入其肺腑之間;由立志之不高也。行有未至,可加工力;路頭一差,愈騖愈遠;由入門之不正也。故曰:學其上,僅得其中;學其中,斯爲下矣。又曰:見過於師,僅堪傳授;見與師齊,減師半德也[2]。工夫須從上做下,不可從下做上。先須熟讀《楚詞》,朝夕諷詠以爲之本;及讀《古詩十九首》,樂府四篇[3],李陵、蘇武[4]、漢、魏五言皆須熟讀,即以李、杜二集枕藉觀之,如今人之治經,然後博取盛唐名家,醖釀胸中,久之自然悟入。雖學之不至,亦不失正路。此乃是從頂𩕳上做來,謂之向上一路[5],謂之直截根源[6],謂之頓門[7],謂之單刀直入也[8]。……

禪家者流,乘有小大,宗有南北,道有邪正[9];學者須從最上乘,具正法眼[10],悟第一義[11];若小乘禪,聲聞、辟支果[12],皆非正也。論詩如論禪:漢、魏、晉與盛唐之詩,則第一義也。大曆以還之詩[13],則小乘禪也,已落第二義矣。晚唐之詩,則聲聞、辟支果也。學漢、魏、晉與盛唐詩者,臨濟下也[14]。學大曆以還之詩者,曹洞下也[15]。大抵禪道惟在妙悟,詩道亦在妙悟。且孟襄陽學力下韓退之遠甚,而其詩獨出退之之上者,一味妙悟而已。惟悟乃爲當行,乃爲本色。然悟有淺深,有分限,有透徹之悟,有但得一知半解之悟。漢、魏尚矣,不假悟也。謝靈運至盛唐諸公,透徹之悟也;他雖有悟者,皆非第一義也。吾評之非僭也,辯之非妄也。天下有可廢之人,無可廢之言。詩道如是也。若以爲不然,則是見詩之不廣,參詩之不熟耳。試取漢、魏之詩而熟參之,次取晉、宋之詩而熟參之,次取南北朝之詩而熟參之,次取沈宋王楊盧駱陳拾遺之詩而熟參之[16],次取開元、天寶諸家之詩而熟參之,次獨取李、杜二公之詩而熟參之,又取大曆十才子之詩而熟參之,又取元和之詩而熟參之[17],又盡取晚唐諸家之詩而熟參之,又取本朝蘇、黄以下諸家之詩而熟參之,其真是非自有不能隱者。儻猶於此而無見焉,則是野狐外道,蒙蔽其真識,不可救藥,終不悟也。

夫詩有别材,非關書也;詩有别趣,非關理也。然非多讀書,多窮理,則不能極其至。所謂不涉理路,不落言筌者,上也。詩者,吟詠情性也。盛唐詩人惟在興趣,羚羊掛角,無跡可求。故其妙處透徹玲瓏,不可湊泊,如空中之音,相中之色,水中之月,鏡中之象,言有盡而意無窮。近代諸公乃作奇特解會[18],遂以文字爲詩,以才學爲詩,以議論爲詩。夫豈不工,終非古人之詩也。蓋於一唱三歎之音,有所歉焉。且其作多務使事,不問興致;用字必有來歷,押韻必有出處,讀之反覆終篇,不知着到何在。其末流甚者,叫噪怒張,殊乖忠厚之風,殆以罵詈爲詩。詩而至此,可謂一厄也。

(《滄浪詩話校釋》,人民文學出版社1983年版)

【注釋】

[1]"不作"句:開元、天寶,皆唐玄宗年號,是唐朝最興盛的時代。然自天寶十五載"安史之亂"後,唐朝不復達到以前的盛況,詩歌史上的"盛唐"也基本上以此爲界。此句意謂學詩者不可以盛唐以下的人物爲師。 [2]"見過於師"四句:此本懷海禪師語,見《五燈會元》卷三引,此處意謂學詩者"立志須高"。 [3]樂府四篇:指《文選》樂府類首列之《樂府四首古辭》,即《飲馬長城窟行》《君子行》《傷歌行》《長歌行》四篇。 [4]李陵、蘇武:指《文選》中所選署名李陵、蘇武的五言詩歌。一般認爲作於漢代,但作者是否李陵、蘇武,古今一直有爭議。 [5]向上一路:語本《傳燈録》卷七:"寶積禪師上堂示衆曰:向上一路,千聖不傳,學者勞形,如猿捉影。"此處謂學詩須先向古人名家學習。 [6]直截根源:語本《傳燈録》卷三十:"永嘉真覺大師《證道歌》:直截根源佛所印,摘葉尋枝我不能。" [7]頓門:即頓悟之門。 [8]單刀直入:語本《傳燈録》卷九:"靈佑禪師曰:單刀趣入,則凡聖情盡體露真常。"《五燈會元》卷九"趣入"作"直入"。 [9]"乘有小大"三句:佛教有大乘、小乘,佛教禪宗自五祖弘忍以後分爲南北二宗,各家皆自謂正道。 [10]正法眼:禪家語,即所謂正法。 [11]第一義:佛家語,即所謂"真諦",相對於"世諦"之第二義。 [12]聲聞、辟支果:佛家有三乘:菩薩乘、辟支乘、聲聞乘。菩薩乘普度衆生,故稱大乘;辟支乘、聲聞乘僅求自度,故稱小乘。 [13]大曆以還之詩:指中唐之詩。大曆爲唐代宗年號,自766年至779年。 [14]臨濟:佛教臨濟宗,源出六祖弟子懷讓,宋時尤盛。 [15]曹洞:佛教曹洞宗,源出六祖弟子行思,宋時亦盛。 [16]"沈宋"句:即初唐時期代表性詩人沈佺期、宋之問、王勃、楊炯、盧照鄰、駱賓王、陳子昂。 [17]元和之詩:指以元稹、白居易詩風以代表的詩歌。元和,唐憲宗年號,自806年至820年。 [18]奇特解會:本禪家語。此處謂對詩歌奇怪的理解。

【集評】

(明)胡應麟:嚴氏云:"漢、魏尚矣,不假悟也。康樂以至盛唐,透徹之悟也。"此言似而未核。漢人直寫胸臆,斫削無施,嚴氏所云,庶幾實録。建安以降,稍屬思惟,便應懸解,非緣妙悟,曷極精深?觀魏文《典論》,極贊文章之無窮;陳思書牘,欲以翰墨爲勳績。點竄相屬,筆削不遑,鍛鍊推敲,殆同後世,豈直曰悟而已。吾爲易曰:兩漢尚矣,不假悟也。曹、劉以至李、杜,透徹之悟也。

(《詩藪》外編卷二,第144頁)

(清)毛先舒:嚴儀卿生宋代,能獨睹本朝詩道之誤,謂"近代諸公乃作奇特解會,遂以文字才學議論爲詩,於一唱三歎之音,有所歉焉。其末流甚者,叫噪怒張,乖忠厚之風"。論眉山、江西,亦可稱沉著痛快,真敻絶之識,其書之足傳宜也。

(《詩辯坻》卷三,《清詩話續編》,第62頁)

(清)馮班:嘉靖之末,王、李名盛。詳其詩法,盡本於嚴滄浪,至今未有知其謬者,今備論之如左:

以禪喻詩,滄浪自謂親切透徹者。自余論之,但見其漫漶顛倒耳。具疏之如左:

滄浪曰:"禪家者流,乘有大小,宗有南北,道有邪正。學者須從最上乘,具正法眼,悟第一義。若小乘禪、聲聞、辟支果,皆非正也。論詩如論禪,漢、魏、晉與盛唐之詩,則第一義也;大曆已還之詩,則小乘禪也,已落第二義矣。晚唐之詩,則聲聞、辟支果也。學漢、魏、盛唐之詩,臨濟下也;學大曆以還之詩,曹洞下也。"

糾曰:"乘有大小",是也。聲聞、辟支,則是小乘。今云大曆已還是小乘,晚唐是聲聞、辟支,則小乘之下,別有權乘,所未聞一也。初祖達磨自西區來震旦,傳至五祖忍禪師,下分二枝,南爲能禪師,是爲六祖,下分五宗;北爲秀禪師,其徒自立爲六祖,七祖普寂以後無聞焉。滄浪雖云宗有南北,詳其下文,都不指喻何事,卻云臨濟、曹洞。按臨濟玄(按:原避諱作"元")禪師,曹山寂禪師,洞山價禪師,三人並出南宗,豈滄浪誤以二宗爲南北乎?所未聞二也。臨濟、曹洞,機用不同,俱是最上一乘。今滄浪云大曆已還之詩小乘禪也,又云學大曆已還之詩,曹洞下也,則以曹洞爲小乘矣。所未聞三也。凡喻者,以彼喻此也。彼物先了然於胸中,然後此物可得而喻。滄浪之言禪,不惟未經參學。南北宗派、大小三乘,此最是易知者,尚倒謬如此,引以爲喻,自謂親切,不已妄乎?至云"單刀直入"、云"頓門"、云"活句死句"之類,剽竊禪語,皆失其宗旨,可笑之極。

滄浪云:"不落言筌,不涉理路。"按此二言似是而非,惑人爲最。夫迷悟相覺,則假言以爲筌;邪正相背,斯循理而得路。迷者既覺,則向來之言還歸無言;邪者既返,則向來之路未嘗涉路。是以經教紛紜,實無一法可説也。此在教家已自如此;若教外別傳,則絶塵而奔,誠非凡情淺見所測,吾不敢言也。至於詩者言也,言之不足故長言之,長言之不足故詠歌之,但其言微不與常言同耳,安得有不落言筌者乎?詩者,諷刺之言也。憑理而發,怨誹者不亂,好色者不淫,故曰"思無邪"。但其理玄(編按:原避諱作"元"),或在文外,與尋常文筆言理者不同,安得不涉理路乎?

滄浪論詩,止是浮光略影,如有所見,其實腳跟未曾點地,故云盛唐之詩,"如空中之色,水中之月,鏡中之象",種種比喻,殊不知劉夢得云:"興在象外",一語妙絶。又孟子言:"説詩者不以文害辭,不以辭害志,以意逆志,是爲得之。"更自確然灼然也。嗚呼!可以言此者寡矣。滄浪只是"興趣"言詩,便知此公未得向上關捩子。

(《嚴氏糾謬》,《鈍吟雜録》卷五,第65-67頁)

(清)潘德輿:嚴羽《滄浪詩話》能於蘇、黄大名之餘,破除宋詩局面,亦一時傑出之士,思挽回風氣者。第溯入門工夫,不自《三百篇》始,而始於《離騷》,恐尚非頂𩕳上作來也。然訾滄浪者,謂其專以妙悟言詩,非溫柔敦厚之本。是又不知宋人率以議論爲詩,故滄浪拈此救之,非得已也。且滄浪謂漢、魏不假妙悟,夫不假妙悟,性情之中聲也。漢、魏尚不假妙悟,況《三百篇》乎?知詩之本者,非滄浪其誰?雖然,以妙悟言詩,猶之可也,以禪言詩則不可。詩乃人生日用中事,禪何爲者?此則文士好佛之結習,非言詩之弊也。

(《養一齋詩話》卷一,第10頁)

(清)錢振鍠:滄浪借禪家之説以立《詩辨》,於禪則分第一義、第二義、正法眼藏、小乘禪、聞辟支果、野狐外道;於詩則分漢、魏、晉、宋、齊、梁、盛唐、晚唐,其説巧矣。雖然佛門廣大,何所不容,禽獸魚鱉,皆有佛性,但能成佛,何必究其所自來。須知極樂世界,原無界限,何容平地起土,堆空門作重檻哉?歷代以來,詩雖千變,但求其合於人情,快於己意,便是好詩。格調體制,何足深論。滄浪分界時代,彼則第一義,此則第二義。索性能指出各家優劣,亦復何辨。無奈只據一種榮古虐今之見,猶自以爲新奇,此真不可教誨也。又云:"入門不正,則愈騖愈遠。"夫詩豈有一定門戶?風雅頌、漢魏、初、盛,門戶亦各不同。何必強分其正不正。又云:"學詩須熟讀《楚詞》、《十九首》樂府四篇、蘇李、漢魏五言,又須枕藉李杜,則雖學之不至,亦不失正路。"種種埋没性靈之語,實無是處也。

(《謫星説詩》卷一,《民國詩話叢編》,第578-579頁)

論文偶記(節選)

(清)劉大櫆

【題解】

劉大櫆(1698—1779),字才甫,一字耕南,號海峰,桐城人。少游方苞之門,爲桐城派承先啟後之人物,《清史稿》卷四百八十五《文苑》二有傳。他在方苞義法論的基礎上探求散文理論。除了桐城派強調文章的義理之外,他要求文章思想內容與藝術形式的統一,特別提出以神氣論文,具體操作則是於音節以求神氣,於字句以求音節。他對其後姚鼐的文章及其理論頗有影響。

行文之道,神爲主,氣輔之。曹子桓、蘇子由論文[1],以氣爲主,是矣。然氣隨神轉,神渾則氣灝,神遠則氣逸,神偉則氣高,神變則氣奇,神深則氣靜,故神爲氣之主。至專以理爲主者,則猶未盡其妙也。蓋人不窮理讀書,則出詞鄙倍空疏[2];人無經濟[3],則言雖累牘,不適於用。故義理、書卷[4]、經濟者,行文之實;若行文自另是一事。譬如大匠操斤,無土木材料,縱有成風盡堊手段[5],何處設施?然即土木材料,而不善設施者甚多,終不可爲大匠。故文人者,大匠也;義理、書卷、經濟者,匠人之材料也。

…………

古人文字最不可攀處，只是文法高妙。

神者，文家之寶。文章最要氣盛，然無神以主之，則氣無所坿，蕩乎不知其所歸也。神者氣之主，氣者神之用。神只是氣之精處。古人文章可告人者惟法耳。然不得其神而徒守其法，則死法而已。要在自家於讀時微會之。李翰云："文章如千軍萬馬；風恬雨霽，寂無人聲[6]。"此語最形容得氣好。論氣不論勢，文法總不備。

…………

文章最要節奏，譬之管弦繁奏中，必有希聲窈眇處[7]。

神氣者，文之最精處也；音節者，文之稍粗處也；字句者，文之最粗處也。然論文而至於字句，則文之能事盡矣。蓋音節者，神氣之跡也；字句者，音節之矩也。神氣不可見，於音節見之；音節無可準，以字句準之。

音節高，則神氣必高；音節下，則神氣必下。故音節爲神氣之跡。一句之中，或多一字，或少一字；一字之中，或用平聲，或用仄聲；同一平字仄字，或用陰平、陽平、上聲、去聲、入聲，則音節迥異。故字句爲音節之矩。積字成句，積句成章，積章成篇，合而讀之，音節見矣；歌而詠之，神氣出矣。

近人論文，不知有所謂音節者，至語以字句，則必笑以爲末事。此論似高實謬。作文若字句安頓不妙，豈復有文字乎？但所謂字句、音節，須從古人文字中實實講貫過始得，非如世俗所云也。

（《历代文話》第四冊，復旦大學出版社2007年版）

【注釋】

[1]曹子桓、蘇子由論文：曹丕論文，已見《典論·論文》。蘇轍，字子由，其《上樞密韓太尉書》論文氣云："以爲文者，氣之所形。然文不可以學而能，氣可以養而致。孟子曰：'我善養吾浩然之氣'，今觀其文章，寬厚宏博，充乎天地之間，稱其氣之小大。太史公行天下，周覽四海名山大川，與燕、趙間豪俊交遊，故其文疏蕩，頗有奇氣。此二子者，豈嘗執筆學爲如此之文哉？其氣充乎其中，而溢乎其貌，動乎其言，而見乎其文，而不自知也。" [2]鄙倍：鄙陋乖戾。 [3]經濟：指經世濟民之實用之言。 [4]書卷：指讀書，學問。 [5]成風盡堊手段：比喻高妙的技法手段。語出《莊子·徐無鬼》："郢人堊漫其鼻端若蠅翼，使匠石斵之。匠石運斤成風，聽而斵之。盡堊而鼻而傷，郢人立不失容。" [6]"李翰"四句：李翰，字子羽，唐肅宗、代宗時人。其文收入《全唐文》卷四百三十、四百三十一。上述之言見李德裕《文章論》所引。 [7]希聲窈眇：精微美妙。《老子》："大聲希聲。"王弼注："聽之不聞名曰希，不可得聞之音也。"

【集評】

（清）方東樹：右歸震川《圈識史記例意》，劉海峰《論文偶記》各一篇，學者所受微言奥論、文章真傳在是也。或曰：自昔作者，第以其文傳而已，未有舉其所以治文之方而著之爲言者，若此則幾於陋與？余曰：然。凡後人之所言，皆前人所不言，非不能言之也，以爲吾不言，而使人以意逆之，則其思之深，得之固，而其味長；言之愈悉，使人習口耳而不察，道聽塗説，不得其所以言之意，反以褻吾至教。古之達者，蓋深有見於其得失如是，故不惟不暇，亦不敢，非第爲其名跡近陋，避而不爲也。然則二先生之慮不及此與？是其言當從棄置而不足採與？是又不然。凡後人之所言，多前人所未嘗言，孔子之繫《易》，由伏羲觀之則陋矣；漢、唐以來儒者説經所發明，由先聖賢觀之皆可曰陋；然而至於今而傳注不廢，以爲不如是不足以有明也，爲其冥冥群即於昧也，孰若以吾所覺覺之也，是得聖人成物之智者也。傳言者當論其言之當否，不當屑屑泥名跡怙一曲，若鄭緩之爲儒也。百家衆説愚誣謬種之傳盈天下，而顧欲屏其妙要者而揮之，亦過矣。是二説也，學者兩擇之而取衷焉可也。

（《合刻歸震川〈圈識史記例意〉劉海峰〈論文偶記〉跋》，《儀衛軒文集》卷六，《晚清四部叢刊》第五編第91冊，第248-249頁）

（清）方宗誠：海峰先生之文，以品藻音節爲宗，雖嘗受法於望溪，而能變化以自成一體，義理不如望溪之深厚，而藻采過之。望溪初見，即許爲今之昌黎，其傾倒極矣。吾師植之先生曰：先生之文，日麗春敷，風雲變態，言盡矣，而觀者猶若浩浩乎不可窮，擬諸形容，像太空之無際焉。

（《桐城文録序》，《柏堂集次編》卷一，《清代詩文集彙編》第672冊，第142頁）

（清）張裕釗：夫（古之）作者之亡也久矣，而吾欲求至乎其域，則務通乎其微，以其無意爲之而莫不至也。故必諷誦之深且久，使吾之與古人訢合於無間，然後能深契自然之妙，而究極其能事。若夫專以沉思力索爲事者，固時亦可以得其意，然與夫心凝形釋，冥合於言議之表者，則或有間矣。故姚氏暨諸家因聲求氣之説，爲不可易也。吾所求於古人者，由氣而通其意，以及其辭與法，而喻乎其深。及吾所自爲文，則一以意爲主，而辭、氣與法胥從之矣。閣下以爲然乎？閣下謂苦中氣弱，諷誦久，則氣不足載其辭。裕釗邇歲亦正病此，往在江寧，聞方存之云：長老所傳，劉海峰絶豐偉，日取古人之文，縱聲讀之。姚惜抱則患氣羸，然亦不廢哦誦，但抑其聲使之下耳。是或亦一道乎？

（《答吴至甫書》，《張裕釗詩文集》卷四，第84-85頁）

人間詞話（節選）

王國維

【題解】

王國維（1877—1927），字靜安，號觀堂，浙江海寧人，近代著名學者。清末諸生，民國後,任清華大學研究院教授。著作多種,《清史稿》卷四百九十六有傳。《人間詞話》二卷,是中國較早採用西方資產階級哲學美學理論與中國古代文論相結合的著作,雖主要是論詞,但對其他文體亦有涉及,一些理論如"隔與不隔""寫境與造境""有我之境與無我之境"等,可視爲王氏藝術理論的代表作,對中國近現代文學藝術理論均有較大影響。

詞以境界爲最上。有境界則自成高格,自有名句。五代、北宋之詞所以獨絕者在此。

有造境,有寫境,此理想與寫實二派之所由分。然二者頗難分別。因大詩人所造之境,必合乎自然,所寫之境,亦必鄰於理想故也。

有有我之境,有無我之境。"淚眼問花花不語,亂紅飛過鞦韆去[1]"。"可堪孤館閉春寒,杜鵑聲裏斜陽暮[2]"。有我之境也。"采菊東籬下,悠然見南山[3]"。"寒波澹澹起,白鳥悠悠下[4]"。無我之境也。有我之境,以我觀物,故物皆著我之色彩;無我之境,以物觀物,故不知何者爲我,何者爲物。古人爲詞,寫有我之境者爲多,然未始不能寫無我之境,此在豪傑之士能自樹立耳。

無我之境,人惟於靜中得之。有我之境,於由動之靜時得之。故一優美,一宏壯也。

自然中之物,互相關係,互相限制。然其寫之於文學及美術中也,必遺其關係、限制之處。故雖寫實家,亦理想家也。又雖如何虛構之境,其材料必求之於自然,而其構造,亦必從自然之法則。故雖理想家,亦寫實家也。

境非獨謂景物也。喜怒哀樂,亦人心中之一境界。故能寫真景物、真感情者,謂之有境界。否則謂之無境界。

…………

客觀之詩人,不可不多閱世。閱世愈深,則材料愈豐富,愈變化,《水滸傳》《紅樓夢》之作者是也。主觀之詩人,不必多閱世,閱世愈淺,則性情愈真,李後主是也。

…………

古今之成大事業、大學問者,必經過三種之境界:"昨夜西風凋碧樹。獨上高樓,望盡天涯路[5]。"此第一境也。"衣帶漸寬終不悔,爲伊消得人憔悴[6]。"此第二境也。"衆裏尋他千百度,回頭驀見,那人正在,燈火闌珊處[7]。"此第三境也。此等語皆非大詞人不能道。然遽以此意解釋諸詞,恐爲晏、歐諸公所不許也[8]。

…………

問"隔"與"不隔"之別? 曰:陶、謝之詩不隔[9],延年則稍隔矣[10]。東坡之詩不隔,山谷則稍隔矣。"池塘生春草[11]","空梁落燕泥[12]"等二句,妙處唯在不隔。詞亦如是。即以一人一詞論,如歐陽公《少年游》詠春草上半闋云:"闌干十二獨凭春,晴碧遠連雲。千里萬里,二月三月,行色苦愁人。"語語都在目前,便是不隔。至云:"謝家池上,江淹浦畔[13]。"則隔矣。白石《翠樓吟》[14]:"此地,宜有詞仙,擁素雲黄鶴,與君遊戲。玉梯凝望久,歎芳草、萋萋千里。"便是不隔。至"酒祓清愁,花消英氣[15]。"則隔矣。然南宋詞雖不隔處,比之前人,自有淺深厚薄之别。

"生年不滿百,常懷千歲憂。晝短苦夜長,何不秉燭遊[16]?""服食求神仙,多爲藥所誤。不如飲美酒,被服紈與素[17]。"寫情如此,方爲不隔。"采菊東籬下,悠然見南山。山氣日夕佳,飛鳥相與還。""天似穹廬,籠蓋四野。天蒼蒼,野茫茫,風吹草低見牛羊[18]。"寫景如此,方爲不隔。

…………

詩人對宇宙人生,須入乎其内,又須出乎其外。入乎其内,故能寫之;出乎其外,故能觀之。入乎其内,故有生氣;出乎其外,故有高致。美成能入而不出[19]。白石以降,於此二事,皆未夢見。

詩人必有輕視外物之意,故能以奴僕命風月。又必有重視外物之意,故能與花鳥共憂樂。

(《蕙風詞話　人間詞話》,人民文學出版社1960年版)

【注釋】

[1]"淚眼問花花不語"二句:馮延巳《鵲踏枝》詞句。　[2]"可堪孤館閉春寒"二句:秦觀《踏莎行》詞句。　[3]"采菊東籬下"二句:陶淵明《飲酒》詩第五首詩句。　[4]"寒波澹澹起"二句:元好問《潁亭留别》詩句。　[5]"昨夜西風凋碧樹"三句:晏殊《蝶戀花》詞句。　[6]"衣帶漸寬終不悔"二句:柳永《鳳棲梧》詞句。　[7]"衆裏尋他千百度"四句:辛棄疾《青玉案·元夕》詞句。通行本皆作"衆裏尋它千百度。驀然回首,那人卻在、燈火闌珊處。"或者作者誤記,或者别有所本。　[8]晏、歐:晏殊、歐陽修。　[9]陶、謝:陶淵明、謝靈運。　[10]延年:劉宋時期詩人顔延之,字延年。　[11]池塘生春草:謝靈運《登池上樓》詩句。　[12]空梁落燕泥:薛道衡《昔昔鹽》詩句。　[13]"謝家池上"二句:歐陽修《少年游》下闋詞句。　[14]白石:姜夔(約1155—約1221),字堯章,號白石道人,南宋著名詞人。　[15]"酒祓清愁"二句:亦爲姜夔《翠樓吟》詞句。　[16]"生年不滿百"四句:《古詩十九首》詩句。　[17]"服食求神仙"四句:《古詩十九首》詩句。　[18]"天似穹廬"五句:北齊民歌《敕勒歌》詩句。　[19]美成:周邦彦(1056—1121),字美成,號清真居士,北宋著名詞人。

【集評】

朱光潛:依我看來,隔與不隔的分别就從情趣和意象的關係中見出。詩和一切其他藝術一樣,須寓新穎的情趣於具體的意象。情趣與意象恰相熨貼,使人見到意象便感到情趣,便是不隔。意象含糊或空洞,情趣淺薄,不能在讀者心中產生明瞭深刻的印象便是隔。比如"謝家池上"是用"池塘生春草"的典,"江淹浦畔"用《别賦》"春草碧色,春水綠波,送君南浦,傷如之何”的典。謝詩江賦原來都不隔,何以入歐詞便隔呢?因爲“池塘生春草”和“春草碧色”數句都是很具體的意象,都很新穎的情趣。歐詞因春草的聯想而把它們拉來硬湊成典故,“謝家池上,江淹浦畔”,意象既不明了,情趣又不真切。

王先生論隔與不隔的分别,説隔“如霧裏看花”,不隔爲“語語都在目前”,也嫌不很妥當。因爲詩原來有“顯”和“隱”的分别,王先生的話,偏重“顯”了。“顯”與“隱”的功用不同,我們不能要一切詩都“顯”。説賅括一點,寫景的詩要顯,言情的詩卻要“隱”。

(《關於王静安的〈人間詞話〉的幾點意見》,《〈人間詞話〉及評論彙編》,第86頁)

唐圭璋:海寧王静安氏,曾著《人間詞話》,議論精到,夙爲人所傳誦。然其評諸家得失,亦間有未盡當者,因略論之:因氏論詞,首標“境界”二字。其第一則即曰:“詞以境界爲最上。有境界則自成高格,自有名句。五代北宋之詞所以獨絶者在此。”予謂境界固爲詞中緊要之事,然不可舍情韻而專倡此二字。境界亦自人心中體會得來,不能截然獨立。五代北宋之詞所以獨絶者,並不專在境界上。而只是一二名句,亦不足包括境界,且不足以盡全詞之美妙。上乘作品,往往情境交融,一片渾成,不能強分;即如《花間集》及二主之詞,吾人豈能割裂單句,以爲獨絶在是耶?

(《評〈人間詞話〉》,《〈人間詞話〉及評論彙編》,第93頁)

吴征鑄:宋人工詞,而詞話之佳者,實出於晚清人之手。亦猶唐人工詩,而詩話反不逮宋人也。清人治學,方法縝密。流風所致,亦及於評騭文藝。晚清詞話,若陳廷焯白雨齋、況周頤蕙風,類皆洞見本原,臚列條貫,非僅敘述珍聞,標榜字句而已也。王静安先生以積學通儒,聲教遍海内,出其餘緒,爲《人間詞話》,故尤爲世所樂道。其立説也,以境界爲主,實爲不刊之論。其中若“成大事業、大學問者,必經過三種之境界”,“詞人者,不失其赤子之心者也”諸條,最足發人深省。至其謂後主詞以血書,比之於釋迦、基督,擔荷人類罪惡,則信爲重光千古知己。詞客有靈,定雀躍於地下也。然亦有偏頗之處。不定爲定論者,蓋莫如隔與不隔之説。《人間詞話》第一條“詞以境界爲最上。有境界則自成高格,自有名句。五代北宋之詞所以獨絶者在此。”此乃静安先生開宗明義之語。一切議論皆以此爲中心者也。至南宋詞何以不如?則云:“白石寫景諸作,……雖格韻高絶,然如霧裏看花,終隔一層。梅溪、夢窗諸家寫景之病,皆在一隔字。北宋風流,渡江遂絶。”鑄按:既以境界爲主,則不當以隔與不隔爲優劣之分。何則?霧裏看花,倘花之美爲霧所隔,則此隔誠足爲病矣。今以常理言,花在霧中,顔色姿態各呈特異之觀;霧之於花,不似屏障之於几案,截然爲二物;蓋早已融成一片,共現一沖和静穆之境。此境之美,無待言也。

(《評〈人間詞話〉》,《〈人間詞話〉及評論彙編》,第96頁)

附　　録

延伸閲讀篇目

一、儒道墨法

儒:《大學》一章;《中庸》一、二章;《論語·雍也》"賢哉回也"章、《論語·微子》"荷蓧丈人"章、《孟子·告子上》"魚我所欲也"章

道:《老子》第十二章"五色令人目盲";《莊子·秋水》《莊子·養生主》

墨:《墨子·非攻》

法:《韓非子·説難》

二、縱横兵農

縱横:《戰國策》:《秦策一·司馬錯論伐蜀》《戰國策敍録》;《鬼谷子》:《捭闔》《飛箝》《揣篇》《摩篇》;《史記》:《張儀列傳》《蘇秦列傳》

兵:《孫臏兵法》:《見威王》;《吴子兵法》:《治兵》《論將》;《司馬法》:《仁本》;《管子》:《兵法》

農:《管子》:《地員》;《吕氏春秋》:《士容論·上農》

三、禮儀制度

《禮記》:《王制》《月令》《郊特牲》《儒行》《鄉飲酒義》;《儀禮》:《士昏禮》;《大戴禮記》:《夏小正》《曾子立孝》《明堂》《文王官人》;《史記》:《禮書》《平准書》;《白虎通義》:《社稷》《封禪》《巡狩》;《新唐書》:《食貨志》

四、天文曆算

《詩經·唐風·綢繆》;《離騷》;《史記·曆書》;《古詩十九首·迢迢牽牛星》;《南史·祖沖之傳》;《晉書·律曆志》;《宋書·律曆志》;柳宗元《天對》

五、教育科舉

教育:《論語》:《子路曾皙冉有公西華侍坐章》;《管子》:《弟子職》;韓愈:《師説》《進學解》;柳宗元:《答韋中立論師道書》;章學誠:《原學》;蔣士銓《教與學之陋習》

科舉:《新唐書·選舉志上》;白行簡:《李娃傳》;朱熹:《學校貢舉私議》;《聊齋志異》:《司文郎》

六、軍事外交

軍事:曹操《苦寒行》、諸葛亮《出師表》、楊炯《從軍行》、王昌齡《出塞》、高適《燕歌行》、岑參《白雪歌送武判官歸京》、杜甫《兵車行》、李益《夜上受降城聞笛》、李賀《雁門太守行》、范仲淹《漁家傲》(塞下秋來風景異)、辛棄疾《破陣子》(醉里挑燈)、于謙《入塞》、陳維崧《賀新郎》(戰艦排江口)、黃遵憲《哀旅順》

外交:《史記》:《大宛列傳》《張騫列傳》《西南夷列傳》;《漢書·西域傳》;《新唐書·吐蕃》《宋史·大理》;范成大《宜春苑》《州橋》《藺相如墓》;薛福成《觀巴黎油畫記》

七、農醫工商

王禹偁《畬田詞》其三;馮惟敏《北雙調·折桂令》(刈穀有感);《後漢書·方術列傳·華佗傳》;《太平廣記》:"孫思邈";《考工記》:"國有六職";白居易《紅線毯》;梅堯臣《陶者》;柳永《煮鹽歌》;康海《雙調·水仙子》(瓦匠);汪中《哀鹽船文》;《史記·貨殖列傳》;李白《估客行》;淩濛初《二刻拍案驚奇》:"疊居奇程客得助"

八、樂舞書畫

《樂記》;傅毅《舞賦》;宗炳《畫山水序》;謝赫《古畫品録》;杜甫《丹青引》;韓愈《聽穎師彈琴》;李端《胡騰兒》;郭熙《林泉高致》;黃庭堅《山谷題跋》;笪重光《畫筌》;郑燮《板橋題畫》

九、宗教信仰

司馬相如《大人賦》;《海內十洲記》"祖洲";曹植《仙人篇》《遠遊篇》;郭璞《遊仙詩》其三、其五;干寶《搜神記》"宋定伯賣鬼";沈既濟《枕中記》;李白《夢遊天姥吟留別》;白居易《夢仙》;李賀《夢天》;蒲松齡《聊齋志異》"勞山道士";蕭衍《述三教詩》;吳均《續齊諧記》"陽羨許彥";高適《同馬太守聽九思法師講金剛經》;常建《題破山寺後禪院》;陳玄祐《離魂記》;《敦煌變文集》"悉達太子修道因緣";《六祖壇經·自序品》;蒲松齡《聊齋志異》"席方平"

十、數術方技

張衡《同聲歌》;曹植《升天行》;李白《登泰山六首》《草創大還贈柳官迪》;白居易《同微之贈別郭虛舟煉師五十韻》;白行簡《天地陰陽交歡大樂賦》;蘇軾《辨道歌》《上張安道養生訣論》;方回《題納甲圖》;陳仲琳(一說許仲琳)《封神演義》;吳承恩《西遊記》

十一、衣食住行

衣:《詩經》:《羔裘》《緑衣》;《韓非子·外儲説左上》(齊桓公好服紫)

食:《韓非子·外儲説左下》(孔子先黍後桃);《晏子春秋·內篇雜下》(晏子食橘不剖)

住:陶淵明《歸園田居》(其一);《新序·刺奢》(子罕不徙鄰);劉向《列女傳》(孟母三遷)

行:《世説新語·汰侈》(八百里駮);王粲《七哀詩》;陸機《赴雒道中作》;宋之問《度大庾嶺》;王維《送元二使安西》

十二、山川物產

酈道元《水經注·河水·孟門》;王維《終南山》;李白《西嶽雲台歌送丹丘子》;劉禹錫《賞牡丹》;陸羽《茶經·四之器》;柳宗元《種仙靈毗》;黃庭堅《品令·茶詞》;譚元春《三遊烏龍潭記》;徐弘祖《遊黃山日記》;戴名世《遊大龍湫記》;袁景瀾《詠月餅》

十三、南北風俗

《詩經》:《大雅·生民》《衛風·氓》《鄭風·溱洧》;《禮記》:《昏儀》《曲禮》;《楚辭·招魂》;《孔雀東南飛》;應劭《風俗通義》;葛洪《西京雜記》;班固《兩都賦》;陳鴻《東城老父傳》;杜甫《負薪行》;劉禹錫《竹枝詞》;韓愈《送窮文》;趙孟頫《題耕織圖二十四首》;元無名氏《逞風流王煥百花亭》;屈大均《廣州荔支歌》;曹雪芹《紅樓夢》

十四、時令節序

《周禮·地官·媒氏》;崔寔《四民月令》;王羲之《蘭亭集序》;劉駿《七夕詩》;蕭綱《正月八日燃燈應令詩》;李世民《守歲》;宗懍《荊楚歲時記》;盧照鄰《十五夜觀燈》;王維《九月九日憶山東兄弟》;白居易《二月二日》;元稹《賽神》;李存勖《歌頭》(賞芳春);柳永《玉蝴蝶·重陽》《傾杯樂》(禁漏花深);王安石《元日》;蘇軾《新年》;吳文英《燭影搖紅·元夕雨》;陳元靚輯《歲時廣記》;張炎《詞源·節序》;蔡松年《水調歌頭·閏八月望夕有作》;于謙《元日寓中寫懷》;高啟《清明呈館中諸公》;顧炎武《酬王處士九日見懷之作》;朱彝尊《雲中至日》

十五、民族融合

《木蘭辭》;蘇武《報李陵書》;《魏書·高祖紀》(節選);楊衒之《洛陽伽藍記》;《隋書·西域傳》(節選);李白《王昭君》;白居易《昭君怨》;張籍《昆侖兒》;裴鉶《傳奇》"昆侖奴";元好問《論詩絶句三十首》其七"慷慨歌謠絶不傳";《金史·世宗紀》(節選);郝經《入燕行》;《明史·廣西土司傳》(節選)

十六、神話傳説

《山海經》:鳳鳥自舞(《南山經》)、西王母(《西山經》)、帝之平圃(《西山經》)、丹木禦火(《西山經》)、帝女之桑(《東山經》)、鍾山燭陰(《海外北經》)、刑天舞干戚(《海外西經》)、共工之臺(《海外北經》)、湯谷扶桑(《海外東經》)、羲和浴日(《大荒南經》);《淮南子》:共工觸不周山、昆侖虛;《史記·封禪書》;《蜀王本紀》;《吳越春秋》;《越絶書》;《列仙傳》:赤松子、老子、江妃二女、范蠡、王子喬、簫史、修羊公、負局先生、邗子;《搜神記》:天竺胡人、三王墓、紫玉;《博物志》:天河與海通;《搜神後記》:袁相根碩、阿香;《幽明録》:劉晨阮肇、龐阿、焦湖廟祝;《列異傳》:談生

十七、國風雅頌

《國風》:《葛覃》《桃夭》《鵲巢》《甘棠》《野有死麕》《緑衣》《燕燕》《伯兮》《君子于役》《采葛》《女曰雞鳴》《野有蔓草》《碩鼠》《蒹葭》《黃鳥》《衡門》

《小雅》:《常棣》《伐木》《出車》《大東》《斯干》《信南山》《雨無正》《巧言》《大田》《魚藻》《都人士》《何草不黃》

《大雅》:《文王》《大明》《板》《蕩》《雲漢》《崧高》《韓奕》《瞻卬》

《頌》:《清廟》《有客》《閟宫》《長發》

十八、先秦史籍

《尚書》:《禹貢》《湯誓》《洪範》《酒誥》《無逸》

《春秋左氏傳》:鄭伯克段于鄢(隱公元年)、曹劌論戰(莊公十年)、晉公子重耳之亡(僖公二十三、二十四年)、甯武子之愚(文公四年)、仲儀南冠(成公九年)、師曠侍於晉侯(襄公十四年)、子罕弗受玉(襄公十五年)、鄭公孫黑肱有疾(襄公二十二年)、鄭子產相國(襄公三十一年)、西狩獲麟(哀公十四年)

《春秋公羊傳》:齊襄公復九世讎(莊公四年)、宋人及楚人平(宣公十五年);《國語》:祭父諫征犬戎(《周語上》)、襄王不許請隧(《晉語四》)、范蠡不許吴成(《越語下》)

《戰國策》:東周欲爲稻(《東周》)、衛鞅亡魏入秦(《秦策一》)、馮諼客孟嘗君(《齊策四》)、張儀之楚貧(《楚策三》)、燕太子丹質於秦亡歸(《燕策三》)、魏武侯與諸大夫浮於西河(《魏策一》)

十九、史漢傳統(通鑒及史學理論延伸)

史:《史記》:《秦始皇本紀》《項羽本紀》《留侯世家》《李斯列傳》《貨殖列傳》

漢:《漢書》:《百官公卿表序》《藝文志序》《董仲舒傳》《趙充國傳》

通鑒:《資治通鑒》:《周紀一·威烈王二十三年》“三家分晉”、《晉紀二十七·太元八年》“淝水之戰”

史評:《史通》:《六家》《敘事》;《通志》:《總序》;《文史通義》:《史德》

二十、書奏贊論

上書:《蘇秦自齊獻書于燕王章》;鄒陽《上吴王書》

書信:李陵《答蘇武書》;楊惲《報孫會宗書》;孔融《論盛孝章書》;曹丕《與朝歌令吴質書》;曹植《與楊德祖書》《與吴季重書》;應璩《與從弟君苗君胄書》;嵇康《與山巨源絶交書》;趙至《與嵇茂齊書》(一作吕安《與嵇康書》);丘遲《與陳伯之書》;鮑照《登大雷岸與妹書》;陶弘景《答謝中書書》;吴均《與顧章書》《與宋元思書》

奏:賈誼《治安策》;晁錯《言兵事疏》;路温舒《尚德緩刑書》;解光《奏劾趙皇后姊娣》;胡廣《上書駁左雄察舉議》;魏徵《諫太宗十思疏》

贊:夏侯湛《東方朔畫贊》;袁宏《三國名臣序贊》;班固《後漢書·光武帝紀贊》;阮修《大鵬贊》;柳宗元《霹靂琴贊》;蘇轍《管幼安畫贊》

論：干寶《晉紀總論》；范曄《後漢書·皇后紀論》；沈約《宋書·謝靈運傳論》；東方朔《非有先生論》；嵇康《養生論》；劉孝標《廣絶交論》

二十一、詔令表啓

詔：劉奭《罷擊珠崖詔》；蕭衍《北伐詔》；楊堅《伐陳詔》；李世民《令群臣直言詔》

令：曹操《宣示孔融罪狀令》；任昉《宣德皇后令》

表：孔融《薦禰衡表》；羊祜《讓開府表》；李翰《爲張巡請功表》；司馬光《進資治通鑒表》

啓：山濤《山公啓事》選；王融《求自效啓》；張纘《謝東宫賚園啓》；蘇軾《與邁求親啓》

二十二、箴銘誄狀

箴：揚雄《酒箴》；柳宗元《誡懼箴》《憂箴》《師友箴》

銘：韓愈《柳子厚墓志銘》；劉禹錫《陋室銘》；元稹《唐工部員外郎杜甫墓志銘并序》；張載《西銘》

誄：魯哀公《孔子誄》；揚雄《元后誄》；曹植《王仲宣誄》

狀：（行狀）任昉《齊竟陵文宣王行狀》、韓愈《贈太傅董公行狀》、何景明《亡兄行狀》；（狀）駱賓王《自敘狀》、韓熙載《歸吴狀》

二十三、序記題跋

序：王羲之《蘭亭集序》；陶淵明《遊斜川序》；白居易《荔枝圖序》；歐陽修《五代史伶官傳序》

記：釋慧遠《廬山記》；韓愈《藍田縣丞廳壁記》；柳宗元《小石潭記》；陸游《入蜀記》；王禹偁《黄州新建小竹樓記》；沈周《聽蕉記》；宋起風《核工記》

日記：李翱《來南録》；陸游《入蜀記》；范成大《吴船録》

題跋：韓愈《題哀辭後》；歐陽修《記舊本韓文後》《集古録跋尾》；蘇軾《書吴道子畫後》《書蒲永升畫後》；黄庭堅《題摹燕郭尚父圖》《題東坡字後》《題意可詩後》《書林和靖詩》；李清照《金石録後序》

二十四、屈騷辭賦

屈原《雲中君》《湘君》《少司命》《東君》《河伯》《惜誦》《懷沙》《惜往日》《招魂》；宋玉《風賦》《高唐賦》《神女賦》《登徒子好色賦》；枚乘《七發》；王褒《洞簫賦》；司馬相如《上林賦》《長門賦》；揚雄《蜀都賦》《逐貧賦》；班彪《北征賦》；班固《两都賦》；張衡《二京賦》《思玄賦》；王延壽《魯靈光殿賦》；蔡邕《述行賦》《青衣賦》；趙壹《刺世疾邪賦》；禰衡《鸚鵡賦》；王粲《登樓賦》；曹植《洛神賦》；左思《三都賦》；陶淵明《閑情賦》；江淹《恨賦》《别賦》；庾信：《哀江南賦》《小園賦》；李白《大鵬賦》；韓愈《感二鳥賦》；白居易《傷遠行賦》；歐陽修《秋聲賦》；元好問《秋望賦》；宋濂《孤憤辭》；湯顯祖《西音賦》；袁枚《笑賦》

二十五、樂府歌辭

《東門行》《婦病行》《孤兒行》;《雞鳴》《相逢行》;辛延年《羽林郎》;宋子侯《董嬌嬈》

曹操《蒿里行》,《短歌行》其一,《步出夏門行》其一“觀滄海”、其四“龜雖壽”;曹丕《燕歌行》、曹植《白馬篇》;陸機《猛虎行》;劉琨《扶風歌》;《子夜歌》“落日出前門”“宿昔不梳頭”“攬裙未結帶”;《讀曲歌》“花釵芙蓉髻”“柳樹得春風”“憐歡敢喚名”“打殺長鳴雞”;《西洲曲》;《企喻歌辭》“男兒欲作健”“男兒可憐蟲”;《琅琊王歌辭》“新買五尺刀”;《紫騮馬歌辭》“高高山頭樹”;《敕勒歌》

李白《蜀道難》《將進酒》

二十六、古近體詩

古體:《古詩十九首》選(《行行重行行》《青青河畔草》《西北有高樓》《迢迢牽牛星》《驅車上東門》《生年不滿百》);蔡琰《悲憤詩》;曹植《贈白馬王彪》;阮籍《詠懷》其一“夜中不能寐”、其三十一“駕言發魏都”;左思《詠史》其一“弱冠弄柔翰”、其二“鬱鬱澗底松”;陳子昂《登幽州台歌》;李白《古風》其十九“西嶽蓮花山”

五律:王績《野望》;王勃《送杜少府之任蜀川》;王維《終南別業》;孟浩然《臨洞庭湖》;李白《秋登宣城謝朓北樓》;杜甫《春日懷李白》;岑參《寄左省杜拾遺》;梅堯臣《魯山山行》;陳師道《示三子》;溫庭筠《商山早行》

七律:崔顥《登黃鶴樓》;李白《登金陵鳳凰台》;杜甫《秋興八首》(其一“玉樹凋傷楓樹林”、其四“聞道長安似弈棋”);李商隱《無題》“昨夜星辰昨夜風”;王禹偁《村行》;林逋《山園小梅》;歐陽修《戲答元珍》;黃庭堅《登快閣》《寄黃幾復》;趙孟頫《岳鄂王墓》

排律:杜審言《贈蘇味道》;李白《送友人尋越中山水》;杜甫《行次昭陵》;賈島《別徐明府》

五絶:宋之問《渡漢江》;王之渙《登鸛雀樓》;孟浩然《春曉》;祖詠《終南望積雪》;王維《竹裏館》;李白《獨坐敬亭山》;杜甫《八陣圖》;盧綸《塞下曲》;柳宗元《江雪》;李賀《馬詩》“大漠沙如雪”;賈島《尋隱者不遇》;張祜《何滿子》;李商隱《登樂游原》

七絶:賀知章《回鄉偶書》二首;王翰《涼州詞》二首;王之渙《涼州詞》其一“黃河遠上”;王昌齡《出塞》;李白《送孟浩然之廣陵》;王維《送元二使安西》;杜甫《絶句四首》其三“兩個黃鸝”;張繼《楓橋夜泊》;劉禹錫《元和十年自朗州至京戲贈看花諸君子》;朱慶餘《閨意獻張水部》;李商隱《夜雨寄北》;韋莊《台城》;王安石《泊船瓜洲》;蘇軾《六月二十七日望湖樓醉書》《飲湖上初晴後雨》《題西林壁》;楊萬里《初入淮河》其二“兩岸舟船各背馳”;陸游《遊山西村》《十一月四日風雨大作》《沈園》其一“城上斜陽畫角哀”

二十七、詞曲小調

詞:張志和《漁歌子》(西塞山前白鷺飛);白居易《憶江南》(江南好);溫庭筠《夢江南》(梳洗罷)、《更漏子》(玉爐香);韋莊《思帝鄉》(春日游)、《菩薩蠻》(人人盡説江南好);馮延巳《謁金門》(風乍起);李璟《攤破浣溪紗》(菡萏香銷翠葉殘);李煜《烏夜啼》(無言獨上西樓)(林花謝了春紅)、《浪淘沙》(簾外雨潺潺);范仲淹《漁家傲》(塞下秋來風景異)、《蘇幕遮》(碧雲天);柳永《望海潮》(東南形勝)、《八聲甘州》(對瀟瀟暮雨灑江天)、《定風波》(自春來);張先《天仙子》(水調數聲持酒聽)、《木蘭花·乙卯吴興寒食》;晏殊《浣溪沙》(一曲新詞酒一杯);歐陽修《生查子》(去年元夜時)、《踏莎行》(候館梅殘);晏幾道《臨江仙》(夢後樓臺高鎖)、《鷓鴣天》(彩袖殷勤捧玉鐘);蘇軾《江城子》(十年生死兩茫茫)、(老夫聊發少年狂)、《定風波》(莫聽穿林打葉聲)、《念奴嬌》(大江東去)、《卜算子》(缺月掛疏桐)、《水龍吟》(似花還似非花);秦觀《鵲橋仙》(纖雲弄巧)、《踏莎行》(霧失樓臺);周邦彦《六醜》(正單衣試酒)、《蘇幕遮》(燎沉香);李清照《如夢令》(常記溪亭日暮)、(昨夜雨疏風驟)、《永遇樂》(落日熔金);張元幹《賀新郎》(夢繞神州路);陸游《卜算子》(驛外斷橋邊);辛棄疾《摸魚兒》(更能消幾番風雨)、《西江月》(明月別枝驚鵲)、《永遇樂》(千古江山);張炎《解連環》(楚江空晚);朱彝尊《賣花聲》(衰柳白門灣);納蘭性德《浣溪沙》(誰念西風獨自涼)

曲:關漢卿《南吕·一枝花》(不伏老);張養浩《中吕·山坡羊》(潼關懷古);喬吉《雙調·水仙子》(尋梅);張可久《南吕·一枝花》(湖上歸);王九思《越調·寨兒令》(夏日即事)

小調:《掛枝兒》(相會)(情長)(金不换)(打梅香);《山歌》(山人)(笑)(打人精);《夾竹桃》(一枝紅杏)(不信東風)(西出陽關);《白雪遺音》(濟南八景)(長生殿)(西廂)

二十八、古近小説

古體小説:張華《博物志·八月浮槎》;劉義慶《幽明録·賣胡粉女》;王琰《冥祥記·趙泰》;葛洪《西京雜記·王嬙》;劉義慶《世説新語》"華歆王朗""桓公北征""郗太傅擇婿";沈既濟《枕中記》(《文苑英華》);李朝威《柳毅傳》(《太平廣記》);蔣防《霍小玉傳》(《太平廣記》);瞿佑《剪燈新話·金鳳釵記》;蒲松齡《聊齋志異·阿繡》

近體小説:話本《碾玉觀音》;馮夢龍《醒世恒言·施潤澤灘闕遇友》;《三國志演義》第四十五回"三江口曹操折兵　群英會蔣幹中計";《水滸傳》第十六回"楊志押送金銀擔　吴用智取生辰綱";《西遊記》第五回 "亂蟠桃大聖偷丹　反天宫諸神捉怪";吴敬梓《儒林外史》第二回"王孝廉村學識同科　周蒙師暮年登上第";曹雪芹《紅樓夢》第七十四回"惑奸讒抄檢大觀園　矢孤介杜絶寧國府"

二十九、雜劇傳奇

白樸《唐明皇秋夜梧桐雨》第四折;楊顯之《臨江驛瀟湘秋夜雨》第三折;鄭光祖《迷青瑣倩女離魂》第二折;李開先《寶劍記》第三十七齣《夜奔》;梁辰魚《浣紗記》第二十三齣《迎施》;高濂《玉簪記》第十六齣《弦裏傳情》;孟稱舜《嬌紅記》第九齣《分燼》;李玉《清忠譜》第二十二折《毁祠》;李漁《風箏誤》第二十九齣《詫美》;洪昇《長生殿》第二十四齣《驚變》;方成培《雷峰塔》第二十六齣《斷橋》

三十、詩文評論

陸機《文賦》;蕭統《文選序》;鍾嶸《詩品序》;劉勰《文心雕龍》:《體性》《物色》;白居易

《與元九書》;司空圖《與李生論詩書》;張炎《詞源·清空》;何景明《與李空同論詩書》;袁枚《答沈大宗伯論詩書》;姚鼐《述庵文鈔序》;劉師培《論近世文學之變遷》

集評引用書目

B

《白話史記讀本》,秦同培,天津人民出版社2007年版
《白居易集箋校》,(唐)白居易著,朱金城箋校,上海古籍出版社1988年版
《白蘇齋類集》,(明)袁宗道,上海古籍出版社1989年版
《白雨齋詞話》,(清)陳廷焯,人民文學出版社1959年版
《柏堂集次編》,(清)方宗誠,《清代詩文集彙編》第672冊,上海古籍出版社2010年版
《班馬異同》,(南宋)倪思撰,(南宋)劉辰翁評,《四庫全書存目叢書》史部第1冊,齊魯書社1995年版
《北窗炙輠録》,(南宋)施德操,《文津閣四庫全書》子部第345冊,商務印書館2005年版
《本事詩》,(唐)孟棨,《歷代詩話續編》,中華書局1983年版
《避暑漫抄》,舊題(南宋)陸游,中華書局1985年版
《賓退録》,(南宋)趙與時,上海古籍出版社1983年版
《博物志校證》,(西晉)張華著,范寧校證,中華書局1980年版

C

《采菽堂古詩選》,(清)陳祚明評選,上海古籍出版社2008年版
《蔡寬夫詩話》,(北宋)蔡啟,《宋詩話輯佚》,中華書局1980年版
《滄浪詩話校釋》,(南宋)嚴羽著,郭紹虞校釋,人民文學出版社1983年版
《藏一話腴》,(南宋)陳鬱,《宋代筆記小説》,河北教育出版社1995年版
《曹植集校注》,(三國魏)曹植著,趙幼文校注,人民文學出版社1984年版
《岑嘉州詩箋注》,(唐)岑參著,廖立箋注,中華書局2004年版
《陳子昂集》,(唐)陳子昂,中華書局1960年版
《程千帆新選新評新注唐詩三百首》,程千帆,遼海出版社2001年版
《誠齋詩話》,(南宋)楊萬里,《歷代詩話續編》,中華書局1983年版
《重編義勇武安王集》,(清)錢謙益輯,《北京圖書館古籍珍本叢刊14·史部·傳記類》,書目文獻出版社1999年版
《重訂古文釋義新編》,(清)余誠編,武漢古籍書店1986年影印本
《重訂屈原賦校注》,(戰國)屈原著,姜亮夫校注,天津古籍出版社1987年版
《重訂文選集評》,(清)于光華編,乾隆四十三年刊本
《初潭集》,(明)李贄,中華書局1974年版
《楚辭補注》,(南宋)洪興祖補注,中華書局1983年版
《楚辭燈》,(明)林雲銘,《四庫全書存目叢書》集部第2冊,齊魯書社1995年版

《楚辭集解》,(明)汪瑗,北京古籍出版社1994年版

《楚辭集注》,(南宋)朱熹集注,上海古籍出版社2001年版

《楚辭通釋》,(清)王夫之,上海人民出版社1975年版

《楚辭疏》,(清)吴世尚,《楚辭文獻叢刊》第55册,國家圖書館出版社2014年版

《春覺齋論文》,林紓,人民文學出版社1959年版

《春秋公羊傳注疏》,(東漢)何休注,(唐)徐彦疏,《十三經注疏》清嘉慶刊本,中華書局2009年版

《春秋穀梁傳注疏》,(東晉)范甯注,(唐)楊士勛疏,《十三經注疏》清嘉慶刊本,中華書局2009年版

《春秋左傳注》,杨伯峻注,中華書局1981年版

《詞潔》,(清)先著、程洪,《詞話叢編》,中華書局1986年版

《詞逕》,(清)孫麟趾,《詞話叢編》,中華書局1986年版

《詞選》,(清)張惠言,中華書局1957年版

《詞學通論》,吴梅,中國書籍出版社2006年版

《詞餘叢話》,(清)楊恩壽,《中國古典戲曲論著集成》(九),中國戲劇出版社1959年版

《詞源》,(南宋)張炎,《詞話叢編》,中華書局1986年版

《詞苑萃編》,(清)馮金伯編,《續修四庫全書》集部第1733册,上海古籍出版社2002年版

《詞則》,(清)陳廷焯,上海古籍出版社1984年版

《詞徵》,(清)張德瀛,《詞話叢編》,中華書局1986年版

《崇古文訣評文》,(南宋)樓昉,《歷代文話》第一册,復旦大學出版社2007年版

《從祖沖之的圓周率談起》,華羅庚,人民教育出版社1964年版

D

《大曆詩略箋釋輯評》,(清)喬億著,雷恩海箋注,天津古籍出版社2008年版

《東坡題跋》,(北宋)蘇軾,中華書局1985年版

《東坡烏臺詩案》,(南宋)朋九萬,《叢書集成初編》第785册,商務印書館1939年版

《東山草堂陶詩箋》,(清)邱嘉穗,《四庫全書存目叢書》集部第3册,齊魯書社1995年版

《讀詞偶得·清真詞釋》,俞平伯,人民文學出版社2000年版

《讀杜心解》,(清)浦起龍,中華書局1961年版

《讀史管見》,(清)李晚芳,《李菉猗女史全書三種》,至德周氏師古堂叢書1937年刊本

《讀四書大全説》,(清)王夫之,中華書局1975年版

《讀通鑒論》,(清)王夫之,中華書局1975年版

《賭棋山莊詞話》,(清)謝章挺,《詞話叢編》,中華書局1986年版

《杜詩鏡銓》,(清)楊倫,上海古籍出版社1980年版

《杜臆》,(明)王嗣奭,上海古籍出版社1983年版
《敦煌變文集》,王重民編,人民文學出版社1957年版
《敦煌歌辭總編》,任半塘編著,上海古籍出版社1987年版
《敦煌曲子詞集》(修訂本),王重民輯,商務印書館1956年版
《鈍吟雜録》,(清)馮班,《叢書集成初編》第223册,中華書局1985年版

E

《而庵説唐詩》,(清)徐增,《四庫全書存目叢書》集部第396册,齊魯書社1995年版
《而已集》,魯迅,《魯迅全集》第3卷,人民文學出版社2005年版
《二十九子品彙釋評》,(明)焦竑,《四庫全書存目叢書》子部第133-134册,齊魯書社1995年版

F

《滹南詩話》,(金)王若虚,《歷代詩話續編》,中華書局1983年版
《賦話》,(清)李調元編,《叢書集成初編》第2622册,中華書局1985年版
《復堂詞話》,(清)譚獻,《詞話叢編》,中華書局1986年版

G

《庚溪詩話》,(南宋)陳巖肖,《歷代詩話續編》,中華書局1983年版
《砻溪詩話》,(北宋)黄徹,《歷代詩話續編》,中華書局1983年版
《龔自珍全集》,(清)龔自珍,上海人民出版社1975年版
《孤本元明雜劇》,(清)王季烈,中國戲劇出版社1958年版
《古歡堂雜著》,(清)田雯,《清詩話續編》,上海古籍出版社1983年版
《古今詞話》,(清)沈雄,《詞話叢編》,中華書局1986年版
《古今詞統》,(明)卓人月輯,《續修四庫全書》集部第1728-1729册,上海古籍出版社2002年版
《古今文繪稗集》,(清)陸次雲,康熙二十八年懷古堂刻本
《古詩歸》,(明)鍾惺、譚元春編,《續修四庫全書》集部第1589册,上海古籍出版社2002年版
《古詩鏡》,(明)陸時雍,《文津閣四庫全書》集部第471册,商務印書館2005年
《古詩評選》,(清)王夫之,《船山全書》第14册,岳麓書社1996年版
《古詩賞析》,(清)張玉穀,上海古籍出版社,2000年版《南村輟耕録》,(元)陶宗儀,中華書局1959年版
《古詩源》,(清)沈德潛,中華書局2006年版
《古書讀法略例》,(清)孫德謙,上海書店1983年版
《古文辭類篹評注》,吴孟復、蔣立甫主編,安徽教育出版社2004年
《古文觀止》,(清)吴楚材、吴調侯編,中華書局1959年版

《古文眉詮》,(清)浦起龍,光緒戊戌年嶺南良産書屋重校刊本
《古文評注》,(清)過珙,廣益書局1936年版
《古文賞音》,(清)謝有煇,清嘉慶三年紅杏齋刻本
《古文淵鑒》,(清)愛新覺羅·玄燁選,(清)徐乾學編注,康熙二十四年四色套印本
《顧曲雜言》,(明)沈德符,《中國古典戲曲論著集成》(四),中國戲劇出版社1959年版
《觀堂集林》,王國維,中華書局1959年版
《管錐編》,錢锺書,《錢鍾書集》,三聯書店2007年版
《管子校注》,(春秋)管夷吾著,黎翔鳳校注,中華書局2004年版
《貫華堂第六才子書西廂記》,(清)金聖歎著,王林輯校整理,《金聖歎全集》第二冊,鳳凰出版社2008年版
《貫華堂選批唐才子詩甲集七言律》,(清)金聖歎著,王林輯校整理,《金聖歎全集》第一冊,鳳凰出版社2008年版
《歸田録》,(北宋)歐陽修,《宋元筆記小説大觀》,上海古籍出版社1984年版
《歸田詩話》,(明)瞿佑,《歷代詩話續編》,中華書局1983年版
《歸震川評點本史記》,(明)歸有光評點,光緒二年武昌張氏校刊本
《國朝詩話》,(清)楊際昌,《清詩話續編》,上海古籍出版社1983年版
《國語集解》(修訂本),徐元誥集解,中華書局2002年版

H

《韓昌黎詩繫年集釋》,(唐)韓愈著,錢仲聯集釋,上海古籍出版社1994年版
《韓非子集解》,(戰國)韓非著,(清)王先謙集解,中華書局1998年版
《韓非子新校注》,(戰國)韓非著,陳奇猷校注,上海古籍出版社2000年版
《韓柳文研究法》,林紓,商務印書館1933年版
《韓詩臆説》,舊題(清)程學恂,商務印書館1934年版
《韓文起》,(清)林雲銘,上海會文堂書局1915年刊本
《韓愈志》(增訂本),錢基博,商務印書館1958年版
《漢詩統箋》,(清)陳本禮,《叢書集成三編》第34冊,台灣新文豐出版公司1997年版
《漢詩音注》,(清)李因篤,《關中叢書》第七集,陝西通志館1936年版
《漢書》,(東漢)班固,中華書局1962年版
《漢書評林》,(明)凌稚隆集評,《漢書》研究文獻輯刊,國家圖書館出版社2008年版
《漢書評議》,李景星,《四史評議》,嶽麓書社1986年版
《漢武帝内傳》,《漢魏六朝筆記小説大觀》,上海古籍出版社1999年版
《河嶽英靈集注》,(唐)殷璠編,王克讓注,巴蜀書社2006年版
《鶴林玉露》,(南宋)羅大經,中華書局1983年版
《衡曲麈譚》,(明)張琦,《中國古典戲曲論著集成》(四),中國戲劇出版社1959年版
《侯鯖録》,(北宋)趙令畤,中華書局2002年版

《後村先生大全集》,(南宋)劉克莊,《宋集珍本叢刊》,線裝書局2004年版
《後村詩話》,(南宋)劉克莊,中華書局1983年版
《後漢書評議》,李景星,《四史評議》,嶽麓書社1986年版
《後山詩話》,(南宋)陳師道,《歷代詩話》,中華書局1981年版
《胡宏集》,(南宋)胡宏,中華書局1987年版
《胡適古典文學研究論集》,胡適,上海古籍出版社1988年版
《花庵詞選》,(明)顧起綸,《文津閣四庫全書》集部第498冊,商務印書館2005年版
《花草蒙拾》,(清)王士禛,《詞話叢編》,中華書局1986年版
《花香鳥語詩詞集錦·菊花》,公羽編,江蘇古籍出版社1997年版
《畫語録》,(清)石濤,《中華美術叢書》初集第一輯,北京古籍出版社1998年版
《黄氏日抄》,(南宋)黄震,《文津閣四庫全書》子部第235冊,商務印書館2005年版
《淮海集箋注》,(北宋)秦觀著,徐培均箋注,上海古籍出版社2000年版
《淮南子集釋》,(西漢)劉安編,何寧集釋,中華書局1998年版
《懷麓堂詩話校釋》,(明)李東陽著,李慶立校釋,人民文學出版社2009年版
《蕙風詞話續編》,(清)況周頤,《詞話叢編》,中華書局1986年版

J

《雞肋集》,(北宋)晁補之,《文津閣四庫全書》集部第374冊,商務印書館2005年版
《集評校注〈西廂記〉》,王季思校注、張人和集評,上海古籍出版社1987年版
《箋注評點李長吉歌詩》,(唐)李賀著,(南宋)吴正子箋注,(南宋)劉辰翁評點,《文津閣四庫全書》集部第360冊,商務印書館2005年版
《結鄰集》,《尺牘新鈔》三集,《中國文學珍本叢書》一輯四十二種,上海雜誌公司1936年版
《金粟詞話》,(清)彭孫遹,《詞話叢編》,中華書局1986年版
《晉書》,(唐)房玄齡等,中華書局1974年版
《靖節先生集》,(東晉)陶潛,《續修四庫全書》集部第1304冊,上海古籍出版社2002年版
《舊唐書》,(後晉)劉昫,中華書局1975年版
《劇話》,(清)李調元,《中國古典戲曲論著集成》(八),中國戲劇出版社1959年版
《劇説》,(清)焦循,《中國古典戲曲論著集成》(八),中國戲劇出版社1959年版

K

《空山堂史記評注》,(清)牛運震,乾隆五十八年空山堂刻本
《癸巳存稿》,(清)俞正燮,遼寧教育出版社2003版

L

《老子衍·莊子通·莊子解》,(清)王夫之,中華書局2009年版

《老子章義》,《續修四庫全書》子部第954册,上海古籍出版社2002年版
《禮記集解》,(清)孫希旦,中華書局1989年版
《禮記集説》,(南宋)衛湜,《文津閣四庫全書》經部第40册,商務印書館2005年版
《禮記集説》,(元)陳澔,《文津閣四庫全書》經部第41册,商務印書館2005年版
《禮記正義》,(東漢)鄭玄注,(唐)孔穎達等正義,《十三經注疏》(清嘉慶刊本),中華書局2009年版
《禮記章句》,(清)王夫之,《船山全書》第4册,岳麓書社1996年版
《李長吉昌谷集句解定本》,(唐)李賀著,(清)姚詮箋,《續修四庫全書》集部第1311册,上海古籍出版社2002年版
《李太白全集》,(唐)李白著,(清)王琦注,中華書局1977年版
《李商隱詩歌集解》(增訂重排本),(唐)李商隱著,劉學鍇、余恕誠集解,中華書局2004年版
《李孝光集校注》,(元)李孝光著,陳增傑校注,上海社會科學院出版社2005年版
《李義山詩辯正》,張采田,《玉溪生年譜會箋》(外一種),上海古籍出版社1983年版
《蓮子居詞話》,(清)吴衡照,《詞話叢編》,中華書局1986年版
《兩漢文舉要》,高步瀛選注,中華書局1990年版
《聊齋志異》會校會注會評本,張友鶴輯校,上海古籍出版社1978版
《聊齋志異》全校會注集評本,任篤行輯校,齊魯書社2000版
《列仙傳校箋》,舊題(西漢)劉向編,王叔岷校箋,中華書局2007年版
《列子集釋》,(戰國)列禦寇著,楊伯峻集釋,中華書局1979年版
《林紓選評古文辭類纂》,林紓,浙江古籍出版社1986年版
《留青日札》,(明)田藝蘅,上海古籍出版社1992年版
《劉咸炘學術論集·史學編》,劉咸炘,廣西師範大學出版社2007年版
《柳亭詩話》,(清)宋長白,《中國文學珍本叢書》第一輯第二種,上海雜誌公司1936年版
《六朝通鑑博議》,(南宋)李燾,南京出版社2007年版
《六朝文絜箋注》,(清)許槤評選,黎經誥箋注,中華書局1962年版
《六一詩話》,(北宋)歐陽修,《歷代詩話》,中華書局1981年版
《新校録鬼簿正續編》,(元)鍾嗣成、贾仲明著,浦漢明校,巴蜀書社1996年版
《蓼園詞評》,(清)黄蘇,《詞話叢編》,中華書局1986年版
《陸九淵集》,(南宋)陸九淵,中華書局1980年版
《陸雲集》,(西晉)陸雲,中華書局1988年版
《論詞隨筆》,(清)沈祥雲,《詞話叢編》,中華書局1986年版
《論衡校釋》,(東漢)王充著,黄暉校釋,中華書局1990年版
《論詩詞曲雜著》,俞平伯,上海古籍出版社1983年版
《論學集林》,吕思勉,上海教育出版社1987年版
《吕氏春秋新校釋》,(戰國)吕不韋編,陳奇猷校釋,上海古籍出版社2002年版

《吕思勉文史四講》,吕思勉,中華書局2008年版

M

《毛詩正義》,(西漢)毛亨傳,(東漢)鄭玄箋,(唐)孔穎達疏,《十三經注疏》(清嘉慶刊本),中華書局2009年版

《美學散步》,宗白華,上海人民出版社1981年版

《媚幽閣文娱》,(明)鄭元勳,上海雜誌公司1936年版

《孟稱舜集》,(明)孟稱舜著,朱穎輝輯校,中華書局2005年版

《孟子讀法附記》,(清)周人麒,《四庫未收書輯刊》第4輯第7册,北京出版社2000年版

《孟子劄記》,(清)范爾梅,《續修四庫全書》經部第158册,上海古籍出版社2002年版

《孟子正義》,(清)焦循,中華書局1987年版

《妙絶古今》,(南宋)湯漢編,《文津閣四庫全書》集部第453册,商務印書館2005年版

《明文衡》,(明)程敏政,《文津閣四庫全書》集部第459册,商務印書館2005年版

《墨莊漫録》,(北宋)張邦基,中華書局2002年版

N

《南北朝文評注讀本》,王文濡編,上海文明書局1918年版(此書每頁兩面)

《南詞敘録》,(明)徐渭,《中國古典戲曲論著集成》(三),中國戲劇出版社1959年版,《南村輟耕録》,(元)陶宗儀,中華書局1959年版

《南華真經副墨》,(明)陸西星,中華書局2010年版

《南雷文定》,(明)黄宗羲,《叢書集成初編》第2466册,中華書局1985年版

《南齊書》,(南朝梁)蕭子顯,中華書局1972年版

《南唐拾遺記》,(明)毛先舒,《四庫全書存目叢書》史部第163册,齊魯書社1995年版

《能改齋漫録》,(南宋)吴曾,上海古籍出版社1979年版

《廿二史劄記校證》,(清)趙翼著,王樹民校證,中華書局1984年版

O

《甌北詩話》,(清)趙翼,人民文學出版社1963年版

《歐陽修詩文集校箋》,(北宋)歐陽修著,洪本健校箋,上海古籍出版社2009年版

P

《批注史記》,葉玉麟增評,大達圖書供應社1935年版

《皮子文藪》,(唐)皮日休,上海古籍出版社1981年版

《駢體文鈔》,(清)李兆洛選輯,上海書店1988年版

《評校音注古文辭類纂》,王文濡,台灣中華書局1970年版

《評注皕子精華》,張謇選輯,上海子學社民國十年石印本

《評注經史百家雜鈔》,(清)曾國藩編,葉玉麟評注,廣益書局1935年版

Q

《千首唐人絶句》,劉拜山、富壽蓀編,上海古籍出版社1998年版
《錢注杜詩》,(清)錢謙益,上海古籍出版社2009年版
《琴鶴山房遺稿》,(清)趙銘,《清代詩文集彙編》第706冊,上海古籍出版社2010年版
《秦漢三國文評注讀本》,王文濡評注,中華書局1936年版
《秦漢鴻文》,(明)顧錫疇編,《四庫全書存目叢書》集部第346冊,齊魯書社1995年版
《秦漢文尤》,(明)倪元璐編,《四庫全書存目叢書》集部第365冊,齊魯書社1995年版
《清詩紀事》,錢仲聯,江蘇古籍出版社1987年版
《清詩史》,嚴迪昌,浙江古籍出版社2002年版
《清史稿》,柯劭忞等,中華書局1977年版
《青溪集》,(清)程廷祚,《叢書集成續編》第129冊,上海書店1994年版
《求闕齋讀書録》,(清)曾國藩,光緒二年傳忠書局刊本
《屈原賦注·九歌》(萬有文庫本),(清)戴震注,商務印書館1930年版
《曲話》,(清)梁廷枏,《中國古典戲曲論著集成》(八),中國戲劇出版社1959年版
《曲論》,(明)徐復祚,《中國古典戲曲論著集成》(四),中國戲劇出版社1959年版
《曲律》,(明)王驥德,《中國古典戲曲論著集成》(四),中國戲劇出版社1959年版
《曲律》,(明)魏良輔,《中國古典戲曲論著集成》(五),中國戲劇出版社1959年版
《曲品》,(明)吕天成,《中國古典戲曲論著集成》(六),中國戲劇出版社1959年版
《曲藻》,(明)王世貞,《中國古典戲曲論著集成》(四),中國戲劇出版社1959年版
《全晉文》,(清)嚴可均輯,《全上古三代秦漢三國六朝文》,中華書局1958年版
《全三國文》,(清)嚴可均輯,《全上古三代秦漢三國六朝文》,中華書局1958年版
《全宋文》第180冊,上海辭書出版社、安徽教育出版社2006年版
《全唐詩》(增訂本)第10冊,中華書局1999年版
《全唐詩話》,(南宋)尤袤,《歷代詩話》,中華書局1981年版
《全唐文》,(清)董誥等編,中華書局1983年版

R

《人間詞話》,王國維,上海古籍出版社1998年版
《〈人間詞話〉及評論彙編》,姚柯夫編,書目文獻出版社1983年版
《日本五山版冷齋夜話》,(北宋)釋惠洪,《稀見本宋人詩話四種》,張伯偉編校,江蘇古籍出版社2002年版
《日知録校注》,(清)顧炎武著,陳垣校注,安徽大學出版社2007年版
《容齋隨筆》,(南宋)洪邁,中華書局2005年版

S

《沙溪集》,(明)孫緒,《文津閣四庫全書》集部第422冊,商務印書館2005年版

《三國志》,(西晉)陳壽著,(南朝宋)裴松之注,中華書局1982年版

《三國志集解》,(西晉)陳壽著,(南朝宋)裴松之注,盧弼集解,上海古籍出版社2009年版

《三教平心論》,(南宋)劉謐,中華書局1985年版

《騷筏》,(清)賀貽孫,《四庫未收書輯刊》第十輯第13冊,北京出版社2000年版

《山谷題跋》,(北宋)黄庭堅,《叢書集成初編》第1564冊,中華書局1985年版

《山海經校注》,袁珂校注,上海古籍出版社1980年版

《珊瑚鉤詩話》,(北宋)張表臣,《歷代詩話》,中華書局1981年版

《尚書正義》,(唐)孔穎達等正義,《十三經注疏》清嘉慶刊本,中華書局2009年版

《少室山房筆叢》,(明)胡應麟,中華書局1958年版

《少室山房集》,(明)胡應麟,《文津閣四庫全書》集部第431冊,商務印書館2005年版

《邵氏聞見後録》,(南宋)邵博,中華書局1983年版

《升菴集》,(明)楊慎,《文津閣四庫全書》集部第424冊,商務印書館2005年版

《詩本義》,(北宋)歐陽修,《文津閣四庫全書》經部第23冊,商務印書館2005年版

《詩比興箋》,(清)陳沆,上海古籍出版社1981年版

《詩辯坻》,(清)毛先舒,《清詩話續編》,上海古籍出版社1983年版

《詩筏》,(清)賀貽孫,《清詩話續編》,上海古籍出版社1983年版

《詩法易簡録》,(清)李鍈,《續修四庫全書》集部第1702冊,上海古籍出版社2002年版

《詩格》,舊題(唐)王昌齡,《全唐五代詩格彙考》,張伯偉編,江蘇古籍出版社2002年版

《詩家直説箋注》,(明)謝榛著,李慶立、孫慎之箋注,齊魯書社1987年版

《詩集傳》,(南宋)朱熹,中華書局1958年版

《詩經通論》,(清)姚際恒,中華書局1958年版

《詩經原始》,(清)方玉潤,中華書局1986年版

《詩境淺説》,俞陛雲,北京出版社2003年版

《詩鏡總論》,(明)陸時雍,《歷代詩話續編》,中華書局1983年版

《詩品集注》,(南朝梁)鍾嶸著,曹旭集注,上海古籍出版社1994年版

《詩人玉屑》,(南宋)魏慶之,上海古籍出版社1978年版

《詩三家義集疏》,(清)王先謙,中華書局1987年版

《詩藪》,(明)胡應麟,上海古籍出版社1979年版

《詩疑辨證》,(清)黄中松,《文津閣四庫全書》經部第30冊,商務印書館2005年版

《詩義會通》,吳闓生,中華書局1959年版

《詩源辯體》,(明)許學夷,人民文學出版社1987年版

《十三經讀本評點劄記》,(清)唐文治,民國十三年施氏醒園刊本

《十一家注孫子校理》,(春秋)孫武著,(東漢)曹操等注,楊丙安校理,中華書局1999年版
《石遺室論文》,《陳石遺集》,(清)陳衍,福建人民出版社2001年版
《石遺室詩話》,(清)陳衍,人民文學出版社2004年版
《史懷》,(明)鍾惺,《叢書集成初編》第3560冊,中華書局1985年版
《史記》,(西漢)司馬遷,中華書局1982年版
《史記鈔》,(明)茅坤,《四庫全書存目叢書》史部第138冊,齊魯書社1995年版
《史記會注考證》,(日)瀧川資言,新世界出版社2009年版
《史記菁華録》,(清)姚苧田節評,上海古籍出版社1988年版
《史記論文》,《史記論文·史記評議》,(清)吴見思、李景星,東北師範大學出版社1985年版
《史記評議》,李景星,《四史評議》,嶽麓書社1986年版
《史記評林》,(明)淩稚隆輯校,《四庫未收書輯刊》第1輯第11-12冊,北京出版社2000年版
《史記探源》,(清)崔適,中華書局1986年版
《史記劄記》,(清)郭嵩燾,商務印書館1957年版
《史通》,(唐)劉知幾撰,(明)郭孔延評,《四庫全書存目叢書》史部第279冊,齊魯書社1995年版
《史通通釋》,(唐)劉知幾撰,(清)浦起龍釋,上海古籍出版社1978年版
《史學通論》,周容,上海開明書店1933年版
《史學四種》,吕思勉,上海人民出版社1981年版
《示兒編》,(南宋)孫奕,《文津閣四庫全書》子部第286冊,商務印書館2005年版
《世説新語彙校集注》,朱鑄禹彙校集注,上海古籍出版社2002年版
《世説新語箋疏》,(南朝宋)劉義慶編,余嘉錫箋疏,中華書局2007年版
《事物紀原》,(北宋)高承,中華書局1989年版
《蜀漢本末》,(元)趙居信,《四庫全書存目叢書》史部第19冊,齊魯書社1995年版
《説詩晬語》,(清)沈德潛,《原詩·一瓢詩話·説詩晬語》,人民文學出版社1979年版
《説苑校證》,(西漢)劉向著,向宗魯校證,中華書局1987年版
《四庫全書總目》,(清)永瑢等,中華書局1965年版
《四溟詩話》,(明)謝榛,人民文學出版社1961年版
《四書評》,(明)李贄,上海人民出版社1975年版
《四書章句集注》,(南宋)朱熹,中華書局1983年版
《宋詞舉》,陳匪石,江蘇古籍出版社2002年版
《宋論》,(清)王夫之,中華書局1964年版
《宋詩精華録》,(清)陳衍,上海古籍出版社2008年版
《宋詩選注》,錢鍾書,《錢鍾書集》,三聯書店2007年版
《宋書》,(南朝梁)沈約,中華書局1974年版

《宋四家詞選》,(清)周濟,古典文學出版社1958年版
《宋元戲曲史》,(清)王國維,上海古籍出版社1998年版
《蘇長公小品》,(明)王納諫評選,正蒙印書局1914年版
《蘇軾詩集》,(北宋)蘇軾,中華書局1982年版
《蘇軾文集》,(北宋)蘇軾,中華書局1986年版
《蘇轍集》,(北宋)蘇轍,中華書局1990年版
《隋唐嘉話》,(唐)劉餗,中華書局1979年版
《歲寒堂詩話》,(南宋)張戒,《歷代詩話續編》,中華書局1983年版
《孫子參同》,(明)閔於忱,《孫子集成》第8冊,齊魯書社1993年版
《孫子評釋》,(明)王世貞,《孫子集成》第9冊,齊魯書社1993年版

T

《太和正音譜》,(明)朱權,《中國古典戲曲論著集成》(三),中國戲劇出版社1959年版
《唐才子傳校箋》,傅璇琮主編,中華書局1987年版
《唐人絶句精華》,劉永濟選釋,人民文學出版社1981年版
《唐詩别裁集》,(清)沈德潛,中華書局1975年版
《唐詩歸》,(明)鍾惺、譚元春編,《續修四庫全書》集部第1589冊,上海古籍出版社2002年版
《唐詩合解箋注》,(清)王堯衢注,河北大學出版社、貴州人民出版社2010年版
《唐詩解》,(明)唐汝詢選釋,河北大學出版社、貴州人民出版社2010年版
《唐詩鏡》,(明)陸時雍,《文津閣四庫全書》集部第471冊,商務印書館2005年版
《唐詩品滙》,(明)高棅,上海古籍出版社1988年版
《唐詩三百首》,(清)孫洙,中華書局1984年版
《唐詩雜論》,聞一多,上海古籍出版社1998年版
《唐宋八大家文鈔》,(明)茅坤編選,中華書局2010年版
《唐宋八大家文鈔》,(清)張伯行選編,上海古籍出版社2007年版
《唐宋八大家文鈔校注集評》,高海夫主編,三秦出版社1998年版
《唐宋詞簡釋》,唐圭璋,上海古籍出版社1981年版
《唐宋詞欣賞》,夏承燾,北京出版社2002年版
《唐宋詩舉要》,高步瀛,上海古籍出版社1978年版
《唐宋十大家全集録》,《四庫全書存目叢書》集部第404冊,齊魯書社1995年版
《唐宋文舉要》,高步瀛選注,上海古籍出版社1982年版
《唐五代兩宋詞簡析》,劉永濟,上海古籍出版社1981年版
《唐五代兩宋詞選釋》,俞陛雲,上海古籍出版社1985年版
《唐摭言》,(五代)王定保,中華書局1959年版
《唐子西文録》,(北宋)強幼安,《歷代詩話》,中華書局1981年版

《桃花扇》,(清)孔尚任,遼寧教育出版社1997年版

《陶庵夢憶》,(明)張岱,乾隆四十年《硯雲甲編》本

《陶淵明集箋注》,(東晉)陶淵明著,袁行霈箋注,中華書局2003年版

《天下才子必讀書》,(清)金聖歎著,王林輯校整理,《金聖歎全集》第五冊,鳳凰出版社2008年版

《填詞雜説》,(清)沈謙,《詞話叢編》,中華書局1986年版

《苕溪漁隱叢話》,(南宋)胡仔,人民文學出版社1962年版

《艇齋詩話》,(南宋)曾季貍,《歷代詩話續編》,中華書局1983年版

《通典》,(唐)杜佑,中華書局1988年版

《通鑒選》,瞿蛻園,中華書局1962年版

《通義堂文集》,(清)劉毓崧,《續修四庫全書》集部第1546冊,上海古籍出版社2002年版

W

《萬曆野獲編》,(明)沈德符,中華書局1959年版

《王荆文公詩箋注》,(北宋)王安石著,(南宋)李壁箋注,上海古籍出版社2010年版

《王維集校注》,(唐)王維著,陳鐵民校注,中華書局1997年版

《王志》,(清)王闓運,四川人民出版社1957年翻印成都志古堂刻本

《圍爐詩話》,(清)吴喬,《清詩話續編》,上海古籍出版社1983年版

《文賦集釋》,(西晉)陸機著,張少康集釋,上海古籍出版社1984年版

《文鏡秘府論彙校彙考》,(日本)遍照金剛撰,盧盛江校考,中華書局2006年版

《文史通義》,(清)章學誠,中華書局1961年版

《文史雜誌》(重慶),1941年第7期

《文獻通考》,(元)馬端臨,浙江古籍出版社2000年版

《文心雕龍義證》,(南朝梁)劉勰著,詹瑛義證,上海古籍出版社1989年版

《文心雕龍札記》,黄侃,華東師範大學出版社1996年版

《文選》,(南朝梁)蕭統編,(唐)李善注,上海古籍出版社1986年版

《文選尤》,(明)鄒思明,《四庫全書存目叢書》集部第286冊,齊魯書社1995年版

《文章辨體序説》,(明)吴訥,《歷代文話》第二冊,復旦大學出版社2007年版

《文章軌範評文》,(南宋)謝枋得,《歷代文話》第一冊,復旦大學出版社2007年版

《文章精義》,(元)李淦,《歷代文話》第二冊,復旦大學出版社2007年版

《文章緣起》,(南朝梁)任昉著,(清)方熊補注,《文津閣四庫全書》集部第494冊,商務印書館2005年版

《文章指南》,(明)歸有光編,《四庫全書存目叢書》集部第315冊,齊魯書社1995年版

《吴梅村全集》,(清)吴偉業著,李學穎集評標校,上海古籍出版社1990年版

《吴詩集覽》,(清)吴偉業著,(清)靳榮藩注,《續修四庫全書》集部第1396冊,上海古籍出版社2002年版

《吴虞集》,吴虞,四川人民出版社1985年版
《吴越春秋輯校彙考》,周生春輯校彙考,上海古籍出版社1997年版

X

《析津志輯佚》,(元)熊夢祥,北京古籍出版社1983年版
《西圃詞説》,(清)田同之,《詞話叢編》,中華書局1986年版
《西廂記集解》,傅曉航輯校,甘肅人民出版社1989年版
《習學記言序目》,(南宋)葉適,中華書局1977年版
《先秦漢魏晉南北朝詩》,逯欽立輯校,中華書局1983年版
《先秦兩漢文學史稿》,聶石樵,北京師範大學出版社1994年版
《香臺集》,(明)瞿佑,偉文圖書出版社1977年版
《香研居詞麈》,(清)方成培述,《叢書集成初編》第1672冊,中華書局1985年版
《湘綺樓評詞》,(清)王闓運,《詞話叢編》,中華書局1986年版
《項氏家説》,(南宋)項安世,《文津閣四庫全書》子部第234冊,商務印書館2005年版
《小倉山房詩文集》,(清)袁枚,上海古籍出版社1988年版
《閑情偶寄》,(明)李漁,《中國古典戲曲論著集成》(七),中國戲劇出版社1959年版
《協律鉤玄》,(唐)李賀著,(清)陳本禮箋注,《續修四庫全書》集部第1311冊,上海古籍出版社2002年版
《新安文獻志》,(明)程敏政輯校,黄山書社2004年版
《新校録鬼簿正續編》,(元)鍾嗣成、贾仲明著,浦漢明校,巴蜀書社1996年版
《新鐫古今名劇酹江集》,(明)孟稱舜,《古本戲曲叢刊》四集之八,商務印書馆1958年版
《新説西遊記》,(清)張書紳,上海古籍出版社1990年版
《新序校釋》,(西漢)劉向編著,陳新整理,史光瑛校釋,中華書局2001年版
《虚齋集》,(明)蔡清,《文津閣四庫全書》集部第420冊,商務印書館2005年版
《續禮記集説》,(清)杭世駿,《續修四庫全書》經部第101冊,上海古籍出版社2002年版
《學記箋證》,(清)王樹枏,《續修四庫全書》經部第107冊,上海古籍出版社2002年版
《學齋佔畢》,(南宋)史繩祖,《文津閣四庫全書》子部第282冊,商務印書館2005年版
《荀子集解》,(戰國)荀況著,(清)王先謙集解,中華書局1988年版

Y

《岩棲幽事》,(明)陳繼儒,《四庫全書存目叢書》子部第118冊,齊魯書社1995年版
《演繁露》,(南宋)程大昌,上海古籍出版社1992年版
《養一齋詩話》,(清)潘德輿著,朱德慈輯校,中華書局2010年版
《野鴻詩的》,(清)黄子雲,《清詩話》,上海古籍出版社1999年版
《野客叢書》,(南宋)王楙,上海古籍出版社1991年版

《一瓢詩話》,(清)薛雪,《原詩·一瓢詩話·説詩晬語》,人民文學出版社1979年版

《儀衛軒文集》,(清)方東樹,《晚清四部叢刊》第五編第91冊,台灣文聽閣圖書有限公司2010年版

《藝概》,(清)劉熙載,上海古籍出版社1978年版

《藝蘅館詞選》,梁令嫻,廣東人民出版社1981年版

《義門讀書記》,(清)何焯,中華書局1987年版

《藝苑卮言》,(明)王世貞,《歷代詩話續編》,中華書局1983年版

《藝舟雙楫》,(清)包世臣,中國書店1983年版

《飲冰室文集點校》,梁啟超著,吴松等點校,雲南教育出版社2001年版

《隱居通議》,(元)劉塤,中華書局1985年版

《瀛奎律髓彙評》,(元)方回選評,李慶甲集評校點,上海古籍出版社1986年版

《虞初志》,(明)陸采,中國書店出版社1986版

《餘師録》,(南宋)王正德,《歷代文話》第一冊,復旦大學出版社2007年版

《玉谿生詩集箋注》,(唐)李商隱著,(清)馮浩箋注,上海古籍出版社1979年版

《玉谿生詩説》,(清)紀昀,光緒丁亥年朱氏行素草堂刊本

《御選唐宋詩醇》,(清)愛新覺羅·弘曆選,《文津閣四庫全書》集部第483冊,商務印書館2005年版

《御選唐宋文醇》,(清)愛新覺羅·弘曆選,《文津閣四庫全書》集部第483冊,商務印書館2005年版

《援鶉堂筆記》,(清)姚範,《續修四庫全書》子部第1149冊,上海古籍出版社2002年版

《元白詩箋證稿》,陳寅恪,《陳寅恪集》,三聯書店2009年版

《元好問詩編年校注》,(元)元好問著,狄寶心編年校注,中華書局2011年版

《元明事類鈔》,(清)姚之駰,《文津閣四庫全書》子部第293冊,商務印書館2005年版

《元曲選》,(明)臧懋循,中華書局1958年版

《原詩》,(清)葉燮,《原詩·一瓢詩話·説詩晬語》,人民文學出版社1979年版

《爰園詞話》,(明)俞彦,《詞話叢編》,中華書局1986年版

《樂府古題要解》,(唐)吴兢,《歷代詩話續編》,中華書局1983年版

《雲麓漫鈔》,(南宋)趙彦衛,中華書局1996年版

《〈雲韶集〉輯評之一》,(清)陳廷焯撰,孫克強、楊傳慶點校整理,《中國韻文學刊》第24卷第3期,2010年9月

《韻語陽秋》,(南宋)葛立方,《歷代詩話》,中華書局1981年版

Z

《載酒園詩話》,(清)賀裳,《清詩話續編》,上海古籍出版社1983年版

《增訂古文析義合編》,(清)林雲銘,經元堂刻本

《增評唐宋八家文讀本》,(清)沈德潛撰、(日)賴山陽增評,日本玉巖堂安政二年刻本

《詹安泰詞學論稿》,詹安泰,廣東人民出版社1984年版
《戰國策》,上海古籍出版社1985年版
《戰國策集注匯考》(增補本),諸祖耿,鳳凰出版社2008年版
《張籍詩集》,(唐)張籍,中華書局1959年版。
《張耒集》,(北宋)張耒,中華書局1990年版
《張裕釗詩文集》,(清)張裕釗,上海古籍出版社2007年版
《昭昧詹言》,(清)方東樹,人民文學出版社1961年版
《謫星説詩》,錢振鍠,《民國詩話叢編》第2冊,上海書店出版社2002年版
《貞觀政要集校》,謝保成集校,中華書局2003年版
《致堂讀史管見》,(南宋)胡寅,台灣商務印書館影印宛委別藏本
《中國古典戲曲序跋彙編》,蔡毅編著,齊魯書社1989年版
《中國古典小説史論》,楊義,人民出版社1998年版
《中國古代畫論類編》(修訂本),俞劍華編,人民美術出版社2004年版
《中國近世戲曲史》,青木正兒著,王古魯譯,作家出版社1958年版
《中國歷代小説序跋集》,丁錫根編著,人民文學出版社1996年版
《中國歷史研究法》,梁啟超,華東師範大學出版社1995年版
《中國書院》第七輯,湖南大學出版社2006年版
《中國俗文學史》,鄭振鐸,商務印書館2005年版
《中國通史》,范文瀾,人民出版社1978年版
《中國小説史略》,魯迅,《魯迅全集》卷九,人民文學出版社2005年版,《中國之美文及其歷史》,梁啓超,東方出版社1996年版
《中國哲學史》,馮友蘭,商務印書館2011年版
《中山詩話》,(北宋)劉攽,《歷代詩話》,中華書局1981年版
《皺水軒詞筌》,(清)賀裳,《詞話叢編》,中華書局1986年版
《諸子菁華録》,張之純,《墨子大全》,北京圖書館出版社2004年版
《諸子彙函》,(明)歸有光輯,《四庫全書存目叢書》子部第126冊,齊魯書社1995年版
《諸子品節》,(明)陳深,《四庫全書存目叢書》子部第122冊,齊魯書社1995年版
《朱子語類》,(南宋)朱熹,《朱子全書》第十五冊,上海古籍出版社、安徽教育出版社2002年版
《竹坡詩話》,(南宋)周紫芝,《文津閣四庫全書》集部第495冊,商務印書館2005年版
《莊子集解·莊子集解内篇補正》,(戰國)莊周著,(清)王先謙集解,劉武補正,中華書局1987年版
《莊子雪》,(清)陸樹芝,華東師範大學出版社2011年版
《莊子鬳齋口義校注》,(南宋)林希逸著,周啟成校注,中華書局1997年版
《莊子因》,(清)林雲銘,華東師範大學出版社2011年版
《拙堂文話》,(日)齋藤正謙,《歷代文話》第十冊,復旦大學出版社2007年版
《左孟莊騷精華録》,林紓,商務印書館1912年版